OEUVRES
DE MADAME LA BARONNE
DE
STAËL-HOLSTEIN.

TOME PREMIER

A PARIS,

CHEZ LEFÈVRE, ÉDITEUR,
RUE DE L'ÉPERON, N° 6.

1838.

OEUVRES

DE MADAME DE

STAËL-HOLSTEIN.

—

TOME I.

IMPRIMERIE D'AD. ÉVERAT. ET COMP.,
rue du Cadran, 14 et 16.

OEUVRES

DE MADAME LA BARONNE

DE

STAËL-HOLSTEIN.

TOME PREMIER.

A PARIS,

CHEZ LEFÈVRE, LIBRAIRE,

RUE DE L'ÉPERON, N° 6.

1838.

LETTRES
SUR
LES ÉCRITS ET LE CARACTÈRE
DE J.-J. ROUSSEAU.

PRÉFACE
A LA PREMIÈRE ÉDITION, EN 1788.

Il n'existe point encore d'éloge de Rousseau : j'ai senti le besoin de voir mon admiration exprimée. J'aurais souhaité sans doute qu'un autre eût peint ce que j'éprouve ; mais j'ai goûté quelque plaisir en me retraçant à moi-même le souvenir et l'impression de mon enthousiasme. J'ai pensé que si les hommes de génie ne pouvaient être jugés que par un petit nombre d'esprits supérieurs, ils devaient accepter du moins tous les tributs de reconnaissance. Les ouvrages dont le bonheur du genre humain est le but placent leurs auteurs au rang de ceux que leurs actions immortalisent ; et quand on n'a pas vécu de leur temps, on peut être impatient de s'acquitter envers leur ombre, et de déposer sur leur tombe l'hommage que le sentiment de sa faiblesse même ne doit pas empêcher d'offrir.

Peut-être ceux dont l'indulgence daignera présager quelque talent en moi me reprocheront-ils de m'être hâtée de traiter un sujet au-dessus même des forces que je pouvais espérer un jour. Mais qui sait si le temps ne nous ôte pas plus qu'il ne nous donne ? Qui peut oser prévoir les progrès de son esprit ? Comment consentir à s'attendre, et renvoyer à l'époque d'un avenir incertain l'expression d'un sentiment qui nous presse ? Le temps, sans doute, détrompe des illusions, mais il porte quelquefois atteinte à la vérité même, et sa main destructrice ne s'arrête pas toujours à l'erreur. D'ailleurs, n'est-ce pas dans la jeunesse qu'on doit à Rousseau le plus de reconnaissance ? Celui qui a su faire une passion de la vertu, et qui a voulu persuader par l'enthousiasme, s'est servi des qualités et des défauts mêmes de cet âge pour s'en rendre le maître.

SECONDE PRÉFACE,
EN 1814.

Ces lettres sur les écrits et le caractère de J.-J. Rousseau ont été composées dans la première année de mon entrée dans le monde ; elles furent publiées sans mon aveu, et ce hasard m'entraîna dans la carrière littéraire. Je ne dirai point que j'y ai du regret, car la culture des lettres m'a valu plus de jouissances que de chagrins. Il faut avoir une grande véhémence d'amour-propre pour que les critiques fassent plus de peine que les éloges ne donnent de plaisir ; et d'ailleurs il y a, dans le développement et le perfectionnement de son esprit, une activité continuelle, un espoir toujours renaissant, que ne saurait offrir le cours ordinaire de la vie. Tout marche vers le déclin dans la destinée des femmes, excepté la pensée, dont la nature immortelle est de s'élever toujours.

On n'a presque jamais nié que les goûts et les études littéraires ne fussent un grand avantage pour les hommes, mais on n'est pas d'accord sur l'influence que ces mêmes études peuvent avoir sur la destinée des femmes. S'il s'agissait de leur imposer un esclavage domestique, il faudrait craindre d'accroître leur intelligence, de peur qu'elles ne fussent tentées de se révolter contre un tel sort ; mais la société chrétienne n'exigeant rien que de juste dans les relations de famille, plus la raison est éclairée, plus elle porte à se soumettre aux lois de la morale. On aperçoit clairement, en réfléchissant sur ces lois, qu'elles gouvernent le monde tôt ou tard avec non moins d'infaillibilité que les forces physiques.

Des sentiments, il est vrai, peuvent entraîner malgré les lumières ; mais ce n'est pas à cause d'elles. Il arrive souvent que les femmes d'un esprit supérieur sont en même temps des personnes d'un caractère très passionné ; toutefois la culture des lettres diminue les dangers de ce caractère, au lieu de les augmenter : les jouissances de l'esprit sont faites pour calmer les orages du cœur.

La société, telle qu'elle est organisée de nos jours, nous menace bien plus des défauts négatifs, la froideur et l'égoïsme, que de l'exaltation en quelque genre que ce puisse être. Les hommes et les femmes du peuple peuvent avoir de très belles et de très grandes qualités, sans que leur esprit ait été cultivé ; mais dans la classe élégante et oisive, les habitudes qu'on prend dessèchent le cœur, si l'on n'y supplée point par des études vivifiantes ; l'usage du monde, quand il n'est pas réuni à une instruction littéraire très étendue, n'enseigne qu'à répéter facilement des choses communes, à mettre ses opinions en formules et son caractère en révérences. Si vous n'avez pas, dans une éducation distinguée, une compensation à tous ces sacrifices ; si vous ne trouvez pas le naturel dans l'élévation de l'âme, et la candeur dans la connaissance de la vérité ; si vous ne respirez pas enfin l'air dans une région plus vaste, vous n'êtes qu'une poupée bien apprise, qui chante toujours sur le même ton, lors même qu'elle change de paroles ; et quand il serait vrai, ce qui ne l'est pas, qu'une femme ainsi disciplinée se soumît plus facilement à l'autorité conjugale, que devient la communication des âmes, si les esprits n'ont pas une sorte d'analogie? et que devrait-on penser d'un époux assez orgueilleusement modeste pour aimer mieux rencontrer dans sa femme une obéissance aveugle qu'une sympathie éclairée? Les plus touchants exemples d'amour conjugal ont été donnés par des femmes dignes de comprendre leurs maris et de partager leur sort, et le mariage n'est dans toute sa beauté que lorsqu'il peut être fondé sur une admiration réciproque.

Néanmoins beaucoup d'hommes préfèrent les femmes uniquement consacrées aux soins de leur ménage; et pour plus de sûreté à cet égard, ils ne seraient pas fâchés qu'elles fussent incapables de comprendre autre chose : cela dépend des goûts; d'ailleurs, comme le nombre des personnes distinguées est très petit, ceux qui n'en veulent pas auront toujours assez d'autres choix à faire.

Nous n'excluons point, dira-t-on, la culture d'esprit dans les femmes; mais nous voulons que cet esprit ne leur inspire pas le desir d'être auteurs, de se distraire ainsi de leurs devoirs naturels, et d'entrer en rivalité avec les hommes, tandis qu'elles sont faites seulement pour les encourager et les consoler. Je me sentirais, je l'avoue, une considération plus respectueuse encore pour une femme d'un génie élevé qui n'aurait point ambitionné les succès de l'amour-propre, que pour celle qui les rechercherait avec ardeur; mais il ne faut dédaigner que ce qu'on pourrait obtenir. Un homme à Paris se baissait toujours en passant sous la porte Saint-Denis, bien qu'elle fût haute de cent pieds; il en est de même des femmes qui se vantent de craindre la célébrité, sans avoir jamais eu les talents nécessaires pour l'acquérir. Ces talents ont sans doute leurs inconvénients, comme toutes les plus belles choses du monde; mais ces inconvénients mêmes me semblent préférables aux langueurs d'un esprit borné, qui tantôt dénigre ce qu'il ne peut atteindre, ou bien affecte ce qu'il ne saurait sentir. Enfin, en ne considérant que nos rapports avec nous-mêmes, une plus grande intensité de vie est toujours une augmentation de bonheur : la douleur, il est vrai, entre plus avant dans les ames d'une certaine énergie; mais, à tout prendre, il n'est personne qui ne doive remercier Dieu de lui avoir donné une faculté de plus.

LETTRE PREMIÈRE.

Du style de Rousseau, et de ses premiers discours sur les sciences, l'inégalité des conditions, et le danger des spectacles.

C'est à l'âge de quarante ans que Rousseau composa son premier ouvrage; il fallait que son cœur et son esprit fussent calmés pour qu'il pût se consacrer au travail; et, tandis que la plupart des hommes ont besoin de saisir cette première flamme de la jeunesse pour suppléer à la véritable chaleur, l'ame de Rousseau était consumée par un feu qui le dévora long-temps avant de l'éclairer : des idées sans nombre le dominaient tour à tour ; il n'en pouvait suivre aucune, parcequ'elles l'entraînaient toutes également. Il appartenait trop aux objets extérieurs pour rentrer en lui-même ; il sentait trop pour penser ; il ne savait pas vivre et réfléchir à la fois. Rousseau s'est donc voué à la méditation quand les événements de la vie ont eu moins d'empire sur lui, et lorsque son ame, sans objet de passion, a pu s'enflammer tout entière pour des idées et des sentiments abstraits. Il ne travaillait ni avec rapidité, ni avec facilité ; mais c'était parcequ'il lui fallait, pour choisir entre toutes ses pensées, le temps et les efforts que les hommes médiocres emploient à tâcher d'en avoir : d'ailleurs, ses sentiments sont si profonds, ses idées si vastes, qu'on souhaite à son génie cette marche auguste et lente. Le débrouillement du chaos, la création du monde, se peint à la pensée comme l'ouvrage d'une longue suite d'années, et la puissance de son auteur n'en paraît que plus imposante.

Le premier sujet que Rousseau a traité, c'est la question sur l'utilité des sciences et des arts. L'opinion qu'il a soutenue est certainement paradoxale, mais elle est d'accord avec ses idées habituelles ; et tous les ouvrages qu'il a donnés depuis sont comme le développement du système dont ce discours est le premier germe. On a trouvé dans tous ses écrits la passion de la nature, et la haine pour ce que les hommes y ont ajouté : il semble que, pour s'expliquer le mélange du bien et du mal, il l'avait ainsi distribué. Il voulait ramener les homme à une sorte d'état dont l'âge d'or de la Fable donne seul l'idée, également éloigné des inconvénients de la barbarie et de ceux de la civilisation. Ce projet sans doute est une chimère ; mais les alchimistes, en cherchant la pierre philosophale, ont découvert des secrets vraiment utiles Rousseau de même, en s'efforçant d'atteindre à la connaissance de la félicité parfaite, a trouvé sur sa route plusieurs vérités importantes. Peut-être, en s'occupant de la question sur l'utilité des sciences et des arts, n'a-t-il pas assez observé tous les côtés de l'objet qu'il traitait ; peut-être a-t-il trop souvent lié les arts aux sciences, tandis que les effets des uns et des autres diffèrent entièrement. Peut-être, en parlant de la décadence des empires, suite naturelle des révolutions politiques, a-t-il eu tort de regarder le progrès des sciences comme une cause, tandis que ce n'était qu'un événement contemporain; peut-être n'a-t-il pas assez distingué dans ce discours la félicité des hommes de la prospérité des empires; car, quand il serait vrai que l'amour des connaissances eût distrait les peuples guerriers de la passion des armes, le bonheur du genre humain n'y aurait pas perdu. Peut-être enfin, avant de décider cette question, fallait-il mieux balancer les inconvénients et les avantages des deux partis. C'est la seule manière de parvenir à la vérité. Les idées morales ne sont jamais assez précises pour ne pas offrir des ressources à la controverse : le bien et le mal se trouvent partout, et celui qui ne se servirait pas de la faculté de comparer et d'additionner, pour ainsi dire, l'un et l'autre, se tromperait, ou resterait sans cesse dans l'incertitude. C'est à la raison plutôt qu'à l'éloquence qu'il appartient de concilier des opinions contraires. L'esprit montre une puissance plus grande lorsqu'il sait se retenir, se transporter d'une idée à l'autre; mais il me semble que l'ame n'a toute sa force qu'en s'abandonnant; et je ne connais qu'un homme qui ait su joindre la chaleur à la modération, soutenir avec éloquence des opinions également éloignées de tous les extrêmes, et faire éprouver pour la raison la passion qu'on n'avait jusqu'alors inspirée que pour les systèmes.

Le second discours de Rousseau traite de l'origine de l'inégalité des conditions : c'est peut-être de tous ses ouvrages celui où il a mis le plus d'idées. C'est un grand effort du génie, que de se reporter aux simples combinaisons de l'instinct naturel. Les hommes ordinaires ne conçoivent pas ce qui est au-dessus ni au-dessous d'eux; ils restent fixés à leur horizon. On voit à chaque page combien Rousseau regrette la vie sauvage : il avait son genre de misanthropie; ce n'étaient pas les hommes, mais leurs institutions, qu'il haïssait : il voulait prouver que tout était bien en sortant des mains du Créateur; mais peut-être devait-il avouer que cette ardeur de connaître et de savoir était aussi un sentiment naturel, don du ciel, comme toutes les autres facultés des hommes; moyens de bonheur, lorsqu'elles sont exercées; tourment, quand elles sont condamnées au repos. C'est en vain qu'après avoir tout connu, tout senti, tout éprouvé, il s'écrie: « N'al-
« lez pas plus avant; je reviens, et je n'ai rien vu qui valût la
« peine du voyage. » Chaque homme veut être à son tour détrompé, et jamais les desirs ne furent calmés par l'expérience des

autres. Il est remarquable qu'un des hommes les plus sensibles et les plus distingués par ses connaissances et son génie ait voulu réduire l'esprit et le cœur humain à un état presque semblable à l'abrutissement; mais c'est qu'il avait senti plus qu'un autre toutes les peines que ces avantages, portés à l'excès, peuvent faire éprouver. C'est peut-être aux dépens du bonheur qu'on obtient ces succès extraordinaires, dus à des talents sublimes. La nature, épuisée par ces superbes dons, refuse souvent aux grands hommes les qualités qui peuvent rendre heureux. Qu'il est cruel de leur accorder avec tant de peine, de leur envier avec tant de fureur cette gloire, seule jouissance qu'il soit peut-être en leur pouvoir de goûter!

Mais avec quelle finesse Rousseau suit les progrès des idées des hommes! Comme il inspire de l'admiration pour les premiers pas de l'esprit humain, et de l'étonnement pour le concours de circonstances qui put les lui faire faire! Comme il trace la route de la pensée, compose son histoire, et fait un effort d'imagination intellectuelle, de création abstraite au dessus de toutes les inventions d'événements et d'images dont les poëtes nous ont donné l'idée! Comme il sait, au milieu de ces systèmes, exagérés peut-être, inspirer de justes sentiments de haine pour le vice, et d'amour pour la vertu! Il est vrai, ses idées positives, comme celles de Montesquieu, ne montrent pas à la fois le mal et le remède, le but et les moyens; il ne se charge pas d'apprendre à exécuter sa pensée, mais il agit sur l'ame, et remonte ainsi plus haut à la première source. On a souvent vanté la perfection du style de Rousseau; je ne sais pas si c'est là précisément l'éloge qu'il faut lui donner : la perfection semble consister plus encore dans l'absence de défauts, que dans l'existence de grandes beautés; dans la mesure, que dans l'abandon; dans ce qu'on est toujours, que dans ce qu'on se montre quelquefois; enfin la perfection donne l'idée de la proportion plutôt que de la grandeur. Mais Rousseau s'élève et s'abaisse tour à tour; il est tantôt au-dessous, tantôt au-dessus de la perfection même; il rassemble toute sa chaleur dans un centre, et réunit, pour brûler, tous les rayons qui n'eussent fait qu'éclairer s'ils étaient restés épars. Cependant Rousseau joignant à la chaleur et au génie ce qu'on appelle précisément de l'esprit, cette faculté de saisir des rapports fins et éloignés, qui, sans reculer les bornes de la pensée, trace de nouvelles routes dans les pays qu'elle a déjà parcourus, il remplit souvent par des pensées ingénieuses les intervalles de son éloquence, et retient ainsi toujours l'attention et l'intérêt des lecteurs. Une grande propriété de termes, une simplicité remarquable dans la construction grammaticale de sa phrase, donnent à son style une clarté parfaite : son expression rend fidèlement sa pensée; mais le charme de son expression, c'est à son ame qu'il le doit. M. de Buffon colore son style par son imagination; Rousseau l'anime par son caractère : l'un choisit les expressions, elles échappent à l'autre. L'éloquence de M. de Buffon ne peut appartenir qu'à un homme de génie; la passion pourrait élever à celle de Rousseau. Mais quel plus bel éloge peut-on lui donner, que de lui trouver, presque toujours et sur tant de sujets, la chaleur que le transport de l'amour, de la haine, ou d'autres passions, peuvent inspirer une fois dans la vie à celui qui les ressent? Son style n'est pas continuellement harmonieux; mais lorsque son ame est émue, on trouve dans ses écrits, non cette harmonie imitative dont les poëtes ont fait usage, non cette suite de mots sonores, qui plairait à ceux mêmes qui n'en comprendraient pas le sens, mais, s'il est permis de le dire, une sorte d'harmonie naturelle, accent de la passion, et s'accordant avec elle, comme un air parfait avec les paroles qu'il exprime. Il a le tort de se servir souvent d'expressions de mauvais goût; mais on voit au moins, par l'affectation avec laquelle il les emploie, qu'il connaît bien les critiques qu'on peut en faire : il se pique de forcer ses lecteurs à les approuver; et peut-être aussi que, par une sorte d'esprit républicain, il ne veut point reconnaître qu'il existe des termes bas ou relevés, des rangs même entre les mots. Mais s'il hasarde des expressions que le goût rejetterait, comme il a su se le concilier par des morceaux entiers, parfaits sous tous les rapports, celui qui s'affranchit des règles, après avoir su si bien s'y soumettre, prouve au moins qu'il ne les blâme pas par impuissance de les suivre.

Un des discours de Rousseau qui m'a le plus frappée, c'est sa lettre contre l'établissement des spectacles à Genève. Il y a une réunion étonnante de moyens de persuasion, la logique et l'éloquence, la passion et la raison. Jamais Rousseau ne s'est montré avec autant de dignité : l'amour de la patrie, l'enthousiasme de la liberté, l'attachement à la morale, guident et animent sa pensée. La cause qu'il soutient, surtout appliquée à Genève, est parfaitement juste; tout l'esprit qu'il met quelquefois à soutenir un paradoxe est consacré dans cet ouvrage à appuyer la vérité ; aucun de ses efforts n'est perdu, aucun de ses mouvements ne porte à faux ; il a toutes les idées que son sujet peut faire naître, toute l'élévation, la chaleur qu'il doit exciter. C'est dans cet ouvrage qu'il établit son opinion sur les avantages qui doivent résulter pour les hommes et les femmes de ne pas se voir souvent en société. Sans doute, dans une république, cet usage est préférable : l'amour de la patrie est un mobile si puissant, qu'il rend les hommes indifférents même à ce que nous appelons la gloire ; mais dans les pays où le pouvoir de l'opinion affranchit seul de la puissance du maître, les applaudissements et les suffrages des femmes deviennent un motif de plus d'émulation dont il est important de conserver l'influence. Dans les républiques, il faut que les hommes gardent jusqu'à leurs défauts mêmes ; leur âpreté, leur rudesse fortifient en eux la passion de la liberté. Mais ces mêmes défauts dans un royaume absolu rendraient seulement tyrans tous ceux qui pourraient exercer quelque pouvoir. D'ailleurs, dans une monarchie, les femmes conservent peut-être plus de sentiments d'indépendance et de fierté que les hommes ; la forme des gouvernements ne les atteint point ; leur esclavage, toujours domestique, est égal dans tous les pays : leur nature n'est donc pas dégradée, même dans les états despotiques ; mais les hommes, faits pour la liberté, se sentent avilis quand ils s'en sont ravi l'usage, et tombent souvent alors au-dessous d'eux-mêmes. Quoique Rousseau ait tâché d'empêcher les femmes de se mêler des affaires publiques, de jouer un rôle éclatant, qu'il a su leur plaire en parlant d'elles ! Ah ! s'il a voulu les priver de quelques droits étrangers à leur sort, comme il leur a rendu tous ceux qui leur appartiennent à jamais ! S'il a voulu diminuer leur influence sur les délibérations des hommes, comme il a consacré l'empire qu'elles ont sur leur bonheur ! S'il les a fait descendre d'un trône usurpé, comme il les a replacées sur celui que la nature leur a destiné ! S'il s'indigne contre elles lorsqu'elles veulent ressembler aux hommes, combien il les adore quand elles se présentent à lui avec les charmes, les faiblesses, les vertus et les torts de leur sexe ! Enfin il croit à l'amour ; sa grace est obtenue : qu'importe aux femmes que sa raison leur dispute l'empire, quand son cœur leur est soumis ? qu'importe même à celles que la nature a douées d'une ame tendre, qu'on leur ravisse le faux honneur de gouverner celui qu'elles aiment ?

Non, il leur est plus doux de sentir sa supériorié, de l'admirer, de le croire mille fois au-dessus d'elles, de dépendre de lui, parcequ'elles l'adorent; de se soumettre volontairement, d'abaisser tout à ses pieds, d'en donner elles-mêmes l'exemple, et de ne pas demander d'autre retour que celui du cœur dont en aimant elles se sont rendues dignes. Cependant le seul tort qu'au nom des femmes je reprocherais à Rousseau, c'est d'avoir avancé, dans une note de sa lettre sur les spectacles, qu'elles ne sont jamais capables de peindre la passion avec chaleur et vérité. Qu'il leur refuse, s'il veut, ces vains talents littéraires qui, loin de les faire aimer des hommes, les mettent en lutte avec eux; qu'il leur refuse cette puissante force de tête, cette profonde faculté d'attention dont les grands génies sont doués: leurs faibles organes s'y opposent, et leur cœur, trop souvent occupé, s'empare sans cesse de leur pensée, et ne la laisse pas se fixer sur des méditations étrangères à leur idée dominante; mais qu'il ne les accuse pas de ne pouvoir écrire que froidement, de ne savoir pas même peindre l'amour. C'est par l'ame, l'ame seule, qu'elles sont distinguées : c'est elle qui donne du mouvement à leur esprit; c'est elle qui leur fait trouver quelque charme dans une destinée dont les sentiments sont les seuls événements, et les affections les seuls intérêts; c'est elle qui les identifie au sort de ce qu'elles aiment, et leur compose un bonheur dont l'unique source est la félicité des objets de leur tendresse; c'est elle enfin qui leur tient lieu d'instruction et d'expérience, et les rend dignes de sentir ce qu'elles sont incapables de juger. Sapho, seule entre toutes les femmes, dit Rousseau, a su faire parler l'amour. Ah! quand elles rougiraient d'employer ce langage brûlant, signe d'un délire insensé plutôt que d'une passion profonde, elles sauraient du moins exprimer ce qu'elles éprouvent; et cet abandon sublime, cette mélancolique douleur, ces sentiments tout puissants, qui les font vivre et mourir, porteraient peut-être plus avant l'émotion dans le cœur des lecteurs, que tous les transports nés de l'imagination exaltée des poëtes.

LETTRE II.

D'Héloïse.

La profondeur des pensées, l'énergie du style, font surtout le mérite et l'éclat des divers discours dont j'ai parlé dans ma Lettre précédente; mais on y trouve aussi des mouvements de sensibilité qui caractérisent d'avance l'auteur d'*Héloïse*. C'est avec plaisir que je me livre à me retracer l'effet que cet ouvrage a produit sur moi; je tâcherai surtout de me défendre d'un enthousiasme qu'on pourrait attribuer à la disposition de mon ame plus qu'au talent de l'auteur. L'admiration véritable inspire le desir de faire partager ce qu'on éprouve; on se modère pour persuader, on ralentit ses pas afin d'être suivi. Je me transporterai donc à quelque distance des impressions que j'ai reçues, et j'écrirai sur *Héloïse* comme je le ferais, je crois, si le temps avait vieilli mon cœur.

Un roman peut être une peinture des mœurs et des ridicules du moment, ou un jeu de l'imagination, qui rassemble des événements extraordinaires pour captiver l'intérêt de la curiosité, ou une grande idée morale mise en action et rendue dramatique: c'est dans cette dernière classe qu'il faut mettre *Héloïse*. Il paraît que le but de l'auteur était d'encourager au repentir, par l'exemple de la vertu de Julie, les femmes coupables de la même faute qu'elle. Je commence par admettre toutes les critiques que l'on peut faire sur ce plan. On dira qu'il est dangereux d'intéresser à Julie; que c'est répandre du charme sur le crime, et que le mal que ce roman peut faire aux jeunes filles encore innocentes est plus certain que l'utilité dont il pourrait être à celles qui ne le sont plus. Cette critique est vraie. Je voudrais que Rousseau n'eût peint Julie coupable que de la passion de son cœur. Je vais plus loin; je pense que c'est pour les cœurs purs seuls qu'il faut écrire la morale. D'abord, peut-être perfectionne-t-elle plutôt qu'elle ne change, guide-t-elle plutôt qu'elle ne ramène; mais d'ailleurs, quand elle est destinée aux ames honnêtes, elle peut servir encore à celles qui ont cessé de l'être. Combien on fait rougir d'une grande faute en peignant les remords et les malheurs que de plus légères doivent causer! Il me semble aussi que l'indulgence est la seule vertu qu'il est dangereux de prêcher, quoiqu'il soit si utile de la pratiquer. Le crime, abstraitement considéré, doit exciter l'indignation. La pitié ne peut naître que de l'intérêt qu'inspire le coupable; l'austérité doit être dans la morale, et la bonté dans son application. J'avoue donc, avec les censeurs de Rousseau, que le sujet de Clarisse et de Grandisson est plus moral; mais la véritable utilité d'un roman est dans son effet bien plus que dans son plan, dans les sentiments qu'il inspire bien plus que dans les événements qu'il raconte. Pardonnons à Rousseau si, à la fin de cette lecture, on se sent plus animé d'amour pour la vertu, si l'on tient plus à ses devoirs, si les mœurs simples, la bienfaisance, la retraite, ont plus d'attraits pour nous. Cessons de condamner ce roman, si telle est l'impression qu'il laisse dans l'ame. Rousseau lui-même a paru penser que cet ouvrage était dangereux; il a cru qu'il n'avait écrit en lettres de feu que les amours de Julie, et que l'image de la vertu, du bonheur tranquille de madame de Wolmar, paraîtrait sans couleur auprès de ces tableaux brûlants. Il s'est trompé; son talent de peindre se retrouve partout; et, dans ses fictions comme dans la vérité, les orages des passions et la paix de l'innocence agitent et calment successivement.

C'est un ouvrage de morale que Rousseau a eu l'intention d'écrire; il a pris, pour le faire, la forme d'un roman; il a peint le sentiment qui domine dans ce genre d'ouvrage: mais s'il est vrai qu'on ne peut émouvoir les hommes sans le ressort d'une passion; s'il est vrai qu'il en est peu qui s'enflamment par la pensée, s'élèvent par sa puissance à l'enthousiasme de la vertu, sans qu'aucun sentiment étranger à elle ait donné du charme et de la vie à cet amour abstrait de la perfection; si le langage des anges ne fait plus effet sur les hommes, un ange même ne devrait-il pas y renoncer? S'il faut, pour ainsi dire, entraîner les hommes à la vertu; si leur imperfection force à recourir, pour les intéresser, à l'éloquence d'une passion, faut-il blâmer Rousseau d'avoir choisi l'amour? Quelle autre eût été plus près de la vertu même? Serait-ce l'ambition? toujours la haine et l'envie l'accompagnent: l'ardeur de la gloire? ce sentiment n'est pas fait pour tous les hommes, il n'est pas même entendu par ceux qui ne l'ont jamais éprouvé. Quel théâtre et quel talent ne faut-il pas à cette passion! à qui l'inspirer, si ce n'est à ceux que rien ne peut empêcher de la ressentir? Que font les livres au petit nombre d'hommes qui devancent l'esprit humain? Non, l'amour seul pouvait intéresser universellement, remplir tous les cœurs, et se proportionner à leur énergie; l'amour seul enfin pouvait devenir un mobile aussi puissant qu'utile lorsque Rousseau le dirigeait.

Peut-être que, dans les premiers temps, les hommes ne connaissaient d'autres vertus que celles qui naissent de l'amour. L'amour peut quelquefois donner toutes celles que la religion et la morale prescrivent. L'origine est moins céleste; mais il serait possible de s'y méprendre : quand l'objet de son culte est vertueux, bientôt on le devient soi-même; un suffit pour qu'il y en ait deux. On est vertueux quand on aime ce qu'on doit aimer ; involontairement on fait ce que le devoir ordonne : enfin cet abandon de soi-même, ce mépris pour tout ce que la vanité fait rechercher, prépare l'ame à la vertu ; lorsque l'amour sera éteint, elle y régnera seule: quand on s'est accoutumé à ne mettre de valeur à soi qu'à cause d'un autre, quand on s'est une fois entièrement détaché de soi, on ne peut plus s'y méprendre, et la piété succède à l'amour. C'est là l'histoire la plus vraisemblable du cœur.

La bienfaisance et l'humanité, la douceur et la bonté semblent aussi appartenir à l'amour. On s'intéresse aux malheureux ; le cœur est toujours disposé à s'attendrir : il est comme ces cordes tendues qu'un souffle fait résonner. L'amant aimé est à la fois étranger à l'envie et indifférent aux injustices des hommes; leurs défauts ne l'irritent point, parcequ'ils ne le blessent pas ; il les supporte, parcequ'il ne les sent pas : sa pensée est à sa maîtresse, sa vie est dans son cœur : le mal qu'on lui fait ailleurs, il le pardonne, parcequ'il l'oublie ; il est généreux sans effort. Loin de moi cependant de comparer cette vertu du moment avec la véritable; loin de moi surtout de lui accorder la même estime! Mais, je le répète encore, puisqu'il faut intéresser l'ame par les sentiments pour fixer l'esprit sur les pensées; puisqu'il faut mêler la passion à la vertu pour forcer à les écouter toutes deux, est-ce Rousseau que l'on doit blâmer, et l'imperfection des hommes ne lui faisait-elle pas une loi des torts dont on l'accuse?

Je sais qu'on lui reproche d'avoir peint un précepteur qui séduit la pupille qui lui était confiée; mais j'avouerai que j'ai fait à peine cette réflexion en lisant *la Nouvelle Héloïse*. D'abord il me semble qu'on voit clairement que cette circonstance n'a pas frappé Rousseau lui-même; qu'il l'a prise de l'ancienne *Héloïse;* que toute la moralité de son roman est dans l'histoire de Julie, et qu'il n'a songé à peindre Saint-Preux que comme le plus passionné des hommes. Son ouvrage est pour les femmes; c'est pour elles qu'il est fait; c'est à elles qu'il peut nuire ou servir. N'est-ce pas d'elles que dépend tout le sort de l'amour? Je conviens que ce roman pourrait égarer un homme dans la position de Saint-Preux : mais le danger d'un livre est dans l'expression des sentiments qui conviennent à tous les hommes, bien plus que dans le récit d'un concours d'événements qui, ne se trouvant peut-être jamais, n'autorisera jamais personne. Saint-Preux n'a point le langage ni les principes d'un corrupteur; Saint-Preux était rempli de ces idées d'égalité que l'on retrouve encore en Suisse; Saint-Preux était du même âge que Julie. Entraînés l'un et l'autre, ils se rencontraient malgré eux : Saint-Preux n'employait d'autres armes que la vérité et l'amour; il n'attaquait pas, il se montrait involontairement. Saint-Preux avait aimé avant de vouloir l'être; Saint-Preux avait voulu mourir avant de risquer de troubler la vie de ce qu'il aimait; Saint-Preux combattait sa passion : c'est là la vertu des hommes; celle des femmes est d'en triompher. Non, l'exemple de Saint-Preux n'est point immoral; mais celui de Julie pouvait l'être. La situation de Julie se rapproche de toutes celles que le cœur fait naître; et le tableau de ses torts pourrait être dangereux, si ses remords et la suite de sa vie n'en détruisaient pas l'effet, si dans ce roman la vertu n'était pas peinte en traits aussi ineffaçables que l'amour.

Le tableau d'une passion violente est sans doute dangereux, mais l'indifférence et la légèreté avec laquelle d'autres auteurs ont traité les principes supposent bien plus de corruption de mœurs, et y contribuent davantage. Julie coupable insulte moins à la vertu, que celle même qui la conserve sans y mettre de prix, qui n'y manque pas par calcul, et l'observe sans l'aimer. Si l'indulgence était réservée à l'excès de la passion, l'exercerait-on souvent? faudrait-il désespérer du cœur qui l'aurait éprouvée? Non, son ame égarée pourrait encore retrouver toute son énergie; mais n'attendez rien de celle qui s'est dégoûtée de la vertu, qui s'est corrompue lentement : tout ce qui arrive par degrés est irrémédiable.

Peut-être Rousseau s'est-il laissé aller à l'impulsion de son ame et de son talent; il avait le besoin d'exprimer ce qu'il y a de plus violent du monde, la passion et la vertu en contraste et réunies. Mais voyez comme il a respecté l'amour conjugal! Peut-être que, suivant le cours habituel de ses pensées, il a voulu attaquer, par l'exemple des malheurs de Julie et de l'inflexible orgueil de son père, les préjugés et les institutions sociales. Mais comme il révère le lien auquel la nature nous destine! comme il a voulu prouver qu'il est fait pour rendre heureux, qu'il peut suffire au cœur même qui a connu d'autres délices! Qui oserait se refuser à sa morale? Est-il étranger aux passions? méconnaît-il leur empire? n'a-t-il pas acquis le droit de parler aux ames tendres, et de leur apprendre quels sont les sacrifices qui sont en leur puissance? Qui oserait répondre qu'ils sont impossibles, lorsque Rousseau nous apprend que la plus passionnée des femmes, que Julie en a été capable; qu'elle a pu trouver le bonheur dans l'accomplissement de ses devoirs, et ne s'en est plus écartée jusqu'au dernier moment de sa vie? On se croit dispensé de ressembler aux héroïnes parfaites; on aurait honte de n'avoir pas même les vertus d'une femme coupable.

Nos usages retiennent les jeunes filles dans les couvents. Il n'est pas même à craindre que ce roman les éloigne des mariages de convenance. Elles ne dépendent jamais d'elles; tout ce qui les environne s'occupe à défendre leur cœur d'impressions sensibles; la vertu, et souvent aussi l'ambition de leurs parents, veillent sur elles. Les hommes mêmes, bizarres dans leurs principes, attendent qu'elles soient mariées pour leur parler d'amour. Tout change autour d'elles à cette époque; on ne cherche pas à leur exalter la tête par des sentiments romanesques, mais à leur flétrir le cœur par de froides plaisanteries sur tout ce qu'elles avaient appris à respecter : c'est alors qu'elles doivent lire *Héloïse*. Elles sentiront d'abord, en lisant les lettres de Saint-Preux, combien ceux qui les environnent sont loin du crime même de les aimer; elles verront ensuite combien le nœud du mariage est sacré; elles apprendront à connaître l'importance de ses devoirs, le bonheur qu'ils peuvent donner, lors même que le sentiment ne leur prête point ses charmes. Qui jamais l'a senti plus profondément que Rousseau? Quelle preuve plus frappante pouvait-il en offrir?

S'il eût peint deux amants que la destinée aurait réunis, dont toute la vie serait composée de jours dont un seul suffirait pour embellir un long espace de l'année; qui, faisant ensemble la route de la vie, seraient indifférents sur les pays qu'ils parcourraient; qui adoreraient dans leur enfant une image chérie, un être dans lequel leurs ames se sont réunies, leurs vies se sont confondues; qui accompliraient tous leurs devoirs comme s'ils cédaient à tous leurs mouvements; pour qui le charme de la vertu se serait joint à l'attrait de l'amour, la volupté du cœur aux charmes de l'innocence : la piété attacherait encore ces deux époux l'un à l'autre; ensemble ils remercieraient l'Être suprême. Le bonheur permet-il d'être athée? Il est des bienfaits si grands, qu'ils donnent le besoin de la reconnaissance; il est des bienfaits dont il serait si cruel de ne pas jouir toujours, que le cœur cherche à se reposer sur des espérances sensibles. Ce ne serait plus comme autrefois, par un lien secret, inconnu, qu'ils tiendraient l'un à l'autre ; c'est à la face des hommes, c'est devant Dieu qu'ils auraient formé ce nœud que rien ne pourrait plus rompre ; leur nom, leurs enfants, leur demeure, tout leur rappellerait leur bonheur, tout leur annoncerait sa durée ; chaque instant ferait naître une nouvelle jouissance. Que de détails de bonheur dans une union intime ! Ah ! si, pour nous faire adorer ce lien respectable, Rousseau nous eût peint une telle union, sa tâche eût été facile ; mais est-ce la vertu qu'il eût prêchée ? est-ce une leçon qu'il eût donnée ? aurait-il été utile aux hommes, en excitant l'envie des malheureux, en n'apprenant aux heureux que ce qu'ils savent ?. Non ; c'est un plan plus moral qu'il a suivi.

Il a peint une femme mariée malgré elle, ne tenant à son époux que par l'estime, portant au fond du cœur et le souvenir d'un autre bonheur, et l'amour d'un autre objet ; passant sa vie entière, non dans ce tourbillon du monde, qui peut faire oublier et son époux et son amant, qui ne permet à aucune pensée, à aucun sentiment de dominer en nous, éteint toutes les passions, et rétablit le calme par la confusion, et le repos par le tumulte ; mais dans une retraite absolue, seule avec M. de Wolmar, à la campagne, près de la nature, et disposée par elle à tous les sentiments du cœur qu'elle inspire ou retrace. C'est dans cette situation que Rousseau nous peint Julie, se faisant par la vertu une félicité à elle ; heureuse par le bonheur qu'elle donne à son époux, heureuse par l'éducation qu'elle donne à ses enfants, heureuse par l'effet de son exemple sur ce qui l'entoure, heureuse par les consolations qu'elle trouve dans sa confiance en son Dieu. C'est un autre bonheur sans doute que celui que je viens de peindre ; il est plus mélancolique ; on peut le goûter et verser encore quelquefois des larmes : mais c'est un bonheur plus fait pour des êtres passagers sur la terre qu'ils habitent ; on en jouit, sans le regretter quand on le perd ; c'est un bonheur habituel, qu'on possède tout entier, sans que la réflexion ni la crainte lui ôtent rien ; un bonheur enfin dans lequel les ames pieuses trouvent toutes les délices que l'amour promet aux autres : c'est ce sentiment si pur, peint avec tant de charmes, qui rend ce roman moral ; c'est ce sentiment qui en eût fait le plus moral de tous, si Julie nous eût offert en tout temps, non, comme disent les anciens, le spectacle de la vertu aux prises avec le malheur, mais avec la passion, bien plus terrible encore ; et si cette vertu pure et sans tache n'eût pas perdu de son charme en ressemblant au repentir.

Je sais aussi que l'impression du tableau de la vie domestique de madame de Wolmar pourrait être détruite par le reproche qu'on lui fait d'avoir consenti à se marier : mais malheur à celle qui se croirait le courage de résister à son père ! Ses droits, ses volontés peuvent être oubliés loin de lui ; la passion présente efface tous les souvenirs : mais un père à genoux, plaidant lui-même sa cause ; sa puissance, augmentée par sa dépendance volontaire ; son malheur, en opposition avec le nôtre ; la prière, lorsqu'on attendait la force : quel spectacle ! il suspend l'amour même. Un père qui parle comme un ami, qui émeut à la fois le cœur et la nature, est souverain de l'ame, et peut tout obtenir. Il reste encore à justifier Julie de ne pas avoir avoué sa faute à M. de Wolmar. La révéler avant son mariage, c'était tenter un moyen sûr de le rendre impossible, c'était tromper son père. Après qu'un lien indissoluble l'eut attachée à M. de Wolmar, c'était risquer le bonheur de son époux que de lui faire perdre l'estime qu'il avait pour elle. Je ne sais pas si le sacrifice de sa délicatesse même au repos d'un autre n'est pas digne d'une grande admiration ; les vertus qui ne diffèrent pas des vices aux yeux des hommes sont les plus difficiles à exercer. Se confier dans la pureté de ses intentions, s'élever au-dessus de l'opinion, n'est-ce pas là le caractère d'un amour désintéressé pour ce qui est bien ? Cependant, comme j'aimerais le mouvement qui porterait à tout avouer ! Je le retrouve avec plaisir dans Julie, et j'applaudis à Rousseau, qui a pensé que ce n'était pas assez d'opposer dans la même personne la réflexion au penchant, mais qu'il fallait encore que ce fût une autre, que ce fût Claire qui se chargeât de détourner Julie de découvrir sa faute à M. de Wolmar, afin que Julie conservât tout le charme de l'abandon, et parût plutôt arrêtée que capable de se retenir. Quelle que soit sur ce point l'opinion générale, au moins il est vrai que quand Rousseau se trompe, c'est presque toujours en s'attachant à une idée morale plutôt qu'à une autre : c'est entre les vertus qu'il choisit ; et la préférence qu'il donne peut seule être attaquée ou défendue.

Mais comment admirer assez l'éloquence et le talent de Rousseau ? Quel ouvrage que ce roman ! quelles idées sur tous les sujets sont éparses dans ce livre ! Il paraît que Rousseau n'avait pas l'imagination qui sait inventer une succession d'événements nouveaux : mais combien les sentiments et les pensées suppléent à la variété des situations ! Ce n'est plus un roman, ce sont des lettres sur des sujets différents ; on y découvre celui qui doit faire Émile et le Contrat social : c'est ainsi que les Lettres persanes annoncent l'Esprit des Lois. Plusieurs écrivains célèbres ont mis de même dans leur premier ouvrage le germe de tous les autres. On commence par penser sur tout, on parcourt tous les objets, avant de s'assujettir à un plan, avant de suivre une route : dans la jeunesse les idées viennent en foule : on a peut-être dès-lors toutes celles qu'on aura ; mais elles sont encore confuses : on les met en ordre ensuite, et leur nombre augmente aux yeux des autres ; on les domine, on les soumet à la raison, et leur puissance devient en effet plus grande.

Quelle belle lettre pour et contre le suicide ! quel puissant argument de métaphysique et de pensée ! Celle qui condamne le suicide est inférieure à celle qui le justifie, soit que l'horreur naturelle et l'instinct de la conscience parlent plus éloquemment contre le suicide que le raisonnement même, soit que Rousseau se sentît né pour être malheureux, et craignît de s'ôter sa dernière ressource en se persuadant lui-même.

Quelle lettre sur le duel ! comme il a combattu ce préjugé en homme d'honneur ! comme il a respecté le courage ! comme il a senti qu'il fallait en être enthousiaste pour avoir le droit de le blâmer, et lui parler à genoux pour pouvoir l'arrêter ! C'est Julie, je le sais, qui écrit cette lettre ; mais si c'est le tort de Rousseau, comme auteur de roman, c'est son mérite comme écrivain penseur, de faire parler toujours Julie comme il eût parlé lui-même.

Je l'avouerai cependant, souvent je n'aime pas à reconnaître Rousseau dans Julie ; je voudrais y trouver les idées, mais non le caractère d'un homme. La convenance, la modestie d'une femme, d'une femme coupable, y manquent dans plusieurs lettres : la pudeur survit encore au crime, quand la passion l'a fait commettre. Il me semble aussi que ses sermons continuels à Saint-Preux sont déplacés : une femme coupable peut aimer la vertu, mais il ne lui est pas permis de la prêcher : c'est avec un sentiment de tristesse et de regret que ce mot doit sortir de sa bouche. Je ne retrancherais rien à la morale de Julie, mais je voudrais qu'elle se l'adressât à elle-même, et que le spectacle de son repentir fût le seul moyen qu'elle crût avoir le droit d'employer pour ramener son amant à la vertu. Je ne puis supporter le ton de supériorité qu'elle conserve avec Saint-Preux : une femme est au-dessous de son amant quand il l'a rendue coupable : les charmes de son sexe lui restent, mais ses droits sont perdus; elle peut entraîner, mais elle ne doit plus commander.

On a souvent agité s'il était dans la nature que Julie sacrifiât le seul rendez-vous qu'elle croyait pouvoir donner à Saint-Preux, au desir d'obtenir le congé de Claude Anet. Je crois possible qu'un acte de bienfaisance l'emporte dans son cœur sur le bonheur de voir son amant; il peut être dans la nature de ne pas être arrêté par le premier des devoirs, et de céder à la pitié; c'est un mouvement qui tient de la passion, qui agit comme elle à l'instant et directement sur le cœur, qui lutte avec plus de succès contre elle que les plus importantes réflexions sur l'honneur et la vertu. Mais je trouve quelquefois dans cet ouvrage des idées bizarres en sensibilité, et je crois qu'elles viennent toutes de la tête, car le cœur ne peut plus rien inventer : il peut se servir d'expressions nouvelles; mais tous ses mouvements, pour être vrais, doivent être connus; car c'est par-là que tous les hommes se ressemblent. Je ne puis supporter, par exemple, la méthode que Julie met quelquefois dans sa passion; enfin tout ce qui, dans ses lettres, semble prouver qu'elle est encore maîtresse d'elle-même, et qu'elle prend d'avance la résolution d'être coupable. Quand on renonce aux charmes de la vertu, il faut au moins avoir tous ceux que l'abandon du cœur peut donner. Rousseau s'est trompé, s'il a cru, suivant les règles ordinaires, que Julie paraîtrait plus modeste en se montrant moins passionnée; non : il fallait que l'excès même de cette passion fût son excuse, et ce n'est qu'en peignant la violence de son amour qu'il diminuait l'immoralité de la faute que l'amour lui faisait commettre.

Il me reste encore une critique à faire : je me hâte; elles m'importunent. Les plaisanteries de Claire manquent à mes yeux, presque toujours, de goût comme de grace : il faut, pour atteindre à la perfection de ce genre, avoir acquis à Paris cette espèce d'instinct qui rejette, sans s'en rendre même raison, tout ce que l'examen le plus fin condamnerait. C'est à son propre tribunal qu'on peut juger si un sentiment est vrai, si une pensée est juste; mais il faut avoir une grande habitude de la société pour prévoir sûrement l'effet d'une plaisanterie. D'ailleurs Rousseau était l'homme du monde le moins propre à écrire gaiement : tout le frappait profondément. Il attachait les plus grandes pensées aux plus petits événements, les sentiments les plus profonds aux aventures les plus indifférentes ; et la gaieté fait le contraire. Habituellement malheureux, celle du caractère lui manquait, et son esprit n'était pas propre à y suppléer : enfin il est tellement fait pour la passion et pour la douleur, que sa gaieté même conserve toujours un caractère de contrainte ; on s'aperçoit que c'est avec effort qu'il y est parvenu : il n'en a pas la mesure, parcequ'il n'en a pas le sentiment ; et les nuages de la tristesse obscurcissent malgré lui ce qu'il croit des rayons de joie. Ah ! qu'il pouvait aisément renoncer à ce genre si peu digne d'admiration ! Quelle éloquence ! quel talent que le sien pour transmettre et communiquer les plus violents mouvements de l'ame !

Des idées de destin, de sort inévitable, de courroux des dieux, diminuent l'intérêt de Phèdre et de tous les amours peints par les anciens ; l'héroïsme et la galanterie chevaleresque font le charme de nos romans modernes : mais le sentiment qui naît du libre penchant du cœur, le sentiment à la fois ardent et tendre, délicat et passionné, c'est Rousseau qui, le premier, a cru qu'on pouvait exprimer ses brûlantes agitations ; c'est Rousseau qui, le premier, l'a prouvé.

Que le lieu de la scène est heureusement choisi ! La nature en Suisse est si bien d'accord avec les grandes passions ! Comme elle ajoute à l'effet de la touchante scène de la Meillerie ! comme les tableaux que Rousseau en fait sont nouveaux ! qu'il laisse loin derrière lui ces idylles de Gessner, ces prairies émaillées de fleurs, ces berceaux entrelacés de roses ! Comme l'on sent vivement que le cœur serait plus ému, s'ouvrirait plus à l'amour près de ces rochers qui menacent les cieux, à l'aspect de ce lac immense, au fond de ces forêts, sur le bord de ces torrents rapides, dans ce séjour qui semble sur les confins du chaos, que dans ces lieux enchantés, fades comme les bergers qui les habitent !

Enfin il est une lettre moins vantée que les autres, mais que je n'ai pu lire jamais sans un attendrissement inexprimable : c'est celle que Julie écrit à Saint-Preux au moment de mourir : peut-être n'est-elle pas aussi touchante que je le pense ; souvent un mot qui répond juste à notre cœur, une situation qui nous retrace ou des souvenirs ou des chimères, nous fait illusion, et nous croyons que l'auteur est la cause de cet effet de son ouvrage :

mais Julie apprenant à Saint-Preux qu'elle n'a pu cesser de l'aimer; Julie, que je croyais guérie, me montrant un cœur blessé plus profondément que jamais; ce sentiment de bonheur que la cessation d'un long combat lui donne; cet abandon que la mort autorise et que la mort va terminer; ces mots si sombres et si mélancoliques, *Adieu pour jamais, adieu,* se mêlant aux expressions d'un sentiment créé pour le bonheur de la vie; cette certitude de mourir, qui donne à toutes ses paroles un caractère si solennel et si vrai; cette idée dominante, cet objet qui l'occupe seul au moment où la plupart des hommes concentrent sur eux-mêmes ce qu'il leur reste de pensée; ce calme qu'à l'instant de la mort le malheur donne encore plus sûrement que le courage; chaque mot de cette lettre enfin a rempli mon ame de la plus vive émotion. Ah! qu'on voit avec peine la fin d'une lecture qui nous intéressait comme un événement de notre vie, et qui, sans troubler notre cœur, mettait en mouvement tous nos sentiments et toutes nos pensées!

LETTRE III.

D'Émile.

Je vais maintenant parler de l'ouvrage qui a consacré la gloire de Rousseau, de celui que son nom d'abord nous rappelle, et qui confond l'envie après l'avoir excitée. L'auteur d'*Émile* s'était fait connaître dans ses premiers écrits: avant même d'avoir élevé ce grand édifice, il en avait montré la puissance; mais l'admiration, sentiment auquel on se plait à résister, n'aurait peut-être pas été généralement accordée aux autres ouvrages de Rousseau, si, forcé de couronner *Émile,* il n'avait pas fallu respecter jusqu'aux essais du talent qui sut ainsi se développer à nos yeux.

C'est un beau système que celui qui, recevant l'homme des mains de la nature, réunit toutes ses forces pour conserver en lui l'empreinte qu'il a reçue d'elle, et l'exposer au monde sans l'effacer. On répète souvent que dans la vie sociale ce système est impossible; mais je ne sais pas pourquoi l'on n'a voulu trouver cette auguste empreinte que dans l'homme sauvage: ce n'est pas le progrès des lumières, ni l'ordre civil, c'est l'erreur et l'injustice qui nous éloignent de la nature. L'homme seul ne peut atteindre à toutes les connaissances des hommes réunis pendant plusieurs siècles; mais le fil d'Ariane conduit depuis les premiers pas jusqu'aux derniers : l'esprit juste et le cœur droit peuvent concevoir toutes les combinaisons nécessaires aux devoirs de cette vie. On croit avoir jugé les idées de Rousseau, quand on a appelé son livre un ouvrage systématique ; peut-être les bornes de l'esprit humain ont-elles été assez reculées depuis un siècle, pour qu'on ait l'habitude de respecter les pensées nouvelles ; mais ne serait-il pas possible même qu'il vînt un temps où l'on se fût tellement éloigné des sentiments naturels, qu'ils parussent une découverte, et où l'on eût besoin d'un homme de génie pour revenir sur ses pas, et retrouver la route dont les préjugés du monde auraient effacé la trace? C'est ce sublime effort dont Rousseau s'est montré capable.

L'homme reçoit trois éducations : celle de la nature, de son précepteur, et du monde. Rousseau a voulu confondre les deux premières ; il développe les facultés de son élève, comme ses forces physiques, avec le temps, sans ralentir ni hâter sa marche ; il sait qu'il doit vivre parmi des hommes qui se sont condamnés à une existence contraire aux idées naturelles : mais comme la loi de la nécessité est la première qu'il lui apprit à respecter, il supportera les institutions sociales comme les accidents de la nature ; et le jugement droit, les sentiments simples qu'on lui a inspirés guideront seulement sa conduite et soutiendront son ame. Qu'importe si, sur le théâtre du monde, il est acteur ou témoin? on ne le verra point troubler le spectacle ; et si les illusions lui manquent, les plaisirs vrais lui resteront. On se plaint des soins infinis que cette éducation exigerait : sans doute, dans un séjour pestiféré, l'on se défend avec peine de la contagion ; mais Émile, enfant, s'élèverait de lui-même dans une ville habitée par des Émiles. D'ailleurs, quand la moitié de la vie serait consacrée à assurer le bonheur de celle d'un autre, y a-t-il beaucoup d'hommes qui dussent regretter cet emploi de leur temps ? Enfin, si les femmes, s'élevant au-dessus de leur sort, osaient prétendre à l'éducation des hommes ; si elles savaient dire ce qu'ils doivent faire, si elles avaient le sentiment de leurs actions, quelle noble destinée leur serait réservée !

Rousseau veut qu'on développe les facultés avant d'apprendre les sciences : en effet, l'enfant dont l'esprit n'est pas au niveau de sa mémoire retiendra ce qu'il n'entend pas, et cette habitude dispose à l'erreur. J'ignore si Rousseau ne retarde pas trop le moment où l'étude doit être permise : il ne peut être fixé ; les enfants diffèrent entre eux comme les hommes. Quel bon esprit on prépare à celui qui n'adopta jamais que ce qu'il avait compris! Je le sais, la jeunesse efface les erreurs de l'enfance, et perd les siennes à son tour; mais celui qui, suivant son âge, n'aurait jamais cru que la vérité, arriverait à la principale époque de la vie avec un jugement inaltérable ; et les idées morales, devenues pour lui comme des propositions de géométrie, s'enchaîneraient dans sa pensée depuis sa naissance jusqu'à sa mort. On ne le préserverait pas des mouvements des passions, mais on le garantirait des excuses qu'elles cherchent : il pourrait être entraîné, mais jamais égaré; et s'il tombait dans le précipice, il s'y verrait au moins, et ses yeux restés ouverts l'aideraient bientôt à s'en retirer lui-même. Que j'aime cette éducation sans ruse et sans despotisme, qui traite l'enfant comme un homme faible, et non comme un être dépendant; qui le force à l'obéissance, non en le faisant plier sous la volonté d'un gouverneur ou d'un père dont il ne connaîtrait pas les droits et dont il haïrait l'empire, mais sous la nécessité muette, mais inflexible; sous la nécessité, éternelle puissance qui le commandera, quand ses maîtres ne pourront plus rien sur lui; pouvoir qui n'avilit pas celui qui s'y soumet, et ne donne point à un homme l'habitude d'obéir aux autres hommes! L'enfance précède la vie; qu'elle en soit le tableau en raccourci: le soir du jour souillé par nos fautes, un maître sévère ne vient pas nous imposer des punitions qui ne naissent point d'elles ; mais nos amis s'éloignent, si nous les avons blessés; mais on cesse de nous croire, si nous avons trompé. La seule ruse permise avec les enfants, c'est de les traiter comme des hommes, de faire naître autour d'eux l'expérience, en leur cachant le peu d'importance qu'on attache à leurs premiers torts et le charme de leurs petites graces, présage de l'empire que d'autres séductions peuvent avoir un jour. Il est un genre d'expérience toutefois qu'on doit retarder le plus possible, c'est la connaissance des vices des hommes ; il faut être bien fort pour braver l'exemple et supporter l'injustice. Les enfants ne doivent jamais éprouver les défauts de ceux qui les environnent. Que cette grande et dernière leçon soit réservée pour l'âge où l'on a déja choisi sa route. La vertu n'est pas, comme la gloire, un but d'émulation ; ceux qui prétendent à l'une ne veulent point d'égaux; ceux qui cherchent l'autre ralentissent quelquefois leurs efforts lorsqu'ils trouvent des compagnons de paresse. Il faut être homme pour apprendre sans danger à connaître les hommes. Il paraissait difficile d'exciter les enfants à l'étude sans employer les moyens ordinaires de l'éducation, sans manquer au principe qui conserve dans l'enfant la dignité de l'homme, en ne lui apprenant ni à commander ni à obéir. Rousseau s'assure de sa docilité par la dépendance de sa nature; elle l'oblige à un échange de services, premier fondement de toute société. Les connaissances sont nées du besoin des hommes; et depuis que tous les ont acquises, elles sont encore plus utiles à chacun d'eux. On peut amener une circonstance qui en fasse sentir à l'enfant la nécessité, et lui inspire aujourd'hui le desir de cette même science dont hier il eût fallu lui commander l'étude. Mais, dira-t-on, pourquoi ne pas le conduire par la reconnaissance et par la tendresse? Le premier de ces sentiments n'est pas conçu par un enfant; il n'unit point ensemble le présent et le passé : le second doit naître de lui-même; mais son action ne développe ni le jugement ni la pensée : elle n'a pas le même empire sur tous ces jeunes cœurs, et ne leur donne point l'idée de la vie, où des relations de tous genres tirent leurs forces de la raison et de la nécessité. Rousseau se sert, pour l'enfance, des ressorts qui doivent mouvoir tous les âges. Avec quel soin n'interdit-il pas ces motifs d'émulation et de rivalité qui préparent d'avance les passions de la jeunesse!

Émile n'est point un guerrier, un poëte, un administrateur; c'est un homme, l'homme de la nature instruit de toutes les découvertes de la société : il voit plus loin que le sauvage, mais dans la même direction; il a ajouté des idées justes à des idées justes, mais une erreur ne peut entrer dans sa tête. Tout le monde a adopté le système d'éducation physique de Rousseau. Un succès certain n'a point trouvé de contradicteurs. Ses idées morales sont sur le même modèle; aucun lien importun ne gêne les mouvements des enfants; la contrainte ne borne point leur liberté : Rousseau les exerce par degrés; il veut qu'ils fassent eux-mêmes tout ce que leurs petites forces leur permettent; il ne hâte point leur esprit; il ne les fait pas arriver au résultat sans passer par la route : enfin, si la même pensée avait créé le monde physique et le monde moral; si l'un était, pour ainsi dire, le relief de l'autre, pourquoi se refuserait-on à trouver dans l'ensemble du système de Rousseau la preuve de la vérité? Je ne sais pas si je suivrais entièrement pour mon fils la méthode de Rousseau; peut-être ma vanité voudrait-elle le former pour un état déterminé, afin qu'il fût de bonne heure avancé dans une carrière; au moins je me dirais : C'est ainsi qu'on doit élever l'homme; c'est l'éducation de l'espèce plutôt que celle de l'individu. Mais il faut l'étudier comme ces modèles de proportion que les sculpteurs ont toujours devant les yeux, quelles que soient les statues qu'ils veulent faire.

C'est l'éloquence de Rousseau qui ranima le sentiment maternel dans une certaine classe de la société; il fit connaître aux mères ce devoir et ce bonheur; il leur inspira le désir de ne céder à personne les premières caresses de leurs enfants; il interdit autour d'eux les serviles respects des valets, qui leur font sentir leur rang, en leur montrant le contraste de leur faiblesse et de leur puissance; mais il permit les tendres soins d'une mère : ils ne gâteront point l'enfant qui les reçoit; être servi, rend tyran; mais être aimé, rend sensible. Qui des mères ou des enfants doit le plus de reconnaissance à Rousseau? Ah! ce sont les mères sans doute : ne leur a-t-il pas appris (comme l'écrivait une femme dont l'ame et l'esprit font le charme de ceux qu'elle admet à la connaître) « à retrouver dans leur enfant une seconde jeunesse, dont « l'espérance recommence pour elles, quand la première s'éva« nouit? » Tout n'est pas encore perdu pour la mère malheureuse dont les fautes ou la destinée ont empoisonné la vie! ces jours de douleur lui ont peut-être valu l'expérience qui préservera des mêmes peines le jeune objet de ses soins et de sa tendresse. Dans tous les portraits de Rousseau, on l'a peint couronné par des enfants. En effet, il a su rendre cet âge à son bonheur naturel; et peut-être n'est-il que celui-là d'assuré dans la vie. Bientôt la jeunesse arrive, ce temps faussement vanté, ce temps des passions et des larmes : il faut assurer des jours de bonheur à l'enfance, dans cet âge où l'imagination ne craint rien de l'avenir, où le moment présent compose toute la vie, où le cœur aime sans inquiétude, où le plaisir se fait sentir, tandis que la peine est encore inconnue. Le bonheur de l'enfant dépend de sa mère : hélas! un jour peut-être elle le pressera vainement contre son sein; ses caresses ne feront plus renaître le calme dans son ame.

Rousseau n'a point voulu qu'Émile fût un homme extraordinaire. Le génie et l'héroïsme sont des exceptions de la nature dont elle fait seule l'éducation. Il l'a peint tel que tous les pères peuvent espérer de rendre leur fils, en suivant le même plan. Je me demanderais, pour juger de ce système, s'il est vrai que tous les effets naissent des moyens, et si ces effets sont desirables. Or il me semble que l'enfant élevé suivant les principes de Rousseau serait Émile, et qu'on serait heureux d'avoir Émile pour fils. Je suis loin d'adopter le système d'Helvétius, et d'attribuer à l'éducation seule la distance qui peut exister entre l'esprit de Voltaire et celui des autres hommes. Les talents de l'esprit sont sans doute inégaux par la nature, mais les sentiments innés dans tous les cœurs peuvent être développés par l'éducation; et je crois qu'elle a presque toujours une manière de rendre, ou plutôt de laisser à l'ame sa bonté primitive. Pour un aveugle-né, combien ont perdu la vue! Je sais qu'il paraîtra peut-être extraordinaire d'adopter le système de Rousseau : on s'accorde pour admirer son éloquence; mais on a trouvé simple de croire que cette imagination si vive et si féconde, cette ame si passionnée, avaient acquitté la nature envers lui, et qu'un tel talent de peindre ne pouvait être uni à la justesse d'esprit nécessaire pour tracer un plan utile. On a dit que ses opinions étaient impraticables ou fausses, afin de le ranger dans cette classe que les hommes médiocres même traitent avec dédain, ravis d'opposer le court enchaînement de leurs incontestables idées communes aux erreurs qui peuvent se rencontrer dans la suite des pensées nouvelles d'un grand génie. Moi, je ne crois pas qu'un ouvrage sur l'éducation, dont le système est parfaitement suivi depuis la première ligne jusqu'à la dernière, et qui doit réveiller sans cesse tous nos sentiments et toutes nos idées habituelles, pût intéresser, s'il fatiguait l'esprit par sa fausseté. Enfin je vois adopter en détail ce plan dont on rejette l'ensemble, et je ne puis m'accoutumer à entendre juger le style sans les pensées; comme si l'effet de l'un était séparé de l'impression des autres, et comme s'il ne fallait pas au moins, quand tout le système ne serait pas juste, que les idées et les sentiments dont l'éloquence se compose le fussent toujours. J'avouerai que pour me conformer à l'avis de la multitude, qui ne veut pas croire vraies tant de pensées neuves, vainement à chaque page j'étais de l'avis de Rousseau : à la fin du livre, je me disais : C'est sûrement faux; et j'attribuais à son talent seul la persuasion dont je ne pouvais me défendre : mais j'ai fini cependant par m'en fier assez à la réflexion, pour ne pas craindre les opinions mêmes que l'éloquence développe. Sans doute, quand elle s'aide du geste et de l'accent, elle peut, à la tête des armées, dans une émeute populaire, entraîner les hommes par tout ce qu'ils ont de sensible, et suspendre leurs autres facultés; mais dans la retraite, lorsqu'aucune passion ne nous aveugle, l'impression du talent reste, mais son illusion disparait.

Rousseau voulait élever la femme comme l'homme, d'après la nature, et suivant les différences qu'elle a mises entre eux; mais je ne sais pas s'il faut tant la seconder, en confirmant, pour ainsi dire, les femmes dans leur faiblesse. Je vois la nécessité de leur inspirer des vertus que les hommes n'ont pas, bien plus que celle de les encourager dans leur infériorité sous d'autres rapports; elles contribueraient peut-être autant au bonheur de leur époux, si elles se bornaient à leur destinée par choix plutôt que par incapacité, et si elles se soumettaient à l'objet de leur tendresse par amour plutôt que par besoin d'appui. Une grande force d'ame leur est nécessaire; leurs passions et leur destinée sont en contraste dans un pays où le sort impose souvent aux femmes la loi de n'aimer jamais; où, plus à plaindre que ces pieuses filles qui se consacrent à leur Dieu, elles doivent accorder tous les droits de l'amour, et s'interdire tous les plaisirs du cœur. Ne faut-il pas un sentiment énergique de ses devoirs pour marcher isolée dans le monde, et mourir sans avoir été la première pensée d'un autre, sans avoir surtout attaché la sienne sur un objet qu'on pût aimer sans remords?

Rousseau, dira-t-on, ne s'occupait pas des bizarres institutions de la vanité; il n'appuyait pas un édifice qu'il eût voulu renverser: mais pourquoi donc a-t-il fait de sa Sophie une femme incapable de conserver même la plus heureuse situation du monde? Comment, dans un morceau sublime, supplément de son ouvrage, a-t-il peint cette Sophie trahissant son époux? Il a condamné lui-même l'éducation qu'elle avait reçue; il l'a sacrifiée au desir de faire valoir celle d'Émile, en donnant le spectacle de son courage dans la plus violente situation du cœur. Comment a-t-il pu se résoudre à nous offrir Sophie au-dessous de tout, infidèle à ce qu'elle aime? C'est plus que faible qu'il l'a montrée. Avait-elle besoin de force? elle avait épousé son amant. Ah! pourquoi flétrir le cœur par la triste fin de l'histoire d'Émile et de Sophie? pourquoi seconder ceux qui, ne croyant pas à la durée des sentiments, pensent qu'il est égal de commencer ou de finir par ne pas s'aimer? Pourquoi dégrader les femmes, en faisant tomber celle qui semblait devoir être leur modèle? Ah! Rousseau, c'est mal les connaître; leur cœur peut les égarer, mais leur cœur sait les défendre : aucune de celles même que la vertu seule n'arrêterait pas, unie à ton Émile, aimée par lui, n'aurait changé la paix et le bonheur contre le désespoir et la honte ; aucune, faible même, comme tu veux qu'elles le soient, ne se fût bannie du paradis terrestre, en rompant les liens d'un hymen formé par l'amour. Je ne sais pas s'il fallait montrer Émile en proie aux plus cruelles infortunes. L'influence de la vertu sur le bonheur était un spectacle plus utile ; il est sans doute des peines dont elle ne préserve pas ; mais il en est tant qu'elle épargne, qu'il est permis d'employer cet appât pour attirer vers elle. Mais quel charme dans tous les tableaux de cet ouvrage ! quelle finesse et quelle étendue dans les idées ! Tantôt l'auteur ajoute une idée nouvelle à un sujet qui semblait épuisé, ou sait, par une seule pensée, ouvrir une carrière immense à la réflexion. En voulant former un homme, il s'est nécessairement occupé de toutes les idées qui peuvent entrer dans la tête. Quelle méditation cela suppose, ou plutôt quelle originalité dans l'écrivain à qui tous les objets connus se présentent sous une forme neuve et vraie, et qui trouve presque toujours son esprit dans la nature ! C'est une pensée bien heureuse d'avoir donné à un traité d'éducation la forme de l'histoire de son élève. Rien n'est étranger au but, rien ne détourne de l'idée abstraite ; mais la pensée se repose, et l'attention est entraînée. Rousseau veut que des événements de sa vie gravent dans la tête de l'enfant les vérités qu'il doit apprendre. S'il faut lui donner l'idée des droits de la propriété, son travail est détruit par Robert, possesseur du champ dont il s'est emparé ; le chagrin et la colère d'Émile impriment dans son esprit le souvenir de l'explication qu'il a reçue. C'est par les sentiments de son ame que Rousseau captive son intérêt ; il traite de même le lecteur ; et son ingénieuse adresse emploie le même moyen pour élever l'enfant et retenir l'attention des hommes. Les circonstances les plus légères frappent l'imagination, et ajoutent à la vérité des tableaux. Les détails font peu d'impression quand ils rappellent des circonstances ou des personnes indifférentes ; mais lorsqu'ils tiennent à de grands sentiments, lorsqu'on a long-temps d'avance intéressé le lecteur pour Émile et pour Sophie, le cœur bat en les voyant lutter à la course ensemble, s'amuser encore, dans l'âge des passions, de ces jeunes plaisirs, et savoir unir la simplicité de l'enfance au charme de la jeunesse. Heureux par ce sentiment qui fait une époque des événements les plus ordinaires de la vie,

Émile ne peut lutter dans ce combat inégal; il sent sa force; il aime la faiblesse de Sophie; et, la portant au but dans ses bras, tombe à ses pieds, et se reconnaît vaincu. Cette image ravissante s'est souvent offerte à ma pensée. Rousseau, dans Héloïse, avait peint la passion exaltée par le combat du remords, par l'ivresse de la faute : le tableau de deux amants ignorant le repentir et la crainte, s'aimant sans que l'obstacle, ce besoin des cœurs usés, soit nécessaire pour les ranimer, est peut-être un aussi grand effort du talent; la vérité, la justesse y étaient encore plus nécessaires; et des sons si doux, pour émouvoir le cœur, doivent bien y répondre. Je sais qu'on peut avec raison être frappé du mauvais goût que Rousseau se permet quelquefois; il se plaît dans les contrastes, et les produit par les mots autant que par les idées. On pourrait blâmer un tel système; la pensée doit voir les extrêmes, mais non l'imagination; l'impression du dégoût qu'elle en reçoit ne rend pas la vérité plus sensible, et déplaît inutilement. On a quelquefois accusé Rousseau d'exagération et de fausse chaleur; j'avouerai qu'en ne trouvant pas toujours toutes ses idées justes, en n'étant pas toujours émue par tous ses mouvements, il m'a paru constamment naturel; il diffère des autres, mais c'est pour lui, non pour eux, qu'il parle. On a pu le juger fou dans quelques pages, mais rien n'est plus loin de l'affectation; sa folie, si l'on doit employer ce mot, est l'exaltation de tout ce qui est bien; ce sont des idées qui n'ont pas été, pour ainsi dire, raccordées avec les hommes, mais qui seraient vraies abstraitement. Comment ne pas adorer son amour pour la vertu, sa passion pour la nature? Il ne l'a pas peinte comme Virgile, mais il l'a gravée dans le cœur; et l'on se rappelle ses sentiments et ses pensées en revoyant les lieux qu'il a parcourus, les sites qu'il préférait.

Quel écrivain que Rousseau! On a souvent parlé du danger de l'éloquence; mais je la crois bien nécessaire quand il faut opposer la vertu à la passion; elle fait naître dans l'ame ces mouvements qui décident instantanément du parti que l'on prend; il semble que la raison s'offre long-temps à l'esprit avant que le cœur en soit convaincu; mais lorsqu'il l'est, on n'a plus besoin de réflexions : on va de soi-même, on est entraîné; c'est l'éloquence seule qui peut ajouter cette force d'impulsion à la raison, et lui donner assez de vie pour lutter à force égale contre les passions. Mais heureux Émile, si celui qui veille sur sa destinée le préserve des combats avec lui-même, et ne le place pas dans ces cruelles situations qui naissent de la société, et s'opposent à la nature ! Puisse-t-il suivre l'intention de la Providence, qui n'a rien ordonné à l'homme que pour sa félicité, même sur cette terre, et ne lui fit une loi de la vertu que pour assurer son bonheur ! En ne le laissant pas dépendre des bornes de sa propre intelligence, l'obéissance supplée aux lumières de sa raison. On reproche à Rousseau de donner trop tard à son élève la connaissance d'un Dieu ; cette vérité de sentiment pourrait être connue avant le développement des facultés de l'esprit. Je ne sais pas cependant si ce superbe mot de l'énigme du monde ne frapperait pas davantage celui qui ne l'apprendrait qu'en le concevant. On a souvent remarqué que les merveilles de tous les jours n'excitaient plus notre étonnement. Une grande idée qu'un enfant met à son niveau, qu'il rapproche de ce qu'il connaît, qu'il confond avec toutes les petites pensées de son âge, est moins auguste à ses yeux que si, pour la première fois, elle répandait des torrents de lumière sur les ténèbres de l'univers. Rousseau croyait à l'existence de Dieu, par son esprit et par son cœur. Qu'elle est belle sa lettre à l'archevêque de Paris ! Quel avantage la vraie philosophie n'a-t-elle pas sur la plupart des sectes religieuses, quand elle ne tente pas d'ébranler les éternelles bases de toute croyance ! Quel chef-d'œuvre d'éloquence dans le sentiment, de métaphysique dans les preuves, que la profession de foi du Vicaire savoyard ! Rousseau était le seul homme de génie de son temps qui respectât les pieuses pensées dont nous avons tant de besoin ; il consulte l'instinct naturel, et consacre ensuite toute la force de la réflexion à prouver à sa raison la vérité de cet instinct. La philosophie rejette ces persuasions intimes, involontaires, qui ne sont point nées du calcul et de la méditation abstraite. Mais que j'aime mieux celui qui leur prête l'appui de son génie, tâche de les fortifier en moi, et, loin d'opposer ma raison à mon cœur, cherche à les réunir pour faire pencher la balance et cesser le combat ! La profession de foi du Vicaire savoyard était justement admirée comme une suite de raisonnements forts et profonds, qui formaient un ensemble d'opinions que l'on adoptait avec transport au milieu des égarements des fanatiques et des athées. Mais cet ouvrage n'était que le précurseur de ce livre [1], époque dans l'histoire des pensées, puisqu'il en a reculé l'empire ; de ce livre qui semble anticiper sur la vie à venir, en devinant les se-

---

[1] *De l'Importance des opinions religieuses*, par M. Necker.

crets qui doivent un jour nous être dévoilés ; de ce livre que les hommes réunis pourraient présenter à l'Être suprême comme le plus grand pas qu'ils aient fait vers lui ; de ce livre que le nom de son auteur consacre en le mettant à l'abri du dédain de la médiocrité, puisque c'est le plus grand administrateur de son siècle, le génie le plus clair et le plus juste, qui a demandé d'être écouté sur ce qu'on voulait rejeter comme obscur et comme vague ; de ce livre dont la sensibilité majestueuse et sublime peint l'auteur aimant les hommes comme l'ange gardien de la terre doit les chérir. Pardonne-moi, Rousseau : mon ouvrage t'est consacré, et cependant un autre est devenu un moment l'objet de mon culte ! Toi-même, toi surtout, ton cœur passionné pour l'humanité eût adoré celui qui, long-temps occupé de l'existence de l'homme sur la terre, après avoir indiqué tous les biens qu'un bon gouvernement peut lui assurer, a voulu le rendre indépendant par son ame de toutes les circonstances extérieures. Oui, Rousseau savait admirer ; et n'écrivant jamais que pour céder à l'impulsion de son ame, les vaines jalousies n'entraient point dans son cœur. Il aurait eu besoin de louer celui que je n'ose nommer, celui dont je m'approche sans crainte quand je ne vois en lui que l'objet de ma tendresse, mais qui me pénètre plus que personne de respect quand je le contemple à quelque distance ; enfin celui que la postérité, comme son siècle, désignera par tous les titres du génie, mais que mon destin et mon amour me permettent d'appeler mon père.

LETTRE IV.

Sur les ouvrages politiques de Rousseau.

De tous les objets offerts à la méditation, la constitution des gouvernements est sans doute le plus important comme le plus difficile à connaître. Le législateur qui saurait former un corps politique, lier ses membres par un intérêt commun et immuable, rassembler dans sa pensée tout ce que le choc des passions des hommes, la réunion de leurs facultés, l'influence des climats, la puissance des empires voisins, pourraient jamais produire d'inconvénients ou d'avantages ; celui qui saurait contenir et diriger, par des lois faites pour durer toujours, le peuple soumis à son génie, se serait associé, pour ainsi dire, à la gloire de la création du monde, en donnant à ses habitants des lois universelles et nécessaires, comme celles de la nature : mais l'esprit humain n'a point fait en un moment le pas immense de l'état sauvage à l'état civilisé ; les idées se sont lentement développées ; les circonstances ont quelquefois fait naître des institutions si heureuses, que la pensée doit en envier la gloire au hasard. La plupart des gouvernements se sont formés par la suite des temps et des événements, et souvent la connaissance de leur nature et de leur principe a plutôt suivi que précédé leur établissement. L'ouvrage donc qui nous fait bien connaître les premières bases du contrat social, qui fixe les vrais fondements de toute puissance légitime, est aussi utile que digne d'admiration : tel est le plan et le but du livre de Rousseau. Il démontre qu'aucune convention ne peut subsister, qui soumette l'intérêt général à l'intérêt particulier ; qu'il est insensé de croire qu'une nation doive obéir à des lois qui sont contraires à son bonheur, et que, sans son consentement, aucun gouvernement puisse être établi ni maintenu ; que la dépendance du plus fort à l'égard du plus faible est contraire à la raison comme à la nature, et qu'enfin l'idée d'un état despotique est encore plus absurde que révoltante. Mais, ce gouvernement excepté (les monstres ne sont pas comptés parmi les hommes), il n'en est point que Rousseau ne justifie ; il remonte à l'origine de toute autorité sur la terre, et prouve même que la monarchie établie par la volonté générale, fondée sur des lois que la nation seule a le droit de changer, est un gouvernement aussi légitime et peut-être meilleur que les autres. J'oserai blâmer Rousseau cependant de ne pas regarder comme libre la nation qui a ses représentants pour législateurs, et d'exiger l'assemblée générale de tous les individus. L'enthousiasme est permis dans les sentiments, mais jamais dans les projets ; les défenseurs de la liberté doivent se préserver de l'exagération. Ses ennemis seraient si heureux de la croire impossible ! Le plan de l'ouvrage de Montesquieu est sans doute plus étendu que celui du *Contrat social;* toutes les lois qui ont été faites y sont examinées, et mille biens de détail peuvent résulter encore de ce livre si remarquable par les idées générales : mais Rousseau ne s'est occupé que de la constitution politique des états, de celui qui a le pouvoir de donner des lois, non des lois elles-mêmes. Montesquieu est plus utile aux sociétés formées ; Rousseau le serait davantage à celles qui voudraient se rassembler pour la première fois : la plupart des vérités qu'il développe sont spéculatives. On doit, j'en conviens, accorder plus d'admiration à celui qui crée un système, même imparfait, mais possible, qu'au philosophe qui, luttant contre la nature seule des choses, offre un plan sans défaut à l'imagination ; mais peut-être faut-il avoir administré soi-même, pour renoncer au bien idéal, pour se résoudre à placer le mieux qu'on peut obtenir à côté du mal qu'on doit supporter, pour se borner à faire lentement quelques pas vers le but qu'on atteint si rapidement par la pensée. Enfin, peut-être faut-il avoir observé de près le malheur des peuples, pour regarder encore comme une gloire suffisante le léger adoucissement que l'on apporte à leurs maux. Qu'on place donc au-dessus de l'ouvrage de Rousseau celui de l'homme d'état dont les observations auraient précédé les théories, qui serait arrivé aux idées générales par la connaissance des faits particuliers, et qui se livrerait moins en artiste à tracer le plan d'un édifice régulier, qu'en homme habile à réparer celui qu'il trouverait construit. Mais qu'on accorde cependant un grand tribut de louanges à celui qui nous a fait connaître tout ce qu'on peut obtenir par la méditation, et qui, s'étant saisi d'une grande idée, l'a suivie dans toutes ses conséquences, jusqu'à sa source la plus reculée. Rousseau emprunte la méthode des géomètres, pour l'enchaînement des idées ; il soumet au calcul les problèmes politiques : il me semble qu'il fait admirer également la force de sa tête, soit par ses raisonnements, soit par la force de mes raisonnements mêmes. La conception de la haute métaphysique ne demande pas une puissance d'attention surnaturelle : comme les bornes n'en sont point connues, la précision n'y est pas nécessaire ; mais quand on veut traiter d'une manière abstraite des sujets dont la base est réelle, c'est alors que toutes les facultés humaines peuvent à peine suffire pour s'élever sans perdre son objet de vue, et décrire dans le ciel le cercle qui doit être répété sur la terre. Mais ce n'était point assez d'avoir démontré les droits des hommes, il fallait, et c'était surtout là le talent de Rousseau, il fallait, dans tous ses ouvrages, leur faire sentir le prix qu'ils doivent y attacher. Peut-être est-il quelquefois impossible au génie de transmettre toutes ses idées à tous les esprits ; mais il faut qu'il entraîne par son éloquence : c'est elle qui doit émouvoir et persuader également tous les hommes. Les vérités auxquelles la pensée seule peut atteindre ne se répandent que lentement, et le temps est nécessaire pour achever la persuasion universelle ; mais les vérités de sentiment, ces vérités que l'ame doit saisir, malheur au talent qui n'enflamme pas pour elles à l'instant qu'il les présente !

Je l'aime aussi, de toute la force et de toute la vivacité de mes premiers sentiments, cette liberté qui ne met entre les hommes d'autre distinction que celles marquées par la nature; et m'exaltant avec l'auteur des *Lettres de la Montagne*, je la voudrais telle qu'on la conçoit sur le sommet des Alpes, ou dans leurs vallées inaccessibles. Maintenant un sentiment plus fort, sans être contraire, suspend toutes mes idées : je crois, au lieu de penser ; j'adopte, au lieu de réfléchir; mais cependant je n'ai sacrifié mon jugement qu'après en avoir fait un noble usage : j'ai vu que le génie le plus étonnant était uni au cœur le plus pur et à l'ame la plus forte; j'ai vu que les passions ni le caractère n'égareraient jamais les facultés les plus sublimes dont un homme ait été doué ; et, après avoir osé faire cet examen, je me suis livrée à la foi, pour m'épargner la peine d'un raisonnement qui la justifierait toujours. Vous, grande nation, bientôt rassemblée pour consulter sur vos droits, étonnée de vous retrouver après deux siècles, et peu faite encore peut-être à l'exercice du pouvoir que vous avez obtenu de nouveau, je ne vous demande pas ce sentiment aveugle dont j'ai fait ma lumière : mais ne vous défiez pas de la raison; et puisque la succession d'événements qui ont agité ce royaume depuis deux années vous a enfin amenée à devoir au progrès seul des lumières les avantages que les nations n'ont jamais acquis que par des flots de sang, n'effacez point le sceau de raison et de paix que le destin veut apposer sur votre constitution; et quand l'accord unanime vous permet de compter sur le but que vous voulez atteindre, prétendez à la gloire de l'obtenir sans l'avoir passé[1]. Et toi, Rousseau, grand homme si malheureux, qu'on ose à peine te regretter sur cette terre que tes larmes ont tant de fois arrosée, que n'es-tu le témoin du spectacle imposant que va donner la France, d'un grand événement préparé d'avance, et dont, pour la première fois, le hasard ne se mêlera point ! C'est là peut-être, c'est là que les hommes te paraîtraient plus dignes d'estime ! Ou je me trompe, ou nulle passion personnelle ne doit maintenant les animer. Ils ne mettront en commun que ce qu'ils ont de céleste. Ah ! Rousseau, quel bonheur pour toi, si ton éloquence se faisait entendre dans cette au-

---

[1] Cette prière (hélas! inutile) a été publiée six mois avant l'ouverture des états-généraux, en 1789.

guste assemblée! Quelle inspiration pour le talent, que l'espoir d'être utile! Quelle émotion différente, quand la pensée, cessant de tomber sur elle-même, peut voir au-devant d'elle un but qu'elle peut atteindre, une action qu'elle produira! Les peines du cœur seraient suspendues dans de si grandes circonstances: l'homme occupé des idées générales disparaît à ses propres yeux. Renais donc, ô Rousseau! renais donc de ta cendre! Parais, et que tes vœux efficaces encouragent dans sa carrière celui qui part de l'extrémité des maux, en ayant pour but la perfection des biens; celui que la France a nommé son ange tutélaire, et qui n'a vu dans ses transports pour lui que ses devoirs envers elle; celui que tous doivent seconder, comme s'ils secouraient la chose publique; enfin celui qui devait avoir un juge, un admirateur, un citoyen comme toi[1].

LETTRE V.

Sur le goût de Rousseau pour la musique et la botanique.

Rousseau a écrit plusieurs ouvrages sur la musique; il aima toute sa vie cet art avec passion. Le *Devin du village* annonce même du talent pour la composition. Il voulait faire adopter en France les mélodrames : il donna Pygmalion pour exemple; peut-être ce genre ne devrait-il pas être rejeté. Quand les paroles succèdent à la musique, et la musique aux paroles, l'effet des unes et de l'autre est plus grand; elles se servent quelquefois mieux quand elles ne sont pas forcées d'aller ensemble. La musique exprime les situations, et les paroles les développent. La musique pourrait se charger de peindre les mouvements au-dessus des paroles; et les paroles, des sentiments trop nuancés pour la musique. Mais quelle éloquence dans le monologue de Pygmalion! comme l'on trouve vraisemblable que la statue s'anime à sa voix! comme l'on serait tenté de croire que les dieux ne sont pour rien dans ce miracle!

Rousseau a fait pour plusieurs romances des airs simples et sensibles, de ces airs qui s'allient si bien avec la situation de l'ame, et que l'on peut chanter encore quand on est malheureux. Il en est quelques uns qui me semblaient nationaux; je me croyais, en les entendant, transportée sur le sommet de nos montagnes, lorsque le son de la flûte du berger se prolonge lentement au loin par les échos, qui successivement le répètent. Ils me rappelaient

---

[1] M. Necker, alors premier ministre.

cette musique plutôt calme que sombre, qui se prête aux sentiments de celui qui l'écoute, et devient pour lui l'expression de ce qu'il éprouve. Quel est l'homme sensible que la musique n'a jamais ému? L'infortuné, lorsqu'il peut l'écouter, obtient par elle la douceur de répandre des larmes, et la mélancolie succède à son désespoir; pendant qu'on l'entend, ses sensations suffisent à l'esprit comme au cœur, et n'y laissent pas de vide. Il est des airs qui mettent un moment dans l'extase : les ravissements au ciel sont toujours précédés du chœur des anges. Que la musique retrace puissamment les souvenirs! comme elle en devient inséparable! Quel homme, au milieu des passions de la vie, pourrait entendre sans émotion l'air qui, dans sa paisible enfance, animait ses danses et ses jeux? Quelle femme, lorsque le temps a flétri sa beauté, peut écouter sans verser des larmes la romance que son amant chantait jadis pour elle? l'air de cette romance, plus encore que ses paroles, renouvelle dans son cœur les mouvements de sa jeunesse; l'aspect des lieux, des objets qui nous entouraient, aucune circonstance accessoire ne se lie aux événements de la vie comme la musique; les souvenirs qui nous viennent par elle ne sont point accompagnés de regrets; elle rend un moment les plaisirs qu'elle retrace; c'est plutôt ressentir que se rappeler. Rousseau n'aimait que les airs mélancoliques; à la campagne, c'est ce genre de musique que l'on souhaite. La nature entière semble accompagner les sons plaintifs d'une voix touchante. Il faut avoir une ame douce et pure pour sentir ces jouissances. Un homme agité par le souvenir de ses fautes ne pourrait supporter la rêverie dans laquelle une musique sensible nous plonge. Un homme tourmenté par des remords déchirants craindrait de se rapprocher ainsi de lui-même, de ranimer tous ses sentiments, de les éprouver tous lentement et successivement. Je suis portée à me confier à celui que la musique, les fleurs et la campagne ravissent. Ah! le penchant au vice naît sans doute dans le cœur de l'homme; car toutes les sensations qu'il reçoit par les objets qui l'environnent l'en éloignent. Je ne sais, mais souvent à la fin d'un beau jour, dans des retraites champêtres, à l'aspect d'un ciel étoilé, il me semblait que le spectacle de la nature parlait à l'ame de vertu, d'espérance et de bonté.

Rousseau s'est long-temps occupé de la botanique : c'est une manière de s'intéresser en détail à la campagne. Il avait adopté un système qui prouve encore peut-être combien il trouvait que le souvenir même des hommes gâtait le plaisir que la contemplation de la nature fait éprouver. Il distinguait les plantes par leurs formes, et jamais par leurs propriétés ; il lui semblait que c'était les dégrader, de ne les considérer que sous le rapport de l'utilité dont elles peuvent être aux hommes. Il ne me paraît pas, je l'avoue, que cette opinion doive être adoptée ; ce n'est pas avilir les ouvrages du Créateur que de les croire destinés à une cause finale, et le monde paraît plus imposant et plus majestueux à celui qui n'y voit qu'une seule pensée ; mais l'imagination poétique et sauvage de Rousseau ne pouvait supporter de lier à l'image d'un arbuste ou d'une fleur, ornement de la nature, le souvenir des maux et des infirmités des hommes. Avec quel charme il peint, dans ses *Confessions,* ses transports en revoyant la pervenche ! comme elle lui retraçait tout ce qu'il avait éprouvé jadis ! elle produisait sur lui l'effet de cet air que l'on défend de jouer aux Suisses hors de leur pays, dans la crainte qu'ils ne désertent. Cette pervenche pouvait lui inspirer la passion de retourner dans le pays de Vaud ; une seule circonstance semblable lui rendait présents tous ses souvenirs. Sa maîtresse, sa patrie, sa jeunesse, ses amours, il retrouvait, il ressentait tout à la fois.

LETTRE VI.

Sur le caractère de Rousseau.

Je n'ai point commencé par peindre le caractère de Rousseau. Il n'a écrit ses *Confessions* qu'après ses autres ouvrages ; il n'a sollicité l'attention des hommes pour lui-même qu'après avoir mérité leur reconnaissance, en leur consacrant pendant vingt ans son génie. J'ai suivi la marche qu'il m'a tracée, et c'est par l'admiration que ses écrits doivent inspirer que je me suis préparée à juger son caractère, souvent calomnié, souvent peut-être trop justement blâmé. Je cherche à ne pas le trouver en contraste avec ses ouvrages ; je ne puis réunir le mépris et l'admiration ; je ne veux pas croire surtout que dans les écrits le sceau de la vérité puisse être imité par l'esprit, et qu'il ne reste pas aux cœurs purs et sensibles des signes certains pour se reconnaître. Je vais donc essayer de peindre Rousseau ; mais j'en croirai souvent ses *Confessions*. Cet ouvrage n'a pas sans doute ce caractère d'élévation qu'on souhaiterait à l'homme qui parle de lui-même, ce caractère qui fait pardonner la personnalité, parcequ'on trouve simple que celui qui le possède soit important à ses yeux comme aux nôtres ; mais il me semble qu'il est difficile de douter de sa sincérité ; on cache plutôt qu'on n'invente les aveux que les *Confessions* contiennent. Les événements qui y sont racontés paraissent vrais dans tous les détails. Il y a des circonstances que l'imagination ne saurait créer. D'ailleurs Rousseau avait un sentiment d'orgueil qui répond de la véracité de ses mémoires. Il se croyait le meilleur des hommes ; il eût rougi de penser qu'il avait besoin, pour se montrer à eux, de dissimuler une seule de ses fautes. Enfin je trouve qu'il a écrit ses mémoires plutôt pour briller comme historien que comme héros de l'histoire ; il s'est plus occupé du portrait que de la figure ; il s'est observé ; il s'est peint comme s'il se fût servi de modèle à lui-même : je suis sûre que son premier désir était de se faire ressemblant. Je pense donc qu'on peut peindre Rousseau d'après ses *Confessions*, comme si l'on avait vécu long-temps avec lui ; car en étudiant ce qu'il dit, on peut se permettre de ne pas penser comme lui. Le jugement d'un homme sur son propre caractère le fait connaître, même alors qu'on ne l'adopte pas.

Rousseau devait avoir une figure qu'on ne remarquait point quand on le voyait passer, mais qu'on ne pouvait jamais oublier quand on l'avait regardé parler ; de petits yeux qui n'avaient pas un caractère à eux, mais recevaient successivement celui des divers mouvements de son ame ; ses sourcils étaient fort avancés : ils semblaient faits pour servir sa sauvagerie, pour le garantir de la vue des hommes. Il portait presque toujours la tête baissée ; mais ce n'étaient ni la flatterie ni la crainte qui l'avaient courbée : la méditation et la mélancolie l'avaient fait pencher comme une fleur que son propre poids ou les orages ont inclinée. Lorsqu'il se taisait, sa physionomie n'avait point d'expression ; ses affections et ses pensées ne se peignaient sur son visage que quand il se mêlait à la conversation ; lorsqu'il gardait le silence, elles se retiraient dans la profondeur de son ame : ses traits étaient communs ; mais quand il parlait, ils étincelaient tous ; il ressemblait à ces dieux qu'Ovide nous peint quelquefois quittant par degrés leur déguisement terrestre, et se faisant reconnaître enfin aux rayons éclatants que lançaient leurs regards.

Son esprit était lent, et son ame ardente : à force de penser, il se passionnait ; il n'avait pas de mouvements subits, du moins en apparence ; mais tous ses sentiments s'accroissaient par la réflexion. Il lui est peut-être arrivé de devenir amoureux d'une femme, à la longue, en s'occupant d'elle pendant son absence; elle l'avait laissé de sang-froid, elle le retrouvait tout de flamme. Quelquefois aussi il vous quittait vous aimant encore ; mais si vous aviez dit une seule parole qui pût lui déplaire, il se la rappelait, l'examinait, l'exagérait, y pensait pendant huit jours, et finissait par se brouiller avec vous : c'est ce qui rendait presque impossible de le détromper. La lumière qui lui venait tout-à-coup ne détruisait pas des erreurs si lentement et si profondément gravées dans son cœur. Il était aussi bien difficile de rester pendant longtemps très lié avec lui : un mot, un geste faisait le sujet de ses plus profondes méditations ; il enchaînait les plus petites circonstances comme des propositions de géométrie, et il arrivait à ce qu'il appelait une démonstration. Je crois que l'imagination était la première de ses facultés, et qu'elle absorbait même toutes les autres. Il rêvait plutôt qu'il n'existait, et les événements de sa vie se passaient dans sa tête plutôt qu'au-dehors de lui. Cette manière d'être semblait devoir éloigner de la défiance, puisqu'elle ne permettait pas même l'observation ; mais elle ne l'empêchait pas de regarder, et faisait seulement qu'il voyait mal. Il avait une ame tendre : comment en douter, lorsqu'on a lu ses ouvrages ? Mais son imagination se plaçait quelquefois entre ses affections et sa raison, et détruisait leur puissance ; s'il paraissait quelquefois insensible, c'est qu'il n'apercevait pas les objets tels qu'ils étaient ; et son cœur eût été plus ému que le nôtre, s'il avait eu les mêmes yeux que nous. Le plus grand reproche qu'on puisse faire à sa mémoire, celui qui ne trouvera point de défenseur, c'est d'avoir abandonné ses enfants. Eh bien ! ce même homme eût été cependant capable de donner les plus grands exemples d'amour paternel, d'exposer sa vie vingt fois pour conserver la leur, s'il n'eût pas été convaincu qu'il leur épargnait les plus grands crimes en leur laissant ignorer le nom de leur père ; s'il n'eût pas cru qu'on voulait en faire de nouveaux Séides. L'indigne femme qui passait sa vie avec lui avait appris assez à le connaître pour savoir le rendre malheureux ; et le récit qu'on m'a fait des ruses dont elle se servait pour accroître ses craintes, pour le rendre certain de ses doutes, pour seconder ses défauts, est à peine croyable [1].

---

[1] Un Genevois qui a vécu avec Rousseau, pendant les vingt dernières années de sa vie, dans la plus grande intimité, m'a peint souvent l'abominable caractère de sa femme, les sollicitations atroces que cette mère dénaturée lui fit pour mettre ses en-

Rousseau n'était pas fou ; mais une faculté de lui-même, l'imagination, était en démence : il avait une grande puissance de raison sur les matières abstraites, sur les objets qui n'ont de réalité que dans la pensée, et une extravagance absolue sur tout ce qui tient à la connaissance du monde ; il avait de tout une trop grande dose ; à force d'être supérieur, il était près d'être fou. C'était un homme fait pour vivre dans la retraite avec un petit nombre de personnes d'un esprit borné, afin que rien n'ajoutât à son agitation intérieure, et qu'il fût environné de calme. Il était bon ; les inférieurs l'adoraient ; ce sont eux qui jouissent surtout de cette qualité : mais Paris l'avait troublé. Il était né pour la société de la nature, et non pour celle d'institution. Tous ses ouvrages expriment l'horreur qu'elle lui inspirait ; il ne lui fut possible ni de la comprendre, ni de la supporter ; c'était un sauvage des bords de l'Orénoque, qui se fût trouvé heureux de passer sa vie à regarder couler l'eau. Il était né contemplatif, et la rêverie faisait son bonheur suprême ; son esprit et son cœur tour à tour s'emparaient de lui. Il vivait dans son imagination ; le monde passait doucement sous ses yeux ; la religion, les hommes, l'amour, la politique l'occupaient successivement. Après s'être promené seul tout le jour, il revenait calme et doux : les méchants gagnent-ils à rester avec eux-mêmes ? On ne peut pas dire cependant que Rousseau fût vertueux, parcequ'il faut des actions et de la suite dans ces actions pour mériter cet éloge ; mais c'était un homme qu'il fallait laisser penser, sans en rien exiger de plus ; qu'il fallait conduire comme un enfant, et écouter comme un oracle ; dont le cœur était profondément sensible, et qu'on devait ménager, non avec les précautions ordinaires, mais avec celles qu'un tel caractère exigeait ; il ne fallait pas s'en fier à sa propre innocence. Rousseau avait moins que personne le divin pouvoir de lire dans les cœurs ; il fallait s'occuper de se montrer ce qu'on était, de mettre en dehors ce qu'on sentait pour lui. Je sais qu'on dira que ce n'est pas là la plus noble manière d'aimer ; mais je trouve qu'en sentiment il n'y a qu'une règle : c'est de rendre heureux l'objet de nos affections ; toutes les autres sont plutôt inventées par la vanité que par la délicatesse.

fants à l'hôpital, ne cessant de lui répéter que tous ceux qu'il croyait ses amis s'efforceraient d'inspirer à ses enfants une haine mortelle contre lui ; tâchant enfin de le remplir, par ses calomnies et ses feintes frayeurs, de douleur et de défiance. C'est une grande folie sans doute d'écouter et d'aimer une telle femme ; mais cette folie supposée, toutes les autres sont vraisemblables.

Rousseau a été accusé d'hypocrisie, d'abord parceque dans ses ouvrages on a trouvé qu'il soutenait des opinions exaltées : tout ce qui est exagéré est faux, disent souvent ceux qui veulent faire croire qu'on est plus loin du but en le passant qu'en n'y arrivant pas. Il y a des personnes exagérées à froid, si je puis le dire, qui, sans être entraînées par degrés, sans y être amenées par la suite de leurs pensées, avancent tout-à-coup une opinion extrême et se décident à la défendre : celles-là, c'est un parti qu'elles prennent, et non un mouvement qui les emporte ; d'autres, dans diverses circonstances de leur vie, ou dans les différentes situations qu'elles peignent dans leurs ouvrages, ne se sentant pas l'accent du cœur, le prennent trop haut, dans la crainte de le manquer : celles-là peuvent être soupçonnées d'hypocrisie ; mais celui que le transport de son imagination et de son ame élève au-dessus de lui-même, et surtout peut-être au-dessus de ceux qui le lisent ; celui que son élan emporte et qui sent un moment ce qu'il n'aura peut-être pas la force de sentir toujours, est-ce cet homme-là que l'on peut croire hypocrite ? Ah! cette exaltation est le délire du génie ; mais écoutez-le encore : il se pourrait que quand on l'accuse d'avoir passé le but, il n'eût fait que franchir les bornes. Cependant il faut blâmer Rousseau, s'il manque à cette modération sans laquelle on ne persuade pas ceux qui croient que la chaleur de l'ame nuit à la justesse de l'esprit ; il faut le blâmer, s'il n'a pas senti que le mouvement moral n'est pas soumis aux lois du mouvement physique, et qu'il n'est pas besoin de le donner plus fort qu'il ne faut, pour le communiquer au degré nécessaire. On accuse encore Rousseau d'hypocrisie, en comparant sa conduite avec ses principes : les actions naissent du caractère et peuvent le faire connaître ; mais les pensées viennent souvent par inspiration, et l'homme enivré par l'esprit divin qui l'anime n'est plus lui-même, quoiqu'il soit plus vrai que jamais, et qu'en écrivant il s'abandonne entièrement au sentiment qu'il éprouve. Il existe un petit nombre de morceaux d'éloquence dont le caractère auguste et mesuré, calme et ferme, simple et noble, prouve, sans en pouvoir douter, que leur auteur a toutes les vertus dont il parle ; mais quand on ne trouverait pas à Rousseau ce genre d'éloquence, quand il serait vrai qu'il défend les plus grandes, les plus belles, les plus touchantes des vérités avec un enthousiasme trop poétique, pourrait-on le soupçonner d'hypocrisie ? Rousseau hypocrite ! Ah ! je ne vois dans toute sa vie qu'un homme parlant, écrivant, agissant involontairement : ses actions ne ressemblaient pas à ses principes, mais il se rendait coupable en les appliquant faussement, et non en les désavouant. Il semblait aussi quelquefois que son ame était épuisée par ses pensées, et qu'elle n'avait plus le ressort nécessaire pour agir. Un homme qui l'a beaucoup vu m'a peint souvent avec quelles délices il se livrait au repos le plus absolu. Un jour ils se promenaient ensemble sur les montagnes de la Suisse ; ils arrivèrent enfin dans un séjour enchanteur; un espace immense se découvrait à leurs yeux ; ils respiraient, à cette hauteur, cet air pur de la nature auquel le souffle des hommes ne s'est pas encore mêlé. Le compagnon de Rousseau espérait alors que l'influence de ce lieu animerait son génie; d'avance il l'écoutait parler : mais Rousseau se mit tout-à-coup à jouer sur l'herbe, comme dans sa première enfance; heureux d'être libre de ses sentiments et de ses pensées, il n'était tourmenté par aucune de ses facultés, et ce fut peut-être un des plus doux moments de sa vie. Ne le voit-on pas, dès son enfance, dans une sorte d'égarement de méditation? ne paraît-il pas marcher comme un aveugle dans la vie, et juger de tout par ses pensées plus que par ses observations?

Il y a des traits dans ses *Confessions* qui révoltent les ames nobles ; il en est dont il inspire l'horreur lui-même, par les couleurs odieuses dont son repentir les charge : sans doute quelques personnes, en finissant cette lecture, ont le droit de s'indigner de ce que Rousseau se croyait le meilleur de tous les hommes ; mais, moi, ce mouvement orgueilleux de Rousseau ne m'a point éloigné de lui ; j'en ai conclu qu'il se sentait bon. Les hommes se jugent eux-mêmes par leurs intentions plutôt que par leurs actions, et il n'y a que ce moyen de connaître un cœur susceptible d'erreurs et de folies. Il est extraordinaire que Rousseau raconte les fautes de tout genre qu'il a commises : mais si ce n'est pas toujours seulement par franchise, c'est quelquefois, je pense, un tour de force qu'il entreprend ; il ressemble à ces bons écrivains qui essaient de faire passer un mot ignoble dans la langue. J'avoue que je vois avec peine, dans ses *Confessions*, des torts qui tiennent aux habitudes de sa première destinée : mais l'élévation de l'ame est peut-être une qualité qu'une seule faute fait perdre; elle naît de la conscience de soi, et cette conscience se fonde sur la suite de toute la vie : un seul souvenir qui fait rougir trouble la noble assurance qu'elle inspire, et diminue même le prix qu'on y attache.

De tous les vices, il est vrai, la bassesse est celui qui inspire le moins d'indulgence ; l'excès d'une qualité peut être l'origine de tous les autres : celui-là seul naît de la privation de toutes ; mais quoiqu'il y ait dans les mémoires de Rousseau quelques traits qui manquent sûrement de noblesse, ils ne me paraissent d'accord ni avec son caractère, ni avec le reste de sa vie. On serait tenté de les prendre pour des actes de folie, pour des absences de tête ; ces traits semblent en lui des bizarreries ; il n'est pas, si l'on peut le dire, l'arbre des fruits qu'il porte : c'est peut-être le seul homme qui ait été bas par moments ; car c'est de tous les défauts le plus habituel. Ces distinctions paraîtront peut-être trop subtiles pour le justifier : je ne sais pas cependant si, dans les contrastes étonnants dont les hommes donnent sans cesse l'exemple, il ne faut pas apprendre à les distinguer par des nuances fines. Je crois aussi que quand on trouve dans la vie d'un homme des mouvements et des actions d'une bonté parfaite, lorsque ses écrits respirent les sentiments les plus nobles et les plus vertueux, lorsqu'il possède un langage dont chaque mot porte l'empreinte de la vérité, on lui doit de chercher le secret de ses torts, de tenir à l'admiration qu'il avait inspirée, de la retirer lentement. Enfin les caractères vertueux, comme les caractères vicieux, se reconnaissent mieux par des traits de détail que par des actions d'éclat. La plupart des hommes, en bien comme en mal, peuvent être une fois différents d'eux-mêmes.

Soit qu'on entende parler de Rousseau ceux qui l'ont aimé, soit qu'on lise ses ouvrages, on trouve dans sa vie, comme dans ses écrits, des mouvements, des sentiments, qui ne peuvent appartenir qu'aux ames pures et bonnes. Quand on le voit aux prises avec les hommes, on l'aime moins ; mais dès qu'on le retrouve avec la nature, tous ses mouvements répondent à notre cœur, et son éloquence développe tous les sentiments de notre ame. Comme son séjour aux Charmettes est peint délicieusement ! comme il était heureux dans la paix de la campagne ! Les jeunes gens desirent ordinairement le mouvement ; ils appellent vivacité le besoin qu'ils en ont : mais les ames vraiment ardentes le redoutent, elles prévoient ce qu'il en coûte pour quitter le repos ; elles sentent que le feu qu'on allume peut dévorer : mais Rousseau, paisible dans sa retraite, n'éprouvait point le desir d'exercer son génie ; rêver suffisait à ses facultés. Aimer, quel que fût l'objet de sa tendresse ; c'était sur cet objet qu'il plaçait ses chimères :

ce n'était pas à madame de Warens, c'était à l'amour qu'il songeait : ses sentiments ne le tourmentaient pas ; il n'étudiait pas dans les regards de sa maîtresse le degré de passion qu'il lui inspirait ; c'était une personne à aimer qu'il lui fallait. Madame de Warens, sans s'en mêler, faisait son bonheur. Peut-être est-il vrai qu'un grand homme dominé par le génie de la pensée, que Rousseau surtout, n'a jamais éprouvé une passion qui vînt uniquement du cœur : elle l'aurait distrait, elle n'aurait pas servi son imagination. Il fallait que les facultés de son esprit fussent pour quelque chose dans ses sentiments, il fallait qu'il eût besoin de douer sa maîtresse : une femme parfaite aurait été sa meilleure amie, mais non l'objet de son amour. Je suis certaine qu'il n'a jamais fait que des choix bizarres ; je suis certaine aussi que Julie est la personne du monde dont il a été le plus épris ; c'était un homme qui ne pouvait se passionner que pour des illusions : heureux si elles n'eussent pas troublé son cœur avec plus de violence que la réalité même ! Il était né bon, sensible et confiant : mais lorsque cette cruelle folie de l'injustice et de l'ingratitude des hommes l'eut saisi, il devint le plus malheureux de tous les êtres : ces moments si doux de sa jeunesse, qu'il peignait avec tant de charmes, ne se renouvelèrent plus ; ses rêveries étaient des espérances ; ses rêveries devinrent des regrets. A Turin, autrefois, un signe de sa jeune maîtresse ravissait son cœur, et maintenant le salut d'un vieux invalide, qui semble ne pas le haïr, est le seul bien qu'il envie [1]. Mais rappelez-vous combien, dans sa jeunesse, il estimait les hommes ! S'il a plus changé qu'un autre, c'est qu'il s'attendait moins aux tristes lumières qu'il fut forcé d'acquérir. Eh ! qui donc perd sans douleur l'aveugle bonté de sa jeunesse ? qui donc perd sans douleur les riantes espérances, la douce confiance du premier âge de la vie ? Rousseau n'a pu supporter cette épreuve : mais quelle est l'ame sensible dont le cœur se resserre sans peine, et dont l'imagination ne se décolore pas avec regret ?

L'on a souvent accusé Rousseau d'être né ingrat ; mais je ne sais s'il est vrai que son éloignement pour les bienfaits en soit une preuve. Peut-être est-il des cœurs qui sentent trop ce qu'exige la reconnaissance, pour se soumettre à la devoir à ceux qu'ils n'ai-

---

[1] On se souvient du tableau charmant que Rousseau fait, dans ses *Confessions*, de madame Basile, marchande à Turin, qui lui fit signe avec le doigt, dans une glace, de se mettre à genoux devant elle ; et dans son dialogue insensé de *Jean-Jacques avec Rousseau*, il peint le transport qu'il éprouva lorsqu'un vieux invalide le salua, *n'étant pas encore entré*, dit-il, *dans la conjuration générale contre moi*.

ment pas ; peut-être en est-il aussi qui trouvent plus de charme dans le sentiment, lorsqu'il naît d'un attrait invincible, d'un choix volontaire, qu'aucun devoir ne commande. On peut craindre que la reconnaissance n'inspire pas assez d'attachement pour ceux qui nous étaient indifférents ; on peut craindre qu'elle ne se mêle trop aux sentiments que nous éprouvons pour nos amis ; enfin ce fier amour de l'indépendance me paraît noble, s'il s'applique aux étrangers, et délicat, s'il regarde les objets de nos affections. Heureux celui qui n'a jamais eu besoin des autres que par le cœur, qui ne s'est soumis que parcequ'il aimait, et sur qui personne, excepté les auteurs de ses jours, n'eut jamais d'autres droits que ceux qu'ils reçurent de sa tendresse ! Rousseau, il est vrai, en se faisant un système de ses principes, avait le ridicule de toutes ses qualités, et souvent même le tort dont elles approchent alors qu'on les exagère : mais l'ostentation même de cette haine pour les bienfaits a de tels avantages, les preuves qu'il faut en donner sont si claires et si rares, qu'on pourrait sans danger se permettre aujourd'hui d'exciter en ce genre la vanité des hommes [1].

On a reproché à Rousseau (car celui que toutes les ames sensibles devaient défendre comme leur propre cause a trouvé bien des accusateurs), on a reproché à Rousseau d'avoir le desir de se singulariser : celui qui obtenait à son gré la palme de la gloire devait-il souhaiter de se signaler par des bizarreries ? et quand la supériorité de son génie le rendait si extraordinaire, peut-on croire qu'il cherchât à l'être par une originalité puérile ? Il voulait, dit-on, se faire remarquer de toutes les manières possibles ; et jamais homme n'a tant aimé la solitude. Voyez comme il était heureux pendant le temps qu'il passa dans l'île Saint-Pierre ! Séjour charmant ! asile délicieux ! c'est là que l'ame de Rousseau erre encore ; c'est dans les lieux qui excitèrent ses pensées qu'il faut aller rendre hommage à sa mémoire : les ames sensibles conçoivent aisément le bonheur qu'on goûtait dans cette retraite. Rousseau s'y livrait à ses profondes méditations ; mais d'autres auraient pu s'y abandonner à de plus douces pensées ; et tandis qu'il réfléchissait sur le temps, le monde et la vie, une femme malheureuse aurait senti le calme de la nature pénétrer doucement jusqu'à son cœur.

[1] Est-il possible de ne pas admirer la noble fierté avec laquelle le pauvre Rousseau de Genève refusa constamment la pension que le roi d'Angleterre lui offrait ?

Les hommes sont peut-être plus faits pour la solitude qu'ils ne pensent. Vers le milieu de la vie, on pourrait s'y trouver heureux ; on ne serait plus attiré dans le monde par l'espérance ; on porterait dans la retraite des souvenirs qui rempliraient l'imagination, et la mort serait encore trop éloignée pour sentir le besoin de s'entourer des vivants.

Rousseau fuyait ce qu'on appelle la société, mais il aimait les paysans, et le mouvement que la vue des hommes répand dans la campagne lui plaisait. Les habitants de l'île Saint-Pierre l'adoraient ; ils étaient frappés de sa bonté : les malheureux sont si doux dans un moment de repos ! Rousseau, ravi des simples mœurs de ces paysans, s'abandonnait de nouveau à sa première estime pour les hommes ; il les retrouvait semblables à l'idée qu'il s'en était faite : il montrait pour les enfants une prédilection extrême ; il avait tant besoin d'aimer, que son cœur s'y livrait quand l'objet seulement ne s'y opposait pas. Pourquoi donc, dans les jardins d'Ermenonville, ne fut-il pas heureux comme dans l'île Saint-Pierre ? pourquoi donc, hélas ! est-ce dans ce séjour qu'il a terminé sa vie ? Ah ! vous qui l'accusiez de jouer un rôle, de feindre le malheur, qu'avez-vous dit quand vous avez appris qu'il s'est donné la mort[1] ? C'est à ce prix que les hommes lents à plaindre les autres croient à l'infortune. Mais qui put inspirer à Rousseau un dessein si funeste ? C'est, m'a-t-on dit, la certitude d'avoir été trompé par la femme qui avait seule conservé sa confiance, et s'était rendue nécessaire en le détachant de tous ses autres liens. Peut-être aussi que les longues rêveries finissent par plonger dans le désespoir : les premiers jours sont ravissants, l'on se trouve, l'on jouit de ses sentiments et de ses pensées ; mais peut-on fixer long-temps ses regards sur la destinée de l'homme,

---

[1] On sera peut-être étonné de ce que je regarde comme certain que Rousseau s'est donné la mort. Mais le même Genevois dont j'ai déjà parlé reçut une lettre de lui quelque temps avant sa mort, qui semblait annoncer ce dessein. Depuis, s'étant informé avec un soin extrême de ses derniers moments, il a su que le matin du jour où Rousseau mourut, il se leva en parfaite santé, mais dit cependant qu'il allait voir le soleil pour la dernière fois, et prit, avant de sortir, du café qu'il fit lui-même. Il rentra quelques heures après, et, commençant alors à souffrir horriblement, il défendit constamment qu'on appelât du secours et qu'on avertît personne. Peu de temps avant ce triste jour, il s'était aperçu des viles inclinations de sa femme pour un homme de l'état le plus bas : il parut accablé de cette découverte, et resta huit heures de suite sur le bord de l'eau dans une méditation profonde. Il me semble que si l'on réunit ces détails à sa tristesse habituelle, à l'accroissement extraordinaire de ses terreurs et de ses défiances, il n'est plus possible de douter que ce grand et malheureux homme n'ait terminé volontairement sa vie.

sans tomber dans la mélancolie? mais surtout y a-t-il des têtes assez fortes pour supporter la vie inactive et la contemplation habituelle? Rousseau accroissait par la réflexion toutes les idées qui l'affligeaient; bientôt un regard, un geste d'un homme qu'il rencontrait, un enfant qui s'éloignait de lui, lui parurent de nouvelles preuves de cette haine universelle dont il se croyait l'objet; mais, malgré cette cruelle défiance, il est toujours resté le meilleur des hommes. Il croyait que tout ce qui l'environnait conspirait à lui faire du mal, et jamais la pensée de le rendre ou de le prévenir n'est entrée dans son ame. Il se croyait destiné à souffrir, et n'agissait pas contre sa destinée. J'ai vu des hommes qu'il avait aimés, dont il s'était séparé, s'attendrir au souvenir de leur liaison, s'accuser de négligences qui avaient pu faire naître les soupçons de Rousseau, l'aimer dans son injustice, regarder enfin le genre de folie qui le tourmentait comme étranger à lui, comme une barrière qui empêchait de se rapprocher, mais non de souhaiter de le rejoindre. Les défiants, tels qu'on les voit dans le monde, apprennent à juger les hommes d'après ce qu'ils sont eux-mêmes; ils se craignent dans les autres : mais Rousseau n'était défiant que parcequ'il ne croyait plus au bonheur, parcequ'il avait été tellement convaincu de la parfaite bonté des hommes, que, forcé de n'y plus croire, rien ne lui paraissait plus certain sur la terre : il l'était aussi, parceque sa sublime raison sur les plus grands sujets ne l'empêchait pas d'être dominé par une idée insensée, de croire qu'il était détesté par tous les hommes. Ah! que je trouve durs ceux qui disent qu'il fallait bien de l'orgueil pour se croire ainsi l'objet de l'attention universelle! Quel triste orgueil que celui qui le portait à penser qu'il n'existait pas sur la terre un être qui ne ressentît de la haine pour lui! Pourquoi n'a-t-il pas rencontré une ame tendre qui eût mis tous ses soins à le rassurer, à relever son courage abattu, qui l'eût profondément aimé? il eût fini par s'y confier : le sentiment auquel l'amour-propre ni l'intérêt ne se mêlent est si pur, si tendre et si vrai, que chaque mot le prouve, que chaque regard ne permet plus d'en douter. Ah! Rousseau, qu'il eût été doux de te rattacher à la vie, d'accompagner tes pas dans tes promenades solitaires, de suivre tes pensées, et de les ramener par degrés sur des espérances plus riantes! Que rarement on sait consoler les malheureux! qu'on se met rarement au ton de leur ame! On oppose sa raison à leur égarement, son sang-froid à leur agitation, et leur confiance s'arrête, et leur douleur se retire plus avant encore dans leur cœur. Ne cherchez pas à leur prouver qu'ils n'ont pas de vrais sujets de peine ; offrez-leur plutôt quelques nouveaux moyens de bonheur : laissez-les croire à l'infortune qu'ils sentent : les consolerez-vous, en leur apprenant que le malheur qui les accable n'est pas digne de pitié? Ah! si la perte d'un objet passionnément aimé eût causé la tristesse de Rousseau, je ne m'affligerais pas de ce qu'il a péri sans consolations, de ce qu'un être sensible ne lui a pas consacré sa vie. Quelles paroles d'espérance peut-on faire entendre à celui qu'un semblable malheur a frappé? que fait-il sur la terre, qu'attendre la mort? Quelles expressions de tendresse peut-on lui adresser? un autre les a prononcées : elles le font tressaillir de douleur. Quelle société vaut pour lui le souvenir qui ne quitte pas son cœur? quelles jouissances pourrait-il avoir, sans sentir le regret de les éprouver seul? Non, à ce malheur, quand le cœur en connaît l'étendue, la Providence ou la mort peuvent seules servir de consolation. Mais le désespoir de Rousseau fut causé par cette sombre mélancolie, par ce découragement de vivre, qui peut saisir tous les hommes isolés, quelle que soit leur destinée. Son ame était flétrie par l'injustice ; il était effrayé d'être seul, de n'avoir pas un cœur près du sien, de retomber sans cesse sur lui-même, de n'inspirer ni de ressentir aucun intérêt, d'être indifférent à sa gloire, lassé de son génie, tourmenté par le besoin d'aimer, et le malheur de ne pas l'être. Dans la jeunesse, c'est du mouvement qu'on cherche, c'est de l'amour qu'il faut ; mais vers le déclin de la vie, que ce besoin d'aimer est touchant! il n'est ressenti que par une ame douce et bonne, qui veut s'ouvrir et s'épancher, que la personnalité fatigue, et qui demande à se quitter pour vivre dans un autre. Rousseau était aussi tourmenté par quelques remords ; il avait besoin de se sentir aimé, pour ne pas se croire haïssable. Être deux dans le monde calme tant de frayeurs! les jugements des hommes et de Dieu même semblent moins à craindre alors. Rousseau s'est peut-être permis le suicide sans remords, parce qu'il se trouvait trop seul dans l'immensité de l'univers. On fait si peu de vide à ses propres yeux, quand on n'occupe pas de place dans un cœur qui nous survit, qu'il est possible de compter pour rien sa vie. Quoi! l'auteur de *Julie* est mort pour n'avoir pas été aimé! Un jour, dans ces sombres forêts, il s'est dit : *Je suis isolé sur la terre, je souffre, je suis malheureux, sans que mon existence serve à personne : je puis mourir*. Vous qui l'accusiez d'orgueil, sont-ce des succès qui lui manquaient ? n'en pouvait-il pas acquérir chaque jour de nouveaux ? Mais avec qui les eût-il partagés ? qui en aurait joui, pour l'en faire jouir ? Il avait des admirateurs, mais il n'eut pas d'amis. Ah ! maintenant un inutile attendrissement se mêle à l'enthousiasme qu'il inspire : ses ouvrages, si remplis de vertu, d'amour de l'humanité, le font aimer quand il n'est plus ; et quand il vivait, la calomnie retenait éloigné de lui ; elle triomphe jusqu'à la mort, et c'est tout ce qu'elle demande. Que le séjour enchanteur où sa cendre repose s'accorde avec les sentiments que son souvenir inspire ! cet aspect mélancolique prépare doucement au recueillement du cœur que demande l'hommage qu'on va lui rendre. On ne lui a pas élevé en marbre un fastueux mausolée ; mais la nature sombre, majestueuse et belle, qui environne son tombeau, semble un nouveau genre de monument qui rappelle et le caractère et le génie de Rousseau : c'est dans une île que son urne funéraire est placée : on n'en approche pas sans dessein ; et le sentiment religieux qui fait traverser le lac qui l'entoure prouve que l'on est digne d'y porter son offrande. Je n'ai point jeté de fleurs sur cette triste tombe ; je l'ai longtemps considérée, les yeux baignés de pleurs ; je l'ai quittée en silence, mais sans pouvoir m'arracher au souvenir qu'elle rappelait. Vous qui êtes heureux, ne venez pas insulter à son ombre ! laissez au malheur un asile où le spectacle de la félicité ne le poursuive pas. On s'empresse de montrer aux étrangers qui se promènent dans ces bois les sites que Rousseau préférait, les lieux où il se reposait long-temps, les inscriptions de ses ouvrages, d'*Héloïse* surtout, qu'il avait gravées sur les arbres ou sur les rochers. Les paysans du village se joignent à l'enthousiasme des voyageurs, par des louanges sur la douceur, sur la bienfaisance de ce pauvre Rousseau. *Il était bien triste*, disent-ils, *mais il était bien bon*. Dans ce séjour qu'il a habité, dans ce séjour qui lui est consacré, on dérobe à la mort tout ce que la mémoire peut lui arracher, mais l'impression de la perte d'un tel homme n'est que plus terrible : on le voit presque, on l'appelle, et les abîmes répondent. Ah ! Rousseau, défenseur des faibles, ami des malheureux, amant passionné de la vertu, toi qui peignis tous les mouvements de l'ame et t'attendris sur tous les genres d'infortune, tu es bien digne à ton tour de ce sentiment de compassion que ton cœur sut si bien exprimer et ressentir : puisse une voix digne de toi s'élever pour te défendre !

et puisque tes ouvrages ne te garantissent pas des traits de la calomnie, puisqu'ils ne suffisent pas à ta justification, puisqu'on trouve des ames qui résistent encore aux sentiments qu'ils inspirent pour leur auteur, que l'ardeur de te louer enflamme du moins ceux qui t'admirent !

Les larmes des malheureux effacent chaque jour les simples inscriptions que l'amitié fit graver sur la tombe de Rousseau. Je demande que la reconnaissance des hommes qu'il éclaira, des hommes dont le bonheur l'occupa toute sa vie, trouve enfin un interprète : que l'éloquence s'arme pour lui, qu'à son tour elle le serve. Quel est le grand homme qui pourrait dédaigner d'assurer la gloire d'un grand homme ? Qu'il serait beau de voir dans tous les siècles cette ligue du génie contre l'envie ! que les hommes supérieurs, qui prendraient la défense des hommes supérieurs qui les auraient précédés, donneraient un sublime exemple à leurs successeurs ! le monument qu'ils auraient élevé servirait un jour de piédestal à leur statue. Si la calomnie osait aussi les attaquer, ils auraient d'avance mis en défiance contre elle, émoussé ses traits odieux ; et la justice que leur rendrait la postérité acquitterait la reconnaissance de l'ombre abandonnée dont ils auraient protégé la gloire.

RÉFLEXIONS

SUR

LE PROCÈS DE LA REINE,

PUBLIÉES DANS LE MOIS D'AOUT 1793.

AVERTISSEMENT.

Mon nom ne pouvant être utile, doit rester inconnu ; mais, pour affirmer l'impartialité de cet écrit, j'ai besoin de dire que, parmi les femmes appelées à voir la reine, je suis une de celles qui ont eu avec cette princesse le moins de relations personnelles : ces réflexions méritent donc la confiance de tous les cœurs sensibles, puisqu'elles ne sont inspirées que par les mouvements dont ils sont tous animés [1].

[1] A l'époque où cet écrit fut publié, au mois d'août 1793, tout le monde sut que madame de Staël en était l'auteur.

Mon projet n'est point de défendre la reine comme un jurisconsulte; j'ignore de quelle loi l'on peut se servir pour l'atteindre, et ses juges eux-mêmes ne s'essaieront pas à nous l'apprendre : ce qu'ils appellent l'opinion, ce qu'ils croient la politique, sera leur motif et leur but. Les mots de *plaidoyer*, de *preuve*, de *jugement*, sont une langue convenue entre le peuple et ses chefs; et c'est à d'autres signes qu'on peut présager le sort de cette illustre infortunée. Je vais donc seulement parler à l'opinion, analyser la politique, raconter ce que j'ai vu, ce que je sais de la reine, et représenter les suites affreuses qu'aurait sa condamnation. O vous, femmes de tous les pays, de toutes les classes de la société, écoutez-moi avec toute l'émotion que j'éprouve ! la destinée de Marie-Antoinette renferme tout ce qui peut toucher votre cœur : si vous êtes heureuses, elle l'a été ; si vous souffrez depuis un an, depuis plus long-temps encore, toutes les peines de la vie ont déchiré son cœur : si vous êtes sensibles, si vous êtes mères, elle a aimé de toutes les puissances de l'ame, et l'existence a pour elle encore le prix qu'elle conserve, tant qu'il peut nous rester des objets qui nous sont chers. Je ne veux attaquer ni justifier aucun parti politique ; je craindrais de distraire ou d'éloigner un seul intérêt de l'auguste personne que je vais défendre : républicains, constitutionnels, aristocrates, si vous avez connu le malheur, si vous avez eu le besoin de la pitié, si l'avenir offre à votre pensée une crainte quelconque, réunissez-vous tous pour la sauver. Quoi! la mort terminerait une si longue agonie! quoi! le sort d'une créature humaine pourrait aller si loin en infortune ! Ah ! repoussons tous le don de la vie, n'existons plus dans un monde où de telles chances errent sur la destinée ! Mais je dois contenir la profonde tristesse qui m'accable ; je ne voudrais que pleurer, et cependant il faut raisonner, discuter un sujet qui bouleverse l'ame à chaque instant.

La calomnie s'est attachée à poursuivre la reine, même avant cette époque où l'esprit de parti a fait disparaître la vérité de la terre. Une triste et simple raison en est la cause : c'est qu'elle était la plus heureuse des femmes. Marie-Antoinette la plus heureuse ! hélas ! tel fut son sort; et le destin de l'homme est maintenant si déplorable, que le spectacle d'une éclatante prospérité n'est plus guère qu'un présage funeste. Combien de fois n'ai-je pas entendu raconter l'arrivée en France de la fille de Marie-Thérèse, jeune, belle, réunissant à la fois la grace et la dignité, telle que dans ce temps on se serait imaginé la reine des Français !

Imposante et douce, elle pouvait se permettre tout ce que sa bonté lui inspirait, sans jamais rien faire perdre à la majesté du rang qu'on exigeait d'elle alors de respecter. L'ivresse des Français en la voyant fut inexprimable; le peuple la reçut, non seulement comme une reine adorée, mais il semblait aussi qu'il lui savait gré d'être charmante et que ses attraits enchanteurs agissaient, sur la multitude comme sur la cour qui l'environnait. Il n'y a pas cinq ans encore, et alors toute sa vie politique, tout ce qui lui a mérité l'amour ou la haine, avait eu lieu ; il n'y a pas cinq ans, et j'ai vu tout Paris se précipiter sur ses pas avec transport : ces mêmes routes qu'on lui fait parcourir de supplice en supplice étaient jonchées de fleurs sur son passage ; elle doit reconnaître les mêmes traits qui l'ont accueillie, les mêmes voix qui s'élevaient au ciel en l'implorant pour elle. Et depuis ce temps qu'est-il arrivé ? Son courage et son malheur. Cet enthousiasme dont le souvenir ajoute à l'amertume de sa destinée, cet enthousiasme dont le souvenir aussi doit inquiéter les Français et les rendre douteux de leurs nouveaux jugements, on le récuse aujourd'hui comme une erreur: mais il est pourtant vrai que personne ne diffère autant qu'elle de la réputation que ses ennemis ont tenté de lui donner; on n'a pas même cherché la vraisemblance dans le mensonge, tant on a compté sur l'envie, qui sait si bien répondre à l'affreuse attente des calomniateurs.

La reine ne s'est d'abord occupée des affaires que pour accomplir quelques actes de bienfaisance ou de générosité ; on a quelquefois trouvé qu'elle était trop facile pour les uns et pour les autres ; et cette femme, si courageuse en présence de la mort, a pu être accusée de faiblesse quand le malheur ou l'amitié desiraient de se servir d'elle : mais en parcourant les registres des finances, l'on peut voir que ses dons mêmes ne se sont élevés qu'à la somme la plus modérée, et il faut bien égarer le peuple pour parvenir à lui persuader que les impôts dont il était surchargé avaient pour cause des dépenses qui ne s'élevaient pas cependant au quart de la liste civile décrétée par l'assemblée constituante.

La guerre d'Amérique, les déprédations des ministres, des abus de tous genres inconnus à une jeune reine, comme à la plupart des hommes d'état d'alors, causèrent ce déficit dans les finances, dont les effets ont été si terribles; mais est-il possible d'oser l'attribuer à deux ou trois millions distribués chaque année en bienfaits, dont la plupart retournaient entre les mains du pauvre et de l'infortuné? Vous qu'elle a secourus, vous qui êtes parmi ce peuple aujourd'hui tout puissant, dites si vous souffrirez qu'au nom de votre intérêt on punisse la reine des généreux effets de sa pitié pour vous! Et vous, mères de famille, qu'une prédilection si touchante l'engageait à préférer, dites si c'est vous qui demandez qu'on l'accuse pour les dons qu'elle vous a prodigués! Le roi aimait la reine avec tendresse, et son dévouement pour lui et ses vertus maternelles ont bien justifié ce sentiment; mais cependant il ne la consulta presque jamais sur le choix de ses ministres. M. de Maurepas, dès les premiers jours du règne de Louis XVI, se montra contraire à la reine; il fut jaloux de sa jeune influence sur un jeune roi, et parvint à l'écarter absolument des affaires, dont les goûts de son âge l'éloignaient déja naturellement. M. de Maurepas fit renvoyer deux ministres citoyens, M. Turgot et M. Necker; et la reine marqua publiquement qu'elle les estimait et les regrettait tous les deux. M. de Vergennes continua gravement les frivoles systèmes de M. de Maurepas; et craignant de même l'ascendant de la reine de même il sut détourner le roi de s'y livrer. M. de Calonne lui succéda, et rien n'est plus connu que l'aversion énergique de la reine pour ce ministre, dont l'esprit aimable cependant semblait devoir séduire ceux dont le jugement ne serait pas uniquement guidé par la réflexion. La reine, qui eût trouvé dans la facilité du caractère de M. de Calonne tant de moyens pour satisfaire les goûts les plus prodigues, la reine, sortant tout-à-coup du cercle habituel de ses devoirs et de ses amis, attaqua ce ministre élégant avec l'austérité de la morale et de la raison, décida le roi à le renvoyer, et signala par cet acte, et par la nomination de l'archevêque de Sens, sa première influence sur les affaires publiques. J'en appelle à tous ceux qui, placés près de la cour, ont pu connaître avec certitude l'histoire intime de la France: est-il une autre époque du règne du roi dans laquelle la reine lui ait fait adopter ses conseils? et n'est-il pas certain que jusqu'à ce temps elle jouit de l'éclat du trône sans rechercher l'autorité?

Ce ministère de l'archevêque de Sens, cause immédiate de la révolution, peut être blâmé par les partisans du système aristocratique; mais assurément les démocrates doivent l'approuver: c'est par cette administration que le germe de tous leurs principes a été développé. Le ministre opposa lui-même les communes au parlement, à la noblesse, au clergé; le roi déclara que le droit d'imposer ne lui appartenait pas; les états-généraux furent promis, tous les Français invités à publier leur avis sur le mode de convocation ; enfin les observateurs de ce temps crurent deviner que l'archevêque de Sens voulait une révolution en France, et depuis il y a donné son assentiment le plus authentique. J'ignore jusqu'à quel point la reine savait son secret; mais quand le seul ministre qu'elle ait fait nommer s'est montré démocrate, quand la seule époque dans laquelle elle ait pris quelque part aux affaires est celle où les principes de la révolution ont commencé à être admis, comment peut-on l'accuser d'être ennemie de la liberté? comment peut-on lui trouver des crimes? Des crimes? Ah! quelle expression en parlant d'elle! Dans sa jeunesse elle était peut-être brillante et légère ; peut-être se confiait-elle trop alors dans le bonheur : mais son caractère ne s'est prononcé, dans l'âge mûr, que par des traits de courage et de sensibilité qui supposent toutes les vertus. Qu'a-t-on fait pour détacher les Français de cet aimable objet si fait pour leur plaire? On leur a dit que Marie-Antoinette détestait la France, qu'elle était *Autrichienne*; et c'est par ce nom que dans leur fureur ses ennemis l'ont toujours appelée, certains de frapper ainsi l'esprit du peuple, qu'un mot égare, qu'un mot rallie, et qui ne se passionne jamais que pour les idées exprimées par un seul mot. Tous les cœurs étaient prêts à chérir Marie-Antoinette : le plus sûr moyen de l'envie pour les éloigner était de leur persuader qu'ils n'obtiendraient que haine pour prix de leur amour ; bientôt on y réussit. Était-il cependant assez insensé de croire que la reine, partie de Vienne à treize ans, ne pouvant obtenir dans sa patrie qu'un rang secondaire, préférerait cette patrie à la France, dont elle était reine; à la France, séjour si délicieux; aux Français, avec lesquels sa grace et sa gaieté lui donnaient alors tant d'analogie ? Ah! lorsqu'en la nommant je viens à parler d'éclat et de joie, mon cœur se serre douloureusement; je me rappelle ce tombeau placé près des lieux où l'on donnait des fêtes, avec cette inscription : *Et moi aussi je vivais en Arcadie!* Elle existe encore l'infortunée qui me retrace ce souvenir; mais, hélas ! cette triste allusion n'en est que plus déchirante : les fêtes, c'était un trône ; la tombe, c'est un cachot. Toutes les vraisemblances confirment l'attachement de la reine pour la France ; et quels faits peut-on alléguer pour détruire de si fortes conjectures ? L'alliance de l'Autriche avec la France? C'est en 1756, avant la naissance de Marie-Antoinette, qu'elle a été conclue; depuis, aucune raison de la rompre ne s'était présentée, aucun ministre n'avait proposé d'y renoncer. Il est vrai que la reine ne s'est pas mêlée de la politique de France uniquement pour brouiller sa mère ou son frère avec son mari ; il est vrai que toute sa vie est une preuve de son respect pour les liens de la nature : mais une vertu, loin d'effrayer, doit rassurer sur toutes les autres ; elles se garantissent réciproquement : et si la reine se fût montrée l'adversaire de sa propre famille, c'est alors que sa patrie adoptive, que la France aurait dû se défier d'elle. La lumière a été portée dans tout ce qu'on croyait le plus secret ; des milliers d'observateurs ont été chargés d'examiner les traces de l'ancien gouvernement : on a honoré la dénonciation, épouvanté la fidélité, offert à la terreur la sécurité dégagée de la honte ; au fanatisme, le succès à l'abri du danger ; toutes les passions humaines ont été mises en liberté pour se diriger toutes contre la puissance passée, contre des objets qu'on se souvient d'avoir enviés, mais qu'on est certain de ne plus craindre. Voilà les moyens d'attaque, et voyez quelles sont les preuves, les faits qu'on a conquis ! Existe-t-il un seul indice de la connivence de la reine avec les Autrichiens, d'un secours particulier donné par la France à cette cour, d'une seule démarche étrangère au traité public conclu entre les deux puissances ? Ah ! la plus belle justification de cette malheureuse victime, ce sont les accusations dont on l'accable. Quel vague, quelle fureur, que d'insultes, que d'adresse, que de moyens étrangers à la vérité, mais plus efficaces qu'elle sur un peuple passionné ! De tels moyens ne peuvent faire illusion aux hommes éclairés, et rien ne saurait diminuer l'amertume de leur pitié.

Cependant, pour exciter la multitude, on n'a cessé de répéter que la reine était l'ennemie des Français, et l'on a donné à cette inculpation les formes les plus féroces. Je ne sais rien de plus coupable que de s'adresser au peuple avec des mouvements passionnés ; on peut les pardonner à l'accusé, mais dans l'accusateur l'éloquence est un assassinat. Cette classe de la société, qui n'a pas le temps d'opposer l'analyse à l'assertion, l'examen à l'émotion, gouvernera comme elle est entraînée, si, en lui accordant un grand pouvoir, on ne fait pas un crime national de tous les genres d'altération de la vérité. La vraisemblance n'est rien pour l'homme qui n'a pas réfléchi d'avance ; au contraire même, plus il est étonné, plus il se plaît à croire. La reine aurait voulu le malheur de l'empire où elle régnait, de la nation sur laquelle reposaient sa gloire, son bonheur et sa couronne ! Mais c'est assez la juger par son intérêt ; elle mérite davantage, elle est bonne par sa nature, elle est bonne à ses propres périls.

Dites, vous qui l'accusez, dites quel est le sang, quels sont les pleurs qu'elle a jamais fait couler. Dans ces anciennes prisons que vous avez ouvertes, avez-vous trouvé une seule victime qui accusât Marie-Antoinette de son sort? Aucune reine, pendant le temps de sa toute-puissance, ne s'est vue calomniée aussi publiquement ; et plus on était certain qu'elle ne voulait point punir, plus on multipliait les offenses. L'on sait qu'elle fut l'objet de traits sans nombre d'ingratitude, de milliers de libelles, de procès révoltants ; et l'on cherche en vain la trace d'une action vengeresse. Il est donc vrai qu'elle n'a causé le malheur de personne, celle qui souffre ces tourments inouïs ! Il n'entre pas même de ressentiment dans les supplices qu'on lui fait éprouver! Qu'est-il donc arrivé à l'homme, pour abjurer ainsi tout sentiment d'humanité ? Comment peut-on parvenir à renouveler sans cesse dans le même peuple cette inépuisable fureur? Quelle force ou quelle faiblesse donne à des passions factices cet ascendant terrible ?

La conduite de la reine, tandis qu'elle régnait, tandis que ses véritables sentiments pouvaient se satisfaire sans crainte, a été d'une bonté parfaite : comment aurait-elle développé un caractère si différent de celui qu'elle avait prouvé jusqu'alors, à l'époque même où elle s'est trouvée aux prises avec le malheur? Elle a réuni toutes ses forces pour une résolution que le ciel peut seul récompenser, celle de s'attacher au sort de son époux et de ses enfants. Malgré tous les périls dont elle était à chaque instant menacée, Français, une seconde fois elle s'est confiée à vous.

La vénération de l'Europe ne peut jamais se détacher de la mémoire de Louis XVI, et la plus grande gloire de la reine c'est son dévouement à son époux ; cependant les variations de système qu'on peut reprocher aux derniers temps de l'administration sont une preuve manifeste que ses principaux agents n'étaient pas soumis à l'autorité de la reine : c'est un fait positif que la plupart d'entre eux peuvent à peine se vanter de l'avoir vue, et dans leurs délibérations personne n'a dû reconnaître l'intrépide fermeté de la fille de Marie-Thérèse. On sait seulement que le 6 octobre, le 20 juin, le 10 août, lorsqu'il fut proposé de se défendre en exposant le sang des Français, la reine n'écouta plus que les sentiments d'une femme, la sollicitude d'une mère, et ne redevint un héros qu'au moment où l'on menaçait sa propre vie.

Vous qui l'avez vue regarder ses enfants, vous qui savez que nul péril ne put la résoudre à se séparer de son époux, alors que tant de fois les chemins lui furent ouverts pour retourner dans sa patrie, croyez-vous que son cœur était barbare ou tyrannique? Ah! qui sait aimer n'a jamais fait souffrir; qui peut être puni dans l'objet qu'il chérit redoute la vengeance céleste. Oui, si parmi les juges de Marie-Antoinette il en est un qui soit père, qui ressente une affection douce, il sera son défenseur. L'instinct de l'ame lui fera découvrir la vérité, malgré les piéges de la calomnie, et des souvenirs et des rapprochements sensibles le rendront incapable d'achever un tel malheur.

Mais de quelle ruse ne se sert pas la haine! elle sait, comme l'amour, tout ce qui peut émouvoir, et d'avance elle a soin d'endurcir les cœurs.

On cherche bassement à déjouer le respect que doit inspirer la reine, par ce genre de calomnie dont il est si facile de flétrir toutes les femmes, par ce genre de calomnie dont l'injustice même peut avilir presque autant que la vérité; mais cependant la reine est, par sa destinée, au-dessus de ce sort commun des femmes; trop d'éclat environne son existence pour ne pas dissiper tous les mensonges. Ceux qui l'ont entourée, les seuls vrais juges de sa vie privée, savent qu'elle a toujours pratiqué les vertus qui depuis quatre ans la font admirer de l'Europe entière. L'ame s'affaiblirait en se dégradant; et celle qui par sa seule fierté s'est agrandie dans l'infortune, s'est relevée en présence de l'outrage, ne s'était jamais abaissée à ses propres yeux. Vous essaierez en vain de l'humilier, vous l'appellerez de noms méprisants, vous la jetterez dans une prison infamante, vous la traînerez à la barre de votre tribunal; mais partout elle vous apparaîtra comme la fille de Marie-Thérèse. Tantôt vous croirez la voir, lorsque, le 6 octobre, elle s'avança sur le balcon en présence du peuple, entre ses deux enfants, le charme de son cœur et la gloire de sa vie: la multitude irritée lui cria: *Point d'enfants!* La reine, à ces mots terribles, craignant de leur faire partager ses périls, se hâta de les éloigner; mais elle revint aussitôt pour se livrer seule, ou pour ne pas déshonorer la nation française en paraissant la soupçonner. Le soir de ce même jour, aussi calme que dans une entrée triomphale, elle s'adressa au maire de Paris, pour l'assurer qu'elle et le roi se remettaient *avec confiance* à la garde du peuple de Paris. Vous vous rappellerez le 20 juin, lorsque sa seule présence désarma les projets qui depuis ont éclaté : restée belle à force de courage, ses ennemis ne furent plus écoutés du peuple qui la regardait ; mais à la fin de ce jour mémorable, son fils fut séparé d'elle par la multitude qui l'environnait. A cet instant, tout son calme l'abandonna : un grenadier de la garde nationale le rapporta dans ses bras ; et, l'élevant au-dessus de la foule pour le montrer, il avança d'un moment le bonheur de sa mère : la reine, alors tombant à genoux, se prosterna devant son libérateur : auguste reconnaissance, spectacle plus imposant que le trône dont elle descendait ! Mais, si devant le tribunal où la reine doit être traduite, elle conserve encore toute sa fierté, que le peuple du moins ne s'irrite pas à cet aspect ! Si vous voulez affaiblir ce grand caractère, amenez-lui ses enfants ; mais n'espérez rien de vos supplices : ils ne l'empêcheront pas de se conserver tout entière pour le jugement de l'histoire et la dignité de son nom. Ah ! loin de l'en haïr, intéressez-vous à ce sublime exemple ; si vous êtes républicains, respectez les vertus que vous devez imiter : cette ame qui ne sait point se courber, cette ame aurait aimé la liberté romaine ; et vous avez besoin de son estime, alors même que vous la persécutez.

L'on a tant de peine à concevoir la possibilité d'une atrocité, qu'il en coûte extrêmement pour s'attacher à l'examen des motifs qui peuvent y décider ; il le faut cependant pour mieux les combattre, et je m'essaie à ce travail aussi pénible que nouveau.

Les hommes principaux d'un parti populaire cherchent tous les moyens de lier le peuple indissolublement à leur propre cause ; ils savent que dans toutes les révolutions la gloire ou les revers n'appartiennent qu'aux chefs ; et, craignant que le peuple ne se fie à cette certitude, ils veulent s'identifier avec lui de toutes les manières ; ils tâchent de lui persuader qu'il est le véritable auteur des actes qui ne laissent après eux aucun espoir de retour. Mais d'abord l'exécution du roi réunit ces cruels avantages. La convention, pour multiplier les juges de Louis XVI, s'est fait applaudir par des spectateurs nombreux ; elle s'est assurée de plusieurs adresses de divers départements du royaume ; elle a commandé que cent mille hommes en armes, le jour de la mort du roi, consentissent, par leur silence, à cette terrible catastrophe. Si la subdivision infinie de cette énorme action ne suffisait pas pour attacher la nation au destin de ceux qui l'ont ordonnée ; si elle pensait qu'on ne peut détruire un peuple, et que les vengeances individuelles ne sauraient atteindre l'obscure multitude; si la nation, dis-je, était rassurée par cette opinion, et qu'elle ne redoutât rien pour elle-même de la mort du roi, est-ce celle de la reine qui pourrait l'effrayer? Il me semble, il est vrai, qu'il y aurait dans le supplice de cette malheureuse princesse quelque chose de plus révoltant encore pour les ames généreuses : étrangère, femme, on violerait en elle et les lois de l'hospitalité, et celles de la nature. Les circonstances actuelles aussi donneraient peut-être à cet attentat une plus haute importance politique; mais ces considérations sont faites pour ne frapper que le petit nombre, et rien ne saurait égaler le terrible spectacle de l'exécution du roi. La condamnation de la reine serait donc un crime inutile, et par cela même plus avilissant; on y verrait ou le besoin de la férocité, ou la terreur panique du remords. Imaginerait-on de redoubler le courage du peuple, en l'enivrant du sang d'une nouvelle victime? Mais cette affreuse ressource est maintenant épuisée : on est tellement accoutumé à l'idée de la mort, les oppresseurs comme les opprimés sont tellement familiarisés avec elle, que la prodiguer encore n'exciterait plus aucun genre d'émotion. Voudrait-on enfin donner au peuple une plus grande confiance dans la situation des affaires, en prenant à ses yeux une résolution plus dangereuse que toutes les autres? Mais combien ce calcul serait faux! Ce qui suppose le calme, c'est la sagesse des délibérations; mais tous les excès sont également une preuve du trouble de l'ame. La raison seule préserve des périls, ou témoigne qu'on a cessé de les craindre. Ces motifs, pourrait-on dire, ces motifs ne sont point la véritable cause du danger qui menace la reine; mais son nom, mais son fils inspirent plus d'intérêt que le reste de la famille des Bourbons; plus de vœux se réuniraient autour d'elle : il faut donc se hâter de l'immoler. Et savez-vous pourquoi cette auguste infortunée captive encore les cœurs français? C'est parcequ'on est certain que ses sentiments ont été favorables à la vraie liberté; c'est parcequ'on a la preuve qu'elle s'est constamment opposée aux projets hostiles contre la France, et qu'elle n'a point voulu s'y prêter; c'est parceque sa mort aiderait de plusieurs manières ceux qui conçoivent l'espoir de vous asservir; c'est enfin parcequ'elle a plus de modération et moins de ressentiment, parcequ'elle a reçu la leçon du malheur comme un ange et comme un philosophe; c'est parcequ'elle a toutes ces vertus, qu'elle a plus de partisans : est-ce aussi sur ces accusations que vous la condamnerez! Vous n'oseriez avouer ce terrible secret ; mais pourriez-vous espérer de le cacher? Et ne savez-vous pas que tout ce qui est écrit en lettres de sang sera lu par l'univers ! Mais votre intérêt même combat encore ce nouvel argument ; le sentiment que de certaines âmes ne peuvent jamais détacher d'un grand malheur se reporte successivement sur les individus de cette famille qui survivent à ceux qu'on immole. Les Français qui versèrent des pleurs sur le destin du roi ont consacré à la reine l'affection déchirante qu'ils ressentaient pour son époux : si la reine périssait à son tour, si le jeune enfant, héritier de tant d'infortunes, mourait privé des soins de sa touchante mère, on s'attacherait aux restes de cette race royale persécutée ; et les princes qu'on repousse aujourd'hui intéresseraient en leur faveur, quand il n'existerait plus qu'eux.

Ah ! si vous craignez la reine parcequ'on l'aime davantage, c'est elle cependant dont la liberté, dont le séjour hors de France vous serait le moins redoutable. Il est des obstacles qui peuvent irriter l'ambition, mais les malheurs que Marie-Antoinette a éprouvés détrompent des hommes et de la vie ; au sortir du tombeau l'on n'aspire pas au trône, et de si longues infortunes ôtent presque jusqu'au besoin du bonheur. Sa piété religieuse, sa tendresse dévouée, tout vous est garant qu'elle a détaché son cœur d'elle-même, et que le retour à l'existence, à la nature, suffirait pour occuper le peu d'années dont il lui reste encore la force. Peut-être réserve-t-on sa délivrance comme un moyen de négocier avec les Autrichiens? Sans doute en remettant entre les mains de l'empereur la reine et ses enfants, on obtiendrait beaucoup du petit-fils de Marie-Thérèse, et l'Europe entière est tellement émue par l'étonnante histoire de ces victimes illustres, qu'en faisant cesser leurs malheurs, on soulagerait tout ce qui pense. Mais quand des considérations politiques détourneraient les puissances de céder à la voix du sentiment, quelle honte pour les Français de condamner la reine parcequ'elle serait sans défense ! Ils auraient accordé sa vie à la terreur, ils la refuseraient à la justice ; et leur dépit atroce et pusillanime s'exercerait sur une femme, quand ils se seraient assurés qu'elle est sans appui. Non, je ne puis le croire ; non, le passé, quel qu'il soit, ne donne point encore l'idée d'une telle action. Mais ceux qui conseillent cet attentat ignorent-ils combien ils ajouteraient à l'énergie de l'armée des Autrichiens par la nouvelle du supplice de Marie-Antoinette? Ce qui a doublé la force des troupes françaises depuis un an, ce qui rend les guerres civiles plus sanglantes que toutes les autres, c'est que chaque soldat fait plus qu'obéir, il combat par sa propre impulsion, pour le succès de son sentiment individuel. Eh bien! vous auriez créé parmi les Allemands un mouvement national, en sacrifiant la fille de Marie-Thérèse! Il n'est pas un Hongrois qui ne vît en vous un ennemi personnel. Ah! quand ils jurèrent à l'illustre mère d'Antoinette de mourir pour la défense de son fils ; quand un vœu libre, universel, revêtu de tous les caractères de souveraineté que vous reconnaissez, lia le peuple à sa cause, pensez-vous que si le génie de l'histoire leur eût présenté sa fille captive, outragée, immolée, cette nation n'eût pas répété mille fois le serment de la venger? Vous n'aurez point à combattre les satellites d'un despote, mais les courageux amis d'une malheureuse victime, des soldats enthousiastes à leur tour, invincibles comme les vrais défenseurs d'une liberté généreuse. Peut-être une sombre fureur persuaderait-elle à quelques uns de vous que rien ne pourrait diminuer l'horreur qu'inspirent les jours sanglants dont nous venons d'être témoins; j'ignore s'il existe un terme au-delà duquel de nouveaux événements ne produisent plus de nouvelles sensations, mais il est certain du moins que la France, gouvernée, dominée successivement par tant d'individus divers, ne charge aucun homme du poids de l'histoire de tous, et permet à chacun de s'absoudre par une action généreuse. Ah! que la défense de la reine, que sa liberté, soient l'objet d'une telle émulation ! Ces juges qui vont prononcer sur son sort sont désignés à l'attention de l'Europe; aucun emploi, aucune fonction étrangère à leur mission solennelle ne peut effacer en eux le caractère d'assassins ou de libérateurs de la reine. Comme ils ne sont point les représentants de la nation, ce sont les cris des tribunes de Paris, ou la voix de leur conscience, qu'ils peuvent appeler le vœu de la France. Est-ce à la terreur qu'ils veulent céder? est-ce à la vertu qu'ils croient obéir? Ah ! s'ils donnaient l'exemple de résister aux passions du moment, comme ils enchaîneraient l'avenir ! Les chances du hasard seraient fixées en leur faveur; l'estime des hommes, ce bien dont les jouissances se multiplient sous tant de formes dans tous les temps, dans tous les pays, se placerait entre eux et le malheur. On ne leur demande que de mépriser un péril plus éclatant que réel. Le peuple français peut être ému par le courage de la vertu, quoique le fanatisme des opinions politiques l'ait dénaturé : lorsque des républicains le rappelleraient à ses sentiments naturels, le menaceraient de leur résignation, défieraient sa fureur en s'y livrant sans résistance, non, ils n'auraient rien à craindre! On pourrait envier leur mort, s'ils la subissaient pour sauver une reine innocente; mais non, je le répète, ils n'auraient rien à redouter. Peuple français, n'abjurez pas le dernier reste de vos antiques souvenirs. Vous avez déjà triomphé des armées étrangères; déjà vous les avez repoussées du territoire de France : voulez-vous déshonorer la valeur même, en la séparant de toute autre vertu? Si vous persistez dans votre cruauté, si vous immolez la reine, vos lauriers mêmes se flétriront au milieu de vous. Ne vous y trompez pas, c'est peut-être la destruction de la royauté et des ordres privilégiés qui irrite contre vous la plupart des gouvernements de l'Europe; mais ce qui soulève les nations, c'est la barbarie de vos proscriptions. Vous gouvernez par la mort; la force qui manque à la nature de votre gouvernement, vous la retrouvez dans la terreur, et là où il existait un trône vous avez élevé un échafaud! Ce qui fit la force des premiers principes de la révolution, c'est qu'ils semblaient le retour aux idées naturelles. Quel plus terrible renversement des sentiments innés dans le cœur de l'homme que l'ostentation de la cruauté, que cette éloquence qui ne s'aide que de la menace, que ces serments qui ne promettent que la mort! Dans la sorte d'ivresse où plonge une révolution, on croit le reste du monde changé comme soi-même; mais quand l'homme se réveille et qu'il se voit détesté par ses semblables, quel est son sort!

Arbitres de la vie de la reine, je veux parler selon vos desirs; je veux vous implorer : soyez justes, soyez généreux envers Marie-Antoinette; mais aussi soyez jaloux de sa gloire : en l'immolant, vous la consacrez à jamais. Vos ennemis vous ont fait plus de mal par leur mort que par leur vie. Vous étiez tout puissants quand vous avez commencé à punir, et si vous aviez été cléments envers vos adversaires, c'est alors qu'on aurait pu les croire coupables. Si les chances de la prospérité vous reviennent une seconde fois; si la Providence, protectrice de la liberté, veut une seconde fois donner à la France et les moyens de l'acquérir et ceux de la faire aimer des hommes, les esprits, fatigués par tant de cruelles secousses, quelles que soient leurs opinions, quels que soient leurs souvenirs, embrasseront facilement la plus légère espérance de bonheur : le repos et la paix, voilà peut-être aujourd'hui toute l'ambition des plus habiles! Vous disposez de la France, de ce pays si nécessaire à ceux qui l'ont habité. Ah! si vous parliez d'union et de sécurité à tous les Français ; si vous rassuriez l'Europe par des principes d'ordre et de justice, vous ne prévoyez pas vous-mêmes combien de sacrifices vous obtiendriez. Si vous êtes destinés à terminer heureusement cette guerre, essayez sur vos concitoyens la puissance de la générosité ; elle s'étend, elle pénètre où vos commandements sont forcés de s'arrêter ; et cette génération qui s'avance est tellement accablée d'infortune, que depuis la vie jusqu'au bonheur tout lui semblerait de nouveaux dons ; mais surtout sauvez la reine, on ne pourrait supporter cette nouvelle catastrophe ; redoutez les forces du désespoir, et que les pleurs du monde obtiennent ou de votre orgueil ou de votre pitié le salut de cette touchante victime.

Mais pourquoi, me diront les philosophes de ce temps, pourquoi votre cœur est-il plus ému pour la reine que pour tant d'autres infortunées que le cours de la révolution a fait périr ? Seriez-vous du nombre de ceux *qui plaignent un roi plus qu'un autre homme?* Oui, je suis de ce nombre ; mais ce n'est point par la superstition de la royauté, c'est par le culte sacré du malheur. Je sais que la douleur est une sensation relative, qu'elle se compose des habitudes, des souvenirs, des contrastes, du caractère enfin, résultat de ces diverses circonstances ; et quand la plus heureuse des femmes tombe dans l'infortune, quand une princesse illustre est livrée à l'outrage, je mesure la chute, et je souffre de chaque degré. Enfin la reine serait coupable, l'univers entier ne s'intéresserait pas à sa destinée, qu'après l'année qu'elle vient de souffrir, nul homme, nulle association d'hommes n'a le droit de lui donner la mort. Cette longue suite de souffrances pénètre d'un sombre respect ; la reine devait périr mille fois sous tant de coups redoublés : la nature, le ciel, en la sauvant, l'ont déclarée sacrée.

Depuis un an que le secret le plus impénétrable entoure sa prison, on a dérobé tous les détails de ses douleurs ; mille précautions ont été prises pour en étouffer le bruit : un tel mystère honore le peuple français. On a craint son indignation, on peut donc encore espérer sa justice. Il aurait su, ce peuple, qu'on apporta devant la fenêtre de Marie-Antoinette la tête de son amie. Ignorant les fatales nouvelles de ce jour épouvantable, on la força, par un barbare silence, à contempler long-temps des traits ensanglantés qu'elle reconnaissait à peine à travers l'horreur et l'effroi. Elle se convainquit enfin qu'on lui présentait les restes défigurés de celle qui mourut victime de son attachement pour elle. Cruels ordonnateurs de cette scène, vous qui vîtes devant vous votre malheureuse reine prête à mourir de désespoir, saviez-vous alors tout ce qu'elle devait souffrir? Et les mouvements d'un cœur sensible, ces mouvements qui devaient vous être inconnus, les aviez-vous appris pour être plus certains de vos coups?

Pendant le procès du roi, chaque jour abreuvait sa famille d'une nouvelle amertume; il est sorti deux fois avant la dernière, et la reine, retenue captive, ne pouvant parvenir à savoir ni la disposition des esprits ni celle de l'assemblée, lui dit trois fois adieu dans les angoisses de la mort; enfin le jour sans espérance arriva. Celui que les liens du malheur lui rendaient encore plus cher, le protecteur, le garant de son sort et celui de ses enfants, cet homme dont le courage et la bonté semblaient avoir doublé de force et de charmes à l'approche de la mort, dit à son épouse, à sa céleste sœur, à ses enfants, un éternel adieu; cette malheureuse famille voulut s'attacher à ses pas, leurs cris furent entendus des voisins de leur demeure, et ce fut le père, l'époux infortuné qui se contraignit à les repousser. C'est après ce dernier effort qu'il marcha tranquillement au supplice, dont sa constance a fait la gloire de la religion et l'exemple de l'univers. Le soir, les portes de la prison ne s'ouvrirent plus, et cet événement, dont le bruit remplissait alors le monde, retomba tout entier sur deux femmes solitaires et malheureuses, et qui n'étaient soutenues que par l'attente du même sort que leur frère et leur époux. Nul respect, nulle pitié ne consola leur misère; mais, rassemblant tous leurs sentiments au fond de leur cœur, elles surent y nourrir la douleur et la fierté. Cependant, douces et calmes au milieu des outrages, leurs gardiens se virent obligés de changer sans cesse les soldats apostés pour les garder; on choisissait avec soin, pour cette fonction, les caractères les plus endurcis, de peur qu'individuellement la reine et sa famille ne reconquissent la nation qu'on voulait aliéner d'elles. Depuis l'affreuse époque de la mort du roi, la reine a donné, s'il était possible, de nouvelles preuves d'amour à ses enfants: pendant la maladie de sa fille, il n'est aucun genre de services que sa tendresse inquiète n'ait voulu lui prodiguer; il semblait qu'elle eût besoin de contempler sans cesse les objets qui lui restaient encore pour retrouver la force de vivre, et cependant un jour on est venu lui ôter son fils; l'enfant, pendant deux fois vingt-quatre heures, a refusé de prendre aucune nourriture : jugez quelle est sa mère par le sentiment énergique et profond qu'à cet âge elle a su lui inspirer! Malgré ses pleurs, au péril de sa jeune vie, on a persisté à les séparer. Ah! comment avez-vous osé, dans la fête du 10 août, mettre sur les pierres de la Bastille des inscriptions qui consacraient la juste horreur des tourments qu'on y avait soufferts? Les unes peignaient les douleurs d'une longue captivité, les autres l'isolement, la privation barbare des dernières ressources; et ne craigniez-vous pas que ces mots, *Ils ont enlevé le fils à la mère*, ne dévorassent tous les souvenirs dont vous retraciez la mémoire!

Voilà le tableau de l'année que cette femme infortunée vient de parcourir, et cependant elle existe encore; elle existe parcequ'elle aime, parcequ'elle est mère : ah! sans ce lien sacré, pardonnerait-elle à ceux qui voudraient prolonger sa vie? Mais lorsque, malgré tant de maux, il vous reste encore du bien à faire, traînerez-vous du cachot au supplice cette intéressante victime? Regardez-la, cruels! non pour être désarmés par sa beauté; mais si les pleurs l'ont flétrie, regardez-la pour contempler les traces d'une année de désespoir! Que vous faudrait-il de plus si elle était coupable? et que doivent donc éprouver les cœurs certains de son innocence?

Je reviens à vous, femmes immolées toutes dans une mère si tendre, immolées toutes par l'attentat qui serait commis sur la faiblesse, par l'anéantissement de la pitié : c'en est fait de votre empire si la férocité règne, c'en est fait de votre destinée si vos pleurs coulent en vain. Défendez la reine par toutes les armes de la nature; allez chercher cet enfant qui périra s'il faut qu'il perde celle qui l'a tant aimé; il sera bientôt aussi lui-même un objet importun, par l'inexprimable intérêt que tant de malheurs feront retomber sur sa tête : mais qu'il demande à genoux la grace de sa mère; l'enfance peut prier, l'enfance s'ignore encore.

Mais malheur au peuple qui aurait entendu ses cris en vain! malheur au peuple qui ne serait ni juste ni généreux! ce n'est pas à lui que la liberté serait réservée. L'espérance des nations, si long-temps attachée au destin de la France, ne pourrait plus entrevoir dans l'avenir aucun événement réparateur de cette génération désolée.

RÉFLEXIONS SUR LA PAIX,

ADRESSÉES

A M. PITT ET AUX FRANÇAIS.

1794.

PRÉFACE.

C'est à M. Pitt qu'il faut demander compte du destin de l'Europe ; l'Angleterre devait être le génie tutélaire des puissances, alors, qu'elle s'unissait à elles pour faire la guerre à la France ; sa constitution, chef-d'œuvre de la raison et de la liberté, lui donnait le droit de prononcer dans ce grand débat du monde. Il était beau à une nation sagement indépendante de repousser de son alliance un peuple qui souillait sa cause par le crime, et de populariser la coalition en la soumettant à l'ascendant d'un gouvernement libre. Ce n'était pas comme rivale de la France qu'elle devait se présenter à cette lutte, c'était comme protectrice de l'ordre social, qui, menacé tout entier, ne peut se sauver partiellement ; et ses alliés devaient tirer leur principal secours de l'éclat de ses vertus et de ses lumières. A-t-elle eu ce motif ? a-t-elle atteint ce but ? Toutefois, les débris de sa gloire sont encore si imposants, qu'elle peut toujours décider du sort de l'Europe.

M. Pitt et la France, une nation et un homme, voilà ce qu'il importe de persuader ; l'intérêt de l'une, la conscience de l'autre peuvent les faire marcher au même but ; mais la vérité qu'il faut dire prend le caractère des personnalités, quand elle s'adresse à un gouvernement dirigé par un ministre ; et ce ministre a besoin d'une sorte d'élévation pour admettre même une idée générale dans un temps où elles s'appliquent toutes à ses actions politiques. Il faut, pour juger cette grande cause, s'isoler de soi comme ambitieux, comme ministre, comme Anglais même. Toutefois l'oubli de ces intérêts personnels n'est qu'un sacrifice apparent : il s'agit en effet de les préserver tous de la ruine universelle, qui entraînerait, et l'homme, et le gouvernement, et la nation sous le poids de la destinée du monde. Je ne vais rien dire qui n'ait été senti par tous les hommes impartiaux ; mais dans les temps où l'esprit de parti domine, voir et suivre le vrai est un effort de raison qui n'est presque jamais donné ni à une nation dont toutes les passions s'emparent, ni à un homme que sa place expose aux chocs de tous les intérêts individuels. C'est dans la solitude qu'un ministre trouverait mieux la solution de ces difficultés qu'il faut comparer seulement à la nature des choses. Les nouvelles de chaque jour, les conseils de chaque parti ont l'inconvénient terrible de faire prendre un côté de l'objet pour son ensemble, de fausser la perspective en faisant ressortir un seul objet, une seule idée comme l'unique point de vue de la combinaison. Je vais écrire quelques unes des réflexions qui se présentent à moi; et, pour me tracer une route à travers les pensées qui se confondent, je les diviserai par une méthode arbitraire qui doit reposer l'esprit sans le borner.

Cet ouvrage sera composé de deux parties : l'une adressée à M. Pitt; l'autre, aux Français. Le premier chapitre de la première partie traitera de la force actuelle de la France ; le second, de la conduite qu'ont suivie les puissances coalisées ; le troisième, des avantages de la paix pour l'Europe. La seconde partie n'aura qu'un chapitre consacré à considérer si la France doit desirer la paix. J'ai été tour à tour entraînée vers ce sujet et repoussée loin de lui. Quelquefois l'indignation qu'on ressent contre les fautes qu'on voit commettre, la foule d'idées simples qui semblent en démontrer l'absurde inconséquence, vous commandent d'écrire. Dans ces moments d'inspiration raisonnée on a presque l'orgueil de croire que c'est un devoir de contribuer de tous ses moyens à repousser le fléau qui nous menace ; et dans l'instant qui suit ce mouvement d'exaltation, on se demande ce que peut valoir un livre au milieu de toutes les fureurs de la vengeance et de la haine. Qui lira tout ce qui n'est pas le décret qui vous ruine, l'arrêt qui vous condamne, ou l'issue de la bataille donnée par vos concitoyens? Moi-même, pendant le règne sanglant de Robespierre, lorsque chaque jour apportait l'effroyable liste des victimes dévouées, je ne savais que desirer la mort, qu'aspirer à la fin du monde, et de cette race humaine témoin ou complice de tant d'horreurs; je me serais reproché jusques à la pensée, comme trop indépendante de la douleur. Une sorte de trève nous est accordée, les massacres ont cessé, la campagne va finir : consacrons ces instants à quelques idées générales, dont l'excès du malheur ôtait la force d'approcher.

PREMIÈRE PARTIE.

CHAPITRE PREMIER.

De la force actuelle de la France.

Toute la puissance de la révolution de France consiste dans l'art de fanatiser l'opinion pour des intérêts politiques. Si un homme quelconque avait de l'influence sur les Français, la connaissance de son caractère, l'examen de son ambition rendraient sans doute faciles les moyens de traiter avec lui ; mais ce sont des idées qui règnent en France à la place des individus. Les Français ont trop de vanité pour se soumettre à un chef ; le roi se confondait avec la royauté : c'était le rang et non le talent qui le plaçait au-dessus de tous ; mais celui qu'on choisirait, qu'on suivrait, qu'on croirait volontairement, serait par-là même reconnu comme devant à ses talents sa supériorité sur les autres ; et cet aveu n'est pas français. La découverte de l'imprimerie, en disséminant les lumières, a rendu beaucoup plus rare l'espèce de confiance aveugle qui soumet les soldats à leurs chefs politiques ou militaires ; et quand vous ajoutez à la découverte de l'imprimerie celle plus moderne des pamphlets de tous les jours et de toutes les heures, qui s'attachent aux moindres actions d'un homme, relèvent chaque ridicule, fortifient chaque soupçon, décident toutes les nuances, on verra que la magie inséparable de la gloire est impossible à conserver. C'est une sorte de prostitution pour elle que cette continuelle observation de tout ce qui la compose, et son prestige en est détruit.

On a beaucoup répété qu'il n'y avait point eu de grands hommes dans cette révolution ; et moi je crois qu'on peut observer à diverses époques des efforts de vertu, des preuves de courage, une étendue d'esprit, une audace de crime qui, dans des temps plus reculés, à l'époque même de la révolution d'Angleterre, auraient suffi pour acquérir une véritable influence : et cependant en France aucune réputation n'est restée debout. Jamais les hommes n'ont été que les instruments de l'idée dominante ; le peuple les a regardés comme des moyens, et non comme des chefs. M. Necker avait marché dans le sens de l'opinion du peuple, tant qu'il le croyait opprimé ; il le combattit dès qu'il voulut devenir usurpateur : à cet instant même, M. Necker se vit abandonné par tous ceux qui s'attachaient à son char. Mirabeau est mort à temps pour ne pas apprendre l'inutilité des talents employés à remonter le torrent dominateur. M. de Lafayette, fidèle à son serment à la constitution, et voulant le défendre contre l'impulsion de la journée du 10 août, n'a pu conserver, de toutes les gardes nationales de France, que vingt compagnons d'infortune. Dumouriez, dont les talents militaires ne peuvent être contestés, porté par le flot d'une de ses intrigues à vouloir relever le trône qu'une autre intrigue lui avait fait renverser, a fui les poignards de ses propres soldats, qui, nullement instruits de l'opinion que peut mériter son caractère moral, ne devaient voir en lui qu'un brave et victorieux général. Il n'est que Robespierre dont l'affreuse puissance a besoin d'être expliquée ; mais, s'il est possible de le dire, il s'était identifié avec la terreur, et, s'emparant de toutes les passions haineuses des jacobins, il parvenait, à leur insu, à se faire un trône de l'échafaud, où l'on ne lui destinait que la place d'exécuteur ; mais dès que cette intention a été manifestée, dès qu'il a voulu prétendre à quelques distinctions dans l'empire de la scélératesse, on s'est révolté contre lui. La convention a sans doute été soulevée par le sentiment d'horreur et d'effroi que lui inspiraient ses crimes ; mais, dans les premiers moments, le peuple incertain ne s'est rallié à la convention contre Robespierre que par la préférence qu'il accorde toujours à une assemblée sur un homme. Le peuple ne veut et ne croit s'armer que pour lui-même ; c'est la réunion de ses représentants qu'il défend dans la convention, et la puissance d'un individu, quel qu'il soit, n'a rien de démocratique.

On pourrait trouver des idées de liberté dans cet invincible éloignement pour le gouvernement d'un seul, ou l'ascendant du petit nombre ; mais comme ce principe est incompatible avec la stabilité de l'état social, il est lui-même destructif de cette liberté dont on le croit la base. Néanmoins, ce qui importe à la circonstance actuelle, ce n'est pas d'analyser les malheurs incontestables de la révolution de France, mais d'en juger les effets. Les Français, réunis contre les étrangers, sont à eux seuls plus forts que toute l'Europe, et les Français sont ralliés par la force de l'opinion publique. Les moyens de l'influencer devaient donc être le premier objet des puissances. On assassinerait, on gagnerait successivement les meneurs de la faction populaire, qu'il s'en représenterait de tout-à-fait semblables à ceux qu'on aurait écartés. Dès qu'il y a un mouvement public, il crée toujours des hommes pour en profiter. Ce n'est pas, j'en conviens, la majorité numérique de la France qui est enthousiaste des idées démocratiques, mais ce sont tous les caractères actifs, impétueux, qui multiplient leur existence par leurs passions, entraînent les autres par leur volonté, et se recrutent de tous les faibles par l'effroi même qu'ils leur inspirent. Les intérêts qu'on oppose à cette impulsion sont d'une nature combinée ; l'amour de l'ordre et du repos en est le mobile, et les moyens se ressentent presque toujours de la modération du but. Les crimes des jacobins, en les plaçant dans une situation désespérée, ont rassemblé et doublé leur force; la conscience même d'un honnête homme l'isole par ses jouissances; il y a peut-être dans la vertu quelque chose de solitaire et de complet qui s'oppose à l'échange, à la réunion d'intérêts qu'il faut pour former un parti dans les troubles politiques. Enfin les puissances, par l'incertitude de leurs systèmes, par les fautes qu'elles ont commises, ont empêché le parti contraire à la république de pouvoir offrir aucun objet fixe de réunion dans l'intérieur. La haine contre l'invasion des étrangers est donc en France une sorte de sentiment général; c'est la seule idée qui mette de l'ensemble dans une nation prête à se disjoindre.

Plusieurs mouvements généreux ont excité les ennemis mêmes des jacobins à ne pas consentir à recevoir la loi des puissances. Les uns la redoutent par la crainte de nouveaux massacres, que les succès des étrangers pourraient produire dans l'intérieur de la France; d'autres sont encore fiers de la gloire des armes françaises, alors même qu'elles appuient une opinion contraire à la leur. Les parents, les amis des soldats qui ont péri dans cette fatale guerre, se sont aigris par leurs pertes; un grand nombre est effrayé par les menaces insensées du parti des émigrés, et croit de bonne foi l'indépendance et l'honneur de la nation attachés à repousser les étrangers. Enfin, par le concours de tous ces motifs, il est certain qu'il est bien peu de Français restés en France qui ne soient convaincus de la nécessité de s'opposer au triomphe de la coalition. Quelle force un tel accord ne doit-il pas donner à la nation! que de moyens pour faire la guerre, quand tout sert à ce but, même le crime! Le système d'injustice et de terreur, qui vient de retomber sur ses abominables auteurs, multipliait alors les féroces victoires des Français. Leurs tyrans, à l'aide des idées démocratiques, commandaient l'enthousiasme au nom de la crainte, obtenaient à la fois les avantages de ce qui est volontaire et de ce qui est forcé.

Aujourd'hui qu'un sentiment plus naturel réunit à la cause commune, la France entière est encore à la disposition de la convention; ses trésors, c'est la fortune de tous les particuliers; ses soldats, tous les Français en état de porter les armes; ses approvisionnements, les productions du sol de la France. Sans doute l'empire se ruine, les individus périssent, tous les fléaux tombent à la fois sur cette terre désolée; mais la France ne peut s'écrouler qu'avec l'Europe. Cet empire entraînerait dans sa chute celle de l'ancien monde, et l'Amérique elle-même s'étonnerait de la secousse dont les mers et l'espace n'auraient pu la garantir.

A-t-on jamais pensé qu'on détruisit une religion par le martyre? Eh bien! ce chimérique système d'égalité est une religion politique dont le temps et le repos peuvent seuls affaiblir le redoutable fanatisme. Il réunit l'enthousiasme exalté qu'inspirent les abstractions métaphysiques, aux fureurs trop réelles que les intérêts de fortune et d'ambition font naître chez tous les hommes; c'est du dogme et du pillage, du principe et de l'orgueil. Enfin ces sociétés populaires, ce gouvernement tout en délibérations, ont mis dans la plupart des têtes une passion de raisonnement, un besoin de faire effet, qui les rend beaucoup plus susceptibles d'enthousiasme; et les succès et les revers de la guerre, et son but et son danger, sont des moyens toujours renaissants d'enflammer les têtes ardentes.

Sans doute il y a tant de victimes de la révolution, tant de malheurs causés par elle, qu'elle doit avoir beaucoup d'ennemis; mais s'ils ne sont pas contenus à la paix par un bon gouvernement, c'est dans une guerre civile qu'ils éclateront; c'est entre les Français que le destin de la France se décidera: mais tant que l'on voudra leur opposer des étrangers, ils se battront, ils triompheront, leur gouvernement marchera par l'impulsion même des obstacles extérieurs qu'on lui opposera, et personne ne peut répondre du terme de leurs succès.

Toutes les nations du monde ont dans leur sein des hommes qui sont mécontents du gouvernement établi, soit qu'il n'en existe aucun qui n'ait commis quelques fautes, aucun qui puisse également satisfaire l'ambition de tous, soit parceque l'homme est si malheureux sur cette terre, qu'il ne peut s'attacher qu'à ce qu'il ne connaît pas; ces mécontents sont dans tous les pays les alliés de la révolution de France. L'intérêt des propriétaires devrait les animer contre les Français; mais tous les hommes heureux font des calculs individuels; ils songent à ce qu'ils peuvent sauver de la ruine de leur pays: et ce soin les distrait de celui de le défendre. D'ailleurs la terreur qu'inspirent les armes françaises s'accroît chaque jour; d'abord on les méprisait trop: maintenant on les redoute au-delà même de leurs forces; leur impétuosité, leurs opinions, leurs crimes même en ont fait une espèce d'hommes à part. Leur guerre est un danger nouveau, auquel on ne se sent pas préparé. Elle se transforme dans la pensée en fléau de la nature; on s'y soumet comme à la nécessité.

Il faudrait donc, dira-t-on, adopter le gouvernement de Robespierre, si les Français voulaient encore l'établir? Non, ce système épouvantable est un phénomène que la nature ne peut pas deux fois reproduire; non, je ne crois point encore l'ordre social renversé, la pitié bannie de la terre, l'homme consacré à la destruction de l'homme, l'athéisme devenu la superstition du peuple, la propriété attaquée par toutes les lois, la société seulement instituée pour qu'en rassemblant les individus dispersés, elle rapproche plus sûrement la victime du sacrificateur. Il faut ramener les Français et le monde avec eux à l'ordre et à la vertu; mais pour y parvenir, on doit penser que ces biens sont unis à la véritable liberté; marcher avec son siècle, et ne pas s'épuiser dans une lutte rétrograde contre l'irrésistible progrès des lumières et de la raison.

CHAPITRE II.
De la conduite qu'ont suivie les puissances coalisées.

Je ne remonterai pas à l'origine de la guerre, pour démêler avec certitude qui de l'Europe ou de la France doit se la reprocher davantage. Cette guerre une fois déclarée, le triomphe en était le but; les puissances ont-elles adopté, continuent-elles à suivre les moyens de l'obtenir? Le chapitre précédent résout presque cette question. On ne pouvait vaincre la France que par l'appui des mécontents, qui auraient appelé les puissances à leur secours: ont-elles eu l'art de rallier à elles l'estime et la confiance des Français? Si les gouvernements ont pris pour conseils les opinions des émigrés de Coblentz, s'ils se sont attachés à l'esprit de parti qui borne les idées en exaltant les espérances, ils se sont absolument éloignés de ce point de sagesse qui, placé à une distance égale des exagérations contraires, devient le centre où toutes les opinions se rallient.

Les pensées de Rousseau, les plaisanteries de Voltaire, le ministre de M. de Calonne, les vacillations de l'archevêque de Sens, les discussions de l'assemblée constituante, trois ans de révolution enfin avaient avancé toutes les opinions fort au-delà même du terme des principes raisonnables ; et les émigrés, pour s'en préserver, reculaient aux préjugés du quatorzième siècle ; ils voulaient qu'il ne restât rien d'une révolution qui avait remué toutes les passions des hommes ; ils ne voyaient qu'une émeute dans une ère de l'esprit humain ; enfin, traitant des questions politiques comme des principes de foi, ils rejetaient comme de véritables hérésies les considérations tirées de ce qui est sage, de ce qui est possible même, et transportaient dans les opinions politiques ce despotisme religieux qui commande de croire et dispense d'expliquer.

Des hommes si infortunés doivent obtenir tous les genres d'indulgence pour leurs erreurs, excepté celle de les adopter ; et c'était perdre leur propre cause, que suivre un seul jour leurs conseils. Il entrait dans leur système, ou plutôt dans leurs passions, d'effrayer la France par leurs menaces, avant de pouvoir inspirer la moindre confiance dans leurs forces. Au lieu de se hâter de personnaliser leur haine, de nommer avec précision la liste des assassins contre lesquels ils voulaient sévir, ils professaient une intolérance politique qui enveloppait de la même proscription presque tous les habitants de la France, et faisait redouter les émigrés du plus obscur paysan qui s'était affranchi des dîmes, comme du général qui avait gagné des batailles ; du sage ami de la liberté, comme de l'assassin forcené de Louis XVI. Enfin, on a repoussé jusqu'à ceux qui voulaient revenir aux opinions mêmes de Coblentz ; ce parti, plus pur en aristocratie que les congrégations les plus austères ne le sont en religion, a rejeté toutes les conversions.

Des chefs habiles parmi les républicains se sont offerts et ont été refusés ; les hommes fidèles à la constitution qui consacrait le trône et la maison de Bourbon, s'ils s'étaient présentés, auraient été trouvés trop coupables pour qu'on pût se rallier à leur courage et à leurs lumières. On eût dit qu'on faisait un choix pour la table ronde du roi Arthur, quand il s'agissait d'obtenir la majorité dans une nation de vingt-quatre millions d'hommes, qui savent lire et vivent sous le dix-huitième siècle.

Par un contraste bizarre, les puissances n'ont pas toutes montré aux émigrés l'humanité qu'ils méritaient ; elles ne se sont point partagé, comme elles l'auraient dû, le soin de leur existence et de leurs asiles ; mais elles se sont distribué leurs opinions. On les croit, et on les chasse. C'est l'opposé de ces deux partis qui eût été spirituel et bon.

Dumouriez a émigré : sa défection a valu aux puissances la Belgique, les places frontières de France ; et comme si le but était de détourner tous les généraux de la république de suivre jamais un pareil exemple, on le poursuit d'asile en asile ; on épouvante de son sort quiconque voudrait l'imiter ; enfin (et cette pensée inspire une indignation d'un caractère plus relevé) l'affreuse captivité de M. de Lafayette soulève l'ame, avant qu'il soit besoin de la condamner par d'autres motifs; et l'on s'efforce en vain de comprendre comment l'humanité, qui commande aux caractères généreux le sacrifice des plus grands avantages politiques, ne peut pas même éclairer les puissances sur le plus évident de leurs intérêts personnels.

M. de Lafayette refuse d'être nommé général de l'armée républicaine, et rallie son armée au serment qu'il avait fait à la constitution et au roi ; il est abandonné, proscrit par les jacobins, forcé de traverser l'armée des alliés pour se rendre en Amérique : les ennemis de ses ennemis l'arrêtent au mépris de toutes les lois comme de tous les calculs, et depuis deux ans M. de Lafayette languit, avec ses estimables compagnons, dans un cachot horrible. Tout périt en lui, hors son courage, hors sa réputation, que cette atroce persécution a préservée des reproches qu'on aurait pu faire à son repos.

Les puissances ont-elles voulu, par cet acte, rivaliser avec les jacobins? Les gouvernements ne devaient les combattre que par l'ascendant de la justice. Il n'y avait que des vertus à opposer à toutes les séductions du crime ; mais l'on s'est demandé souvent si des missionnaires de chaque parti n'étaient pas dans l'armée contraire, et si la plupart des arguments de chaque cause n'étaient pas tirés des fautes de ses adversaires.

Il existe encore entre les opinions extrêmes d'autres points de ressemblance. Un jour peut-être on essaiera de révéler le traité secret des jacobins et des aristocrates pour anéantir ensemble tout l'intervalle de raison qui les sépare ; on dirait qu'ils creusent sous la France deux mines en sens contraire, qui se rapprochent à mesure qu'elles avancent, et doivent se réunir par l'écroulement universel. Les monarchistes, les constitutionnels, les modérés, tous ceux qui dans les temps d'esprit de parti échappent à la fureur et à la stupidité des idées absolues, donneraient certainement des conseils plus sages et plus éclairés.

La constitution de 1789, malgré ses défauts, a mille fois plus de partisans en France que l'ancien régime; ce n'est point un étendard qui puisse épouvanter le nombre infini de Français qui depuis cinq ans ont pris part à la révolution, et qui voient dans la captivité de M. de Lafayette l'éclatant augure de leurs destinées particulières; ce n'est point un étendard qui puisse faire craindre au peuple le rétablissement des droits féodaux, des dîmes, des gabelles, la perte de tous les avantages réels qu'il croit devoir à la première révolution : c'est un parti plus analogue à la masse des opinions de l'Europe et de la France. Mais il valait encore mieux parler à la nation de son indépendance dans le choix d'une forme quelconque de gouvernement, lui déclarer unanimement qu'on ne voulait que la délivrer du joug des brigands, et préserver ainsi l'Europe d'une désorganisation générale. N'était-il pas trop heureux pour les rois d'avoir à défendre leurs couronnes au nom de la sûreté de tous les honnêtes gens, de tous les propriétaires, de l'ordre social, attaqué par des principes destructeurs ? Les jacobins voulaient sans cesse présenter ce grand débat comme la cause particulière des rois et des nobles; leurs ennemis, par un soin contraire, devaient populariser leurs intérêts en les confondant avec le danger universel. Il fallait admettre tous les partis, hors celui du crime; tous les systèmes, hors celui de l'anarchie; tous les gouvernements, hors celui de la mort.

Le grand tort des cabinets de l'Europe a été de ne jamais se décider par la prévoyance. Toutes les résolutions ont suivi les événements au lieu de les précéder; personne n'a voulu céder ce qu'il allait perdre, et cette résistance mal calculée a ébranlé successivement tous les droits qu'on appuyait l'un sur l'autre; il fallait que la royauté se séparât de la féodalité, et s'unît seulement à l'intérêt de la propriété, sans laquelle il ne peut exister ni rois, ni nobles, ni nations civilisées.

On a voulu penser à s'indemniser des frais d'une guerre dont le salut de l'Europe devait certes être considéré comme une suffisante récompense; on a appliqué toutes les idées communes de l'expérience à un événement qui la recommençait tout entière. L'heure des temps n'a point été entendue, et les jours se sont écoulés sans qu'on rapportât leurs résultats à un point de vue général. Les différents systèmes adoptés par les puissances, la constitution de 1789 proclamée à Toulon, l'empereur à Valenciennes, l'ancien régime à la Vendée, loin de rallier aux étrangers des opinions contraires, les ont toutes aliénées. Il y a dans cette incertitude une apparence de faiblesse ou de mauvaise foi, destructive des avantages de chaque parti. D'ailleurs, c'est presque toujours le caractère des hommes dont on s'entoure qui donne une couleur marquante à l'étendard que l'on adopte. Il suffisait que les puissances employassent des émigrés célèbres dans l'aristocratie, pour persuader à la France qu'elles se battaient pour leur cause, et faisaient une querelle de parti de la question la plus générale qui ait jamais existé.

La plupart des fautes que les puissances ont commises peuvent être attribuées à leur confiance dans les cris et les espérances des émigrés aristocrates. Mais si, trop irritées des conseils que ce parti leur a donnés, les puissances ne s'occupaient pas à la paix des malheureux individus qui le composent; si elles oubliaient qu'il est de leur dignité de soulager la destinée qu'elles ont protégée, que de reproches ne mériteraient-elles pas! Et néanmoins, comme toutes les vertus sont en harmonie avec les idées raisonnables, on verra peut-être les gouvernements qui ont su conserver la neutralité, plus occupés d'adoucir le sort des émigrés que les pays qui ont à se repentir d'avoir adopté leurs systèmes. Maintenant, sans doute, il n'est plus temps pour les puissances alliées de captiver l'opinion publique en France; l'incohérence des systèmes adoptés par la coalition lui a fait perdre la considération qu'elle devait obtenir. L'emprisonnement de Lafayette, l'exil, les persécutions de tout genre qu'on a fait éprouver à tous ceux dont l'opinion était différenciée même par des nuances de celle que les gouvernements exigeaient, ne permettent plus de se confier à la tolérance politique des cabinets de l'Europe.

Lorsqu'on voit les agents de l'Espagne surpasser à Saint-Domingue les massacres du 2 septembre; quand la Pologne n'a pu se donner en paix une constitution qui maintenait la noblesse et l'hérédité du trône, dont le seul but était d'affranchir ce malheureux pays de la domination extérieure et des excès de la servitude féodale, on croira difficilement que les gouvernements étrangers adoptent sincèrement le système qui aurait pu soumettre l'opinion des Français à l'ascendant des puissances; d'ailleurs, il est dans la nature des hommes de ne se rallier qu'aux heureux, d'être convaincus par les succès, et de mépriser tous les partis commandés par la nécessité. La prévoir avant qu'elle soit généralement reconnue est le premier talent d'un homme d'état; mais les dangers de la continuation de la guerre sont d'une telle évidence dans l'étal actuel, qu'il reste à peine le temps de devancer à cet égard la force des choses ; et je me reprocherais cet examen du passé comme une discussion frivole, comparée à l'importance du présent, s'il n'y avait pas une connexion intime entre la conduite tenue pendant la guerre et les avantages de la paix.

C'est assez parler néanmoins de ces fautes désastreuses, dont la violence des événements et des passions qui ont agité toutes les têtes est peut être une suffisante excuse. Jetons les regards en avant : les individus se consument dans le regret du passé, mais les gouvernements stipulent au nom des générations, pour lesquelles l'avenir ne peut cesser de se renouveler.

CHAPITRE III.

Des avantages de la paix pour l'Europe.

La paix! voilà le cri de la terre fatiguée de carnage ; la paix ! voilà le vœu de la raison et de l'humanité. Toutes les ames honnêtes doivent la souhaiter en France ; tous les esprits éclairés, en Europe. Lorsque la Pologne, avec un pays tout ouvert, une population de six millions d'hommes, a pu balancer long-temps les forces des deux plus formidables puissances militaires, et n'a dû ses revers qu'à la perte de son victorieux général[1], quel espoir de succès peut-on conserver contre un empire de vingt-quatre millions d'habitants, entouré de places fortes, et dont les armées sont déjà placées par leurs conquêtes à trente lieues en avant de leurs propres remparts ?

La Prusse, occupée à se maintenir, ne peut plus aider la coalition ; l'Autriche est épuisée, la Hollande presque envahie ; toutes les puissances, hors l'Angleterre, tendent à la paix : soutiendra-t-elle seule le poids de cette énorme guerre ? A-t-elle des hom-

---

[1] On vient d'apprendre la prise de Kosciusko : peu d'événements ont dû produire une impression aussi douloureuse. Cet homme, qui a repoussé de son pays l'exemple des jacobins, qui attachait à la cause de la liberté toutes les anciennes idées que les Français en ont violemment séparées, se perd par l'imprudence de son courage. Il souffre plus que la mort, puisque les dernières paroles qu'on a recueillies de lui en expriment le desir, et personne ne peut désormais rien pour lui. Quelle amère pensée pour la nation qu'il a si bien servie, pour les amis qu'il a mérités !

mes, des Anglais à sacrifier contre cet essaim de Français dont on ne ménage point la vie, dont la mort même peut sembler utile à l'établissement d'un ordre quelconque en France? Les gouvernements n'ont que les ressources de l'état social: en France, on se sert à la fois des passions naturelles et des ressorts politiques. Ce sont des esprits sauvages qui ont hérité de tous les secrets de plusieurs siècles de civilisation. Est-il besoin de démontrer la supériorité qu'ont acquise les armes françaises sur celles des puissances coalisées? faudrait-il détailler douloureusement chaque revers? Le Rhin couvert des fugitifs de toutes les nations, la Hollande ou conquise, ou prête à s'ensevelir sous les eaux, sont des tableaux dont l'ame veut se détourner, après en avoir tiré les résultats nécessaires.

Les gouvernements ne peuvent les nier; mais quelques uns se sont persuadé qu'ils sont menacés plus éminemment encore par la paix que par la guerre, et que c'est à l'époque où l'on reconnaîtra la république française que l'insurrection doit éclater dans l'intérieur de leurs pays. On ne peut penser à combattre un tel argument qu'après avoir appris son influence. Qu'est-ce d'abord que cette reconnaissance de la république française, à laquelle les souverains attachent tant de prix? ce message diplomatique, qui dans l'état actuel ne changera rien à la stabilité du gouvernement de France? Il est bien certain que les Français aujourd'hui conserveront et maintiendront leur indépendance dans le choix de la constitution qu'ils se donneront; il s'agit donc de reconnaître ce qu'ils sont, et non ce qu'ils doivent être.

Les puissances par cet acte ne sanctionneront point telle forme de gouvernement; elles diront qu'il existe, et les peuples comme les rois n'en peuvent douter : mais ce ne sera pas l'ambassadeur que les rois enverront à la république française, qui décidera les peuples à se révolter contre eux : ont-ils besoin, pour ainsi dire, de la sanction même du trône, pour se décider à le renverser?

En restant toujours étrangers aux troubles de l'empire voisin; en apaisant les discussions politiques par la cessation de tous les genres de lutte contre la république française; en ne rivalisant avec elle que par le bonheur et la justice, on peut isoler les peuples de cette révolution, dont il faut circonscrire l'expérience dans le sein de la France. Sans doute, une guerre heureuse n'était point soumise à ces considérations; des succès sont une idée simple, dont l'effet est presque général : mais ces revers multipliés, dont les esprits les plus exagérés ne peuvent espérer le terme que dans une longue persistance, useront l'Europe et l'Angleterre avant une année. Il est clair que la France maintenant veut poser elle-même une borne à ses conquêtes ; mais si la paix n'est pas conclue cet hiver, il est impossible de prévoir au centre de quel empire les Français la refuseront l'année prochaine. Il y a trop d'opinion mêlée à cette guerre, pour que ses succès ou ses revers ne soient pas contagieux ; ils sont tous entraînés l'un par l'autre, et dès que le découragement s'est emparé d'une cause, personne ne peut prévoir à quels maux il s'arrêtera. D'ailleurs les gouvernements perdent par la guerre tout ce qui serait à leur avantage dans la comparaison habituelle de l'état d'une nation organisée, avec une nation travaillée par les mouvements révolutionnaires : le numéraire opposé aux assignats, l'abondance à la disette, la liberté et la sécurité de toutes les actions de la vie aux lois arbitraires et tyranniques que la crise de la France a fait naître, les ménagements de tout genre auxquels sont nécessairement astreints les gouvernements dirigés par un seul ou par le petit nombre, en contraste avec la violence d'un état de choses qui ne se soutient que par le fanatisme, et pèse sur les individus du poids de toute la masse. Mais le recrutement, les impôts, les mesures enfin qu'exige la guerre, ne permettent pas aux peuples de juger tranquillement ces bienheureuses différences ; ils souffrent, et, sans balancer les malheurs contraires, leur pensée se tourne alors vers les Français, vers une situation opposée à la leur, quoique mille fois plus terrible encore. Les pays neutres sont tous éloignés d'imiter l'exemple de la France[1] ; le Danemark, la Suède et la Suisse sont les plus heureux états de l'Europe ; à la paix, tous les gouvernements rentreraient dans la situation de ces trois puissances, et pourraient s'attacher leurs peuples par les mêmes moyens. Les insurrections contre les gouvernements établis commencent toujours par la résistance aux demandes d'hommes ou d'argent, dont la guerre impose la nécessité. Si le roi de France n'avait point eu dans ses finances un désordre qui le forçât de solliciter des secours de sa nation, la révolution eût peut-être été retardée d'un siècle. La force d'inertie est le plus puissant moyen des sujets contre les gouvernements.

---

[1] M. de Bernstoff a acquis la plus grande et la plus désirable considération en Europe. La Suède doit sa tranquillité au système de neutralité adopté par la sagesse du régent ; et la Suisse, environnée de toutes parts par les désastres de la révolution et de la guerre, jouit d'une paix profonde à travers tant de dangers.

Mais quand la paix aurait permis d'alléger les impôts, au lieu d'en exiger de nouveaux ; quand il n'existerait aucun motif populaire de mécontentement ; quand l'insurrection serait, pour ainsi dire, tout entière dans la création des conjurés, rien ne serait plus facile que d'étouffer un mouvement sans cause et sans moyens réels. Le gouvernement qui peut le prévoir est presque toujours à temps de l'empêcher ; mais qui oserait répondre des événements de la guerre et de leur effet? Comme tout est inattendu dans une situation si violente, rien ne peut se calculer dans les ressources qu'il faut lui opposer. On a peur de la contagion des principes français, insinuée par les journaux, par les voyageurs ; et l'on n'est pas effrayé de l'impétueuse doctrine des triomphes ! La classe du peuple n'est presque jamais remuée que par des circonstances éclatantes ; la plupart des nouvelles étrangères ne lui parviennent point dans un temps de calme, et rien n'est plus aisé que de l'en distraire : mais les villes prises, les batailles gagnées troublent les paysans jusque dans leurs chaumières ; ils se mêlent avec les armées françaises, et dix ans de cet esprit propagandiste, dont l'arme métaphysique a tant épouvanté les puissances, ne sont pas redoutables comme un jour d'assaut et des cris de victoire.

La valeur et l'énergie que les Français ont montrées dans cette guerre relèvent leur caractère aux yeux de toutes les nations : s'ils n'avaient offert en spectacle que leurs débats intérieurs, s'ils n'avaient fait que répandre sur les échafauds le sang des innocents, des femmes, des vieillards et des enfants, ils seraient tombés dans le dernier degré de l'avilissement du crime ; mais de si grands efforts de courage ont changé le mépris en terreur ; et chaque jour, en renouvelant les triomphes des Français, donne parmi les esprits faibles, parmi la plupart des hommes, un nouvel ascendant à leurs opinions. Enfin, si à la paix les Français ne peuvent pas, ne savent pas fonder leur république sur de véritables bases sociales, les convulsions dont ils seront déchirés inspireront de l'horreur pour leur situation ; et comme tout tend au repos dans la nature, après une guerre civile, après de longs malheurs qui détourneront toujours plus les peuples voisins d'un si funeste exemple, l'impossibilité de la république ramènera les Français à leur premier vœu, à la monarchie limitée. Si au contraire le parti des modérés triomphe, s'il est possible qu'on trouve dans la constitution de l'Amérique une forme de république véritablement applicable, les principes de justice universelle, les vertus plus austères d'une république s'établiront en France; et les gouvernements resteront en paix auprès d'un voisin qui n'aura plus ni royauté, ni féodalité, mais qui sera délivré de ce système anarchique, seul fatal à la véritable tranquillité de l'Europe.

Toutes les passions qui nuisent à l'établissement d'un gouvernement quelconque servent aux Français de moyens pendant la guerre : la raison et la vertu doivent plier les voiles pendant cet orage. Attendez, et laissez passer ; maintenez-vous dans vos foyers, respectez l'humanité, conservez la religion ; que tout soit chez vous en contraste avec les Français, vous ne pouvez jamais les vaincre avec des armes semblables aux leurs ; celles dont ils se servent sont forgées dans l'enfer d'une révolution, et les malheurs et les crimes même en ont acéré la trempe.

Mais qui nous répondra, dira-t-on, que la France ne recommencera pas la guerre le lendemain de la paix ? Le licenciement de l'armée, les objets d'ambition ou d'agitation intérieure qui vont occuper tous les individus qui la composent, l'épuisement de toutes les ressources naturelles, et l'impossibilité de faire renaître, alors qu'aucune crainte ne l'excite, le fanatisme qui porte à braver tous les genres de fléaux et de misères ; enfin l'inquiétude même qui se porte sur la durée de la paix, est une nouvelle preuve de sa nécessité ; et le danger de l'Europe est tel, qu'il ne lui reste plus que la probabilité pour ressource.

La dernière, la plus importante de toutes les questions, c'est de savoir si les Français voudraient la paix, s'il existe un moyen de les y décider. Il me semble qu'on peut croire que le parti modéré, qui depuis quelque temps domine dans la convention, est fort approché des idées de paix ; et il n'est pas difficile de démontrer qu'il ne peut se maintenir que par elle. Il faut, si cela est nécessaire, donner de mille manières différentes à la France la certitude que les puissances desirent la paix, qu'elles sont disposées à reconnaître la république, et ne veulent plus attenter en aucune manière à l'intégrité de son territoire; on affaiblirait entièrement par-là l'enthousiasme des Français pour une guerre dont, en ne voyant plus le but, ils ne sentiraient que les maux. Le ressort de l'indignation et de la crainte serait détruit, et l'armée sentirait bientôt que la convention ne voudrait la guerre que pour faire périr un plus grand nombre d'hommes, et reculer le terme des promesses de bonheur, de repos et de liberté, tant de fois répétées aux malheureux Français qui s'immolent pour leur patrie.

Enfin, et M. Pitt le sait peut-être mieux que personne, il existe depuis deux mois beaucoup de moyens de terminer la guerre ; non, si l'on parle d'indemnisation de ses frais, si l'on veut obtenir des revers les mêmes résultats que des triomphes, si les rivalités avec la France, les vieux calculs d'une ancienne politique servent encore de guide dans le nouveau monde où nous avons été transportés depuis cinq ans : mais elle est possible, elle se conclura, cette paix tant desirée, si l'on cesse de disputer le terrain que le volcan menace d'engloutir, si l'Angleterre considère le danger de l'Europe comme sa propre cause, et perd l'espoir insensé de rester debout sur les ruines de l'ordre social.

La coalition fatiguée n'est soutenue que par les subsides de l'Angleterre ; les impôts sont portés à l'excès ; les fonds baissent ; l'Amérique s'enrichit déjà des pertes de l'ancien monde ; la prospérité de l'Angleterre, chef-d'œuvre de son gouvernement et de son commerce, ne pourrait résister à des troubles intérieurs : les revers de la guerre usent l'enthousiasme national. La guerre excite les Français à vouloir ébranler la base de tous les gouvernements par cet esprit sectaire, par cette fureur politique qui a pour but l'espoir présent de toutes les jouissances de ce monde ; les préjugés sont renversés, les principes sont isolés de tous ces sentiments d'habitude et de religion qui se plaçaient en avant d'eux pour leur servir de remparts.

La paix n'est-elle donc pas nécessaire pour arrêter tant de fermentations ? Loin de prolonger les troubles de la France, est-il un pays plus intéressé que l'Angleterre à les calmer ? et son gouvernement n'a-t-il pas aussi besoin de la paix pour faire ressortir tous les biens qui sont dus au maintien de l'ordre et de la justice ? M. Pitt ignorerait-il seul les dangers qu'il fait courir à l'Angleterre ? ne voit-il pas combien tous les ressorts du gouvernement sont tendus ? n'est-il pas effrayé de ses richesses mêmes, qui ne sont accrues que par la ruine de ses alliés ? ne sent-il pas trembler sous ses pas cette terre si cultivée ? L'opinion publique, formée par tous les propriétaires qui se sont ralliés autour de M. Pitt, ne doit pas servir à l'égarer ; il sait bien qu'il éprouve la réaction du mouvement qu'il a donné ; que c'est en persuadant aux propriétaires que la guerre seule pouvait défendre la nation de la contagion des principes français, qu'il s'est entouré de partisans de la guerre : mais ces mêmes hommes, uniquement attachés au succès, approuveront ou blâmeront, selon l'issue des efforts. Ce n'est pas M. Pitt qui croit, avec le conseil de Coblentz, que la dangereuse et vaine bravade de la reconnaissance du régent aurait un autre effet en France que de fournir un sujet de comédie, ou le refrain d'une chanson. Ce n'est pas M. Pitt qui peut voir dans un emprunt, dans une nouvelle levée d'hommes, une ressource suffisante : loin d'opposer une digue au torrent, ce serait placer plus près de son cours les richesses de tout genre qu'il doit encore dévaster. Quel motif donc éloigne M. Pitt de consentir à la paix ? Est-ce parcequ'il est peut-être difficile qu'il soit chargé de la conclure, et que, honorablement proscrit par les Français, il doit remettre à d'autres mains le soin de cette bienfaisante négociation ? Faut-il que son caractère permette un tel soupçon ? N'est-il plus d'Angleterre, si M. Pitt n'en est pas le ministre ? prétend-il à la gloire de celui qui s'ensevelit sous les ruines du temple qu'il avait renversé de sa propre main ?

C'est M. Pitt que les Français accusent de la guerre, c'est pour lui seul à présent que les Anglais la soutiennent : on pourrait s'arrêter à reprocher les fautes sans nombre que M. Pitt a commises dans la direction de cette même guerre ; mais c'est la paix qu'il faut lui demander, ou plutôt c'est à la nation à juger s'il lui convient mieux de supporter tous les malheurs qui la menacent, que de se confier à l'homme qui, dans ces temps de crise, a contenu l'opposition dans les bornes de la constitution, à celui qui est resté fidèle à son opinion alors qu'elle éloignait de lui la popularité comme le pouvoir. La guerre maintient M. Pitt dans le ministère ; la paix y rappellerait M. Fox : voilà la véritable alternative qu'il faut présenter aux Anglais ; il n'en est point d'autre à craindre : elle seule épouvante M. Pitt ; est-ce à la nation à penser comme lui ? Ce n'est plus une guerre où l'erreur d'un ministre peut être payée par la génération qui l'a vue naître ; il y va de l'existence même de cette Angleterre, la gloire du monde et de la liberté. — Ombre de milord Chatham, apparaissez à votre fils, éclairez-le par votre génie, ou du fond de la tombe redemandez-lui votre nom !

SECONDE PARTIE.

RÉFLEXIONS ADRESSÉES AUX FRANÇAIS.

Si la France doit desirer la paix.

Pendant le règne de Robespierre, pendant le culte de la terreur et l'empire de l'échafaud, on détournait ses regards de la France ; tous ces esclaves de la mort, repoussant les ennemis pour obéir à leur tyran, bravant les étrangers pour échapper aux bourreaux, intrépides par désespoir, calmes par abattement, n'inspiraient que de l'horreur pour la nation et pour la liberté, dont l'étendard, souillé de sang, ne pouvait plus se reconnaître. L'énergie que la convention a montrée dans l'accusation de Robespierre, les idées de justice qui succèdent à ces exécrables massacres, le besoin que le peuple a témoigné de rejeter tous les crimes commis sur l'infame nom de Robespierre, raniment au moins les vœux des amis de la France et de la liberté. Toutes les deux seraient perdues; tant de biens et tant de vertus attachés à leurs noms ne retraceraient plus désormais que des fléaux et des crimes? Non, l'on ne peut encore se résoudre à le penser.

Pardonnez victimes innocentes; pardonnez, vous qui pleurez la perte de tout ce qui vous fut cher, vous pour qui le temps n'a plus d'avenir, et qui ne pouvez plus contempler dans la France que le vaste tombeau de vos amis ; pardonnez à ceux qui vivent, à ceux qui ont sauvé de la fureur révolutionnaire les premiers objets de leur affection, d'essayer de se rattacher à leur malheureuse patrie, et de former encore des vœux, quand pour vous il n'est plus que des regrets. Il y a dans la révolution de France des principes de vie et de destruction, des pensées régénératrices et des systèmes désorganisateurs. Le siècle est grand, les hommes sont corrompus, et les spectateurs qui veulent se livrer à un sentiment décidé sont nécessairement injustes. Les uns excusent des crimes qui font frémir l'humanité, les autres repoussent des idées dont l'équité est évidente. Qu'ils seront dignes de gloire ceux qui prononceront l'époque actuelle en faveur de l'ordre et de la vertu, et nous sauveront de tous les extrêmes renaissant les uns des autres!

Serait-il difficile de prouver à la fois que la paix est l'intérêt de la France comme celui des puissances ? Il y a assez d'espace dans un tel bien, pour que les adversaires puissent également y trouver leur avantage. Je ne considère dans la France que le parti modéré ; l'autre, n'ayant pour but que la destruction de la France, doit être compté parmi ses ennemis. La continuation de la guerre sert les projets des anarchistes ; les motions impétueuses, les conseils atroces, les mesures violentes, tout ce qui désorganise un état, est confondu par le peuple avec l'esprit militaire ; ce qu'il y a de dangereux, d'inattendu dans les vicissitudes de la guerre, semble affranchir du joug réglé des lois ; et ces factieux, qui ne repoussent, qui ne partagent aucun des dangers de la patrie, semblent, par leur agitation stationnaire, s'associer aux succès mêmes des armées. Le peuple ne peut être parfaitement rassuré sur son indépendance qu'à la paix.

Tant que des inquiétudes pourront lui rester à cet égard, les conspirations, les rassemblements d'aristocrates, toutes ces terreurs qu'on devrait réserver pour les contes destinés à frapper l'imagination des enfants, pourront être renouvelées. Les revers possibles, les fléaux certains d'une longue guerre, ne ramènent point la multitude aux amis de la paix : c'est une observation à faire sur l'esprit du peuple, que les factieux s'emparent beaucoup plus aisément de lui quand il souffre. Le raisonnement devrait le conduire à revenir aux idées sages, dont l'oubli l'a rendu malheureux ; et, par un effet contraire, la douleur même, causée par les mesures violentes qu'il a prises, le porte à en desirer de plus violentes encore. C'est dans un moment de trêve qu'on peut lui faire aimer la paix ; c'est dans un instant de relâche qu'il apprend à souhaiter le repos ; enfin, pour que le parti des modérés, des amis d'un gouvernement libre, conserve son influence, il faut qu'il signale l'époque de son pouvoir par des droits particuliers à la reconnaissance publique.

On est blasé sur les succès de la guerre ; Robespierre lui-même peut en réclamer quelque honneur. On n'ira pas plus loin dans la carrière de la popularité : que dis-je ? le crime même est épuisé, et la puissance de la mort s'est presque anéantie devant le courage de ses victimes : ce n'est donc que par la justice et la paix, que par des biens réels, substitués à tous les prestiges de la fureur et de l'enthousiasme, qu'on peut espérer d'acquérir et de conserver une nouvelle influence sur les Français. Il y a trop d'évidence dans ces réflexions, pour qu'il fût même besoin de les énoncer, si deux objections fortes ne restaient pas à résoudre : l'effet du retour et du licenciement des armées françaises, l'inquiétude des révolutionnaires de la convention sur leur existence après la paix. Il faut approcher ouvertement de ces deux grandes questions.

On peut, par des paix partielles, parvenir à licencier successivement les armées. Celles qui resteront serviront d'abord à contenir celles que l'on renverra ; et comme les individus qui les composent appartiennent à tous les départements de la France, en se répandant sur sa surface, ils ne formeront point de rassemblements redoutables. Si la paix générale et le renvoi de toutes les troupes s'exécutaient en un jour, peut-être serait-ce une commotion dangereuse ; mais quelques gradations observées, quelques mois écoulés, atténueront cet événement, et fondront nécessairement les soldats parmi les citoyens. D'ailleurs, le parti modéré doit s'emparer de l'ascendant sur l'armée, en lui faisant sentir une vérité bien frappante : c'est qu'on ne peut continuer la guerre à présent que dans l'intention de faire tuer les soldats, dont le retour dans leurs foyers inquiète les diverses factions qui se combattent à Paris.

Les armées doivent être nécessairement opposées aux jacobins ; la bravoure exclut la férocité ; le sincère amour d'un gouvernement libre appartient à ceux qui ont fait de vrais efforts pour l'obtenir ; et les guerriers victorieux, après de si pénibles campagnes, sont les amis éclairés d'une paix honorable. Il est certain qu'avec la simple adresse que permet la vérité, les soldats, redevenus citoyens, doivent soutenir le parti modéré ; il est le seul qui veuille une constitution ; il est donc le seul qui leur propose une garantie pour les récompenses qui leur sont promises, et les jouissances qu'ils en espèrent.

En se hâtant d'encourager l'agriculture, de rendre la liberté au commerce, d'établir de grands et utiles travaux publics, on peut offrir dès à présent des occupations de tout genre à l'armée licenciée ; et comme, par une suite de l'esprit révolutionnaire déjà observé, aucun homme n'a pris sur les soldats un ascendant personnel, la force armée est un pouvoir plus facile à disséminer en France que dans un pays où les troupes se rallieraient aux noms de leurs chefs.

Il faut aussi opposer à l'inquiétude que peut donner le licenciement des armées, la certitude des malheurs qu'entraînerait la durée de la guerre ; l'Europe entière bouleversée prolongera le désordre intérieur de la France ; les factions de l'Allemagne, de la Hollande démocratisées, se feront sentir jusqu'à Paris, et jamais aucun gouvernement ne pourra s'y établir ; il faudra des siècles pour que les empires de l'Europe cessent de se bouleverser l'un par l'autre, et peut-être cette partie du monde dévastée ne présentera-t-elle un jour que les déserts de l'Afrique, ou l'avilissement de l'Asie.

Il est d'ailleurs une observation plus immédiate : la France n'a point d'intérêt à aguerrir les nations voisines, à les rendre belliqueuses comme elles, en y portant le même esprit. Ce qui fait son grand avantage dans cette guerre, c'est qu'elle oppose toute sa milice aux troupes réglées des autres pays ; si elle y introduit une révolution semblable à la sienne, loin d'être assurée d'un grand avantage dans toutes les guerres, elle se trouvera avec ses voisins dans les mêmes relations de forces dont ses nouveaux moyens de recrutement l'avaient absolument fait sortir. Enfin les chances innombrables de la guerre peuvent convenir à ceux qui n'espèrent leur salut que de l'un des jeux du hasard ; mais lorsqu'on veut fonder son existence et le gouvernement de son pays sur une base stable, tous les événements extraordinaires sont contre soi.

La pensée personnelle dont on peut redouter l'effet sur les députés de la convention qui ont embrassé le parti de l'humanité en France, c'est la crainte de ne pouvoir exister comme particuliers après les actions de tout genre auxquelles ils se sont condamnés, et cependant la nécessité reconnue de renouveler à la paix la représentation nationale. D'abord il est impossible que ces députés, en perpétuant la guerre, et par elle la révolution, résistent à tous les chocs qu'elle fera naître ; et quand les plus marquants devraient chercher à la paix une existence paisible et sûre en Amérique, ce serait bien peu comparable au danger, au tourment de craindre sans cesse pour sa propre vie dans un pays où le gouvernement qu'on dirige momentanément menace par sa nature même la sûreté individuelle de ceux qui commandent, comme de ceux qui obéissent. Mais les députés actuels n'auront pas même besoin d'adopter ce calcul, qu'ils élèveraient au rang du sacrifice.

Le nom de Robespierre a concentré la haine que l'on doit aux crimes qui se sont commis en France ; ceux qui l'ont renversé, et qui depuis sa mort ont proclamé des idées de justice et d'humanité, pourraient effacer, dans le souvenir des victimes qu'ils ont sauvées, même des crimes antérieurs et plus obscurs que leurs services. Le poids des malheurs actuels est si grand, la terreur qu'ils inspirent est si universelle, qu'un champ immense est ouvert aux bienfaits réparateurs.

Chaque jour qui se passe sans qu'on immole ce que vous avez de plus cher, sans qu'on vous arrache votre fortune, votre liberté, votre vie, vous émeut comme un bonheur inattendu. Depuis le règne de Robespierre, il semble qu'on vous donne tout ce qu'on vous laisse, et la reconnaissance se proportionne à l'effroi. Le malheur a dépassé jusqu'à la vengeance, et les ames sont trop affaissées pour en obtenir le besoin. Une réflexion d'ailleurs arrêterait la plupart des Français qui pourraient en retrouver la force : c'est qu'il n'est personne qui ne doive considérer les chefs du parti modéré comme ses libérateurs. La postérité aura de la peine à concevoir ce que c'est qu'une nation tout entière menacée de l'échafaud : eh bien ! c'est le spectacle qu'a présenté la France ; il n'en est pas un individu qui ne pût se croire exposé au supplice, et le ressort du gouvernement de Robespierre et de ses adhérents était ce sentiment de terreur, qui pesait sur les assassins comme sur les assassinés. O temps effroyable, dont les siècles pourront à peine affaiblir la trace, temps qui n'appartiendra jamais au passé !

Pour qui a vécu contemporain de Robespierre, il n'est plus de sujets de haine ; les crimes mêmes disparaissent devant ce colosse de l'enfer, et les députés qui peuvent se glorifier d'avoir hâté sa chute et celle de son système doivent compter sur la grandeur de la circonstance pour absorber les souvenirs qu'ils redoutent. Les victimes sont indulgentes pour tous les repentirs ; la puissance permet de tout réparer, et, dans les troubles civils, il n'est pour les heureux de juge inflexible que leur conscience.

Enfin, dans ces nouveaux bienfaits, il ne s'agit encore que de la cessation des assassinats ; cette révolution semble avoir appris à regarder comme le chef-d'œuvre du gouvernement l'art de préserver les hommes de la hache de l'assassin ; et c'est pour d'autres biens cependant que l'ordre social a existé, c'est pour un autre but qu'on a tant parlé de la nécessité de le perfectionner. Ceux qui donneront une constitution juste, libre et durable à la France, la rappelleront avec tant d'éclat du tombeau de l'anarchie, que pour eux il n'existera plus que de l'avenir.

Il faut encore diriger contre une faction criminelle ces armes révolutionnaires, cette puissance de terreur qu'elle seule a créée, qu'elle seule rend nécessaire, et qui doit s'anéantir en la terrassant. Que ces hommes autrefois conjurés conspirent contre le crime, et se rappellent encore un jour leurs talents funestes, pour exalter les esprits contre ces jacobins, l'effroi de la nature morale, dont ils étouffent la voix. La France alors sera plus disposée qu'aucun pays de l'univers à recevoir une constitution où l'on n'aura pour problème à résoudre que la conciliation de ce qui est possible avec ce qui est desirable. La grande leçon du malheur a usé toutes les résistances des préjugés; les peines factices sont détruites : qui oserait prostituer le nom de la douleur, après ce que nous avons souffert?

Dans le comble de l'infortune, il n'y a place que pour le vrai; toute erreur est possible, après avoir senti tout le poids de tant de certitudes. On ne demande plus au gouvernement que l'objet de tous les gouvernements, la sûreté des propriétés et des personnes; et les partisans de la monarchie limitée, les seuls qui hors de France puissent être écoutés en France, ne font point de la royauté une religion, mais un principe, ne la soutiennent qu'au nom de l'intérêt général, et ne combattent la république qu'en cherchant à démontrer l'impossibilité de la fonder, et de la maintenir par la justice et la liberté. Il succède aux orages de toutes les passions un moment où l'ame fatiguée, où l'existence brisée ne peuvent se rattacher qu'à des idées purement raisonnables. La révolution de France a parcouru tant de périodes en peu de temps, elle a si promptement atteint les extrêmes, qu'il n'y a déja plus pour ce peuple rien de nouveau sous le soleil que la justice et la vertu. Gloire à celui qui saisira l'instant où à leur tour elles auront leur enthousiasme, pour fonder un véritable gouvernement, et en resserrer tous les liens ! Plus de sang innocent, plus de maximes de barbarie, plus d'indifférence pour les malheurs particuliers, multipliés à un tel excès, qu'on pourrait se demander si ce qu'ils appelaient le bonheur général ne se composait pas de l'infortune de tous les individus.

Vous, Français, vous qui repoussez l'Europe entière, vous qui êtes triomphants, n'est-ce pas à vous qu'il doit moins en coûter pour calmer vos fureurs vengeresses? Donnez, demandez, s'il le faut, la paix à l'Europe; elle vous est plus nécessaire qu'à vos ennemis; car c'est à elle qu'est attachée cette liberté, qui peut seule plaider efficacement pour vous au tribunal des siècles. Si vous n'atteigniez pas le but; s'il ne vous restait que l'horreur des moyens, aucune nation ne serait plus déshonorée, et vos victoires, se confondant avec vos carnages, ne laisseraient plus dans votre histoire que les annales de la mort. Seriez-vous avides de nouveaux succès? quel obstacle vous oppose-t-on? Vous avancez, au lieu de vaincre; tout vous cède, hors l'immuable nature des choses, qui ne vous permet pas de fonder un gouvernement sur des principes désorganisateurs. Vous conquérez tout, hors l'estime indépendante des esprits justes et des ames courageuses; mais ce sont les seuls suffrages dignes par leur impartialité d'être considérés comme la postérité contemporaine des événements que l'esprit de parti ou l'ascendant des succès pourrait altérer.

Cette France si étendue, si puissante, si favorisée de tous les dons de la nature, semble tenir dans les empires le même rang que les rois parmi les hommes ; comme eux elle peut réparer le passé par l'active séduction du présent; comme eux elle rattache à sa destinée par tous les genres de biens qu'elle peut offrir; comme eux enfin elle trouve dans tous les cœurs le besoin de rejeter ses crimes sur ceux qui l'ont dirigée, et de lui attribuer avidement ses premiers efforts, ses premiers pas vers la justice et l'humanité. Combien les étrangers n'ont-ils pas éprouvé promptement le besoin de s'y confier! Vous, hommes honnêtes de la France, hommes devenus tels, soyez encouragés dans votre lutte par cet assentiment universel. Les événements se pressent, le temps se resserre; c'est demain, c'est aujourd'hui que vous recueillerez le prix de vos efforts. Vous n'avez pas besoin de cet élan de la pensée qui fait chercher la gloire au-delà du trépas; celle qui vous est offerte est présente, actuelle; c'est d'elle-même que dépendent la sûreté, le repos, tous les genres de biens qu'il fallait autrefois sacrifier pour obtenir les palmes de l'immortalité; mais si vous les méritez en donnant à votre pays une constitution heureuse et libre, alors ne souffrez pas que l'Europe soit couverte de cette foule de compatriotes errants, ruinés, proscrits, réduits au dernier degré de l'infortune.

Les puissances, on l'a vu, ne sont pas redoutables; le lien politique qui les unit se dénoue, se contrarie, et ne peut résister à l'étroite fédération du fanatisme; mais les ressources du désespoir sont incalculables, et doivent être redoutées par tous les gouvernements, par tous les individus qui les composent. Ce spectacle de malheur au-dehors de la France entretiendra de la fermentation dans son sein.

Le règne de Louis XIV a supporté l'émigration causée par la révocation de l'édit de Nantes, parceque les hommes qui s'y sont soumis avaient une manière d'exister hors de France qui les rendait moins ardents à la recherche des moyens d'y rentrer ; parceque le gouvernement était tellement stable et l'esprit d'insurrection si étranger au siècle, que les malheureux n'avaient point d'alliés parmi les mécontents ; mais il est impossible que la république de France, quand elle s'établirait, eût de long-temps cette sorte de calme. Il est tant de classes parmi les émigrés ! le petit nombre, coupable envers leur patrie ; la foule, absurde dans le sens même de ses propres intérêts [1] : les femmes, qui ont toujours le droit de céder à la terreur ; ceux enfin qui, d'abord amis de la liberté, n'ont fui que l'empire du crime et se sont dérobés à une mort certaine, sous un gouvernement que vous reconnaissez vous-mêmes pour tyrannique.

Quand il n'y a plus de lois, peut-il exister des devoirs ? Et qu'on n'objecte pas la difficulté des exceptions, le peu d'inconvénients qui existe pour un grand état dans le sacrifice de quelques milliers de ses anciens habitants : ce mépris de la morale et de l'humanité serait également impolitique. Il n'y a point de base certaine pour un gouvernement qui consacre une injustice ; elles s'appuient toutes l'une sur l'autre ; toutes les exceptions, toutes les violations de la loi peuvent dater d'un seul exemple ; et la nature même du gouvernement qu'on veut établir en France est celle qui souffre le moins ce genre de modification des principes.

Le pouvoir d'un homme, entièrement dépendant des circonstances, peut comme lui se prêter aux événements de tous les jours ; mais si l'on parvient à gouverner seulement par la loi, il faudra que son application soit évidente : comment ferait-on entendre que l'équité des jugements criminels, la sûreté des propriétés légitimes, la liberté de faire tout ce qui n'est pas contraire aux lois, sont les principes fondamentaux d'une république, quand on proscrira, quand on bannira de son sein les Français qui ne l'ont quittée que pour se soustraire à la violation la plus

---

[1] Voyez entre autres les ouvrages de M. d'Entraigue et de M. Ferrand.

barbare de ces droits sacrés de l'homme? Ceux qui reconnaissent pour guide la vertu, le sentiment, qui n'en est qu'un instinct plus rapide, ne seront point convaincus par ces raisons d'état que les révolutionnaires, peuples ou rois, n'ont cessé de donner pour excuse des injustices. Sans doute le spectacle du malheur trouble et déchire les cœurs capables de compassion; mais si l'on croit élever son esprit en le séparant de son ame, s'il faut; pour ainsi dire, extraire le raisonnement de la conviction intime de tout son être, il est aisé de rattacher les grands principes de justice à l'intérêt public, que dans la gradation actuelle on place au plus haut rang des motifs de décision des hommes.

France, terre souillée de sang et de crimes, que l'Europe pensante tarde depuis long-temps à maudire, si ce dernier délai ne servait enfin qu'au triomphe de l'injustice, la honte de ta destinée retomberait sur nous tous, qui pouvons espérer encore d'un pays où le crime a régné, où l'innocence a péri, et dont le peuple a prodigué le mépris au malheur, et l'insulte au courage.

RÉFLEXIONS
SUR
LA PAIX INTÉRIEURE.

1795.

C'est un projet presque puéril, aux yeux des politiques profonds, qu'une réunion quelconque entre les partis différents. Tous les livres, tous les discours se terminent par une invitation à la concorde, que l'on est à peu près convenu de considérer comme une formule d'usage; et le seul effet de cet avant-coureur de la péroraison est le plaisir qu'éprouvent les lecteurs en prévoyant à ce signal la fin prochaine de l'ouvrage. Je crois cependant découvrir un nouvel intérêt dans des idées trop délaissées: il n'en est point qui ne réveillent des sentiments profondément gravés par notre fatale expérience: les Français rapprennent toutes les pensées, elles ont reçu le sceau du malheur; et c'est avec une sorte d'enthousiasme qu'on dit ce qui a toujours été vrai, tant on se trouve heureux de revenir à le croire et de pouvoir l'exprimer.

Dans une réfutation, venue d'Angleterre, des Réflexions sur la paix adressées à M. Pitt, il a été prononcé que l'Europe ferait la paix si la France renonçait à ses conquêtes : heureuse déclaration, si elle offre sincèrement un terme à l'horrible fléau de la guerre ! Mais quelle barrière sépare les partis opposés qui déchirent la France ? quelle conquête doivent-ils se céder pour se réunir ? La liberté ne saurait être sacrifiée : ce n'est pas même à son espoir que les Français peuvent renoncer ; les armées victorieuses ont dû leur gloire à ce sentiment ; et si l'on veut trouver quelque grandeur parmi les troubles qui ont déchiré la France, si l'on veut chercher une idée constante au milieu des orages, découvrir à travers le sang et les ruines un but qui nous relève et ressorte du moins à la distance des siècles, c'est cette volonté d'être libres, sans doute honteusement défigurée, mais dont la tyrannie la plus atroce eut encore besoin de s'appuyer.

Quoi ! me dira-t-on, ne reconnaissez-vous pas, au contraire, le penchant à l'esclavage dans cet asservissement muet aux factions les plus barbares ? Je reconnais une classe du peuple agissant toujours par impulsion, dont les mouvements ne peuvent être dirigés, et qui n'avance qu'en se précipitant : cette classe s'était emparée d'une idée propagée par les hommes éclairés ; elle conduisit ce qu'elle devait suivre, et sut se créer un chef dont la bassesse faisait la force, que l'exercice d'une qualité généreuse aurait renversé, qu'un avantage, même extérieur, aurait rendu suspect, et qui, ne possédant rien de ce qui peut présager l'ascendant sur les autres hommes, puisait dans le système d'une grossière égalité tous ses moyens de tyrannie ; mais cette inconséquence même est une preuve de la puissance que de certains mots ont acquise sur le peuple [1].

---

[1] C'est un phénomène curieux pour l'Europe que l'ascendant de Robespierre : on veut expliquer son caractère par des talents distingués, au moins dans le genre de la scélératesse ; et l'une de ses victimes, l'auteur des Mémoires d'un détenu, est le premier qui l'ait peint, même après sa mort, sans que la terreur se mêlât encore à la haine pour le grandir à nos yeux.

Il faut qu'un jour l'histoire détaillée de cet homme soit soumise à l'examen des moralistes ; on y verra que, régnant de par la dernière classe de la société, c'étaient les passions viles et les opinions absurdes qui valaient à lui et à ses complices cette sorte de popularité qui naît de la ressemblance que la populace se trouvait avec eux, et non de leur supériorité sur elle. On y verra que la secte démagogique existait très indépendamment de Robespierre ; que plusieurs de ses collègues auraient joué son rôle ; que de certains signes, de certains tics qu'on a examinés en lui, lui sont communs avec tous les hommes de ces temps-là : ce tressaillement de nerfs, ces convulsions dans les mains, ces mouvements de tigre dans la manière de s'agiter à la tri-

Les hommes ignorants veulent être libres ; les esprits éclairés savent seuls comment on peut l'être.

Des sentiments divers concourent, par des motifs différents, à la volonté générale d'établir la liberté en France. La haine du despotisme, l'enthousiasme de la république, la crainte des vengeances et l'ambition des talents font prononcer les mêmes vœux. C'est donc au nom de cette liberté qu'il est possible de réunir le plus grand nombre de Français. Quelques uns y restent encore opposés, et, rattachant dans leur esprit tous les malheurs de la révolution à l'oubli des préjugés, ils tracent à la pensée une route superstitieuse tout-à-fait indigne d'elle. Cette doctrine de la royauté illimitée est tellement absurde, que ceux mêmes dont elle est le but ne la développent jamais qu'avec des restrictions illusoires dans le fait, mais qui rendent hommage à la vérité par l'effroi même des sophismes.

La faction qui soutient le pouvoir absolu est totalement en dehors de la nation française. Ce sont des étrangers, en effet, que ceux qui s'unissent aux Anglais pour porter les armes contre leur patrie ; ce sont des étrangers que ces Vendéens qui se séparent de toutes les opinions, de tous les intérêts de la France : ils sont étrangers ; qu'ils soient combattus et traités comme tels [1].

bune, de se porter à droite et à gauche comme les animaux dans leur cage, tous ces détails curieux qui montrent le passage de la nature humaine à celle des bêtes féroces, sont absolument pareils dans la plupart des hommes cités pour leur cruauté. Quand Robespierre a voulu se séparer de ses semblables, se faire un sort à lui, il a été perdu ; il n'avait point de force personnelle, il ne dominait qu'en se mettant en avant de tous les crimes, résultats de l'impulsion atroce donnée depuis le 2 septembre.

[1] La loi qui condamne à mort les prisonniers émigrés me semble tout à la fois ce qu'il y a de plus inhumain et de plus impolitique : je demande pardon d'expliquer l'un et l'autre. Certainement il est criminel de combattre avec les étrangers contre son pays : les émigrés armés contre la France ont fait à leur patrie, à leurs parents, à eux-mêmes un mal incalculable, et leur bannissement en dut être la peine ; mais il est impossible de condamner à la mort, sans exception, une foule d'individus, quels qu'ils soient, entraînés par l'esprit de parti, par la seule passion dont un honnête homme même ne puisse pas se répondre.

Jamais il ne faut croire à quinze cents hommes coupables ; il n'y a aucun motif pour lequel on puisse envoyer quinze cents hommes à l'échafaud ; et si l'on rassemblait dans le même lieu quinze cents terroristes, quoique les crimes moraux fussent beaucoup plus d'horreur que les délits politiques, il faudrait encore frémir à l'idée de voir fusiller quinze cents terroristes. Rien n'est si impolitique que de placer ses ennemis dans une situation qui double leurs forces. Un homme sans aucune ressource est nécessairement intrépide, et les émigrés de Quiberon auraient fait périr, avant de succomber, un grand nombre de républicains, s'ils ne s'étaient pas flattés, d'une manière quelconque, qu'en mettant bas les armes ils obtiendraient la vie. On déprave la moralité des soldats, cette moralité qui se compose du courage et de l'humanité, lorsqu'on exige d'eux de tuer ailleurs que sur le champ de bataille, lorsqu'on leur fait braver le sentiment qu'inspirent à tous les guerriers courageux les ennemis désar-

A l'autre extrême, on voit les partisans de la tyrannie démagogique, sectaires féroces ou brigands hypocrites, destructeurs de l'ordre social, ennemis personnels de la majorité des êtres; ils conçoivent dans leur plan la dépopulation du monde, la dégradation de ce qui resterait de l'espèce humaine, et n'admettent que le crime pour se racheter de la mort.

Quelle réunion ne serait pas commandée, quel système de gouvernement, quelles opinions politiques ne doivent pas céder à ce danger universel? C'est autour de l'amour sacré de la liberté, de ce sentiment qui exige toutes les vertus, qui électrise toutes les ames, quoiqu'il ne reste plus dans notre langue aucun mot sans tache pour l'exprimer; c'est autour de cette idée, sublime encore, parcequ'il n'est pas vrai qu'on en ait même approché, c'est à son véritable sens qu'il faut se rallier.

Voyons si les deux systèmes le plus généralement répandus en France, si les petits qui reconnaissent un même culte dans des rites différents, si les partisans d'une monarchie limitée, et ceux d'une république propriétaire, ne doivent pas se toucher par tous les points qui réunissent les hommes, leurs intérêts, leurs sentiments et leurs principes.

PREMIÈRE PARTIE.

DES ROYALISTES AMIS DE LA LIBERTÉ.

La plupart des esprits éclairés dont ce siècle s'honore avaient pensé qu'une monarchie limitée était le gouvernement qui convenait le mieux à la France : cette opinion avait pour elle l'autorité des Montesquieu, des Mirabeau, et d'une foule d'écrivains

---

més. Enfin, l'on s'expose aux représailles; et si l'on me répond que jusqu'à ce jour aucun émigré n'a fait périr un prisonnier français, je demanderai quel sentiment éprouve celui qui par cette idée se rassure sans s'adoucir. La tyrannie de Robespierre avait fait périr et le père et le frère de ce jeune Sombreuil qu'on vient de fusiller à Quiberon. Ah! quoiqu'il fût rebelle, la patrie en deuil ne lui devait-elle pas la vie, pour racheter le sang des victimes innocentes qu'elle n'avait pu sauver? La vraie politique apprend aussi que la mort ne sert jamais qu'à détruire, et non à consolider. On sait en France tout ce que peut la terreur; mais le pouvoir n'a point encore essayé des effets de la clémence. Ces nobles, qui se croient armés pour l'honneur, sont, comme tous les fanatiques, avides de persécutions; et la honte du pardon anéantirait bien mieux ce parti dans les véritables sources de l'opinion qu'il soutient, que l'éclat d'une mort qu'il considère comme un martyre.

politiques dont les réflexions étaient généralement adoptées. Il semblait donc naturel alors de suivre un système consacré par de si respectables méditations : il était commandé de considérer, quelle que fût son opinion, les circonstances dans lesquelles on se trouvait, et de ne vouloir que le gouvernement possible, de ne vouloir surtout que le gouvernement qui pouvait s'établir sans effusion de sang. La nation n'aurait point adopté la république en 1789 : le peuple a besoin de s'accoutumer aux idées nouvelles; il faut qu'on fasse leur réputation auprès de lui, et c'est d'une habitude quelconque, et non de la réflexion, que naît l'empire d'une opinion sur la foule. La république était impossible en 1789, et lorsque le trône fut ébranlé, c'est à travers des massacres que les montagnards précipitèrent sa chute; et qui prévoyait le 2 septembre a dû s'opposer au 10 août. L'établissement d'une monarchie limitée était donc un système que la raison pouvait indiquer, et dont l'humanité faisait une loi à l'époque de la première révolution.

Examinons maintenant si l'abstraction du raisonnement permet d'adopter le gouvernement républicain, et si la position actuelle des affaires de la France ne l'exige pas impérieusement. Je renverserai l'ordre, et l'on en verra la raison : commençons par les motifs tirés des circonstances.

CHAPITRE PREMIER.

De l'influence des circonstances présentes sur l'idée d'un roi.

C'est beaucoup aujourd'hui, pour la nature de la royauté, que l'intérêt personnel et l'opinion du roi. Dans des temps ordinaires, il se peut que le gouvernement marche indépendamment de son chef apparent; l'Angleterre, sous un ministère énergique, ne s'est pas ressentie de l'interrègne de pensée que la maladie du roi avait causé. Mais lorsqu'une révolution a renversé le trône, lorsque des partis acharnés déchirent un pays, l'autorité royale prend absolument le caractère de celui qui s'en saisit.

Hériter du trône, ou le reconquérir, sont deux actes extrêmements différents; l'un est passif comme la loi, l'autre appartient à toutes les passions des hommes : Guillaume III était aussi nécessaire à la révolution de 1688 que ses successeurs le furent peu au maintien de la constitution établie par cette révolution.

Or, en France, vers quel roi, depuis la mort déplorable de

l'infortuné Louis XVI, vers quel roi, dans l'ordre légal, peut-on tourner les yeux, qui ne se soit montré l'ennemi de la liberté?

On fera, dit-on, des conditions avec lui. Est-il possible surtout qu'on croie qu'il les tienne? est-il possible surtout qu'on croie qu'il les tiendra? On n'a pu se fier à la parole d'un roi religieux : est-il personne dans sa famille plus digne que lui d'une confiance repoussée maintenant par la nature des choses? Est-il vraisemblable qu'un homme s'intéresse à la durée d'une constitution qui le fait descendre de ce qu'il pensait être son droit? Et quand il le voudrait, comment croire que ses amis ne ranimassent pas en lui des regrets mal éteints? Pourrait-on obtenir de ce roi de se séparer de son parti; de laisser sur la frontière de France tous ceux qui l'ont défendu; d'être ingrat envers le passé pour répondre de l'avenir? et si ses amis le suivaient, imagine-t-on qu'ils modifiassent leur système? Les opinions extrêmes ne capitulent jamais de bonne foi : un tel parti, comme parti, reste toujours le même. Il y a des transfuges vers la raison, qu'elle doit accueillir; mais la masse ne perd jamais sa direction accoutumée; et qui a connu les émigrés hors de France sait qu'il en est beaucoup dont les opinions, prises séparément, sont très sensées; mais que ces mêmes hommes, lorsqu'ils sont réunis, forment un parti, c'est-à-dire un corps, c'est-à-dire une seule opinion, souverainement intolérante, et tout-à-fait impliable : enfin, quand ils deviendraient modérés, la défiance qu'ils inspireraient rendrait tout-à-fait impossible qu'ils restassent tels. A l'époque des factions, les hommes finissent presque toujours par prendre l'opinion dont on les accuse généralement; et c'est un des plus fâcheux effets de la défiance. Le soupçon de démocratie rend démocrate hors de France : le soupçon attire des persécutions qui vous irritent. Les hommes qui vous attribuent une opinion différente de la leur cessent de vous voir : il ne vous reste bientôt plus d'amis que dans le parti qu'on croit le vôtre; et votre intérêt, se trouvant lié d'avance à l'opinion qu'on vous a supposée, finit toujours par vous entraîner à la soutenir.

Il en serait de même du soupçon qu'inspirerait en France l'aristocratie; la défiance appellerait l'orgueil; l'orgueil, la défiance; et les meilleures résolutions ne pourraient pas l'emporter sur la force naturelle des circonstances, la seule qu'il faille calculer, dans ce temps où les hommes sont engloutis par les choses.

Eh bien! dira-t-on, changez de dynastie; prenez un roi qui

n'ait aucun rapport avec le parti des émigrés, qui doive tout à votre révolution, et ne puisse rester roi que par elle.

Ce raisonnement était juste à l'époque de l'assemblée constituante, lorsqu'il n'y avait en France que deux partis, et qu'une énorme majorité appartenait à l'assemblée. L'on répète ce même raisonnement aujourd'hui, parceque, dans la disette des pensées, les hommes se servent d'une idée long-temps encore après que son application est passée : mais pour arriver à ce changement doublement difficile, le retour à la royauté et le choix d'une autre dynastie, il faut, dans un pays tel que la France, une faction bien puissante. Or comment peut-on se flatter que les républicains et les jacobins soient renversés par une section de royalistes? Les hommes ardents de ce parti, les montagnards de la royauté, ne peuvent reconnaître que le successeur légal. Lisez M. Burke, lisez tous ceux qui veulent appuyer la monarchie de droit, ils sont inviolablement attachés à l'hérédité; parcequ'un pouvoir qui ne peut jamais dépendre des hommes doit descendre du ciel ; parceque si vous admettiez le choix, le raisonnement arriverait, et que toutes les bases de la royauté, considérées comme un principe de foi, seraient absolument renversées.

Les partisans d'une nouvelle dynastie auraient donc contre eux, indépendamment des républicains, tous les royalistes non constitutionnels; et, dans cette dispute, ces derniers même auraient l'avantage; car il serait difficile d'inspirer un intérêt généralement senti pour la simple question de tel ou tel roi. Sans doute les motifs qui détermineraient au changement de dynastie pourraient être appréciés par de véritables penseurs, mais ils ne frapperaient pas la foule; et, dans ce siècle déshérité, aucun homme n'étant appelé au trône par l'admiration publique, celui que sa naissance y destinait aurait encore le plus de moyens pour rallier la multitude.

Les républicains, en se maintenant comme troisième parti à la tête des affaires de France, en repoussant également les jacobins et les contre-révolutionnaires, auront de véritables droits à l'estime publique. En général, il n'y a dans les passions des hommes que de quoi faire deux partis : l'impulsion, le choc d'une révolution fait aller les opinions aux deux extrêmes opposés; non seulement un troisième parti est difficile à faire triompher, mais il faudrait que les constitutionnels en soutinssent un quatrième; et un tel équilibre, à travers tant d'écueils, paraît tout-à-fait impossible. Ajoutons aussi que c'est toujours en raison de l'obstacle qu'il faut proportionner l'élan ; dans un temps calme (et il n'en existe jamais quand il faut, pour agir d'une manière quelconque, avoir recours au soulèvement du peuple), dans un temps calme, on peut calculer précisément quel est le degré de pouvoir qu'il faut accorder à un roi pour garantir l'ordre, sans compromettre la liberté ; mais la force qu'il faudrait pour renverser les républicains mènerait nécessairement au pouvoir absolu.

Il n'y a pas, dans un gouvernement modéré, l'action nécessaire pour vaincre la résistance que les républicains opposeraient à présent en France à l'établissement de la royauté. Dans la lutte, le gouvernement effrayé appellerait à lui tous les athlètes, se servirait de toutes les ressources ; l'assemblée, pour détruire même les jacobins, a été obligée d'employer des moyens arbitraires : que serait-ce, lorsque ces jacobins seraient conduits et fortifiés par les républicains ? Les défenseurs du trône, dans un moment de crainte, recevraient à son secours toutes les opinions royalistes. Le mot de liberté, invoqué par les républicains, forcerait à prendre un autre étendard, à échauffer le peuple par d'autres idées ; et certes, à la fin du combat, le plus vaincu des deux partis serait le vainqueur imprévoyant, qui se retrouverait sous le joug de ses alliés, et portant les fers forgés par ses mains. Lorsque les girondins voulurent établir la république, les jacobins se saisirent de leur révolution, l'entraînèrent loin de son but, et la firent retomber sur ses propres auteurs. Ce serait là l'histoire des constitutionnels, s'ils faisaient une révolution pour rétablir la royauté ; ils en donneraient le signal, mais les émigrés s'en rendraient les maîtres ; la nature de ce temps le veut ainsi : les révolutions ont, comme les maladies dévorantes du corps humain, des périodes inévitables. La France peut s'arrêter dans la république ; mais pour arriver à la monarchie mixte, il faut passer par le gouvernement militaire. Tel est le changement qui s'est fait dans la révolution depuis trois ans, qu'aujourd'hui la proclamation de la constitution de 1791 réjouirait les rois, et attristerait hors de France tous les amis de la liberté. Ceux qui jadis étaient les ennemis de cette constitution consentiraient à la prendre momentanément pour étendard, en repoussant loin d'eux tous les hommes qui l'ont établie. L'instinct des partisans du despotisme n'est point trompeur ; ils savent que cette constitution ne pourrait se maintenir ; ils la regarderaient comme une route, alors même qu'ils voudraient la donner pour un but. Cette constitution, lorsqu'elle fut faite, était un pas immense, un pas trop grand peut-être vers ce qu'on appelait la liberté ; un changement moins fort eût été plus durable, et marchait de même dans le sens de la conquête : l'opinion publique avançait, l'enthousiasme s'élevait, personne n'était fatigué des malheurs qu'a causés la révolution, personne n'avait à frémir du sang que cette affreuse lutte a coûté. Si la royauté revenait maintenant, le sentiment qui pourrait la limiter n'aurait plus assez de force. Ce nom de république anime encore les esprits, force à tenir à quelques idées ; il lie ceux mêmes qui sont mécontents du gouvernement actuel au parti de la liberté ; ce sont ses maximes qu'ils opposent à tout acte arbitraire d'un pouvoir qu'ils n'aiment pas ; et cette sorte d'accord qui s'établit entre la pudeur des républicains qui n'osent renier les principes, et la haine des mécontents qui s'attachent à les leur objecter, est encore favorable à la liberté.

Mais si une fois la royauté était rétablie, il n'y aurait pas de bornes aux raisonnements qu'on ferait pour la maintenir. Il faudrait en effet une puissante force pour éviter, dans la fermentation actuelle, ce qui est horrible avant tout, une révolution.

Bientôt les royalistes consentiraient aux mesures les plus arbitraires, et c'est par un sentiment honnête que beaucoup d'hommes paisibles s'y résigneraient.

Quel avantage n'aurait pas aujourd'hui celui qui voudrait rendre la royauté absolue ! un tel gouvernement rallierait à lui les passions d'un grand nombre d'hommes, tandis qu'autrefois il les étouffait toutes. Plusieurs des écrivains, des savants, des philosophes qui jadis combattaient le despotisme, seraient portés à le défendre, ne pensant plus maintenant qu'à craindre la démocratie. Il restait autrefois au parti de l'opposition les honneurs du courage, la récompense de l'estime publique : dans la circonstance actuelle, les souvenirs seraient si récents, les crimes si confondus avec les principes, les intentions avec les effets, que l'homme redevenu roi aurait un pouvoir inouï depuis des siècles, la réunion de la force de l'opinion publique et de celle de la puissance royale, de l'autorité positive et de l'ascendant des volontés libres. Ce roi pourrait à la fois promettre la considération et le crédit, menacer à la fois de la disgrace et du déshonneur. Enfin, en se replaçant à l'époque où la révolution a commencé, on se rappelle que tous les sentiments généreux excitaient à combattre le pouvoir arbitraire : l'antiquité, offrant à notre esprit des exemples illustres, laissait dans l'ombre les malheurs particuliers des temps les plus célèbres, et l'enthousiasme exaltant tous les esprits, plus on était élevé dans les rangs de la société, plus on se plaisait dans les sacrifices; ceux mêmes qui gagnaient au nouvel ordre introduit par la révolution pouvaient encore s'honorer d'une opinion qui semblait si juste, qu'on ne pouvait l'attribuer qu'à sa vérité même.

Mais qui de nous, en conservant les mêmes sentiments dans le cœur, ne se sent pas maintenant embarrassé dans leur expression? On veut être libre, on espère une constitution, on se fait un devoir de la défendre : mais tous ces mots ont été prononcés par des scélérats, mais ils ont servi à dévouer des milliers de victimes. Le plus absurde ennemi de la liberté, lorsqu'il parle de ce qu'il a souffert, ôte la force de lui répondre; la conscience ne préserve pas du trouble, ni la pureté du remords; ces sentiments, plus ou moins développés, affaibliraient nécessairement les moyens d'opposition; l'énergie de la vertu se perd par un rapport même apparent avec le crime, et les attaques que les hommes honnêtes voudraient recommencer contre le pouvoir absolu seraient paralysées par tous les genres de souvenirs et de craintes. L'autorité royale s'augmenterait chaque jour de toute la force qu'il faudrait pour réprimer les factions. Et ce mot, *Voulez-vous encore une révolution?* serait une arme avec laquelle on repousserait tous les arguments sans les combattre.

Dans l'état où nous sommes, nous pouvons, par le cours naturel des choses, arriver à la liberté. La fatigue même du peuple sert à ce but; il faudrait qu'il se révoltât pour ne pas l'obtenir : et ce qui est triste à remarquer, c'est qu'en lui faisant supporter le plus horrible joug, on l'a disposé à recevoir une constitution libre, c'est-à-dire à ne s'en pas mêler.

Mais si par un événement quelconque la royauté se rétablissait en France, il n'existerait ni pouvoir ni impulsion pour s'opposer à ses progrès : la réaction est proportionnée à la violence du mouvement contraire; le sang qu'on a versé dans la malheureuse famille des Bourbons; ce qu'il faudrait réparer envers eux, envers la royauté même, dût-elle passer en des mains étrangères; tout ce qu'il faudrait dire pour la relever, défendre pour la maintenir, venger pour rassurer, exigerait une espèce d'enthousiasme, de surveillance, d'autorité, tout-à-fait incompatibles avec la liberté. Les crimes que nous détestons ont creusé autour de nous une sorte de précipice que l'on ne peut tenter de franchir sans s'abîmer dans l'esclavage.

Enfin les révolutions à présent ne peuvent encore se faire qu'avec le secours du peuple. L'Angleterre, avant de retourner à la royauté, avait été gouvernée dix ans par un protecteur despotique : l'armée de Monk était à lui. Des hommes avaient l'habitude d'obéir à un homme. Mais ici le secret de toutes les conjurations, c'est de soulever les faubourgs, et c'est ce qui rend impossible le triomphe d'un parti mitoyen.

Comment faire entendre la balance des pouvoirs? comment écrire un chapitre de Montesquieu sur l'étendard de la révolte?

Ce sera le plan des chefs, dira-t-on.

Eh! veut-on oublier qu'il n'y a point de chefs en France; que le principe même de l'insurrection les dévore tous, et que c'est là ce qui condamne à ne trouver d'appui que dans les idées extrêmes, parceque celles-là seulement sont assez simples pour être comprises de la multitude, assez éclatantes pour frapper de loin? Dans une révolution, il faut renoncer à l'espoir de faire naître un mouvement qui ait une direction différente des grands courants formés par la force des circonstances; il faut se jeter dans celui qui nous rapproche le plus de notre but; mais en s'isolant on sert l'ennemi commun, sans faire triompher son système particulier. Les hommes de génie paraissent créer la nature des choses, mais ils ont seulement l'art de s'en emparer les premiers.

Les constitutionnels, dira-t-on, en adoptant la république, changent d'opinion et de parti.

Non, ils ne font que suivre les conséquences de leurs principes. Ils ont reconnu que la nation a le droit imprescriptible de changer son gouvernement. Lors donc que la nation accepte la république, elle impose à tout bon citoyen le devoir de la reconnaître ; et si la liberté ne peut plus s'obtenir que par cette forme de gouvernement, les fondateurs de la constitution de 1791 doivent être les défenseurs de la constitution de 1795.

Sur les débris échappés aux révolutions sanglantes, l'édifice qui s'élève se rejoint aux premières pensées des amis de la liberté, et non aux crimes détestables qui séparent ces deux époques.

coup de gens se font honneur de tenir constamment à la même : ceux-là sont presque toujours des esprits bornés. C'est un jeu e hasard que la pensée, auquel ils n'ont tiré qu'une fois; celui t c'est le domaine habituel a bien plus de routes à parcourir. Il en est de même de ceux qui ont tout prévu. Un homme de génie par siècle a pu pressentir l'avenir ; mais quand plusieurs esprits s'en vantent, il faut qu'ils aient tiré leurs prédictions, comme les augures des anciens, des préjugés et non des calculs.

Il est reconnu qu'il n'est aucun système absolu de gouvernement qui ne doive être modifié par les circonstances locales. Et quelle circonstance est plus influente qu'une révolution ? Quelle population, quelle étendue de pays, quelle diversité de climats peut rendre les états plus différents entre eux que ces temps orageux où toutes les passions sont agitées ? Cette fermentation brûlante produit un monde nouveau ; un jour peut rendre impossible le plan de la ville ; et c'est pour qui tend toujours au même but, la liberté, que les moyens changent sans cesse. *Quel marin,* disait un homme d'un esprit parfait (M. de Panges) *s'imposerait la loi de faire toujours les mêmes manœuvres, quel que fût le vent ?* Ces hommes si fixes dans ce qu'ils appellent leurs principes arriveraient à des résultats bien différents de leurs vœux, et seraient à la fin bien étonnés d'être conduits, par leur marche invariable, à l'opposé de leur première destination.

CHAPITRE II.
Des principes qui peuvent attacher au gouvernement républicain en France.

En vain aurait-on prouvé que, dans les circonstances actuelles, il faut accepter la république si l'on veut conserver la liberté ; il faut encore essayer de montrer d'abord qu'une république, modifiée sur les principes du gouvernement américain, pourra s'établir en France, et que, quelle que soit l'opinion à cet égard, ce n'est qu'en se ralliant aujourd'hui sincèrement à cette république, qu'on peut, ou l'établir, ou en démontrer l'impossibilité.

Il est bien différent de s'être opposé à une expérience aussi nouvelle que l'était celle de la république en France, alors qu'il y avait tant de chances contre son succès, tant de malheurs à supporter pour l'obtenir ; ou de vouloir, par une présomption d'un autre genre, faire couler autant de sang qu'on en a déjà versé, pour revenir au seul gouvernement qu'on juge possible, la monarchie.

Aucun homme ne peut être assez sûr de son opinion, pour y marcher par une révolution ; ce qui, dans l'incertitude des calculs de l'esprit humain, donne à la morale un si grand avantage sur toutes les autres combinaisons, c'est que les règles qu'elle adopte n'ont rien de relatif; que le second pas n'est point nécessaire pour que le premier ne soit pas nuisible, et que si l'on périssait au milieu de la route, on n'aurait pas la douleur de n'avoir fait que du mal, mais seulement la moitié du bien que l'on s'était promis.

Néanmoins, sans parler au nom de ces sentiments, comment peut-il être prouvé que la république est impossible?

Si l'on avait dit aux anciens législateurs : « Vous pouvez con-
« stituer une nation à votre gré, tout vous est permis dans le vaste
« champ des idées ; mais il vous est seulement interdit de vous
« aider d'un pouvoir héréditaire, de choisir, par le hasard de la
« naissance, un homme pour l'élever au-dessus de tous; » auraient-ils regardé cette interdiction comme une difficulté insupportable ?

La monarchie, telle qu'elle est en Europe, réunit à ce nom de roi tant d'abus, qu'il ne faut pas moins que toutes les circonstances qui se rencontrent en Angleterre ou en Suède, pour y rattacher des idées de liberté : et telle est la nature de l'institution de la royauté, qu'il faut nécessairement l'environner d'un corps héréditaire comme elle, pour la défendre des attaques auxquelles son élévation l'expose.

L'égalité, surmontée de la royauté, est un système chimérique ; et, pour faire de l'inégalité dans un pays où il en a existé long-temps, il faut reprendre les anciens éléments dont on avait l'habitude de la composer : un duc et pair de la classe du peuple est une idée que le contraste rend impraticable : le pouvoir héréditaire entraîne toujours avec lui une partie des préjugés de la noblesse ; ils entrent pour quelque chose dans l'éclat de la pairie anglaise, quoiqu'elle soit spécialement une magistrature ; et s'il y avait en France, à côté d'une pareille institution, une noblesse qui n'y prît aucune part, il existerait entre ces anciens souvenirs et la nouvelle puissance une lutte de considération héréditaire tout-à-fait impossible à terminer.

Il faut donc, en France, ou renoncer à la royauté, ou rappeler avec elle une grande partie de l'institution politique de la noblesse. Sous d'autres rapports encore, il serait très difficile d'appliquer maintenant à la France le gouvernement d'Angleterre. Il faut une puissante force militaire pour le repos intérieur et la défense externe de la France, et c'est la difficulté de déposer entre les mains d'un roi une si énorme puissance qui égara l'assemblée constituante. On lui présentait, avec raison, le modèle du gouvernement d'Angleterre ; mais, avec raison aussi, elle sentait que les mêmes balances de pouvoir qui subsistent dans un pays où le roi n'a point à ses ordres une armée de deux cent mille hommes, ne sont pas calculées pour un empire où ces deux cent mille hommes sont nécessaires. Cette crainte engagea l'assemblée constituante à restreindre l'autorité royale à un tel point, qu'il n'existait plus de gouvernement.

Mais ne serait-il pas possible que, dans un état comme la France, le pouvoir exécutif eût besoin d'une telle force, qu'on ne dût le confier qu'à un gouvernement républicain ? et ne serait-il pas à craindre qu'en réunissant à cette puissance légale, dont l'énergie est si nécessaire, le prestige et l'ascendant de la couronne, on ne détruisît infailliblement la liberté ?

Je propose des doutes qui, je le répète, ne suffiraient pas pour autoriser une révolution dans quelque pays que ce fût, afin d'y établir la république, mais qu'on peut, qu'on doit écouter en France, où l'on ne pourrait empêcher l'établissement de ce gouvernement que par une révolution terrible.

Dans une nation où toutes les illusions dont se compose la différence des rangs sont détruites, la seule autorité qu'on puisse établir n'est-elle pas celle qui soutient l'analyse de la raison ? et la propriété et les lumières ne doivent-elles pas former une aristocratie naturelle, très favorable à la prospérité du pays et à l'augmentation de ces mêmes lumières ?

En Angleterre, le roi ne fait presque jamais usage de son *veto*; c'est la chambre des pairs qui se place entre le peuple et lui pour le dispenser du combat. Si les deux chambres en France étaient parfaitement distinctes; si le pouvoir de l'une était prolongé par-delà celui de l'autre; si la condition d'âge, de propriété, était beaucoup plus forte, il s'établirait naturellement la balance des deux pouvoirs qui sont dans la nature des choses, de l'action qui renouvelle, et de la réflexion qui conserve. Enfin, si le pouvoir exécutif avait part à la confection des lois, l'union qu'on a distinguée de la confusion s'établirait nécessairement.

Le *veto* absolu ne peut être accordé à un pouvoir exécutif républicain; cette prérogative royale est une pompe de la couronne plutôt qu'un droit dont elle puisse user; et, dans une constitution où tout est réel, la situation d'un homme arrêtant la volonté de tous est aussi invraisemblable qu'impossible : mais il est bien différent d'arrêter ou d'éclairer la volonté; les connaissances que le pouvoir exécutif seul peut réunir sont nécessaires à la confection de la loi; et s'il n'a pas le droit d'obtenir, par ses observations, la révision du décret qu'il croirait dangereux, s'il n'a pas ce droit, dont le président est revêtu en Amérique, les lois seraient souvent inexécutables [1].

Ces réflexions, et beaucoup d'autres, sur l'organisation d'une constitution républicaine, n'attaquent point son essence : la question est de savoir si l'hérédité est nécessaire à la chambre de révision; si le choix à cet égard ne peut pas remplacer le hasard; et si les ministres (nommés de fait par la chambre des communes en Angleterre, puisqu'il n'y a presque point d'exemple que le roi conserve un ministère qui a perdu la majorité dans cette chambre), si ces ministres sans un roi auraient un pouvoir suffisant pour l'intérêt général.

En Angleterre, le roi pourrait rester toute sa vie dans un nuage sans que la marche du gouvernement s'en ressentît. Il faut connaître seulement jusqu'à quel point le mystérieux de ce nuage est nécessaire pour étouffer toutes les ambitions particulières.

S'il existait une place de roi élective, je crois bien, en effet, que chaque renouvellement pourrait amener la guerre civile; mais lorsque le pouvoir est divisé, lorsqu'il change souvent de mains, lorsqu'il n'y a véritablement aucune place toute puissante, et que chaque membre de l'état est intéressé à conserver pour lui la portion de pouvoir dont il pourrait revêtir un seul homme, je m'inquiète plutôt du peu d'empressement des hommes distingués à posséder les places, que de leur ardeur pour les conquérir; du peu d'intérêt qu'on pourra mettre aux élections, que des orages qui les troubleraient.

Le gouvernement affreux, le gouvernement du crime, c'est

---

[1] On pourra m'objecter que la constitution a consacré des principes différents de ceux que j'énonce ici; mais en admettant la principale idée de cette constitution, le gouvernement républicain, il ne peut pas être interdit de s'occuper des moyens de la perfectionner un jour selon les formes prescrites. Le *veto* réviseur a produit, dans la convention, le même effet que la proposition de deux chambres, par M. de Lally, causa dans l'assemblée constituante. Six ans de malheurs ont fait adopter cette dernière idée. Est-ce au même prix que le pouvoir exécutif acquerra la force nécessaire au maintien du gouvernement, et par conséquent de la république? (*Voyez* Adrien de Lezay, Journal de Paris, du 5 fructidor.)

la puissance des hommes sans propriétés ; le règne de Robespierre en est la conséquence immédiate ; et le seul ressort d'une démagogie, c'est la mort. Mais toutes les constitutions sociales sont des républiques aristocratiques : c'est le gouvernement du petit nombre désigné par le hasard de la naissance ou l'ascendant du choix.

En comparant l'Amérique à la France, on objecte d'abord que les États-Unis sont une république fédérative. Mais par la division des quatre-vingt-cinq départements, l'administration du moins sera fédérative en France ; les forces de terre et de mer, les finances, la diplomatie doivent être réunies dans un seul centre ; et quant à la législation, si l'on cesse de croire à la nécessité de décréter des lois tous les jours ; si un pouvoir législatif conçoit la possibilité de s'ajourner, il est heureux que le petit nombre de lois nécessaires à la France soit uniforme dans tous les départements. L'Amérique trouve plus d'inconvénients que d'avantages dans la diversité des lois qui la régissent.

Il n'y a, dira-t-on enfin, que des propriétaires en Amérique, et la France est accablée d'un nombre infini d'hommes qui, ne possédant rien, sont par conséquent avides de nouvelles chances de troubles.

Il faut observer qu'un gouvernement républicain composé de propriétaires a autant d'intérêt qu'aucun gouvernement monarchique à contenir les non-propriétaires ; il y a même des pays, à Naples, en Turquie, etc., où cette classe d'hommes appuie le despotisme royal ; mais il n'en est point où ils soutiennent l'aristocratie propriétaire ; elle doit convenir à ceux qui possèdent, à ceux qui veulent acquérir ; elle développe l'émulation de la jeunesse, rassure l'âge avancé sur le prix de ses travaux ; elle est donc nécessairement plus contraire que toute autre forme de gouvernement à la multitude des hommes ennemis du travail et du repos.

Les arguments qu'on oppose le plus souvent à la possibilité d'une république, ce sont les fléaux de tout genre dont nous sommes accablés depuis trois ans.

On doit tout-à-fait distinguer ce qui appartient à la démocratie de ce qu'on peut attribuer à la république ; ce qui dérive du gouvernement appelé révolutionnaire, de ce qu'on peut craindre d'une constitution républicaine. Il est remarquable même que la marche légale du gouvernement n'a point été réellement entravée ; que la force armée a constamment obéi à l'assemblée nationale ; que le gouvernement a conspiré, mais qu'on n'a pas conspiré contre le gouvernement. Si la secte démocratique n'avait pas rejeté les conditions de propriété, n'avait pas appelé dans toutes les places les hommes de son parti, ce n'est pas l'organisation même de la machine politique qui l'eût arrêtée : le commandement et l'obéissance ont existé ; l'ordre social pouvait donc se maintenir.

On peut objecter que les factions sont nées de la république et subsisteront autant qu'elle : mais on ne peut en donner aucune preuve ; car, à quelque sorte de gouvernement qu'on voulût arriver par une révolution, il y aurait des factions pendant la durée d'un mouvement qui excite toutes les espérances et toutes les craintes ; et si l'on créait même la constitution anglaise au milieu des haines qui déchirent notre malheureuse patrie, on verrait à l'instant la chambre des pairs lutter contre la chambre des communes ; le roi se ferait un parti entre elles deux, et l'on avancerait, sur l'impossibilité de faire marcher ensemble trois pouvoirs, des raisonnements généraux qui ne seraient vrais que dans cette circonstance.

Combien d'arguments, tirés de la nature des choses, ne vous reste-t-il pas à réfuter ! va-t-on se hâter de me dire.

Sans doute, il en existe encore qu'on peut opposer à l'établissement d'une république ; mais ceux mêmes qui la croient impossible, comme ceux qui comptent sur ses succès, doivent adopter la même conduite, s'y rallier de bonne foi : ce ne serait pas en mettant d'astucieuses entraves à l'établissement de cette république, que l'on pourrait convaincre ceux qui l'aiment véritablement des inconvénients de ce système. Cette chimère, si c'en est une, leur resterait toujours, lorsque ce serait par de la mauvaise foi, de l'injustice ou des conspirations, qu'elle aurait été renversée. Il me convient pas, d'ailleurs, aux amis de la liberté de suivre une marche étrangère à la propagation des lumières ; c'est altérer l'essence et la force de leurs moyens.

La masse n'est convaincue que par la nature des choses ; tout ce qui se rallie à l'étendard de la liberté fait plus ou moins usage de la faculté de raisonner ; c'est donc uniquement en formant l'opinion publique qu'on peut conduire de tels hommes, et l'opinion publique n'est jamais influencée que par le temps ou par les événements qui rassemblent en un jour l'expérience des siècles : il n'a pas fallu moins que dix-huit mois d'échafauds pour oser prononcer le mot de propriété en France.

L'établissement de la république est nécessaire pour amener, d'une manière positive, une décision favorable ou contraire à cette forme de constitution ; et ce n'est pas en abandonnant ce gouvernement au hasard, mais en le servant avec zèle, qu'on peut avoir un résultat certain sur la nature même de ce gouvernement.

En acceptant la constitution de 1791, on imagina d'en laisser flotter les rênes pour en dégoûter la nation : elle tomba, cette constitution ; mais sa chute fut inverse de celle qu'attendaient les ennemis de la liberté. Si aujourd'hui les hommes honnêtes se mettaient absolument à l'écart de tous les intérêts de la république, c'est encore la terreur plutôt que la royauté qu'ils appelleraient.

Enfin les républicains et les royalistes, amis de la liberté, quelle que soit leur opinion sur l'avenir, doivent suivre la même route. Êtes-vous républicain : fortifiez le pouvoir exécutif, afin que l'anarchie ne ramène pas la royauté. Êtes-vous royaliste : fortifiez le pouvoir exécutif, afin que la nation reprenne l'habitude d'un gouvernement, et que l'esprit d'insurrection soit contenu. Êtes-vous républicain : desirez que les places soient occupées par des hommes honnêtes qui fassent aimer les institutions nouvelles. Êtes-vous royaliste : n'abandonnez point les élections, cherchez à faire tomber le choix sur la vertu ; car le pouvoir dans les mains du crime, loin d'être plus facile à renverser, se maintient par la tyrannie.

Enfin, quand un roi serait nécessaire (ce qui est loin d'être prouvé), qui pourrait le vouloir dans cet instant ? Il faudrait que le temps amenât cette institution comme une magistrature de plus, et non comme une conquête ; qu'on s'y décidât au lieu de s'y abandonner ; que toute possibilité de contre-révolution fût bannie, avant d'adopter même les mots qui sont communs avec elle. Il faudrait au moins que les barrières fussent posées, la balance des pouvoirs établie, la liberté déjà assurée par des institutions républicaines, et qu'enfin ce roi n'arrivât pas, comme aujourd'hui, à travers le chaos des lois et des mœurs, c'est-à-dire avec toutes les chances pour le despotisme. La royauté, quelle qu'elle fût, et de quelque manière qu'elle fût demandée, ne pourrait maintenant se proclamer sans une révolution sanglante. Ainsi le meilleur des sentiments qui faisait soutenir la constitution de 1791, commande aujourd'hui de s'opposer aux efforts qu'on tenterait pour la rétablir. Qui, sur la foi de raisonnements politiques, toujours combattus et jamais démontrés, voudrait exposer son pays aux malheurs certains d'une insurrection quelconque? Qui voudrait produire un mouvement dont les effets sont tous hors du pouvoir de la main qui donne l'impulsion? Les passions des hommes, mises en fermentation, sont comme l'or fulminant, qu'aucun chimiste n'a trouvé l'art de diriger.

Enfin il est une dernière observation qui ne peut, lorsqu'on l'adopte, laisser subsister une objection dans les circonstances actuelles : tous les efforts qu'on tenterait pour ramener la royauté n'obtiendraient qu'un résultat, ne causeraient qu'une réaction, le rétablissement de la terreur.

Il ne faut pas se le dissimuler, la convention et son parti sont naturellement révolutionnaires. Créée dans les orages, elle se ressent de son origine; et c'est un triomphe difficile, amené par la tyrannie de Robespierre et le courage de quelques députés, que d'avoir séparé cette convention de ses alliés naturels, la classe ardente et tumultueuse. Il faut s'étonner qu'au milieu d'une assemblée choisie parmi les têtes les plus insurgentes, la commission des onze ait pu présenter, ait pu faire applaudir des idées plus saines en gouvernement que celles qu'on avait adoptées dans la première assemblée de l'univers, pour les lumières et les propriétés, l'assemblée constituante. Comme un tel miracle est absolument l'effet des circonstances, il dépend absolument d'elles; un pas vers la royauté précipiterait la convention dans le jacobinisme. Très peu d'hommes consentent, comme les constitutionnels, à se voir immolés par les poignards des deux partis; et il n'est pas du tout dans le caractère des conventionnels de se résigner au sort de victimes.

L'opinion publique, se hâtera-t-on de dire, s'opposerait au retour de la terreur.

Je crois cette opinion publique assez forte pour nous en garantir dans les circonstances actuelles. Mais si un véritable parti de royalistes se montrait dans l'intérieur, s'il paraissait ailleurs que dans les déclamations de la montagne, le gouvernement lui-même aurait recours à la terreur; et le gouvernement a d'énormes avantages dans un empire tel que la France : c'est là qu'est le centre; c'est là qu'existent les véritables moyens : toute conspiration qui ne partira pas de là ne produira aucun effet; et comme il n'y a point d'hommes en France existant par leur propre gloire, il n'y a que les hommes revêtus d'un caractère légal qui rallient la force autour d'eux.

Il faut le dire aussi, les penseurs, les propriétaires, les honnêtes gens sont malhabiles dans les dissensions politiques; ils ont pour eux la raison, mais ils ne savent pas la faire triompher. Il faut donc conserver à la cause de la justice et de l'ordre ces hommes actifs que leur situation et leur opinion forcent à se battre contre la royauté. S'ils voyaient l'intention de la rétablir, ils repousseraient toutes les idées raisonnables que soutiendraient d'ailleurs les hommes livrés à ce projet. Si vous les rassurez en y renonçant de bonne foi, ils se rapprocheraient nécessairement d'un système de gouvernement énergique et propriétaire; au lieu qu'il n'est point de sorte de bien que leurs défiances, leurs erreurs, leurs soupçons, ne pussent entraver, si le danger de la royauté leur était toujours présenté.

Dans une telle crise, les esprits ardents auraient encore de quoi courber la nation sous une année de terreur. Sans doute, après ce terme, les chefs périraient victimes de leurs propres moyens. Mais la France a-t-elle du sang encore à verser? Quels hommes resterait-il après un nouveau règne de crime? A peine en est-il échappé à la sanglante proscription de Robespierre. Faut-il exposer encore les derniers amis que nous avons conservés?

Quand on voit des hommes se livrer, comme autrefois, à des plaisanteries frivoles, à des jugements absurdes, à l'intolérance des opinions, à l'esprit de parti enfin comme à la première des passions de l'âme, on frémit des abîmes à travers lesquels ces victimes, naguère désignées, marchent sans réflexion; et l'on se demande souvent : Qu'est-ce que le passé pour l'homme, si ce que l'on a souffert, justement gravé par le souvenir du ressentiment, ne se mêle jamais aux calculs de la prévoyance?

Mais vous, à qui il est ordonné de penser, puisque vous professez l'amour de la liberté; vous qui avez fait les premiers pas dans cette carrière devenue trop fatale, s'il ne restait de vos efforts que des ruines et des massacres, en vain auriez-vous travaillé vous-mêmes à rétablir l'autorité royale. Ce sang, versé seulement pour honorer le retour du despotisme, retomberait sur vos innocentes têtes. Pardonnez si l'on vous le rappelle, vous dont les intentions étaient si différentes des horribles effets dont vous avez été les premières victimes ; pardonnez si l'on vous le rappelle, sans vous il n'aurait pas existé de révolution. Il faut que la liberté survive à cette terrible époque, pour que vous soyez, non pas heureux, trop de douleurs sont jetées dans votre vie, mais présentés à l'estime des nations, comme les premiers défenseurs humains et justes des principes qui seront alors observés.

La république n'était pas votre opinion ; mais les circonstances ont entraîné la liberté dans cette enceinte, il faut l'y suivre. Tout dans la ligne des idées qui ne compromettent pas la moralité, tout vous est commandé pour établir la liberté ; c'est votre sort, quand ce ne serait pas votre vœu.

Mais qui de vous ne se ranimerait pas encore à l'enthousiasme qu'il conçut dans les premiers jours de la révolution, s'il voyait la vertu se replacer à côté des espérances qui l'avaient entraîné ? Cette passion d'être libre renaît de ses cendres au fond des cœurs qu'elle a consumés.

Les pertes que vous pleurez ne vous interdisent pas d'aimer encore votre patrie ; ils l'auraient bien servie, ces hommes vertueux, éclairés, patriotes, qu'on a précipités dans le tombeau : achevez leur carrière interrompue ; soyez ce qu'ils auraient été. Les vertus de leurs amis sont le plus beau culte de leurs mânes.

Il est une dernière observation enfin, propre à frapper les esprits qui ne se décident que par l'espoir du succès. Dans un temps de révolution, il faut du fanatisme pour triompher, et jamais un parti mixte n'inspira du fanatisme. Les Vendéens et les républicains peuvent se battre, et la chance du combat rester incertaine. Mais toutes les opinions placées entre les deux partis exigent une sorte de raisonnement dont un esprit enthousiaste est incapable.

Ces opinions mitigées resserrent les passions dans un si petit espace, que le moindre écart ferait manquer le but ; et cette juste crainte exclut toute espèce d'impétuosité. Le fanatisme est une passion très singulière dans ses effets ; elle réunit à la fois la puissance du crime et l'exaltation de la vertu. Plusieurs des hommes qui, à différentes époques de l'histoire, ont commis des forfaits horribles par fanatisme, n'auraient point été des scélérats dans le cours ordinaire des événements. Ce qui distingue surtout le fanatique du caractère naturellement vicieux, c'est qu'il ne se croit pas coupable, et publie ses actions au lieu de les cacher ; il se sent déterminé à se dévouer lui-même, et cette idée l'aveugle sur l'atrocité de sacrifier les autres. Il sait que l'immoralité consiste à tout immoler à son intérêt personnel; et, voulant se livrer lui-même pour la cause qu'il soutient, il pourrait encore conserver le sentiment de la vertu, en commettant de véritables crimes. C'est ce contraste, c'est cette double énergie qui rend le fanatisme la plus redoutable de toutes les forces humaines; et il n'est pas de période plus heureuse dans une révolution politique, que celle où le fanatisme s'applique à vouloir l'établissement d'un gouvernement dont on n'est plus séparé, si les esprits sages y consentent, par aucun nouveau malheur. Je ne sais si je blesse, par cette opinion, les êtres infortunés dont on ne pourrait pas supporter d'avoir irrité la douleur, ceux qui savent pleurer et mourir pour la perte de leurs amis. Néanmoins, en consultant en moi-même un cœur qui depuis long-temps n'a pas cessé de souffrir, il me semble que la vengeance (si même elle est nécessaire aux regrets irréparables) ne peut s'attacher à telle ou telle forme de gouvernement, ne peut faire desirer des secousses politiques, qui portent sur les innocents comme sur les coupables, et donnent, pour unique soulagement, quelques compagnons de plus dans une carrière d'infortune.

SECONDE PARTIE.

DES RÉPUBLICAINS AMIS DE L'ORDRE.

Ai-je besoin de dire qu'en conseillant de se rallier à la république, je n'ai point entendu parler de tout ce qu'en France nous avons revêtu de ce titre?

Certes, s'il fallait adopter même l'ordre de choses qui nous gouverne depuis le 9 thermidor, s'il fallait dépendre entièrement de la moralité personnelle des membres des comités et du hasard qui les renouvelle, il n'est rien qui ne fût préférable à un état si arbitraire. Mais les gouvernants comme les gouvernés ne donnent pas le nom de république à la situation actuelle de la France, et c'est seulement de la constitution modifiée qu'on nous prépare que j'ai pu vouloir parler.

Il y a certainement de la grandeur dans l'idée d'une nation se gouvernant par ses représentants, sous l'empire de lois justes dans leur principe et dans leur objet; d'une nation réalisant dans un vieil empire, avec vingt-quatre millions d'hommes, le beau idéal de l'ordre social, tous les pouvoirs émanés du choix renouvelé par lui, et se maintenant par l'ascendant de ce choix même, et non par le prestige d'aucun préjugé surnaturel.

Mais quelle douleur pour l'esprit, pour l'ame qui a conçu de bonne foi ce desir et cette espérance, de n'avoir pu compter en France, pendant près de trois années, que des coupables ou des opprimés, des tyrans ou des victimes! Quelle situation plus pénible que de voir presque confondu ce qu'il y a de plus différent dans le monde moral, le crime et la vertu! de prononcer le nom de république par l'exaltation même des sentiments honnêtes, et de faire naître dans le souvenir de ceux qui nous écoutent la pensée de toutes les atrocités qui peuvent déshonorer la nature humaine! Que je plains profondément le républicain sincère, l'homme qui doit rendre à la justice, à l'humanité, à toutes les vertus, un culte antique par son enthousiasme et par sa pureté! Les hommes qu'il méprise le plus ont emprunté les couleurs de son parti; ce qu'on a fait au nom de son idole est ce qu'il y a de plus contraire à son opinion et à son but. Enfin, plus séparé de ses alliés que de ses ennemis mêmes, il erre au milieu de son armée, redoutant également et ses succès et ses revers.

Combien donc ces hommes estimables qui, dès l'origine, ont adopté sincèrement le système de la république, ou s'y sont ralliés depuis par l'amour pur de la liberté, combien n'ont-ils pas besoin qu'on la relève, cette république, des infames partisans qui l'ont dirigée, des atroces maximes dont ils ont fait le code de ses lois! Les hommes qui se sont montrés en 1789 et se sont écartés des affaires depuis le 2 septembre, ceux qui n'y ont point encore pris part, ceux qu'on appelait autrefois les royalistes constitutionnels; toute cette classe inconnue, proscrite ou cachée, les républicains ont le plus grand intérêt à l'attacher à leurs institutions, parceque la plupart des principes de ces ci-devant royalistes peuvent faire marcher la république, parceque la moralité des hommes qui sont restés étrangers à ces trois années de révolution peut servir efficacement au maintien de la constitution nouvelle. Développons ces deux idées.

CHAPITRE PREMIER.

Que les principes des républicains amis de l'ordre sont absolument les
mêmes que les principes des royalistes amis de la liberté.

Les royalistes constitutionnels n'ont professé qu'une idée que les républicains doivent rejeter, la royauté héréditaire.

Je crois avoir montré que cette institution devant être nécessairement appuyée par un corps aussi héréditaire, il y a, sous ce rapport, contradiction dans le système des constitutionnels; et, forcés de renoncer au principe de la royauté ou de l'égalité, il est aisé de voir quel choix les circonstances et leur opinion leur font adopter.

Mais tout le reste du système des constitutionnels est le seul moyen de faire marcher la république.

Il y a trois questions principales dans toutes les constitutions du monde; car les vérités politiques sont heureusement en très petit nombre, et dans cette science l'invention est puérile, et la pratique sublime. La division du corps législatif, l'indépendance du pouvoir exécutif, et avant tout la condition de propriété, telles sont les idées simples qui composent tous les plans de constitution possibles. De quelque manière qu'on change les noms des trois pouvoirs, comme ils sont dans la nature des choses, on doit toujours en retrouver les éléments.

Les constitutionnels, qui valent beaucoup mieux que la constitution, soutiennent ces principes, sans lesquels il ne peut subsister de république.

Ils croient à la nécessité de deux chambres, et la commission des onze a reconnu ce principe: plus on soutient les divers moyens d'augmenter la durée, la force et la considération de la chambre des anciens, plus on veut donner de consistance au pouvoir conservateur qui doit exister dans toutes les constitutions pour répondre de leur durée, plus on se montre les partisans utiles du maintien de la constitution de 1795. Les constitutionnels (et avec eux les trois quarts de la nation) pensent que le pouvoir exécutif a besoin d'indépendance pour oser montrer de la force; et qu'il lui faut une part quelconque dans la rédaction ou l'initiative de la loi, pour que l'exécution soit d'accord avec la pensée.

L'on oppose des défiances à tous les arguments dont le pouvoir exécutif est l'objet; et il me semble qu'il n'est rien au contraire qui prouve mieux le desir sincère de l'établissement de la république, que les efforts qu'on fait pour donner à son pouvoir exécutif une attribution suffisante.

Quand les aristocrates de l'assemblée constituante voulurent empêcher que la révolution de 1789 ne se maintînt, plusieurs d'entre eux votèrent pour une seule chambre, voulant ainsi s'opposer à tout ce qui pouvait consolider le nouveau gouvernement. Il n'y a rien de mieux imaginé pour faire desirer la royauté que de mal constituer le pouvoir exécutif. Il n'y a de chance pour un roi que dans la prolongation de l'anarchie ; les intérêts personnels qui font desirer un roi sont en très grande minorité dans la France ; la masse veut seulement que le gouvernement ne se sente ni par son action, ni par sa faiblesse ; et c'est cette masse qui n'est de rien dans le commencement des révolutions, mais qui pèse toujours à leur fin, alors qu'il s'agit de les fixer.

On oppose à ces raisonnements la crainte de l'usurpation du pouvoir exécutif.

D'abord il n'est pas de pouvoir plus directement opposé au retour de la royauté héréditaire desirée par les royalistes, puisque c'est lui précisément qui en tient la place. Quant à l'usurpation pour lui-même, elle rencontre de tels obstacles dans tous les partis, dans toutes les institutions, qu'il est difficile de concevoir comment la crainte se tourne de ce côté-là. D'ailleurs l'usurpation n'a jamais recours au pouvoir légal pour s'établir ; c'est le besoin des choses et non la force des institutions qui la cause, et moins vous donnez au pouvoir exécutif les moyens nécessaires pour gouverner, plus il peut, dans un moment de crise, dépasser toutes les barrières des lois qui, dans l'opinion générale, ne lui laissaient pas une autorité suffisante.

Enfin (et il faut s'arrêter un moment quand on approche de l'idée à laquelle tout l'ordre social est attaché) le droit politique, la fonction de citoyen, accordée seulement à la propriété, cette opinion qu'on dispute encore après deux années de tyrannie, est aussi soutenue par les constitutionnels, et sans elle il n'existe pas plus de république que de société.

Comme les non-propriétaires, dans ce moment, semblent les plus acharnés contre la royauté, les républicains sont fort tentés de s'en appuyer ; mais ils ne réfléchissent pas que ce n'est pas pour telle ou telle forme de gouvernement qu'ils s'agitent, mais contre un ordre quelconque, protecteur de la propriété.

Les idées politiques ne passionnent point des hommes tout-à-fait hors d'état de les comprendre, et c'est toujours à l'aide d'un intérêt qu'on leur a donné une opinion. La destruction de l'aristocratie, c'est, pour le peuple, ne plus payer de droits féodaux : une république, c'est la cessation des impôts ; et dans la dernière insurrection l'on mettait sur les chapeaux des habitants des faubourgs : *Du pain et la constitution de* 1793, le mobile de la multitude et le but des chefs. C'est avec ces moyens qu'on fait toutes les révolutions populaires.

Mais comment placer dans une constitution des hommes qui veulent une proie, et dont les représentants ne peuvent servir les intérêts qu'en leur assurant avant tout la première des jouissances, la propriété qui leur manque ?

Thomas Payne vient de faire un ouvrage pour réduire en dogmes la démagogie, en la fondant sur ce qu'il appelle les principes. D'abord aucune science (excepté la géométrie) n'est susceptible de cette métaphysique mathématicienne qui ne peut s'appliquer qu'à des choses inanimées et immuables. Les géomètres sont obligés de supposer abstraitement un triangle, un carré, parceque les formes données par la nature sont encore trop irrégulières pour être l'objet du calcul. Et l'on voudrait appliquer une géométrie politique à la grande association des hommes, dont les portions se diversifient par tant de circonstances différentes ! Certes, la législation cesserait d'être la première des sciences, si elle se composait uniquement de quelques idées qui, en leur qualité d'abstractions, sont inférieures à la métaphysique de toutes les autres connaissances humaines.

Il existe, d'ailleurs, un principe beaucoup plus vrai que tous ceux qu'on nous présente, et qui a presque également le vague honneur de la généralisation universelle : c'est que les jouissances de l'ordre social naissent toutes du maintien de la propriété, et que pour maintenir cette propriété il faut que les citoyens sacrifient, avec l'impôt, une partie de la liberté naturelle.

L'égalité de droits politiques est beaucoup plus redoutable que l'état de nature : dans cette bizarre société, l'on ne tolérerait la propriété que pour exciter la haine contre elle ; on ne laisserait des possesseurs que pour préparer des victimes ; on ne continuerait une législation que pour organiser la persécution. En effet, presque toutes les lois qui composent le code social sont relatives à la propriété. Ne serait-il donc pas singulier d'appeler les non-propriétaires à la garde de la propriété ? d'établir un gouvernement en donnant à ses membres des intérêts opposés à ceux qu'ils doivent défendre ? de les charger de garder un bien auquel la majorité même de leurs commettants n'a aucune part, et de compter ainsi sur plus de mille personnes dans les divers emplois de la république, destinés à accomplir tous les jours un acte continuel de dévouement ?

Mais, dira-t-on, les non-propriétaires sont la majorité de la nation, et c'est pour cette majorité que le gouvernement doit être constitué.

D'abord, il me semble que l'on confond toujours la majorité du moment avec la majorité durable. Il n'y a pas d'instants où, en arrêtant tout-à-coup les rangs de la société, et demandant à tous les hommes s'ils sont contents de la place qu'ils y occupent, le plus grand nombre ne voulût la changer. Mais l'intérêt de la majorité des hommes, pris dans l'espace de deux ou trois générations, se trouve dans le maintien de la propriété. Les individus l'acquièrent, la conservent, la perdent ou la retrouvent ; mais la société en masse est fondée sur elle. Au premier bouleversement, les non-propriétaires sont plus heureux ; mais au second, ils sont culbutés à leur tour, et le malheur pèse successivement sur toutes les têtes, quand on ne veut pas souffrir que le hasard se fasse sa part dans chaque époque.

Beaucoup de vertus peuvent se rencontrer parmi les non-propriétaires, mais c'est quand on les laisse dans une situation passive ; en les mettant en action, tous leurs intérêts les portent au crime ; ils ont beaucoup contribué à la révolution, mais c'est eux aussi qui en recueilleront les premiers bienfaits. N'est-ce donc rien que la liberté civile, le droit et l'avantage de tous ? Les véritables biens sont renfermés dans cette liberté.

Point d'impôts qui ne soient proportionnels.

Point d'arrestation, de jugement, que dans les formes légales et universelles.

Point de privilége dans aucun genre ; car on ne doit pas considérer ainsi le droit politique, puisqu'on peut y parvenir en acquérant une propriété modique, mais indépendante : tout ce qui sert de motif d'émulation, et non de barrière, au mérite personnel ; tout ce qui est un but, et non pas une exclusion, ne saurait être considéré comme un privilége.

La liberté politique est à la liberté civile comme la garantie à l'objet qu'elle cautionne; c'est le moyen et non l'objet; et ce qui a contribué surtout à rendre la révolution française si désordonnée, c'est le déplacement d'idées qui s'est fait à cet égard. On voulait la liberté politique aux dépens de la liberté civile : il en résultait qu'il n'y avait d'apparence de liberté que pour les gouvernants, et d'espoir de sûreté que dans le pouvoir; tandis que dans un état vraiment libre, c'est le contraire qui doit arriver. Le droit politique doit être considéré comme un tribut qu'on paie à la patrie; c'est monter la garde, c'est exercer les devoirs de citoyen; mais le fruit de ces sacrifices, c'est la liberté civile. Le droit politique importe aux ambitieux qui souhaitent du pouvoir. La liberté civile intéresse les hommes paisibles qui ne veulent pas être dominés; et toute liberté politique qui excède la force d'une garantie, compromet le but dont elle répond. Et qu'on ne dise pas qu'il est dangereux, qu'il est impossible d'ôter ou de refuser le droit abstrait d'une fraction de puissance politique à cette classe d'hommes qu'on a pu réduire à deux onces de pain par jour. Ceux que le sort condamne à travailler pour vivre ne sortent jamais, par leur propre mouvement, du cercle des idées que ce travail leur impose. C'est leur existence physique qu'il faut soigner; ce sont les moyens d'acquérir de la propriété qu'il faut multiplier autour d'eux. Dans les discussions politiques, contenez les chefs qui veulent régner par le peuple, et ce peuple sera tranquille.

Pour soutenir la lutte en faveur de ces principes, dont le triomphe peut seul affermir la république, c'est en dehors de ce qu'ils appellent leur parti que les républicains peuvent recruter d'utiles alliés.

Constituez une bonne république, comme le seul moyen d'anéantir la royauté. Élevez-vous, au lieu de frapper; faites-vous aimer, au lieu de punir.

Il faut, pour terminer une révolution, trouver un centre et un lien commun; les non-propriétaires peuvent agiter, renverser et combattre; mais à quel terme les arrêter, mais par quels nœuds les fixer en société, s'ils étaient à la fois gouvernants et non-propriétaires? Ce centre dont on a besoin, c'est la propriété; ce lien, c'est l'intérêt personnel.

Les républiques anciennes se fondaient par la vertu et se maintenaient par les sacrifices; les citoyens se réunissaient par le dévouement mutuel à la patrie. Mais avec nos mœurs, avec notre siècle, il faut réformer les hommes en société par la crainte de perdre ce qui reste à chacun d'eux ; il faut parler repos, sûreté, propriété, à cette classe d'hommes que le pouvoir révolutionnaire peut écraser, mais sans laquelle une constitution ne peut s'établir.

Il est donc certain que tous les principes des constitutionnels (hors un seul, qu'ils ne peuvent plus soutenir à présent) sont absolument d'accord avec les intérêts des véritables républicains. C'est un même parti dans ses bases et dans son but : il faut que l'un sacrifie la royauté à la certitude de la liberté ; l'autre, la démocratie à la garantie de l'ordre public ; et c'est au terme positif de toutes les idées raisonnables que ce traité sera conclu.

CHAPITRE II.

Que la république a besoin d'hommes distingués par leurs talents et leurs vertus.

Mais ce n'est point assez de s'occuper des principes, il faut parler du caractère des personnes.

Dans tous les temps, mais surtout en révolution, les haines individuelles sont le ressort secret de la plupart des idées qu'on honore du nom de générales. Les républicains, amis de la vertu, les hommes qui dans l'assemblée terrassent à coups redoublés l'hydre renaissante de la terreur, les guerriers vainqueurs dont l'Europe est forcée de respecter le courage, doivent être accablés de la bassesse de ceux qui se disent de leur parti. Que's amis pour une telle cause !

Depuis que la république est proclamée, tant de juges, d'assassins, de témoins et de bourreaux ont crié *vive la république !* que ses vrais défenseurs doivent sentir le besoin d'acquérir de nouveaux partisans.

Les hommes que les forfaits n'ont point souillés, qui, pour arriver à ce qu'ils croyaient le suprême bien, n'auraient jamais passé par aucune route ensanglantée ; les hommes qui n'ont sacrifié qu'eux-mêmes à leur opinion ; qui se sont décidés lorsque la victoire était incertaine ; qui ont combattu et détruit les priviléges, lorsqu'il dépendait d'eux de conserver les abus pour leur propre avantage ; les hommes qui ont fait plus encore, qui, malgré les liens les plus chers de famille et d'amitié, soutenaient leur opinion au milieu de ceux qui la détestaient, et savaient unir à la lutte publique le combat plus douloureux de tous les jours et de tous les instants ; les hommes d'une autre classe qui se sont ressaisis de leurs droits, sans se permettre, sans éprouver un seul désir de vengeance ; les hommes qui ont anéanti la noblesse, sans persécuter, sans craindre les nobles, et, profondément pénétrés des saints droits de l'égalité, ne se sont jamais permis d'y porter atteinte par une haine puérile, qui, d'une manière quelconque, consacre une différence : ces hommes sont bons à recruter pour la république.

En s'y ralliant, ils la rattacheraient aux beaux jours de 1789 ; et les vieux amis de la liberté, reconnaissant ses premières traces, effaceraient de ses fastes trois épouvantables années.

Vous, les amis fidèles de ces malheureux fondateurs de la république, dont la mort nous a révélé beaucoup de vertus ; vous qui avez renversé les échafauds, républicains sincères et courageux, de quelque parti que vous soyez, appelez autour de la chose publique tous les défenseurs de la liberté, inconnus ou proscrits, éloignés ou timides. Écartez loin de nous les coupables de ces trois années, ils sont trop criminels pour n'être pas pervertis par les terreurs qu'ils ressentent ; et, semblables à la femme de Macbeth, qui ne pouvait effacer sur sa main les traces de sang qu'elle seule croyait y voir, ils sont plus tourmentés par leurs propres souvenirs que par les nôtres.

Des voix courageuses se font entendre dans l'assemblée ; des écrivains éloquents s'élèvent hors de son sein : mais qu'on a besoin de repeupler ce pays d'hommes distingués par leurs talents et par leurs vertus ! Quel désert pour la gloire que notre malheureuse patrie ! Les hommes manquent aux places ; la machine publique est chancelante, faute de bras pour la soulever ; et cette génération est décimée par un choix barbare de la plupart de ceux qui s'élevaient au-dessus d'elle. Le manque de lumières fait soutenir des maximes féroces à qui ne peut concevoir des ressources généreuses. Des hommes libres redoutent, comme à l'ancienne cour, tout ce qui écrit, tout ce qui pense ; et c'est avec une dénomination vide de sens, avec un cri de guerre, qu'ils combattent tous les arguments. La pitié fait peur, le raisonnement est suspect, l'opinion publique s'appelle des intrigues particulières, et tous les effets de ces craintes ridicules font douter si la petitesse de l'esprit n'est pas encore plus redoutable que l'immoralité du cœur.

D'autres, plus coupables que les puissants eux-mêmes, se traînent à la justification des fautes qui vont être réparées : au milieu de leurs plats sophismes, le décret qu'ils soutiennent n'est déjà plus, et, stupides dans leur bassesse, ils perdent jusqu'à la seule faveur qu'ils espéraient gagner à tout prix.

Depuis que le pouvoir s'intitule *la liberté*, une foule de gens se croient des Romains en le flattant.

La terreur, la confusion des mots, les lois atroces qu'il fallait reconnaître en les éludant, ont dénaturé la France, et l'on ne peut s'empêcher de frémir de l'ascendant que la législation, que le gouvernement peut avoir sur tous les individus d'un empire : leur sort, leur vie sont dans sa main; mais ce qui est plus encore, leur moralité même. Dans tous ces combats et où l'on oppose les sentiments à la crainte, la justice à l'ambition, et où l'on place la vertu dans une situation inverse de l'ordre naturel, le caractère de la plupart des hommes ne résiste pas à de telles épreuves : nous avons tous besoin qu'on nous fasse entendre le parfait langage de la vertu, tel qu'il s'est conservé dans la solitude du malheur ou le silence de l'ambition. Nous avons tous transigé pour le bien avec le mal : ce joug des circonstances a pesé sur les cœurs les plus purs, et l'on est effrayé des concessions qu'il obtient : rien aujourd'hui n'est vrai, rien n'est équitable, que d'une manière relative; c'est dans le moindre degré de l'injuste que se réfugie tout ce que l'on peut placer d'estime; et, témoin d'une si grande latitude de crimes, on peut se croire honnête aux plus déplorables conditions.

Les hommes qui se sont trouvés éloignés de la tyrannie de Robespierre nous rendaient un grand service en nous ôtant cet affreux terme de comparaison. Ce n'est pas à l'immuable vérité, mais à ce qui a existé en France pendant dix-huit mois, que l'on compare ce qui se passe; et l'on est sans cesse tenté d'appeler un bienfait de tous les jours la cessation d'une sorte d'atrocité dont la possibilité, par-delà le crime, par-delà la crainte, ne devait jamais entrer dans la balance des raisonnements.

Qu'on est las d'entendre parler de justice modifiée par les circonstances, de déprédations iniques qu'il n'est pas encore temps de réparer! Ah! le malheur est-il relatif, et peut-on suspendre aussi les irréparables effets de la douleur? Il est si peu de souffrances particulières utiles au bonheur public, que les ressources du génie suppléeraient heureusement à tous les moyens tirés du mal ; et l'on se plaît à penser que les grandes facultés de l'esprit pourraient accomplir tous les vœux du cœur.

Découvrez, rendez-nous le plaisir de l'admiration! Il y a trop long-temps que, dans la carrière du beau, l'homme n'a étonné l'homme ; il y a trop long-temps que l'ame froissée n'éprouve plus la seule jouissance céleste restée sur cette triste terre, cet abandon complet d'enthousiasme, cette émotion intellectuelle qui vous fait connaître, par la gloire d'un autre, tout ce que vous avez vous-même de facultés pour juger et pour sentir.

Mais la défiance, ce germe de mort des états populaires ; la défiance, qui met à l'aise l'envie, veut écarter toutes les classes d'hommes, anciens ou nouveaux, qu'elle se plaît à soupçonner ; veut écarter tous les constitutionnels, surtout en révoquant en doute leur amour pour la liberté.

Eh ! qui donc la chérira plus qu'eux? Qui donc est plus en avant aux yeux du despotisme? Qui présenta cette liberté sous des formes plus attrayantes, et par conséquent plus redoutables à ses ennemis? Qui serait plus malheureux, plus profondément blessé dans toute son existence, s'il ne restait de cette révolution que les traces du sang qu'elle a fait verser?

Écoutez les profonds adversaires des principes libéraux : ils ne s'attachent pas à poursuivre ceux qu'ils croient insensibles à l'opinion ; ils excusent le peuple, ils abandonnent le crime à lui-même, mais ils réservent toutes leurs forces contre les hommes par lesquels toutes les révolutions commencent, parceque leur exemple seul peut être généralement suivi. Une nation soulevée appartient à tous ceux qui savent s'en emparer ; mais le premier effort vers la liberté ne peut partir que de la classe la plus distinguée de la nation par ses vertus, ses talents, sa consistance même dans l'opinion.

Le premier pas qu'a fait la constitution de 1791 était immense, il avait franchi tout ce qui pouvait l'être sans braver le sang et la mort ; et ce sont les auteurs de cette puissante révolution de 1789, ce sont eux qu'on peut soupçonner de ne pas aimer la liberté ! Si quelques nouvelles de France pouvaient pénétrer dans les cachots de l'empereur, Lafayette y verrait que, dans les fers étrangers, on le soupçonne encore d'avoir trahi sa patrie ; que ceux qui veulent établir en France la liberté d'Amérique traitent d'adversaire son premier soutien ; que les admirateurs de Washington proscrivent son émule ; et que si ce célèbre infortuné échappait aux ennemis de la France, il périrait sous le glaive de ses défenseurs. Mais, je l'espère pour lui, la connaissance de cette situation cruelle ne pourrait l'abattre : qui, dans les révolutions, s'est vu l'objet de la double haine des extrêmes opposés, a mérité deux fois l'estime de la postérité.

Mais est-ce la peur qui produit cette défiance insensée, ces haines pour des nuances, ces proscriptions pour des dissentiments politiques ralliés à la base par le même sentiment, l'amour de la liberté? Comment craindre les vengeances des constitutionnels, quand eux-mêmes sont désignés pour expier le même jour un seul et même crime aux yeux des vrais aristocrates, la révolution de France? Comment craindre la vengeance de ces hommes aussi purs dans leurs moyens que dans leur but? Se sont-ils unis aux étrangers pour combattre la patrie qui les proscrivait? Se sont-ils mêlés à ces implacables terroristes pour attaquer la convention? C'est, au contraire, un grand nombre de leurs amis, des patriotes de 1789, qui, le 1er prairial, ont défendu la convention. Ralliés à la république depuis que les républicains se rattachent aux véritables principes de la liberté, aucun d'eux n'a pris part à ces assassinats commis pour se venger des jacobins, à ces réactions funestes de l'esprit sanguinaire qui ravage encore la France. Il faut être resté parmi ces hommes cruels pour concevoir des crimes semblables aux leurs; et ceux qui s'en sont rendus coupables n'étaient ni les amis ni les parents des victimes immolées. Cette excuse trop légitime, le malheur causé par la perte de ce qu'on aime, ils n'ont point été forcés d'y recourir, ils ne se sont point vengés.

Ce pays malheureux, persécuté par tant de factions diverses, a moins besoin de punir tous les crimes qui l'ont déchiré, que d'éloigner la mort de ces funestes rives; de désaccoutumer ce peuple du sang même des coupables, alors qu'il est encore si près de verser celui des innocents. Déportez, rejetez loin de nous cette écume révolutionnaire; mais renversez ces échafauds trop honorables pour les criminels, ces échafauds où la leçon de l'exemple ne peut plus être donnée, ces échafauds qui font autant de coupables qu'ils attirent de spectateurs.

Quel fatal sentiment que celui de la défiance ! et que les craintes qu'il inspire, les jugements qu'il fait porter sont à la fois misérables et funestes ! combien il écarte d'hommes distingués, combien il donne d'amis perfides ! Un esprit défiant est si naturellement borné, il suppose si peu de grandeur dans l'ame, qu'il ne s'attache jamais aux véritables dangers qui menacent la patrie. Un homme honnête, de quelque opinion qu'il soit, ne peut être l'objet du soupçon; ses moyens sont purs, sa force est calculée; il existe des principes dont il ne peut s'écarter; il a un caractère qu'il doit conserver; ce qu'il dit, il faut qu'il le soutienne : s'il manquait à sa parole, il serait plus nul, plus avili le lendemain que l'homme méprisé, qui, n'ayant pris aucun engagement, conserve toujours la seule espèce de puissance qu'il puisse avoir, les ressources de l'intrigue.

Comment se défier de l'esprit qui raisonne? il trace sa route, il montre son but. Un gouvernement fondé sur les principes peut-il craindre les armes de la pensée?

Enfin, un caractère distingué, une ame élevée, voilà ce qui met le comble aux inquiétudes des défiants, et voilà cependant les véritables républicains. Quel gouvernement est plus favorable à l'ascendant du talent qu'une république? Que faire du mérite personnel dans les routines de la monarchie? et quelle serait donc enfin la république qui n'appellerait pas à son secours, à son établissement, l'exaltation des plus hautes vertus?

Mais ce n'est pas contre les inquiétudes, contre toutes les défiances, que je parle dans ce moment. Il y a des craintes d'un ordre plus relevé, des craintes qui peuvent honorer celui qui les éprouve : craignez ce terrorisme, toujours prêt à renaître, parcequ'il a son point d'appui naturel et constant dans la dernière classe de la société ; opposez des armées victorieuses aux royalistes contre-révolutionnaires ; pensez aux mécontents, pour les apaiser par la réparation de toutes les injustices.

Qu'est-ce que ces précautions individuelles auprès d'une loi d'un intérêt général? Tel décret qui relève une classe d'hommes de la proscription, un autre du séquestre ; tel décret favorable à la baisse du prix du pain, qui assure la subsistance de tous par le respect de la propriété de chacun, est plus influent pour la république que ce détail de soupçons qui dégrade celui qui s'y livre : en persécutant un seul homme, on se crée tous ceux qui l'aiment pour ennemis.

Un gouvernement n'a qu'un examen à faire : c'est de chercher de quelle manière il peut se concilier le plus grand nombre d'intérêts particuliers; tout ce qui est au-delà de ce moyen est de la violence qui comprime, mais ne garantit point.

Il y a des gens qui voudraient gouverner ce pays un à un, connaître toutes les nuances des sentiments particuliers de chaque individu, pour lui permettre ou non d'exister ou de revenir en France; ils ne peuvent embrasser la conception d'un empire de vingt-quatre millions d'hommes; ils ne savent pas qu'il n'y a que les idées générales qui peuvent réunir une grande nation; qu'une seule exception à la justice ébranle la force d'un gouvernement qui, n'étant point guidé par la superstition des préjugés, s'offre de toutes parts au raisonnement, et ne peut se maintenir que par l'évidence de ce raisonnement même.

Il est en effet des objets de crainte; mais c'est le crime, la bassesse, la médiocrité même qui doivent faire trembler. Là où l'on peut découvrir un talent, une vertu, qu'on se rassure. La défiance enfin est un sentiment si stupide, qu'elle se place mal, même en qualité de défiance; et l'on pourrait donner, à celui qui soupçonne, bien des tourments nouveaux dont il ne se doute pas encore. Ce n'est pas l'homme qui dit ouvertement son opinion qu'il faut craindre, il s'est désigné; mais ce sont tous ceux qui gardent le silence sur les affaires publiques. Ce n'est pas l'homme marquant, quel qu'il soit, car toutes ses relations sont connues, et son intérêt est signalé; ce sont tous les hommes obscurs qui, n'ayant pris aucun engagement public, peuvent se donner au parti qu'ils choisiront. Ce ne sont pas seulement ceux qui s'opposent à la république, c'est le grand nombre de ses amis apparents.... Mais c'est assez de fantômes; jamais il n'exista de moment qui commandât plus impérieusement d'éloigner tous les principes de division; le pouvoir, l'attrait de la destruction est fini; il ne reste à se saisir que d'un sentiment universel, le besoin du repos.

La constitution républicaine étant ce qui est le plus près d'être, a les plus grands avantages pour s'établir : elle peut arriver sans efforts; elle n'a pas besoin de secousses; elle sera, si personne ne s'y oppose : la force d'inertie est pour elle : il faut seulement que le gouvernement tende vers le calme avec autant de soin qu'il en fallait pour créer une insurrection. Si l'on veut de la lutte, le sort de la liberté est encore incertain. Si l'on ne rouvre aucune blessure, si l'on est dévot au génie réparateur, si l'on avance sans renverser, la république se consolidera, presque à l'insu même de ceux qui ne la veulent pas; on ne peut trouver d'obstacles qu'en irritant les affections personnelles. Hors de la

Vendée, il n'y a pas en France de fanatisme pour la royauté ; les hommes ardents sont pour la république, et ce qu'elle a d'ennemis est dans la classe des hommes paisibles, qu'on ne pourrait animer que par le désespoir.

Il faut donc calmer et consoler ; cette idée simple est tout le secret de ce moment. Dans les partis même les plus exagérés, la fatigue du malheur a compté bien des ames. La constitution doit hériter de tous les hommes las des révolutions ; on doit les accueillir, et terminer tous les malheurs qu'il appartient encore aux hommes de réparer. Mais qui laisserait dans l'état le mieux organisé un grand nombre d'infortunés refermerait le volcan sans avoir su l'éteindre, bâtirait sans pouvoir fonder. Quand la défiance même finirait par avoir raison, c'est encore elle qui aurait amené le sujet de ses inquiétudes : la défiance excite une sorte de révolte dans ceux qui s'en voient l'objet ; elle divise, aigrit, exalte et crée un parti dont le mot de ralliement a été donné par les soupçons de l'adversaire, dont les troupes se sont réunies à l'idée d'un danger commun, et dont les premiers essais sur l'opinion publique ont été faits par l'ennemi même qui supposait l'existence d'un tel parti, et encourageait par-là ses alliés secrets à se montrer. S'il existe des anciens amis de la liberté qui se croient encore liés à soutenir la royauté, alors même que sa cause est détachée et des vertus personnelles de Louis XVI, et de la paix intérieure de la France ; s'il en est qui repoussent le nom de république par une superstition tout-à-fait incompatible avec leurs premiers efforts ; s'il en est qui recherchent un traité avec des ennemis plus éclairés qu'eux sur la nature et les effets de leurs opinions, avec des ennemis professant un système où l'on ne peut offrir à ses adversaires que le pardon, avec des ennemis dont les principes intolérants sur ce qu'ils appellent l'honneur ne permettent aux amis de la liberté d'autre transaction que la victoire, d'autre accord que la générosité : s'il en est de ces premiers défenseurs de la liberté assez dégradés pour servir de quelque manière la cause du despotisme, il faut les séparer de leur parti ; il faut être certain, avant tout, que le mépris de ce même parti les en isolera. On doit se garder, pour l'honneur de la république, d'appeler du nom de royalistes une foule d'hommes estimables qui se trompent peut-être dans quelques uns des moyens qu'ils admettent, des amis qu'ils accueillent, mais qui ne peuvent pas vouloir renverser la constitution qu'ils doivent accepter, préparer dans un autre sens une révolution aussi sanglante, bouleverser la France au signal de toutes les opinions nouvelles, et n'y laisser que des tombeaux pour monument de chaque époque.

Ici ma tâche est finie, et je puis me rendre le témoignage qu'un amour sincère pour la France, pour cette véritable patrie des ames passionnées, a seul inspiré cet écrit. Je m'attends aux nouvelles haines qu'une nouvelle action fait naître : on appellera démagogie les raisons données pour maintenir la république ; aristocratie, les principes qui combattent l'injustice. On doit supporter, on doit comprendre tous les égarements de ceux qui sont accablés sous le poids de tous les malheurs ; il faudrait s'honorer des attaques des hommes qui se croiraient insultés par la haine du crime et de l'oppression. Enfin, il y a peu de courage à s'exposer maintenant, même à des sentiments pénibles : quelle souffrance nouvelle peut-on éprouver ? quelle place du cœur est encore sans blessure ? quel ennemi pourrait faire autant de mal que l'amitié ? L'exil, la proscription, la mort, ont tout menacé, tout ravi : s'il fallait cesser d'espérer, que nous resterait-il à craindre ?

ESSAI SUR LES FICTIONS.

Il n'est point de faculté plus précieuse à l'homme que son imagination : la vie humaine semble si peu calculée pour le bonheur, que ce n'est qu'à l'aide de quelques créations, de quelques images, du choix heureux de nos souvenirs, qu'on peut rassembler des plaisirs épars sur la terre, et lutter, non par la force philosophique, mais par la puissance plus efficace des distractions, contre les peines de toutes les destinées. On a beaucoup parlé des dangers de l'imagination, et il est inutile de rechercher ce que l'impuissance de la médiocrité, ou la sévérité de la raison, ont répété à cet égard : les hommes ne renonceront point à être intéressés, et ceux qui possèdent le talent d'émouvoir renonceront encore moins au succès qu'il peut leur promettre. Le petit nombre des vérités nécessaires et évidentes ne suffira jamais à l'esprit ni au cœur de l'homme. La première gloire appartient, sans doute, à ceux qui découvrent de telles vérités : mais ils ont aussi travaillé utilement pour le genre humain, les auteurs de ces ouvrages qui produisent des émotions ou des illusions douces. La précision métaphysique, appliquée aux affections morales de l'homme, est tout-à-fait incompatible avec sa nature. Il n'y a sur cette terre que des commencements ; aucune limite n'est marquée: la vertu est positive ; mais le bonheur est dans le vague, et vouloir y porter un examen dont il n'est pas susceptible, c'est l'anéantir comme ces images brillantes formées par des vapeurs légères, qu'on fait disparaître en les traversant. Cependant, le seul avantage des fictions n'est pas le plaisir qu'elles procurent. Quand elles ne parlent qu'aux yeux, elles ne peuvent qu'amuser : mais elles ont une grande influence sur toutes les idées morales, lorsqu'elles émeuvent le cœur ; et ce talent est peut-être le moyen le plus puissant de diriger ou d'éclairer. Il n'y a dans l'homme que deux facultés distinctes, la raison et l'imagination ; toutes les autres, le sentiment même, n'en sont que des dépendances ou des composés. L'empire des fictions, comme celui de l'imagination, est donc très étendu ; elles s'aident des passions, loin de les avoir pour obstacles ; la philosophie doit être la puissance invisible qui dirige leurs effets : mais si elle se montrait la première, elle en détruirait le prestige.

Je vais donc, en parlant des fictions, les considérer tout à la fois sous le rapport de leur objet et de leur charme, parceque dans ce genre d'ouvrages l'agrément peut exister sans l'utilité, mais jamais l'utilité sans l'agrément. Les fictions sont envoyées pour séduire ; et plus le résultat auquel on voudrait qu'elles tendissent serait moral ou philosophique, plus il faudrait les parer de tout ce qui peut émouvoir, et conduire au but sans l'indiquer d'avance. Dans les fictions mythologiques, je ne considérerai que le talent du poëte ; sans doute elles devraient aussi être examinées sous le rapport de leur influence religieuse [1], mais ce point de vue est absolument étranger à mon sujet. Je vais parler des ouvrages des anciens selon l'impression qu'ils produisent de nos jours, et c'est de leur talent littéraire, et non de leurs dogmes religieux, que je dois m'occuper.

Les fictions peuvent être divisées en trois classes : 1° les fictions merveilleuses et allégoriques ; 2° les fictions historiques ;

---

[1] J'ai lu quelques chapitres d'un livre intitulé *De l'Esprit des Religions*, par M. Benjamin Constant, où tout ce qui peut être découvert de plus ingénieux dans l'aperçu de cette question est développé ; les lettres et la philosophie doivent exiger de son auteur de finir un si grand travail, et de le publier.

3° les fictions où tout est à la fois inventé et imité, où rien n'est vrai, mais où tout est vraisemblable.

Ce sujet exigerait un traité fort étendu; il comprendrait la plupart des ouvrages littéraires : il attirerait à lui presque toutes les pensées, parceque le développement complet d'une idée appartient à l'enchaînement de toutes : mais j'ai voulu seulement prouver que les romans qui prendraient la vie telle qu'elle est, avec finesse, éloquence, profondeur et moralité, seraient les plus utiles de tous les genres de fictions, et j'ai éloigné de cet essai tout ce qui n'avait point de rapport à ce but.

§ I.

La fiction merveilleuse cause un plaisir très promptement épuisé; il faut que les hommes se fassent enfants pour aimer ces tableaux hors de la nature, pour se laisser émouvoir par les sentiments de terreur ou de curiosité dont le vrai n'est pas l'origine; il faut que les philosophes se fassent peuple, pour vouloir saisir des pensées utiles à travers le voile de l'allégorie. La mythologie des anciens ne contient quelquefois que de simples fables, telles que la crédulité, le temps et les prêtres en ont transmises à toutes les religions idolâtres; mais on peut le plus souvent la considérer comme une suite d'allégories; ce sont des passions, des talents ou des vertus personnifiées. Il y a sans doute un premier bonheur dans le choix de ces fictions, un éclat d'imagination qui doit assurer une véritable gloire à leurs inventeurs; ils ont figuré le style, et créé une langue qui, rappelant toujours des idées uniquement consacrées à la poésie, préserve de la vulgarité qu'entraînerait l'emploi continuel des expressions usées par l'habitude : mais des ouvrages qui ajouteraient à ces fictions reçues n'auraient aucun genre d'utilité. Il faut un talent bien supérieur pour tirer de grands effets de la nature seule; il y a des phénomènes, des métamorphoses, des miracles dans les passions des hommes, et cette mythologie inépuisable ouvre les cieux, creuse aussi des enfers sous les pas de ceux qui savent l'animer; les fictions merveilleuses ont toujours refroidi les sentiments auxquels on les a associées. Quand on ne veut que des images qui puissent plaire, il est permis d'éblouir de mille manières différentes. On a dit que les yeux étaient toujours enfants; c'est à l'imagination que ce mot s'applique : s'amuser est tout ce qu'elle exige; son objet est dans son moyen; elle sert à tromper la vie, à dérober le temps ; elle peut donner au jour les rêves de la nuit ; son activité légère tient lieu du repos, en suspendant de même tout ce qui émeut et tout ce qui occupe : mais lorsque l'on veut faire servir les plaisirs de cette même imagination à un but moral et suivi, il faut à la fois plus de conséquence et plus de simplicité dans le plan. Cette alliance des héros et des dieux, des passions des hommes et des décrets du destin, nuit même à l'impression des poëmes de Virgile et d'Homère. A peine l'inventeur peut-il obtenir grace pour un genre dont l'invention est la première gloire. Lorsque Didon aime Énée, parcequ'elle a serré dans ses bras l'Amour que Vénus avait caché sous les traits d'Ascagne, on regrette le talent qui aurait expliqué la naissance de cette passion par la seule peinture des mouvements du cœur. Quand les dieux commandent et la colère, et la douleur, et les victoires d'Achille, l'admiration ne s'arrête ni sur Jupiter, ni sur le héros ; l'un est un être abstrait, l'autre un homme asservi par le destin ; la toute-puissance du caractère échappe à travers le merveilleux qui l'environne. Il y a aussi dans ce merveilleux, tour à tour, quelque chose de certain et quelque chose d'inattendu, qui ôte tous les plaisirs attachés à craindre ou à prévoir d'après ses propres sentiments. Lorsque Priam va demander à Achille le corps d'Hector, je voudrais redouter les dangers que son amour paternel lui fait braver ; trembler en le voyant entrer dans la tente du terrible Achille ; rester ainsi suspendue à toutes les paroles de ce père infortuné, et recevoir à la fois, par son éloquence, l'impression des sentiments qu'elle exprime, et le présage des événements qu'elle va décider : mais je sais que Mercure conduit Priam à travers le camp des Grecs ; que Thétis, par l'ordre de Jupiter, a commandé à son fils de rendre le corps d'Hector ; je n'ai plus de doute sur l'issue de la démarche de Priam ; mon ame n'est plus attentive, et, sans le nom du divin Homère, je ne lirais pas un discours qui succède à la situation, au lieu de l'amener. J'ai dit qu'il y avait aussi quelque chose d'inattendu dans le merveilleux, qui, par un effet absolument contraire à celui de la trop grande certitude de l'avenir, ôtait de même le plaisir de prévoir ; c'est lorsque les dieux déjouent les mesures les mieux combinées, prêtent à leurs protégés un irrésistible appui contre les forces les plus puissantes, et ne permettent point que les événements soient en rapport avec ce qu'on doit attendre des hommes. Sans doute les dieux ne prennent là que la place du sort ; c'est le hasard personnifié : mais dans les fictions, il vaut mieux écarter son influence; tout ce qui est inventé doit être vraisemblable : il faut qu'on puisse expliquer tout ce qui étonne par un enchaînement de causes morales ; c'est donner d'abord à ces sortes d'ouvrages un résultat plus philosophique ; c'est présenter ensuite au talent une plus grande tâche, car les situations imaginées ou réelles, dont on ne se tire que par un coup du destin, sont toujours mal calculées. J'aime enfin qu'en s'adressant à l'homme, on tire tous les grands effets du caractère de l'homme; c'est là qu'est la source inépuisable dont le talent doit faire sortir les émotions profondes ou terribles; et les enfers du Dante ont été moins avant que les crimes sanguinaires dont nous venons d'être les témoins. Ce qu'il y a de vraiment sublime dans les poëmes épiques les plus remarquables par le merveilleux de leurs fictions, ce sont les beautés tout à fait indépendantes de ce merveilleux. Ce qu'on admire dans le Satan de Milton, c'est un homme; ce qui reste d'Achille, c'est son caractère; ce qu'on veut oublier dans la passion de Renaud pour Armide, c'est la magie qui se mêle aux attraits qui l'ont fait naître; ce qui frappe dans l'Énéide, ce sont les sentiments qui appartiennent, dans tous les temps, à tous les cœurs; et nos poëtes tragiques, en prenant des sujets dans les auteurs anciens, les ont presque entièrement séparés de la machine merveilleuse que l'on trouve à côté de toutes les beautés qui distinguent l'antiquité.

Les romans de chevalerie font encore plus sentir les inconvénients du merveilleux : non seulement il influe sur l'intérêt de leurs événements, comme je viens de le montrer, mais il se mêle au développement même des caractères et des sentiments. Les héros sont gigantesques, les passions hors de la vérité; et cette nature morale imaginaire a beaucoup plus d'inconvénients encore que les prodiges de la mythologie et de la féerie : le faux y est plus intimement uni au vrai, et l'imagination s'y exerce beaucoup moins; car il ne s'agit pas alors d'inventer, mais d'exagérer ce qui existe, et d'ajouter à ce qui est beau dans la réalité une sorte de charge qui ridiculiserait la valeur et la vertu, si les historiens et les moralistes ne rétablissaient pas la vérité. Cependant il faut, dans le jugement des choses humaines, exclure toutes les idées absolues : je suis donc bien loin de ne pas admirer le génie créateur de ces fictions poétiques sur lesquelles l'esprit vit depuis si long-temps, et qui ont servi à tant de comparaisons heureuses et brillantes. Mais on peut desirer que le talent à naître suive une autre route, et je voudrais restreindre, ou plutôt élever à la seule imitation du vrai, les imaginations fortes auxquelles des fantômes peuvent malheureusement s'offrir aussi souvent que des tableaux. C'est pour les ouvrages où la gaieté domine, qu'on pourrait regretter ces fictions ingénieuses dont l'Arioste a su faire un si charmant usage : mais d'abord, dans cet heureux hasard qui produit le charme de la plaisanterie, il n'y a point de règle, il n'y a point d'objet; l'impression n'en peut être analysée; la réflexion n'a rien à en recueillir. Il y a, dans ce qui est vrai, si peu de raisons de gaieté, qu'en effet, dans les ouvrages qui veulent la faire naître, le merveilleux est quelquefois nécessaire. La nature et la pensée sont inépuisables pour le sentiment et la méditation; mais la plaisanterie est un bonheur d'expression ou d'aperçus, dont il est impossible de calculer le retour; chaque idée qui fait rire pourrait être la dernière que l'on découvrira jamais : il n'y a pas de route qui mène à ce genre; il n'y a point de source où l'on soit certain d'en puiser les succès : on sait que l'effet existe, puisqu'il se renouvelle sans cesse; mais on n'en connaît ni la cause, ni les moyens : le don de plaisanter appartient beaucoup plus réellement à l'inspiration, que l'enthousiasme même le plus exalté : cette gaieté dans les compositions littéraires, qui ne naît point d'un sentiment de bonheur; cette gaieté dont le lecteur jouit bien plus que l'écrivain, est un talent auquel on parvient tout-à-coup, que l'on perd sans degrés, et qui peut être dirigé, mais jamais suppléé par aucune autre faculté de l'esprit le plus supérieur. Si j'ai reconnu que le merveilleux est souvent analogue aux ouvrages qui ne sont que gais, c'est parcequ'ils ne peignent jamais complétement la nature. Jamais une passion, une destinée, une vérité, ne peuvent être gaies; et c'est seulement de quelques nuances passagères de toutes ces idées positives que peuvent sortir des contrastes risibles.

Il existe un genre fort au-dessus de celui que je viens de décrire, quoiqu'il doive aussi produire des situations plaisantes : c'est le talent comique; et celui-là, tirant sa force des caractères et des passions qui sont dans la nature, serait, de même que tous les ouvrages sérieux, entièrement altéré et affaibli par l'emploi du merveilleux. S'il se mêlait aux caractères de Gil Blas, du Tartuffe, du Misanthrope, notre esprit serait bien moins séduit et moins frappé par ces chefs-d'œuvre.

L'imitation du vrai produit toujours de plus grands effets que les moyens surnaturels. Sans doute, la haute métaphysique permet de supposer qu'il y a, dans les objets au-dessus de notre intelligence, des pensées, des vérités, des êtres bien supérieurs aux connaissances humaines; mais comme nous n'avons aucune idée de ces régions abstraites, notre merveilleux ne peut s'en rapprocher, et reste même au-dessous de la réalité que nous connaissons. D'ailleurs, nous ne pouvons rien concevoir que d'après la nature des choses et des hommes ; ce que nous appelons nos créations, n'est donc jamais qu'un assemblage incohérent des idées que nous tirons de cette même nature dont nous voulons nous écarter. C'est dans le vrai qu'est l'empreinte divine : l'on attache le mot d'invention au génie, et ce n'est cependant qu'en retraçant, en réunissant, en découvrant ce qui est, qu'il a mérité la gloire de créateur.

Il est une autre sorte de fictions dont l'effet me paraît encore inférieur à celui du merveilleux; ce sont les allégories. Il me semble qu'elles affaiblissent la pensée, comme le merveilleux altère le tableau de la passion. Sous la forme de l'apologue, les allégories ont pu quelquefois servir à rendre populaires les vérités utiles; mais cet exemple même est une preuve qu'en donnant cette forme à la pensée, on croit la faire descendre pour la mettre à portée du commun des hommes; c'est une faiblesse d'esprit dans le lecteur, que le besoin des images pour comprendre les idées; la pensée qui pourrait être rendue parfaitement sensible de cette manière manquerait toujours, à un certain degré, d'abstraction ou de finesse. L'abstraction est par-delà toutes les images ; elle a une sorte de précision géométrique qui ne permet pas de l'exprimer autrement que dans ses termes positifs. La parfaite finesse de l'esprit échappe à toutes les allégories ; les nuances des tableaux ne sont jamais aussi délicates que les aperçus métaphysiques ; et ce qu'on peut mettre en relief ne sera jamais ce qu'il y a de plus ingénieusement subtil dans la pensée. Mais indépendamment du tort que font les allégories aux idées qu'elles veulent exprimer, c'est presque toujours un genre d'ouvrage sans aucune espèce d'agrément. Il a un double but, celui de faire ressortir une vérité morale, et d'attacher par le récit de la fable qui en est l'emblème ; presque toujours l'un est manqué par le besoin d'atteindre l'autre ; l'idée abstraite est vaguement représentée, et le tableau n'a point d'effet dramatique. C'est une fiction dans la fiction, dont les événements ne peuvent point intéresser, puisqu'ils ne sont là que pour figurer des résultats philosophiques, et dont l'intelligence fatigue bien plus que ne le ferait l'expression purement métaphysique. Il faut distraire dans l'allégorie ce qui est abstrait de ce qui appartient à l'image, découvrir les idées sous le nom des personnages qui les représentent, et commencer par deviner l'énigme avant de comprendre la pensée. Quand on veut expliquer ce qui donne de la monotonie au charmant poëme de Télémaque, on trouve que c'est le personnage de Mentor, qui, tout à la fois merveilleux et allégorique, a les inconvénients des deux genres. Comme merveilleux, il ôte toute inquiétude sur le sort de Télémaque, par la certitude que l'on acquiert qu'il triomphera de tous les périls par le secours de la déesse; comme allégorique, il détruit tout l'effet des passions qui dépend de leurs combats intérieurs. Les deux pouvoirs que les moralistes distinguent dans le cœur de l'homme, sont deux personnages dans le poëme de Fénelon; le caractère de Mentor est sans passion, celui de Télémaque sans empire sur lui-même. L'homme est entre deux, et l'intérêt ne sait à quel objet s'attacher. Ces allégories piquantes, où, comme dans Thélème et Macare, la Volonté voyage pour rencontrer le Bonheur; ces allégories prolongées, où, comme dans la Reine des Fées de Spencer, chaque chant est le récit du combat d'un chevalier qui représente une vertu contre un vice son adversaire, ne peuvent être intéressantes, quel que soit le talent qui les embellisse. On arrive à la fin tellement fatigué de la partie romanesque de l'allégorie, qu'on n'a plus la force d'en comprendre le sens philosophique.

Les fables, où l'on fait parler les animaux, ont servi d'abord comme un apologue dont le peuple saisissait plus facilement le sens; on en a fait ensuite un genre d'ouvrage littéraire dans lequel beaucoup d'écrivains se sont exercés. Il a existé un homme qui devait être unique dans cette carrière, parceque son naturel était si parfait qu'il ne pouvait ni se rencontrer deux fois, ni s'imiter une seule; un homme qui fait parler les animaux comme s'ils étaient une espèce d'être pensants, avant le règne de tous les préjugés et de toutes les affectations. Le talent même de La Fontaine écarte de ses écrits l'idée d'allégorie, en personnifiant le caractère de l'espèce qu'il peint selon les convenances qui lui sont propres; le comique de ses fables ressort, non de leurs allusions, mais du tableau réel des mœurs des animaux qu'il met en scène.

Ce succès avait nécessairement ses bornes, et toutes les autres fables qu'on a composées dans diverses langues, rentrant dans l'allégorie, partagent aussi ses inconvénients.

Les allégories ont été fort en usage parmi les Orientaux. Le despotisme de leurs gouvernements en est sans doute la première cause. On a eu besoin de dire la vérité sous un voile qui permît aux sujets d'entendre ce qui échapperait à la pénétration du maître; lorsqu'on a même osé vouloir que cette vérité parvînt jusqu'au trône, on a pensé qu'en l'alliant à des emblèmes tirés des lois de la nature physique, on la séparait de l'influence et de l'opinion des hommes, qui devait être toujours censée dépendre de la volonté du sultan; et quand cette même vérité a été présentée sous la forme d'un conte, le résultat moral n'étant point prononcé par l'auteur, il s'est flatté que si le sultan apercevait ce résultat, il lui ferait grace, comme à une découverte de sa propre intelligence. Mais toutes ces ressources, auxquelles le despotisme condamne, doivent être bannies avec son empire; et dès qu'il est prouvé qu'elles ne sont plus nécessaires, elles perdent tout leur intérêt.

Les ouvrages d'allusions sont aussi une sorte de fiction, dont le mérite n'est bien senti que par les contemporains. La postérité juge ces écrits à part du mérite d'action qu'ils pouvaient avoir à une autre époque, et de la connaissance des difficultés que les auteurs avaient à vaincre. Dès que le talent s'est exercé d'une manière relative, il perd son éclat avec les circonstances qui le faisaient ressortir. Le poëme d'Hudibras, par exemple, est peut-être un de ceux dans lesquels on trouve le plus de ce qu'on appelle de l'esprit: mais comme il faut rechercher ce que l'auteur a voulu dire dans ce qu'il dit, que des notes sans nombre sont nécessaires pour comprendre ses plaisanteries, et qu'avant de rire ou d'être intéressé il faut une instruction préalable, le mérite de ce poëme n'est plus généralement senti. Un ouvrage philosophique peut exiger des recherches pour être entendu : mais une fiction, quelle qu'elle soit, ne produit un effet absolu que quand elle contient en elle seule ce qui importe pour que tous les lecteurs, dans tous les moments, en reçoivent une impression complète. Plus les actions sont adaptées aux circonstances présentes, plus elles sont utiles, et plus par conséquent leur gloire est immortelle; mais les écrits au contraire ne s'agrandissent qu'en se détachant des événements présents, pour s'élever à l'immuable nature des choses ; et tout ce que les écrivains font pour le jour est, selon l'expression de Massillon, *temps perdu pour l'éternité.*

Les comparaisons, qui, jusqu'à un certain point, dérivent de l'allégorie, étant moins prolongées, distraient moins l'attention ; et, presque toujours précédées par la pensée même, elles n'en sont qu'un nouveau développement : mais il est rare encore qu'un sentiment ou une idée soient dans toute leur force, quand on peut les exprimer par une image. Le *Qu'il mourût!* d'Horace n'en eût pas été susceptible ; et en lisant le chapitre de Montesquieu où, pour donner l'idée du despotisme, il le compare à l'action des sauvages de la Louisiane, on oserait souhaiter à la place de cette image une pensée de Tacite ou de l'auteur lui-même, qui tant de fois a surpassé les meilleurs écrivains de l'antiquité. Il serait trop austère, sans doute, de repousser toutes ces parures, dont l'esprit a souvent besoin pour se reposer de la conception des idées nouvelles, ou pour varier celles qui sont déjà connues ; les images, les tableaux, sont le charme de la poésie et de tout ce qui lui ressemble ; mais ce qui appartient à la réflexion acquiert une plus grande puissance, une intensité plus concentrée, lorsque l'expression de la pensée ne tire sa force que d'elle-même.

Il faut maintenant, comme dans les fictions merveilleuses, parler des allégories qui n'ont pour but que de mêler la plaisanterie aux idées philosophiques, telles que le conte du Tonneau par Swift, Gulliver, Micromégas, etc. Je pourrais répéter, de ce genre, ce que j'ai dit de l'autre : si l'on a fait rire, le but est rempli. Mais il en est un plus relevé cependant dans ces sortes d'ouvrages : c'est de faire ressortir l'objet philosophique, et l'on n'y parvient que très imparfaitement. Quand l'allégorie est amusante en elle-même, la plupart des hommes retiennent plutôt sa fable que son résultat ; et Gulliver a plus attaché comme conte, qu'instruit comme morale. L'allégorie marche toujours entre deux écueils : si son but est trop marqué, il fatigue ; si on le cache, il s'oublie ; et si l'on essaie de partager l'attention, l'on n'excite plus d'intérêt.

§ II.

J'ai dit que je parlerais, dans cette seconde partie, des fictions historiques c'est-à-dire, des inventions unies à un fond de vérité. Les poëmes dont le sujet est tiré de l'histoire, les tragédies, ne peuvent se passer de ce secours. Quand il faut faire naître et resserrer tous les sentiments dans l'espace de vingt-quatre heures et de cinq actes, ou bien soutenir son héros à la hauteur de la poésie épique, aucun homme, aucune histoire n'offre un modèle complet pour ce genre ; mais l'invention qu'il rend nécessaire ne ressemble en rien au merveilleux : ce n'est point une autre nature, c'est un choix dans celle qui existe ; c'est le travail d'Apelle qui rassemblait les charmes épars pour en composer la beauté. En accordant au langage de la poésie ce qui la caractérise, tous les mouvements du cœur servent à juger les belles situations, les grands caractères épiques ou dramatiques ; ils sont empruntés à l'histoire, non pour les défigurer, mais pour les séparer de ce qu'ils avaient de mortel, et consacrer ainsi leur apothéose. Rien n'est hors de la nature dans cette fiction ; la même marche, les mêmes proportions y sont observées ; et si un homme créé pour la gloire écoutait des chefs-d'œuvre tels que la Henriade, Gengiskan, Mithridate, ou Tancrède, il admirerait sans s'étonner, il jouirait sans penser à l'auteur, sans se douter de la création qu'on doit au talent dans les tableaux de l'héroïsme.

Mais il est une autre sorte de fictions historiques dont je souhaiterais que le genre fût banni ; ce sont les romans entés sur l'histoire, tels que les Anecdotes de la cour de Philippe-Auguste, et plusieurs autres encore. L'on pourrait trouver ces romans jolis, en les séparant des noms propres ; mais ces récits se placent entre l'histoire et vous, pour vous présenter des détails dont l'invention, par cela même qu'elle imite le cours ordinaire de la vie, se confond tellement avec le vrai, qu'il devient très difficile de l'en séparer.

Ce genre détruit la moralité de l'histoire, en surchargeant les actions d'une quantité de motifs qui n'ont jamais existé ; et n'atteint point à la moralité du roman, parceque, obligé de se conformer à un canevas vrai, le plan n'est point concerté avec la liberté et la suite dont un ouvrage de pure invention est susceptible. L'intérêt que doivent ajouter aux romans les noms déjà célèbres dans l'histoire appartient aux avantages de l'allusion, et j'ai déja essayé de prouver qu'une fiction qui s'aide de souvenirs au lieu de développements, n'est jamais parfaite en elle-même : mais d'ailleurs, il est dangereux d'altérer ainsi la vérité. On ne peint dans ces sortes de romans que les intrigues galantes ; car les autres événements de l'époque qu'on choisit ont tous été racontés par l'historien : on veut alors les expliquer par l'influence de l'amour, afin d'agrandir le sujet de son roman, et l'on présente ainsi le tableau le plus faux de la vie humaine. On affaiblit, par cette fiction, l'effet que doit produire l'histoire même, dont on a emprunté la première idée, comme une mauvaise copie d'un tableau peut nuire à l'impression de l'original, qu'elle rappelle imparfaitement par quelques traits.

§ III.

La troisième et dernière partie de cet essai doit traiter de l'utilité des fictions que j'ai appelées naturelles, où tout est à la fois inventé et imité, où rien n'est vrai, mais où tout est vraisemblable. Les tragédies dont le sujet est tout entier d'imagination, ne seront point cependant comprises dans cette division ; elles peignent une nature relevée, un rang, une situation extraordinaire. La vraisemblance de ces pièces dépend d'événements très rares, et dont la morale ne peut s'appliquer qu'à un très petit nombre d'hommes. Les drames, les comédies, tiennent au théâtre le même rang que les romans parmi les autres ouvrages de fiction ; c'est aussi de la vie privée et des circonstances naturelles que les sujets en sont tirés ; mais les convenances théâtrales nous privent des développements qui particularisent les exemples et les réflexions. On a permis dans les drames de choisir ses personnages ailleurs que parmi les rois et les héros : mais on ne peut peindre que des situations fortes, parceque l'on n'a pas le temps de les nuancer ; et la vie n'est pas resserrée, n'est pas en contraste, n'est pas théâtrale enfin comme il le faut pour composer une pièce. L'art dramatique a d'autres effets, d'autres avantages, d'autres moyens qui pourraient être aussi l'objet d'un traité particulier : mais cette utilité constante et détaillée qu'on peut retirer de la peinture de nos sentiments habituels, le genre seul des romans modernes me paraît y pouvoir atteindre. On a fait une classe à part de ce qu'on appelle les romans philosophiques ; tous doivent l'être, car tous doivent avoir un but moral : mais peut être y amène-t-on moins sûrement, lorsque, dirigeant tous les récits vers une idée principale, l'on se dispense même de la vraisemblance dans l'enchaînement des situations ; chaque chapitre alors est une sorte d'allégorie, dont les événements ne sont jamais que l'image de la maxime qui va suivre. Les romans de Candide, de Zadig, de Memnon, si charmants à d'autres titres, seraient d'une utilité plus générale, si d'abord ils n'étaient point merveilleux, s'ils offraient un exemple plutôt qu'un emblème, et si, comme je l'ai déja dit, toute l'histoire ne se rapportait pas forcément au même but. Ces romans ont alors un peu l'inconvénient des instituteurs, que les enfants ne croient point, parcequ'ils ramènent tout ce qui arrive à la leçon qu'ils veulent donner; et que les enfants, sans pouvoir s'en rendre compte, savent déja qu'il y a moins de régularité dans la véritable marche des événements. Mais dans les romans tels que ceux de Richardson et de Fielding, où l'on s'est proposé de côtoyer la vie en suivant exactement les gradations, les développements, les inconséquences de l'histoire des hommes, et le retour constant néanmoins du résultat de l'expérience à la moralité des actions et aux avantages de la vertu, les événements sont inventés ; mais les sentiments sont tellement dans la nature, que le lecteur croit souvent qu'on s'adresse à lui avec le simple égard de changer les noms propres.

L'art d'écrire des romans n'a point la réputation qu'il mérite, parcequ'une foule de mauvais auteurs nous ont accablés de leurs fades productions dans ce genre, où la perfection exige le génie le plus relevé, mais où la médiocrité est à la portée de tout le monde. Cette innombrable quantité de fades romans a presque usé la passion même qu'ils ont peinte; et l'on a peur de retrouver dans sa propre histoire le moindre rapport avec les situations qu'ils décrivent. Il ne fallait pas moins que l'autorité des grands maîtres pour relever le genre, malgré les écrivains qui l'ont dégradé. D'autres auteurs l'ont encore plus avili, en y mêlant les tableaux dégoûtants du vice; et tandis que le premier avantage des fictions est de rassembler autour de l'homme tout ce qui, dans la nature, peut lui servir de leçon ou de modèle, on a imaginé qu'on tirerait une utilité quelconque des peintures odieuses des mauvaises mœurs : comme si elles pouvaient jamais laisser le cœur qui les repousse dans une situation aussi pure que le cœur qui les aurait toujours ignorées. Mais un roman tel qu'on peut le concevoir, tel que nous en avons quelques modèles, est une des plus belles productions de l'esprit humain, une des plus influentes sur la morale des individus, qui doit former ensuite les mœurs publiques. Une raison motivée diminue cependant dans l'opinion générale l'estime qu'on devrait accorder au talent nécessaire pour écrire de bons romans : c'est qu'on les regarde comme uniquement consacrés à peindre l'amour, la plus violente, la plus universelle, la plus vraie de toutes les passions, mais celle qui, n'exerçant son influence que sur la jeunesse, n'inspire plus d'intérêt dans les autres époques de la vie. Sans doute on peut penser que tous les sentiments profonds et tendres sont de la nature de l'amour, qu'il n'y a point d'enthousiasme dans l'amitié, de dévouement au malheur, de culte envers ses parents, de passion pour ses enfants dans les cœurs qui n'ont pas connu ou pardonné l'amour. Il peut exister du respect pour ses devoirs, mais jamais de charme, jamais d'abandon dans leur accomplissement, quand on n'a pas aimé de toutes les puissances de l'ame, quand une fois l'on n'a pas cessé d'être soi pour vivre tout entier dans un autre. La destinée des femmes, le bonheur des hommes qui ne sont pas appelés à gouverner les empires, dépend souvent, pour le reste de leur vie, de la part qu'ils ont donnée dans leur jeunesse à l'ascendant de l'amour : mais ils oublient complétement à un certain âge l'impression qu'ils en ont reçue; ils prennent un autre caractère; ils sont entièrement livrés à d'autres objets, à d'autres passions; et c'est à ces nouveaux intérêts qu'il faudrait étendre les sujets des romans. Une carrière nouvelle s'ouvrirait alors, ce me semble, aux auteurs qui possèdent le talent de peindre, et savent attacher par la connaissance intime de tous les mouvements du cœur humain. L'ambition, l'orgueil, l'avarice, la vanité, pourraient être l'objet principal de romans dont les incidents seraient plus neufs et les situations aussi variées que celles qui naissent de l'amour. Dira-t-on que ce tableau des passions des hommes existe dans l'histoire, et que c'est là qu'il vaut bien mieux l'aller chercher? Mais l'histoire n'atteint point à la vie des hommes privés, aux sentiments, aux caractères dont il n'est point résulté d'événements publics; l'histoire n'agit point vous par un intérêt moral et soutenu; le vrai est souvent incomplet dans ces effets : d'ailleurs, les développements, qui seuls laissent des impressions profondes, arrêteraient la marche rapide et nécessaire de la narration, et donneraient une forme dramatique à un ouvrage qui doit avoir un tout autre genre de mérite. La morale de l'histoire enfin ne saurait être parfaitement évidente, soit que l'on ne puisse pas constamment montrer avec certitude les sentiments intérieurs qui ont puni les méchants au milieu de leurs prospérités, et récompensé les ames vertueuses au sein de leur infortune, soit que le destin de l'homme ne s'achève point dans cette vie. La morale pratique, fondée sur les avantages de la vertu, ne ressort pas toujours de la lecture de l'histoire.

Les grands historiens, et surtout Tacite, essaient certainement d'attacher de la moralité à tous les événements qu'ils racontent; de faire envier Germanicus mourant, et détester Tibère au faîte de la grandeur : mais cependant ils ne peuvent peindre que les sentiments attestés par des faits ; et ce qui reste de la lecture de l'histoire, c'est plutôt l'ascendant du talent, l'éclat de la gloire, les avantages de la puissance, que la morale tranquille, délicate et douce dont dépendent le bonheur des individus et leurs relations entre eux. On me convaincrait d'absurdité, si l'on disait que je ne fais aucun cas de l'histoire, et que je lui préfère les fictions ; comme si ce n'était pas dans l'expérience que se puisent les inventions mêmes, et comme si les nuances fines que peuvent faire ressortir les romans ne dérivaient pas toutes des résultats philosophiques, des idées mères que présente le grand tableau des événements publics. Cette moralité, toutefois, ne peut exister qu'en masse ; c'est par le retour d'un certain nombre de chances que l'histoire donne les mêmes résultats ; ce n'est point aux individus, mais aux peuples, que ces leçons sont constamment applicables. Les exemples qu'elle offre conviennent toujours aux nations, parcequ'ils sont invariables, considérés sous des rapports généraux : mais les exceptions n'y sont point motivées. Ces exceptions peuvent séduire chaque homme en particulier, et les circonstances marquantes que l'histoire consacre laissent d'immenses intervalles où peuvent se placer les malheurs et les torts dont se composent cependant la plupart des destinées privées. Les romans, au contraire, peuvent peindre les caractères et les sentiments avec tant de force et de détails, qu'il n'est point de lecture qui doive produire une impression aussi profonde de haine pour le vice, et d'amour pour la vertu. La moralité des romans tient plutôt au développement des mouvements intérieurs de l'ame, qu'aux événements qu'on y raconte : ce n'est pas la circonstance arbitraire que l'auteur invente pour punir le crime, dont on peut tirer une utile leçon ; mais c'est de la vérité des tableaux, de la gradation ou de l'enchaînement des fautes, de l'enthousiasme pour les sacrifices, de l'intérêt pour le malheur, qu'il reste des traces ineffaçables. Tout est si vraisemblable dans de tels romans, qu'on se persuade aisément que tout peut arriver ainsi ; ce n'est pas l'histoire du passé, mais on dirait souvent que c'est celle de l'avenir. L'on a prétendu que les romans donnaient une fausse idée de l'homme ; cela est vrai de tous ceux qui sont mauvais, comme des tableaux qui imitent mal la nature : mais lorsqu'ils sont bons, rien ne donne une connaissance aussi intime du cœur humain que ces peintures de toutes les circonstances de la vie privée, et des impressions qu'elles font naître; rien n'exerce autant la réflexion, qui trouve bien plus à découvrir dans les détails que dans les idées générales. Les mémoires atteindraient à ce but, si, de même que dans l'histoire, les hommes célèbres, les événements publics, n'en étaient pas seuls le sujet. Les romans seraient inutiles, si la plupart des hommes avaient assez d'esprit et de bonne foi pour rendre un compte fidèle et caractérisé de ce qu'ils ont éprouvé dans le cours de la vie : néanmoins, ces récits sincères ne réuniraient pas tous les avantages des romans; il faudrait ajouter à la vérité une sorte d'effet dramatique qui ne la dénature point, mais la fait ressortir en la resserrant : c'est un art du peintre, qui, loin d'altérer les objets, les représente d'une manière plus sensible. La nature peut souvent les montrer sur le même plan, les séparer de leurs contrastes; mais c'est en la copiant trop servilement qu'on ne parviendrait point à la rendre. Le récit le plus exact est toujours une vérité d'imitation ; comme tableau, il exige une harmonie qui lui soit propre. Une histoire vraie, mais remarquable par les nuances, les sentiments et les caractères, ne pourrait intéresser sans le secours du talent nécessaire pour composer une fiction; mais, en admirant ainsi le génie qui fait pénétrer dans les replis du cœur humain, il est impossible de supporter ces détails minutieux dont sont accablés les romans, même les plus célèbres. L'auteur croit qu'ils ajoutent à la vraisemblance du tableau, et ne voit pas que tout ce qui ralentit l'intérêt détruit la seule vérité d'une fiction, l'impression qu'elle produit. Si l'on représentait sur la scène tout ce qui se passe dans une chambre, l'illusion théâtrale serait absolument détruite. Les romans ont aussi les convenances dramatiques ; il n'y a de nécessaire dans l'invention que ce qui peut ajouter à l'effet de ce qu'on invente. Si un regard, un mouvement, une circonstance inaperçue sert à peindre un caractère, à développer un sentiment, plus le moyen est simple, plus il y a de mérite à le saisir : mais le détail scrupuleux d'un événement ordinaire, loin d'accroître la vraisemblance, la diminue. Ramené à l'idée positive du vrai par des détails qui n'appartiennent qu'à lui, vous sortez de l'illusion, et vous êtes bientôt fatigué de ne trouver ni l'instruction de l'histoire, ni l'intérêt du roman.

Le don d'émouvoir est la grande puissance des fictions; on peut rendre sensibles presque toutes les vérités morales, en les mettant en action. La vertu a une telle influence sur le bonheur ou le malheur de l'homme, qu'on peut faire dépendre d'elle la plupart des situations de la vie. Il y a des philosophes austères qui condamnent toutes les émotions, et veulent que l'empire de la morale s'exerce par le seul énoncé de ses devoirs : mais rien n'est moins adapté à la nature de l'homme en général qu'une telle opinion; il faut animer la vertu, pour qu'elle combatte avec avantage contre les passions ; il faut faire naître une sorte d'exaltation, pour trouver du charme dans les sacrifices ; il faut enfin parer le malheur, pour qu'on le préfère à tous les prestiges des séductions coupables ; et les fictions touchantes qui exercent l'ame à toutes les passions généreuses lui en donnent l'habitude, et lui font prendre à son insu un engagement avec elle-même, qu'elle aurait honte de rétracter, si une situation semblable lui devenait personnelle. Mais plus le don d'émouvoir a de puissance réelle, plus il importe d'en étendre l'influence aux passions de tous les âges, aux devoirs de toutes les situations. L'amour est l'objet principal des romans, et les caractères qui lui sont étrangers n'y sont placés que comme des accessoires. En suivant un autre plan, on découvrirait une multitude de sujets nouveaux. Tom Jones est, de tous les ouvrages de ce genre, celui dont la morale est la plus générale; l'amour n'est présenté dans ce roman que comme l'un des moyens de faire ressortir le résultat philosophique. Démontrer l'incertitude des jugements fondés sur les apparences, prouver la supériorité des qualités naturelles, et, pour ainsi dire, involontaires, sur ces réputations qui n'ont pour base que le respect des convenances extérieures, tel est le véritable objet de Tom Jones, et c'est un des romans les plus utiles et le plus justement célèbres. Il vient d'en paraître un qui, à travers des longueurs et des négligences, me semble donner précisément l'idée de l'inépuisable genre que je viens d'indiquer ; c'est Caleb Williams, par M. Godwin. L'amour n'entre pour rien dans le plan de cette fiction; une passion effrénée pour la considération dans le héros du roman, et dans Caleb une curiosité dévorante qui s'attache à découvrir si Falkland mérite l'estime dont il jouit, sont les seuls ressorts de l'action. Ce récit se fait lire avec l'entraînement qu'inspire un intérêt romanesque, et la réflexion que commande le tableau le plus philosophique.

Plusieurs Contes moraux de Marmontel, quelques chapitres du Voyage sentimental, des anecdotes détachées dans le Spectateur et d'autres livres de morale, quelques morceaux tirés de la littérature allemande, dont la supériorité s'accroît chaque jour, offrent un petit nombre de fictions heureuses où les peintures de la vie sont présentées sous des rapports étrangers à l'amour. Mais un nouveau Richardson ne s'est point encore consacré à peindre les autres passions de l'homme dans un roman qui développât en entier leurs progrès et leurs conséquences ; le succès d'un tel ouvrage ne pourrait naître que de la vérité des caractères, de la force des contrastes, de l'énergie des situations, et non de ce sentiment si facile à peindre, si aisément intéressant, et qui plaît aux femmes parce qu'il rappelle, quand même il n'attacherait pas par la grandeur ou la nouveauté de ses tableaux. Que de beautés ne pourrait-on pas trouver dans le Lovelace des ambitieux ! Quels développements philosophiques, si l'on s'attachait à approfondir, à analyser toutes les passions, comme l'amour l'a été dans les romans! Et qu'on ne dise point que les livres de morale suffisent parfaitement à la connaissance de nos devoirs; ils ne sauraient entrer dans toutes les nuances de la délicatesse, détailler toutes les ressources des passions. On peut extraire des bons romans une morale plus pure, plus relevée, que d'aucun ouvrage didactique sur la vertu ; ce dernier genre, ayant plus de sécheresse, est obligé à plus d'indulgence ; et les maximes devant être d'une application générale n'atteignent jamais à cet héroïsme de délicatesse dont on peut offrir le modèle, mais dont il serait *raisonnablement impossible* de faire un devoir. Quel est le moraliste qui aurait dit : Si votre famille entière veut vous contraindre à épouser un homme détestable, et que vous soyez entraînée par cette persécution à donner quelques marques de l'intérêt le plus pur à l'homme qui vous plaît, vous attirerez sur vous le déshonneur et la mort ? Et voilà cependant le plan de Clarisse ; voilà ce qu'on lit avec admiration, sans rien contester à son auteur, qui vous émeut et vous captive. Quel moraliste aurait prétendu qu'il vaut mieux se livrer au plus profond désespoir, à celui qui menace la vie et trouble la raison, que d'épouser le plus vertueux des hommes, si sa religion diffère de la vôtre ? Eh bien ! sans approuver les opinions superstitieuses de Clémentine, l'amour luttant contre un scrupule de conscience, l'idée du devoir l'emportant sur la passion, sont un spectacle qui attendrit et touche ceux mêmes dont les principes sont les plus relâchés, ceux qui auraient rejeté avec dédain un tel résultat, s'il avait précédé le tableau comme maxime, au lieu de le suivre comme effet. Combien encore, dans les romans d'un genre moins sublime, n'existe-t-il pas de principes délicats sur la conduite des femmes! Les chefs-d'œuvre de la Princesse de Clèves, du Comte de Comminge, de Paul et Virginie, de Cécilia; la plupart des écrits de madame Riccoboni; Caroline, dont le charme est si généralement senti; le touchant épisode de Caliste; les Lettres de Camille, où les fautes d'une femme, où les malheurs qu'elles entraînent, sont un tableau plus moral, plus sévère que le spectacle même de la vertu; beaucoup d'autres ouvrages français, anglais, allemands, pourraient encore être cités à l'appui de cette opinion. Les romans ont le droit d'offrir la morale la plus austère sans que le cœur en soit révolté; ils ont captivé ce qui seul plaide avec succès pour l'indulgence, le sentiment; et tandis que les livres de morale, dans leurs maximes rigoureuses, sont souvent combattus victorieusement par la pitié pour le malheur, ou l'intérêt pour la passion, les bons romans ont l'art de mettre cette émotion même de leur parti, et de la faire servir à leur but.

Il reste toujours une grande objection contre les romans d'amour; c'est que cette passion y est peinte de manière à la faire naître, et qu'il est des moments de la vie dans lesquels ce danger l'emporte sur toute espèce d'avantages : mais cet inconvénient n'existerait jamais dans les romans qui auraient pour objet toute autre passion des hommes. En caractérisant dès l'origine les symptômes les plus fugitifs d'un penchant dangereux, on pourrait en détourner les autres et soi-même. L'ambition, l'orgueil, l'avarice, existent souvent à l'insu même de ceux qui s'y livrent. L'amour s'accroît par le tableau de ses propres sentiments : mais la meilleure ressource pour combattre les autres passions, c'est de les faire reconnaître; si leurs traits, leurs ressorts, leurs moyens, leurs effets, étaient découverts et popularisés, pour ainsi dire, par des romans, comme l'histoire de l'amour, il y aurait dans la société, sur toutes les transactions de la vie, des règles plus sûres et des principes plus délicats. Quand même les écrits purement philosophiques pourraient, comme les romans, prévoir et détailler toutes les nuances des actions, il resterait toujours à la morale dramatique un grand avantage; c'est de pouvoir faire naître des mouvements d'indignation, une exaltation d'ame, une douce mélancolie, effets divers des situations romanesques, et sorte de supplément à l'expérience : cette impression ressemble à celle des faits réels dont on aurait été le témoin; mais, dirigée toujours vers le même but, elle égare moins la pensée que l'inconséquent tableau des événements qui nous entourent. Enfin il est des hommes sur lesquels le devoir n'a point d'empire, et qu'on pourrait encore garantir du crime en développant en eux la faculté d'être attendris. Les caractères qui ne pourraient adopter l'humanité qu'à l'aide de cette faculté d'émotion, qui est, pour ainsi dire, le plaisir physique de l'ame, seraient sans doute peu dignes d'estime ; mais on devrait peut-être à l'effet des fictions touchantes, s'il devenait populaire, la certitude de ne plus rencontrer dans une nation ces êtres dont le caractère est le problème moral le plus inconcevable qui ait existé. La gradation du connu à l'inconnu s'interrompt bien avant d'arriver à concevoir les mouvements qui ont guidé les bourreaux de la France; il fallait que nulle trace d'homme, nul souvenir d'une seule impression de pitié, nulle mobilité dans l'esprit même, n'eussent été développés en eux par aucune circonstance, par aucun écrit, pour qu'ils restassent capables de cette cruauté si constante, si étrangère à tous les mouvements de la nature, et qui a donné à l'homme sa première pensée sans bornes, l'idée complète du crime.

Il y a des écrits tels que l'Épître d'Abeilard, par Pope, Werther, les Lettres portugaises, etc.; il y a un ouvrage au monde, c'est la Nouvelle Héloïse, dont le principal mérite est l'éloquence de la passion ; et quoique l'objet en soit souvent moral, ce qui en reste surtout, c'est la toute-puissance du cœur. On ne peut classer une telle sorte de romans : il y a dans un siècle une ame, un génie qui sait y atteindre ; ce ne peut être un genre, ce ne peut être un but : mais voudrait-on interdire ces miracles de la parole, ces impressions profondes qui satisfont à tous les mouvements des caractères passionnés? Les lecteurs enthousiastes d'un semblable talent sont en très petit nombre, et ces ouvrages font toujours du bien à ceux qui les admirent. Laissez-en jouir les ames ardentes et sensibles, elles ne peuvent faire entendre leur langue. Les sentiments dont elles sont agitées sont à peine compris; et, sans cesse condamnées, elles se croiraient seules au monde, elles détesteraient bientôt leur propre nature qui les isole, si quelques ouvrages passionnés et mélancoliques ne leur faisaient pas entendre une voix dans le désert de la vie, ne leur faisaient pas trouver, dans la solitude, quelques rayons du bonheur qui leur échappe au milieu du monde. Ce plaisir de la retraite les repose des vains efforts de l'espérance trompée; et quand tout l'univers s'agite loin de l'être infortuné, un écrit éloquent et tendre reste auprès de lui comme l'ami le plus fidèle, et celui qui le connaît le mieux. Oui, il a raison le livre qui donne seulement un jour de distraction à la douleur; il sert aux meilleurs des hommes. Sans doute on peut trouver des peines qui appartiennent aux défauts du caractère; mais il en est tant qui naissent ou de la supériorité de l'esprit ou de la sensibilité du cœur, tant qu'on supporterait mieux si l'on avait des qualités de moins! Avant de le connaître, je respecte le cœur qui souffre; je me plais aux fictions mêmes dont le seul résultat serait de le soulager en captivant son intérêt. Dans cette vie, qu'il faut passer plutôt que sentir, celui qui distrait l'homme de lui-même et des autres, qui suspend l'action des passions pour y substituer des jouissances indépendantes, serait dispensateur du seul véritable bonheur dont la nature humaine soit susceptible, si l'influence de son talent pouvait se perpétuer.

TROIS NOUVELLES.

MIRZA,
ou
LETTRE D'UN VOYAGEUR.

PRÉFACE.

On comprendra bien, je pense, que l'Essai sur les Fictions, qu'on vient de lire, a été composé après les trois Nouvelles que je publie ici : aucune ne mérite le nom de roman; les situations y sont indiquées plutôt que développées, et c'est dans la peinture de quelques sentiments du cœur qu'est leur seul mérite. Je n'avais pas vingt ans quand je les ai écrites, et la révolution de France n'existait point encore. Je veux croire que, depuis, mon esprit a acquis assez de force pour se livrer à des ouvrages plus utiles. On dit que le malheur hâte le développement de toutes les facultés morales : quelquefois je crains qu'il ne produise un effet contraire, qu'il ne jette dans un abattement qui détache et de soi-même et des autres. La grandeur des événements qui nous entourent fait si bien sentir le néant des pensées générales, l'impuissance des sentiments individuels, que, perdu dans la vie, on ne sait plus quelle route doit suivre l'espérance, quel mobile doit exciter les efforts, quel principe guidera désormais l'opinion publique à travers les erreurs de l'esprit de parti, et marquera de nouveau, dans toutes les carrières, le but éclatant de la véritable gloire.

—

Permettez que je vous rende compte, madame, d'une anecdote de mon voyage [1], qui peut-être aura le droit de vous intéresser. J'appris à Gorée, il y a un mois, que monsieur le gouverneur avait déterminé une famille nègre à venir demeurer à quelques lieues de là, pour y établir une habitation pareille à celle de Saint-Domingue ; se flattant, sans doute, qu'un tel exemple exciterait les Africains à la culture du sucre, et qu'attirant chez eux le commerce libre de cette denrée, les Européens ne les enlèveraient plus à leur patrie, pour leur faire souffrir le joug affreux de l'esclavage. Vainement les écrivains les plus éloquents ont tenté d'obtenir cette révolution de la vertu des hommes; l'administrateur éclairé, désespérant de triompher de l'intérêt personnel, voudrait le mettre du parti de l'humanité, en ne lui faisant plus trouver son avantage à la braver : mais les nègres, imprévoyants de l'avenir pour eux-mêmes, sont plus incapables encore de porter leurs pensées sur les générations futures, et se refusent au mal présent, sans le comparer au sort qu'il pourrait leur éviter. Un seul Africain, délivré de l'esclavage par la générosité du gouverneur, s'était prêté à ses projets; prince dans son pays, quelques nègres d'un état subalterne l'avaient suivi, et cultivaient son habitation sous ses ordres. Je demandai qu'on m'y conduisît. Je marchai une partie du jour, et j'arrivai le soir près d'une maison que des Français, m'a-t-on dit, avaient aidé à bâtir, mais qui conservait encore cependant quelque chose de sauvage. Quand j'approchai, les nègres jouissaient de leur moment de délassement; ils s'amusaient à tirer de l'arc, regrettant peut-être le temps où ce plaisir était leur seule occupation. Ourika, femme de Ximéo (c'est le nom du nègre chef de l'habitation), était assise à quelque distance des jeux, et regardait avec distraction sa fille âgée de deux ans, qui s'amusait à ses pieds. Mon guide avança vers elle, et lui dit que je lui de-

[1] Cette anecdote est fondée sur des circonstances de la traite des nègres, rapportées par les voyageurs au Sénégal.

mandais asile de la part du gouverneur. « C'est le gouverneur qui l'envoie ! s'écria-t-elle. Ah ! qu'il entre, qu'il soit le bienvenu ; tout ce que nous avons est à lui. » Elle vint à moi avec précipitation : sa beauté m'enchanta ; elle possédait le vrai charme de son sexe, tout ce qui peint la faiblesse et la grace. « Où donc est Ximéo ? lui dit mon guide. — Il n'est pas revenu, répondit-elle, il fait sa promenade du soir ; quand le soleil ne sera plus sur l'horizon, quand le crépuscule même ne rappellera plus la clarté, il reviendra, et il ne fera plus nuit pour moi. » En achevant ces mots, elle soupira, s'éloigna ; et quand elle se rapprocha de nous, j'aperçus des traces de pleurs sur son visage. Nous entrâmes dans la cabane ; on nous servit un repas composé de tous les fruits du pays : j'en goûtais avec plaisir, avide de sensations nouvelles. On frappe : Ourika tressaille, se lève avec précipitation, ouvre la porte de la cabane, et se jette dans les bras de Ximéo, qui l'embrasse sans paraître se douter lui-même de ce qu'il faisait, ni de ce qu'il voyait. Je vais à lui. Vous ne pouvez pas imaginer une figure plus ravissante : ses traits n'avaient aucun des défauts des hommes de sa couleur ; son regard produisait un effet que je n'ai jamais ressenti ; il disposait de l'ame, et la mélancolie qu'il exprimait passait dans le cœur de celui sur lequel il s'attachait ; la taille de l'Apollon du Belvédère n'est pas plus parfaite : peut-être pouvait-on le trouver trop mince pour un homme ; mais l'abattement de la douleur que tous ses mouvements annonçaient, que sa physionomie peignait, s'accordait mieux avec la délicatesse qu'avec la force. Il ne fut point surpris de nous voir ; il paraissait inaccessible à toute émotion étrangère à son idée dominante ; nous lui apprîmes quel était celui qui nous envoyait, et le but de notre voyage. « Le gouverneur, nous dit-il, a des droits sur ma reconnaissance ; dans l'état où je suis, le croirez-vous, j'ai cependant un bienfaiteur. » Il nous parla quelque temps des motifs qui l'avaient déterminé à cultiver une habitation, et j'étais étonné de son esprit, de sa facilité à s'expliquer : il s'en aperçut. « Vous êtes surpris, me dit-il, quand nous ne sommes pas au niveau des brutes, dont vous nous donnez la destinée ? — Non, lui répondis-je ; mais un Français même ne parlerait pas sa langue mieux que vous. — Ah ! vous avez raison, reprit-il ; on conserve encore quelques rayons lorsqu'on a long-temps vécu près d'un ange. » Et ses beaux yeux se baissèrent, pour ne plus rien voir au-dehors de lui. Ourika répandait des larmes ; Ximéo s'en aperçut enfin.

« Pardonne, s'écria-t-il en lui prenant la main, pardonne : le présent est à toi; souffre les souvenirs. Demain, dit-il en se retournant vers moi, demain nous parcourrons ensemble mon habitation; vous verrez si je puis me flatter qu'elle réponde aux desirs du gouverneur. Le meilleur lit va vous être préparé; dormez tranquillement : je voudrais que vous fussiez bien ici. Les hommes infortunés par le cœur, me dit-il à voix basse, ne craignent point, desirent même le spectacle du bonheur des autres. » Je me couchai, je ne fermai pas l'œil; j'étais pénétré de tristesse, tout ce que j'avais vu en portait l'empreinte; j'en ignorais la cause, mais je me sentais ému comme on l'est en contemplant un tableau qui représente la mélancolie. A la pointe du jour je me levai; je trouvai Ximéo encore plus abattu que la veille; je lui en demandai la raison. « Ma douleur, répondit-il, fixée dans mon cœur, ne peut s'accroître ni diminuer; mais l'uniformité de la vie la fait passer plus vite, et des événements nouveaux, quels qu'ils soient, font naître de nouvelles réflexions, qui sont toujours de nouvelles sources de larmes. » Il me fit voir avec un soin extrême toute son habitation; je fus surpris de l'ordre qui s'y faisait remarquer; elle rendait au moins autant qu'un pareil espace de terrain cultivé à Saint-Domingue par un même nombre d'hommes, et les nègres heureux n'étaient point accablés de travail. Je vis avec plaisir que la cruauté était inutile, qu'elle avait cela de plus. Je demandai à Ximéo qui lui avait donné des conseils sur la culture de la terre, sur la division de la journée des ouvriers. « J'en ai peu reçu, me répondit-il, mais la raison peut atteindre à ce que la raison a trouvé : puisqu'il était défendu de mourir, il fallait bien consacrer sa vie aux autres; qu'en aurais-je fait pour moi? J'avais horreur de l'esclavage, je ne pouvais concevoir le barbare dessein des hommes de votre couleur. Je pensais quelquefois que leur Dieu, ennemi du nôtre, leur avait commandé de nous faire souffrir : mais quand j'appris qu'une production de notre pays, négligée par nous, causait seule ces maux cruels aux malheureux Africains, j'acceptai l'offre qui me fut faite de leur donner l'exemple de la cultiver. Puisse un commerce libre s'établir entre les deux parties du monde! puissent mes infortunés compatriotes renoncer à la vie sauvage, se vouer au travail pour satisfaire vos avides desirs, et contribuer à sauver quelques uns d'entre eux de la plus horrible destinée! puissent ceux mêmes qui pourraient se flatter d'éviter un tel sort, s'occu

per avec un zèle égal d'en garantir à jamais leurs semblables! »
En me parlant ainsi, nous approchâmes d'une porte qui conduisait
à un bois épais, dont un côté de l'habitation était bordé; je crus
que Ximéo allait l'ouvrir, mais il se détourna pour l'éviter.
« Pourquoi, lui dis-je, ne me montrez-vous pas...? — Arrêtez!
s'écria-t-il, vous avez l'air sensible; pourrez-vous entendre les
longs récits du malheur? Il y a deux ans que je n'ai parlé; tout
ce que je dis, ce n'est pas parler. Vous le voyez, j'ai besoin de
m'épancher : vous ne devez pas être flatté de ma confiance ; cependant, c'est votre bonté qui m'encourage, et me fait compter
sur votre pitié. — Ah! ne craignez rien, répondis-je, vous ne serez pas trompé. — Je suis né dans le royaume de Cayor; mon
père, du sang royal, était chef de quelques tribus qui lui étaient
confiées par le souverain. On m'exerça de bonne heure dans l'art
de défendre mon pays, et dès mon enfance l'arc et le javelot
m'étaient familiers. L'on me destina dès-lors pour femme Ourika,
fille de la sœur de mon père; je l'aimai dès que je pus aimer, et
cette faculté se développa en moi pour elle et par elle. Sa beauté
parfaite me frappa davantage quand je l'eus comparée à celle des
autres femmes, et je revins par choix à mon premier penchant.
Nous étions souvent en guerre contre les Jaloffes nos voisins; et
comme nous avions mutuellement l'atroce coutume de vendre nos
prisonniers de guerre aux Européens, une haine profonde, que
la paix même ne suspendait pas, ne permettait entre nous aucune
communication. Un jour, en chassant dans nos montagnes, je fus
entraîné plus loin que je ne voulais ; une voix de femme, remarquable par sa beauté, se fit entendre à moi. J'écoutai ce qu'elle
chantait, et je ne reconnus point les paroles que les jeunes filles
se plaisent à répéter. L'amour de la liberté, l'horreur de l'esclavage, étaient le sujet des nobles hymnes qui me ravirent d'admiration. J'approchai : une jeune personne se leva; frappé du contraste de son âge et du sujet de ses méditations, je cherchais
dans ses traits quelque chose de surnaturel, qui m'annonçât l'inspiration qui supplée aux longues réflexions de la vieillesse; elle
n'était pas belle, mais sa taille noble et régulière, ses yeux enchanteurs, sa physionomie animée, ne laissaient à l'amour même
rien à désirer pour sa figure. Elle vint à moi, et me parla long-
temps sans que je pusse lui répondre : enfin, je parvins à lui
peindre mon étonnement; il s'accrut quand j'appris qu'elle avait
composé les paroles que je venais d'entendre. « Cessez d'être

surpris, me dit-elle; un Français établi au Sénégal, mécontent de son sort et malheureux dans sa patrie, s'est retiré parmi nous; ce vieillard a daigné prendre soin de ma jeunesse, et m'a donné ce que les Européens ont de digne d'envie : les connaissances dont ils abusent, et la philosophie dont ils suivent si mal les leçons. J'ai appris la langue des Français, j'ai lu quelques uns de leurs livres, et je m'amuse à penser seule sur ces montagnes. »
A chaque mot qu'elle me disait, mon intérêt, ma curiosité redoublaient; ce n'était plus une femme, c'était un poëte que je croyais entendre parler; et jamais les hommes qui se consacrent parmi nous au culte des dieux ne m'avaient paru remplis d'un si noble enthousiasme. En la quittant, j'obtins la permission de la revoir; son souvenir me suivait partout; j'emportais plus d'admiration que d'amour, et me fiant long-temps sur cette différence, je vis Mirza (c'était le nom de cette jeune Jaloffe) sans croire offenser Ourika. Enfin, un jour je lui demandai si jamais elle avait aimé; en tremblant je faisais cette question, mais son esprit facile et son caractère ouvert lui rendaient toutes ses réponses aisées. « Non, me dit-elle : on m'a aimée quelquefois; j'ai peut-être desiré d'être sensible; je voulais connaître ce sentiment qui s'empare de toute la vie, et fait à lui seul le sort de chaque instant du jour; mais j'ai trop réfléchi, je crois, pour éprouver cette illusion; je sens tous les mouvements de mon cœur, et je vois tous ceux des autres; je n'ai pu jusqu'à ce jour ni me tromper ni être trompée. » Ce dernier mot m'affligea. « Mirza, lui dis-je, que je vous plains! les plaisirs de la pensée n'occupent pas tout entier; ceux du cœur seul suffisent à toutes les facultés de l'ame. » Elle m'instruisait cependant avec une bonté que rien ne lassait; en peu de temps j'appris tout ce qu'elle savait. Quand je l'interrompais par mes éloges, elle ne m'écoutait pas; dès que je cessais, elle continuait, et je voyais, par ses discours, que, pendant que je la louais, c'était à moi seul qu'elle avait toujours pensé. Enfin, enivré de sa grace, de son esprit, de ses regards, je sentis que je l'aimais, et j'osai le lui dire : quelles expressions n'employai-je pas pour faire passer dans son cœur l'exaltation que j'avais trouvée dans son esprit! Je mourais à ses pieds de passion et de crainte. « Mirza, lui répétai-je, place-moi sur le monde en me disant que tu m'aimes, ouvre-moi le ciel pour que j'y monte avec toi. » En m'écoutant, elle se troubla, et des larmes remplirent ses beaux yeux, où jusqu'alors je n'avais vu que l'expression du génie. « Ximéo, me dit-

elle, demain je te répondrai ; n'attends pas de moi l'art des femmes de ton pays; demain tu liras dans mon cœur ; réfléchis sur le tien. » En achevant ces mots, elle me quitta long-temps avant le coucher du soleil, signal ordinaire de sa retraite ; je ne cherchai point à la retenir. L'ascendant de son caractère me soumettait à ses volontés. Depuis que je connaissais Mirza, je voyais moins Ourika ; je la trompais, je prétextais des voyages, je retardais l'instant de notre union, j'éloignais l'avenir au lieu d'en décider.

« Enfin, le lendemain, que des siècles pour moi semblaient avoir séparé de la veille, j'arrive : Mirza la première s'avance vers moi ; elle avait l'air abattu ; soit pressentiment, soit tendresse, elle avait passé ce jour dans les larmes. « Ximéo, me dit-elle d'un son de voix doux, mais assuré, es-tu bien sûr que tu m'aimes? est-il certain que dans tes vastes contrées aucun objet n'a fixé ton cœur? » Des serments furent ma réponse. « Eh bien ! je t'en crois : la nature qui nous environne est seule témoin de tes promesses ; je ne sais rien sur toi que je n'aie appris de ta bouche ; mon isolement, mon abandon fait toute ma sécurité. Quelle défiance, quel obstacle ai-je opposé à ta volonté ? tu ne tromperais en moi que mon estime pour Ximéo, tu ne te vengerais que de mon amour ; ma famille, mes amies, mes concitoyens, j'ai tout éloigné pour dépendre de toi seul ; je dois être à tes yeux sacrée comme la faiblesse, l'enfance et le malheur ; non, je ne puis rien craindre, non. » Je l'interrompis ; j'étais à ses pieds, je croyais être vrai, la force du présent m'avait fait oublier le passé comme l'avenir ; j'avais trompé, j'avais persuadé ; elle me crut. Dieux ! que d'expressions passionnées elle sut trouver ! qu'elle était heureuse en aimant! Ah ! pendant deux mois qui s'écoulèrent ainsi, tout ce qu'il y a d'amour et de bonheur fut rassemblé dans son cœur. Je jouissais, mais je me calmais. Bizarrerie de la nature humaine ! j'étais si frappé du plaisir qu'elle avait à me voir, que je commençai bientôt à venir plutôt pour elle que pour moi : j'étais si certain de son accueil, que je ne tremblais plus en l'approchant. Mirza ne s'en apercevait pas ; elle parlait, elle répondait, elle pleurait, elle se consolait, et son ame active agissait sur elle-même : honteux de moi-même, j'avais besoin de m'éloigner d'elle. La guerre se déclara dans une autre extrémité du royaume de Cayor, je résolus d'y courir ; il fallait l'annoncer à Mirza. Ah ! dans ce moment je sentis encore combien elle m'était chère ; sa confiante et douce sécurité m'ôta la force de lui découvrir mon projet. Elle semblait tellement vivre de ma présence, que ma langue se glaça quand je voulus lui parler de mon départ. Je résolus de lui écrire ; cet art qu'elle m'avait appris devait servir à son malheur ; vingt fois je la quittai, vingt fois je revins sur mes pas. L'infortunée en jouissait, et prenait ma pitié pour de l'amour. Enfin je partis ; je lui mandai que mon devoir me forçait à me séparer d'elle, mais que je reviendrais à ses pieds plus tendre que jamais. Quelle réponse elle me fit ! Ah ! langue de l'amour, quel charme tu reçois quand la pensée t'embellit ! quel désespoir de mon absence ! quelle passion de me revoir ! Je frémis alors en songeant à quel excès son cœur savait aimer ; mais mon père n'aurait jamais nommé sa fille une femme du pays des Jaloffes. Tous les obstacles s'offrirent à ma pensée quand le voile qui me les cachait fut tombé ; je revis Ourika ; sa beauté, ses larmes, l'empire d'un premier penchant, les instances d'une famille entière ; que sais-je enfin ? tout ce qui paraît insurmontable quand on ne tire plus sa force de son cœur, me rendit infidèle, et mes liens avec Ourika furent formés en présence des dieux. Cependant le temps que j'avais fixé à Mirza pour mon retour approchait ; je voulus la revoir encore : j'espérais adoucir le coup que j'allais lui porter, je le croyais possible ; quand on n'a plus d'amour on n'en devine plus les effets, l'on ne sait pas même s'aider de ses souvenirs. De quel sentiment je fus rempli en parcourant ces mêmes lieux témoins de mes serments et de mon bonheur ! Rien n'était changé que mon cœur, et je pouvais à peine les reconnaître. Pour Mirza, dès qu'elle me vit, je crois qu'elle éprouva en un moment le bonheur qu'on goûte à peine épars dans toute sa vie, et c'est ainsi que les dieux s'acquittèrent envers elle. Ah ! comment vous dirais-je par quels degrés affreux j'amenai la malheureuse Mirza à connaître l'état de mon cœur ? Mes lèvres tremblantes prononcèrent le nom d'amitié. « Ton amitié ! s'écria-t-elle ; ton amitié, barbare ! est-ce à mon âme qu'un tel sentiment doit être offert ? Va, donne-moi la mort. Va, c'est là maintenant tout ce que tu peux pour moi. » L'excès de sa douleur semblait l'y conduire ; elle tomba sans mouvement à mes pieds : monstre que j'étais ! c'était alors qu'il fallait la tromper, c'était alors que je fus vrai. « Insensible, laisse-moi, me dit-elle ; ce vieillard qui prit soin de mon enfance, qui m'a servi de père, peut vivre encore quelque temps ; il faut que j'existe pour lui : je suis morte déjà là, dit-elle en posant la main sur son cœur; mais mes soins lui sont nécessaires : laisse-moi. — Je ne pourrais, m'écriai-je, je ne pourrais supporter ta haine! — Ma haine! me répondit-elle; ne la crains pas, Ximéo; il y a des cœurs qui ne savent qu'aimer, et dont toute la passion ne retourne que contre eux-mêmes. Adieu, Ximéo; une autre va donc posséder... — Non, jamais; non, jamais, lui dis-je. — Je ne te crois pas à présent, reprit-elle; hier tes paroles m'auraient fait douter du jour qui nous éclaire. Ximéo, serre-moi contre ton cœur, appelle-moi ta maîtresse chérie; retrouve l'accent d'autrefois; que je l'entende encore, non pour en jouir, mais pour m'en ressouvenir : mais c'est impossible. Adieu, je le retrouverai seule, mon cœur l'entendra toujours; c'est la cause de mort que je porte et retiens dans mon sein. Ximéo, adieu. » Le son touchant de ce dernier mot, l'effort qu'elle fit en s'éloignant, tout m'est présent; elle est devant mes yeux. Dieux! rendez cette illusion plus forte; que je la voie un moment, pour, s'il se peut encore, mieux sentir ce que j'ai perdu. Long-temps immobile dans les lieux qu'elle avait quittés, égaré, troublé comme un homme qui vient de commettre un grand crime, la nuit me surprit avant que je pensasse à retourner chez moi; le remords, le souvenir, le sentiment du malheur de Mirza s'attachaient à mon ame; son ombre me revenait, comme si la fin de son bonheur eût été celle de sa vie.

« La guerre se déclara contre les Jaloffes; il fallait combattre contre les habitants du pays de Mirza; je voulais à ses yeux acquérir de la gloire, justifier son choix, et mériter encore le bonheur auquel j'avais renoncé. Je craignais peu la mort; j'avais fait de ma vie un si cruel usage, que je la risquais peut-être avec un secret plaisir. Je fus dangereusement blessé : j'appris, en me rétablissant, qu'une femme venait tous les jours se placer devant le seuil de ma porte; immobile, elle tressaillait au moindre bruit; une fois j'étais plus mal, elle perdit connaissance; on s'empressa autour d'elle; elle se ranima, et prononça ces mots: « Qu'il ignore, dit-elle, l'état où vous m'avez vue; je suis pour lui bien moins qu'une étrangère, mon intérêt doit l'affliger. » Enfin un jour, jour affreux! faible encore, ma famille, Ourika, étaient auprès de moi : j'étais calme quand j'éloignais le souvenir de celle dont j'avais causé le désespoir; je croyais l'être du moins; la fatalité m'avait conduit, j'avais agi comme un homme gouverné par elle, et je redoutais tellement l'instant du repentir, que j'employais toutes mes forces pour retenir ma pensée prête à se fixer sur le passé. Nos ennemis, les Jaloffes, fondirent tout-à-coup sur le bourg que j'habitais : nous étions sans défense ; nous soutînmes cependant une assez longue attaque ; mais enfin ils l'emportèrent, et firent plusieurs prisonniers : je fus du nombre. Quel moment pour moi quand je me vis chargé de fers ! Les cruels Hottentots ne destinent aux vaincus que la mort ; mais nous, plus lâchement barbares, nous servons nos communs ennemis, et justifions leurs crimes en devenant leurs complices. Un détachement de Jaloffes nous fit marcher toute la nuit ; quand le jour vint nous éclairer, nous nous trouvâmes sur le bord de la rivière du Sénégal : des barques étaient préparées ; je vis des blancs, je fus certain de mon sort. Bientôt mes conducteurs commencèrent à traiter des viles conditions de leur infâme échange : les Européens examinaient curieusement notre âge et notre force, pour y trouver l'espoir de nous faire supporter plus long-temps les maux qu'ils nous destinaient. Déjà j'étais déterminé ; j'espérais qu'en passant sur cette fatale barque, mes chaînes se relâcheraient assez pour me laisser le pouvoir de m'élancer dans la rivière, et que, malgré les prompts secours de mes avides possesseurs, le poids de mes fers m'entraînerait jusqu'au fond de l'abîme. Mes yeux fixés sur la terre, ma pensée attachée à la terrible espérance que j'embrassais, j'étais comme séparé des objets qui m'environnaient. Tout-à-coup une voix que le bonheur et la peine m'avaient appris à connaître fait tressaillir mon cœur, et m'arrache à mon immobile méditation ; je regarde, j'aperçois Mirza, belle, non comme une mortelle, mais comme un ange, car c'était son ame qui se peignait sur son visage. Je l'entends qui demande aux Européens de l'écouter : sa voix était émue, mais ce n'était point la frayeur ni l'attendrissement qui l'altéraient ; un mouvement surnaturel donnait à toute sa personne un caractère nouveau. « Européens, dit-elle, c'est pour cultiver vos terres que vous nous condamnez à l'esclavage ; c'est votre intérêt qui vous rend notre infortune nécessaire ; vous ne ressemblez pas au dieu du mal, et faire souffrir n'est pas le but des douleurs que vous nous destinez. Regardez ce jeune homme affaibli par ses blessures, il ne pourra supporter ni la longueur du voyage, ni les travaux que vous lui demandez : moi, vous voyez ma force et ma jeunesse, mon sexe n'a point énervé mon courage ; souffrez que je sois esclave à la place de Ximéo. Je vivrai, puisque c'est à ce prix que vous m'aurez accordé la liberté de Ximéo ; je ne croirai plus l'esclavage avilissant, je respecterai la puissance de mes maîtres; c'est de moi qu'ils la tiendront, et leurs bienfaits l'auront consacrée. Ximéo doit chérir la vie; Ximéo est aimé! Moi, je ne tiens à personne sur la terre; je puis en disparaître sans laisser de vide dans un cœur qui sente que je n'existe plus. J'allais finir mes jours, un bonheur nouveau me fait survivre à mon cœur. Ah! laissez-vous attendrir; et quand votre pitié ne combat pas votre intérêt, ne résistez pas à sa voix. » En achevant ces mots, cette fière Mirza, que la crainte de la mort n'aurait pas fait tomber aux pieds des rois de la terre, fléchit humblement le genou; mais elle conservait dans cette attitude encore toute sa dignité, et l'admiration et la honte étaient le partage de ceux qu'elle implorait. Un moment elle put penser que j'acceptais sa générosité; j'avais perdu la parole, et je me mourais du tourment de ne la pas retrouver. Ces farouches Européens s'écrièrent tout d'une voix: « Nous acceptons l'échange; elle est belle, elle est jeune, elle est courageuse; nous voulons la négresse, et nous laissons son ami. » Je retrouvai mes forces; ils allaient s'approcher de Mirza. « Barbares, m'écriai-je, c'est à moi, jamais, jamais; respectez son sexe, sa faiblesse. Jaloffes, consentirez-vous qu'une femme de votre contrée soit esclave à la place de votre plus cruel ennemi? — Arrête, me dit Mirza, cesse d'être généreux; cet acte de vertu, c'est pour toi seul que tu l'accomplis; si mon bonheur t'avait été cher, tu ne m'aurais pas abandonnée; je t'aime mieux coupable, quand je te sais insensible: laisse-moi le droit de me plaindre; quand tu ne peux m'ôter ma douleur, ne m'arrache pas le seul bonheur qui me reste, la douce pensée de tenir au moins à toi par le bien que je t'aurai fait: j'ai suivi tes destins, je meurs si mes jours ne te sont pas utiles; tu n'as que ce moyen de me sauver la vie: ose persister dans tes refus. » Depuis, je me suis rappelé toutes ses paroles, et dans l'instant je crois que je ne les entendais pas: je frémissais du dessein de Mirza; je tremblais que ces vils Européens ne le secondassent; je n'osais déclarer que rien ne me séparerait d'elle. Ces avides marchands nous auraient entraînés tous les deux; leur cœur, incapable de sensibilité, comptait peut-être déjà sur les effets de la nôtre; déjà même ils se promettaient à l'avenir de choisir pour captifs ceux que l'amour ou le devoir pourraient faire racheter ou suivre, étudiant nos vertus pour les faire servir à leurs vices. Mais le gouverneur, instruit de nos combats, du dévouement de Mirza, de mon désespoir, s'avance comme un ange de lumière: eh! qui n'aurait pas cru qu'il nous apportait le bonheur? « Soyez libres tous deux, nous dit-il; je vous rends à votre pays comme à votre amour. Tant de grandeur d'ame eût fait rougir l'Européen qui vous aurait nommés ses esclaves. » On m'ôta mes fers, j'embrassai ses genoux, je bénis dans mon cœur sa bonté, comme s'il eût sacrifié des droits légitimes. Ah! les usurpateurs peuvent donc, en renonçant à leurs injustices, atteindre au rang de bienfaiteurs. Je me levai, je croyais que Mirza était aux pieds du gouverneur comme moi; je la vis à quelque distance, appuyée sur un arbre, et rêvant profondément. Je courus vers elle : l'amour, l'admiration, la reconnaissance, j'éprouvais, j'exprimais tout à la fois. « Ximéo, me dit-elle, il n'est plus temps; mon malheur est gravé trop avant, pour que ta main même y puisse atteindre : ta voix, je ne l'entends plus sans tressaillir de peine, et ta présence glace dans mes veines ce sang qui jadis y bouillonnait pour toi; les ames passionnées ne connaissent que les extrêmes; l'intervalle qui les sépare, elles le franchissent sans s'y arrêter jamais : quand tu m'appris mon sort, j'en doutai long-temps; tu pouvais revenir alors; j'aurais cru que j'avais rêvé ton inconstance; mais maintenant, pour anéantir ce souvenir, il faut percer le cœur dont rien ne peut l'effacer. » En prononçant ces paroles, la flèche mortelle était dans son sein. Dieux qui suspendîtes en cet instant ma vie, me l'avez-vous rendue pour mieux venger Mirza par le long supplice de ma douleur? Pendant un mois entier, la chaîne des souvenirs et des pensées fut interrompue pour moi; je crois quelquefois que je suis dans un autre monde, dont l'enfer est le souvenir du premier. Ourika m'a fait promettre de ne pas attenter à mes jours; le gouverneur m'a convaincu qu'il fallait vivre pour être utile à mes malheureux compatriotes, pour respecter la dernière volonté de Mirza, qui l'a conjuré, dit-il, en mourant, de veiller sur moi, de me consoler en son nom : j'obéis, j'ai renfermé dans un tombeau les tristes restes de celle que j'aime quand elle n'est plus, de celle que j'ai méconnue pendant sa vie. Là, seul quand le soleil se couche, quand la nature entière semble se couvrir de mon deuil, quand le silence universel me permet de n'entendre plus que mes pensées, j'éprouve, prosterné sur ce tombeau, la jouissance du malheur, le sentiment tout entier de ses peines; mon imagination exaltée crée quelquefois des fantômes; je crois la voir, mais jamais elle ne m'apparaît comme une amante irritée. Je l'entends qui me console et s'occupe de ma douleur. Enfin, incertain du sort qui nous attend après nous, je respecte en mon cœur le souvenir de Mirza, et crains, en me donnant la mort, d'anéantir tout ce qui reste d'elle. Depuis deux ans, vous êtes la seule personne à qui j'aie confié ma douleur : je n'attends pas votre pitié ; un barbare qui causa la mort de celle qu'il regrette doit-il intéresser? Mais j'ai voulu parler d'elle. Ah! promettez-moi que vous n'oublierez pas le nom de Mirza ; vous le direz à vos enfants, et vous conserverez après moi la mémoire de cet ange d'amour et de cette victime du malheur. » En terminant son récit, une sombre rêverie se peignit sur le charmant visage de Ximéo ; j'étais baigné de pleurs, je voulus lui parler. « Crois-tu, me dit-il, qu'il faille chercher à me consoler ? crois-tu qu'on puisse avoir sur mon malheur une pensée que mon cœur n'ait pas trouvée? J'ai voulu te l'apprendre, mais parceque j'étais bien sûr que tu ne l'adoucirais pas ; je mourrais si on me l'ôtait, le remords en prendrait la place, il occuperait mon cœur tout entier, et ses douleurs sont arides et brûlantes. Adieu, je te remercie de m'avoir écouté. » Son calme sombre, son désespoir sans larmes, aisément me persuadèrent que tous mes efforts seraient vains ; je n'osai plus lui parler, le malheur en impose ; je le quittai le cœur plein d'amertume ; et, pour accomplir ma promesse, je raconte son histoire, et consacre, si je le puis, le triste nom de sa Mirza.

ADÉLAIDE ET THÉODORE.

L'on avait confié la fortune et l'éducation d'Adélaïde, orpheline de très bonne heure, au baron d'Orville, frère de son père. L'obligation de l'élever le fatiguait tellement, qu'il saisit la première occasion de se débarrasser de sa nièce : c'était un homme aimable, facile à vivre, mais d'une si grande légèreté qu'on n'aurait pas obtenu un quart d'heure de son attention, même pour sauver la moitié de sa fortune. Ce caractère l'avait rendu fort amusant ; son insouciance était de l'étourderie dans sa jeunesse ; on l'appelait de la philosophie dans sa vieillesse : les effets en étaient les mêmes, le nom seul avait changé : il ne faisait jamais ni le mal, ni le bien difficile ; mais par faiblesse il se laissait aller à l'un ou à l'autre. Ce n'était pas un homme qui eût un système de moralité ni d'immoralité ; il déjouait en général tout ce qui était suivi, tout ce qui était profond, tout ce qui donnait de la peine ou demandait un effort; il sentait bien qu'il n'était pas fait pour élever une jeune fille, et laissa Adelaïde jusqu'à quatorze ans à la campagne, chez une de ses parentes nommée madame d'Orfeuil. C'était une femme âgée de trente ans; elle croyait aimer à la folie un mari dont elle était abandonnée; ou du moins, dévote comme un ange, elle ne s'était jamais permis de se détacher de ce sentiment, dans la crainte d'éprouver le besoin d'un autre. Née avec beaucoup d'esprit naturel, elle l'avait mal cultivé, en ne pensant jamais qu'à l'amour, et ne lisant que des livres de dévotion : elle ne connaissait pas le monde, parcequ'elle n'avait jamais vécu que dans le pays des chimères; enfin il résultait du contraste de ses idées romanesques et de ses pratiques religieuses, un caractère plus aimable pour ses amis qu'utile à son élève. Adelaïde l'aimait avec passion; ensemble elles lisaient des romans, ensemble elles priaient Dieu; elles s'exaltaient et s'attendrissaient ensemble, et la jeune ame d'Adelaïde était constamment émue. C'est dans cette disposition qu'à quatorze ans elle arriva chez le baron d'Orville; il l'avait fait venir seule, sans une femme même pour l'accompagner; mais tout ce que le luxe invente l'attendait avec profusion. Les amies du baron d'Orville s'empressèrent autour de la jeune Adelaïde, et chacune d'elles, pour lui prouver son attachement, se chargea de diriger une partie de sa toilette. On ne lui donna ni bons ni mauvais conseils; ces dames s'en rapportèrent au hasard sur la conduite qu'elle tiendrait; mais elles s'occupèrent beaucoup de son amour-propre, parcequ'elles attachaient du prix à ses succès. Quand les femmes d'un certain âge ne sont pas jalouses d'une jeune personne, elles placent leur vanité sur elle; il faut qu'un succès leur appartienne d'une manière ou d'une autre, pour qu'elles le voient avec plaisir. Adelaïde était étourdie de tout ce qu'elle voyait : elle voulait parler d'amour; ces dames lui répondaient que le vrai moyen d'en inspirer, c'était de ne jamais mettre des couleurs fortes quand on était brune, ni douces lorsqu'on était blonde. Elle voulait être dévote; le baron d'Orville l'accablait de plaisanteries. Elle voulait lire; on ne lui en laissait pas le temps. Enfin ces dames, sans être malhonnêtes, étaient tellement frivoles, qu'elles avaient l'art de faire disparaître la journée sans qu'on s'en aperçût ni par la peine, ni par le bonheur.

Cependant le baron s'ennuyait des égards qu'il fallait avoir

pour une jeune fille; il était inquiet d'en répondre, lorsqu'un matin M. de Linières, honnête homme, mais aussi sot qu'on en puisse trouver en France, vint lui dire qu'il avait quatre-vingt mille livres de rente, soixante ans, et beaucoup d'amour pour sa nièce, et qu'il l'épouserait, si on le voulait, dans huit jours. Le baron ne vit pas une objection à faire à la convenance de cette proposition, et sa parole fut donnée. Adelaïde, à qui cependant on en parla, en fut désespérée; son roman de bonheur était détruit; elle combattit plus long-temps qu'on ne devait l'attendre d'une fille de quinze ans; mais au milieu d'un bal on obtint enfin son aveu. Le lendemain du jour fatal, elle écrivit une lettre pleine de mélancolie à sa tante : « Il n'y a plus pour moi d'espé-
« rance, lui disait-elle; ils ont fini mon avenir. Le bonheur d'ai-
« mer m'est pour jamais interdit; je mourrai sans avoir senti la
« vie; il ne peut plus rien m'arriver qui m'intéresse, tout m'est
« égal. » Quelques jours après elle lui mandait : « Il faut s'étour-
« dir, il faut se laisser emporter par le tourbillon. Je n'ai ni mal-
« heur ni bonheur; je ne puis rêver avec plaisir; je cède au tor-
« rent, j'aime tout ce qui me dérobe le temps. »

En effet, Adelaïde se livra bientôt à tous les plaisirs de son âge. Jolie, spirituelle, aimable, on flatta sa vanité, on lui fit aimer les succès. Quoiqu'elle s'affligeât souvent de l'emploi de sa journée, la crainte de se trouver seule avec le plus ennuyeux des époux la faisait sortir de chez elle : l'enchaînement des plaisirs ne lui permettait pas d'y rentrer; et protestant sans cesse contre la vie qu'elle menait, le lendemain était toujours semblable à la veille. Deux ans se passèrent ainsi : aucun sentiment n'occupa son ame; mais elle apprit à vivre dans le vide, elle apprit à se contenter des plaisirs de la vanité; et quoique son esprit et son cœur fussent bien supérieurs à sa destinée, la solitude était nécessaire à ce caractère que le monde pouvait enivrer, et dont la mobilité rendait important le choix des objets qui l'entouraient. L'aspect d'une belle campagne la faisait rêver, le son d'un violon la ramenait à la ville : la morale sensitive dont parle Rousseau était faite pour une ame si jeune et si flexible : cependant cette légèreté ne se portait que sur des qualités accessoires : un peu de vanité, du goût pour les plaisirs, voilà les défauts dont la campagne la corrigeait, et que la ville lui rendait aussitôt; mais sa sensibilité, sa bonté, sa franchise étaient inaltérables, et ses torts, qu'elle avouait aisément, servaient de consolation aux envieux, et donnaient à ses amis un sujet de plaisanterie toujours piquant et toujours bien reçu. Une physionomie douce et fine, des cheveux blonds, un teint d'une blancheur éblouissante, enfin une expression romanesque et tendre, contrastaient avec son extrême vivacité, mais répandaient sur toute sa personne un air de modestie et de sensibilité qui forçait à s'intéresser à elle. Au milieu même des transports que lui causaient les fêtes et les succès, Adelaïde était bonne pour son époux ; elle était incapable de souffrir qu'on lui donnât le moindre ridicule. Les sots ont de la vanité ; l'époux d'Adelaïde se contentait de quelques paroles obligeantes et d'une prière de l'accompagner partout, à laquelle son désœuvrement le faisait toujours céder. Au bout de deux ans, M. de Linières tomba malade ; Adelaïde le soigna avec zèle : il mourut. Un sentiment d'horreur s'empara d'elle, son imagination fut vivement frappée par le sombre spectacle dont elle fut témoin : c'était la première fois qu'elle avait réfléchi sur la mort. La perte de ce qui nous est cher inspire tant de douleur, que l'effroi disparaît auprès d'un tel sentiment ; mais on contemple dans les indifférents l'aspect de la fin de la vie, et cette idée livre aux réflexions tristes et philosophiques, dont le cœur d'une femme est facilement effrayé.

Le baron d'Orville et sa société entendaient si mal Adelaïde, qu'elle éprouva le besoin de les fuir. Elle se résolut à passer l'année de son veuvage chez madame d'Orfeuil, chez cette tante qu'elle adorait, et qui n'avait pas cessé de la regretter, quoiqu'elle blâmât la dissipation dans laquelle sa nièce avait vécu. Madame de Linières arriva au mois d'avril chez madame d'Orfeuil : depuis deux ans elle n'avait pas vu la nature ; son cœur en était ravi. Les impressions de son enfance se retraçaient avec tous leurs charmes ; elle fut heureuse de retrouver madame d'Orfeuil, et jamais le plaisir n'avait fait jouir son cœur, comme la douce mélancolie qu'elle ressentait dans ces lieux charmants. Les occupations de chaque jour, l'arrangement des heures, tout fut bientôt décidé. Adelaïde trouva que la vie passait ainsi plus doucement et plus vite, qu'on la sentait plus, et qu'elle pesait moins ; enfin, son imagination, livrée tout entière aux charmes de la campagne, ne lui représentait plus la ville qu'avec horreur. Il y avait à peine quinze jours qu'elle l'habitait, lorsque madame d'Orfeuil lui proposa d'aller voir la princesse de Rostain, dont le château était à deux lieues de là. Cette femme, extrêmement altière, était célèbre cependant par son esprit, son caractère, et sa passion pour le comte Théodore de Rostain, son fils, qu'elle avait enfin corrigé des travers de la jeunesse, c'est-à-dire de faire des dettes et d'aimer les femmes. Ces deux torts, dont la médiocrité fait un si grand crime, dont les concurrents se servent si bien pour écarter de la route de la fortune, nuisent à soi bien plus qu'aux autres, et des qualités intéressantes peuvent souvent en être la cause et l'excuse. Madame de Linières avait entendu parler du comte de Rostain. Personne n'avait plus de réputation d'esprit et d'amabilité ; elle savait qu'il avait quitté le monde depuis quatre mois, par la peine que lui avait causée l'infidélité de sa maîtresse, madame d'Étampes, femme galante, qu'il avait cru fixer, qu'il avait sincèrement aimée, et dont il s'était éloigné avec autant de fierté que de sensibilité ; qu'il était établi à Paris, qu'il vivait en mauvaise compagnie, parcequ'il n'allait que chez les personnes qu'il aimait ; que c'était un sujet détestable, parcequ'il donnait toute sa fortune à ses amis ; et comme l'opinion se forme légèrement sur les hommes qui n'ont point d'occasion publique de se faire connaître, madame de Linières croyait le comte Théodore semblable au portrait qu'on lui en avait fait ; mais son extrême curiosité pour les agréments d'un esprit aussi célèbre l'emportait sur toute autre idée. Comme elle en parlait en ces termes, madame d'Orfeuil lui répondit ainsi : « On vous a trompée sur le comte de Rostain ; on ne vous a point exagéré les charmes de sa conversation, tour à tour sérieuse ou gaie ; il vous donnera tous les plaisirs dont l'esprit est susceptible ; mais c'est l'ame la plus sensible et le caractère le plus fier que vous puissiez vous représenter. Ses idées sur tous les objets sont d'une si grande justesse, qu'il n'a pu s'écarter de la raison que par l'entraînement du cœur ; il réunit à beaucoup de gaieté dans l'esprit une profonde mélancolie dans le cœur. Je m'y connais, ce n'est pas un esprit romanesque ; il n'exagère rien, il exprime peu ; mais il sent l'amour mille fois mieux que nous ne l'imaginons. » Madame de Linières et madame d'Orfeuil arrivèrent au milieu de cette conversation ; Adélaïde était avide de voir un homme que les gens de la cour citaient comme le plus aimable, et sa tante comme le plus sensible : l'un et l'autre avantage peut-être étaient nécessaires à son esprit et à son cœur. Jamais donc le projet de plaire ne l'occupa si fortement. Madame d'Orfeuil et madame de Linières entrent dans un château simplement mais noblement arrangé ; en approchant du salon, elles entendent rire aux éclats deux vieilles femmes, amies de la princesse de Rostain ; en ouvrant la porte, elles voient son fils qui causait avec elles. Adelaïde ne pouvait se résoudre à parler aux vieilles femmes ; mais comme elle sentait que c'était bien de s'en occuper, elle en estima le comte Théodore. Il vint au-devant d'elle : sa figure était noble et intéressante ; toutes ses manières avaient de la grace et de la dignité ; elles invitaient à l'aisance, et rendaient la familiarité impossible. Il avait surtout dans le regard quelque chose de sensible et de rêveur, qui succédait presque à l'instant même à l'expression de la gaieté, et semblait indiquer qu'elle n'était pas l'état habituel de son ame. Madame de Linières fit beaucoup de frais pour lui ; il y répondit sans aucun empressement de se montrer, mais avec celui de la faire valoir ; au lieu de s'occuper de sa réponse, il préparait celle d'Adelaïde ; et si elle avait eu moins d'esprit, elle s'en serait cru plus qu'à lui. La visite finit : le comte demanda la permission de les accompagner; il revint le lendemain, et tous les jours qui suivirent : aucune affaire ne le retenait jamais ; il donnait toute sa vie. Sans cesse aux ordres d'Adelaïde, prévenant ses heures, devançant ses desirs, sans parler de son sentiment, il l'exprimait tantôt par son dévouement, tantôt par le culte qu'il rendait aux charmes d'Adelaïde. Appellera-t-on flatterie l'enchantement qu'il exprimait pendant qu'elle lui parlait? C'est un autre art que celui de la louange, c'est le don de l'amour. Théodore possédait ce charme d'une manière irrésistible ; il semblait vivre dans ce qu'il aimait, servir l'amour-propre en s'abandonnant aux mouvements de son cœur, agir involontairement comme la réflexion aurait pu le conseiller ; et tel qu'Émile en portant sa maîtresse au but, il criait victoire pour elle. Enfin, il embellissait tant l'existence de celle qu'il préférait; plaisir, gloire, bonheur, tout était si bien son ouvrage, qu'à son départ on perdait à la fois lui et soi-même; on ne retrouvait plus ni ses agréments, ni ceux qu'il savait faire naitre; le néant succédait à la vie ; les jouissances qui semblaient indépendantes de lui disparaissaient pendant son absence.

Cependant l'amabilité de Théodore diminuait, et la rêverie lui succéda. Madame de Linières, qui déjà éprouvait pour lui un attrait irrésistible, qui déjà s'était sentie vingt fois prête à se trahir, ne concevait pas le silence de Rostain : il était libre, elle l'était, aucun obstacle ne les séparait; ses actions, ses paroles, ses regards plus involontaires encore, annonçaient l'amour le plus profond : quelle était donc la cause de son silence ? Adelaïde voulait confier ses sentiments à sa tante : madame d'Orfeuil évitait cette conversation avec soin. Enfin, un soir qu'elles se promenaient, en attendant Rostain, sur le bord d'un ruisseau dans une allée sombre, près du pavillon qui séparait le jardin de la forêt, Adelaïde dit à madame d'Orfeuil : « Eh quoi ! ne me parlerez-vous jamais du comte de Rostain ? — Il y a une heure que nous nous entretenons de lui, répondit madame d'Orfeuil. — Ne pourriez-vous pas m'expliquer son inconcevable conduite ? — Il faudrait que je susse d'abord, dit-elle, quel est le mystère que je dois découvrir. — Ah ! mon amie, s'écria Adelaïde en fondant en pleurs, vous ne m'aimez plus, puisque vous ne devinez pas que je l'aime. » Madame d'Orfeuil fut émue de la vérité de son mouvement. « Va, lui dit-elle, si je croyais que ton cœur fût digne du sien, je ne m'opposerais pas à sa passion pour toi. — Vous vous opposez à mon bonheur, lui dit Adelaïde, vous ? — Si tu savais quelle ame t'est dévouée ! quelle sensibilité ! quelle délicatesse ! c'est sa vie qu'il te confie. — J'en suis digne par ma tendresse ; j'en suis digne par les principes que ma tante a gravés dans mon cœur. — Je t'estime profondément ; je suis sûre même que ton ame ardente est capable de l'amour le plus tendre ; mais ton esprit est si mobile, ta tête est si légère, que ton amant, que ton époux pourrait être aisément inquiet de ton cœur. Je connais Rostain : c'est le plus parfait des caractères pour les autres, et le plus malheureux pour lui-même : le monde, qui flétrit le cœur, a seulement rendu le sien plus susceptible de défiance ; et l'expérience, sans le détacher du bonheur de l'amour, ne lui a que trop appris combien il était rare de l'obtenir. — Ma tante, répondit Adelaïde, ne me jugez pas sur les deux ans que j'ai passés dans le monde. Je n'aimais pas alors ; aujourd'hui je sens qu'il faut mourir, ou posséder le cœur de Rostain. Mais est-il bien vrai qu'il m'aime ? » Comme elle achevait ces mots, Rostain approchait. « Eh bien ! lui dit madame d'Orfeuil, je suis vaincue : je crois qu'Adelaïde vous aime, je ne m'oppose plus à l'aveu que vous avez tant de besoin de lui faire. — Ah ! mon Adelaïde, s'écria-t-il, écoutez-moi ; ce n'est pas la première fois que je vous parle de mon amour ; il y a long-temps que vous l'avez deviné : mais souffrez que mon ame s'ouvre à vous tout entière. Il n'est plus temps de ne pas vous aimer, mais il l'est encore de ne pas se livrer à l'espoir de vous inspirer quelque retour. Que votre cœur réfléchisse un moment ; c'est ma vie que je remets entre vos mains : sans doute je consentirais à la perdre pour jouir un seul jour d'une illusion si douce; mais l'instant qui m'éclairerait, l'instant qui précéderait ma mort serait si cruel, que je ne me sens point la force d'en braver le danger. J'ai cherché partout le bonheur : une femme peu vertueuse, mais dont je m'étais cru aimé, m'a captivé pendant quatre ans; quand elle me fut infidèle, je quittai le monde; j'aurais quitté la vie, si l'on pouvait aimer de toutes les facultés de son ame ce qu'on n'estime pas. Des goûts simples remplissaient mon temps; je passais les jours sans les regretter ni les attendre : l'action de mon ame était suspendue ; je vous ai vue : l'idée d'un bonheur au-delà de l'imagination m'est apparue; j'ai pensé que je pourrais trouver en vous tout le charme de l'amour et de la vertu, que je vous verrais en liberté, et que l'hymen sanctifierait le lien que l'amour aurait formé. Il faut aimer, Adelaïde, il faut comme moi n'éprouver de passion que dans le cœur, pour concevoir le tressaillement qu'une telle espérance m'a fait éprouver : mais depuis deux mois que je vous vois et que je vous aime, une crainte m'arrête; mon caractère seul l'a fait naître. L'ame d'Adelaïde est sensible et pure; son amant, son époux n'aura jamais que des raisons de l'estimer : ce n'est pas assez pour mon cœur : le soupçon en est banni, mais l'inquiétude y habite presque sans cesse : je suis jaloux, susceptible même; il n'y a pas de bonheur pour moi, si le plus léger nuage l'obscurcit; et mon imagination est si sombre, qu'un prétexte suffit pour me plonger dans le désespoir. La plupart des hommes sont occupés de la fortune ou de la célébrité; moi, je ne serai jamais malheureux que par une seule cause ; toutes mes forces sont rassemblées dans mon cœur; c'est là que je puis vivre ou mourir. Si j'étais un jour moins aimé par vous (pardonnez-moi d'oser croire que je le suis maintenant), je ne m'en plaindrais pas; l'amour n'est jamais ramené par des reproches, et mon ame est trop délicate et trop fière pour s'y livrer; mais j'en mourrais : ce mot dont on abuse serait mon histoire, et ce spectacle déchirerait le cœur d'Adelaïde. C'est pour elle que je le redoute, c'est pour elle que j'interroge son cœur. » Ce discours fut prononcé avec une sorte de sensibilité solennelle, dont Adelaïde fut profondément émue; mais s'abandonnant cependant au sentiment qu'elle éprouvait, « Théodore ! s'écria-t-elle, ma tendresse est digne de la vôtre. — Dieu! répondit-il, voilà le plus saint des serments : à l'excès de mon bonheur, je sens qu'il ne m'est plus possible d'en douter. » Des torrents de larmes coulèrent alors de ses yeux. Adelaïde était au comble de la joie ; madame d'Orfeuil serrait leurs mains réunies ; ils éprouvaient tout le bonheur dont l'ame humaine peut jouir. Se calmant ensuite pour sentir en détail toute leur félicité, ils parlèrent des moyens de l'assurer.

Adelaïde, naturellement étourdie, s'était plus occupée du comte Théodore que de sa mère. Cette femme hautaine l'avait prise dans une aversion dont les deux amants ne se doutaient pas. Plein de confiance, Théodore se résolut à lui demander son aveu le lendemain même, quoique le deuil d'Adelaïde ne lui permît pas encore de se remarier. La princesse de Rostain déclara à son fils qu'elle ne consentirait jamais à cette union ; il avait prodigué pour ses amis la fortune qu'il tenait de son père ; sa mère seule pouvait réparer ses pertes. Théodore ressentit une indignation profonde d'un tel refus ; ce fils si respectueux s'échappa pour la première fois en reproches amers ; et, quittant sa mère avec impétuosité, il arriva chez madame de Linières dans l'excès de sa colère et de son désespoir. Dès qu'elle en connut le sujet, elle lui demanda si à trente ans il ne pouvait pas disposer de son sort : « Oui, lui dit-il ; mais ma fortune dépend.... — La mienne ne suffit-elle pas pour tous les deux ? — Vous avez raison, lui répondit-il ; je ne vous remercierai pas de ce sentiment, il est trop dans mon cœur pour m'étonner dans le vôtre. » Peut-être Adelaïde aurait-elle dû conseiller à son amant de ne pas désobéir à sa mère ; mais ils n'avaient l'un et l'autre alors que les vertus de l'amour. Adelaïde n'allait plus chez madame de Rostain ; mais le comte passait la moitié de la journée avec sa maîtresse, et l'inexprimable bonheur d'être ensemble prêtait du charme aux occupations les plus indifférentes. Enfin le temps qu'ils avaient marqué pour leur union approchait : madame d'Orfeuil, seule dans leur confidence, avait fait venir les papiers nécessaires pour conclure leur mariage : il devait être secret : le deuil d'Adelaïde, le refus de madame de Rostain, l'indiscrétion du baron d'Orville, rendaient également cette précaution nécessaire. Théodore, dont l'ame concevait si facilement des inquiétudes, n'en éprouvait aucune : certain de posséder le cœur de sa délicieuse amie, trouvant chaque jour quelques nouvelles raisons de l'aimer et de l'estimer, tous les instants de sa vie étaient des époques de bonheur. Adelaïde était dans l'ivresse ; son cœur semblait encore plus ému que celui de Théodore ; elle témoignait tout, elle ne cachait rien. Le matin du jour fortuné, Théodore conduisit Adelaïde dans ce pavillon témoin de leurs premiers serments : « Ce soir, lui dit-il, au nom de la religion, au nom des lois, l'on va te demander de m'aimer : qu'une autre cérémonie non moins auguste et plus tendre te donne à moi pour toujours. Jure à Dieu, dont nos cœurs doivent croire l'existence, puisqu'un bonheur semblable au nôtre ne peut venir que de lui ; jure à l'amant qui t'adore, qu'il t'est doux de lui donner ta vie : moi, je jure à tes pieds de mourir, si ton amour ou ton bonheur est altéré. Crois, mon Adelaïde, que jamais serment ne fut plus vrai. — Et moi, lui dit-elle, je jure de ne pas exister un seul jour sans toi. » Jamais la passion n'eut un accent plus énergique. Madame d'Orfeuil vint les interrompre. « Le prêtre vous attend, leur dit-elle. — Ah ! qu'en est-il besoin ? s'écria Théodore : j'ai reçu ses serments. » Un mouvement de crainte s'empara d'Adelaïde ; ses genoux tremblèrent, ses yeux se remplirent de larmes, son bonheur surpassait ses forces. Son amant la soutint en tremblant lui-même ; et, sans pouvoir articuler un seul mot, ce *oui* si fatal ou si cher fut exprimé par tout leur être. Ils regagnèrent lentement le château, appuyés l'un sur l'autre, plongés dans la mélancolie du bonheur, et si certains de s'entendre, qu'ils n'avaient pas besoin de se parler. Madame d'Orfeuil les contemplait avec un sentiment doux et triste ; ce spectacle lui rappelait ses peines : ils s'en aperçurent, et cette pensée leur fit rompre un silence qu'ils auraient pu longtemps garder ; ils s'occupèrent à la consoler, parcequ'ils ne voulaient pas qu'il y eût de malheur sur la terre. Madame d'Orfeuil n'était pas plus pour eux ce jour-là qu'une autre personne ; ils aimaient tout le monde également.

Ils passèrent un mois dans un état de bonheur si calme et si passionné, qu'on n'en pourrait peut-être pas trouver un second exemple. Pendant ce temps, le baron d'Orville ne cessait d'écrire à sa nièce pour l'engager à revenir à Paris. Théodore était obligé de partager son temps entre sa mère et sa femme : l'hiver approchait. Adelaïde proposa un jour à son époux d'aller passer trois mois à Paris : il pâlit à cette demande, se tut un moment, et bientôt après lui répondit qu'elle avait raison ; que sa mère, depuis un mois, lui proposait ce voyage ; qu'il s'y était refusé jusqu'à présent, mais qu'il allait y consentir. « Ce projet vous affligerait-il ? lui dit Adelaïde. — Non, répondit Théodore, il vous plaît. » Adelaïde ne s'aperçut pas du nuage qui se répandait sur la figure de Théodore ; elle sentait plus ses propres mouvements qu'elle n'observait ceux d'un autre. Après avoir bien regretté sa tante, elle partit à dix-huit ans, passionnée pour son époux, mais ravie de revoir Paris. Le jour de son arrivée, Théodore, qui connaissait le baron d'Orville, vint souper chez lui : lorsqu'Adelaïde entra, le salon retentit des applaudissements que méritait sa beauté ; la campagne l'avait embellie. Bientôt son époux, dont la grace et l'esprit effaçaient tout ce que Paris pouvait jamais offrir de plus brillant, s'empressa de faire valoir Adelaïde. Ils furent tous les deux aimables ensemble, et l'un par l'autre : le lendemain, Théodore vint voir Adelaïde. « Jamais, lui dit-elle, on n'a montré plus d'agrément et de gaieté que vous ; vous devez aimer la société, car personne ne semble fait pour elle comme vous. — Mon Adelaïde, lui dit-il, ces succès du monde m'étaient devenus bien indifférents ; puisqu'ils vous plaisent, je les rechercherai ; mais il y a long-temps qu'ils ne me flattent plus. » Adelaïde crue veuve, Adelaïde riche et belle attirait tous les hommages ; elle n'aimait pas moins Théodore, mais elle réunissait le goût du monde à ce sentiment, et, sans cesser de la dominer, l'amour ne l'occupait pas uniquement ; elle n'aurait point été dans une fête où l'on n'eût pas invité Théodore, mais elle préférait quelquefois le bal à la solitude avec lui. Elle lui dédiait ses succès, mais elle voulait en avoir ; s'il lui parlait au milieu du monde, elle quittait tout pour lui répondre ; mais s'il la laissait danser, ou briller dans la conversation, elle y consacrait la soirée entière : elle n'aurait pu vivre sans Théodore, mais elle pouvait s'amuser sans lui. Si Adelaïde s'était aperçue de son propre changement, à l'instant même il n'aurait plus existé ; mais elle trouvait simple d'aimer le monde, de s'y plaire, d'y réussir ; et pensant que son époux devait partager ce sentiment, elle ne formait pas un doute qu'il ne l'éprouvât. Le premier nuage de tristesse qu'Adelaïde remarqua sur le visage de Théodore lui causa tant de peine, elle lui offrit de si bonne foi le sacrifice absolu de tous les plaisirs de la société, que lui-même ne voulut pas l'accepter. Parfaitement rassurés l'un par l'autre, Adelaïde recommença à se livrer à ses goûts, et Théodore, qui l'en avait priée, n'osa lui avouer qu'il eût désiré de ne pas obtenir si parfaitement ce qu'il avait demandé. Le jour où l'on s'impose la loi de cacher un seul de ses sentiments à l'objet qu'on aime, l'impression de ce sentiment au-dedans de soi devient incalculable : les explications, les plaintes, les reproches peuvent ne point laisser de trace; mais le silence dévore le cœur qui se le commande.

Théodore, fier et sensible, accumulait ses peines dans son ame; son humeur s'en ressentit. Adelaïde voulut le distraire; il crut voir de l'effort où il n'existait que de l'embarras, et repoussa son interêt avec assez d'indifférence. Adelaïde fut offensée de l'inutilité de ses soins, révoltée de l'injustice de Théodore, par le sentiment même de sa tendresse pour lui; et, par un accord secret de délicatesse ou de susceptibilité, ils éloignaient les occasions d'être ensemble. Adelaïde était si sûre de n'aimer rien que Théodore; Théodore, de n'avoir pas un seul tort avec Adelaïde, qu'aucun des deux ne voulait se justifier. Le temps et l'amour auraient fait naître un rapprochement heureux, si, par une fatale circonstance, la jalousie ne se fût emparée du cœur de Théodore, que la tristesse et la contrainte y avaient préparé. Une amie, qu'Adelaïde avait un peu légèrement attirée, lui confia sa passion pour le jeune comte d'Elmont, et la conjura de le recevoir beaucoup, parcequ'elle n'avait que cette manière de se rencontrer avec lui. Adelaïde, que l'amour intéressait toujours, y consentit. Théodore trouvait constamment le comte d'Elmont chez sa femme; quand il lui en parlait, elle était troublée par la promesse qu'elle avait faite de ne pas révéler ce secret. Bientôt l'aigreur qui éloigne la confiance s'en mêla. Adelaïde trouva Théodore trop exigeant; Théodore la crut insensible, et résolut de la fuir pour jamais. Adelaïde, vers ce temps, s'aperçut qu'elle était grosse. « Ah! s'écria-t-elle, je vais le ramener à moi; j'expierai mes erreurs, je quitterai Paris, nos heureux jours renaîtront. » Théodore entre chez elle; Adelaïde s'avance au-devant de lui, son abord glacé l'arrête; un de ses amis, trompé par l'apparence, venait de porter le poignard dans le cœur de Théodore, en lui disant qu'il croyait le comte d'Elmont aimé de madame de Linières. Théodore ne soupçonnait pas la vertu de son épouse; témoin de son affectation à ne recevoir le comte d'Elmont que quand son amie était avec elle, il se persuada qu'elle se défiait de son propre cœur, et, joignant cette amère pensée à la peine que lui causait la vanité légère de madame de Linières, il se crut certain de n'être plus aimé, et sa résolution fut alors promptement et invariablement prise. « J'ai reçu, lui dit-il, un ordre de rejoindre mon régiment; je pars à l'instant, je viens vous dire adieu. » Un coup de foudre aurait moins frappé madame de Linières. « Vous partez? lui dit-

elle. — Oui, je le dois. — Avec quelle indifférence vous m'apprenez...! — Je vous reverrai dans peu, » lui dit-il; et bientôt affectant un air de dégagement, il lui parla d'objets indifférents. Adélaïde, qui allait lui apprendre le nouveau lien qui les unissait, blessée jusqu'au fond de l'ame de sa froideur, garda un profond silence; elle se leva, ils s'avancèrent l'un vers l'autre; leur secret était prêt à leur échapper : je ne sais quelle avidité de malheur fit garder le silence à Théodore; mais s'éloignant tout-à-coup avec un cri de douleur : « Adélaïde! s'écria-t-il, Adélaïde! adieu. » Elle resta d'abord immobile, glacée : s'élançant ensuite pour le rappeler, elle vit sa voiture s'éloigner avec rapidité, et sa voix même ne put être entendue. Elle courut chez lui, il n'y était pas retourné; elle fit partir un de ses gens sur la route de son régiment, il n'y avait pas paru; elle envoya à sa terre, on n'en avait point de nouvelles. Folle de désespoir et d'inquiétude, elle alla trouver son oncle, elle lui avoua son mariage, et le conjura d'aller chez la princesse de Rostain, pour lui demander ce qu'était devenu son fils. Le baron d'Orville n'entendait rien au désespoir de sa nièce. « Il est allé faire un voyage, lui disait-il : eh bien! quel mal cela lui fera-t-il ? » Enfin, il partit cependant pour complaire à sa nièce : au bout d'une heure, qui fut un siècle pour Adélaïde, son oncle revint : « Il n'y a pas au monde une plus abominable femme que votre belle-mère, lui dit-il : je n'en ai pu tirer que des injures contre vous, des larmes pour son fils, et ce billet. » Adélaïde le saisit avec transport. « Je serai deux mois
« absent, ma mère. Pardonnez-moi de ne pas vous dire où je
« vais : je veux que tout le monde l'ignore. Je jure de vous re-
« voir encore : dans deux mois je reviendrai dans votre terre,
« près de celle de madame d'Orfeuil, vivre ou mourir à vos pieds. »
Adélaïde s'évanouit en lisant ce billet : son oncle la rappela à la vie; il voulut la consoler, elle le repoussa. Ne pouvant plus supporter ce monde, cause de tous ses torts et de tous ses malheurs, elle partit pour aller rejoindre madame d'Orfeuil. Que de réflexions douloureuses ne fit-elle pas en route! que de remords n'éprouva-t-elle pas! que de reproches n'adressa-t-elle pas à Théodore! Enfin elle arriva dans ce château, témoin de son bonheur. Son courrier l'avait précédée, et cependant personne ne vint au-devant d'elle. Ce témoignage d'indifférence de la part de madame d'Orfeuil remplit son cœur de tristesse. Elle entra dans le salon; madame d'Orfeuil se leva, et la salua froidement. « Dieu!

s'écria Adélaïde, vous me réserviez à ce dernier malheur ! » Elle prononça ces paroles avec tant de désespoir, que madame d'Orfeuil en fut assez émue pour avoir le besoin de lui faire des reproches. « Cruelle, lui dit-elle, que t'avait fait le malheureux Théodore, pour unir ta destinée à la sienne, pour rendre son cœur sensible victime de ton inconcevable légèreté ? Lis, s'écria-t-elle, lis ton arrêt dans cette douloureuse lettre, qui m'a déchirée par ma juste pitié pour lui, par ma fatale tendresse pour toi. » Adelaïde, sans lui répondre, lut cette lettre :

« Tout est fini pour moi, mon amie; un instant d'un bonheur,
« trop grand peut-être pour un mortel, m'a ôté pour jamais la
« force de supporter le malheur : je n'écris pas à celle qui le cause;
« les plaintes, les reproches m'échapperaient; elle voudrait se jus-
« tifier, je me rattacherais à ma chimère, et me condamnerais à
« vivre. Vous le savez, Adelaïde me connaît comme vous : l'ombre
« d'un changement dans le cœur de ce que j'aime, ou la perte ab-
« solue de sa tendresse, est un malheur égal à mes yeux. Je l'ai
« vu, ce changement : je n'accuse pas la vertu d'Adelaïde; son
« ame est pure : ma peine est douloureuse, sans être amère. Je
« puis encore adorer l'objet que j'ai perdu; mais son cœur n'est
« plus le même : peut-être qu'un autre a su lui plaire; le monde
« au moins l'a distraite de son époux; ce n'est plus cette Adelaïde
« qui ne vivait que pour nous. Ah ! madame, je ne suis plus né-
« cessaire à son bonheur : pourquoi vivrais-je ? Je vais cependant
« seul sur le sommet des montagnes, en présence du ciel et de la
« terre, réfléchir sur ma destinée, sur le droit qu'ont les hommes
« de terminer leur existence. Si je puis vivre sans bonheur, j'i-
« rai, loin de tout ce qui me fut cher, consacrer mon temps et
« mes forces à quelques travaux utiles, dévouer ma vie aux autres
« comme à mes semblables, mais non plus comme à mes amis. Si
« mon courage ne suffit pas à cet effort, je reviendrai mourir
« près de vous et de ma mère; peut-être aussi, peut-être aurai-je
« besoin de la voir passer encore une fois, avant de fermer les
« yeux pour jamais. Adieu, mon amie; adieu. »

Comment peindre l'état d'Adelaïde ? Pourquoi Théodore n'en était-il pas témoin ? Madame d'Orfeuil n'y put résister, et bientôt elle s'occupa de la consoler. Mais sa douleur inquiète ne pouvait recevoir aucun adoucissement; elle voulait partir, elle voulait rester; elle n'osait espérer, elle avait horreur de craindre. Aucun projet n'était adopté, aucun n'était rejeté, et sa douleur, se représentant sous toutes les formes, épuisait tous les genres de courage. Il était aisé de s'apercevoir que le remords déchirait son ame; mais c'était par son ardeur à se justifier qu'on pouvait le démêler. Madame d'Orfeuil n'osait la flatter de revoir Théodore; elle connaissait si bien la profondeur de ses sentiments! Cependant il avait promis de revenir dans deux mois. Quels jours que ceux qui se passèrent pour Adelaïde! que son malheur la rendit digne de son époux! que des sentiments si profonds et si douloureux effacent aisément les légères traces de la dissipation et de la vanité! Adelaïde conservait encore le besoin d'espérer; il y a des malheurs qu'on ne peut concevoir d'avance; c'est la mort; rien n'en donne l'idée. Un jour qu'Adelaïde et madame d'Orfeuil se promenaient sur la route qui mène au château de Rostain, elles virent des paysans qui s'en retournaient tristement. Madame d'Orfeuil les interrogea. « Ah! dirent-ils, si vous saviez comme notre jeune maître est changé! — Votre jeune maître? — Oui, le comte Théodore. » Adelaïde, à ces mots, était déjà sans connaissance : on la rapporta au château. A peine reprit-elle l'usage de ses sens, qu'elle se jeta aux genoux de madame d'Orfeuil. « Ah! lui dit-elle, allez, allez le trouver; justifiez-moi près de lui, portez-lui ces lettres qui lui prouveront que le comte d'Elmont était aimé de mon amie, et que mon seul tort fut de recevoir un tel secret; peignez-lui le désespoir dont vous êtes témoin depuis deux mois; apprenez-lui tout, hors l'enfant que je porte dans mon sein; s'il repousse la mère, l'un et l'autre doivent périr. Justifiez-moi, obtenez mon pardon. Ah! pars, reviens, songe à l'état où je vais être. — Je vous obéirai, répondit madame d'Orfeuil; il sera bien aisé d'obtenir votre pardon; il m'en croira sur votre cœur : maintenant, hélas! il n'est que trop digne du sien. Mais on vous a dit qu'il était bien changé ? — Ce sont des paysans que sa parure négligée peut-être..... Ah! mon amie, volez vers lui. » Madame d'Orfeuil partit aussitôt. Pendant trois heures qu'elle fut absente, Adelaïde put à peine respirer. Les battements de son cœur soulevaient sa robe; chaque minute, chaque bruit accroissait une émotion qui paraissait au-delà des forces humaines. Enfin madame d'Orfeuil revint; Adelaïde n'osait aller au-devant d'elle : madame d'Orfeuil entra avec une gaieté si contrainte, qu'Adelaïde fut plus effrayée de cet effort que de l'air le plus sombre; cependant le besoin de l'entendre retenait sa vie prête à lui échapper. « Il vous pardonne, lui dit madame d'Orfeuil; il vous aime; mais il est bien malade. — Eh bien! lui répondit Adelaïde, je rends grace au ciel ; à présent, je puis mourir. Quand le verrai-je? — Il vous conjure d'attendre encore quelques jours. — Dans quel état est-il? » Elle fit cette question avec un accent si lugubre, que madame d'Orfeuil se sentit forcée de la rassurer. Adelaïde ne répondit rien, et resta plongée dans une rêverie profonde. A deux heures du matin, elle pria sa tante de se retirer, en lui disant qu'elle voulait dormir. Mais dès que l'aurore parut, elle se fit conduire dans la terre de Rostain; elle séduisit un jardinier, et se cacha dans un bosquet où la mère de Rostain venait déjeuner tous les matins. Elle ne fit aucune question au jardinier; vingt fois elle ouvrit la bouche pour lui demander des nouvelles de son maître, mais vingt fois la parole expira sur ses lèvres. Cachée dans le bosquet, elle pouvait voir sans être vue. A dix heures du matin, par le plus beau temps du monde, elle vit arriver la mère de Rostain, triste et les yeux gonflés de pleurs. Un quart d'heure après, une ombre, appuyée sur deux hommes, dont la sensibilité semblait rendre les pas chancelants, s'approcha lentement. Adelaïde ne put pas d'abord le reconnaître, ou plutôt cherchant à se tromper, comme on évite un coup de poignard, elle fut une minute incertaine; mais bientôt le son de cette voix si chère ayant frappé son oreille, elle fit un cri et s'évanouit. Ce bruit attira l'attention des deux hommes qui soutenaient Rostain; ils s'enfoncèrent dans le bois, et rapportèrent à ses pieds son Adelaïde évanouie. Quel spectacle pour lui! quel spectacle pour sa mère! Comme Adelaïde ouvrait les yeux, madame de Rostain s'écriait avec rage : « Otez de mes yeux celle qui a tué mon fils, ôtez de mes yeux la barbare qu'il nomme sa femme. » Rostain, à ces paroles, retrouvant ses forces, s'écria : « Ma mère, ne l'insultez pas; il y va de ma vie, il y va de mon respect pour vous; je ne me connaîtrais plus. — Va, lui dit sa mère, expire à ses pieds : c'est tout ce qu'elle demande. Adieu. » Adelaïde n'entendit rien; les yeux fixés sur Rostain, elle cherchait à démêler quelques signes de vie dans ses traits défigurés. Restée seule avec lui, ils gardèrent d'abord le silence; mais tout-à-coup Adelaïde en sortit par les expressions les plus rapides et les plus passionnées : elle se justifiait, elle embrassait ses genoux, et, ne parlant que de son amour, voulait se persuader que son sort dépendait d'en convaincre son époux. « Hélas! mon Adelaïde, lui répondit Théodore, je crois à l'injustice de mon cœur, je crois à la pureté du tien ; je n'accuse que moi de notre malheur. — De notre malheur! s'écria-t-elle ; et l'avenir ne peut-il pas le réparer? Ce lien si cher qui nous unit, cet enfant que je porte dans mon sein.... — Ciel! cet enfant! tu serais mère? — Je le suis. — O mon Dieu! s'écria-t-il, que vous ai-je fait pour me rattacher à la vie? » En achevant ces mots, il tomba dans un état de douleur si violent, que ses forces l'abandonnèrent. Adelaïde fit un cri, l'on vint ; mais quel spectacle cruel n'eut-elle pas sous les yeux ! quels affreux symptômes de dépérissement et de mort! Madame de Rostain, ramenée par les cris d'Adelaïde, la repoussait avec horreur. « Hélas! madame, lui dit-elle, vous vous repentirez de votre injustice ; vous saurez si je l'aime. » Rostain, revenant à lui, vit la terreur peinte sur tous les visages. « Ma mère, dit-il, souffrez Adelaïde auprès de moi ; je ne peux plus m'en séparer : mais que j'entretienne un moment seul mon médecin. » On rapporta Rostain au château ; Adelaïde le suivait sans prononcer une parole ; des tressaillements trahissaient seulement l'état de son ame ; son visage était immobile. Le médecin entra, il sortit, sans qu'elle quittât la porte contre laquelle elle était appuyée : il s'arrêta devant elle, et lui prit la main avec attendrissement. « Laissez-moi, lui dit-elle, laissez-moi. Savez-vous qui l'a tué? C'est moi ; éloignez-vous. » Rostain demanda ensuite sa mère ; elle passa avec fureur devant Adelaïde, et sortit peu de temps après, fondant en pleurs. « Allez, lui dit-elle, allez, il veut vous voir : contemplez votre ouvrage. — Madame, lui dit Adelaïde, madame, j'ai besoin de vivre encore une heure ; laissez-la-moi. » Alors elle entra dans la chambre de Rostain sans lever les yeux sur lui, et s'assit à ses côtés. « Mon Adelaïde, lui dit-il, je demande à cette ame si courageuse et si sensible de m'écouter avec attention. J'ai de grands torts envers toi ; ma fatale imagination me persuada que je n'étais plus aimé, quand ton cœur daignait encore être sensible à mon amour. La douleur, des moyens plus violents encore, m'ont tellement répondu de la fin de ma vie, qu'en venant dans ces lieux j'étais assuré de porter la mort dans mon sein. Je ne te cache pas que ta présence, ta tendresse, ce gage de notre amour, font naître dans mon cœur des regrets et des remords cruels. Mais, hélas! le fil de ma vie ne peut plus se renouer ; et croyant que je puis seul t'apprendre à supporter ma perte, j'ai voulu moi-même te l'annoncer. — Eh bien! lui dit Adelaïde, ton assassin, celle qui t'a plongé le poignard dans le cœur, crois-tu qu'elle te survive? ne te vengerai-je pas? — Mon Adelaïde, non, tu respecteras l'enfant dont tu vas être mère, tu voudras conserver cette image d'un époux qui te fut cher, tu donneras cet enfant à ma mère, tu ne voudras pas que je meure tout entier, que mon souvenir ne reste pas dans ton cœur, et mes traits dans ton enfant; tu ne commettras pas ce crime, tu ne me causeras pas cette douleur. » En entendant ces mots, Adelaïde tomba dans une rêverie profonde; elle se parlait à elle-même. « En effet, disait-elle, son enfant doit m'être sacré; l'on peut retenir sa vie, l'on peut retarder sa mort... Eh bien! s'écria-t-elle en se levant, eh bien! Théodore, devant Dieu je vous réponds de votre enfant. — Ah! mon Adelaïde, je peux mourir en paix; tu jures de lui donner le jour, de lui prodiguer tes soins, de l'élever? — Non, lui dit Adelaïde avec cet accent ferme et sombre qu'une résolution invariable peut seule faire trouver; non : j'ai promis seulement de lui donner la vie, c'est tout ce qu'il recevra de moi. — Adelaïde, quel est ton dessein? Adelaïde, veux-tu que j'emporte au tombeau ces craintes déchirantes? — Barbare! s'écria-t-elle, quand tu m'as quittée pour jamais, quand tu as fait couler dans tes veines le poison qui nous tue, ton cœur a-t-il eu pitié de moi? Tu m'arraches ce que j'aime, tu m'en rends l'assassin, et tu me parles d'y survivre? Pardon, lui dit-elle en se jetant à ses genoux; pardon : va, tu n'entendras plus ces plaintes douloureuses; je me soumets à mon sort. Mais interroge ton cœur; qu'il t'apprenne ce que je souffre, et te défende de me commander de vivre. » Comme elle achevait ces mots, madame de Rostain entra : Théodore lui recommanda avec force et sa femme et son enfant. Cette malheureuse mère, abattue par la douleur, ne pouvait prononcer un mot : sa violence, sa tendresse, ses défauts, ses qualités, tout était anéanti. Adelaïde, les yeux fixés sur Théodore, perdait son souffle dès qu'il respirait avec peine, semblait mourir avec lui. Tout-à-coup elle le vit pâlir. « Théodore! s'écria-t-elle. — Adelaïde, lui dit-il, viens mettre ta main sur ce cœur qui n'exista que pour toi; songe que tu n'es pas coupable, songe que je te laisse mon fils et ma mère; ne m'oubliez pas. Adieu. » Sa tête se pencha sur le sein d'Adelaïde, et ce fut là qu'il expira. Les cris de sa mère appelèrent du secours; on voulut approcher de lui : Adelaïde écarta de la main tout le monde; on fit de nouveaux efforts pour l'arracher à ce spectacle. « Non, dit-elle, laissez-le-moi;

vous voyez bien qu'il a voulu se reposer sur mon cœur. » Pendant vingt-quatre heures elle resta dans cette attitude, demandant par intervalle quelque nourriture qu'elle prenait avec un soin qui contrastait avec sa douleur. Madame d'Orfeuil vint la supplier de quitter ce corps inanimé : « Bientôt, lui dit-elle, vous ne le connaîtrez plus. — C'est vrai, répondit-elle; n'exposons pas aux regards son visage défiguré. Quelles sont ses dernières volontés? — Dans le bosquet où vous vous êtes revus, il desire qu'on élève son tombeau; c'est là, dit-il, qu'il eût voulu vivre; c'est là que ses cendres doivent reposer. — Il a raison, répondit-elle; c'est moi qui conduirai cette auguste cérémonie. — Toi? — Oui. — Pourquoi chercher à déchirer ton cœur? — Non, mon amie, c'est avec ces pensées que je puis occuper encore ce temps qu'il faut parcourir : laisse-moi faire ; je veux vivre : cet enfant que je porte doit recevoir le jour ; il faut que je dirige moi-même mon cœur, il est si prêt à m'échapper! Va demander à madame de Rostain si ma présence ne lui sera point odieuse. » Madame d'Orfeuil revint lui dire que la mère de Théodore la recevrait sans peine. Pour la première fois, Adelaïde entra chez elle sans crainte. Elle trouva madame de Rostain dans les convulsions du désespoir, et cachant avec peine l'horreur que lui causait la vue d'Adelaïde. « Ne vous contraignez pas, madame, lui dit-elle; vous ne pouvez rien ajouter à la situation de mon ame : votre haine ne durera pas : promettez-moi d'aimer l'enfant de votre fils, quoique je sois sa mère; c'est tout ce que j'ose espérer. » Le calme d'Adelaïde avait d'abord indigné madame de Rostain; mais en l'examinant, quelque chose de si sombre et de si solennel était répandu sur toute sa personne, qu'elle ne put se défendre d'en être émue : ses yeux et sa voix s'adoucirent; mais Adelaïde ne s'en aperçut point, et, retombant dans sa rêverie, elle se leva, et descendit dans le jardin. En arrivant près du bosquet, elle tressaillit; mais bientôt, reprenant son courage, elle appela un homme chargé du triste monument. « Vous le ferez très simple, lui dit-elle; c'est remplir son intention : deux urnes seront placées sur ce tombeau. — Deux? — Oui, deux; il l'aurait permis, il m'avait pardonné. » Le jour fatal de la cérémonie, Adelaïde conduisit avec un courage inexprimable le funèbre cortége. Au moment où il s'arrêta, on la vit tressaillir, et, se jetant à genoux, elle pria long-temps ; puis se relevant, elle dit à madame d'Orfeuil : « Emmenez-moi, c'est trop. » En rentrant chez elle, une fièvre ardente la saisit. « Soignez-moi bien, dit-elle à madame d'Orfeuil : dans l'état où je suis, vous pourriez penser que la mort serait un bienfait du ciel pour moi ; mais vous ne savez pas qu'il faut que je vive pour accomplir ma promesse, qu'il le faut. » Les soins de madame d'Orfeuil et la raison d'Adelaïde la sauvèrent. Madame de Rostain s'occupa beaucoup d'elle ; Adelaïde y fut sensible, mais sans aucune expression vive ; elle était plongée dans une rêverie profonde, dont elle ne sortait jamais que par des signes de reconnaissance bienveillants, mais froids.

Pendant quatre mois que dura sa grossesse, on la vit souvent seule, écrivant beaucoup, se promenant sans cesse près du tombeau de son époux, parlant peu, et cherchant à éloigner d'elle les soins et même les sentiments. Elle s'occupait de madame de Rostain en silence ; mais on voyait qu'elle ne voulait pas en être aimée, et qu'elle desirait seulement de la voir plus heureuse et dans un état de santé meilleur. Enfin, un soir elle sentit le commencement des douleurs ; madame d'Orfeuil était avec elle, et, pour la première fois, un mot involontaire la trahit. « Ah Dieu ! s'écria-t-elle, voilà donc le terme ! » Madame d'Orfeuil ne la comprit pas. Pendant les heures de son travail, Adelaïde ne donna pas un signe de souffrance. Sa pensée était si fortement absorbée, que son ame était déja séparée d'elle-même ; tout ce qui l'environnait était étonné du contraste de ses nerfs en convulsion et de son regard tranquille. Dès qu'elle fut accouchée, elle demanda qu'on lui apportât son enfant ; et l'élevant au ciel d'une main défaillante : « Théodore ! s'écria-t-elle, ô mon cher Théodore ! ma promesse est accomplie. » Alors, par un mouvement si rapide qu'il fut même impossible de l'apercevoir, elle prit des grains d'opium qu'elle tenait cachés sous le chevet de son lit ; et, sortant de la stupeur où depuis long-temps elle était plongée, elle pria madame de Rostain et madame d'Orfeuil d'approcher. « La douleur que je contiens depuis quatre mois, leur dit-elle, aurait suffi pour terminer mes jours ; mais un secours plus prompt vient d'en hâter la fin. Je dois vous l'apprendre. » Leurs cris l'interrompirent. « Ne me regrettez pas, leur dit-elle ; il y a long-temps que je ne vis plus ; aucun sentiment ne pouvait entrer dans mon ame, je n'aimais plus rien, j'étais devenue féroce. Si vous conservez quelque souvenir de cette Adelaïde qui vivait avant la perte de Théodore, si vous m'avez pardonné le malheur dont ma coupable légèreté fut la cause, ma mère, ayez soin de votre enfant. L'expérience des torts, l'expérience du malheur a bien hâté mon esprit et mon ame ; et celle qui, pendant quatre mois, a conçu le dessein de mourir, a jugé la vie sans les illusions qui l'embellissent : faites lire à mon enfant ce que j'ai écrit pour lui ; parlez-lui beaucoup de son père ; qu'il m'écoute et qu'il l'imite : et si mes torts l'indignaient contre moi, que mon malheur et ma mort en effacent l'horreur. » Elle parla encore quelque temps sans faiblesse et sans attendrissement. Dieu, la mort, l'avenir, furent l'objet de ses réflexions profondes ; mais rien de sensible ne lui échappa, jusqu'au moment où ses idées se brouillèrent : alors le nom de Théodore, celui de sa mère, de son enfant, de son amie, errèrent sans cesse sur ses lèvres ; et dans peu d'heures elle expira comme une personne que la mort délivre.

Adélaïde fut placée, ainsi qu'elle l'avait voulu, ainsi qu'elle l'avait mérité, auprès de son époux. Madame de Rostain et madame d'Orfeuil, unies par le même regret et le même desir, ne se séparèrent pas ; elles élevèrent ensemble l'aimable fils d'Adélaïde ; et la fermeté de l'une, tempérée par la douceur de l'autre, fit un objet accompli du fruit infortuné de l'amour et du malheur.

HISTOIRE DE PAULINE.

Dans ces climats brûlants où les hommes, uniquement occupés d'un commerce et d'un gain barbares, semblent, pour la plupart, avoir perdu les idées et les sentiments qui pourraient leur en inspirer l'horreur, une jeune fille, nommée Pauline de Gercourt, avait été mariée, à l'âge de treize ans, à un négociant fort riche, et plus avide encore de le devenir. Ses plantations, son commerce, ses voyages, occupaient seuls sa vie. Il s'était marié, parcequ'il avait, dans ce moment, besoin d'une grande somme d'argent pour faire un achat considérable de nègres, et que la dot de Pauline lui en fournissait les moyens. Orpheline, et mal élevée par un tuteur ami de son époux, et tout-à-fait dans le même genre, à treize ans elle épousa M. de Valville, sans connaître la valeur de l'engagement qu'elle prenait, sans avoir réfléchi ni sur le présent, ni sur l'avenir. Pauline avait un naturel aimable et sensible ; mais, à cette époque de la vie, de quel usage est ce don, si l'éducation ne l'a pas développé? On le retrouve, quand le moment arrive où l'on peut s'élever soi-même, où l'on sait se servir de sa propre expérience : mais le meilleur naturel cède à toutes les premières impressions du monde, quand les principes ne le préservent pas. Pauline était belle comme le jour; tout ce que les romans nous racontent de la régularité des traits, du charme de l'expression, était réalisé par elle; et quoique sa jeunesse tînt encore à l'enfance, un regard souvent mélancolique caractérisait déjà sa physionomie. Pour son malheur, M. de Meltin venait souvent chez M. de Valville; c'était un homme de trente-six ans, aimable et spirituel, mais si dépravé, qu'aucun sentiment même de délicatesse ne remplaçait dans son ame l'absence totale des principes de la morale. Il amusait Pauline, qui, délaissée tout le jour par son mari, ne savait que faire de son temps ni de sa gaieté; il voulait lui plaire, mais il s'aperçut bientôt qu'il n'y réussirait pas; et, sentant qu'il ne pourrait pas la séduire, il se flatta de la corrompre et de l'obtenir à son tour par cet horrible moyen. L'âge de Pauline ne peut l'arrêter; il la dévoue au malheur. Il est vrai que, n'attachant pas d'importance à la vertu des femmes, il agissait comme il pensait. Meltin présente à Pauline un de ses cousins, nommé Théodore, jeune et sensible, du moins en apparence, et qui possédait ce moyen de plus pour tromper. Théodore s'occupe de Pauline. Il avait lu quelques romans; il lui parle leur langage, il l'attendrit, il parvient à lui plaire, ou du moins sa jeune ame s'attache à la première impression qu'elle éprouve, et croit sentir l'amour parcequ'elle a le besoin d'aimer. Théodore était certainement plus sensible que son cousin, et surtout incapable de tramer d'avance un projet immoral; mais il se laissait facilement entraîner par ceux de Meltin; il aurait eu honte de lui montrer des scrupules; et comme il estimait peu les femmes qu'il obtenait, il se conduisait légèrement avec elles. Il dansait, il chantait à merveille; Pauline avait tous les talents : c'était la seule partie de son éducation qu'on eût soignée. Ce rapport de goûts et d'occupations les attachait l'un à l'autre, et plus encore peut-être les soins continuels que M. de Meltin se donnait pour les réunir. Les sentiments vrais naissent d'eux-mêmes; mais un tiers peut enflammer une jeune tête pour l'objet de son penchant, plus que cet objet lui-même; il persuade mieux, parcequ'il paraît sans intérêt à convaincre ; on le croit plus que ses propres yeux, parcequ'on ne soupçonne pas d'illusions.

Un jour, M. de Meltin donna un grand bal; toute la ville du Cap s'y rendit : la beauté de Pauline, la grace de Théodore enchantèrent tout le monde ; on leur répétait qu'ils devaient s'aimer; ils le crurent. Théodore, ce jour-là, fut enivré de bonne foi. Meltin, qui suivait toujours ses infames projets, enhardissait Théodore, qui devenait timide depuis qu'il aimait sincèrement. L'excessive chaleur força Pauline à sortir dans le jardin; Théodore la suivit. L'heure, la nuit, le silence, l'égarement des plaisirs et des succès, causèrent la honte de Pauline. Ils se séparèrent, elle dans un état de trouble et de désespoir, dont la violence surpassait et les forces et les réflexions de son âge; lui, moins heureux qu'agité, n'aimant pas assez Pauline pour se charger du destin de sa vie, n'étant pas assez insensible pour voir avec indifférence le sort qui menaçait cette enfant. Dans cet état, il alla trouver son cousin; celui-ci, loin de diminuer son trouble, s'efforça de l'accroître. Théodore aimait l'indépendance; son cousin lui peignit avec exagération l'esclavage auquel il allait être condamné; et, lui parlant avec enthousiasme des avantages qu'il trouverait à remplir une place qu'on lui proposait en France, il l'exhorta de tout son pouvoir à faire promptement ce voyage. Théodore, qui était ambitieux, et que ses propres intérêts dominaient toujours, fut ébranlé par ce conseil. Cependant il alla voir Pauline. A peine put-il la reconnaître : cette enfant était devenue une amante passionnée; son jeune langage était celui de la plus noble éloquence. Peut-être pouvait-on s'apercevoir qu'elle s'exaltait elle-même sur son sentiment, pour qu'il diminuât sa faute à ses propres yeux; mais tout ce que l'amour peut imaginer de plus élevé, de plus romanesque, elle le développa à Théodore. Un semblable tableau l'effrayait bien plus qu'il ne l'attachait. Pauline fut frappée de sa froideur ; et, se livrant bientôt à la douleur la plus amère, elle lui jura de cesser de vivre, s'il n'éprouvait pas les mêmes sentiments qu'elle. Théodore resta confondu de la violence de ses expressions; mais à travers la folie que son âge et sa situation pouvaient expliquer, il découvrait dans son ame des mouvements nobles et purs qui lui causaient des regrets. Cependant, loin d'être ramené par la douleur de Pauline, c'était une importunité de plus dont il éprouvait le besoin de se délivrer. Il combattit ce désir pendant quinze jours encore : la triste Pauline ne s'apercevait que trop de son éloignement; mais, peu instruite dans l'art de captiver un homme tellement ami de l'indépendance qu'il craignait même d'être aimé, elle lui écrivait sans cesse de longues lettres, où son ame jeune et tendre se peignait dans un style incorrect, extraordinaire, et qui réunissait le caractère de l'enfance aux sentiments d'un autre âge. Meltin tâchait de la consoler; il n'y pouvait parvenir : tous les projets les plus insensés s'emparaient tour-à-tour de sa tête; et ses organes, trop faibles pour ses pensées, étaient prêts à se déranger. Théodore, effrayé de son état, se détermina à l'abandonner; il avait l'ame trop tendre pour supporter le spectacle de sa douleur; il trouva plus simple de la porter au comble en s'éloignant. Il s'embarqua donc pour la France ; mais il manda seulement à Pauline qu'il allait passer deux mois dans une île voisine, et défendit expressément à son cousin de révéler son secret. Pauline, en recevant cette nouvelle, éprouva un désespoir si violent, que Meltin craignit pour ses jours : il la soigna avec assiduité ; il était lui-même épouvanté de la situation où ses horribles trames l'avaient conduite. Personne n'estimait les femmes moins que lui; il n'avait jamais voulu croire que l'homme qui cherchait le premier à leur plaire eût à se reprocher leur honte ; et, de ce premier choix au second, il ne voyait que le hasard de différence. Son opinion, à cet égard, avait relâché les principes de sa morale sous d'autres rapports : car c'est un ensemble qui ne peut exister sans toutes ses parties. Cependant il passait pour un honnête homme, parcequ'il n'avait été cruel et perfide qu'avec les femmes.

La malheureuse Pauline, absente de son mari, sans parents qui s'occupassent d'elle, sans autre société intime que celle de Meltin, passait les jours entiers à s'entretenir de son malheur. Sa réputation avait déja éloigné plusieurs femmes d'elle : les unes, desirant qu'on ne se souvînt pas des torts de leur jeunesse, et commençant d'abord par les oublier elles-mêmes, montraient un éloignement insurmontable pour une jeune enfant qui débutait si mal ; les autres, d'un âge plus rapproché du sien, cherchaient à se faire, par le choix de leurs sociétés, une considération à laquelle leur mérite personnel ne pouvait pas suffire; d'autres, enviant simplement la beauté de Pauline, saisissaient un prétexte pour ne pas se montrer avec elle ; et celles qui voulaient se faire remarquer par la bonté de leur ame disaient, avec un ton de tristesse qui leur conciliait tous les cœurs : *Quel dommage que Pauline soit la plus légère des femmes! elle me plaisait tant, que rien, je l'avoue, ne m'a fait une si vive peine que les torts affreux*

dont on l'accuse. Cet intérêt si tendre perdait Pauline plus sûrement que des critiques franchement amères. Elle savait ce qu'on disait d'elle, elle n'osait se montrer dans le monde ; sans instruction, sans habitude de s'occuper, elle ne pouvait supporter la solitude qui nourrissait son désespoir. Meltin cherchait à lui persuader qu'elle ne pourrait s'arracher à sa douleur qu'en se livrant à un autre sentiment : quand elle l'entretenait de son repentir, il lui répétait toujours que ce repentir ne cesserait qu'en adoptant les principes qui la mettraient au-dessus des préjugés de son enfance ; enfin il lui présentait le tableau du reste de sa vie, tantôt comme une suite de peines, comme des jours sans fin consacrés à la même pensée, tantôt comme un enchaînement varié de plaisirs et de succès. Le cœur de Pauline n'était pas convaincu ; son esprit seul, égaré par le désespoir, lui persuadait quelquefois qu'il fallait tout tenter pour s'arracher à la peine qu'elle éprouvait. Elle était trop jeune pour supporter le malheur ; elle était trop faible pour le surmonter. Enfin, après deux mois de douleur, elle reçoit une lettre timbrée de France, dont l'adresse était écrite de la main de Théodore. Elle perd connaissance en la voyant ; en revenant à elle, cette femme, cette enfant resta deux heures sans oser l'ouvrir : sa destinée était dans cette lettre. Ce n'était peut-être pas l'amour seul qui la glaçait de terreur, c'était aussi la crainte du sort qui l'attendait, de l'abîme dans lequel Meltin allait l'entraîner. Enfin elle lit ces fatales lignes, qui lui annonçaient que Théodore, arrivé en France, abandonnait pour jamais sa patrie, et la priait de perdre jusqu'au souvenir de l'homme qu'elle avait daigné préférer. Cette froideur, ce mépris l'indignent, l'irritent ; elle hait Théodore ; aucune pensée douce et tendre, aucun souvenir consolant ne peut adoucir l'amertume de son âme. Pendant huit jours, elle erre dans les jardins comme une personne égarée ; Meltin veut lui parler, elle le repousse, et son âme agitée semble dans un état de folie. Enfin, un jour elle s'approche de Meltin avec une physionomie plus sinistre que ses jeunes traits ne semblaient devoir l'exprimer. « Écoutez, lui dit-elle, je n'ai pas qua-
« torze ans; depuis un an vous me conduisez : je suis une enfant, mais j'expire de douleur : tirez-moi de l'abîme où vous m'avez plongée ; que faut-il faire pour ne pas mourir ? — Aimer celui qui vous adore. — Vous aimer ! lui répondit-elle, c'est impossible : je suis injuste, je suis ingrate même ; mais je me sens de l'éloignement pour vous. — Soyez à moi, vous ne serez plus malheureuse.

Qu'allez-vous devenir, sans parents et sans amis? moi seul je puis vous guider par mes conseils et par mes soins, vous rendre dans le mon de la considération que vous avez perdue : je sais vous aimer et vous connaître, juger votre faute et vous la pardonner. Si je m'éloigne, vous serez livrée à vos regrets, à vos malheurs ; moi seul je puis les dissiper, moi seul je saurai vous conduire, et vous tenir lieu de père, d'époux et d'amant. » Meltin s'efforçait d'entraîner par ses séductions une ame que le vice révoltait par instinct plutôt que par réflexion. « Quoi ! se disait Pauline, moi-même je ne pourrais plus m'estimer assez pour me plaindre ! Oserai-je penser à Théodore, quand j'aurai brisé tous les liens qui m'attachent à lui ? Les femmes inconstantes et légères n'éprouvent point des douleurs pareilles aux miennes. Meltin assure qu'elles sont heureuses ; mais quelle honte est la leur ! quelle destinée sera la mienne ! » Telles étaient les pensées de la triste Pauline, et, sous le ciel ardent de la ligne, dans la solitude et le désespoir, sa tête était prête à s'égarer. Meltin, craignant de manquer sa conquête, la menaça de l'abandonner, l'effraya sur son avenir ; il sut, avec tout l'art que l'étude des femmes et de Pauline en particulier put lui suggérer, la plonger dans un tel état d'incertitude et d'effroi, qu'il la vit prête à perdre la raison avec la vie : dans cet instant sa défaite était facile; mais quel homme alors n'eût pas respecté cette enfant, que le désespoir seul livrait en sa puissance? Cet homme ne fut pas Meltin. « Je suis donc, lui dit Pauline en frémissant, je suis donc une femme perdue ! Ces viles créatures que j'ai vu mépriser sont donc semblables à moi ! Plus de retour à cette vertu que je connais mal, mais dont le nom m'était si cher ! Eh bien! chargez-vous de ma destinée : vous m'avez promis de me préserver du désespoir, c'est tout ce que je demande: je ne peux plus rien pour moi-même, c'est vous qui m'en répondez. » En achevant ces mots, elle le quitta, et il resta presque troublé de son triomphe, et n'osant y réfléchir, parcequ'il ne voulait pas se le reprocher. Huit jours se passèrent pendant lesquels Pauline repoussait avec effroi son nouvel amant : les remords n'en étaient point la cause, son ame n'était point encore assez développée pour les éprouver, ou du moins pour s'en rendre compte : ce n'était pas non plus au ressentiment de la conduite de Meltin qu'il fallait attribuer cet éloignement involontaire. Pauline elle-même s'était précipitée dans l'abîme, ou du moins elle devait le croire ; l'art qui l'avait conduite était invisible à ses yeux : mais un dégoût invincible, mais l'horreur d'un choix dicté par le désespoir, l'obligation de paraître aimer, d'aimer même celui qui a le droit de mépriser sa maîtresse, quand l'amour n'est point son excuse, portaient dans le cœur de Pauline un trouble, un malheur sans charme, un regret sans doux souvenirs, dont elle ne connaissait encore ni l'agitation, ni le vide. Dans cette perplexité, dans cet état qui ne lui permettait de former aucun desir, ni de concevoir aucune espérance, elle apprit que son époux avait fait naufrage, en revenant de la Jamaïque. Son testament lui rendait la disposition d'une fortune considérable. Elle ne donna pas de larmes à l'homme qu'elle connaissait à peine : aucun sentiment factice n'était entré dans son ame, aucun de ces mouvements qu'on excite en soi pour pouvoir se permettre en conscience de les montrer aux autres ; mais elle frémit de son âge, de ses fautes, et de son indépendance. Meltin, au contraire, changeant en plan de fortune tous ses projets de séduction, s'applaudit d'un événement qui devait lui faire trouver le meilleur des partis dans la plus jolie des maîtresses. Il était si aisé de ramener l'ame de Pauline à des sentiments honnêtes, qu'il devait se croire certain de la déterminer à l'épouser, et de lui persuader que ses torts mêmes lui en faisaient un devoir. Pauline en effet, inquiète, agitée, aurait accepté sa main, sans un événement imprévu qui la sauva de ce dernier malheur.

Théodore en arrivant au Havre avait été saisi d'une maladie fort vive. Une Américaine, parente de Pauline, qui demeurait près de là, lui prodigua ses soins ; mais rien ne put détourner le coup mortel dont il était frappé. La certitude de succomber changea son ame ; ou plutôt toutes les illusions disparaissant au bord du tombeau, il jugea la vie telle qu'elle doit se montrer aux yeux de l'homme sage. Le sort de Pauline l'attendrit ; il s'entretint souvent d'elle avec la respectable femme que la pitié retenait auprès de lui, et lui peignant les projets et les mœurs de son cousin, lui montrant des lettres de Pauline, il l'intéressa vivement pour elle. Madame de Verseuil (c'était son nom) était une femme d'un grand caractère, d'un esprit supérieur ; elle avait aimé le père de Pauline ; ses parents s'étant opposés à leur union, les liens qu'elle forma la rendirent malheureuse, mais elle remplit ses devoirs avec une grande vertu. Veuve depuis quatre ans, sans enfants, riche, indépendante, elle était venue s'établir dans une campagne sur le bord de la mer ; elle allait quelquefois au Havre pour rendre service à ses compatriotes, et demandait toujours des nouvelles de Pauline, conservant un éternel intérêt pour la fille de l'homme qu'elle avait aimé, profondément regretté, et dont le souvenir suffisait à ses rêveries. Le danger dans lequel Théodore lui représenta Pauline l'émut jusqu'au transport : c'était une personne à qui rien ne paraissait impossible que le mal ; elle conçut le projet d'aller trouver Pauline, et de la sauver par ses conseils. Théodore expira en lui recommandant sa jeune et malheureuse amie, et madame de Verseuil s'embarqua après avoir reçu ses derniers soupirs. Arrivée à Saint-Domingue, elle s'informe de Pauline : elle apprend qu'elle est veuve, et se flatte aussitôt de l'emmener avec elle. Son nom était connu de Pauline ; la réputation qu'elle avait laissée dans l'île, les services qu'elle avait rendus en Europe à plusieurs colons, ne permettaient pas d'ignorer ses vertus et ses lumières. Elle arrive à l'habitation de Pauline, et choisit pour lui parler l'instant où elle savait que Meltin était allé à la ville. Pauline, émue, troublée de sa visite, croit, en la voyant, qu'elle doit tout savoir, qu'elle est sa conscience. Madame de Verseuil commence par lui apprendre la mort de Théodore : un saisissement affreux, des larmes abondantes peignent une émotion qui tenait à la fois dans Pauline du remords et du regret. Madame de Verseuil lui remet une lettre qu'il a écrite en mourant, dans laquelle il l'exhorte à se livrer aux conseils de la femme respectable qui s'intéresse à son sort, et la conjure de renoncer pour toujours à la société de son cousin. Quelques mots sensibles, mais surtout des réflexions dictées par la morale et le repentir, terminaient sa lettre. Madame de Verseuil parla longtemps à Pauline : elle éprouvait, en l'écoutant, une impression impossible à rendre ; son ame se développait, des sentiments jusqu'alors incertains, confus, s'éclaircissaient et se fixaient ; elle entendait le langage qu'elle avait desiré sans le connaître ; elle voyait ouverte devant elle la route qu'elle avait cherchée ; elle retrouvait dans madame de Verseuil le caractère qu'elle s'était représenté comme une chimère, dont elle avait conçu l'idée sans en avoir rencontré l'exemple. Elle se laissait aller au premier sentiment d'un bonheur pur, lorsque tout-à-coup elle réfléchit sur la seconde faute qu'elle avait commise ; et s'éloignant avec violence de madame de Verseuil, « Non, madame, lui dit-elle, non, je ne suis pas digne de votre intérêt ; je suis une malheureuse que Meltin a de nouveau perdue : rien ne peut me relever de cet abaissement, et c'est en l'épousant que je puis expier ma honte ! — Quelle erreur ! s'écria madame de Verseuil ; vous n'avez pas encore quinze ans, et vous voulez vous dévouer au supplice d'épouser celui que vous ne pouvez estimer ? — Mais je mérite le mépris de tout le monde ; lui seul n'a pas le droit de repousser le malheur qu'il a causé. — Si jeune encore, si peu complice par votre ame des fautes qu'on vous a fait commettre, pouvez-vous croire qu'elles ne peuvent pas être réparées ? — Jamais, jamais ! la honte en est ineffaçable. — Non, Pauline, lui dit madame de Verseuil, cette honte n'existe déja plus à mes yeux. Au nom de ce père dont la vertu t'aurait préservée des piéges tendus à ton enfance, au nom de ce sentiment si tendre que son souvenir et ta présence ont fait naître dans mon cœur, viens, suis-moi dans une autre contrée ; mets l'immensité des mers, mets une éducation vertueuse entre ton enfance et ta jeunesse, et je me charge de te faire oublier la première. » Pauline fut ébranlée, Pauline céda enfin, et se jetant à ses genoux, lui jura de la suivre. « Écoutez, lui dit madame de Verseuil, il faut cacher ce secret à Meltin. Conduisez-vous généreusement avec lui ; il s'est chargé de vos affaires, qu'il en conserve la direction ; écrivez-lui simplement, mais de manière à lui ôter tout espoir de vous revoir jamais. Demain, pendant son absence, rendez-vous chez moi ; il ne sait pas que je suis à Saint-Domingue ; dans deux jours nous en partirons, dans deux jours vous serez à jamais séparée de la douleur et de la honte. » Pauline consentit à tout, et passa le jour entier dans une sorte de joie. Elle n'avait pas encore assez réfléchi pour concevoir le malheur du souvenir des fautes qu'elle avait commises, et tout lui semblait réparé. Elle frémit en voyant Meltin, et prétextant un grand mal de tête, elle échappa à la nécessité de feindre ; art coupable qu'elle ignorait, art auquel l'amour illégitime condamne, et qui fait peut-être son plus grand crime.

Le lendemain, à l'heure convenue, elle se rendit chez sa vertueuse bienfaitrice. En la voyant entrer, madame de Verseuil s'écria : « Ah ! mon Dieu, je te rends grace, elle est à toi ! » Le jour d'après, elles s'embarquèrent. Une heureuse navigation les fit bientôt arriver dans cette maison charmante que madame de Verseuil possédait à une lieue du port du Havre. La mer d'un côté, un bois touffu de l'autre, rendaient cette situation mélancolique et sombre. Là, Pauline retrouva le portrait de son père ; là, par degrés, madame de Verseuil éclaira son esprit, en élevant son ame : une morale austère n'inspirait pas tous ses discours; elle ménageait un cœur qu'il ne fallait pas tourmenter par les remords. D'ailleurs elle avait aimé, elle était sensible; ce souvenir, cette qualité mêlaient à sa vertu quelque chose de compatissant et de tendre, qui ne permettait pas de la redouter : le malheur et l'amour étaient deux mots dont le sens profond et terrible ne lui fut jamais inconnu. Quiconque versait des larmes, quiconque savait aimer, sans être encore digne d'elle, n'en fut jamais repoussé. Loin que la gaieté de Pauline s'accrût, elle disparaissait chaque jour : en adoptant cette morale parfaite que madame de Verseuil prêchait avec tant de charmes, elle prenait en horreur sa vie passée; et son aimable institutrice avait sans cesse besoin d'atténuer ses fautes à ses propres yeux. Quand Pauline lisait avec madame de Verseuil des ouvrages qui contenaient les maximes les plus pures, souvent elle la quittait avec précipitation, et courait s'enfoncer dans le bois : madame de Verseuil l'y retrouvait baignant la terre de ses larmes. Lors même qu'elle se permettait la lecture de quelques romans, elle disait souvent à madame de Verseuil : « Ceux-là du moins ont suivi les lois de la délicatesse; ceux-là avaient pour excuse l'amour. » Jamais madame de Verseuil ne pouvait relever cette ame abattue par les remords : c'était la plus vertueuse des femmes, unie à la plus coupable; le passé, inséparable du présent, la poursuivait sans cesse. Quand elle restait seule, elle s'occupait toujours; les souvenirs et l'espérance lui étaient également interdits, comment aurait-elle pu se plaire dans sa rêverie? Quand elle rendait des soins à madame de Verseuil, quand elle exécutait ses œuvres de charité, et les accroissait par ses propres bienfaits, elle paraissait heureuse; mais si le moindre mot rappelait l'Amérique, elle retombait dans le désespoir. Madame de Verseuil voulut un jour lui parler de sa jeunesse, du bonheur de l'amour, et du besoin d'être aimée : elle repoussa cette idée avec horreur. « Moi, lui dit-elle, découvrir ou cacher ma honte à celui que je choisirais! j'aimerais mieux mourir. » Elle prononça ces mots avec tant de force, elle parut si long-temps émue après les avoir dits, que madame de Verseuil chercha à la distraire de ses sombres idées, plutôt qu'à les combattre. Madame de Verseuil était bien loin de juger son amie avec tant de rigueur; elle songeait à la marier, et voulait ensevelir ainsi pour jamais dans l'oubli la dernière année de son enfance. Le nouveau monde que Pauline habitait favorisait ce dessein. Un esprit fort, une morale pure avaient guidé constamment madame de Verseuil dans tout le cours de sa vie ; mais l'extrême délicatesse d'une ame jeune et timorée lui semblait de la déraison plutôt que de la vertu. Son ascendant sur Pauline cependant ne s'étendait pas jusque là ; elle avait su la ramener dans le sentier de l'honneur, dont elle-même ne s'était jamais écartée ; mais Pauline l'y devançait par l'excès de ses remords et de ses regrets. Quatre ans se passèrent ainsi, sans que rien pût la déterminer à accompagner madame de Verseuil dans les voyages qu'elle faisait au Havre. L'aspect des hommes lui faisait horreur : la lecture seule, et la société de madame de Verseuil, pouvaient lui plaire. Elle acquit toutes les connaissances, elle développa son esprit de mille manières différentes. Sa beauté s'accrut dans le repos de la solitude ; à dix-neuf ans rien n'était plus accompli que Pauline ; quelque chose de rêveur et de sauvage donnait à sa figure un caractère romanesque ; et la surprise de l'admiration était un premier hommage que personne ne pouvait lui refuser.

Pendant un voyage que madame de Verseuil fit au Havre, Pauline, comme à l'ordinaire, avait refusé de la suivre, lorsqu'elle reçut une lettre qui lui apprit que son amie avait la fièvre. L'inquiétude la força de partir ; elle arriva, elle la trouva mieux ; elle voulut revenir aussitôt, son amie la retint malgré elle : mais dès qu'il arriva du monde, Pauline s'enferma dans son appartement. Le soir, madame de Verseuil lui en fit des reproches, et lui parla de la curiosité, de l'intérêt que cette conduite avait excité dans le comte Édouard de Cerney, colonel d'un régiment de dragons en garnison au Havre. Elle parla de ce jeune homme avec un enthousiasme extrême : Pauline y prêta peu d'attention ; mais cédant à la volonté de son amie, elle alla le lendemain matin avec elle à une fête où le comte de Cerney l'avait invitée. Beaucoup de femmes se rendirent d'abord à la promenade ; elles aimaient toutes le comte de Cerney, mais il n'en préférait aucune. A vingt-cinq ans, il vivait presque toujours seul ; l'étude était son premier penchant, et l'on croyait plus à sa sensibilité par l'expression de son visage que par sa conduite : l'amitié, l'amour ne remplissaient point sa vie ; la bienveillance et la bonté semblaient les seuls liens qu'on pût entretenir avec lui. Madame de Verseuil le peignait ainsi à Pauline, en se promenant avec elle sur l'esplanade ; mais elle ne s'apercevait pas que Pauline était suivie par tous les jeunes gens de la ville : ils s'écriaient : Qu'elle est belle! et l'environnaient avec un empressement qui commençait à devenir importun. Pauline, extrêmement troublée, dit à son amie : « Pourquoi m'avez-vous amenée ici? voilà ce qu'on me répétait à Saint-Domingue, voilà ce que je ne puis entendre sans horreur. » La foule augmentait, et la tristesse et l'effroi de Pauline ne lui permettaient presque plus de se soutenir, lorsque le comte Édouard, fendant la presse, vint à elle; il s'aperçut de son trouble, et lui donnant la main pour la conduire dans la maison voisine, « Madame, lui dit-il, c'est la première fois que de semblables hommages n'ont causé que de la terreur. Puisque vous voulez être défendue de l'admiration, souffrez que je vous propose de vous placer sur ces gradins entourés par quelques soldats, et dont la foule ne peut approcher. » Pauline lui répondit par une simple révérence; et tremblant encore de revoir le monde après quatre ans d'une solitude absolue, après tant de souvenirs douloureux, elle suivit madame de Verseuil, et se plaça avec elle sur l'amphithéâtre qu'on avait élevé. Pauline, un peu rassurée, ne put s'empêcher d'admirer le comte Édouard; sa charmante figure peignait à la fois la sensibilité et la hardiesse; une douce pâleur excitait l'intérêt, et l'expression de ses regards était animée par le courage et la fierté : des traits prononcés marquaient sa physionomie; mais ses cheveux blonds, son teint, ses longues paupières mêlaient la douceur et la timidité même à l'intrépidité des armes. Il fit manœuvrer ses dragons pendant près d'une heure avec une grace inexprimable; et chaque fois qu'il passait devant Pauline, il la saluait avec une expression de respect qui rappelait l'ancienne chevalerie. Il allait terminer ces jeux militaires, lorsqu'à la dernière manœuvre en avant, il entendit les cris d'un dragon sur lequel une partie de son régiment avait passé. Le jeune comte Édouard, ému par ces cris, oublia le danger qu'il courait. Retournant son cheval, il fut renversé lui-même par la charge de la cavalerie, et disparut sous les pieds des chevaux. Madame de Verseuil, dans l'excès de sa frayeur, s'avança avec précipitation : Pauline éprouvait un sentiment plus vif encore; mais se défiant d'elle-même, elle suivait à pas lents son amie, tandis que son cœur la devançait. Tous les dragons, consternés, étaient descendus de leurs chevaux; celui pour lequel Édouard s'était exposé, et qui n'avait reçu qu'une blessure, voulait se tuer de désespoir. Édouard, en effet, était sans connaissance, et sa respiration semblait oppressée par un coup assez fort dans la poitrine. On le rapporta dans la maison de madame de Verseuil, dont il occupait une partie; les chirurgiens arrivèrent : dès qu'ils eurent examiné les blessures d'Édouard, ils sortirent pour rassurer son régiment, qui assiégeait sa porte. Pauline s'avança vers eux pour les interroger, mais elle n'osa prononcer un seul mot : son visage cependant exprimait tellement ce qu'elle voulait dire, qu'ils lui répondirent sans qu'elle eût parlé. « Les blessures sont inquiétantes, lui dirent-ils ; mais cependant, avec des soins, on peut espérer de le sauver. » Cette réponse plongea Pauline dans une si grande rêverie, qu'elle ne s'aperçut pas d'abord qu'elle était seule au milieu de vingt officiers; mais le remarquant tout-à-coup, elle remonta précipitamment chez elle. Rentrée dans son appartement, l'agitation de son ame l'alarma, l'intérêt qu'elle éprouvait l'effraya; et le souvenir de ses premières fautes l'ayant laissée dans une défiance perpétuelle d'elle-même, elle était mille fois plus craintive qu'une femme d'une vertu sans tache. Elle s'interdit donc d'envoyer savoir des nouvelles du comte Édouard, et passa cinq heures dans un tourment inutile, causé par un scrupule exagéré. Madame de Verseuil, qui n'avait pas quitté le comte Édouard, fit demander Pauline; elle descendit : madame de Verseuil lui reprocha son absence, et lui dit que le comte Édouard s'en était plaint dès qu'il avait repris l'usage de ses sens. « Il faut que vous veniez le voir avec moi, ajouta madame de Verseuil ; toutes les dames de la ville y sont, et votre absence serait blâmée. » Pauline ne répliqua rien, et suivit madame de Verseuil en tremblant. Le comte Édouard était fort changé ; on ne pouvait le regarder sans attendrissement : toutes les femmes le témoignaient, et l'exagéraient même, pour se faire honneur et pour intéresser Édouard ; mais elles manquaient ce dernier but : car Édouard ne répondait que par une politesse fort simple à leur excessive sensibilité. Mais en voyant entrer Pauline, il fut extrêmement ému : quel éclat, en effet, que le sien! comme toutes les femmes disparaissaient auprès d'elle! Il lui parla avec plus de respect et moins de froideur; elle lui répondit avec une si grande réserve, qu'il n'osa continuer. Elle fut obligée de rester aussi long-temps que madame de Verseuil; mais à peine parla-t-elle, et toutes les femmes se persuadèrent aisément que cette belle personne n'avait pas le sens commun. Elles exprimèrent cette opinion dès qu'elle fut partie.

Édouard la combattit avec chaleur, et leur exposa, sur la modestie d'une femme, des principes qu'il ne leur parut pas galant de développer. Malgré la résistance de Pauline, madame de Verseuil la forçait à passer tous les jours deux heures chez le comte Édouard; il crachait le sang, et l'on craignait que le coup qu'il avait reçu n'eût attaqué sa poitrine. Qu'il est naturel d'aimer celui que l'on craint de perdre! qu'il l'est du moins de sentir plus tôt dans une semblable situation tout l'intérêt qu'il inspire! que les soins que l'on rend à l'objet que l'on préfère attachent fortement à lui, et qu'il nous devient nécessaire alors qu'il a besoin de nous! Le sentiment de Pauline ne pouvait se remarquer que par l'altération de son visage; aucun mot, aucun mouvement ne la trahissait, et sa volonté dominait tout ce qui pouvait dépendre d'elle. Cependant elle examinait Édouard en silence, et ses observations la forçaient à l'estimer et à l'admirer. Son ame était pleine d'énergie; il n'avait de la jeunesse que l'exagération du bien; son esprit voyait juste, mais son cœur sentait peut-être trop vivement. Un défaut, ou, si on le veut, une qualité singulière à son âge et dans son pays, le caractérisait : c'était une grande austérité de mœurs. Il avait été élevé par un père d'une vertu scrupuleuse; il l'avait perdu depuis près de deux ans, et, plein de respect pour ses opinions et ses maximes, l'opposition qu'il trouvait dans le monde à sa manière de voir l'avait fortifié et peut-être même exagéré dans ses idées; il y tenait par amour pour son père; il y tenait aussi par la fermeté naturelle de son caractère. Rien de sévère dans les jugements, aucune pédanterie dans la conduite n'éloignait de lui; mais il avait un sentiment de la perfection si vif et si sûr, qu'il s'était détaché successivement de tous ses amis, parcequ'il ne pouvait être entendu par eux : il croyait toujours les aimer, quand il s'agissait de leur rendre service; mais ces sentiments ne contribuaient point à son propre bonheur. Il avait refusé les partis les plus avantageux, parcequ'aucune femme ne lui paraissait ressembler au modèle de charmes et de vertus que son imagination et son ame desiraient de rencontrer. Son esprit, susceptible de la plus grande attention, étonnait dans ce qu'il était déja, comme dans ce qu'il pouvait devenir; et la chaleur de ses expressions ne portait jamais atteinte à la justesse de son raisonnement. Pauline le remarquait avec étonnement; mais chaque fois qu'Édouard, admirant en secret sa réserve et sa modestie, se plaisait à parler devant elle de la vertu et de la pudeur d'une femme ; lorsqu'il tâchait de lui faire entendre qu'il ne pouvait ressentir l'amour que pour une femme aussi parfaite qu'elle ; lorsqu'il répétait avec plaisir que le cœur d'une femme, dès qu'il avait connu l'amour, n'était plus digne des mêmes hommages, ne pouvait du moins mériter le même culte, Pauline sortait souvent pour cacher ses pleurs : mais, loin d'en aimer moins Édouard, elle approuvait des sentiments d'accord avec son ame, quoiqu'ils blâmassent sa conduite. Chaque jour lui donnait de nouvelles raisons de chérir Édouard et de s'en éloigner. Jamais elle n'avait connu le sentiment qu'elle éprouvait : comment comparer cet amour pur et tendre, qui confond votre vie dans celle d'un autre, qui ne vous permet plus d'exister que pour lui, avec ce délire d'une imagination égarée qui, s'élançant au-devant du bonheur, prend pour lui le premier objet qui s'offre à ses regards, et, promptement détrompée, cherche en vain à prolonger son illusion ? Pauline lisait dans son propre cœur ; elle jugeait toute la force de la passion qu'elle ressentait ; mais résolue à se dominer, madame de Verseuil elle-même ne pouvait la deviner. Édouard, timide et tremblant, n'osait adresser un seul mot d'amour à l'objet qu'il adorait ; elle causait librement avec lui sur des objets indifférents ; lui-même, entraîné par son esprit, par celui de Pauline, trouvait du charme dans ces conversations : un intérêt plus vif semblait animer leurs discours; ils ne parlaient de rien ensemble comme ils en auraient parlé à d'autres : mais dès que le comte voulait seulement approcher du sujet dont son cœur aurait eu tant de besoin de s'entretenir, l'air froid et sérieux de Pauline le forçait à s'arrêter aussitôt.

Cependant la santé d'Édouard, depuis deux mois, ne se rétablissait pas ; l'air de la campagne lui fut ordonné, et madame de Verseuil lui proposa un appartement chez elle. Comme son vœu le plus cher était d'unir Édouard avec Pauline, elle favorisait ses sentiments. Pauline montra à son amie un mécontentement extrême de la proposition qu'elle avait faite au comte; ces reproches, plus vifs qu'il n'appartenait au caractère de Pauline, entraînèrent madame de Verseuil à se plaindre de son ingratitude envers celle qui ne voulait que son bonheur, et croyait l'assurer en l'unissant au comte Édouard. Pauline, profondément émue, se repentant d'avoir pu déplaire à son amie, embrassa ses genoux en fondant en pleurs : « Ah ! s'écria-t-elle, avez-vous donc oublié qui je suis?

quelle chimère poursuivez-vous pour moi ? quel présent avili voulez-vous faire à l'homme que vous aimez ? — Cruelle, répondit madame de Verseuil, n'ai-je pas le droit de te juger ? n'ai-je pas formé ton ame ? ne sais-je pas combien elle est digne d'Édouard ? — Otez donc, s'écria Pauline, ôtez donc de mon cœur les souvenirs qui me dégradent ; faites que je me supporte moi-même : je croirai alors peut-être mériter l'opinion des autres. Sans doute (pourquoi vous le cacherais-je?), sans doute Édouard est l'objet le plus parfait que mon imagination ait pu se peindre ; mais je m'estime trop pour me croire digne de lui, mais il m'en coûterait trop pour confier ma honte à sa vertu. Je suis condamnée à l'éternel supplice d'éprouver un attachement que je ne mérite pas d'inspirer ; le passé a jeté sur ma vie un sort dont rien ne peut me délivrer ; mes nouveaux sentiments ont fait naître dans mon ame des regrets plus amers, sans nouvel espoir. » Madame de Verseuil allait lui répondre ; Édouard entra ; il vit que Pauline avait pleuré, il s'approcha d'elle avec précipitation ; elle couvrit son visage, il saisit sa main, et prononça deux fois son nom avec une émotion inexprimable. « Jamais, jamais, » lui dit-elle, répondant à sa pensée, et s'enfuit aussitôt. Édouard resta immobile ; madame de Verseuil tâcha de le rassurer, en rejetant sur la timidité de sa nièce et sur la crainte d'un nouveau lien les mouvements extraordinaires dont il avait été le témoin. Elle ranima son espérance. Ils partirent tous les trois pour la campagne. Édouard et Pauline en se voyant, en se parlant sans cesse, sentaient tous les jours accroître leur passion l'un pour l'autre ; mais la résistance de Pauline semblait augmenter à proportion de son admiration pour son amant : cet inconcevable mystère le désespérait, il implorait madame de Verseuil pour le lui découvrir ; ses réponses vagues ne le satisfaisaient pas. Madame de Verseuil, en se promenant un jour avec lui, en écoutant ses louanges sur la pureté du cœur de Pauline, sur la réserve de ses manières, se hasarda à lui demander s'il ne croyait pas possible d'aimer et d'estimer une femme qui, revenue des premiers égarements de sa jeunesse, les aurait expiés par son repentir. « Je crois, lui répondit-il, que devant Dieu et devant les hommes tous ses torts sont effacés ; il existe un seul objet aux yeux duquel elle ne peut les réparer, c'est son amant ou son époux. Ce n'est point comme moraliste que je considère une question que, sous ces rapports généraux, l'indulgence doit résoudre ; c'est comme homme sensible, comme homme qui

sait aimer avec idolâtrie, que je n'hésite pas à prononcer qu'il ne peut exister de bonheur avec une femme dont les souvenirs ne sont pas purs ; elle est nécessairement inquiète de l'opinion que sont amant peut avoir d'elle ; il craint lui-même de prononcer un seul mot qui l'humilie, et cette défiance mutuelle leur fait sentir qu'ils sont deux. Le cœur d'une femme n'est dans toute sa perfection que quand il s'ignore lui-même ; et les impressions qu'elle reconnaît, les émotions qu'elle se retrace n'ont jamais la même énergie. Si malgré ses fautes elle aime pour la première fois, l'on a flétri son cœur avant de le toucher ; si elle a déjà connu l'amour, elle compare sans cesse ce qu'elle a éprouvé avec ce qu'elle ressent, et les souvenirs prêtent un grand charme aux sentiments ; ils sont plus touchants dans l'éloignement du passé. D'ailleurs une femme qui fait un second choix sait par son expérience qu'on peut cesser d'aimer ; et dès que l'on conçoit cette idée, il n'y a plus de véritable amour. — Que vous êtes injuste et sévère ! lui répondit madame de Verseuil : quoi ! vous ne croyez pas qu'un cœur puisse s'épurer par le repentir ? quoi ! vous ne sentez pas qu'une femme, malheureuse par ses premiers égarements, s'attache avec plus de transport à l'homme qui les lui pardonne, et, croyant lui devoir son existence entière, ajoute à la passion tous les liens de la reconnaissance ? D'ailleurs il est des torts si étrangers à l'ame, tellement excusés par les circonstances qui les accompagnent, qu'ils ressemblent bien plus à un malheur qu'à une faute. — Cela se peut, répondit Édouard, mais je veux m'unir à celle que j'admire plutôt qu'à celle à qui je pardonne ; et ce sentiment est si fort en moi, que si j'aimais une femme qui réunit tous les agréments de Pauline sans avoir toujours possédé ses vertus, j'en mourrais de douleur ; mais je m'en séparerais, non pour moi, mais pour elle ; non peut-être même à cause de ses torts, mais parceque je les saurais, et qu'elle serait malheureuse et presque humiliée de la générosité que j'exercerais envers elle. »
Ces derniers mots fixèrent d'autant plus l'attention de madame de Verseuil, qu'ils semblaient la confirmer dans son dessein. Son ame était honnête ; mais elle voulait le mariage de Pauline à quelque prix que ce fût, et ce desir passionné l'égara. Édouard se montrait si tendre, il parlait de son amour avec tant d'énergie, de son malheur avec un désespoir si sombre, que Pauline, attendrie, était prête à lui révéler son secret ; rien ne servait à le lui faire deviner ; elle lui disait quelquefois : « Un obstacle invincible

nous sépare; je ne suis pas digne de vous. » Son enthousiasme pour elle était si grand, le caractère de Pauline était si parfait, sa conduite si pure, que rien ne pouvait exciter un soupçon dans le cœur d'Édouard; souvent il la louait avec un enthousiasme qui lui perçait le cœur, et repoussait ainsi la triste confidence à laquelle Pauline était au moment de se décider. Enfin un jour elle alla trouver madame de Verseuil, et lui peignant sa passion pour Édouard, « Il faut que je choisisse, lui dit-elle, entre l'aveu de ma honte ou le sacrifice absolu de mon amour ; je ne puis continuer de voir Édouard, je ne puis nourrir dans son ame un sentiment qui fera son malheur ; il faut me séparer moi-même de cet objet qui m'est si cher, ou lui donner la force de le faire, en me montrant à lui, non telle que je suis, mais telle que j'ai mérité qu'on me juge. » Madame de Verseuil effrayée lui raconta, quoique en l'altérant, une partie de sa conversation avec Édouard; et se servant de son ascendant sur elle, peut-être même du prix qu'elle attachait à l'amour d'Édouard, à ce sentiment qu'elle craignait de perdre avec son estime, elle sut enchaîner sa confiance : madame de Verseuil lui peignit avec force l'austérité du caractère d'Édouard, lui jura qu'il était assez sage pour desirer lui-même d'ignorer les torts de celle qu'il aimerait; et fortifiant dans Pauline le sentiment de honte et de modestie qui l'avait retenue tant de fois, elle en obtint la promesse de garder son fatal secret. Mais rien ne put la détourner d'ordonner au comte de s'éloigner, et de renoncer à elle pour toujours, malgré les prières de sa véritable mère, de celle à qui elle devait bien plus que la vie ; elle alla trouver Édouard, et n'ayant pas la force de soutenir longtemps l'effort qu'elle faisait sur elle-même, elle lui dit sans ménagement, et avec une précipitation extrême, qu'elle le priait de partir, et de ne la revoir jamais. A ces mots, il tomba sans connaissance à ses pieds ; peu s'en fallut qu'elle n'expirât à cette vue; elle appela du secours, et lui prodigua les noms les plus tendres : le délire de la passion au désespoir se peignait dans les paroles entrecoupées et sans suite que lui inspirait le touchant spectacle de cet amant si cher expirant à ses pieds. Madame de Verseuil accourut ; on ranima Édouard. Pauline rassurée se retira ; madame de Verseuil, servant pendant deux jours d'interprète aux deux amants, essaya, mais en vain, d'ébranler la résolution de Pauline. Édouard enfin lui fit dire qu'il partirait le lendemain ; Pauline interroge madame de Verseuil pour savoir avec quel accent il avait prononcé ces mots terribles. « Avec fermeté et tristesse, lui dit-elle; c'est tout ce que j'ai remarqué : vous faites son malheur et le mien, Pauline : ce n'est pas là de la vertu. » Elle sortit après ce reproche, et laissa Pauline à ses réflexions. La plus belle soirée du monde succédait au plus beau jour. Pauline prit sa harpe, dont elle avait joué tant de fois pour son amant; se flattant peut-être que le hasard l'amènerait sous sa fenêtre, elle chanta cette romance qu'elle n'avait jamais osé lui faire entendre, parcequ'elle suffisait pour l'éclairer :

> Édouard, renonce à me suivre,
> Je suis indigne de ta foi;
> Pour ton bonheur je ne puis vivre,
> Mais j'ose encor mourir pour toi.
> C'est désormais la seule gloire
> Qui puisse contenter mon cœur;
> Tu peux avouer ma mémoire,
> Et ma vie est ton déshonneur.
>
> Ce cœur si pur qu'en toi j'admire,
> De te quitter me fait la loi;
> J'ai profané ce qu'il m'inspire,
> Et le passé s'attache à moi.
> En vain, par l'amour enivrée,
> Je ne veux voir que l'avenir :
> Mon ame est bientôt dévorée
> Par le tourment du souvenir.
>
> Je nourris encor l'espérance
> Que tu peux toujours me chérir;
> Au sein de cette confiance
> Il faut se hâter de mourir.
> Mon secret pourrait la détruire;
> Et, dans l'abîme des douleurs,
> J'aurais, pour un jour de délire,
> Privé mon tombeau de tes pleurs.

Pauline écouta quelque temps, après avoir fini de chanter : elle n'entendit rien; les occasions qui auraient pu amener une explication entre elle et son amant semblaient la fuir, et le courage lui manquait pour les faire naître. Elle n'était pas sortie, dans la crainte de rencontrer Édouard : mais il allait partir dans la nuit même, elle ne devait plus le revoir; il pouvait la croire ingrate, insensible; elle se reprochait une personnalité coupable qui l'empêchait de diminuer aux yeux de son amant le prix de l'objet qu'il perdait : le repentir s'empara de son ame; le besoin d'entendre encore celui qu'elle aimait avec tant d'ivresse fit naître et fortifia ces réflexions. Elle descendit d'abord dans le jardin, espérant que le hasard la servirait. Elle se promène jusque sur le bord de la mer, et, s'abîmant dans sa rêverie, elle songe à l'invariable tableau du passé, à l'effrayant aspect de l'avenir; et son ame, plongée dans la mélancolie, s'élève vers le ciel, dont l'indulgence peut seule effacer les souvenirs. Un bosquet la cachait; elle entend du bruit, elle regarde sur le rocher qui s'avançait dans la mer; elle aperçoit son amant à genoux, les cheveux épars, et dans l'attitude du désespoir. Aussitôt elle devine son projet, aussitôt elle en est certaine, et, craignant le temps qu'il faut pour monter jusqu'à lui, « Édouard, lui cria-t-elle, Édouard, arrêtez! » Il entend sa voix, il se lève, il la voit prête à s'élancer vers lui. « N'approchez pas, lui cria-t-il, ou je me jette à l'instant dans cet abîme, pour y fuir votre ascendant. » Pauline effrayée, n'osant avancer, tombe à genoux et l'implore. « Au nom de l'amour que j'ai pour toi, Édouard! — De l'amour, barbare! dis de la haine. — Descends, viens près de moi. — Non, non, répondit-il avec fureur, tu vas jouir! » Et son mouvement fut terrible. « Je suis à toi, lui cria-t-elle, je suis ta femme. « Elle n'en put dire davantage; mais il l'entendit. « Écoute, ne m'abuse pas; jure devant Dieu, devant cette mer qui m'allait prêter son asile, que tu m'aimes, et que ton sort sera demain pour jamais uni au mien. — Je le jure, » dit Pauline. Elle s'évanouit en prononçant ces mots; la terreur avait captivé quelques moments son ame prête à s'échapper; mais, rassurée, elle n'avait plus la force de vivre. Édouard, enivré de son bonheur, ému peut-être aussi d'avoir contemplé la mort d'aussi près, rapporta Pauline au château comme un homme égaré; il ne s'apercevait pas du danger que son état lui faisait courir; il croyait en être entendu, il croyait qu'elle lui répondait. Madame de Verseuil le tira de cette absorption effrayante en secourant Pauline. Dès qu'elle fut revenue à elle, Édouard, transporté, courut au Havre pour préparer la cérémonie du lendemain. Madame de Verseuil, restée seule avec Pauline, lui représenta avec force que c'était donner une seconde fois la mort à Édouard, que de mettre un obstacle quelconque à leur union; Pauline, ébranlée par le spectacle affreux dont elle avait été témoin, par l'image de son amant prêt à se précipiter dans la mer, n'était pas entièrement à elle. Le bonheur suprême qui l'attendait, le sentiment de la faute qu'elle allait commettre, la plongeaient dans une sorte d'égarement dont les effets ne pouvaient ni se prévoir, ni se juger. Édouard revint, Pauline ne disait pas un seul mot : Édouard était inquiet de son bonheur, il sentait bien qu'il l'avait usurpé ; il ne voulait pas se l'avouer, et prononçait seulement quelques phrases sans suite, et d'un sens souvent contraire, sur l'état où il voyait Pauline. Madame de Verseuil ne les quittait pas, et contenait sa pupille par l'ascendant de sa présence. On eût dit qu'Édouard, d'accord avec madame de Verseuil, voulait confirmer ce qu'elle avait dit à Pauline ; il lui répétait, comme s'il eût encore conservé quelques craintes, que sa vie était attachée à ce qu'elle ne changeât rien à sa situation présente ; qu'il se sentait dans l'impossibilité de rien perdre de son bonheur sans en mourir ; qu'il n'avait jamais éprouvé ce qu'il ressentait, et que pour la première fois il reconnaissait qu'il est des moments de la vie où toute puissance sur soi-même est anéantie. Quand Pauline voulait parler, il l'interrompait, dans la crainte d'entendre un seul mot qui troublât le sentiment du bonheur dont il jouissait depuis si peu d'instants. Enfin, le prêtre, qu'on ne croyait mandé que pour le lendemain, arriva le soir même, sans qu'Édouard et Pauline fussent restés seuls un instant. Pauline prononça les vœux les plus chers à son cœur, comme une victime qui se dévoue. Si son époux, à travers sa douleur, n'eût pas vingt fois reçu l'assurance de sa passion pour lui, la peine qu'elle témoignait l'aurait empêché d'accepter sa main ; mais, certain d'être aimé, il attribuait à la pudeur, à une bizarrerie de caractère l'état affreux de Pauline. Madame de Verseuil l'entretenait dans cette idée, et son bonheur faisait le reste. Dès que la cérémonie fut achevée, madame de Verseuil prit à part Pauline, et lui dit : « Je n'ai pas besoin, je crois, de vous apprendre que vous seriez la plus coupable personne du monde maintenant, si vous pouviez confier votre secret à votre époux. Vous troubleriez à jamais son bonheur, et c'est alors qu'il pourrait avec justice vous reprocher un mystère tout à la fois gardé et révélé pour son malheur. — Ah ! sans doute, lui répondit Pauline, sans doute une première faute rend la seconde nécessaire ; mais c'est vous seule qui m'avez entraînée, vous seule qui faites le crime et le désespoir de votre coupable Pauline. — Cruelle, lui dit madame de Verseuil en versant des pleurs, suis-je donc si coupable d'ensevelir dans l'oubli un secret dont les mers et le temps nous séparent à jamais ; un secret que toi seule peux apprendre à ton époux, et dont il détesterait lui-même la fatale connaissance? Ces reproches sont-ils le prix que tu devais à ma tendresse ? — Ah! ma mère, ah! mon amie, pardon, pardon, s'écria Pauline : le sort en est jeté; puisse-t-il être heureux! puissiez-vous ne pas vous repentir de tout ce que vous avez fait pour moi! » Édouard entra; il venait de recevoir une lettre d'affaires qui l'obligeait à partir pour Paris dans peu de jours; il demanda à Pauline de l'accompagner; mais elle le supplia de permettre qu'elle fixât à jamais sa demeure dans cette solitude, et lui rappelant ses goûts et ses promesses, elle obtint son aveu.

Les premiers jours de l'union de Pauline et d'Édouard ne ressemblèrent pas au commencement du lien le plus heureux qui soit sur la terre, quand c'est l'amour qui l'a formé. Pauline avait un sentiment de tristesse et de honte, un desir, une crainte de parler, qui devaient paraître extraordinaires à son époux; mais il attribuait à la timidité un trouble qui, cependant, avait encore d'autres caractères; et la douleur que Pauline témoignait de son départ, la passion qu'elle montrait pour une solitude qui devait les réunir sans aucune distraction, calmaient toutes ses craintes. Il partit enfin, et les larmes de Pauline marquèrent ce cruel instant. Pendant une absence de deux mois, madame de Verseuil déchira plusieurs fois des lettres de Pauline pour Édouard qui contenaient le récit de ses fautes; mais dès l'instant que Pauline s'aperçut de sa grossesse, ses incertitudes cessèrent, sa résolution fut prise; elle vit son époux dans l'impossibilité de l'abandonner, elle sentit le besoin de l'attacher chaque jour davantage à la mère par l'enfant, et à l'enfant par la mère; et, calmée par l'idée d'un devoir, elle fut moins tourmentée par son secret. Édouard revint; le bonheur d'être père l'enivrait d'avance. Quand la Providence réunit à ce lien si cher tout le prestige de l'amour; quand l'enfant qu'on chérirait comme le sien est encore l'image de l'objet qu'on aime; quand on retrouve dans l'ame qu'il est si doux de développer celle qu'il est si doux de reconnaître, quel bonheur peut exister au-delà de cette intime réunion des sentiments les plus faits pour le cœur de l'homme? Malheur à celle qui n'a pas connu le bonheur d'être mère! plus malheureuse mille fois la femme infortunée qui l'a connu pour le perdre, et voit dans chaque année qui s'écoule celle qui devait accroître les qualités ou les charmes de son enfant! Malheur aussi à celle qui a reçu ce bienfait sans en jouir, et dont le cœur a pu méconnaître un attrait aussi involontaire qu'ineffaçable! Pauline, Édouard surent goûter un tel bonheur; et tous les devoirs, animés par la passion la plus vive, occupèrent leur ame. Du moment où Pauline eut donné le jour à un fils, elle fut véritablement heureuse; elle repoussait des regrets douloureux pour s'occuper de son époux, de son enfant, et de madame de Verseuil; elle évitait avec soin toutes les conversations qui pouvaient ramener au temps de son premier mariage; et si ces souvenirs lui coûtaient encore des larmes, elle se persuadait qu'elle acquittait assez par cette peine le tribut que l'humanité doit au malheur. Hélas! quelle erreur était la sienne! quelle triste loi du sort égalise les destinées! loin que cette pensée console les ames douces, c'est en contemplant le bonheur des autres qu'elles supporteraient mieux leur propre infortune. Un jour Édouard était allé dîner au Havre; il revint plus tard qu'il ne l'avait annoncé. Pauline alla au-devant de lui; elle vit sur son visage une altération inexprimable : il voulut le nier, elle n'en fut que plus certaine; et dans l'instant son émotion devint si vive, qu'Édouard ne fut plus le maître d'y résister. Depuis un an il n'avait pas eu un seul mouvement caché pour elle : dans une telle union il ne peut exister un secret. « Eh bien! lui dit-il, vous le voulez : vous serez peut-être indignée de me voir de la colère quand je ne devrais témoigner que du mépris; mais ma passion pour vous et pour votre gloire est mon excuse. Je dînais aujourd'hui chez un négociant que vous connaissez : un homme dont j'ignorais le nom, mais arrivé de Saint-Domingue depuis hier, s'y trouva. La conversation tomba sur la beauté des femmes; un jeune officier dit que la pupille de madame de Verseuil était la plus belle personne qu'il eût vue de sa vie. « Qui? s'écrie cet étranger, Pauline de Gercourt, la veuve de M. de Valville? — Oui, répondit l'officier. — Ah! je l'ai connue beaucoup, reprend l'étranger : ce que vous dites est vrai; mais si son caractère s'est formé comme ses traits, elle doit être un peu vive maintenant : quand elle est partie, à l'âge de quatorze ans, elle n'avait encore cédé qu'à deux inclinations. Je pense que depuis vous vous êtes chargés de vaincre des principes aussi sévères. » La fureur m'a transporté. On a voulu d'abord l'avertir du lien qui nous unit, mais j'ai exigé le silence. L'étranger a soutenu son horrible calomnie; mais, s'apercevant à la fin de l'imprudence qu'il avait commise, le mépris dont je l'avais couvert ne lui a pas permis de se rétracter. Il s'appelle Meltin. » Pendant qu'Édouard achevait ce récit, une pâleur mortelle couvrit le visage de Pauline ; tout son corps tremblait, et la violence de son agitation ne lui permettait pas de prononcer une seule parole. Édouard la regardait avec un mélange d'étonnement et de terreur impossible à décrire. Était-ce l'indignation, était-ce un autre sentiment qui glaçait la langue de Pauline? Ce mystère inexprimable qui l'avait si long-temps détournée de s'unir à lui, ces discours souvent répétés qui lui avaient paru vides de sens alors, pouvaient-ils être ainsi interprétés? Une affreuse lumière se répandait sur le passé, et décolorait l'avenir. Ils restèrent quelque temps l'un et l'autre dans cette situation affreuse. Édouard craignit un moment que Pauline ne le soupçonnât d'avoir mal repoussé cette mortelle injure, et que ce sentiment qu'elle n'osait exprimer ne fût la cause de son silence. « Je le reverrai demain, lui dit-il, ce vil calomniateur. » Ces mots, que Pauline n'entendit que trop, lui rendirent la force de parler. « Non, s'écria-t-elle, vous ne le reverrez pas : ce n'est point un calomniateur, cet homme ; il a dit la vérité ; lui-même fut un des objets dont le choix me déshonore ; l'autre est mort dans ces lieux mêmes. Je t'ai caché ma honte, pour conserver ton estime ; il est juste de la perdre, il est heureux d'en mourir : mais si j'ai mérité ta pitié par ma passion pour toi, renonce à cet horrible combat dont je suis l'indigne cause ; épargne-moi ce supplice ; donne-moi la mort, mais sans me faire passer par des tourments au-dessus de tous les crimes : je la demande, je l'attends de ta pitié. » Édouard ne l'entendait plus ; il était anéanti : la destruction du monde l'eût moins étonné ; tout semblait s'écrouler à ses yeux. Un moment il crut Pauline égarée par la crainte du danger qu'il allait courir ; et, saisissant cette lueur d'espérance, « Calme-toi, s'écria-t-il ; quelle fureur insensée t'égare? » Il voulut, en disant ces mots, la presser contre son cœur. « Ne m'approche pas, lui dit-elle avec une sombre dignité, je ne suis pas digne de toi ; tu me retrouveras dans les bras de la mort ; c'est dans cet instant seul que j'oserai te parler encore : maintenant laisse-moi. » Édouard, prosterné devant elle, ressentait à la fois la terreur et le respect. Madame de Verseuil entra dans cet affreux moment ; Pauline frémit en la voyant. « Madame, lui dit-elle, j'ai suivi vos conseils, apprenez-en l'effet. » Alors, avec un accent étouffé, elle lui raconta ce qui venait d'arriver à son époux. « Maintenant, lui dit-elle, vous sentez si je puis vivre ; mais joignez-vous à moi pour obtenir d'Édouard qu'il renonce au combat affreux qui me tue : c'est le dernier de mes vœux. » Quel cruel moment pour madame de Verseuil ! Elle se repentit de ses funestes avis ; mais, avide d'excuser Pauline, elle fit à son époux le récit des circonstances qui pouvaient diminuer ses premiers torts, et de la violence qu'elle lui avait faite pour l'empêcher de les révéler. Édouard parut surtout écouter cette dernière partie de la justification de Pauline. Quand madame de Verseuil eut fini de parler, il se retourna vers Pauline : son visage défiguré portant tout-à-coup la terreur dans son ame, il se précipita à ses pieds. « Pauline, lui dit-il, Pauline, crois-tu donc que je ne t'aime plus ? — Tu m'aimes, s'écria-t-elle, tu m'aimes encore ! oh ! mon Dieu, je vous rends graces ; mes derniers moments ne seront point affreux, mon enfant pourra quelquefois lui prononcer le nom de sa mère. » Mais à ce mouvement d'attendrissement un autre succéda promptement ; elle se jeta aux pieds d'Édouard pour obtenir qu'il ne retournât pas le lendemain au Havre. Il lui fit bientôt sentir qu'elle exigeait son déshonneur. Convaincue de cette horrible vérité, pendant quelques instants elle fit une prière, et, se relevant ensuite, elle se retourna vers Édouard, qui, voyant paraître le jour, calculait déjà les instants de son départ. « Ce soleil qui se lève, lui dit-elle, peut être le dernier pour nous deux. Je ne peux plus vivre pour mon époux, mais le droit de mourir pour lui me reste encore. Bénis ton enfant, ajouta-t-elle en le menant vers son berceau ; je puis le bénir aussi, car mes remords, je le sais, m'ont fait trouver grace devant Dieu. Toi, lui dit-elle, que j'ose encore adorer, c'est à tes genoux que je puis te le dire : tu vas risquer ta vie pour moi ; ce sont mes fautes, et plus encore ma fatale dissimulation, qui te conduisent dans cet affreux danger ; mais tu es bon, tu es généreux, tu me plains encore, parceque ton cœur sait que je souffre. » Édouard voulut lui parler. « Ne dis rien, lui répondit-elle, tout est dit. » L'heure approchait ; Édouard part. Pauline, avec ce courage qui naît du désespoir, l'accompagne, et lui dit adieu. Madame de Verseuil, inquiète de ce calme apparent, suivait tous ses mouvements d'un air troublé, et la voyait avec crainte se promener sur le bord de la mer. « Soyez tranquille, lui dit-elle ; est-ce que j'ai besoin de me tuer ? est-ce que la douleur ne m'en répond pas ? » Deux mortelles heures se passèrent ainsi, deux heures plus affreuses peut-être encore pour Pauline que pour une personne à qui quelque espoir de bonheur serait resté. Un courrier arrive ; il portait un billet d'Édouard pour Pauline. « J'ai eu le malheur, lui disait-il, de « tuer mon adversaire ; quelque coupable qu'il fût, je gémis de « sa mort. Cette cruelle affaire me retient encore quelques heu- « res. Je conjure Pauline, qui ne peut cesser de m'être chère, « de se calmer en attendant. » « Vous le voyez, dit-elle à madame de Verseuil, le sang d'un homme retombe sur ma tête ; c'est moi qui fais périr Meltin : que d'horreurs autour de moi ! que de crimes m'environnent ! Ah ! ma mère, sauvez-moi. » Madame de Verseuil, au désespoir elle-même, cherchait en vain à calmer cette ame mortellement atteinte. Elles virent revenir Édouard ; Pauline n'osa point aller au-devant de lui : il s'approcha d'elle ; mais on pouvait apercevoir qu'il craignait déjà de ne pas lui marquer assez d'empressement ; il affecta d'éloigner les tristes sujets de peine qui le déchiraient ; et Pauline, observant ce soin, connut qu'il y pensait bien plus que s'il en eût parlé. « Quoi ! lui disait-il en la voyant changer chaque jour, ne suis-je pas le même pour toi ? — Mieux, lui dit-elle, peut-être, mais pas le même : d'ailleurs, vois-tu cette ombre qui me poursuit, cet homme dont j'ai causé la mort ? vois-tu dans l'avenir notre bonheur à jamais troublé, ta confiance perdue ? Édouard, laisse-moi mourir. » Édouard était le plus malheureux des hommes ; son caractère ne lui permettait pas d'oublier des torts qui l'avaient si sensiblement affecté, et son amour pour Pauline lui faisait craindre de témoigner la peine qu'il ressentait : inquiet, agité près d'elle, il se promenait souvent seul. Pauline n'osait pas aller le chercher ; elle restait auprès du berceau de son enfant ; il la retrouvait baignée de pleurs ; il voulait lui parler, elle l'interrompait toujours ; lui-même, incertain de ce qu'il voulait dire, suivait un autre discours. Madame de Verseuil s'accusait sans cesse du conseil qu'elle avait donné à Pauline ; car le tort qui désespérait Édouard, c'était le mystère que Pauline lui avait fait de ses fautes. Peut-être le temps eût-il fait renaître le bonheur dans cet asile jadis si délicieux, lorsqu'une des femmes de Pauline vint apprendre un matin à Édouard que toute la nuit sa maîtresse avait été tourmentée par une fièvre ardente. Édouard à l'instant envoie chercher un médecin, court chez Pauline, et la trouve dans le délire, prononçant son nom sans cesse, en y ajoutant seulement ces mots : *Il ne m'aime plus!* Quel spectacle pour lui ! quels remords ! Que son amour avait de force alors ! Combien toute autre idée était bannie de son cœur! C'était sa Pauline, telle qu'il l'avait aimée, telle qu'elle était jadis à ses yeux ; c'était elle qu'il adorait. Madame de Verseuil, assise à côté du lit de Pauline, était plus effrayée qu'Édouard même. Elle connaissait le cœur qu'elle avait formé, elle avait jugé la profondeur de son désespoir. Le médecin arriva, et parut fort inquiet. Édouard l'excitait à le tromper ; Édouard repoussait une terreur trop déchirante. Trois jours se passèrent ainsi sans que la raison revînt à Pauline ; les discours qu'elle tenait n'en étaient que plus touchants. Ce nom chéri que son délire la forçait à répéter aussi souvent qu'il s'offrait à sa pensée ; cette idée dominante qu'elle exprimait par les mêmes mots, parcequ'elle lui causait toujours la même douleur, faisaient éprouver à chaque instant une peine nouvelle à son malheureux époux. Enfin, après trois jours, la raison revint à Pauline ; Édouard la crut sauvée. Elle s'aperçut d'une erreur que la triste madame de Verseuil ne partageait pas. « Mon ami, dit-elle à Édouard, perds une illusion qui pourrait rendre plus amer le moment qui doit nous séparer ; il faut nous dire un éternel adieu. — Cruelle ! s'écria Édouard, c'est toi qui veux me quitter, c'est toi qui me méprises assez pour soupçonner ma tendresse ! Va, j'abjure ce que j'ai pu croire avant de t'avoir connue ; je proteste à tes pieds que Pauline est aussi parfaite, aussi sublime à mes yeux que dans les jours heureux dont nous avons joui. Le temps et l'amour ont épuré ton ame ; vis pour élever ton enfant, vis pour être adorée par l'homme infortuné qui se croit seul coupable. — Ne pense pas, lui répondit Pauline, qu'une imagination fanatique exagère à mes yeux des fautes que mes remords ont effacées devant Dieu ; je crois qu'il me les a pardonnées, et j'expire sans crainte. Mais le bonheur de l'amour tient encore à des sentiments plus délicats ; les erreurs de ma jeunesse, le tort plus grand encore d'avoir pu te les cacher, ont flétri pour jamais cette félicité qui, par sa perfection même, ne pouvait souffrir d'altération. En mourant, je me crois digne de toi ; l'excès de ma passion t'est prouvé ; c'est le dernier souvenir que je te laisse, c'est le seul qui se retrace quand l'objet qui nous fut cher n'existe plus. Vois, Édouard, si je ne suis pas heureuse d'anéantir ainsi toutes les barrières qui séparaient ton ame de la mienne. Nous nous réunirons dans le ciel, et jusqu'à ce moment mon image restera dans ton cœur, comme elle y fut jadis. Et vous, ma mère, dit-elle à madame de Verseuil, vous à qui je

dois les sentiments et peut-être les vertus qui m'honorent et me consolent, consolez Édouard, et veillez avec lui sur mon enfant. »
On apporta son fils sur son lit : les cris de son époux, les caresses de son enfant, les pleurs de madame de Verseuil, épuisèrent ses forces, et, s'affaiblissant par degrés, elle expira. Je ne peindrai point le désespoir de son époux et de madame de Verseuil : qui pourrait intéresser après elle? Je dirai seulement que la douleur et les remords du conseil qu'elle avait donné à Pauline terminèrent en peu de temps les jours de madame de Verseuil, et qu'Édouard, dévoré par ses regrets, tourmenté par la juste crainte de n'avoir pu dompter son caractère quand il en était temps encore, s'enferma dans une solitude absolue, où il ne vécut que pour élever l'enfant que son amour pour Pauline lui rendait si précieux.

ZULMA,

FRAGMENT D'UN OUVRAGE.

AVANT-PROPOS.

Cet épisode était d'abord destiné à tenir lieu du chapitre de l'Amour, dans un ouvrage sur l'Influence des Passions, dont je vais publier la première partie. M'étant depuis décidée à suivre dans tout le cours de ce livre la forme de l'analyse, je fais imprimer ce morceau séparément. Il faut peut-être expliquer dans quel objet il a été composé. J'ai voulu, pour peindre l'amour, offrir le tableau du malheur le plus terrible et du caractère le plus passionné. Il m'a semblé que ce sentiment ne pouvait avoir toute l'énergie imaginable que dans une ame sauvage et un esprit cultivé; car la faculté de juger ajoute beaucoup à la douleur, quand cette faculté n'a rien ôté à la puissance de sentir. Enfin, j'ai cherché une situation où il y eût tout à la fois du désespoir et du calme, où l'être infortuné pût s'observer lui-même, et fût contraint à peindre ce qu'il éprouve. Il n'est pas alors dans ce trouble plus touchant, mais aussi moins amer, où l'on perd le pouvoir de s'exprimer. Quand le malheur est irrévocable, l'ame retrouve une sorte de sang-froid qui permet de penser sans cesser de souffrir. C'est dans un tel état que la passion devrait être la plus éloquente; j'ai tenté d'y placer Zulma. Cet écrit, qui, plus que tout autre, appartient à mon ame, m'intéressait assez pour excuser mes observations.

J'étais prisonnier chez les sauvages qui habitent les bords de l'Orénoque ; mais comme ma rançon était stipulée, je jouissais de quelque liberté parmi eux. Un long séjour dans leur contrée m'avait permis d'apprendre leur langue , et l'un de leurs vieillards, que j'avais connu jadis dans une de mes courses à Lima, me témoignait une amitié particulière ; son âge lui donnait des droits à l'exercice du gouvernement. Ces sauvages ne connaissant pas la première base de toute réunion sociale, la propriété, leurs peuplades errantes adoptaient pour chefs ceux qui devaient à une longue expérience cet esprit conservateur, ange gardien des destinées humaines. Un matin, je fus réveillé par le bruit des instruments militaires : je crus que la guerre allait recommencer. Le vieillard qui me protégeait vint à moi, et me dit : « Ce jour est le plus cruel de ma vie, je vais donner à mes concitoyens une douloureuse preuve de mon dévouement ; je suis appelé, par mon âge et par le sort, à juger un coupable : sept d'entre nous sont condamnés à ce triste devoir. On dit que le crime qui va nous être exposé ne peut être pardonné ; mais quand ma voix prononcera la sentence de mort, mon cœur déchiré pourra-t-il savoir s'il n'abuse pas du droit de l'homme sur l'homme, et ne s'arroge pas la vengeance divine? Après ce jugement, je serai huit jours sans vous voir : c'est un usage établi parmi nous, que les juges qui ont condamné à la peine de mort restent enfermés seuls pendant une semaine, et soient rassemblés de nouveau après ce temps, pour confirmer ou casser leur jugement. Dans votre pays, un second tribunal revise les décisions du premier ; ici nous en appelons de l'homme en société à l'homme solitaire, de l'impression du moment à la conscience éternelle : nous bénissons cette institution, puisque très souvent elle a fait révoquer des jugements sévères. Suivez-moi, mon ami, dans l'enceinte où l'on va plaider en présence du peuple ; vous y verrez la famille de l'accusé plus inquiète que lui-même de l'arrêt qui sera prononcé : car nos lois bannissent pour jamais les parents d'un enfant coupable, et souvent, dans nos déserts, ils périssent d'isolement et de misère. Cette responsabilité funeste est un préjugé qui nous est commun avec vous. Souvent les erreurs les plus composées s'admettent avant les vérités les plus naturelles ; cependant nos mœurs errantes ne permettant pas au gouvernement une surveillance générale et constante, il nous était peut-être nécessaire de chercher tous les moyens de resserrer les liens des familles. Et cette punition rétroactive, de quelque manière que vous la jugiez, a produit cet heureux effet. Venez donc, écoutez avec attention les motifs divers qui vont nous être présentés ; et si vous excusez le crime que je serais prêt à condamner, hâtez-vous de m'en instruire, et sauvez à votre ami la douleur irréprochable, le meurtre de l'innocent. » Alors je suivis ce bon vieillard vers la grande plaine où le peuple était rassemblé. Je fus étonné d'en approcher sans être averti par aucun bruit de la réunion d'un si grand nombre d'hommes. « Tous se recueillent, me dit le vieillard, dans la contemplation du malheur et de la mort; et ces guerriers si braves versent des pleurs sur les dangers qu'ils ne partagent pas. »

Je me plaçai derrière le tribunal, au milieu du peuple qui l'environnait; plus loin, on voyait un latanier entouré de cyprès: c'est en face de cet arbre qu'on avait coutume de placer les criminels quand ils étaient condamnés à périr; et l'arc, instrument de leur supplice, était suspendu à l'une de ses branches. Devant les juges s'élevait l'amphithéâtre destiné pour l'accusateur, l'accusé et sa famille : je m'en approchai, et d'abord j'aperçus sur un lit de gazon un jeune homme percé d'une flèche mortelle ; son sang ne coulait plus, ses membres étaient glacés, mais jamais tant de beauté n'avait frappé mes regards. J'éprouvais à la fois un sentiment d'admiration et de douleur; je pleurais ce jeune homme comme si je l'eusse connu vivant. « Voilà, me dit-on, celui qu'on vient d'assassiner. » Je fus pénétré d'horreur pour le coupable, et je le condamnai dans mon cœur. La mère de ce jeune homme était à ses pieds; elle souleva son voile pour parler, mais la douleur ne lui permit pas de s'exprimer. Le nom de son fils Fernand sortit plusieurs fois de sa bouche; à travers ses sanglots, je crus entendre qu'elle accusait de sa mort une jeune fille appelée Zulma. Ceux qui m'entouraient, voyant mon étonnement, m'expliquèrent les paroles de cette mère infortunée. Dans cet instant, Zulma parut. En regardant son visage, l'impression de son malheur me saisit : comme elle avançait lentement, j'eus le temps de remarquer le charme de ses traits; mais bientôt leur expression commandant à mon ame, l'agita tour à tour des divers mouvements qui s'y peignaient. Zulma passa devant l'arbre fatal destiné pour son supplice : elle s'arrêta quelques instants pour le regarder; mais je n'observai sur son visage qu'une attention forte, et nulle émotion ne put s'y remarquer. Elle s'inclina devant ses juges avec respect et dignité, et, se tournant vers l'amphithéâtre où elle devait se placer, elle aperçut le corps de Fernand ; tous ses membres tremblèrent à cet aspect ; elle s'appuya d'abord sur son arc, voulut ensuite s'avancer près de cet objet déplorable : mais, reconnaissant la mère désolée qui frémissait d'horreur à son approche, elle s'arrêta, soupira profondément, et, par un grand effort, paraissant se ressaisir de toute son ame, elle commença ainsi :

« Femme respectable, dit-elle à la mère de Fernand, pardonne si ce n'est pas à toi, à toi seule que je m'adresse ; mes yeux ne peuvent se fixer sur l'objet que tu tiens dans tes bras : quand il s'agit encore de vivre, ce n'est pas l'instant de le regarder ; il faut aussi que je me justifie pour sauver à mes parents la honte de mon supplice ; il le faut, et je le puis devant les juges, devant le peuple : mais, ô toi, mère infortunée, toi qui l'aimais, tu n'as besoin que de ma mort. Non, je ne crois pas que les paroles qui vont servir à ma défense puissent aigrir les regrets : malheur à moi si je blesse ton cœur, si je ne pressens pas tout ce qui pourrait l'affliger ! Que m'aurait-il servi de tant souffrir, si je ne savais pas ménager la douleur ? » Alors Zulma s'arrêta ; mais bientôt, se relevant en présence du tribunal qui devait décider de sa vie, elle sembla vouloir étouffer en elle tous les mouvements qui sollicitent la pitié.

« Juges de mon sort, leur dit-elle, c'est moi qui ai lancé dans le cœur de Fernand cette flèche sanglante ; c'est moi seule, et vos lois me condamnent à la mort. Cependant, devant Dieu je ne me crois pas coupable. Peuple fier, vous m'absoudrez ; vieillards, il vous faut entendre la langue des passions ; rappelez vos souvenirs dans vos cœurs, et que la longue histoire de mes sentiments vous interprète leur étonnante catastrophe. Vous pleurez tous Fernand, vous vous rappelez ses charmes, ses talents, sa valeur : ah ! vous avez raison ; nul homme ne put, dans le délire de son orgueil, s'égaler à lui : fait prisonnier dans son enfance par un général espagnol, il apprit des peuples policés ces arts terribles ou séducteurs qui tour à tour soumettent ou captivent ; mais son ame fière ne put souffrir le joug des lois européennes ; il revint parmi nous pour se retrouver en présence de la nature, et n'en être plus séparé par les institutions mêmes qui semblent devoir la perfectionner. Vous vous rappelez ce jour où, remportant le prix de la chasse à l'aide des arts nouveaux qu'il avait conquis sur nos ennemis, il s'indigna d'un succès qu'il ne devait point à sa propre force ; et dédaignant de se servir, dans les différents emplois où votre confiance l'appelait, des connaissances qu'il avait acquises, il nous fit douter de leur utilité, tant il sut se montrer indépendant de leur secours. Dans ce pays, où nulle distinction n'est établie par la loi, il semblait se créer la royauté du génie; et, sans qu'il le voulût, sans que le peuple même réfléchît à l'hommage qu'il lui rendait, les rangs s'ouvraient pour le laisser passer, dans l'espoir de le mieux voir. On le suivait, non par soumission, mais pour ne pas le quitter. Son charme invincible agissait sur vous tous qui m'écoutez, sur vos vieillards, sur vos enfants, sur ceux même qui pouvaient envier sa destinée. Chacun d'eux était son ami avant de penser à devenir son rival. Ah! pleurez-le long-temps, car sa vie était votre gloire, et sa mort est le deuil de l'univers. Mais il faut que le monde périsse, quand la passion le commande; l'orage qui s'élève en secret au fond du cœur bouleverse la nature : tout semble calme autour de moi; moi seule je sais que la terre est ébranlée, et qu'elle va s'entr'ouvrir sous mes pas.

« Pendant que vous admiriez Fernand, un sentiment plus tendre s'élevait dans mon ame; je recherchais la foule pour entendre prononcer son nom ; quand vos voix s'écriaient, *Vive Fernand!* je baissais mon voile pour répéter ces mots : en suivant l'exemple de tous, je tremblais d'être remarquée; jamais je n'espérais me contraindre assez pour ne ressembler qu'à l'enthousiasme. Je criais: *Vive Fernand!* et c'est par moi qu'il a reçu la mort! oui, c'est l'amour seul qui pouvait l'immoler : quel homme dans sa haine en eût conçu l'horreur? Fernand distingua ces traits, ces traits aujourd'hui méconnaissables où sa mort est empreinte. Il me parla! ce jour m'est si présent, que son souvenir tient encore de l'émotion de la joie : mon trouble l'intéressa; il feignit de n'en pas deviner la cause, et voulut chercher à me plaire comme s'il n'avait pas été certain d'être aimé. Il s'occupa de m'enseigner ce qu'il avait recueilli dans ses voyages, il parvint à me faire comprendre les livres des Européens; et c'est à cette étude même que je dois le talent de vous peindre l'affreuse image de mes malheurs. Je saisis avidement les leçons de Fernand ; ma mémoire n'en perdit pas la moindre trace : le son de sa voix permettait-il d'oublier une seule de ses paroles? Les soins qu'il consacrait à former mon esprit et mon ame me semblaient le plus sûr garant de sa constance; il voulait m'identifier avec ses propres idées, diriger mes pensées, mes sentiments, selon ses opinions et son caractère. Il savait donc qu'il m'eût fallu renaître pour apprendre à vivre sans lui! il savait donc que Zulma n'avait plus une faculté indépendante qui pût lui servir à se détacher de Fernand! La puissance de la réflexion, le don des idées, tout ce qui compose enfin l'empire de l'homme sur lui-même, étant en moi l'ouvrage de Fernand, ne pouvait s'élever contre son auteur. Pour moi, le lien de toutes les pensées, le rapport des objets entre eux, c'était Fernand. L'ame, violemment séparée de celui qui était elle, ne pouvait que s'abîmer dans le désespoir.

« Dans les premiers temps, je connus moi-même le danger de ma situation; je sentis que ma passion s'accroissait chaque jour, et, jugeant qu'il me restait à peine un dernier instant pour la dominer, je résolus de m'entretenir avec Fernand des craintes mêmes qu'il me causait. Je le priai de me suivre dans cette forêt de sapins qui borde l'Orénoque; là, choisissant un abri sauvage où nulle trace d'homme ne pouvait désenchanter notre solitude, c'est en présence du ciel, pur comme mon ame, et du torrent agité comme elle, que j'interrogeai mon amant. « Je ne sais rien, lui dis-je, de la destinée humaine; je sors de l'enfance par la plus violente passion de la jeunesse, j'entrevois un bonheur qui dément tout ce qu'on nous répète de l'imperfection attachée à la condition de l'homme. Si le cœur peut obtenir de si douces jouissances, pourquoi l'amour est-il redouté? pourquoi n'est-il pas le culte des vieillards comme des jeunes gens, le premier espoir, l'unique regret, le seul mobile dont on se serve pour gouverner l'univers? » Fernand me répondit sans vouloir m'éclairer sur la nature des passions; il accusa l'insensibilité des hommes, et jura de m'aimer toujours. « Écoutez, lui dis-je, écoutez : si je ne suis pas nécessaire à votre bonheur, si votre cœur n'est pas certain qu'il ne peut exister sans le mien, laissez-moi. Je vous aime; mais peu de temps s'est écoulé depuis que ce sentiment règne en mon ame; il n'a pas encore renouvelé mon être; tous les sentiers ne m'offrent pas encore la trace de vos pas; chaque jour n'est pas encore marqué pour devenir à jamais l'anniversaire d'un de vos accents ou de vos regards : j'ai dans la vie, dans l'espace, dans ma pensée, des retraites pour vous fuir; l'habitude et la passion, ces deux pouvoirs en apparence contraires, ne sont pas réunis pour m'asservir. Mais si vous laissez mon cœur se dire : Fernand ne me quittera jamais! c'en est fait de moi-même, et c'est vous qui répondez de mon existence. Cependant, comme le cœur de l'homme est indépendant de ses propres résolutions, je ne vous demande qu'un serment qu'il vous sera toujours possible de tenir. Si vous pressentez que votre ame est prête à se détacher de la mienne, jurez-moi qu'avant l'instant où je pourrais le découvrir, vous me donnerez la mort. Vous frémissez à ce mot; vous ne placez pas bien votre terreur. Ah! Fernand, c'est quand j'ai parlé de ton inconstance qu'il fallait trembler pour moi. Quelle pitié mensongère te ferait craindre la fin de ma vie plus que l'éternité de mon désespoir? Ne nous serions-nous pas compris? » Il me rassura par des expressions de tendresse inspirées par son amour, interprétées par le mien : mes parents, mes amis, ma patrie, tout disparut à mes yeux, et cet univers qu'on dit l'œuvre d'une seule idée devint pour moi l'image d'un sentiment unique et dominateur. Les courses les plus pénibles, les soins les plus ingénieux, tout ce que mon ame, multipliée par sa passion, put inventer pour le bonheur de Fernand, lui fut prodigué. Je pourrais exposer devant vous des actions sans nombre qui commandent la reconnaissance, qui uniraient ensemble, par un lien sacré, deux frères d'armes, deux amis; mais quand toutes les facultés du cœur sont consacrées à un seul objet, qu'importent les combinaisons du hasard, qui offrent à ce dévouement des occasions de se prouver plus ou moins éclatantes? La passion se peint tout entière en elle-même : rien de ce qui en dérive ne peut l'égaler, et c'est à son foyer sublime que tous ses rayons doivent être sentis.

« Je dois cependant vous tracer rapidement quelques traits de mon histoire. Un jour, sur les bords de ce grand fleuve qui féconde et défend notre contrée, la mère de Fernand, emportée par le courant, expirait dans les flots, si, me précipitant après elle, il ne me fût encore resté assez de force pour la rapporter sur le rivage. A cet instant, Fernand accourut vers nous: Voilà ta mère, lui criai-je; j'ai assez vécu. Je perdis connaissance en prononçant ces mots; mais quand je revins à moi, Fernand était à mes pieds, il me remerciait de la vie de sa mère; le bonheur de me la devoir se mêlait déja même au plaisir de la retrouver; son amour se peignait dans chacun de ses accents, et régnait sur toute son ame. Ah! si sa voix pouvait encore se faire entendre, il aurait raison de me demander si, dans cet instant du moins, ce n'était pas lui qui, par le charme de sa reconnaissance, était devenu mon bienfaiteur. Mais, cruel, devais-tu faire goûter une si douce ivresse à l'objet que ton cœur voulait abandonner? Est-ce ainsi qu'il fallait me préparer à ta perte? et mon ame, plongée dans les extases du bonheur, apprenait-elle à réserver quelque force contre l'atteinte du malheur? Un jour la calomnie vous apprit à méconnaître Fernand ; vous l'accusâtes d'être d'intelligence avec vos ennemis, et d'avoir conçu le dessein de vous livrer à eux; sa mort fut résolue : vous frémissez; oui, c'est vous qui l'avez prononcée cette mort, le plus grand crime pour tout autre que Zulma. Mon amour ingénieux, trompant tous vos surveillants, sut le dérober à leur poursuite. Ne pensez pas que je rappelle ce temps pour accuser Fernand d'ingratitude. Loin de moi d'appeler un bienfait tout ce que m'inspirait l'invincible mouvement de mon ame! Mais alors que je vois immolé par ma propre main cet objet que, pendant tant de jours, j'ai préservé de dangers inouïs, cet objet pour qui j'ai su chercher la vie à travers mille morts, je me regarde avec étonnement, je me crois l'ennemie de moi-même, je ne sais plus où je vis, et ce n'est qu'en posant la main sur mon cœur, en le sentant encore consumé de la même passion, que je parviens à me reconnaître à travers l'horreur et le contraste de mes sentiments et de mes malheurs. Je suivis Fernand dans les déserts où, pendant une année, votre arrêt cruel le contraignit à se cacher. C'est dans ces lieux arides que souvent les secours les plus nécessaires à l'existence étaient prêts à lui manquer : une source, un palmier, faisaient époque dans notre vie. Quelquefois, pendant son sommeil, détachant mes longs cheveux, je les soutenais de mes mains pour préserver sa tête des rayons brûlants du soleil. Je ne sais si j'ai souffert dans ce séjour affreux ; mais, tout entière à l'espérance d'adoucir quelques unes de ses peines, il ne m'est resté de cette année que le souvenir, que l'impression d'un même sentiment. Rochers terribles, sables brûlants, c'est à vous seuls que mes derniers souvenirs de bonheur sont attachés ! Rejeté par sa patrie, abandonné par la nature même, qui semblait lui refuser l'aliment de sa vie, une femme environnait Fernand de tendresse et d'amour. Souverain encore dans ces déserts, il voyait l'existence et le bonheur dépendre d'un de ses regards; la puissance et la gloire, tout lui était retracé par mon abandon et mon enthousiasme; mon amour se plaçait toujours entre l'injustice des hommes et ses réflexions. Il se jugeait dans mon cœur, il m'aimait, il vivait..... Ah! Dieu!.... »

Les sanglots alors étouffèrent la voix de Zulma. A l'image du bonheur, j'avais vu par degrés toute sa force l'abandonner : je regardai les vieillards, qui restèrent immobiles et sévères, comme si la condamnation de Zulma leur eût semblé inévitable. Le peuple, plus facilement ému, murmurait le mot de *grace*. Ce bruit rappelant Zulma à elle-même, elle reprit aussitôt la parole : « Peuple, s'écria-t-elle, vous absolvez trop tôt le plus grand des attentats. Je m'indigne pour Fernand d'une si prompte clémence. Écoutez-moi : les concitoyens de Fernand furent enfin éclairés sur ses talents, sur ses vertus. Vous vîntes le chercher pour lui rendre à la fois votre admiration et votre estime, et, vous confiant avec raison à sa grande ame, c'est du fond de son exil que vous le ramenâtes à la tête de vos armées. Malgré mes prières, il en accepta le commandement ; mes sollicitations ardentes ne purent l'en détourner. Son danger me faisait horreur ; sa gloire ne m'était plus nécessaire. Dans le premier temps de ma passion pour lui, j'aimais tout ce qui pouvait en justifier l'excès. Quelquefois même je m'enorgueillissais des succès de Fernand, et j'osais croire qu'en secret il se plaisait à me les consacrer. Mais à cette époque de notre amour, quel événement extérieur pouvait ou le diminuer ou l'accroitre? Mon ame avait passé dans la sienne ; et devant moi, comme au tribunal de sa propre conscience, ce n'était pas de ses actions, mais de ses sentiments seuls, qu'il avait besoin. Il partit cependant, et trois fois il revint vainqueur. Les acclamations de la victoire précédèrent son retour, et c'est au bruit de sa gloire que j'apprenais mon bonheur. Chaque fois qu'il me quittait, des pressentiments affreux me remplissaient de terreur. Je sais que l'exaltation de la douleur produit ces mouvements qu'on veut trouver surnaturels, et que les grandes passions dominatrices de l'ame agissent sur elle comme par une sorte d'inspiration étrangère, qui lui fait croire à ses propres impressions comme à des oracles. Mais qui pourrait cependant ne pas desirer que l'ame fût avertie d'avance de l'approche des grands malheurs, comme la terre tremble quand les abimes vont s'ouvrir, comme le ciel se couvre de nuages quand la foudre est près d'éclater !

« Un jour le bruit se répandit que Fernand avait péri dans le combat : errante à travers les horreurs du carnage, ce spectacle, qui, pour la première fois, frappait mes regards, ne laissait aucune trace dans ma pensée ; c'était lui que je cherchais à travers le sang et les morts, et cette affreuse image ne s'offrait à moi que comme un obstacle à franchir. Après plusieurs heures, épuisée de fatigue, je tombai au pied d'un arbre : là, dans la violence d'un malheur si profond, que tout le sentiment de mon existence n'était que l'action d'une seule douleur, je cherchais à me calmer par la résolution prise depuis long-temps de ne pas survivre à Fernand. Eh quoi! me disais-je, qu'y a-t-il donc dans sa mort dont la mienne ne me délivre? Mais l'instant qu'il fallait vivre pour apprendre qu'il n'était plus m'effrayait à lui seul plus que l'éternité. Ma pensée ne pouvait se reposer dans la tombe même où sa perte m'allait précipiter. Jamais mon ame n'avait pu concevoir l'idée du néant absolu, et sous toutes les formes de l'existence je me voyais poursuivie par l'atteinte d'une telle douleur. Absorbée dans un désespoir immobile, m'examinant moi-même avec une attention féroce, je le vis paraître : grand Dieu! ce n'était pas la vie, c'est le ciel qui me fut rendu ; j'éprouvai dans un instant toutes les sensations opposées : c'était lui! mon ame s'affaissa sous le poids de sa félicité. Ah! qui a vécu un tel jour a dévoré l'existence de longues années, et pour moi les temps ne sont plus. Oui, mon Dieu, à cette heure encore, précipitée dans l'abîme des misères humaines, je te remercie d'avoir existé. Tu as rassemblé sur moi dans un seul jour tous les biens épars dans la vie. Ce jour, mon ame passionnée a pu toucher aux bornes qui séparent la nature humaine de ta céleste essence. Fernand était légèrement blessé; mais bientôt on apprit que nos farouches ennemis avaient trempé leurs flèches dans un poison mortel, et que le moyen de sauver la vie de Fernand était qu'il fît sucer sa blessure par celui qui ne craindrait pas le danger qu'il y puiserait. Combien la destinée me parut alors attentative à mon bonheur! J'allais faire passer dans mes veines le poison qui menaçait les jours de Fernand. Ah! dans les chimères mélancoliques, qui seules plaisent aux ames tendres, quelle plus douce situation pouvait jamais se présenter? Je vainquis la résistance de Fernand; je le trompai sur les périls que j'allais braver; mes heureux efforts arrachèrent la mort de son sein. Long-temps à mon tour il me fallut lutter contre elle; la force de ma jeunesse en triompha : on dit que l'action dévorante de ce poison cruel troubla ma raison ; ce n'est point mon excuse, ce n'est point celle de Fernand. Toutes les idées accessoires pouvaient être bouleversées : mon amour, tant que j'existais, n'était point altéré. Zulma était la même pour Fernand, il n'avait pas le droit de la méconnaître.

Ah! mon cœur seul doit expliquer mon attentat : quels mouvements de folie seraient aussi forts que l'égarement de la passion même qu'ils serviraient à justifier?

« Fernand me demanda de me quitter pour quelques jours ; je combattis cette résolution, je m'en plaignis avec amertume : non, ce n'était point au nom de mes bienfaits que je me croyais des droits sur Fernand ; c'était le souvenir, l'impression de mes propres sentiments qui me faisait croire à mon empire ; il me semblait que j'avais au fond de mon ame une puissance d'amour qui devait le dominer, et qu'un homme si passionnément aimé ne pouvait pas se croire libre. Cependant le soupçon ne pouvait approcher de moi : ce sentiment incertain n'était pas fait pour mon ame. Je consentis enfin à la volonté de Fernand ; il partit. A l'époque fixée pour son retour, je l'attendais. Un jour, oui, un jour semblable à tous les autres, que le soleil éclaira des mêmes rayons, je me promenais seule, faible, égarée, dans ces mêmes lieux tout remplis encore du passé ; je m'avançais dans le fond de la forêt, lorsque j'aperçus Fernand aux pieds de la jeune Mirza : c'est la dernière fois que mes yeux ont vu ; dans cet instant encore cet horrible tableau m'apparait tout entier, il me dérobe l'apprêt de mon supplice : son aspect me serait plus doux. Je n'eus pas le temps de réfléchir, j'agis sans le concours de ma pensée ; ma main saisit l'arc sur lequel elle se reposait, la flèche mortelle fut lancée ; Fernand tomba. Je n'eus d'abord qu'une idée : c'est qu'il avait cessé d'adorer Mirza. Cependant, quand son sang vint à couler, quand la pâleur de la mort.... Je ne sais ce qui se passa dans mon être ; j'ai perdu depuis ce temps l'identité, le souvenir de l'existence. Le désespoir de ma famille a pu seul me rappeler à moi ; ils sont venus me dire que ma condamnation entraînait la leur, qu'il fallait me justifier pour les sauver. Ils veulent encore de la vie : j'ai dû leur obéir. Vous avez entendu mon histoire ; aucun de vous n'a douté de sa vérité ; il n'en est pas un accent qui puisse appartenir à l'imitation : maintenant vous êtes injustes si vous me condamnez. Qui de vous se croit plus appelé que moi à venger la mort de Fernand? qui de vous a sauvé mille fois sa vie? qui de vous l'adore encore en cet instant? J'avais le droit de prononcer sur son sort : si ce cœur l'a jugé coupable, qui de vous oserait l'absoudre? Fallait-il que sa gloire fût souillée, et que le nom de Fernand fût porté par qui n'était plus lui? J'ai sauvé mon amant, il est resté immortel ; son ombre applaudit à mon courage : je suis sûre qu'en expirant, aucun sentiment de haine n'est approché de son cœur. Non, aucun tribunal, aucune nation, le ciel même, ne peut juger entre Fernand et moi. L'amour qui m'unissait à lui ne peut égarer, ne peut rendre criminelle ; il est au-dessus des lois, des opinions des hommes; il est la vérité, la flamme, le pur élément, l'idée première du monde moral. Les sentiments qui vous animent tous n'en sont qu'une empreinte effacée. La mort, cette pensée que l'homme regarde comme la plus terrible et la plus absolue, disparaissait tout entière en présence de celle qui m'occupait. Qu'est-ce que sa vie, qu'est-ce que la mienne, auprès de cet amour qui suffirait à l'éternité ? Que les hommes donc ne jugent pas de ce qui n'est pas du ressort des hommes : laissez mon cœur prononcer sur lui-même. Pouvez-vous inventer un supplice mortel qui ne soit un soulagement pour moi ? Vous ne punirez que ma famille, cette famille innocente, étrangère à des mouvements que rien ne saurait inspirer ni contraindre. Sauvez-lui la honte de ma condamnation ; écoutez-moi, quand je vous assure que cet arrêt serait injuste. Me croyez-vous de l'aveuglement sur moi-même ? pensez-vous que je m'y intéresse pour me tromper ? Ah ! de tous ses juges, le plus impartial c'est Zulma. L'intérêt du salut même des auteurs de mes jours n'obtiendrait pas de moi de recourir à la feinte : comment aussi le pourrais-je ? j'existe si fortement en moi-même, que me montrer une autre est au-dessus de mon pouvoir ; et l'ombre de Fernand, qui m'écoute, m'en impose plus que vous. Peuple, j'ai parlé ; vieillards, jugez-moi. » A ces mots, Zulma s'arrêta : l'émotion qu'elle avait causée rendit encore un instant la foule silencieuse ; mais dès qu'on ne l'entendit plus, des cris sombres et tumultueux s'élevèrent en sa faveur ; les juges, ou participèrent au mouvement de la multitude, ou crurent impossible d'y résister, et la grace de Zulma fut prononcée. Sa famille l'entoura ; le peuple, extrême dans ses sentiments, non content de délivrer cette belle accusée, voulait la couronner comme dans un jour de triomphe. « Arrêtez ! s'écria-t-elle ; ma famille est-elle absoute ?

« — Oui, lui répondit-on à grands cris. — Jamais le nom de leur fille ne leur sera-t-il reproché ? — Jamais. — Allons, le long travail est fini. » Et, par une action imprévue, elle enfonça dans son sein l'une des flèches suspendues à son côté. Un mouvement de terreur et d'étonnement saisit tout ce qui l'environnaît. « Et vous avez cru, leur dit-elle avec un dernier effort, que je laisserais vivre l'assassin de Fernand? Ah! si j'avais pu exister sans lui, son inconstance était juste. » Alors, se tournant vers le corps de Fernand, vers sa malheureuse mère : « Objets sacrés! s'écria-t-elle ; je puis vous regarder à présent, Fernand; et vous, sa mère, laissez-moi m'approcher de lui : à la trace de mon sang, n'ai-je pas le droit de m'avancer vers vous? Je vais rejoindre Fernand dans ce séjour où il ne pourra chérir que moi, où l'homme est dégagé de tout ce qui n'est pas l'amour et la vertu. Nous vous y attendrons tous les deux. Je meurs... » L'infortunée Zulma tomba sans vie aux pieds de la mère de son amant. Cette femme malheureuse à cet instant sembla confondre dans sa tendresse et sa pitié ces deux objets immolés l'un pour l'autre; mais bientôt, succombant sous le poids de la douleur maternelle, elle parut perdre le sentiment d'une existence dont la vieillesse au moins promettait d'abréger le terme.

DELPHINE.

*Un homme doit savoir braver l'opinion;
une femme, s'y soumettre.*
Mélanges, de madame Necker.

PRÉFACE.

Les romans sont de tous les écrits littéraires ceux qui ont le plus de juges ; il n'existe presque personne qui n'ait le droit de prononcer sur le mérite d'un roman ; les lecteurs même les plus défiants et les plus modestes sur leur esprit ont raison de se confier à leurs impressions. C'est donc une des premières difficultés de ce genre que le succès populaire auquel il doit prétendre.

Une autre non moins grande, c'est qu'on a fait une telle quantité de romans médiocres, que le commun des hommes est tenté de croire que ces sortes de compositions sont les plus aisées de toutes, tandis que ce sont précisément les essais multipliés dans cette carrière qui ajoutent à sa difficulté ; car dans ce genre, comme dans tous les autres, les esprits un peu relevés craignent les routes battues ; et c'est un obstacle à l'expression des sentiments vrais que l'importun souvenir des écrits insipides qui nous ont tant parlé des affections du cœur. Enfin le genre en lui-même présente des difficultés effrayantes, et il suffit, pour s'en convaincre, de songer au petit nombre de romans placés dans le rang des ouvrages.

En effet, il faut une grande puissance d'imagination et de sensibilité pour s'identifier avec toutes les situations de la vie, et conserver ce naturel parfait sans lequel il n'y a rien de grand, de beau, ni de durable. L'enchaînement des idées peut être soumis à des principes invariables dont il est toujours possible de donner une exacte analyse ; mais les sentiments ne sont jamais que des inspirations plus ou moins heureuses, et ces inspirations ne sont accordées peut-être qu'aux âmes restées dignes de les éprouver. On citera, pour combattre cette opinion, quelques hommes d'un grand talent dont la conduite n'a point été morale ; mais je crois fermement qu'en examinant leur histoire, on verra que si de fortes passions ont pu les entraîner, des remords profonds les ont cruellement punis : ce n'est pas assez pour que la vie soit estimable, mais c'est assez pour que le cœur n'ait point été dépravé.

On se sentirait saisi d'une véritable terreur au milieu de la société, s'il n'existait pas un langage que l'affectation ne peut imiter, et que l'esprit à lui seul ne saurait découvrir. C'est surtout dans les romans que cette justesse de ton, si l'on peut s'exprimer ainsi, doit être particulièrement observée. Sensibilité exagérée, fierté hors de place, prétention de vertu, toute cette nature de convention qui fatigue si souvent dans le monde, se retrouve dans les romans; et comme on pourrait dire, en observant tel ou tel homme, C'est par cette parole, par ce regard, par cet accent qu'il trahit à son insu les bornes de son esprit ou de son ame, de même, dans les fictions, on pourrait montrer dans quelle situation l'auteur a manqué de sensibilité véritable, dans quel endroit le talent n'a pu suppléer au caractère, et quand l'esprit a vainement cherché ce que l'ame aurait saisi d'un seul jet.

Les événements ne doivent être dans les romans que l'occasion de développer les passions du cœur humain; il faut conserver dans les événements assez de vraisemblance pour que l'illusion ne soit point détruite: mais les romans qui excitent la curiosité seulement par l'invention des faits ne captivent dans les hommes que cette imagination qui a fait dire que les yeux sont toujours enfants. Les romans que l'on ne cessera jamais d'admirer, Clarisse, Clémentine, Tom Jones, la Nouvelle Héloïse, Werther, etc., ont pour but de révéler ou de retracer une foule de sentiments dont se compose, au fond de l'ame, le bonheur ou le malheur de l'existence; ces sentiments que l'on ne dit point, parcequ'ils se trouvent liés avec nos secrets ou avec nos faiblesses, et parceque les hommes passent leur vie avec les hommes, sans se confier jamais mutuellement ce qu'ils éprouvent.

L'histoire ne nous apprend que les grands traits manifestés par la force des circonstances, mais elle ne peut nous faire pénétrer dans les impressions intimes qui, en influant sur la volonté de quelques uns, ont disposé du sort de tous. Les découvertes en ce genre sont inépuisables; il n'y a qu'une chose étonnante pour l'esprit humain, c'est lui-même.

The proper study of mankind is man.

Cherchons donc toutes les ressources du talent, tous les développements de l'esprit, dans la connaissance approfondie des affections de l'ame, et n'estimons les romans que lorsqu'ils nous paraissent, pour ainsi dire, une sorte de confession, dérobée à ceux qui ont vécu comme à ceux qui vivront.

Observer le cœur humain, c'est montrer à chaque pas l'influence de la morale sur la destinée: il n'y a qu'un secret dans la vie, c'est le bien ou le mal qu'on a fait; il se cache, ce secret, sous mille formes trompeuses: vous souffrez long-temps sans l'avoir mérité, vous prospérez long-temps par des moyens condamnables; mais tout-à-coup votre sort se décide, le mot de votre énigme se révèle, et ce mot, la conscience l'avait dit bien avant que le destin l'eût répété. C'est ainsi que l'histoire de l'homme doit être représentée dans les romans ; c'est ainsi que les fictions doivent nous expliquer, par nos vertus et nos sentiments, les mystères de notre sort.

Véritable fiction en effet, me dira-t-on, que celle qui serait ainsi conçue! Croyez-vous encore à la morale, à l'amour, à l'élévation de l'ame, enfin à toutes les illusions de ce genre? Et si l'on n'y croyait pas, que mettrait-on à la place ? La corruption et la vulgarité de quelques plaisirs, la sécheresse de l'ame, la bassesse et la perfidie de l'esprit ; ce choix, hideux en lui-même, est rarement récompensé par le bonheur ou par le succès : mais quand l'un et l'autre en seraient le résultat momentané, ce hasard servirait seulement à donner à l'homme vertueux un sentiment de fierté de plus. Si l'histoire avait représenté les sentiments généreux comme toujours prospères, ils auraient cessé d'être généreux ; les spéculateurs s'en seraient bientôt emparés, comme d'un moyen de faire route. Mais l'incertitude sur ce qui conduit aux splendeurs du monde, et la certitude sur ce qu'exige la morale, est une belle opposition, qui honore l'accomplissement du devoir et l'adversité librement préférée.

Je crois donc que les circonstances de la vie, passagères comme elles le sont, nous instruisent moins des vérités durables que les fictions fondées sur ces vérités ; et que les meilleures leçons de la délicatesse et de la fierté peuvent se trouver dans les romans, où les sentiments sont peints avec assez de naturel pour que vous croyiez assister à la vie réelle en les lisant.

Un style commun, un style ingénieux, sont également éloignés de ce naturel ; l'ingénieux ne convient qu'aux affections de parure, à ces affections qu'on éprouve seulement pour les montrer ; l'ingénieux enfin est une telle preuve de sang-froid, qu'il exclut la possibilité de toute émotion profonde. Les expressions communes sont aussi loin de la vérité que les expressions recherchées, parceque les expressions communes ne peignent jamais ce qui se passe réellement dans notre cœur ; chaque homme a une manière de sentir particulière, qui lui inspirerait de l'originalité s'il s'y livrait ; le talent ne consiste peut-être que dans la mobilité qui transporte l'ame dans toutes les affections que l'imagination peut se représenter ; le génie ne dira jamais mieux que la nature, mais il dira comme elle, dans des situations inventées, tandis que l'homme ordinaire ne sera inspiré que par la sienne propre. C'est ainsi que, dans tous les genres, la vérité est à la fois ce qu'il y a de plus difficile et de plus simple, de plus sublime et de plus naturel.

Il n'y a point eu dans la littérature des anciens ce que nous appelons des romans ; la patrie absorbait alors toutes les ames, et les femmes ne jouaient pas un assez grand rôle pour que l'on observât toutes les nuances de l'amour : chez les modernes, l'éclat des romans de chevalerie appartient beaucoup plus au merveilleux des aventures qu'à la vérité et à la profondeur des sentiments. Madame de La Fayette est la première qui, dans LA PRINCESSE DE CLÈVES, ait su réunir à la peinture de ces mœurs brillantes de la chevalerie, le langage touchant des affections passionnées. Mais les véritables chefs-d'œuvre, en fait de romans, sont tous du dix-huitième siècle; ce sont les Anglais qui, les premiers, ont donné à ce genre de production un but véritablement moral; ils cherchent l'utilité dans tout, et leur disposition à cet égard est celle des peuples libres; ils ont besoin d'être instruits plutôt qu'amusés, parcequ'ayant à faire un noble usage des facultés de leur esprit, ils aiment à les développer et non à les endormir.

Une autre nation, aussi distinguée par ses lumières que les Anglais le sont par leurs institutions, les Allemands ont des romans d'une vérité et d'une sensibilité profonde; mais on juge mal parmi nous les beautés de la littérature allemande, ou, pour mieux dire, le petit nombre de personnes éclairées qui la connaissent ne se donne pas la peine de répondre à ceux qui ne la connaissent pas. Ce n'est que depuis Voltaire que l'on rend justice en France à l'admirable littérature des Anglais; il faudra de même qu'un homme de génie s'enrichisse une fois par la féconde originalité de quelques écrivains allemands, pour que les Français soient persuadés qu'il y a des ouvrages en Allemagne où les idées sont approfondies et les sentiments exprimés avec une énergie nouvelle.

Sans doute les auteurs actuels ont raison de rappeler sans cesse le respect que l'on doit aux chefs-d'œuvre de la littérature française; c'est ainsi qu'on peut se former un goût, une critique sévère, je dirais impartiale, si de nos jours, en France, ce mot pouvait avoir son application. Mais le grand défaut dont notre littérature est menacée maintenant, c'est la stérilité, la froideur et la monotonie : or l'étude des ouvrages parfaits et généralement connus que nous possédons apprend bien ce qu'il faut éviter, mais n'inspire rien de neuf; tandis qu'en lisant les écrits d'une nation dont la manière de voir et de sentir diffère beaucoup de celle des Français, l'esprit est excité par des combinaisons nouvelles; l'imagination est animée par les hardiesses mêmes qu'elle condamne, autant que par celles qu'elle approuve; et l'on pourrait parvenir à adapter au goût français, peut-être le plus pur de tous, des beautés originales qui donneraient à la littérature du dix-neuvième siècle un caractère qui lui serait propre.

On ne peut qu'imiter les auteurs dont les ouvrages sont accomplis; et, dans l'imitation, il n'y a jamais rien d'illustre : mais les écrivains dont le génie un peu bizarre n'a pas entièrement poli toutes les richesses qu'ils possèdent peuvent être dérobés heureusement par des hommes de goût et de talent : l'or des mines peut servir à toutes les nations; l'or qui a reçu l'empreinte de la monnaie ne convient qu'à une seule. Ce n'est pas Phèdre qui a produit Zaïre; c'est Othello. Les Grecs eux-mêmes, dont Racine s'est pénétré, avaient laissé beaucoup à faire à son génie. Se serait-il élevé aussi haut, s'il n'eût étudié que des ouvrages qui, comme les siens, désespérassent l'émulation, au lieu de l'animer en lui ouvrant de nouvelles routes ?

Ce serait donc, je le pense, un grand obstacle aux succès futurs des Français dans la carrière littéraire, que ces préjugés nationaux qui les empêcheraient de rien étudier qu'eux-mêmes. Un plus grand obstacle encore serait la mode qui proscrit les progrès de l'esprit humain, sous le nom de philosophie ; la mode, ou je ne sais quelle opinion de parti, transportant les calculs du moment sur le terrain des siècles, et se servant de considérations passagères pour assaillir les idées éternelles. L'esprit alors n'aurait plus véritablement aucun moyen de se développer ; il se replierait sans cesse sur le cercle fastidieux des mêmes pensées, des mêmes combinaisons, presque des mêmes phrases ; dépouillé de l'avenir, il serait condamné sans cesse à regarder en arrière, pour regretter d'abord, rétrograder ensuite ; et sûrement il resterait fort au-dessous des écrivains du dix-septième siècle, qui lui sont présentés pour modèle ; car les écrivains de ce siècle, hommes d'un rare génie, fiers comme le vrai talent, aimaient et pressentaient les vérités que couvraient encore les nuages de leur temps.

L'amour de la liberté BOUILLONNAIT dans le VIEUX SANG de Corneille ; Fénelon donnait dans son Télémaque des leçons sévères à Louis XIV ; Bossuet traduisait les grands de la terre devant le tribunal du ciel, dont il interprétait les jugements avec un noble courage : et Pascal, le plus hardi de tous, à travers les terreurs funestes qui ont troublé son imagination, en abrégeant sa vie, a jeté dans ses pensées détachées les germes de beaucoup d'idées que les écrivains qui l'ont suivi ont développés. Les grands hommes du siècle de Louis XIV remplissaient l'une des premières conditions du génie ; ils étaient en avant des lumières de leur siècle : et nous, en revenant sur nos pas, égalerions-nous jamais ceux qui se sont élancés les premiers dans la carrière, et qui, s'ils renaissaient, partant d'un autre point, dépasseraient encore tous leurs nouveaux contemporains ?

On a dit que ce qui avait surtout contribué à la splendeur de la littérature du dix-septième siècle, c'étaient les opinions religieuses d'alors, et qu'aucun ouvrage d'imagination ne pouvait être distingué sans les mêmes croyances. Un ouvrage, dont ses adversaires mêmes doivent admirer l'imagination originale, extraordinaire, éclatante, LE GÉNIE DU CHRISTIANISME, a fortement soutenu ce système littéraire. J'avais essayé de montrer quels étaient les heureux changements que le christianisme avait apportés dans la littérature ; mais comme le christianisme date de dix-huit siècles, et nos chefs-d'œuvre en littérature seulement de deux, je pensais que les progrès de l'esprit humain en général devaient être comptés pour quelque chose dans l'examen des différences entre la littérature des anciens et celle des modernes.

Les grandes idées religieuses, l'existence de Dieu, l'immortalité de l'ame, et l'union de ces belles espérances avec la morale, sont tellement inséparables de tout sentiment élevé, de tout enthousiasme rêveur et tendre, qu'il me paraîtrait impossible qu'aucun roman, aucune tragédie, aucun ouvrage d'imagination enfin pût émouvoir sans leur secours; et, en ne considérant un moment ces pensées, d'un ordre bien plus sublime, que sous le rapport littéraire, je croirais que ce qu'on a appelé dans les divers genres d'écrits l'inspiration poétique est presque toujours ce pressentiment du cœur, cet essor du génie qui transporte l'espérance au-delà des bornes de la destinée humaine; mais rien n'est plus contraire à l'imagination, comme à la pensée, que les dogmes de quelque secte que ce puisse être. La mythologie avait des images et non des dogmes; mais ce qu'il y a d'obscur, d'abstrait et de métaphysique dans les dogmes, s'oppose invinciblement, ce me semble, à ce qu'ils soient admis dans les ouvrages d'imagination.

La beauté de quelques ouvrages religieux tient aux idées qui sont entendues par tous les hommes, aux idées qui répondent à tous les cœurs, même à ceux des incrédules; car ils ne peuvent se refuser à des regrets, lors même qu'ils ne conçoivent pas encore des espérances: ce qu'il y a de grand enfin dans la religion, ce sont toutes les pensées inconnues, vagues, indéfinies, au-delà de notre raison, mais non en lutte avec elle.

On a voulu établir depuis quelque temps une sorte d'opposition entre la raison et l'imagination; et beaucoup de gens, qui ne peuvent pas avoir de l'imagination, commencent d'abord par manquer de raison, dans l'espoir que cette preuve de zèle leur sera toujours comptée. Il faut distinguer l'imagination qui peut être considérée comme l'une des plus belles facultés de l'esprit, et l'imagination dont tous les êtres souffrants et bornés sont susceptibles. L'une est un talent, l'autre une maladie; l'une devance quelquefois la raison, l'autre s'oppose toujours à ses progrès; on agit sur l'une par l'enthousiasme, sur l'autre par l'effroi: je conviens que quand on veut dominer les têtes faibles, il faut pouvoir leur inspirer des terreurs que la raison proscrirait; mais, pour produire ce genre d'effet, les contes de revenants valent beaucoup mieux que les chefs-d'œuvre littéraires.

L'imagination qui a fait le succès de tous ces chefs-d'œuvre tient par des liens très forts à la raison; elle inspire le besoin de s'élever au-delà des bornes de la réalité, mais elle ne permet de rien dire qui soit en contraste avec cette réalité même. Nous avons tous au fond de notre ame une idée confuse de ce qui est mieux, de ce qui est meilleur, de ce qui est plus grand que nous; c'est ce qu'on appelle, en tout genre, le beau idéal; c'est l'objet auquel aspirent toutes les ames douées de quelque dignité naturelle: mais ce qui est contraire à nos connaissances, à nos idées positives, déplaît à l'imagination preque autant qu'à la raison même.

J'en vais prendre un exemple au hasard; je le tirerai de l'incohérence des images; il sera facile d'en faire l'application aux idées contradictoires. Quand Milton agrandit à nos yeux le vice et la vertu par les tableaux les plus frappants, nous l'admirons; il ajoute à nos pensées, il fortifie nos sentiments : mais lorsqu'il représente les anges tirant des coups de canon dans le ciel, il manque à la raison qu'exige la nature de son sujet; il s'écarte de la conséquence qui doit exister dans l'invention comme dans la vérité, et la raison blessée refroidit l'imagination. Pourquoi blâmons-nous dans les romans, dans la poésie, dans les ouvrages dramatiques, tout ce qui n'est pas en harmonie avec les proportions admises, avec les fictions accordées? C'est par le même instinct qui nous rend importun le désordre dans le raisonnement.

Il y a en nous une force morale qui tend toujours vers la vérité : en opposant l'une à l'autre toutes les facultés de l'homme, le sentiment, l'imagination, la raison, on établirait au-dedans de lui même une division presque semblable à celle qui, en affaiblissant les empires, rend leur asservissement plus facile. Les facultés de l'homme doivent avoir toutes la même direction, et le succès de l'une ne peut jamais être aux dépens de l'autre; l'écrivain qui, dans l'ivresse de l'imagination, croit avoir subjugué la raison, la verra toujours reparaître comme son juge, non seulement dans l'examen réfléchi, mais dans l'impression du moment, qui décide de l'enthousiasme.

Je ne sais si ces diverses réflexions font l'apologie ou la critique de la correspondance que je publie. Je ne l'aurais pas fait connaître, si elle ne m'avait pas paru d'accord avec la manière de voir et de sentir que je viens de développer. Les lettres que j'ai recueillies ont été écrites dans le commencement de la révolution : j'ai mis du soin à retrancher de ces lettres, autant que la suite de l'histoire le permettait, tout ce qui pouvait avoir rapport aux événements politiques de ce temps-là. Ce ménagement n'a point pour but, on le verra, de cacher des opinions dont je me crois permis d'être fière; mais je souhaiterais qu'on pût s'occuper uniquement des personnes qui ont écrit ces lettres : il me semble qu'on y trouve des sentiments qui devraient, pendant quelques moments du moins, n'inspirer que des idées douces.

Ce vœu, je le crains, ne sera point accompli : la plupart des jugements littéraires que l'on publiera en France ne seront, pendant longtemps encore, que des louanges de parti, ou des injures de calcul. Je pense donc que les écrivains qui, pour exprimer ce qu'ils croient bon et vrai, bravent ces jugements connus d'avance, ont choisi leur public; ils s'adressent à la France silencieuse, mais éclairée ; à l'avenir plutôt qu'au présent; ils aspirent peut-être aussi, dans leur ambition, à l'opinion indépendante, au suffrage réfléchi des étrangers; mais ils se rappelleront sans doute ce conseil que Virgile donnait au Dante, lorsqu'il traversait avec lui le séjour des hommes médiocres, agités tant qu'ils avaient vécu par des passions haineuses :

> . . . .
> Fama di loro il mondo esser non lassa,
> . . . .
> Non ragioniam di lor ; ma guarda e passa [1].

[1] Le monde n'a pas même conservé le souvenir de leur nom ; ne nous arrêtons pas à en parler, mais jette un coup d'œil sur eux et passe.

DELPHINE.

PREMIÈRE PARTIE.

LETTRE PREMIÈRE.

Madame d'Albémar à Matilde de Vernon.

Bellerive, ce 12 avril 1790.

Je serai trop heureuse, ma chère cousine, si je puis contribuer à votre mariage avec M. de Mondoville; les liens du sang qui nous unissent me donnent le droit de vous servir, et je le réclame avec instance. Si je mourais, vous succéderiez naturellement à la moitié de ma fortune : me serait-il refusé de disposer d'une portion de mes biens pendant ma vie, comme les lois en disposeraient après ma mort? A vingt et un ans, convenez qu'il serait ridicule d'offrir mon héritage à vous, qui en avez dix-huit! Je vous parle donc des droits de succession seulement pour vous faire sentir que vous ne pouvez considérer le don de la terre d'Andelys comme un service embarrassant à recevoir, et dont votre délicatesse doive s'alarmer.

M. d'Albémar m'a comblée de tant de biens en mourant, que j'éprouverais le besoin d'y associer une personne de sa famille quand cette personne, ma compagne depuis trois ans, ne serait pas la fille de madame de Vernon, de la femme du monde dont l'esprit et les manières m'attachent et me captivent le plus. Vous savez que la sœur de mon mari, Louise d'Albémar, est mon amie intime; elle a confirmé avec joie les dons que M. d'Albémar m'avait faits. Retirée dans un couvent à Montpellier, ses goûts sont plus que satisfaits par la fortune qu'elle possède; je suis donc libre et parfaitement libre de vous assurer vingt mille livres de rente, et je le fais avec un sentiment de bonheur que vous ne voudrez pas me ravir.

En vous donnant la terre d'Andelys, il me restera encore cinquante mille livres de revenu; j'ai presque honte d'avoir l'air de la générosité, quand je ne dérange en rien les habitudes de ma vie. Ce sont ces habitudes qui rendent la fortune nécessaire : dès que l'on n'est pas obligé d'éloigner de soi les inférieurs qui se reposent de leur sort sur notre bienveillance, ou d'exciter la pitié des supérieurs par un changement remarquable dans sa manière d'exister, l'on est à l'abri de toutes les peines que peut faire éprouver la diminution de la fortune. D'ailleurs je ne crois pas que je me fixe à Paris; depuis près d'un an que j'y habite, je n'y ai pas formé une seule relation qui puisse me faire oublier les amis de mon enfance; ces véritables amis sont gravés dans mon cœur avec des traits si chers et si sacrés, que toutes les nouvelles connaissances que je fais laissent à peine des traces à côté de ces profonds souvenirs. Je n'aime ici que votre mère : sans elle je ne serais point venue à Paris, et je n'aspire qu'à la ramener en Languedoc avec moi. J'ai pris, depuis que j'existe, l'habitude d'être aimée, et les louanges qu'on veut bien m'accorder ici laissent au fond de mon cœur un sentiment de froideur et d'indifférence qu'aucune jouissance de l'amour-propre n'a pu changer entièrement ; je crois donc que, malgré mon goût pour la société de Paris, je retirerai ma vie et mon cœur de ce tumulte, où l'on finit toujours par recevoir quelques blessures, qui vous font mal ensuite dans la retraite.

J'entre dans ces détails avec vous, ma chère cousine, pour que vous soyez bien convaincue que j'ai beaucoup plus de fortune qu'il n'en faut pour la vie que je veux mener. C'est à regret que je me condamne à rechercher tous les arguments imaginables pour vous faire accepter un don qui devrait s'offrir et se recevoir avec le même mouvement; mais les différences de caractère et d'opinion qui peuvent exister entre nous m'ont fait craindre de rencontrer quelques obstacles aux projets que nous avons arrêtés, votre mère et moi ; j'ai donc voulu que vous sussiez tout ce qui peut vous tranquilliser sur un service auquel vous paraissiez attacher beaucoup trop d'importance; il n'entraîne point avec lui une reconnaissance qui doive vous imposer de la gêne; et si tout ce que je viens de vous dire ne suffit pas pour vous le prouver, je vous répéterai que mon amitié pour votre mère est si vive, si dévouée, qu'il vous suffirait d'être sa fille pour que je fisse pour vous, quand même je ne vous connaitrais pas, tout ce qui est en mon pouvoir. Mais c'est assez parler de ce service; assurément je ne vous en aurais pas entretenue si long-temps, si je n'avais aperçu que vous aviez une répugnance secrète pour la proposition que je vous faisais.

Il se peut aussi que vous soyez blessée des conditions que madame de Mondoville a mises à votre mariage avec son fils. N'oubliez pas cependant, ma chère Matilde, qu'elle ne vous a connue que pendant votre enfance, puisqu'elle n'a pas quitté l'Espagne depuis dix ans; et songez surtout que son fils ne vous a jamais vue. Madame de Mondoville aime votre mère, et desire s'allier avec votre famille; mais vous savez combien elle met d'importance à tout ce qui peut ajouter à la considération des siens; elle veut que sa belle-fille ait de la fortune, comme un moyen d'établir une distance de plus entre son fils et les autres hommes. Elle a de la générosité et de l'élévation, mais aussi de la hauteur et de l'orgueil; ses manières, dit-on, sont très simples et son caractère très arrogant. Née en Espagne, d'une famille attachée aux antiques mœurs de ce pays, elle a vécu long-temps en France avec son mari, et elle y a appris l'art de revêtir ses défauts de formes aimables qui subjuguent ceux qui l'entourent. Tout ce que l'on raconte de Léonce de Mondoville me persuade que vous serez parfaitement heureuse avec lui; mais je crois que madame de Mondoville, malgré les inconvénients de son caractère, a beaucoup d'ascendant sur son fils. J'ai souvent remarqué que c'est par ses défauts que l'on gouverne ceux dont on est aimé : ils veulent les ménager, ils craignent de les irriter, ils finissent par s'y soumettre; tandis que les qualités dont le principal avantage est de rendre la vie facile sont souvent oubliées, et ne donnent point de pouvoir sur les autres.

Ces diverses réflexions ne doivent en rien vous détourner du mariage le plus brillant et le plus avantageux; mais elles ont pour but de vous faire sentir la nécessité de remplir toutes les conditions que demande ou que desire madame de Mondoville. Il ne faut pas que vous entriez dans une telle famille avec une infériorité quelconque; il faut que madame de Mondoville soit convaincue qu'elle a fait pour son fils un mariage très convenable, afin que tous les égards que vous aurez pour elle la flattent davantage encore. Plus vous serez indépendante par votre fortune, plus il vous sera doux d'être asservie par vos sentiments et vos devoirs.

Oubliez donc, ma chère Matilde, les petites altercations que nous avons eues quelquefois ensemble, et réunissons nos cœurs par les affections qui nous sont communes, par l'attachement que nous ressentons toutes les deux pour votre aimable mère.

LETTRE II.
Réponse de Matilde de Vernon à madame d'Albémar.

Paris, ce 14 avril 1790.

Puisque vous croyez, ma chère cousine, qu'il est de votre délicatesse de faire jouir les parents de M. d'Albémar d'une partie de la fortune qu'il vous a laissée, je consens, avec l'autorisation de ma mère, à la donation que vous me proposez, et je considère avec raison cette conduite de votre part comme satisfaisant à beaucoup plus que l'équité, et vous donnant des droits à ma reconnaissance : je m'engage donc à tout ce que la religion et la vertu exigent d'une personne qui a contracté, de son libre aveu, l'obligation qui me lie à vous.

Ma mère desire que le service que vous me rendez reste secret entre nous; elle croit que la fierté de madame de Mondoville pourrait être blessée en apprenant que c'est par un bienfait que sa belle-fille est dotée : je vous dis ce que pense ma mère, mais je serai toujours prête à publier ce que vous faites pour moi, si vous le desirez. Dût-la publicité de vos bienfaits m'humilier selon l'opinion du monde, elle me relèverait à mes propres yeux : tel est l'esprit de la religion sainte que je professe.

Je sais que ce langage vous a paru quelquefois ridicule, et que, malgré la douceur de votre caractère, douceur à laquelle je rends justice, vous n'avez pu me cacher que vous ne partagiez pas mes opinions sur tout ce qui tient à l'observance de la religion catholique. Je m'en afflige pour vous, ma chère cousine; et plus vous resserrez par votre excellente conduite les liens qui nous attachent l'une à l'autre, plus je voudrais qu'il me fût possible de vous convaincre que vous prenez une mauvaise route, soit pour votre bonheur intérieur, soit pour votre considération dans le monde.

Vos opinions en tout genre sont singulièrement indépendantes : vous vous croyez, et avec raison, un esprit très remarquable; cependant qu'est-ce que cet esprit, ma cousine, pour diriger sagement, non seulement les hommes en général, mais les femmes en particulier? Vous êtes charmante, on vous le répète sans cesse; mais combien vos succès ne vous font-ils pas d'ennemis! Vous êtes jeune, vous aurez sans doute le desir de vous remarier: pensez-vous qu'un homme sage puisse être empressé de s'unir à une personne qui voit tout par ses propres lumières, soumet sa conduite à ses propres idées, et dédaigne souvent les maximes reçues? Je sais que vous avez une simplicité tout-à-fait aimable dans le caractère, que vous ne cherchez point à dominer, que vous n'avez de hardiesse ni dans les manières, ni dans les discours; mais, dans le fond, et vous en convenez vous-même, ce n'est point à la foi catholique, ce n'est point aux hommes respectables chargés de nous l'enseigner, que vous soumettez votre conduite; c'est à votre manière de sentir et de concevoir les idées religieuses.

Ma cousine, où en serions-nous, si toutes les femmes prenaient ainsi pour guide ce qu'elles appelleraient leurs lumières? Croyez-moi, ce n'est pas seulement par les fidèles qu'une telle indépendance est blâmée; les hommes qui sont le plus affranchis des vérités traitées de préjugés dans la langue actuelle veulent que leurs femmes ne se dégagent d'aucun lien; ils sont bien aises qu'elles soient dévotes, et se croient plus sûrs ainsi qu'elles respecteront et leurs devoirs et jusqu'aux moindres nuances de ces devoirs.

Je ne fais rien pour l'opinion, vous le savez : j'ai de bonne foi les sentiments religieux que je professe : si mon caractère a quelquefois de la roideur, il a toujours de la vérité; mais si j'étais capable de concevoir l'hypocrisie, je crois tellement essentiel pour une femme de ménager en tout point l'opinion, que je lui conseillerais de ne rien braver en aucun genre, ni superstitions (pour me conformer à votre langage), ni convenances, quelque puériles qu'elles puissent être. Combien toutefois il vaut mieux n'avoir point à penser aux suffrages du monde, et se trouver disposée, par la religion même, à tous les sacrifices que l'opinion peut exiger de nous !

Si vous pouviez consentir à voir l'évêque de L., qui, malgré tous les maux que nous éprouvons depuis dix mois, est resté en France, je suis sûre qu'il prendrait de l'ascendant sur vous. Mon zèle est peut-être indiscret; la religion ne nous oblige point à nous mêler de la conduite des autres; mais la reconnaissance que je vais vous devoir m'inspire un nouveau desir de vous appeler au salut. Vous le dites vous-même, vous n'êtes pas heureuse : c'est un avertissement du ciel. Pourquoi n'êtes-vous pas heureuse? Vous êtes jeune, riche, jolie; vous avez un esprit dont la supériorité et le charme ne sont pas contestés; vous êtes bonne et généreuse : savez-vous ce qui vous afflige? C'est l'incertitude de votre croyance ; et s'il faut tout vous dire, c'est que vous sentez aussi que cette indépendance d'opinion et de conduite, qui donne à votre conversation peut-être plus de grace et de piquant, commence déjà à faire dire du mal de vous, et nuira sûrement tôt ou tard à votre existence dans le monde.

Ne prenez pas mal les avis que je vous donne ; ils tiennent, je vous l'atteste, à mon attachement pour vous : vous savez que je ne suis point jalouse, vous m'avez rendu plusieurs fois cette justice ; je ne prétends point aux succès du monde, je n'ai pas l'esprit qu'il faudrait pour les obtenir, et je me ferais scrupule de m'en occuper : je vous parle donc en conscience, sans aucun autre motif que ceux qui doivent inspirer une ame chrétienne ; j'aurais fait pour vous bien plus que vous ne faites pour moi, si j'avais pu vous engager à sacrifier vos opinions particulières, pour vous soumettre aux décisions de l'Église.

Adieu, ma chère cousine : je ne vous plais pas, je ne dois pas vous plaire ; cependant vous êtes certaine, j'en suis sûre, que je ne manquerai jamais aux sentiments que vous méritez.

LETTRE III.
Delphine à Matilde.

J'ai bien de la peine à contenir, ma cousine, le sentiment que votre lettre me fait éprouver : je devrais ne pas y céder, puisque j'attends de vous une marque précieuse d'amitié ; mais il m'est impossible de ne pas m'expliquer une fois franchement avec vous ; je veux mettre un terme aux insinuations continuelles que vous me faites sur mes opinions et sur mes goûts : vous estimez la vérité, vous savez l'entendre ; j'espère donc que vous ne serez point blessée des expressions vives qui pourront m'échapper dans ma propre justification.

D'abord vous attribuez à la délicatesse le don que j'ai le bonheur de vous offrir, et c'est l'amitié seule qui en est la cause. S'il était vrai que je vous dusse de quelque manière une partie de ma fortune, parceque votre mère est parente de M. d'Albémar, j'aurais eu tort de la conserver jusqu'à présent ; la délicatesse est pour les ames élevées un devoir plus impérieux encore que la justice ; elles s'inquiètent bien plus des actions qui dépendent d'elles seules que de celles qui sont soumises à la puissance des lois : mais pouvez-vous ignorer quelle malheureuse prévention éloignait M. d'Albémar de votre mère? C'est le seul sujet de discussion que nous ayons jamais eu ensemble; cette prévention était telle, que j'ai eu beaucoup de peine à éviter l'engagement qu'il voulait me faire prendre de rompre entièrement avec elle : connaissant les dispositions de M. d'Albémar comme je le fais, si je puis me permettre de disposer de sa fortune en votre faveur, c'est parcequ'il m'a ordonné de la considérer comme appartenant à moi seule.

Mais pourquoi donc éprouvez-vous le besoin de diminuer le faible mérite du service que je veux vous rendre? Est-ce parceque vous êtes effrayée de tous les devoirs que vous croyez attachés à la reconnaissance? Pourquoi mettez-vous tant d'importance à une action qui ne peut être comptée que comme l'expression de l'amitié que j'éprouve? Je n'ai qu'un but, je n'ai qu'un desir, c'est d'être aimée des personnes avec qui je vis ; il faut que vous vous sentiez tout-à-fait incapable de m'accorder ce que je demande, puisque vous craignez tant de me rien devoir : mais, encore une fois, soyez tranquille ; votre mère peut tout pour mon bonheur ; son esprit plein de grace, sa douceur et sa gaieté répandent tant de charmes sur ma vie! Quelquefois l'inégalité, la froideur de ses manières, m'inquiètent ; je voudrais qu'elle répondît sans cesse à la vivacité de mon attachement pour elle. Ne suis-je donc pas trop heureuse, si je trouve une occasion de lui inspirer un sentiment de plus pour moi? Ma cousine, je ne cherche point à me faire valoir auprès de vous; vous ne me devez rien : je serai mille fois récompensée de mon zèle pour vos intérêts, si votre mère me témoigne plus souvent cette amitié tendre qui calme et remplit mon cœur.

Maintenant passons aux reproches ou aux conseils que vous croyez nécessaire de m'adresser.

Je n'ai pas les mêmes opinions que vous; mais je ne pense pas, je vous l'avoue, que ma considération en souffre le moins du monde. Si je songeais à me remarier, j'ose croire que mon cœur est un assez noble présent pour n'être pas dédaigné par celui qui m'en paraîtrait digne. Vous avez cru, dites-vous, démêler de la tristesse dans ma lettre : vous vous êtes trompée. Je n'ai dans ce moment aucun sujet de peine . mais le bonheur même des ames sensibles n'est jamais sans quelque mélange de mélancolie; et comment n'éprouverais-je pas cette disposition, moi qui ai perdu dans M. d'Albémar un ami si bon et si tendre? Il n'a pris le nom de mon époux, lorsque j'avais atteint ma seizième année, que pour m'assurer sa fortune; il mettait dans ses relations avec moi tant de bonté protectrice et de galanterie délicate, que son sentiment pour moi réunissait tout ce qu'il y a d'aimable dans les affections d'un père et dans les soins d'un jeune homme. M. d'Albémar, uniquement occupé d'assurer le bonheur du reste de ma vie, dont son âge ne lui permettait pas d'être le témoin, m'avait inspiré cette confiance si douce à ressentir, cette confiance qui remet, pour ainsi dire, à un autre la responsabilité de notre sort, et nous dispense de nous inquiéter de nous-mêmes. Je le regretterai toujours, et les souvenirs de mon enfance et les premiers jours de ma jeunesse ne peuvent jamais cesser de m'attendrir. Mais quel autre chagrin pourrais-je éprouver en ce moment? Qu'ai-je à redouter du monde? je n'y porte que des sentiments doux et bienveillants. Si j'avais été dépourvue de toute espèce d'agréments, peut-être n'aurais-je pu me défendre d'un peu d'aigreur contre les femmes assez heureuses pour plaire; mais je n'entends retentir autour de moi que des paroles flatteuses : ma position me permet de rendre quelques services, et ne m'oblige jamais à en demander; je n'ai que des rapports de choix avec les personnes qui m'entourent; je ne recherche que celles que j'aime; je ne dis aucun mal des autres : pourquoi donc voudrait-on affliger une créature aussi *inoffensive* que moi, et dont l'esprit, s'il est vrai que l'éducation que j'ai reçue m'ait donné cet avantage, dont l'esprit, dis-je, n'a d'autre mobile que le desir d'être agréable à ceux que je vois?

Vous m'accusez de n'être pas aussi bonne catholique que vous, et de n'avoir pas assez de soumission pour les convenances arbitraires de la société. D'abord, loin de blâmer votre dévotion, ma chère cousine, n'en ai-je pas toujours parlé avec respect? Je sais qu'elle est sincère; et quoiqu'elle n'ait pas entièrement adouci ce que vous avez peut-être de trop âpre dans le caractère, je crois qu'elle contribue à votre bonheur, et je ne me permettrai jamais de l'attaquer, ni par des raisonnements, ni par des plaisanteries. Mais j'ai reçu une éducation tout-à-fait différente de la vôtre. Mon respectable époux, en revenant de la guerre d'Amérique, s'était retiré dans la solitude, et s'y livrait à l'examen de toutes les questions morales que la réflexion peut approfondir. Il croyait en Dieu, il espérait l'immortalité de l'ame; et la vertu, fondée sur la bonté, était son culte envers l'Être suprême. Orpheline dès mon enfance, je n'ai compris des idées religieuses que ce que M. d'Albémar m'en a enseigné; et comme il remplissait tous les devoirs de la justice et de la générosité, j'ai cru que ses principes devaient suffire à tous les cœurs.

M. d'Albémar connaissait peu le monde, je commence à le croire; il n'examinait jamais dans les actions que leur rapport avec ce qui est bien en soi, et ne songeait point à l'impression que sa conduite pouvait produire sur les autres. Si c'est être philosophe que penser ainsi, je vous avoue que je pourrais me croire des droits à ce titre, car je suis absolument à cet égard de l'opinion de M. d'Albémar; mais si vous entendiez par philosophie la plus légère indifférence pour les vertus pures et délicates de notre sexe; si vous entendiez même par philosophie la force qui rend inaccessible aux peines de la vie, certes je n'aurais mérité ni cette injure, ni cette louange; et vous savez bien que je suis une femme, avec les qualités et les défauts que cette destinée faible et dépendante peut entraîner.

J'entre dans le monde avec un caractère bon et vrai, de l'esprit, de la jeunesse et de la fortune : pourquoi ces dons de la Providence ne me rendraient-ils pas heureuse? pourquoi me tourmenterais-je des opinions que je n'ai pas, des convenances que j'ignore? La morale et la religion du cœur ont servi d'appui à des hommes qui avaient à parcourir une carrière bien plus difficile que la mienne : ces guides me suffiront.

Quant à vous, ma chère cousine, souffrez que je vous le dise : vous aviez peut-être besoin d'une règle plus rigoureuse pour réprimer un caractère moins doux; mais ne pouvons-nous donc nous aimer, malgré la différence de nos goûts et de nos opinions? Vous savez combien je considère vos vertus; ce sera pour moi un vif plaisir de contribuer à rendre votre destinée heureuse : mais laissez chacun en paix chercher au fond de son cœur le soutien qui convient le mieux à son caractère et à sa conscience. Imitez votre mère, qui n'a jamais de discussion avec vous, quoique vos idées diffèrent souvent des siennes. Nous aimons toutes deux un Être bienfaisant, vers lequel nos ames s'élèvent; c'est assez de ce rapport, c'est assez de ce lien qui réunit toutes les ames sensibles dans une même pensée, la plus grande et la plus fraternelle de toutes.

Je retournerai dans deux jours à Paris; nous ne parlerons plus du sujet de nos lettres; et vous m'accorderez le bonheur de vous être utile, sans le troubler par des réflexions qui blessent toujours un peu, quelques efforts qu'on fasse sur soi-même pour ne pas s'en offenser. Je vous embrasse, ma chère cousine, et je vous assure qu'à la fin de ma lettre je ne sens plus la moindre trace de la disposition pénible qui m'avait inspiré les premières lignes.

LETTRE IV.
Delphine d'Albémar à madame de Vernon.

Bellerive, ce 16 avril 1790.

Ma chère tante, ma chère amie, pourquoi m'avez-vous mise en correspondance avec ma cousine sur un sujet qui ne devait être traité qu'avec vous? Vous savez que Matilde et moi nous ne nous convenons pas toujours, et je m'entends si bien avec vous! Quand j'ai pu vous être utile, vous avez si noblement accepté le dévouement de mon cœur, vous l'avez récompensé par un sentiment qui me rend la vie si douce ! Ne voulez-vous donc plus que ce soit à vous, à vous seule, que je m'adresse?

Si cependant je vous avais déplu par ma réponse à Matilde, si vous ne me jugiez plus digne d'assurer le bonheur de votre fille! Mais non, vous connaissez la vivacité de mes premiers mouvements ; vous me les pardonnez, vous qui conservez toujours sur vous-même cet empire qui sert au bonheur de vos amis plus encore qu'au vôtre. Je n'ai rien à redouter de votre caractère généreux et fier ; il reçoit les services comme il les rendrait, avec simplicité : cependant rassurez-moi avant que je vous revoie. Je sais bien que vous n'aimez pas à écrire ; mais il me faut un mot qui me dise que vous persistez dans la permission que vous m'avez accordée.

Je le répète encore, vous n'affligerez pas profondément votre amie ; je serais la première personne du monde à qui vous auriez fait de la peine. Si j'ai eu tort, c'est alors surtout que, prévoyant les reproches que je me ferais, vous ne voudrez pas que ce tort ait des suites amères. J'attends quelques lignes de vous, ma chère Sophie, avec une inquiétude que je n'avais point encore ressentie.

LETTRE V.
Madame de Vernon à Delphine.

Paris, ce 17 avril.

Vous êtes des enfants, Matilde et vous ; ce n'est pas ainsi qu'il faut traiter des objets sérieux : nous en causerons ensemble : mais n'ayez jamais d'inquiétude, ma chère Delphine, quand ce que vous desirez dépend de moi.

LETTRE VI.

Delphine à mademoiselle d'Albémar.

Paris, ce 19.

Une légère altercation qui s'était élevée entre Matilde et moi, il y a quelques jours, m'avait assez inquiétée, ma chère sœur; je vous envoie la copie de nos lettres, pour que vous en soyez juge. Mais combien je voudrais que vous fussiez près de moi! Je cherche à me rappeler sans cesse ce que vous m'avez dit : il me semblait autrefois que votre excellent frère, dans nos entretiens, m'avait donné des règles de conduite qui devaient me guider dans toutes les situations de la vie ; et maintenant je suis troublée par les inquiétudes qui me sont personnelles, comme si les idées générales que j'ai conçues ne suffisaient point pour m'éclairer sur les circonstances particulières. Néanmoins ma destinée est simple, et je n'éprouve et je n'éprouverai jamais, j'espère, aucun sentiment qui puisse l'agiter.

Madame de Vernon, que vous n'aimez pas, quoiqu'elle vous aime ; madame de Vernon est certainement la personne la plus spirituelle, la plus aimable, la plus éclairée dont je puisse me faire l'idée : cependant il m'est impossible de discuter avec elle jusqu'au fond de mes pensées et de mes sentiments. D'abord elle ne se plaît pas beaucoup dans les conversations prolongées ; mais ce qui surtout abrège les développements dans les entretiens avec elle, c'est que son esprit va toujours droit aux résultats, et semble dédaigner tout le reste. Ce n'est ni la moralité des actions, ni leur influence sur le bien-être de l'ame, qu'elle a profondément étudiées ; mais les conséquences et les effets de ces actions : et, quoiqu'elle soit elle-même une personne douée des plus excellentes qualités, l'on dirait qu'elle compte pour tout le succès, et pour très peu le principe de la conduite des hommes. Cette sorte d'esprit la rend un meilleur juge des événements de la vie que des peines secrètes ; il me reste donc toujours dans le cœur quelques sentiments que je ne lui ai pas exprimés, quelques sentiments que je retiens comme inutiles à lui dire, et dont j'éprouve pourtant la puissance en moi-même. Il n'existe aucune borne à ma confiance en elle ; mais, sans que j'y réfléchisse, je me trouve naturellement disposée à ne lui dire que ce qui peut l'intéresser : je renvoie toujours au lendemain pour lui parler des pensées qui m'occupent, mais qui n'ont point d'analogie avec sa manière de voir et de sentir : mon desir de lui plaire est mêlé d'une sorte d'inquiétude qui fixe mon attention sur les moyens de lui être agréable, et met dans mon amitié pour elle encore plus, pour ainsi dire, de coquetterie que de confiance.

Mon ame s'ouvrirait entièrement à vous, ma chère Louise; vous l'avez formée, en me tenant lieu de mère; vous avez toujours été mon amie; je conserve pour vous cette douce confiance du premier âge de la vie, de cet âge où l'on croit avoir tout fait pour ceux qu'on aime, en leur montrant ses sentiments et en leur développant ses pensées.

Dites-moi donc, ma chère sœur, quel est cet obstacle qui s'oppose à ce que vous quittiez votre couvent pour vous établir à Paris avec moi? Vous m'avez fait un secret jusqu'à présent de vos motifs : supportez-vous l'idée qu'il existe un secret entre nous?

Je vous ai promis, en vous quittant, de vous écrire mon journal tous les soirs; vous vouliez, disiez-vous, veiller sur mes impressions. Oui, vous serez mon ange tutélaire, vous conserverez dans mon ame les vertus que vous avez su m'inspirer; mais ne serions-nous pas bien plus heureuses si nous étions réunies? et nos lettres peuvent-elles jamais suppléer à nos entretiens?

Après avoir reçu le billet de madame de Vernon, je partis le jour même pour l'aller voir; je quittai Bellerive à cinq heures du soir, et je fus chez elle à huit. Elle était dans son cabinet avec sa fille; à mon arrivée, elle fit signe à Matilde de s'éloigner : j'étais contente, et néanmoins embarrassée de me trouver seule avec elle : j'ai éprouvé souvent une sorte de gêne auprès de madame de Vernon, jusqu'à ce que la gaieté de son esprit m'ait fait oublier ce qu'il y a de réservé et de contenu dans ses manières : je ne sais si c'est un défaut en elle; mais ce défaut même sert à donner plus de prix aux témoignages de son affection.

« Eh bien! me dit-elle en souriant, Matilde a donc voulu vous convertir? — Je ne puis vous dire, ma chère tante, lui répondis-je, combien sa lettre m'a fait de peine; elle a provoqué ma réponse, et je m'en suis bientôt repentie : j'avais une frayeur mortelle de vous avoir déplu. — En vérité je l'ai à peine lue, reprit madame de Vernon; j'y ai reconnu votre bon cœur, votre mauvaise tête, tout ce qui fait de vous une personne charmante; je n'ai rien remarqué que cela. Quant au fond de l'affaire, l'homme chargé de dresser le contrat y insérera les conditions que vous voulez bien offrir ; mais il faut que vous permettiez qu'on mette dans l'article que c'est une donation faite en dédommagement de l'héritage de M. d'Albémar. Si madame de Mondoville croyait que c'est par une simple générosité de votre part que ma fille est dotée, son orgueil en souffrirait tellement, qu'elle romprait le mariage. » J'éprouvai, je l'avoue, une sorte de répugnance pour cette proposition, et je voulais la combattre ; mais madame de Vernon m'interrompit, et me dit : « Madame de Mondoville ne sait pas combien on peut être fière d'être comblée des bienfaits d'une amie telle que vous : vous m'avez déja retirée une fois de l'abîme où m'avait jetée un négociant infidèle ; vous allez maintenant marier ma fille, le seul objet de mes sollicitudes, et il faut que je condamne ma reconnaissance au silence le plus absolu : tel est le caractère de madame de Mondoville. Si vous exigiez que le service que vous rendez fût connu, je serais forcée de le refuser, car il deviendrait inutile ; mais il vous suffit, n'est-il pas vrai, ma chère Delphine, du sentiment que j'éprouve ; de ce sentiment qui me permet de vous tout devoir, parceque mon cœur est certain de tout acquitter ? » Ces derniers mots furent prononcés avec cette grace enchanteresse qui n'appartient qu'à madame de Vernon ; elle n'avait pas l'air de douter de mon consentement ; et lui en faire naître l'idée, c'était refroidir tous ses sentiments : elle s'y abandonne si rarement, qu'on craint encore plus d'en troubler les témoignages. Les motifs de ma répugnance étaient bien purs ; mais j'avais une sorte de honte néanmoins d'insister pour que mon nom fût proclamé à côté du service que je rendrais ; et je fus irrésistiblement entraînée à céder aux desirs de madame de Vernon.

Je lui dis cependant : « J'ai quelque regret de me servir du nom de M. d'Albémar dans une circonstance si opposée à ses intentions ; mais s'il était témoin du culte que vous rendez à ses vertus, s'il vous entendait parler de lui comme vous en parlez avec moi, peut-être.... — Sans doute, » interrompit madame de Vernon ; et ce mot finit la conversation sur ce sujet.

Un moment de silence s'ensuivit ; mais bientôt, reprenant sa grace et sa gaieté naturelle, madame de Vernon dit : « A propos, dois-je vous envoyer M. l'évêque de L., pour vous confesser à lui, comme Matilde vous le propose ? — Je vous en conjure, lui répondis-je, dites-moi donc, ma chère tante, pourquoi vous avez donné à Matilde une éducation presque superstitieuse, et qui a si peu de rapport avec l'étendue de votre esprit et l'indépendance de vos opinions ? » Elle redevint sérieuse un moment, et me dit : « Vous m'avez fait vingt fois cette question, je ne voulais pas y répondre ; mais je vous dois tous les secrets de mon cœur.

« Vous savez, continua-t-elle, tout ce que j'ai eu à souffrir de M. de Vernon, proche parent de votre mari ; il était impossible de lui moins ressembler : sa fortune et ma pauvreté furent les seuls motifs qui décidèrent notre mariage : j'en fus long-temps très malheureuse; à la fin cependant, je parvins à m'aguerrir contre les défauts de M. de Vernon ; j'adoucis un peu sa rudesse : il existe une manière de prendre tous les caractères du monde, et les femmes doivent la trouver, si elles veulent vivre en paix sur cette terre, où leur sort est entièrement dans la dépendance des hommes. Je n'avais pu néanmoins obtenir que ma fille me fût confiée, et son père la dirigeait seul ; il mourut, qu'elle avait onze ans ; et pouvant alors m'occuper uniquement d'elle, je remarquai qu'elle avait dans son caractère une singulière âpreté, assez peu de sensibilité, et un esprit plus opiniâtre qu'étendu : je reconnus bientôt que mes leçons ne suffisaient pas pour corriger de tels défauts ; j'ai de l'indolence dans le caractère, inconvénient qui est le résultat naturel de l'habitude de la résignation; j'ai peu d'autorité dans ma manière de m'exprimer, quoique ma décision intérieure soit très positive. Je mets d'ailleurs trop peu d'importance à la plupart des intérêts de la vie, pour avoir le sérieux nécessaire à l'enseignement. Je me jugeai comme je jugerais un autre ; vous savez que cela m'est facile; et je résolus de confier à M. l'évêque de L. l'éducation de ma fille. Après y avoir bien réfléchi, je crus que la religion, et une religion positive, était le seul frein assez fort pour dompter le caractère de Matilde : ce caractère aurait pu contribuer utilement à l'avancement d'un homme; il présentait l'idée d'une ame ferme, et capable de servir d'appui ; mais les femmes, devant toujours plier, ne peuvent trouver, dans les défauts et dans les qualités même d'un caractère fort, que des occasions de douleur. Mon projet a réussi : la religion, sans avoir entièrement changé le caractère de ma fille, lui a ôté ses inconvénients les plus graves ; et comme le sentiment du devoir se mêle à toutes ses résolutions, et presque à toutes ses paroles, on ne s'aperçoit plus des défauts qu'elle avait naturellement que par un peu de froideur et de sécheresse dans les relations de la vie, jamais par aucun tort réel. Son esprit est assez borné; mais comme elle respecte tous les préjugés et se soumet à toutes les convenances, elle ne sera jamais exposée aux critiques du monde : sa beauté, qui est parfaite, ne lui fera courir aucun risque, car ses principes sont d'une inébranlable austérité. Elle est disposée aux plus grands sacrifices ainsi qu'aux plus petits; et la roideur de son caractère lui fait aimer la gêne, comme un autre se plairait dans l'abandon. C'eût été bien dommage, ma chère Delphine, qu'une personne aussi aimable, aussi spirituelle que vous, se fût imposé un joug qui l'eût privée de mille charmes; mais réfléchissez à ce qu'est ma fille, et vous verrez que le parti que j'ai pris était le seul qui pût la garantir de tous les malheurs que lui préparait sa triste conformité avec son père. Je ne parlerais à personne, ma chère Delphine, avec la confiance que je viens de vous témoigner ; mais je n'ai pas voulu que l'amie de mon cœur, celle qui veut assurer le bonheur de Matilde, ignorât plus long-temps les motifs qui m'ont déterminée dans la plus importante de mes résolutions, dans celle qui concerne l'éducation de ma fille.

— Vous ne pouvez jamais parler sans convaincre, ma chère tante, lui répondis-je; mais vous-même cependant ne pouviez-vous pas guider votre fille? Vos opinions ne sont-elles pas en tout conformes à celles que la raison...? — Oh! mes opinions, répondit-elle en souriant et m'interrompant, personne ne les connaît; et comme elles n'influent point sur mes sentiments, ma chère Delphine, vous n'avez pas besoin de les savoir. » En achevant ces mots, elle se leva, me prit par la main, et me conduisit dans le salon, où plusieurs personnes étaient déjà rassemblées.

Elle entra, et leur fit des excuses avec cette grace inimitable que vous-même lui reconnaissez. Quoiqu'elle ait au moins quarante ans, elle parait encore charmante, même au milieu des jeunes femmes; sa pâleur, ses traits un peu abattus, rappellent la langueur de la maladie, et non la décadence des années ; sa manière de se mettre toujours négligée est d'accord avec cette impression. On se dit qu'elle serait parfaitement jolie, si un jour elle se portait mieux, si elle voulait se parer comme les autres ; ce jour n'arrive jamais, mais on y croit, et c'est assez pour que l'imagination ajoute encore à l'effet naturel de ses agréments.

Dans un des coins de la chambre était madame du Marset. Vous ai-je dit que c'est une femme qui ne peut me supporter, quoique je n'aie jamais eu et ne veuille jamais avoir le moindre tort avec elle? Elle a pris, dès mon arrivée, parti contre la bienveillance qu'on m'a témoignée, et l'a considérée comme un affront qui lui serait personnel. J'ai, pendant quelque temps, essayé de l'adoucir; mais quand j'ai vu qu'elle avait contracté aux yeux du monde l'engagement de me détester, et que, ne pouvant se faire une existence par ses amis, elle espérait s'en faire une par ses haines, j'ai résolu de dédaigner ce qu'il y avait de réel dans son aversion pour moi. Elle prétend, ne sachant trop de quoi m'accuser, que j'aime et que j'approuve beaucoup trop la révolution de France. Je la laisse dire; elle a cinquante ans et nulle bonté dans le caractère; c'est assez de chagrins pour lui permettre beaucoup d'humeur.

Derrière elle était M. de Fierville, son fidèle adorateur, malgré son âge avancé : il a plus d'esprit qu'elle et moins de caractère, ce qui fait qu'elle le domine entièrement : il se plaît quelquefois à causer avec moi; mais comme, par complaisance pour madame du Marset, il me critique souvent quand je n'y suis pas, il fait sans cesse des réserves dans les compliments qu'il m'adresse, pour se mettre, s'il est possible, un peu d'accord avec lui-même. Je le laisse s'agiter dans ses petits remords, parceque je n'aime de lui que son esprit, et qu'il ne peut m'empêcher d'en jouir quand il me parle.

Au milieu de la société, Matilde ne songe pas un instant à s'amuser; elle exerce toujours un devoir dans les actions les plus indifférentes de sa vie; elle se place constamment à côté des personnes les moins aimables, arrange les parties, prépare le thé, sonne pour qu'on entretienne le feu; enfin s'occupe d'un salon comme d'un ménage, sans donner un instant à l'entraînement de la conversation. On pourrait admirer ce besoin continuel de tout changer en devoir, s'il exigeait d'elle le sacrifice de ses goûts : mais elle se plaît réellement dans cette existence toute méthodique, et blâme au fond de son cœur ceux qui ne l'imitent pas.

Madame de Vernon aime beaucoup à jouer; quoiqu'elle pût être très distinguée dans la conversation, elle l'évite : on dirait qu'elle n'aime à développer ni ce qu'elle sent, ni ce qu'elle pense. Ce goût du jeu, et trop de prodigalité dans sa dépense, sont les seuls défauts que je lui connaisse.

Elle choisit pour sa partie hier au soir madame du Marset et M. de Fierville; je lui en fis quelques reproches tout bas, parceque'elle m'avait dit plusieurs fois assez de mal de tous les deux. « La critique ou la louange, me répondit-elle, sont un amusement de l'esprit; mais ménager les hommes est nécessaire pour vivre avec eux. —Estimer ou mépriser, repris-je avec chaleur, est un besoin de l'âme : c'est une leçon, c'est un exemple utile à donner. — Vous avez raison, me dit-elle avec précipitation, vous avez raison sous le rapport de la morale; ce que je vous disais ne faisait allusion qu'aux intérêts du monde. » Elle me serra la main en s'éloignant, avec une expression parfaitement aimable.

Je restai à causer auprès de la cheminée avec plusieurs hommes dont la conversation, surtout dans ce moment, inspire le plus vif intérêt à tous les esprits capables de réflexion et d'enthousiasme. Je me reproche quelquefois de me livrer trop aux charmes de cette conversation si piquante : c'est peut-être blesser un peu les convenances, que se mêler ainsi aux entretiens les plus importants : mais quand madame de Vernon et les dames de sa société sont établies au jeu, je me trouve presque seule avec Matilde, qui ne dit pas un mot; et l'empressement que me témoignent les hommes distingués m'entraîne à les écouter et à leur répondre.

Cependant, peut-être est-il vrai que je me livre souvent avec trop de chaleur à l'esprit que je peux avoir; je ne sais pas résister assez aux succès que j'obtiens en société, et qui doivent quelquefois déplaire aux autres femmes. Combien j'aurais besoin d'un guide! Pourquoi suis-je seule ici? Je finis cette lettre, ma chère sœur, en vous répétant ma prière. Venez près de moi, n'abandonnez pas votre Delphine dans un monde si nouveau pour elle; il m'inspire une sorte de crainte vague que ne peut dissiper le plaisir même que j'y trouve.

LETTRE VII.

Réponse de mademoiselle d'Albémar à Delphine.

Montpellier, 25 avril 1790

Ma chère Delphine, je suis fâchée que vous vous montriez si généreuse envers ces Vernon : mon frère aimait encore mieux la fille que la mère, quoique la mère ait beaucoup plus d'agréments que la fille; il croyait madame de Vernon fausse jusqu'à la perfidie. Pardon, si je me sers de ces mots; mais je ne sais pas comment dire leur équivalent, et je me confie en votre bonne amitié pour m'excuser. Mon frère pensait que madame de Vernon dans le fond du cœur n'aimait rien, ne croyait à rien, ne s'embarrassait de rien, et que sa seule idée était de réussir, elle et les siens, dans tous les intérêts dont se compose la vie du monde, la fortune et la considération. Je sais bien qu'elle a supporté avec une douceur exemplaire le plus odieux des maris, et qu'elle n'a point eu d'amants, quoiqu'elle fût bien jolie. Il n'y a jamais eu un mot à dire contre elle ; mais dussiez-vous me trouver injuste, je vous avouerai que c'est précisément cette conduite régulière qui ne me paraît pas du tout s'accorder avec la légèreté de ses principes et l'insouciance de son caractère. Pourquoi s'est-elle pliée à tous les devoirs, même à tous les calculs, elle qui a l'air de n'attacher d'importance à aucun ? Malgré les motifs qu'elle donne de l'éducation de sa fille, ne faut-il pas avoir bien peu de sensibilité pour ne pas former soi-même, et selon son propre caractère, la personne qu'on aime le plus, pour ne lui donner rien de son ame, et se la rendre étrangère par les opinions qui exercent le plus d'influence sur toute notre manière d'être ?

Il se peut que j'aie tort de juger si défavorablement une personne dont je ne connais aucune action blâmable ; mais sa physionomie, tout agréable qu'elle est, suffirait seule pour m'empêcher d'avoir la moindre confiance en elle. Je suis fermement convaincue que les sentiments habituels de l'ame laissent une trace très remarquable sur le visage : grace à cet avertissement de la nature, il n'y a point de dissimulation complète dans le monde. Je ne suis pas défiante, vous le savez ; mais je regarde ; et si l'on peut me tromper sur les faits, je démêle assez bien les caractères. C'est tout ce qu'il faut pour ne jamais mal placer ses affections ; que m'importe ce qu'il peut arriver de mes autres intérêts ?

Pour vous, ma chère Delphine, vous vous laissez entraîner par le charme de l'esprit, et je crains bien que si vous livrez votre cœur à cette femme, elle ne le fasse cruellement souffrir : rendez-lui service, je ne suis pas difficile sur les qualités des personnes qu'on peut obliger ; mais on confie à ceux qu'on aime ce qu'il y a de plus délicat dans le bonheur, et moi seule, ma chère Delphine, je vous aime assez pour ménager toujours votre sensibilité vive et profonde. C'est pour vous arracher à la séduction de cette femme que je voudrais aller à Paris ; mais je ne m'en sens pas la force, il m'est absolument impossible de vaincre la répugnance que j'éprouve à sortir de ma solitude.

Il faut bien vous avouer le motif de cette répugnance, je consens à vous l'écrire ; mais je n'aurais jamais pu me résoudre à vous en parler, et je vous prie instamment de ne pas me répondre sur un sujet que je n'aime pas à traiter. Vous savez que j'ai l'extérieur du monde le moins agréable ; ma taille est contrefaite, et ma figure n'a point de grace : je n'ai jamais voulu me marier, quoique ma fortune attirât beaucoup de prétendants : j'ai vécu presque toujours seule, et je serais un mauvais guide pour moi-même et pour les autres au milieu des passions de la vie; mais j'en sais assez pour avoir remarqué qu'une femme disgraciée de la nature est l'être le plus malheureux lorsqu'elle ne reste pas dans la retraite. La société est arrangée de manière que, pendant les vingt années de sa jeunesse, personne ne s'intéresse vivement à elle ; on l'humilie à chaque instant sans le vouloir, et il n'est pas un seul des discours qui se tiennent devant elle, qui ne réveille dans son ame un sentiment douloureux.

J'aurais pu jouir, il est vrai, du bonheur d'avoir des enfants : mais que ne souffrirais-je pas si j'avais transmis à ma fille les désavantages de ma figure ! si je la voyais destinée comme moi à ne jamais connaître le bonheur suprême d'être le premier objet d'un homme sensible ! Je ne le confie qu'à vous, ma chère Delphine ; mais parceque je ne suis point faite pour inspirer de l'amour, il ne s'ensuit pas que mon cœur ne soit pas susceptible des affections les plus tendres. J'ai senti, presque au sortir de l'enfance, qu'avec ma figure il était ridicule d'aimer : imaginez-vous de quels sentiments amers j'ai dû m'abreuver ! Il était ridicule pour moi d'aimer, et jamais cependant la nature n'avait formé un cœur à qui ce bonheur fût plus nécessaire.

Un homme dont les défauts extérieurs seraient très marquants pourrait encore conserver les espérances les plus propres à le rendre heureux. Plusieurs ont ennobli par des lauriers les disgraces de la nature ; mais les femmes n'ont d'existence que par l'amour : l'histoire de leur vie commence et finit avec l'amour ; et comment pourraient-elles inspirer ce sentiment sans quelques agréments qui puissent plaire aux yeux ? La société fortifie à cet égard l'intention de la nature, au lieu d'en modifier les effets ; elle rejette de son sein la femme infortunée que l'amour et la maternité ne doivent point couronner. Que de peines dévorantes n'a-t-elle point à souffrir dans le secret de son cœur !

J'ai été romanesque, comme si je vous ressemblais, ma chère Delphine ; mais j'ai néanmoins trop de fierté pour ne pas cacher à tous les regards le malheureux contraste de ma destinée et de mon caractère. Comment suis-je donc parvenue à supporter le cours des années qui m'étaient échues? Je me suis renfermée dans la retraite, rassemblant sur votre tête tous mes intérêts, tous mes vœux, tous mes sentiments; je me disais que j'aurais été vous, si la nature m'eût accordé vos graces et vos charmes; et, secondant de toute mon ame l'inclination de mon frère, je l'ai conjuré de vous laisser la portion de son bien qu'il me destinait.

Qu'aurais-je fait de la richesse? J'en ai ce qu'il faut pour rendre heureux ce qui m'entoure, pour soulager l'infortune autour de moi; mais quel autre usage de l'argent pourrais-je imaginer qui n'eût ajouté au sentiment douloureux qui pèse sur mon ame? Aurais-je embelli ma maison pour moi, mes jardins pour moi? et jamais la reconnaissance d'un être chéri ne m'aurait récompensée de mes soins! Aurais-je réuni beaucoup de monde, pour entendre plus souvent parler de ce que les autres possèdent et de ce qui me manque? Aurais-je voulu courir le risque des propositions de mariage qu'on pouvait adresser à ma fortune? et me serais-je condamnée à supporter tous les détours qu'aurait pris l'intérêt avide pour endormir ma vanité, et m'ôter jusqu'à l'estime de moi-même?

Non, non, Delphine, ma sage résignation vaut bien mieux. Il ne me restait qu'un bonheur à espérer; je l'ai goûté, je vous ai adoptée pour ma fille : j'avais manqué la vie, j'ai voulu vous donner tous les moyens d'en jouir. Je serais sans doute bien heureuse d'être près de vous, de vous voir, de vous entendre; mais avec vous seraient les plaisirs et la société brillante qui doivent vous entourer. Mon cœur, qui n'a point aimé, est encore trop jeune pour ne pas souffrir de son isolement, quand tous les objets que je verrais m'en renouvelleraient la pensée.

Les peines d'imagination dépendent presque entièrement des circonstances qui nous les retracent; elles s'effacent d'elles-mêmes, lorsque l'on ne voit ni n'entend rien qui en réveille le souvenir; mais leur puissance devient terrible et profonde quand l'esprit est forcé de combattre à chaque instant contre des impressions nouvelles. Il faut pouvoir détourner son attention d'une douleur importune, et s'en distraire avec adresse; car il faut de l'adresse vis-à-vis de soi-même, pour ne pas trop souffrir. Je ne connais guère les autres, ma chère Delphine, mais assez bien moi : c'est le fruit de la solitude. Je suis parvenue avec assez d'efforts à me faire une existence qui me préserve des chagrins vifs; j'ai des occupations pour chaque heure, quoique rien ne remplisse mon existence entière; j'unis les jours aux jours, et cela fait un an, puis deux, puis la vie. Je n'ose changer de place, agiter mon sort ni mon ame; j'ai peur de perdre le résultat de mes réflexions, et de troubler mes habitudes, qui me sont encore plus nécessaires, parcequ'elles me dispensent de réflexions même, et font passer le temps sans que je m'en mêle.

Déja cette lettre va déranger mon repos pour plusieurs jours ; il ne faut pas me faire parler de moi, il ne faut presque pas que j'y pense : je vis en vous ; laissez-moi vous suivre de mes vœux, vous aider de mes conseils, si j'en peux donner pour ce monde que j'ignore. Apprenez-moi successivement et régulièrement les événements qui vous intéressent, je croirai presque avoir vécu dans votre histoire ; je conserverai des souvenirs, je jouirai par vous des sentiments que je n'ai pu ni inspirer, ni connaître.

Savez-vous que je suis presque fâchée que vous ayez fait le mariage de Matilde avec Léonce de Mondoville? J'entends dire qu'il est si beau, si aimable et si fier, qu'il me semblait digne de ma Delphine ; mais, je l'espère, elle trouvera celui qui doit la rendre heureuse : alors seulement je serai vraiment tranquille. Quelque distinguée que vous soyez, que feriez-vous sans appui? vous exciteriez l'envie, et elle vous persécuterait. Votre esprit, quelque supérieur qu'il soit, ne peut rien pour sa propre défense; la nature a voulu que tous les dons des femmes fussent destinés au bonheur des autres, et de peu d'usage pour elles-mêmes. Adieu, ma chère Delphine ; je vous remercie de conserver l'habitude de votre enfance, et de m'écrire tous les soirs ce qui vous a occupée pendant le jour : nous lirons ensemble dans votre ame, et peut-être qu'à nous deux nous aurons assez de force pour assurer votre bonheur.

LETTRE VIII.

Réponse de Delphine à mademoiselle d'Albémar.

Paris, 1ᵉʳ mai.

Pourquoi m'avez-vous interdit de vous répondre, ma chère sœur, sur les motifs qui vous éloignent de Paris? Votre lettre excite en moi tant de sentiments que j'aurais le besoin d'exprimer! Ah! j'irai bientôt vous rejoindre ; j'irai passer toutes mes années près de vous : croyez-moi, cette vie de jeunesse et d'amour est moins heureuse que vous ne pensez. Je suis uniquement occupée depuis quelques jours du sort d'une de mes amies, madame d'Ervins; c'est sa beauté même et les sentiments qu'elle inspire qui sont la source de ses erreurs et de ses peines.

Vous savez que lorsque je vous quittai, il y a un an, je tombai dangereusement malade à Bordeaux; madame d'Ervins, dont la terre était voisine de cette ville, était venue pendant l'absence de son mari y passer quelques jours; elle apprit mon nom, elle sut mon état, et vint avec une ineffable bonté s'établir chez moi pour me soigner : elle me veilla pendant quinze jours, et je suis convaincue que je lui dois la vie. Sa présence calmait les agitations de mon sang; et quand je craignais de mourir, il me suffisait de regarder son aimable figure pour croire à de plus doux présages. Lorsque je commençai à me rétablir, je voulus connaître celle qui méritait déjà toute mon amitié; j'appris que c'était une Italienne dont la famille habitait Avignon : on l'avait mariée à quatorze ans à M. d'Ervins, qui avait vingt-cinq ans de plus qu'elle, et la retenait depuis dix ans dans la plus triste terre du monde.

Thérèse d'Ervins est la beauté la plus séduisante que j'aie jamais rencontrée; une expression à la fois naïve et passionnée donne à toute sa personne je ne sais quelle volupté d'amour et d'innocence singulièrement aimable. Elle n'a point reçu d'instruction, mais ses manières sont nobles et son langage est pur; elle est dévote et superstitieuse comme les Italiennes, et n'a jamais réfléchi sérieusement sur la morale, quoiqu'elle se soit souvent occupée de la religion : mais elle est si parfaitement bonne et tendre, qu'elle n'aurait manqué à aucun devoir si elle avait eu pour époux un homme digne d'être aimé. Les qualités naturelles suffisent pour être honnête lorsque l'on est heureux; mais quand le hasard et la société vous condamnent à lutter contre votre cœur, il faut des principes réfléchis pour se défendre de soi-même, et les caractères les plus aimables dans les relations habituelles de la vie sont les plus exposés quand la vertu se trouve en combat avec la sensibilité.

Le visage et les manières de Thérèse sont si jeunes, qu'on a de la peine à croire qu'elle soit déjà la mère d'une fille de neuf ans; elle ne s'en sépare jamais; et la tendresse extrême qu'elle lui témoigne étonne cette pauvre petite, qui éprouve confusément le besoin de la protection, plutôt que celui d'un sentiment passionné. Son ame enfantine est surprise des vives émotions qu'elle excite : une affection raisonnable et des conseils utiles la toucheraient peut-être davantage.

Madame d'Ervins a vécu très bien avec son mari pendant dix ans; la solitude et le défaut d'instruction ont prolongé son enfance; mais le monde était à craindre pour son repos, et je suis malheureusement la première cause du temps qu'elle a passé à Bordeaux, et de l'occasion qui s'est offerte pour elle de connaître M. de Serbellane : c'est un Toscan, âgé de trente ans, qui avait quitté l'Italie depuis trois mois, attiré en France par la révolution. Ami de la liberté, il voulait se fixer dans le pays qui combattait pour elle; il vint me voir, parcequ'il existait d'anciennes relations entre sa famille et la mienne : je partis peu de jours après; mais j'avais déja des raisons de craindre qu'il n'eût fait une impression profonde sur le cœur de Thérèse. Depuis six mois, elle m'a souvent écrit qu'elle souffrait, qu'elle était malheureuse, mais sans m'expliquer le sujet de ses peines. M. de Serbellane est arrivé à Paris depuis quelques jours; il est venu me voir, et, ne m'ayant point trouvée, il m'a envoyé une lettre de Thérèse, qui contient son histoire.

M. de Serbellane a sauvé son mari et elle, un mois après mon départ, des dangers que leur avait fait courir la haine des paysans contre M. d'Ervins. Le courage, le sang-froid, la fermeté que M. de Serbellane a montrés dans cette circonstance ont touché jusqu'à l'orgueilleuse vanité de M. d'Ervins; il l'a prié de demeurer chez lui; il y a passé six mois, et Thérèse pendant ce temps n'a pu résister à l'amour qu'elle ressentait : les remords se sont bientôt emparés de son ame; sans rien ôter à la violence de sa passion, ils multipliaient ses dangers, ils exposaient son secret. Son amour et les reproches qu'elle se faisait de cet amour compromettaient également sa destinée. M. de Serbellane a craint que M. d'Ervins ne s'aperçût du sentiment de sa femme, et que l'amour-propre même qui servait à l'aveugler ne portât sa fureur au comble, s'il découvrait jamais la vérité. Thérèse elle-même a désiré que son amant s'éloignât; mais, quand il a été parti, elle en a conçu une telle douleur, que, d'un jour à l'autre, il est à craindre qu'elle ne demande à son mari de la conduire à Paris.

Il faut que je vous fasse connaître M. de Serbellane, pour que vous conceviez comment, avec beaucoup de raison et même assez de calme dans ses affections, il a pu inspirer à Thérèse un sentiment si vif. D'abord je crois, en général, qu'un homme d'un caractère froid se fait aimer facilement d'une ame passionnée; il captive et soutient l'intérêt en vous faisant supposer un secret au-delà de ce qu'il exprime ; et ce qui manque à son abandon peut, momentanément du moins, exciter davantage l'inquiétude et la sensibilité d'une femme : les liaisons ainsi fondées ne sont peut-être pas les plus heureuses et les plus durables, mais elles agitent davantage le cœur assez faible pour s'y livrer. Thérèse, solitaire, exaltée et malheureuse, a été tellement entraînée par ses propres sentiments, qu'on ne peut accuser M. de Serbellane de l'avoir séduite. Il y a beaucoup de charme et de dignité dans sa contenance ; son visage a l'expression des habitants du Midi, et ses manières vous feraient croire qu'il est Anglais. Le contraste de sa figure animée, avec son accent calme et sa conduite toujours mesurée, a quelque chose de très piquant. Son ame est forte et sérieuse. Son défaut, selon moi, c'est de ne jamais mettre complètement à l'aise ceux mêmes qui lui sont chers ; il est tellement maître de lui, qu'on trouve toujours une sorte d'inégalité dans les rapports qu'on entretient avec un homme qui n'a jamais dit à la fin du jour un seul mot involontaire. Il ne faut pas attribuer cette réserve à aucun sentiment de dissimulation ou de défiance ; mais à l'habitude constante de se dominer lui-même et d'observer les autres.

Un grand fonds de bonté, une disposition secrète à la mélancolie rassurent ceux qui l'aiment, et donnent le besoin de mériter son estime. Des mots fins et délicats font entrevoir son caractère ; il me semble qu'il comprend, qu'il partage même tout bas la sensibilité des autres, et que, dans le secret de son cœur, il répond à l'émotion qu'on lui exprime ; mais tout ce qu'il éprouve en ce genre vous apparaît comme derrière un nuage, et l'imagination des personnes vives n'est jamais, avec lui, ni totalement découragée, ni entièrement satisfaite.

Un tel homme devait nécessairement prendre un grand empire sur Thérèse ; mais son sort n'en est pas plus heureux, car il se joint à toutes ses peines l'inquiétude continuelle de se perdre même dans l'estime de son amant. Tourmentée par les sentiments les plus opposés, par le remords d'avoir aimé, par la crainte de n'être pas assez aimée, ses lettres peignent une ame si agitée, qu'on peut tout redouter de ces combats, plus forts que son esprit et sa raison.

Je rencontrai M. de Serbellane chez madame de Vernon, le soir du jour où j'avais reçu la lettre de Thérèse ; je m'approchai de lui, et je lui dis que je souhaitais de lui parler ; il se leva pour me suivre dans le jardin, avec son expression de calme accoutumée. Je lui appris, sans entrer dans aucun détail, que j'avais su par madame d'Ervins tout ce qui l'intéressait, mais que je frémissais de son projet de venir à Paris. « Il est impossible, continuai-je, avec le caractère que vous connaissez à Thérèse, que son sentiment pour vous ne soit pas bientôt découvert par les observateurs oisifs et pénétrants de ce pays-ci. M. d'Ervins apprendra les torts de sa femme par de perfides plaisanteries, et la blessure d'amour-propre qu'il en recevra sera bien plus terrible. Écrivez donc à madame d'Ervins; c'est à vous à la détourner de son dessein. — Madame, répondit M. de Serbellane, si je lui écrivais de ne pas me rejoindre, elle ne verrait dans cette conduite que le refroidissement de ma tendresse pour elle, et la douleur que je lui causerais serait la plus amère de toutes. Me convient-il à moi, qui suis coupable de l'avoir entraînée, de prendre maintenant le langage de l'amitié pour la diriger ? je révolterais son ame, je la ferais souffrir, et ma conduite ne serait pas véritablement délicate, car il n'y a de délicat que la parfaite bonté. — Mais, lui dis-je alors, vous montrez cependant dans toutes les circonstances une raison si forte ! — J'en ai quelquefois, interrompit M. de Serbellane, lorsqu'il ne s'agit que de moi; mais je trouve une sorte de barbarie dans la raison appliquée à la douleur d'un autre, et je ne m'en sers point dans une pareille situation. — Que ferez-vous cependant, lui dis-je, si madame d'Ervins vient dans ces lieux, si elle se perd, si son mari l'abandonne ? — Je souhaite, madame, me répondit M. de Serbellane, que Thérèse ne vienne point à Paris. Je consentirais au douloureux sacrifice de ne plus la revoir, si son repos pouvait en dépendre; mais si elle arrive ici et qu'elle se brouille avec son mari, je lui dévouerai ma vie; et, en supposant que les lois de France lui permettent le divorce, je l'épouserai. — Y pensez-vous ? m'écriai-je; l'épouser ! elle qui est catholique, dévote ! — Je vous parle uniquement, reprit avec tranquillité M. de Serbellane, de ce que je suis prêt à faire pour elle si son bonheur l'exige; mais il vaut mieux pour tous les deux que nos destinées restent dans l'ordre; et j'espère que vous la déciderez à ne pas venir. — Me permettrez-vous de le dire, monsieur ? lui répondis-je; il y a dans votre conversation un singulier mélange d'exaltation et de froideur. — Vous vous persuadez un peu légèrement, madame, répliqua M. de Serbellane, que j'ai de la froideur dans le caractère; dès mon enfance, la timidité et la fierté réunies m'ont donné l'habitude de réprimer les signes extérieurs de mon émotion. Sans vous occuper trop long-temps de moi, je vous dirai que j'ai fait, comme la plupart des jeunes gens de mon âge, beaucoup de fautes en entrant dans le monde; que ces fautes, par une combinaison de circonstances, ont eu des suites funestes, et qu'il m'est resté, de toutes les peines que j'ai éprouvées, assez de calme dans mes propres impressions, mais un profond respect pour la destinée des personnes qui de quelque manière dépendent de moi. Les passions impétueuses ont toujours pour but notre satisfaction personnelle : ces passions sont très refroidies dans mon cœur; mais je ne suis point blasé sur mes devoirs, et je n'ai rien de mieux à faire de moi que d'épargner de la douleur à ceux qui m'aiment, maintenant que je ne peux plus avoir ni goût vif, ni volonté forte qui ait pour objet mon propre bonheur. » En achevant ces mots, une expression de mélancolie se peignit sur le visage de M. de Serbellane; j'éprouvai pour lui ce sentiment que fait naître en nous le malheur d'un homme distingué. Je lui pris moi-même la main comme à mon frère; il comprit ce que j'éprouvais, il m'en sut gré : mais son cœur se referma bientôt après; je crus même entrevoir qu'il redoutait d'être entraîné à parler plus long-temps de lui, et je le suivis dans le salon, où il remontait de son propre mouvement. Depuis cette conversation, je l'ai vu deux fois; il a toujours évité de s'entretenir seul avec moi, et il y a dans ses manières une froideur qui rend impossible l'intimité : cependant il me regarde avec plus d'intérêt, s'adresse à moi dans la conversation générale, et je croirais qu'il veut m'indiquer que la personne à qui il a ouvert son cœur, même une seule fois, sera toujours pour lui un être à part. Mais, hélas! mon amie ne sera point heureuse, elle ne le sera point, et le remords et l'amour la déchireront en même temps. Que je bénis le ciel des principes de morale que vous m'avez inspirés, et peut-être même aussi des sentiments qu'on pourrait appeler romanesques, mais qui, donnant une haute idée de soi-même et de l'amour, préservent des séductions du monde, comme trop au-dessous des chimères que l'on aurait pu redouter!

Je consacrerai ma vie, je l'espère, à m'occuper du sort de mes amis, et je ferai ma destinée de leur bonheur. Je prends un grand intérêt au mariage de Matilde; j'y trouverais plus de plaisir encore si elle répondait vivement à mon amitié; mais toutes ses démarches sont calculées, toutes ses paroles préparées; je prévois sa réponse, je m'attends à sa visite : quoiqu'il n'y ait point de fausseté dans son caractère, il y a si peu d'abandon, qu'on sait avec elle la vie d'avance, comme si l'avenir était déjà du passé.

Ma chère Louise, je vous le répète, je veux retourner vers vous, puisque vous ne voulez pas venir à Paris : comment pourrais-je renoncer aux douceurs parfaites de notre intimité! Adieu.

LETTRE IX.

Madame de Vernon à M. de Clarimin, à sa terre près de Montpellier.

Paris, ce 2 mai.

Toujours des inquiétudes, mon cher Clarimin, sur la dette que j'ai contractée avec vous! Ne vous ai-je pas mandé plusieurs fois que les réclamations de madame de Mondoville sur la succession de M. de Vernon étaient arrangées par le mariage de son fils avec ma fille? Je constitue en dot à Matilde la terre d'Andelys, de vingt mille livres de rente. C'est beaucoup plus que la fortune de son père; je ne lui devrai donc aucun compte de ma tutelle. Je n'étais gênée que par ce compte, et par les diverses sommes que je devais rembourser à madame de Mondoville sur la succession de M. de Vernon. Mais il sera convenu dans le contrat que ces dettes ne seront payées qu'après moi, et je me trouve ainsi dispensée de rendre à Matilde le bien de son père. Je puis donc vous garantir que vos soixante mille livres vous seront remises avant deux mois.

J'ajouterai, pour achever de vous rassurer, que je n'achète point la terre d'Andelys; c'est madame d'Albémar qui la donne à ma fille. J'avais cru jusqu'à présent cette confidence superflue, et je vous demande un profond secret. Madame d'Albémar est très riche : je ne pense pas manquer de délicatesse en acceptant d'elle un don qui, tout considérable qu'il paraît, n'est pas un tiers de la fortune qu'elle tient de son mari. Cette fortune, vous le savez, devait nous revenir en grande partie. J'ai cru qu'il ne m'était pas interdit de profiter de la bienveillance de madame d'Albémar pour l'intérêt de ma fille et pour celui de mes créanciers; mais il est pourtant inutile que ce détail soit connu.

Votre homme d'affaires vous a alarmé en vous donnant comme une nouvelle certaine que je voulais rembourser tout de suite à madame d'Albémar les quarante mille livres qu'elle m'a prétées à Montpellier. Il n'en est rien, elle ne pense pas à me les demander. Vous m'écririez vingt lettres sur votre dette, avant que madame d'Albémar me dît un mot de la sienne. Ceci soit dit sans vous fâcher, mon cher Clarimin. L'on ne pense pas à vingt ans comme à quarante; et si l'oubli de soi-même est un agrément dans une jeune personne, l'appréciation de nos intérêts est une chose très naturelle à notre âge.

Madame d'Albémar, la plus jolie et la plus spirituelle femme qu'il y ait, ne s'imagine pas qu'elle doive soumettre sa conduite à aucun genre de calcul; c'est ce qui fait qu'elle peut se nuire beaucoup à elle même, jamais aux autres. Elle voit tout, elle devine tout, quand il s'agit de considérer les hommes et les idées sous un point de vue général; mais, dans ses affaires et ses affections, c'est une personne toute de premier mouvement, et ne se servant jamais de son esprit pour éclairer ses sentiments, de peur peut-être qu'il ne détruisît les illusions dont elle a besoin. Elle a reçu de son bizarre époux et d'une sœur contrefaite une éducation à la fois toute philosophique et toute romanesque; mais que nous importe? Elle n'en est que plus aimable; les gens calmes aiment assez à rencontrer ces caractères exaltés qui leur offrent toujours quelque prise. Remettez-vous-en donc à moi, mon cher Clarimin; laissez-moi terminer le mariage qui m'occupe, et qui m'est nécessaire pour satisfaire à vos justes prétentions; et voyez dans cette lettre, la plus longue, je crois, que j'aie écrite de ma vie, mon desir de vous ôter toute crainte, et la confiance d'une ancienne et bien fidèle amitié.

LETTRE X.

Delphine à mademoiselle d'Albémar.

Paris, ce 3 mai.

J'ai passé hier, chez madame de Vernon, une soirée qui a singulièrement excité ma curiosité; je ne sais si vous en recevrez la même impression que moi. L'ambassadeur d'Espagne présenta hier à ma tante un vieux duc espagnol, M. de Mendoce, qui allait remplir une place diplomatique en Allemagne : comme il venait de Madrid, et qu'il était parent de madame de Mondoville, madame de Vernon lui fit des questions très simples sur Léonce de Mondoville; il parut d'abord extrêmement embarrassé dans ses réponses. L'ambassadeur d'Espagne s'approchant de lui comme il parlait, il dit à très haute voix que depuis six semaines il n'avait point vu M. de Mondoville, et qu'il n'était pas retourné chez sa mère. L'affectation qu'il mit à s'exprimer ainsi me donna de l'inquiétude ; et comme madame de Vernon la partageait, je cherchai tous les moyens d'en savoir davantage.

Je me mis à causer avec un Espagnol que j'avais déjà vu une ou deux fois, et que j'avais remarqué comme spirituel, éclairé, mais un peu frondeur. Je lui demandai s'il connaissait le duc de Mendoce. « Fort peu, répondit-il ; mais je sais seulement qu'il n'y a point d'homme dans toute la cour d'Espagne aussi pénétré de respect pour le pouvoir. C'est une véritable curiosité que de le voir saluer un ministre ; ses épaules se plient, dès qu'il l'aperçoit, avec une promptitude et une activité tout-à-fait amusantes ; et quand il se relève, il le regarde avec un air si obligeant, si affectueux, je dirais presque si attendri, que je ne doute pas qu'il n'ait vraiment aimé tous ceux qui ont eu du crédit à la cour d'Espagne depuis trente ans. Sa conversation n'est pas moins curieuse que ses démonstrations extérieures ; il commence des phrases, pour que le ministre les finisse ; il finit celles que le ministre a commencées : sur quelque sujet que le ministre parle, le duc de Mendoce l'accompagne d'un sourire gracieux, de petits mots approbateurs qui ressemblent à une basse continue, très monotone pour ceux qui écoutent, mais probablement agréable à celui qui en est l'objet. Quand il peut trouver l'occasion de reprocher au ministre le peu de soin qu'il prend de sa santé, les excès de travail qu'il se permet, il faut voir quelle énergie il met dans ces vérités dangereuses ; on croirait, au ton de sa voix, qu'il s'expose à tout pour satisfaire sa conscience ; et ce n'est qu'à la réflexion qu'on observe que, pour varier la flatterie fade, il essaie de la flatterie brusque, sur laquelle on est moins blasé. Ce n'est pas un méchant homme ; il préfère ne pas faire du mal, et ne s'y décide que pour son intérêt. Il a, si l'on peut le dire, l'innocence de la bassesse ; il ne se doute pas qu'il y ait une autre morale, un autre honneur au monde que le succès auprès du pouvoir : il tient pour fou, je dirais presque pour malhonnête, quiconque ne se conduit pas comme lui. Si l'un de ses amis tombe dans la disgrace, il cesse à l'instant tous ses rapports avec lui, sans aucune explication, comme une chose qui va de soi-même. Quand, par hasard, on lui demande s'il l'a vu, il répond : Vous sentez bien que dans les circonstances actuelles je n'ai pu..., et s'interrompt en fronçant le sourcil, ce qui signifie toujours l'importance qu'il attache à la défaveur du maître. Mais si vous n'entendez pas cette mine, il prend un ton ferme, et vous dit les serviles motifs de sa conduite avec autant de confiance qu'en aurait un honnête homme en vous déclarant qu'il a cessé de voir un ami qu'il n'estimait plus. Il n'a pas de considération à la cour de Madrid ; cependant il obtient toujours des missions importantes : car les gens en place sont bien arrivés à se moquer des flatteurs, mais non pas à leur préférer les hommes courageux ; et les flatteurs parviennent à tout, non pas, comme autrefois, en réussissant à tromper, mais en faisant preuve de souplesse, ce qui convient toujours à l'autorité. »

Ce portrait, que me confirmaient la physionomie et les manières de M. le duc de Mendoce, me rassura un peu sur l'embarras qu'il avait témoigné en parlant de M. de Mondoville ; mais je résolus cependant d'en savoir davantage ; et, après avoir remercié le spirituel Espagnol, j'allai me rejoindre à la société. Je retins le duc sous divers prétextes ; et quand l'ambassadeur d'Espagne fut parti, et qu'il ne resta presque plus personne, madame de Vernon et moi nous prîmes le duc à part, et je lui demandai formellement s'il ne savait rien de M. de Mondoville qui pût intéresser les amis de sa mère. Il regarda de tous les côtés pour s'assurer mieux encore que son ambassadeur n'y était plus, et me dit : « Je vais vous parler naturellement, madame, puisque vous vous intéressez à Léonce ; sa position est mauvaise, mais je ne la tiens pas pour désespérée si l'on parvient à lui faire entendre raison : c'est un jeune homme de vingt-cinq ans, d'une figure charmante ; vous ne connaissez rien ici qui en approche ; spirituel, mais très mauvaise tête ; fou de ce qu'il appelle la réputation, l'opinion publique, et prêt à sacrifier pour cette opinion, ou pour son ombre même, les intérêts les plus importants de la vie. Voici ce qui est arrivé : Un des cousins de M. de Mondoville, très bon et très joli jeune homme, a fait sa cour, cet hiver, à mademoiselle de Sorane, la nièce de notre ministre actuel, Son Exc. M. le comte de Sorane. Il a su en très peu de temps lui plaire et la séduire. Je dois vous avouer, puisque nous parlons ici confidentiellement, que mademoiselle de Sorane, âgée de vingt-cinq ans, et ayant perdu son père et sa mère de bonne heure, vivait depuis plusieurs années dans le monde avec trop de liberté ; l'on avait soupçonné sa conduite, soit à tort, soit justement ; mais enfin pour cette fois elle voulut se marier, et fit connaître clairement son intention à cet égard, et celle du ministre son oncle. Il n'y avait pas à hésiter ; Charles de Mondoville ne pouvait pas faire un meilleur mariage : fortune, crédit, naissance, tout y était ; et je sais positivement que lui-même en jugeait ainsi. Mais Léonce, qui exerce dans sa famille une autorité qui ne convient pas à son âge, Léonce, qu'ils consultent tous comme l'oracle de l'honneur, déclara qu'il trouvait indigne de son cousin d'épouser une femme qui avait eu une conduite méprisable ; et, ce qui est vraiment de la folie, il ajouta que c'était précisément parcequ'elle était la nièce d'un homme très puissant, qu'il fallait se garder de l'épouser. « Mon cousin, disait-il, pourrait faire un mauvais mariage, s'il était bien clair que l'amour seul l'y entraînât ; mais dès que l'on peut soupçonner qu'il y est forcé par une considération d'intérêt ou de crainte, je ne le reverrai jamais s'il y consent. » Le frère de mademoiselle de Sorane se battit avec le parent de M. de Mondoville, et fut grièvement blessé. Tout Madrid croyait qu'à sa guérison le mariage se ferait : on répandait que le ministre avait déclaré qu'il enverrait le régiment de Charles de Mondoville dans les Indes occidentales, s'il n'épousait pas mademoiselle de Sorane, qui était, disait-on, singulièrement attachée à son futur époux ; mais Léonce, par un entêtement que je m'abstiens de qualifier, dédaigna la menace du ministre, chercha toutes les occasions de faire savoir qu'il la bravait, excita son cousin à rompre ouvertement avec la famille de mademoiselle de Sorane, dit, à qui voulut l'entendre, qu'il n'attendait que la guérison du frère de mademoiselle de Sorane pour se battre avec lui, s'il voulait bien lui donner la préférence sur son cousin. Les deux familles se sont brouillées ; Charles de Mondoville a reçu l'ordre de partir pour les Indes ; mademoiselle de Sorane a été au désespoir, tout-à-fait perdue de réputation ; et, pour comble de malheur enfin, Léonce a tellement déplu au roi, qu'il n'est plus retourné à la cour. Vous comprenez que depuis ce temps je ne l'ai pas revu ; et comme je suis parti d'Espagne avant que le frère de mademoiselle de Sorane fût guéri, je ne sais pas les suites de cette affaire, mais je crains bien qu'elles ne soient très sérieuses, et qu'elles ne fassent beaucoup de tort à Léonce. »

L'Espagnol que j'avais interrogé sur le caractère du duc de Mendoce s'approcha de nous dans ce moment, et, entendant que l'on parlait de M. de Mondoville, il dit : « Je le connais, et je sais tous les détails de l'événement dont M. le duc vient de vous parler ; permettez-moi d'y joindre quelques observations que je crois nécessaires. Léonce, il est vrai, s'est conduit dans cette circonstance avec beaucoup de hauteur ; mais on n'a pu s'empêcher de l'admirer, précisément par les motifs qui aggravent ses torts dans l'opinion de M. le duc. Le crédit de la famille de mademoiselle de Sorane était si grand, les menaces du ministre si publiques, et la conduite de mademoiselle de Sorane avait été si mauvaise, qu'il était impossible qu'on n'accusât pas de faiblesse celui qui l'épouserait. M. de Mondoville aurait peut-être dû laisser son cousin se décider seul : mais il l'a conseillé comme il aurait agi ; il s'est mis en avant autant qu'il lui a été possible, pour détourner le danger sur lui-même, et peut-être ne sera-t-il que trop prouvé dans la suite qu'il y est bien parvenu. Il a donné une partie de sa fortune à son cousin pour le dédommager d'aller aux Indes ; enfin, sa conduite a montré qu'aucun genre de sacrifice personnel ne lui coûtait quand il s'agissait de préserver de la moindre tache la réputation d'un homme qui portait son nom. Le caractère de M. de Mondoville réunit au plus haut degré la fierté, le courage, l'intrépidité, tout ce qui peut enfin inspirer du respect : les jeunes gens de son âge ont, sans qu'il le veuille, et presque malgré lui, une grande déférence pour ses conseils ; il y a dans son ame une force, une énergie, qui, tempérées par la bonté, inspirent pour lui la plus haute considération ; et j'ai vu plusieurs fois qu'on se rangeait quand il passait, par un mouvement involontaire, dont ses amis riaient à la réflexion, mais qui les reprenait à leur insu, comme toutes les impressions naturelles. Il est vrai néanmoins que Léonce de Mondoville porte peut-être jusqu'à l'exagération le respect de l'opinion, et l'on pourrait desirer pour son bonheur qu'il sût s'en affranchir davantage ; mais, dans la circonstance dont M. le duc vient de parler, sa conduite lui a valu l'estime générale, et je pense que tous ceux qui l'aiment doivent en être fiers. »

Le duc ne répliqua point au défenseur de Léonce : il ne lui était point utile de le combattre ; et les hommes qui prennent leur intérêt pour guide de toute leur vie ne mettent aucune chaleur ni aux opinions qu'ils soutiennent, ni à celles qu'on leur dispute : céder et se taire est tellement leur habitude, qu'ils la pratiquent avec leurs égaux pour s'y préparer avec leurs supérieurs.

Il résulta pour moi, de toute cette discussion, une grande curiosité de connaître le caractère de Léonce. Son précepteur et son meilleur ami, celui qui lui a tenu lieu de père depuis dix ans, M. Barton, doit être ici demain : je croirai ce qu'il me dira de son élève. Mais n'est-ce pas déjà un trait honorable pour un jeune homme, que d'avoir conservé non seulement de l'estime, mais de l'attachement et de la confiance, pour l'homme qui a dû nécessairement contrarier ses défauts et même ses goûts? Tous les sentiments qui naissent de la reconnaissance ont un caractère religieux ; ils élèvent l'ame qui les éprouve. Ah ! combien je desire que madame de Vernon ait fait un bon choix ! Le charme de sa vie intérieure dépendra nécessairement de l'époux de sa fille : Matilde elle-même ne sera jamais ni très heureuse, ni très malheureuse ; il ne peut en être ainsi de madame de Vernon. Espérons que Léonce, si fier, si irritable, si généralement admiré, aura cette bonté sans laquelle il faut redouter une ame forte et un esprit supérieur, bien loin de desirer de s'en rapprocher.

LETTRE XI.

Delphine à mademoiselle d'Albémar.

Paris, ce 4 mai.

M. Barton est arrivé hier. En entrant dans le salon de madame de Vernon, j'ai deviné tout de suite que c'était lui. L'on jouait et l'on causait : il était seul au coin de la cheminée ; Matilde, de l'autre côté, ne se permettait pas de lui adresser une seule parole; il paraissait embarrassé de sa contenance au milieu de tant de gens qui ne le connaissaient pas. La société de Paris est peut-être la société du monde où un étranger cause d'abord le plus de gêne; on est accoutumé à se comprendre si rapidement, à faire allusion à tant d'idées reçues, à tant d'usages ou de plaisanteries sous-entendues, que l'on craint d'être obligé de recourir à un commentaire pour chaque parole, dès qu'un homme nouveau est introduit dans le cercle. J'éprouvai de l'intérêt pour la situation embarrassante de M. Barton, et j'allai à lui sans hésiter : il me semble qu'on fait un bien réel à celui qu'on soulage des peines de ce genre, de quelque peu d'importance qu'elles soient en elles-mêmes.

M. Barton est un homme d'une physionomie respectable, vêtu de brun, coiffé sans poudre ; son extérieur est imposant; on croit voir un Anglais ou un Américain, plutôt qu'un Français. N'avez-vous pas remarqué combien il est facile de reconnaître au premier coup d'œil le rang qu'un Français occupe dans le monde? ses prétentions et ses inquiétudes le trahissent presque toujours, dès qu'il peut craindre d'être considéré comme inférieur; tandis que les Anglais et les Américains ont une dignité calme et habituelle, qui ne permet ni de les juger, ni de les classer légèrement. Je parlai d'abord à M. Barton de sujets indifférents; il me répondit avec politesse, mais brièvement; j'aperçus très vite qu'il n'avait point le desir de faire remarquer son esprit, et qu'on ne pouvait pas l'intéresser par son amour-propre : je cédai donc à l'envie que j'avais de l'interroger sur M. de Mondoville, et son visage prit alors une expression nouvelle : je vis bien que depuis long-temps il ne s'animait qu'à ce nom. Comme M. Barton me savait proche parente de Matilde, il se livra presque de lui-même à me parler sur tous les détails qui concernaient Léonce; il m'apprit qu'il avait passé son enfance alternativement en Espagne, la patrie de sa mère, et en France, celle de son père ; qu'il parlait également bien les deux langues, et s'exprimait toujours avec grace et facilité. Je compris, dans la conversation, que madame de Mondoville avait dans les manières une hauteur très pénible à supporter, et que Léonce, adoucissant par une bonté attentive et délicate ce qui pouvait blesser son précepteur, lui avait inspiré autant d'affection que d'enthousiasme. J'essayai de faire parler M. Barton sur ce qui nous avait été dit par le duc de Mendoce ; il évita de me répondre : je crus remarquer cependant qu'il était vrai qu'à travers toutes les rares qualités de Léonce, on pouvait lui reprocher trop de véhémence dans le caractère, et surtout une crainte du blâme portée si loin, qu'il ne lui suffisait pas de son propre témoignage pour être heureux et tranquille; mais je le devinai plutôt que M. Barton ne me le dit. Il s'abandonnait à louer l'esprit et l'ame de M. de Mondoville avec une conviction tout-à-fait persuasive; je me plus presque tout le soir à causer avec lui. Sa simplicité me faisait remarquer, dans les graces un peu recherchées du cercle le plus brillant de Paris, une sorte de ridicule qui ne m'avait point encore frappée. On s'habitue à ces graces qui s'accordent assez bien avec l'élégance des grandes sociétés; mais quand un caractère naturel se trouve au milieu d'elles, il fait ressortir, par le contraste, les plus légères nuances d'affectation.

Je causai presque tout le soir avec M. Barton; il parlait de

M. de Mondoville avec tant de chaleur et d'intérêt, que j'étais captivée par le plaisir même que je lui faisais en l'écoutant ; d'ailleurs, un homme simple et vrai, parlant du sentiment qui l'a occupé toute sa vie, excite toujours l'attention d'une ame capable de l'entendre.

M. de Serbellane et M. de Fierville vinrent cependant auprès de moi me reprocher de n'être pas, selon ma coutume, ce qu'ils appellent *brillante* : je m'impatientai contre eux de leurs persécutions, et je m'en délivrai en rentrant chez moi de bonne heure.

Que la destinée de ma cousine sera belle, ma chère Louise, si Léonce est tel que M. Barton me l'a peint! Elle ne souffrira pas même du seul défaut qu'il soit possible de lui supposer, et que peut-être on exagère beaucoup. Matilde ne hasarde rien, elle ne s'expose jamais au blâme ; elle conviendra donc parfaitement à Léonce : moi, je ne saurais pas.... Mais ce n'est pas de moi qu'il s'agit, c'est de Matilde : elle sera bien plus heureuse que je ne puis jamais l'être. Adieu, ma chère Louise, je vous quitte; j'éprouve ce soir un sentiment vague de tristesse que le jour dissipera sans doute. Encore une fois, adieu.

LETTRE XII.

Delphine à mademoiselle d'Albémar.

Paris, ce 8 mai.

Je suis mécontente de moi, ma chère Louise; et, pour me punir, je me condamne à vous faire le récit d'un mouvement blâmable que j'ai à me reprocher. Il a été si passager, que je pourrais me le nier à moi-même; mais, pour conserver son cœur dans toute sa pureté, il ne faut pas repousser l'examen de soi; il faut triompher de la répugnance qu'on éprouve à s'avouer les mauvais sentiments qui se cachent long-temps au fond de notre cœur avant d'en usurper l'empire.

Depuis quelques jours M. Barton me parlait sans cesse de Léonce; il me racontait des traits de sa vie qui le caractérisent comme la plus noble des créatures. Il m'avait une fois montré un portrait de lui, que Matilde avait refusé de voir, avec une exagération de pruderie qui n'était en vérité que ridicule ; et ce portrait, je l'avoue, m'avait frappée. Enfin M. Barton, se plaisant tous les jours plus avec moi, me laissa entrevoir avant-hier, à la fin de notre conversation, qu'il ne croyait pas le caractère de

Matilde propre à rendre Léonce heureux, et que j'étais la seule femme qui lui eût paru digne de son élève. De quelques détours qu'il enveloppât cette insinuation, je l'entendis très vite; elle m'émut profondément; je quittai M. Barton à l'instant même, et je revins chez moi inquiète de l'impression que j'en avais reçue. Il me suffit cependant d'un moment de réflexion pour rejeter loin de moi des sentiments confus, que je devais bannir dès que j'avais pu les reconnaître. Je résolus de ne plus m'entretenir en particulier avec M. Barton, et je crus que cette décision avait fait entièrement disparaître l'image qui m'occupait. Mais hier, au moment où j'arrivai chez madame de Vernon, M. Barton s'approcha de moi, et me dit : « Je viens de recevoir une lettre de M. de Mondoville, qui m'annonce son départ d'Espagne ; ayez la bonté de la lire. » En achevant ces mots, il me tendit cette lettre. Quel prétexte pour la refuser? D'ailleurs ma curiosité précéda ma réflexion ; mes yeux tombèrent sur les premières lignes de la lettre, et il me fut impossible de ne pas l'achever. En effet, ma chère Louise, jamais on n'a réuni dans un style si simple tant de charmes différents : de la noblesse et de la bonté, des expressions toujours naturelles, mais qui toutes appartenaient à une affection vraie et à une idée originale ; aucune de ces phrases usées qui ne peignent rien que le vide de l'ame; de la mesure sans froideur, une confiance sérieuse, telle qu'elle peut exister entre un jeune homme et son instituteur ; mille nuances qui semblent de peu de valeur, et qui caractérisent cependant les habitudes de la vie entière, et cette élévation de sentiments, la première des qualités, celle qui agit comme par magie sur les ames de la même nature. Cette lettre était terminée par une phrase douce et mélancolique sur l'avenir qui l'attendait, sur ce mariage décidé sans qu'il eût jamais vu Matilde : la volonté de sa mère, disait-il, avait pu seule le contraindre à s'y résigner. Je relus ce peu de mots plusieurs fois. Je crois que M. Barton le remarqua, car il me dit : « Madame, croyez-vous que la froideur de mademoiselle de Vernon puisse rendre heureux un homme d'une sensibilité si véritable ? » Je ne sais ce que j'allais lui répondre, lorsque M. de Serbellane, se donnant à peine le temps de saluer madame de Vernon, me pria d'aller avec lui dans le jardin. Il y a tant de réserve et de calme dans les manières habituelles de M. de Serbellane, que je fus troublée par cet empressement inusité, comme s'il devait annoncer un événement extraordinaire; et craignant quelque malheur

pour Thérèse, je suivis son ami en quittant précipitamment
M. Barton. » Elle arrive dans huit jours, me dit M. de Serbellane; vous n'avez plus le temps de lui écrire, il faut s'occuper
uniquement d'écarter d'elle, s'il est possible, les dangers de cette
démarche. — Ah! mon Dieu, que m'apprenez-vous? lui répondis-je. Comment! vous n'avez pu réussir.... — J'en ai peut-
être trop fait, interrompit-il; car je crois entrevoir que l'inquiétude qu'elle éprouve sur mes sentiments est la principale cause
de ce voyage. Je la rassurerai sur cette inquiétude, ajouta-t-il,
car je lui suis dévoué pour ma vie; mais quand vous verrez
M. d'Ervins, vous comprendrez combien je dois être effrayé. Le
despotisme et la violence de son caractère me font tout craindre
pour Thérèse, s'il découvre ses sentiments; et quoiqu'il ait peu
d'esprit, son amour-propre est toujours si éveillé, que dans
beaucoup de circonstances il peut lui tenir lieu de finesse et de
sagacité. » M. de Serbellane continua cette conversation pendant
quelque temps, et j'y mettais un intérêt si vif qu'elle se prolongea sans que j'y songeasse; enfin je la terminai en recommandant
Thérèse à la protection de M. de Serbellane. « Oui, lui dis-je,
je ne craindrai point de demander à celui même qui l'a entraînée de devenir son guide et son frère dans cette situation difficile. Thérèse est plus passionnée que vous, elle vous aime plus
que vous ne l'aimez; c'est donc à vous à la diriger: celui des
deux qui ne peut vivre sans l'autre est l'être soumis et dominé.
Thérèse n'a point ici de parents ni d'amis, veillez sur elle en défenseur généreux et tendre; réparez vos torts par ces vertus du
cœur qui naissent toutes de la bonté. » Je m'animai en parlant
ainsi, et je posai ma main sur le bras de M. de Serbellane; il la
prit, et l'approcha de ses lèvres avec un sentiment dont Thérèse
seule était l'objet. M. Barton, dans ce moment, entrait dans
l'allée où nous étions; en nous apercevant, il retourna très promptement sur ses pas, comme pour nous laisser libres; je compris
dans l'instant son idée, et je l'atteignis avant qu'il fût rentré
dans le salon. « Pourquoi vous éloignez-vous de nous? lui dis-je
avec assez de vivacité. — Par discrétion, madame; par discrétion, me répéta-t-il d'une manière un peu affectée. — Je le vois,
repris-je, vous croyez que j'aime M. de Serbellane. » Concevez-
vous, ma chère Louise, que j'aie manqué de mesure au point de
parler ainsi à un homme que je connaissais à peine? Mais j'avais
eu trop d'émotion depuis une heure, et j'étais si agitée, que mon

trouble même me faisait parler sans avoir le temps de réfléchir à ce que je disais. « Je ne crois rien, madame, me répondit M. Barton ; de quel droit.... — Ah ! que je déteste ces tournures, lui dis-je, avec une personne de mon caractère ! — Mais permettez-moi, madame, de vous faire observer, interrompit M. Barton, que je n'ai pas l'honneur de vous connaître depuis long-temps. — C'est vrai, lui dis-je ; cependant il me semble qu'il est bien facile de me juger en peu de moments : mais, je vous le répète, je n'aime point M. de Serbellane, je ne l'aime point : s'il en était autrement, je vous le dirais. — Vous auriez tort, me répondit M. Barton ; je n'ai pas encore mérité cette confiance. »

Toujours plus déconcertée par sa raison, et cependant toujours plus inquiète de l'opinion qu'il pouvait prendre de mes sentiments pour M. de Serbellane, une vivacité que je ne puis concevoir, que je ne puis me pardonner, me fit dire à M. Barton : « Ce n'est pas de moi, je vous jure, que M. de Serbellane est occupé. » Je n'achevai pas cette phrase, tout insignifiante qu'elle était ; je ne l'achevai pas, ma sœur, je vous l'atteste ; elle ne pouvait rien apprendre ni rien indiquer à M. Barton : néanmoins je fus saisie d'un remords véritable au premier mot qui m'échappa ; je cherchai l'occasion de me retirer ; et réfléchissant sur moi-même, je fus indignée du motif coupable qui m'avait causé tant d'émotion.

Je craignais, je ne puis me le cacher, je craignais que M. Barton ne dît à Léonce que mes affections étaient engagées ; je voulais donc que Léonce pût me préférer à ma cousine : c'est moi qui fais ce mariage ; c'est moi qui suis liée par un sentiment presque aussi fort que la reconnaissance, par les services que j'ai rendus, les remercîments que j'en ai recueillis, la récompense que j'en ai goûtée ; mon amie se flatte du bonheur de sa fille, elle croit me le devoir, et ce serait moi qui songerais à le lui ravir ? Quel motif m'inspire cette pensée ? un penchant de pure imagination pour un homme que je n'ai jamais vu, qui peut-être me déplairait si je le connaissais ! Que serait-ce donc si je l'aimais ? Et néanmoins les sentiments de délicatesse les plus impérieux ne devraient-ils pas imposer silence même à un attachement véritable ? Ne pensez pas cependant, ma chère Louise, autant de mal de moi que ce récit le mérite : n'avez-vous pas éprouvé vous-même qu'il existe quelquefois en nous des mouvements passagers les plus contraires à notre nature ? C'est pour expliquer ces contradictions du cœur humain qu'on s'est servi de cette expression : *Ce sont des pensées du démon.* Les bons sentiments prennent leur source au fond de notre cœur ; les mauvais nous semblent venir de quelque influence étrangère, qui trouble l'ordre et l'ensemble de nos réflexions et de notre caractère. Je vous demande de fortifier mon cœur par vos conseils : la voix qui nous guida dans notre enfance se confond pour nous avec la voix du ciel.

LETTRE XIII.

Réponse de mademoiselle d'Albémar à Delphine.

Montpellier, ce 14 mai.

Non, ma chère enfant, je ne vous aurais point trouvée coupable de vous livrer à quelque intérêt pour Léonce ; et s'il avait été digne de vous, s'il vous avait aimée, je n'aurais pas trop conçu pourquoi vous auriez sacrifié votre bonheur, non à la reconnaissance que vous devez, mais à celle que vous avez méritée. Quoi qu'il en soit, hélas ! il n'est plus temps de faire ces réflexions : il n'est que trop vraisemblable qu'en ce moment ce malheureux jeune homme n'existe plus pour personne. J'ai la triste mission de vous envoyer cette lettre. Il faut la montrer à M. Barton, et prévenir madame de Vernon et sa fille de la perte de leurs plus brillantes espérances. C'est le seul moment où j'aie éprouvé quelques bons sentiments pour madame de Vernon ; mais il n'est pas nécessaire de me joindre à tout ce que vous lui témoignerez. Celle qui est aimée de vous, ma chère Delphine, ne manque jamais des consolations les plus tendres ; et c'est vous que je plains quand vos amis sont malheureux.

Je ne doute pas que ce ne soit l'indigne frère de mademoiselle de Sorane qui doive être accusé de ce crime abominable.

« Bayonne, le 10 mai 1790.

« Comme vous êtes parente de madame de Vernon, mademoiselle, vous avez sans doute son adresse à Paris, et vous ferez parvenir à un M. Barton, qui doit être chez elle à présent, la nouvelle du triste accident arrivé à son élève, qui n'a voulu dire qu'un seul mot : c'est qu'il desirait voir son instituteur, actuellement à Paris chez madame de Vernon. Ce pauvre M. Léonce de Mondoville m'était recommandé par un négociant de Madrid, et je l'attendais hier au soir ; mais je ne croyais pas qu'on me l'apportât dans ce triste état.

« En traversant les Pyrénées, il a fait quelques pas à pied, laissant passer sa voiture devant lui avec son domestique ; à la nuit tombante il a reçu deux coups de poignard près du cœur, par deux hommes qu'il connaît, à ce que j'ai pu comprendre d'après quelques mots qu'il a prononcés, mais qu'il n'a jamais voulu nommer. Son domestique ne le voyant point venir, est retourné sur ses pas, et l'a trouvé sans connaissance au milieu du chemin de la forêt : on a appelé des paysans, et avec leur secours il a été apporté chez moi sans reprendre ses sens : on le croyait mort. Cependant depuis une heure il a parlé, comme je l'ai dit, pour demander que son instituteur vînt en toute hâte auprès de lui, et qu'on se gardât bien d'informer sa mère de son état.

« Le juge s'est transporté chez moi pour écrire sa déposition sur les assassins. Il a refusé de rien répondre, ce qui me paraît vraiment trop beau ; mais, du reste, il est impossible d'être plus intéressant ; et c'est avec une vraie douleur, mademoiselle, que je me vois forcé de vous apprendre que les médecins ont déclaré ses blessures mortelles. Il est si beau, si jeune, si bon, que cela fait pleurer tout le monde ; et ma pauvre famille en particulier s'en désole vivement. Ne perdez pas de temps, je vous prie, mademoiselle, pour faire venir son instituteur. Il arrivera trop tard ; mais enfin il nous dira ce que nous avons à faire.

« J'ai l'honneur d'être avec respect, mademoiselle, votre très humble et très obéissant serviteur.

« TÉLIN, *négociant à Bayonne.* »

LETTRE XIV.

Delphine à mademoiselle d'Albémar.

Ce 19 mai.

Ah ! ma chère sœur, quelle nouvelle vous m'apprenez ! Je suis dans une angoisse inexprimable, craignant de perdre une minute pour avertir M. Barton, et frémissant de la douleur que je suis condamnée à lui causer. Il faut aussi prévenir madame de Vernon et Matilde. Combien je sens vivement leurs peines ! Ma pauvre Sophie ! le fils de son amie, l'époux de sa fille ! Et Matilde ! Ah ! que je me reproche d'avoir blâmé l'excès de sa dévotion ! elle ne sera peut-être jamais heureuse. Si elle avait livré son cœur à l'espérance d'être aimée, que deviendrait-elle à présent? Néanmoins, elle ne l'a jamais vu. Mais moi aussi, je ne l'ai jamais vu, et les larmes m'oppressent, et la force me manque pour remplir mon triste devoir! Allons, je m'y soumets, je sors; adieu. Ce soir, je vous rendrai compte de cette cruelle journée.

Minuit.

M. Barton est parti depuis une heure, ma chère Louise. Excellent homme, qu'il est malheureux! Ah! que les peines de l'âge avancé portent un caractère déchirant! Hélas! la vieillesse elle-même est une douleur habituelle, dont l'amertume aigrit tous les chagrins que l'on éprouve.

J'ai été chez madame de Vernon à six heures; j'ai fait demander M. Barton à sa porte : il est venu à l'instant même avec un air d'empressement et de gaieté qui m'a fait bien mal : rien n'est plus touchant que l'ignorance d'un malheur déjà arrivé, et le calme qui se peint sur un visage qu'un seul mot va bouleverser. M. Barton monta dans ma voiture, et je donnai l'ordre de nous conduire loin de Paris : j'avais imaginé plusieurs moyens de lui annoncer cet affreux événement; mais il remarqua bientôt l'altération de mes traits, et me demanda avec sensibilité s'il m'était arrivé quelque malheur. L'intérêt même qu'il prenait à moi l'éloignait entièrement de l'idée que la peine dont il s'agissait pût le concerner. J'hésitais encore sur ce que je lui dirais; mais enfin je pensai qu'il n'y avait point de préparation possible pour une telle douleur, et je lui remis la fatale lettre.

« Lisez, lui dis-je, avec courage, avec résignation, et sans oublier les amis qui vous restent, et que votre malheur attache à vous pour jamais. » A peine cet excellent homme eut-il vu le nom de Léonce, qu'il pâlit; il lut cette lettre deux fois, comme s'il ne pouvait la croire. Enfin il la laissa tomber, couvrit son visage de ses deux mains, et pleura amèrement sans dire un seul mot. Je versais des larmes à côté de lui, effrayée de son silence, attendant que ses premières paroles m'indiquassent dans quel sens il cherchait des consolations. Je demandais au ciel la voix qui peut adoucir les blessures du cœur. « O Léonce! s'écria-t-il enfin, gloire de ma vie, seul intérêt d'un homme sans carrière, sans nom, sans destinée, était-ce à moi de vous survivre? Que fait ce vieux sang dans mes veines, quand le vôtre a coulé? Quelle fin de vie m'est réservée! Ah!

madame, me dit-il, vous êtes jeune, belle, vous avez pitié d'un vieillard; mais vous ne pouvez pas vous faire une idée des dernières douleurs d'une existence sans avenir, sans espoir! Vous ne le connaissiez pas, mon ami, mon noble ami, que des monstres ont assassiné. Pourquoi ne veut-il pas les nommer? Je les connais, je les ferai connaître; ils ne vivront point, après avoir fait périr ce que le ciel avait formé de meilleur. » Alors il se rappelait les traits les plus aimables de l'enfance et de la jeunesse de son élève : ce n'était plus le beau, le fier, le spirituel Léonce qu'il me peignait ; il ne se retraçait plus les graces et les talents qui devaient plaire dans le monde; il ne parlait que des qualités touchantes dont le souvenir s'unit, avec tant d'amertume, à l'idée d'une séparation éternelle.

J'étais agitée par une incertitude cruelle. Devais-je, en rappelant à M. Barton que Léonce le demandait auprès de lui, fixer son imagination sur la possibilité de le revoir encore, et de contribuer peut-être à le guérir? M. Barton ne m'avait pas dit un seul mot qui indiquât cette pensée : la craignait-il? redoutait-il une seconde douleur après un nouvel espoir? Ma chère Louise, avec quel tremblement l'on parle à un homme vraiment malheureux! Comme on a peur de ne pas deviner ce qu'il faut lui dire, et de toucher maladroitement aux peines d'un cœur déchiré!

Enfin, je dis à M. Barton qu'il devait partir, et que peut-être il pouvait encore se flatter de retrouver Léonce. Ce dernier mot, dont j'attendais tant d'effet, n'en produisit aucun; il m'entendit tout de suite, mais sans se livrer à l'espoir que je lui offrais. À l'âge de M. Barton, le cœur n'est point mobile, les impressions ne se renouvellent pas vite, et le même sentiment oppresse sans aucun intervalle de soulagement.

Néanmoins, depuis cet instant il ne parla plus que de son départ : il me demanda de retourner chez madame de Vernon; j'en donnai l'ordre. Je convins avec lui qu'il partirait le soir même avec ma voiture, et que l'un de mes domestiques, plus jeune que le sien, courrait devant lui pour hâter son voyage. Il était un peu ranimé par l'occupation de ces détails : tant qu'il reste une action à faire pour l'être qui nous intéresse, les forces se soutiennent et le cœur ne succombe pas. Nous arrivâmes enfin chez ma tante : en songeant à la peine qu'elle allait éprouver, j'étais saisie moi-même de la plus vive émotion. Je laissai M. Barton entrer seul chez madame de Vernon, et je restai quelques minutes dans le salon pour reprendre mes sens ; enfin, domptant cette faiblesse qui m'empêchait de consoler mon amie, j'entrai chez elle ; je la trouvai plus calme que je ne l'espérais. M. Barton gardait le silence, Matilde se contenait avec quelque effort. Madame de Vernon vint à moi, et m'embrassa : je voulus m'approcher de Matilde ; je la vis rougir et pâlir ; elle me serra la main amicalement, mais elle sortit de la chambre à l'instant même, se faisant un scrupule, je crois, d'éprouver ou de montrer aucune émotion vive.

Madame de Vernon me dit alors : « Imaginez que dans ce moment même je viens de recevoir une lettre de madame de Mondoville pour m'apprendre son consentement au mariage, d'après les nouvelles propositions que je lui avais faites. Elle m'annonce en même temps le départ de son fils. » Je serrai une seconde fois madame de Vernon dans mes bras. « Enfin, me dit-elle avec le courage qui lui est propre, occupons-nous de hâter le départ de M. Barton, et soumettons-nous aux événements. — Il n'y a rien à faire pour mon voyage, dit M. Barton avec un accent qui exprimait, je crois, une humeur un peu injuste sur le calme apparent de madame de Vernon ; madame d'Albémar a bien voulu pourvoir à tout, et je pars. — C'est très bien, répliqua madame de Vernon, qui s'aperçut du mécontentement de M. Barton ; et s'adressant à moi, elle me dit comme à demi-voix : — Quel zèle et quelle affection il témoigne à son élève ! » Vous avez remarqué quelquefois que madame de Vernon avait l'habitude de louer ainsi, comme par distraction et en parlant à un tiers : mais le malheureux Barton n'y donna pas la moindre attention ; il était bien loin de penser à l'impression que sa douleur pourrait produire sur les autres. S'il lui était resté quelque présence d'esprit, c'eût été pour la cacher et non pour s'en parer.

Absorbé dans son inquiétude, il sortit sans dire un mot à madame de Vernon ; je le suivis pour le conduire chez moi, où il devait trouver tout ce qui lui était nécessaire pour sa route. Lorsque nous fûmes en voiture, il dit en se parlant à lui même : « Mon cher Léonce, vos seuls amis, c'est votre malheureux instituteur ; c'est aussi votre pauvre mère. » Et se retournant vers moi : « Oui, s'écria-t-il, j'irai nuit et jour pour le rejoindre ; peut-être me dira-t-il encore un dernier adieu, et je resterai près de sa tombe pour soigner ses derniers restes, et mériter ainsi d'être enseveli près de lui. » En disant ces mots, cet infortuné vieillard se livrait à un nouvel accès de désespoir. « Madame, me dit-il alors, devant vous je pleure; tout à l'heure j'étais calme : votre bonté ne repoussera pas cette triste preuve de confiance; j'en suis sûr, vous ne la repousserez pas. »

Nous arrivâmes chez moi; je pris toutes les précautions que je pus imaginer pour que le voyage de M. Barton fût le plus commode et le plus rapide possible; il fut touché de ces soins, et, prêt à monter en voiture, il me dit : « Madame, s'il vient en mon absence quelques lettres de Bayonne, je n'ose pas dire de Léonce, enfin aussi de Léonce même, ouvrez-les; vous verrez ce qu'il faut faire d'après ces lettres, et vous me l'écrirez à Bordeaux. — N'est-ce pas madame de Vernon, lui dis-je, qui devrait... — Non, me répondit-il; madame, permettez-moi de vous répéter que je veux que ce soit vous. Hélas! dans ce dernier moment, lorsqu'il n'est que trop probable que jamais je ne vous reverrai, qu'il me soit permis de vous dire une idée, peut-être insensée, que j'avais conçue pour mon malheureux élève. Je ne trouvais point que mademoiselle de Vernon pût lui convenir; et j'osais remarquer en vous tout ce qui s'accordait le mieux avec son esprit et son âme. » J'allais lui répondre, mais il me serra la main avec une affection paternelle : cette affection me rappelle M. d'Albémar, et jamais je ne l'ai retrouvée sans émotion. Il me dit alors: « Ne vous offensez pas, madame, de cette hardiesse d'un vieillard qui chérit Léonce comme son fils, et que vos bontés ont profondément touché. Hélas! ces douces chimères sont remplacées par la mort! la mort! ah Dieu ! » Il se précipita hors de ma chambre, et se jeta au fond de la voiture, dans un accablement qui redoubla ma pitié.

Restée seule, je pus me livrer enfin à la douleur que moi aussi j'éprouvais : je n'avais dû m'occuper que des peines des autres; mais celle que je ressentais n'était pas moins vive, quoique la destinée de ce malheureux jeune homme fût étrangère à la mienne. Ma tante et ma cousine le regrettent pour elles; pour le bonheur qu'il devait leur procurer; moi, que le sort séparait irrévocablement de lui, je pleure une âme si belle, un être si libéralement doué, périssant ainsi dans les premières années de sa vie. Oui, s'il meurt, je lui vouerai un culte dans mon cœur; je croirai l'avoir aimé, l'avoir perdu, et je serai fidèle au souvenir que je garderai de lui : ce sera un sentiment doux, l'objet d'une mélancolie sans amertume. Je demanderai son portrait à M. Barton, et toujours je conserverai cette image, comme celle d'un héros de roman dont le modèle n'existe plus. Déjà, depuis quelque temps, je perdais l'espoir de rencontrer celui qui posséderait toutes les affections de mon cœur; j'en suis sûre maintenant, et cette certitude est tout ce qu'il faut pour vieillir en paix.

Mais peut-être que Léonce vivra : s'il vit, il sera l'époux de Matilde, et plus de chimères alors ; mais aussi plus de regrets. Adieu, ma chère Louise ; il est possible que dans peu je me réunisse à vous pour toujours.

LETTRE XV.

Delphine à mademoiselle d'Albémar.

Paris, ce 22 mai.

J'ai trouvé ce soir plus de charmes que jamais dans l'entretien de madame de Vernon ; et cependant, pour la première fois, mon cœur lui a fait un véritable reproche. Quand je vous parle d'elle avec tant de franchise, ma chère Louise, je vous donne la plus grande marque possible de confiance ; n'en concluez, je vous prie, rien de défavorable à mon amie. Je puis me tromper sur un tort que mille motifs doivent excuser ; mais j'ai sûrement raison quand je crois que les qualités les plus intimes de l'ame peuvent seules inspirer cette délicatesse parfaite dans les discours et dans les moindres paroles, qui rend la conversation de madame de Vernon si séduisante.

J'avais été douloureusement émue tout le jour ; l'image de Léonce me poursuivait, je n'avais pu fermer l'œil sans le voir sanglant, blessé, prêt à mourir. Je me le représentais sous les traits les plus touchants, et ce tableau m'arrachait sans cesse des larmes. J'allai vers huit heures du soir chez madame de Vernon ; Matilde avait passé tout le jour à l'église, et s'était couchée en revenant, sans avoir témoigné le moindre désir de s'entretenir avec sa mère ; je trouvai donc Sophie seule, et assez triste ; je l'étais bien plus encore. Nous nous assîmes sur un banc de son jardin, d'abord sans parler ; mais bientôt elle s'anima, et me fit passer une heure dans une situation d'ame beaucoup meilleure que je ne pouvais m'y attendre. La douceur, et, pour ainsi dire, la mollesse même de sa conversation, ont je ne sais quelle grace qui suspendit ma peine. Elle suivait mes impressions pour les adoucir ; elle ne combattait aucun de mes sentiments, mais elle savait les modifier à mon insu; j'étais moins triste sans en savoir la cause; mais enfin auprès d'elle je l'étais moins.

Je dirigeai notre conversation sur ces grandes pensées vers lesquelles la mélancolie nous ramène invinciblement: l'incertitude de la destinée humaine, l'ambition de nos desirs, l'amertume de nos regrets, l'effroi de la mort, la fatigue de la vie, tout ce vague du cœur enfin, dans lequel les ames sensibles aiment tant à s'égarer, fut l'objet de notre entretien. Elle se plaisait à m'entendre, et, m'excitant à parler, elle mêlait des mots précis et justes à mes discours, et soutenait et ranimait mes pensées toutes les fois que j'en avais besoin. Lorsque j'arrivai chez elle, j'étais abattue et mécontente de mes sentiments sans vouloir me l'avouer. Je crois qu'elle devina tout ce qui m'occupait, car elle me dit exactement ce que j'avais besoin d'entendre. Elle me releva par degrés dans ma propre estime; j'étais mieux avec moi-même, et je ne m'apercevais qu'à la réflexion que c'était elle qui modifiait ainsi mes pensées les plus secrètes. Enfin, j'éprouvais au fond de l'ame un grand soulagement, et je sentais bien en même temps qu'en m'éloignant de Sophie le chagrin et l'inquiétude me ressaisiraient de nouveau.

Je m'écriai donc, dans une sorte d'enthousiasme : « Ah! mon amie, ne me quittez pas, passons de longues heures à causer ensemble; je serai si mal quand vous ne me parlerez plus! »

Comme je prononçais ces mots, un domestique entra, et dit à madame de Vernon que M. de Fierville demandait à la voir, quoiqu'on lui eût déclaré à sa porte qu'elle ne recevait personne. « Refusez-le, je vous en conjure, ma chère Sophie, dis-je avec instance. — Savez-vous, interrompit madame de Vernon, si le neveu de madame du Marset a gagné ou perdu ce grand procès dont dépendait toute sa fortune? — Mon Dieu! interrompis-je, on m'a dit hier qu'il l'avait gagné; ainsi, vous n'avez point à consoler M. de Fierville des chagrins de son amie; refusez-le.— Il faut que je le voie, dit alors madame de Vernon. » Et elle fit signe à son domestique de le faire monter. Je me sentis blessée, je l'avoue, et ma physionomie l'exprima. Madame de Vernon s'en aperçut, et me dit : « Ce n'est pas pour moi, c'est pour ma fille.... — Quoi! m'écriai-je assez vivement, vous songez déjà à remplacer Léonce? Pauvre jeune homme! vous n'êtes pas long-temps regretté par l'amie de votre mère. » Je me reprochai ces paroles à l'instant même, car madame de Vernon rougit en les entendant ; et comme elle me laissait partir sans essayer de me retenir, je restai, quelques minutes après l'arrivée de M. de Fierville, la main appuyée sur la clef de la porte du salon, et tardant à l'ouvrir. Madame de Vernon enfin le remarqua ; elle vint à moi, et, sans me faire aucun reproche, elle insista beaucoup sur le prix qu'elle mettait à l'union de sa fille avec Léonce, sur toutes les circonstances qui lui rendaient ce mariage mille fois préférable à tout autre : elle reprit par degrés sa grace accoutumée, et je partis après l'avoir embrassée ; mais je conservai cependant quelques nuages de ce qui venait de se passer.

Concevez-vous ma folie, ma chère Louise ? Ce qui m'a blessée peut-être si vivement, c'est un témoignage d'indifférence pour Léonce. Pourquoi vouloir que madame de Vernon le regrette profondément, qu'elle ne cherche point un autre époux pour sa fille ? elle ne l'a jamais vu : cependant n'est-il pas vrai, ma chère Louise, que c'est se consoler trop tôt de la perte d'un jeune homme si distingué ? Ah ! s'il était possible qu'on le sauvât ! ce serait Matilde qui goûterait le bonheur d'en être aimée ; elle n'aurait pas souffert de son danger ; il renaîtrait pour elle : le calme de son imagination et de son ame la préserve des peines les plus amères de la vie. Louise, votre Delphine ne lui ressemble pas.

LETTRE XVI.

Mademoiselle d'Albémar à Delphine.

Montpellier, 20 mai 1790,

Je me hâte de vous dire, ma chère Delphine, que M. de Mondoville est mieux ; un chirurgien habile l'a soigné avec beaucoup de bonheur, et lorsque la perte de son sang a été arrêtée, il s'est trouvé très vite hors de tout danger. Il aurait déjà repris sa route, si l'on ne craignait que sa blessure ne se rouvrît en voyageant. Il a écrit à M. Barton une lettre que Télin m'a adressée, pour vous prier de la faire parvenir sûrement ; je vous l'envoie.

Il faut que Léonce ait quelque chose de bien aimable, pour que ce vieux négociant de Bayonne, Télin, qui de sa vie n'a pensé qu'aux moyens de gagner de l'argent, écrive des lettres toutes remplies d'éloges sur les qualités généreuses de M. de Mondoville ; en vérité, je crois qu'il a fait de Télin une mauvaise tête. Sérieusement, c'est un rare mérite que celui qui est vivement senti même par les hommes vulgaires ; et je crois toujours plus aux qualités qui produisent de l'effet sur tout le monde, qu'à ces supériorités mystérieuses qui ne sont reconnues que par des adeptes.

Chère Delphine, il est très vraisemblable à présent que vous allez voir M. de Mondoville ; votre imagination est singulièrement préparée à recevoir une grande impression par sa présence : défendez-vous de cette disposition, je vous en conjure, et rendez à votre esprit toute l'indépendance dont il a besoin pour bien juger.

LETTRE XVII.

Delphine à mademoiselle d'Albémar.

Paris, 25 mai.

La lettre de Léonce que vous m'envoyez, ma chère sœur, est extrêmement remarquable : comme M. Barton m'avait demandé de l'ouvrir, je l'ai lue : depuis deux heures qu'elle est entre mes mains, elle a fait naître en moi une foule de pensées qui m'étaient nouvelles. Je vous ferai part de mes réflexions une autre fois ; le seul mot que je sois pressée de vous dire, c'est que la lecture de cette lettre a tout-à-fait calmé les idées qui me troublaient, et que je n'ai plus à craindre le mauvais mouvement qui me faisait envier le sort de ma cousine.

LETTRE XVIII[1].

Léonce à M. Barton.

Bayonne, 17 mai 1790.

Je crains, mon cher ami, que vous ne soyez déjà parti sur la nouvelle de mon accident, et lorsque vous aurez su que j'avais témoigné le desir de vous voir. J'aurais dû vous épargner la fatigue d'un tel voyage ; mais vous pardonnerez à votre élève le besoin qu'il avait de vous dire adieu au moment de mourir. Si vous êtes encore à Paris, attendez-moi ; je serai en état de voyager sous peu de jours. On me défend de parler, de peur que mes blessures à la poitrine ne se rouvrent ; j'ai du temps au moins pour vous écrire tout ce qui tient à l'événement dont vous seul devez connaître le secret.

Je sais quel est le furieux qui a voulu m'assassiner et qui m'a

[1] Cette lettre est celle que mademoiselle d'Albémar a fait parvenir à Delphine.

attaqué, ayant pour second son domestique, sans me laisser aucun moyen de me défendre. Il m'a dit avec fureur, en me poignardant : *Je venge ma sœur déshonorée.* J'aurais nommé l'auteur de cette action infame, si les motifs qui l'ont irrité contre moi ne méritaient une sorte d'indulgence : vous les savez, ces motifs, et vous devinez mon assassin.

Mon cousin, en se soumettant à mes conseils, les a suivis néanmoins de la manière du monde la plus faible et la plus inconséquente ; il m'a prouvé qu'il ne faut jamais faire agir un homme dans un sens différent de son caractère. La nature place des remèdes à côté de tous les maux : l'homme faible ne hasarde rien ; l'homme fort soutient tout ce qu'il avance : mais l'homme faible, conseillé par l'homme fort, marche, pour ainsi dire, par saccades, entreprend plus qu'il ne peut, se donne des défis à lui-même, exagère ce qu'il ne sait pas imiter, et tombe dans les fautes les plus disparates : il réunit les inconvénients des caractères opposés, au lieu de concilier avec art leurs divers avantages.

Charles de Mondoville a laissé pénétrer à la famille de mademoiselle de Sorane qu'il suivait mes avis presque malgré lui ; c'est ainsi qu'il a dirigé sur moi toute leur haine. M. de Sorane a été obligé de faire faire un très mauvais mariage à sa sœur, pour étouffer le plus promptement possible l'éclat de son aventure : la crainte de ce même éclat l'a empêché de se battre avec moi ; il a regardé l'assassinat comme une vengeance plus obscure et plus certaine, et il avait imaginé sans doute que si j'étais tué dans les montagnes des Pyrénées, on attribuerait ma mort à des voleurs français ou espagnols, qui sont en assez grand nombre sur les frontières des deux pays.

Si je ne savais pas que M. de Sorane a été réellement très malheureux de la honte de sa sœur, s'il n'avait pas raison de m'accuser de la résistance de mon cousin à ses desirs, je livrerais son crime à la justice des lois. Mais, m'étant vu forcé, par un concours funeste de circonstances, à sacrifier la réputation de mademoiselle de Sorane à l'honneur de ma famille, j'ai cru devoir taire le nom d'un homme qui n'était devenu mon assassin que pour venger sa sœur. Sa haine contre moi était naturelle. Le mal que je lui avais fait tenait peut-être à un défaut de mon caractère : vous m'avez souvent dit que l'opinion avait trop d'empire sur moi. S'il est vrai que M. de Sorane ait réellement à se plaindre de ma conduite, je lui dois le secret sur un crime que j'ai provoqué : je le lui ai gardé ; il vous sera sacré comme à moi-même.

Mais je le prévois, mon cher Barton, tremblant encore du danger que j'ai couru, vous aurez une aimable colère contre votre élève, pour avoir exposé si légèrement cette vie dont vous et ma mère daignez avoir besoin. Cette pensée m'est venue, non sans quelques regrets, lorsque je me croyais près de mourir. Peut-être aurais-je pu laisser mon parent à lui-même, quoiqu'il fût de mon sang, quoiqu'il portât mon nom ; mais, je vous le demande, à vous qui avez bien plus de modération que moi dans votre manière de juger, et qui n'attachez pas autant d'importance à ce qu'on peut dire dans le monde : si je m'étais trouvé dans la même situation que Charles de Mondoville, n'auriez-vous pas été le premier à me détourner d'épouser une femme généralement mésestimée, quand même je l'aurais aimée ?

Pendant les jours que je viens de passer entre la vie et la mort, j'ai réfléchi beaucoup à ce que vous m'avez constamment dit sur la nécessité de ne soumettre sa conduite qu'au témoignage de sa conscience et de sa raison. Vous êtes chrétien et philosophe tout à la fois ; vous vous confiez en Dieu, et vous comptez pour rien les injustices des hommes. J'ai peu de disposition, vous le savez, à aucun genre de croyance religieuse, et moins encore à la patience et à la résignation que la foi, dit-on, doit nous inspirer. Quoique j'aie reçu, grace à vous, une éducation éclairée, cependant une sorte d'instinct militaire, des préjugés, si vous le voulez, mais les préjugés de mes aïeux, ceux qui conviennent si parfaitement à la fierté et à l'impétuosité de mon ame, sont les mobiles les plus puissants de toutes les actions de ma vie. Mon front se couvre de sueur quand je me figure un instant que, même à cent lieues de moi, un homme quelconque pourrait se permettre de prononcer mon nom ou celui des miens avec peu d'égards, et que je ne serais pas là pour m'en venger. La plupart des hommes, dites-vous, ne méritent pas qu'on attache le moindre prix à leurs discours. Leur haine peut n'être rien, mais leur insulte est toujours quelque chose ; ils s'égalent à vous ; ils font plus, ils se croient vos supérieurs quand ils vous calomnient : faut-il leur laisser goûter en paix cet insolent plaisir ?

Avez-vous d'ailleurs réfléchi sur la rapidité avec laquelle un homme peut se déconsidérer sans retour ? S'il est indifférent aux premiers mots qu'on hasarde sur lui, si sa délicatesse supporte le plus léger nuage, quel sentiment l'avertira que c'en est trop? D'abord de faux bruits circuleront, et ils s'établiront bientôt après comme vrais dans la tête de ceux qui ne le connaissent pas; alors il s'en irritera, mais trop tard. Quand il se hâterait de chercher vingt occasions de duel, des traits de courage désordonnés rétabliront-ils la réputation de son caractère? Tous ces efforts, tous ces mouvements présentent l'idée de l'agitation, et l'on ne respecte point celui qui s'agite : le calme seul est imposant. On ne peut reconquérir en un jour ce qui est l'ouvrage du temps, et néanmoins la colère, ne vous permettant pas le repos, vous rend incapable de trouver ou d'attendre le remède à votre malheur. Je ne sais ce qui peut nous être réservé dans un autre monde; mais l'enfer de celui-ci, pour un homme qui a de la fierté, c'est d'avoir à supporter la moindre altération de cette intacte renommée d'honneur et de délicatesse, le premier trésor de la vie.

J'ai cessé de combattre en moi ces sentiments, je les ai reconnus pour invincibles; toutefois, s'ils pouvaient jamais se trouver en opposition avec la véritable morale, j'en triompherais, du moins je le crois; et c'est à vos leçons, mon cher maître, que je dois cet espoir : mais, dans toutes les résolutions qui ne regardent que moi seul, j'aurais tort de vouloir lutter contre un défaut que je ne puis braver qu'en sacrifiant tout mon bonheur. Il vaut mieux exposer mille fois sa vie que de faire souffrir son caractère.

J'ose croire que je ne rends pas malheureux ce qui m'entoure : pourquoi donc voudrais-je me tourmenter par des efforts peut-être inutiles, et sûrement très douloureux? La considération que je veux obtenir dans le monde ne doit-elle pas servir à honorer tout ce qui m'aime? Un homme n'est-il pas le protecteur de sa mère, de sa sœur, et surtout de sa femme? Ne faut-il pas qu'il donne à la compagne de sa vie l'exemple de ce respect pour l'opinion qu'il doit à son tour exiger d'elle? Savez-vous pourquoi, jusqu'à présent, je me suis défendu contre l'amour, quoique je sentisse bien avec quelle violence il pourrait s'emparer de moi? c'est que j'ai craint d'aimer une femme qui ne fût point d'accord avec moi sur l'importance que j'attache à l'opinion, et dont le charme m'entraînât, quoique sa manière de penser me fît souffrir. J'ai peur d'être déchiré par deux puissances égales, un cœur sensible et passionné, un caractère fier et irritable.

Ma mère a peut-être raison, mon cher Barton, en me faisant

épouser une personne qui n'exercera pas un grand empire sur moi, mais dont la conduite est dirigée par les principes les plus sévères. Cependant, hélas ! je vais donc, à vingt-cinq ans, renoncer pour toujours à l'espoir de m'unir à la femme que j'aimerais, à celle qui comblerait le vide de mon cœur par toutes les délices d'une affection mutuelle ! Non, la vie n'est pas cet enchantement que mon imagination a rêvé quelquefois ; elle offre mille peines inévitables, mille périls à redouter pour sa réputation, pour son repos ; mille ennemis qui vous attendent : il faut marcher fermement et sévèrement dans cette triste route, et se garantir du blâme en renonçant au bonheur.

Après avoir lu cette lettre, serez-vous content de moi, mon cher maître? Songez cependant avec quelque plaisir que votre élève n'a pas une pensée secrète pour vous, et que vos conseils lui seront toujours nécessaires.

LETTRE XIX.

Delphine à mademoiselle d'Albémar.

Ce 27 mai.

J'ai relu plusieurs fois la lettre où Léonce peint son propre caractère avec la vérité la plus parfaite ; vous n'avez pas conclu, je l'espère, de quelques lignes que je vous écrivis dans le premier moment, que mon estime pour M. de Mondoville fût le moins du monde altérée? Non, assurément, rien de pareil n'est vrai; sa lettre à M. Barton indique, au contraire, des qualités rares et une grande supériorité d'esprit : mais ce qui m'a frappée comme une lumière subite, c'est l'étonnant contraste de nos caractères.

Il soumet les actions les plus importantes de sa vie à l'opinion ; moi, je pourrais à peine consentir à ce qu'elle influât sur ma décision dans les plus petites circonstances. Les idées religieuses ne sont rien pour lui ; cela doit être ainsi, puisque l'honneur du monde est tout. Quant à moi, vous le savez, grace à l'heureuse éducation que vous et votre frère m'avez donnée, c'est de mon Dieu et de mon propre cœur que je fais dépendre ma conduite. Loin de chercher les suffrages du plus grand nombre, par les ménagements nécessaires pour se les concilier, je serais presque tentée de croire que l'approbation des hommes flétrit un peu ce qu'il y a de plus pur dans la vertu, et que le plaisir qu'on pourrait prendre à cette approbation finirait par gâter les mouvements simples et irréfléchis d'une bonne nature.

Sans doute, à travers l'irritabilité de Léonce sur tout ce qui tient à l'opinion, il est impossible de ne pas reconnaître en lui une ame vraiment sensible; néanmoins ne regrettez plus, ma sœur, ses engagements avec Matilde; réjouissez-vous au contraire de ce qu'il ne sera jamais rien pour moi : les oppositions qui existent dans nos manières d'être sont précisément celles qui rendraient profondément malheureux deux êtres qui s'aimeraient, sans les détacher l'un de l'autre.

Il me serait impossible, quelle que fût ma résolution à cet égard, de veiller assez sur toutes mes actions pour qu'elles ne prêtassent point aux fausses interprétations de la société : et que ne souffrirais-je pas, si celui que j'aimerais ne supportait pas sans douleur le mal que l'on pourrait dire de moi ; si j'étais obligée de redouter les jugements des indifférents, à cause de leur influence sur l'objet qui me serait cher ; de craindre toutes les calomnies, parcequ'il souffrirait de toutes, et de me courber devant l'opinion, parceque j'aimerais un homme qui serait son premier esclave!

Non, Léonce, ma chère Louise, ne convient pas à votre Delphine. Ah! combien les sentiments de votre généreux frère, mon noble protecteur, répondaient mieux à mon cœur! il me répétait souvent qu'une ame bien née n'avait qu'un seul principe à observer dans le monde : faire toujours du bien aux autres et jamais de mal. Qu'importent à celle qui croit à la protection de l'Être suprême et vit en sa présence, à celle qui possède un caractère élevé, et jouit en elle-même du sentiment de la vertu, que lui importent, me disait M. d'Albémar, les discours des hommes? elle obtient leur estime tôt ou tard; car c'est de la vérité que l'opinion publique relève en dernier ressort; mais il faut savoir mépriser toutes les agitations passagères que la calomnie, la sottise et l'envie excitent contre les êtres distingués. Il ajoutait, j'en conviens, que cette indépendance, cette philosophie de principes convenait peut-être mieux encore à un homme qu'à une femme ; mais il croyait aussi que les femmes, étant bien plus exposées que les hommes à se voir mal jugées, il fallait d'avance fortifier leur ame contre ce malheur. La crainte de l'opinion rend tant de femmes dissimulées, que, pour ne point exposer la sincérité de mon caractère, M. d'Albémar travaillait de tout son pouvoir à m'affranchir de ce joug. Il y a réussi ; je ne redoute rien sur la terre que le reproche juste de mon cœur, ou le reproche injuste de mes amis : mais que l'opinion publique me recherche ou m'abandonne, elle ne pourra jamais rien sur ces jouissances de l'ame et de la pensée qui m'occupent et m'absorbent tout entière. Je porte en moi-même un espoir consolateur, qui se renouvellera toujours tant que je pourrai regarder le ciel, et sentir mon cœur battre pour la véritable gloire et la parfaite bonté.

Ce bonheur ou ce calme dont je jouis, que deviendraient-ils néanmoins, si, par un renversement bizarre, c'était moi, faible femme, moi dont la destinée réclame un soutien, qui savais mépriser l'opinion des hommes ; tandis que l'être fort, celui qui doit me guider, celui qui doit me servir d'appui, aurait horreur du moindre blâme? Vainement je tâcherais de me conformer à tous ses desirs : en adoptant une conduite qui ne me serait point naturelle, je n'éviterais pas d'y commettre des fautes, et notre vie, bientôt troublée, aurait peut-être un jour une funeste fin.

Non, je ne veux point aimer Léonce ; quand il serait libre, je ne le voudrais point. J'ai eu besoin de me le répéter, de relire sa lettre, de détruire par de longues réflexions l'impression que m'avait faite le danger qu'il vient de courir ; mais j'y suis parvenue : mon ame s'est affermie, et je puis le revoir maintenant avec le plus grand calme, et la plus ferme résolution de ne considérer désormais en lui que l'époux de Matilde.

LETTRE XX.

Delphine à mademoiselle d'Albémar.

Ce 31 mai.

Que vous disais-je dans ma dernière lettre, ma chère Louise? il me semble que je vais le démentir. Je l'ai vu, Léonce. Ah! je n'ai plus aucun souvenir de ce que je pensais contre lui : comment pourrais-je mettre tant d'importance à ce que j'appelais ses défauts? Pourquoi le juger sur une lettre? l'expression de son visage le fait bien mieux connaître.

J'avais reçu hier une lettre de M. Barton, qui m'annonçait qu'il avait rencontré M. de Mondoville à Bordeaux, et qu'ils revenaient ensemble : j'allai chez madame de Vernon pour lui porter ces bonnes nouvelles. J'avais l'esprit tout-à-fait libre ; la lettre de Léonce avait changé mes idées sur lui : je ne sais pas pourquoi elle avait produit cette impression. En y pensant bien aujourd'hui, je trouve que c'était absurde ; mais enfin Léonce n'était plus pour moi que le mari de Matilde, le gendre de mon amie, et j'entretins pendant deux heures madame de Vernon de tout ce qui pouvait avoir rapport à ce mariage, avec un sentiment d'intérêt qui lui fit beaucoup de plaisir. Elle ne s'était pas doutée, je crois, des pensées qui m'avaient troublée pendant quelques jours : mais la conversation ne s'était point prolongée sur Léonce, parceque je la laissais tomber involontairement; tandis qu'hier, par je ne sais quelle sécurité, à la veille même du danger, j'étais inépuisable sur les motifs qui devaient attacher madame de Vernon à ses projets pour sa fille. Je ne conçois pas encore d'où me venait ce bizarre mouvement; je voulais prendre, je crois, des engagements avec moi-même, car cette vivacité ne pouvait pas être naturelle : elle plut à madame de Vernon, qui me pressa vivement de passer le lendemain le jour entier avec elle.

Après dîner, l'on annonça tout-à-coup M. Barton : sa figure me parut triste ; je craignis quelque événement funeste, et je l'interrogeai avec crainte. « M. de Mondoville, nous dit-il, est arrivé hier avec moi; mais en chemin sa blessure s'est rouverte, et je crains que le sang qu'il a perdu ne mette en danger sa vie : il est dans un état de faiblesse et d'abattement qui m'inquiète extrêmement; il a repris la fièvre depuis huit jours, et il est maintenant hors d'état non seulement de sortir, mais même de se tenir debout. Il voudrait, dit M. Barton en se retournant vers madame de Vernon, vous remettre des lettres de sa mère; il prend la liberté de vous demander de venir le voir : il n'ose se flatter que mademoiselle de Vernon consente à vous accompagner; cependant il me semble qu'à présent que les articles sont signés par madame de Mondoville, il n'y aurait point d'inconvenance.... » Matilde interrompit M. Barton, et lui dit en se levant, d'un ton de voix assez sec : « Je n'irai point, monsieur; je suis décidée à n'y point aller. »

Madame de Vernon n'essaie jamais de lutter contre les volontés de sa fille si positivement exprimées ; elle a dans le caractère une sorte de douceur, et même d'indolence, qui lui fait craindre toute espèce de discussion ; ce n'est jamais par un moyen de force, de quelque nature qu'il soit, qu'elle veut atteindre à son but. Sans répondre donc à Matilde, elle s'adressa à moi, et me dit : « Ma chère Delphine, ce sera vous qui m'accompagnerez, n'est-ce pas? Nous irons avec M. Barton chez Léonce. » Je m'en défendis d'abord, quoique, par un mouvement assez inexplicable, j'éprouvasse tant d'humeur du refus de Matilde, qu'il m'était doux d'opposer mon empressement à sa pruderie. Madame de Vernon insista : elle s'inquiétait de la sorte de timidité dont elle est quelquefois susceptible avec une personne nouvelle ; elle craignait ces premiers mouvements dans lesquels Léonce pouvait se livrer à l'attendrissement. J'ai toujours vu madame de Vernon redouter tout ce qui oblige à des témoignages extérieurs, lors même que son sentiment est véritable. On l'accuse de fausseté, et c'est cependant une personne tout-à-fait incapable d'affectation. Une réunion si singulière est-elle possible? Je ne le crois pas.

Lorsqu'enfin je ne pus douter que madame de Vernon ne desirât vivement que j'allasse avec elle, j'y consentis. Cependant, quand nous fûmes en voiture, je me rappelai la lettre de Léonce à M. Barton, et il me vint dans l'esprit qu'un homme si délicat sur tout ce qui tient aux convenances trouverait peut-être un peu léger qu'une femme de mon âge vînt le voir ainsi chez lui sans le connaître. Cette pensée me blessa, et changea tellement ma disposition, que je montai l'escalier de Léonce avec assez d'humeur ; mais au moment où nous entrâmes dans sa chambre, lorsque je le vis étendu sur un canapé, pâle, pouvant à peine soulever sa tête pour me saluer, et néanmoins semblable en cet état à la plus noble, à la plus touchante image de la mélancolie et de la douleur, j'éprouvai à l'instant une émotion très vive.

La pitié me saisit en même temps que l'attrait : tous les sentiments de mon ame me parlaient à la fois pour ce malheureux jeune homme. Sa taille élégante avait du charme, malgré l'extrême faiblesse qui ne lui permettait pas de se soutenir. Il n'y avait pas un trait de son visage qui, dans son abattement même, n'eût une expression séduisante. Je restai quelques instants debout, derrière M. Barton et madame de Vernon. Léonce adressa quelques remerciments aimables à ma tante avec un son de voix doux, et cependant encore assez ferme ; sa manière d'accentuer donnait aux paroles les plus simples une expression nouvelle ; mais, à chaque mot qu'il disait, sa pâleur semblait augmenter ; et, par un mouvement involontaire, je retenais ma respiration quand il parlait, comme si j'avais pu soulager et diminuer ainsi ses efforts.

Nous nous assîmes; il me vit alors. « Est-ce mademoiselle de Vernon? dit-il à ma tante. — Non, répondit madame de Vernon: elle n'ose point encore venir vous voir; c'est ma nièce, madame d'Albémar. — Madame d'Albémar! reprit Léonce assez vivement; celle qui a bien voulu prêter sa voiture à M. Barton pour venir me chercher; celle qui a daigné s'intéresser à mon sort avant de me connaître! Je suis bien honteux, répéta-t-il en tâchant d'élever la voix, je suis bien honteux d'être si mal en état de lui témoigner ma reconnaissance. » J'allais lui répondre, lorsqu'en finissant ces mots sa tête retomba sur sa main. Je fis un mouvement pour me lever et lui porter du secours; mais, rougissant aussitôt de mon dessein, je me rassis, et je gardai le silence. Léonce se tut aussi pendant quelques minutes. Tant de douceur et de sensibilité se peignit alors sur son visage, que j'oubliai entièrement l'opinion que j'avais eue de lui, et qui pouvait garantir mon cœur. Mon attendrissement devenait à chaque instant plus difficile à cacher. Les yeux et les paupières noires de Léonce, accablé par son mal, se baissaient malgré lui; mais quand il parvenait à soulever son regard et qu'il le dirigeait sur moi, il me semblait qu'il fallait répondre à ce regard; qu'il sollicitait l'intérêt, qu'il expliquait sa pensée; et je me sentais émue comme s'il m'avait long-temps parlé.

N'ayez pas honte pour moi, ma Louise, de cette impression subite et profonde; c'est la pitié qui la produisait, j'en suis sûre: votre Delphine ne serait pas ainsi, dès la première vue, accessible à l'amour; c'était la douleur, la toute puissante douleur, qui réveillait en moi le plus fort, le plus rapide, le plus irrésistible des sentiments du cœur, la sympathie.

Léonce s'aperçut, je crois, de l'intérêt que je prenais à sa situation; quoique je n'eusse pas parlé, c'est moi qu'il rassura. «Ce n'est rien, dit-il, madame; la fatigue de la route a rouvert ma blessure; mais elle est maintenant refermée, et dans quelques jours je serai mieux. » Je voulus essayer de lui répondre; mais je craignis qu'en parlant ma voix ne fût trop altérée, et j'interrompis ma phrase sans la finir. Madame de Vernon lui demanda des nouvelles de madame de Mondoville, lui dit quelques mots aimables sur l'impatience qu'elle avait de le voir. Il répondit à tout d'un ton abattu, mais avec grace. Madame de Vernon, craignant de le fatiguer, se leva, lui prit la main affectueusement, et donna le bras à M. Barton pour sortir.

Je m'avançai après elle, voulant enfin prendre sur moi d'exprimer mon intérêt à M. de Mondoville. Il se leva pour me remercier avant que je pusse l'en empêcher, et voulut faire quelques pas pour me reconduire ; mais un étourdissement très effrayant le saisit tout-à-coup ; il cherchait à s'appuyer pour ne pas tomber : je lui offris mon bras involontairement, et sa tête se pencha sur mon épaule : je crus qu'il allait expirer. Ah ! ma Louise, qui n'aurait pas été troublé dans un tel moment? Je perdis toute idée de moi-même et des autres ; je m'écriai : « Ma tante, venez à son secours : regardez-le ; il va mourir. » Et mon visage fut couvert de larmes. M. Barton se retourna précipitamment, soutint Léonce dans ses bras, et le reconduisit jusqu'au sopha. Léonce revint à lui ; il ouvrit les yeux avant que j'eusse essuyé mes pleurs, et les regards les plus reconnaissants m'apprirent qu'il avait remarqué mon émotion.

Je m'éloignai alors, et madame de Vernon me suivit : il faisait nuit quand nous revînmes ; elle ne put, je crois, s'apercevoir de la peine que j'avais à me remettre ; et d'ailleurs n'était-il pas naturel que je fusse inquiète de l'état où j'avais vu Léonce? J'appris à la porte de madame de Vernon que M. de Serbellane était venu me demander deux fois, et je me servis de ce prétexte pour rentrer chez moi : je m'y suis renfermée pour vous écrire.

Après ce récit, ma chère Louise, vous tremblerez pour mon bonheur : cependant n'oubliez pas combien la pitié a eu de part à mon émotion. L'intérêt qu'inspire la souffrance trompe une ame sensible : il peut arriver de croire qu'on aime, lorsque seulement on plaint. Cependant je n'accompagnerai plus madame de Vernon chez M. de Mondoville ; il connaitra bientôt Matilde, il sera frappé de sa beauté, et je pourrai le voir alors avec les sentiments que me commandent la délicatesse et la raison.

Mon amie, ma chère Louise, je suis déja plus calme ; mais c'est un malheur que de l'avoir vu ainsi entouré de tout le prestige du danger et de la souffrance. Pourquoi le mari de Matilde ne s'est-il pas d'abord offert à moi au milieu de toutes les prospérités qui l'attendent? Qu'avait-il à faire de ma pitié?

LETTRE XXI.

Léonce à M. Barton.

Ce 1ᵉʳ juin.

Ma mère me mande, mon cher Barton, qu'elle vous écrit pour vous charger de quelques affaires à Mondoville, qu'il faut terminer, dit-elle, avant mon mariage. Je voudrais bien que vous ne partissiez pas encore pour cette terre. C'est à votre réveil que vous avez coutume de régler vos projets. Mon domestique vous portera cette lettre demain à huit heures, dans votre nouveau logement; vous ne me direz donc pas que vos arrangements étaient pris pour partir, et que vous ne pouvez plus y rien changer. Dans quelques jours je pourrai sortir, et l'on me montrera enfin mademoiselle de Vernon. Peut-on regarder un mariage comme décidé, quand on n'a jamais vu celle qu'on doit épouser? Ah! que vous aviez raison de me parler de madame d'Albémar comme de la plus charmante personne du monde! Vous m'avez vanté le charme de son entretien, la noblesse et la bonté de son caractère; mais vous n'auriez pu me peindre la grace enchanteresse de sa figure, cette taille svelte, souple, élégante; ces cheveux blonds, qui couvrent à moitié des yeux si doux, et en même temps si animés; cette physionomie mobile, et cet air d'abandon plus pur, plus modeste, plus innocent encore qu'une réserve austère. J'étais entre la mort et la vie, quand je l'entendis crier : *Ah! ma tante, venez, venez; il va mourir.* Je crus, pendant un moment, avoir déjà passé dans un autre monde, et que c'était la voix des anges qui réveillait mon ame au bonheur des immortels.

Quand j'ouvris les yeux, Delphine ne s'attendait point à mes regards, et tout son visage exprimait encore une compassion céleste : elle s'éloigna; mais je n'oublierai jamais sa physionomie dans cet instant. O pitié! douce pitié! s'il suffit de ton émotion pour la rendre si belle, que serait-elle donc si l'amour répandait son charme sur ses traits? Oui, mon ami, chacune des graces de cette figure est le signe aimable d'une qualité de l'ame. Sa taille, qui se balance et se plie mollement quand elle marche, comme si ses pas avaient besoin d'appui; ses regards, qui peignent une intelligence supérieure, et cependant un caractère timide; tout exprime en elle ce rare contraste que vous m'aviez vous-même indiqué, lorsque, dans notre voyage, vous me disiez qu'elle réunissait un esprit très indépendant à un cœur dévoué, et facilement asservi quand elle aime. C'est ainsi que vous m'expliquiez son amitié presque soumise pour madame de Vernon. N'allez pas vous reprocher, mon cher Barton, l'impression que madame d'Albémar m'a faite : je n'ai rien appris de vous, ce sont ses regards qui m'ont tout dit.

Ne croyez pas, cependant, que je me livre sans réflexion à l'attrait qu'elle m'inspire ; je sais quels sont mes devoirs envers ma mère : je n'ai point encore examiné la force des engagements qu'elle a pris avec madame de Vernon, jusques à quel point ils me lient; mais je ne vous cache point que, depuis que j'ai vu madame d'Albémar, il me serait odieux de prononcer que je ne suis plus libre : il se peut que je ne le sois plus, mais laissez-moi le temps d'en juger moi-même. Mon cher maître, si, de la manière la plus indirecte, je crois l'honneur de ma mère intéressé à mon mariage avec mademoiselle de Vernon, il sera fait; vous n'en doutez pas. Pourquoi craindriez-vous donc de m'aider à gagner du temps? Adieu, je vous attends ce matin, mais je suis bien aise de vous avoir écrit tout ce que contient cette lettre ; vous le savez à présent, et il m'en aurait coûté de vous le dire.

LETTRE XXII.

Delphine à mademoiselle d'Albémar.

Ce 3 juin.

Léonce est beaucoup mieux : il sortira bientôt ; je ne l'ai pas revu. Madame de Vernon est retournée seule chez lui ; je ne l'aurais pas suivie, mais elle ne me l'a pas proposé. Je n'ai pas non plus aperçu M. Barton ; il a quitté Léonce pour ses affaires, qui sont sans doute les affaires du mariage. Quand je reverrai M. de Mondoville, ce sera peut-être pour signer son contrat comme parente de son épouse. Ma Louise, Léonce m'est apparu comme un songe, et le reste de ma vie n'en sera point changé. Qui pense à l'impression qu'il m'a faite? ni lui, ni personne. Allons, il ne faut plus vous en entretenir.

J'ai été d'ailleurs vivement occupée par l'arrivée de Thérèse. M. de Serbellane est venu ce matin chez moi pour me l'annoncer : il était abattu ; et, malgré l'habitude qu'il a prise de contenir toutes ses impressions, ses yeux se remplissaient quelquefois de

larmes : il me conjura de venir voir madame d'Ervins. « Hélas !
me disait-il, elle se perdra ! son âme est agitée par l'amour et le
remords, avec une telle violence qu'elle peut se trahir à chaque
instant devant son mari, devant l'homme le plus irritable et le
plus emporté. Si elle voulait le fuir avec moi, il y aurait quelque
chose de raisonnable dans son exaltation même ; mais, par une
funeste bizarrerie, la religion la domine autant que l'amour, et
son âme faible et passionnée s'expose à tous les dangers des sentiments les plus opposés. Elle peut aujourd'hui même avouer sa
faute à son mari, et demain s'empoisonner, s'il nous sépare.
Malheureuse et touchante personne ! pourquoi l'ai-je connue ? —
Je vais la voir, lui dis-je ; ses soins me sauvèrent la vie, ne pourrai-je donc rien pour son bonheur ? » J'arrivai chez madame
d'Ervins : la pauvre petite se jeta dans mes bras en pleurant. Je
n'avais pas encore vu son mari, et son extérieur confirma l'opinion qu'on m'avait donnée de lui. Il me reçut avec politesse, mais
avec une importance qui me faisait sentir, non le prix qu'il attachait à moi, mais celui qu'il mettait à lui-même. Il m'offrit à
déjeuner, et notre conversation fut contrainte et gênée, comme
elle doit toujours l'être avec un homme qui n'a de sentiments
vrais sur rien ; et dont l'esprit ne s'exerce qu'à la défense de son
amour-propre. Il me parla continuellement de lui, sans remarquer le moins du monde si mon intérêt répondait à la vivacité
du sien. Quand il se croyait prêt à dire un mot spirituel, ses petits yeux brillaient à l'avance d'une joie qu'il ne pouvait réprimer ; il me regardait après avoir parlé, pour juger si j'avais
su l'entendre ; et lorsque son émotion d'amour-propre était calmée, il reprenait un air imposant, par égard pour son propre
caractère ; passant tour-à-tour des intérêts de son esprit à ceux
de sa considération, et secrètement inquiet d'avoir été trop ba-
din pour un homme sérieux, et trop sérieux pour un homme
aimable.

Après une heure consacrée au déjeuner, il se leva, et m'expli-
qua lentement comment des affaires indispensables, que la bonté
de son cœur lui avait suscitées, des visites chez quelques ministres qu'il ne pouvait retarder sans craindre de les offenser grièvement, l'obligeaient à me quitter. Je vis qu'il me regardait avec
bienveillance, pour adoucir la peine que je devais ressentir de son
absence : j'aurais eu envie de le tranquilliser sur le chagrin qu'il
me supposait ; mais ne voulant pas déplaire au mari de mon amie,

je lui fis la révérence avec l'air sérieux qu'il desirait, et son dernier salut me prouva qu'il en était content.

Restée seule avec Thérèse, je réunis tout ce que la raison et l'amitié peuvent inspirer pour lui faire goûter de sages conseils; mais ses larmes, ses regrets, ses résolutions combattues et démenties sans cesse, me firent éprouver une profonde pitié. Elle n'a point reçu cette éducation cultivée qui porte à réfléchir sur soi-même; on l'a jetée dans la vie avec une religion superstitieuse et une ame ardente; elle n'a lu, je crois, que des romans et la Vie des Saints; elle ne connait que des martyrs d'amour et de dévotion; et l'on ne sait comment l'arracher à son amant, sans la livrer à des excès insensés de pénitence. La crainte de cesser de voir M. de Serbellane est la seule pensée qui puisse la contenir; si on l'obligeait à se séparer de lui, elle avouerait tout à son mari: elle a beaucoup d'esprit naturel, mais il ne lui sert qu'à trouver des raisons pour justifier son caractère; elle aime sa fille, mais sans pouvoir s'occuper de son éducation. Cette pauvre enfant, en voyant pleurer sa mère tout le jour, est dans un état d'attendrissement continuel qui nuit à ses forces morales et physiques; et M. d'Ervins ne se doute de rien au milieu de toutes ces scènes. Quand il surprend sa femme et sa fille en larmes, il leur demande pardon de les avoir trop peu vues, d'être resté trop long-temps dans son cabinet, ou chez ses amis; et il leur promet de ne plus s'éloigner à l'avenir. Cet aveuglement pourrait durer dans la retraite; mais, à Paris, il se rencontre tant de gens qui ont envie d'humilier un sot, ou d'irriter un méchant homme!

J'ai peint à Thérèse quelle serait sa situation, si M. d'Ervins faisait tomber sur elle sa colère et son despotisme : que deviendrait-elle sans parents, sans fortune, sans appui? Elle me répond alors que son dessein est de s'enfermer dans un couvent pour le reste de sa vie; et si je lui dis qu'il vaudrait peut-être mieux que M. de Serbellane allât passer quelque temps en Portugal auprès d'un de ses parents, comme c'était son projet en quittant l'Italie, elle tombe à cette idée dans un désespoir qui me fait frémir. Ah! Louise, quelles douleurs que celles de l'amour! Pauvre Thérèse! en l'écoutant, mon ame n'était point uniquement occupée d'elle; je pensais à Léonce, à ce que j'aurais pu souffrir. De quel secours me serait un esprit plus éclairé que celui de Thérèse? La passion fait tourner toutes nos forces contre nous-mêmes. Mais écartons ces pensées : c'est de ma malheureuse amie que je dois m'occuper. Le ciel, en récompense, se chargera peut-être de mon sort.

M. d'Ervins rentra, et M. de Serbellane vint quelques moments après. Thérèse nous retint. Je vis avec plaisir, pendant le reste de la journée, que M. de Serbellane n'avait point cherché à se lier avec M. d'Ervins : plus il était facile de captiver un tel homme en flattant sa vanité, plus je sus gré à l'ami de Thérèse de n'être pas devenu celui de son époux. Il est des situations qui peuvent condamner à cacher les sentiments qu'on éprouve, mais il n'y a que l'avilissement du caractère qui rende capable de feindre ceux que l'on n'a pas.

Mon estime pour M. de Serbellane s'accrut donc encore par sa froideur avec M. d'Ervins. Il m'intéressait aussi par le soin qu'il mettait à veiller continuellement sur les imprudences de Thérèse. Elle rougissait et pâlissait tour-à-tour quand on prononçait le nom du Portugal ; M. de Serbellane détournait à l'instant la conversation, et protégeait Thérèse, sans néanmoins la blesser en se montrant indifférent à son amour. Je fus cruellement effrayée de l'état où je la voyais ; je la pris à part avant de la quitter, et je lui fis remarquer la délicatesse de la conduite de son ami et l'inconséquence de la sienne. « Je le sais, me répondit-elle, c'est le meilleur et le plus généreux des hommes. Je lui suis bien à charge sans doute ; je ferais mieux de délivrer de moi ceux qui m'aiment, d'aller me jeter aux pieds de M. d'Ervins et de lui tout avouer. » En prononçant ces paroles, ses regards se troublaient ; je craignis qu'elle ne voulût accomplir ce dessein à l'heure même ; je la serrai dans mes bras, et je lui demandai la promesse de s'en remettre entièrement à moi.

« Écoutez, me dit-elle, je suis poursuivie par une crainte qui est, je crois, la principale cause de l'égarement où vous me voyez : je me persuade qu'il se croira obligé de partir sans m'en avertir, ou que mon mari me séparera de lui tout-à-coup, avant que j'aie pu lui dire adieu. Si vous obtenez de M. de Serbellane le serment qu'il ne s'en ira jamais sans m'en avoir prévenue, et si vous me donnez votre parole de me prêter votre secours pour le voir une heure seulement, une heure, quoi qu'il arrive, avant de le quitter pour toujours, alors je serai plus tranquille ; je ne croirai pas, chaque fois qu'il me parlera, que ce sont les derniers mots que j'entendrai jamais de lui ; je ne serai pas sans cesse agitée par tout ce que je voudrais lui dire encore ; je serai calme. —

Eh bien! lui répondis-je avec chaleur, à l'instant même vous allez être satisfaite. » M. d'Ervins parlait à un homme qui l'écoutait avec la plus grande condescendance, il ne pensait point à nous: j'appelai M. de Serbellane; il promit solennellement ce que desirait Thérèse: je l'assurai moi-même aussi que je lui ferais avoir de quelque manière un dernier entretien avec M. de Serbellane, si jamais M. d'Ervins lui défendait de le revoir. En donnant cette promesse, je ne sais quelle crainte me troubla; mais, avant de connaître Léonce, je n'aurais pas seulement pensé qu'un tel engagement pouvait un jour me compromettre. Je m'applaudis cependant de l'avoir pris, en voyant à quel point il avait raffermi le cœur de Thérèse; elle m'entendit parler avec résignation des circonstances qui pourraient obliger M. de Serbellane à s'éloigner, et quand je la quittai, elle me parut tranquille.

Je n'allai point le soir chez madame de Vernon; il ne m'était pas permis de lui confier le secret de Thérèse, je ne pouvais lui parler de Léonce, et comment éloigner d'une conversation intime les idées qui nous dominent? C'est causer avec son amie comme avec les indifférents, chercher des sujets de conversation au lieu de s'abandonner à ce qui nous occupe, et se garder, pour ainsi dire, des pensées et des sentiments dont l'ame est remplie. Il vaut mieux alors ne pas se voir.

Pour vous, ma Louise, à qui je ne veux rien taire, je n'éprouve jamais la moindre gêne en vous écrivant; je m'examine avec vous, je vous prends pour juge de mon cœur, et ma conscience elle-même ne me dit rien que je vous laisse ignorer.

LETTRE XXIII.

Delphine à mademoiselle d'Albémar.

Ce 5 juin.

Je l'ai revu, ma sœur, je l'ai revu: non, ce n'est plus l'impression de la pitié, c'est l'estime, l'attrait, tous les sentiments qui auraient assuré le bonheur de ma vie. Ah! qu'ai-je fait? par quels liens d'amitié, de confiance, me suis-je enchaînée? Mais lui, que pense-t-il? que veut-il? car enfin pourrait-on le contraindre, s'il n'aimait pas ma cousine, si......? De quels vains sophismes je cherche à m'appuyer! ne serait-ce pas pour moi qu'il romprait ce mariage? J'aurais eu l'air de l'assurer par mes dons, et je le ferais manquer par ce qu'on appellerait ma séduction. Je suis plus riche que Matilde, on pourrait croire que j'ai abusé de cet avantage; enfin, surtout, je blesserais le cœur de madame de Vernon : elle m'accuserait de manquer à la délicatesse, elle dont l'estime m'est si nécessaire ! Mais à quoi servent tous ces raisonnements? Léonce m'aime-t-il? Léonce se dégagerait-il jamais de la promesse donnée par sa mère? Vous allez juger à quels signes fugitifs j'ai cru deviner son affection. Ah! journée trop heureuse, la première et la dernière peut-être de cette vie d'enchantement que la merveilleuse puissance d'un sentiment m'a fait connaître pendant quelques heures !

On annonça M. de Mondoville hier chez madame de Vernon; il était moins pâle que la première fois que je l'avais vu, mais sa figure conservait toujours le charme touchant qui m'avait si vivement attendrie, et le retour de ses forces rendait plus remarquable ce qu'il y a de noble et de sérieux dans l'expression de ses traits. Il me salua la première, et je me sentis fière de cette marque d'intérêt, comme si les moindres signes de sa faveur marquaient à chaque personne son rang dans la vie. Madame de Vernon le présenta à Matilde, elle rougit : je la trouvai bien belle ; cependant Louise, j'en suis sûre, lorsque Léonce, après l'avoir très froidement observée, se tourna vers moi, ses regards avaient seulement alors toute leur sensibilité naturelle. M. Barton s'était assis à côté de moi sur la terrasse du jardin, Léonce vint se placer près de lui; madame de Vernon lui proposa de passer la soirée chez elle, il y consentit.

J'éprouvai tout-à-coup dans ce moment une tranquillité délicieuse; il y avait trois heures devant moi pendant lesquelles j'étais certaine de le voir ; sa santé ne me causait plus d'inquiétude, et je n'étais troublée que par un sentiment trop vif de bonheur. Je causais long-temps avec lui, devant lui, pour lui; le plaisir que je trouvais à cet entretien m'était entièrement nouveau. Je n'avais considéré la conversation jusqu'à présent que comme une manière de montrer ce que je pouvais avoir d'étendue ou de finesse dans les idées, mais je cherchais avec Léonce des sujets qui tinssent de plus près aux affections de l'ame : nous parlâmes des romans, nous parcourûmes successivement le petit nombre de ceux qui ont pénétré jusqu'aux plus secrètes douleurs des caractères sensibles. J'éprouvais une émotion intérieure qui animait tous mes discours; mon cœur n'a pas cessé de battre un seul instant, lors même que notre discussion devenait purement littéraire : mon esprit avait conservé de l'aisance et de la facilité; mais je sentais mon ame agitée, comme dans les circonstances les plus importantes de la vie, et je ne pouvais le soir me persuader qu'il ne s'était passé autour de moi aucun événement extraordinaire.

Chaque mot de Léonce ajoutait à mon estime, à mon admiration pour lui : sa manière de parler était concise, mais énergique; et quand il se servait même d'expressions pleines de force et d'éloquence, on croyait entrevoir qu'il ne disait qu'à demi sa pensée, et que dans le fond de son cœur restaient encore des richesses de sentiment et de passion qu'il se refusait à prodiguer. Avec quelle promptitude il m'entendait! avec quel intérêt il daignait m'écouter! Non, je ne me fais pas l'idée d'une plus douce situation : la pensée excitée par les mouvements de l'ame, les succès de l'amour-propre changés en jouissances du cœur, oh! quels heureux moments! et la vie en serait dépouillée?

Je m'aperçus cependant que Matilde, par ses gestes et sa physionomie, témoignait assez d'humeur. Madame de Vernon, qui se plaît ordinairement à causer avec moi, parlait à son voisin sans avoir l'air de s'intéresser à notre conversation; enfin elle prit le bras de madame du Marset, et lui dit, assez haut pour que je l'entendisse : « Ne voulez-vous pas jouer, madame? ce qu'on dit est trop beau pour nous. » Je rougis extrêmement à ces mots, je me levai pour déclarer que je voulais être aussi de la partie; Léonce m'en fit des reproches par ses regards. M. Barton vint vers moi, et me dit, avec une bienveillance qui me toucha : « Je croirais presque vous avoir entendue pour la première fois aujourd'hui, madame; jamais le charme de votre conversation ne m'avait tant frappé. » Ah! qu'il m'était doux d'être louée en présence de Léonce! Il soupira, et s'appuya sur la chaise que je venais de quitter. M. Barton lui dit à demi-voix : « Ne voulez-vous pas vous approcher de mademoiselle de Vernon? — De grace, laissez-moi ici, » répondit Léonce. Ces mots, je les ai entendus, Louise, et leur accent surtout ne peut être oublié.

Quand la partie fut arrangée, Léonce, resté presque seul avec Matilde, vint lui parler; mais la conversation me parut froide et embarrassée. Je ne savais ce que je faisais au jeu; madame du Marset en prenait beaucoup d'humeur; madame de Vernon excusait mes fautes avec une bonté charmante : sa grace fut parfaite pendant cette partie, et j'en fus si touchée, que je ne me rapprochai plus de Léonce; il me semblait que la douceur de madame de Vernon l'exigeait de moi. Elle voulut me retenir pour causer seule avec elle, je m'y refusai ; je ne veux pas lui cacher ce que j'éprouve : qu'elle le devine, j'y consens, je le souhaite peut-être ; mais je ne puis me résoudre à lui en parler la première. Ne serait-ce pas indiquer le sacrifice que je desire ? Je m'en sentirais plus à l'aise avec elle, si c'était moi qui lui dusse de la reconnaissance ; alors je lui avouerais ma folie, je m'en remettrais à sa générosité ; mais ce que je crains avant tout, c'est d'abuser un instant du service que j'ai pu lui rendre.

Ma sœur, consultez votre délicatesse naturelle, non votre injuste prévention contre madame de Vernon, et dites-moi ce que je devrais faire s'il m'aimait, s'il se croyait libre. Hélas ! ce conseil sera peut-être bien inutile ; peut-être redouté-je des combats qu'il m'épargnera !

LETTRE XXIV.

Léonce à M. Barton, à Mondoville.

Paris, ce 6 juin.

Vous êtes parti pour Mondoville par condescendance pour une seconde lettre de ma mère ; je vous prie, mon cher Barton, d'y rester quelque temps. Je me servirai de ce prétexte pour retarder toute explication avec madame de Vernon sur mon mariage, et je pourrai écrire à ma mère, et peut-être trouver quelques moyens de me délivrer de sa promesse. Mon cher maître, vous le sentez vous-même, j'en suis sûr, quoique vous vous soyez refusé à me l'avouer ; j'ai connu madame d'Albémar, je ne peux jamais aimer Matilde.

Pensez-vous que l'impression de la journée d'hier puisse s'effacer de mon cœur ? Sans doute elle est belle, Matilde ; vous me l'avez dit, je le crois : mais ai-je pu seulement la regarder ? Je voyais, j'écoutais une femme comme il n'en exista jamais. C'est un être inspiré, que Delphine ! L'avez-vous remarquée, lorsqu'elle s'adressait à moi ? J'étais assis à quelques pas d'elle dans le jardin : sa voix s'animait, ses yeux ravissants regardaient le ciel, comme pour le prendre à témoin de ses nobles pensées ; ses bras charmants se plaçaient naturellement de la manière la plus agréable et la plus élégante. Le vent ramenait souvent ses cheveux blonds sur son visage ; elle les écartait avec une grace, une négligence, qui donnaient à chacun de ses mouvements une séduction nouvelle. Croyez-vous, mon cher Barton, qu'elle parlât avec plus d'intérêt à cause de moi? Vous m'avez dit que vous ne l'aviez jamais trouvée si aimable : aurait-elle voulu me plaire? Cependant elle m'a quitté si brusquement! mais c'était dans la crainte d'affliger madame de Vernon. Oh! sans doute nos ames s'entendraient si j'étais libre, si je pouvais m'exprimer de toute la force de mon émotion et de ma pensée. Mais il faudra se réprimer longtemps encore; et saura-t-elle me deviner à travers tant de contraintes? elle, dont tout le charme est dans l'abandon, croira-t-elle aux sentiments contenus? saura-t-elle que le cœur qui les renferme en est dévoré?

Je n'imaginais pas qu'il fût possible, mon cher Barton, qu'une seule personne réunît tant de graces variées, tant de graces qui sembleraient devoir appartenir aux manières d'être les plus différentes. Des expressions toujours choisies et un mouvement toujours naturel, de la gaieté dans l'esprit et de la mélancolie dans les sentiments, de l'exaltation et de la simplicité, de l'entraînement et de l'énergie : mélange adorable de génie et de candeur, de douceur et de force! possédant au même degré tout ce qui peut inspirer de l'admiration aux penseurs les plus profonds, tout ce qui doit mettre à l'aise les esprits les plus ordinaires, s'ils ont de la bonté, s'ils aiment à retrouver cette qualité touchante sous les formes les plus faciles et les plus nobles, les plus séduisantes et les plus naïves.

Delphine anime la conversation en mettant de l'intérêt à ce qu'elle dit, de l'intérêt à ce qu'elle entend; nulle prétention, nulle contrainte : elle cherche à plaire, mais elle ne veut y réussir qu'en développant ses qualités naturelles. Toutes les femmes que j'ai connues s'arrangeaient plus ou moins pour faire effet sur les autres : Delphine, elle seule, est tout à la fois assez fière et assez simple pour se croire d'autant plus aimable, qu'elle se livre davantage à montrer ce qu'elle éprouve.

Avec quel enthousiasme elle parle de la vertu! Elle l'aime comme la première beauté de la nature morale; elle respire ce qui est bien comme un air pur, comme le seul dans lequel son ame généreuse puisse vivre. Si l'étendue de son esprit lui donne de l'indépendance, son caractère a besoin d'appui; elle a dans le regard quelque chose de sensible et de tremblant, qui semble invoquer un secours contre les peines de la vie; et son ame n'est pas faite pour résister seule aux orages du sort. O mon ami! qu'il sera heureux celui qu'elle choisira pour protéger sa destinée, qu'elle élèvera jusqu'à elle, et qui la défendra de la méchanceté des hommes !

Vous le voyez, ce n'est point une impression légère que j'ai reçue : j'ai observé Delphine, je l'ai jugée, je la connais ; je ne suis plus libre. Je veux écrire à ma mère : promettez-moi seulement, mon cher Barton, de faire naître des incidents qui vous retiennent un mois à Mondoville.

P. S. Je reçois à l'instant une lettre d'Espagne, qui m'est assez pénible : ma mère me mande que madame du Marset, qui lui écrit souvent, comme vous le savez, l'a prévenue que mademoiselle de Vernon avait une cousine très spirituelle, mais singulièrement philosophe dans ses principes et dans sa conduite, enthousiaste des idées politiques actuelles, etc., et dont la société ne vaut rien pour moi. Ma mère me recommande de ne point me lier avec madame d'Albémar ; c'est une prévention absurde que je parviendrai sûrement à détruire. Cependant je suis indigné contre madame du Marset, et je saisirai la première occasion de le lui faire sentir.

LETTRE XXV.

Delphine à mademoiselle d'Albémar.

Ce 10 juin.

Il m'a parlé, ma chère, avec intérêt, avec intimité. Mon Dieu, combien je m'en suis sentie honorée ! Écoutez-moi, ce jour contient plus d'un événement qui peut hâter la décision de mon sort.

J'avais dîné chez madame de Vernon avec madame du Marset et son inséparable ami, M. de Fierville : je ne sais par quel hasard, à l'heure même où Léonce a coutume de venir chez madame de Vernon, elle mit la conversation sur les événements politiques. Madame du Marset se déchaîna contre ce qu'il y a de noble et de grand dans l'amour de la liberté, comme elle aurait pu le faire en parlant des malheurs que les révolutions entraînent: je la laissai dire pendant assez long-temps ; mais quelques plaisanteries de M. de Fierville, contre un Anglais qui combattait les absurdités de madame du Marset, m'impatientèrent. M. de Fierville vient toujours au secours de la déraison de son amie, en tournant en ridicule le sérieux que l'on peut mettre à quelque sujet que ce soit ; et il effraie ceux qui ne sont pas bien sûrs de leur esprit, en leur faisant entendre que quiconque n'est pas un moqueur est nécessairement un pédant. J'eus envie de secourir l'Anglais, nouvellement arrivé en France, que cette ruse intimidait; et j'entrai malgré moi dans la discussion.

Madame du Marset a retenu quelques phrases d'injures contre Rousseau, qu'on lui fait débiter quand on veut; madame de Vernon la provoqua, je lui répondis assez dédaigneusement. Madame du Marset, piquée, se retourna vers madame de Vernon, et lui lui dit : « Au reste, madame, quoi qu'en dise madame votre nièce, ce n'est pas une opinion si ridicule, que la mienne; madame de Mondoville, à qui j'écrivais encore hier sur tout ce qui se passe en France, est entièrement de mon avis. » En apprenant que madame du Marset écrivait à madame de Mondoville, l'idée me vint à l'instant qu'elle lui parlait peut-être de moi, qu'elle lui manderait peut-être la conversation même que nous venions d'avoir, et qu'elle me peindrait comme une insensée à madame de Mondoville, qui est singulièrement exagérée dans sa haine contre la révolution de France. J'éprouvai un tel saisissement par cette réflexion, qu'il me fut impossible de prononcer un mot de plus.

Madame du Marset me dit, avec ce rire qui caractérise tous les amours-propres dont la prétention est de feindre une assurance qu'ils n'ont pas : « Eh bien! madame, vous ne répondez rien? Aurais-je raison, par hasard? aurais-je réduit votre grand esprit au silence? » On annonça Léonce : quels vœux je faisais pour que cette fatale conversation ne recommençât pas! Mais madame de Vernon, impitoyablement, appelle M. de Mondoville, et lui dit : « Est-il vrai que madame votre mère déteste Rousseau? Madame d'Albémar, qui est très enthousiaste et de ses écrits et de ses idées politiques, les soutient contre madame du Marset, qui s'appuie du sentiment de madame votre mère. »

Je tremblais pendant ce discours, et j'attendais sans respirer la réponse de Léonce. Au nom de madame du Marset, il se retourna vers elle : je ne voyais pas son visage; mais il y avait dans l'attitude de sa tête quelque chose de méprisant pour madame du Marset, qui d'abord me rassura. Madame du Marset, qui avait en face d'elle le regard de Léonce, en fut sans doute troublée; car elle articula faiblement ces mots : « Oui, monsieur, madame votre mère est absolument de mon opinion; elle me l'a écrit plusieurs fois. — Je ne sais, madame, lui dit Léonce avec un son de voix que je ne lui connaissais pas, mais qui me pénétra de respect et de crainte ; je ne sais ce que vous écrit ma mère, mais je voudrais ignorer ce que vous lui répondez. — Laissons tout cela, dit assez vivement madame de Vernon, et allons nous promener dans mon jardin. »

Je desirais extrêmement avoir l'explication des paroles de Léonce ; j'espérais avec délices que sa colère venait de son intérêt pour moi, mais j'avais besoin qu'il me le dit lui-même. Je restai naturellement de quelques pas en arrière dans la promenade ; je crus remarquer un moment d'hésitation dans Léonce : cependant il prit une feuille sur le même arbre où j'en cueillais une, et je commençai alors la conversation.

« Ne vous dois-je pas quelques remerciments, lui dis-je, pour le secours que vous m'avez accordé ? — Je vous défendrai toujours avec bonheur, madame, me répondit-il, quand même je me permettrais de ne pas vous approuver. — Et quel tort avais-je donc ? lui dis-je avec assez d'émotion. — Pourquoi, belle Delphine, reprit-il, pourquoi soutenez-vous des opinions qui réveillent tant de passions haineuses, et contre lesquelles, peut-être avec raison, les personnes de votre classe ont un si grand éloignement ? » Pour la première fois, ma chère Louise, je me rappelai cette lettre à M. Barton, que j'avais entièrement oubliée depuis que je voyais Léonce : l'accent de sa voix, l'expression de sa figure, la retracèrent à ma mémoire ; et je répondis avec plus de froideur que je ne l'aurais fait peut-être sans ce souvenir. « Monsieur, lui dis-je, il ne convient point à une femme de prendre parti dans les débats politiques ; sa destinée la met à l'abri de tous les dangers qu'ils entraînent, et ses actions ne peuvent jamais donner de l'importance ni de la dignité à ses paroles ; mais si vous voulez connaître ce que je pense, je ne craindrai point de vous dire que, de tous les sentiments, l'amour de la liberté me paraît le plus digne d'un caractère généreux. — Vous ne m'avez pas compris, répondit Léonce avec un regard plus doux, et qui n'était pas sans mélange de quelque tristesse ; je n'ai pas entendu discuter avec vous des opinions sur lesquelles le caractère de ma mère, et, si vous le voulez, les préjugés et les mœurs du pays où j'ai été élevé, ne me permettent pas d'hésiter : je desirerais seulement savoir s'il est vrai que vous vous livriez souvent à témoigner votre sentiment à ce sujet, et si nul intérêt ne pourrait vous en détourner. Ces questions sont bien indiscrètes et bien inconvenables ; mais je vous crois cette intelligence supérieure qui pénètre jusqu'à l'intention, de quelques nuages qu'elle soit enveloppée : vous devez donc me pardonner. »

Ces derniers mots attirèrent toute ma confiance ; et, me laissant aller à ce mouvement, je lui dis avec assez de chaleur : « Je vous atteste, monsieur, que je n'ai jamais pris à ces opinions d'autre part que celle qui résulte de la conversation ; elle promène l'esprit sur tous les sujets, celui-là revient plus souvent maintenant, et j'ai quelquefois cédé à l'intérêt qu'il inspire ; mais si j'avais eu des amis qui attachassent le moindre prix à mon silence, ils l'auraient bien facilement obtenu. Comment une femme peut-elle être fortement dominée par des intérêts qui ne tiennent pas aux affections du cœur, ou qui n'y ramènent pas de quelque manière? Si mon frère, mon époux, mon ami, mon père jouaient un rôle dans les affaires publiques, alors toute mon ame pourrait s'y livrer ; mais des combinaisons qui sont pour moi purement abstraites me persuadent sans m'entraîner ; je suis libre, tristement libre de ma destinée : je n'ai plus de liens, personne n'exige rien de moi ; mes opinions n'influent sur le sort de personne ; mes paroles ont suivi mes pensées : il m'eût été plus doux de les taire, si, par ce léger sacrifice, j'avais pu faire quelque plaisir à quelqu'un. — Quoi! me dit-il avec un charme inexprimable, si vous aviez un ami qui desirât vous rapprocher de sa mère, qui craignît tout ce qui pourrait s'opposer à ce desir, vous céderiez à ses conseils? — Oui, lui répondis-je ; l'amitié vaut bien plus qu'une telle condescendance. »

Il prit ma main, et, après l'avoir portée à ses lèvres, avant de la quitter il la pressa sur son cœur. Ah! ce mouvement me parut le plus doux, le plus tendre de tous ; ce n'était point le simple hommage de la galanterie ; Léonce n'aurait point pressé ma main sur son noble cœur, s'il n'avait pas voulu l'engager pour témoin de ses affections. Nous nous quittâmes tous les deux alors, comme d'un commun accord ; je voulais conserver dans mon ame l'impression qu'elle venait d'éprouver, et je craignais un mot de plus, même de lui.

Nous gardâmes l'un et l'autre le silence pendant le reste de la soirée. Madame de Vernon me retint lorsque tout le monde fut parti ; je crus qu'elle allait m'interroger. Quoique j'eusse voulu retarder de quelques jours encore l'aveu que je ne pouvais taire, j'étais décidée à ne lui point cacher les sentiments qui m'agitaient ; mais elle parut ou les ignorer, ou vouloir en repousser la confidence ; peut-être, se servant d'un moyen plus cruel et plus délicat, croyait-elle enchaîner mon cœur par la sécurité même qu'elle me montrait. Elle s'applaudit du choix de Léonce pour sa fille, et m'associant à tout ce qu'elle disait, elle répéta plusieurs fois ces mots : « Nous avons assuré son bonheur ; nous avons... » Ah ! quel *nous*, dans ma situation ! Elle me rappela plusieurs fois que c'était à moi seule qu'elle devait l'établissement de sa fille ; elle me retraça tous les services que je lui avais rendus dans d'autres temps ; et, revenant à parler de Matilde, elle m'entretint des défauts de son caractère avec plus de confiance que jamais.

« Je le sais, me dit-elle, quoique sa beauté soit remarquable, jamais elle ne pourrait lutter avec avantage contre une femme qui chercherait à plaire ; elle ne s'apercevrait seulement pas des efforts qu'on ferait pour lui enlever celui qu'elle aimerait, et surtout elle ne saurait point le retenir. Si vous n'aviez point assuré son sort par de généreux sacrifices, personne ne l'aurait épousée par inclination ; elle ne devait pas se flatter de se marier jamais à un homme de la fortune et de l'éclat de Léonce. — Pourquoi, lui dis-je, un autre n'aurait-il pas réuni des avantages à peu près semblables ? Ce neveu de M. de Fierville auquel vous aviez pensé... — Je ne connaissais pas Léonce alors, interrompit-elle ; comment une mère pourrait-elle comparer ces deux hommes, lorsqu'il s'agit du bonheur de sa fille ? D'ailleurs le neveu de M. de Fierville a perdu son procès, qu'il avait d'abord gagné ; il n'a plus rien ; la succession de M. de Vernon doit une somme très forte à madame de Mondoville ; et comme je ne puis la payer sans ce mariage, je serais ruinée s'il manquait. Ne cherchez point à diminuer, ma chère, le service que vous me rendez ; il est immense, et tout le bonheur de ma vie en dépend. »

Je me jetai dans les bras de madame de Vernon ; j'allais parler, mais elle m'interrompit précipitamment, pour me dire que son homme d'affaires lui avait apporté, le matin, l'acte de donation de la terre d'Andelys, parfaitement rédigé comme nous en étions convenues, et qu'elle me priait de le signer, pour que tout fût en règle avant de dresser le contrat de Léonce et de Matilde. A ce mot, je sentis mon sang se glacer ; mais un mouvement presque aussi rapide succédant au premier, j'eus honte d'avouer mon secret à madame de Vernon, dans le moment même où j'allais m'engager au don que j'avais promis, et je craignis de m'exposer ainsi à ce qu'il fût refusé.

Je me levai donc pour la suivre dans son cabinet : en passant devant une glace, je fus frappée de ma pâleur, et je m'arrêtai quelques instants ; mais enfin je triomphai de moi ; je pris la plume et je signai avec une grande promptitude, car j'avais extrêmement peur de me trahir ; et, malgré tous mes efforts, je ne conçois pas encore comment madame de Vernon ne s'est pas aperçue de mon trouble. Je sortis presque à l'instant même ; je voulais être seule, pour penser à ce que j'avais fait ; madame de Vernon ne me retint pas, et ne prononça pas un seul mot d'inquiétude sur mon agitation.

Rentrée chez moi, je tremblais, j'éprouvais une terreur secrète, comme si j'avais mis une barrière insurmontable entre Léonce et moi : je réfléchis cependant que la terre que je venais d'assigner à Matilde servirait également à faciliter un autre mariage, si l'on pouvait l'amener à y consentir. Un autre mariage! Ah! puis-je me dissimuler que rien au monde ne consolera jamais personne de la perte de Léonce? Quel art madame de Vernon n'a-t-elle pas employé pour entourer mon cœur par ces liens de délicatesse et de sensibilité qui vous saisissent de partout! Combien elle serait étonnée si je ne répondais pas à sa confiance! elle a l'air de repousser bien loin d'elle cette crainte. Ah! si du moins elle voulait me soupçonner! Mais rien, rien ne peut l'y engager ; il faudra lui parler, il le faudra, j'y suis résolue ; dussé-je tout sacrifier, elle ne doit pas ignorer ce qu'il m'en coûte. Mais ce premier mot qui dira tout, que de douleur j'éprouverai pour le prononcer!

LETTRE XXVI.

Delphine à mademoiselle d'Albémar.

Ce 20 juin.

Vous êtes bien dangereuse pour moi, ma chère Louise ; je vous conjure de me fortifier dans mes cruels combats, et vous m'écrivez une lettre dans laquelle vous rassemblez tous les motifs que mon cœur pourrait me suggérer pour me livrer aux sentiments que j'éprouve. Vous voulez me persuader que Matilde ne sera point malheureuse de la perte de Léonce ; vous me rappelez que madame de Vernon était disposée à s'occuper d'un autre choix, lorsque la vie de Léonce était en danger ; vous prétendez que j'ai fait assez pour mon amie en lui prêtant une fois quarante mille livres, et en assurant, par mes dons, la fortune de sa fille : mais vous n'aimez pas madame de Vernon ; mais vous ne sentez pas combien l'affection que je lui ai témoignée, le goût vif que j'ai toujours eu pour son esprit et pour son caractère, me rendraient douloureux ce qui pourrait lui déplaire. Je l'aime depuis l'âge de quinze ans, je lui dois les moments les plus agréables de ma vie ; tout ce qui tient à elle ébranle fortement mon ame : je me suis accoutumée à croire que son bonheur importait plus que le mien ; il me semblait que mon ame orageuse n'était destinée qu'à souffrir ; mais je me flattais du moins que je préserverais de toutes les peines l'être doux et paisible qui se confiait à mon amitié. Je vais perdre six années d'affections et de souvenirs, pour ce sentiment nouveau qui peut-être sera brisé par le caractère de Léonce ; je crains déjà même que vous n'en soyez convaincue par ce que je vais vous dire.

Thérèse était hier plus tourmentée que jamais : on a commencé à mettre dans la tête de M. d'Ervins que les opinions politiques de M. de Serbellane étaient très dangereuses, et qu'il ne convenait pas à un défenseur de la cour de voir souvent un tel homme. Il le reçoit donc beaucoup plus froidement, et ne l'invite presque plus : Thérèse en est au désespoir, et voulait m'engager à avoir chez moi tous les jours M. de Serbellane avec elle ; je m'y suis refusée ; je ne puis protéger une liaison contraire à ses devoirs : je lui donnerai tous les soins qui peuvent consoler son cœur, mais si les circonstances la ramènent dans la route de la morale, je ne repousserai point le secours que la Providence lui donne. Elle a écouté mon refus avec douceur, en me rappelant seulement la promesse que je lui avais faite, si M. de Serbellane était obligé de partir : je l'ai confirmée, cette promesse ; j'avais quelque embarras de m'être montrée si sévère ; hélas! en ai-je encore le droit? Thérèse se livra bientôt après à me peindre tous les sentiments de douleur qui l'agitaient : elle ne savait pas combien elle me faisait mal ; je lui disais à voix basse quelques mots de calme et de raison, mais j'étais prête à me jeter dans ses bras, à confondre ma douleur avec la sienne, à me livrer avec elle à l'expression du sentiment dont je voulais la défendre ; je me retins cependant, je le devais ; il faut que je la soutienne encore de ma main mal assurée.

Cette après-midi, M. de Serbellane est venu me voir ; il m'a parlé de Thérèse, et ce n'est jamais sans attendrissement que je retrouve en lui le touchant mélange d'une protection fraternelle et de la délicatesse de l'amour. Il avait encore quelques détails essentiels à me dire; l'heure me pressait pour me rendre au concert que donnait madame de Vernon; il me proposa de m'accompagner : il m'est arrivé plusieurs fois de faire des visites avec M. de Serbellane. Vous savez que je ne consens point à me gêner pour ces prétendues convenances de société auxquelles on s'astreint si facilement, quand on a véritablement intérêt à dissimuler sa conduite; mais il me vint dans l'esprit que je pourrais déplaire à Léonce en arrivant avec un jeune homme, et j'hésitais à répondre. M. de Serbellane le remarqua, et me dit : « Est-ce que vous ne voulez pas que j'aille avec vous? » J'étais honteuse de mon embarras; je ne savais que faire de cette apparence de pruderie qui convient si mal à un caractère naturel; et, ne pouvant ni dire la vérité, ni me résoudre à me laisser soupçonner d'affectation, j'acceptai la main que m'offrait M. de Serbellane, et nous partîmes ensemble.

J'espérais que Léonce ne serait point encore chez madame de Vernon; il y était déjà : je reconnus en entrant sa voiture dans la cour; un des amis de M. de Serbellane le retint sur l'escalier : je le précédai d'un demi-quart d'heure, et je croyais avoir évité ce que je redoutais; mais au moment où M. de Serbellane entra, madame de Vernon (je ne sais par quel hasard) lui demanda tout haut si nous n'étions pas venus ensemble; il répondit fort simplement que oui. A ce mot Léonce tressaillit, il regarda tour-à-tour M. de Serbellane et moi avec l'expression la plus amère, et je ne sus pendant un moment si je n'avais pas tout à craindre. M. de Serbellane remarqua, j'en suis sûre, la colère de Léonce; mais voulant me ménager, il s'assit négligemment à côté d'une femme dont il ne cessa pas d'avoir l'air fort occupé.

Léonce alla se placer à l'extrémité de la salle, et me regarda d'abord avec un air de dédain : j'étais profondément irritée ; et ce mouvement se serait soutenu, si tout-à-coup une pâleur mortelle, couvrant son visage, ne m'avait rappelé l'état où il était quand je le vis pour la première fois. Le souvenir d'une impression si profonde l'emporta bientôt malgré moi sur mon ressentiment. Léonce s'aperçut que je le regardais, il détourna la tête, et parut faire un effort sur lui-même pour se relever et reprendre à la vie.

Matilde chanta bien, mais froidement; Léonce ne l'applaudit

point ; le concert continua sans qu'il eût l'air de l'entendre, et sans que l'expression sévère et sombre de son visage s'adoucît un instant. J'étais accablée de tristesse. Votre lettre, je l'avoue, avait un peu affaibli l'idée que je me faisais des obstacles qui me séparaient de Léonce : j'étais arrivée avec cette douce pensée ; et Léonce, en me présentant tous les inconvénients de son caractère, semblait élever de nouvelles barrières entre nous. Peut-être était-il jaloux, peut-être blâmait-il, de toute la hauteur de ses préjugés à cet égard, une conduite qu'il trouvait légère ; l'un et l'autre pouvait être vrai : je ne savais comment parvenir à m'expliquer avec lui.

Le concert fini, tout le monde se leva ; j'essayai deux fois de parler à ceux qui étaient près de Léonce ; deux fois il quitta la conversation dont je m'étais mêlée, et s'éloigna pour m'éviter. Mon indignation m'avait reprise, et je me préparais à partir, lorsque madame de Vernon dit à quelques femmes qui restaient, qu'elle les invitait au bal qu'elle donnerait à sa fille jeudi prochain, pour la convalescence de M. de Mondoville. Jugez de l'effet que produisirent sur moi ces derniers mots ; je crus que c'était la fête de la noce ; que Léonce s'était expliqué positivement ; que le jour était fixé : je fus obligée de m'appuyer sur une chaise, et je me sentis prête à m'évanouir. Léonce me regarda fixement, et, levant les yeux tout-à-coup avec une sorte de transport, il s'avança au milieu du cercle, et prononça ces paroles avec l'accent le plus vif et le plus distinct : « On s'étonnerait, je pense, dit-il, de la bonté que madame de Vernon me témoigne, si l'on ne savait pas que ma mère est son intime amie, et qu'à ce titre elle veut bien s'intéresser à moi. » Quand ces mots furent achevés, je respirai, je le compris ; tout fut réparé. Madame de Vernon dit alors en souriant, avec sa grace et sa présence d'esprit accoutumées : « Puisque M. de Mondoville ne veut pas de mon intérêt pour lui-même, je dirai qu'il le doit tout entier à sa mère ; mais je persiste dans l'invitation du bal. »

La société se dispersa ; il ne resta pour le souper que quelques personnes. Le neveu de madame du Marset, qui a une assez jolie voix, me demanda de chanter avec Matilde et lui ce trio de Didon que votre frère aimait tant : je refusais ; Léonce dit un mot, j'acceptai. Matilde se mit au piano avec assez de complaisance : elle a pris plus de douceur dans les manières depuis qu'elle voit Léonce, sans qu'il y ait d'ailleurs en elle aucun autre changement. On me chargea du rôle de Didon; Léonce s'assit presque en face de nous, s'appuyant sur le piano : je pouvais à peine articuler les premiers sons; mais en regardant Léonce, je crus voir que son visage avait repris son expression naturelle, et toutes mes forces se ranimèrent, lorsque je vins à ces paroles sur une mélodie si touchante :

> Tu sais si mon cœur est sensible ;
> Épargne-le, s'il est possible :
> Veux-tu m'accabler de douleur ?

La beauté de cet air, l'ébranlement de mon cœur, donnèrent, je le crois, à mon accent toute l'émotion, toute la vérité de la situation même. Léonce, mon cher Léonce, laissa tomber sa tête sur le piano : j'entendais sa respiration agitée, et quelquefois il relevait, pour me regarder, son visage baigné de larmes. Jamais, jamais je ne me suis sentie tellement au-dessus de moi-même; je découvrais dans la musique, dans la poésie, des charmes, une puissance qui m'étaient inconnus : il me semblait que l'enchantement des beaux-arts s'emparait pour la première fois de mon être, et j'éprouvais un enthousiasme, une élévation d'ame dont l'amour était la première cause, mais qui était plus pure encore que l'amour même.

L'air fini, Léonce, hors de lui-même, descendit dans le jardin pour cacher son trouble. Il y resta long-temps, je m'en inquiétais; personne ne parlait de lui; je n'osais pas commencer; il me semblait que prononcer son nom c'était me trahir. Heureusement il prit au neveu de madame du Marset l'envie de nous faire remarquer ses connaissances en astronomie; il s'avança vers la terrasse pour nous démontrer les étoiles, et je le suivis avec bien du zèle. Léonce revint, il me saisit la main sans être aperçu, et me dit avec une émotion profonde :

« Non, vous n'aimez pas M. de Serbellane; ce n'est pas pour lui que vous avez chanté, ce n'est pas lui que vous avez regardé. — Non, sans doute, m'écriai-je; j'en atteste le ciel et mon cœur ! » Madame de Vernon nous interrompit aussitôt; je ne sus pas si elle avait entendu ce que je disais, mais j'étais résolue à lui tout avouer; je ne craignais plus rien.

On rentra dans le salon; Léonce était d'une gaieté extraordinaire; jamais je ne lui avais vu tant de liberté d'esprit; il était impossible de ne pas reconnaître en lui la joie d'un homme échappé à une grande peine. Sa disposition devint la mienne; nous inventâmes mille jeux, nous avions l'un et l'autre un sentiment intérieur de contentement qui avait besoin de se répandre. Il me fit indirectement quelques épigrammes aimables sur ce qu'il appelait ma philosophie, l'indépendance de ma conduite, mon mépris pour les usages de la société; mais il était heureux, mais il s'établissait entre nous cette douce familiarité, la preuve la plus intime des affections de l'ame; il me sembla que nous nous étions expliqués, que tous les obstacles étaient levés, tous les serments prononcés; et cependant je ne connaissais rien de ses projets, nous n'avions pas encore eu un quart d'heure de conversation ensemble; mais j'étais sûre qu'il m'aimait, et rien alors dans le monde ne me paraissait incertain.

Je m'approchai de madame de Vernon, et je lui demandai le soir même une heure d'entretien; elle me refusa, en se disant malade : je proposai le lendemain, elle me pria de renvoyer après le bal ce que je pouvais avoir à lui dire; elle m'assura que jusqu'à ce jour elle n'aurait pas un moment de libre. Je m'y soumis, quoiqu'il me fût aisé d'apercevoir qu'elle cherchait des prétextes pour éloigner cette conversation. Soit qu'elle en devine ou non le sujet, ma résolution est prise, je lui parlerai; quand elle saura tout, quand je lui aurai offert de quitter Paris, d'aller m'enfermer dans une retraite pour le reste de mes jours, afin d'y conserver sans crime le souvenir de Léonce, elle prononcera sur mon sort, je l'en ferai l'arbitre; et, quel que soit le parti qu'elle prenne, je n'aurai plus du moins à rougir devant elle. Ma chère Louise, je goûte quelque calme depuis que je n'hésite plus sur la conduite que je dois suivre.

LETTRE XXVII.

Léonce à M. Barton.

Paris, ce 29 juin.

Mon sort est décidé, mon cher maître, jamais un autre objet que Delphine n'aura d'empire sur mon cœur : hier au bal, hier elle s'est presque compromise pour moi. Ah! que je la remercie de m'avoir donné des devoirs envers elle! je n'ai plus de doutes, plus d'incertitudes; il ne s'agit plus que d'exécuter ma résolution, et je ne vous consulte que sur les moyens d'y parvenir.

Je serai le 4 juillet à Mondoville; nous concerterons ensemble ce qu'il faut écrire à ma mère. Madame de Vernon ne m'a pas encore dit un mot du mariage projeté. A mon retour de Mondoville, je lui parlerai le premier : c'est une femme d'esprit, elle est amie de Delphine; dès qu'elle sera bien assurée de ma résolution, elle la servira. Je ne craignais que la force des engagements contractés; ma mère a évité de me répondre sur ce sujet; il faut qu'elle n'y croie pas son honneur intéressé; elle n'aurait pas tardé d'un jour à me donner un ordre impérieux, si elle avait cru sa délicatesse compromise par ma désobéissance. Elle n'insiste dans ses lettres que sur les prétendus défauts de madame d'Albémar : on lui a persuadé qu'elle était légère, imprudente; qu'elle compromettait sans cesse sa réputation, et ne manquait pas une occasion d'exprimer les opinions les plus contraires à celles qu'on doit chérir et respecter. C'est à vous, mon cher Barton, de faire connaître madame d'Albémar à ma mère; elle vous croira plus que moi.

Sans doute Delphine se fie trop à ses qualités naturelles, et ne s'occupe pas assez de l'impression que sa conduite peut produire sur les autres. Elle a besoin de diriger son esprit vers la connaissance du monde, et de se garantir de son indifférence pour cette opinion publique, sur laquelle les hommes médiocres ont au moins autant d'influence que les hommes supérieurs. Il est possible que nous ayons des défauts entièrement opposés : eh bien ! à présent je crois que notre bonheur et nos vertus s'accroîtront par cette différence même; elle soumettra, j'en suis sûr, ses actions à mes desirs, et sa manière de penser affranchira peut-être la mienne : elle calmera du moins cette ardente susceptibilité qui m'a déjà fait beaucoup souffrir. Mon ami, tout est bien, tout est bien, si je suis son époux.

Hier enfin... Mais comment vous raconter ce jour? c'est replonger une ame dans le trouble qui l'égare. Quel sentiment que l'amour ! quelle autre vie dans la vie ! Il y a dans mon cœur des souvenirs, des pensées si vives de bonheur, que je jouis d'exister chaque fois que je respire. Ah! que mon ennemi m'aurait fait mal en me tuant ! Ma blessure m'inquiète à présent : il m'arrive de craindre qu'elle ne se rouvre; des mouvements si passionnés m'agitent, que j'éprouve, le croiriez-vous? la peur de mourir avant demain, avant une heure, avant l'instant où je dois la revoir.

Ne pensez pas, cependant, que je vous exprime l'amour d'un jeune homme, l'amour qu'un sage ami devrait blâmer. Quoique vous vous soyez imposé de ne point contrarier les vues de ma mère, vous desirez qu'elle préfère madame d'Albémar à Matilde. Oui, mon cher maître, votre raison est d'accord avec le choix de votre élève; ne vous en défendez pas. Ah! si vous saviez combien vous m'en êtes plus cher!

J'avais reçu, avant d'aller au bal de madame de Vernon, une réponse de vous sur M. de Serbellane. Vous conveniez que c'était l'homme que madame d'Albémar vous avait toujours paru distinguer le plus; et, quoique vous cherchassiez à calmer mon inquiétude, votre lettre l'avait ranimée. J'arrivai donc au bal de madame de Vernon avec une disposition assez triste; Matilde s'était parée d'un habit à l'espagnole, qui relevait singulièrement la beauté de sa taille et de sa figure: elle ne m'a jamais témoigné de préférence, mais je crus voir une intention aimable pour moi dans le choix de cet habit: je voulus lui parler, et je m'assis près d'elle, après l'avoir engagée à se rapprocher de la porte d'entrée, vers laquelle je retournais sans cesse la tête. J'étais si vivement ému par l'impatience de voir arriver Delphine, que je ne pouvais pas même suivre avec Matilde cette conversation de bal, si facile à conduire.

Tout-à-coup je sentis un air embaumé; je reconnus le parfum des fleurs que Delphine a coutume de porter, et je tressaillis; elle entra sans me voir: je n'allai pas à l'instant vers elle; je goûtai d'abord le plaisir de la savoir dans le même lieu que moi. Je ménageai avec volupté les délices de la plus heureuse journée de ma vie: je laissai Delphine faire le tour du bal avant de m'approcher d'elle; je remarquai seulement qu'elle cherchait quelqu'un encore, quoique tout le monde se fût empressé de l'entourer. Elle était vêtue d'une simple robe blanche, et ses beaux cheveux étaient rattachés ensemble sans aucun ornement, mais avec une grace et une variété tout-à-fait inimitables. Ah! qu'en la regardant j'étais ingrat pour la parure de Matilde! c'était celle de Delphine qu'il fallait choisir. Que me font les souvenirs de l'Espagne? Je ne me rappelle rien, que depuis le jour où j'ai vu madame d'Albémar.

Elle me reconnut dans l'embrasure d'une fenêtre, où j'avais été me placer pour la regarder. Elle eut un mouvement de joie que je ne perdis point. Bientôt après elle aperçut Matilde, et son costume la frappa tellement, qu'elle resta debout devant elle, rêveuse, distraite, et sans lui parler. Une jeune et jolie Italienne, qu'on nomme madame d'Ervins, aborda Delphine, et la pria de la suivre dans le salon à côté. Delphine hésitait, et j'en suis sûr, pour me parler; cependant madame d'Ervins eut l'air affligée de sa résistance, et Delphine n'hésita plus.

Cet entretien avec madame d'Ervins fut assez long, et je le souffrais impatiemment, lorsque Delphine revint à moi, et me dit : « Il est peut-être bien ridicule de vous rendre compte de mes actions sans savoir si vous vous y intéressez; enfin, dussiez-vous trouver cette démarche imprudente, vous penserez de mon caractère ce que vous en pensez peut-être déja, mais vous ne concevrez pas du moins sur moi des soupçons injustes. Un intérêt, qu'il m'est interdit de vous confier, me force à causer quelques instants seule avec M. de Serbellane : cet intérêt est le plus étranger du monde à mes affections personnelles; je connaîtrais bien mal Léonce, s'il pouvait se méprendre à l'accent de la vérité, et si je n'étais pas sûre de le convaincre, quand j'atteste son estime pour moi, de la sincérité de mes paroles. » La dignité et la simplicité de ce discours me firent une impression profonde. Ah! Delphine, quelle serait votre perfidie, si vous faisiez servir au mensonge tant de charmes qui ne semblent créés que pour rendre plus aimables encore les premiers mouvements, les affections involontaires, pour réunir enfin dans une même femme les graces élégantes du monde à toute la simplicité des sentiments naturels!

Quand la conversation de madame d'Albémar avec M. de Serbellane fut terminée, elle revint dans le bal; et M. d'Orsan, ce neveu de madame du Marset, qui a toujours besoin d'occuper de ses talents, parcequ'ils lui tiennent lieu d'esprit, pria Delphine de danser une polonaise qu'un Russe leur avait apprise à tous les deux, et dont on était très curieux dans le bal. Delphine fut comme forcée de céder à son importunité, mais il y avait quelque chose de bien aimable dans les regards qu'elle m'adressa; elle se plaignait à moi de l'ennui que lui causait M. d'Orsan : notre intelligence s'était établie d'elle-même; son sourire m'associait à ses observations doucement malicieuses.

Les hommes et les femmes montèrent sur les bancs pour voir danser Delphine; je sentis mon cœur battre avec une grande violence quand tous les yeux se tournèrent sur elle : je souffrais de l'accord même de toutes ces pensées avec la mienne; j'eusse été plus heureux si je l'avais regardée seul.

Jamais la grace et la beauté n'ont produit sur une assemblée nombreuse un effet plus extraordinaire ; cette danse étrangère a un charme dont rien de ce que nous avons vu ne peut donner l'idée : c'est un mélange d'indolence et de vivacité, de mélancolie et de gaieté tout-à-fait asiatique. Quelquefois, quand l'air devenait plus doux, Delphine marchait quelques pas la tête penchée, les bras croisés, comme si quelques souvenirs, quelques regrets étaient venus se mêler soudain à tout l'éclat d'une fête ; mais bientôt, reprenant la danse vive et légère, elle s'entourait d'un châle indien, qui, dessinant sa taille et retombant avec ses longs cheveux, faisait de toute sa personne un tableau ravissant.

Cette danse expressive, et pour ainsi dire inspirée, exerce sur l'imagination un grand pouvoir ; elle vous retrace les idées et les sensations poétiques que, sous le ciel de l'Orient, les plus beaux vers peuvent à peine décrire.

Quand Delphine eut cessé de danser, de si vifs applaudissements se firent entendre, qu'on put croire pour un moment tous les hommes amoureux et toutes les femmes subjuguées.

Quoique je sois encore faible, et qu'on m'ait défendu tout exercice qui pourrait enflammer le sang, je ne sus pas résister au désir de danser une anglaise avec Delphine ; il s'en formait une de toute la longueur de la galerie ; je demandai à madame d'Albémar de la descendre avec moi. « Le pouvez-vous, me répondit-elle, sans risquer de vous faire mal ? — Ne craignez rien pour moi, répondis-je ; je tiendrai votre main. » La danse commença, et plusieurs fois mes bras serrèrent cette taille souple et légère qui enchantait mes regards : une fois, en tournant avec Delphine, je sentis son cœur battre sous ma main : ce cœur, que toutes les puissances divines ont doué, s'animait-il pour moi d'une émotion plus tendre ?

J'étais si heureux, si transporté, que je voulus recommencer encore une fois la même contredanse. La musique était ravissante ; deux harpes mélodieuses accompagnaient les instruments à vent, et jouaient un air à la fois vif et sensible : la danse de Delphine prenait par degrés un caractère plus animé, ses regards s'attachaient sur moi avec plus d'expression ; quand les figures de la danse nous ramenaient l'un vers l'autre, il me semblait que ses bras s'ouvraient presque involontairement pour me rappeler, et que, malgré sa légèreté parfaite, elle se plaisait souvent à s'appuyer sur moi. Les délices dont je m'enivrais me firent oublier que ma blessure n'était pas parfaitement guérie : comme nous étions arrivés au dernier couple qui terminait le rang, j'éprouvai tout-à-coup un sentiment de faiblesse qui faisait fléchir mes genoux; j'attirai Delphine, par un dernier effort, encore plus près de moi, et je lui dis à voix basse : « Delphine, Delphine, si je mourais ainsi, me trouveriez-vous à plaindre ? — Mon Dieu, interrompit-elle d'une voix émue, mon Dieu! qu'avez-vous? » L'altération de mon visage la frappa : nous étions arrivés à la fin de la danse ; je m'appuyai contre la cheminée, et je portai, sans y penser, la main sur ma blessure, qui me faisait beaucoup souffrir. Delphine ne fut plus maîtresse de son trouble, et s'y livra tellement, qu'à travers ma faiblesse je vis que tous les regards se fixaient sur elle : la crainte de la compromettre me redonna des forces, et je voulus passer dans la chambre voisine de celle où l'on dansait. Il y avait quelques pas à faire : Delphine, n'observant que l'état où j'étais, traversa toute la salle sans saluer personne, me suivit, et, me voyant chanceler en marchant, s'approcha de moi pour me soutenir : j'eus beau lui répéter que j'allais mieux, qu'en respirant l'air je serais guéri ; elle ne songeait qu'à mon danger, et laissa voir à tout le monde l'excès de sa peine et la vivacité de son intérêt.

O Delphine ! dans ce moment, comme au pied de l'autel, j'ai juré d'être ton époux : j'ai reçu ta foi, j'ai reçu le dépôt de ton innocente destinée, lorsqu'un nuage s'est élevé sur ta réputation à cause de moi!

Quand je fus près d'une fenêtre, je me remis entièrement; alors Delphine, se rappelant ce qui venait de se passer, me dit, les larmes aux yeux : « Je viens d'avoir la conduite du monde la plus extraordinaire ; votre imprudence, en persistant à danser, a mis mon cœur à cette cruelle épreuve. Léonce, Léonce, aviez-vous besoin de me faire souffrir pour me deviner ? — Pourriez-vous me soupçonner, lui dis-je, d'exposer volontairement aux regards des autres ce que j'ose à peine recueillir avec respect, avec amour, dans mon cœur? Mais si vous redoutez le blâme de la société, je saurai bientôt.... — Le blâme de la société, interrompit-elle avec une expression d'insouciance singulièrement piquante, je ne le crains pas ; mais mon secret sera connu avant que je l'aie confié à l'amitié, et vous ne savez pas combien cette conduite me rend coupable! » Elle allait continuer, lorsque nous entendîmes du bruit dans le salon, et le nom de madame d'Ervins plusieurs fois répété. Delphine me quitta précipitamment, pour demander la cause de l'agitation de la société. « Madame d'Ervins, lui répondit M. de Fierville, vient de tomber sans connaissance; et on l'emporte dans sa voiture, par ordre de M. d'Ervins : il ne veut pas qu'elle reçoive des secours ailleurs que chez elle. »

A peine Delphine eut-elle entendu ces dernières paroles, qu'elle s'élança sur l'escalier, atteignit M. d'Ervins, monta dans sa voiture sans rien lui dire, et partit à l'instant même : c'est tout ce que je pus apercevoir. Le mouvement rapide d'une bonté passionnée l'entraînait. Elle me laissa seul au milieu de cette fête, que je ne reconnaissais plus. Je cherchais en vain les plaisirs qui se confondaient dans mon ame avec l'amour; mais j'étais pénétré de cette émotion tendre, et néanmoins sérieuse, qui remplit le cœur d'un honnête homme, lorsqu'il a donné sa vie, lorsqu'il s'est chargé du bonheur de celle d'un autre.

Je ne sais si j'abuse de votre amitié en vous confiant les sentiments que j'éprouve; mais pourquoi la gravité de votre âge et de votre caractère me défendrait-elle de vous peindre ce pur amour qui me guide dans le choix de la compagne de ma vie? Mon cher maître, ils vous seront doux les récits du bonheur de votre élève ! s'ils vous rappellent votre jeunesse, ce sera sans amertume, car tous vos souvenirs tiennent à la même pensée; ils se rattachent tous à la vertu.

J'attendrai, pour m'expliquer entièrement avec madame d'Albémar, que j'aie reçu la réponse de ma mère. Dans quelques jours je serai près de vous à Mondoville, puisque vous y avez besoin de moi. Je veux que nous écrivions ensemble à ma mère, de ce lieu même où elle a passé les premières années de son mariage et de mon enfance ; ces souvenirs la disposeront à m'être favorable.

LETTRE XXVIII.

Madame de Vernon à M. de Clarimin.

Paris, ce 30 juin 1790.

On vous a mandé que M. de Mondoville était très occupé de madame d'Albémar, et qu'il paraissait la préférer à ma fille; vous en avez conclu que le mariage que j'ai projeté n'aurait pas lieu. Vous devriez avoir cependant un peu plus de confiance dans l'esprit que vous me connaissez. Je suis témoin de tout ce qui se passe; Léonce et Delphine n'ont pas un seul mouvement que je n'aperçoive, et vous imaginez que je ne saurai pas prévenir à temps cette liaison, qui renverserait tous mes projets de bonheur et de fortune!

J'ai fait quelquefois usage de mon adresse pour de très légers intérêts; aujourd'hui c'est mon devoir de protéger ma fille, et je n'y réussirais pas! Vous me dites que madame d'Albémar me cache son affection pour Léonce. Mon Dieu! je vous assure que j'aurai sa confiance quand je le voudrai; je ne suis occupée qu'à une chose, c'est à l'éviter; car elle m'engagerait, et il me plaît de rester libre.

Les caractères de Léonce et de Delphine ne se conviennent point; Léonce est orgueilleux comme un Espagnol, épris de la considération presque autant que de Delphine, aimable, très aimable; mais il faut les séparer pour leur intérêt à tous les deux. L'occasion s'en présentera; il ne faut que du temps; et je défie bien Léonce et Delphine de presser les événements que j'ai résolu de ralentir. Personne ne sait mieux que moi faire usage de l'indolence : elle me sert à déjouer naturellement l'activité des autres. Je veux le mariage de Léonce et de Matilde. Je ne me suis pas donné la peine de vouloir quatre fois en ma vie; mais quand j'ai tant fait que de prendre cette fatigue, rien ne me détourne de mon but, et je l'atteins; comptez-y.

Je vous remercie de l'intérêt que vous me témoignez; mais quand il y va du sort de ma fille, de ma ruine ou de mon aisance, de tout enfin pour moi, pensez-vous que je puisse rien négliger? Je me garde bien cependant d'agir, dans un grand intérêt, avec plus de vivacité que dans un petit; car ce qui arrange tout, c'est la patience et le secret. Adieu donc, mon Clarimin; comme j'espère vous voir à Paris dans peu de temps, je vous y invite pour les noces de ma fille.

LETTRE XXIX.

Delphine à mademoiselle d'Albémar.

Ce 2 juillet.

Thérèse est perdue, ma chère Louise, et je ne sais à quel parti m'arrêter pour adoucir sa cruelle situation. J'entrevoyais quelque espoir pour mon bonheur, il y a deux jours, à la fête de madame de Vernon; Léonce et moi, nous nous étions presque expliqués; mais depuis le malheur arrivé à Thérèse, je suis tellement émue, que j'ai laissé passer deux soirées sans oser aller chez madame de Vernon. Léonce aurait remarqué ma tristesse, et je n'aurais pu lui en avouer la cause. S'il est un devoir sacré pour moi, c'est celui de garder inviolablement le secret de mon amie; et comment ne pas se laisser pénétrer par ce qu'on aime? Je ne sais donc rien de Léonce, et madame d'Ervins occupe seule tous mes moments.

Madame du Marset, cette cruelle ennemie de tous les sentiments qu'elle ne peut plus inspirer ni ressentir, a connu M. d'Ervins à Paris il y a quinze ans, avant qu'il eût épousé Thérèse. Avant-hier, au bal, madame du Marset, placée à côté de lui, n'a cessé de lui parler bas, pendant que Thérèse dansait avec M. de Serbellane. Je ne crois point que madame du Marset ait été capable d'exciter positivement les soupçons de M. d'Ervins; les caractères les plus méchants ne veulent pas s'avouer qu'ils le sont, et se réservent toujours quelques moyens d'excuses vis-à-vis des autres et d'eux-mêmes; mais j'ai cru reconnaître, par quelques mots échappés à la fureur de M. d'Ervins, que madame du Marset, en apprenant que M. de Serbellane avait passé six mois dans son château avec sa femme, s'était moquée du rôle ridicule qu'il devait avoir joué en tiers avec deux jeunes gens, et, de tous les mots qu'elle pouvait choisir, le plus perfide était celui de *ridicule*; depuis, M. d'Ervins l'a répété sans cesse dans sa fureur, et quand elle s'apaisait, il lui suffisait de se le prononcer à lui-même pour qu'elle recommençât plus violente que jamais.

Je passai devant M. d'Ervins quelques moments après sa conversation avec madame du Marset, et je fus frappée de son air sérieux : comme je ne connais rien de profond en lui que son amour-propre, je ne doutai pas qu'il ne fût offensé de quelque manière. Thérèse me fit part des mêmes observations; et cependant, soit, comme elle me l'a dit depuis, qu'un sentiment funeste l'agitât, soit que cette fête, nouvelle pour elle, l'étourdît, et lui ôtât le pouvoir de réfléchir, son occupation de M. de Serbellane n'était que trop remarquable pour des regards attentifs. M. d'Ervins affecta de s'éloigner d'elle; mais j'aperçus clairement qu'il ne la perdait pas de vue : j'en avertis M. de Serbellane; je comptais sur sa prudence : en effet, il évita constamment de parler à Thérèse. Si je n'avais pas quitté madame d'Ervins alors, peut-être aurais-je calmé le trouble où la jetait l'apparente froideur de M. de Serbellane : elle en savait la cause, et cependant elle ne pouvait en supporter la vue. Entièrement occupée de Léonce, le reste de la soirée j'oubliai madame d'Ervins : c'est à cette faute, hélas! qu'est peut-être due son infortune.

Je parlais encore à Léonce, lorsque j'appris subitement qu'on emportait madame d'Ervins sans connaissance; je courus après son mari qui la suivait, je montai dans sa voiture presque malgré lui, et je pris dans mes bras la pauvre Thérèse, qui était tombée dans un évanouissement si profond, qu'elle ne donnait plus un signe de vie. « Grand Dieu! dis-je à M. d'Ervins, qui l'a mise en cet état? — Sa conscience, madame, me répondit-il, sa conscience! » Et il me raconta alors ce qui s'était passé, avec un tremblement de colère dans lequel il n'entrait pas un seul sentiment de pitié pour cette charmante figure mourant devant ses yeux.

Placé derrière une porte au moment où sa femme passait d'une chambre à l'autre, il l'avait entendue faire à M. de Serbellane des reproches dont l'expression supposait une liaison intime : il s'était avancé alors, et prenant la main de sa femme, il lui avait dit à voix basse, mais avec fureur : « Regardez-le, ce perfide étranger; regardez-le, car jamais vous ne le reverrez. » A ces mots, Thérèse était tombée comme morte à ses pieds; M. d'Ervins était fier de la douleur qu'il lui avait causée; son orgueil ne se reposait que sur cette cruelle jouissance.

Quand nous arrivâmes à la maison de madame d'Ervins, sa fille Isore, la voyant rapporter dans cet état, jetait des cris pitoyables, auxquels M. d'Ervins ne daignait pas faire la moindre attention. On posa Thérèse sur son lit, revêtue, comme elle l'était encore, de guirlandes de fleurs et de toutes les parures du bal; elle avait l'air d'avoir été frappée de la foudre au milieu d'une fête.

Mes soins la rappelèrent à la vie; mais elle était dans un délire qui trahissait à chaque instant son secret. Je voulais que M. d'Ervins me laissât seule avec elle; mais loin qu'il y consentit, il s'approcha de moi pour me dire que ma voiture était arrivée, et que dans ce moment il désirait d'entretenir sa femme sans témoins. « Au nom de votre fille, lui dis-je, M. d'Ervins, ménagez Thérèse; n'oubliez pas dix ans de bonheur; n'oubliez pas... — Je sais, madame, interrompit-il, ce que je me dois à moi-même : croyez que j'aurai toujours présente à l'esprit ma dignité personnelle. — Et n'aurez-vous pas, repris-je, n'aurez-vous pas présent à l'esprit le danger de Thérèse? — Ce qui est convenable doit être accompli, répondit-il, quoi qu'il en coûte ; elle a l'honneur de porter mon nom, je verrai ce qu'exigent à ce titre et son devoir et le mien. » Je quittai cet homme odieux, cet homme incapable de rien voir dans la nature que lui seul, et dans lui-même que son orgueil. Je retournai encore une fois vers l'infortunée Thérèse ; je l'embrassai en lui jurant l'amitié la plus tendre, et lui recommandant la prudence et le courage ; elle ne me répondit à demi-voix que ces seuls mots : « Faites que je le revoie. » Je partis le cœur déchiré.

En rentrant chez moi vers deux heures du matin, je trouvai M. de Serbellane qui m'attendait : combien je fus touchée de sa douleur ! ces caractères habituellement froids sortent quelquefois d'eux-mêmes, et produisent alors une impression ineffaçable. Il se faisait une violence infinie pour contenir sa fureur contre M. d'Ervins ; cependant il lui échappa une fois de dire : « Qu'il ne me fasse pas craindre pour sa femme, qu'il ne la menace pas d'indignes traitements, car alors je trouverai qu'il vaut mieux se battre avec lui, le tuer, et délivrer Thérèse ; et si jamais j'arrivais à trouver ce parti le plus raisonnable, ah ! que je le prendrais avec joie ! » Je le calmai en lui disant que je reverrais le lendemain Thérèse, et que je lui raconterais fidèlement dans quelle situation je la trouverais. Nous nous quittâmes après qu'il m'eut promis de ne prendre aucun parti sans m'avoir revue.

Aujourd'hui je n'ai pu être reçue chez Thérèse qu'à huit heures du soir ; j'y ai été dix fois inutilement ; son mari la tenait enfermée : son état m'a plus effrayée encore que la veille. Ah ! mon Dieu, quelle destinée ! M. d'Ervins ne l'avait pas quittée un seul instant, ni la nuit, ni le jour ; il l'avait accablée des reproches les plus outrageants ; il avait obtenu d'elle tous les aveux qui l'accusaient, en la menaçant toujours, si elle le trompait, d'interroger lui-même M. de Serbellane. Enfin il avait fini par lui déclarer qu'il exigeait que M. de Serbellane quittât la France dans vingt-quatre heures. « Je ne m'informe pas, lui dit-il, des moyens que vous prendrez pour l'obtenir de lui ; vous pouvez lui écrire une lettre que je ne verrai pas : mais si après-demain, à dix heures du soir, il est encore à Paris, j'irai le trouver, et nous nous expliquerons ensemble : aussi bien je penche beaucoup pour ce dernier moyen ; et il ne peut être évité que s'il me donne une satisfaction éclatante, en s'éloignant au premier signe de ma volonté. »

Thérèse avait tout promis; mais ce qui l'occupait peut-être le plus, c'était la parole que je lui avais donnée, il y a quinze jours, d'assurer ses derniers adieux; son imagination était moins frappée de la crainte d'un duel entre son amant et son mari, que de l'idée qu'elle ne reverrait plus M. de Serbellane; elle s'est jetée à mes pieds pour me conjurer de détourner d'elle une telle douleur. Ces mots terribles que M. d'Ervins a prononcés au bal, ces mots : *Vous ne le verrez plus*, retentissent toujours dans son cœur : en les répétant, elle est dans un tel état, qu'il semble qu'avec ces seules paroles on pourrait lui donner la mort : elle dit que si ce sort jeté sur elle ne s'accomplit pas, si elle revoit encore une fois M. de Serbellane, elle sera sûre que leur séparation ne doit point être éternelle, elle aura la force de supporter son départ; mais que si ce dernier adieu n'est pas accordé, elle ne peut répondre d'y survivre. J'ai voulu détourner son attention; mais elle me répétait toujours : « Le verrai-je? lui dirai-je encore adieu? » Et mon silence la plongeait dans un tel désespoir, que j'ai fini par lui promettre que je consentirais à tout ce que voudrait M. de Serbellane. « Eh bien! dit-elle alors, je suis tranquille, car je lui ai écrit des prières irrésistibles. »

Vous trouverez peut-être, ma chère Louise, vous qui êtes un ange de bonté, que je ne devais pas hésiter à satisfaire Thérèse, surtout après l'engagement que j'avais pris antérieurement avec elle. Faut-il vous avouer le sentiment qui me faisait craindre de consentir à ce qu'elle desirait? Si Léonce apprend par quelque hasard que j'ai réuni chez moi une femme mariée avec son amant, malgré la défense expresse de son époux, m'approuvera-t-il? Léonce, Léonce! est-il donc devenu ma conscience, et ne suis-je donc plus capable de juger par moi-même ce que la générosité et la pitié peuvent exiger de moi?

En sortant de chez Thérèse, j'allai chez madame de Vernon; Léonce en était parti; il m'avait cherchée chez moi, et s'était plaint, à ce que m'a dit Matilde fort naturellement, du temps que je passais chez M. d'Ervins. M. de Fierville me fit alors quelques plaisanteries sur l'emploi de mes heures. Ces plaisanteries me firent tout-à-coup comprendre qu'il avait vu sortir M. de Serbellane, à trois heures du matin, de chez moi, le jour du bal. J'en éprouvai une douleur insensée; je ne voyais aucun moyen de me justifier de cette accusation; je frémissais de l'idée que Léonce aurait pu l'entendre. M. de Serbellane arriva dans ce moment, il venait de chez moi; il me le dit. M. de Fierville sourit encore : ce sourire me parut celui de la malice infernale ; mais, au lieu de m'exciter à me défendre, il me glaça d'effroi, et je reçus M. de Serbellane avec une froideur inouïe. Il en fut tellement étonné, qu'il ne pouvait y croire, et son regard semblait me dire : Mais où êtes-vous? mais que vous est-il arrivé? Sa surprise me rendit à moi-même. Non, Léonce, me répétai-je tout bas, vous pouvez tout sur moi ; mais je ne vous sacrifierai pas la bonté, la généreuse bonté, le culte de toute ma vie. Je me décidai alors à prendre M. de Serbellane à part, et, lui rendant compte en peu de mots de ce qui s'était passé, je lui dis qu'une lettre de Thérèse l'attendait chez lui, et il partit pour la lire.

Après cet acte de courage et d'honnêteté, car c'était moi que je sacrifiais, je voulus tenter de ramener M. de Fierville ; je me demandai pourquoi je ne pourrais pas me servir de mon esprit pour écarter des soupçons injustes : mais M. de Fierville était calme, et j'étais émue; mais toutes mes paroles se ressentaient de mon trouble, tandis qu'il acérait de sang-froid toutes les siennes. J'essayai d'être gaie pour montrer combien j'attachais peu de prix à ce qu'il croyait important; mes plaisanteries étaient contraintes, et l'aisance la plus parfaite rendait les siennes piquantes. Je revins au sérieux, espérant parvenir de quelque manière à le convaincre ; mais il repoussait par l'ironie l'intérêt trop vif que je ne pouvais cacher. Jamais je n'ai mieux éprouvé qu'il est de certains hommes sur lesquels glissent, pour ainsi dire, les discours et les sentiments les plus propres à faire impression ; ils sont occupés à se défendre de la vérité par le persiflage ; et comme leur triomphe est de ne pas vous entendre, c'est en vain que vous vous efforcez d'être compris.

Je souffrais beaucoup cependant de mon embarrassante situation, lorsque madame de Vernon vint me délivrer ; elle fit quelques plaisanteries à M. de Fierville, qui valaient mieux que les siennes, et l'emmena dans l'embrasure de la fenêtre, en me disant tout bas qu'elle allait le tromper sur tout ce qui m'inquiétait, si je la laissais seule avec lui. Je ne puis vous dire, ma chère Louise, combien je fus touchée de cette action, de ce secours accordé dans une véritable détresse. Je serrai la main de madame de Vernon, les larmes aux yeux, et je me promis de la voir demain, pour ne plus conserver un secret qui me pèse ; vous saurez donc demain, ma Louise, ce qu'il doit arriver de moi.

LETTRE XXX.

Delphine à mademoiselle d'Albémar.

Ce 4 juillet.

J'ai passé un jour très agité, ma chère Louise, quoique je n'aie pu parvenir encore à parler à madame de Vernon. Il a eu des moments doux, ce jour; mais il m'a laissé de cruelles inquiétudes. En m'éveillant, j'écrivis à madame de Vernon pour lui demander de me recevoir seule, à l'heure de son déjeuner; et, sans lui dire précisément le sujet dont je voulais lui parler, il me semble que je l'indiquais assez clairement. Elle fit attendre mon domestique deux heures, et me le renvoya enfin avec un billet, dans lequel elle s'excusait de ne pas pouvoir accepter mon offre, et finissait par ces mots remarquables : *Au reste, ma chère Delphine, je lis dans votre cœur aussi bien que vous-même; mais je ne crois pas que ce soit encore le moment de nous parler.*

J'ai réfléchi long-temps sur cette phrase, et je ne la comprends pas bien encore. Pourquoi veut-elle éviter cet entretien? Elle m'a dit elle-même, il y a deux jours, qu'elle n'avait point eu jusqu'à présent de conversation avec Léonce, relativement au projet du mariage : aurait-elle deviné mon sentiment pour lui? serait-elle assez généreuse, assez sensible pour vouloir rompre cet hymen à cause de moi, et sans m'en parler? Combien j'aurais à rougir d'une si noble conduite! Qu'aurais-je fait pour mériter un si grand sacrifice? Mais si elle en avait l'idée, comment exposerait-elle Matilde à voir tous les jours Léonce? Enfin, dans ce doute insupportable, je résolus d'aller chez elle, et de la forcer à m'écouter.

Qu'avais-je à lui dire cependant? que j'aimais Léonce, que je voulais m'opposer au bonheur de sa fille, traverser les projets que nous avions formés ensemble! Ah! ma Louise, vous donnez trop d'encouragement à ma faiblesse; au moins je ne me livrerai point à l'espérance avant que madame de Vernon m'ait entendue, ait décidé de mon sort.

M. de Serbellane arriva chez moi comme j'allais sortir : le changement de son visage me fit de la peine; je vis bien qu'il souffrait cruellement. « J'ai lu sa lettre, me dit-il; elle m'a fait mal : j'avais espéré que ma vie ne serait funeste à personne, et voilà que j'ai perdu la destinée de la plus sensible des femmes. Voyons enfin, me dit-il en reprenant de l'empire sur lui-même, voyons ce qu'il reste à faire. Quoiqu'il me soit très pénible d'avoir l'air de céder, en partant, à la volonté de M. d'Ervins, j'y consens, puisque Thérèse le desire ; je ne crains pas que personne imagine que c'est ma vie que j'ai ménagée. Vous, madame, ajouta-t-il, que j'ai connue par tant de preuves d'une angélique bonté, il faut que vous m'en donniez une dernière ; il faut que vous receviez, après-demain, dans la soirée, Thérèse et moi chez vous. Je partirai ce matin ostensiblement : M. d'Ervins se croira sûr que je suis en route pour le Portugal ; quelques affaires l'appellent à Saint-Germain, et pendant qu'il y sera, Thérèse viendra chez vous en secret. Je sais que la demande que je vous fais serait refusée par une femme commune, accordée sans réflexion par une femme légère : je l'obtiendrai de votre sensibilité. Je n'ai peut-être pas toujours partagé l'impétuosité des sentiments de Thérèse ; mais aujourd'hui cet adieu m'est aussi nécessaire qu'à elle : ces derniers événements ont produit sur mon caractère une impression dont je ne le croyais pas susceptible ; je veux que Thérèse entende ce que j'ai à lui dire sur sa situation. »

M. de Serbellane s'arrêta, étonné de mon silence ; ce qui s'était passé hier avec M. de Fierville me donnait encore plus de répugnance pour une nouvelle démarche : la calomnie ou la médisance peuvent me perdre auprès de Léonce. Je n'osais pas cependant refuser M. de Serbellane : quel motif lui donner ? J'aurais rougi de prétexter un scrupule de morale, quand ce n'était pas la véritable cause de mon incertitude : honte éternelle à qui pourrait vouloir usurper un sentiment d'estime !

Je ne sais si M. de Serbellane s'aperçut de mes combats ; mais, me prenant la main, il me dit, avec ce calme qui donne toujours l'idée d'une raison supérieure : « Vous l'avez promis à Thérèse ; j'en suis témoin, elle y a compté : tromperez-vous sa confiance ? serez-vous insensible à son désespoir ? — Non, lui répondis-je ; quoi qu'il puisse arriver, je ne lui causerai pas une telle douleur. Employez cette entrevue à calmer son esprit, à la ramener aux devoirs que sa destinée lui impose ; et s'il en résulte pour moi quelque grand malheur, du moins je n'aurai jamais été dure envers un autre, j'aurai droit à la pitié. — Généreuse amie, s'écria M. de Serbellane, vous serez heureuse dans vos sentiments ; je les ai devinés, j'ose les approuver, et tous les vœux de mon ame sont pour votre félicité. Je mettrai tant de prudence et de secret dans cette entrevue, que je je vous promets d'écarter tous les inconvénients. Je ferai servir ces dernières heures à fortifier la raison de Thérèse, et dans votre maison il ne sera prononcé que des paroles dignes de vous ; la nuit suivante je pars, je quitte peut-être pour jamais la femme qui m'a le plus aimé, et vous, madame, et vous dont le caractère est si noble, si sensible et si vrai. » C'était la première fois que M. de Serbellane m'exprimait vivement son estime : j'en fus émue. Cet homme a l'art de toucher par ses moindres paroles ; le courage qu'il avait su m'inspirer me soutint quelques moments ; mais à peine fut-il parti, que je fus saisie d'un profond sentiment de tristesse, en pensant à tous les hasards de l'engagement que je venais de prendre.

Si j'avais pu consulter Léonce, ne m'aurait-il pas désapprouvée? il ne voudrait pas au moins, j'en suis sûre, que sa femme se permît une conduite aussi faible. Ah! pourquoi n'ai-je pas dès à présent la conduite qu'il exigerait de sa femme? Cependant ma promesse n'était-elle pas donnée? pouvais-je supporter d'être la cause volontaire de la douleur la plus déchirante ? Non ; mais que ce jour n'est-il passé!

Je suivis mon projet d'aller chez madame de Vernon, quoique je fusse bien peu capable de lui parler, dans la distraction où me jetait le consentement que M. de Serbellane avait obtenu de moi. Je trouvai Léonce avec madame de Vernon : il venait prendre congé d'elle, avant d'aller passer quelques jours à Mondoville ; il se plaignit de ne m'avoir pas vue, mais avec des mots si doux sur mon dévouement à l'amitié, que je dus espérer qu'il m'en aimait davantage. Il soutint la conversation avec un esprit très-libre ; il me parut, en l'observant, que son parti était pris ; jusqu'alors il avait eu l'air entraîné, mais non résolu ; j'espérai beaucoup pour moi de son calme : s'il m'avait sacrifiée, il aurait été impossible qu'il me regardât d'un air serein.

Madame de Vernon allait aux Tuileries faire sa cour à la reine ; elle me pria de l'accompagner. Léonce dit qu'il irait aussi ; je rentrai chez moi pour m'habiller, et un quart d'heure après Léonce et madame de Vernon vinrent me chercher.

Nous attendions la reine dans le salon qui précède sa chambre, avec quarante femmes les plus remarquables de Paris : madame de R. arriva : c'est une personne très inconséquente, et qui s'est perdue de réputation par des torts réels et par une inconcevable légèreté. Je l'ai vue trois ou quatre fois chez sa tante madame d'Artenas : j'ai toujours évité avec soin toute liaison avec elle, mais j'ai eu l'occasion de remarquer dans ses discours un fonds de douceur et de bonté. Je ne sais comment elle eut l'imprudence de paraître sans sa tante aux Tuileries, elle qui doit si bien savoir qu'aucune femme ne veut lui parler en public. Au moment où elle entra dans le salon, mesdames de Sainte-Albe et de Tésin, qui se plaisent assez dans les exécutions sévères, et satisfont volontiers, sous le prétexte de la vertu, leur arrogance naturelle; mesdames de Sainte-Albe et de Tésin quittèrent la place où elles étaient assises, du même côté que madame de R. A l'instant toutes les autres femmes se levèrent, par bon air ou par timidité, et vinrent rejoindre à l'autre extrémité de la chambre madame de Vernon, madame du Marset et moi. Tous les hommes bientôt suivirent cet exemple, car ils veulent, en séduisant les femmes, conserver le droit de les en punir.

Madame de R. restait seule l'objet de tous les regards, voyant le cercle se reculer à chaque pas qu'elle faisait pour s'en approcher, et ne pouvant cacher sa confusion. Le moment allait arriver où la reine nous ferait entrer, ou sortirait pour nous recevoir : je prévis que la scène deviendrait alors encore plus cruelle. Les yeux de madame de R. se remplissaient de larmes ; elle nous regardait toutes, comme pour implorer le secours d'une de nous : je ne pouvais pas résister à ce malheur. La crainte de déplaire à Léonce, cette crainte toujours présente me retenait encore; mais un dernier regard jeté sur madame de R. m'attendrit tellement, que, par un mouvement complètement involontaire, je traversai la salle, et j'allai m'asseoir à côté d'elle. Oui, me disais-je alors, puisque encore une fois les convenances de la société sont en opposition avec la véritable volonté de l'ame, qu'encore une fois elles soient sacrifiées.

Madame de R. me reçut comme si je lui avais rendu la vie ; en effet, c'est la vie que le soulagement de ces douleurs que la société peut imposer quand elle exerce sans pitié toute sa puissance. A peine eus-je parlé à madame de R., que je ne pus m'empêcher de regarder Léonce : je vis de l'embarras sur sa physionomie, mais point de mécontentement. Il me sembla que ses yeux parcouraient l'assemblée avec inquiétude, pour juger de l'impression que je produisais ; mais que la sienne était douce !

Madame de Vernon ne cessa point de causer avec M. de Fierville, et n'eut pas l'air d'apercevoir ce qui se passait ; je soutins assez bien jusqu'à la fin ce qu'il pouvait y avoir d'un peu gênant dans le rôle que je m'étais imposé. En sortant de l'appartement de la reine, madame de R. me dit, avec une émotion qui me récompensa mille fois de mon sacrifice : « Généreuse Delphine, vous m'avez donné la seule leçon qui pût faire impression sur moi ! Vous m'avez fait aimer la vertu, son courage et son ascendant. Vous apprendrez, dans quelques années, qu'à compter de ce jour je ne serai plus la même. Il me faudra longtemps avant de me croire digne de vous voir; mais c'est le but que je me proposerai, c'est l'espoir qui me soutiendra. » Je lui pris la main à ces derniers mots, et je la serrai affectueusement. Un sourire amer de madame du Marset, un regard de M. de Fierville, m'annoncèrent leur désapprobation : ils parlaient tous les deux à Léonce, et je crus voir qu'il était péniblement affecté de ce qu'il entendait. Je cherchai des yeux madame de Vernon; elle était encore chez la reine. Pendant ce moment d'incertitude, Léonce m'aborda, et me demanda avec assez de sérieux la permission de me voir seule chez moi, dès qu'il aurait reconduit madame de Vernon. J'y consentis par un signe de tête ; j'étais trop émue pour parler.

Je retournai chez moi; j'essayai de lire en attendant l'arrivée de Léonce. Mais lorsque trois heures furent sonnées, je me persuadai que madame de Vernon l'avait retenu, qu'il s'était expliqué avec elle, qu'elle avait intéressé sa délicatesse à tenir les engagements de sa mère, et qu'il allait m'écrire pour s'excuser de venir me voir. Un domestique entra pendant que je faisais ces réflexions; il portait un billet à la main, et je ne doutai pas que ce billet ne fût l'excuse de Léonce. Je le pris sans rien voir; un nuage couvrait mes yeux : mais quand j'aperçus la signature de Thérèse, j'éprouvai une joie bien vive; elle me demandait de venir le soir chez elle. Je répondis que j'irais avec un empressement extrême : je crois que j'étais reconnaissante envers Thérèse de ce que c'était elle qui m'avait écrit.

Je me rassis avec plus de calme; mais, peu de temps après, mon inquiétude recommença; j'avais appris depuis une heure à distinguer parfaitement tous les bruits de voiture : je reconnaissais à l'instant celles qui venaient du côté de la maison de madame de Vernon. Quand elles approchaient, je retenais ma respiration pour mieux entendre, et quand elles avaient passé ma porte, je tombais dans le plus pénible abattement. Enfin, une s'arrête; on frappe, on ouvre, et j'aperçois le carrosse bleu de Léonce, qui m'était si bien connu. Je fus bien honteuse alors de l'état dans lequel j'avais été; il me semblait que Léonce pouvait le deviner, et je me hâtai de reprendre un livre, et de me préparer à recevoir comme une visite, avec les formes accoutumées de la société, celui que j'attendais avec un battement de cœur qui soulevait ma robe sur mon sein.

Léonce enfin parut : l'air en devint plus léger et plus pur. Il commença par me dire que madame de Vernon l'avait retenu avec une insistance singulière, sans lui parler d'aucun sujet intéressant, mais le rappelant sans cesse pour le charger des commissions les plus indifférentes. « Elle doit, lui dis-je en faisant effort sur moi-même, chercher tous les moyens de vous captiver; vous ne pouvez en être surpris. — Ce n'est pas elle, reprit Léonce avec une expression assez triste, qui peut influer sur mon sort; vous seule exercez cet empire : je ne sais pas si vous vous en servirez pour mon bonheur. » Ce doute m'étonna; je gardai le silence; il continua : « Si j'avais eu la gloire de vous intéresser, ne penseriez-vous pas aux prétextes que vous donnez à la méchanceté?... oublieriez-vous le caractère de ma mère, et les obstacles...? » Il s'arrêta, et appuya sa tête sur sa main. « Que me reprochez-vous, Léonce? lui dis-je; je veux l'entendre avant de me justifier. — Votre liaison intime avec madame de R.; madame d'Albémar devait-elle choisir une telle amie? — Je la voyais pour la troisième fois, répondis-je, depuis que je suis à Paris; je n'ai jamais été chez elle, elle n'est jamais venue chez moi. — Quoi! s'écria Léonce, et madame du Marset a osé me dire...? — Vous l'avez écoutée; c'est vous qui êtes bien plus coupable.

« Ce n'est pas tout encore, ajoutai-je; ne m'avez-vous pas désapprouvée d'avoir été me placer à côté d'elle? — Non, répondit Léonce, je souffrais, mais je ne vous blâmais pas. — Vous souffriez, repris-je avec assez de chaleur, quand je me livrais à un sentiment généreux : ah! Léonce, c'était du malheur de cette infortunée qu'il fallait s'affliger, et non de l'heureuse occasion qui me permettait de la secourir. Sans doute madame de R. a dégradé sa vie; mais pouvons-nous savoir toutes les circonstances qui l'ont perdue? a-t-elle eu pour époux un protecteur, ou un homme indigne d'être aimé? ses parents ont-ils soigné son éducation? le premier objet de son choix a-t-il ménagé sa destinée? n'a-t-il pas flétri dans son cœur toute espérance d'amour, tout sentiment de délicatesse? Ah! de combien de manières le sort des femmes dépend des hommes! D'ailleurs, je ne me vanterai point d'avoir pensé ce matin à la conduite de madame de R., ni à l'indulgence qu'elle peut mériter; j'ai été entraînée vers elle par un mouvement de pitié tout-à-fait irréfléchi. Je n'étais point son juge, et il fallait être plus que son juge pour se refuser à la soulager d'un grand supplice, l'humiliation publique. Ces mêmes femmes qui l'ont outragée, pensez-vous que si elles l'eussent rencontrée seule à la campagne, elles se fussent éloignées d'elle? Non, elles lui auraient parlé; leur indignation vertueuse, se trouvant sans témoins, ne se serait point réveillée. Que de petitesses vaniteuses et de cruautés froides dans cette ostentation de vertus, dans ce sacrifice d'une victime humaine, non à la morale, mais à l'orgueil! Écoutez-moi, Léonce, lui dis-je avec enthousiasme, je vous aime; vous le savez; je ne chercherais point à vous le cacher, quand même vous l'ignoreriez encore; loin de moi toutes les ruses du cœur, même les plus innocentes! mais, je l'espère, je ne sacrifierai pas à cette affection toute puissante les qualités que je dois aux chers amis qui ont élevé mon enfance : je braverai le plus grand des dangers pour moi, la crainte de vous déplaire, oui, je le braverai, quand il s'agira de porter quelque consolation à un être malheureux. »

Longtemps avant d'avoir fini de parler, j'avais vu sur le visage de Léonce que j'avais triomphé de toutes ses dispositions sévères; mais il se plaisait à m'entendre, et je continuais, encouragée par ses regards. « Delphine, me dit-il en me prenant la main, céleste Delphine, il n'est plus temps de vous résister. Qu'importe si nos caractères et nos opinions s'accordent en tout? Il n'y a pas dans l'univers une autre femme de la même nature que vous; aucune n'a dans les traits cette empreinte divine que le ciel y a gravée, pour qu'on ne pût jamais vous comparer à personne; cette ame, cette voix, ce regard se sont emparés de mon être; je ne sais quel sera mon sort avec vous, mais sans vous il n'y a plus sur la terre pour moi que des couleurs effacées, des images confuses, des ombres errantes; et rien n'existe, rien n'est animé quand vous n'êtes pas là. Soyez donc, s'écria-t-il en se jetant à mes pieds, soyez donc la compagne de ma destinée; l'ange qui marchera devant moi, pendant les années que je dois encore parcourir. Soignez mon bonheur, que je vous livre avec ma vie; ménagez mes défauts, ils naissent, comme mon amour, d'un caractère passionné; et demandez au ciel pour moi, le jour de notre union, que je meure jeune, aimé de vous, sans avoir jamais éprouvé le moindre refroidissement dans cette affection touchante que votre cœur m'a généreusement accordée. »

Ah! Louise, quels sentiments j'éprouvais! Je serrais ses mains dans les miennes, je pleurais, je craignais d'interrompre par un seul mot ces paroles enivrantes! Léonce me dit qu'il allait écrire à sa mère pour lui déclarer formellement son intention, et il sollicita de moi la promesse de m'unir à lui, quelle que fût la réponse d'Espagne, au moment où elle serait arrivée. Je consentais avec transport au bonheur de ma vie, quand tout-à-coup je réfléchis que cette demande ne pouvait s'accorder avec la résolution que j'avais formée de confier mon secret à madame de Vernon, avant d'avoir pris aucun engagement. La délicatesse me faisait une loi de ne donner aucune réponse décisive sans lui avoir parlé. Je ne voulus pas dire à Léonce ma résolution à cet égard, dans la crainte de l'irriter; je lui répondis donc que je lui demandais de n'exiger de moi aucune promesse avant son retour. Il recula d'étonnement à ces mots, et sa figure devint très sombre; j'allais le rassurer, lorsque tout-à-coup ma porte s'ouvrit, et je vis entrer madame de Vernon, sa fille et M. de Fierville. Je fus extrêmement troublée de leur présence, et je regrettais surtout de n'avoir pu m'expliquer avec Léonce sur le refus qui l'avait blessé. Madame de Vernon ne m'observa pas, et s'assit fort simplement, en m'annonçant qu'elle venait me chercher pour dîner chez elle : Matilde eut un moment d'étonnement lorsqu'elle vit Léonce chez moi; mais cet étonnement se passa sans exciter en elle aucun soupçon : la lenteur de ses idées et leur fixité la préservent de la jalousie. « A propos, me dit madame de Vernon, est-il vrai que M. de Serbellane part après-demain pour le Portugal? » Je rougis à ce mot extrêmement, dans la crainte qu'il ne compromît Thérèse, et je me hâtai de dire qu'il était parti ce matin même. Léonce me regarda avec une attention très vive, puis il tomba dans la rêverie. Je sentis de nouveau le malheur du secret auquel j'étais condamnée, et je tressaillis en moi-même, comme si mon bonheur eût couru quelque grand hasard. Madame de Vernon me proposa de partir; elle insista, mais faiblement, pour que Léonce vînt chez elle : M. Barton l'attendait; il refusa. Comme je montais en voiture, il me dit à voix basse, mais avec un ton très solennel : « N'oubliez pas qu'avec un caractère tel que le mien, un tort du cœur, une dissimulation, détruirait sans retour et mon bonheur et ma confiance. » Je le regardai pour me plaindre, ne pouvant lui parler, entourée comme je l'étais; il m'entendit, me serra la main, et s'éloigna; mais, depuis, une oppression douloureuse ne m'a point quittée.

Il est enfin convenu que, demain au soir, madame de Vernon me recevra seule. Avant cette heure, Thérèse et son amant se seront rencontrés chez moi : c'est trop pour demain. J'ai vu ce soir Thérèse; elle savait ma promesse par un mot de M. de Serbellane; je n'aurais pu lui persuader moi-même, quand je l'aurais voulu, que j'étais capable de me rétracter. Son mari croit M. de Serbellane en route; il va demain à Saint-Germain : tout est arrangé d'une manière irrévocable; je suis liée de mille nœuds; mais, je l'espère au moins, c'est le dernier secret qui existera jamais entre Léonce et moi. Vous, ma sœur, à qui j'ai tout dit, songez à moi; mon sort sera bientôt décidé.

LETTRE XXXI.

Léonce à sa mère.

Mondoville, 6 juillet 1790.

Je suis dans cette terre où vous avez passé les plus heureuses années de votre mariage; c'est ici, mon excellente mère, que vous avez élevé mon enfance : tous ces lieux sont remplis de mes plus doux souvenirs, et je retrouve en les voyant cette confiance dans l'avenir, bonheur des premiers temps de la vie. J'y ressens aussi mon affection pour vous avec une nouvelle force; cette affection de choix, que mon cœur vous accorderait quand le devoir le plus sacré ne me l'imposerait pas. Vous me connaissez d'autant mieux, qu'à beaucoup d'égards je vous ressemble; fixez donc, je vous en conjure, toute votre attention et tout votre intérêt sur la demande que je vais vous faire.

Je puis être malheureux de beaucoup de manières; mon ame irritable est accessible à des peines de tout genre; mais il n'existe pour moi qu'une seule source de bonheur, et je n'en goûterai point sur la terre, si je n'ai pas pour femme un être que j'aime et dont l'esprit intéresse le mien. Ce n'est point le rapide enthousiasme d'un jeune homme pour une jolie femme que je prends pour l'attachement nécessaire à toute ma vie; vous savez que la réflexion se mêle toujours à mes sentiments les plus passionnés : je suis profondément amoureux de madame d'Albémar; mais je n'en suis pas moins certain que c'est la raison qui me guide dans le choix que j'ai fait d'elle pour lui confier ma destinée.

Mademoiselle de Vernon est une personne belle, sage et raisonnable; je suis convaincu qu'elle ne donnera jamais à son époux aucun sujet de plainte, et que sa conduite sera conforme aux principes les plus réguliers : mais est-ce l'absence des peines que je cherche dans le mariage? je ferais tout aussi bien alors de rester libre. D'ailleurs je n'atteindrais pas même à ce but en me résignant à l'union que l'on me propose. Que ferais-je de l'ame et de l'esprit que j'ai, avec une femme d'une nature tout-à-fait différente? N'avez-vous pas souvent remarqué dans la vie combien les gens médiocres et les personnes distinguées s'accordent mal ensemble? Les esprits tout-à-fait vulgaires s'arrangent beaucoup mieux avec les esprits supérieurs; mais la médiocrité ne suppose rien au-delà de sa propre intelligence, et regarde comme folie tout ce qui la dépasse. Mademoiselle de Vernon a déjà un caractère et un esprit arrêtés, qui ne peuvent plus ni se modifier, ni se changer; elle a des raisonnements pour tout, et les pensées des autres ne pénètrent jamais dans sa tête. Elle oppose constamment une idée commune à toute idée nouvelle, et croit en avoir triomphé. Quel plaisir la conversation pourrait-elle donner avec une telle femme? et l'un des premiers bonheurs de la vie intime n'est-il pas de s'entendre et de se répondre? Que de mouvements, que de réflexions, que de pensées, que d'observations ne me serait-il pas impossible de communiquer à Matilde! et que ferais-je de tout ce que je ne pourrais pas lui confier, de cette moitié de ma vie à laquelle je ne pourrais jamais l'associer?

Ah! ma mère, je serai seul, pour jamais seul, avec toute autre femme que Delphine; et c'est une douleur toujours plus amère avec le temps, que cette solitude de l'esprit et du cœur, à côté de l'objet qui vers la fin de la vie doit être votre unique bien. Je ne supporterais point une telle situation; j'irais chercher ailleurs cette société parfaite, cette harmonie des ames, dont jamais l'homme ne peut se passer; et quand je serais vieux, je rapporterais mes tristes jours à celle à qui je n'aurais pu donner un doux souvenir de mes jeunes années.

Quel avenir! Ma mère, pouvez-vous y condamner votre fils, quand le hasard le plus favorable lui présente l'objet qui ferait le bonheur de toutes les époques de sa vie, la plus belle des femmes, et cependant celle qui, dépouillée de tous les agréments de la jeunesse, posséderait encore les trésors du temps, la douceur, l'esprit et la bonté? Vous avez donné, par une éducation forte, une grande activité à mes vertus comme à mes défauts : pensez-vous qu'un tel caractère soit facile à rendre heureux?

Si vous eussiez pris des engagements indissolubles, des engagements consacrés par l'honneur, c'en était fait, j'immolais ma vie à votre parole : mais sans doute votre consentement n'avait point un semblable caractère, puisque vous ne m'avez jamais fait cette objection, en réponse à dix lettres qui vous interrogeaient à cet égard. Vous ne m'avez parlé que des injustes préventions qu'on vous a données contre madame d'Albémar.

On vous a dit qu'elle était légère, imprudente, coquette, philosophe; tout ce qui vous déplaît en tout genre, on l'a réuni sur Delphine. Ne pouvez-vous donc pas, ma mère, en croire votre fils autant que madame du Marset? Delphine a été élevée dans la solitude, par des personnes qui n'avaient point la connaissance du monde, et dont l'esprit était cependant fort éclairé; elle ne vit à Paris que depuis un an, et n'a point appris à se défier des jugements des hommes. Elle croit que la morale suffit à tout, et qu'il faut dédaigner les préjugés reçus, les convenances admises, quand la vertu n'y est point intéressée. Mais le soin de mon bonheur la corrigera de ce défaut; car ce qu'elle est avant tout, c'est bonne et sensible! Elle m'aime : que n'obtiendrai-je donc pas d'elle, et pour vous, et pour moi?

On vous a parlé de la supériorité de son esprit; et, comme, à ma prière, vous avez consenti à venir vivre chez moi l'année prochaine, vous craignez de rencontrer dans votre belle-fille un caractère despotique. Matilde, dont l'esprit est borné, a des volontés positives sur les plus petites circonstances de la vie domestique. Delphine n'a que deux intérêts au monde, le sentiment et la pensée : elle est sans desirs comme sans avis sur les détails journaliers, et s'abandonne avec joie à tous les goûts des autres; elle n'attache du prix qu'à plaire et à être aimée. Vous serez l'objet continuel de ses soins les plus assidus : je la vois avec madame de Vernon; jamais l'amour filial, l'amitié complaisante et dévouée ne pourraient inspirer une conduite plus aimable. Ah! ma mère, c'est votre bonheur autant que le mien que j'assure en épousant madame d'Albémar.

Vous n'avez pas réfléchi combien vous auriez de peine à ménager l'amour-propre d'une personne médiocre : tout est si doux, tout est si facile avec un être vraiment supérieur! Les opinions mêmes de Delphine sont mille fois plus aisées à modifier que celles de Matilde. Delphine ne peut jamais craindre d'être humiliée; Delphine ne peut jamais éprouver les inquiétudes de la vanité; son esprit est prêt à reconnaître une erreur, accoutumé qu'il est à découvrir tant de vérités nouvelles; et son cœur se plaît à céder aux lumières de ceux qu'elle aime.

On vous a dit encore (j'ai honte de l'écrire) qu'elle était fausse et dissimulée; que j'ignorais sa vie passée et ses affections présentes : sa vie passée! tout le monde la sait ; ses affections présentes! que vous a-t-on mandé sur M. de Serbellane? pourquoi me le nommez-vous? Non, Delphine ne m'a rien caché. Delphine fausse, dissimulée !... Si cela pouvait être vrai, son caractère serait le plus méprisable de tous; car elle profanerait indignement les plus beaux dons que la nature ait jamais faits pour entraîner et convaincre.

Enfin, j'oserai vous le dire, sans porter atteinte au respect profond que j'aime à vous consacrer, je suis résolu à épouser madame d'Albémar, à moins que vous ne me prouviez qu'une loi de l'honneur s'y oppose. Le sacrifice que je ferais alors serait bientôt suivi de celui de ma vie : l'honneur peut l'exiger; mais vous, ma mère, seriez-vous heureuse à ce prix?

LETTRE XXXII.

Delphine à mademoiselle d'Albémar.

Bellerive, ce 6 juillet.

Ma chère sœur, j'étais sans doute avertie par quelque pressentiment du ciel lorsque j'éprouvais un si grand effroi de la journée d'hier. Oh! de quel événement ma fatale complaisance est la première cause! J'éprouve autant de remords que si j'étais coupable, et je n'échappe à ces réflexions que par une douleur plus vive encore, par le spectacle du désespoir de Thérèse. Et Léonce, Léonce! juste ciel! quelle impression recevra-t-il de mon imprudente conduite? Ma Louise, je me dis à chaque instant que si vous aviez été près de moi, aucun de ces malheurs ne me serait arrivé. Mais la bonté, mais la pitié naturelles à mon caractère m'égarent, loin d'un guide qui saurait joindre à ces qualités une raison plus ferme que la mienne.

Hier, à deux heures après midi, M. d'Ervins alla dîner à Saint-Germain chez un de ses amis, se croyant assuré du départ de M. de Serbellane. Madame d'Ervins arriva chez moi vers cinq heures, seule, à pied, dans un état déplorable ; et peu de moments après, M. de Serbellane vint très secrètement pour lui dire un adieu qui sera plus long, hélas ! qu'ils ne l'imaginaient alors. Ma porte était défendue pour tout le monde, et pour M. d'Ervins en particulier : on disait chez moi que j'étais partie pour Bellerive, et tous mes volets, fermés du côté de la cour, servaient à le persuader. Je fus témoin, pendant trois heures, de la douleur la plus déchirante ; je versai beaucoup de larmes avec Thérèse, et j'étais déjà bien abattue lorsque la plus terrible épreuve tomba sur moi.

Au moment où j'avais obtenu de Thérèse et de M. de Serbellane qu'ils se séparassent, un de mes gens entre, et me dit qu'un domestique de madame de Vernon m'apportait un billet d'elle, et demandait à me parler. Je sors, et je vois (jugez de ma terreur), je vois M. d'Ervins ! Il était déjà dans la chambre voisine ; et se débarrassant d'une redingote à la livrée des gens de madame de Vernon, dont il s'était revêtu pour se déguiser, il s'avance tout-à-coup, malgré mes efforts, se précipite sur la porte de mon salon, l'ouvre, et trouve M. de Serbellane à genoux devant Thérèse, la tête baissée sur sa main. Thérèse reconnaît son mari la première, et tombe sans connaissance sur le plancher. M. de Serbellane la relève dans ses bras avant d'avoir encore aperçu M. d'Ervins, et croyant que la douleur des adieux était la seule cause de l'état où il voyait Thérèse. M. d'Ervins arrache sa femme des bras de son amant, et la jette sur une chaise, en l'abandonnant à mes secours : il se retourne ensuite vers M. de Serbellane, et tire son épée, sans remarquer que son adversaire n'en avait pas. Les cris qui m'échappèrent attirèrent mes gens ; M. de Serbellane leur ordonna de s'éloigner, et, s'adressant à M. d'Ervins, il lui dit : « Vous devez croire à madame d'Ervins, monsieur, des torts qu'elle n'a pas ; je la quittais, je la priais de recevoir mes adieux. »

M. d'Ervins alors entra dans une colère dont les expressions étaient à la fois insolentes, ignobles et furieuses. A travers tous ses discours, on voyait cependant la plus ferme résolution de se battre avec M. de Serbellane. J'essayai de persuader à M. d'Ervins que cette scène pourrait être ignorée de tout le monde ; mais je compris par ses réponses une partie de ce que j'ai su depuis avec détail : c'est que M. de Fierville savait tout, avait tout dit, et que cette raison, plus qu'aucune autre encore, animait le courage de M. d'Ervins.

M. de Serbellane souffrait de la manière la plus cruelle ; je voyais sur son visage le combat de toutes les passions généreuses et fières : il était immobile devant une fenêtre, mordant ses lèvres, écoutant en silence les folles provocations de M. d'Ervins, et regardant seulement quelquefois le visage pâle et mourant de Thérèse, comme s'il avait besoin de trouver dans ce spectacle des motifs pour se contenir.

Il me vint dans l'esprit, après avoir tout épuisé pour calmer M. d'Ervins, de détourner sa colère sur moi, et j'essayai de lui dire que c'était moi qui avais engagé madame d'Ervins à venir. Je commençais à peine ces mots, que, se rappelant ce qu'il avait oublié, que le rendez-vous s'était donné dans ma maison, il se permit sur ma conduite les réflexions les plus insultantes. M. de Serbellane alors ne se contint plus, et saisissant la main de M. d'Ervins, il lui dit : « C'en est assez, monsieur, c'en est assez ; vous n'aurez plus affaire qu'à moi, et je vous satisferai. » Thérèse revint à elle dans ce moment. Quelle scène pour elle, grand Dieu ! une épée nue, la fureur qui se peignait dans les regards de son amant et de son mari, lui apprirent bientôt de quel événement elle était menacée ; elle se jeta aux pieds de M. d'Ervins pour l'implorer.

Alors, soit que, prêt à se battre, il éprouvât un ressentiment plus âpre encore contre celle qui en était la cause, soit qu'il fût dans son caractère de se plaire dans les menaces, il lui déclara qu'elle devait s'attendre aux plus cruels traitements ; qu'il lui retirerait sa fille, qu'il l'enfermerait dans une terre pour le reste de ses jours, et que l'univers entier connaîtrait sa honte, puisqu'il allait s'en laver lui-même dans le sang de son amant. A ces atroces discours, M. de Serbellane fut saisi d'une colère telle, que je frémis encore en me la rappelant : ses lèvres étaient pâles et tremblantes, son visage n'avait plus qu'une expression convulsive ; il me dit à voix basse, en s'approchant de moi : « Voyez-vous cet homme, il est mort ; il vient de se condamner : je perdrai Thérèse pour toujours, mais je la laisserai libre, et je lui conserverai sa fille. » A ces mots, avec une action plus prompte que le regard, il prit M. d'Ervins par le bras, et sortit.

Thérèse et moi nous les suivîmes tous les deux ; ils étaient déjà dans la rue. Thérèse, en se précipitant sur l'escalier, tomba de quelques marches ; je la relevai, j'aidai à la reporter sur mon lit, et je chargeai Antoine, le valet de chambre intelligent que vous m'avez donné, de rejoindre M. d'Ervins et M. de Serbellane, et de nous rapporter à l'instant ce qui se serait passé.

Je tins serrée dans mes bras pendant cette cruelle incertitude la malheureuse Thérèse, qui n'avait qu'une idée, qui ne craignait au monde que le danger de M. de Serbellane.

Antoine revint enfin, et nous apprit que dans le fatal combat M. d'Ervins avait été tué sur la place. Thérèse, en l'apprenant, se jeta à genoux, et s'écria : « Mon Dieu, ne condamnez pas aux peines éternelles la criminelle Thérèse ! accordez-lui les bienfaits de la pénitence ; sa vie ne sera plus qu'une expiation sévère, ses derniers jours seront consacrés à mériter votre miséricorde ! » En effet, depuis ce moment toutes ses idées semblent changées ; le repentir et la dévotion se sont emparés de son esprit troublé : elle ne s'est pas permis de me prononcer une seule fois le nom de son amant.

Antoine, après nous avoir dit l'affreuse issue du combat, nous apprit qu'il avait eu lieu dans les Champs-Élysées, presque devant le jardin de madame de Vernon. Lorsque M. d'Ervins fut tombé, M. de Serbellane vit Antoine et l'appela ; il le chargea de me dire, n'osant pas prononcer le nom de Thérèse, qu'après un tel événement il était obligé de partir à l'instant même pour Lisbonne ; mais qu'il m'écrirait dès qu'il y serait arrivé. Ces derniers mots furent entendus de quelques personnes qui s'étaient rassemblées autour du corps de M. d'Ervins, et mon nom seul fut répété dans la foule. Antoine, appelé comme témoin par la justice, ne déposera rien qui puisse compromettre Thérèse, et mon nom seul, s'il le faut, sera prononcé ; j'espère donc que je sauverai à Thérèse l'horrible malheur de passer pour la cause de la mort de son mari.

M. d'Ervins a un frère méchant et dur, qui serait capable, pour enlever à Thérèse sa fille et la direction de sa fortune, de l'accuser publiquement d'avoir excité son amant au meurtre de son mari. Thérèse me fit part de ses craintes, dont Isore seule était l'objet. Nous convînmes ensemble que nous ferions dire partout qu'une querelle politique, que je n'avais pu réussir à calmer, était la cause de ce duel. Je priai seulement madame d'Ervins de me permettre de tout confier à madame de Vernon, parcequ'elle était plus en état que personne de diriger l'opinion de la société sur cette affaire, et qu'elle avait de l'ascendant sur M. de Fierville, qui paraissait le seul instruit de la vérité. Je demandai aussi à Thérèse de me donner une grande preuve d'amitié, en consentant à ce que Léonce fût dépositaire de son secret ; je lui avouai mon sentiment pour lui, et à ce mot Thérèse ne résista plus.

C'était peut-être trop exiger d'elle ; mais redoutant l'éclat de cette aventure, à laquelle mon nom, dans les premiers temps, pouvait être malignement associé, il m'était impossible de me résoudre à courir ce hasard auprès de Léonce. Je crains, je n'ai que trop de raisons de craindre qu'il ne blâme ma conduite ; mais je veux au moins qu'il en connaisse parfaitement tous les motifs. Il fut aussi décidé que j'emmènerais madame d'Ervins le soir même à ma campagne, et que nous y resterions quelques jours ensemble sans voir personne, jusqu'à ce qu'elle eût des nouvelles de la famille de son mari.

On vint me dire que madame de Vernon me demandait. J'allai la recevoir dans mon cabinet ; il fallait enfin que cette journée si douloureuse se terminât par quelques sentiments consolateurs. Je l'ai souvent remarqué : un soin bienfaisant prépare dans les peines de la vie un soulagement à notre ame, lorsque ses forces sont prêtes à l'abandonner. Quelle affection madame de Vernon me témoigna ! avec quel intérêt elle me questionna sur tous les détails de cet affreux événement ! Elle-même me raconta ce qui avait été la première cause de notre malheur.

Hier au soir, madame du Marset crut apercevoir dans la rue M. de Serbellane enveloppé dans un manteau, et le raconta à M. de Fierville. Celui-ci, dînant avec M. d'Ervins à Saint-Germain, lui soutint que M. de Serbellane n'était pas parti pour le Portugal hier matin, comme il le croyait : il paraît que M. de Fierville le dit d'abord sans mauvaise intention ; mais il le soutint ensuite, malgré l'émotion qu'il remarqua chez M. d'Ervins, parceque la crainte de faire du mal ne l'arrête point, et qu'il aime assez les brouilleries quand il peut y jouer un rôle.

M. d'Ervins voulut partir à l'instant même : cet empressement piqua la curiosité de M. de Fierville ; il lui demanda de l'accompagner. M. d'Ervins passa d'abord chez lui, et n'y trouva point sa femme : il vint à ma porte ; on la lui refusa, en lui disant que j'étais à Bellerive ; mais M. de Fierville prétendit qu'il avait aperçu à travers une jalousie ma femme de chambre qui travaillait, et suggéra lui-même à M. d'Ervins, comme une bonne plaisanterie, d'aller secrètement chez madame de Vernon, et de donner un louis à son domestique pour qu'il lui prêtât sa redingote. « Et vous ne fermerez pas votre porte à M. de Fierville! dis-je à madame de Vernon avec indignation. — Mon Dieu! je vous assure, me répondit-elle, qu'il ne se doutait pas des conséquences de ce qu'il faisait. — Et n'est-ce pas assez, lui dis-je, de cette existence sans but, de cette vie sans devoirs, de ce cœur sans bonté, de cette tête sans occupation ? n'est-il pas le fléau de la société, qu'il examine sans relâche, et trouble avec malignité ? — Ah! dit madame de Vernon, il faut être indulgent pour la vieillesse et pour l'oisiveté : mais laissons cela pour nous occuper de vous; » et me parlant alors de Léonce, elle vint elle-même au-devant de la confiance que je voulais avoir en elle.

Combien elle me parut noble et sensible dans cet entretien! elle m'avoua que depuis long-temps elle m'avait devinée, mais qu'elle avait voulu savoir si Léonce me préférait réellement à sa fille, et qu'en étant maintenant convaincue, elle ne ferait rien pour s'opposer au sentiment qui l'attachait à moi. Elle ne me cacha point que la rupture de ce mariage lui était pénible; elle exprima ses regrets pour sa fille avec la plus touchante vérité. Néanmoins sa tendre amitié la ramenant bientôt à ce qui me concernait, elle parut se consoler par l'espérance de mon bonheur. Je n'avais point d'expressions assez vives pour lui témoigner ma reconnaissance; je lui confiai mes craintes sur l'éclat qui venait de se passer; je lui avouai que je redoutais l'impression qu'il pouvait faire sur Léonce. Elle m'écouta avec la plus grande attention, et me dit, après y avoir beaucoup pensé : « Il faut me charger de lui parler à son arrivée, avant qu'il ait appris tout ce qu'on ne manquera pas de dire contre vous. Il sait que je m'entends mieux qu'une autre à conjurer ces orages d'un jour; je le tranquilliserai. — Quoi! lui dis-je, vous me défendrez auprès de lui, avec ce talent sans égal que je vous ai vu quelquefois? — En doutez-vous? » me répondit-elle. Son accent me pénétra.

« Je veux lui écrire, lui dis-je; vous lui remettrez la lettre. — Pourquoi lui écrire? reprit-elle; vos chevaux sont prêts pour partir, la nuit est déjà venue; vous n'auriez pas le temps de raconter toute cette histoire. — J'éprouve de la répugnance, lui répondis-je, à hasarder dans une lettre le secret de mon amie; mais je manderai seulement à Léonce que je vous ai tout confié,

qu'il peut tout savoir de vous ; et s'il vous témoigne le desir de venir à Bellerive, vous voudrez bien lui dire que je l'y recevrai.
— Oui, reprit-elle vivement ; c'est mieux comme cela ; vous avez raison. »

Je pris la plume, et je sentis une sorte de gêne en écrivant à Léonce en présence de madame de Vernon : mon billet fut plus court et plus froid que je ne l'aurais voulu : tel qu'il était, je le remis à madame de Vernon ; elle le lut attentivement, le cacheta, et me dit qu'il était à merveille, et que j'y conservais la dignité qui me convenait. C'était à elle, ajouta-t-elle, à suppléer à ce que je ne disais pas. Elle me rassura sur ce que je redoutais ; elle me parut convaincue qu'elle me justifierait entièrement auprès de Léonce ; elle en prit presque l'engagement, et, se plaisant à me raconter ce qu'elle lui dirait, elle me parla de moi sous cette forme indirecte avec tant de grace, de charme et même d'adresse, que je bénis le ciel d'avoir eu l'idée de lui confier ma défense. Non, il n'existe point de femme au monde qui sache faire valoir aussi habilement ceux qu'elle aime. Elle seule connaît assez bien le monde pour rassurer Léonce sur l'éclat que peut avoir le funeste événement auquel mon nom est mêlé. Un sentiment indomptable d'amour et de fierté me rendrait impossible de m'excuser auprès de lui, si son premier mouvement ne m'était pas favorable.

Je finis en recommandant à madame de Vernon de veiller sur la réputation de Thérèse, de ne nommer que moi dans le monde, de me livrer mille fois plutôt qu'elle, et de raconter l'histoire du duel telle que nous avions décidé qu'on la ferait. Elle me le promit : je l'embrassai ; nous nous séparâmes ; j'emmenai Thérèse et sa fille, et nous arrivâmes à trois heures du matin à Bellerive : quel voyage ! quelle journée, ma chère Louise ! J'enverrai cette lettre à Paris demain, de peur que la nouvelle de la mort de M. d'Ervins ne vous arrive avant ma lettre, et ne vous effraie pour moi.

Ce soir, pendant que l'infortunée Thérèse avait desiré d'être seule, je me suis promenée sur le bord de la rivière : j'ai voulu me livrer au souvenir de Léonce ; mais je ne sais, une inquiétude que j'avais de la peine à m'avouer m'empêchait de m'abandonner au charme de cette idée. Je me rappelai quelques traits sévères de son caractère, ce qu'il endisait lui-même dans sa lettre à M. Barton. Ce n'était plus un amant, c'était un juge que je croyais voir dans Léonce ; et des mouvements d'une fierté douloureuse s'emparaient de mon ame en pensant à lui. Enfin, me retraçant tout ce que madame de Vernon m'avait dit pour me rassurer, je me suis répété qu'un trait de bonté, même indiscret, ne pouvait détruire les sentiments qu'il m'a témoignés, et je suis rentrée chez moi plus tranquille.

Hélas! Thérèse, l'infortunée Thérèse est la seule à plaindre! combien vous vous intéresserez à son malheur, bonne, excellente Louise! combien vous serez disposée à me pardonner ce que j'ai fait pour elle! Ce n'est pas vous qui seriez sévère envers les égarements de la pitié.

LETTRE XXXIII.

Delphine à mademoiselle d'Albémar.

Bellerive, 9 juillet.

Depuis trois jours, le croirez-vous, ma chère Louise? je n'ai pas reçu une seule lettre de madame de Vernon! je n'ai pas entendu parler de Léonce! peut-être n'est-il pas encore revenu de Mondoville. J'ai reçu seulement une lettre de madame d'Artenas, la tante de madame de R., qui me mande que la mort de M. d'Ervins fait un bruit horrible dans Paris, et que beaucoup de gens me blâment: elle me demande de l'instruire de la vérité des faits, pour qu'elle puisse me défendre. Eh! que m'importe ce qu'on dira de moi? c'est l'opinion de Léonce que je veux savoir.

J'avais envie d'aller à Paris pour parler encore à madame de Vernon; je ne puis abandonner Thérèse; elle a pris la fièvre avec un délire violent; elle veut me voir à tous les instants. Hier j'étais sortie de sa chambre pendant quelques minutes, elle me demanda, et ne me trouvant point auprès d'elle, elle tomba dans un accès de pleurs qui me fit une peine profonde: non, je ne la quitterai point.

LETTRE XXXIV.

Delphine à mademoiselle d'Albémar.

Bellerive, 10 juillet.

Ce jour s'est encore passé sans nouvelles, et cependant Léonce est arrivé; un de mes gens, revenu ce soir de Paris, a rencontré un des siens. Je suis descendue vingt fois pendant le jour dans mon avenue, regardant si je ne voyais venir personne, reconnaissant de loin le facteur des lettres, courant d'abord au-devant de lui, mais bientôt forcée de m'appuyer contre un arbre pour l'attendre : les battements de cœur qui me saisissaient m'ôtaient la force de marcher.

J'ai épuisé toutes les informations que l'on peut prendre sur les lettres, sur les moyens d'en recevoir, sur la possibilité d'en perdre; je suis honteuse auprès de mes gens de ces innombrables questions; je les ai cessées, n'en espérant rien.

Il est clair que madame de Vernon n'a pas été contente de Léonce, puisqu'elle ne m'a pas mandé à l'instant même ce qu'il lui a dit; elle espère le ramener. Non, je ne lui écrirai point; non, je n'entrerai avec lui dans aucune justification; je n'irai point à Paris pour le prévenir, pour lui demander grace : je peux avoir eu tort selon son opinion ; mais quand je lui confie mes motifs, mais quand je sollicite presque mon pardon par l'entremise de mon amie ; enfin, quand je suis seule ici dans la douleur, auprès du lit d'une infortunée qui succombe aux tourments du repentir et de l'amour, c'est à Léonce à venir me chercher.

LETTRE XXXV.

Léonce à sa mère.

Paris, 11 juillet.

Je vous ai écrit, je crois, il y a quatre jours, de Mondoville, ma chère mère, une lettre que je désavoue entièrement; vous aviez raison de choisir mademoiselle de Vernon pour ma femme. Madame de Vernon m'a remis une lettre de vous décisive; le contrat est signé d'hier au soir, et cependant je vis, vous ne pouvez rien desirer de plus.

J'avais abrégé mon séjour à Mondoville, mais ce n'était pas dans ce but. A mon arrivée, j'apprends que M. de Serbellane a tué M. d'Ervins, à la suite d'une querelle politique chez madame d'Albémar : tout Paris retentit de cet éclat scandaleux. Sur le champ de bataille même M. de Serbellane a nommé madame d'Albémar ; il était renfermé chez elle depuis vingt-quatre heures ; elle m'avait dit qu'il était parti pour le Portugal : dans huit jours elle part pour Montpellier, d'où elle se rendra à Lisbonne, s'il n'est pas permis à M. de Serbellane de revenir en France pour l'épouser. Elle-même m'a écrit que madame de Vernon m'apprendrait toute son histoire. Enfin de quoi me plaindrais-je ? elle est libre, son caractère devait m'être connu : ne m'aviez-vous pas dit, ma mère, qu'il ne s'accorderait jamais avec le mien? pardonnez-moi de vous en avoir parlé : oubliez-la.

Je le sais, il ne m'est pas permis d'en finir; l'existence que vous m'avez donnée vous appartient : j'ai éprouvé une émotion assez forte de tout ceci ; mais ce n'est pas en vain que votre sang m'a transmis le courage et la fierté ; j'en aurai, je serai dans deux jours l'époux de Matilde. Que dira madame d'Albémar alors? que pensera-t-elle? Mais qu'importe ce qu'elle pensera? ma mère, vous serez obéie.

Le pauvre Barton s'est démis le bras en tombant de cheval ; il est obligé de rester à Mondoville encore quelque temps : il s'est aussi, comme moi, cruellement trompé ; mais qu'en résulte-t-il pour lui? rien. Adieu, ma mère.

LETTRE XXXVI.

Delphine à mademoiselle d'Albémar.

Bellerive, dans la nuit du 12 juillet.

Je n'ai plus rien à vous dire sur moi : aujourd'hui, à six heures du soir, mon sort a fini, et à neuf, j'ai reçu la lettre qui me l'annonce. J'existe ; je crois que je ne mourrai pas ; j'irai vous rejoindre dès que madame d'Ervins sera rétablie. Il y a quelques heures que je me suis crue très mal, mais c'est une des illusions de la douleur : souffrir, ce n'est pas mourir, c'est vivre.

Lisez cette lettre : je suis parvenue à vous la copier; mais il faut que j'en conserve l'original toujours sous mes yeux ; si je ne la voyais pas, je n'y croirais plus. J'irais trouver Léonce, j'irais lui dire que je l'aime encore ; et de ma vie je ne dois le voir, ni lui parler.

Madame de Vernon à madame d'Albémar.

Ce 10 juillet.

La peine que je vais vous causer, ma chère Delphine, m'est extrêmement douloureuse. J'ai remis votre billet à Léonce ; je lui ai parlé avec la plus grande vivacité, mais il était déjà tellement prévenu par le bruit qu'a fait cette malheureuse aventure, qu'il m'a été impossible de le ramener : il prétend que vos caractères ne se conviennent point ; que vous l'offenseriez sans cesse dans ce qu'il a de plus cher au monde, le respect pour l'opinion, et que vous vous rendriez malheureux mutuellement. Il avait, d'ailleurs, reçu une lettre de sa mère, qui s'opposait formellement à ce qu'il vous épousât, et le sommait de remplir ses engagements avec ma fille.

J'ai voulu lui rendre à cet égard toute sa liberté, mais il l'a refusée ; et, comme il était décidé à ne point s'unir avec vous, il m'a paru naturel de revenir à nos anciens projets. Le contrat de Matilde et de Léonce a donc été signé aujourd'hui, et après-demain, à six heures du soir, ils se marient : je voudrais vous voir avant cet instant si solennel pour moi ; venez demain à Paris, et j'irai chez vous. Adieu ; je suis bien affectée de votre chagrin.

SOPHIE DE VERNON.

Cette lettre, qui m'est parvenue par la poste, devait, d'après la date, m'arriver avant-hier : est-ce la fatalité, ou madame de Vernon voulait-elle s'épargner mes plaintes ? Oh ! j'en suis sûre, elle a froidement servi ma cause ; je me suis confiée dans son amitié pour moi, et j'avais tort : son affection pour sa fille a sans doute affaibli toutes ses expressions en ma faveur. Mais Léonce, juste ciel ! Léonce devait-il avoir besoin qu'on me défendît ? la vérité ne lui suffisait-elle pas ?

Ce matin, je m'éveillais aux espérances des plus tendres affections du cœur ; la nature me semblait la même ; je pensais, j'aimais, j'étais moi ; et il se préparait à conduire une autre femme à l'autel ! il ne me donnait pas même un regret ! il me croyait indigne de son nom ! Je voulais, ce soir même, aller trouver Léonce, oui, l'époux de Matilde, lui demander la raison de cette cruauté, de ce mépris qui l'avaient forcé de rompre nos liens. Mais quelle honte, grand Dieu ! l'implorer ! lui qui me croit dégradée dans l'opinion des hommes ! Ah ! que je meure, mais que je meure immobile à la place où j'ai reçu le coup mortel.

Qu'avais-je donc fait, cependant, qui pût inspirer à Léonce cette haine subite contre moi ? j'avais cédé à la pitié que m'inspirait l'amour de Thérèse : ne la comprend-il donc pas, cette pitié ? Se croit-il certain de n'en avoir jamais besoin ? Ma condescendance peut être blâmée, je le sais ; mais pouvais-je aimer comme j'aimais Léonce, et n'avoir pas un cœur accessible à la compassion ? L'amour et la bonté ne viennent-ils pas de la même source ?

Non, ce ne sont pas les motifs de mon action qu'il juge, c'est ce que les autres en ont dit ; c'est leur opinion qu'il consulte, pour savoir ce qu'il doit penser de moi : jamais il ne m'aurait rendue heureuse, jamais. Ah! qu'ai-je dit, Louise? Aucune femme sur la terre ne l'aurait été comme moi : je me serais conformée à son caractère, je l'aurais consulté sur toutes mes actions ; il m'aimait, j'en suis sûre! sans cet éclat cruel..... Ah! Thérèse, vous nous avez perdues toutes les deux!

J'ai eu soin de lui cacher quelle était la cause de mon désespoir : elle est assez malheureuse. Cependant elle n'a point à se plaindre de son amant ; c'est le sort qui les sépare. Mais, Léonce, ce sort, c'est ta volonté, c'est toi..... Louise, est-il sûr qu'ils sont mariés maintenant? qui le sait, qui me le dira? Sans doute ils le sont depuis plusieurs heures ; tout est irrévocable.

J'irai pourtant à Paris demain ; je n'y verrai personne, je ne verrai pas madame de Vernon. Qu'a-t-elle affaire de moi? Mais je saurai l'heure, le lieu, les circonstances : je veux me représenter l'événement qui sera désormais l'unique souvenir de ma vie ; je veux d'autres douleurs que cette lettre, d'autres pensées non moins déchirantes, mais qui soulagent un peu ma tête : elle est là, devant moi, cette lettre ; je la regarde sans cesse, comme si elle devait s'animer et répondre à mes avides questions.

Louise, vous aviez raison de craindre le monde pour votre malheureuse Delphine ; voilà mon ame bouleversée ; le calme n'y rentrera plus, la tempête a triomphé de moi : vous qui m'aimez encore, il faut que vous me le pardonniez, mais je crois que je ne peux plus vivre ; j'ai horreur de la société, et la solitude me rend insensée ; il n'y a plus de place sur la terre où je puisse me reposer.

LETTRE XXXVII.

Delphine à mademoiselle d'Albémar.

Paris, le 15 juillet, à minuit.

Louise, hier il n'était pas marié, non, il ne l'était pas encore! Juste ciel! seule maintenant, abandonnée de tout ce que j'aimais, vous dirai-je ce que mon désespoir peut à peine me persuader encore? Écoutez-moi : si je me rappelle ce que j'ai vu, ce que j'ai ressenti, ma raison n'est pas encore entièrement égarée.

Il me fut impossible de rester plus long-temps à Bellerive ; l'inaction du corps, quand l'ame est agitée, est un supplice que la nature ne peut supporter. Je montai en voiture ; j'ordonnai qu'on me conduisît à Paris, sans aucun projet, sans aucune idée qu'il me fût possible de m'avouer : je sentais encore, non de l'espérance, mais quelque chose qui différait cependant de l'impression qu'une nouvelle certaine fait éprouver. A force de réfléchir, mes idées s'étaient obscurcies, et j'étais parvenue à douter.

Je contemplais tous les objets dans le chemin avec ce regard fixe qui ne permet de rien distinguer : j'aperçus cependant un pauvre vieillard sur la route ; je fis arrêter ma voiture pour lui donner de l'argent : ce mouvement n'appartenait point à la bienfaisance, il était inspiré par l'idée confuse qu'une action charitable détournerait de moi le malheur qui me menaçait ; je frémis en découvrant quelques restes d'espoir dans mon ame, en sentant que je n'étais pas encore au dernier terme de la douleur ; je tombai à genoux dans ma voiture sans avoir la force de prier, et j'arrivai dans une anxiété inexprimable.

Antoine était chez moi ; je n'osai lui faire une question directe, mais je lui dis, sur madame de Vernon, un mot qui devait l'amener à me parler d'elle. « Sans doute, me répondit-il, madame vient ici pour assister au mariage de mademoiselle Matilde avec M. de Mondoville : c'est à six heures, à Sainte-Marie, près de Chaillot, à l'extrémité du faubourg, dans l'église du couvent où mademoiselle de Vernon a été élevée : il n'est pas cinq heures, madame a bien le temps de faire sa toilette. » Oh ! Louise, il n'était pas encore son époux ! j'étais à cinquante pas de lui, je pouvais aller me jeter en travers de la porte, et sa voiture aurait passé sur mon cœur avant que le mariage s'accomplît.

Non, jamais une heure n'a fait naître tant de pensées diverses, tant de projets adoptés, rejetés à l'instant ! je me suis crue vingt fois décidée à tout hasarder pour lui parler encore, avant qu'il eût prononcé le serment éternel; et vingt fois la fierté, la timidité glacèrent mes mouvements, et renfermèrent en moi-même la passion qui me consumait. Je me disais : Léonce, que mon imprudence a détaché de moi, que pensera-t-il d'une action inconsidérée? Faut-il le voir marcher à l'autel, après avoir foulé ma prière ? Cette réflexion m'arrêtait ; mais le souvenir des jours où il m'avait aimée la combattait bientôt avec force. Pendant ces incertitudes je voyais l'heure s'écouler, et le temps décidait pour moi de l'irrévocable destinée.

Je ne sais par quel mouvement je pris tout-à-coup un par dont l'idée me donna d'abord quelque soulagement. Je résolus d'aller moi-même, couverte d'un voile, à cette église où ils devaient se marier, et d'être ainsi témoin de la cérémonie. Je ne comprends pas encore quel était mon projet ; je n'avais pas celui de m'opposer au mariage, d'oser faire un tel scandale ; j'espérais, je crois, que je mourrais ; ou plutôt, la réflexion ne me guidait pas : la douleur me poursuivait, et je fuyais devant elle.

Je sortis seule, et tellement enveloppée d'un voile et d'un vêtement blanc, qu'on ne me reconnut point à ma porte : je marchais dans la rue rapidement : je ne sais d'où me venait tant de force ; mais il y avait sans doute dans ma démarche quelque chose de convulsif, car je voyais ceux qui passaient s'arrêter en me regardant : une agitation intérieure me soutenait ; je craignais de ne pas arriver à temps, j'étais pressée de mon supplice ; il me semblait qu'en atteignant au plus haut degré de la souffrance, quelque chose se briserait dans ma tête ou dans mon cœur, et qu'alors j'oublierais tout.

J'entrai dans l'église sans avoir repris ma raison ; la fraîcheur du lieu me calma pendant quelques instants : il y avait très peu de monde ; je pus choisir la place que je voulais, et je m'assis derrière une colonne qui me dérobait aux regards, mais cependant, hélas ! me permettait de tout voir. J'aperçus quelques femmes âgées dans le fond de l'église, qui priaient avec recueillement ; et, comparant le calme de leur situation avec la violence de la mienne, je haïssais ma jeunesse, qui donnait à mon sang cette activité de malheur.

Des instruments de fête se firent entendre en dehors de l'église ; ils annonçaient l'arrivée de Léonce : les orgues bientôt aussi la célébrèrent, et mon cœur seul mêlait le désespoir à tant de joie. Cette musique produisit sur mes sens un effet surnaturel ; dans quelque lieu que j'entendisse l'air que l'on a joué, il serait pour moi comme un chant de mort. Je m'abandonnai, en l'écoutant, à des torrents de larmes, et cette émotion profonde fut un secours du ciel : j'éprouvai tout-à-coup un mouvement d'exaltation qui soutint mon ame abattue ; la pensée de l'Être suprême s'empara de moi ; je sentis qu'elle me relevait à mes propres yeux. Non, me dis-je à moi-même, je ne suis point coupable ; et lorsque tout bonheur m'est enlevé, le refuge de ma conscience, le secours d'une Providence miséricordieuse me restera. Je vivrai de larmes ; mais aucun remords ne pouvant s'y mêler, je ne verrai dans la mort que le repos. Ah ! que j'ai besoin de ce repos !

Je n'avais pas encore osé lever les yeux ; mais quand les sons eurent cessé, cette douleur déchirante qu'ils avaient un moment suspendue me saisit de nouveau ; je vis Léonce à la clarté des flambeaux ; pour la dernière fois sans doute je le vis ! il donnait la main à Matilde ; elle était belle, car elle était heureuse ; et moi, mon visage couvert de pleurs ne pouvait inspirer que de la pitié.

Léonce (est-ce encore une illusion de mon cœur?), Léonce me parut plongé dans la tristesse ; ses traits me semblaient altérés, et ses regards erraient dans l'église, comme s'il eût voulu éviter ceux de Matilde. Le prêtre commença ses exhortations ; et lorsqu'il se tourna vers Léonce pour lui adresser des conseils sur le sentiment qu'il devait à sa femme, Léonce soupira profondément, et sa tête se baissa sur sa poitrine.

Vous le dirai-je ? un instant après je crus le voir qui cherchait dans l'ombre ma figure appuyée sur la colonne, et je prononçai dans mon égarement ces mots d'une voix basse : « *C'était à Delphine, Léonce, que cette affection était promise ; oui, Léonce la devait à Delphine ; elle n'a point cessé de la mériter.* » Il se troubla visiblement, quoiqu'il ne pût m'entendre ; madame de Vernon se leva pour lui parler ; elle se mit entre lui et moi ; il s'avança cependant encore pour regarder la colonne ; son ombre s'y peignit encore une fois.

J'entendis la question solennelle qui devait décider de moi : un frissonnement glacé me saisit ; je me penchai en avant, j'étendis la main ; mais bientôt, épouvantée de la sainteté du lieu, du silence universel, de l'éclat que ferait ma présence, je me retirai par un dernier effort, et j'allai tomber sans connaissance derrière la colonne. Je ne sais ce qui s'est passé depuis ; je n'ai point entendu le *oui* fatal ; le froid bienfaisant de la mort m'a sauvé cette angoisse.

A dix heures du soir, le gardien de l'église, au moment où il allait la fermer, s'est aperçu qu'une femme était étendue sur le marbre ; il m'a relevée, il m'a portée à l'air ; enfin, il m'a rendu cette fièvre douloureuse qu'on appelle la vie : je me suis fait conduire chez moi ; j'ai trouvé mes gens inquiets : et de quoi, juste ciel ? que ne pleuraient-ils de me revoir !

Après trois heures d'une immobilité stupide, j'ai retrouvé la force de vous écrire. Louise, ma seule amie, rappelez-moi près de vous ; ils sont tous heureux ici, qu'ai-je à faire dans ce pays de joie ? Peut-être les lieux que vous habitez ranimeront-ils en moi les sentiments que j'y ai long-temps éprouvés : une année ne peut-elle se retrancher de la vie ? mais un jour, un seul jour ! Ah ! c'est celui-là qui ne s'effacera point.

LETTRE XXXVIII.
Léonce à M. Barton.

Paris, ce 14 juillet.

Je vous ai mandé ma résolution : sachez à présent que je suis marié ; oui, depuis hier, à Matilde, je suis marié. Je vous ai épargné tout ce que j'ai souffert : pourquoi mêler à vos douleurs les inquiétudes de l'amitié ? Mais il faut cependant, si je ne veux pas devenir fou, que je vous confie une seule chose ; et que direz-vous de moi si ce secret impossible à garder est une apparition, un fantôme, une chimère ? Voilà ce qu'est devenu votre misérable ami, voilà dans quel état elle m'a jeté par sa perfidie.

Je savais hier que madame d'Albémar était à Bellerive, s'occupant de son départ pour Lisbonne ; je le savais : eh bien ! au milieu de la cérémonie imposante qui pour jamais disposait de mon sort, dans cette église où la fierté, le devoir, la volonté de ma mère m'ont entraîné, j'ai cru voir, derrière une colonne, madame d'Albémar couverte d'un voile blanc ; mais sa figure s'offrit à mes regards si pâle et si changée, que c'est ainsi que son image devrait m'apparaître après sa mort. Plus je fixais les yeux sur cette colonne, plus mon illusion devenait forte, et je crus que mon nom et le sien avaient été prononcés par sa voix, que j'entends souvent, il est vrai, quand je suis seul.

Madame de Vernon s'approcha de moi, et me rappela doucement à ce que je devais à Matilde : je me levai pour prononcer le serment irrévocable ; à l'instant même je vis cette même ombre s'avancer, étendre la main, et mon trouble fut tel qu'un nuage couvrit mes yeux. Je fis cependant un nouvel effort pour examiner cette colonne dont j'avais cru voir sortir l'image persécutrice de ma vie ; mais je n'aperçus plus rien ; l'effet des lumières dans cette vaste église, et mon imagination agitée, avaient sans doute créé cette chimère.

Mon silence et mon trouble, cependant, embarrassaient Matilde : je me hâtai de dire *oui*, comme dans l'égarement d'un rêve. Mon ame tout entière était ailleurs ; n'importe, le lien est serré, je suis l'époux de Matilde ! Quand il serait vrai que Delphine m'aurait aimé quelques instants, elle a senti, je n'en puis douter, qu'après l'éclat de son aventure, elle serait perdue si elle n'épousait pas M. de Serbellane; mais si je savais au moins qu'elle m'a regretté! Indigne faiblesse! Delphine m'a trompé, la nature n'a plus rien de vrai.

Vous saurez une fois, si je puis raconter ces derniers jours sans tomber dans des accès de rage et de douleur, vous saurez une fois tout ce qui s'est passé. Mais ce fantôme blanc, hier, qu'était-il? Je le vois encore.... Ah! mon ami, quand vous serez guéri, venez; j'ai plus besoin de vous que dans les débiles jours de mon enfance; ma raison est sans force, et je n'ai plus d'un homme que la violence des passions.

SECONDE PARTIE.

LETTRE PREMIÈRE.
Mademoiselle d'Albémar à Delphine.

Montpellier, 20 juillet 1790.

Après avoir reçu votre lettre, j'ai passé le jour entier dans les larmes, et je peux à peine voir assez pour vous écrire, tant mes yeux sont fatigués de pleurer. Ma chère enfant, à quelles douleurs vous avez été livrée! ah! que n'étais-je là pour exprimer ma haine contre les méchants, et pour consoler la bonté malheureuse! Je m'étais attachée à Léonce, je le regardais déjà comme un époux, comme un ami digne de vous : il a été capable d'une telle cruauté; il a volontairement renoncé à la plus aimable femme du monde, parcequ'il avait à lui reprocher une faute dont toutes les vertus généreuses étaient la cause; une faute comme les anges en commettraient, s'ils étaient témoins des faiblesses et des souffrances des hommes.

Sans doute, madame de Vernon n'a point su vous défendre; je vais plus loin, et je la soupçonne d'avoir empoisonné l'action qu'elle était chargée de justifier; mais ce n'est point une excuse pour Léonce. Celui que vous aviez daigné préférer devait-il avoir besoin d'un guide pour vous juger? Non, il ne vous a jamais aimée; il faut l'oublier, et relever votre âme par le sentiment de ce que vous valez. Ma chère Delphine, la vie n'est jamais perdue à vingt ans; la nature, dans la jeunesse, vient au secours des douleurs; les forces morales s'accroissent encore à cet âge, et ce n'est que dans le déclin que sont les maux irréparables.

J'ose vous le conseiller, quittez pour quelque temps le monde, et venez auprès de moi; je l'entrevois confusément, ce monde, mais il me semble qu'il ne suffit pas de toutes les qualités du cœur et de l'esprit pour y vivre en paix; il exige une certaine science qui n'est pas précisément condamnable, mais qui vous initie cependant trop avant dans le secret du vice, et dans la défiance que les hommes doivent inspirer. Vous avez l'esprit le plus étendu, mais votre ame est trop jeune, trop prompte à se livrer: mettez votre sensibilité sous l'abri de la solitude, fortifiez-vous par la retraite, et retournez ensuite dans la société; si vous y restiez maintenant, vous ne gueririez point des peines que vous avez éprouvées.

Venez goûter le calme, venez vous reposer par l'absence des objets pénibles, et par la suspension momentanée de toute émotion nouvelle: ce tableau sans couleurs n'a rien d'attirant, mais, à la longue, une situation monotone fait du bien; si les consolations qu'il faut puiser en soi-même ne sont pas rapides, leur effet au moins est durable.

Je ne vous parle point de mon affection, c'est avec timidité que je la rappelle, quand il s'agit des peines de l'amour; cependant une fois, je l'espère, votre ame tendre y trouvera peut-être encore quelque douceur.

LETTRE II.

Réponse de Delphine à mademoiselle d'Albémar.

Bellerive, ce 26 juillet 1790.

Oui, j'irai vous rejoindre, et pour toujours; cependant, pourquoi dites-vous qu'il ne m'a jamais aimée? Je sais bien que je n'ai plus d'avenir, mais il ne faut pas m'ôter le passé.

Au concert, au bal, la dernière fois que je l'ai vu, j'en suis sûre, il m'aimait! Il y a maintenant douze jours que je ne fais plus que repasser les mêmes souvenirs; je me suis rappelé des mots, des regards, des accents dont je n'avais pas assez joui, mais qui doivent me convaincre de son affection. Il m'aimait, j'étais libre, et il est l'époux d'une autre; ne croyez pas que jamais ma pensée puisse sortir de ce cercle cruel que les regrets tracent autour de moi. Depuis le jour où j'aurais dû mourir, j'ai vécu seule ; je n'ai vu que Thérèse ; je n'ai point répondu aux lettres de madame de Vernon ; je lui ai fait dire que je ne pouvais pas la voir : vous-même vous ne m'auriez pas fait du bien.

Je saurai recouvrer quelque empire sur moi-même ; mais le bonheur ! votre raison même vous dira qu'il n'en est plus pour moi. Vous ne pensez pas que jamais je puisse aimer un autre homme que Léonce ; ce charme irrésistible, qui m'avait inspiré la première passion de ma vie, vous ne pensez pas que jamais je puisse l'oublier. Eh bien ! le sort d'une femme est fini quand elle n'a pas épousé celui qu'elle aime ; la société n'a laissé dans la destinée des femmes qu'un espoir ; quand le lot est tiré et qu'on a perdu, tout est dit : on essaie de vains efforts, souvent même on dégrade son caractère en se flattant de réparer un irréparable malheur ; mais cette inutile lutte contre le sort ne fait qu'agiter les jours de la jeunesse, et dépouiller les dernières années de ces souvenirs de vertu, l'unique gloire de la vieillesse et du tombeau.

Que faut-il donc faire quand une cause, inconnue ou méritée, vous a ravi le bien suprême, l'amour dans le mariage ? que faut-il donc faire, quand vous êtes condamnée à ne jamais le connaître ? Éteindre ses sentiments, se rendre aride, comme tant d'êtres qui disent qu'ils s'en trouvent bien ; étouffer ces élans de l'ame qui appellent le bonheur et se brisent contre la nécessité. J'y ai presque réussi : c'est aux dépens de mes qualités, je le sais ; mais qu'importe ! pour qui maintenant les conserverais-je ?

Je suis moins tendre avec Thérèse ; j'ai quelque chose de contraint dans mes paroles, dans mon air, qui m'inspire de la déplaisance pour moi-même ; ces défauts me conviennent : Léonce ne m'a-t-il pas jugée indigne de lui ? pourquoi ne lui donnerais-je pas raison ? Vous voulez que je retourne vers vous, ma chère Louise ; mais pourrez-vous me reconnaître ? J'ai fait sur moi un travail qui a singulièrement altéré ce que j'avais d'aimable ; ne fallait-il pas roidir son ame pour supporter ce que je souffre ? S'éveiller sans espoir, traîner chaque minute d'un long jour comme un fardeau pénible, ne plus trouver d'intérêt ni de vie à aucune des occupations habituelles, regarder la nature sans plaisir, l'avenir sans projet ; juste ciel, quelle destinée ! et si je me livre à ma douleur, savez-vous quelle est l'idée, l'indigne idée qui s'empare de moi ? le besoin d'une explication avec Léonce.

Il me semble que je lui dirais des paroles qui me vengeraient...; mais à quoi me servirait-il de me venger? la fierté seule peut me conserver quelques restes de son estime. Cependant pourra-t-il éviter de me voir? c'est à moi de m'y refuser, je le dois, je le veux. Louise, ce qui m'a perdue, c'est trop d'abandon dans le caractère ; je me sens de l'admiration pour les qualités, pour les défauts même qui préservent de l'ascendant des autres. J'aime, j'estime la froideur, le dédain, le ressentiment; Léonce verra si moi aussi je ne puis pas lui ressembler... Que verra-t-il?. Il ne me regarde plus ; je m'agite, et il est en paix. Ma vie n'est de rien dans la sienne ; il continue sa route, et me laisse en arrière, après m'avoir vue tomber du char qui l'entraîne.

Vous me parlez de la retraite ! j'ai le monde en horreur, mais la solitude aussi m'est pénible. Dans le silence qui m'environne, je suis poursuivie par l'idée que personne sur la terre ne s'intéresse à moi : personne ! ah ! pardonnez, c'est à Léonce seul que je pensais ; funeste sentiment, qui dévaste le cœur, et n'y laisse plus subsister aucune des affections douces qui le remplissaient! C'est pour vous, pour vous seule, ma sœur, que j'essaie de vivre; madame de Vernon, que j'ai tant aimée, ne m'est plus qu'une pensée douloureuse; je lui adresse, au fond de mon cœur, des reproches pleins d'amertume : hélas ! peut-être que Léonce seul les mérite ; je veux me préserver du premier tort des malheureux, de l'injustice. Je recevrai madame de Vernon, puisqu'elle veut me voir : elle m'écrit que mon refus l'afflige ; oh ! je ne veux pas l'affliger : peut-être, en la revoyant, reprendrai-je à son charme.

Je redemande un intérêt, un moment agréable, comme on invoquerait les dons les plus merveilleux de l'existence; il me semble que cesser de souffrir est impossible, et qu'il n'y a plus au monde que de la douleur.

LETTRE III.

Delphine à mademoiselle d'Albémar.

Ce 30 juillet.

J'ai vu madame de Vernon; elle est venue passer deux jours à Bellerive : je me promenais seule sur ma terrasse, lorsque de loin je l'ai aperçue ; j'ai été saisie d'un tel tremblement à sa vue, que je me suis hâtée de m'asseoir pour ne pas tomber ; mais cependant, comme elle approchait, un sentiment d'irritation et de fierté m'a soutenue, et je me suis levée pour lui cacher mon trouble.

Toute l'expression de son visage était triste et abattue ; nous avons gardé l'une et l'autre le silence ; enfin elle l'a rompu, en me disant que sa fille allait la quitter, et s'établir avec son mari dans une maison séparée. « Ce projet n'était pas le vôtre, lui ai-je dit. — Non, répondit-elle ; il dérange et mon aisance de fortune, et l'espoir que j'avais d'être entourée de ma famille : mais qui peut prétendre au bonheur ? » J'ai soupiré. « Vous avez fait cependant, lui dis-je avec amertume, beaucoup de sacrifices à votre fille ; elle, du moins, vous devrait de la reconnaissance. — Vous m'accusez, répondit-elle après quelques moments de réflexion, vous m'accusez de vous avoir mal défendue auprès de Léonce : je peux mériter ce reproche ; cependant, je vous l'assure, son irritation ne pouvait être calmée ; vos ennemis l'avaient prévenu avant que je le visse ; le blâme que vous avez encouru avait particulièrement offensé son respect pour l'opinion publique, et vos caractères se convenaient si peu, que vous auriez été très malheureux ensemble. — Vous avais-je chargée d'en juger, lui dis-je, et n'aviez-vous pas accepté, ou plutôt recherché le devoir de me justifier ? — Et vous aussi, s'écria-t-elle, vous voulez m'abandonner ! vous en avez plus le droit que ma fille, et je me résigne à mon sort, sans vouloir lutter contre lui. » Elle s'assit en finissant ces mots ; je la vis pâlir et trembler : je l'avouerai, d'abord je n'en fus point émue ; j'ai tant souffert depuis huit jours, que mon âme est devenue plus ferme contre la douleur des autres ; cependant lorsqu'elle versa des larmes, je me sentis attendrie, je lui pris la main, je lui demandai de se justifier ; elle se tut, et continua de pleurer.

C'était la première fois de ma vie que je la voyais dans cet état ; tous mes souvenirs parlèrent pour elle dans mon cœur. « Eh bien, lui dis-je, eh bien ! je puis vous aimer assez pour vous pardonner le malheur de ma vie : vous ne m'avez point servie auprès de Léonce, mais en effet c'était à son cœur à plaider pour moi : lui qui était l'objet de ma tendresse, lui qui ne pouvait douter de mon amour, ne savait-il pas ma meilleure excuse ? Cependant, comment avez-vous pu vous résoudre à précipiter ce mariage ? n'aviez-vous pas besoin de mon consentement, après l'aveu que je vous avais fait? Vous étiez mère ; mais n'étais-je pas devenue votre fille en vous confiant mon sort? — Oui, s'écria-t-elle en soupirant, ma fille, et bien plus tendre que ma fille : je suis coupable, je le suis. » Et sa pâleur et l'altération de ses traits devenaient à chaque instant plus remarquables. Je ne pus résister à ce spectacle, et je me jetai dans ses bras en lui disant : « Je vous pardonne ; si j'en meurs, souvenez-vous que je vous ai pardonné. » Elle me regarda avec une émotion extrême ; elle eut presque le mouvement de se jeter à mes pieds ; mais, se reprenant tout-à-coup, elle se leva, et me demanda la permission de se promener un instant seule.

Je résolus, pendant qu'elle fut loin de moi, de l'interroger sur tout ce qui s'était passé. Quand elle revint, je le tentai ; cette conversation lui était pénible, et j'étais sans cesse combattue entre l'intérêt qui me faisait dévorer ses réponses, et le sentiment de pitié qui me défendait d'insister : si elle avait voulu se vanter et me tromper, notre liaison était rompue ; mais elle me peignit avec une telle vérité les nuances précises de son désir secret en faveur de sa fille, et son exactitude cependant à dire ce que j'avais exigé d'elle, qu'elle exerça sur moi l'empire de la vérité. Je la condamnais, mais je l'aimais toujours ; et comme ses manières étaient restées naturelles, son charme existait encore.

Elle m'avoua avec confusion qu'elle avait en effet pressé Léonce de conclure son mariage avec sa fille ; mais elle m'affirma que jamais il ne m'aurait épousée après l'éclat du duel de M. de Serbellane. Il était convaincu, me dit-elle, que tout le monde saurait un jour que j'avais réuni chez moi une femme avec son amant, à l'insu de son mari, et que la mort de M. d'Ervins en étant la suite, on ne me pardonnerait jamais. Le prétexte dont on voulait couvrir ce malheur, les opinions politiques, lui déplaisait presque autant que la vérité même. Enfin, madame de Vernon ajouta que Léonce avait reçu la lettre de sa mère la plus vive contre moi, et ne cessa de me répéter que ma destinée eût été très malheureuse avec deux personnes qui auraient traité la plupart de mes qualités comme des défauts.

Je repoussai ces consolations pénibles, et je ne lui trouvais pas le droit de me les donner. Je n'aimais pas davantage ses conseils répétés de fuir Léonce, et d'aller passer quelque temps auprès de vous, jusqu'à ce qu'il partît pour l'Espagne, comme c'était son dessein. Ces conseils étaient d'accord avec mes résolutions ; mais je n'avais pas rendu à madame de Vernon le pouvoir de me diriger ; et c'était presque malgré moi que je me laissais captiver par sa grace et sa douceur.

Dans le cours de cette conversation, je lui demandai une fois si Léonce n'avait pas imaginé que je m'intéressais trop vivement à M. de Serbellane ; mais elle repoussa bien facilement cette supposition, qui m'aurait été plus douce. En effet, la jalousie que M. de Serbellane avait un moment inspirée à Léonce n'était-elle pas tout-à-fait détruite par la confidence même du secret de madame d'Ervins? Non, Louise, il ne reste aucune pensée sur laquelle mon cœur puisse se reposer.

Madame de Vernon me parla ensuite de Matilde et de Léonce. « Il ne l'aime pas, me dit-elle ; depuis leur mariage, il la voit à peine : mais elle lui convient mieux qu'aucune autre, parcequ'elle ne fera jamais parler d'elle, et que c'est ainsi que doit être la femme d'un homme si sensible au moindre blâme. Quant à Matilde, elle aimera Léonce de toutes les puissances de son ame ; mais elle a une telle confiance dans l'ascendant du devoir, qu'elle ne forme pas un doute sur l'affection de son mari pour elle ; elle n'observe rien, et passe la plus grande partie de sa journée dans les pratiques de dévotion. Elle ne sera point ombrageuse en jalousie ; mais si quelques circonstances frappantes lui découvraient l'attachement de Léonce pour une autre femme, elle serait aussi véhémente qu'elle est calme, et la roideur même de son esprit et l'inflexibilité de ses principes ne lui permettraient plus ni tolérance, ni repos. — Hélas ! m'écriai-je, ce ne sera pas moi qui troublerai son bonheur ; l'on n'a rien à craindre de moi ; ne suis-je pas un être immolé, anéanti ? Ah ! Sophie, lui dis-je, deviez-vous... Mais ne parlons plus ensemble de Léonce, afin que je puisse goûter le seul plaisir dont mon ame soit encore susceptible, le charme de votre entretien. »

Madame de Vernon voulait voir madame d'Ervins, elle s'y est refusée ; Thérèse ne se montrant pas pendant que madame de Vernon était à Bellerive, j'ai passé deux jours tête à tête avec elle. Je l'avoue, le second jour j'éprouvai quelque soulagement ; il y a, dans l'attrait que je ressens pour madame de Vernon à présent, quelque chose d'inexplicable : elle ne m'inspire plus une estime parfaite, ma confiance n'est plus sans bornes ; mais sa grace me captive : quand je la vois, je m'en crois aimée, je suis moins oppressée auprès d'elle, et je ne puis l'entendre quelques heures sans imaginer confusément qu'elle m'a offert des consolations inattendues. Hélas! cette illusion a peu duré. Quand madame de Vernon a été partie, je me suis retrouvée plus mal qu'avant son arrivée : le bien qu'elle fait au cœur n'y reste pas.

Quel trouble je sens dans mon ame! mes idées, mes sentiments sont bouleversés ; je ne sais pour quel but, ni dans quel espoir je dois me créer un esprit, une manière d'être nouvelle; je flotte dans la plus cruelle des incertitudes, entre ce que j'étais et ce que je veux devenir : la douleur, la douleur est tout ce qu'il y a de fixe en moi : c'est elle qui me sert à me reconnaître. Mes projets varient, mes desseins se combattent; mon malheur reste le même; je souffre, et je change de résolution pour souffrir encore. Louise, faut-il vivre quand on craint l'heure qui suit, le jour qui s'avance, comme une succession de pensées amères et déchirantes? Si le temps ne me soulage pas, tout n'est-il pas dit? Le secret de la raison, c'est d'attendre ; mais qui attend en vain n'a plus qu'à mourir.

LETTRE IV.

Léonce à M. Barton.

Paris, ce 5 août,

Vous me demandez comment je passe ma vie avec Matilde : ma vie! elle n'est pas là. Je me promène seul tout le jour, et Matilde ne s'en inquiète pas; pendant ce temps elle va à la messe, elle voit son évêque, ses religieuses, que sais-je? elle est bien. Quand je la retrouve, de la politesse et de la douceur lui paraissent du sentiment; elle s'en contente, et cependant elle m'aime. La fille de la personne du monde qui a le plus de finesse dans l'esprit et de flexibilité dans le caractère, marche droit dans la ligne qu'elle s'est tracée, sans apercevoir jamais rien de ce qu'on ne lui dit pas. Tant mieux.... Je ne la rendrai pas malheureuse. Et que m'importe son esprit, puisque je ne veux jamais lui communiquer mes pensées?

Nous avancerons l'un à côté de l'autre dans cette route vers la tombe, que nous devons faire ensemble; ce voyage sera silencieux et sombre comme le but. Pourquoi s'en affliger? Un seul être au monde changeait en pompe de bonheur cette fête de mort que les hommes ont nommée le mariage; mais cet être était perfide, et un abîme nous a séparés.

Mon ami, je voudrais venger M. d'Ervins. Pourquoi M. de Serbellane existe-t-il après avoir tué un homme? n'a-t-il tué que ce d'Ervins? Et moi, juste ciel! est-ce que je vis? Je ne suis pas content de ma tête, elle s'égare quelquefois; ce que j'éprouve surtout, c'est de la colère : une irritabilité que vous aviez adoucie ne me laisse plus de repos ; je n'ai pas un sentiment doux. Si je pense que je pourrais la rencontrer, je ne me plais qu'à lui parler avec insulte; il n'y a plus de bonté en moi : mais qu'en ferais-je? ne disait-on pas que Delphine était remarquable par la bonté? je ne veux pas lui ressembler.

Tous les jours une circonstance nouvelle accroît mon amertume; j'étais étonné de ce que le départ de madame d'Albémar n'avait pas encore eu lieu; je remarquais le séjour de madame d'Ervins chez elle, et j'avais fait de ce séjour même une sorte d'excuse à sa conduite ; je me disais qu'apparemment elle n'avait point pris avec trop de chaleur et d'éclat le parti de M. de Serbellane, puisque la femme de M. d'Ervins avait choisi sa maison pour asile; et, quoique cette circonstance ne changeât rien aux relations de madame d'Albémar avec M. de Serbellane, à ces vingt-quatre heures passées chez elle, misérable que je suis! je sentais mon ressentiment adouci. Mais hier, mon banquier, chez qui j'étais entré pour je ne sais quelle affaire, reçut devant moi deux lettres de M. de Serbellane pour madame d'Albémar, et les lui adressa dans l'instant même, en faisant une plaisanterie sur ce qu'elle avait envoyé plusieurs fois demander si ces lettres étaient arrivées. Je n'apprenais rien par cet incident; eh bien! j'en ai été comme fou tout le jour.

Que me demandez-vous encore? si Matilde et moi nous restons chez madame de Vernon? Matilde veut avoir un établissement séparé; elle aime l'indépendance dans les arrangements domestiques, et d'ailleurs la vie de sa mère n'est point d'accord avec ses goûts. Madame de Vernon se couche tard, aime le jeu, voit beaucoup de monde; Matilde veut régler son temps d'après ses principes de dévotion. Je la laisse libre de déterminer ce qui lui convient : comment, dans l'état où je suis, pourrais-je avoir la moindre décision sur quelque objet que ce soit? Je ne remarque rien, je ne sens la différence de rien : j'ai une pensée qui me dévore, et je fais des efforts pour la cacher; voilà tout ce qui se passe en moi.

Il m'a paru cependant que madame de Vernon était plus affectée du projet de sa fille que je ne m'y serais attendu d'un caractère aussi ferme que le sien : elle a prononcé à demi-voix, et avec émotion, les mots d'*isolement* et d'*oubli;* mais, reprenant bientôt les manières indifférentes dont elle sait si bien couvrir ce qu'elle éprouve : « Faites ce que vous voudrez, ma fille, a-t-elle dit; il ne faut vivre ensemble que si l'on y trouve réciproquement du bonheur. » Et en finissant ces mots, elle est sortie de la chambre. Singulière femme! Excepté un seul et funeste jour, elle ne m'a jamais parlé avec confiance, avec chaleur, sur aucun sujet; mais, ce jour-là, elle exerça sur moi un ascendant inconcevable.

Ah! quels mouvements de fureur et d'humiliation ce qu'elle m'a dit ne m'a-t-il pas fait éprouver! Ne me demandez jamais de vous en parler; je ne le puis: Je veux aller en Espagne voir ma mère, m'éloigner d'ici; je l'ai annoncé à Matilde; je pars dans un mois, plus tôt peut-être, quand je serai sûr de ne pas rencontrer madame d'Albémar sur la route.

Un homme de mes amis m'a assuré que madame de Vernon avait beaucoup de dettes; cela se peut; la précipitation avec laquelle j'ai tout signé ne m'a permis de rien examiner. Si madame de Vernon a des dettes, il est du devoir de sa fille de les payer : ce mariage avec Matilde me ruinera peut-être entièrement; eh bien! cette idée me satisfait; madame d'Albémar aura jeté sur moi tous les genres d'adversités; elle ne croira pas du moins qu'en m'unissant à une autre, je me sois ménagé pour le reste de ma vie aucune jouissance, ni même aucun repos. Elle ne croira pas... Mais, insensé que je suis, s'occupe-t-elle de moi? n'écrit-elle pas à M. de Serbellane? ne reçoit-elle pas de ses lettres? ne doit-elle pas le rejoindre?... Ah! que je souffre! Adieu.

LETTRE V.

Delphine à mademoiselle d'Albémar.

Bellerive, ce 4 août.

Depuis que j'existe, vous le savez, ma sœur, l'idée d'un Dieu puissant et miséricordieux ne m'a jamais abandonnée; néanmoins dans mon désespoir je n'en avais tiré aucun secours : le sentiment amer de l'injustice que j'avais éprouvée s'était mêlé aux peines de mon cœur, et je me refusais aux émotions douces qui peuvent seules rendre aux idées religieuses tout leur empire. Hier, je passai quelques instants plus calmes, en cessant de lutter contre mon caractère naturel.

Je descendis vers le soir dans mon jardin, et je méditai pendant quelque temps, avec assez d'austérité, sur la destinée des âmes sensibles au milieu du monde. Je cherchais à repousser l'attendrissement que me causait l'image de Léonce; je voulais le confondre avec les hommes injustes et cruels, avides de déchirer le cœur qui se livre à leurs coups. J'essayai d'étouffer les sentiments jeunes et tendres dont j'ai goûté le charme depuis mon enfance. La vie, me disais-je, est une œuvre qui demande du courage et de la raison. Au sommet des montagnes, à l'extrémité de l'horizon, la pensée cherche un avenir, un autre monde, où l'âme puisse se reposer, où la bonté jouisse d'elle-même, où l'amour enfin ne se change jamais en soupçons amers, en ressentiments douloureux : mais dans la réalité, dans cette existence positive qui nous presse de toutes parts, il faut, pour conserver la dignité de sa conduite, la fierté de son caractère, réprimer l'entraînement de la confiance et de l'affection, irriter son cœur lorsqu'on le sent trop faible, et contenir dans son sein les qualités malheureuses qui font dépendre tout le bonheur des sentiments qu'on inspire.

Je me ferai, disais-je encore, une destinée fixe, uniforme, inaccessible aux jouissances comme à la douleur ; les jours qui me sont comptés seront remplis seulement par mes devoirs. Je tâcherai surtout de me défendre de cette rêverie funeste qui replonge l'âme dans le vague des espérances et des regrets : en s'y livrant, on éprouve une sensation d'abord si douce, et ensuite si cruelle! on se croit attiré par une puissance surnaturelle; elle vous fait pressentir le bonheur à travers un nuage; mais ce nuage s'éclaircit par degrés, et découvre enfin un abîme où vous aviez cru voir une route indéfinie de vertus et de félicités.

Oui, me répétais-je, j'étoufferai en moi tout ce qui me distinguait parmi les femmes, pensées naturelles, mouvements passionnés, élans généreux de l'enthousiasme; mais j'éviterai la douleur, la redoutable douleur. Mon existence sera tout entière concentrée dans ma raison, et je traverserai la vie, ainsi armée contre moi-même et contre les autres.

Sans interrompre ces réflexions, je me levai, et je marchai d'un pas plus ferme, me confiant davantage dans ma force. Je m'arrêtai près des orangers que vous m'avez envoyés de Provence; leurs parfums délicieux me rappelèrent le pays de ma naissance, où ces arbres du Midi croissent abondamment au milieu de nos jardins. Dans cet instant, un de ces orgues que j'ai si souvent entendus dans le Languedoc passa sur le chemin, et joua des airs qui m'ont fait danser quand j'étais enfant. Je voulais m'éloigner; un charme irrésistible me retint : je me retraçai tous les souvenirs de mes premières années, votre affection pour moi, la bienveillante protection dont votre frère cherchait à m'environner, la douce idée que je me faisais, dans ce temps, de mon sort et de la société; combien j'étais convaincue qu'il suffisait d'être aimable et bonne pour que tous les cœurs s'ouvrissent à votre aspect, et que les rapports du monde ne fussent plus qu'un échange continuel de reconnaissance et d'affection. Hélas! en comparant ces délicieuses illusions avec la disposition actuelle de mon ame, j'éprouvai des convulsions de larmes; je me jetai sur la terre, avec des sanglots qui semblaient devoir m'étouffer : j'aurais voulu que cette terre m'ouvrît son repos éternel.

En me relevant, j'aperçus les étoiles brillantes, le ciel si calme et si beau. « O Dieu! m'écriai-je, vous êtes là, dans ce sublime séjour, si digne de la toute-puissance et de la souveraine bonté! Les souffrances d'un seul être se perdent-elles dans cette immensité? ou votre regard paternel se fixe-t-il sur elles, pour les soulager et les faire servir à la vertu? Non, vous n'êtes point indifférent à la douleur; c'est elle qui contient tout le secret de l'univers : secourez-moi, grand Dieu, secourez-moi! Ah! pour avoir aimé, je n'ai pas mérité d'être oubliée de vous. Aucun être, dans le petit nombre d'années que j'ai passées sur cette terre, aucun être n'a souffert par moi; vous n'avez entendu aucune plainte qui fût causée par mon existence; j'ai été jusqu'à ce jour une créature innocente : pourquoi donc me livrez-vous à des tourments si cruels? » Ma Louise, en prononçant ces mots, j'avais pitié de moi-même : ce sentiment a quelque douceur.

Un secours plus efficace pénétra dans mon cœur; je me blâmai d'avoir tardé si long-temps à recourir à la prière; je repoussai le système que je m'étais fait de froideur et d'insensibilité : ce que je craignais, c'était l'amour, c'était la faiblesse, qui m'inspirait quelquefois le desir d'aller vers Léonce, de me justifier moi-même à ses yeux, de braver, pour lui parler, tous les devoirs, tous les sentiments délicats. Je trouvai bien plus de ressource contre ces indignes mouvements dans l'élévation de mon ame vers son Dieu, dans les promesses que je lui fis de rester fidèle à la morale, et je revins chez moi plus satisfaite de mes résolutions.

Depuis, je me suis occupée de Thérèse; il y avait quelques jours que je ne l'avais vue : elle passe presque toutes ses heures seule, avec un prêtre vénérable qui a pris beaucoup d'ascendant sur elle; son dessein est d'aller à Bordeaux pour arranger ses affaires, lorsqu'elle se croira sûre de n'avoir rien à craindre de la famille de son mari. Comme nous causions ensemble, je reçus des lettres de M. de Serbellane que mon banquier m'envoyait, parceque c'est sous mon nom qu'il écrit à Thérèse; je les lui remis : elle pleura beaucoup en les lisant, et me dit : « Il m'est permis de les recevoir encore; mais dans quelques mois je ne le pourrai plus. » Je voulais qu'elle s'expliquât davantage; elle s'y refusa : je n'osai pas insister. J'ignore par quelles pratiques, par quelles pénitences, elle essaie de se consoler; sans partager ses opinions, je n'ai point cherché, jusqu'à ce jour, à les combattre : qui sait, Louise, s'il n'y a pas des malheurs pour lesquels toutes les idées raisonnables sont insuffisantes?

LETTRE VI.

Delphine à mademoiselle d'Albémar.

Bellerive, ce 6 août.

Je me croyais mieux, ma sœur, la dernière fois que je vous ai écrit; aujourd'hui les circonstances les plus simples, telles qu'il en naîtra chaque jour de semblables, ont rempli mon ame d'amertume : le fond triste et sombre sur lequel repose ma destinée ne peut varier, et cependant ma douleur se renouvelle sous mille formes, et chacune d'elles exige un nouveau combat pour en triompher. Oh! qui pourrait supporter long-temps l'existence à ce prix?

Ce matin, un de mes gens m'a apporté de Paris des lettres assez insignifiantes, et la liste des personnes qui sont venues me voir pendant mon absence : je regardais avec distraction ces détails de la société, qui m'intéressent si peu maintenant, lorsqu'une lettre imprimée, que je n'avais point remarquée, attira mon attention; je l'ouvris, et j'y vis ces mots : *M. Léonce de Mondoville a l'honneur de vous faire part de son mariage avec mademoiselle de Vernon.* Le mal que m'a fait cette vaine formalité est insensé; mais tout n'est-il pas folie dans les sensations des malheureux? J'ai été indignée contre Léonce; il me semblait qu'il aurait dû veiller à ce qu'on ne suivît pas l'usage envers moi; je trouvais de l'insulte dans cet envoi d'une annonce à ma porte, comme s'il avait oublié que c'était une sentence de mort qu'il m'adressait ainsi, par forme de circulaire, sans daigner y joindre je ne sais quel mot de douceur ou de pitié. Je passai la matinée entière dans un sentiment d'irritation inexprimable. Le croiriez-vous? je commençai vingt lettres à Léonce, pour m'abandonner à peindre ce qui m'oppressait; mais je savais, en les écrivant, que je les brûlerais toutes; soyez-en sûre, je le savais : je ne puis répondre des mouvements qui m'agitent, mais quand il s'agira des actions, ne doutez pas de moi.

Ce jour si péniblement commencé me réservait encore des impressions plus cruelles : madame de Vernon vint me demander à dîner. Une demi-heure après son arrivée, comme j'étais appuyée sur ma fenêtre, je vis dans mon avenue cette voiture bleue de Léonce qui m'était si bien connue; un tremblement affreux me saisit; je crus qu'il venait avec sa femme accomplir son barbare cérémonial : j'étais dans un état d'agitation inexprimable, je regardai madame de Vernon, et ma pâleur l'effraya tellement, qu'elle avança rapidement vers moi pour me soutenir. Elle aperçut alors cette voiture que je regardais fixement, sans pouvoir en détourner les yeux. « C'est ma fille seule, me dit-elle promptement; il n'y sera pas, j'en suis sûre; il ne viendrait pas chez vous. » Ces mots produisirent sur moi les impressions les plus diverses; je respirai de ce qu'il ne venait pas. L'attente d'une si douloureuse émotion me faisait éprouver une terreur insupportable; mais je fus couverte de rougeur en me répétant les paroles de madame de Vernon : *Il ne viendrait pas chez vous.* Elle sait donc qu'il me croit indigne de sa présence, ou qu'il a pitié de ma faiblesse, de l'amour qu'il me croit encore pour lui. Ah! si je le voyais, combien je serais calme, fière, dédaigneuse ! Pendant que je cherchais à reprendre quelque force, les deux battants de mon salon s'ouvrirent, et l'on annonça madame de Mondoville.

Louise, c'est ainsi que l'heureuse Delphine se fût appelée, si Thérèse.... Ah! ce n'est pas Thérèse ; c'est lui, c'est lui seul ! A l'abri de ce nom de Mondoville, si doux, si harmonieux, quand il présageait sa présence ; à l'abri de ce nom, Matilde s'avançait avec fierté, avec confiance ; et moi qu'il en a dépouillée, je n'osais lever les regards sur elle, je pouvais à peine me soutenir. Elle m'aborda fort simplement, et ne me parut pas avoir la moindre idée des motifs de mon absence; elle attribua tout à mes soins pour madame d'Ervins, et me parut avoir gagné depuis qu'elle passait sa vie avec Léonce. *Je ne suis pas la rose,* dit un poëte oriental, *mais j'ai habité avec elle.* Dieu! que deviendrai-je, moi, condamnée à ne plus le revoir?

Une fois, dans la conversation, il me sembla que Matilde avait pris un geste, un mot familier à Léonce; mon sang s'arrêta tout-à-coup à ce souvenir, si doux en lui-même, si amer quand c'était Matilde qui me le retraçait. Un des gens de Léonce servait Matilde à table; tous ces détails de la vie intime me faisaient mal. Si je restais ici, j'éprouverais à chaque instant une douleur nouvelle. Voir sans cesse Matilde, sentir son bonheur goutte à goutte! non, je ne le puis. Quand il fallait m'adresser à elle, lui offrir ce qui se trouvait sur la table, j'évitais de lui donner aucun nom; madame de Vernon l'appelait souvent madame de Mondoville, et chaque fois je tressaillais.

Je m'aperçus aisément que madame de Vernon était blessée contre sa fille; mais je gardais le silence sur tout ce qui pouvait amener une conversation animée; à peine pouvais-je articuler les mots les plus insignifiants sans me trahir. Enfin, après le dîner, madame de Vernon demanda à Matilde quand son nouvel appartement serait prêt. « Dans six jours, » répondit Matilde; et, se retournant vers moi, elle me dit: « Je vois bien que cet arrangement déplaît à ma mère; mais je vous en fais juge, ma cousine, n'est-il pas convenable que nous vivions dans des maisons séparées? nos goûts et nos opinions diffèrent extrêmement; ma mère aime le jeu, elle passe une partie de la nuit au milieu du monde, la solitude me convient, et nous serons beaucoup plus heureuses toutes les deux en nous voyant souvent, mais en n'habitant pas sous le même toit. — Finissons-en sur ce sujet, lui dit madame de Vernon assez vivement; j'aurais modifié mes habitudes avec plaisir, je les aurais même sacrifiées, si je m'étais crue nécessaire à votre bonheur: quant à vos opinions, puisque c'est moi qui ai dirigé votre éducation, il n'y a pas apparence que je ne sache ménager une manière de penser que j'ai voulu vous inspirer. Mais vous parlez de goûts, d'habitudes, et jamais d'affections; celle que vous avez pour moi, en effet, a bien peu d'ascendant sur votre vie. N'en parlons plus: j'avais encore une illusion, vous venez de me prouver qu'il suffit d'en avoir une, quelque aride que soit d'ailleurs la vie, pour éprouver de la douleur. » Matilde rougit, je serrai la main de madame de Vernon, et nous gardâmes toutes les trois le silence pendant quelques minutes ; enfin madame de Vernon le rompit, en demandant à Matilde si elle avait été voir sa cousine, madame de Lebensei. « Je ne pense pas, assurément, répondit Matilde, que vous exigiez de moi d'aller voir une femme qui s'est remariée pendant que son premier mari vivait encore : un pareil scandale ne sera jamais autorisé par ma présence. — Mais son premier mari était étranger et protestant, lui répondit madame de Vernon ; elle a fait divorce avec lui selon les lois de son pays. — Et sa religion à elle-même, reprit Matilde, la comptez-vous pour rien? Elle est catholique : pouvait-elle se croire libre, quand sa religion ne le permettait pas ? — Vous savez, reprit madame de Vernon, que son premier mari était un homme très méprisable ; qu'elle aime le second depuis six ans ; qu'il lui a rendu des services généreux. — Je ne m'attendais pas, je l'avoue, interrompit Matilde, que ma mère justifierait la conduite de madame de Lebensei. — Je ne sais si je la justifie, répondit madame de Vernon ; mais quand madame de Lebensei aurait commis une faute, la charité chrétienne commanderait l'indulgence envers elle. — La charité chrétienne, répondit Matilde, est toujours accessible au repentir ; mais quand on persiste dans le crime, elle ordonne au moins de s'éloigner des coupables. — Et vous voudriez, ma fille, que madame de Lebensei quittât maintenant M. de Lebensei? — Oui, je le voudrais, s'écria Matilde ; car il n'est point, car il ne peut être son mari. On dit de plus que c'est un homme dont les opinions politiques et religieuses ne valent rien ; mais je ne m'en mêle point : il est protestant, il est tout simple que sa morale soit relâchée. Il n'en est pas de même de madame de Lebensei, elle est catholique, elle est ma parente ; je vous le répète, ma conscience ne me permet pas de la voir. — Eh bien ! j'irai seule chez elle, répondit madame de Vernon. — Je vous y accompagnerai, ma chère tante, lui dis-je, si vous le permettez. — Aimable Delphine ! s'écria madame de Vernon en soupirant ; eh bien ! nous irons ensemble ; elle demeure à deux lieues de chez vous ; elle passe sa vie dans la retraite, elle sait combien sa conduite a été, non seulement blâmée, mais calomniée ; elle ne veut point s'exposer à la société, qui est très mal pour elle. — Dites-lui bien, reprit Matilde avec assez de vivacité, que ce n'est point ce qu'on peut dire d'elle qui m'empêche d'aller la voir ; je ne suis point soumise à l'opinion, et personne ne saurait la braver plus volontiers que moi, si le moindre de mes devoirs y était intéressé ; au premier signe de repentir que donnera madame de Lebensei, je volerai auprès d'elle, et je la servirai de tout mon pouvoir. — Matilde, m'écriai-je involontairement, Matilde, croyez-vous qu'on se repente d'avoir épousé ce qu'on aime?» A peine ces mots m'étaient-ils échappés, que je craignis d'avoir attiré son attention sur le sentiment qui me les avait inspirés ; mais je me trompais : elle ne vit dans ces paroles qu'une opinion qui lui parut immorale, et la combattit dans ce sens. Je me tus ; elle et sa mère repartirent pour Paris, et je vis ainsi finir une contrainte douloureuse. Mais que de sentiments amers se sont ranimés dans mon cœur ! Quelle conduite que celle de Léonce ! Il ne me fait pas dire un mot, il ne veut pas me voir, il m'accable de mépris !... Louise, j'ai écrit ce mot ; malgré ce qu'il m'en a coûté, j'ai pu l'écrire ! car c'est de toute la hauteur de mon ame que je considère l'injustice même de Léonce. Je voudrais cependant, je voudrais, au prix de ma misérable vie, qu'il me fût possible de le rencontrer encore une fois par hasard, sans qu'il pût me soupçonner de l'avoir recherché. Je saurais alors, soyez-en sûre, je saurais reconquérir son estime : je m'enorgueillis à cette idée ; je l'aime peut-être encore : mais ce qui m'est nécessaire surtout, c'est qu'il me rende cette considération à laquelle il a sacrifié son bonheur, oui, son bonheur.... Je valais mieux pour lui que Matilde. Se peut-il qu'un mouvement de regret ne lui inspire pas le besoin de me parler ! Louise, ne condamnez pas celle que vous avez élevée : ce souhait, le ciel m'en est témoin, je ne le forme point pour me livrer aux sentiments les plus criminels. Mais je voudrais du moins refuser de le voir, qu'il le sût, qu'il en souffrît un moment, et qu'il cessât de me croire le plus faible des êtres, le plus indigne de son inflexible caractère. Louise, j'éprouve les douleurs les plus poignantes, et celles que je confie, et celles qui me font mal à développer. Pardonnez-moi si j'y succombe ; c'est pour vous seule que je vis encore.

LETTRE VII.

Delphine à mademoiselle d'Albémar.

Bellerive, ce 8 août.

Ne puis-je donc faire un pas qui ne renouvelle plus cruellement encore les chagrins que je ressens? Pourquoi m'a-t-on conduite chez madame de Lebensei? Elle est heureuse par le mariage; elle l'est parceque son mari a su braver l'opinion, parcequ'il a méprisé les vains discours du monde, et qu'à cet égard il est en tout l'opposé de Léonce. Madame de Lebensei est heureuse, et je l'aurais été bien plus qu'elle, car son caractère ne la met point entièrement au-dessus du blâme : son cœur est bien loin d'aimer comme le mien ; et quel homme, en effet, pourrait inspirer à personne ce que j'éprouve pour Léonce?

Madame de Vernon vint me prendre hier pour aller à Cernay, comme nous en étions convenues. En arrivant, nous apprîmes que M. de Lebensei était absent. Madame de Lebensei, en nous voyant, fut émue ; elle cherchait à le cacher, mais il était aisé de démêler cependant qu'une visite de ses parents était un événement pour elle, dans la proscription sociale où elle vivait. Vous avez connu madame de Lebensei à Montpellier : elle a près de trente ans ; sa figure, calme et régulière, est toujours restée la même. Nous parlâmes quelque temps sur tous les sujets convenus dans le monde, pour éviter de se connaître et de se pénétrer : cette manière de causer n'intéressait point une personne qui, comme madame de Lebensei, passe sa vie dans la retraite ; néanmoins elle craignait de s'approcher la première d'aucun sujet qui pût nous engager à lui parler de sa situation. J'essayai de nommer quelques personnes de sa connaissance : il me parut, par ce qu'elle m'en dit, qu'elle ne les voyait plus ; je remarquai bien qu'elle souffrait d'en avoir été abandonnée, mais je ne m'en aperçus qu'à la fierté même avec laquelle elle repoussait tout ce qui pouvait ressembler à une tentative pour se justifier, ou à des efforts pour se rapprocher du monde. Elle veut briser ce qu'elle pourrait conserver encore de liens avec la société, non par indifférence, mais pour n'avoir plus aucune communication avec ce qui lui fait mal.

Madame de Lebensei a pris tellement l'habitude de se contenir en présence des autres, qu'il était difficile de l'amener à nous parler avec confiance. Cependant, comme madame de Vernon lui faisait quelques excuses polies sur l'absence de sa fille, il lui échappa de dire : « Vous avez la bonté de me cacher, madame, la véritable raison de cette absence : madame de Mondoville ne veut pas me voir depuis que j'ai épousé M. de Lebensei. » Madame de Vernon sourit doucement : je rougis, et madame de Lebensei continua. « Vous, madame, dit-elle en s'adressant à madame de Vernon, vous, qui m'avez connue dans mon enfance, et qui avez été l'amie de ma famille, je vous remercie d'être venue me trouver dans cette circonstance ; je remercie madame d'Albémar de vous avoir accompagnée ici : je ne cherche pas le monde; je ne veux pas lui donner le droit de troubler mon bonheur intérieur ; mais une marque de bienveillance m'est singulièrement précieuse, et je sais la sentir. » Ses yeux se remplirent alors de larmes ; et, se levant pour nous les dérober, elle nous mena voir son jardin et le reste de sa maison.

L'un et l'autre étaient arrangés avec soin, goût et simplicité ; c'était un établissement pour la vie, rien n'y était négligé : tout rappelait le temps qu'on avait déjà passé dans cette demeure, et celui plus long encore qu'on se proposait d'y rester. Madame de Lebensei me parut une femme d'un esprit sage sans rien de brillant, éclairée, raisonnable, plutôt qu'exaltée. Je ne concevais pas bien comment, avec un tel caractère, sa conduite avait été celle d'une personne passionnée, et j'avais un grand desir de l'apprendre d'elle ; mais madame de Vernon ne m'aidait point à l'y engager ; elle était triste et rêveuse, et ne se mêlait point à la conversation.

En parcourant les jardins de madame de Lebensei, je découvris, dans un bois retiré, un autel élevé sur quelques marches de gazon; j'y lus ces mots : *A six ans de bonheur, Élise et Henri.* Et plus bas : *L'amour et le courage réunissent toujours les cœurs qui s'aiment.* Ces paroles me frappèrent ; il me sembla qu'elles faisaient un douloureux contraste avec ma destinée ; et je restai tristement absorbée devant ce monument du bonheur. Madame de Lebensei s'approcha de moi ; et, troublée comme je l'étais, je m'écriai involontairement : « Ah ! ne m'apprendrez-vous donc pas ce que vous avez fait pour être heureuse ? Hélas ! je ne croyais plus que personne le fût sur la terre. » Madame de Lebensei, touchée sans doute de mon attendrissement, me dit, avec un mouvement très aimable : « Vous saurez, madame, puisque vous le desirez, tout ce qui concerne mon sort ; je ne puis être insensible à l'espoir de captiver votre estime. Un sentiment de timidité, que vous trouverez naturel, me rendrait pénible de parler long-temps de moi ; j'aurai plus de confiance en écrivant. » Madame de Vernon nous rejoignit alors, et fut témoin de l'expression de ma reconnaissance.

Madame de Lebensei nous pria toutes les deux de rester chez

elle quelques jours; je m'y refusai pour cette fois, n'en ayant pas prévenu Thérèse; mais nous promîmes de revenir : je desirais revoir madame de Lebensei, et j'aurais craint de la blesser en la refusant; on a de la susceptibilité dans sa situation, et cette susceptibilité, les ames sensibles doivent la ménager, car elle donne aux plus petites choses une grande influence sur le bonheur.

En revenant avec madame de Vernon, je fus encore plus frappée que je ne l'avais été le matin de sa pâleur et de sa tristesse, et je lui demandai à quelle heure elle s'était couchée la nuit dernière. « A cinq heures du matin, me répondit-elle. — Vous avez donc joué? — Oui. — Mon Dieu! repris-je, comment pouvez-vous vous abandonner à ce goût funeste? vous y aviez renoncé depuis si long-temps! — Je m'ennuie dans la vie, me répondit-elle; je manque d'intérêt, de mouvement, et mon repos n'a point de charmes : le jeu m'anime sans m'émouvoir douloureusement; il me distrait de toute autre idée, et je consume ainsi quelques heures sans les sentir. — Est-ce à vous, lui dis-je, de tenir ce langage? votre esprit... — Mon esprit! interrompit-elle; vous savez bien que je n'en ai que pour causer, et point du tout pour lire, ni pour réfléchir; j'ai été élevée comme cela : je pense dans le monde; seule, je m'ennuie ou je souffre. — Mais ne savez-vous donc pas, lui dis-je, jouir des sentiments que vous inspirez? — Vous voyez quelle a été la conduite de ma fille pour moi, me répondit-elle; de ma fille à qui j'avais fait tant de sacrifices : peut-être qu'en voulant la servir je me suis rendue moins digne de votre amitié; vous me l'accordez encore, mais votre confiance en moi n'est plus la même : tout est donc altéré pour moi. Néanmoins les moments que je passe avec vous sont encore les plus agréables de tous; ainsi ne parlons pas de mes peines dans le seul instant où je les oublie. » Alors elle ramena la conversation sur madame de Lebensei; et comme elle a tout à la fois de la grace et de la dignité dans les manières, il est impossible de persister à lui parler d'un sujet qu'elle évite, ni de résister au charme de ce qu'elle dit.

Elle fut si parfaitement aimable pendant la route, qu'elle suspendit un moment l'amertume de mes chagrins. La finesse de son esprit, la délicatesse de ses expressions, un air de douceur et de négligence qui obtient tout sans rien demander; ce talent de mettre son ame tellement en harmonie avec la vôtre, que vous croyez sentir avec elle, en même temps qu'elle, tout ce que son esprit développe en vous ; ces avantages, qui n'appartiennent qu'à elle, ne peuvent jamais perdre entièrement leur ascendant. Il me semble impossible, quand je vois madame de Vernon, de ne pas me confier à son amitié; et cependant, dès que je suis loin d'elle, le doute me ressaisit de nouveau. Que le cœur humain est bizarre! on a des sentiments que l'on cherche à se justifier, parcequ'on a toujours en soi quelque chose qui les blâme; et l'on cède à de certains agréments, à de certains esprits, avec une sorte de crainte qui ajoute peut-être encore à l'attrait qu'ils inspirent et qu'on voudrait combattre.

Ce matin, comme je me levais, ayant passé presque toute la nuit à réfléchir sur l'heureux et doux asile de Cernay, je reçus la lettre que madame de Lebensei m'avait promis de m'écrire : la voici; jugez, Louise, de ce que j'ai dû souffrir en la lisant.

Madame de Lebensei à madame d'Albémar.

Parmi les sacrifices qui me sont imposés, madame, le seul que j'aurais de la peine à supporter, ce serait de vous avoir connue, et de ne pas chercher à vous prouver que je ne mérite point l'injustice dont on a voulu me rendre victime. Mettez quelque prix à mes efforts pour obtenir votre approbation; car jusqu'à ce jour, satisfaite de mon bonheur et fière de mon choix, je n'ai pas fait une démarche pour expliquer ma conduite.

En prenant la résolution de faire divorce avec mon premier mari, et d'épouser quelques années après M. de Lebensei, j'ai parfaitement senti que je me perdais dans le monde, et j'ai formé, dès cet instant, le dessein de n'y jamais reparaître. Lutter contre l'opinion, au milieu de la société, est le plus grand supplice dont je puisse me faire l'idée. Il faut être, ou bien audacieuse, ou bien humble, pour s'y exposer. Je n'étais ni l'une ni l'autre, et je compris très vite qu'une femme qui ne se soumet pas aux préjugés reçus doit vivre dans la retraite, pour conserver son repos et sa dignité; mais il y a une grande différence entre ce qui est mal en soi, et ce qui ne l'est qu'aux yeux des autres; la solitude aigrit les remords de la conscience, tandis qu'elle console de l'injustice des hommes.

Si j'avais été très aimable, très remarquable par la grace et l'esprit de société, le sacrifice de mes succès m'eût peut-être été pénible; mais j'étais une femme ordinaire dans la conversation, quoique j'eusse une manière de sentir très forte et très profonde : je pouvais donc renoncer au monde, sans craindre ces regrets continuels de l'amour-propre qui troublent tôt ou tard les affections les plus tendres.

Je n'avais point à redouter non plus le réveil des passions exaltées : j'ai de la raison, quoique ma conduite ne soit pas d'accord avec ce qu'on appelle communément ainsi. C'est d'après des réflexions sages et calmes que j'ai pris un parti qui sort de toutes les règles communes ; et rien de ce qui m'a décidée ne peut changer, car c'est d'après mon caractère et celui de Henri que je me suis déterminée.

Les événements de ma vie sont très simples et peu multipliés ; la suite de mes impressions est le seul intérêt de mon histoire.

Un Hollandais, M. de T., avait rapporté des colonies une très grande fortune ; il passa quelque temps à Montpellier pour rétablir sa santé. Il se prit, je ne sais pourquoi, d'une passion très vive pour moi, me demanda, m'obtint, et m'emmena dans son pays, où je ne connaissais personne. Il fallut, à dix-huit ans, rompre avec tous les souvenirs de ma vie. Je voulais m'attacher à mon mari ; il y avait, dans nos esprits et dans nos caractères, une opposition continuelle. Il était amoureux de moi, parce qu'il me trouvait jolie ; car, d'ailleurs, il semblait qu'il aurait dû me haïr. Cette espèce d'attachement que je lui inspirais ajoutait donc encore à mon malheur ; car si ma figure ne lui avait pas été agréable, il se serait éloigné de moi, et je n'aurais pas senti à chaque instant de la journée les défauts qui me le rendaient insupportable.

Avarice, dureté, entêtement, toutes les bornes de l'esprit et de l'ame se trouvaient en lui. Je me brisais sans cesse contre elles ; j'essayais sans cesse un plan quelconque de bonheur, et tous échouaient contre son active et revêche médiocrité.

Il avait fait sa fortune en Amérique, en exerçant sur ses malheureux esclaves un despotisme tyrannique ; il y avait contracté l'habitude de se croire supérieur à tout ce qui l'entourait : les sentiments nobles, les idées élevées lui paraissaient de l'affectation ou de la niaiserie. Exerciez-vous une vertu généreuse à vos dépens, il se moquait de vous ; l'opposiez-vous à ses désirs, non seulement il s'irritait contre vous, mais il cherchait à dégrader vos motifs : il voulait qu'il n'y eût qu'une seule chose de considérée dans le monde, l'art de s'enrichir, et le talent de faire prospérer, en tout genre, ses propres intérêts. Enfin, je l'ai doublement senti, dans le temps de mon malheur et dans les années heureuses qui l'ont suivi, l'étendue des lumières, le caractère et les idées que l'on nomme philosophiques, sont aussi nécessaires au charme, à l'indépendance et à la douceur de la vie privée, qu'elles peuvent l'être à l'éclat de toute autre carrière.

Il fallait, pour vivre bien avec M. de T., que je renonçasse à tout ce que j'avais de bon en moi; je n'aurais pu me créer un rapport avec lui qu'en me livrant à un mauvais sentiment.

Quoiqu'il ne cherchât point à p'aire, il était très inquiet de ce qu'on disait de lui; il n'avait ni l'indifférence sur les jugements des hommes, que la philosophie peut inspirer, ni les égards pour l'opinion, qu'aurait dû lui suggérer son désir de la captiver. Il voulait obtenir ce qu'il était résolu de ne pas mériter; et cette manière d'être lui donnait de la fausseté dans ses rapports avec les étrangers, et de la violence dans ses relations domestiques.

Il songeait, du matin au soir, à l'accroissement de sa fortune, et je ne pouvais pas même me représenter cet accroissement comme de nouvelles jouissances, car j'étais assurée qu'une augmentation de richesses lui faisait toujours naître l'idée d'une diminution de dépense; et je ne disputais sur rien avec lui, dans la crainte de prolonger l'entretien, et de sentir nos ames de trop près dans la vivacité de la querelle.

L'exercice d'aucune vertu ne m'était permis; tout mon temps était pris par le despotisme ou l'oisiveté de mon mari. Quelquefois les idées religieuses venaient à mon secours; néanmoins combien elles ont acquis plus d'influence sur moi depuis que je suis heureuse! Des souffrances arides et continuelles, une liaison de toutes les heures avec un être indigne de soi, gâtent le caractère, au lieu de le perfectionner. L'ame qui n'a jamais connu le bonheur ne peut être parfaitement bonne et douce: si je conserve encore quelque sécheresse dans le caractère, c'est à ces années de douleur que je le dois. Oui, je ne crains pas de le dire, s'il était une circonstance qui pût nous permettre une plainte contre notre Créateur, ce serait du sein d'un mariage mal assorti que cette plainte échapperait; c'est sur le seuil de la maison habitée par ces époux infortunés qu'il faudrait placer ces belles paroles du Dante, qui proscrivent l'espérance. Non, Dieu ne nous a point condamnés à supporter un tel malheur! Le vice s'y soumet en apparence, et s'en affranchit chaque jour; la vertu doit le briser, quand elle se sent incapable de renoncer pour jamais au bonheur d'aimer, à ce bonheur dont le sacrifice coûte bien plus à notre nature que le mépris de la mort.

Je ne vous développerai point ici mon opinion sur le divorce : quand M. de Lebensei sera assez heureux pour vous connaître, madame, il vous dira mieux que personne les raisonnements qui m'ont convaincue; je ne veux vous peindre que les sentiments qui ont décidé de mon sort.

Un jour, à La Haye, chez l'ambassadeur de France, on m'annonça qu'un jeune Français était arrivé le matin de Paris, et devait nous être présenté le soir même. Une femme me dit que ce Français passait pour sauvage, savant et philosophe, que sais-je? tout ce que les Français sont rarement à vingt-cinq ans; elle ajouta qu'il avait fait ses études à Cambridge, et que sans doute il s'était gâté par les manières anglaises; mais comme il n'existe pas, selon mon opinion, de plus noble caractère que celui des Anglais, je ne me sentais point prévenue contre l'homme qui leur ressemblait. Je demandai son nom, elle me nomma Henri de Lebensei, gentilhomme protestant du Languedoc : sa famille était alliée de la mienne : je ne l'avais jamais vu, mais il connaissait le séjour de mon enfance; il était Français; il avait au moins entendu parler de mes parents : cette idée, dans l'éloignement où je vivais de tout ce qui m'avait été cher, cette idée m'émut profondément.

M. de Lebensei entra chez l'ambassadeur avec plusieurs autres jeunes gens; je reconnus à l'instant l'image que je m'en étais faite : il avait l'habillement et l'extérieur d'un Anglais, rien de remarquable dans la figure, que de l'élégance, de la noblesse, et une expression très spirituelle. Je ne fus point frappée en le voyant; mais plus je causai avec lui, plus j'admirai l'étendue et la force de son esprit, et plus je sentis qu'aucun caractère ne convenait mieux au mien.

Depuis ce jour jusqu'à présent, depuis six années, loin de me reprocher d'aimer Henri de Lebensei, il m'a semblé toujours que si je l'éloignais de moi, je repousserais une faveur spéciale de la Providence, le signe le plus manifeste de sa protection, l'ami qui me rend l'usage de mes qualités naturelles, et me conduit dans la route de la morale, de l'ordre et du bonheur.

Vous avez peut-être su les cruels traitements que M. de T. me fit éprouver quand il sut que j'aimais M. de Lebensei. Je n'avais point d'enfants ; je demandai le divorce selon les lois de Hollande. M. de T., avant d'y consentir, voulut exiger de moi une renonciation absolue à toute ma fortune; quand je la refusai, il m'enferma dans sa terre, et me menaça de la mort ; son amour s'était changé en haine, et toute sa conduite était alors soumise à sa passion dominante, à l'avidité. Henri me sauva par son courage, exposa mille fois sa vie pour me délivrer, et me ramena enfin en France après deux années, pendant lesquelles il m'avait rendu tous les services que l'amour et la générosité peuvent inspirer.

Mon divorce fut prononcé : je ne vous fatiguerai point des peines qu'il m'en coûta pour l'obtenir; c'est Henri que je veux vous faire connaître : toute ma destinée est en lui. Je vais peut-être vous étonner, jeune et charmante Delphine ; mais ce n'est point la passion de l'amour, telle qu'on peut la ressentir dans l'effervescence de la jeunesse, qui m'a décidée à choisir Henri pour le dépositaire de mon sort ; il y a de la raison dans mon sentiment pour lui, de cette raison qui calcule l'avenir autant que le présent, et se rend compte des qualités et des défauts qui peuvent fonder une liaison durable. On parle beaucoup des folies que l'amour fait commettre : je trouve plus de vraie sensibilité dans la sagesse du cœur que dans son égarement ; mais toute cette sagesse consiste à n'aimer, quand on est jeune, que celui qui vous sera cher également dans tous les âges de la vie. Quel doux précepte de morale et de bonheur! Et la morale et le bonheur sont inséparables, quand les combinaisons factices de la société ne viennent pas mêler leur poison à la vie naturelle.

Henri de Lebensei est certainement l'homme le plus remarquable par l'esprit qu'il soit possible de rencontrer : une éducation sérieuse et forte lui a donné sur tous les objets philosophiques des connaissances infinies, et une imagination très vive lui inspire des idées nouvelles sur tous les faits qu'il a recueillis. Il se plaît à causer avec moi, d'autant plus qu'une sorte de timidité sauvage et fière le rend souvent taciturne dans le monde ; comme son esprit est animé et son caractère assez sérieux, plus le cercle se resserre, plus il déploie dans la conversation d'agréments et de ressources, et, seul avec moi, il est plus aimable encore qu'il ne s'est jamais montré aux autres. Il réserve pour moi des trésors de pensées et de grace, tandis que le commun des hommes s'exalte pour les auditeurs, s'enflamme par l'amour-propre, et se refroidit dans l'intimité. Tous ceux qui aiment la solitude, ou que des circonstances ont appelés à y vivre, vous diront de quel prix est, dans les jouissances habituelles, ce besoin de communiquer ses idées, de développer ses sentiments, ce goût de conversation qui jette de l'intérêt dans une vie où le calme s'achète d'ordinaire aux dépens de la variété. Et ne croyez point que cet empressement de Henri pour mon entretien naisse seulement de son amour pour moi ; ma raison m'aurait dit encore qu'il ne faut jamais compter sur les qualités que l'amour donne, ou se croire préservé des défauts dont il corrige. Ce qui me rend certaine de mon bonheur avec Henri, c'est que je connais parfaitement son caractère tel qu'il est, indépendamment de l'affection que je lui inspire, et que je suis la seule personne au monde avec laquelle il ait entièrement développé ses vertus comme ses défauts.

Henri possède un genre d'agrément et de gaieté qui ne peut se développer que dans la familiarité de sentiments intimes ; ce n'est point une grace de parure, mais une grace d'originalité dont la parfaite aisance augmente beaucoup le charme : quand l'intimité est arrivée à ce point, qui fait trouver du charme dans des jeux d'enfants, dans une plaisanterie vingt fois répétée, dans de petits détails sans fin auxquels personne que vous deux ne pourrait jamais rien comprendre, mille liens sont enlacés autour du cœur, et il suffirait d'un mot, d'un signe, de l'allusion la plus légère à des souvenirs si doux, pour rappeler ce qu'on aime du bout du monde.

J'ai de la disposition à la jalousie ; Henri ne m'en fait jamais éprouver le moindre mouvement ; je sais que seule je le connais, que seule je l'entends, et qu'il jouit d'être senti, d'être estimé par moi, sans avoir jamais besoin de mettre en dehors ce qu'il éprouve. Il a des opinions très indépendantes, assez de mépris pour les hommes en général, quoiqu'il ait beaucoup de bienveillance pour chacun d'eux en particulier. On a dit assez de mal de lui, surtout depuis que, dans les querelles politiques, il s'est montré partisan de la révolution ; il tient cette injustice pour acceptée, et rien au monde ne pourrait le contraindre à une justification, pas même à une démonstration de ce qu'il est : dès que cette démonstration peut être demandée, elle lui devient impossible. Le parfait naturel de son caractère m'est encore un garant de sa fidélité : s'il formait une nouvelle liaison, il serait obligé d'entrer dans des explications sur lui-même, sur ses défauts, sur ses qualités, dont sa conduite envers moi le dispense; il m'a parlé par ses actions, et c'est de cette manière qu'un caractère fier et souvent calomnié aime à se faire connaître.

Sous des formes froides et quelquefois sévères, il est plus accessible que personne à la pitié : il cache ce secret, de peur qu'on n'en abuse; mais moi je le sais, et je m'y confie. Sans doute je serais bien malheureuse s'il n'était retenu près de moi que par la crainte de m'affliger en s'éloignant; mais, tout en jouissant de l'amour que je lui inspire, je songe avec bonheur que deux vertus me répondent de son cœur, la vérité et la bonté. Nous nous faisons illusion; mais quand on observe la société, il est aisé de voir que les hommes ont bien peu besoin des femmes; tant d'intérêts divers animent leur vie, que ce n'est pas assez du goût le plus vif, de l'attrait le plus tendre, pour répondre de la durée d'une liaison : il faut encore que des principes et des qualités invariables préservent l'esprit de se livrer à une affection nouvelle, arrêtent les caprices de l'imagination, et garantissent le cœur long-temps avant le combat; car s'il y avait combat, le triomphe même ne serait plus du bonheur.

Que de qualités cependant, que de singularités même ne faut-il pas trouver réunies dans le caractère d'un homme, pour avoir la certitude complète de son affection constante et dévouée! et, sans cette certitude, combien le parti que j'ai adopté serait insensé! car lorsqu'on prend une résolution contraire à l'opinion générale, rien ne vous soutient que vous-même : vous avez contracté l'engagement d'être heureuse, et si jamais vous laissiez échapper quelques regrets, le public et vos amis seraient prêts à les repousser au fond de votre cœur, comme dans leur seul asile.

Je ne le dissimulerai point, les opinions philosophiques de Henri, la force de son caractère, son indifférence absolue pour la manière de penser des autres, quand elle n'est pas la sienne; tous ces appuis m'ont été bien nécessaires pour lutter contre la défaveur du monde. Un homme s'affranchit aisément de tout ce qui n'est pas sa conscience, et s'il possède des talents vraiment distingués, c'est en obtenant de la gloire qu'il cherche à captiver l'opinion publique; la gloire commence à une grande distance du cercle passager de nos relations particulières, et n'y pénètre même qu'à la longue. M. de Lebensei, par un contraste singulier, mais naturel, est parfaitement indifférent à l'opinion de ce qu'on appelle la société, et très ambitieux d'atteindre un jour à l'approbation du monde éclairé : moi, qui ne puis être connue qu'autour de moi, je ne nie point que je sois affligée quelquefois d'être généralement blâmée ; mais comme ce blâme ne produit pas sur Henri la plus légère impression, comme je suis assurée qu'il y est tout-à-fait indifférent, je me distrais facilement de ma peine. L'on n'est inconsolable, dans un sentiment vrai, que de la douleur de ce qu'on aime ; l'on finit toujours par oublier la sienne propre.

J'étais convaincue que la morale et la religion bien entendues ne me défendaient point d'épouser Henri, puisque je ne troublais, par cette résolution, la destinée de personne, et que je n'avais à rendre compte qu'à Dieu de mon bonheur. Devais-je donc, quand le ciel m'avait fait rencontrer le seul caractère qui pût s'identifier avec le mien, le seul homme qui pût tirer de mes qualités et de mes défauts des sources de félicité pour tous les deux, devais-je sacrifier ce sort unique au mal que pouvaient dire de moi de froids amis qui m'ont bientôt oubliée, des indifférents qui savent à peine mon nom? Ils me conseilleraient de renoncer au seul être qui m'aime, au seul être qui me protège dans ce monde, tout en se préparant à me refuser du secours si j'en avais besoin, si, redevenue isolée par déférence pour leurs avis, j'allais leur demander l'un des milliers de services qu'Henri me rendrait sans les compter.

Non, ce n'est point à l'opinion des hommes, c'est à la vertu seule qu'on peut immoler les affections du cœur : entre Dieu et l'amour, je ne reconnais d'autre médiateur que la conscience.

De quoi vous menace donc la société? De ne plus vous voir ? La punition n'est pas égale à la sévérité des lois qu'elle impose. Cependant, je le répète à vous, madame, qui êtes encore dans les premières années de la jeunesse, mon exemple ne doit entraîner personne à m'imiter. C'est un grand hasard à courir pour une femme, que de braver l'opinion ; il faut, pour l'oser, se sentir, suivant la comparaison d'un poëte, *un triple airain autour du cœur*, se rendre inaccessible aux traits de la calomnie, et concentrer en soi-même toute la chaleur de ses sentiments ; il faut avoir la force de renoncer au monde, posséder les ressources qui permettent de s'en passer, et ne pas être douée cependant d'un esprit ou d'une beauté rare, qui feraient regretter les succès pour toujours perdus ; enfin, il faut trouver dans l'objet de nos sacrifices la source toujours vive des jouissances variées du cœur et de la raison, et traverser la vie appuyés l'un sur l'autre, en s'aimant et faisant le bien.

Vous connaissez maintenant ma situation, madame; vous aurez aperçu que mon bonheur n'est pas sans mélange : mais le bonheur parfait ne peut jamais être le partage d'une femme à qui l'erreur de ses parents ou la sienne propre ont fait contracter un mauvais mariage. Si l'enfant que je porte dans mon sein est une fille, ah! combien je veillerai sur son choix! combien je lui répéterai que, pour les femmes, toutes les années de la vie dépendent d'un jour! et que d'un seul acte de leur volonté dérivent toutes les peines ou toutes les jouissances de leur destinée.

Quand des personnes que j'estime condamnent la résolution que j'ai prise; quand j'éprouve la faiblesse ou la dureté de mes amis, quelquefois je ne retrouve plus, même dans la solitude, le repos que j'espérais, et le souvenir du monde s'y introduit pour la troubler. Mais dans les moments où je suis le plus abattue, un beau jour, avec Henri, relève mon ame : nous sommes jeunes encore l'un et l'autre, et néanmoins nous parlons souvent ensemble de la mort; nous cherchons dans nos bois quelque retraite paisible pour y déposer nos cendres; là, nous serons unis, sans que les générations successives qui fouleront notre tombe nous reprochent encore notre affection mutuelle.

Nous nous entretenons souvent sur les idées religieuses; nous interrogeons le ciel par des regards d'amour : nos âmes, plus fortes de leur intimité, essaient de pénétrer à deux dans les mystères éternels. Nous existons par nous-mêmes, sans aucun appui, sans aucun secours des hommes. M. de Lebensei, je l'espère, est plus heureux que moi, car il est beaucoup plus indépendant des autres. Quand les chagrins causés par l'opinion me font souffrir, je me dis que j'aurais été trop heureuse si les hommes avaient joint leur suffrage à ma félicité intérieure, si j'avais vu, pour ainsi dire, mon bonheur se répéter de mille manières dans leurs regards approbateurs. L'imparfaite destinée jette toujours des regrets à travers les plus pures jouissances : la peine que j'éprouve, la seule de ma vie, me garantit peut-être la possession de tout ce qui m'est cher; elle m'acquitte envers la douleur, qui ne veut pas qu'on l'oublie, et j'obtiendrai peut-être en compensation le seul bien que je demande maintenant au ciel.... mourir avant Henri, recevoir ses soins à ma dernière heure, entendre sa douce voix me remercier de l'avoir rendu heureux, de l'avoir préféré à tout sur cette terre : alors j'aurai vécu de la vraie destinée pour laquelle les femmes sont faites, aimer, encore aimer, et rendre enfin au Dieu qui nous l'a donnée une ame que les affections sensibles auront seules occupée.

ÉLISE DE LEBENSEI.

Ah! ma chère Louise, maintenant que vous avez fini cette lettre, avez-vous donné quelques larmes aux regrets qu'elle a ranimés dans mon cœur? avez-vous pressenti toutes les réflexions amères qu'elle m'a suggérées? Que d'obstacles M. de Lebensei n'a-t-il pas eu à vaincre pour épouser celle qu'il aimait! Et Léonce, comme aisément il y a renoncé! C'est madame de Lebensei qui pense à la défaveur de l'opinion; mais son mari ne s'en est pas occupé un seul instant; il ne dépend que de ses propres affections, il ne se soumet qu'à ce qu'il aime; et Léonce.... Ne croyez pas cependant que son caractère ait moins de force, qu'il soit en rien inférieur à personne; mais il a manqué d'amour: je veux en vain me faire illusion, tout le mal est là.

Hélas! sans le savoir, madame de Lebensei condamne à chaque ligne la conduite de Léonce. La douleur que m'a causée cette lettre ne me sera point inutile; si je le revoyais, je pourrais lui parler, je serais calme et fière en sa présence.

LETTRE VIII.

Delphine à mademoiselle d'Albémar.

Louise, qu'ai-je éprouvé? que m'a-t-il dit? je n'en sais rien. Je l'ai vu; mon ame est bouleversée. Je croyais entrevoir une espérance, madame de Vernon me l'a presque entièrement ravie. Pouvez-vous m'éclairer sur mon sort? Ah! je ne suis plus capable de rien juger par moi-même.

Je reçus hier à Paris, où j'étais venue pour reconduire madame de Vernon, une lettre vraiment touchante de madame d'Ervins. Dans cette lettre, elle me conjurait d'aller chez un peintre, au Louvre, où le portrait de M. de Serbellane était encore, et de le lui apporter pour le considérer une dernière fois. Elle me disait:
« Je me suis persuadé la nuit passée que ses traits étaient effacés
« de mon souvenir; je les cherchais comme à travers des nuages
« qui se plaçaient toujours entre ma mémoire et moi : je le sais,

« c'est une chimère insensée ; mais il faut que j'essaie de me cal-
« mer avant le dernier sacrifice. Ces condescendances que j'ai
« encore pour mes faiblesses ne vous compromettront plus long-
« temps, ma chère amie ; ma résolution est prise, et tout ce qui
« semble m'en écarter m'y conduit. »

Je n'hésitai pas à donner à Thérèse la consolation qu'elle desirait ; et madame de Vernon, à qui j'en parlai, fut entièrement de
mon avis.

J'allai donc ce matin au Louvre ; mais, avant d'arriver à l'atelier du peintre de M. de Serbellane, je m'arrêtai dans la galerie
des tableaux ; il y en avait un qu'un jeune artiste venait de terminer[1] : il me frappa tellement qu'à l'instant où je le regardai,
je me sentis baignée de larmes. Vous savez que de tous les arts
c'est à la peinture que je suis le moins sensible ; mais ce tableau
produisit sur moi l'impression vive et pénétrante que jusqu'alors
je n'avais jamais éprouvée que par la poésie ou la musique.

Il représente Marcus Sextus revenant à Rome après les proscriptions de Sylla. En rentrant dans sa maison, il retrouve sa femme
étendue sans vie sur son lit ; sa jeune fille, au désespoir, se prosterne à ses pieds. Marcus tient la main pâle et livide de sa femme
dans la sienne ; il ne regarde pas encore son visage ; il a peur
de ce qu'il va souffrir ; ses cheveux se hérissent : il est immobile ;
mais tous ses membres sont dans la contraction du désespoir.
L'excès de l'agitation de l'ame semble lui commander l'inaction
du corps. La lampe s'éteint, le trépied qui la soutient se renverse.
Tout rappelle la mort dans ce tableau ; il n'y a de vivant que la
douleur.

Je fus saisie, en le voyant, de cette pitié profonde que les fictions n'excitent jamais dans notre cœur sans un retour sur nous-
mêmes ; et je contemplai cette image du malheur comme si, dangereusement menacée au milieu de la mer, j'avais vu de loin, sur
les flots, les débris d'un naufrage.

Je fus tirée de ma rêverie par l'arrivée du peintre, qui me mena
dans son atelier ; je vis le portrait de M. de Serbellane, très frappant de ressemblance. Je demandai qu'on le portât dans ma voiture : pendant qu'on l'arrangeait, je revins dans la galerie pour
revoir encore le tableau de Marcus Sextus.

En entrant, j'aperçois Léonce placé comme je l'étais devant ce
tableau, et paraissant ému comme moi de son expression : sa pré-

---

[1] Le Marcus Sextus de Guérin.

sence m'ôta dans l'instant toute puissance de réflexion, et je m'avançai vers lui sans savoir ce que je faisais. Il leva les yeux sur moi, et ne parut point surpris de me voir. Son ame était déjà ébranlée; il me sembla que j'arrivais comme il pensait à moi, et que ses réflexions le préparaient à ma présence.

« On plaint, me dit-il avec une sorte d'égarement tout-à-fait extraordinaire, et presque sans me regarder, oui, l'on plaint ce Romain infortuné qui, revenant dans sa patrie, ne trouve plus que les restes inanimés de l'objet de sa tendresse : eh bien! il serait mille fois plus malheureux s'il avait été trompé par la femme qu'il adorait, s'il ne pouvait plus l'estimer ni la regretter sans s'avilir. Quand la mort a frappé celle qu'on aime, la mort aussi peut réunir à elle; notre ame, en s'échappant de notre sein, croit s'élancer vers une image adorée : mais si son souvenir même est un souvenir d'amertume, si vous ne pouvez penser à elle sans un mélange d'indignation et d'amour, si vous souffrez au-dedans de vous par des sentiments toujours combattus, quel soulagement trouverez-vous dans la tombe? Ah! regardez-le encore, madame, cet homme malheureux qui va succomber sous le poids de ses peines; il ne connaissait pas les douleurs les plus déchirantes; la nature, inépuisable en souffrances, l'avait encore épargné. Il tient, s'écria Léonce avec l'accent le plus amer, et en me saisissant le bras comme un furieux, il tient la main décolorée de la compagne de sa vie ; mais la main cruelle de celle qui lui fut chère n'a pas plongé dans son sein un fer empoisonné. »

Effrayée de son mouvement, ne pouvant comprendre ses discours, je voulais lui répondre, l'interroger, me justifier. Un de mes gens apporta dans cet instant le portrait de M. de Serbellane, et le peintre qui le suivait lui dit : Mettez ce tableau avec beaucoup de soin dans la voiture de madame d'Albémar. » Léonce me quitte, s'approche du portrait, lève la toile qui le couvrait, la rejette avec violence, et se retournant vers moi avec l'expression de visage la plus insultante, « Pardonnez-moi, me dit-il, madame, les moments que je vous ai fait perdre ; je ne sais ce qui m'avait troublé; mais ce qui est certain, ajouta-t-il en pesant sur ce mot de toute la fierté de son ame, ce qui est certain, c'est que je suis calme à présent. » En prononçant ces paroles, il enfonça son chapeau sur ses yeux, et disparut.

Je restai confondue de cette scène, immobile à la place où Léonce m'avait laissée, et cherchant à deviner le sens des reproches sanglants qu'il m'avait adressés : cependant une idée me saisit, c'est que tout ce qu'il m'avait dit, et l'impression qu'avait produite sur lui le portrait de M. de Serbellane, pouvait appartenir à la jalousie. Cette pensée, peut-être douce, n'était encore que confuse dans ma tête, lorsque madame de Vernon arriva; je ne l'attendais point; elle avait été chez moi, ne me croyant pas encore partie, et voulant m'amener elle-même chez le peintre. Je lui exprimai dans mon premier mouvement toutes les idées qui m'agitaient, et je lui demandai vivement comment il serait possible que Léonce pût croire que j'aimais M. de Serbellane, lui qui devait savoir l'histoire de madame d'Ervins. « Aussi, me répondit-elle, ne le croit-il pas. Mais vous n'avez pas d'idée de son caractère, et de l'irritation qu'il éprouve sur tout ce qui vous regarde. » Cette réponse ne me satisfit pas, et je regardai madame de Vernon avec étonnement : je ne sais ce qui se passa dans son esprit alors; mais elle se tut pendant quelques instants, et reprit ensuite d'un ton ferme, qui me fit rougir des pensées que j'avais eues, et ne me prouva que trop combien elles étaient fausses.

« Je pénètre, me dit madame de Vernon, l'injuste défiance que vous avez contre moi : je ne puis la supporter, il faut que tout soit éclairci ; je forcerai Léonce, malgré les motifs qu'il pourrait m'opposer, à vous expliquer lui-même les raisons qui l'ont déterminé à ne pas s'unir à vous. Je fais peut-être une démarche contraire à mon devoir de mère, en vous rapprochant du mari de ma fille, car certainement il ne pourra jamais vous voir sans émotion, quelle que soit son opinion sur votre conduite ; mais ce qu'il m'est impossible de tolérer, c'est votre défiance; et pour qu'elle finisse, je vais écrire dès demain à Léonce que je le prie d'avoir un entretien avec vous. »

Jugez, ma sœur, de l'effroi qu'un tel dessein dut me causer ; je conjurai madame de Vernon d'y renoncer ; elle me quitta sans vouloir me dire ce qu'elle ferait ; elle était blessée, je n'en pus obtenir un seul mot : mais je pars à l'instant même pour passer deux jours à Cernay chez madame de Lebensei ; si madame de Vernon, malgré mes instances, me ménage assez peu pour demander à Léonce de me voir, au moins il saura que je n'ai point consenti à cette humiliation ; il ne me trouvera point chez moi, à Paris, ni à Bellerive.

LETTRE IX.

Madame de Vernon à Léonce.

Après tout ce que je vous ai dit, après tout ce qui s'est passé, votre agitation, en parlant hier matin à madame d'Albémar, l'a fort étonnée, mon cher Léonce! elle voudrait ne point partir sans que vous fussiez en bonne amitié l'un avec l'autre; elle pense avec raison qu'étant devenus proches parents par votre mariage avec ma fille, vous ne devez pas rester brouillés; je desirerais donc que vous vous rencontrassiez tous les deux chez moi demain soir: le voulez-vous?

LETTRE X.

Réponse de Léonce à madame de Vernon.

Je n'ai rien à dire à madame d'Albémar, madame, qui pût motiver l'entretien que vous me demandez. Nous sommes et nous resterons parfaitement étrangers l'un à l'autre: l'amitié comme l'amour doivent être fondés sur l'estime, et quand je suis forcé d'y renoncer, dispensez-moi de le déclarer.

LETTRE XI.

Léonce à M. Barton.

Paris, ce 14 août.

Je l'ai offensée, mortellement offensée, mon ami; je le voulais, et néanmoins je m'en repens avec amertume. Mais aussi comment se peut-il que le jour même où j'apprends par hasard de madame de Vernon que madame d'Albémar doit aller chez le peintre de M. de Serbellane, le jour où je la vois emporter ce portrait avec elle, madame de Vernon me propose de rencontrer chez elle madame d'Albémar, de lui dire adieu, lorsqu'elle part pour rejoindre M. de Serbellane? et de quels termes madame de Vernon, inspirée sans doute par madame d'Albémar, se sert-elle pour m'y engager! elle me rappelle l'amitié, les liens de famille qui doivent me rapprocher de sa nièce! Non, je ne suis ni le parent, ni l'ami de Delphine; je la hais ou je l'adore, mais rien ne sera simple entre nous, rien ne se passera selon les règles communes. Il est vrai, je ne devais pas me servir d'expressions blessantes, en refusant de la voir ; tant de circonstances cependant s'étaient réunies pour m'irriter ! Je fus tout le jour assez content de moi-même ; mais la nuit, mais le lendemain qui suivit, je ne pus me défendre du remords d'avoir outragé celle que j'ai si tendrement aimée. J'allai chez madame de Vernon pour la conjurer de ne pas montrer ma réponse à madame d'Albémar. Madame de Vernon était partie pour la campagne de madame de Lebensei. Il n'y avait pas une heure, me dit-on, qu'elle était en route. J'eus l'espoir, en montant à cheval, de la rejoindre, et je partis à l'instant. J'arrive à Cernay sans rencontrer madame de Vernon : un de mes gens me précède ; on ouvre la grille, j'entre, et j'aperçois d'abord la voiture de madame d'Albémar, qui était avancée devant la porte de l'intérieur de la maison. J'imaginai que madame d'Albémar était au moment de partir, et je ne sais par quelle inconséquence du cœur, quoique je ne fusse pas venu dans l'intention de la voir, je ne supportai pas l'idée que cela me serait impossible. Sans projet ni réflexion, j'avance, et je crie au cocher : « Reculez. — J'attends madame, me répondit-il. — Reculez, » lui dis-je ; et je sautai en bas de mon cheval avec une action si véhémente, qu'il m'obéit de frayeur. Je fus honteux de ma folle colère, quand je me trouvai seul au milieu de la cour, examiné par tous les domestiques qui y étaient. Celui de madame d'Albémar, se ressouvenant du temps où sa maîtresse avait du plaisir à me voir, me dit qu'elle était dans le jardin ; j'y entrai par la porte de la cour, toujours dans le même égarement : j'étais dans une maison étrangère, je n'y connaissais personne ; mais j'allais où elle était, comme un malheureux entraîné par une force surnaturelle. Il était neuf heures du soir, le ciel était parfaitement serein, et la beauté de la nuit aurait calmé tout autre cœur que le mien ; mais, dans mon agitation, je ne pouvais éprouver aucune impression douce. Je la cherchais, et mes yeux repoussaient tout ce qui n'était pas elle. J'aperçus, d'une des hauteurs du jardin, à travers l'ombre des arbres, cette charmante figure que je ne puis méconnaître ; elle était appuyée sur un monument qu'elle semblait considérer avec attention ; une petite fille à ses pieds, habillée de noir, la tirait par sa robe pour la rappeler à elle. Je m'approchai sans me montrer. Delphine levait ses beaux yeux vers le ciel, et je crus la voir pâle et tremblante, telle que son image m'était apparue à l'église. Elle priait, car toute l'expression de son visage peignait l'enthousiasme de l'inspiration. Le vent venait de son côté; il agitait les plis de sa robe avant d'arriver jusqu'à moi ; en respirant cet air, je croyais m'enivrer d'elle ; il m'apportait un souffle divin. Je restai quelques instants dans cette situation : depuis un mois, mon cœur oppressé n'avait pas cessé de me faire mal ; je le sentais alors battre avec moins de peine, j'y pouvais poser la main sans douleur. Je serais resté long-temps dans cet état, si je n'avais pas vu Delphine sortir du bosquet, pour lire, aux rayons de la lune, une lettre qu'elle tenait entre ses mains : il me vint dans l'esprit que c'était celle que j'avais écrite à madame de Vernon, et que les signes de douleur que je remarquais sur le visage de Delphine venaient peut-être de la peine que je lui avais causée. Je ne pus résister à cette idée ; je m'approchai précipitamment de madame d'Albémar ; elle se retourna, tressaillit, et, prête à tomber, elle s'appuya sur un arbre. Je reconnus ma lettre qu'elle regardait encore ; j'allais m'en saisir pour la déchirer, lorsque Delphine, reprenant ses forces, s'avança vers moi, et, tenant ma lettre dans l'une de ses mains, elle leva l'autre vers le ciel. Jamais je ne l'avais vue si ravissante ; je crus un moment que moi seul j'étais coupable ; il me semblait que j'entendais les anges qu'elle invoquait à son secours parler pour elle et m'accuser. Je tombai à genoux devant le ciel, devant elle, devant la beauté ; je ne sais ce que j'adorais, mais je n'étais plus à moi. « Parlez, m'écriai-je, parlez ! prosterné devant vous, je vous demande de vous justifier. — Non, me dit-elle en mettant sa main sur son cœur, ma réponse est là ; celui qui put m'offenser n'a pas mérité de l'entendre. » Elle s'éloigna de moi ; je la conjurai de s'arrêter, mais en vain. Je vis de loin madame de Vernon qui venait rapidement vers nous avec madame de Lebensei ; je fis un dernier effort pour obtenir un mot, il fut inutile, et mon cœur irrité reprit l'indignation que le regard de Delphine avait comme suspendue. Je voulus paraître calme en présence des étrangers, et ne pas rendre Delphine témoin de mon abattement. Je parlai vite, je rassemblai au hasard tout ce que je pouvais dire à madame de Lebensei et à madame de Vernon, et quand je crus en avoir assez fait pour avoir l'air d'être tranquille, je regardai Delphine, d'abord avec assurance. Elle n'avait point essayé, comme moi, de cacher son émotion ; elle s'appuyait sur la fille de madame d'Ervins, marchait avec peine, ne répondait à rien, et cherchait seulement avec ses regards la route qui conduisait hors du parc. Dès que je vis sa tristesse, je me tus, et je la suivis en silence ; madame de Vernon et madame de Labensei tâchaient en vain de soutenir la conversation. Au moment où nous approchâmes de la porte, les yeux de madame d'Albémar tombèrent sur moi : si je n'avais vu que ce regard, il me semble que ma situation ne serait point amère, mais elle a refusé de se justifier.. Insensé que je suis! que pouvait-elle me dire? désavouera-t-elle son choix? ne m'a-t-elle pas trompé? peut-elle anéantir le passé? Mais pourquoi donc voulais-je la voir, et pourquoi ne puis-je jamais oublier cette expression de douleur qui s'est peinte dans tous ses traits? Est-ce encore un art perfide? mais de l'art avec ce visage, avec cet accent! Feignait-elle aussi l'état où je l'ai vue, lorsqu'elle ne pouvait m'apercevoir? Sa voiture, en s'en allant, passait devant une des allées du parc ; j'ai fait quelques pas derrière les arbres, pour la suivre encore des yeux ; la fille de madame d'Ervins avait jeté ses bras autour d'elle, et Delphine la tenait serrée contre son cœur, avec un abandon si tendre, une expression si touchante ! Il m'a semblé que sa poitrine se soulevait par des sanglots. Une femme dissimulée pourrait-elle presser ainsi un enfant contre son sein? Cet âge si vrai, si pur, serait-il associé déjà par elle aux artifices de la fausseté? Non, elle a été émue en me revoyant; non, ce sentiment n'était point un mensonge; mais elle est liée à M. de Serbellane, elle n'aurait pu me le nier : je devais m'y attendre ; je ne la chercherai plus. Avant de l'avoir rencontrée, j'espérais toujours que si je la revoyais, cet instant changerait mon sort. Je l'ai revue, et c'en est fait : je n'en suis que plus malheureux. Que venais-je faire chez madame de Lebensei? pourquoi madame d'Albémar y était-elle? C'est une maison qui me déplaît sous tous les rapports. M. de Lebensei était absent ; je ne le regrettai point. M. de Lebensei n'a-t-il pas entraîné la femme qu'il aimait dans une démarche qui l'expose au blâme universel? Je suis sûr qu'elle n'est point heureuse, quoiqu'elle ait eu soin de répéter plusieurs fois qu'elle l'était : son inquiétude secrète, son calme apparent, ce mélange de timidité et de fierté qui rend ses manières incertaines, tout en elle est une preuve indubitable qu'on ne peut braver l'opinion sans en souffrir cruellement. Mais moi qui la respecte, mais moi qui n'ai rien fait que l'on puisse me reprocher, en suis-je plus heureux? Mon ami, il n'est pas d'homme sur la terre aussi misérable.

Pourquoi, tout en m'écrivant avec intérêt, avec affection, ne me dites-vous rien sur le sujet de mes peines? Craignez-vous de me montrer que vous aimez encore madame d'Albémar? J'y consens, je suis peut-être même assez faible pour le desirer ; mais de grace parlez-moi d'elle, et ne m'abandonnez pas seul au tourment de mes pensées.

LETTRE XII.

Mademoiselle d'Albémar à Delphine.

Mon'pellier, 23 août.

Pour la première fois, ma chère amie, je désapprouve entièrement les sentiments que vous m'exprimez. Quoi! Léonce, en se refusant à vous voir, écrit formellement qu'il a cessé de vous estimer, et, dans le moment où cette conduite révoltante ne devrait vous inspirer que de l'indignation, votre lettre à moi [1] n'est remplie que du regret de ne lui avoir pas parlé, de n'avoir pas essayé de vous justifier à ses yeux ! On dirait que vous devenez plus faible quand il se montre plus injuste ; vainement vous vous faites illusion, en m'assurant que ce n'est point l'amour, mais la fierté, mais le sentiment de votre dignité blessée, qui ne vous permet pas de supporter qu'il se croie le droit de vous offenser, en parlant, en pensant mal de vous. Voulez-vous savoir la vérité? La lettre de Léonce vous cause une douleur plus vive que toutes celles que vous aviez ressenties, et vous n'avez plus la force de vous y résigner. Ce n'est pas tout encore : en revoyant ce redoutable Léonce, votre sentiment pour lui s'est ranimé, et peut-être (pardonnez-moi de vous le dire, il le faut pour vous éclairer sur vous-même), peut-être avez-vous aperçu qu'il avait éprouvé près de vous une émotion profonde, et qu'un plus long entretien le ramènerait à vos pieds. Pardon, encore une fois, votre cœur ne s'est pas rendu compte de ses impressions; mais pensez à l'irréparable malheur d'exciter dans le cœur de Léonce une passion qui lui inspirerait sans doute de l'éloignement pour Matilde !

Delphine, souvenez-vous que, dans vos conversations avec mon frère, vous répétiez souvent que la vertu dont toutes les autres dérivaient, c'était la bonté, et que l'être qui n'avait jamais fait de mal à personne était exempt de fautes au tribunal de sa con-

---

[1] Cette lettre, ainsi que quelques autres dont il est parlé, ne se trouve pas dans le recueil.

science. Je le crois comme vous, la véritable révélation de la morale naturelle est dans la sympathie que la douleur des autres fait éprouver, et vous braveriez ce sentiment, vous, Delphine! Je ne raisonnerai point avec vous sur vos devoirs; mais je vous dirai : Songez à Matilde ; elle a dix-huit ans, elle a confié son bonheur et sa vie à Léonce : abuserez-vous des charmes que la nature vous a donnés, pour lui ravir le cœur que Dieu et la société lui ont accordé pour son appui? Vous ne le voulez pas ; mais que d'écueils dans votre situation, si vous n'avez pas le courage de quitter Paris, et de revenir auprès de moi!

Je songe aussi avec inquiétude que cette madame de Vernon, dont la conduite est si compliquée, quoique sa conversation soit si simple, est la seule personne qui ait du crédit sur vous à Paris : pourquoi ne répondez-vous pas à l'empressement que madame d'Artenas a pour vous, depuis que vous avez rendu service à sa nièce, madame de R.? Elle m'a écrit plusieurs fois qu'elle desirerait se lier plus intimement avec vous. Je sais que quand elle vint nous voir à Montpellier, à son retour de Barèges, vous ne me permettiez pas de la comparer à madame de Vernon. Elle est certainement moins aimable ; elle n'a pas surtout cette apparence de sensibilité, cette douceur dans les discours, cet air de rêverie dans le silence, qui vous plaisent dans madame de Vernon ; mais son caractère a bien plus de vérité : elle a une parfaite connaissance du monde ; je conviens qu'elle y attache trop de prix, et que, si elle n'avait pas vraiment beaucoup d'esprit, l'importance qu'elle met à tout ce qu'on dit à Paris pourrait passer pour du *commérage* : néanmoins personne ne donne de meilleurs conseils, et, soit vertu, soit raison, elle est toujours pour le parti le plus honnête.

Ne vous refusez pas à l'écouter : vous ne lui parlerez pas, je le comprends, des sentiments qu'on ne peut confier qu'à des ames restées jeunes ; mais elle vous donnera des avis utiles, tandis que madame de Vernon, qui ne cherche qu'à vous plaire, ne songe point à vous servir.

Je vous en conjure aussi, ma chère Delphine, continuez à ne rien me cacher de tout ce qui se passe dans votre cœur et dans votre vie ; vous avez besoin d'être soutenue dans la noble résolution de partir. Croyez-moi, dans cette occasion, si la passion ne vous troublait pas, quel être, sur la terre, serait assez présomptueux pour comparer sa raison à la vôtre? Mais vous aimez Léonce, et je n'aime que vous ; confiez-vous donc sans réserve à ma tendresse, et laissez-vous guider par elle.

LETTRE XIII.

Madame d'Artenas à madame de R.

Paris, le 1ᵉʳ septembre 1790.

Revenez donc à Paris, ma chère nièce ; vous avez pris cette année trop de goût pour la solitude : depuis cette malheureuse scène des Tuileries, vous êtes triste ; je voulais bien que vous sentissiez un peu la nécessité d'en croire mes conseils, mais je serais bien fâchée que votre caractère perdît sa gaieté naturelle.

J'ai enfin rencontré chez elle madame d'Albémar, que vous m'aviez chargée de voir, et que je rechercherais volontiers pour moi-même, tant je la trouve aimable et bonne. J'aurais desiré qu'elle me parlât avec confiance sur sa situation actuelle ; mais madame de Vernon possède seule toute son amitié, et je doute fort cependant qu'elle en fasse un bon usage. J'ai trouvé madame d'Albémar triste, et surtout fort agitée ; elle avait l'air d'une personne tourmentée par une indécision cruelle : il était neuf heures du soir, elle était encore vêtue de sa robe du matin ; ses beaux cheveux n'avaient point encore été rattachés ; à l'extérieur négligé de sa personne, à sa démarche lente, à sa tête baissée, l'on aurait dit que depuis long-temps elle n'avait rien fait que songer à la même pensée, et souffrir de la même douleur.

Dans cet état cependant elle était jolie comme le jour, et je ne pus m'empêcher de le lui dire. « Moi, jolie ! me répondit-elle, je ne dois plus l'être. » Et elle se tut. Je voulais apprendre d'elle quelles sont à présent ses relations avec M. de Serbellane ; on rapporte à ce sujet des choses très diverses dans Paris : les uns disent qu'elle ne part pour le Languedoc que pour aller de là rejoindre M. de Serbellane, s'il n'obtient pas, à cause de son duel, la permission de revenir en France : d'autres murmurent tout bas que madame d'Albémar a été fort coquette pour M. de Mondoville, et que M. de Serbellane irrité s'est brouillé tout-à-fait avec elle : enfin une lettre de Bordeaux m'avait fait naître une idée très différente de toutes celles-là, et je l'avais gardée jusqu'à présent pour moi seule ; je pensais qu'il se pourrait bien que M. de Serbellane fût l'amant de madame d'Ervins, et que madame d'Albémar les ayant réunis tous les deux chez elle un peu indiscrètement, M. d'Ervins les y eût surpris, et se fût battu avec M. de Serbellane, pour se venger de l'infidélité de sa femme.

J'essayai de provoquer la confiance de madame d'Albémar, en lui disant ce qui était vrai : c'est que je voyais avec peine que les différents bruits qui se répandaient dans Paris sur son compte pouvaient nuire à sa réputation. Elle me répondit, avec un découragement qui me toucha beaucoup : « Il fut une époque de ma vie dans laquelle j'aurais attaché de l'importance à ce qu'on pouvait dire de moi; mais à présent que mon nom ne doit plus être uni à celui de personne, je ne m'inquiète plus de l'injustice dont ce nom peut être l'objet. » Ces paroles me persuadèrent qu'elle était en effet brouillée avec M. de Serbellane; et comme je commençais à lui donner des consolations douces sur la peine qu'elle devait en éprouver, elle m'arrêta pour me demander de m'expliquer mieux; et lorsque je l'eus fait, elle eut l'air étonné; mais, sans y mettre un intérêt très vif, elle me déclara qu'elle n'avait jamais pensé à épouser M. de Serbellane.

Le soupçon que j'avais formé sur madame d'Ervins me revint à l'instant, et je le dis à Delphine, en lui avouant que je regardais dans ce cas madame d'Ervins comme la véritable cause de la mort de son mari. Delphine ne m'eut pas plutôt comprise, que, se relevant de l'abattement où je l'avais vue jusqu'alors, elle me protesta que je me trompais. Je persistai dans mon opinion, et je lui dis positivement qu'un duel aussi sanglant ne pouvait avoir été provoqué par de simples discussions politiques, et que l'amour de M. de Serbellane pour elle ou pour madame d'Ervins en devait être la cause. Quand madame d'Albémar vit que cette opinion était arrêtée dans ma tête, elle finit par me laisser croire tout ce que je voulus sur son attachement pour M. de Serbellane, exigeant seulement que je n'accusasse pas madame d'Ervins.

Que vous dirai-je, ma chère nièce? il me fut impossible de démêler la vérité. Ce n'est pas qu'assurément madame d'Albémar ne soit la femme la plus vraie que j'aie jamais connue; mais il y a dans son caractère une générosité si singulière, que je ne suis pas parvenue à découvrir avec certitude si tout le mystère ne vient pas de la crainte qu'elle a de compromettre madame d'Ervins. Aime-t-elle réellement M. de Serbellane? sa tristesse vient-elle de leur séparation, et peut-être de leur brouillerie? ou bien a-t-elle consenti à tout ce qu'on pourrait dire d'elle et de lui, pour détourner l'attention qui se serait portée sur madame d'Ervins, et la sauver de l'indignation qu'elle aurait excitée dans le public et dans la famille de son mari? Je l'ignore, mais j'exige de vous le plus profond secret sur cette dernière supposition : vous en sentez les conséquences.

Quoi qu'il en soit, madame d'Albémar a rendu ma pénétration tout-à-fait inutile : je me vante de deviner les caractères dissimulés; mais quand une ame franche ne veut pas laisser connaître un secret, sa réserve simple et naturelle déconcerte les efforts de l'esprit observateur.

Après quelques moments de silence, je n'insistai plus; et me bornant à tâcher d'éclairer Delphine sur madame de Vernon, je lui dis : « Quels que soient vos motifs pour ne pas donner à ceux qui s'intéressent à vous le moyen de répondre clairement aux malveillants qui vous supposent des torts, de bons amis en imposent toujours, quand ils le veulent, aux discours médisants de la société de Paris : pourquoi donc madame de Vernon, qui se dit votre amie, ne fait-elle pas taire la phalange des sots? Ils attaquent, il est vrai, de préférence, les personnes distinguées; mais ils ne s'y hasardent cependant que dans les moments où ils ne les croient pas courageusement défendues par leurs parents ou leurs amis. — Je dois croire, me répondit Delphine en retombant dans cet état de tristesse insouciante dont elle était un moment sortie, je dois croire que madame de Vernon est mon amie. — Je n'ai pas entendu dire, répondis-je, qu'elle se permît aucun genre de blâme sur vous, ma chère Delphine; mais cependant je n'ai pas une confiance entière dans son amitié : ceux qui l'entourent se montrent souvent mal pour vous; rarement on peut se tromper à cet indice; on inspire à ses amis ce que l'on éprouve sincèrement; et, dans son cercle du moins, une femme sait faire aimer ce qu'elle aime. Elle vous loue beaucoup, j'en conviens, mais à haute voix, comme s'il lui importait surtout qu'on vous le répétât; et je ne vois pas dans sa conversation, quand il s'agit de vous, ce talent conciliateur qu'elle porte sur tous les autres sujets : elle dit souvent que vous êtes la plus jolie, la plus spirituelle; mais c'est à des femmes qu'elle s'adresse, pour vous donner cet éloge qui peut les humilier; et je ne l'entends jamais leur parler de cette bonté, de cette douceur, de cette sensibilité touchante qui pourraient vous faire pardonner tous vos charmes, par celles mêmes qui en sont jalouses. Enfin, souffrez que je vous le dise, on pourrait croire, en entendant madame de Vernon parler de vous, qu'elle s'acquitte par ses discours plutôt qu'elle ne jouit par ses sentiments, et que, prévoyant d'une manière confuse que votre amitié finira peut-être un jour, elle ne veut pas à tout hasard vous donner des armes contre elle, en contribuant elle-même à consolider votre réputation.

— Si vous avez raison, me répondit Delphine, je n'en suis que plus à plaindre; je l'aime, je l'ai aimée, madame de Vernon, de l'attrait du monde le plus vif et le plus tendre; si tant de dévouement, tant d'affection n'ont point obtenu son amitié, il est donc vrai qu'il n'est rien en moi qui puisse attacher à mon sort, il est donc vrai que je ne puis être aimée. — Vous vous trompez, ma chère Delphine, repris-je alors vivement; vous méritez d'avoir des amis plus que personne au monde : mais vous ne savez pas encore ce que c'est que la vie; vous vous croyez deux excellents guides, l'esprit et la bonté : eh bien! ma chère, ce n'est pas assez d'être aimable et excellente pour se démêler heureusement des difficultés du monde : il y a d'utiles défauts, tels que la froideur, la défiance, qui vaudraient beaucoup mieux pour égide que vos qualités mêmes; tout au moins faut-il diriger ces qualités avec une grande force de raison. Moi qui ne suis pas née très sensible, j'ai deviné le monde assez vite; laissez-moi vous l'apprendre. Madame de Vernon vous paraît plus digne de votre amitié, elle sait mieux vous tenir le langage qui vous séduit; moi, je reste toujours ce que je suis : je n'ai pas assez d'imagination pour feindre, je le voudrais en vain, je ne suis plus jeune, mon esprit n'est plus flexible, il ne peut aller que dans sa ligne; mais je sais que mes avertissements vous sont nécessaires, et c'est cette conviction qui me fait solliciter votre confiance. On vous l'aura dit, je crois; d'ordinaire, je ne me mets pas en avant : je suis sur la défensive avec la société, et c'est ainsi qu'il faut être. Je m'offre à vous cependant, ma chère Delphine, parceque vous avez un caractère qui donne tout et n'abuse de rien : servez-vous donc de moi, si je puis vous être utile; ce sera ce que je pourrai faire de mieux de mon oisive existence. »

Madame d'Albémar parut fort touchée des preuves d'amitié que je lui donnais, et je croyais même l'avoir un peu ébranlée dans son aveugle amitié pour madame de Vernon; mais le surlendemain elle est revenue chez moi, presque uniquement pour me dire qu'elle avait revu depuis moi madame de Vernon, et s'était assurée qu'elle n'avait aucun tort. « Elle n'aurait pu me défendre, continua madame d'Albémar, sans compromettre mes amis ; elle a bien fait de se conduire avec prudence, et de ne pas se livrer à son sentiment. » Je vous le répète, ma chère nièce, on ne peut arracher madame d'Albémar à l'empire de madame de Vernon.

Je l'ai souvent remarqué en vivant dans leur société, madame de Vernon met beaucoup d'intérêt à captiver Delphine ; elle est avec elle fière, sensible, délicate ; elle rend hommage au caractère de son amie, en imitant toutes les vertus pour lui plaire. Moi, je ne puis ni ne veux me montrer autrement que la nature ne m'a faite, bonne et raisonnable, mais point du tout exaltée : je vaux mieux réellement que madame de Vernon ; Delphine a tort de ne pas s'en apercevoir.

J'obtiendrai cependant un jour l'amitié de madame d'Albémar, si quelques circonstances me mettent dans le cas de la servir ; je vous promets que je veillerai sur elle comme sur ma fille. Vous aussi, ma chère nièce, vous allez devenir l'objet de tous mes soins, si vous continuez à m'écouter et à me croire.

LETTRE XIV.
Delphine à mademoiselle d'Albémar.

Paris, ce 3 septembre.

Non, vous l'exigez en vain ; non, je n'ai pas la force de souffrir une telle incertitude : qu'il me dise ce qu'il éprouve, que je connaisse la cause de l'état extraordinaire où je le vois, et je me soumets à mon sort : mais le doute, le doute ! cette douleur qui prend toutes les formes pour vous poursuivre, sans que vous ayez jamais aucune arme pour l'atteindre, je ne puis me résoudre à la supporter. Les malheureux condamnés au supplice savent au moins pour quels crimes ils sont punis, et moi je l'ignore. Ce que je croyais ne me paraît plus vraisemblable. Écoutez ce qui s'est passé hier, et, si vous le pouvez, continuez à me commander de partir sans le voir.

On jouait hier Tancrède ; madame de Vernon me proposa d'y aller : j'y consentis, parceque de toutes les tragédies c'est celle qui m'a fait verser le plus de larmes. Nous nous plaçâmes dans la loge de madame de Vernon, qui est en bas sur l'orchestre. Pendant le premier acte, je remarquai à quelque distance de nous un homme enveloppé d'un manteau, la tête appuyée sur le banc de devant, couvrant son visage avec ses mains, et mettant du soin à se cacher. Malgré tous ses efforts je reconnus Léonce; il y a tant de noblesse dans sa taille, que rien ne peut la déguiser.

Mes yeux étaient fixés sur lui, je n'entendais presque rien de la pièce, mais je le regardais. Il tressaillit en écoutant la scène où Tancrède apprend l'infidélité d'Aménaïde : son émotion depuis cet instant semblait s'accroître toujours; il cherchait à la dérober à tous les regards, mais je ne pouvais m'y méprendre. Ah! que j'aurais voulu m'approcher de lui! combien j'étais touchée de ses larmes! C'étaient les premières que je voyais répandre à cet homme d'un caractère si ferme et si soutenu : était-ce pour moi qu'il pleurait? serait-il possible que son ame fût ainsi bouleversée, si Matilde suffisait à son bonheur? ne donnait-il point de regrets à celle qui entend mieux les sentiments d'Aménaïde, qui est plus digne d'admirer avec lui le langage que le génie prête à l'amour?

Enfin, au quatrième acte, il me parut qu'il n'avait plus le pouvoir de se contraindre; je vis son visage baigné de pleurs, et je remarquai dans toute sa personne un air de souffrance qui m'effraya; je crois même que, dans mon trouble, je fis un mouvement qu'il aperçut, car, à l'instant même, il se baissa de nouveau pour se dérober à mes regards : mais lorsque Tancrède, après avoir combattu et triomphé pour Aménaïde, revient avec la résolution de mourir; lorsqu'un souvenir mélancolique, dernier regret vers l'amour et la vie, lui inspire ces vers, les plus touchants qu'il y ait au monde,

> Quel charme, dans son crime, à mes esprits rappelle
> L'image des vertus que je crus voir en elle !
> Toi qui me fais descendre avec tant de tourment
> Dans l'horreur du tombeau dont je t'ai délivrée,
> Odieuse coupable!... et peut-être adorée !
> Toi qui fais mon destin jusqu'au dernier moment,
> Ah! s'il était possible, ah! si tu pouvais être
> Ce que mes yeux trompés t'ont vu toujours paraître!
> Non, ce n'est qu'en mourant que je peux l'oublier,

un soupir, un cri même étouffé sortit du cœur de Léonce; tous les yeux se tournèrent vers lui : il se leva avec précipitation et se hâta de s'en aller; mais il chancelait en marchant, et s'arrêta quelques instants pour s'appuyer; son visage me parut d'une pâleur mortelle, et, comme on refermait la porte sur lui, je crus le voir manquer de force et tomber.

Dieu! comment ne l'ai-je pas suivi! La présence de madame de Vernon, qui me regardait attentivement, et la curiosité des spectateurs que j'aurais attirée sur moi, me retinrent; mais jamais un sentiment plus passionné ne m'avait entraînée vers Léonce : il me suffisait de le retrouver sensible; j'oubliais qu'il ne l'était plus pour moi, et qu'il avait pris volontairement des liens qui nous séparaient pour toujours. Je me hâtai de revenir chez moi, et quand je fus seule, une réflexion me saisit fortement ; je crus voir quelques rapports entre les vers qui avaient touché Léonce, et les sentiments qu'il pouvait éprouver, s'il m'aimait encore et me croyait coupable. Néanmoins, quelque exagéré que soit Léonce sur les vertus qu'impose le monde, pourrait-il donner le nom de crime à la conduite que j'ai tenue? Non! m'écriai-je seule avec transport, on m'a calomniée près de lui; je ne puis deviner de quelle manière, mais il faut qu'il m'entende, il le faut à tout prix! Louise, il n'est aucun devoir sur la terre qui pût me faire consentir à lui laisser une opinion injuste de moi : que je meure, mais qu'il me regrette; n'exigez pas que je vive avec son mépris.

Cependant, en me rappelant la lettre qu'il a répondue, la seule pensée de lui écrire, de le chercher, me fait mourir de honte. Quoi qu'il arrive, je ne confierai point à madame de Vernon les pensées qui m'agitent : je ne sais ce qu'elle a cru devoir ou me dire ou me taire ; mais la voix seule de Léonce peut me persuader maintenant ; c'est de lui seul que j'apprendrai s'il me hait ou s'il m'aime, s'il est injuste ou malheureux C'est à lui...... Eh quoi! bravant tout ce qui devrait me retenir, j'irais implorer une explication de ce caractère si soupçonneux, si rigide et si fier! Quelle perplexité cruelle! comment jamais en sortir?

Ne me dites pas que tout est fini, qu'il est marié, que je dois renoncer à son opinion comme à son amour : son estime est encore mon seul bien sur la terre ; il a besoin des suffrages de tous, je ne veux que le sien, mais il faut que je l'emporte dans ma retraite : si je ne l'obtenais pas, vous me verriez poursuivie par une agitation que rien ne pourrait calmer; je n'aurais pas le repos que peut donner le malheur même, quand il n'y a plus rien à faire ni rien à vouloir. Je ne me résignerais jamais ; et en expirant, ma dernière parole serait encore pour me justifier auprès de lui.

LETTRE XV.

Léonce à M. Barton.

Ce 4 septembre 1790.

Je vous envoie un courrier qui a ordre de revenir dans vingt-quatre heures avec une lettre de vous. Vous ne répondez pas depuis huit jours aux lettres que je vous ai écrites sur ce qui s'était passé entre madame d'Albémar et moi. Quel est le motif de votre silence? pourquoi ne m'avez-vous pas écrit? Me trouvez-vous injuste envers Delphine? et si vous le croyez, juste ciel! pensez-vous que ce serait me faire du mal que de me le dire?

LETTRE XVI.

Réponse de M. Barton à Léonce.

Mondoville, 6 septembre.

Vous avez eu tort d'attacher tant d'importance à un silence de quelques jours; je souffre toujours de mon bras, et j'aurai de la peine à écrire jusqu'à ce que je sois guéri.

Vous êtes l'époux de mademoiselle de Vernon; c'est une personne très vertueuse, uniquement attachée à vous; il me semble que vous ne devez plus vous occuper des circonstances qui ont précédé votre mariage. Je ne puis les approfondir de loin; ce que vous m'en avez dit ne suffit pas pour juger une femme à qui j'ai voué de l'estime et de l'attachement; mais ce dont je me crois sûr, c'est qu'elle-même à présent desire que vous soyez occupé de votre bonheur et de celui de Matilde, et que vous oubliiez entièrement l'affection que vous avez pu concevoir l'un pour l'autre quand vous étiez libres.

Je vous en conjure, mon cher élève, calmez-vous sur toutes ces idées, le temps en est passé; votre sort est fixé comme votre devoir : rappelez-vous ce que vous avez toujours pensé des liens que vous venez de contracter, et songez qu'il faut se soumettre, quand la passion nous aveugle, aux jugements qu'on a prononcés dans le calme de sa raison. Je suis désolé d'être hors d'état d'aller en voiture; je pourrais espérer que nos entretiens vous feraient du bien. Adieu.

LETTRE XVII.

Madame de R. à madame d'Artenas.

Ce 14 septembre.

Je suis arrivée, il y a deux jours, pour vous voir, mon aimable tante, et l'on m'a dit chez vous que vous étiez à la campagne ; vous auriez dû m'en prévenir ; je ne reviens à Paris que pour vous : quand nous serons bien seules une fois, je vous expliquerai mon goût pour la retraite ; vous m'encouragerez à vous en parler, car ce sujet m'est pénible.

J'ai commencé par m'informer de madame d'Albémar ; je ne veux point aller chez elle ; hélas ! je sais trop que sa liaison avec moi ne pourrait que lui nuire ; mais je n'ai pas dans le cœur un sentiment plus vif que mon intérêt pour son sort. Madame de Vernon me fit inviter hier à une grande assemblée qu'elle donnait, et j'y allai dans l'espérance de rencontrer madame d'Albémar, qui n'y fut point. En traversant les appartements de madame de Vernon, je me rappelai, la dernière fois que j'y vins, le jour de ce grand bal où Delphine eut tant de succès, et montra si visiblement son intérêt pour M. de Mondoville ; je réfléchissais aux événements inattendus qui avaient suivi ce jour, lorsque M. de Mondoville entra dans le salon avec sa femme.

Je vous ai dit, je crois, ma tante, que la première fois que j'avais vu Léonce, je fus si frappée du charme et de la noblesse de sa figure, que tout-à-coup l'impression que j'en reçus me fit réfléchir avec amertume sur les torts de ma vie. Je sentis que je n'étais pas digne d'intéresser un tel homme, et madame d'Albémar me parut la seule femme qui méritât de lui plaire. Eh bien ! hier, l'expression du visage de Léonce était entièrement changée ; la beauté de ses traits restait toujours la même, mais son regard sombre et distrait ne s'arrêtait plus sur aucune femme. Il se hâta de saluer, et s'assit dans un coin de la chambre où il n'y avait personne à qui parler. Sa femme s'approcha de lui ; je ne sais ce qu'elle lui demandait : il lui répondit d'un air doux ; mais dès qu'elle l'eut quitté, il soupira comme s'il venait de se contraindre.

Une fois madame de Vernon voulut conduire son gendre auprès d'une dame étrangère qui ne le connaissait pas : je crus voir dans les manières de Léonce une répugnance secrète à se laisser ainsi présenter comme un nouvel époux : il restait en arrière, suivait avec peine, et se prêtait gauchement à tout ce qui pouvait ressembler à des félicitations.

Madame du Marset, placée à côté de moi, vit que j'observais attentivement monsieur et madame de Mondoville, et me dit tout bas en souriant : « J'ai été leur rendre visite deux ou trois fois, et les ai vus souvent chez madame de Vernon ; il n'y a rien de si singulier que la conduite de Léonce, il semble qu'il veuille être, comme le disait le duc de B., *le moins marié qu'il est possible* ; il évite avec un soin extraordinaire les sociétés, les occupations communes avec sa femme. Matilde, charmée de sa douceur, de sa politesse, de la liberté qu'il lui laisse, ne remarque pas l'indifférence qu'il a pour elle, et la crainte qu'il éprouve de resserrer ses liens en se servant du pouvoir qu'ils lui donnent. Matilde a de l'amour pour son mari, et se persuade fermement qu'il en a pour elle : ces dévotes ont en toutes choses une merveilleuse faculté de croire. On dirait que Léonce attend toujours quelque événement extraordinaire, et qu'il n'est dans sa maison qu'en passant ; il n'arrange rien chez lui, n'a pas seulement encore fait ouvrir la caisse de ses livres ; aucun de ses meubles n'est à sa place. Ce sont de petites observations, mais qui n'en prouvent pas moins l'état de son ame ; tout ce qui lui rappelle sa situation lui fait mal, et quoiqu'il ne puisse la changer, il s'épargne autant qu'il peut les circonstances journalières qui lui retracent la grande douleur de sa vie, son mariage : enfin je vous garantis qu'il est très malheureux. »

J'allais répondre à madame du Marset et l'interroger encore, mais notre conversation fut interrompue. Comme il y avait beaucoup de jeunes personnes dans la chambre, on proposa de danser ; une femme se mit au clavecin, une autre prit la harpe ; moi je regardais Léonce : il cherchait les moyens de sortir de la chambre, mais un homme âgé qui lui parlait le retenait impitoyablement. Je compris que la danse devait lui rappeler des souvenirs pénibles, et j'espérais qu'on ne lui proposerait pas de s'en mêler, lorsque madame du Marset, prenant la main de Matilde et la mettant dans celle de Léonce, leur dit : « Allons, les jeunes mariés, dansez ensemble. » *Bravo!* se mit-on à crier de toutes parts, *oui, qu'ils dansent ensemble!* La musique commence à l'instant, et tout le monde s'écarte pour laisser Matilde et Léonce seuls au milieu de la chambre.

Tout cela s'était fait si rapidement, que Léonce, toujours absorbé, ne sut pas d'abord ce qu'on voulait de lui ; mais quand il entendit la musique, qu'il vit le cercle formé, et près de lui Matilde qui se préparait à danser, saisi à l'instant comme par un sentiment d'effroi, frappé sans doute du souvenir de Delphine que tout lui retraçait, il rejeta la main de Matilde avec violence, recula de quelques pas devant elle, puis se retournant tout-à-coup, il sortit en un clin d'œil de la chambre et s'élança dans le jardin. Le cercle qui l'entourait s'ouvrit subitement pour le laisser passer; la vivacité de son action faisait tant d'impression sur tout le monde, que personne n'eut l'idée de prononcer un mot pour l'arrêter.

Madame de Vernon, remarquant l'étonnement de la société, se hâta de dire que M. de Mondoville ne pouvait supporter d'être l'objet de l'attention générale, et qu'il était très timide, malgré les bonnes raisons qu'on pouvait lui trouver de ne pas l'être. Chacun eut l'air de le croire; et, chose étonnante, Matilde, qui aime certainement son mari, fut la première à se tranquilliser complétement, et se mit à danser à la même place où Léonce l'avait quittée.

Je sortis pour prendre l'air à l'extrémité du jardin de madame de Vernon : je trouvai Léonce assis sur un banc, et profondément rêveur ; il me vit pourtant au moment où je me détournais pour ne pas le troubler ; et lui, qui jusqu'alors ne m'avait jamais adressé la parole, vint à moi, et me dit : « Madame de R., la dernière fois que je vous ai vue, vous étiez avec madame d'Albémar : vous en souvenez-vous? — Oui, sûrement, lui répondis-je, je ne l'oublierai jamais. — Eh bien, dit il alors, asseyez-vous sur ce banc avec moi; cela vous fera-t-il de la peine de quitter le bal? — Non, je vous assure, » lui répétai-je plusieurs fois. Mais lorsque nous fûmes assis, il garda le silence et n'eut plus l'air de se souvenir que c'était lui qui voulait me parler. J'éprouvais un embarras qui ne me convient plus, et je me hâtai d'en sortir par mes anciennes manières étourdies et coquettes; car c'est une coquetterie que de parler à un homme de ses sentiments, même pour une autre femme. « Que vous est-il donc arrivé, lui dis-je, en mon absence? Je croyais avoir remarqué que madame d'Albémar vous aimait, que vous aimiez madame d'Albémar; je vais passer un mois à la campagne, je reviens, tout est changé : une aventure cruelle fait un bruit épouvantable ; madame d'Albémar, dit-on, doit épouser M. de Serbellane, je vous retrouve l'époux de Matilde, et cependant vous êtes triste ; madame d'Albémar ne part point, et ne voit plus personne : qu'est-ce que cela signifie ? » Léonce reprit l'air de réserve qu'il avait un moment perdu, et me dit assez froidement : « Madame d'Albémar sera sans doute très heureuse dans le choix qu'elle a fait de M. de Serbellane. — On ne m'ôtera pas de l'esprit, repartis-je, qu'elle vous préfère à tout ; mais il est inutile de vous en parler à présent que vous êtes marié : ainsi donc, adieu. » Je me levais pour m'en aller ; Léonce me retint par ma robe, et me dit : « Vous êtes bonne, quoiqu'un peu légère ; vous n'avez pas voulu me faire de la peine, expliquez-vous davantage. — Je ne sais rien, repris-je, je vous assure ; je me souviens seulement d'avoir vu madame d'Albémar traverser ici la salle du bal, un soir où vous étiez près de vous trouver mal après avoir dansé avec elle. L'émotion qui la trahissait ce jour-là ne peut appartenir qu'à un sentiment vrai, pur, abandonné, tel qu'on l'éprouve, ajoutai-je en soupirant, quand, d'illusions en illusions, on n'a pas flétri son cœur : il se peut qu'elle ait eu des engagements antérieurs avec M. de Serbellane ; mais je suis convaincue qu'elle ne l'épousera pas, parcequ'elle vous aime, et qu'elle a rompu ses liens avec lui à cause de vous. »

Léonce parut frappé de ce que je venais de lui dire. Madame de Vernon étant venue nous rejoindre, je rentrai dans le salon, et ne parlai plus à M. de Mondoville de la soirée, qu'un moment lorsque je m'en allais, et qu'il venait d'avoir un assez long entretien seul avec sa belle-mère. « N'écoutez pas trop madame de Vernon, lui dis-je tout bas ; je me méfie beaucoup même de son amitié pour madame d'Albémar ; elle est bien fine, madame de Vernon ; elle n'est point dévote, elle n'a guère de principes sur rien, elle a beaucoup d'esprit ; elle n'a point aimé son mari, et cependant elle n'a jamais eu d'amant. Défiez-vous de ces caractères-là, il faut que leur activité s'exerce de quelque manière. Croyez-moi, les pauvres femmes qui, comme moi, se sont fait beaucoup de mal à elles-mêmes, ont été bien moins occupées d'en faire aux autres. — Hélas ! me répondit Léonce, en me donnant la main pour me reconduire jusqu'à ma voiture, il y a peut-être une vie dont le sort a été décidé par ce que vous dites si gaiement. »

Madame de Mondoville sortait en même temps que moi ; elle

exprima son mécontentement d'une manière très visible, de la politesse que me faisait Léonce : ce n'était pas la jalousie qui l'irritait; votre pauvre nièce ne passera jamais pour attirer l'attention de Léonce; mais madame de Mondoville, avant son mariage comme depuis, n'a jamais manqué d'exercer sur moi toute la rigueur de sa pruderie; je le mérite peut-être; mais que la charmante Delphine, aussi pure que Matilde, et mille fois plus aimable, sait mieux trouver l'art de faire aimer la vertu!

Adieu, ma chère tante; revenez, revenez vite; je puis vous promettre avec certitude que désormais je contribuerai tous les jours plus à votre bonheur.

LETTRE XVIII.

Léonce à M. Barton.

Paris, ce 15 septembre.

Enfin je suis décidé, mon cher maître, sur le parti que je dois prendre; je verrai madame d'Albémar avant d'aller en Espagne : une femme à qui je n'aurais pas permis, dans le temps heureux de ma vie, de prononcer le nom de Delphine, madame de R., m'a expliqué, je le crois, les contradictions qui m'étonnaient dans la conduite de madame d'Albémar. Avant mon arrivée, elle avait contracté des engagements avec M. de Serbellane; mais il est vrai que depuis elle m'a aimé, et peut-être l'est-il aussi que ce sentiment a blessé M. de Serbellane, et qu'ils sont maintenant brouillés. Le séjour de madame d'Albémar à Bellerive, son trouble, son embarras en me voyant, tout peut se comprendre, si, en effet, elle se reproche de n'avoir pas été vraie avec moi.

Je ne puis plus avoir pour elle cet enthousiasme sans bornes qui me la représentait comme une créature sublime; mais n'est-il pas simple que si elle a sacrifié ses liens avec M. de Serbellane à son attachement pour moi, j'éprouve encore pour elle un attendrissement profond? Cependant..... ne me connaissait-elle pas lorsque son amant a passé vingt-quatre heures chez elle? O pensée de l'enfer! écartons-la s'il est possible. Je veux revoir Delphine : c'est un ange tombé, mais il lui reste encore quelque chose de son origine.

Je lui dois, d'ailleurs, quelques excuses avant de la quitter pour toujours; elle a peut-être souffert quand elle m'a su l'époux de

Matilde : c'était une action dure de me marier, de rompre avec elle, sans l'informer même par un mot de mon dessein.

Madame de Vernon m'a fortement pressé hier encore d'aller en Espagne; elle craint, je le crois, que je ne lui fasse des reproches sur ses pertes continuelles au jeu : son inquiétude est mal fondée ; c'est le moment d'avoir des torts avec moi ; je ne me souviens de rien, je suis insensible à tout. Mais pourquoi madame de Vernon ne m'a-t-elle jamais dit que Delphine m'avait aimé, qu'elle desirait pouvoir rompre avec son premier choix? Madame de Vernon avait-elle peur qu'après tout ce qui s'était passé, je consentisse à remplacer M. de Serbellane ? c'était bien peu me connaître ! mais elle ne devait pas se refuser à me donner un sentiment doux quand j'étais irrité, dévoré; quand un mot qui m'eût laissé respirer m'aurait fait plus de bien qu'une goutte d'eau dans le désert.

Le soulagement dont j'ai besoin, je le trouverai peut-être dans une conversation de quelques heures avec madame d'Albémar. Je suis donc résolu de lui écrire, pour lui demander de me recevoir à Bellerive. Ce n'est point à Paris, c'est dans la solitude que je veux lui parler ; elle y retournera demain, ma lettre lui sera remise après-demain, à son réveil.

Vous n'avez rien à redouter pour mes devoirs de cette explication, mon cher maître; j'apprendrais que Delphine m'aime encore, que mes résolutions ne seraient point changées; elle ne peut plus se montrer à moi telle que je la croyais, et l'idée parfaite que j'avais d'elle pourrait seule décider de mon sort. Si, comme je l'espère, madame d'Albémar consent à me recevoir, si elle me montre quelques regrets, je saurai me tracer un plan de vie triste, mais calme. Je partirai pour l'Espagne, j'y resterai quelques années, dussé-je y faire venir madame de Mondoville. Je veux quitter la France après avoir vu madame d'Albémar ; nous nous séparerons sans amertume, je pourrai supporter mon sort : mes regrets ne finiront point, mais la plupart des hommes ne vivent-ils pas avec un sentiment pénible au fond du cœur?

Enfin ne me blâmez pas, j'ose vous le répéter, ne me blâmez pas; on doit permettre aux caractères passionnés de chercher une situation d'ame quelconque qui leur rende l'existence tolérable. Pensez-vous que je puisse vivre plus long-temps dans l'état où je suis depuis deux mois? Il me faut une autre impression, fût-ce une autre douleur, il me la faut! Vous me connaissez de la force, de la fermeté ; je sais souffrir : eh bien! je vous le dis, je succombais, et ce cri de miséricorde ne m'échappe qu'après les combats les plus violents que le caractère et le sentiment, la raison et la souffrance se soient jamais livrés.

LETTRE XIX.

M. de Serbellane à madame d'Albémar [1].

Lisbonne, ce 4 septembre 1790.

Je viens vous demander, madame, le plus éminent service, le seul qui puisse détourner l'irréparable malheur dont je suis menacé.

Thérèse, après avoir assuré le sort de sa fille, en passant quelques mois dans ses terres près de Bordeaux, veut obtenir de la famille de son mari la permission de vous confier l'éducation d'Isore, et, tranquille alors sur le sort de cette enfant, elle est résolue à se faire religieuse dans un couvent dont le P. Antoine, son confesseur actuel, a la direction : ainsi mourrait au monde, et à moi, la meilleure et la plus charmante créature que le ciel ait jamais formée. Le Dieu que Thérèse adore serait-il un Dieu de bonté, s'il lui commandait un tel supplice ?

Les coutumes barbares des sociétés civilisées ont fait de Thérèse, à quatorze ans, l'épouse d'un homme indigne d'elle ; la nature, en faisant naître M. d'Ervins vingt-cinq ans avant Thérèse, semblait avoir pris soin de les séparer ; les indignes calculs d'une famille insensible les ont réunis, et Thérèse serait coupable de m'avoir choisi pour le compagnon de sa vie !

Il est impossible, je le sens, qu'au milieu du monde elle porte le nom de mon épouse ; il faut respecter la morale publique qui le défend : elle est souvent inconséquente, cette morale, soit dans ses austérités, soit dans ses indulgences; néanmoins, telle qu'elle est, il ne faut pas la braver, car elle tient à quelques vertus dans l'opinion de ceux qui l'adoptent. Mais quel devoir, quel sentiment peut empêcher Thérèse de changer de nom, et d'aller en Amérique m'épouser et s'établir avec moi ? Vous trouverez ce projet bien romanesque pour le caractère que vous me connaissez; il m'est inspiré par un sentiment honnête et réfléchi. J'ai fait imprudemment le malheur d'une innocente personne ; je dois lui consacrer ma vie, quand cette vie peut lui faire quelque bien.

[1] Cette lettre fut remise le 16 septembre au soir à madame d'Albémar.

D'ailleurs, si la disposition de mon ame me rend peu capable de passions très vives, elle me rend aussi les sacrifices plus faciles. L'Europe, l'Amérique, tous les pays du monde me sont égaux. Quand une fois on connaît bien les hommes, aucune préférence vive n'est possible pour telle ou telle nation, et l'habitude qui supplée à la préférence n'existe pas en moi, puisque j'ai constamment voyagé; peut-être même est-il assez doux, lorsque l'on n'est point poursuivi par les remords, de rompre tous ces rapports que la durée de la vie vous a fait contracter avec les hommes, de s'affranchir ainsi de cette foule de souvenirs pénibles qui oppressent l'ame, et souvent arrêtent ses élans les plus généreux : je me replacerai au milieu de la nature, avec un être aimable qui partagera toutes mes impressions. J'essaierai sur cette terre ce qu'est peut-être la vie à venir, l'oubli de tout, hors le sentiment et la vertu.

Thérèse est beaucoup plus digne qu'aucune autre femme de la destinée que je lui propose : en s'enfermant dans un couvent pendant le reste de ses jours, elle exerce plus de courage pour le malheur que je ne lui en demande pour le bonheur. Un principe de devoir fortifié par la religion peut seul, j'en suis sûr, la déterminer à se sacrifier ainsi; mais en quoi consiste-t-il donc ce devoir? à quelle expiation est-elle obligée? quel bien peut-il résulter, pour les morts comme pour les vivants, du malheur qu'elle veut subir? Si elle se croit des torts, ne vaut-il pas mieux les réparer par des vertus actives? Nous emploierions en Amérique la fortune que je possède à des établissements utiles, à une bienfaisance éclairée : Thérèse n'aura pas rempli, j'en conviens, les devoirs que les hommes lui avaient imposés; mais ceux qu'elle a choisis, mais ceux que son cœur lui permettait d'accomplir, elle y sera fidèle.

Il faut que je la voie; c'est le seul moyen qui me reste pour la faire renoncer à sa cruelle résolution; toute autre tentative serait vaine : mes lettres n'ont rien produit, le spectacle seul de ma douleur peut la toucher. Obtenez-moi donc, madame, un sauf-conduit pour passer quinze jours en France. L'envoyé de Toscane le demandera, si vous le desirez. Je voulais arriver sans toutes ces précautions misérables, mais j'ai craint pour Thérèse l'éclat que pourrait avoir mon emprisonnement, si la famille de M. d'Ervins l'obtenait. Je ne doute pas que l'intention de cette famille ne soit de persécuter Thérèse; mais ce ne sont point de semblables motifs qui pourront l'engager à me croire; il n'y a que ma peine qui puisse agir sur elle, et jamais il n'en exista de plus profonde.

Depuis qu'une expérience rapide m'a donné de bonne heure les qualités des vieillards, en me décourageant, comme eux, de l'espérance, je ne fatiguais plus le ciel par la diversité des vœux d'un jeune homme; je ne lui demandais qu'une grace, c'était de n'avoir jamais à me reprocher le malheur d'un autre; car le remords est la seule douleur de l'ame que le temps et la réflexion n'adoucissent pas. Elle va me poursuivre, cette douleur; c'est en vain que j'avais émoussé la vivacité de tous mes sentiments; la raison aura détruit mon illusion sur les plaisirs, sans adoucir l'âpreté de mes chagrins.

L'image de cette douce, de cette angélique Thérèse immolant sa jeunesse, ensevelissant elle-même sa destinée, cette image, enveloppée des voiles de la mort, me poursuivra jusqu'au tombeau. Vous, madame, qui avez le génie de la bonté, la passion du bien, et tout l'esprit des anges, secourez-moi.

Je vous envoie un ami fidèle qui, après vous avoir remis cette lettre et reçu votre réponse, doit revenir sur les frontières de France, où je l'attendrai. C'est à lui seul que vous voudrez bien donner le sauf-conduit que je desire si ardemment : vous l'obtiendrez, car jamais rien n'a pu être refusé à vos prières, et vous sauverez Thérèse et moi d'un malheur, d'un supplice éternel. Adieu, madame; je me confie à votre bonté, elle ne trompera point mon espoir.

P. S. Il importe que madame d'Ervins ne sache pas que mon intention est de revenir en France.

LETTRE XX.

Léonce à Delphine.

Paris, ce 17 septembre.

Les nouveaux devoirs que j'ai contractés doivent désormais me rendre étranger à votre avenir : cependant ne me refusez pas de le connaître; permettez-moi de m'entretenir quelques instants seul avec vous, à l'heure que vous voudrez bien m'indiquer. Je pars pour l'Espagne, après vous avoir vue : cette grace que je vous demande sera sans doute le dernier rapport que vous aurez jamais avec ma triste vie. Je ne devrais plus conserver aucun doute sur vos torts envers vous-même, comme envers moi; cependant si vous aviez des chagrins, si je pouvais pardonner, je partirais plus calme, et peut-être moins malheureux.

LETTRE XXI.

Delphine à Léonce.

Ce 17 septembre.

Me *pardonner!* Je vous verrai, monsieur, quoique votre billet ne mérite peut-être pas cette réponse ; j'ai besoin, pour ma propre dignité, d'une explication avec vous. Je dois consacrer ce jour tout entier à des devoirs d'amitié que vous ne m'apprendrez point à négliger ; mais demain, choisissez l'instant que vous préférerez ; je vous forcerai, je l'espère, à me rendre toute l'estime que vous me devez : c'est dans ce but seul que je consens à vous entretenir. Je ne puis concevoir ce que vous voulez me demander sur mon avenir, il vous est facile de le deviner : je vais passer le reste de mes jours avec ma belle-sœur, et je n'ai plus dans ce monde, où ma confiance a été trompée, ni un intérêt ni un espoir de bonheur.

LETTRE XXII.

Delphine à mademoselle d'Albémar.

Ce 17 septembre, au soir.

Léonce m'a écrit pour me demander de me voir, je n'ai point hésité à y consentir ; je dirai plus, j'ai regardé comme une faveur du ciel l'occasion qui m'était offerte de connaître enfin les torts dont il m'accuse, et d'y répondre avec vérité, peut-être avec hauteur.

Ne vous livrez, ma sœur, à aucune inquiétude en apprenant que je n'ai pas cédé à vos conseils ; Léonce n'est point à craindre pour moi, quels que soient les sentiments qu'il m'exprime : s'il voulait faire renaître dans mon ame la passion qui m'attachait à lui ; s'il voulait me rendre méprisable par cet amour même dont il aurait pu faire ma gloire et son bonheur....

Non, Léonce, non, celle que vous n'avez pas jugée digne d'être votre femme n'accepterait pas vos regrets, si vous en éprouviez ; je ne suis pas, comme vous, impitoyable envers des torts de convenance, des fautes apparentes, des actions condamnées par la société, mais que le cœur justifie ; je vous montrerai que la véritable vertu a d'autant plus de force sur mon ame, que j'abjure tout autre empire. Cette Delphine que vous croyez si faible, si entraînée, sera courageuse et ferme contre l'affection la plus passionnée de son cœur, contre vous... Oui, je le serai, ma sœur, quoique je donnasse ma vie pour obtenir encore une heure pendant laquelle je pusse me persuader qu'il m'aime et qu'il n'est pas l'époux de Matilde.

C'est demain que Léonce doit venir! j'ai eu la force de m'occuper encore aujourd'hui de faire avoir à M. de Serbellane un sauf-conduit pour rentrer en France; il m'avait écrit pour m'en conjurer, et j'ai trouvé son desir bon et raisonnable; car je crois comme lui qu'il n'existe aucun autre moyen d'empêcher Thérèse de se faire religieuse. Elle ne m'a point encore confié cette funeste résolution; mais M. de Serbellane m'a mandé qu'il la sait d'elle, et toutes mes observations me confirment ce qu'il m'écrit. J'ai donc été à Paris ce matin pour voir l'envoyé de Toscane : il était absent; mais comme il doit passer la soirée chez madame de Vernon, je l'ai priée de lui remettre une lettre de moi qui contient ma demande pour M. de Serbellane, et de l'appuyer en la lui donnant. Madame de Vernon réussira tout aussi bien que moi dans cette affaire; et, troublée comme je le suis, il m'était impossible de paraître au milieu du monde.

Je suis donc revenue ce soir même à Bellerive; il est déjà tard, le jour qui précède demain va finir; l'agitation de mon cœur est violente, et cependant je n'ai pas d'incertitude; il ne peut m'arriver rien de nouveau que plus ou moins de douleur dans un adieu sans espoir. Ma sœur, du haut du ciel, votre frère, mon protecteur, veille sur moi; il ne souffrira pas que Delphine infortunée, mais pure, mais irréprochable, déshonore ses soins, ses bontés, son affection, en se permettant des sentiments coupables! Je ne sais ce que j'éprouve maintenant dans cette émotion de l'attente qui suspend toutes les puissances de l'ame; mais quand Léonce sera venu, mon ame se relèvera, et dût la vertu m'ordonner de le voir demain pour la dernière fois de ma vie, Louise, j'obéirai.

LETTRE XXIII.

Delphine à mademoiselle d'Albémar.

Ce 18 septembre, à minuit.

J'avais tort, ma sœur, véritablement tort, de m'occuper de la conduite que je tiendrais avec M. de Mondoville; il se préparait à m'en épargner le soin ; il ne voulait sans doute que m'éprouver, savoir si je serais assez faible pour consentir à le revoir ; il se jouait de mon cœur avec insulte : il est parti la nuit dernière pour l'Espagne ; la nuit dernière, et c'était aujourd'hui........ Ah ! c'en est trop, toute mon ame est changée : je vous parlerai de lui avec sang-froid, avec dédain ; ce départ est mille fois plus coupable que son mariage ; aucune erreur, de quelque nature qu'elle soit, ne peut l'expliquer : c'est de la barbarie froide, légère. Je ne retrouve pas même ses défauts dans cette conduite ; je me suis trompée, j'ai mis une illusion, la plus noble, la plus séduisante de toutes, à la place de son caractère. Eh bien ! renonçons à cette illusion comme à toutes celles dont le cœur est avide ; il faut, tant qu'il est ordonné de vivre, repousser les affections qui rattachent à l'idée du bonheur : dès qu'elles le promettent, elles trompent. Adieu, Louise ; je n'ai que des sentiments amers, je répugne à les exprimer ; adieu.

LETTRE XXIV.

Delphine à mademoiselle d'Albémar.

Ce 21 septembre.

Je n'ai pas eu depuis deux jours la force de vous écrire ; je craindrais cependant qu'un plus long silence ne vous inquiétât, je ne veux pas le prolonger : mais que puis-je dire maintenant ? rien, plus rien du tout ; il n'y a pas même dans ma vie de la douleur à confier. J'ai du dégoût de moi, puisque je ne peux plus penser à lui ; il n'y a rien dans mon ame, rien dans mon esprit qui m'intéresse. Je ne pars pas immédiatement, parceque Thérèse reste encore quelque temps chez moi, et que madame de Vernon est malade, peut-être ruinée ; je veux la consoler, et réparer ainsi mes injustes soupçons contre elle. J'ai encore en ma puissance de la fortune et des soins, je veux faire de ce qui me reste du bien à quelqu'un, et, s'il se peut, surtout à madame de Vernon. Je m'étonne que je puisse servir à quoi que ce soit dans ce monde ; mais enfin si je puis, je le dois.

Je veux tâcher d'engager madame de Vernon à venir avec moi dans les provinces méridionales ; ce voyage est nécessaire à l'état menaçant de sa poitrine. Si elle a dérangé sa fortune, je lui offrirai les services que je peux lui rendre, mais je ne lui donnerai point de conseils sur la conduite qu'elle doit tenir désormais : hélas! sais-je juger, sais-je découvrir la vérité? sur quoi pourrait-on s'en rapporter à moi, quand je ne puis me guider moi-même? Ma tète est exaltée; je n'observe point, je crois voir ce que j'imagine; mon cœur est sensible, mais il se donne à qui veut le déchirer. Je vous le dis, Louise, je ne suis plus rien qu'un être assez bon, mais qu'il faut diriger, et dont surtout il ne faut jamais parler à personne au monde comme d'une femme distinguée, sous quelque rapport que ce soit.

J'ai pourtant encore une sorte de besoin de vous raconter les dernières heures dont je gardai l'idée, celles qui ont terminé l'histoire de ma vie; je ne veux pas que vous ignoriez ce que j'ai encore éprouvé pendant que j'existais : seulement ne me répondez pas sur ce sujet, ne me parlez que de vous et de ce que je peux faire pour vous; ne me dites rien de moi : il n'y a plus de Delphine, puisqu'il n'y a plus de Léonce! crainte, espoir, tout s'est évanoui avec mon estime pour lui; le monde et mon cœur sont vides.

Il faut l'avouer pour m'en punir, le jour où je l'attendais il m'était plus cher que dans aucun autre moment de ma vie. Depuis l'instant où le soleil se leva, quel intérêt je mis à chaque heure qui s'écoulait! de combien de manières je calculai quand il était vraisemblable qu'il viendrait! D'abord il me parut qu'il devait arriver à l'heure qu'il supposait celle de mon réveil, afin d'être certain de me trouver seule. Quand cette heure fut passée, je pensai que j'avais eu tort d'imaginer qu'il la choisirait, et je comptai sur lui entre midi et trois heures; à chaque bruit que j'entendais, je combinais par mille raisons minutieuses s'il viendrait à cheval ou en voiture. Je n'allai pas chez Thérèse, je n'ouvris pas un livre, je ne me promenai pas, je restai à la place d'où l'on voyait le chemin. L'horloge du village de Bellerive ne sonne que toutes les demi-heures; j'avais ma montre devant moi, et je la regardais quand mes yeux pouvaient quitter la fenêtre. Quelquefois je me fixais à moi-même un espace de temps que je me promettais de consacrer à me distraire; ce temps était précisément celui pendant lequel mon ame était le plus violemment agitée.

Ce que j'éprouvai peut-être de plus pénible dans cette attente, ce fut l'instant où le soleil se coucha : je l'avais vu se lever lorsque mon cœur était ému par la plus douce espérance; il me semblait qu'en disparaissant, il m'enlevait tous les sentiments dont j'avais été remplie à son aspect. Cependant, à cette heure de découragement succéda bientôt une idée qui me ranima : je m'étonnai de n'avoir pas songé que c'était le soir que Léonce choisirait pour s'entretenir plus long-temps avec moi, et je retombai dans cet état, le plus cruel de tous, où l'espoir même fait presque autant de mal que l'inquiétude. L'obscurité ne me permettait plus de distinguer de loin les objets ; j'en étais réduite à quelques bruits rares dans la campagne, et plus la nuit approchait, plus ma souffrance était uniforme et pesante : combien je regrettais le jour, ce jour même dont toutes les heures m'avaient été si pénibles !

Enfin j'entends une voiture, elle s'approche, elle arrive, je ne doute plus : j'entends monter mon escalier, je n'ose avancer ; mes gens ouvrent les deux battants, apportent des lumières, et je vois entrer madame de Mondoville et madame de Vernon ! Non, vous ne pouvez pas vous peindre ce qu'on éprouve lorsque, après le supplice de l'attente, on passe par toutes les sensations qui en font espérer la fin, et que, trompé tout-à-coup, on se voit rejeté en arrière, mille fois plus désespéré qu'avant le soulagement passager qu'on vient d'éprouver.

Je n'avais pas la force de me soutenir ; l'idée me vint que Léonce allait arriver, qu'il s'en irait en apprenant que je n'étais pas seule, et que je ne retrouverais peut-être jamais l'occasion de lui parler. Je reçus madame de Mondoville et sa mère avec une distraction inouïe ; je me levai, je me rassis, je me relevai pour sonner, je demandai du thé, et, craignant tout-à-coup que cet établissement ne les retînt, je leur dis : « Mais vous voulez peut-être retourner à Paris ce soir ? » Elles arrivaient, rien n'était plus absurde ; mais je ne pouvais supporter la contrariété que leur présence me faisait éprouver.

Madame de Vernon s'approchait de moi pour me prendre à part avec l'attention la plus aimable, lorsque madame de Mondoville la prévint, et me dit : « J'ai voulu accompagner ma mère ici ce soir ; son intention était de venir seule, mais j'avais besoin de votre société pour me distraire du chagrin que j'ai éprouvé ce matin, en apprenant que mon mari avait été obligé de partir cette nuit pour l'Espagne. » A ces mots, un nuage couvrit mes yeux, et je ne vis plus rien autour de moi. Madame de Mondoville se serait aperçue de mon état, si sa mère, avec cette promptitude et cette présence d'esprit qui n'appartiennent qu'à elle, ne se fût placée entre sa fille et moi, comme je retombais sur ma chaise ;

et ne l'eût priée très instamment d'aller dire à un de ses gens de lui apporter une lettre qu'elle avait oubliée dans sa voiture.

Pendant que Matilde était sortie, madame de Vernon me porta presque entre ses bras dans la chambre à côté, et me dit : « Attendez-moi, je vais vous rejoindre. » Elle alla conseiller à sa fille de monter dans la chambre qui lui était destinée, et lui dit que j'avais besoin de repos : sa fille ne demanda pas mieux que de se retirer, et ne conçut pas le moindre soupçon de ce qui se passait. Madame de Vernon revint, j'avais à peine repris mes sens ; et lorsqu'elle s'approcha de moi, oubliant entièrement les soupçons que j'avais conçus, je me jetai dans ses bras avec la confiance la plus absolue : ah ! j'avais tant besoin d'une amie ! je l'aurais forcée à l'être, quand son cœur n'y aurait pas été disposé.

Combien de fois lui répétai-je avec déchirement : « Il est parti, Sophie, quand il devait me voir aujourd'hui même : quelle insulte ! quel mépris ! » J'avouai tout à madame de Vernon : elle avait tout deviné. Elle me fit sentir avec une grande délicatesse, quoique avec une parfaite évidence, à quel point j'avais eu tort de me défier d'elle. « Ne voyez-vous pas, me dit-elle, combien un homme qui se conduit ainsi avait de préventions contre vous ? Vous avez cru qu'il était jaloux de M. de Serbellane : pouvait-il l'être après la confidence que je lui avais faite de votre part ? le dernier billet même que vous avez écrit, où vous lui annoncez, me dites-vous, votre résolution de rester en Languedoc, ce billet ne détruisait-il pas tout ce qu'on a répandu sur votre prétendu voyage en Portugal ? Non, je vous le dis, c'est un homme qui a conservé du goût pour vous, ce qui est bien naturel, mais qui ne veut pas s'y livrer, parceque votre caractère ne lui convient pas ; et quand son goût l'entraîne, il prend des partis décisifs pour s'y arracher. Il n'y a rien de plus violent que Léonce, vous le savez, sa conduite le prouve : il s'en est allé cette nuit sans me prévenir ; il a instruit seulement sa femme, par un billet assez froid, qu'une lettre de sa mère le forçait à partir à l'instant, et j'ai su positivement par ses gens qu'il n'avait point reçu de lettres d'Espagne ; c'était donc vous qu'il évitait : cette crainte même est une preuve qu'il redoute votre ascendant ; mais jamais il ne s'y soumettra, quand votre délicatesse pourrait vous permettre à présent de le desirer. »

Je voulus me justifier auprès de madame de Vernon de la moindre pensée qui pût offenser Matilde ; mais cette généreuse amie s'indigna que je crusse cette explication nécessaire ; elle me témoigna la plus parfaite estime ; l'embarras que je remarque quelquefois en elle était entièrement dissipé, et du moins, à travers ma douleur, j'acquis plus de certitude que jamais qu'elle m'aimait avec tendresse. Hélas! sa santé est bien mauvaise, les veilles ont abimé sa poitrine. J'ai voulu l'engager à parler d'elle, de ses affaires, de ses projets; mais elle ramenait sans cesse la conversation sur moi avec cette grace qui lui est propre, ne se lassant pas de m'interroger, cherchant, découvrant toutes les nuances de mes sentiments, réussissant quelquefois à me soulager, et n'oubliant rien de tout ce que l'on pouvait dire sur mes peines : enfin, sans elle, je ne sais si j'aurais supporté cette dernière douleur. Ce que je ressentais était amer et humiliant ; Sophie m'a relevée à mes propres yeux; elle a su adoucir mes impressions, et me préserver du moins d'une irritation, d'un ressentiment qui aurait dénaturé mon caractère.

Louise, vous n'étiez pas auprès de moi, il a bien fallu qu'une autre me secourût; mais dès que Thérèse m'aura quittée, dans un mois, je viendrai, je m'abandonnerai à vous, et si je ne puis vivre, vous me le pardonnerez.

LETTRE XXV.

Léonce à M. Barton.

Bordeaux, 25 septembre.

L'auriez-vous cru, que ce serait de cette ville que vous recevriez ma première lettre? Je devais la voir, et je suis parti ; je suis venu sans m'arrêter jusqu'ici ; je comptais aller de même, jusqu'à ce que j'eusse rencontré cet homme insolemment heureux que l'on fait revenir en France. La fièvre m'a pris avec tant de violence qu'il faut bien suspendre mon voyage; mais M. de Serbellane passe par ici, je le sais; il a mandé qu'il y viendrait, il est peut-être plus sûr de l'y attendre.

Oui, je suis parti lorsqu'elle avait consenti à me voir, lorsqu'elle avait sans doute préparé quelques ruses pour me tromper : je suis parti sans regrets, mais avec un sentiment d'indignation qui a changé totalement ma disposition pour elle. Mon ami, lisez bien ces mots qui m'étonnent plus que vous-même en les traçant: *Madame d'Albémar n'a mérité ni votre estime, ni mon amour.*

Quand elle me répondit qu'elle me recevrait, je n'osai pas

vous l'écrire, mon cher maître; mais je ne pouvais contenir dans mon sein la joie que je ressentais; je me promenais dans ma chambre avec des transports dont je n'étais plus le maître : quelquefois cette vive émotion de bonheur m'oppressait tellement, que je voulais la calmer en me rappelant tout ce qu'il y avait de cruel dans ma situation, dans mes liens; mais il est des moments où l'ame repousse toute espèce de peines, et ces idées tristes qui, la veille, me pénétraient si profondément, glissaient alors sur mon cœur, comme s'il avait été invulnérable.

Je m'étais enfermé; un de mes gens frappa à ma porte, je tressaillis à ce bruit; tout événement inattendu me faisait peur; je redoutais même une lettre de madame d'Albémar; je craignais une émotion, fût-elle douce. On me remit un billet de madame de Vernon, qui me demandait de venir la voir à l'instant, pour une affaire de famille importante; il fallut y aller. Madame de Vernon me dit d'abord ce dont il s'agissait; et je regrettai, je l'avoue, d'être venu pour un si faible intérêt; l'instant d'après, elle prit à part l'envoyé de Toscane qui était chez elle, et me pria d'attendre un moment pour qu'elle pût me parler encore.

Je l'entendis qui lui disait : « Voici la lettre de madame d'Albémar; appuyez auprès du ministre sa demande en faveur de M. de Serbellane. » A ce nom, je me levai, je m'approchai de madame de Vernon, malgré l'inconvenance de cette brusque interruption; elle continua de parler devant moi, et j'appris, juste ciel! j'appris que madame d'Albémar avait été le matin même chez l'envoyé de Toscane, pour obtenir, par son crédit, un sauf-conduit qui permît à M. de Serbellane de revenir en France, malgré son duel. N'ayant point trouvé l'envoyé de Toscane, elle lui écrivait pour lui renouveler cette demande; elle en chargeait madame de Vernon. J'ai vu l'écriture de madame d'Albémar; elle a obtenu ce qu'elle desirait, et dans quinze jours M. de Serbellane doit être en France, oui, il y sera; mais il m'y trouvera; je le forcerai bien à me donner un prétexte de vengeance.

Mon parti fut pris tout-à-coup; je résolus d'aller au-devant de M. de Serbellane, et de partir sans délai. Si j'étais resté un seul jour, je n'aurais pu résister au besoin de voir madame d'Albémar, pour l'accabler des reproches les plus insultants, et c'était encore lui accorder une sorte de triomphe; mais ce départ, à l'instant même où son billet faible et trompeur me donne la permission de la voir, ce départ, sans un mot d'excuse ni de souvenir, l'aura, je l'espère, offensée.

J'ai écrit à madame de Mondoville pour lui donner un prétexte quelconque de mon voyage; je n'ai voulu dire adieu à personne : mes gens, en recevant mes ordres pour mon départ, me regardaient avec étonnement; je me croyais calme, et sans doute quelque chose trahissait en moi l'état où j'étais. Si j'avais vu quelqu'un, mon agitation eût été remarquée; peut-être Delphine l'aurait-elle apprise! il faut qu'elle me croie dédaigneux et tranquille, c'est tout ce que je desire : si je mourais du mal qui me consume, mon ami, jamais vous ne lui diriez que c'est elle qui me tue; j'en exige votre serment : je me sentirais une sorte de rage contre ma fièvre, si je pensais qu'elle pût l'attribuer à l'amour.

J'ai voulu m'éloigner aussi de madame de Vernon; je la hais, c'est injuste, je le sais; mais enfin, toutes les peines que j'ai éprouvées, c'est elle qui me les a annoncées; depuis mon mariage même, chaque fois qu'une idée, une circonstance me faisait du bien, le hasard amenait de quelque manière cette femme pour me découvrir la vérité; j'en conviens, la vérité, mais celle qu'on ne peut entendre sans détester qui vous la dit. Ne combattez pas cette prévention, je la condamne; mais que ne condamné-je pas en moi? et je ne puis me vaincre sur rien! Ah! qu'il serait heureux que je mourusse! cependant ne craignez pas que M. de Serbellane me tue; non, il n'est pas juste que tout lui réussisse, il me semble que c'est assez des prospérités dont il a joui; s'il met le pied en France, il en trouvera le terme.

LETTRE XXVI.

Delphine à mademoiselle d'Albémar.

Bellerive, 2 octobre.

Eh bien, Thérèse est inflexible; eh bien, celle à qui j'ai sacrifié tout le bonheur de ma vie ne jouira pas un seul jour du funeste dévouement de ma trop facile amitié. Louise, le récit que je vais vous faire vous inspirera de la pitié pour Thérèse; il m'en faut aussi pour moi. Ah! que de douleurs sur la terre! où sont-ils les heureux? en est-il parmi ceux qui seraient dignes du bonheur?

Depuis quelque temps, je voyais madame d'Ervins plus rarement; un prêtre d'un couvent voisin, d'un extérieur simple et respectable, passait beaucoup d'heures seul avec elle; moi même, accablée de douleur, et craignant, si je confiais mes peines à Thérèse, de ne pouvoir lui cacher qu'elle en était la cause involontaire, je me résignais à son goût pour la retraite, et je ne voulais pas lui parler des projets que je lui connaissais. Je comptais sur l'arrivée de M. de Serbellane et sur ses prières pour l'y faire renoncer ; mais le frère de M. d'Ervins étant venu à Paris, Thérèse eut hier matin un long entretien avec lui, et je me hâtai d'aller chez elle quand il fut parti, pour en savoir le résultat.

J'ai retenu toutes les paroles de Thérèse, et je vous les transmettrai fidèlement. Qui pourrait oublier un langage si plein d'amour et de repentir? « J'ai apaisé le frère de M. d'Ervins, me dit-elle ; maintenant qu'il sait ma résolution, il n'a plus de haine contre moi; cette résolution met la paix entre les ennemis; Dieu, qui l'inspire, la rend efficace : mais vous à qui je dois tant, vous qui avez peut-être fait pour moi plus de sacrifices que vous ne m'en avez avoué, vous avez failli me perdre dans un mouvement de bonté; vous aviez encouragé M. de Serbellane à revenir; je l'ai appris à temps, j'ai pu le lui défendre; il sera instruit que s'il me voyait, il ne pourrrait me faire changer de dessein, mais qu'il renouvellerait, par son retour, le courroux des parents de M. d'Ervins, et qu'il perdrait ma fille en déshonorant sa mère. »

Je voulus l'interrompre, elle m'arrêta. « Demain, me dit-elle, venez me chercher en vous levant, nous nous promènerons ensemble ; je vous dirai tout ce qui se passe en moi; je n'en ai pas la force ce soir; il me semble que quand la nuit est venue, la présence d'un Dieu protecteur se fait moins sentir, et j'ai besoin de son appui pour annoncer avec courage mes résolutions. A demain donc, avec le jour, avec le soleil. »

Quand elle m'eut quittée, je réfléchis douloureusement sur les obstacles que sa ferveur religieuse opposerait à mes efforts, et je plaignis le triste destin de deux nobles créatures, Thérèse et son ami. C'était moi, moi si malheureuse, qui devais essayer de soutenir le courage de madame d'Ervins, et mon cœur au désespoir était chargé de la consoler ! Ah! combien souvent dans la vie cet exemple s'est présenté, et que d'infortunés ont encore trouvé l'art de secourir des infortunés comme eux !

J'entrai chez Thérèse de très bonne heure, et je la trouvai tout habillée, priant dans son cabinet devant un crucifix qu'elle y a placé, et aux pieds duquel elle a déjà répandu bien des larmes. Elle se leva en me voyant, ouvrit son bureau, et me dit : « Tenez, voilà toutes les lettres de M. de Serbellane que j'ai reçues depuis deux mois, je vous les remets avec son portrait ; il ne vous est point ordonné à vous de les brûler, conservez-les pour qu'elles me survivent, et que rien de lui ne périsse avant moi. » J'insistai pour qu'elle connût la lettre que m'avait écrite M. de Serbellane ; en la lisant, elle rougit et pâlit plusieurs fois. « Il m'a fait dans ses lettres, reprit-elle, l'offre dont il vous parle ; il me l'a faite avec une expression bien plus vive, bien plus sensible encore, et cependant ma résolution est restée inébranlable. Descendons dans le jardin, je ne suis pas bien ici ; l'air me donnera des forces ; il m'en faut pour vous ouvrir encore une fois ce cœur qui doit se refermer pour toujours. » Je la suivis ; ses cheveux noirs, son teint pâle, ses regards qui exprimaient alternativement l'amour et la dévotion, donnaient à son visage un caractère de beauté que je ne lui avais jamais vu. Nous nous assîmes sous quelques arbres encore verts ; Thérèse alors, tournant vers l'horizon des regards vraiment inspirés, me dit :

« Ma chère Delphine, je vous le confie en présence de ce soleil qui semble nous écouter au nom de son divin maître, l'objet de mon malheureux amour n'est point encore effacé de mon cœur. Avant qu'un prêtre vénérable eût accepté le serment que j'ai fait de me consacrer à Dieu, je lui ai demandé si, parmi les devoirs que j'allais m'imposer, il en était un qui m'interdît les souvenirs que je ne puis étouffer : il m'a répondu que le sacrifice de ma vie était le seul qui fût en ma puissance ; il m'a permis de mêler, aux pleurs que je verserais sur mes fautes, le regret de n'avoir pas été la femme de celui qui me fut cher, et de n'avoir pu concilier ainsi l'amour et la vertu. Je ne craignais, dans l'état que je vais embrasser, que des luttes intérieures contre ma pensée ; dès qu'on n'exige que mes actions, je me voue avec bonheur à l'expiation de la mort de M. d'Ervins.

« M. de Serbellane m'offre de m'épouser, et de passer le reste de sa vie en Amérique avec moi : juste ciel ! avec quel transport je l'accepterais ! quel sentiment presque idolâtre n'éprouverais-je pas pour lui ! Mais le sang, la mort nous sépare, un spectre défend ma main de la sienne, et l'enfer s'est ouvert entre nous deux. Si je succombais, j'entraînerais ce que j'aime dans mon crime ; le malheureux ! il partagerait mon supplice éternel, et je n'obtiendrais pas de la Providence, comme des hommes, de ne condamner que moi seule. Mes pleurs et mon sacrifice serviront peut-être aussi sa cause dans le ciel. Oui, s'écria-t-elle d'une voix plus élevée, oui, je prierai sans cesse; et si mes prières touchent l'Être suprême, ô mon ami, c'est toi qu'il sauvera. Delphine, me dit-elle en m'embrassant, pardonnez, je ne puis parler de lui sans m'égarer, et je confonds ensemble et l'amour et le sentiment qui m'ordonne d'immoler l'amour. Mais ils m'ont dit que dans le temple, après de longs exercices de piété, mes idées deviendraient plus calme; je les crois, ces bons prêtres, qui ont fait entendre à mon ame le seul langage qui l'ait consolée.

« Il m'eût été beaucoup plus difficile de vivre au milieu du monde, en renonçant à M. de Serbellane, que de lui prouver encore, par la résolution que je prends, combien mon ame est profondément atteinte. Ce motif n'est pas digne de l'auguste état que j'embrasse; mais ne faut-il pas aider de toutes les manières la faiblesse de notre nature? et si je me sens plus de force pour revêtir les habits de la mort, en pensant que ce sacrifice obtiendra de lui des larmes plus tendres, pourquoi m'interdirais-je les idées qui me soutiennent dans ce grand combat du cœur?

« Un seul devoir, un seul, pouvait me retenir dans le monde; c'était l'éducation d'Isore. Ma chère Delphine, c'est vous qui m'avez tranquillisée sur cette inquiétude; je vous remettrai ma fille, la fille du malheureux dont j'ai causé la mort : vous êtes bien plus digne que moi de former son esprit et son ame; mon éducation négligée ne me permet pas de contribuer à son instruction, et mon cœur est trop troublé pour être jamais capable de fortifier son caractère contre le malheur. Elle a dix ans, et j'en ai vingt-six; le spectacle de ma douleur agit déjà trop sur ses jeunes organes. Hélas! ma chère Delphine, vous n'êtes pas heureuse vous-même; j'ai peut-être à jamais perdu votre destinée; mais votre ame, plus habituée que la mienne à la réflexion, sait mieux contenir aux regards d'un enfant les sentiments qu'il faut lui laisser ignorer. L'étendue de votre esprit, la variété de vos connaissances, vous permettent de vous occuper et d'occuper les autres de diverses idées. Pour moi, je vis et je meurs d'amour. Dans cette religion à laquelle je me livre, je ne comprends rien que son empire sur les peines du cœur, et je n'ai pas, dans ma faible et pauvre tête, une seule pensée qui ne soit née de l'amour.

« Hélas ! le parti que je vais prendre affligera sans doute M. de Serbellane ; peut-être aurait-il goûté quelque bonheur avec moi : ce sanglant hyménée ne lui inspirait point d'horreur ; et, pendant quelques années du moins, il n'aurait point été troublé par l'attente d'une autre vie. Oh ! Delphine, il m'en a coûté long-temps pour lui causer cette peine : il me semblait qu'un jour de la douleur d'un tel homme comptait plus que toutes mes larmes : cependant une idée que l'orgueil aurait repoussée m'a soulagée enfin de la plus accablante de mes craintes. Je lui suis chère, il est vrai, mais c'est moi qui l'aime mille fois plus qu'il ne m'a jamais aimée ; une carrière, un but à venir lui reste ; il ne donnera jamais à personne, je le crois, cette tendresse première dont je faisais ma gloire, alors même qu'elle me coûtait l'honneur et la vertu : l'amour finit avec moi pour lui ; mais une existence forte, énergique, peut le remplir encore de généreuses espérances.

« Quant à moi, ma chère Delphine, puisqu'un devoir impérieux me sépare de lui, qu'est-ce donc que je sacrifie en me faisant religieuse ? j'ai éprouvé la vie, elle m'a tout dit ; il ne me reste plus que de nouvelles larmes à joindre à celles que j'ai déja répandues. Si je conservais ma liberté, je ne pourrais écarter de moi l'idée vague de la possibilité d'aller le rejoindre. J'aurais besoin chaque jour de lutter contre cette idée avec toutes les forces de ma volonté ; jamais je n'obtiendrais le repos. Mon amie, croyez-moi, il n'est pour les femmes sur cette terre que deux asiles, l'amour et la religion ; je ne puis reposer ma tête dans les bras de l'homme que j'aime, j'appelle à mon secours un autre protecteur qui me soutiendra, quand je penche vers la terre, quand je voudrais déja qu'elle me reçût dans son sein.

« Le malheur a ses ressources ; depuis un mois, je l'ai appris ; j'ai trouvé dans les impressions qu'autrefois je laissais échapper sans les recueillir, dans les merveilles de la nature, que je ne regardais pas, des secours, des consolations qui me feront trouver du calme dans l'état que je vais embrasser. Enfin, il me sera permis de rêver et de prier ; ce sont les jouissances les plus douces qui restent sur la terre aux ames exilées de l'amour.

« Peut-être que, par une faveur spéciale, les femmes éprouvent d'avance les sentiments qui doivent être un jour le partage des élus du ciel ; mais si j'en crois mon cœur, elles ne peuvent exister de cette vie active, soutenue, occupée, qui fait aller le monde et les intérêts du monde ; il leur faut quelque chose d'exalté, d'enthousiaste, de surnaturel, qui porte déjà leur esprit dans les régions éthérées.

« J'ai confondu dans mon cœur l'amour avec la vertu, et ce sentiment était le seul qui pût me conduire au crime par une suite de mouvements nobles et généreux; mais que le réveil de cette illusion est terrible ! il a fallu, pour la faire cesser, que je devinsse l'assassin de l'homme que j'avais juré d'aimer. Oh ! quel affreux souvenir! et quel serait mon désespoir si la religion ne m'avait pas offert un sacrifice assez grand pour me réconcilier avec moi-même !

« Il est fait, ce sacrifice, et Dieu m'a pardonné, je le sais, je le sens ; mes remords sont apaisés; la mélancolie des ames tendres et douces est rentrée dans mon cœur ; je communique encore par elle avec l'Être suprême; et si dans un autre monde mon malheureux époux a perdu son irritable orgueil, s'il lit au fond des cœurs, lui-même aussi, lui-même aura pitié de moi. »

Thérèse s'arrêta en prononçant ces dernières paroles, et retint quelques larmes qui remplissaient ses yeux. J'étais aussi profondément émue, et je rassemblais toutes mes pensées pour combattre le dessein de Thérèse ; mais au fond de mon cœur, je vous l'avouerai, je ne le désapprouvais pas : je n'ai point les mêmes opinions qu'elle sur la religion ; mais j'aimerais cette vie solitaire, enchaînée, régulière, qui doit calmer enfin les mouvements désordonnés du cœur. Je voulus cependant épouvanter Thérèse en lui peignant les regrets auxquels elle s'exposait, mais elle m'arrêta tout-à-coup.

« Oh ! que me direz-vous, mon amie, s'écria-t-elle, qu'il ne m'ait pas écrit ; que mon amour, plus éloquent encore que lui, n'ait pas plaidé pour sa cause dans mon cœur ? Ne parlons plus sur l'irrévocable, dit-elle en m'imposant doucement silence ; mes serments sont déjà déposés aux pieds du Tout-Puissant; il me reste à les faire entendre aux hommes ; mais le lien éternel m'enchaîne déjà sans retour.

« Je ne vous ai point dit que je serais heureuse ; il n'y avait de bonheur sur la terre que quand je le voyais; quand il me parlait, sa voix seule ranimait dans mon sein les jouissances vives de l'existence ; mais je n'ai plus à craindre ces peines violentes où la vengeance divine imprime son redoutable pouvoir. Désormais étrangère à la vie, je la regarderai couler comme ce ruisseau qui passe devant nous, et dont le mouvement égal finit par nous communiquer une sorte de calme. Le souvenir de ma destinée agitera peut-être encore quelque temps ma solitude ; mais enfin, ils me l'ont promis, ce souvenir s'affaiblira, le retentissement lointain ne se fera plus entendre que confusément ; c'est ainsi que je commencerai à mourir, et que je m'endormirai, bénie d'un Dieu clément, et chère peut-être encore à ceux qui m'ont aimée.

« Je pars aujourd'hui pour Bordeaux avec mon beau-frère, continua Thérèse ; j'y resterai quelques mois. Je reviendrai chez vous avant de prendre le voile, pour vous ramener Isore, et vous remettre tous mes droits sur elle. Je vous en conjure, ma chère Delphine, ne nous abandonnons plus à notre émotion ; je n'ai pu contenir mon ame en vous parlant aujourd'hui ; vous avez dû voir que Thérèse n'était pas encore devenue insensible, jamais elle ne le sera ; mais je dois tâcher de le paraître, pour recueillir quelque bien de la résolution que j'ai prise. Il faut se dominer, il faut ne plus exprimer ce qu'on éprouve : c'est ainsi qu'on peut étouffer, m'a-t-on dit, les sentiments dont la religion doit triompher. Ma chère Delphine, ma généreuse amie, retenez ce dernier accent, ce sont les adieux qui précèdent la mort ; vous n'entendrez plus la voix qui sort du cœur. Adieu ! »

Thérèse me quitta, je ne la suivis point ; je restai quelque temps seule, pour me livrer à mes larmes. Je sentis d'ailleurs que ce n'était pas au moment de son départ que je pourrais produire aucune impression sur elle ; et j'espérai davantage de mes lettres pendant son absence. Quand je rentrai, le frère de M. d'Ervins était arrivé. Thérèse fit les préparatifs de son voyage avec une singulière fermeté ; Isore pleura beaucoup en me quittant ; sa mère, en descendant pour partir, détourna la tête plusieurs fois, afin de ne pas voir l'émotion de cette pauvre petite. Thérèse monta en voiture sans me dire un mot ; mais, en prenant sa main, je reconnus à son tremblement quelle douleur elle éprouvait.

Thérèse ! être si tendre et si doux, me répétai-je souvent quand elle fut partie, cette force, que vous ne tenez pas de vous-même, vous soutiendra-t-elle constamment ? ne sentirez-vous pas se refroidir en vous l'exaltation d'une religion qui a tant besoin d'enthousiasme ? et ne perdrez-vous pas un jour cette foi du cœur qui vous aveugle sur tout le reste ? Hélas ! et moi qui me crois plus éclairée, que deviendrai-je ? l'espérance d'une vie à venir, les principes qui m'ont été donnés par un être parfaitement bon, les idées religieuses, raisonnables, et sensibles, ne me rendront-elles donc pas à moi-même? et l'amour ne peut-il être combattu que par des fantômes superstitieux qui remplissent notre ame de terreur? Louise, la douleur remet tout en doute, et l'on n'est contente d'aucune de ses facultés, d'aucune de ses opinions, quand on n'a pu s'en servir contre les peines de la vie.

LETTRE XXVII.

Delphine à mademoiselle d'Albémart

Bellerive, ce 14 octobre.

Je vous prie, ma chère Louise, de remettre à M. de Clarimin ce billet, par lequel je me rends caution de soixante mille livres que madame de Vernon lui doit : obtenez de lui, je vous en conjure, qu'il cesse de la calomnier. Il est dans sa terre, à quelques lieues de vous ; il vous sera facile de l'engager à venir vous parler. Dès que j'aurai reçu votre réponse, et que je pourrai tranquilliser madame de Vernon, les affaires qui la retiennent ici seront terminées, et nous partirons ensemble pour le Languedoc ; moi, pour vous rejoindre ; elle, pour m'accompagner, et pour passer l'hiver dans les pays chauds. Les médecins disent que sa poitrine est très affectée ; elle paraît elle-même se croire en danger, mais elle s'en occupe singulièrement peu : ah ! si j'étais condamnée à la perdre, cette amère douleur m'ôterait le reste de mes forces.

Je n'ai point appris par madame de Vernon l'embarras dans lequel elle se trouvait ; le hasard me l'a fait découvrir, et je le savais seulement de la veille, lorsque madame de Mondoville et madame de Vernon vinrent avant-hier chez moi. Je pris madame de Mondoville à part, et je lui demandai si ce que l'on m'avait dit des plaintes de M. de Clarimin contre sa mère était vrai. « Oui, me répondit-elle : ma mère voulait que je m'engageasse pour les soixante mille livres qu'elle lui doit, pendant l'absence de M. de Mondoville ; je l'ai refusé, car je n'ai le droit de disposer de rien sans le consentement de mon mari, et ma mère ne veut pas que je le demande. Vous savez que je mets fort peu d'importance à la fortune ; mais je prétends être stricte dans l'accomplissement de mes devoirs. » Elle disait vrai, Louise, elle ne met point d'importance à l'argent ; mais sa mère serait mourante, qu'elle ne sacrifierait pas une seule de ses idées sur la conduite qu'elle croit devoir tenir.

« Je ne sais pas bien, lui dis-je vivement, quel est le devoir au monde qui peut empêcher d'être utile à sa mère; mais enfin... » Elle m'interrompit à ces mots avec humeur, car les attaques directes l'irritent d'autant plus qu'elle n'aperçoit jamais que celles-là. « Vous croyez apparemment, ma cousine, me dit-elle, qu'il n'y a de principes fixes sur rien : et que serait donc la vertu, si l'on se laissait aller à tous ses mouvements? — Et la vertu, lui dis-je, est-elle autre chose que la continuité des mouvements généreux? Enfin, laissons ce sujet, c'est moi qu'il regarde, et moi seule. »

Madame de Vernon, s'approchant de nous, interrompit notre entretien; en la voyant au grand jour, je fus douloureusement frappée de sa maigreur et de son abattement; jamais je n'avais senti pour elle une amitié plus tendre. Madame de Mondoville retourna à Paris; je gardai madame de Vernon chez moi, et le lendemain matin, à son réveil, je lui portai une assignation de soixante mille livres sur mon banquier, en la suppliant de l'accepter. « Non, me dit-elle, je ne le puis; c'était à ma fille, à ma fille pour qui j'ai tout fait, de me tirer de l'embarras où je suis : elle ne le veut pas, c'est peut-être juste; je ne l'ai pas assez formée pour moi, j'ai remis son éducation à d'autres; nous ne pouvons ni nous entendre, ni nous convenir : mais ce n'est pas vous, non, ce n'est pas vous, en vérité, ma chère Delphine, qui devez me rendre un tel service. — Pourquoi donc me refusez-vous ce bonheur? lui dis-je; il y a deux ans que vous y avez consenti; nouvellement encore, dans le mariage de votre fille... — Ah! s'écria-t-elle, le mariage de ma fille... » Et puis tout-à-coup s'arrêtant, elle reprit : « Depuis quelque temps j'ai du malheur en tout, peut-être des torts; mais enfin, dans l'état où je suis, tout cela ne sera pas long. — Ne voulez-vous pas empêcher que M. de Clarimin ne vous accuse? — Je le croyais mon ami, me dit-elle en soupirant; se peut-il que je me sois fait des illusions! je n'y étais pas cependant disposée. Enfin il veut me perdre dans le monde, et me ruiner en saisissant ce que je possède; il a tort, car je dois mourir bientôt, et il est dur de m'ôter à présent l'existence à laquelle j'ai sacrifié toute ma vie. — Au nom de Dieu, lui dis-je en versant des larmes, repoussez ces horribles idées, et ne refusez pas le service que je vous conjure d'accepter : j'ai des peines, de cruelles peines, vous le savez : voulez-vous me ravir le seul bonheur que je puisse tirer de mon inutile fortune? — Eh bien! me répondit madame de Vernon, je vous crois généreuse : quand je mourrai, quoi qu'il arrive après moi, vous ne vous repentirez point de m'avoir rendu un dernier service. Il n'est pas nécessaire que vous me prêtiez ce que je dois; votre caution suffit, et je l'accepte. »

Il y avait dans l'accent de madame de Vernon quelque chose de triste et de sombre qui me fit beaucoup de peine. Pauvre femme! les injustices des hommes ont peut-être aigri ce caractère si doux, troublé cette ame si tranquille. Ah! que les cœurs durs font de mal! Je lui dis quelques mots sur son goût pour le jeu. « Hélas! reprit-elle, vous ne savez pas combien il est difficile d'être femme, sans fortune, sans jeunesse, et sans enfants qui nous entourent; on essaie de tout pour oublier cette pénible destinée. » Je ne voulus pas insister sur les pertes qu'elle s'exposait à faire dans un moment où je venais de lui rendre service, et je cherchais à la ramener sur d'autres sujets de conversation.

Le soir il vint assez de monde me voir : on savait que madame d'Ervins, pour qui j'avais dit que je quittais la société, n'était plus à Bellerive : mon départ annoncé avait attiré chez moi plusieurs personnes, qui croient toutes qu'elles me regrettent, et dont la bienveillance s'est singulièrement ranimée en ma faveur, par l'idée de ma prochaine absence.

Pendant que ce cercle était réuni dans le salon de Bellerive, madame de Lebensei y arriva avec son mari, qu'elle m'avait promis de m'amener. Quand elle vit cette société nombreuse, elle fut entièrement déconcertée, et descendit dans le jardin, sous le prétexte de prendre l'air; il me fut impossible de la retenir, et peut-être valait-il mieux en effet qu'elle s'éloignât, car tous les visages de femmes s'étaient déjà composés pour cette circonstance. M. de Lebensei ne s'en alla point : je remarquai même que c'était avec intention qu'il restait; il voulait trouver l'occasion de témoigner son indifférence pour les malveillantes dispositions de la société : il avait raison, car, sous la proscription de l'opinion, une femme s'affaiblit, mais un homme se relève; il semble qu'ayant fait les lois, les hommes sont les maîtres de les interpréter ou de les braver.

L'esprit de M. de Lebensei me frappa beaucoup; il n'eut pas l'air de se douter du froid accueil qu'on destinait à sa femme : il parla sur des objets sérieux avec une grande supériorité, n'adressa la parole à personne, excepté à moi, et trouva l'art d'indiquer son dédain pour la censure dont il pouvait être l'objet, sans jamais l'exprimer ; un air insouciant, un calme, des manières nobles, remettaient chacun à sa place : il ne changeait peut-être rien à la manière de penser, mais il forçait du moins au silence, et c'est beaucoup ; car dans ce genre l'on s'exalte par ce qu'on se permet de dire, et l'homme qui oblige à des égards en sa présence est encore ménagé lorsqu'il est absent.

Quand madame de Lebensei fut revenue près de nous, après le départ de la société, M. de Lebensei continua à montrer l'indépendance de caractère et d'opinion qui le distingue, et je sentis que sa conversation, en fortifiant mon esprit, me faisait du bien : du bien ! ah ! de quel mot je me suis servie ! Hélas ! si vous saviez dans quel état est mon âme... Mais puisque je me suis promis de me contraindre, il faut en avoir la force, même avec vous.

LETTRE XXVIII.

Delphine à mademoiselle d'Albémar.

Paris, ce 16 octobre.

Avant de nous réunir pour toujours, ma chère sœur, il faut que je m'explique avec vous sur un sujet que j'avais négligé, mais que vous développez trop clairement dans votre dernière lettre[1], pour que je puisse me dispenser d'y répondre. Vous me dites que M. de Valorbe a toujours conservé le même sentiment pour moi ; qu'il n'a pu quitter depuis un an sa mère qui est mourante, mais qu'il vous a constamment écrit pour vous parler de son désir de vous voir, et de son besoin de me plaire : vous me rappelez aussi ce que je ne puis jamais oublier, c'est qu'il a sauvé la vie à M. d'Albémar, il y a dix ans, et que votre frère conservait pour lui la plus vive reconnaissance. Vous ajoutez à tout cela quelques éloges sur le caractère et l'esprit de M. de Valorbe : je pourrais bien n'être pas, à cet égard, de votre avis ; mais ce n'est pas de cela qu'il s'agit. Si vous aviez connu Léonce, vous ne croiriez pas possible que jamais je devinsse la femme d'un autre ; je serais très affligée, je l'avoue, si les obligations que nous avons à M. de Valorbe vous imposaient le devoir de l'admettre souvent chez vous. Je ne pense pas, vous le croyez bien, à revoir Léonce de ma vie ; mais s'il apprenait que je permets à quel-

[1] Cette lettre est supprimée.

qu'un de me rechercher, il croirait que je me console; il n'aurait pas l'idée qui peut lui venir une fois de plaindre mon sort, et tous les hommages de l'univers ne me dédommageraient pas de la pitié de Léonce. C'en est assez : maintenant que vous connaissez les craintes que j'éprouve, je suis bien sûre que vous chercherez à me les épargner.

Dès que vous m'aurez mandé si M. de Clarimin accepte ma caution, nous partirons : madame de Vernon desire que je vous prie de l'accueillir avec amitié; ma chère sœur, je vous en conjure, ne soyez pas injuste pour elle; si je ne puis vaincre les préventions que vous m'exprimez encore dans votre dernière lettre, au moins soyez touchée des soins infinis qu'elle a eus pour moi; ces soins supposent beaucoup de bonté. Depuis le départ de Léonce pour l'Espagne, je suis presque méconnaissable. Une femme d'esprit a dit que *la perte de l'espérance changeait entièrement le caractère*. Je l'éprouve : j'avais, vous le savez, beaucoup de gaieté dans l'esprit; je m'intéressais aux événements, aux idées; maintenant rien ne me plaît, rien ne m'attire, et j'ai perdu avec le bonheur tout ce qui me rendait aimable. Quel état cependant pour une personne dont l'ame était si vivement accessible à toutes les jouissances de l'esprit et de la sensibilité! J'aimais la société presque trop, elle m'était souvent nécessaire et toujours agréable; à présent je n'en puis supporter qu'une seule, celle de madame de Vernon. Louise, récompensez-la donc, par votre bienveillance, des consolations qu'elle m'a données.

Jamais on n'a mis dans l'intimité tant de desir de plaire; jamais on n'a consacré un esprit si fait pour le monde au soulagement de la douleur solitaire. Je vous le dis, ma sœur, et vous finirez par l'éprouver, madame de Vernon est une personne d'un agrément irrésistible. J'ai connu des femmes piquantes et spirituelles; je comprenais facilement, quand elles parlaient, comment on était aimable comme elles, et si je l'avais voulu, j'aurais réussi par les mêmes moyens; mais chaque mot de madame de Vernon est inattendu, et vous ne pouvez suivre les traces de son esprit, ni pour l'imiter, ni pour le prévoir. Si elle vous aime, elle vous l'exprime avec une sorte de négligence qui porte la conviction dans votre ame. Il semble que c'est à elle-même qu'elle parle quand des mots sensibles lui échappent, et vous les recueillez quand elle les laisse tomber.

Ma vie n'appartient plus qu'à vous et à madame de Vernon :

de grace, que je ne vous voie pas désunies ! elle m'est devenue plus nécessaire qu'elle ne me l'était ; c'est un dernier sentiment que j'ai saisi plus fortement que jamais, dans le naufrage de mon bonheur. Mais je n'ai pas besoin d'insister davantage ; vous la trouverez, hélas ! assez triste et bien malade ; votre bon cœur s'intéressera sûrement pour elle.

LETTRE XXIX.

Léonce à M. Barton.

Bordeaux, ce 20 octobre.

Une fièvre violente m'a forcé de rester ici près d'un mois ; je l'ai caché à ma famille à Paris, ma mère seule l'a su ; je ne voulais que personne, excepté elle, se mêlât de s'intéresser à moi. Le premier jour de cette fièvre, je vous ai écrit je ne sais quelle lettre insensée, qui contenait, je crois, des expressions insultantes pour madame d'Albémar ; je vous prie de la brûler, j'étais dans le délire : ce n'est pas que rien justifie Delphine des torts dont je l'accuse ; mais, pour tout autre que moi, elle est, elle doit être un ange. Si vous saviez comme on parle d'elle ici ! Elle n'y a demeuré que deux mois ; mais n'est-ce pas assez pour qu'on ne puisse pas l'oublier ?

J'essaierai demain de pénétrer jusqu'à madame d'Ervins ; elle ne veut voir personne : elle est résolue, m'a-t-on appris, à se faire religieuse ; elle doit remettre sa fille à madame d'Albémar : cette enfant parle de Delphine avec transport ; je verrai au moins cette enfant. Ne trouvez-vous pas qu'il y a un mystère singulier dans tout ?

Il me semble que, dans votre dernière lettre, vous vous exprimez moins bien sur madame d'Albémar : vous avez eu tort de recevoir aucune impression par ce que je vous ai écrit ; je n'en dois faire sur personne. Conservez votre admiration pour madame d'Albémar ; je serais malheureux de penser que je l'ai diminuée. Il circule des bruits sur madame d'Ervins ; mais c'est impossible : la première fois qu'on me les a dits, j'ai tressailli ; depuis, on les a démentis, tout-à-fait démentis. Adieu, mon cher maître, j'irai voir madame d'Ervins. D'où vient que cette idée me bouleverse ? Elle est l'amie de Delphine. M. de Serbellane est allé en Toscane par mer ; il ne voulait donc pas venir en France... Je ne sais où j'en suis.

LETTRE XXX.

Léonce à Delphine.

Bordeaux, ce 22 octobre.

Delphine, ô femme autrefois tant aimée! un enfant m'a-t-il révélé ce que la perfidie la plus noire avait trouvé l'art de me cacher? La voix des hommes vous avait accusée; la voix d'un enfant, cette voix du ciel, vous aurait-elle justifiée? Écoutez-moi: voici l'instant le plus solennel de votre vie. Je suis lié pour toujours, je le sais; il n'est plus de bonheur pour moi: mais si j'étais seul coupable, et que Delphine fût innocente, mon cœur aurait encore du courage pour souffrir.

Hier j'ai été chez madame d'Ervins : quelque irrité que je fusse, je voulais entendre parler de vous par ceux qui vous aiment. Madame d'Ervins, toujours livrée aux exercices de piété, a refusé de me voir. Isore, sa fille, jouait dans le jardin; je me suis approché d'elle : on m'avait dit qu'elle vous aimait à la folie; je l'ai fait parler de vous, et j'ai vu que l'impression que vous produisiez était déjà sentie, même à cet âge. Vous l'avouerai-je enfin? j'ai osé interroger Isore sur vos sentiments: des circonstances inouïes avaient plusieurs fois ranimé et détruit mon espoir; j'en accusais quelquefois confusément l'adresse d'une femme, j'espérai que la candeur d'un enfant déconcerterait les calculs les plus habiles.

« Madame d'Albémar doit se charger de vous, ai-je dit à Isore; elle vous emmènera sûrement en Toscane? — En Toscane! pourquoi? répondit-elle; je serais bien fâchée d'aller en Italie: c'est lorsque maman a tant aimé ce pays-là que nous avons été si malheureux. — Mais votre mère, lui dis-je, n'a-t-elle pas toujours aimé l'Italie? elle y est née. — Oh! reprit Isore, elle l'avait quittée si enfant qu'elle ne s'en souvenait plus; mais M. de Serbellane lui a tout rappelé. — M. de Serbellane vous déplaît-il, continuai-je. — Non, il ne me déplaît pas, répondit Isore; mais depuis qu'il est venu chez maman, elle a toujours pleuré. — Toujours pleuré! répétai-je avec une vive émotion. Et madame d'Albémar, que faisait-elle alors? — Elle consolait maman : elle est si bonne! — Oh! sans doute, elle l'est! » m'écriai-je. Et dans ce moment, Delphine, je sentis mon cœur revenir à vous. « Mais cependant, ajoutai-je, elle épousera M. de Serbellane? — M. de

Serbellane! interrompit Isore avec la vivacité qu'ont les enfants quand ils croient avoir raison ; M. de Serbellane! oh! c'est maman qui l'aimait, ce n'est pas madame d'Albémar ; et puisque maman veut se faire religieuse, elle n'épousera pas M. de Serbellane, et madame d'Albémar n'ira sûrement pas en Italie. » A ces mots, la gouvernante d'Isore la prit brusquement par la main, et l'emmena en lui faisant une sévère réprimande. Je ne prévoyais pas que j'entraînais cette enfant à faire du tort à sa mère ; mais ce mot qu'elle m'a dit, grand Dieu! que signifie-t-il? Ce serait madame d'Ervins qui aurait aimé M. de Serbellane! ce serait pour le sauver que vous auriez pris aux yeux du monde l'apparence de tous les torts! vous seriez une créature sublime, quand je vous accusais de parjure, et moi je mériterais...? Non, je ne mériterais pas ce que j'ai souffert.

Cependant comment puis-je le croire? n'ai-je pas une lettre de vous que je tiens de madame de Vernon, dans laquelle vous me dites de m'en rapporter à ce qu'elle me confiera de votre part? N'a-t-elle pas gardé le silence, ne s'est-elle pas embarrassée, comme une amie confuse de vos torts envers moi, lorsque je l'ai interrogée sur les détails que j'avais appris en arrivant à Paris, et qui se répandaient dans la société, à l'occasion de la mort de M. d'Ervins? Ces détails, qui me causaient tous une douleur nouvelle, c'étaient votre attachement pour M. de Serbellane, vos engagements pris à Bordeaux avec lui, l'instant d'incertitude que mes sentiments pour vous avaient fait naître dans votre ame, la délicatesse qui vous avait ramenée à votre premier amour, l'obligation où vous étiez de suivre M. de Serbellane après qu'il s'était battu pour vous, et lorsque le séjour de la France lui était interdit. Ne m'avez-vous pas dit vous-même qu'il était parti, quand il ne l'était pas? N'a-t-il pas passé vingt-quatre heures enfermé chez vous?... Oh! je reprends, en écrivant ces mots, tous les mouvements que je croyais calmés. M. de Serbellane, à l'instant même où il avait tué M. d'Ervins, ne vous a-t-il pas nommée? vos gens, au tribunal, ne vous ont-ils pas citée seule? n'avez-vous pas été chercher le portrait de M. de Serbellane? ne receviez-vous pas sans cesse de ses lettres? avez-vous nié à personne que vous dussiez l'épouser? n'avez-vous pas demandé un sauf-conduit pour lui? Mais si toute cette conduite n'était qu'un dévouement continuel à l'amitié, vous seriez bien imprudente, je serais bien malheureux! Mais vous n'auriez pas cessé de m'aimer, et il vaudrait encore la peine de vivre.

Si vous n'avez pas été coupable, si madame de Vernon a su la vérité, si vous l'aviez chargée de me la dire, jamais la fausseté n'a employé des moyens plus infames, plus artificieux, mieux combinés. Je serai vengé, si son cœur insensible peut recevoir une blessure, si..... Mais ce n'est pas de son sort que je dois vous occuper.

Qui pourra jamais comprendre ce génie du mal qui a disposé de moi? Madame de Vernon me remit une lettre de ma mère, qui me conjurait de tenir la promesse qu'elle avait donnée de me marier avec Matilde ; elle me parlait de vous avec amertume : dans un autre temps, rien de ce qu'elle aurait pu me dire n'aurait fait impression sur moi ; mais il me semblait que sa voix était prophétique, et me prédisait l'événement qui venait d'anéantir mon sort. Ma mère m'adjurait, au nom du repos de sa vie, d'accomplir sa promesse ; il ne suffisait pas de mon devoir envers elle pour me condamner au malheur que j'ai subi, il fallait que madame de Vernon s'emparât de mon caractère, avec une habileté que je ne sentis pas alors, mais qui depuis, en souvenir, m'a quelquefois saisi d'un insurmontable effroi.

Il n'y avait pas un défaut en moi qu'elle n'irritât. Elle vous défendait avec chaleur, et me blessait jusqu'au fond de l'ame par sa manière de vous justifier ; elle m'exagérait le tort que vous vous étiez fait dans le monde, en passant pour la cause du duel de M. d'Ervins avec M. de Serbellane, et me proposait en même temps de vous engager, au nom de mon désespoir, à m'accorder votre main : c'est ainsi qu'elle révoltait ma fierté. En me rappelant aujourd'hui tous ses discours, il se peut qu'elle ne m'ait pas dit précisément que vous aimiez M. de Serbellane ; mais elle a mis, si cela n'est pas, plus de ruse à me le faire croire qu'il n'en fallait pour le dire. J'éprouvais, en l'écoutant, une contraction inouïe ; j'avais le front couvert de sueur, je me promenais à grands pas dans sa chambre, je m'écartais et je me rapprochais d'elle, avide de ses discours, et redoutant leur effet ; mon ame était fatiguée de cette conversation, comme par une suite de sensations amères, par une longue vie de peines : et cette fatigue cependant ne lassait point mon imagination ; elle me rendait seulement tous les mouvements plus douloureux.

Cette femme, je ne sais par quelle puissance, agitait mes passions comme un instrument qui s'ébranlait à sa volonté ; toutes les pensées que je fuyais, elle me les offrait en face ; tous les mots qui me faisaient mal, elle les répétait : et cependant ce n'était pas contre elle que j'étais irrité ; car il me semblait toujours qu'elle voulait me consoler, et que la peine que j'éprouvais n'était causée que par des vérités qui lui échappaient, ou qu'elle ne pouvait réussir à me cacher.

Elle allait chercher en moi tout ce que je peux avoir d'irritabilité sur tout ce qui tient à l'opinion et à l'honneur, pour me convaincre, sans me le prononcer, que je serais avili si je montrais encore mon attachement pour une femme publiquement livrée à un autre, ou si seulement je paraissais indifférent au scandale qu'avait causé la mort de M. d'Ervins. Ce qu'elle disait pouvait convenir également aux torts de légèreté (si je ne vous avais crue coupable que de ceux-là), ou aux torts du sentiment ; mais je saisissais surtout ce qui aigrissait ma jalousie. Madame de Vernon a fait de moi ce qu'elle a voulu, non par l'empire des affections, mais en excitant tous les mouvements amers que le ressentiment peut inspirer. Quel art ! si c'est de l'art.

Je n'ai rien encore entrevu que confusément ; mais les plus généreuses vertus et les plus vils des crimes ne pourraient-ils pas s'être réunis pour me perdre ? Delphine, si cette espérance que je saisis m'a déçu, si l'enfant n'a pas dit la vérité, ne me répondez pas, j'entendrai votre silence, et je retomberai dans l'état dont je suis un moment sorti. Que signifiait une lettre de votre propre main ? comment fallait-il la comprendre ? et tous les mystères du jour fatal, des jours qui l'ont précédé, de ceux qui l'ont suivi ! Ah ! ne me cachez rien, le secret fait tant de mal !

Depuis mon mariage même, depuis bientôt cinq mois, madame de Vernon se serait-elle encore servie de sa fatale connaissance de mon caractère, pour irriter en moi la jalousie par la fierté, la fierté par la jalousie ; pour empoisonner les peines de l'amour par l'orgueil, et me déchirer à la fois par tous les bons et les mauvais mouvements de mon ame ? Delphine, le cœur de Léonce est resté le même ; si le vôtre n'a point été coupable, souvenez-vous du temps où vous vous confiiez à lui : hélas ! hélas ! depuis ce temps, un lien funeste... et ce serait la fausseté la plus insigne qui...? Ne craignez rien pour madame de Vernon, ni pour sa fille ; qu'une bonté cruelle ne vous inspire pas encore de me sacrifier à des ménagements pour les autres !

Je voulais, après avoir vu Isore, retourner à l'instant même à

Paris; mais j'ai reçu une lettre de ma mère qui, s'inquiétant de mon séjour à Bordeaux, et me croyant fort malade, voulait, malgré l'état de sa santé, se mettre en route pour me rejoindre : j'ai dû la prévenir, et je pars. Si c'est vous dont l'image doit régner sur ma vie, je pars pour accomplir envers ma mère les devoirs que vous me recommanderiez ; s'il faut vous perdre, c'est en Espagne que reposent les cendres de mon père, c'est en Espagne qu'il faut aller mourir.

Delphine, songez avec quelle émotion je vais passer les jours qui me séparent de votre réponse. Je serai à Madrid le premier de novembre; si vous êtes à Bellerive, ma lettre aura pu retarder de quelques jours; jusqu'au vingt-cinq, pendant un mois, j'attendrai : j'ai fixé ce terme à mon espérance. Jusqu'au vingt-cinq, mon anxiété sera sans doute cruelle ; mais que servirait-il de vous la peindre? elle ne vous impose qu'un devoir, la vérité.

LETTRE XXXI.

Delphine à mademoiselle d'Albémar.

Paris, ce 26 octobre.

Louise, quelle lettre Léonce vient de m'écrire! tout est révélé, tout est éclairci. Madame de Vernon! vous-même, vous n'auriez jamais pensé qu'elle pût en être capable! elle a profité de tous les prétextes que lui fournissait ma confiance, pour induire Léonce à croire que j'aimais M. de Serbellane, que je l'avais reçu chez moi pendant vingt-quatre heures, et que je partais pour l'épouser. Juste ciel! vous croyez que c'est à moi que je pense, et que je goûterai quelque joie en apprenant que Léonce m'aime encore! non, je ne sens qu'une douleur, je n'ai qu'une idée; c'est l'amitié trahie, l'amitié la plus tendre, la plus fidèle : on s'attend peut-être, sans se l'avouer, que le temps amènera des changements dans les sentiments passionnés; mais tout l'avenir repose sur les affections qui s'entretiennent par la certitude et la confiance.

Mon amie, si vous me trompiez, croyez-vous que je pusse supporter un tel malheur? Eh bien! j'aimais madame de Vernon autant que vous, peut-être plus encore : je m'en accuse, je m'humilie; mais son esprit séducteur avait un empire inconcevable sur moi. J'ai eu des moments de doute sur elle depuis le mariage de Léonce, mais elle en avait triomphé, mais mon cœur lui était plus livré que jamais.

Je suis troublée, tremblante, irritée comme s'il s'agissait de Léonce. Ah ! quand on a consacré tant de soins, tant de services, tant d'années à conquérir une amitié pour le reste de ses jours, quelle douleur on éprouve en considérant tout ce temps, tous ces efforts comme perdus ! Loin de vous, qui trouverai-je jamais que j'aie aimé depuis mon enfance avec cette confiance, avec cette candeur ? Une autre amie que j'aurais après madame de Vernon, je la jugerais, je l'examinerais, je serais susceptible de crainte, de soupçon ; mais Sophie, je l'ai aimée dans une époque de ma vie où j'étais si tendre et si vraie ! Je ne puis plus offrir à personne ce cœur qui se livrait sans réserve, et dont elle a possédé les premières affections. J'aimerai si l'on m'aime, je serai reconnaissante des marques d'intérêt que l'on pourra me donner ; mais cette tendresse vive, involontaire, que des agréments nouveaux pour moi m'avaient inspirée, je ne l'éprouverai plus. Je regrette Sophie et moi-même ; car je ne vaudrai jamais pour personne ce que je valais pour elle.

Se peut-il qu'elle ait pu accepter tant de preuves d'amitié, si elle ne sentait pas qu'elle m'aimait, qu'elle m'aimait pour la vie ? De tous les vices humains, l'ingratitude n'est-il pas le plus dur, celui qui suppose le plus de sécheresse dans l'ame, le plus d'oubli du passé, de ce temps qui ébranle si profondément les ames sensibles ? Et moi-même aussi, faut-il que je ne conserve plus aucune trace de ce passé qu'elle a trahi ? Si je cède à mon cœur, si je confirme tous les soupçons de Léonce, ne vais-je pas l'irriter mortellement contre la mère de sa femme ? Je connais sa véhémence, sa généreuse indignation, il défendra à Matilde de voir sa mère ; je ne veux pas perdre madame de Vernon, je le dois à mes souvenirs ; je veux respecter en elle l'amitié qu'elle m'avait inspirée : cependant, rester coupable aux yeux de Léonce est un sacrifice au-dessus de mes forces. Que faire donc, que devenir ? J'écrirai à M. Barton, je lui demanderai de se charger d'éclairer Léonce, en modérant les effets de son premier mouvement.

Eh quoi ! je me refuserais au bonheur d'écrire cette simple ligne : *Delphine n'a jamais aimé que Léonce !* Il l'espère, il l'attend ; ah ! quelle affreuse perplexité ! Je vais aller chez madame de Vernon ; je lui parlerai, je n'épargnerai pas son cœur, s'il peut encore être ému ; vous saurez, en finissant cette lettre, ce qu'elle m'aura dit : mais que peut-elle me dire ? Je veux que du moins une fois elle entende les plaintes amères qu'elle ne pourra jamais se rappeler sans rougir.

Minuit.

Non, je ne conçois point ce qu'est devenue l'idée que je m'étais faite de madame de Vernon; je viens de passer deux heures avec elle sans avoir pu lui arracher un seul mot qui rappelât en rien cette sensibilité naturelle et aimable que je lui ai trouvée tant de fois; il semble que dès qu'elle a vu son caractère dévoilé, elle ne s'est plus embarrassée de feindre; et si elle s'était jamais montrée à moi comme aujourd'hui, mon cœur ne s'y serait point trompé.

Après avoir reçu la lettre de Léonce, après m'être livrée, en vous écrivant, à toutes les impressions douces et cruelles qu'elle faisait naître en moi, j'allai chez madame de Vernon. Je ne vous peindrai point avec quel serrement de cœur je faisais cette même route, j'entrais dans cette même maison que je croyais hier plus à moi que la mienne; le spectacle des lieux, toujours invariables, quand notre cœur est si changé, produit une impression amère et triste. Je m'arrêtai néanmoins dans l'antichambre de madame de Vernon, pour demander de ses nouvelles avant d'entrer chez elle; je sentais que si elle avait été malade, je serais retournée chez moi. On me dit qu'elle se portait beaucoup mieux, et qu'elle avait dormi jusqu'à midi; alors je hâtai mes pas, et j'ouvris brusquement sa porte : elle était seule, et vint à moi avec cet air d'empressement qui avait coutume de me charmer. J'en fus irritée, et, par un mouvement très vif, je jetai sur une table, devant elle, la lettre de Léonce, et je lui dis de la lire.

Elle la prit, rougit d'abord d'une manière très marquée; mais prolongeant à dessein la lecture pour se remettre, quand elle se sentit enfin tout-à-fait calme, elle me dit assez froidement : « Vous êtes la maîtresse de semer la haine dans une famille unie; mais vous auriez dû penser plus tôt qu'il était juste que je fisse tous les efforts qui dépendaient de moi pour bien marier ma fille, et vous empêcher de lui enlever l'époux qui lui était promis. — Grand Dieu! m'écriai-je, il était juste que vous abusassiez de mon amitié pour vous, de la confiance absolue qu'elle m'inspirait... — Et vous, interrompit-elle, n'abusez-vous pas de ce que je vous recevais chez moi, pour venir, dans ma maison même, ravir à ma fille l'affection de Léonce? — Vous ai-je rien caché? répondis-je avec chaleur; ne vous ai-je pas chargée vous-même d'expliquer ma conduite et mes sentiments à Léonce? —En vérité, interrompit madame de Vernon, si vous me permettez de vous le dire, il fallait être trop naïve pour me choisir, moi, pour engager Léonce à vous épouser. — Trop naïve! répétai-je avec indignation, trop naïve! est-ce vous, madame, qui parlez avec dérision des sentiments généreux? Ah! j'en atteste le ciel, dans ce moment où j'apprends que mon estime pour votre caractère a détruit tout le bonheur de ma vie, je jouis encore de vous avoir offert une dupe si facile; je jouis avec orgueil d'avoir un esprit incapable de deviner la perfidie, et dont vous avez pu vous jouer comme d'un enfant.

« — Léonce lui-même vous avoue, me répondit-elle, que ce n'est pas moi qui lui ai appris ce que l'on répandait dans le monde; je me suis contentée de ne pas le nier : c'était bien le moins dans ma situation. Quant à tout l'esprit que fait Léonce, à propos du prétendu pouvoir que j'ai exercé sur lui, c'est une excuse qu'il veut vous donner; on ne gouverne jamais une personne que dans le sens de son caractère : l'éclat de votre aventure lui déplaisait; l'imprudence de votre conduite, l'indépendance de vos opinions blessaient extrêmement sa manière de voir, voilà tout. — Non, repris-je vivement, ce n'est pas tout; vous voulez, par des paroles légères, confondre le bien avec le mal, et cacher vos actions dans le nuage de vos discours; préparez pour le monde ces habiles moyens, un cœur blessé ne peut s'y méprendre. Écoutez chaque mot de la lettre de Léonce. » Comme je voulais la reprendre pour la relire, madame de Vernon la retint, et me dit négligemment : « Ne voulez-vous pas occuper tout Paris de nos querelles de famille, et montrer à vos amis cette lettre de Léonce? » En prononçant ces paroles, elle la jeta dans le feu. Cette action m'indigna; mais plus mon impression était vive, plus je voulus la réprimer, et je me levai pour sortir. Madame de Vernon reprit la parole assez vite; elle recommença l'entretien, afin qu'il ne se terminât pas par l'action qu'elle venait de se permettre. « J'avais de l'amitié pour vous, me dit-elle; mais les intérêts de ma fille devaient m'être encore plus chers. — Eh quoi! répondis-je, ne les avais-je pas assurés, ces intérêts, lorsque je lui donnai la terre d'Andelys, lorsque je vous ai préservée deux fois de la ruine? — Delphine, interrompit madame de Vernon, il n'y a rien de plus indélicat que de reprocher les services qu'on a rendus. — Vous savez mieux que personne, madame, continuai-je froidement, combien j'attache peu de prix à ce que je puis faire pour les autres ; quand il m'est arrivé de rendre des services à ceux que je n'aimais pas, je n'en ai jamais gardé le moindre souvenir ; mais c'est avec confiance, avec tendresse, que je me suis vouée à vous être utile : les preuves d'amitié que je vous ai données, c'est aux sentiments que je croyais vous avoir inspirés qu'elles s'adressaient ; si vous n'aviez pas ces sentiments, pourquoi donc avez-vous disposé de moi? pourquoi vous exposiez-vous au reproche le plus humiliant, le plus cruel, à celui de l'ingratitude? — L'ingratitude ! me dit madame de Vernon, c'est un grand mot dont on abuse beaucoup ; on se sert parceque l'on s'aime, et quand on ne s'aime plus, l'on est quitte ; on ne fait rien dans la vie que par calcul ou par goût ; je ne vois pas ce que la reconnaissance peut avoir à faire dans l'un ou dans l'autre. — Je ne daigne pas répondre, lui dis-je, à ce détestable sophisme. Mais vous n'aviez donc pas d'amitié pour moi, quand vous me montriez tant d'intérêt et d'affection? l'attachement que j'avais pour vous ne vous avait donc pas touchée? Est-il donc vrai que depuis six ans nos conversations, nos lettres, notre intimité, tout fut mensonge de votre part? En me retraçant les années heureuses que j'ai passées avec vous, j'éprouve l'insupportable peine de ne pouvoir me flatter qu'il ait existé un temps où vous m'aimiez sincèrement : quand donc avez-vous commencé à me tromper? dites-le-moi, je vous en conjure, pour que du moins je puisse conserver quelques souvenirs doux de tous les jours qui ont précédé cette funeste époque. » En parlant ainsi, j'étais inondée de larmes, et je souffrais extrêmement de n'avoir pu les retenir, car madame de Vernon me paraissait avoir conservé le plu grand sang-froid; cependant, quand elle reprit la parole, sa voix était altérée.

« Tout est fini entre nous, me dit-elle en se levant ; avec votre caractère, vous n'entendriez raison sur rien ; vous êtes trop exaltée pour qu'on puisse vous faire comprendre le réel de la vie. Si je meurs de la maladie qui me menace, peut-être vous expliquerai-je ma conduite ; mais tant que je vivrai, il me convient de soutenir mon existence, ma manière d'être dans le monde, telle qu'elle est ; je veux aussi éviter les émotions pénibles que votre présence et les scènes douloureuses qu'elle entraîne me causeraient : il vaut donc mieux ne plus nous revoir. » Vous le dirai-je, ma chère

Louise? je frémis à ces derniers mots : j'étais bien décidée à ne plus être liée avec madame de Vernon; je sentais que je ne pouvais répéter des reproches de cette nature, et qu'il me serait impossible de la revoir sans les renouveler ; mais je ne m'étais pas dit que ce jour finirait tout entre nous, et la rapidité de cette décision, quelque inévitable qu'elle fût, me faisait peur. « Quoi ! lui dis-je, vous ne pouvez pas trouver quelques excuses qui puissent affaiblir mon ressentiment ? — Le prestige de tout ce que j'étais pour vous est détruit, me dit madame de Vernon ; je suis trop fière pour essayer de le faire renaître. — Trop fière ! m'écriai-je, vous qui avez pu me tromper !... — Laissons ces reproches, reprit-elle impatiemment : je vaux peut-être mieux que je ne parais ; mais, quoi qu'il en soit, je ne veux pas m'entendre dire le mal que l'on peut penser de moi.

« Vous êtes la maîtresse, ajouta-t-elle, de rendre les derniers jours de vie qui me restent horriblement malheureux, en révélant tout à Léonce ; vous pouvez user de cette puissance, je n'essaierai point de vous en détourner. — Ah ! m'écriai-je, vous ne savez pas encore ce que vous pourriez sur moi, si le repentir... — Du repentir, interrompit-elle avec l'accent le plus ironique ; voilà bien une idée dans votre genre ! » A cette réponse, à cet air, je repris toute mon indignation, et m'avançai vers la porte pour m'en aller ; mais tout-à-coup je m'arrêtai, je regardai cette chambre dans laquelle j'avais passé des heures si douces, et je songeai que j'allais en sortir pour n'y plus rentrer jamais.

« Hélas ! lui dis-je alors avec douceur, combien vous avez mal connu la route de votre bonheur ! vous avez rencontré au milieu de votre carrière une personne jeune, qui vous aimait de sa première amitié, sentiment presque aussi profond que le premier amour ; une personne singulièrement captivée par le charme de votre esprit et de vos manières, et qui ne concevait pas le moindre doute sur la moralité de votre caractère : vous le savez, autour de moi j'avais souvent entendu dire du mal de vous ; mais en vous justifiant toujours, je m'étais plus attachée aux qualités que je vous attribuais, que si je n'avais jamais eu besoin de vous défendre : vous avez brisé ce cœur qui vous était acquis, sans que même une telle dureté fût nécessaire à aucun de vos intérêts ; vous auriez obtenu de moi d'immoler mon bonheur à mon attachement pour vous ; vous m'avez trompée par goût pour la dissimulation, car la vérité eût atteint le même but, et vous avez voulu dérober, par la fausseté, ce que l'amitié généreuse s'offrait à vous sacrifier. Je souhaite néanmoins, oui, je souhaite du fond du cœur que vous soyez heureuse; mais je vous prédis que vous ne serez plus aimée comme je vous ai prouvé qu'on aime : on ne forme pas deux fois des liaisons telles que la nôtre ; et quelque aimable que vous soyez, vous ne retrouverez pas l'amitié, le dévouement, l'illusion de Delphine. Je vous quitte dans cet instant pour ne plus vous revoir, et c'est moi qui suis émue, moi seule! Ah! n'essaierez-vous donc pas d'adoucir le sentiment que je vais emporter avec moi? ce talent de feindre, dont vous avez si cruellement abusé, vous manque-t-il donc seulement alors qu'il pourrait rendre nos derniers moments moins cruels? — Je ne le puis, me dit-elle, je ne le puis ; il faut éloigner de soi les sentiments pénibles, et ne point recommencer des liens qui désormais ne seraient que douloureux ; il n'est plus en votre puissance de ne pas troubler mon repos. Adieu donc, c'est du repos que je veux, si je dois vivre encore ; sinon... » Elle s'arrêta, comme si elle avait eu l'idée de me parler; mais changeant de résolution : « Adieu, Delphine, » me dit-elle d'une voix assez précipitée, et elle rentra dans son cabinet.

Je restai quelque temps à la même place ; mais enfin, honteuse de mon émotion, de cette faiblesse de cœur qui avait entièrement changé nos rôles, et fait de celle qui était mortellement offensée celle qui était prête à supplier l'autre, je quittai cette maison pour toujours, et je revins impatiente de vous apprendre ce qui s'était passé. S'il ne se mêlait pas à votre affection pour moi des vertus maternelles, si vous ne m'inspiriez pas ces sentiments qui appartiennent à l'amour filial, et que la mort prématurée de mes parents ne m'a permis de connaître que pour vous, j'aurais quelque embarras à vous peindre la douleur que m'a causée ma rupture avec madame de Vernon ; mais votre cœur n'est point accessible même à la plus noble des jalousies. Vous avez de l'indulgence pour votre enfant; vous lui pardonnez cette amitié vive que les premiers goûts de l'esprit et les premiers plaisirs de la société avaient fait naître ; elle existait à côté de l'amour le plus passionné, cette amitié funeste ; elle ne portait donc pas atteinte à la tendresse reconnaissante que je ne puis éprouver que pour vous seule.

Maintenant quel parti prendre ? Ma conversation avec madame de Vernon m'a bien prouvé qu'elle redoutait extrêmement, pour le repos de sa famille, que Léonce ne connût la vérité ; mais que dois-je à madame de Vernon? mais quelle puissance sur la terre pourrait obtenir de moi que je consentisse une seconde fois à être méconnue de Léonce? Eh! que parlé-je de puissance? il n'en est qu'une à craindre, c'est la voix de mon propre cœur: mais est-il vrai qu'elle me le demande? Non, il faut aussi que je compte mon sort pour quelque chose, que la bonté m'inspire quelque compassion pour moi-même. J'ai le temps encore de consulter M. Barton, d'avoir sa réponse; la vôtre aussi peut me parvenir; il faut quatorze jours pour que les lettres arrivent à Madrid. Léonce, jusqu'au vingt-cinq novembre, attendra sans me condamner. Ah! ma sœur, que m'écrirez-vous dans le combat qui me déchire, à quel sentiment prêterez-vous votre appui?

LETTRE XXXII.

Delphine à mademoiselle d'Albémar.

Paris, ce 2 novembre 1790.

J'attends impatiemment votre réponse et celle de M. Barton; je compte les jours, et je les redoute; je consume mes heures dans des réflexions qui me déchirent, en se combattant mutuellement; quelquefois je trouve de la douceur à penser que si l'on n'avait pas excité la jalousie de Léonce, toute autre prévention ne l'eût jamais assez éloigné de moi pour qu'il consentît à devenir l'époux de Matilde; et l'instant d'après je me livre au désespoir, en songeant que le plus simple hasard pouvait tout éclaircir, et que si j'avais eu le courage d'aller vers lui, peut-être encore au dernier moment, un mot, un seul mot faisait de la plus misérable des femmes la plus heureuse.

Quel sentiment éprouvera-t-il, quand il saura mon innocence? Oui, sans doute, il la saura; l'on n'exigera pas de moi que je renonce à me justifier auprès de lui. Cependant quel trouble je vais porter dans ses affections, dans ses devoirs, si je l'instruis positivement de la vérité! Ne vaut-il pas mieux que le temps et ma conduite l'éclairent? Mais si je garde le silence, il m'annonce qu'il me croira coupable, il croira que dans le moment même où je paraissais l'aimer, je le trompais; non, cette pensée est intolérable: si j'étais mourante, n'obtiendrais-je pas le droit de tout révéler après moi? hélas! l'aurais-je même alors? le bonheur des autres ne doit-il pas nous être sacré, tant qu'il peut dépendre de notre volonté?

Cruelle femme! c'est encore pour vous que j'éprouve ces affreuses incertitudes; c'est votre repos, c'est votre bonheur qui lutte encore dans mon cœur contre un désir inexprimable. Et Matilde aussi, ne souffrira-t-elle pas de ce que je dirai? puis-je écrire à Léonce ce qui doit lui faire haïr sa belle-mère, et l'éloigner encore plus de sa femme? Ah! jamais, jamais personne ne s'est trouvé dans une situation où les deux partis à prendre paraissent tous deux également impossibles.

Enfin il le faut, je le dois; attendons les conseils qui peuvent m'éclairer.

Mon voyage près de vous est forcément retardé de quelques jours, parceque je ne vais plus avec madame de Vernon. J'avais remis toutes mes affaires entre les mains d'un homme à elle; il faut tout séparer, après avoir cru que tout était en commun pour la vie. J'ai honte de vous avouer combien je suis faible! encore ce matin, je suis montée en voiture pour aller chez mon notaire; mais comme il fallait, pour arriver à sa maison, passer devant la porte de madame de Vernon, je n'en ai pas eu le courage; j'ai tiré le cordon de ma voiture au milieu de la rue, et j'ai donné l'ordre de retourner chez moi. J'ai voulu ranger mes papiers avant mon départ; je trouvais partout des lettres et des billets de madame de Vernon: il a fallu ôter son portrait de mon salon, lui renvoyer une foule de livres qu'elle m'avait prêtés; c'est beaucoup plus cruel que les adieux au moment de mourir, car les affections qui restent alors répandent encore de la douceur sur les dernières volontés; mais dans une rupture, tous les détails de la séparation déchirent, et rien de sensible ne s'y mêle et ne fait trouver du plaisir à pleurer.

Je n'ai plus personne à consulter sur les circonstances journalières de la vie; je me sens indécise sur tout. Je pense avec une sorte de plaisir que, par délicatesse pour madame de Vernon, je m'étais isolée de la plupart des femmes qui me témoignaient de l'amitié; je ne voulais confier à aucune autre ce que je lui disais; j'étais jalouse de moi pour elle.

Au milieu de ces pensées, plus douces mille fois qu'une amie si coupable ne devait les attendre de moi, madame de Lebensei a trouvé le secret, hier, de me faire parler très amèrement de madame de Vernon; elle était arrivée de la campagne exprès pour me questionner; madame de Vernon l'avait vue, et avait su la captiver entièrement, soit par l'empire de son charme, soit que, dans la situation de madame de Lebensei, l'on ne veuille se brouiller avec personne, et que l'on devienne même très aisément favorable à tous ceux qui vous traitent bien.

Je trouvai d'abord mauvais que madame de Vernon eût confié sans mon aveu, à madame de Lebensei, mon sentiment pour Léonce; mais la justification de madame de Vernon, que me rapporta madame de Lebensei assez maladroitement, m'irrita bien plus encore. Elle se fondait entièrement sur les dispositions que madame de Vernon supposait à Léonce, son éloignement pour les femmes qui ne respectaient pas l'opinion, l'irrésolution de ses projets relativement à moi, le peu de convenance qui existait entre nos manières de penser. Madame de Vernon se représentait enfin, me dit madame de Lebensei, comme n'ayant fait que conseiller Léonce selon son bonheur, et peut-être son penchant : c'était me blesser jusqu'au fond du cœur, que de se servir d'un tel prétexte. Si quelqu'un avait senti fortement les torts de madame de Vernon envers moi, peut-être aurais-je adouci moi-même les coups qu'on voulait lui porter; mais les formes tranchantes de madame de Lebensei, son parti pris d'avance, les petits mots qu'elle me disait, et qui m'annonçaient que madame de Vernon l'avait prévenue que j'étais très exagérée dans mon ressentiment; tout cet appareil d'impartialité, quand il s'agissait de décider entre la générosité et la perfidie, m'offensa tellement, que je perdis, je crois, toute mesure; et faisant à madame de Lebensei, avec beaucoup de chaleur, le tableau de ma conduite et de celle de madame de Vernon, je lui déclarai que je ne voulais point écouter ceux qui me parleraient pour elle, et que je la priais seulement de raconter à madame de Vernon ce que j'avais dit, et les propres termes dont je m'étais servie.

Quand madame de Lebensei fut partie, je sentis que j'avais eu tort; je ne me repentis ni d'avoir excité le ressentiment de madame de Vernon, ni d'avoir attaché plus vivement madame de Lebensei à ses intérêts : il est assez doux de se faire du mal à soi-même, en attaquant une personne qui nous fut chère; on aime à briser tous les calculs en se livrant à ce douloureux mouvement; mais je me repentis d'avoir dénaturé ce que j'éprouvais, et de m'être donné des torts de paroles, quand mes sentiments et mes actions n'en avaient aucun. J'étais aussi, je l'avoue, vivement irritée, en apprenant que madame de Vernon cherchait encore à me nuire, dans le moment même où j'hésitais si je ne sacrifierais pas le bonheur de toute ma vie à son repos.

Cependant que deviendrai-je, tant que Léonce me soupçonnera? la solitude et le temps ne feront rien à cette douleur; elle renaîtra chaque jour, car chaque jour j'essaierai de raisonner avec moi-même, pour me prouver que je dois répondre à Léonce. Mais pourquoi donc supposer que ma conscience me le défend? Ah! je l'espère, vous et M. Barton, vous penserez que Léonce aura assez de calme, assez de vertu pour apprendre la vérité sans punir celle qui fut coupable : ah! s'il sait pardonner, ne puis-je pas tout lui dire?

P. S. Vous ne m'avez pas répondu sur l'affaire de M. de Clarimin : je suis bien sûre que vous sentez, comme moi, que je dois mettre plus d'importance que jamais à lui faire accepter ma caution. Si par hasard vous ne l'aviez pas encore offerte, ce qui vient de se passer vous inspirera, j'en suis sûre, le desir de vous hâter.

LETTRE XXXIII.

Mademoiselle d'Albémar à Delphine.

Montpellier, ce 4 novembre.

Ma chère Delphine, mon élève chérie, dans quel monde êtes-vous tombée? Pourquoi faut-il que madame de Vernon, cette femme perfide que mon pauvre frère détestait avec tant de raison, vous ait captivée par son esprit séducteur? Pourquoi n'ai-je pas su réunir à mon affection pour vous cet art d'être aimable, qui pouvait satisfaire votre imagination? vous n'auriez eu besoin d'aucun autre sentiment, et votre cœur n'eût jamais été trompé.

Vous me demandez un conseil sur la conduite que vous devez tenir avec Léonce : comment oserais-je vous le donner? Je ne pense pas que vous deviez en rien vous sacrifier pour l'indigne madame de Vernon; mais quand Léonce saura que vous n'avez jamais cessé de l'aimer, pourra-t-il supporter Matilde? pourra-t-il se résoudre à ne pas vous revoir? aurez-vous la force de le lui défendre? Cependant faut-il que, pouvant vous justifier, vous vous donniez l'air coupable? Supporterez-vous une telle douleur? Non, l'amitié ne saurait s'arroger le droit de conseiller une action héroïque. Si vous répondez à Léonce, si vous l'instruisez de la vérité, vous ne ferez peut-être rien de vraiment mal, rien que personne surtout pût se permettre de condamner; mais si, pour mieux assurer son repos domestique, si, pour l'éloigner plus sûrement de vous, vous vous taisez, vous aurez surpassé de beaucoup ce que l'on pourrait attendre de la vertu la plus sévère.

LETTRE XXXIV.

M. Barton à madame d'Albémar.

Mondoville, 6 novembre.

J'ai été quelques jours, madame, sans pouvoir me déterminer à vous écrire; ce que je devais vous conseiller me semblait trop pénible pour vous : cependant je me suis résolu à vous donner la plus grande preuve de mon estime, en répondant avec une sévère franchise à la généreuse question que vous daignez me faire.

M. de Mondoville, indignement trompé sur vos sentiments, a épousé mademoiselle de Vernon; il a repoussé le bonheur que j'espérais pour lui; il a gâté sa vie, mais il faut au moins qu'il respecte ses devoirs ; il lui restera toujours une destinée supportable, tant qu'il n'aura pas perdu l'estime de lui-même.

Sans pouvoir deviner le secret habilement conduit dont vous avez été la victime, je n'ai jamais cru que vous fussiez capable de tromper; mais j'ai toujours refusé de m'expliquer avec Léonce sur ce sujet. J'ai reçu une lettre de lui, deux jours avant la vôtre, dans laquelle il m'apprend qu'il vous a écrit, et qu'il vous demande de lui dévoiler ce qu'il commence enfin à entrevoir, les criminelles ruses de madame de Vernon. Il se contient avec vous, me dit-il; mais il s'exprime, dans sa confiance en moi, avec une telle fureur, que je frémis du parti qu'il prendra quand il saura la conduite de madame de Vernon envers lui.

Il est résolu d'abord de défendre à madame de Mondoville de voir sa mère, et, si elle lui désobéit, il veut se séparer d'elle. Il forme encore mille autres projets extravagants de vengeance contre madame de Vernon. Je ne doute pas qu'il ne renonce à ce qui serait indigne de lui ; mais tel que je le connais, je suis sûr qu'il suivra le dessein qu'il m'annonce, de forcer madame de Mondoville à rompre avec sa mère. Quel trouble cependant ne va-t-il pas en résulter?

Quelque coupable que soit madame de Vernon, vous la plaindriez d'être condamnée à ne jamais revoir sa fille; et si, comme je n'en doute pas, madame de Mondoville croit de son devoir de s'y refuser, quel scandale que la séparation de Léonce avec sa femme pour une telle cause! C'est vous seule, madame, qui pouvez encore être l'ange sauveur de cette famille, l'ange sauveur de celle même qui vous a cruellement persécutée.

Je ne me permettrai pas de vous dicter la conduite que vous devez tenir; j'ai dû seulement vous instruire des dispositions de Léonce. Il est impossible, quand il saura tout, de se flatter de l'apaiser; il est malheureusement très emporté, et jamais, il faut en convenir, jamais un homme n'a été offensé à ce point dans son amour et dans son caractère. Jugez vous-même, madame, de ce qu'il importe de cacher à Léonce; jugez des sacrifices que votre âme généreuse est capable de faire! Je ne vous demande point de me pardonner; car je crois vous honorer par ma sincérité autant que vous méritez de l'être, et mon admiration respectueuse donne beaucoup de force à cette expression.

LETTRE XXXV.

Réponse de Delphine à M. Barton.

Paris, ce 8 novembre.

Vous ne savez pas quelle douleur vous m'avez causée! je croyais pouvoir le détromper, je croyais toucher au moment de recouvrer toute son estime; vous m'avez montré mon devoir, le véritable devoir, celui qui a pour but d'épargner des souffrances aux autres: je l'ai reconnu, je m'y soumets, je n'écrirai point : mais souffrez que je le dise, pour la première fois j'ai senti que je m'élevais jusqu'à la vertu : oui, c'est de la vertu qu'un tel sacrifice, et ce qu'il me coûte mérite le suffrage d'un honnête homme et la pitié du ciel.

Il attend ma réponse pour un jour fixe, pour le vingt-cinq novembre. Mon silence, dit-il, sera pour lui l'aveu de la perfidie dont on m'avait accusée : ne pouvez-vous lui écrire que ce silence est un mystère que je ne veux jamais éclaircir, mais qu'il ne doit lui donner aucune interprétation décisive? ne pouvez-vous pas lui dire au moins que je pars pour le Languedoc, d'où je ne sortirai jamais? Est-ce trop demander, et ne défais-je pas ainsi, faiblesse après faiblesse, l'action que je nommais généreuse?

Je vous laisse l'arbitre de ce que vous pouvez dire; vous comprenez ce que je souffre, ce que je souffrirai toujours, tant qu'il me croira coupable. Si le ciel vous inspire un moyen de me secourir sans porter atteinte au bonheur des autres, vous le saisirez, j'ose en être sûre; s'il faut me sacrifier, je vous en donne le pouvoir, je saurai vous en estimer. Je dépose entre vos mains la promesse de m'éloigner, de ne point écrire, de ne rien me permettre enfin pour moi-même, que de vous demander quelquefois si vous avez affaibli dans le cœur de Léonce la juste haine qu'il va de nouveau ressentir contre moi.

LETTRE XXXVI.

Madame d'Artenas à Delphine.

Paris, 10 novembre.

J'ai passé hier chez vous, ma chère Delphine, mais en vain; votre porte est toujours fermée. Je suis obligée de partir pour ma terre, près de Fontainebleau; mais je ne veux pas différer à vous demander de m'apprendre les causes d'un événement qui occupe toute la société de Paris. Vous êtes brouillée avec madame de Vernon; vous ne vous voyez plus : je crois bien aisément qu'elle a tort, et que vous avez raison; mais pourquoi vous brouiller avec elle? pourquoi vous brouiller avec personne? Cela peut avoir les plus graves inconvénients.

Vous avez découvert qu'elle vous trompait : il y a long-temps que je m'en serais doutée, à votre place; mais c'est précisément parcequ'elle a un caractère adroit et dissimulé, qu'il était sage de la ménager : votre conduite a été le contraire de ce qu'elle devait être; il fallait ne pas l'aimer avec tant d'aveuglement avant la découverte, et ne pas rompre depuis avec tant de véhémence. Madame de Vernon est établie à Paris depuis beaucoup plus long-temps que vous; elle y a beaucoup plus de relations; et vous savez qu'on est toujours ici soutenu par ses parents, non parcequ'ils vous aiment, mais parcequ'ils regardent comme un devoir de vous justifier. Il y a si peu de véritable amitié dans le grand monde, qu'encore vaut-il mieux compter sur ceux qui se croient obligés à vous défendre, que sur ceux qui le font volontairement. Vous allez vous trouver nécessairement mal avec votre famille, si vous ne voyez plus madame de Vernon; car madame de Mondoville, dans cette circonstance, ne se séparera sûrement pas de sa mère. Il faut tâcher de vous raccommoder avec tout cela : pensez-en ce que j'en pense; mais soyez avec madame de Vernon dans une bonne mesure, quoique sans fausseté.

Les hommes peuvent se brouiller avec qui ils veulent, un duel brillant répond à tout ; cette magie reste encore au courage, il affranchit honorablement des liens qu'impose la société; ces liens sont les plus subtils, et cependant les plus difficiles à briser. Une jeune femme sans père ou sans mari, quelque distinguée qu'elle soit, n'a point de force réelle ni de place marquée au milieu du monde. Il faut donc se tirer d'affaire habilement, gouverner les bons sentiments avec encore plus de soin que les mauvais, renoncer à cette exaltation romanesque qui ne convient qu'à la vie solitaire, et se préserver surtout de ce naturel inconsidéré, la première des graces en conversation, et la plus dangereuse des qualités en fait de conduite.

Vous aimez, quoi que vous en puissiez dire, le mouvement et la variété de la société de Paris : sachez donc vous maintenir dans cette société, sans donner prise sur vous à personne. Avant les chagrins que vous avez éprouvés, vous aimiez aussi, et cela devait être, les succès sans exemple que vous obteniez toujours quand on vous voyait et quand on vous entendait. Défiez-vous de ces succès ; qu'ils vous rendent d'autant plus prudente ; car, en excitant l'envie, ils vous obligent à craindre madame de Vernon. Je pourrais, moi, me brouiller avec elle; nous sommes à force égale, vieille et oubliée que je suis; mais vous, la plus belle, la plus jeune, la plus aimable des femmes, on croira tout ce que madame de Vernon dira contre vous, et, pour ne vous rien cacher, on le croit déja.

J'avais commencé ma lettre avec l'intention de vous laisser ignorer ce que madame de Vernon allègue en sa faveur; mais je réfléchis qu'il faut que vous connaissiez tous les motifs qui doivent diriger votre conduite. Elle prétend que vous l'aviez chargée d'engager Léonce à vous épouser ; que, depuis l'esclandre du duel de M. de Serbellane, il ne l'a pas voulu, et que vous ne lui avez jamais pardonné son infructueuse négociation. Elle affirme que vous avez dit à tout le monde un mal abominable d'elle, et que vous lui avez reproché de prétendus services avec indélicatesse et amertume. Jugez combien les ingrats et ceux qui auraient envie de l'être trouvent mauvais qu'on se souvienne des services qu'on a rendus ! Elle assure enfin que c'est elle qui n'a plus voulu vous voir, parceque vous ne veniez dans sa maison que pour vous faire aimer du mari de sa fille ; et cette dernière accusation lui rallie toutes les dévotes. Vous voyez qu'elle sait se concilier les bons et les méchants, et, de plus, cette nombreuse classe d'indifférents paisibles qui, ayant beaucoup plus entendu parler de madame d'Albémar que de madame de Vernon, croient qu'il est de leur dignité de gens médiocres de blâmer celle qui a le plus d'éclat.

Ne vous exagérez pas cependant l'effet des discours de madame de Vernon, nous sommes en état de nous en défendre; mais il est indispensable que vous commenciez par vous raccommoder avec elle, et je vous réponds qu'elle ne demanderait pas mieux; car dans toutes ces querelles, en présence du tribunal de l'opinion, chacun a peur de l'autre. Retournez à ses soupers, cessez de lui faire aucun reproche, n'en dites plus aucun mal; et si elle continue à chercher à vous nuire, je me charge, moi, de lui jouer quelques tours de vieille guerre. Je connais les ruses de madame de Vernon, je ne m'en sers pas, mais j'en sais assez pour les dévoiler; et elle vous ménagera, quand elle apprendra que vos qualités vives et brillantes sont sous la protection de ma prudence et de mon sang-froid. Adieu, ma chère Delphine; suivez mes conseils, et tout ira bien.

LETTRE XXXVII.

Delphine à madame d'Artenas.

Paris, 14 novembre.

Je suis touchée, madame, de l'intérêt que vous voulez bien me témoigner, mais je ne puis suivre le conseil que vous avez la bonté de me donner. J'ai aimé tendrement madame de Vernon; comment me serait-il possible de renouer avec elle par des motifs tirés de mon intérêt personnel? je suis bien peu capable de cette conduite, même avec les indifférents; mais j'aurais une répugnance invincible à dégrader les sentiments que j'ai éprouvés, en les soumettant à des calculs. Comment pourrais-je revoir avec calme, dans les rapports communs du monde, une personne qui a été l'objet de ma plus tendre amitié, et qui s'est montrée ma plus cruelle ennemie? Non, la société ne vaut pas ce qu'il en coûterait pour torturer à ce point son caractère naturel; de tels efforts feraient plus que contraindre les mouvements vrais du cœur; ils finiraient par le dépraver.

Je suis singulièrement blessée, je l'avoue, des discours que madame de Vernon tient sur moi ; mais c'est précisément parceque ces discours sont écoutés, que je ne veux pas me rapprocher d'elle. J'aurais peut-être été assez faible pour le desirer, s'il était arrivé ce qui, je crois, était juste, si on n'eût blâmé qu'elle seule ; mais puisqu'elle m'accuse et qu'on la soutient, puisque j'ai quelque chose encore à craindre d'elle, je ne la reverrai jamais.

C'est auprès de vous, madame, que je voudrais me justifier. Madame de Vernon m'a reproché *d'avoir dit du mal d'elle*, et vous me conseillez *de la ménager;* tous ces mots me paraissent bien étranges dans un sentiment de la nature de celui que j'avais pour madame de Vernon. Une seule fois j'ai parlé d'elle avec amertume, en m'adressant à une personne qui l'aime beaucoup, et que je rattachais à elle, au lieu de l'en détacher, par la vivacité même qui me donnait l'air d'avoir tort. Vous n'aimez pas madame de Vernon, et je m'interdis de vous en parler, à vous que je desirerais si vivement éclairer sur les absurdes calomnies dont je suis l'objet.

J'ai reproché à madame de Vernon les services que je lui ai rendus; *et tous les services du monde,* dit-elle, *sont effacés par les reproches.* Vous sentez aisément, madame, combien il serait facile de se dégager ainsi de la reconnaissance. On blesserait le cœur d'une personne qui se serait conduite généreusement envers nous; elle s'en plaindrait, et l'on dirait ensuite que *toutes ses actions sont effacées par ses paroles.* Mais ce n'est pas de cela qu'il s'agit entre madame de Vernon et moi; si je lui ai reproché son ingratitude, c'est celle du cœur dont je l'ai accusée, et c'est en confondant ensemble, en plaçant sur la même ligne le jour où je lui ai serré la main avec tendresse, et celui où j'aurais engagé la moitié de ma fortune pour elle, que j'ai eu le droit de lui rappeler tout ce qui lui a prouvé que je l'aimais.

Je rougis jusqu'au fond de l'ame des autres torts qu'elle m'impute ; mais si je les repoussais, ce serait alors que je serais vraiment blâmable; je nuirais à madame de Vernon, et jusqu'à présent vous voyez que j'ai trouvé le secret de ne nuire qu'à moi-même; je m'en applaudis. Je ne veux pas *ménager* madame de Vernon par les motifs que vous me présentez; je ne veux point la désarmer, mais je craindrais encore de lui faire du mal. Hélas! elle apprendra bientôt à quel point je l'ai craint!

Mes plaintes contre elle, quand je m'en permets, ont toutes un caractère de sensibilité romanesque qui, vous le savez, n'associera pas les salons de Paris à mon ressentiment. Je ne suis pas indifférente au blâme de la société, mais je ne ferai, pour m'y soustraire, que ce que je ferais pour la satisfaction de ma conscience ; la vérité doit nous valoir le suffrage des autres, ou nous apprendre à nous en passer.

Je mettrais peut-être plus de prix à l'opinion, si j'étais unie à la destinée d'un homme qui me fût cher; mais condamnée à vivre seule, à supporter seule mon sort, je n'ai point d'intérêt à me défendre : qui jouirait de mon triomphe, si je le remportais? et n'est-il pas assez sage de ne point lutter contre la méchanceté des hommes, quand l'on n'a d'autre bien à espérer de ses efforts que quelques douleurs de moins? Cette indifférence sur ce qu'on peut dire de moi m'est beaucoup plus facile maintenant que je suis résolue à quitter Paris. Je vais m'enfermer pour toujours dans la retraite où vit ma belle-sœur; j'y emporterai le souvenir le plus tendre de vos bontés, et le regret de n'en avoir pas joui plus longtemps.

LETTRE XXXVIII.

Réponse de madame d'Artenas à Delphine.

Fontainebleau, ce 19 novembre.

Vous prenez beaucoup trop vivement, ma chère Delphine, les peines passagères de la vie. Que de candeur, de noblesse et de bonté dans votre lettre! mais que vous êtes encore jeune! Je ne me souviens pas, en vérité, d'avoir eu cette bonne foi dans mon enfance, et je ne suis pourtant, Dieu merci! ni méchante, ni fausse; mais j'ai vécu au milieu du monde, et je suis détrompée du plaisir d'être dupe.

Quoi qu'il en soit, je ne veux pas exiger de vous ce qui serait trop opposé à votre caractère, et nous atteindrons au même but par une conduite négative. Dans la société de Paris, ce qu'on ne fait pas vaut presque toujours autant que ce qu'on pourrait faire. Vous ne passerez point votre vie dans le Languedoc, mais vous y resterez six mois; pendant ce temps tout sera oublié. On vous a accueillie avec transport à votre arrivée à Paris, c'est à présent le tour de l'envie; quand vous reviendrez, on sera las de l'envie même, et curieux de vous revoir; et comme rien de ce qu'on a dit n'a pu laisser de trace, on ne s'en souviendra plus : ce n'est pas pour de telles causes que la réputation se perd : si vous éprouviez ce malheur, quelque injuste qu'il pût être, votre philosophie ne tiendrait pas contre lui; il a des pointes trop acérées : mais il n'en est pas question, et je vous réponds de réparer cet hiver, et ce que le duel de M. de Serbellane a fait dire, et ce que madame de Vernon y a ajouté.

Je vous demande seulement de vous arrêter dans ma terre, qui est sur votre route en allant à Montpellier. Ma nièce, pour qui vous avez été si bonne, et que vous avez rendue raisonnable, vous en prie instamment; j'ose l'exiger de vous.

LETTRE XXXIX.

Delphine à mademoiselle d'Albémar.

Fontainebleau, ce 25 novembre.

J'ai déja fait vingt lieues pour me rapprocher de vous, ma chère Louise; mon voyage est commencé, je suis partie de Paris. Je ne reverrai plus les lieux où j'ai connu Léonce; je les ai quittés le jour même où, rempli de mon souvenir, il attendait à deux cents lieues de moi la réponse qui devait me justifier; et je ne l'ai pas faite cette réponse. Ah! d'où vient qu'un sacrifice si grand ne me donne point le repos que l'on doit attendre de la satisfaction de sa conscience? Hélas! les peines de l'amour étouffent toutes les jouissances attachées à l'accomplissement du devoir, et le bonheur succombe alors même que la vertu résiste. N'importe, ce n'est pas pour notre propre avantage que tant de nobles facultés nous ont été données; c'est pour seconder la pensée de l'Être suprême, en épargnant du mal, en faisant du bien sur la terre à tous les êtres qu'il a créés.

J'ai regretté M. de Lebensei en quittant Paris; je l'avais vu tous les jours qui ont précédé mon départ : il craignait que ma dernière conversation avec sa femme ne m'eût éloignée d'elle, et il paraissait mettre du prix à nous rapprocher. J'ai promis de rester en correspondance avec lui; c'est un homme d'un esprit si étendu, il a réfléchi si profondément sur les sentiments et les idées, que peut-être il calmera mon cœur en m'accoutumant à considérer la vie sous un point de vue plus général.

Madame d'Artenas veut que je passe huit jours ici dans sa terre, qui est agréablement située au milieu de la forêt de Fontainebleau : j'ai cédé à ses instances, et surtout à celles de sa nièce, madame de R... Elle a mis beaucoup de délicatesse à ne jamais me rechercher à Paris, et semble attacher un grand prix à ces jours passés avec elle : je ne continuerai donc mon voyage vers vous que dans huit jours. Madame de Mondoville est venue me voir à Paris un soir que j'étais à Bellerive ; je lui ai rendu le lendemain sa visite, mais en m'assurant auparavant qu'elle n'y était pas. Je craignais d'y trouver sa mère, et j'avais raison d'avoir peur de l'émotion que j'éprouverais, si j'en juge par celle que m'a causée le seul moment où, depuis notre rupture, j'aie entrevu madame de Vernon.

Je sortais de Paris ce matin, avec ma voiture chargée pour le voyage, et conduite par des chevaux de poste ; les postillons, en tournant, accrochèrent assez violemment un carrosse à deux chevaux ; inquiète, je m'avançai pour voir s'il n'était pas renversé : j'aperçus dans ce carrosse madame de Vernon seule, et la tête appuyée contre un des côtés de la voiture. Je ne sais si c'était l'imagination ou la vérité, mais je la trouvai singulièrement pâle et défaite ; un cri d'étonnement m'échappa en la voyant : elle me regarda d'un air qui me parut triste et doux. Vous l'avouerai-je ? un mouvement involontaire me fit porter ma main au cordon de la voiture pour l'arrêter ; il n'y en avait point, et les chevaux m'avaient déjà emportée à cent pas d'elle ; mais je sentis par cette épreuve, et par l'émotion qu'elle me causa le reste du jour, combien j'avais eu raison en évitant de revoir madame de Vernon.

Les souvenirs d'une longue et tendre amitié se renouvellent toujours quand on se représente celle que l'on a aimée comme souffrante ou malheureuse ; mais je sais trop bien que madame de Vernon ne me regrette point, n'a pas besoin de moi, et je m'éloigne d'elle sans avoir, à cet égard, le moindre doute.

LETTRE XL.

Delphine à mademoiselle d'Albémar.

Fontainebleau, ce 27 novembre,

Ah ! mon Dieu, que j'étais loin de prévoir l'événement qui me rappelle à l'instant même à Paris ! La pauvre madame de Vernon ! il ne me reste plus de traces de mon ressentiment contre elle ; je me reproche même... Je ne sais ce que je me reproche ; mais je serai bien malheureuse d'avoir été brouillée avec elle, si je ne puis la revoir encore, la soigner, lui prouver que j'ai tout oublié. Je crains de perdre un moment, même avec vous, ma chère Louise ; je vous envoie la lettre de madame de Mondoville, et je pars.

Madame de Mondoville à madame d'Albémar.

Paris, ce 26 novembre.

J'ai à vous annoncer, ma chère cousine, un cruel malheur : cette nuit, ma mère a pris un vomissement de sang qui ne s'est point arrêté pendant plusieurs heures, et que les médecins regardent comme mortel ; sa poitrine est déjà très attaquée depuis plusieurs mois, par des veilles continuelles : l'on croit ce dernier accident sans remède dans son état, et le péril même en paraît extrêmement prochain. Elle avait tout-à-fait perdu connaissance vers la fin de la nuit ; en revenant à elle, elle a fait quelques questions à son médecin ; et, comprenant parfaitement sa situation, elle lui a dit, avec l'air le plus calme et le plus doux : « J'aurais besoin, monsieur, de trois ou quatre jours pour régler divers intérêts ; donnez-moi donc les remèdes qui peuvent me soutenir : peu importe, comme vous le sentez bien, s'ils conviennent au fond de la maladie ; elle est jugée, elle est sans ressources : mais indiquez-moi ce qu'il faut faire pour avoir un peu de force jusqu'à la fin de ma vie, je vous en serai sensiblement obligée. » Alors se retournant vers moi, elle me dit : « C'est pour voir madame d'Albémar que je souhaite encore de vivre quelques jours ; je l'ai rencontrée hier matin partant pour Montpellier ; je crois qu'un courrier peut la rejoindre, faites-le partir à l'instant. Je connais son cœur, je suis sûre qu'elle n'hésitera pas à revenir ; dites-lui seulement mon desir et mon état. » Je crois comme ma mère, ma chère cousine, que vous êtes trop bonne pour hésiter à satisfaire les vœux d'une femme mourante, quand même (ce que j'ai toujours voulu ignorer) vous croiriez avoir à vous plaindre d'elle. Vous n'avez pas un moment à perdre pour lui donner la satisfaction de vous revoir, et pour contribuer au salut de son ame ; car je ne doute pas que, malgré nos différences d'opinion, vous ne vous joigniez à moi pour l'engager à remplir les devoirs sacrés dont dépend son bonheur à venir : c'est le premier intérêt dont je veux vous parler : vous lui ferez plus d'impression que moi, si vous vous joignez à mes instances ; vous ne voulez pas, j'en suis sûre, exposer ma pauvre mère à mourir sans avoir reçu les secours de la religion. Je retourne auprès d'elle, et je vous attends impatiemment : sans ma confiance en Dieu, la douleur que je ressens me paraîtrait bien pénible à supporter. Adieu, ma chère cousine. Je viens de demander qu'on fit dans mon couvent des prières pour ma mère ; je les ai obtenues, j'y joins les miennes ; j'espère que vous rendrez les vôtres efficaces, en vous réunissant à moi dans les pieux efforts qui me sont commandés.

LETTRE XLI.

Delphine à mademoiselle d'Albémar.

Paris, ce 29 novembre.

Elle vit encore, ma chère Louise ! et c'est tout ce que je puis vous dire : je n'ai point d'espérance, et jamais je n'aurais eu plus besoin d'en concevoir. Je me suis rattachée à madame de Vernon par des sentiments qui ne sont pas en tout semblables à ceux que j'éprouvais pour elle ; mais la pitié les rend aussi tendres. Que ne puis-je prolonger ses jours ! Si elle revenait de son état maintenant, elle se corrigerait de ses défauts, parcequ'elle serait éclairée sur ses erreurs ; mais, hélas ! il semble que la nature ne donne sa plus terrible leçon que la dernière, et ne permet pas de faire servir à la vie les sentiments qu'ont inspirés les approches de la mort.

Je puis vous écrire pendant que madame de Vernon essaie de se reposer ; on lui a expressément défendu de parler, ce qui m'oblige à m'éloigner souvent d'elle. Votre intérêt sera douloureusement captivé par le récit de la conduite qu'elle tient ; vous serez aussi, je le crois, frappée de la singulière lettre qu'elle m'a écrite : je vous l'envoie, en vous priant de me la conserver. Oh ! que le cœur humain est inattendu dans ses développements ! les moralistes méditent sans cesse sur les passions et les caractères, et tous les jours il s'en découvre que la réflexion n'avait pas prévus, et contre lesquels ni l'ame ni l'esprit n'ont été mis en garde.

Je suis arrivée hier chez madame de Vernon, et j'éprouvais, en entrant chez elle, tous les genres d'émotion réunis ; l'embarras mêlé à la plus profonde pitié, un intérêt véritable joint à de l'incertitude sur les témoignages que j'en devais donner. J'avais su, par un courrier que j'envoyai à l'avance, que madame de Vernon était un peu mieux, mais toujours dans un grand danger. Je montai les escaliers en tremblant; madame de Mondoville vint au-devant de moi : « Ma mère était bien impatiente de vous voir, me dit-elle; elle vous a écrit hier tout le jour, quoiqu'on lui eût interdit cette occupation; elle a mis en ordre ses affaires : venez, vous la trouverez plus touchante que jamais elle ne l'a été; mais jusqu'à présent je n'ai pu lui faire encore entendre qu'elle est assez dangereusement malade pour se confesser. Les médecins disent que l'effrayer sur son état pourrait lui faire mal; mais qui, juste ciel! oserait prendre sur soi de ménager son corps aux dépens de son ame? Je vous en avertis, je lui parlerai, si vous ne vous en chargez pas. — Attendez, de grace, répondis-je à madame de Mondoville, que je me sois entretenue avec madame votre mère. »

Matilde me conduisit enfin chez la pauvre malade; la chambre était obscure : à travers le jour sombre qui l'éclairait, j'aperçus madame de Vernon couchée sur un canapé, les cheveux détachés, vêtue de blanc, et d'une pâleur effrayante. Elle vit l'émotion que j'éprouvais : « Remettez-vous, ma chère Delphine, me dit-elle; c'est bon à vous d'être si troublée. » Je pris sa main, et je la baisai tendrement; elle me fit signe de m'asseoir, et m'adressa d'abord des questions indifférentes sur mon voyage, sur le lieu où le courrier m'avait rencontrée, sur la santé de madame d'Artenas, etc. Je répondis à tout par des monosyllabes, n'osant commencer moi-même à lui parler de son état, et souffrant cruellement néanmoins de prendre part à des conversations si étrangères au sentiment qui m'occupait. Sa fille se leva, et nous laissa seules; je crus qu'elle allait me parler avec confiance, mais, continuant à l'éviter, elle me raconta son accident, les suites qu'il devait avoir, la certitude qu'elle avait de mourir dans trois ou quatre jours, avec une simplicité et un calme tout-à-fait semblables à sa manière habituelle, à cette manière qui lui donnait toujours, soit dans le sérieux, soit dans la plaisanterie, de la grace et de la dignité.

Elle prit son mouchoir en me parlant, l'approcha de sa bouche, et le reposa, sans s'interrompre, sur la table; je le vis plein de sang, je tressaillis; et, penchant ma tête sur sa main, je fondis en larmes, en l'appelant plusieurs fois du nom que j'aimais à lui donner : Sophie, ma chère Sophie! « Généreuse Delphine, me dit-elle, vous m'aimez encore; ah! cela vaut mieux que vivre! Je vous ai écrit, ajouta-t-elle, afin d'éviter une conversation trop pénible pour nous deux ; ma lettre contient tout ce que je pourrais dire ; je n'ai pas prétendu me justifier, mais vous expliquer ma conduite par mon caractère et ma manière de voir. Vous ne trouverez pas peut-être mes sentiments meilleurs après cette explication, mais vous comprendrez comment ils sont dans la nature ; et si je vous montre les causes des plus grands torts, vous serez un peu plus disposée à les pardonner. Ce que je vous demande instamment, c'est, après avoir lu cette lettre, de n'en pas causer avec moi ; j'ai toujours craint les fortes émotions ; je ne suis pas assez contente de moi pour aimer à m'abandonner à mes mouvements, ni à ceux des autres. Le repentir seul convient à ma situation, et je ne veux pas m'y livrer ; je suis mieux en tout quand je me contiens, et l'entraînement me fait mal. Écrivez-moi seulement deux lignes, qui me disent que vous conserverez un souvenir encore doux de votre ancienne amie ; je les mettrai, ces deux lignes, sur ma poitrine déjà mortellement atteinte, et ce remède me fera peut-être mourir sans douleur. » En disant ces derniers mots, elle sonna, comme si elle eût redouté les pleurs que je répandais, et la prolongation de sa propre émotion.

Ses femmes entrèrent ; elle me renvoya doucement chez moi. Je montai dans une chambre que je m'étais fait donner pour ne pas sortir de la maison, et je lus avec un serrement de cœur continuel la lettre que voici :

Madame de Vernon à madame d'Albémar.

Je n'ai été aimée dans ma vie que par vous : beaucoup de gens m'ont trouvée aimable, ont recherché ma société ; mais vous êtes la seule personne qui m'ayez rendu service sans intérêt personnel, sans autre objet que de satisfaire votre générosité et votre amitié ; et cependant vous êtes l'être du monde envers lequel j'ai eu les torts les plus graves : peut-être même n'y a-t-il que vous qui ayez véritablement le droit de me faire des reproches. Comment vous expliquer, comment m'expliquer à moi-même une telle conduite ? Au moins, je n'en adoucis pas les couleurs ; je m'interdis, pour la première fois de ma vie, tout autre secours que celui de la vérité. C'est à votre esprit seul que je m'adresserai dans cette peinture fidèle de mon caractère, et je n'abuserai point de ma situation pour obtenir mon pardon de l'attendrissement qu'elle pourrait vous causer.

19.

Les circonstances qui présidèrent à mon éducation ont altéré mon naturel ; il était doux et flexible ; on aurait pu, je crois, le développer d'une manière plus heureuse. Personne ne s'est occupé de moi dans mon enfance, lorsqu'il eût été si facile de former mon cœur à la confiance et à l'affection. Mon père et ma mère sont morts que je n'avais pas trois ans, et ceux qui m'ont élevée ne méritaient point mon attachement. Un parent très éloigné et très insouciant fut mon tuteur ; il me donnait des maîtres en tout genre, sans prendre le moindre intérêt ni à ma santé, ni à mes qualités morales : il voulait être bien pour moi ; mais comme il n'était averti de rien par son cœur, sa conduite tenait au hasard de sa mémoire ou de sa disposition ; il regardait d'ailleurs les femmes comme des jouets dans leur enfance, et dans leur jeunesse, comme des maîtresses plus ou moins jolies, que l'on ne peut jamais écouter sur rien de raisonnable.

Je m'aperçus assez vite que les sentiments que j'exprimais étaient tournés en plaisanterie, et que l'on faisait taire mon esprit, comme s'il ne convenait pas à une femme d'en avoir. Je renfermai donc en moi-même tout ce que j'éprouvais ; j'acquis de bonne heure ainsi l'art de la dissimulation, et j'étouffai la sensibilité que la nature m'avait donnée. Une seule de mes qualités, la fierté, échappa à mes efforts pour les contraindre toutes. Quand on me surprenait dans un mensonge, je n'en donnais aucun motif, je ne cherchais point à m'excuser, je me taisais ; mais je trouvais assez injuste que ceux qui comptaient les femmes pour rien, qui ne leur accordaient aucun droit et presque aucune faculté, que ceux-là même voulussent exiger d'elles les vertus de la force et de l'indépendance, la franchise et la sincérité.

Mon tuteur, assez fatigué de moi parceque je n'avais point de fortune, vint me dire un matin qu'il fallait épouser M. de Vernon. Je l'avais vu pour la première fois la veille ; il m'avait souverainement déplu. Je m'abandonnai au seul mouvement involontaire que je me sois permis de montrer en ma vie ; je résistai avec assez de véhémence : mon tuteur me menaça de me faire enfermer pour le reste de mes jours dans un couvent, si je refusais M. de Vernon ; et comme je ne possédais rien au monde, je n'avais point l'espoir de m'affranchir de son despotisme. J'examinai ma situation ; je vis que j'étais sans force : une lutte inutile me parut la conduite d'un enfant ; j'y renonçai, mais avec un sentiment de haine contre la société, qui ne prenait pas ma défense, et ne me laissait d'autres ressources que la dissimulation. Depuis cette époque mon parti fut irrévocablement pris d'y avoir recours chaque fois que je le jugerais nécessaire. Je crus fermement que le sort des femmes les condamnait à la fausseté ; je me confirmai dans l'idée, conçue dès mon enfance, que j'étais, par mon sexe et par le peu de fortune que je possédais, une malheureuse esclave à qui toutes les ruses étaient permises avec son tyran. Je ne réfléchis point sur la morale, je ne pensais pas qu'elle pût regarder les opprimés. Je n'étouffai point ma conscience, car, en vérité, jusqu'au jour où je vous ai trompée, elle ne m'a rien reproché.

M. de Vernon n'était point un caractère insouciant comme mon tuteur ; mais il avait, avant tout, la peur d'être gouverné, et néanmoins une si grande disposition à être dupe, qu'il donnait toujours la tentation de le tromper : cela était si facile, et il y avait tant d'inconvénient à lui dire la vérité la plus innocente, qu'il aurait fallu, je vous l'atteste, une sorte de chevalerie dans le caractère, pour parler avec sincérité à un tel homme. J'ai pris pendant quinze ans l'habitude de ne devoir aucun de mes plaisirs qu'à l'art de cacher mes goûts et mes penchants, et j'ai fini par me faire, pour ainsi dire, un principe de cet art même, parceque je le regardais comme le seul moyen de défense qui restât aux femmes contre l'injustice de leurs maîtres.

J'engageai M. de Vernon avec tant d'adresse à passer plusieurs années à Paris, qu'il crut y aller malgré moi : j'aimais le luxe, et je ne connais personne qui, par son caractère, ses fantaisies et sa prodigalité, ait plus besoin que moi d'une grande fortune. M. de Vernon s'était enrichi par l'économie ; je sus cependant exciter si bien son amour-propre, qu'à sa mort il était presque ruiné, et avait contracté, vous le savez, une dette assez forte avec la famille de Léonce. Je disposais de M. de Vernon, et cependant il me traitait toujours avec une grande dureté ; il ne se doutait pas que j'eusse de l'ascendant sur ses actions ; mais, pour mieux se prouver à lui-même qu'il était le maître, il me parlait toujours avec rudesse.

Ma fierté se révoltait souvent en secret de tout ce que j'étais obligée de faire pour alléger ma servitude ; mais si je m'étais séparée de M. de Vernon, je serais retombée dans la pauvreté, et j'étais convaincue que, de toutes les humiliations, la plus difficile à supporter au milieu de la société, c'était le manque de fortune, et la dépendance que cette privation entraîne.

Je ne voulus point avoir d'amants, quoique je fusse jolie et spirituelle; je craignais l'empire de l'amour; je sentais qu'il ne pouvait s'allier avec la nécessité de la dissimulation; j'avais pris d'ailleurs tellement l'habitude de me contraindre, qu'aucune affection ne pouvait naître malgré moi dans mon cœur; les inconvénients de la galanterie me frappèrent très vivement, et, ne me sentant pas les qualités qui peuvent excuser les torts d'entraînement, je résolus de conserver intacte ma considération au milieu de Paris. Je crois que personne n'a mieux jugé que moi le prix de cette considération, et les éléments dont elle se compose; mais les liens d'amour, tels qu'on peut les former dans le monde, valent-ils mieux qu'elle? je ne le pense pas.

J'avais eu d'abord l'idée d'élever ma fille d'après mes idées, et de lui inspirer mon caractère; mais j'éprouvai une sorte de dégoût de former une autre à l'art de feindre : j'avais de la répugnance à donner les leçons de ma doctrine. Ma fille montrait dans son enfance assez d'attachement pour moi; je ne voulais ni lui dire le secret de mon caractère, ni la tromper. Cependant j'étais convaincue, et je le suis encore, que les femmes étant victimes de toutes les institutions de la société, elles sont dévouées au malheur, si elles s'abandonnent le moins du monde à leurs sentiments, si elles perdent de quelque manière l'empire d'elles-mêmes. Je me déterminai, après y avoir bien réfléchi, à donner à Matilde, dont le caractère, je vous l'ai dit, s'annonçait de bonne heure comme très âpre, le frein de la religion catholique; et je m'applaudis d'avoir trouvé le moyen de soumettre ma fille à tous les jougs de la destinée de femme, sans altérer sa sincérité naturelle. Vous voyez, d'après cela, que je n'aimais pas ma manière d'être, quoique je fusse convaincue que je ne pouvais m'en passer.

M. de Vernon mourut : l'état de sa fortune me rendait impossible de rester à Paris; j'en fus très affligée : j'aime la société, ou, pour mieux dire, je n'aime pas la solitude; je n'ai pas pris l'habitude de m'occuper, et je n'ai pas assez d'imagination pour avoir dans la retraite aucun amusement, aucune variété par le secours de mes propres idées. J'aime le monde, le jeu, etc. Tout ce qui remue au-dehors me plaît, tout ce qui agite au-dedans m'est odieux; je suis incapable de vives jouissances, et, par cette raison même, je déteste la peine; je l'ai évitée avec un soin constant et une volonté inébranlable.

J'allai à Montpellier ; c'est alors que je vous connus, il y a six ans : vous en aviez seize, et moi près de quarante. M. d'Albémar, qui vous avait élevée, devait, quoiqu'il eût déjà soixante ans, vous épouser l'année suivante : ce mariage me déplaisait extrêmement ; il m'ôtait tout espoir d'obtenir une part quelconque dans l'héritage de M. d'Albémar, et de voir finir la gêne d'argent qui m'était singulièrement odieuse. J'avais d'abord assez de prévention contre vous ; mais, je vous l'atteste, et j'ai bien le droit d'être crue après tant de pénibles aveux, vous me parûtes extrêmement aimable, et, dans les trois années que j'ai passées à Montpellier, je trouvais dans votre entretien un plaisir toujours nouveau.

Cependant mon ame n'était plus accessible à des sentiments assez forts pour me changer ; il fallait, pour être aimée d'une personne comme vous, que je cachasse mon véritable caractère, et j'étudiais le vôtre pour y conformer en apparence le mien. Cette feinte, quoiqu'elle eût pour but de vous plaire, dénaturait extrêmement le charme de l'amitié. Votre mari mourut : je vous avais dit que je desirais achever l'éducation de ma fille à Paris ; vous m'offrîtes aussitôt d'y venir avec moi, et de me prêter quarante mille livres, qui m'étaient nécessaires pour m'y établir ; j'acceptai ce service, et voilà ce qui a commencé à dépraver mon attachement pour vous.

Vous étiez si jeune et si vive, que je ne vous regardais absolument que comme un plaisir dans ma vie ; de ce moment, je pensai que vous pouviez m'être utile, et j'examinai votre caractère sous ce rapport. J'aperçus bientôt que vous étiez dominée par vos qualités, la bonté, la générosité, la confiance, comme on l'est par des passions ; et qu'il vous était presque aussi difficile de résister à vos vertus, peut-être inconsidérées, qu'à d'autres de combattre leurs vices. L'indépendance de vos opinions, la tournure romanesque de votre manière de voir et d'agir, me parurent en contraste avec la société dans laquelle vos goûts, vos succès, votre rang et vos richesses devaient vous placer. Je prévis aisément que vos agréments et vos avantages inspireraient pour vous des sentiments passionnés, mais vous feraient des ennemis ; et, dans la lutte que vous étiez destinée à soutenir contre l'envie et l'amour, je pensai que je pourrais aisément prendre un grand ascendant sur vous.

Je n'avais alors, je vous le jure, d'autre intention que de faire servir cet ascendant à notre bonheur réciproque. Mais le sentiment que vous inspirâtes à Léonce changea ma disposition. Je mettais une grande importance au mariage de ma fille avec lui, et je vous en ai, dans le temps, développé tous les motifs; ils étaient tels, que votre générosité même ne pouvait diminuer leur influence sur mon sort : je ne pouvais, sans ce mariage, être dispensée de rendre compte de la fortune de M. de Vernon, ni donner une existence convenable à ma fille, ni conserver mon état à Paris.

Il y avait quelques unes de mes dettes que je ne vous avais pas avouées, entre autres celle à M. de Clarimin; je me croyais sûre de son silence; j'étais loin de penser qu'il fût capable de la conduite qu'il a tenue envers moi; je le connaissais depuis mon enfance; c'est le seul homme qui m'ait trompée, parceque, de tout temps, il s'est montré à moi comme très immoral, et que j'ai cru par conséquent qu'il ne me cachait rien. Une fois, malgré ma prudence accoutumée, je lui répondis une lettre un peu vive[1]; elle l'a blessé. L'un des inconvénients de l'habitude de la dissimulation, c'est qu'une seule faute peut détruire tout le fruit des plus grands efforts : le caractère naturel porte en lui-même de quoi réparer ses torts; le caractère qu'on s'est fait peut se soutenir, mais non se relever.

Je vous sus mauvais gré de vouloir enlever Léonce à ma fille, après que nous étions convenues ensemble de ce mariage. Si je vous avais parlé franchement, vous vous seriez sans doute justifiée; mais j'ai une aversion particulière pour les explications : décidée à ne pas faire connaître en entier ce que je pense, je déteste les moments que l'on destine à se tout dire; je conservai donc mon ressentiment contre vous, et il devint plus amer, étant contenu.

Le jour de la mort de M. d'Ervins, au moment même du dénoûment de cette funeste histoire, lorsque j'avais tout préparé pour m'opposer à votre mariage, vous m'avez montré tant de confiance, que je fus prête à vous avouer ce qui se passait en moi; mais ce mouvement était si contraire à ma nature et à mes habitudes, que j'éprouvai dans tout mon être comme une sorte de roideur qui s'y opposait. Mille hasards se réunirent pour aider à mes desseins : une lettre de la mère de Léonce, qui s'opposait de la manière la plus solennelle à son mariage avec vous, arriva

---

[1] Cette lettre ne s'est pas trouvée.

la veille même du jour où je devais lui parler ; le public était convaincu que c'était l'amour de M. de Serbellane pour vous qui l'avait si vivement irrité contre un mot blessant que vous avait dit M. d'Ervins. Ce que vous écriviez à Léonce était assez vague pour s'accorder avec ce qu'on pouvait insinuer ou taire ; les soins que vous preniez pour sauver la réputation de madame d'Ervins vous compromettaient nécessairement dans l'opinion ; je me vis environnée de ces facilités funestes qui achèvent d'entraîner dans le combat de l'intérêt avec l'honnêteté.

J'hésitais encore cependant, je vous le jure, et deux fois j'ai demandé mes chevaux pour aller à Bellerive ; mais enfin ma fille, dans une conversation que nous eûmes ensemble le matin même du retour de Léonce, me dit qu'elle l'aimait, et que le bonheur de sa vie était attaché à l'épouser. Alors je fus décidée ; je me dis qu'en donnant à Matilde l'espérance d'être la femme de Léonce, en lui faisant voir tous les jours un jeune homme aussi remarquable, j'avais contracté l'obligation de l'unir à lui, et que je ne faisais qu'accomplir mon devoir de mère, en employant tous les moyens possibles pour déterminer Léonce à l'épouser.

A cet intérêt se joignit une opinion qui ne peut pas m'excuser à vos yeux, mais dont je conserve néanmoins encore la conviction intime : je ne crois pas que le caractère de Léonce eût jamais pu vous rendre heureuse. Je sais qu'il a de grandes qualités par lesquelles vous pouvez vous ressembler ; mais, je l'ai remarqué, dans cet entretien même où j'ai mérité tous mes malheurs en trahissant votre confiance, ce n'était point la jalousie seule qui agissait sur lui : j'exerçais un grand empire sur les mouvements de son ame, en lui disant que l'opinion générale vous était contraire, et qu'on le blâmerait de rechercher une femme qui s'était publiquement compromise. Chaque fois que j'en appelais, pour le décider, à ce qu'il devait à sa propre considération, je lui causais une rougeur, une agitation qui ne se serait pas entièrement calmée, quand même on lui aurait prouvé que les apparences seules étaient contre vous.

Vous savez maintenant, non mon excuse, mais l'explication de ma conduite. Mon plus grand tort fut d'arracher à Léonce son consentement, et de l'entraîner à l'église avant que vous eussiez eu le temps de vous revoir : j'en ai été punie ; il n'est résulté pour moi que des peines de ce malheureux mariage : ma fille s'est éloignée de moi ; elle n'a voulu se prêter à rien de ce que je souhaitais : je me suis jetée dans les distractions qui suspendent toutes les inquiétudes de l'ame ; j'ai joué, j'ai veillé toutes les nuits : je sentais qu'en me conduisant ainsi j'abrégeais ma vie, et cette idée m'était assez douce.

Je craignais à chaque instant que le hasard n'amenât un éclaircissement entre Léonce et vous : si j'ai mis alors tant d'intérêt à l'empêcher, c'était surtout dans l'espoir de conserver ou de dérober même votre amitié, que je ne méritais plus. Le mariage que je voulais était conclu ; mais il fallait que l'absence de Léonce me laissât le temps de vous engager à l'oublier, et peut-être alors auriez-vous formé d'autres liens qui vous auraient rendue plus indifférente aux moyens employés pour vous brouiller avec M. de Mondoville. Pendant deux mois qu'il a différé le voyage qu'il projetait, j'ai su tout ce que vous faisiez l'un et l'autre, afin de prévenir l'explication que je redoutais mortellement. Votre caractère et celui de Léonce rendaient cette entreprise plus facile ; vous vous occupiez de M. de Serbellane à cause de madame d'Ervins, sans songer qu'à votre âge vous pouviez nuire ainsi très sérieusement à votre réputation ; et Léonce a non seulement de la jalousie dans le caractère, mais une sorte de susceptibilité sur les torts d'une femme envers lui, ou sur ceux qu'elle peut avoir aux yeux des autres, dont il est aisé de tirer avantage pour l'irriter même contre celle qu'il aime. Enfin Léonce partit pour l'Espagne : vous me proposâtes d'aller avec vous à Montpellier ; et me croyant sûre, Léonce étant absent, de pouvoir conserver votre amitié, je revins à vous du fond de mon cœur, avec la tendresse la plus vive que j'aie jamais éprouvée pour personne. Quand j'acceptai de vous un nouveau service, j'étais digne de le recevoir ; je crus au bonheur plus que je n'y avais cru de ma vie : ma santé se rétablissait, et l'espoir de passer le reste de mes jours avec vous rafraîchissait mon ame flétrie : c'est alors qu'un enfant a découvert le secret le mieux caché ; c'est la punition d'une femme qui se croyait habile en dissimulation, que d'être déjouée par un enfant, quand elle avait réussi à tromper les hommes.

Cet événement m'a tuée ; la maladie dont je meurs vient de là. Vous avez été offensée, avec raison, de la manière dont je me suis conduite lorsque tout vous fut révélé ; mais notre liaison ne pouvant plus subsister, je voulais éviter des scènes douloureuses. Plus je me sentais coupable, plus je souffrais, plus je voulais vous le cacher. Vous pouviez me perdre auprès de Léonce ; je ne cherchai point à vous adoucir : je pouvais, il est vrai, me confier en votre générosité; mais ne repoussez pas le peu de bien que je dis de moi-même; c'est, je vous le jure, parceque je vous aimais encore, qu'il me fut impossible de vous implorer.

Il ne me convenait pas, tant que je continuais à vivre dans le monde, que l'on connût la véritable cause de notre brouillerie. Je me trouvais engagée à suivre mon caractère, à mettre de l'art dans ma défense; cependant ce caractère éprouvait déjà beaucoup de changement dans le secret de moi-même; mais après quarante ans, les habitudes dirigent encore, alors même que les sentiments ne sont plus d'accord avec elles. Il faut de longues réflexions ou de fortes secousses pour corriger les défauts de toute la vie; un repentir de quelques jours n'a pas ce pouvoir.

Quand je vous rencontrai avant-hier, au moment de votre départ, quand je vis le regard doux et sensible que vous jetâtes sur moi, j'éprouvai une émotion si profonde et si vive, qu'elle a beaucoup hâté la fin de ma vie. J'aurais voulu vous retenir à l'instant, pour vous révéler mes secrets; mais il fallait l'approche de la mort pour me donner la confiance de parler de moi-même. Je suis timide, malgré la présence d'esprit que j'ai su toujours montrer; mon caractère est fier, quoique ma conduite ait été simple et dissimulée; il y a en moi je ne sais quel contraste qui m'a souvent empêchée de me livrer aux bons mouvements que j'éprouvais.

Enfin je vais mourir, et toute cette vie d'efforts et de combinaisons est déjà finie; je jouis de ces derniers jours pendant lesquels mon esprit n'a plus rien à ménager. Je croyais, il y a quelque temps, que j'avais seule bien entendu la vie, et que tous ceux qui me parlaient de sentiments dévoués et de vertus exaltées étaient des charlatans ou des dupes : depuis que je vous connais, il m'est venu par intervalles d'autres idées; mais je ne sais encore si mon aride système était complétement erroné, et s'il n'est pas vrai qu'avec toute autre personne que vous, les seules relations raisonnables sont les relations calculées.

Quoi qu'il en soit, je ne crois pas avoir été méchante : j'avais mauvaise opinion des hommes, et je m'armais à l'avance contre leurs intentions malveillantes; mais je n'avais point d'amertume dans l'ame; j'ai rendu fort heureux tous mes inférieurs, tous ceux qui ont été dans ma dépendance; et lorsque j'ai usé de la dissimulation envers ceux qui avaient des droits sur moi, c'était encore en leur rendant la vie plus agréable. J'ai eu tort envers vous, Delphine, envers vous qui êtes, je vous le répète, ce que j'ai le plus aimé : inconcevable bizarrerie ! que ne me suis-je livrée à l'impression que vous faisiez sur moi! Mais je la combattais comme une folie, comme une faiblesse qui dérangeait une vie politiquement ordonnée, tandis que ce sentiment aurait aussi bien servi mes intérêts que mon bonheur.

J'ai tout dit dans cette lettre; je ne vous ai point exagéré les motifs qui pouvaient m'excuser. J'ai donné à mes sentiments pour ma fille, à mes calculs personnels, leur véritable part; croyez-moi donc sur le seul intérêt qui me reste, croyez que je meurs en vous aimant.

J'ai vécu pénétrée d'un profond mépris pour les hommes, d'une grande incrédulité sur toutes les vertus, comme sur toutes les affections. Vous êtes la seule personne au monde que j'aie trouvée tout à la fois supérieure et naturelle, simple dans ses manières, généreuse dans ses sacrifices, constante et passionnée, spirituelle comme les plus habiles, confiante comme les meilleurs; enfin un être si bon et si tendre, que, malgré tant d'aveux indignes de pardon, c'est en vous seule que j'espère pour verser des larmes sur ma tombe, et conserver un souvenir de moi qui tienne encore à quelque chose de sensible.

SOPHIE DE VERNON.

Quelle lettre que celle que vous venez de lire, ma chère Louise! n'augmente-t-elle pas votre pitié pour la malheureuse Sophie? Quelle vie froide et contrainte elle a menée! Quelle honte, et quelle douleur qu'une dissimulation habituelle! Comment pourrai-je lui inspirer quelques uns de ces sentiments qui peuvent seuls soutenir dans la dernière scène de la vie? Oh! je lui pardonne, et du fond de mon cœur; mais je voudrais que son ame s'endormît dans des idées, dans des espérances qui pussent l'élever jusqu'à son Dieu. Je vais retourner vers elle, et demain je vous écrirai.

LETTRE XLII.

Delphine à mademoiselle d'Albémar.

Paris, ce 31 novembre.

Madame de Vernon a été aujourd'hui véritablement sublime;

plus son danger augmente, plus son ame s'élève. Ah! que ne peut-elle vivre encore! elle donnerait, j'en suis sûre, pendant le reste de sa vie, l'exemple de toutes les vertus. Sa fille, qui avait passé la nuit à la veiller, est montée chez moi ce matin; elle m'a dit que sa mère était plus mal que le jour précédent, et qu'il ne restait plus aucun espoir. « Il faut donc, ajouta-t-elle, il faut absolument que vous lui parliez de la nécessité d'accomplir ses devoirs de religion : je vous en conjure, ayez ce courage; il aura plus de mérite avec vos opinions qu'avec les miennes, et vous m'éviterez le plus cruel des malheurs, en sauvant ma pauvre mère de la perdition qui la menace. Mon confesseur est ici, c'est un prêtre d'une dévotion exemplaire; il prie pour nous dans ma chambre, et m'a déjà dit la messe pour obtenir du ciel que ma mère meure dans le sein de notre Église : cependant que peuvent ses prières, si ma mère n'y réunit pas les siennes? Ma chère cousine, persuadez-la! quelle que soit sa réponse, je lui parlerai, c'est mon devoir; mais si elle était bien préparée, si elle savait qu'une personne aussi philosophe..... Je ne le dis pas pour vous offenser, vous le croyez bien; mais enfin, si elle savait qu'une personne du monde, comme vous, est d'avis qu'elle doit se conformer aux devoirs de sa religion, peut-être qu'elle ne serait pas retenue par le faux amour-propre qui l'endurcit. Ma chère cousine, je vous en conjure... » Et elle me serrait les mains, en me suppliant avec une ardeur que je ne lui avais jamais connue. Je m'engageai de nouveau à parler à madame de Vernon; je pensais en effet qu'on devait du respect aux cérémonies de la religion qu'on professe; et d'ailleurs les scrupules même les moins fondés des personnes qui nous aiment méritent des égards : je demandai toutefois instamment à Matilde de se conduire dans cette occasion avec beaucoup de douceur; de remplir ce qu'elle croyait son devoir, mais de ne point tourmenter sa mère. Je descendis chez madame de Vernon, j'y trouvai madame de Lebensei. Madame de Mondoville, en la voyant, recula brusquement, et ne voulut point entrer. Madame de Lebensei me laissa seule avec madame de Vernon, en promettant de revenir le soir même passer la nuit auprès d'elle avec moi. « Eh bien, me dit madame de Vernon en me tendant la main quand nous fûmes seules, un mot de vous sur ma lettre, j'en ai besoin. — Sophie, lui répondis-je, je demande au ciel de vous rendre la vie; et je suis sûre de ramener votre cœur à tous les sentiments pour lesquels il était fait.

— Ah! la vie, me dit-elle, il ne s'agit plus de cela; mais si votre amitié me reste, je me croirai moins coupable, et je mourrai tranquille. — Ah! sans doute, repris-je, elle vous reste, elle vous est rendue cette amitié si tendre; à la voix de ce qui nous fut cher, le souvenir du passé doit toujours renaître, rien ne peut l'anéantir; il se retire au fond de notre cœur, lors même qu'on croit l'avoir oublié : jugez ce que j'éprouve à présent que vous souffrez, que vous m'aimez, et que je vous vois prête à devenir ce que je vous croyais, ce que la nature avait voulu que vous fussiez! — Douce personne! interrompit-elle, vos paroles me font du bien, et je meurs plus tranquillement que je ne l'ai mérité.

« — Il me reste, lui dis-je, un pénible devoir à remplir auprès de vous; mais votre raison est si forte, que je ne crains point de vous présenter des idées qui pourraient effrayer toute autre femme. Votre fille desire avec ardeur que vous remplissiez les devoirs que la religion catholique prescrit aux personnes dangereusement malades; elle y attache le plus grand prix; il me semble que vous devez lui accorder cette satisfaction. D'ailleurs vous donnerez un bon exemple en vous conformant, dans ce moment solennel, aux pratiques qui édifient les catholiques; le commun des hommes croit y voir une preuve de respect pour la morale et la Divinité. » Madame de Vernon réfléchit un moment avant de me répondre; puis elle me dit : « Ma chère Delphine, je ne consentirai point à ce que vous me demandez; ce qui a souillé ma vie, c'est la dissimulation; je ne veux pas que le dernier acte de mon existence participe à ce caractère. J'ai toujours blâmé les cérémonies des catholiques auprès des mourants; elles ont quelque chose de sombre et de terrible qui ne s'allie point avec l'idée que je me fais de la bonté de l'Être suprême. J'ai surtout une invincible répugnance pour ouvrir mon ame à un prêtre, peut-être même à toute autre personne qu'à vous; je sens qu'il me serait impossible de parler avec confiance à un homme que je ne connais point, ni de recevoir aucune consolation de cette voix, jusqu'alors étrangère à mon cœur. Je crois que si l'on me contraignait à voir un prêtre, je ne lui dirais pas une seule de mes pensées, ni de mes actions secrètes; j'aurais l'air de me confesser, et je ne me confesserais sûrement pas; je me donnerais ainsi la fausse apparence de la foi que je n'aurais point. J'ai trop usé de la feinte; c'en est assez, je ne veux point interrompre la jouissance, hélas! trop nouvelle, que la sincérité me fait goûter, depuis que mon ame s'y est livrée. Ce n'est pas assurément que je repousse les idées religieuses; mon cœur les embrasse avec joie, et c'est en vous que j'espère, ma chère Delphine, pour me soutenir dans cette disposition : mais si je mêlais à ce que j'éprouve réellement des démonstrations forcées, je tarirais la source de l'émotion salutaire que vous avez fait naître en moi. Madame de Lebensei voulant me veiller cette nuit, ma fille choisira ce temps pour se reposer. Restez avec moi, chère Delphine, consacrez ces moments, qui sont peut-être les derniers, à remplir mon ame de toutes les idées qui peuvent à la fois la fortifier et l'attendrir; mais ayez la bonté d'annoncer à ma fille mes refus; ils sont irrévocables. » Je connaissais le caractère positif de madame de Vernon; mon insistance eût été inutile; je lui promis donc ce qu'elle desirait. « Suivez, ma chère Sophie, lui dis-je, suivez les impulsions de votre cœur : quand elles sont pures, elles élèvent toutes vers un Dieu qui se manifeste à nous par chacun des bons mouvements de notre ame.

« — Je me suis occupée, ajouta madame de Vernon, de tous les intérêts qui pouvaient dépendre de moi ; j'ai assuré autant qu'il m'était possible vos créances sur mon héritage ; j'ai réglé avec le plus grand soin les intérêts de ma fille ; enfin (et ce devoir était le plus impérieux de tous) j'ai écrit à Léonce une lettre qui contient dans les plus grands détails l'histoire malheureuse des torts que j'ai eus envers vous deux. Cette lettre lui apprendra aussi les services que vous m'avez rendus ; je lui dis positivement que c'est à votre générosité que ma fille doit la terre qu'elle lui a apportée en dot. Cette lettre sera remise par un de mes gens au courrier de l'ambassadeur d'Espagne, et dans huit jours vous serez justifiée auprès de Léonce. Je le renvoie à vous, pour savoir si j'ai mérité qu'il me pardonne. Je n'ai pu prendre sur moi de rien mettre dans cette lettre qui l'adoucît en ma faveur: ma fierté souffrait, je l'avoue, de faire des aveux si humiliants à un homme qui ne m'a jamais aimée, et qui éprouvera sûrement, en lisant ma lettre, le dernier degré de l'indignation. Cette pensée, qui m'était toujours présente, m'a peut-être inspiré des expressions dont la sécheresse ne s'accorde pas avec ce que j'éprouve. Mais enfin, c'est à vous, à vous seule, que je pouvais confier mon repentir. Je n'ai pas dit à Léonce dans quel état de santé j'étais ; ma mort le lui apprendra : je n'ai pu même me résoudre à lui recommander le bonheur de Matilde ; une prière de moi ne peut que l'irriter : mais c'est entre vos mains, ma chère Delphine, que je remets le sort de ma fille. Je n'ai pas assurément le droit de donner des conseils à la vertu même : cependant, je vous en conjure, contentez-vous de reconquérir l'estime et l'admiration de Léonce, et ne rallumez pas un sentiment qui, j'en suis sûre, rendrait trois personnes très malheureuses. — Nous irons ensemble, je l'espère, lui répondis-je, auprès de ma belle-sœur, comme nous en avions formé le projet, et je ne quitterai plus sa retraite.

« — Nous irons ! ce mot ne me convient plus ; mais j'ose encore m'en flatter, s'écria madame de Vernon en joignant les mains avec ardeur, le ciel réparera le mal que j'ai fait, et vous donnera de nouveaux moyens de bonheur. Votre belle-sœur doit me haïr ; adoucissez ce sentiment, afin qu'elle puisse, sans amertume, vous entendre quelquefois parler avec bonté de votre coupable amie. » Elle continua pendant assez long-temps encore à m'entretenir avec la même douceur, le même calme, et la même certitude de mourir. Il semblait que cette conviction eût dégagé son esprit de toutes les fausses idées dont elle s'était fait un système. Ses qualités naturelles reparaissaient, elle se plaisait dans les bons sentiments auxquels elle se livrait ; et quoique la retrouver ainsi dût augmenter mes regrets, j'éprouvais une sorte de bien-être en revenant à l'estimer. Je jouissais de ce qu'elle me rendait son image, et me permettait de me souvenir d'elle sans rougir de l'avoir si tendrement aimée. Quoiqu'il ne me restât plus l'espérance de la conserver, il m'était cependant très pénible de l'entendre parler si long-temps, malgré la défense des médecins. Je la lui rappelai avec instance. « Quoi ! me dit-elle, ne voyez-vous pas qu'il me reste à peine vingt-quatre heures à vivre ? il y a seulement trois jours, ma chère Delphine, que je suis contente de moi ; laissez-moi donc vous communiquer toutes mes pensées, apprendre de vous si elles sont bonnes, si elles sont dignes de ce Dieu protecteur que vous prierez pour moi, avec cette voix angélique qui doit pénétrer jusqu'à lui. Mais allez vous reposer, ajouta-t-elle ; vous redescendrez dans quelques heures : j'entends madame de Lebensei qui revient ; elle me plaît, elle a l'air de m'aimer : et ma fille, hélas ! j'ai mérité ce que j'éprouve, jamais aucune confiance n'a existé entre nous. Adieu pour un moment, Delphine ; ma chère enfant, adieu. » Elle me dit ces derniers mots avec le même accent, le même geste que dans sa grace et dans sa santé parfaites. Cet éclair de vie à travers les ombres de la mort m'émut profondément, et je m'éloignai pour lui cacher mes pleurs.

En remontant chez moi, je trouvai Matilde qui m'attendait; il fallut lui dire le refus de sa mère : elle en éprouva d'abord une douleur qui me toucha ; mais bientôt, m'annonçant ce qu'elle appelait son devoir, j'eus à combattre les projets les plus durs et les plus violents. Elle me répéta plusieurs fois qu'elle voulait entrer chez sa mère, lui mener le prêtre quand il reviendrait, et la sauver enfin à tout prix. Elle accusait madame de Lebensei de tout le mal, et se croyait obligée de ne pas approcher du lit de sa mère mourante, tant qu'auprès de ce lit il y avait une femme divorcée. Que sais-je ! ses discours étaient un mélange de tout ce qu'un esprit borné et une superstition fanatique peuvent produire dans une personne qui n'est pas méchante, mais dont le cœur n'est pas assez sensible pour l'emporter sur toutes ses erreurs. Ce ne sont point ses opinions seules qu'il faut en accuser : Thérèse en a de semblables; mais son caractère doux et tendre puise à la même source des sentiments tout-à-fait opposés.

J'essayai vainement, pendant une heure, toutes les armes de la raison pour arriver jusqu'à la conviction de Matilde ; on l'avait munie d'une phrase contre tous les arguments possibles. Cette phrase ne répondait à rien, mais elle suffisait pour l'entretenir dans son opiniâtreté. Je n'aurais rien obtenu d'elle si j'avais continué à chercher à la persuader ; mais j'eus heureusement l'idée de lui proposer un délai de vingt-quatre heures ; elle saisit cette offre, qui peut-être la tirait de son embarras intérieur. Hélas ! qui sait si Sophie sera en vie dans vingt-quatre heures ? Je ne la quitterai plus, de peur que Matilde, revenant à ses premières idées, ne la tourmentât pendant que je n'y serais pas.

Quoique je sois vivement occupée de l'état de madame de Vernon, je ne puis repousser une idée qui me revient sans cesse. Il y a sept jours aujourd'hui que Léonce attendait ma justification, et qu'il ne l'a pas reçue; dans huit jours, il apprendra tout par la lettre de madame de Vernon : quelle impression recevra-t-il alors? quel sentiment éprouvera-t-il pour moi? Ah ! je ne le saurai pas, je ne dois pas le savoir. Adieu, ma sœur : hélas ! mon voyage ne sera pas long-temps retardé, et la pauvre Sophie aura cessé de vivre, avant même que M. de Mondoville ait pu répondre à sa lettre.

LETTRE XLIII.

Madame de Lebensei à mademoiselle d'Albémar.

Paris, ce 2 décembre.

Quelle cruelle scène, mademoiselle, je suis chargée de vous raconter! madame d'Albémar est dans son lit, avec une fièvre ardente, et j'ai moi-même à peine la force de remplir les devoirs que m'impose mon amitié pour vous et pour elle. Vous avez daigné, m'a-t-elle dit, vous souvenir de moi avec intérêt, et c'est peut-être à vous que je dois la bienveillance de cette créature parfaite : comment pourrai-je jamais reconnaître un tel service? quelle ame, quel caractère! et se peut-il que les plus funestes circonstances privent à jamais une telle femme de tout espoir de bonheur!

Madame de Vernon n'est plus; hier, à onze heures du matin, elle expira dans les bras de Delphine : une fatalité malheureuse a rendu ses derniers moments terribles. Je vais mettre, si je le peux, de la suite dans le récit de ces douze heures, dont je ne perdrai jamais le souvenir; pardonnez-moi mon trouble, si je ne parviens pas à le surmonter.

Avant-hier, à minuit, madame d'Albémar redescendit dans la chambre de madame de Vernon; elle la trouva sur une chaise longue; son oppression ne lui avait pas permis de rester dans son lit : l'effrayante pâleur de son visage aurait fait douter de sa vie, si de temps en temps ses yeux ne s'étaient ranimés en regardant Delphine. Delphine chercha dans quelques moralistes anciens et modernes, religieux et philosophes, ce qui était le plus propre à soutenir l'ame défaillante devant la terreur de la mort. La chambre était faiblement éclairée; madame d'Albémar se plaça à côté d'une lampe dont la lumière voilée répandait sur son visage quelque chose de mystérieux. Elle s'animait en lisant ces écrits, dans lesquels les ames sensibles et les génies élevés ont déposé leurs pensées généreuses. Vous connaissez son enthousiasme pour tout ce qui est grand et noble : cette disposition habituelle était augmentée par le desir de faire une impression profonde sur le cœur de madame de Vernon; sa voix si touchante avait quelque chose de solennel; souvent elle élevait vers l'Être suprême des regards dignes de l'implorer; sa main prenait le ciel à témoin de la vérité de ses paroles, et toute son attitude avait une grace et une majesté inexprimables.

Je ne sais où Delphine trouvait ce qu'elle lisait, ce qui peut-être lui était inspiré; mais jamais on n'environna la mort d'images et d'idées plus calmes, jamais on n'a su mieux réveiller au fond du cœur ces impressions sensibles et religieuses qui font passer doucement des dernières lueurs de la vie aux pâles lueurs du tombeau.

Tout-à-coup, à quelque distance de la maison de madame de Vernon, une fenêtre s'ouvrit, et nous entendîmes une musique brillante, dont le son parvenait jusqu'à nous : dans le silence de la nuit, à cette heure, ce devait être une fête qui durait encore. Madame de Vernon, maîtresse d'elle-même jusqu'alors, fondit en larmes à cette idée; la même émotion nous saisit, Delphine et moi; mais elle se remit la première, et prenant la main de madame de Vernon avec tendresse : « Oui, dit-elle, ma chère amie, à quelques pas de nous il y a des plaisirs, ici de la douleur; mais avant peu d'années, ceux qui se réjouissent pleureront, et l'ame réconciliée avec son Dieu, comme avec elle-même, dans ces temps-là ne souffrira plus. » Madame de Vernon parut calmée par les paroles de Delphine, et presque au même instant tous les instruments cessèrent.

Quel tableau cependant que celui dont j'étais témoin ! un rapprochement singulièrement remarquable en augmentait encore l'impression; je venais d'apprendre, par madame de Vernon elle-même, qu'elle avait les plus grands torts à se reprocher envers madame d'Albémar; et je réfléchissais sur l'enchaînement de circonstances qui donnait à madame de Vernon, si accueillie, si recherchée dans le monde, pour unique appui, pour seule amie, la femme qu'elle avait le plus cruellement offensée.

Quand madame de Vernon voulait parler à Delphine de son repentir, elle repoussait doucement cette conversation, l'entretenait de son amitié pour elle avec une sorte de mesure et de délicatesse qui écartait le souvenir de la conduite de madame de Vernon, et ne rappelait que ses qualités aimables. Delphine apportait attentivement à son amie mourante les secours momentanés qui calmaient ses douleurs; elle la replaçait doucement et mieux sur son sopha; elle l'interrogeait sur ses souffrances avec les ménagements les plus délicats, et, sans montrer ses craintes, elle laissait voir toute sa pitié; enfin, le génie de la bonté inspirait Delphine, et sa figure, devenue plus enchanteresse encore par les mouvements de son ame, donnait une telle magie à toutes ses actions, que j'étais tentée de lui demander s'il ne s'opérait point quelque miracle en elle ; mais il n'y en avait point d'autre que l'étonnante réunion de la sensibilité, de la grace, de l'esprit et de la beauté.

Pauvre madame de Vernon! elle a du moins joui de quelques heures très douces ; et, pendant cette nuit, j'ai vu sur son visage une expression plus calme et plus pure que dans les moments les plus brillants de sa vie. J'espère encore que son ame n'a pas perdu tout le fruit du noble enthousiasme que Delphine avait su lui inspirer. Enfin le jour commença : c'était un des plus sombres et des plus glacés de l'hiver ; il neigeait abondamment, et le froid intérieur qu'on ressentait ajoutait encore à tout ce que cette journée devait avoir d'effroyable ; je voyais que madame de Vernon s'affaiblissait toujours plus, et que ses vomissements de sang devenaient plus fréquents et plus douloureux. Je suis convaincue que, quand même elle eût évité les cruelles épreuves qu'elle a souffertes, elle n'aurait pu vivre un jour de plus.

Le médecin arriva, et bientôt après madame de Mondoville : je dois lui rendre la justice que son visage était fort altéré ; elle avait l'air d'avoir beaucoup pleuré : madame de Vernon le remarqua, et lui fit un accueil très tendre. Le médecin, après avoir examiné l'état de madame de Vernon, qui ne l'interrogea même pas, sortit avec madame de Mondoville ; il est probable qu'il lui annonça que sa mère n'avait plus que quelques heures à vivre. Alors le confesseur de Matilde, qui n'a pas la modération et la bonté de quelques hommes de son état, décida l'aveugle personne dont il disposait à le conduire chez sa mère, malgré le refus qu'elle avait fait de le voir.

Au moment où nous vîmes Matilde entrer dans la chambre, accompagnée de son prêtre, nous tressaillîmes, madame d'Albémar et moi ; mais il n'était plus temps de rien empêcher. Matilde, avec d'autant plus de véhémence qu'il lui en coûtait peut-être davantage, dit à madame de Vernon : « Ma mère, si vous ne voulez pas me faire mourir de douleur, ne vous refusez pas aux secours qui peuvent seuls vous sauver des peines éternelles ; je vous en conjure au nom de Dieu et de Jésus-Christ. » En achevant ces mots, elle se jeta à genoux devant sa mère. « Insensée ! s'écria Delphine, pensez-vous servir l'Être souverainement bon, en causant à votre mère l'émotion la plus douloureuse? — Vous perdez ma mère, s'écria Matilde avec indignation, vous, Delphine, par vos ménagements pusillanimes, vos incertitudes et vos doutes ; et vous, madame, dit-elle en se retournant vers moi, par l'intérêt que vous avez à écarter la religion qui vous condamne. » J'entendais ces paroles sans aucune espèce de colère ; tant la situation de madame de Vernon et l'anxiété de Delphine m'occupaient : je remarquai seulement dans le visage de madame de Vernon une expression très vive, et bientôt après elle prit la parole avec une force extraordinaire dans son état.

« Ma fille, dit-elle à Matilde, je pardonne à votre zèle inconsidéré ; je dois tout vous pardonner, car j'ai eu le tort de ne point vous élever moi-même ; je n'ai point éclairé votre esprit, et les rapports intimes de la confiance n'ont point existé entre nous ; j'ai soigné vos intérêts, mais je n'ai point cultivé vos sentiments, et j'en reçois la punition, puisque dans cet instant même la mort ne saurait rapprocher nos cœurs : la mère et la fille ne peuvent s'entendre au moins une fois, en se disant un dernier adieu. Mais vous, monsieur, continua-t-elle en s'adressant au prêtre, qui jusqu'alors s'était tenu dans le fond de la chambre, les yeux baissés, l'air grave, et ne prononçant pas un seul mot ; mais vous, monsieur, pourquoi vous servez-vous de votre ascendant sur une tête faible, pour l'exposer à un grand malheur, celui d'affliger une mère mourante? J'ai beaucoup de respect pour la religion ; mon cœur est rempli d'amour pour un Dieu bienfaisant, et sa bonté me pénètre de l'espoir d'une autre vie ; mais ce serait mal me présenter au juge de toute vérité, que de trahir ma pensée par des témoignages extérieurs qui ne sont point d'accord avec mes opinions ; j'aime mieux me confesser à Dieu dans mon cœur, qu'à vous, monsieur, que je ne connais point, ou qu'à tout autre prêtre avec lequel je n'aurais point contracté des liens d'amitié ou de confiance. Je suis plus sûre de la sincérité de mes regrets que de la franchise de mes aveux ; nul homme ne peut m'apprendre si Dieu m'a pardonné : la voix de ma conscience m'en instruira mieux que vous. Laissez-moi donc mourir en paix, entourée de mes amis, de ceux avec qui j'ai vécu, et sur le bonheur desquels ma vie n'a que trop exercé d'influence ; s'ils sont revenus à moi, s'ils ont été touchés de mon repentir, leurs prières imploreront la miséricorde divine en ma faveur, et leurs prières seront écoutées ; je n'en veux point d'autres. Cet ange, ajouta-t-elle en montrant Delphine, cet ange que j'ai offensé, intercédera pour moi auprès de l'Être suprême. Retirez-vous maintenant, monsieur ; votre ministère est fini, quand vous n'avez pas convaincu. si vous vouliez employer tout autre moyen pour parvenir à votre but, vous ne vous montreriez pas digne de la sainteté de votre mission. »

Dès que madame de Vernon eut fini de parler, le prêtre se mit à genoux, et, baisant la croix qu'il portait sur sa poitrine, il dit avec un ton solennel qui me parut dur et affecté : « Malheur à l'homme qui veut sonder les voies du Christ, et méconnaître son autorité ! malheur à lui, s'il meurt dans l'impénitence finale ! » Et faisant signe à Matilde de le suivre, ils s'éloignèrent tous les deux dans le plus profond silence.

Soit que madame de Mondoville voulût retenir le prêtre, pour le ramener auprès de sa mère, lorsqu'elle n'aurait plus la force de s'y opposer ; soit qu'elle crût que le service divin qu'on ferait pour madame de Vernon, pendant qu'elle vivait encore, serait plus efficace, elle s'enferma dans son appartement pour dire des prières avec son confesseur, et quelques domestiques attachés aux mêmes opinions qu'elle : ainsi donc elle s'éloigna de sa mère dans ses derniers moments, et ne lui rendit point les soins qu'elle lui devait. Un bizarre mélange de superstition, d'opiniâtreté, d'amour mal entendu du devoir, se combinait dans son ame avec une véritable affection pour sa mère, mais une affection dont les preuves amères et cruelles faisaient souffrir toutes les deux. Quoi qu'il en soit, c'est à cette singulière absence de la chambre de madame de Vernon que Matilde a dû de n'être pas témoin d'une scène qui l'aurait pour jamais privée du repos et du bonheur.

Lorsque madame de Mondoville et le confesseur furent éloignés, l'effort que madame de Vernon avait fait, l'émotion qu'elle avait éprouvée, lui causèrent un vomissement de sang si terrible, qu'elle perdit tout-à-fait connaissance dans les bras de madame d'Albémar. Nos soins la rappelèrent encore à la vie ; mais Delphine, profondément effrayée de cet accident que nous avions cru le dernier, était à genoux devant la chaise longue de madame de Vernon, le visage penché sur ses deux mains pour essayer de les réchauffer ; ses beaux cheveux blonds s'étant détachés, tombaient en désordre..... Dans ce moment, j'entendis ouvrir deux portes avec une violence remarquable, dans une maison où les plus grandes précautions étaient prises contre le moindre bruit qui pût agiter madame de Vernon. Un pas précipité frappe mon oreille, je me lève, et je vois entrer Léonce une lettre à la main (c'était celle de madame de Vernon qui contenait l'aveu de sa conduite). Il était tremblant de colère, pâle de froid; tout son extérieur annonçait qu'il venait de faire un long voyage : en effet, depuis sept jours et sept nuits, par les glaces de l'hiver, il était venu de Madrid sans s'arrêter un moment; il était entré dans la maison de madame de Vernon sans parler à personne, et comme enivré d'agitations et de souffrances physiques et morales.

Delphine tourna la tête, jeta un cri en voyant Léonce, étendit les bras vers lui sans savoir ce qu'elle faisait : ce mouvement et l'altération des traits de Delphine achevèrent de déranger presque entièrement la raison de Léonce; et prenant vivement le bras de Delphine, comme pour l'entraîner : « Que faites-vous, s'écria-t-il en s'adressant à madame de Vernon (dont il ne pouvait voir le visage, parcequ'un rideau à demi tiré devant sa chaise longue la cachait), que faites-vous de cette pauvre infortunée ? quelle nouvelle perfidie employez-vous contre elle ? Cette lettre que vous m'avez adressée en Espagne, le courrier qui la portait me l'a remise comme j'arrivais, comme je venais m'éclaircir enfin du doute affreux que le silence de Delphine et la lettre d'un ami faisaient peser sur moi : la voilà cette lettre, elle contient le récit de vos barbares mensonges. Je ne devais, disiez-vous, la recevoir qu'après le départ de Delphine : était-ce encore une ruse pour empêcher mon retour ici, pour faire tomber dans quelque piége, en mon absence, la malheureuse Delphine ? — Léonce, dit madame d'Albémar, que vous êtes injuste et cruel ! madame de Vernon est mourante : ne le savez-vous donc pas ? — Mourante ! répéta Léonce ; non, je ne le crois pas : le feint-elle pour vous attendrir ? vous laisserez-vous encore tromper par sa détestable adresse ? Quoi, Delphine ! vous m'aviez écrit que je devais en croire madame de Vernon, et elle s'est servie de cette preuve même de votre confiance pour me convaincre que vous aimiez M. de Serbellane, tandis que, victime généreuse, vous vous étiez sacrifiée à la réputation de madame d'Ervins ! Et vous, Delphine, et vous qui me jugiez instruit de la vérité, vous avez dû penser que j'étais le plus faible, le plus ingrat, le plus insensible des hommes; que je vous blâmais de vos vertus, que je vous abandonnais à cause de vos malheurs. J'ai des défauts; on s'en est servi pour donner quelque vraisemblance à la conduite la plus cruelle envers l'être le plus aimable et le plus doux. Ce n'est pas tout encore; un obstacle de fortune me séparait de Matilde; cet obstacle est levé par Delphine, l'exemple d'une générosité sans bornes, la victime d'une ingratitude sans pudeur. On me laisse ignorer ce service, on la punit de l'avoir rendu ; tout est mystère autour de moi, je suis enlacé de mensonges; et quand j'apprends que je suis aimé, que je l'ai toujours été (dit-il avec un son de voix qui déchirait le cœur), je suis lié, lié pour jamais ! Je la vois, cet objet de mon amour, de mon éternel amour ; elle tend les bras vers son malheureux ami; tout son visage porte l'empreinte de la douleur, et je ne puis rien pour elle ! et je l'ai repoussée quand elle se donnait à moi, quand elle versait peut-être des larmes amères sur ma perte ! et c'est vous, répéta-t-il en interpellant madame de Vernon, c'est vous...! »

L'inexprimable angoisse de cette malheureuse femme me faisait une pitié profonde ; Delphine, qui en souffrait plus encore que moi, s'écria: « Léonce, arrêtez ! arrêtez ! Un accident funeste l'a mise au bord de la tombe; si vous saviez, depuis ce temps, par combien de regrets touchants et sincères elle a tâché de réparer la faute que l'amour maternel l'avait entraînée à commettre ! — Elle sera bien punie, s'écria Léonce, si c'est sa fille qu'elle a voulu servir; elle se reprochera son malheur comme le mien. Rompez, femme perfide, dit-il à madame de Vernon, rompez le lien que vous avez tissu de faussetés ; rendez-moi ce jour, le matin de ce jour où je n'avais pas entendu votre langage trompeur, où j'étais libre encore d'épouser Delphine ; rendez-le-moi. — Oh, Léonce ! répondit madame de Vernon, ne me poursuivez pas jusque dans la mort, acceptez mon repentir. — Revenez à vous-même, interrompit Delphine en s'adressant à Léonce; voyez l'état de cette infortunée: pourriez-vous être inaccessible à la pitié ? — Pour qui, de la pitié? reprit-il avec un égarement farouche; pour qui? pour elle? Ah ! s'il est vrai qu'elle se meure, faites que le ciel m'accorde de changer de sort avec elle ; que je sois sur ce lit de douleur, regretté par Delphine, et qu'elle porte à ma place les liens de fer dont elle m'a chargé; qu'elle acquitte cette longue destinée de peines à laquelle sa dissimulation profonde m'a condamné. — Barbare ! s'écria Delphine, que faut-il pour vous attendrir, pour obtenir de vous une parole douce qui console les derniers moments de la pauvre Sophie? Et moi donc aussi, n'ai-je pas souffert? depuis que j'ai perdu l'espoir d'être unie à vous, un jour s'est-il passé sans que j'aie détesté la vie? Je vous demande au nom de mes pleurs... — Au nom de vos malheurs qu'elle a causés, interrompit Léonce, que me demandez-vous? »

Delphine allait répondre ; madame de Vernon, se levant presque comme une ombre du fond du cercueil, et s'appuyant sur moi, fit signe à Delphine de la laisser parler. Comme elle s'avançait soutenue de mon bras, elle sortit de l'enfoncement dans lequel était placée sa chaise longue ; et le jour éclairant toute sa personne, Léonce fut frappé de son état, qu'il n'avait pu juger encore : ce spectacle abattit tout-à-coup sa fureur ; il soupira, baissa les yeux, et je vis, même avant que madame de Vernon se fût fait entendre, combien toute la disposition de son ame était changée.

« Delphine, dit alors madame de Vernon, ne demandez pas à Léonce un pardon qu'il ne peut m'accorder, puisque tout son cœur le désavoue ; j'ai peut-être mérité le supplice qu'il me fait éprouver. Vous aviez, chère Delphine, répandu trop de douceur sur la fin de ma vie ; je n'étais pas assez punie ; mais obtenez seulement qu'il me jure de ne pas faire le malheur de Matilde, que mes fautes soient ensevelies avec moi, que leurs suites funestes ne poursuivent pas ma mémoire : obtenez de lui qu'il cache à Matilde l'histoire de son mariage et de ses sentiments pour vous. — A qui voulez-vous, répondit Léonce, dont l'indignation avait fait place au plus profond accablement, à qui voulez-vous que je promette du bonheur? Hélas! je n'ai, je ne puis répandre autour de moi que de la douleur. — Si vous me refusez aussi cette prière, répondit madame de Vernon, ce sera trop de dureté pour moi, oui, trop en vérité. » Je la sentis défaillir entre mes bras, et je me hâtai de la replacer sur son sopha.

Delphine, animée par un mouvement généreux qui l'élevait audessus même de son amour pour Léonce, s'approcha de madame de Vernon, et lui dit avec une voix solennelle, avec un accent inspiré : « Oui, c'est trop, pauvre créature! et ce cruel, insensible à nos prières, n'est point auprès de toi l'interprète de la justice du ciel. Je te prends sous ma protection ; s'il t'injurie, c'est moi qu'il offensera ; s'il ne prononce pas à tes pieds les paroles qui font du bien à l'ame, c'est mon cœur qu'il aliénera. Tu lui demandes de respecter le bonheur de ta fille ; eh bien ! je réponds, moi, de ce bonheur ; il me sera sacré, je le jure à sa mère expirante : et si Léonce veut conserver mon estime, et ce souvenir d'amour qui nous est cher encore au milieu de nos regrets, s'il le veut, il ne troublera point le repos de Matilde, il n'altérera jamais le respect qu'elle doit à la mémoire de sa mère. Femme trop malheureuse, dont Léonce n'a point craint de déchirer le cœur, je me rends garant de l'accomplissement de vos souhaits ; écoutez-moi de grace, n'écoutez plus que moi seule. — Oui, dit madame de Vernon d'une voix à peine intelligible, je t'entends, Delphine ; je te bénis : la bénédiction des morts est toujours sainte, reçois-la ; viens près de moi... » Elle posa sa tête sur l'épaule de Delphine. Léonce, en voyant ce spectacle, tombe à genoux au pied du lit de madame de Vernon, et s'écrie : « Oui, je suis un misérable furieux ; oui, Delphine est un ange : pardonnez-moi, pour qu'elle me pardonne ; pardonnez-moi le mal que j'ai pu vous faire. — Entendez-vous, Sophie, dit madame d'Albémar à madame de Vernon, qui ne répondait plus rien à Léonce ; entendez-vous ? Son injustice est déjà passée, il revient à vous. — Oui, répondit Léonce, il revient à vous, et peut-être il va mourir... » En effet, tant d'agitations, un voyage si long au milieu de l'hiver et sans aucun repos, l'avaient jeté dans un tel état, qu'il tomba sans connaissance devant nous.

Jugez de mon effroi, jugez de ce qu'éprouvait Delphine ! Les mains déjà glacées de madame de Vernon retenaient les siennes ; elle ne pouvait s'en éloigner, et cependant elle voyait devant elle Léonce étendu comme sans vie sur le plancher. Madame de Vernon, au milieu des convulsions de l'agonie, saisit encore une fois la main de Delphine avant que d'expirer. Delphine, dans un état impossible à dépeindre, soutenait dans ses bras le corps de son amie, et me répétait, les yeux fixés sur Léonce : « Madame de Lebensei, juste ciel ! vit-il encore ?... dites-le-moi... » A mes cris madame de Mondoville arriva précipitamment ; sa mère ne vivait plus, et son mari, qu'elle croyait en Espagne, était sans connaissance devant ses yeux. Elle attribua son état au saisissement causé par la mort de sa mère, et, profondément touchée de le voir ainsi, elle montra, pour le secourir, une présence d'esprit et une sensibilité qui pouvaient intéresser à elle.

On transporta Léonce dans une autre chambre ; Delphine était restée, pendant ce temps, immobile et dans l'égarement. Son amie, qui n'était plus, reposait toujours sur son sein : elle m'interrogeait des yeux sur ce que je pensais de l'état de Léonce ; je l'assurai qu'il serait bientôt rétabli, et que l'émotion et la fatigue avaient seules causé l'accident qu'il venait d'éprouver. Madame de Mondoville rentra dans ce moment avec ses prêtres et tout l'appareil de la mort ; Delphine comprit alors que madame de Vernon avait cessé de vivre, et, plaçant doucement sur son lit cette femme à la fois intéressante et coupable, elle se mit à genoux devant elle, baisa sa main avec attendrissement et respect, et s'éloignant, elle se laissa ramener par moi dans sa maison, sans rien dire.

Je l'ai fait mettre au lit, parcequ'elle avait une fièvre très forte. Nous avons envoyé plusieurs fois savoir des nouvelles de Léonce : il est revenu de son évanouissement assez malade, mais sans danger. M. Barton, qui, par un heureux hasard, était arrivé hier au soir, est venu voir Delphine ce matin ; elle était si agitée, qu'il n'eût pas été prudent de la laisser s'entretenir avec lui. Il m'a dit seulement qu'ayant obtenu de madame d'Albémar de ne pas écrire à Léonce, de peur de l'irriter contre sa belle-mère, il avait cru cependant devoir dire quelques mots, pour le calmer, dans une lettre qu'il lui avait adressée ; mais l'obscurité même de cette lettre et le silence de Delphine avaient jeté Léonce dans une si violente incertitude, qu'il était parti d'Espagne à l'instant même, se flattant d'arriver à Paris avant le départ de madame d'Albémar pour le Languedoc.

M. Barton ne m'a point caché qu'il était inquiet des résolutions de Léonce ; il reçoit les soins de madame de Mondoville avec douceur, mais quand il est seul avec M. Barton, il parait invariablement décidé à passer sa vie avec madame d'Albémar : sa passion pour elle est maintenant portée à un tel excès, qu'il semble impossible de la contenir. M. Barton n'espère que dans le courage et la vertu de madame d'Albémar : il croit qu'elle doit se refuser à revoir Léonce, et suivre son projet de retourner vers vous : c'est aussi la détermination de Delphine ; je n'en puis douter, car je l'ai entendue répéter tout bas, quand elle se croyait seule : *Non, je ne dois pas le revoir, je l'aime trop ; il m'aime aussi : non, je ne le dois pas, il faut partir.*

Cependant, que vont devenir Léonce et Delphine ? avec leurs sentiments, et dans leur situation, comment vivre ni séparés ni réunis ? Mon mari est venu me rejoindre, il m'a rendu le courage qui m'abandonnait. Il dit qu'il veut essayer d'offrir des consolations à madame d'Albémar ; mais quel bien lui-même, le plus éclairé, le plus spirituel des hommes, quel bien peut-il lui faire ? Votre parfaite amitié, mademoiselle, vous fera-t-elle découvrir des consolations que je cherche en vain? Je crois à l'énergie du caractère de madame d'Albémar, à la sévérité de ses principes; mais ce qui n'est, hélas! que trop certain, c'est qu'il n'existe aucune résolution qui puisse désormais concilier son bonheur et ses devoirs.

Agréez, mademoiselle, l'hommage de mes sentiments pour vous.

TROISIÈME PARTIE.

LETTRE PREMIÈRE.

Léonce à Delphine.

Paris, ce 4 décembre 1790.

La perfidie des hommes nous a séparés, ma Delphine; que l'amour nous réunisse : effaçons le passé de notre souvenir ; que nous font les circonstances extérieures dont nous sommes environnés? N'aperçois-tu pas tous les objets qui nous entourent comme à travers un nuage? Sens-tu leur réalité? Je ne crois à rien qu'à toi : je sais confusément qu'on m'a indignement trompé ; que je l'ai reproché à une femme mourante; que sa fille se dit ma femme; je le sais : mais une seule image se détache de l'obscurité, de l'incertitude de mes souvenirs; c'est toi, Delphine : je te vois au pied de ce lit de mort, cherchant à contenir ma fureur, me regardant avec douceur, avec amour ; je veux encore ce regard ; seul il peut calmer l'agitation brûlante qui m'empêche de reprendre des forces.

Mon excellent ami Barton n'a-t-il pas prétendu hier que ton intention était de partir, et de partir sans me voir! Je ne l'ai pas cru, mon amie : quel plaisir ton ame douce trouverait-elle à me faire courir en insensé sur tes traces? Tu n'as pas l'idée, jamais tu ne peux l'avoir, que je me résigne à vivre sans toi! Non, parceque la plus atroce combinaison m'a empêché d'être ton époux, je ne consentirai point à te voir un jour, une heure de moins que si nous étions unis l'un à l'autre; nous le sommes; tout est mensonge dans mes autres liens, il n'y a de vrai que mon amour, que le tien; car tu m'aimes, Delphine! Je t'en conjure, dis-moi, le jour, le jour où j'ai formé cet hymen qui ne peut exister qu'aux yeux du monde, cet hymen dont tous les serments sont nuls, puisqu'ils supposaient tous que tu avais cessé de m'aimer, n'étais-tu pas derrière une colonne, témoin de cette fatale cérémonie? Je crus alors que mon imagination seule avait créé cette illusion; mais s'il est vrai que c'était toi-même que je voyais, comment ne t'es-tu pas jetée dans mes bras? pourquoi n'as-tu pas redemandé ton amant à la face du ciel? Ah! j'aurais reconnu ta voix; ton accent eût suffi pour me convaincre de ton innocence; et, devant ce même autel, plaçant ta main sur mon cœur, c'est à toi que j'aurais juré l'amour que je ne ressentais que pour toi seule.

Mais qu'importe cette cérémonie! elle est vaine, puisque c'est à Matilde qu'elle m'a lié. Ce n'est pas Delphine, dont l'esprit supérieur s'affranchit à son gré de l'opinion du monde, ce n'est pas elle qui repoussera l'amour par un timide respect pour les jugements des hommes. Ton véritable devoir, c'est de m'aimer : ne suis-je pas ton premier choix? ne suis-je pas le seul être pour qui ton ame céleste ait senti cette affection durable et profonde dont le sort de ta vie dépendra? Oh! mon amie, quoique personne ne puisse te voir sans t'admirer, moi seul je puis jouir avec délices de chacune de tes paroles; moi seul je ne perds pas le moindre de tes regards. Aime-moi, pour être adorée dans toutes les nuances de tes charmes. Aime-moi, pour être fière de toi-même; car je t'apprendrai tout ce que tu vaux. Je te découvrirai des vertus, des qualités, des séductions que tu possèdes sans le savoir.

O Delphine! les lois de la société ont été faites pour l'universalité des hommes, mais quand un amour sans exemple dévore le cœur, quand une perfidie presque aussi rare a séparé deux êtres qui s'étaient choisis, qui s'étaient aimés, qui s'étaient promis l'un à l'autre, penses-tu qu'aucune de ces lois, calculées pour les circonstances ordinaires de la vie, doive subjuguer de tels sentiments? Si, devant les tribunaux, je démontrais que c'est par l'artifice le plus infame qu'on a extorqué mon consentement, ne décideraient-ils pas que mon mariage doit être cassé? Et parceque je n'ai que des preuves morales à alléguer, et parceque l'honneur du monde ne me permet pas de les donner, ne puis-je donc pas prononcer dans ma conscience le jugement que confirmeraient les lois, si je les interrogeais? Ne puis-je pas me déclarer libre au fond de mon cœur?

Hélas! je le sais, il m'est interdit de te donner mon nom, de me glorifier de mon amour en présence de toute la terre, de te défendre, de te protéger comme ton époux ; il faut que tu renonces pour moi à l'existence que je ne puis te promettre dans le monde, et que tant d'autres mettraient à tes pieds. Mais, j'en suis sûr, tu me feras volontiers ce sacrifice, tu ne voudras pas punir un malheureux de l'indigne fausseté dont il a été la victime. Ah! s'il s'accusait, l'infortuné, d'avoir cru trop facilement la calomnie, s'il se reprochait sa conduite avec désespoir, s'il était prêt à détester son caractère, c'est alors surtout, c'est alors, Delphine, que tu sentirais le besoin de consoler cet ami, qui ne pourrait trouver aucun repos au fond de son cœur. Oui, je hais tour à tour les auteurs de mes maux et moi-même; mes amères pensées me promènent sans cesse de l'indignation contre la conduite des autres, à l'indignation contre mes propres fautes.

Je ne veux te rien cacher, Delphine ; en te faisant connaître tous les sacrifices que je te demande, je n'effraierai point ton cœur généreux. Notre union, quels que soient mes soins pour honorer et respecter ce que j'adore, nuira plus à ta réputation qu'à la mienne. Cette crainte t'arrêterait-elle? J'aurais moins le droit qu'un autre de la condamner; mais entends-moi, Delphine ; que des motifs raisonnables ou puérils, nobles ou faibles, t'éloignent de moi, n'importe! je ne survivrai point à notre séparation. Maintenant que tu le sais, c'est à toi seule qu'il appartient de juger quelle est la puissance de ta volonté : a-t-elle assez de force pour te soutenir contre le regret de ma mort? Delphine, en es-tu certaine ? prends garde, je ne le crois pas.

Si je t'avais rencontrée depuis que mon âme est enchaînée à l'objet que j'aurais dû, j'aurais peut-être su résister à l'amour; mais t'avoir connue quand j'étais libre! avoir été l'objet de ton choix, et s'être lié à une autre ! c'est un crime qui doit être puni; et je me prendrai pour victime, si tu attaches à ma faute des suites si funestes, que mon cœur soit à jamais dévoré par le repentir.

Quoi! mon bonheur me serait ravi, non par la nécessité, non par le hasard, mais par une action volontaire, par une action irréparable! Qu'ils vivent, ceux qui peuvent soutenir ce mot *l'irréparable!* moi, je le crois sorti des enfers, il n'est pas de la langue des hommes; leur imagination ne peut le supporter : c'est l'éternité des peines qu'il annonce; il exprime à lui seul ses tourments les plus cruels.

Les emportements de mon caractère ne m'avaient jamais donné l'idée de la fureur qui s'empare de moi quand je me dis que je pourrais te perdre, et te perdre par l'effet de mes propres résolutions, des sentiments auxquels je me suis livré, des mots que j'ai prononcés. Delphine, en exprimant cette crainte, qui me poursuit sans relâche, j'ai été obligé de m'interrompre; j'étais retombé dans l'accès de rage où tu m'as vu, lorsque j'accusais sans pitié madame de Vernon. Je me suis répété, pour me calmer, que tu ne braverais pas mon désespoir. Oh! ma Delphine, je te verrai, je te verrai sans cesse!

Demain, on m'assure que je serai en état de sortir; j'irai chez vous : votre porte pourrait-elle m'être refusée? Mais d'où vient cette terreur? ne connais-je pas ton cœur généreux, ton esprit éminemment doué de courage et d'indépendance? Quel motif pourrait t'empêcher d'avoir pitié d'un malheureux qui t'est cher, et qui ne peut plus vivre sans toi?

LETTRE II.

Réponse de Delphine à Léonce.

Quel motif pourrait m'empêcher de vous voir? Léonce, des sentiments personnels ou timides n'exercent aucun pouvoir sur moi. Dieu m'est témoin que, pour tous les intérêts réunis, je ne céderais pas une heure, une heure qu'il me serait accordé de passer avec vous sans remords; mais ce qui me donne la force de dédaigner toutes les apparences, et de m'élever au-dessus de l'opinion publique elle-même, c'est la certitude que je n'ai rien fait de mal : je ne crains point les hommes, tant que ma conscience ne me reproche rien; ils me feraient trembler, si j'avais perdu cet appui.

Nous sommes bien malheureux : oh! Léonce, croyez-vous que je ne le sente pas? Tout semblait d'accord, il y a quelques mois, pour nous assurer la félicité la plus pure. J'étais libre, ma situation et ma fortune m'assuraient une parfaite indépendance; je vous ai vu, je vous ai aimé de toutes les facultés de mon ame, et le coup le plus fatal, celui que la plus légère circonstance, le moindre mot aurait pu détourner, nous a séparés pour toujours! Mon ami, ne vous reprochez point notre sort; c'est la destinée, la destinée seule, qui nous a perdus tous les deux.

Pensez-vous que je ne doive pas aussi m'accuser de mon malheur? Souvent je me révolte contre cette destinée irrévocable, je m'agite dans le passé comme s'il était encore de l'avenir; je me repens avec amertume de n'avoir pas été vous trouver, lorsque cent fois je l'ai voulu. Le désespoir me saisit, au souvenir de cette fierté, de cette crainte misérable, qui ont enchaîné mes actions, quand mon cœur m'inspirait l'abandon et le courage.

S'il vous est plus doux, Léonce, quand vous souffrez, de songer, à quelque heure que ce puisse être, que, dans le même instant, Delphine, votre pauvre amie, accablée de ses peines, implore le ciel pour les supporter, le ciel qui jusqu'alors l'avait toujours secourue, et qu'elle implore maintenant en vain ; si cette idée tout à la fois cruelle et douce vous fait du bien, ah! vous pouvez vous y livrer! Mais que font nos douleurs à nos devoirs? La vertu, que nous adorions dans nos jours de prospérité, n'est-elle pas restée la même? Doit-elle avoir moins d'empire sur nous, parceque l'instant d'accomplir ce que nous admirions est arrivé?

Le sort n'a pas voulu que les plus pures jouissances de la morale et du sentiment nous fussent accordées. Peut-être, mon ami, la Providence nous a-t-elle jugés dignes de ce qu'il y a de plus noble au monde, le sacrifice de l'amour à la vertu. Peut-être.... Hélas! j'ai besoin, pour me soutenir, de ranimer en moi tout ce qui peut exalter mon enthousiasme, et je sens avec douleur que pour toi, pour toi seul, ô Léonce, j'éprouve ces élans de l'ame que m'inspirait jadis le culte généreux de la vertu.

Ce qui dépend encore de nous, c'est de commander à nos actions : notre bonheur n'est plus en notre puissance, remettons-en le soin au ciel ; après beaucoup d'efforts, il nous donnera du moins le calme, oui, le calme à la fin! Quel avenir! de longues douleurs, et le repos des morts pour unique espoir. N'importe, il faut, Léonce, il faut ou désavouer les nobles principes dont nous étions si fiers, ou nous immoler nous-mêmes à ce qu'ils exigent de nous.

Vous apercevrez aisément dans cette lettre à quels combats je suis livrée. Si vous en concevez plus d'espoir, vous vous tromperez. Je sais que les devoirs que j'aimais n'ont plus de charmes à mes yeux, que l'amour a décoloré tous les autres sentiments de ma vie, que j'ai besoin de lutter à chaque instant contre les affections de mon cœur, qui m'entraînent toutes vers vous; je le sais, je consens à vous l'apprendre ; mais c'est parceque je suis résolue à ne plus vous voir. Vous dirais-je le secret de ma faiblesse, si, déterminée au plus grand, au plus cruel, au plus courageux des sacrifices, je ne me croyais pas dispensée de tout autre effort ?

Je suivrai le projet que j'avais formé avant votre retour d'Espagne : qu'y a-t-il de changé depuis ce retour ? Je vous ai vu, et voilà ce qui me persuade que de nouveaux obstacles s'opposent à mon départ. Le plus grand des dangers, c'est de vous voir ; c'est contre ce seul péril, ce seul bonheur, qu'il faut s'armer. Ne vous irritez pas de cette détermination, songez à ce qu'elle me coûte ; ayez pitié de moi, que tout votre amour soit de la pitié !

Je m'essaie à roidir mon ame pour exécuter ma résolution ; mais savez-vous quelle est ma vie, le savez-vous?.... Je ne me permets pas un instant de loisir, afin d'étourdir, s'il se peut, mon cœur. J'invente une multitude d'occupations inutiles, pour amortir sous leur poids l'activité de mes pensées ; tantôt je me promène dans mon jardin avec rapidité, pour obtenir le sommeil par la fatigue ; tantôt, désespérant d'y parvenir, je prends de l'opium le soir, afin de m'endormir quelques heures. Je crains d'être seule avec la nuit, qui laisse toute sa puissance à la douleur, et n'affaiblit que la raison.

Je serais déja partie, si vous ne m'aviez pas annoncé que vous me suivriez : je vous demande votre parole de ne pas exécuter ce projet. Quel éclat qu'une telle démarche ! Quel tort envers votre femme, dont le bonheur, à plusieurs titres, doit m'être toujours sacré ! Et que gagneriez-vous, si vous persistiez dans cette résolution insensée ? Au milieu de la route, dans quelques lieux glacés par l'hiver, je vous reverrais encore, et je mourrais de douleur à vos pieds, si je ne me sentais pas la force de remplir mon devoir en vous quittant pour jamais.

Léonce, il y a dans la destinée des événements dont jamais on ne se relève, et lutter contre leur pouvoir, c'est tomber plus bas encore dans l'abîme des douleurs. Méritons par nos vertus la protection d'un Dieu de bonté : nous ne pouvons plus rien faire pour nous qui nous réussisse ; essayons d'une vie dévouée, d'une vie de sacrifices et de devoirs ; elle a donné presque du bonheur à des ames vertueuses. Regardez madame d'Ervius : victime de l'amour et du repentir, elle va s'enfermer pour jamais dans un couvent : elle a refusé la main de son amant, elle renonce à la félicité suprême, et cette félicité cependant n'aurait coûté de larmes à personne.

C'est moi qui résiste à vos prières, et c'est moi cependant qui emporterai dans mon cœur un sentiment que rien ne pourra détruire. Quand je me croyais dédaignée, insultée même par vous, je vous aimais, je cherchais à me trouver des torts pour excuser votre injustice. Ah! ne m'oubliez pas: y a-t-il un devoir qui vous commande de m'oublier? Quand il existerait, ce devoir, qu'il soit désobéi. Si je me sentais une seconde fois abandonnée de votre affection, s'il fallait rentrer dans la ténébreuse solitude de la vie, je ne le supporterais plus.

Léonce, établissons entre nous quelques rapports qui nous soient à jamais chers. Tous les ans, le 2 de décembre, le jour où vous avez cessé de me croire coupable, allez dans cette église où je vous ai vu (car je ne puis me résoudre à le nier), dans cette église où je vous ai vu donner votre main à Matilde. Pensez à moi dans ce lieu même, appuyez-vous sur la colonne derrière laquelle j'ai entendu le serment qui devait causer ma douleur éternelle. Ah! pourquoi mes cris ne se sont-ils pas fait entendre? je n'aurais bravé que les hommes, et maintenant je braverais Dieu même en me livrant à vous voir.

Léonce, jusqu'à ce jour je puis présenter une vie sans tache à l'Être suprême: si tu ne veux pas que je conserve ce trésor, prononce que j'ai assez vécu, j'en recevrai l'ordre de ta main avec joie. Quand je me sentirai près de mourir, j'aurai encore un moment de bonheur qui vaut tout ce qui m'attend; je me permettrai de t'appeler auprès de moi, de te répéter que je t'aime. Le veux-tu? dis-le-moi. Va, ce désir ne serait point cruel: ne te suffit-il pas que mon cœur, juge du tien, en fût reconnaissant?

Je me perds en vous écrivant, je ne suis plus maîtresse de moi-même; il faut encore que je m'interdise ce dernier plaisir. Adieu.

LETTRE III.

Léonce à Delphine.

Vous partirez sans me voir! vous! La terre manquerait sous mes pas, avant que je cessasse de vous suivre! Avez-vous pu penser que vous échapperiez à mon amour? il dompterait tout, et vous-même. Respectez un sentiment passionné, Delphine; je vous le répète, respectez-le; vous ne savez pas, en le bravant, quels maux vous attireriez sur nos têtes.

J'ai été ce matin à votre porte; faible encore, je pouvais à peine me soutenir: on a refusé de me recevoir! J'ai fait quelques pas dans votre cour; vos gens ont persisté à m'interdire d'aller plus loin. Madame d'Artenas était chez vous, je n'ai pas voulu faire un éclat; j'ai levé les yeux vers votre appartement, j'ai cru voir derrière un rideau votre élégante figure; mais l'ombre même de vous a bientôt disparu, et votre femme de chambre est venue m'apporter votre lettre, en me priant de votre part de la lire, avant de demander à vous voir. J'ai obéi; je ne sais quel trouble, que je me reproche, a disposé de moi. Si vous alliez quitter votre demeure! si vous partiez à mon insu! si j'ignorais où vous êtes allée! Non, vous ne voulez pas condamner votre malheureux amant à vous demander en vain dans chaque lieu, croyant sans cesse vous voir ou sans cesse vous perdre, et se précipitant par de vains efforts vers votre image, comme dans ces songes funestes dont la douleur ne pourrait se prolonger sans donner la mort.

Delphine, vous qui n'avez jamais pu supporter le spectacle de la souffrance, est-ce donc moi seul que vous exceptez de votre bonté compatissante? Parceque je vous aime, parceque vous m'aimez aussi, ma douleur n'est-elle rien? ne regardez-vous pas comme un devoir de la soulager? Oh! qu'avais-je fait aux hommes, qu'avais-je fait à cette perfide qui m'a donné sa fille, quand je devais consacrer mon sort au vôtre? Et vous, qui me demandiez de pardonner, de quel droit le demandiez-vous, si vous êtes plus inflexible pour moi que vous ne l'avez été pour mes persécuteurs?

Vous refusez de m'entendre, et vous ne savez pas ce que j'ai besoin de vous dire. Jamais, Delphine, jamais je n'ai pu te parler du fond du cœur; mille circonstances nous ont empêchés de nous voir librement : s'il m'est accordé de t'entretenir une fois, une fois seulement, sans craindre d'être interrompu, sans compter les heures, je sens que je te persuaderai. Tu verras que rien de pareil à notre situation ne s'est encore rencontré; que nous nous sommes choisis quand nous pouvions nous choisir, quand nous étions maîtres de disposer de nous-mêmes : il a fallu nous tromper pour nous désunir; notre âme n'a pris aucun engagement volontaire : devant ton Dieu, nous sommes libres. O Delphine, toi qui respectes, toi qui fais aimer la Providence éternelle, crois-tu qu'elle m'ait donné les sentiments que j'éprouve, pour me condamner à les vaincre? Quand la nature frémit à l'approche de la douleur, la nature avertit l'homme de l'éviter : son instinct serait-il moins puissant dans les peines de l'âme? Si la mienne se bouleverse par l'idée de te perdre, dois-je m'y résigner? Non, non, Delphine, je sais ce que les moralistes les plus sévères ont exigé de l'homme; mais lorsqu'une puissance inconnue met dans mon cœur le besoin dévorant de te revoir encore, cette puissance, de quelque nom que tu la nommes, défend impérieusement que je me sépare de toi.

Mon amie, je te le promets, dès que je t'aurai vue, c'est à toi que je m'en remettrai pour décider de notre sort; mais il faut que je t'exprime les sentiments qui m'oppressent. Le jour, la nuit, je te parle, et il me semble que je te montre dans mes sentiments, dans notre situation, des vérités que tu ignorais, et que seul je puis t'apprendre : je ne retrouve plus, quand je t'écris, ce que j'avais pensé ; je ne puis aussi, je ne puis communiquer à mes lettres cet accent que le ciel nous a donné pour convaincre; et s'il est vrai cependant que, si je te parlais, tu consentirais à passer tes jours avec moi, dans quel état ne me jetteriez-vous pas, Delphine, en me condamnant sans m'avoir permis de plaider moi-même pour ma vie?

Vous êtes si forte contre mon malheur ! vous devez vous croire certaine de me refuser, même après m'avoir écouté. Pourquoi donc ne pas me calmer un moment par ce vain essai, dont votre fermeté triomphera? Delphine, s'il fallait nous quitter, s'il le fallait, voudriez-vous me laisser un sentiment amer contre vous? ange de douceur, le voudriez-vous? Vous n'avez point refusé vos soins, vos consolations célestes à madame de Vernon, à celle qui nous avait séparés : et moi, Delphine, et moi, me croyez-vous si loin de la mort, qu'au moins un adieu ne me soit pas dû?

Vous avez vu la violence de mon caractère dans ce jour funeste où, sans vous, je me serais montré plus implacable encore. Songez quel est mon supplice, maintenant que je suis renfermé dans ma maison, avec une femme qui a pris ta place! O Delphine! je suis à cinquante pas de toi, et je ne puis néanmoins obtenir de te voir! J'envoie dix fois le jour pour m'assurer que vous n'avez point ordonné les préparatifs de votre départ; je tressaille comme un enfant à chaque bruit ; je fais des plus simples événements des présages; tout me semble annoncer que je ne te verrai plus. Tu parles de ta douleur, Delphine, ton ame douce n'a jamais éprouvé que des impressions qu'elle pouvait dominer: mais la douleur d'un homme est âpre et violente ; la force ne peut lutter long-temps sans triompher ou périr.

Comment as-tu la puissance de supporter l'état où je suis? de refuser un mot qui le ferait cesser comme par enchantement? Je ne te reconnais pas, mon amie; tu permets à tes idées sur la vertu d'altérer ton caractère : prends garde, tu vas l'endurcir, tu vas perdre cette bonté parfaite, le véritable signe de ta nature divine. Quand tu te seras rendue inflexible à ce que j'éprouve, quelle est donc la douleur qui jamais t'attendrira? C'est la sensibilité qui répand sur tes charmes une expression céleste : quel échange tu feras, si, en accomplissant ce que tu nommes des devoirs, tu dessèches ton ame, tu étouffes tous ces mouvements involontaires qui t'inspiraient tes vertus et ton amour!

Ne va point, par de vaines subtilités, distinguer en toi-même ta conscience de ton cœur : interroge-le ce cœur, repousse-t-il l'idée de me voir, comme il repousserait une action vile ou cruelle? Non, il t'entraîne vers moi; c'est ton Dieu, c'est la nature, c'est ton amant qui te parle ; écoute une de ces puissances protectrices de ta destinée; écoute-les, car c'est au fond de ton ame qu'elles exercent leur empire : oublie tout ce qui n'est pas nous; nos ames se suffisent, anéantissons l'univers dans notre pensée, et soyons heureux.

Heureux ! — Sais-tu ce que j'appelle le bonheur? c'est une heure, une heure d'entretien avec toi : et tu me la refuserais ! Je me contiens, je te cache ce que j'éprouve à cette idée ; ce n'est point en effrayant ton ame que je veux la toucher ; que ta tendresse seule te fléchisse! Delphine, une heure! et tu pourras après... Si ton cœur conserve encore cette barbare volonté, oui, tu pourras après... te séparer de moi.

LETTRE IV.

Réponse de Delphine à Léonce.

Si je vous revois, Léonce, jamais je n'aurai la force de me séparer de vous. Vous refuserais-je ce dernier entretien, le refuserais-je à mes vœux ardents, si je ne savais pas que vous revoir et partir est impossible? Que parlez-vous de vertu, d'inflexibilité? C'est vous qui devez plaindre ma faiblesse, et me laisser accomplir le sacrifice qui peut seul me répondre de moi. Quoi qu'il m'en coûte pour vous peindre ce que j'éprouve, il faut que vous connaissiez tout votre empire ; vous prononcerez vous même alors que j'ai dû quitter ma maison pour me dérober à vous.

Vous m'aviez écrit que vous viendriez chez moi ce matin, et j'avais eu la force d'ordonner qu'on ne vous reçût pas. J'avais passé une partie de la nuit à vous écrire, je voulais être seule tout le jour; j'avais besoin, quand je m'interdisais votre présence, de ne m'occuper que de vous. Madame d'Artenas se fit ouvrir ma porte d'autorité; mais je l'engageai, sous un prétexte, à lire dans mon cabinet un livre qui l'intéressait, et je restai dans ma chambre, debout, derrière le rideau de ma fenêtre, les yeux fixés sur l'entrée de la maison, tenant à ma main la lettre que je vous avais écrite, et qui devait, du moins je l'espérais, adoucir mon refus.

Je demeurai ainsi, pendant près d'une heure, dans un état d'anxiété qui vous toucherait peut-être, si vous pouviez cesser d'être irrité contre moi. Quand je n'entendais aucun bruit, je me confirmais dans la résolution que m'impose le devoir; mais quand ma porte s'ouvrait, je sentais mon cœur défaillir, et le besoin de revoir encore celui que je dois quitter pour toujours triomphait alors de moi. Enfin vous paraissez, vous faites quelques pas vers l'homme qui devait vous dire que je ne pouvais pas vous recevoir : votre marche se ressentait encore de la faiblesse de votre maladie, vos traits me parurent altérés; mais cependant jamais, je vous l'avoue, jamais je n'ai trouvé dans votre visage, dans votre expression, un charme séducteur qui pénétrât plus avant dans mon ame.

Vous changeâtes de couleur au refus réitéré de mes gens; il me sembla que je vous voyais chanceler, et, dans cet instant, vous l'emportâtes sur toutes mes résolutions : je m'élançai hors de ma chambre pour courir à vous, pour me jeter peut-être à vos pieds, aux yeux de tous, et vous demander pardon d'avoir pu songer à me défendre de votre volonté; j'éprouvais comme un transport généreux, il me semblait que j'allais me dévouer à la vertu, en me livrant à ma passion pour vous; j'étais enivrée de cette pitié d'amour, le plus irrésistible des mouvements de l'ame; toute autre pensée avait disparu.

Je rencontrai madame d'Artenas comme je descendais dans cet égarement. « Mon Dieu! qu'avez-vous? » me dit-elle. Cette question me fit rougir de moi-même. « Je vais envoyer une lettre, » lui répondis-je; et, soutenue par sa présence, et par des réflexions qu'un moment avait fait naître, je donnai l'ordre de vous porter ma lettre, et de vous demander de retourner chez vous pour la lire.

C'est alors que j'ai senti combien le péril de vous voir était plus grand encore que je ne le croyais : votre présence, dans aucun temps, n'avait produit un tel effet sur moi ; je tremblais, je pâlissais : si j'avais entendu votre voix, si vous m'aviez parlé, j'aurais perdu la force de me soutenir. L'apparition d'un être surnaturel, portant à la fois dans le cœur l'enchantement et la crainte, ne donnerait point encore l'idée de ce que j'éprouvai quand vos yeux se levèrent vers ma fenêtre comme pour m'implorer, quand devant ma maison, depuis si long-temps solitaire, je vis celui que j'ai tant pleuré. Léonce, je l'ai quittée cette maison que vous veniez de me rendre chère, je l'ai quittée à l'instant même ; il le fallait : si vous étiez revenu, tout était dit, je ne partais plus.

Après le récit que je me suis condamnée, non sans honte, à vous faire, serez-vous indigné contre moi? Vous inspirerai-je le sentiment amer dont vous m'avez menacée? Ne me rendrez-vous pas enfin la liberté d'aller en Languedoc? Je suis cachée dans un lieu où vous ne pouvez me découvrir ; et je n'attends, pour me mettre en route, que votre promesse de ne pas me suivre. Ah! Léonce, quand je sacrifie toute ma destinée à Matilde, voulez-vous qu'un éclat funeste empoisonne sa vie, sans nous réunir?

Oui, Léonce, votre devoir et le mien, c'est de ne pas rendre Matilde infortunée. La morale, qui défend de jamais causer le malheur de personne, est au-dessus de tous les doutes du cœur et de la raison ; plus je souffre, plus je frémis de faire souffrir ; et ma sympathie pour la douleur des autres s'augmente avec mes propres douleurs : ne vous appuyez point de ce sentiment pour me reprocher vos peines. Votre malheur à vous, Léonce, c'est le mien ; je ne puis tromper assez ma conscience, pour me persuader que la bonté me commande de ne pas vous affliger. Ah! c'est à moi, c'est à ma passion que je céderais en consolant votre cœur ; je ne ferai jamais rien pour toi qui ne soit inspiré par l'amour.

Léonce, pourquoi vous le cacherais-je? je ne dois rien taire après ce que j'ai dit. Si je n'avais compromis que moi, en passant ma vie avec vous ; si je n'avais détruit que ma réputation, et ce contentement intérieur dont je faisais ma gloire et mon repos, j'aurais livré mon sort à toutes les adversités qu'entraîne un sentiment condamnable ; j'aurais prosterné devant toi cette fierté, le premier de mes biens, quand je ne te connaissais pas : quoi qu'il pût en arriver, je te reverrais, et ce bonheur me ferait vivre, ou me consolerait de mourir. Mais il s'agit du sort d'une autre, et l'amour même ne pourrait triompher dans mon cœur des remords que j'éprouverais si j'immolais Matilde à mon bonheur. J'ai promis à sa mère mourante de la protéger; et, quelque coupable que fût la malheureuse Sophie, c'est sur cette promesse que s'est reposée sa dernière pensée. Qui pourrait absoudre d'un crime envers les morts? quelle voix dirait qu'ils ont pardonné?

Matilde elle-même n'est-elle pas la compagne de mon enfance? ne me suis-je pas liée à son sort en le protégeant? Je recevrais votre vie qui lui est due; je la dépouillerais à dix-huit ans de tout son avenir : non, Léonce, accordez à Matilde ce qui suffit à son repos, votre temps, vos soins; elle ignore que vous m'aimez, elle me devra de l'ignorer toujours : cette idée me calmera, je l'espère, dans les moments de désespoir dont je ne puis encore me défendre. Léonce, vous serez heureux un jour par les affections de famille; vous n'oublierez pas alors que j'ai renoncé à tout dans cette vie, pour vous assurer le bonheur des liens domestiques, et vous pourrez mêler un souvenir tendre de moi à vos jouissances les plus pures.

LETTRE V.

Léonce à Delphine.

Vous n'êtes plus dans votre maison, vous l'avez quittée pour me fuir; je ne puis retrouver vos traces; je parcours, comme un furieux, tous les lieux où vous pouvez être. Non, ce n'est pas de la vertu qu'une telle conduite; pour y persister, il faut être insensible. A quoi me servirait de vous peindre mes douleurs? vous avez bravé tout ce que pouvait m'inspirer mon désespoir! Cependant rassemblez tout ce que vous avez de forces, car je mettrai votre ame à de rudes épreuves; et s'il vous reste encore quelque bonté, votre résolution vous coûtera cher.

J'ai été à Bellerive, à Cernay chez madame de Lebensei; elle m'a juré, d'un air qui me semblait vrai, qu'elle ignorait où vous étiez. Je suis revenu, j'ai été trouver votre valet de chambre Antoine : vous raconterai-je ce que j'ai fait pour obtenir de lui votre secret? Je crois qu'il le sait, car il m'a presque promis de vous faire parvenir demain cette lettre; mais rien n'a pu l'engager à me le dire. Je me suis promené le reste du jour, enveloppé de mon manteau, dans votre rue, ou dans celles qui y conduisent :

j'étais là pour m'attacher aux pas d'Antoine. Malheureux que je suis! réduit à me servir des plus odieux moyens pour obtenir de vous, qui croyez m'aimer, une grace que vous ne devriez pas refuser au dernier des hommes.

Chaque fois que de loin j'apercevais une femme qui pouvait me faire un instant d'illusion, j'approchais avec un saisissement douloureux, et je reculais bientôt, indigné d'avoir pu m'y méprendre. Je me sentais de l'irritation contre tous les êtres qui allaient, venaient, s'agitaient, passaient à côté de moi, sans avoir rien à me dire de vous, sans s'inquiéter de mon supplice. Le soir, ne craignant plus enfin d'être reconnu, j'ai pu me reposer quelques moments sur un banc près de votre porte, et recevoir sur ma tête la pluie glacée qui tombait hier. Mais le douloureux plaisir de m'abandonner à mes réflexions ne m'était pas même accordé. J'écoutais, je regardais avec une attention soutenue tout ce qui pouvait se passer autour de votre maison ; mes pensées étaient sans cesse interrompues, sans que mon ame fût un instant soulagée. Je me levais à chaque moment, croyant voir Antoine qui revenait en cherchant à m'éviter ; quand je faisais quelques pas dans un sens, je retournais tout-à-coup, me persuadant que c'était du côté opposé que j'aurais découvert ce que je cherchais.

Des heures se passaient, je restais seul dans les rues ; il devenait à chaque instant plus invraisemblable qu'au milieu de la nuit je pusse rien apprendre. Mais dès que je me décidais à m'en aller, j'étais saisi d'un desir si vif de rester, que je le prenais pour un pressentiment ; et, quoique vingt fois trompé, je cédais aux agitations de mon cœur, comme à des avertissements surnaturels. Enfin le jour est arrivé ; j'ai pris, pour vous écrire, une chambre en face de votre maison ; j'y suis maintenant, appuyé sur la fenêtre d'où l'on voit votre porte, et mes yeux ne peuvent se fixer un instant de suite sur mon papier. Pourrez-vous lire ces caractères, tracés au milieu des convulsions de douleur que vous me causez ? Si je passe encore vingt-quatre heures dans cet état, je vous haïrai : oui, les anges seraient haïs, s'ils condamnaient au supplice que vous me faites souffrir. Ce supplice dénature mon caractère, mon amour, ma morale elle-même. Si vous prolongez cette situation, savez-vous qui souffrira de ma douleur? Matilde, oui, Matilde, à qui vous me sacrifiez.

J'aurais eu des soins pour elle, si vous m'aviez aimé, si je vous avais vue ; mais je déteste en elle l'hommage que vous lui faites de mon sort. Je la regarde comme l'idole devant laquelle il vous a plu de m'immoler, et du moins je jouis de penser que nos vertus imprudentes autant qu'obstinées n'auront fait que du mal à tous les trois.

Si vous me cachez où vous êtes, si vous continuez à refuser de me voir, ma résolution est prise (et vous savez si je suis capable de quelque fermeté) ; je révélerai à Matilde par quelle suite de mensonges l'on m'a fait son époux ; et lui déclarant en même temps que dans le fond de mon cœur je regarde notre mariage comme nul, je lui abandonnerai la moitié de ma fortune ; elle conservera mon nom, et ne me reverra jamais. Je passerai ce qu'il me restera de temps à vivre auprès de ma mère, en Espagne ; et celle à qui vous aviez jugé convenable de me dévouer n'entendra parler de moi qu'à ma mort.

Que m'importe ce qu'on peut me dire sur le devoir ? Les tourments n'affranchissent-ils pas des devoirs ? Quand la fièvre vient assaillir un homme, on n'exige plus rien de lui ; on le laisse se débattre avec la douleur, et tous ses rapports avec les autres sont suspendus. N'ai-je pas aussi mon délire ? peut-on rien attendre de moi ? Je n'ai qu'une idée, qu'une sensation ; parlez-moi de vous revoir, et je vous écouterai, et toutes les vertus rentreront dans mon ame : sans cet espoir, qui pourra me faire renoncer à mes projets ? qui découvrira un moyen d'agir sur ma volonté ? Personne, jamais personne. Et vous surtout, Delphine, de quel droit m'offririez-vous des conseils pour le malheur que vous m'imposez ? C'est le dernier degré de l'insulte que de vouloir être à la fois l'assassin et le consolateur.

Vous le voyez, tout est dit. J'instruirai Matilde, par une lettre, des circonstances de notre mariage, de mon amour pour vous, et de la décision où je suis de vivre loin d'elle. Dans vingt-quatre heures elle saura tout, si vous ne m'écrivez pas que vos résolutions sont changées, ou seulement si vous gardez le silence. Ce que contiendra ma lettre une fois dit est irrévocable. Si les paroles que je prononcerai sont amères, vous saurez qui les a dictées ; et si je plonge la douleur dans le sein de Matilde, ce n'est pas ma main égarée qu'il faut en accuser, c'est le sang-froid, c'est la raison tyrannique qui vous sert à me rendre insensé.

LETTRE VI.

Réponse de Delphine à Léonce.

Vous avez cru m'effrayer par votre indigne menace : depuis que je vous connais, je me suis senti de la force contre vous une seule fois, c'est après avoir lu votre lettre. J'ai imaginé pendant quelques instants que vous pouviez faire ce que vous m'annonciez, et je pensais à vous sans trouble, car j'avais cessé de vous estimer.

Léonce, ce moment d'une tranquillité cruelle n'a pas duré; j'ai rougi d'avoir craint que vous fussiez capable de l'action la plus dure et la plus immorale que jamais homme pût se permettre! Vous, Léonce, vous condamneriez au plus cruel isolement une femme aussi vertueuse que Matilde! Elle vient de perdre sa mère, et vous lui ôteriez son époux! Vous lui laisseriez, dites-vous, votre nom et votre bien, c'est-à-dire que vous seriez sans reproches aux yeux du monde, qui juge si différemment les devoirs des maris et des femmes. Mais que feriez-vous réellement pour Matilde? Avez-vous réfléchi au malheur d'une femme dont tous les liens naturels sont brisés? Savez-vous que, par la dépendance de notre sort et la faiblesse de notre cœur, nous ne pouvons marcher seules dans la vie? Matilde est très religieuse, mais sa raison a besoin de guide. S'il ne lui restait plus une seule affection sur la terre, les chagrins, exaltant sa dévotion déjà superstitieuse, la porteraient bientôt à un enthousiasme fanatique dont on ne peut prévoir les effets.

Quel crime a-t-elle commis envers vous, pour la punir ainsi? Sa mère l'estimait assez pour n'avoir pas osé lui confier les ruses qui cependant avaient servi à son bonheur. Matilde vous a vu, Matilde vous a aimé. Elle savait qu'elle était destinée à vous épouser; elle a cru suivre son devoir en se livrant à l'attachement que vous lui inspiriez. Et moi, juste ciel! et moi, qui dois si bien comprendre ce que votre perte peut faire souffrir, je causerais à Matilde la douleur au-dessus de toutes les douleurs! Car, ne vous y trompez pas, Léonce, si vous vous rendiez coupable de l'action dont vous me menacez, c'est moi que j'en accuserais; non parceque j'aurais refusé de vous voir, non pour avoir tenté de triompher de ma faiblesse, mais pour vous avoir laissé lire dans ce cœur, qui devait se fermer pour jamais, du moment où vous n'étiez plus libre.

Je m'accuserais d'avoir inspiré un sentiment qui, loin de rendre meilleur l'objet que j'aime, lui aurait fait perdre ses vertus. Léonce, est-ce ainsi que nous sommes faits pour nous aimer? Ce sentiment, qui, je le crois, ne s'éteindra jamais, ne devait-il pas servir à perfectionner notre ame? Oh! qu'est-ce que l'amour sans enthousiasme? et peut-il exister de l'enthousiasme sans que le respect des idées morales soit mêlé de quelque manière à ce qu'on éprouve? Si je cessais d'estimer votre caractère, que seriez-vous pour moi, Léonce? le plus aimable, le plus séduisant des hommes; mais ce n'est point par ces charmes seuls que mon cœur eût été subjugué. Ce qui a décidé de ma vie, c'est que vos qualités, c'est que vos défauts même me semblaient appartenir à une ame noble et fière: j'ai reconnu en vous la passion de l'honneur, exagérée, s'il est possible, mais inséparable, je l'imaginais, des véritables vertus; je vous ai cru le besoin de votre propre approbation, plus encore que celui du suffrage des autres hommes. Jamais on n'a prononcé devant vous une parole généreuse ou sensible, sans que je vous aie vu tressaillir; jamais vous n'avez entendu raconter une belle action, sans que vos regards aient exprimé cette émotion profonde qui désigne l'une à l'autre les ames d'une nature supérieure. Voudriez-vous abjurer tout ce qui fut la cause de mon amour?

Dans ce moment où je me condamne au sacrifice le plus cruel que le devoir puisse exiger, l'idée que je me suis faite de vous me soutient et me relève; je souffre pour mériter votre estime; peut-être ce motif a-t-il plus d'empire sur moi que je ne le crois encore. Vous sacrifieriez l'amour et son bonheur à l'opinion publique, Léonce, vous le feriez, je le sais; et que penseriez-vous donc de moi, si Dieu et ma conscience avaient moins d'empire sur ma conduite, que l'honneur du monde sur la vôtre? Il me reste encore quelques forces, je dois m'en servir pour fuir le remords. Si, malgré mes efforts les plus sincères, vous parvenez à renverser mes résolutions, il n'y aura point de terme aux malheurs qui nous poursuivront. Ma réputation s'altérera bientôt, et peut-être m'en aimerez-vous moins. Juste ciel! pouvez-vous rien imaginer qui alors égalât mon supplice? Les sacrifices que j'aurais faits à votre amour me flétriraient à vos yeux mêmes. Et qui sait s'il serait temps encore de ranimer votre cœur par une action désespérée, et de reconquérir pour ma mémoire l'affection pure et vive que le blâme du monde aurait ternie ?

Léonce, des craintes, des réflexions sans nombre se pressent dans ma pensée, et luttent contre le sentiment qui m'entraîne vers toi. Ah ! que n'en coûte-t-il pas pour s'arracher au bien suprême ! Mais d'où vient donc l'effroi qui me saisit lorsque je me sens prête à céder à vos vœux ? C'est la protection du ciel qui m'inspire cet effroi salutaire : peut-être l'ombre d'un ami que j'ai perdu fait-elle un dernier effort pour me sauver, et gémit-elle autour de moi, sans que mes sens puissent saisir ni ses paroles, ni son image.

Léonce, si j'ai cessé de vous entretenir de Matilde, dont j'étais d'abord uniquement occupée, c'est que je ne crains plus le projet que l'égarement d'un instant vous avait inspiré; je n'ai pas besoin de votre réponse pour être sûre que vous y avez renoncé. Je ne sais dans quel endroit de cette lettre j'ai éprouvé tout-à-coup la certitude que je vous avais persuadé, mais cette impression ne m'a pas trompée. O Léonce ! nous ne sommes pas encore tout-à-fait séparés; mes propres mouvements m'apprennent ce que vous ressentez. Il est resté dans mon cœur je ne sais quelle intelligence, quelle communication avec vous, qui me révèle vos pensées.

LETTRE VII.

Léonce à Delphine.

Oui, je vous obéirai, vous avez raison de n'en pas douter ; je cède à la vérité, quand c'est vous qui me l'annoncez. N'aurai-je donc pas le pouvoir de vous persuader à mon tour ?

Il est impossible que vous eussiez la force de vous montrer cruelle envers moi, si j'avais su vous convaincre que la plus parfaite vertu vous permettait, vous ordonnait même peut-être, de condescendre à ma prière. Je ne sais si, dans le délire de la fièvre, j'ai conçu l'espérance que vous seriez l'épouse de mon choix, que vous tiendriez les serments que vous auriez prononcés, si dans ce jour affreux j'avais saisi votre main que vous tendiez vers moi, et que je l'eusse présentée à la bénédiction du ciel; mais j'en prends à témoin l'amour et l'honneur, je ne vous demande qu'un lien pur comme votre ame, un lien sans lequel je ne puis exercer aucune vertu, ni faire le bonheur de personne.

Vous m'ordonnez de rester auprès de Matilde, j'obéirai; mais le spectacle de mon désespoir ne l'éclairera-t-il pas tôt ou tard sur mes sentiments? Si vous m'ôtez l'émulation de vous plaire, si des entretiens fréquents avec vous ne raniment pas mon esprit découragé, ne me rendent pas le libre usage des qualités et des talents que je possédais peut-être, mais que je perds sans vous, que ferai-je dans la vie? comment serai-je distingué dans aucun genre? comment avancerai-je vers un but glorieux, quel qu'il soit? Aucun intérêt, aucun mouvement spontané ne me dira ce qu'il faut faire, et, loin d'éprouver de l'ambition, je m'acquitterai des devoirs de la vie comme une ombre qui se promènerait au milieu des êtres vivants.

Puis-je cultiver mon esprit, quand il n'est plus capable d'une attention suivie? lorsqu'il ne saisit une idée que par un effort? quand je ne puis rien concevoir, rien faire sans une lutte pénible contre la pensée qui me domine? Quelle est la carrière que l'on peut suivre, quelle est la réputation qu'on peut atteindre par des efforts continuels? Quand la nature n'inspire plus rien que de la douleur, se fait-il jamais rien de bon et de grand? Un revers éclatant peut donner de nouvelles forces à une ame fière, mais un chagrin continuel est le poison de toutes les vertus, de tous les talents, et les ressorts de l'ame s'affaissent entièrement par l'habitude de la souffrance.

Vous croyez que je serai plus capable de remplir mes devoirs domestiques, si vous m'arrachez les jouissances que je voudrais trouver dans votre amitié : eh bien! ce sont des devoirs constants et doux qui exigent une sorte de calme, qu'un peu de bonheur pourrait seul me donner. Oui, Delphine, je vous le devrais ce calme : votre figure enchanteresse enflamme et trouble souvent mon cœur; mais votre esprit, mais votre ame me font goûter des délices pures et tranquilles. Quand, chez madame de Vernon, je vous entendais parler sur la vertu, sur la raison, analyser les idées les plus profondes, démêler les rapports les plus délicats, je m'éclairais en vous écoutant; je comprenais mieux le but de l'existence, je pressentais avec plaisir l'utile direction que je pourrais donner à mes pensées. L'amour, quand c'est vous qui l'inspirez, ennoblit l'ame, développe l'esprit, perfectionne le caractère; vous exercez votre pouvoir comme une influence bienfaisante, non comme un feu destructeur. Depuis que je ne vous vois plus, je me sens dégradé, je ne fais plus rien de moi-même; je compare, en frémissant, la douleur qui m'attend à celle que j'ai déja sentie; j'essaie de recourir à des distractions impuissantes, et je me dis souvent qu'il vaudrait mieux se donner la mort qu'être occupé sans cesse à fuir la vie.

Delphine, ce ne sont pas là les peines ordinaires d'un amour malheureux, celles dont le temps, ou l'absence, ou la raison, peuvent triompher ; c'est un besoin de l'ame, toujours plus impérieux, plus on veut le combattre. Votre visage ne ferait pas l'enchantement de mes regards, la jeunesse ne prodiguerait pas tous ses charmes à votre taille ravissante, que j'éprouverais encore pour vous le sentiment le plus tendre. Vos idées et vos paroles auraient sur moi tant d'empire, qu'après vous avoir entendue, jamais je ne pourrais aimer une autre femme.

Ah! mon amie, ne le sens-tu pas comme moi! l'univers et les siècles se fatiguent à parler d'amour ; mais une fois, dans je ne sais combien de milliers de chances, deux êtres se répondent par toutes les facultés de leur esprit et de leur ame ; ils ne sont heureux qu'ensemble, animés que lorsqu'ils se parlent ; la nature n'a rien voulu donner à chacun des deux qu'à demi, et la pensée de l'un ne se termine que par la pensée de l'autre.

S'il en est ainsi de nous, ma Delphine, quels efforts insensés veux-tu donc essayer? Tu me reviendras dans quelques années ; si je vis, si nous vivons, tu me reviendras, ne pouvant plus lutter contre la destinée du cœur ; mais alors il ne nous restera que des ames abattues par une trop longue infortune. Nous n'aurons plus la force de nous relever, et de soutenir, sans en être accablés, cette masse de douleurs que la nature fait peser sur la fin de la vie.

Delphine, Delphine! crois-moi quand je te jure de respecter tous les devoirs, toutes les vertus que tu me commandes : après un tel serment, tu n'as pas le droit de me refuser. Tu parles de ta faiblesse, tu prétends la craindre : ah, cruelle! combien tu te trompes! Mais enfin tu dirais vrai, que moi, l'amant qui t'adore, je te préserverais, si ton cœur se confie au mien ; je respecterai ta vertu, ta céleste délicatesse, tout ce qui fait de toi l'ange des anges! Je veux que ton image reste en tout semblable à celle qui remplit maintenant mon cœur ; et la plus légère altération dans tes qualités me causerait une douleur que toutes les jouissances de l'amour ne pourraient racheter.

Vous protégez Matilde, je m'occuperai attentivement de son bonheur ; vous connaissez son caractère, son genre de vie, la nature de son esprit; vous savez combien il est aisé de lui cacher ce qui se passe dans le monde et même autour d'elle; je la rendrai plus heureuse par les soins que je croirai lui devoir en compensation du bonheur que je goûterai sans elle; je la rendrai plus heureuse en réparant ainsi les torts qu'elle ignorera, que si, l'ame déchirée, je traînais quelque temps encore loin de vous une vie de désespoir. Delphine, tout est prévu, j'ai répondu à tout; il ne reste plus de défense à votre cœur, mon innocente prière ne peut plus être refusée.

Me condamneriez-vous à repousser un soupçon que vous me faites entrevoir? Vous avez le droit de m'accabler de mes défauts, après le malheur dans lequel ils m'ont précipité; cependant deviez-vous me dire que je vous aimerais moins, si votre réputation était altérée, si elle l'était par votre condescendance même pour mon bonheur? Mon amie, rejette loin de toi ces craintes indignes de tous deux; laisse-moi passer chaque jour une heure auprès de toi; le charme de cette heure se répandra sur le reste de ma vie; je l'attendrai, je m'en souviendrai; mon sang, en circulant dans mes veines, ne m'y causera plus une douleur brûlante. Je pourrai penser, agir, faire du bien aux autres, remplir les devoirs de ma vie, et mourir regretté de toi. Je vais porter cette lettre à votre porte, l'espérance me ranime; si tu as dit vrai, Delphine, si nos cœurs se devinent encore, cette espérance est le présage assuré de ta réponse.

A onze heures du soir.

J'arrive chez vous, et j'apprends que vous êtes partie. Partie! et l'on ne veut pas me dire par quelle route! Qu'espèrent-ils ceux qui s'obstinent à garder ce barbare silence? pensent-ils que sur la terre je ne saurai pas vous trouver? Si cette lettre vous arrive avant moi, préparez votre cœur, votre cœur, quelque dur qu'il soit, à beaucoup souffrir; car vous serez inflexible, je dois le croire à présent, et néanmoins il est des événements funestes que vous ne verrez pas sans frémir. Adieu; je ne m'arrête plus que je n'aie rencontré la mort ou vous.

LETTRE VIII.

Delphine à mademoiselle d'Albémar.

Paris, ce 14 décembre 1790.

Je reste, ma chère Louise! Ce mot est peut-être bien coupable;

mais si vous le pardonnez, tout ce que j'ai à vous dire ne servira qu'à me justifier.

Vous savez dans quel état j'étais quand je me défendais de le voir; je prenais ma douleur pour le trouble le plus coupable et le plus dangereux : maintenant que je suis résolue à ne plus le quitter, je suis calme, je ne me crains plus; ce qu'il me fallait, c'était le voir et lui parler. Je ne forme pas un souhait, à présent que ce bonheur m'est assuré; je suis certaine de passer ainsi toutes les années de ma jeunesse, sans avoir même à combattre un seul mouvement condamnable. Je serai son amie, tous les sentiments de mon cœur lui seront consacrés; mais cette union ne nous inspirera jamais que les plus nobles vertus.

Louise, je luttais contre la nature et la morale en me séparant de lui. Je voulais triompher de l'horreur que m'inspirait l'idée de le faire souffrir, je devais donc être agitée sans cesse par une incertitude déchirante; ne sachant si j'étais vertueuse ou criminelle, barbare ou généreuse, tout était confondu dans mon esprit. Je crois comprendre à présent ce qu'il faut accorder à mes devoirs, et je les concilierai. Peut-être ne pourrai-je conserver ce qu'on appelle dans le monde une existence et de la réputation ; mais songez-vous pour quel prix je les expose? c'est pour le voir, et le voir sans remords! Que les ennemis inventent à leur gré des calomnies, des persécutions, des peines, ils n'en trouveront point que je ne méprise au sein d'un tel bonheur. L'amour, tel que je le sens, ne me laisse craindre que le crime ou la mort : le reste des maux de la vie ne s'offre à moi que comme ces brouillards lointains et passagers qui fixent à peine un instant nos regards.

Il faut vous raconter, ma sœur, la scène terrible et douce qui a décidé de mon sort.

Madame d'Artenas, témoin, malgré moi, de mon refus de voir mon ami, et de la douleur que j'en éprouvais, s'était rendue maîtresse de mon secret, et m'avait emmenée chez elle à l'insu de Léonce, pour me dérober à ses recherches. J'étais convaincue, par ses lettres, que je ne pourrais jamais obtenir de lui la promesse de ne pas me suivre. Craignant que d'un instant à l'autre il ne découvrît ma retraite, je me décidai à partir, en faisant un détour, pour regagner la route du Midi. Le soir même où je vous le mandai, ma résolution fut prise et exécutée. J'étais soutenue, je crois, dans ce grand effort, par la fièvre que la solitude et la douleur m'avaient donnée; une exaltation forcée m'animait; et j'étais si pressée d'accomplir mon cruel sacrifice, que je montai dans ma voiture un quart d'heure après m'être déterminée à m'en aller. Je laissai Antoine à Paris pour arranger mes affaires; et n'ayant avec moi que ma femme de chambre, je partis dans un état qui ressemblait bien plus à l'égarement du délire qu'au triomphe de la raison.

La nuit était noire et le froid assez vif; je jetai mon mouchoir sur ma tête, et m'enfonçant dans ma voiture, son mouvement m'emporta pendant trois heures sans me faire changer d'attitude. Étourdie par cette course rapide, je ne suivais aucune idée, je les repoussais toutes successivement : néanmoins c'était en vain que je cherchais à confondre, dans mon trouble, les souvenirs et les regrets qui se présentaient à moi; je parvenais à obscurcir ce qui se passait dans mon esprit, mais rien ne calmait ma douleur. Je m'imagine que l'état de mon ame avait quelque ressemblance alors avec celui des malheureux condamnés à mort, lorsque, ne se sentant pas la force d'envisager cette idée, ils essaient d'étouffer en eux toute faculté de réflexion.

Un air glacé, dont je ne m'étais point garantie, me causait de temps en temps des sensations assez pénibles, et cette souffrance me faisait un peu de bien. Je pressais quelquefois mon mouchoir sur ma bouche, jusqu'au point de m'ôter la respiration pendant un moment, afin de détourner par un autre genre de douleur la pensée que je redoutais comme un fantôme persécuteur. Je ne sais ce qui me serait arrivé, lorsque, après de vains efforts pour échapper à moi-même, j'aurais considéré dans son entier le sort que je m'imposais. Mais j'étais parvenue, je crois, à cet excès de malheur qui fait descendre sur nous le secours de la clémence divine.

Un événement que je pourrais appeler surnaturel, du moins par l'impression que j'en ai reçue, vint tout-à-coup changer mon état, et me délivrer des tourments du désespoir. J'entendis mes postillons qui criaient : *Pourquoi voulez-vous nous arrêter? Qui êtes-vous? Rangez-vous à l'instant, rangez-vous.* Je crus d'abord que des voleurs voulaient profiter de la nuit pour nous attaquer, et moi, que vous connaissez craintive, j'éprouvai une émotion presque douce. L'idée me vint que Dieu avait pitié de moi, et m'envoyait la mort. J'avançai précipitamment ma tête à la portière, avide du péril, quel qu'il fût, qui devait m'arracher aux impressions que j'éprouvais.

Je ne pouvais rien voir, mais j'entendis une voix, qui, depuis la première fois qu'elle m'a frappée, n'est jamais sortie de mon cœur, prononcer ces mots : *Faites-avancer vos chevaux si vous voulez; écrasez-moi, mais je ne reculerai pas.* « Arrêtez ! m'écriai-je, arrêtez ! » Les postillons ne distinguaient point mes paroles, et je crus qu'ils se préparaient à partir en renversant celui qui s'était placé devant eux; je fis des efforts pour ouvrir la portière; le tremblement de ma main m'empêchait d'y réussir; ce tremblement augmentait à chaque seconde qu'il me faisait perdre. Je sentais que si je ne parvenais pas à descendre, les postillons, ne me comprenant pas, attribueraient mes cris à l'effroi, et prenant Léonce pour un assassin, pourraient l'écraser à l'instant sous les pieds des chevaux et les roues de ma voiture. Non, jamais un supplice de cette nature ne saurait se peindre ! Enfin je m'élançai hors de cette fatale portière; Léonce, qui m'avait entendue, s'était jeté en bas de son cheval, et courant vers moi, il me reçut dans ses bras.

Divinité des justes, que ferez-vous de plus pour la vertu ? que réservez-vous pour elle dans les cieux, quand sur la terre vous nous avez donné l'amour ? Je le retrouvais le jour même où je m'étais condamnée à le quitter pour toujours; mon cœur reposait sur le sien, au moment où j'avais cru sentir la voiture qui me traînait se soulever en passant sur son corps : non, je n'aurais pas été un être sensible et vrai, si je n'avais pas été résolue dans cet instant à donner ma vie à celui dont la présence venait de me faire goûter de telles délices. Ah ! Louise, qui pourrait se replonger dans le désespoir, quand un coup du sort l'en a retiré ? qui pourrait se rejeter volontairement dans l'abîme, reprendre toutes les sensations douloureuses, suspendues, effacées par la confiance que le bonheur inspire si rapidement ? Non, j'ose l'affirmer, le cœur humain n'a pas cette force.

Léonce me porta pendant quelques pas; il me croyait évanouie, je ne l'étais point; j'avais conservé le sentiment de l'existence pour jouir de cet instant, peut-être marqué par le ciel comme le dernier et le plus haut degré de la félicité qu'il me destine. Le premier mot que je dis à Léonce fut la promesse de renoncer à mon projet de départ; ce départ m'était devenu désormais impossible, et je ne voulais pas qu'il pût en douter un instant, après que ma décision était prise. Ah ! Louise, quelle reconnaissance il m'exprima ! quel sentiment délicieux le bonheur de ce qu'on aime ne

21.

fait-il pas éprouver! Je ne sais quelle terreur, créée par l'imagination, avait effrayé, troublé mon esprit depuis quinze jours. Pourquoi donc, pourquoi voulais-je me séparer de Léonce? N'existet-il pas des sœurs qui passent leur vie avec leurs frères? des hommes dont l'amitié honore et console les femmes les plus respectables? Pourquoi m'estimais-je si peu que de ne pas me croire capable d'épurer tous les sentiments de mon cœur, et de goûter à la fois la tendresse et la vertu?

Dès que Léonce me vit résolue à ne pas me séparer de lui, il s'établit entre nous la plus douce intelligence; il donna avec une grace charmante des ordres tout autour de moi, plaça ma femme de chambre dans le cabriolet d'Antoine, qui était venu me rejoindre, et se mêla enfin de tous les détails avec la vivacité la plus aimable, comme s'il eût cru prendre ainsi possession de ma vie.

Après m'avoir fait remonter dans ma voiture, il me montra, par les soins les plus tendres, son inquiétude sur l'état de tremblement où j'étais; il m'entoura de son manteau, ouvrit et referma les glaces plusieurs fois, pour essayer ce qui pourrait me faire du bien : je voyais en lui une activité de bonheur, une sorte d'impossibilité de contenir sa joie, qui me jetait dans une rêverie enchanteresse; je me taisais, parcequ'il parlait; j'étais calme, parceque l'expression de ses sentiments était vive. Oh, Louise! personne, personne au monde, se faisant l'idée de cette félicité, ne renoncerait à l'éprouver.

Il fut convenu entre Léonce et moi que je dirais, à mon retour à Paris, que la fièvre m'avait saisie en route et m'avait obligée de revenir. J'écoutai ses projets pour nous voir chaque jour, sans jamais causer la moindre peine à Matilde; ils étaient tels que je pouvais les desirer. Il revint souvent aussi à m'entretenir des ménagements qu'il aurait pour ma réputation. « Léonce, lui répondis-je, ne faites désormais rien pour moi qui ne soit nécessaire à vous; je ne suis plus à présent qu'un être qui vit pour celui qu'elle aime, et n'existe que dans l'intérêt et la gloire de l'objet qu'elle a choisi. Tant que vous m'aimerez, vous aurez assez fait pour mon bonheur; mon amour-propre, mes penchants, mes desirs sont tous renfermés dans ma tendresse. Ne tourmentez ni ma conscience ni mon amour, et décidez de ma vie sous tous les autres rapports; je me mets, avec fierté comme avec joie, dans la dépendance absolue de votre volonté. »

Louise, avec quelle passion, avec quels transports Léonce me remercia ! Votre heureuse Delphine entendit pendant trois heures le langage le plus éloquent de l'amour le plus tendre. Léonce n'eut pas un instant, j'en suis sûre, l'idée de se permettre une expression, un regard qui pût me déplaire. Que le cœur est bon, qu'il est pur, qu'il est enthousiaste, alors qu'il est heureux !

Je trouvai, en arrivant chez moi, la dernière lettre que Léonce m'avait écrite, et que je n'avais point reçue : il me sembla qu'elle eût suffi pour m'entraîner ; mais qu'il était doux de la lire ensemble ! Les expressions de la douleur de Léonce me faisaient jouir encore plus de son bonheur actuel, et je me plaisais à lui faire répéter les prières qu'il m'avait adressées, pour m'en laisser toucher une seconde fois. Mais enfin je m'aperçus qu'il était trois heures du matin ; au premier mot que je dis à Léonce, il obéit, et me quitta pour retourner chez lui.

J'avais perdu le repos depuis plusieurs mois ; j'ai dormi profondément le reste de cette nuit. Quand je me suis réveillée, un beau soleil d'hiver éclairait ma chambre ; il avait ses rayons de fête, et condescendait à mon bonheur. Je priai Dieu long-temps, je n'avais rien dans l'ame que je craignisse de lui confier ; après avoir prié, je vous ai écrit. Ma sœur, je l'espère, vous ne me condamnerez pas ; nous avons toujours eu tant de rapports dans notre manière de penser et de sentir ! comment se pourrait-il que je fusse contente de moi, et que vous trouvassiez ma conduite condamnable ? Cependant, Louise, hâtez-vous de me répondre. Adieu.

LETTRE IX.

Léonce à Delphine.

Mon amie, quoi qu'il puisse nous arriver, remercions le ciel de nous avoir donné la vie. Arrête ta pensée sur ce jour qui vient de s'écouler ; il a fait une trace lumineuse dans le cours de nos années, et nous tournerons nos regards vers lui, quelque avenir que le sort nous destine.

Dès mon enfance, un pressentiment assez vif, assez habituel, m'a persuadé que je périrais d'une mort violente : ce matin cette idée m'est revenue à travers les délices de mes sentiments, mais elle avait pris un caractère nouveau ; je n'étais plus effrayé du présage, je ne désirais plus de le detourner ; je ne voyais plus la vie que dans l'amour; et je me plaisais à penser que si je périssais foudroyé dans la jeunesse par quelqu'un des événements qui menacent un caractère tel que le mien, je périrais dans l'ardeur de ma passion pour toi, et long-temps avant que l'âge eût refroidi mon cœur.

Dis-moi, Delphine, pourquoi la pensée de la mort se mêle avec une sorte de charme aux transports de l'amour? Ces transports vous font-ils toucher aux limites de l'existence? Est-ce qu'on éprouve en soi-même des émotions plus fortes que les organes de la nature humaine, des émotions qui font desirer à l'ame de briser tous ses liens pour s'unir, pour se confondre plus intimement encore avec l'objet qu'elle aime? Ah! Delphine, que je suis heureux! que je suis attendri! Mes yeux sans cesse remplis de larmes, ma voix émue, mes pas lents et rêveurs, pourraient me donner l'apparence du plus faible des êtres. Mon caractère, cependant, est loin d'être amolli; mais c'est un état extraordinaire que cette inépuisable source d'impressions sensibles qui se répand dans tout mon être. L'air déchirait hier ma poitrine oppressée, ce matin il me semble que je respire l'amour et le bonheur.

Ah! que j'iame la vie! chaque mouvement, chaque pensée qui me rappelle l'existence est un plaisir que je voudrais prolonger; je retiens le temps comme un bienfaiteur.

Delphine, nous serons une fois malheureux, ainsi le veut la destinée; mais nous n'aurons jamais le droit de nous plaindre. J'ai senti les battements de ton cœur sur le mien, tes bras m'ont serré de toute la puissance de ton ame; ces peines, ces inquiétudes, ces doutes qui pèsent toujours au-dedans de nous-mêmes et troublent en secret nos meilleurs sentiments, ces infirmités de l'être moral enfin avaient disparu tout-à-coup en moi. J'étais libre, généreux, fier, éloquent; s'il eût fallu dans ce moment étonner les hommes par le plus intrépide courage, les entraîner par des expressions enflammées, j'en étais capable, j'en étais digne, et nul génie mortel n'aurait pu s'égaler à ton heureux amant. C'est avec cet enthousiasme d'amour, que toi seule au monde peux inspirer, que je saurai tromper l'ivresse où me jette ta beauté; si quelquefois cet effort m'est pénible, rappelle-moi que tu tiens de mon aveu même qu'hier, hier! rien ne manquait à mon bonheur.

Delphine, je te verrai ce soir, je le puis sans le moindre inconvénient : tout s'arrange, tout est facile, les plus petites circonstances secondent mes desirs ; je suis un être favorisé du ciel à cause de toi. Tu m'instruiras dans ta religion, je ne m'en étais pas occupé jusqu'à ce jour ; mais j'ai tant de bonheur, qu'il me faut où porter ma reconnaissance ! ce n'est pas assez du culte que je te rends, il faut me dire à qui je dois ta vie, qui te l'a donnée, qui te la conserve. Impose-moi quelques sacrifices, quelques peines ; mais il n'y en a plus au monde. Comment faire pour découvrir quelques devoirs qui me coûtent, quelques actions qui puissent m'être comptées, quand je te verrai tous les jours ? O Delphine ! calme-moi, s'il est possible, sur l'excès de mon bonheur, sur sa durée. Dis-moi que le ciel t'a permis de me donner un sort qui n'était pas fait pour les hommes ; je puis tout espérer, je puis tout croire ! Quel miracle m'étonnerait, quand un moment a changé la nature entière à mes yeux ?

Oui, je possède cette félicité, la mort seule la terminera ; il n'y en aura plus de ces terribles jours pendant lesquels je ne te voyais pas. Mon amie, la force de les concevoir et de les supporter n'existe plus en moi ; j'ai perdu en un instant toute puissance sur mon ame ; le bonheur est devenu mon habitude, mon droit ; il faut me ménager avec bien plus de soin que dans le temps de mon désespoir. Je suis heureux, mais tout mon être est ébranlé ; les palpitations de mon cœur sont rapides ; je sens dans mon sein une vie tremblante, que la moindre peine anéantirait à l'instant. O Delphine ! le bonheur parfait étonne la nature humaine ; ma tête se trouble, et je suis prêt à devenir misérablement superstitieux, depuis que je possède tous les biens du cœur.

Adieu, Delphine, adieu ; je veux en vain m'exprimer : il y a dans les passions violentes une ardeur, une intensité dont l'ame seule a le secret. Une sympathie céleste, une étincelle d'amour te révélera peut-être ce que j'éprouve.

LETTRE X.

Mademoiselle d'Albémar à Delphine.

Montpellier, 20 décembre.

Je le crois, j'en suis sûre, ma chère Delphine, puisque vous êtes heureuse, vous n'avez pas dans le cœur un seul desir, une seule pensée que la vertu la plus parfaite ne puisse approuver :

mais, hélas! vous ne vous doutez pas de tous les périls de votre situation : faut-il que je sois forcée par les devoirs de l'amitié à ne pas partager avec vous le premier sentiment de joie que vous m'ayez confié depuis six mois!

Je ne vous demande point ce qu'il n'est plus temps d'obtenir : en lisant vos expressions passionnées, je me suis convaincue que vous n'êtes plus capable du grand sacrifice pour lequel vous avez courageusement lutté; mais du moins réfléchissez sur les chagrins dont vous êtes menacée, afin qu'une crainte salutaire vous serve de guide encore, s'il est possible. Vous croyez que Léonce n'exigera jamais de vous de renoncer aux principes de vertu sans lesquels une ame comme la vôtre ne pourrait trouver aucun bonheur; je crois que dans ce moment son cœur est satisfait par un bien inespéré; mais si vous ne pouvez supporter son malheur, pensez-vous qu'il n'essaiera pas de ce moyen puissant pour tourmenter votre vie? Vous triompherez, je le crois; mais au prix de quelle douleur! l'avez-vous prévu?

Quand vous parviendriez à guider les sentiments de Léonce dans ses rapports avec vous, pouvez-vous oublier son caractère? Il ne s'en souvient plus lui-même à présent, il ne sent que son amour : mais ne savez-vous pas que les défauts qui tiennent à notre nature ou aux habitudes de toute notre vie renaissent toujours dès qu'il existe une circonstance qui les blesse? Vous abandonnez, dites-vous, le soin de votre réputation, il vous suffit de veiller à la rectitude de votre conduite; mais s'il arrive, ce qui ne peut manquer d'arriver, si l'on soupçonne et si l'on blâme votre liaison avec Léonce, il souffrira lui-même beaucoup du tort qu'elle vous fera, et vous retrouverez peut-être avec amertume son irritabilité sur tout ce qui tient à l'opinion.

Enfin, pouvez-vous vous flatter que Matilde, malgré tous vos ménagements pour elle, ne découvre pas une fois les sentiments que vous inspirez à Léonce? et croyez-vous qu'elle fût heureuse, en apprenant qu'elle vous doit jusqu'aux soins mêmes de son époux, et que sa conduite envers elle dépend entièrement de votre volonté?

Je vous le répète, je ne vous donne point les conseils rigoureux qui seraient maintenant inutiles; mais songez que c'est dans le bonheur qu'il est aisé de fortifier sa raison. Je n'exige rien des malheureux, ils ont assez à faire de vivre; il n'en est pas de même de vous, Delphine : vous jouissez maintenant d'une situation qui vous enchante ; c'est ce moment qu'il faut saisir pour vous accoutumer, par la réflexion, à supporter un avenir peut-être, hélas! trop vraisemblable. Il m'en coûte de vous le dire, mais je n'ai pas vu un seul exemple de bonheur et de vertu dans le genre de liaison que vous projetez. L'exemple de la vertu, vous le donnerez, mais non celui du bonheur. Ce qu'on prévoit et ce qu'on ne prévoit pas brise des nœuds trop chers et trop peu garantis ; la société étant tout entière ordonnée d'après des principes contraires à ces relations de simple choix, elle pèse sur elles de toute sa force, et finit toujours par les rompre : alors le reste des années est dévoré d'avance ; on ne peut plus reprendre à ces intérêts, à ces goûts simples qui font passer doucement les jours que la Providence nous destine. L'on a connu, l'on a éprouvé cette existence animée que donnent les sentiments passionnés, et l'on n'est plus accessible à aucune des jouissances communes de la vie. La puissance de la raison sert à supporter le malheur, mais la raison ne peut jamais nous créer un seul plaisir ; et quand l'amour a consumé le cœur, il faudrait un miracle pour faire rejaillir de ce cœur ainsi consumé la source des plaisirs doux et tranquilles.

O Delphine, pauvre Delphine! vous immolez tout à quelques années, à moins encore peut-être! Je vous en conjure, regardez votre séjour ici comme un asile ; ne renoncez pas à y venir, n'ajoutez pas l'imprévoyance et l'aveugle sécurité à tous les sentiments qui vous captivent. Reposez-vous un moment dans le bonheur, mais afin de reprendre des forces pour continuer la route de la vie. Hélas! vous n'avez pas fini de souffrir, ne relâchez pas tous les liens qui vous soutenaient ; tous ces liens, qui sont plus souvent encore un appui qu'une gêne, ils ne vous seront que trop nécessaires. Mon amie, nous l'avons dit souvent ensemble, la société, la Providence même peut-être, n'a permis qu'un seul bonheur aux femmes, l'amour dans le mariage ; et quand on en est privé, il est aussi impossible de réparer cette perte que de retrouver la jeunesse, la beauté, la vie, tous les dons immédiats de la nature, et dont elle dispose seule.

Il en coûte, je le sens, de se prononcer que l'on ne peut plus être heureux ; mais il serait plus amer encore de se faire illusion sur cette vérité ; et, dans de certaines situations, c'est un grand mal que l'espérance ; sans elle le repos naîtrait de la nécessité. Delphine, l'amitié doit réserver ses faiblesses pour l'instant de la douleur; au milieu des prospérités, il faut qu'elle fasse entendre une voix sévère.

Je ne vous ai parlé que des peines qui menacent le sentiment auquel vous vous livrez; je ne me suis pas permis de craindre pour vous le plus grand des malheurs, le remords. Ah! vous avez fait une cruelle expérience de la douleur, et cependant vous ne connaissez pas encore tout ce que le cœur peut souffrir; vous l'apprendriez, si vous aviez manqué à vos devoirs. Aussi longtemps que vous les respecterez, mon amie, la faveur du ciel peut encore vous protéger.

LETTRE XI.
Léonce à Delphine.

Paris, ce 29 décembre.

Vous êtes heureuse, ma Delphine, mon cœur ne devrait plus rien desirer : il y a quinze jours que je ne croyais pas même à la possibilité de la peine; il me semblait qu'elle ne rentrerait jamais dans mon cœur; cependant je suis inquiet, presque triste : je voulais te le cacher, mais j'ai senti que j'offenserais cette intimité parfaite qui confond nos ames, si je laissais s'établir le moindre secret entre nous.

Je vous en conjure, Delphine, n'interprétez pas mal ce que je vais vous dire. Ce ne sont point des sentiments réprimés, quoique invincibles, qui troublent déja mon bonheur; ce n'est pas non plus la jalousie qui s'empare de moi : comment pourrait-elle m'atteindre? mon cœur en est préservé par mon estime, par mon admiration pour toi : mais je hais cette vie du monde dans laquelle vous avez reparu avec tant d'éclat. Quand je vais chez vous, j'y rencontre sans cesse des visites, je ne suis jamais sûr d'un instant de conversation tête à tête; plusieurs fois les importuns, pour qui vous êtes charmante, sont demeurés à causer avec vous jusqu'à l'heure où la prudence ne me permettait plus de rester.

Hier au soir, par exemple, hier j'ai passé quatre heures avec vous, et pendant ces quatre heures, qui pourrait le croire! je n'ai éprouvé que des sentiments pénibles. Madame d'Artenas vous avait persécutée pour souper chez elle, vous aviez cru devoir y consentir : c'était, m'avez-vous dit, afin de prouver, par l'accueil même que vous recevriez au milieu de la meilleure société de Paris, que l'impression des bruits répandus contre vous était entièrement effacée; car vous aussi, Delphine, vous vous occupez de captiver l'opinion du monde, et vous y réussissez parfaitement. Je vous ai suivie dans ce tourbillon, et si je n'y avais pas été, je ne vous aurais pas vue de tout le jour.

J'arrivai avant vous, vous entrâtes; jamais je ne vous avais vue si belle! cet habit noir sur lequel retombaient vos cheveux blonds, ce crêpe qui environnait votre taille et faisait ressortir la plus éclatante blancheur, toute votre parure enfin contribuait à vous rendre éblouissante. J'entendis des murmures d'admiration de toutes parts, et je ne sais pourquoi je ne me sentis pas fier de votre succès; il me semblait que vous deviez votre éclat au desir de plaire généralement, et non à votre attachement pour moi seul : cette impression fut la première que j'éprouvai en vous voyant, et le reste de la soirée ne fut que trop d'accord avec ce pénible sentiment.

Jamais vous n'avez produit tant d'effet par votre présence et par votre conversation! jamais vous n'avez montré un esprit plus séduisant et plus aimable! Trois rangs d'hommes et de femmes faisaient cercle autour de vous, pour vous voir et vous entendre. La jalousie, la rivalité étaient pour un moment suspendues; on était avec vous comme les courtisans avec la puissance : ils cherchent à s'en approcher sans se comparer avec elle : chacun était glorieux de bien comprendre tout le charme de vos expressions, et pour un moment les amours-propres luttaient seulement ensemble à qui vous admirerait le plus. Moi, je me tins à quelque distance de vous, sans perdre un mot de votre entretien. J'entendis aussi les exclamations d'enthousiasme, je dirais presque d'amour, de tous ceux qui vous entouraient. Tandis que votre esprit se montrait plus libre, plus brillant que jamais, il m'était impossible de me mêler à la conversation; vous étiez gaie, et j'étais sombre. Cependant, moi aussi, Delphine, moi aussi je suis heureux. Pourquoi donc étais-je si embarrassé, si triste? expliquez-moi la raison de cette différence : oh! si vous alliez découvrir que c'est parceque je vous aime mille fois plus que vous ne m'aimez!

Certainement la vie de Paris ne peut convenir à l'amour; le sentiment que vous avez daigné m'accorder s'affaiblirait au milieu de tant d'impressions variées. Je le sais, votre cœur est trop sensible pour que l'amour-propre puisse le distraire des affections véritables; mais enfin ces succès inouïs que vous obtenez toujours dès que vous paraissez, ne vous causent-ils pas quelques plaisirs? et ces plaisirs ne viennent pas de moi ; ce seraient eux, au contraire, qui pourraient vous dédommager de mon absence. Je suis glorieux de votre beauté, de votre esprit, de tous vos charmes, et cependant ils me font éprouver cette jalousie délicate qui ne se fixe sur aucun objet, mais s'attache aux moindres nuances des sentiments du cœur ; ces suffrages qui se pressent autour de vous, il me semble qu'ils nous séparent; ces éloges que l'on vous prodigue donnent à tant d'autres l'occasion de vous nommer, de s'entretenir de vous, de prononcer des paroles flatteuses, des paroles que moi-même je vous ai dites souvent, et que je serai sans doute entraîné à vous redire encore.

O mon amie, puisque vous ne m'appartiendrez jamais entièrement, puisque ces charmes qui enivrent tous les regards ne seront jamais livrés à mon amour, il faut me pardonner d'être prêt à m'irriter quand on vous voit, quand on vous entend, quand on goûte presque alors les mêmes jouissances que moi. Pardon, ma Delphine, j'ai blasphémé ; tu m'aimes, à qui donc puis-je me comparer sur la terre? Mais je ne puis jouir de mon sort au milieu du monde ; l'observation qui nous environne m'importune ; je ne suis bien que seul avec toi ; dans toute autre situation je souffre, je sens avec une nouvelle amertume le désespoir de n'être pas ton époux. Tu veux que je sois heureux, eh bien! j'ose te supplier de retourner à Bellerive : la saison est rude encore ; mais n'est-il pas vrai que tu ne compteras pour rien ce qui pourrait déplaire à d'autres femmes?

Les devoirs que tu m'imposes envers Matilde ne me permettront pas de te voir avant sept heures du soir ; tu seras souvent seule jusqu'alors, mais tu goûteras quelque plaisir par les pensées solitaires qui gravent plus avant toutes les impressions dans le cœur. Je demande à la femme de France qui voit à ses pieds le plus d'hommages et de succès, de s'enfermer dans une campagne, au milieu des neiges de l'hiver ; mais cette femme sait aimer, cette femme quittait tout pour me fuir, quand un scrupule insensé l'égarait : ne quittera-t-elle pas tout plus volontiers, pour satisfaire mon cœur avide d'amour, de solitude, d'enthousiasme, de toutes ces jouissances que le monde ravit à l'ame en la flétrissant ? Je déteste ces heures que consume une vie oiseuse. Depuis six mois, j'ai perdu l'habitude de l'occupation ; si tu le veux, nous donnerons quelques moments à des lectures communes ; j'aime cette douce manière de tromper, s'il est possible, les sentiments qui me dévorent.

Les pratiques religieuses et la société des dévotes remplissent presque toutes les soirées de madame de Mondoville; elle ne m'a jamais demandé de venir avec elle aux assemblées qui se tiennent chez l'évêque de M., et je crois même qu'elle serait fort embarrassée de m'y mener; elle ne se permet jamais d'aller au spectacle; elle fait des difficultés sur les trois quarts des femmes que nous serions appelés à voir : il arrive donc tout simplement que je deviens chaque jour plus étranger à sa société. Elle m'aime, et cependant elle ne souffre point de cette sorte de séparation. Quand les principes rigoureux du catholicisme s'emparent d'un caractère qui n'est pas naturellement très sensible, ils régularisent tout, décident de tout, et ne laissent ni assez de loisir, ni assez de connaissance du monde pour être susceptible de jalousie : je ferai donc plutôt du plaisir que de la peine à Matilde, en la laissant libre de se réunir tous les soirs avec les personnes de son opinion; et pourvu que je ne dîne pas hors de chez elle, elle sera contente de moi.

Tous les jours donc, quand six heures sonneront, je monterai à cheval pour aller à Bellerive; ma vie ne commencera qu'alors; j'arriverai à sept heures, je reviendrai à minuit : quoique je pusse être censé veiller plus tard dans les sociétés de Paris, je serai exact à ce moment, pour ne pas inquiéter madame de Mondoville. Delphine, vous voyez avec quel soin je vais au-devant de vos généreuses craintes : je ne vivrai que quatre heures; mais pendant le reste du temps j'aurai ces quatre heures en perspective, et je traînerai ma chaîne pour y arriver. O mon amie! ne vous opposez point à ce projet, il m'enchante : j'avais commencé cette lettre dans le plus grand abattement; en traçant notre plan de vie, j'ai senti mon cœur se ranimer. Je t'enlève au monde, je te garde pour moi seul; je ne te laisse pas même la disposition des moments que je passerai sans te voir; je suis exigeant, tyrannique; mais je t'aime avec tant d'idolâtrie que je ne puis jamais avoir tort avec toi.

LETTRE XII.

Delphine à Léonce.

30 décembre 1790.

Léonce, après-demain, le premier jour de l'année qui va commencer, je vous attendrai à Bellerive; j'aime à fêter avec vous une de ces époques du temps, elles me serviront, je l'espère, à compter les années de mon bonheur : toutes les solennités qui signalent le cours de la vie ont du charme quand on est heureux; mais que le retour serait amer, s'il ne rappelait que des regrets!

Mon ami, j'ai voulu que mes premières paroles fussent un consentement à ce que vous souhaitez; maintenant, qu'il me soit permis de vous le dire, votre lettre m'a fait de la peine. Que de motifs vous me donnez pour le plus simple desir! pensiez-vous qu'il m'en coûterait de quitter le monde? ai-je un intérêt, une jouissance, un but indépendant de vous? Quelle inquiétude, quelle agitation se fait sentir, comme malgré vous, dans ce que vous m'avez écrit! J'avais reçu, peu d'heures auparavant, une lettre de ma belle-sœur, qui cherchait à m'éclairer sur les périls auxquels je m'expose, et j'ai cru déja voir, dans quelques unes de vos plaintes détournées, le présage des malheurs dont elle me menaçait.

Quoi! Léonce, il n'y a pas un mois que d'une séparation absolue, d'un long supplice, nous sommes passés à nous voir tous les jours; et déja votre cœur est tourmenté, et me cache peut-être ce qu'il éprouve, ce qu'il ne lui est pas permis d'avouer! A peine ai-je assez de mes pensées, de mes sentiments pour connaître, pour goûter tout mon bonheur; et vous, vous paraissez mécontent, vous vous plaignez de votre sort : dans ces entretiens tête à tête que vous desirez, vous ne cessez de me parler de vos sacrifices. O Léonce, Léonce! les délices du sentiment seraient-elles épuisées pour vous? Ne me dites pas que votre cœur a plus de passion que le mien; croyez-moi, dans notre situation, le plus heureux des deux est sûrement le plus sensible.

Je veux me persuader, néanmoins, que c'est uniquement l'importunité du monde qui vous a déplu; je vais vous expliquer les motifs qui m'y avaient condamnée. Je savais que pendant quelque temps on avait dit assez de mal de moi, et je croyais utile de ramener ceux sur l'esprit desquels ces propos injustes avaient produit quelque effet. Madame d'Artenas jugeait convenable que je reparusse dans la société, et c'est par bonté qu'elle rassembla chez elle hier ce que l'on appelle à Paris les *chefs de bande* de l'opinion, afin que j'eusse l'occasion, non de me justifier, je ne m'y serais pas soumise, mais de me remettre à ma place dans une réunion d'éclat. Ai-je besoin de vous le dire, Léonce? c'est pour vous que je prends soin de désarmer la calomnie ; j'y serais insensible, si elle ne m'arrivait pas à travers l'impression qu'elle peut vous faire. Le secret de ma conduite depuis quinze jours était peut-être le désir d'offrir à vos yeux celle que votre mère n'avait pas jugée digne de vous, entourée de considération et d'hommages.

Vous me reprochez presque ma gaieté : hélas! hier, en entrant dans le salon de madame d'Artenas, j'éprouvai d'abord une impression de tristesse ; je revoyais le monde pour la première fois depuis la mort de madame de Vernon, et, pardonnez-le-moi, je ne puis penser à elle sans attendrissement : cependant je sentis la nécessité de cacher cette disposition. Si j'avais montré de la tristesse au milieu du monde, loin de l'attribuer aux regrets qui la causaient, on aurait dit que j'étais inquiète de ce qui s'était répandu sur M. de Serbellane et moi, et j'aurais manqué le but que je m'étais proposé : il faut fuir le monde, ou ne s'y montrer que triomphante ; la société de Paris est celle de toutes dont la pitié se change le plus vite en blâme.

Ce fut donc par un effort que je débutai dans cette carrière de succès que vous vous plaisiez à peindre avec amertume ; cependant, j'en conviens, je m'animai par la conversation ; je m'animai, faut-il vous le dire ? par le plaisir de briller devant vous ; je vous sentais près de moi, je vous regardais souvent pour deviner votre opinion ; un sourire de vous me persuadait que j'avais parlé avec grace, et le mouvement que cause la société quand on s'y livre était singulièrement excité par votre présence. L'émotion qu'elle me faisait éprouver m'inspirait les pensées et les paroles qui plaisaient autour de moi. Je m'adressais à vous par des allusions détournées, et, dans les questions les plus générales, je ne disais pas un mot qui n'eût un rapport avec vous, un rapport que vous seul pouviez saisir, et que vous avez feint de ne pas remarquer.

N'importe, vous pouvez m'en croire, celle qui ne voit que vous dans le monde doit se plaire mille fois davantage dans la retraite avec vous ; et j'aurais eu la première l'idée d'aller à Bellerive, si je n'avais pas craint qu'en m'établissant au milieu de l'hiver à la campagne, je n'attirasse l'attention sur mes sentiments. Les habitués du monde de Paris ne conçoivent pas comment il est possible de supporter la solitude, et s'acharnent à dénigrer les motifs de ceux qui prennent le parti de la retraite. Je vous en préviens, afin que si la résolution que je vais prendre nuit à ma réputation, vous y soyez préparé, et que vous n'oubliiez point que vous l'avez voulu. Dans les malheurs qui peuvent m'atteindre, je ne crains que ce qui pourrait blesser votre caractère.

Le genre de vie que vous me proposez a mille fois plus de charmes encore pour moi que pour vous. Je hais la dissimulation qui me serait commandée au milieu du monde; je croirai respirer un air plus pur, quand je ne verrai personne devant qui je doive cacher l'unique intérêt qui m'occupe. Je ne mets qu'une condition à ma condescendance (condition toujours la même, quoi qu'il puisse nous arriver), c'est que vous ne me laisserez point ignorer ce que Matilde pourrait savoir de notre affection l'un pour l'autre, et que si jamais elle en était malheureuse, je partirais à l'instant, sans que vous me suivissiez; j'en ai votre parole : c'est cette assurance qui me permet de goûter sans un remords trop amer le plaisir de vous voir. Hélas! me contenter de cette promesse, ce n'est pas être trop sévère envers moi-même. Adieu, Léonce; oui, chaque soir vous viendrez donc à Bellerive : ah! quelle douce espérance! Souvenez-vous cependant que de toutes les situations de la vie, la nôtre est la plus incertaine ; nous sommes heureux, mais nous avons tout à craindre : mon ami, ménagez bien notre sort.

LETTRE XIII.

Léonce à Delphine.

2 janvier 1791.

Unutterable happiness!
Which love alone bestows, and on a favoured few [1].

O Delphine! que j'avais raison de desirer ce que ton cœur m'a si généreusement accordé! Combien j'ai été plus heureux hier à Bellerive qu'à Paris, dans aucun des jours où je t'y ai vue! je te trouvais seule, et j'avais la certitude que ce bonheur ne serait point interrompu ; cette pensée mêlait un calme délicieux à mes transports.

Quel charme tu as su répandre sur les détails de la vie, qui échappent au milieu du mouvement des villes! quels soins n'as-tu pas pris de moi! La neige en route m'avait un peu saisi, tes

---

[1] Bonheur inexprimable! que l'amour seul peut donner, et qu'il n'accorde encore qu'à un petit nombre de favorisés. THOMPSON.

olies mains furent long-temps occupées à ranimer le feu pour me réchauffer; combien il eût été moins aimable d'appeler tes gens pour nous servir ! tu prenais aussi un plaisir extrême à me montrer les changements que tu comptais faire pour embellir ta maison. Toi, que j'avais vue jusqu'alors si indifférente pour ce genre de goût et d'occupation, il me semblait, et tu en es convenue, que le bonheur te faisait prendre intérêt à tout, et que tu te plaisais à parer les lieux que nous devions parcourir ensemble. Mon cœur n'a pas négligé la moindre observation qui pût me prouver ta tendresse; j'ai remarqué jusqu'à ces arbustes couverts de fleurs, nouvellement placés dans ton cabinet : cet appartement était presque négligé quand tu le destinais à recevoir la plus brillante compagnie de la France; tu lui as donné un air de fête pour Léonce, pour ton ami.

Oh! combien je jouissais de la vivacité pleine de charmes que tu mettais à me raconter les plus légères bagatelles! Une joie touchante t'animait, et la gaieté n'était point alors un jeu de ton esprit, mais un besoin de ton cœur. J'ai ri de cette sérieuse occupation du souper, toi qui n'y as songé de ta vie! tu voulais t'assurer qu'on me donnerait ce qui pouvait me faire du bien, après le froid que j'avais éprouvé. Je t'ai vu hier des agréments nouveaux que je ne te connaissais pas encore ; les soins de la vie domestique ont une grace singulière dans les femmes; la plus ravissante de toutes, la plus remarquable par son esprit et sa beauté, ne dédaigne point ces attentions bonnes et simples qu'il est doux quelquefois de retrouver dans son intérieur. Oh! quelle femme j'aurais possédée! et j'ai pu m'unir à elle! je l'ai pu !..... Malheureux! qu'ai-je dit?... Non, je ne suis pas malheureux ; mais en t'aimant chaque jour davantage, chaque jour aussi cependant mes regrets deviennent plus cruels. Enfin, apprends-moi, s'il est possible, à te soumettre jusqu'à mon amour.

Avec quelle insistance vous avez voulu que nous fussions fidèles au projet formé de remplir notre temps par des lectures communes! Ah! vous avez craint ces douces rêveries d'amour qui suffisaient si bien à mon cœur! Je voulais du moins que nous choisissions l'un de ces livres où j'aurais pu retrouver quelques peintures des sentiments qui m'animent, mais vous vous y êtes obstinément refusée. N'importe, ma Delphine, ta voix, quoi qu'elle me lise, ne m'inspirera que l'amour : parle en ton nom, parle au nom de Dieu même, si tu le veux, mais que ta main soit dans la mienne, et que je puisse souvent la presser sur mon cœur. Ange tutélaire de ma vie, adieu jusqu'à ce soir.

LETTRE XIV.

Delphine à Léonce.

Je n'ai pas été contente de vous hier, mon cher Léonce; je ne vous croyais pas cette indifférence pour les idées religieuses : j'ose vous en blâmer. Votre morale n'est fondée que sur l'honneur; vous auriez été bien plus heureux si vous aviez adopté les principes simples et vrais qui, en soumettant nos actions à notre conscience, nous affranchissent de tout autre joug. Vous le savez, l'éducation que j'ai reçue, loin d'asservir mon esprit, l'a peut-être rendu trop indépendant : il serait possible que les superstitions mêmes convinssent à la destinée des femmes; ces êtres chancelants ont besoin de plusieurs genres d'appui, et l'amour est une sorte de crédulité qui se lie peut-être avec toutes les autres : mais le généreux protecteur de mes premières années estimait assez mon caractère pour vouloir développer ma raison, et jamais il ne m'a fait admettre aucune opinion, sans l'approfondir moi-même d'après mes propres lumières. Je puis donc vous parler sur la religion que j'aime, comme sur tous les sujets que mon cœur et mon esprit ont librement examinés; et vous ne pouvez attribuer ce que je vous dirai aux habitudes commandées, ni aux impressions irréfléchies de l'enfance. Jamais, je vous le jure, depuis que mon esprit est formé, je n'ai pu voir, sans répugnance et sans dédain, l'insouciance et la légèreté qu'on affecte dans le monde sur les idées religieuses. Qu'elles soient l'objet de la conviction, de l'espoir, ou du doute, n'importe; l'ame se prosterne devant une chance comme devant la certitude, quand il s'agit de la seule grande pensée qui plane encore sur la destinée des hommes.

J'étais pénétrée de ces sentiments, Léonce, avant de connaître l'amour : ah! que ne dois-je pas éprouver maintenant que cette passion profonde remplit mon cœur d'idées sans bornes et de vœux sans fin! Je ne prétends point vous retracer les preuves de tout genre dont vous vous êtes sans doute occupé; mais dites-moi si, depuis que vous m'aimez, votre cœur ne sent rien qui lui révèle l'espérance de l'immortalité.

Quand M. d'Albémar mourut, je croyais aux idées religieuses, mais sans avoir jamais eu le besoin d'y recourir. J'étais si jeune alors, qu'aucun sentiment de peine ne m'avait encore atteinte ; et quand on n'a point souffert, on a bien peu réfléchi : mais, à la mort de mon bienfaiteur, je me persuadai que je n'avais point assez fait pour son bonheur, et j'en éprouvai les remords les plus cruels. Depuis que j'étais devenue son épouse, l'extrême différence de nos âges m'inspirait souvent des réflexions tristes sur mon sort; je craignis de les avoir quelquefois exprimées avec humeur, et je me le reprochai douloureusement dès qu'il eut cessé de vivre. Rien ne peut donner l'idée du repentir qu'on éprouve, quand il n'est plus possible de rien expier, quand la mort a fermé sur vous tout espoir de réparer les torts dont on s'accuse. Cette douleur me poursuivait tellement, qu'elle aurait altéré ma raison, si l'excellente sœur de M. d'Albémar ne m'eût calmée, en me rappelant avec une nouvelle force l'existence de Dieu et l'immortalité de l'ame. Je sentis enfin que mon généreux ami, témoin de mes regrets, les avait acceptés, et que son pardon avait soulagé mon cœur.

J'exécutai ses derniers ordres avec un scrupule religieux : chaque fois que je remplissais une de ses volontés, j'éprouvais une douce consolation qui m'assurait que nos ames communiquaient encore ensemble. Que serais-je devenue si j'avais pensé qu'il n'existât plus rien de lui ? Qu'aurais-je fait de mon repentir ? comment se serait-il adouci ? Comment me serais-je consolée du moindre tort, s'il avait reçu le sceau de l'éternité ? Ces sentiments, ces regrets qui s'attachent aux morts, seraient-ils le seul mensonge de la nature, l'unique douleur sans objet, l'unique désir sans but ? et la plus noble faculté de l'ame, le souvenir, ne serait-elle destinée qu'à troubler nos jours, en nous faisant donner des regrets à la poussière dispersée que nous aurions appelée nos amis ?

Sans doute, cher Léonce, je ne crains point de te survivre ; jamais je n'invoquerai ta tombe, ma vie est inséparable de la tienne : mais si tout-à-coup l'affreux système dont l'anéantissement est le terme s'emparait de mon ame, je ne sais quel effroi se mêlerait même à mon amour. Que signifierait la tendresse profonde que je ressens pour toi, si tes qualités enchanteresses n'étaient qu'une de ces combinaisons heureuses du hasard, que le temps amène et qu'il détruit ? Pourrions-nous, dans l'intimité de nos ames, rechercher nos pensées les plus secrètes pour nous les confier, quand au fond de toutes nos réflexions serait le désespoir ? Un trouble extraordinaire obscurcit ma pensée quand on lui ravit tout avenir, quand on la renferme dans cette vie; je sens alors que tout est prêt à me manquer; je ne crois plus à moi, je frémis de ne plus retrouver ce que j'aime; il me semble que ses traits pâlissent, que sa voix se perd dans les ombres dont je suis environnée; je le vois placé sur le bord d'un abîme : chaque instant où je lui parle me paraît comme le dernier, puisqu'il doit en arriver un qui finira tout pour jamais ; et mon ame se fatigue à craindre, au lieu de jouir d'aimer.

Oh! combien le sentiment se raffermit et nous élève lorsqu'on s'anime mutuellement à se confier dans l'Être suprême ! Ne résistez pas, Léonce, aux consolations que la religion naturelle nous présente. Il n'est pas donné à notre esprit de se convaincre sur un tel sujet par des raisonnements positifs; mais la sensibilité nous apprend tout ce qu'il importe de savoir. Jetez un regard sur la destinée humaine : quelques moments enchanteurs de jeunesse et d'amour, et de longues années toujours descendantes, qui conduisent de regrets en regrets et de terreurs en terreurs, jusqu'à cet état sombre et glacé qu'on appelle la mort. L'homme a surtout besoin d'espérance, et cependant son sort, dès qu'il a atteint vingt-cinq ans, n'est qu'une suite de jours dont la veille vaut encore mieux que le lendemain : il se retient dans la pente, il s'attache à chaque branche, pour que ses pas l'entraînent moins vite vers la vieillesse et le tombeau; il redoute sans cesse le temps pour lequel l'imagination est faite, le seul dont elle ne peut jamais se distraire, l'avenir. O Léonce ! et ce serait là tout ! et cette ame de feu ne nous aurait été donnée que pour s'éteindre lentement dans l'agonie de l'âge!

La puissance d'aimer me fait sentir en moi la source immortelle de la vie. Quoi ! mes cendres seraient près des tiennes sans se réveiller ! nous serions pour jamais étrangers à cette nature qui parle si vivement à notre ame ! ce beau ciel, dont l'aspect fait naître tant de sentiments et de pensées, ces astres de la nuit et du jour se lèveraient sur notre tombe comme ils se sont levés sur nos heures trop heureuses, sans qu'il restât rien de nous pour les admirer! Non, Léonce, je n'ai pas moins d'horreur du néant que du crime, et la même conscience repousse loin de moi tous les deux.

Mais que ferai-je de mon espérance, si tu ne la partages pas?

Livrerai-je mon ame à un avenir que tu n'as pas reconnu pour le tien? Quelle idée mon imagination peut-elle me donner du bonheur, si ce n'est pas avec toi que je dois en jouir? Comment entretenir ces méditations solitaires que ta voix n'encouragerait pas? Je ne puis plus rien à moi seule, j'ai besoin de t'interroger sur toutes mes pensées, pour les juger, pour les admettre, pour les rattacher à mon amour. O Léonce, Léonce! viens croire avec moi, pour que j'espère en paix, pour que je suive ta trace brillante dans le ciel, où mes regards cherchent ta place, avant d'aspirer à la mienne.

Oui, Léonce, il existe un monde où les liens factices sont brisés, où l'on n'a rien promis que d'aimer ce qu'on aime : ne sois pas impie envers cette espérance. Le bonheur que la sensibilité nous donne, loin de distraire comme tous les autres de la reconnaissance envers le Créateur, ramène sans cesse à lui ; plus notre être se perfectionne, plus un Dieu lui devient nécessaire; et plus les jouissances du cœur sont vives et pures, moins il nous est possible de nous résigner aux bornes de cette vie. Léonce, je vous en conjure, ne plaisantez jamais sur le besoin que j'ai d'occuper votre ame des idées religieuses. Je douterais de votre amour pour moi, si je ne pouvais réussir à vous donner au moins du respect pour ces grandes questions qui ont intéressé tant d'esprits éclairés, et calmé tant d'ames souffrantes.

La légèreté dans les principes conduirait bientôt à la légèreté dans les sentiments : l'art de la parole peut aisément tourner en dérision ce qu'il y a de plus sacré sur la terre ; mais les caractères passionnés repoussent ce dédain superficiel qui s'attaque à toutes les affections fortes et profondes. L'enthousiasme que l'amour nous inspire est comme un nouveau principe de vie. Quelques uns l'ont reçu ; mais il est aussi inconnu à d'autres que l'existence à venir, dont tu ne veux pas t'occuper. Nous sentons ce que le vulgaire des ames ne peut comprendre ; espérons donc aussi ce qui ne se présente encore à nous que confusément. Les pensées élevées sont aussi nécessaires à l'amour qu'à la vertu.

Hélas! m'est-il permis de parler de vertu? la parfaite morale pourrait déjà, je le sais, réprouver ma conduite ; et ma conscience me juge plus sévèrement que ne le feraient les opinions reçues dans le monde : mais j'aime mieux la justice du ciel que l'indulgence des hommes ; et quoique je n'aie pas la force de renoncer à te voir, il me semble que j'altère moins mes qualités naturelles, en portant chaque jour mon repentir aux pieds de l'Être suprême, qu'en cherchant à douter de la puissance qui me condamne.

Léonce, l'éducation que vous avez reçue, l'exemple et le souvenir des antiques mœurs espagnoles, les idées militaires et chevaleresques qui vous ont séduit dès votre enfance, vous semblent devoir tenir lieu des principes les plus délicats de la religion et de la morale. Tous les caractères généreux se plaisent dans les sacrifices, et vous vous êtes fait du sentiment de l'honneur, du respect presque superstitieux pour l'opinion publique, un culte auquel vous vous immoleriez avec joie. Mais si vous aviez eu des idées religieuses, vous auriez été moins sensible au blâme ou à la louange du monde; et peut-être, hélas! la calomnie ne serait-elle pas si facilement parvenue à vous irriter et à vous convaincre. O mon ami! rendez au ciel un peu de ce que vous ôterez aux hommes : vous trouverez alors dans le contentement de vous-même un asile que personne n'aura le pouvoir de troubler, et moi-même aussi je serai plus tranquille sur mon sort. Les idées religieuses, alors même qu'elles condamnent l'amour, n'en tarissent jamais entièrement la source, tandis que les mensonges perfides du monde dessèchent sans retour les affections de celui qui les craint et les écoute.

Vous le voyez, Léonce, en méditant avec vous sur les pensées les plus graves, je reviens sans cesse à l'intérêt qui me domine, à votre sentiment pour moi. Non, cette lettre, non, aucune action de ma vie ne peut désormais m'être comptée comme vertu, et l'amour seul m'inspire le bien comme le mal. Adieu.

LETTRE XV.

Réponse de Léonce à Delphine.

God is thy law, thou mine[1].

Ma Delphine, je ne voulais répondre à ta lettre qu'en te revoyant; je me serais jeté à tes genoux, je t'aurais dit : N'es-tu pas la maîtresse absolue de mon ame? fais-en, si tu veux, hommage à l'Être suprême, dispose de ce qui est à toi; adore en mon nom la Providence, qui se manifeste mieux sans doute à la plus parfaite de ses créatures : moi, c'est pour toi seule que j'éprouve de l'enthousiasme; ces pensées mélancoliques, ces idées élevées

---

[1] Dieu est ta loi, tu es la mienne. MILTON.

qui te font sentir le besoin de la religion, c'est vers ton image qu'elles m'entraînent; et tu remplis entièrement pour moi ce vide du cœur qui t'a rendu l'idée d'un Dieu si nécessaire. Cependant j'ai résolu de t'écrire avant de te parler, afin de te répondre avec un peu plus de calme.

Je vais m'efforcer, non de combattre tes angéliques espérances, puissent-elles être vraies! mais de me justifier une fois des défauts dont tu m'accuses, et dont tu redoutes à tort la funeste influence. Hélas! je n'ai point oublié le jour qui a versé ses poisons sur toute ma vie; néanmoins, je ne pense pas qu'il faille en accuser mon caractère : c'est la jalousie qui m'a troublé; sans elle, tout se serait promptement éclairci. Je mets de l'importance, il est vrai, à ma réputation, et je ne pourrais pas supporter la vie, si je croyais mon nom souillé par le moindre tort envers les lois de l'honneur; mais que peut craindre celle que j'aime, de ce sentiment? ne me donnera-t-il pas le droit, le bonheur de la défendre contre ceux qui oseraient la calomnier? On a dit souvent que les femmes devaient ménager l'opinion publique avec beaucoup plus de soin que les hommes, je ne le pense pas : notre devoir à nous, c'est de protéger ce que nous aimons, de couvrir de notre gloire personnelle la compagne de notre vie; si nous perdions cette gloire, rien ne pourrait nous la rendre : mais quand même une femme serait attaquée dans l'opinion, ne pourrait-elle pas se relever en prenant le nom d'un homme honorable, en associant son existence à la sienne, et recevant sous son appui tutélaire les hommages qu'il saurait lui ramener?

Les femmes ont toutes de l'enthousiasme pour la valeur; cette qualité, dont on ne suppose pas qu'un homme puisse manquer, n'assure point assez encore sa considération si elle n'est pas jointe à un caractère imposant. Il ne suffit pas d'une bravoure intrépide, pour obtenir le degré d'estime et de respect dont une ame fière a besoin; il n'y va pas de la mort ou de la vie dans les circonstances journalières dont se compose l'ensemble de la considération : mais lorsque l'on a dans sa conduite habituelle une dignité convenable, des égards scrupuleux pour toutes les opinions délicates, pour tous les préjugés même de l'honneur, le public ne se permet pas le moindre blâme, et l'on conserve cette réputation intacte qui fonde véritablement l'existence d'un homme, en lui donnant le droit de punir par son mépris, ou de récompenser par son suffrage.

Si je ne puis dérober aux regards du monde votre sentiment pour moi, j'espère au moins que ma réputation vous servira d'excuse. Vous ne voudriez pas, dites-vous, que je dépendisse de l'opinion des hommes; je n'ai jamais besoin de leur société, vous le savez; je veux passer ma vie à vos pieds, et c'est moi qui plus que vous encore chéris la solitude; mais je me sentirais importuné par la censure de ces mêmes hommes, qui, sous tout autre rapport, me sont complètement indifférents. Pourquoi cette manière de penser vous déplairait-elle? La même ardeur de sang qui inspire les affections passionnées fait ressentir vivement la moindre offense; les vertus fortes et guerrières, qui ont illustré les chevaliers de l'ancien temps, s'alliaient bien avec l'amour; les idées religieuses ne sont pas les seules qui inspirent de l'enthousiasme; si nos ancêtres nous ont transmis un nom respecté, le desir de les imiter est honorable. Les jouissances de la fierté remuent l'ame tout aussi profondément que les pieuses espérances des fidèles; et si je ne me livre pas au bonheur inconnu de te retrouver dans le ciel, je sens avec énergie que je te ferai respecter sur la terre, et qu'il me serait doux d'exposer mille fois ma vie pour écarter de toi l'ombre du blâme, ou la plus légère peine.

Delphine, ne dis pas que mon caractère t'inquiète et t'afflige; je ne sais si mon cœur s'est abusé, mais il m'a semblé que tu m'avais aimé pour les défauts mêmes que tu crains. Ne te présentent-ils pas un appui sur lequel tu te plais à te reposer? Tes qualités adorables, ta beauté, ton esprit, excitent l'envie, et l'envie te crée des ennemis; tu prends peu de soin de ces convenances de société qui en imposent aux esprits communs; ta grace est dans l'abandon et le naturel; tu parles du premier mouvement, et ce premier mouvement est le vrai génie qui t'inspire: mais ce qui fait ton charme pour qui sait te connaître, est ton danger dans la conduite de la vie. Dis-le-moi donc, Delphine, n'était-ce pas moi, précisément moi, qu'il te fallait pour ami? Mon caractère assez contenu, assez froid en apparence, pourra servir de guide à ta bonté toujours entraînée; tu te hasardes, je te défendrai; tu appelles autour de toi, par les mêmes causes, l'admiration et la jalousie; ton esprit devrait intimider, mais ta douceur et ta bienveillance rassurent trop souvent ceux qui veulent te nuire; on verra près de toi un homme irritable et fier, qui ne permettra pas aux méchants du monde le double plaisir de jouir de tes agréments et de dénigrer tes qualités. Oh! si j'avais été ton époux, si j'avais acquis le droit de m'enorgueillir de mon amour aux yeux de tous, jamais la malignité n'aurait osé s'approcher de la trace de tes pas ! et maintenant, quoi qu'il arrivât, faudrait-il dissimuler, le faudrait-il ? non ; j'ai reçu de ton amour le dépôt de ta gloire et de ton bonheur, c'est à moi de le conserver.

Tu es convaincue que les idées religieuses sont un meilleur appui pour la morale que le culte de l'honneur et de l'opinion publique. Crois-moi, l'honneur a sa conscience comme la religion ; et rougir à ses propres yeux est une douleur plus insupportable que tous les remords causés par la crainte ou l'espérance d'une vie à venir. Le frein du sentiment qui me domine est le plus impérieux de tous : j'ai lu dans un poëte anglais ces paroles que je ne puis jamais oublier : *Les larmes peuvent effacer le crime, mais jamais la honte* [1].

Le repentir absout les ames religieuses ; mais pour l'honneur, point de repentir. Quelle pensée ! et combien, dès l'enfance, elle donne l'habitude de ne jamais céder à des mouvements de faiblesse, et de ne point repousser les avertissements les plus secrets, quand la délicatesse les suggère !

Si l'honneur cependant n'embrasse point toutes les parties de la morale, la sensibilité n'achève-t-elle pas ce qu'il laisse imparfait ? A quel devoir pourrait-il donc manquer, l'homme qui se respecte et qui t'aime ? Delphine, pardonne-moi de ne rien concevoir, de ne rien desirer de plus. Je n'ignore pas, toutefois, combien ce que mon caractère a de sombre, de susceptible, de violent, peut empoisonner les qualités que je crois bonnes en elles-mêmes ; ton empire sur moi modifiera mes défauts, mais il ne pourrait changer entièrement leur nature.

J'ai dû me justifier, pour calmer tes inquiétudes ; j'ai dû me justifier enfin ; pour me présenter à toi, si je le pouvais, avec plus d'avantage. L'opinion du monde entier, quelque prix que j'y attache, ne m'eût jamais inspiré tant d'ardeur pour ma défense.

LETTRE XVI.

Madame d'Artenas à Delphine.

Paris, ce 6 février 1791.

Pourquoi prolongez-vous votre séjour à la campagne, ma chère Delphine ? on s'étonne de vous voir quitter Paris au milieu de

[1] Nor tears, that wash out guilt, can wash out shame.   PRIOR.

l'hiver, dans le moment où vous vous étiez montrée d'une manière si brillante dans le monde. Quelques personnes commencent à dire tout bas que votre sentiment pour Léonce est l'unique cause de ce sacrifice : vous avez tort de vous éloigner ; je vous l'ai dit plusieurs fois, votre grand moyen de succès, c'est la présence. Vous avez des manières si simples et si aimables, qu'elles vous font pardonner tout votre éclat ; mais quand on ne vous voit plus, les amis se refroidissent, ce qui est dans la nature des amis ; et les ennemis, au contraire, se raniment par l'espérance de réussir.

Vous aviez entièrement réparé en quinze jours le tort que vous avaient fait les propos tenus sur M. de Serbellane ; et tout-à-coup vous cédez le terrain aux femmes envieuses, et aux hommes qu'elles font parler.

Vous me répondrez qu'on jouit mieux de ses sentiments à la campagne, etc. Le hasard et votre confiance m'ayant instruit de votre attachement pour Léonce, je devrais vous faire de la bonne morale sur le tort que vous avez de vous exposer ainsi à passer la moitié de votre vie seule avec lui ; mais je m'en fie aux principes que je vous connais, et, m'en tenant à mes avis purement mondains, je vous dirai que, même pour entretenir l'enthousiasme que vous inspirez à Léonce, il faut continuer à l'éblouir par vos succès. Il était amoureux à en devenir fou, le soir que vous avez passé chez moi ; et quoique, sans doute, il vous vante le charme des conversations tête à tête, croyez-moi, quand il a entendu répéter à tout Paris que vous êtes charmante, qu'aucune femme ne peut vous être comparée, il rentre chez lui plus flatté d'être aimé de vous, et par conséquent plus heureux. N'allez pas vous écrier qu'il n'y a rien de romanesque dans toute cette manière de voir ; il faut conduire avec sagesse le bonheur du sentiment, comme tout autre bonheur ; et, pour conserver le plus long-temps possible le plaisir toujours dangereux d'être adorée, la raison même est encore nécessaire. Quoi qu'il en soit, il ne s'agit pas de ce qui vaut le mieux pour être aimée, vous vous y entendez assez bien pour n'avoir pas besoin de mes conseils ; mais ce qui importe, c'est votre existence dans le monde, et le murmure qui précède l'attaque s'est déjà fait entendre depuis quelques jours.

Avant-hier, madame de Croisy, qui jusqu'à présent avait mis son amour-propre à vous admirer, disait avec une voix aiguë, qu'elle monte toujours d'une octave pour les discours de sentiment : « Mon Dieu, que je suis fâchée que madame d'Albémar s'établisse à Bellerive ! personne ne sait mieux que moi que c'est son goût pour l'étude qui l'a fixée dans la retraite; mais on dira tout autre chose, et il ne fallait pas s'y exposer. » Cette maligne preuve de l'intérêt de madame de Croisy fut le premier signal du mal qu'on essaya de dire de vous. M. de Verneuil, qui a tant de peine à pardonner à votre esprit, à vos charmes et à votre bonté, reprit : « C'est une excellente personne que madame d'Albémar ; mais j'ai peur qu'elle n'ait une mauvaise tête. Ces femmes d'esprit, je l'ai répété cinquante fois à ma pauvre sœur quand elle vivait, il leur arrive toujours quelque malheur ; j'en ai plusieurs exemples dans ma famille ; aussi me suis-je voué au bon sens : personne ne dit que j'ai de l'esprit, parceque je ne veux pas qu'on le dise; et cependant quelle différence entre un homme et une femme ! Il y a des occasions où il peut être utile à un homme de montrer à ceux qui en sont dupes ce qu'on appelle de l'esprit. Mais une femme, une femme ! ah ! mon Dieu, il ne lui sert qu'à faire des sottises. Quand je dis cela, ce n'est pas que je n'aime madame d'Albémar, mais je m'attends à quelque éclat fâcheux pour son repos. Sa conversation, quant à moi, m'amuse toujours beaucoup; néanmoins il ne serait pas sage de s'attacher à elle, car je suis persuadé qu'un jour ou l'autre il lui arrivera quelques peines, et je n'ai pas envie de me trouver là pour les partager. » Madame de Tésin, dont vous connaissez la double prétention à la sagesse et à l'esprit, interrompit M. de Verneuil, et lui dit : « Ce n'est point, monsieur, l'esprit qu'il faut blâmer ; on connaît des personnes qui peuvent hardiment se comparer à madame d'Albémar sous ce rapport, mais qui ont beaucoup plus de connaissance du monde, et d'habitude de se conduire. Ces personnes ne se contentent pas de briller dans un salon, et se servent de leurs lumières pour éviter toutes les occasions de faire dire du mal d'elles. Distinguez donc, je vous en prie, monsieur, les torts de légèreté de madame d'Albémar, des inconvénients de l'esprit en général. L'esprit est ce qui distingue éminemment les femmes citées pour leur raison. » Je me préparais à exciter une dispute sur ce sujet entre madame de Tésin et M. de Verneuil, lorsque madame du Marset et M. de Fierville, prévoyant mon intention, cherchèrent à ramener la conversation sur vous, et le firent avec une adresse vraiment perfide. Je voulais éviter même de vous défendre, parceque je sentais que c'était constater que vous aviez été attaquée; mais il fallut enfin arrêter leurs discours : j'eus au moins le bonheur de persuader entièrement ceux qui nous écoutaient : ce qui me le prouva, c'est que M. de Fierville, qui donne toujours à madame du Marset le signal de la retraite, parcequ'il a beaucoup moins d'amertume et de persistance dans ses méchancetés, se hâta de se replier, en vous donnant les plus grands éloges.

J'aurais pu lui faire sentir combien il y avait de contraste entre le commencement de sa conversation et la fin; mais je ne voulais pas intéresser son amour-propre à se montrer conséquent. J'ai remarqué plusieurs fois dans la société que l'on fait beaucoup de mal à ses amis, même en les justifiant, quand on irrite l'amour-propre de ceux qui les ont attaqués. Il faut encore plus veiller sur soi quand on loue que quand on blâme; si l'on veut se faire honneur en défendant ses amis, si l'on cherche à faire remarquer son caractère en vantant le leur, on leur nuit au lieu de les servir.

Je croyais avant-hier que tout était fini ; mais hier madame du Marset (je suis sûre que c'est elle) a mis en avant une femme tout insignifiante, mais dont elle dispose, et s'en est servie pour parler contre vous, tandis qu'elle-même, madame du Marset, n'aurait pas été écoutée. Cette femme donc, après un long soupir, s'est écriée tout-à-coup : « La pauvre madame de Mondoville ! » On lui a demandé la raison de sa pitié; elle a répondu qu'elle la croyait bien malheureuse du sentiment que Léonce avait pour vous. A l'instant M. de Fierville, que vous connaissez pour l'homme le plus insouciant de la terre, a pris un air de componction vraiment risible. Madame du Marset a levé les yeux au ciel, espérant donner ainsi à sa figure un air de bonté; et ce qu'il y avait dans la chambre de plus frivole et de moins scrupuleux s'est empressé de débiter des maximes sévères sur les ménagements que vous deviez à madame de Mondoville.

Quand la société de Paris se met à vouloir se montrer morale *contre* quelqu'un, c'est alors surtout qu'elle est redoutable. La plupart des personnes qui composent cette société sont en général très indulgentes pour leur propre conduite, et souvent même aussi pour celle des autres, lorsqu'elles n'ont pas intérêt à la blâmer; mais si, par malheur, il leur convient de saisir le côté sévère de la question, elles ne tarissent plus sur les devoirs et les principes, et vont beaucoup plus loin en rigueur que les femmes véritablement austères, résolues à se diriger elles-mêmes d'après ce qu'elles disent sur les autres. Les développements de vertu qui servent à la jalousie ou à la malveillance sont le sujet de rhétorique sur lequel les libertins et les coquettes font le plus de *pathos*, dans de certaines occasions.

Je le supportai quelque temps ; mais enfin, appuyée de plusieurs de vos amis, je démontrai ce que je sais positivement : c'est que madame de Mondoville est très heureuse, et les mauvaises intentions furent encore déjouées. Mais, dans ce genre, plusieurs victoires valent une défaite. Je vous en conjure donc, ma chère Delphine, revenez à Paris, et montrez-vous, afin d'étouffer ces haines obscures, par l'admiration que vous faites éprouver à tous ceux qui vous voient. Au milieu des plus brillantes sociétés, il y a beaucoup de personnes impartiales qui se laissent aller tout simplement à leurs impressions, sans les soumettre ni à leurs prétentions, ni à celles des autres : ce grand nombre, car le grand nombre est bon, sera pour vous ; mais ces mêmes gens, la plupart faibles et indifférents, laissent dire les méchants, quand vous n'êtes pas là pour leur en imposer. Ils ne les écoutent pas d'abord, ils sont ensuite quelque temps sans les croire ; mais ils finissent par se persuader que tout le monde dit du mal de vous, et se rangent alors à l'avis qu'ils supposent général, et qu'ils ont rendu tel, sans l'avoir un moment sincèrement partagé.

Cette histoire des progrès de la calomnie pourrait s'appliquer aux plus grands intérêts publics, comme aux détails de la société privée ; mais puisqu'elle nous est connue, tâchons de nous en garantir. Je finis en vous priant de nouveau, ma chère Delphine, d'en croire mes vieux conseils ; ils sont inspirés par une amitié digne d'être jeune, car elle est vive et dévouée.

LETTRE XVII.

Réponse de Delphine à madame d'Artenas.

Bellerive, ce 8 février.

Tout ce que vous me dites, madame, est plein de justesse et d'esprit ; et, ce qui me touche plus encore, votre amitié parfaite se retrouve à chaque ligne de votre lettre. Je me conformerais à vos conseils, si je n'étais pas résolue à passer ma vie dans la solitude : je sais combien je m'expose à la calomnie que vous essayez de combattre avec tant de bonté ; mais quand j'immole au bonheur de Léonce le devoir qui me défendrait peut-être de continuer à le voir, il suffit du moindre de ses desirs pour obtenir de moi le sacrifice de mon existence dans le monde. Il m'a demandé de rester à Bellerive ; si je retournais à Paris, il en serait malheureux ; jugez si je puis songer à revenir. Ah ! je devrais braver sa peine, pour me retirer en Languedoc, pour m'arracher au danger de sa présence, au tort que j'ai de partager un sentiment que je devrais repousser ; mais lui causer un instant de chagrin pour m'occuper de ce qu'on pourrait appeler mes intérêts, c'est ce que jamais je ne ferai.

Je suis sûre que Matilde est heureuse ; je m'informe jour par jour de sa vie, je sais jusqu'aux moindres nuances de ses impressions : si elle découvrait mon attachement pour Léonce ; si cet attachement, resté pur, l'offensait, je partirais à l'instant ; je partirai peut-être même sans ce motif, si mes sentiments ne suffisent pas à Léonce, si, dans un moment de courage, je puis renoncer à une situation que je condamne. Jamais alors je ne reverrais Paris ; ceux qui s'occupent de me juger ne me rencontrerais de leur vie, et rien ne pourrait me donner ni des consolations, ni de la douleur.

Ce que je n'oublierai point, quoi qu'il m'arrive, c'est l'amitié protectrice dont vous n'avez cessé de me donner des preuves. Au moment où j'ai reçu votre lettre, je me proposais d'aller passer quelques heures à Paris, pour vous exprimer ma reconnaissance ; mais madame de Mondoville s'étant renfermée, à cause du carême, dans le couvent où elle a été élevée, j'ai choisi demain pour proposer à Léonce de visiter avec moi une famille du Languedoc établie dans mon voisinage, et que depuis long-temps je veux aller voir. Dans peu de jours je réparerai ce que je perds en ne vous voyant pas ; c'est pour vous seule que je puis quitter ma retraite : pardonnez-moi de ne regretter à Paris que vous.

LETTRE XVIII.

Léonce à M. Barton.

Paris, ce 10 février.

Vous me demandez, mon ami, si je suis heureux ; et, déposant la sévérité d'un maître, ce qui vous importe avant tout, m'écrivez-vous, c'est de lire au fond de mon cœur. Pourquoi ne l'avez-vous pas interrogé il y a quelques jours ? j'étais plus content de moi ; je crains que la soirée d'hier ne m'ait jeté dans un trouble dont je ne pourrai plus sortir. Vous jugerez mieux de mes sentiments, si je vous raconte ce qui s'est passé ; il m'est amer et doux de me le retracer.

Depuis plus d'un mois je goûtais le bonheur de voir tous les jours cet être angélique que vous aviez choisi pour la compagne de ma vie : des desirs impétueux, des regrets invincibles me saisissaient quelquefois, dans les moments les plus délicieux de nos entretiens ; mais enfin le bonheur l'emportait sur la peine. Je ne sais si maintenant la lutte n'est pas trop forte, si je pourrai jamais retrouver ces impressions douces qui me permettaient de goûter les imparfaites jouissances de ma destinée.

Hier, madame de Mondoville étant absente, je pouvais passer la journée entière à Bellerive : madame d'Albémar me proposa une promenade après dîner ; elle me dit qu'il s'était établi près de chez elle une famille du Languedoc, dont elle croyait connaître le nom, et qu'elle serait bien aise que nous allassions nous en informer. Nous partîmes, et madame d'Albémar donna rendez-vous à sa voiture à une demi-lieue de Bellerive.

Lorsque nous approchâmes de l'endroit qu'on nous avait désigné, nous vîmes de loin une maison de paysan, petite, mais agréable, et nous entendîmes des voix et des instruments, dont l'accord nous parut singulièrement harmonieux. Nous approchâmes : un enfant, qui était sur la porte à faire des boules de neige, nous offrit de monter ; sa mère l'entendant, sortit de chez elle, et vint au-devant de nous. Madame d'Albémar reconnut d'abord, quoiqu'elle ne l'eût pas vue depuis dix ans, mademoiselle de Senanges, qu'elle avait rencontrée quelquefois dans la société de M. d'Albémar. Mademoiselle de Senanges, à présent madame de Belmont, accueillit Delphine de l'air le plus aimable et le plus doux. Nous la suivîmes dans la petite chambre dont elle faisait son salon, et nous vîmes un homme d'environ trente ans placé devant un piano, et faisant chanter une petite fille de huit ans : il se leva à notre arrivée ; sa femme s'approcha de lui aussitôt, et lui donna le bras pour avancer vers nous. Nous aperçûmes alors qu'il était aveugle ; mais sa figure avait conservé de la noblesse et du charme, malgré la perte de la vue : il régnait dans tous ses traits une expression de calme qui en imposait à la pitié même.

Delphine, dont le cœur est si accessible aux émotions de la bonté, se troubla visiblement, malgré ses efforts pour le cacher.

Elle fit une question à madame de Belmont sur les motifs de son départ du Languedoc. « Un procès que nous avons perdu, M. de Belmont et moi, nous a ruinés tout-à-fait, répondit-elle : j'avais été déja privée de la moitié de ma fortune, parcequ'une tante m'avait déshéritée à cause de mon mariage. Il ne nous reste plus, à mon mari, mes deux enfants et moi, que quatre-vingts louis de rente ; nous avons mieux aimé vivre dans un pays où personne ne nous connaissait, que de nous trouver engagés à conserver, sans fortune, nos anciennes habitudes de société. Ce climat, d'ailleurs, convient mieux à la santé de mon mari que les chaleurs du Midi ; et depuis quinze jours que nous sommes ici, nous nous y trouvons parfaitement bien. »

M. de Belmont prit la parole pour se féliciter de connaître une personne telle que madame d'Albémar ; il s'exprima avec beaucoup de grace et de convenance ; et sa femme, se rappelant avec plaisir qu'elle avait vu madame d'Albémar encore enfant chez ses parents, lui parla de leurs relations communes avec une simplicité et une sérénité parfaites. Je la regardais attentivement, et je ne voyais pas dans toute sa manière la moindre trace d'une peine quelconque ; elle ne paraissait pas se douter qu'il y eût rien dans sa situation qui pût exciter un intérêt extraordinaire, et fut long-temps sans s'apercevoir de celui qu'elle nous inspirait.

Son mari voulut nous montrer son jardin ; il donna le bras à sa femme pour y aller ; elle paraissait avoir tellement l'habitude de le conduire, que, pendant un moment qu'elle le remit à Delphine pour aller donner quelques ordres, elle marchait avec inquiétude, se retournait plusieurs fois, et paraissait, non pas troublée, c'est une personne trop simple pour s'inquiéter sans motif, mais tout-à-fait déshabituée de faire un pas sans servir de guide à son mari.

M. de Belmont nous intéressait à tous les instants davantage par son esprit et sa raison ; nous le ramenâmes plusieurs fois à parler de ses occupations, de ses intérêts ; il nous répondit toujours avec plaisir, paraissant oublier complètement qu'il était aveugle et ruiné, et nous donnant l'idée d'un homme heureux et tranquille, qui n'a pas dans sa vie la moindre occasion d'exercer le courage, ni même la résignation : seulement, en prononçant le nom de sa femme, en l'appelant ma chère amie, il avait un accent que je ne puis définir, mais qui retentissait à tous les souvenirs de sa vie, et nous les indiquait sans nous les exprimer.

Nous rentrâmes dans la maison : le piano était encore ouvert.

Delphine témoigna à M. et à madame de Belmont le désir d'entendre de près la musique qui nous avait charmés de loin ; ils y consentirent, en nous prévenant que, chantant presque toujours des trio avec leur fille, ils allaient exécuter de la musique très simple. Le père se mit à préluder au clavecin avec un talent supérieur et une sensibilité profonde. Je ne connais rien de si touchant qu'un aveugle qui se livre à l'inspiration de la musique ; on dirait que la diversité des sons et des impressions qu'ils font naître lui rend la nature entière dont il est privé. La timidité, naturellement inséparable d'une infirmité si malheureuse, défend d'entretenir les autres de la peine que l'on éprouve, et l'on évite presque toujours d'en parler ; mais il semble, quand un aveugle vous fait entendre une musique mélancolique, qu'il vous apprend le secret de ses chagrins ; il jouit d'avoir trouvé enfin un langage délicieux qui permet d'attendrir le cœur, sans craindre de le fatiguer.

Les beaux yeux de ma Delphine se remplirent de larmes, et je voyais à l'agitation de son sein combien son ame était émue : mais quand M. de Belmont et sa femme chantèrent ensemble, et que leur fille, âgée de huit ans, vint joindre sa voix enfantine et pure à celle de ses parents, il devint impossible d'y résister. Ils nous firent entendre un air des moissonneurs du Languedoc, dont le refrain villageois est ainsi :

> Accordez-moi donc, ma mère,
> Pour mon époux, mon amant ;
> Je l'aimerai tendrement,
> Comme vous aimez mon père.

La petite fille levait ses beaux yeux vers sa mère en chantant ces paroles ; son visage était tout innocence ; mais, élevée par des parents qui ne vivaient que d'affections tendres, elle avait déjà dans le regard et dans la voix cette mélancolie si intéressante à cet âge, cette mélancolie pressentiment de la destinée qui menace l'enfant à son insu. La mère reprit le même refrain, en disant :

> Elle t'accorde, ta mère,
> Pour ton époux, ton amant ;
> Tu l'aimeras tendrement,
> Ainsi qu'elle aime ton père.

A ces derniers mots, il y eut dans le regard de madame de Belmont quelque chose de si passionné, et tant de modestie succéda bientôt à ce mouvement, que je me sentis pénétré de respect et d'enthousiasme pour ces nobles liens de famille, dont on peut à la fois être si fier et si heureux. Enfin, le père chanta à son tour :

> Ma fille, imite ta mère,
> Prends pour époux ton amant;
> Et chéris-le tendrement,
> Comme elle a chéri ton père.

La voix de M. de Belmont se brisa tout-à-fait en prononçant ces paroles; et ce fut avec effort qu'il la retrouva, pour répéter tous les trois ensemble le refrain, sur un air de montagne qui semblait faire entendre encore les échos des Pyrénées.

Leurs voix étaient d'une parfaite justesse : celle du mari, grave et sonore, mêlait une dignité mâle aux doux accents des femmes; leur situation, l'expression de leur visage, tout était en harmonie avec la sensibilité la plus pure; rien n'en distrayait, rien ne manquait même à l'imagination. Delphine me l'a dit depuis; l'attendrissement que lui faisait éprouver une réunion si parfaite de tout ce qui peut émouvoir, cet attendrissement était tel, qu'elle n'avait plus la force de le supporter. Ses larmes la suffoquaient, quand madame de Belmont, se jetant presque dans ses bras, lui dit : « Aimable Delphine, je vous reconnais; mais nous croiriez-vous malheureux? Ah! combien vous vous tromperiez! » Et comme si tout-à-coup la musique avait fondé notre intimité, elle se plaça près de madame d'Albémar, et lui dit :

« Quand je vous ai connue, il y a dix ans, M. de Belmont m'aimait déjà depuis quelques années; mais comme on craignait qu'il ne perdît la vue, mes parents s'opposaient à notre mariage : il devint entièrement aveugle, et je renonçai alors à tous les ménagements que j'avais conservés avec ma famille. Chaque moment de retard, quand je lui étais devenue si nécessaire, me paraissait insupportable; et n'ayant ni père ni mère, je me crus permis de me décider seule. Je me mariai à l'insu de mes parents, et j'eus pendant quelque temps assez à souffrir des menaces qu'ils me firent de rompre mon mariage : quand il fut bien prouvé qu'ils ne le pouvaient pas, ils travaillèrent à nous ruiner, ils y réussirent; mais comme j'avais craint d'abord qu'ils ne parvinssent à me séparer de M. de Belmont, je ne fus presque pas sensible à la perte de notre fortune; mon imagination n'était frappée que du malheur que j'avais évité.

« Mon mari, continua-t-elle, donne des leçons à son fils; moi, j'élève ma fille; et notre pauvreté, nous rapprochant naturellement beaucoup plus de nos enfants, nous donne de nouvelles jouissances. Quand on est parfaitement heureux par ses affections, c'est peut-être une faveur de la Providence que certains revers qui resserrent encore vos liens par la force même des choses. Je n'oserais pas le dire devant M. de Belmont, si je ne savais pas que sa cécité ne le rend point malheureux; mais cet accident fixe sa vie au sein de sa famille, cet accident lui rend mon bras, ma voix, ma présence à tous les instants nécessaires; il m'a vue dans les premiers jours de ma jeunesse, il conservera toujours le même souvenir de moi, et il me sera permis de l'aimer avec tout le charme, tout l'enthousiasme de l'amour, sans que la timidité causée par la perte des agréments du visage en impose à l'expression de mes sentiments. Je le dirai devant M. de Belmont, madame, il faut qu'il entende ce que je pense de lui, puisque je ne veux pas le quitter un instant, même pour me livrer au plaisir de le louer : le premier bonheur d'une femme, c'est d'avoir épousé un homme qu'elle respecte autant qu'elle l'aime; qui lui est supérieur par son esprit et son caractère; qui décide de tout pour elle, non parcequ'il opprime sa volonté, mais parcequ'il éclaire sa raison et soutient sa faiblesse. Dans les circonstances mêmes où elle aurait un avis différent du sien, elle cède avec bonheur, avec confiance, à celui qui a la responsabilité de la destinée commune, et peut seul réparer une erreur, quand même il l'aurait commise. Pour que le mariage remplisse l'intention de la nature, il faut que l'homme ait par son mérite réel un véritable avantage sur sa femme, un avantage qu'elle reconnaisse et dont elle jouisse : malheur aux femmes obligées de conduire elles-mêmes leur vie, de couvrir les défauts et les petitesses de leur mari, ou de s'en affranchir, en portant seules le poids de l'existence! Le plus grand des plaisirs, c'est cette admiration du cœur qui remplit tous les moments, donne un but à toutes les actions, une émulation continuelle au perfectionnement de soi-même, et place auprès de soi la véritable gloire, l'approbation de l'ami qui vous honore en vous aimant. Aimable Delphine, ne jugez pas le bonheur ou le malheur des familles par toutes les prospérités de la fortune ou de la nature; connaissez le degré d'affection dont l'amour conjugal les fait jouir, et c'est alors seulement que vous saurez quelle est leur part de félicité sur la terre!

« — Elle ne vous a pas tout dit, ma douce amie, reprit M. de

Belmont; elle ne vous a pas parlé du plaisir qu'elle a trouvé dans l'exercice d'une générosité sans exemple; elle a tout sacrifié pour moi, qui ne lui offrais qu'une suite de jours pendant lesquels il fallait tout sacrifier encore. Riche, jeune, brillante, elle a voulu consacrer sa vie à un aveugle sans fortune, et qui lui faisait perdre toute celle qu'elle possédait. Dans quelque trésor du ciel il existait un bien inestimable; il m'a été donné, ce bien, pour compenser un malheur que tant d'infortunés ont éprouvé dans l'isolement. Et telle est la puissance d'une affection profonde et pure, qu'elle change en jouissances les peines les plus réelles de la vie; je me plais à penser que je ne puis faire un pas sans la main de ma femme, que je ne saurais pas même me nourrir, si elle n'approchait pas de moi les aliments qu'elle me destine. Aucune idée nouvelle ne ranimerait mon imagination, si elle ne me lisait pas les ouvrages que je desire connaître; aucune pensée ne parvient à mon esprit sans le charme que sa voix lui prête; toute l'existence morale m'arrive par elle, empreinte d'elle; et la Providence, en me donnant la vie, a laissé à ma femme le soin d'achever ce présent, qui serait inutile et douloureux sans son secours.

« Je le crois, dit encore M. de Belmont, j'aime mieux que personne; car tout mon être est concentré dans le sentiment: mais comment se fait-il que tous les hommes ne cherchent pas à trouver le bonheur dans leur famille? Il est vrai que ma femme, et ma femme seule, pouvait faire du mariage un sort si délicieux. Cependant il me manque de n'avoir jamais vu mes enfants, mais je me persuade qu'ils ressemblent à leur mère : de toutes les images que mes yeux ont autrefois recueillies, il n'en est qu'une qui soit restée parfaitement distincte dans mon souvenir, c'est la figure de ma femme; je ne me crois pas aveugle près d'elle, tant je me représente vivement ses traits ! Avez-vous remarqué combien sa voix est douce? quand elle parle, elle accentue gracieusement et mollement, comme si elle aimait à soigner les plaisirs qui me restent; je sens tout, je n'oublie rien; un serrement de main, une voix émue ne s'effacent jamais de mon souvenir. Ah! c'est une existence heureuse que de savourer ainsi les affections et leur charme; d'en jouir sans éprouver jamais une de ces inconstances du cœur qu'amènent quelquefois les splendeurs éclatantes de la fortune, ou les dons brillants de la nature.

« Néanmoins, quoique mon sort ne puisse se comparer à celui

de personne, je le dis, continua-t-il, aux grands de la terre, aux plus beaux, aux plus jeunes, il n'est de bonheur pendant la vie que dans cette union du mariage, que dans cette affection des enfants, qui n'est parfaite que quand on chérit leur mère. Les hommes, beaucoup plus libres dans leur sort que les femmes, croient pouvoir aisément suppléer aux jouissances de la vie domestique; mais je ne sais quelle force secrète la Providence a mise dans la morale; les circonstances de la vie paraissent indépendantes d'elle, et c'est elle seule cependant qui finit par en décider. Toutes les liaisons hors du mariage ne durent pas; des événements terribles ou des dégoûts naturels brisent les liens qu'on croyait les plus solides; l'opinion vous poursuit, l'opinion, de quelque manière, insinue ses poisons dans votre bonheur. Et quand il serait possible d'échapper à son empire, peut-on comparer le plaisir de se voir quelques heures au milieu du monde, quelques heures interrompues, avec l'intimité parfaite du mariage? Que serais-je devenu sans elle, moi qui ne devais porter mes malheurs qu'à celle qui pouvait s'enorgueillir de les partager? Comment aurais-je fait pour lutter contre l'ordre de la société, moi que la nature avait désarmé? Combien l'abri des vertus constantes et sûres ne m'était-il pas nécessaire à moi qui ne pouvais rien conquérir, et qui n'avais pour espoir que le bonheur qui viendrait me chercher! Mais ce ne sont point des consolations que je possède, c'est la félicité même; et, je le répète avec assurance, celui qui n'est point heureux par le mariage est seul, oui, partout seul; car il est tôt ou tard menacé de vivre sans être aimé. »

M. de Belmont prononça ces paroles avec tant de chaleur, qu'elles jetèrent mon ame dans une situation violente; je vous l'avoue, ce que j'éprouve quand une circonstance ranime en moi la douleur de n'avoir pas épousé madame d'Albémar, ce que j'éprouve tient beaucoup de cet état que les anciens auraient expliqué par la vengeance des furies. Quelquefois cette douleur semble dormir dans mon sein; mais quand elle se réveille, je sens qu'elle ne m'a jamais quitté, et que tous les jours écoulés me sont retracés par les regrets les plus amers.

Madame d'Albémar s'aperçut que j'étais saisi par ces mouvements impétueux et déchirants. En effet, j'avais résisté longtemps; mais tant d'émotions, qui portaient sur la même blessure, l'avaient enfin rendue trop douloureuse. Delphine se leva, et dit qu'elle voulait partir; le temps menaçait de la neige, monsieur et madame de Belmont voulurent l'engager à rester; elle me regarda, et vit, je crois, que mon visage était entièrement décomposé; car elle répéta vivement que sa voiture l'attendait à quatre pas de la maison, et qu'elle était forcée de s'en aller. Elle promit de revenir; monsieur et madame de Belmont et leurs deux enfants la reconduisirent jusqu'à la porte, avec cette affection qu'elle inspire si vite à quiconque est digne de l'apprécier.

Je lui donnai le bras sans rien dire, et nous marchâmes ainsi quelque temps. Arrivés à l'endroit où sa voiture devait l'attendre, nous ne la trouvâmes point; on avait mal entendu nos ordres, et la néige commençait à tomber avec une grande abondance. « J'ai bien froid, » me dit-elle. Ce mot me tira des pensées qui m'absorbaient; je la regardai, elle était fort pâle, et je craignis que sa santé ne souffrît du chemin qui lui restait encore à faire; je la suppliai de me permettre de la porter, pour que ses pieds au moins ne fussent pas dans la neige. Elle s'y refusa d'abord; mais son état étant devenu plus alarmant, j'insistai peut-être avec amertume, car j'étais agité par les sentiments les plus douloureux. Delphine consentit alors à ce que je desirais; elle espérait, j'ai cru le voir, que mes impressions s'adouciraient par le plaisir de lui rendre au moins ce faible service.

Mon ami, je la portai pendant une demi-lieue, avec des émotions d'une nature si vive et si différente, que mon ame en est restée bouleversée. Tantôt la fièvre de l'amour me saisissait en la pressant sur mon cœur, et je lui répétais qu'il fallait qu'elle fût à moi comme mon épouse, comme ma maîtresse, comme l'être enfin qui devait confondre sa vie avec la mienne; elle me repoussait, soupirait, et me menaçait de refuser mon secours. Une fois la rigueur du froid la saisit tellement, qu'elle pencha sa tête sur moi, et je la soulevai comme si elle eût été sans vie : je regardai le ciel dans un mouvement inexprimable; je ne sais ce que je voulais; mais si elle était morte dans mes bras, je l'aurais suivie, et je ne sentirais plus la douleur qui me poursuit. Enfin nous arrivâmes, et mes soins la rétablirent entièrement. J'étais impatient de la quitter; je ne me trouvais plus bien à Bellerive, dans ces lieux qui faisaient mes délices : malheureux que je suis! pourquoi fallait-il que je visse le spectacle d'une union si heureuse!

Aveugles, ruinés, relégués dans un coin de la terre, ils sont heureux par l'amour dans le mariage; et moi, qui pouvais goûter ce bien au sein de toutes les prospérités humaines, j'ai livré mon cœur à des regrets dévorants, qui n'en sortiront qu'avec la vie !

LETTRE XIX.

Delphine à Léonce.

Hier vous n'êtes resté qu'un quart d'heure avec moi ; à peine m'avez-vous parlé : en me quittant, j'ai vu que vous alliez dans la forêt, au lieu de retourner à Paris ; j'ai su depuis que vous n'êtes rentré chez vous qu'au jour. Vous avez passé cette nuit glacée seul, à cheval, non loin de ma demeure ; c'était vous pourtant qui aviez voulu abréger notre soirée. Inquiète, troublée, je suis restée à ma fenêtre pendant cette même nuit. Léonce, occupés ainsi l'un de l'autre, nous craignions de nous parler : que me cachez-vous ? juste ciel ! ne pouvons-nous plus nous entendre ?

LETTRE XX.

Léonce à Delphine.

J'ai passé une nuit plus douce que tous les jours qui me sont destinés : cette tristesse de l'hiver me plaisait, je n'avais rien à reprocher à la nature. Mais vous, vous qui voyez dans quel état je suis, daignez-vous en avoir pitié ? Ce frisson que les longues heures de la nuit me faisaient éprouver m'était assez doux : n'est-ce pas ainsi que s'annonce la mort ? et ne sentez-vous pas qu'il faudra bientôt y recourir ? Vous me demandez si je vous cache un secret ! l'amour en a-t-il ? Si vous partagiez ce que j'éprouve, ne me comprendriez-vous pas ? Cependant vous me le demandez, ce secret ; le voici : je suis malheureux ; n'exigez rien de plus.

LETTRE XXI.

Delphine à Léonce.

Vous êtes malheureux, Léonce ! Ah ! le ciel m'inspirait bien quand je voulais partir, quand je refusais de croire à vos serments ; vous me juriez qu'en restant je comblerais tous les vœux de votre cœur ; vous m'avez séduite par cet espoir, et déjà vous ne craignez plus de me le ravir. Autrefois les mêmes sentiments nous animaient, et maintenant, hélas ! qu'est devenu cet accord ? Savez-vous ce que j'éprouvais ? je jouissais avec délices de notre situation. Insensée que je suis! j'étais heureuse, je vous l'aurais dit: oh! que vous avez bien réprimé cette confiance imprudente!

Mais d'où vient donc, Léonce, cette funeste différence entre nous? Vous croiriez-vous le droit de me dire que vous êtes plus capable d'aimer que moi? avec quel dédain je recevrais ce reproche! je connais des sacrifices que vous ne pourriez pas me faire; il n'en est pas un au monde qui me parût mériter seulement votre reconnaissance, tant il me coûterait peu! Vous ai-je parlé du tort que me faisait mon séjour à Bellerive? loin de redouter les peines que mon amour pourra me causer, quand je m'égare dans les chimères qui me plaisent, j'aime à supposer des dangers, des malheurs de tout genre, que je braverais avec transport pour vous.

Oseriez-vous prétendre que le don, ou plutôt l'avilissement de moi-même, est le sacrifice que je dois à ce que j'aime? Mon ami, ce serait notre amour que j'immolerais, si je renonçais à cet enthousiasme généreux qui anime notre affection mutuelle. Si je cédais à vos desirs, nous ne serions bientôt plus que des amants sans passion, puisque nous serions sans vertu; et nous aurions ainsi bientôt désenchanté tous les sentiments de notre cœur.

Si je pouvais manquer maintenant aux derniers devoirs que je respecte encore, quelle serait ma conduite à mes propres yeux? Je me serais établie dans une solitude, pour y passer ma vie seule avec l'homme que j'aime, avec l'époux d'une autre; j'y resterais sans combats, sans remords; j'aurais été moi-même au-devant de ma honte. O Léonce! je ne suis déjà peut-être que trop coupable; veux-tu donc dégrader l'image de Delphine? veux-tu la dégrader dans ton propre souvenir? Qu'elle parte, et tu ne l'oublieras jamais; qu'elle meure, et tu verseras des larmes sur sa tombe: mais si tu la rendais criminelle, tu la chercherais vainement telle qu'elle était, dans le monde, dans ta mémoire, dans ton cœur; elle n'y serait plus; et sa tête humiliée se pencherait vers la terre, n'osant plus regarder ni le ciel, ni Léonce.

Hier, n'étais-tu pas égaré, quand tu me reprochais d'être insensible à l'amour? ton accent était âpre et sombre; tu m'accusais de ne pas savoir aimer! Ah! crois-tu que mon amour n'ait pas aussi sa volupté, son délire? la passion innocente a des plaisirs que ton cœur blasphème. Quand tu n'avais pas encore troublé mes espérances, quand je me flattais de passer ma vie entière avec toi, il n'existait pas dans l'imagination un bonheur que l'on pût comparer au mien ; aucun chagrin, aucune inquiétude ne me rendaient les heures difficiles ; je me sentais portée dans la vie comme sur un nuage ; à peine touchais-je la terre de mes pas ; j'étais environnée d'un air azuré, à travers lequel tous les objets s'offraient à moi sous une couleur riante : si je lisais, mes yeux se remplissaient des plus douces larmes, à chaque mot que je rapportais à toi ; je m'attendrissais en faisant de la musique, car je t'adressais toujours ce langage mystérieux, ces émotions indéfinissables que l'harmonie nous fait éprouver : j'avais en moi une existence surnaturelle que tu m'avais donnée, une inspiration d'amour et de vertu, qui faisait battre mon cœur plus vite à tous les moments du jour.

J'étais heureuse ainsi, même dans ton absence : l'heure de te voir approchait, et la fièvre de l'espérance m'agitait ; cette fièvre se calmait quand tu entrais dans ma chambre ; elle faisait place aux sentiments délicieux qui se répandaient dans mon cœur : je te regardais, je considérais de nouveau tous les objets qui m'entourent, étonnée de la magie, de l'enchantement de ta présence, et demandant au ciel si c'était bien la vie qu'un tel bonheur, ou si mon ame déja n'avait pas quitté la terre. N'y avait-il donc point d'amour dans cette ivresse? et quand tu m'environnais de tes bras, quand je reposais ma tête sur ton épaule, si je renfermais dans mon cœur quelques uns de mes mouvements, ce cœur en devenait plus tendre ; il eût perdu de sa sensibilité même, s'il n'avait su rien réprimer.

J'ai voulu, Léonce, ne voir dans votre peine que vos inquiétudes sur mon sentiment pour vous ; j'ai dissipé ces inquiétudes : si vous vous permettiez encore les mêmes plaintes, il ne serait plus digne de moi d'y répondre.

LETTRE XXII.

Léonce à Delphine.

Ma volonté est soumise à la vôtre ; mais je ne sais quel accablement douloureux altère en moi les principes de la vie : hier, en revenant de chez vous, je pouvais à peine me soutenir sur mon cheval. J'essaierai d'aller à Bellerive ce soir ; mais j'ai à peine la force d'écrire. Adieu.

LETTRE XXIII.

Delphine à Léonce.

Léonce, je vous crois généreux; pourquoi donc vous cacherais-je ce qui est dangereux pour moi? Vous savez, vous devez savoir, que si vous me rendiez coupable, je n'y survivrais pas; et vous me connaissez assez pour ne pas imaginer que j'imite ces femmes dissimulées qui veulent se laisser vaincre après avoir long-temps résisté. Si vous ne voulez pas que je meure de douleur ou de honte, je dois obtenir, en vous confiant le secret de ma faiblesse, que votre propre vertu m'en défende. O Léonce! si vous souffrez, si vos peines altèrent quelquefois votre santé, ne vous montrez pas à moi dans cet état.

Hier, en vous voyant si pâle, si chancelant, je me sentis défaillir; quand l'image de votre danger se présente à moi, toute autre idée disparaît à mes yeux. Il se passait hier dans mon cœur une émotion inconnue qui affaiblissait ma raison, ma vertu, toutes mes forces; et j'éprouvais un desir inexprimable de ranimer votre vie aux dépens de la mienne, de verser mon sang pour qu'il réchauffât le vôtre, et que mon dernier souffle rendît quelque chaleur à vos mains tremblantes.

Léonce, en vous avouant l'empire de la souffrance sur mon cœur, c'est vous interdire à jamais de m'en rendre témoin; dérobez-la-moi, s'il est possible : cette prière n'est pas d'une ame dure, et vous l'adresser, c'est vous estimer beaucoup. Ne répondez pas à cette lettre; en l'écrivant, mon front s'est couvert de rougeur. Je vous ai imploré, protégez-moi, mais sans me rappeler que je vous l'ai demandé.

LETTRE XXIV.

Léonce à Delphine.

Delphine, je veux respecter vos volontés, je le veux; cette résignation est tout ce que je puis vous promettre. Vous ne connaissez pas les sentiments qui m'agitent; je leur impose silence, je ne puis vous les confier. Je vous adore, et je crains de vous parler d'amour! que deviendrai-je? et cependant tu m'aimes, et tu voudrais que je fusse heureux! J'ai cru que je le serais, je me suis trompé. Essayons de ne pas nous parler de nous, de transporter notre pensée sur je ne sais quel sujet étranger, dont nous ne nous occuperons qu'avec effort; oui, avec effort. Puis-je ne pas me contraindre? puis-je m'abandonner à ce que j'éprouve? Si je m'y livre un jour, dans l'état où m'ont jeté mes desirs et mes regrets, si je m'y livre un jour, l'un de nous deux est perdu.

LETTRE XXV.

Delphine à Léonce.

L'homme d'affaires de madame de Mondoville est venu voir le mien, pour lui parler de soixante mille livres que j'ai cautionnées pour madame de Vernon, et de quarante autres que je lui avais prêtées, il y a deux ou trois ans : vous sentez bien que je ne veux pas que vous acquittiez ces dettes, surtout à présent que vos affaires sont en désordre; mais il serait tout-à-fait inconvenable pour moi d'avoir l'air de rendre un service à madame de Mondoville. Hélas! j'ai des torts envers elle, et si jamais elle les découvre, je ne veux pas qu'elle puisse penser que j'aie cherché à enchaîner son ressentiment par des obligations de cette nature. Ayez donc la bonté de dire à madame de Mondoville que je ne veux pas que de dix ans il soit question en aucune manière des dettes que sa mère a contractées avec moi; mais persuadez-lui bien que je me conduis ainsi par amitié pour vous, ou à cause d'une promesse faite à sa mère : supposez tout ce que vous voudrez; seulement arrangez tout pour que madame de Mondoville ne puisse pas se croire liée personnellement envers moi par la reconnaissance.

LETTRE XXVI.

Léonce à Delphine.

J'ai exécuté fidèlement vos ordres auprès de madame de Mondoville. Que parlez-vous de lui épargner de la reconnaissance? avez-vous donc oublié que c'est vous qui l'avez dotée, que sans votre générosité fatale je serais peut-être libre encore? Ah Dieu! ne puis-je donc repousser ce souvenir, et tout dans la vie doit-il me le rappeler!

Je n'ai pu empêcher Matilde de vous aller voir demain; elle est touchée de vos procédés envers nous, quoique j'en aie diminué le mérite, selon vos intentions. Elle voulait que je l'accompagnasse à Bellerive, cela m'est impossible; je ne veux pas vous voir ensemble, je ne veux pas la trouver dans les lieux que vous habitez : il me semble que son image y resterait... Permettez-moi de vous prier, ma Delphine, de recevoir Matilde comme vous l'auriez fait avant la mort de sa mère : vous êtes capable de vous troubler en la voyant, comme si vous aviez des torts envers elle : hélas ! ne lui offrez-vous pas ma peine en sacrifice ? n'est-ce point assez ? conservez avec elle la supériorité qui vous convient. Il serait difficile de lui donner des soupçons, jamais elle n'a été plus calme, plus heureuse ; mais la seule personne qu'elle observe avec soin, c'est vous ; non par jalousie, mais pour se démontrer à elle-même qu'il n'y a de bonheur que dans la dévotion, et que toutes vos qualités et vos agréments vous sont inutiles, parceque vous n'êtes pas dans les mêmes opinions qu'elle.

Ne lui montrez donc, je vous prie, ni tristesse, ni timidité ; et souvenez-vous qu'elle vous doit, et uniquement à vous, la conduite que je tiens envers elle. C'est une personne à laquelle je n'ai rien à reprocher, mais qui me convient si peu, que j'aurais cherché des prétextes pour m'éloigner, si vous ne m'aviez pas imposé son bonheur pour prix de votre présence : je le fais, ce bonheur, sans qu'il m'en coûte, grace au ciel ! la moindre dissimulation. Elle ne compte dans la vie que les procédés, comme elle ne voit dans la religion que les pratiques ; elle ne s'inquiète ni du regard, ni de l'accent, ni des paroles, qui sont mille fois plus involontaires que les actions : elle m'aime, je le crois ; et si quelques circonstances éclatantes excitaient sa jalousie, elle pourrait être très vive et très amère ; mais tant que je ne manquerai pas à la voir chaque jour, elle n'imaginera pas que mon cœur puisse être occupé d'un autre objet. Il importe donc à son repos comme à votre dignité, ma chère Delphine, que vous ne changiez rien à votre manière d'être avec elle. Adieu : vous triomphez ; sais-je assez me contenir ? Je parle comme si mon cœur était calme... Delphine, un jour, un jour ! si tous ces efforts étaient vains, s'il fallait choisir entre ma vie et mon amour, ah ! que prononceriez-vous ?

LETTRE XXVII.
Delphine à Léonce.

Quels cruels moments je viens de passer ! Matilde est venue à six heures du soir, et ne m'a quittée qu'à neuf : je crois qu'elle s'était prescrit à l'avance ces trois heures, les plus pénibles dont je puisse me faire l'idée. Je craignais d'être fausse en lui montrant de l'amitié ; je trouvais imprudent et injuste de la traiter avec froideur, et chaque mot que je disais me coûtait une délibération et une incertitude. Je ne pouvais me défendre aussi de l'observer, de la comparer à moi, et j'étais mécontente des diverses impressions que me causaient tour à tour la beauté qu'elle possède, et les graces dont elle est privée. Enfin ce qui a fini par dominer en moi, c'est l'amitié d'enfance que j'ai toujours eue pour elle ; et je me sentais attendrie par sa présence, sans qu'elle eût provoqué d'aucune manière cette disposition.

Elle m'a demandé mes projets ; je lui ai dit que je retournais ce printemps en Languedoc : il m'a été impossible de lui répondre autrement ; je ne sais quelle voix a parlé pour moi, sans qu'aucune réflexion précédente m'eût suggéré ce dessein.

Matilde m'a témoigné plus d'intérêt que jamais, et sa bienveillance me faisait tellement souffrir, que, s'il eût été dans son caractère de s'exprimer avec plus de sensibilité, je me serais peut-être jetée à ses pieds par un mouvement plus fort que ma volonté et ma raison. Mais vous connaissez sa manière, elle éloigne la confiance, elle oblige les autres à se contenir comme elle se contient elle-même : le seul moment où je lui ai trouvé un accent animé, et qui sortait de ce ton uniforme et mesuré qu'elle conserve presque toujours, c'est lorsqu'elle m'a parlé de vous. « Tout mon bonheur est en lui, m'a-t-elle dit, et je n'ai point d'autre affection sur cette terre ! » Ces mots m'ont ébranlée, mes yeux se sont remplis de larmes ; mais alors Matilde, craignant, comme sa mère, tout ce qui peut conduire à l'émotion, s'est levée subitement, et m'a fait des questions sur l'arrangement de ma maison.

Nous ne nous sommes entretenues depuis ce moment que sur les sujets les plus indifférents ; et nous nous sommes quittées après trois heures de tête-à-tête, comme si nous avions eu une conversation de quelques minutes, au milieu d'un cercle nombreux. Mais pendant ces heures elle était calme, et moi, combien j'étais loin de l'être ! Ah ! Léonce, je suis coupable, je le suis sûrement ; car j'éprouvais tout ce qui caractérise le remords, le trouble, les craintes, la honte : je redoutais de me trouver seule après son départ. Puis-je méconnaître dans ce que je souffrais les cruels symptômes du mécontentement de soi-même ?

J'ai reçu ce matin une lettre de madame d'Ervins, qui m'annonce son arrivée dans un mois, et me parle avec estime et confiance de la sécurité qu'elle éprouve en me remettant l'éducation de sa fille. Dites-le-moi, mon ami, puis-je accepter un tel dépôt? quel exemple Isore aura-t-elle sous les yeux? comment pourrai-je la convaincre de mon innocence, lorsque je dois surtout lui conseiller de ne pas imiter ma conduite? Sur mille femmes, à peine une échapperait-elle aux séductions auxquelles je m'expose. Léonce, je ne suis pas encore criminelle, mais déjà je rougis quand on parle des femmes qui le sont; j'éprouve un plaisir condamnable quand j'apprends quelques traits des faiblesses du cœur; je me surprends à desirer de croire que la vertu n'existe plus. J'étais d'accord avec moi-même autrefois; maintenant, je me raisonne sans cesse, comme si j'avais quelqu'un à convaincre; et quand je me demande à qui j'adresse ces discours continuels, je sens que c'est à ma conscience, dont je voudrais couvrir la voix.

Mon ami, si je persiste long-temps dans cet état, j'émousserai dans mon cœur cette délicatesse vive et pure dont le plus léger avertissement disposait souverainement de moi. Quel intérêt mettrai-je aux derniers restes de la morale que je conserve encore, si je flétris mon ame en cessant d'aspirer à cette vertu parfaite qui avait été jusqu'à ce jour l'objet de mes espérances? Léonce, je t'aime avec idolâtrie; quand je te vois, je me sens comme transportée dans un monde de félicités idéales, et cependant je voudrais avoir la force de me séparer de toi : je voudrais avoir fait à la morale, à l'Être suprême cet héroïque sacrifice, et que ton souvenir et que l'amour que tu m'inspires fussent à jamais gravés dans mon ame, devenue sublime par son courage.

O mon ami! que ne me soutiens-tu dans ces élans généreux! un jour, nous tenant par la main, nous nous présenterions avec confiance au Créateur de la nature : si l'homme juste luttant contre l'adversité est un spectacle digne du ciel, des êtres sensibles triomphant de l'amour méritent plus encore l'approbation de Dieu même. Aide-moi, je puis me relever encore; mais si tu persistes, je ne serai bientôt plus qu'un caractère abattu sous le poids du repentir, une ame douce, mais commune; et la plus noble puissance du cœur, celle des sacrifices, s'affaiblira tout-à-fait en moi.

Sais-je enfin si je ne devrais pas m'éloigner de vous, pour vous-même? Depuis quelque temps n'êtes-vous pas cruellement agité? puis-je, hélas! puis-je me dire du moins que c'est pour votre bonheur que votre amie dégrade son cœur en résistant à ses remords ?

LETTRE XXVIII.

Léonce à Delphine.

J'ai peut-être mérité, par le trouble où m'ont jeté des sentiments trop irrésistibles, la cruelle lettre que vous m'écrivez ; cependant je ne m'y attendais pas. Je vous ai parlé de ce qui manquait à mon bonheur, et vous me proposez de vous séparer de moi ! Quelle faible idée vous ai-je donc donnée de mon amour ? Avez-vous pu penser que j'existerais un instant après vous avoir perdue ? Je ne sais si vous avez raison d'éprouver les regrets et les remords qui vous agitent : je ne demande rien, je n'exige rien ; mais je veux seulement que vous lisiez dans mon ame. Aucune puissance humaine, aucun ordre de vous ne pourrait me faire supporter la vie, si je cessais de vous voir. C'est à vous d'examiner ce que vaut cette vie, quels intérêts peuvent l'emporter sur elle. Je ne murmurerai point contre votre décision, quand vous saurez clairement ce que vous prononcez.

Je sens presque habituellement, à travers le bonheur dont je jouis près de toi, que la douleur n'est pas loin, qu'elle peut rentrer dans mon ame avec d'autant plus de force que des instants heureux l'ont suspendue. Delphine, j'ai vingt-cinq ans ; déja je commence à voir l'avenir comme une longue perspective, qui doit se décolorer à mesure que l'on avance. Veux-tu que j'y renonce ? je le ferai sans beaucoup de peine ; mais je te défends de jamais parler de séparation. Dis-moi : *Je crois ta mort nécessaire,* mon cœur n'en sera point révolté ; mais j'éprouve une sorte d'irritation contre toi, quand tu peux me parler de ne plus se voir, comme d'une existence possible.

Mon amie, j'ai eu tort de t'entretenir de mes chagrins, pardonne-moi mon égarement ; en me présentant une idée horrible, tu m'as fait sentir combien j'étais insensé de me plaindre. Hélas ! n'est-ce donc que par la douleur que la raison peut rentrer dans le cœur de l'homme ? et n'apprend-on que par elle à se reprocher des desirs trop ambitieux ? Eh bien, eh bien, ne parle plus d'absence, et je me tiens pour satisfait.

Pourrais-je oublier quel charme je goûte en te confiant mes pensées les plus intimes, lorsque nous regardons ensemble les événements du monde comme nous étant étrangers, comme nous faisant spectacle de loin, et que, nous suffisant l'un à l'autre, les circonstances extérieures ne nous paraissent qu'un sujet d'observations? Ah! Delphine, j'accepterais avec toi l'immortalité sur cette terre; les générations qui se succéderaient devant nous ne rempliraient mon ame que d'une douce tristesse; je renouvellerais sans cesse avec toi mes sentiments et mes idées; je revivrais dans chaque entretien.

Mon amie, écartons de notre esprit toutes les inquiétudes que notre imagination pourrait exciter en nous; il n'y a rien de réel au monde qu'aimer; tout le reste disparaît, ou change de forme et d'importance, suivant notre disposition : mais le sentiment ne peut être blessé sans que la vie elle-même soit attaquée. Il réglait, il inspirait tous les intérêts, toutes les actions; l'ame qu'il remplissait ne sait plus quelle route suivre, et, perdue dans le temps, toutes les heures ne lui présentent plus ni occupations, ni but, ni jouissances.

Crois-moi, Delphine, il y a de la vertu dans l'amour, il y en a même dans ce sacrifice entier de soi-même à son amant, que tu condamnes avec tant de force : mais comment peux-tu te croire coupable, quand la pure innocence guide tes actions et ton cœur? comment peux-tu rougir de toi, lorsque je me sens pénétré d'une admiration si profonde pour ton caractère et ta conduite? Juge de tes vertus comme de tes charmes, par l'amour que je ressens pour toi. Ce n'est pas ta beauté seule qui l'a fait naître : tes perfections morales m'ont inspiré cet enthousiasme qui, tour à tour, exalte et combat mes désirs. O mon amie, abjure ta lettre, sois fière d'être aimée, et ne te repens pas de me consacrer ta vie.

LETTRE XXIX.

Delphine à mademoiselle d'Albémar.

Bellerive, ce 2 avril 1791.

Vous m'écrivez moins souvent, ma chère Louise, et vous évitez de me parler de Léonce; il n'y a pas moins de tendresse dans vos lettres, mais un sentiment secret de blâme s'y laisse entrevoir. Ah! vous avez raison, je le mérite, ce blâme; j'ai perdu le moment du courageux sacrifice, jugez vous-même à présent s'il est possible : je vous envoie la dernière lettre que j'ai reçue de Léonce ; puis-je partir après ces menaces funestes, le puis-je? Toutes les femmes qui ont aimé, je le sais, se sont crues dans une situation qui n'avait jamais existé jusqu'alors ; mais, néanmoins, ne trouvez-vous pas que le sentiment de Léonce pour moi n'a point d'exemple au monde?

Cette tendresse profonde dans une ame si forte, cet oubli de tout dans un caractère qui semblait devoir se livrer avec ardeur aux distinctions qui l'attendaient dans la vie (et quel homme était plus fait que Léonce pour aspirer à tous les genres de gloire?), la noblesse de ses expressions, la dignité de ses regards, m'en imposent quelquefois à moi-même ; je jouis de me sentir inférieure à lui. Jamais aucun triomphe n'a fait goûter autant de jouissances que j'en éprouve en abaissant mon caractère devant celui de Léonce. Qui pourrait mesurer tout ce qu'il est déja, et tout ce qu'il peut devenir? Par-delà les perfections que j'admire, j'en soupçonne de nouvelles qui me sont inconnues; et lorsqu'il se sert des expressions les plus ardentes, quelque chose de contenu dans son accent, de voilé dans ses regards, me persuade qu'il garde en lui-même des sentiments plus profonds encore que ceux qu'il consent à m'exprimer. Léonce exerce sur moi la toute-puissance que lui donnent à la fois son esprit, son caractère et son amour. Il me semble que je suis née pour lui obéir autant que pour l'adorer : seule, je me reproche la passion qu'il m'inspire; mais en sa présence, le mouvement involontaire de mon ame est de me croire coupable quand j'ai pu le rendre malheureux. Il me semble que son visage, que sa voix, que ses paroles portent l'empreinte de la vertu même, et m'en dictent les lois. Ces récompenses célestes qu'on éprouve au fond de son cœur quand on se livre à quelque généreux dessein, je crois les goûter quand il me parle; et lorsque, dans un noble transport, il me dit qu'il faut immoler sa vie à l'amour, je rougirais de moi-même si je ne partageais pas son enthousiasme.

Ne craignez pas, cependant, que son empire sur moi me rende criminelle ; le même sentiment qui me soumet à ses volontés me défend contre la honte. Léonce commande à mon sort, parceque j'admire son caractère, parcequ'il réunit toutes les vertus que vous m'avez appris à chérir; je ne puis le quitter, s'il ne consent pas lui-même à ce sacrifice ; mais lorsque, oubliant la différence de nos devoirs, il veut me faire manquer aux miens, je m'arme contre lui de ses qualités mêmes, et, certaine qu'il ne sacrifierait pas son honneur à l'amour, le desir de l'égaler m'inspire le courage de lui résister. Ah! Louise, c'est bien peu, sans doute, que de conserver une dernière vertu, quand on a déjà bravé tant d'égards, tant de devoirs, qui me paraissaient jadis aussi sacrés que ceux que je respecte encore ! Mais ne gardez pas sur ma situation ce silence cruel ; ne croyez pas qu'il ne soit plus temps de me donner des conseils, que je n'en puisse recevoir aucun ! une fois, peut-être, je les suivrai, je n'en sais rien ; mais aimez-moi toujours.

Hélas ! notre situation peut à chaque instant être bouleversée. Je partirais, si Matilde, découvrant nos sentiments, desirait que je m'éloignasse ; je partirais, si Léonce cessait un seul jour de me respecter, ou si l'opinion me poursuivait au point de le rendre malheureux lui-même. Ah ! de combien de manières prévues et imprévues le bonheur dont je ne jouis qu'en tremblant ne peut-il pas m'être arraché ! Louise, ne vous hâtez donc pas de prendre avec moi ce ton de froideur et de réserve, qu'il ne faut adresser qu'aux amis dont le sort est trop prospère ; n'oubliez pas la pitié, je vous la demanderai peut-être bientôt.

Déjà vous m'inquiétez en m'annonçant que M. de Valorbe, ayant perdu sa mère, se prépare à partir pour Paris ; il faudra que j'instruise Léonce, et de ses sentiments pour moi, et de ses droits à ma reconnaissance ; mais de quelque manière que je les lui fasse connaître, sa présence lui sera toujours importune. Ne pouvez-vous donc pas détourner M. de Valorbe de venir ici ? Vous savez que, sous des formes timides et contraintes, il a un amour-propre très sombre et très amer, et que tout ce qu'il dit de son dégoût de la vie vient uniquement de ce qu'il a une opinion de lui qu'il ne peut faire partager aux autres ; il a plus d'esprit qu'il n'en sait montrer, ce qui est précisément le contraire de ce qu'il faut pour réussir à Paris, où l'on n'a le temps de découvrir le mérite de personne. Quand il ne devinerait pas mes véritables sentiments, il suffirait de la supériorité de Léonce pour lui donner de l'humeur ; et que de malheurs ne peut-il pas en arriver ! Essayez de lui persuader, ma chère Louise, que rien ne pourra jamais me décider à me remarier. Je ne puis vous exprimer assez combien il me sera pénible de revoir M. de Valorbe, s'il me faut supporter qu'il me parle encore de son amour. D'ailleurs ma société est maintenant si resserrée, qu'en y admettant M. de Valorbe je m'expose à faire croire qu'il m'intéresse.

Je ne vois habituellement que M. et madame de Lebensei, et quelquefois, mais plus rarement, M. et madame de Belmont ;

l'esprit de M. de Lebensei me plaît extrêmement, sa conversation m'est chaque jour plus agréable ; il n'a de prévention ni de parti pris sur rien à l'avance, et sa raison lui sert pour tout examiner. La société d'un homme de ce genre vous promet toujours de la sécurité et de l'intérêt ; on ne craint point de lui confier sa pensée, l'on est sûr de la confirmer ou de la rectifier en l'écoutant.

Sa femme a moins d'esprit et surtout moins de calme que lui ; sa situation dans la société la rend malheureuse, sans qu'elle consente même à se l'avouer. Ce chagrin est fort augmenté par une inquiétude très naturelle et très vive qu'elle éprouve dans ce moment ; elle est près d'accoucher, et elle a des raisons de craindre que sa grand'mère et sa tante, qui sont toutes les deux dévotes, ne veuillent pas reconnaître son enfant. Elle m'a dit, sans vouloir s'expliquer davantage, qu'elle avait un service à me demander auprès de ses parents, qui sont un peu les miens ; je serais trop heureuse de le lui rendre. Je voudrais lui faire quelque bien. Elle est souvent honteuse de ses peines, et mécontente de sa sensibilité, dont les jouissances ne lui font pas oublier tout le reste ; elle craint que son mari ne s'aperçoive de ses chagrins, et reprend un air gai chaque fois qu'il la regarde. Madame de Belmont, avec un mari aveugle et ruiné, jouit d'une félicité bien plus pure ; elle ne vit pas plus dans le monde que madame de Lebensei, mais elle n'a pas l'idée qu'elle en soit écartée ; elle choisit la solitude, et la pauvre Élise y est condamnée : je la plains, parcequ'elle souffre, car, à sa place, je serais parfaitement heureuse ; elle se croit, et a raison de se croire innocente ; elle a épousé ce qu'elle aime ; et l'opinion la tourmente ! Quelle faiblesse !

Adieu, ma sœur, ne m'abandonnez pas ; reprenons l'habitude de nous écrire chaque jour tout ce que nous éprouvons ; je ne me crois pas un sentiment dont votre cœur indulgent et tendre ne puisse accepter la confidence.

LETTRE XXX.

Léonce à Delphine.

Le neveu de madame du Marset est menacé de perdre son régiment, pour avoir montré, dit-on, une opinion contraire à la révolution. M. de Lebensei a beaucoup de crédit auprès des députés démocrates de l'assemblée constituante ; madame du Marset est venue me demander de vous engager à le prier de sauver son neveu. Si M. d'Orsan perdait son régiment, il manquerait un mariage riche qui, dans son état de fortune, lui est indispensablement nécessaire. Je sais quelle a été la conduite de madame du Marset envers vous, envers moi; mais je trouve plaisir à vous donner l'occasion d'une vengeance qui satisfait assez bien la fierté; car ce n'est point par bonté pure qu'on rend service à ceux dont on a raison de se plaindre; on jouit de ce qu'ils s'humilient en vous sollicitant, et l'on est bien aise de se donner le droit de dédaigner ceux qui avaient excité notre ressentiment. Cette raison, d'ailleurs, n'est pas la seule qui me fasse desirer que vous soyez utile à madame du Marset.

Vous savez, quoique nous en parlions rarement ensemble, combien les querelles politiques s'aigrissent à présent; on a dit assez souvent, et madame du Marset a singulièrement contribué à le répandre, que vous étiez très enthousiaste des principes de la révolution française : il me semble donc qu'il vous convient particulièrement d'être utile à ses ennemis; cette conduite peut faire tomber ce qu'on a dit contre vous à cet égard. En voyant le cours que prennent les événements politiques de France, je souhaite tous les jours plus que l'on ne vous soupçonne pas de vous intéresser aux succès de ceux qui les dirigent.

Vous avez exigé de moi, mon amie, que j'accompagnasse Matilde à Mondoville; j'aurais plutôt obtenu d'elle que de vous la permission de m'en dispenser : savez-vous que ce voyage durera plus d'une semaine? avez-vous songé à ce qu'il m'en coûte pour vous obéir? toutes les peines de l'absence, oubliées depuis trois mois, se sont représentées à mon souvenir. Je vous en prie, soyez fidèle à la promesse que vous m'avez faite de m'écrire exactement. Je sais d'avance les journées qui m'attendent; elles n'auraient point de but ni d'espérance, si je ne devais pas recevoir une lettre de vous. Shakspeare a dit que *la vie était ennuyeuse comme un conte répété deux fois.* Ah! combien cela est vrai des moments passés loin de Delphine! quel fastidieux retour des mêmes ennuis et des mêmes peines!

Adieu, mon amie; j'éprouve une tristesse profonde, et quand je m'interroge sur la cause de cette tristesse, je sens que ce sont ces huit jours qui me voilent le reste de l'avenir; et vous osiez penser à me quitter! N'en parlons plus; cette idée, je l'espère, ne vous est jamais venue sérieusement; vous vous en êtes servie pour m'effrayer de mes égarements, et peut-être avez-vous réussi. Adieu.

LETTRE XXXI.

Delphine à Léonce.

M. de Lebensei, quelques heures après avoir reçu ma lettre, a terminé l'affaire de M. d'Orsan ; vous pouvez, mon cher Léonce, en instruire madame du Marset ; je ne me soucie pas le moins du monde d'en avoir le mérite auprès d'elle, car il serait usurpé. Je l'ai servie parceque vous le desiriez, et non par les motifs que vous m'avez présentés. Sans doute, je pense comme vous qu'il faut être utile même à ses ennemis, quand on en a la puissance ; mais comme les moyens de rendre service sont très bornés pour les particuliers, je ne m'occupe de faire du bien à mes ennemis que quand il ne me reste pas un seul de mes amis qui ait besoin de moi : c'est un plaisir d'amour-propre que de condamner à la reconnaissance les personnes dont on a de justes raisons de se plaindre ; il ne faut jamais compter parmi les bonnes actions les jouissances de son orgueil.

Quant à l'intérêt que je puis avoir à me faire aimer de ceux qui n'ont pas les mêmes opinions que moi, je n'y mettrais pas le moindre prix sans vous. Je déteste les haines de parti, j'en suis incapable ; et quoique j'aime vivement et sincèrement la liberté, je ne me suis point livrée à cet enthousiasme, parcequ'il m'aurait lancée au milieu de passions qui ne conviennent point à une femme ; mais comme je ne veux en aucune manière désavouer mes opinions, je me sentirais plutôt de l'éloignement que du goût pour un service qui aurait l'air d'une expiation : je dirai plus, il n'atteindrait pas son but ; toutes les fois qu'on mêle un calcul à une action honnête, le calcul ne réussit pas.

Je veux vous transcrire à ce sujet un passage de la lettre que m'a répondue M. de Lebensei : « Il faut, me dit-il, se dévouer,
« quand on le peut, à diminuer les malheurs sans nombre qu'en-
« traîne une révolution, et qui pèsent davantage encore sur les
« personnes opposées à cette révolution même ; mais il ne faut
« pas compter en général sur le souvenir qu'elles en conserve-
« ront. Je me suis donné, il y a deux mois, beaucoup de peine
« pour faire sortir de prison un homme que je ne connais pas,
« mais qui aurait risqué de perdre la vie pour un fait politique
« dont il était accusé : j'ai appris hier qu'il disait partout que

« j'étais un homme d'une activité très dangereuse ; j'ai chargé un
« de mes amis de lui rappeler que, sans cette prétendue activité,
« il n'existerait plus, et qu'elle devait au moins trouver grace à
« ses yeux. Un tel *désappointement* m'est fort égal, à moi qui suis
« tout-à-fait indifférent à ce que disent et pensent les personnes
« que je n'aime pas. Seulement je vous cite cet exemple, pour
« vous prouver qu'un homme de parti est ingénieux à découvrir
« un moyen de haïr à son aise celui qui lui a fait du bien, lors-
« qu'il n'est pas de la même opinion que lui ; et peut-être arrive-
« t-il souvent que l'on invente, pour se dégager d'une reconnais-
« sance pénible, mille calomnies auxquelles on n'aurait pas pensé
« si l'on était resté tout-à-fait étrangers l'un à l'autre. » M. de
Lebensei va peut-être un peu loin en s'exprimant ainsi ; mais j'ai
voulu que vous sussiez bien, cher Léonce, que j'avais servi madame du Marset pour vous plaire, et sans aucun autre intérêt. Il
m'a paru que, dans cette affaire, M. de Lebensei accordait une
grande influence à votre nom ; je crois qu'il serait bien aise de se
lier avec vous : voulez-vous qu'à votre retour je vous réunisse
ensemble à dîner chez moi ?

Voilà une lettre, mon ami, qui ne contient rien que des affaires ; vous l'avez voulu, en m'occupant de madame du Marset :
j'aurais pu vous entretenir cependant de la douleur que me cause
votre absence ; quand il me faut passer la fin du jour seule, dans
ces mêmes lieux où j'ai goûté le bonheur de vous voir, je me livre
aux réflexions les plus cruelles. Hélas ! ceux qui n'ont rien à se
reprocher supportent doucement une séparation momentanée ;
mais quand on est mécontent de soi, l'on ne peut se faire illusion
qu'en présence de ce qu'on aime. Gardez-vous cependant d'affliger Matilde en revenant avant elle : songez que, pour calmer mes
remords, j'ai besoin de me dire sans cesse que mes sentiments
ne nuisent point au bonheur de Matilde, et qu'à ma prière même
vous lui rendez souvent des soins que peut-être sans moi vous
négligeriez.

LETTRE XXXII.

Léonce à Delphine.

Mondoville, ce 20 avril.

Avant de quitter Mondoville, mon amie, je veux m'expliquer
avec vous sur un mot de votre dernière lettre qui l'exige ; car je ne

puis souffrir d'employer les moments que nous passons ensemble à discuter les intérêts de la vie. Je ferai toujours tout ce que vous desirerez ; mais si vous ne l'exigez pas, je préfère ne pas me lier avec M. de Lebensei. Je puis, au milieu des événements actuels, me trouver engagé, quoique à regret, dans une guerre civile ; et certainement je servirais alors dans un parti contraire à celui de M. de Lebensei.

Je vous l'ai dit plusieurs fois, les querelles politiques de ce moment-ci n'excitent point en moi de colère ; mon esprit conçoit très bien les motifs qui peuvent déterminer les défenseurs de la révolution, mais je ne crois pas qu'il convienne à un homme de mon nom de s'unir à ceux qui veulent détruire la noblesse. J'aurais l'air, en les secondant, ou d'être dupe, ce qui est toujours ridicule, ou de me ranger par calcul du parti de la force ; et je déteste la force, alors même qu'elle appuie la raison. Si j'avais le malheur d'être de l'avis du plus fort, je me tairais.

D'autres sentiments encore doivent me décider dans la circonstance présente ; je conviens que, de moi-même, je n'aurais pas attaché le point d'honneur au maintien des priviléges de la noblesse ; mais puisqu'il y a de vieilles têtes de gentilshommes qui ont décidé que cela devait être ainsi, c'en est assez pour que je ne puisse pas supporter l'idée de passer pour démocrate ; et, dussé-je avoir mille fois raison en m'expliquant, je ne veux pas même qu'une explication soit nécessaire dans tout ce qui tient à mon respect pour mes ancêtres, et aux devoirs qu'ils m'ont transmis. Si j'étais un homme de lettres, je chercherais en conscience les vérités philosophiques qui seront peut-être un jour généralement reconnues ; mais quand on a un caractère qui supporte impatiemment le blâme, il ne faut pas s'exposer à celui de ses contemporains, ni des personnes de sa classe. La gloire même qu'on pourrait acquérir dans la prospérité ne saurait en dédommager : certes, il n'est pas question de gloire maintenant dans le parti de la liberté ; car les moyens employés pour arriver à ce but sont tellement condamnables, qu'ils nuisent aux individus, quand il se pourrait (ce que je ne crois pas) qu'ils servissent la cause.

Vous aimez la liberté par un sentiment généreux, romanesque même, pour ainsi dire, puisqu'il se rapporte à des institutions politiques. Votre imagination a décoré ces institutions de tous les souvenirs historiques qui peuvent exciter l'enthousiasme.

Vous aimez la liberté comme la poésie, comme la religion, comme tout ce qui peut ennoblir et exalter l'humanité; et les idées que l'on croit devoir être étrangères aux femmes se concilient parfaitement avec votre aimable nature, et semblent, quand vous les développez, intimement unies à la fierté et à la délicatesse de votre ame. Cependant je suis toujours affligé quand on vous cite pour aimer la révolution : il me semble qu'une femme ne saurait avoir trop d'aristocratie dans ses opinions comme dans le choix de sa société ; et tout ce qui peut établir une distance de plus me paraît convenir davantage à votre sexe et à votre rang. Il me semble aussi qu'il vous sied bien d'être toujours du parti des victimes; enfin, et c'est de tous les motifs celui qui influe le plus sur moi, on se fait trop d'ennemis, dans la société où nous vivons, en adoptant les opinions politiques qui dominent aujourd'hui; et je crains toujours que vous ne souffriez une fois de la malveillance qu'elles excitent.

N'ai-je pas trop abusé, ma Delphine, de la déférence que vous daignez avoir pour moi, en vous donnant presque des conseils? Mais vous m'inspirez je ne sais quel mélange, quelle réunion parfaite de tous les sentiments que le cœur peut éprouver. Je voudrais être à la fois votre protecteur et votre amant; je voudrais vous diriger et vous admirer en même temps : il me semble que je suis appelé à conduire dans le monde un ange qui n'en connaît pas encore parfaitement la route, et se laisse guider sur la terre par le mortel qui l'adore, loin des pièges inconnus dans le ciel dont il descend. Adieu; déja je suis délivré de trois jours sur les dix qu'il faut passer loin de vous.

LETTRE XXXIII.

Delphine à Léonce.

Bellerive, ce 24 avril.

Je ne veux point combattre vos raisonnements; mon respect pour vos qualités, pour vos défauts même, m'interdit d'insister jamais, dès que vous croyez votre bonheur intéressé le moins du monde dans une opinion quelconque. Mais quand vous prononcez l'horrible mot de *guerre civile*, puis-je ne pas m'affliger profondément du peu d'importance que vous attachez à la conviction individuelle, dans les questions politiques? Vous parlez de se décider entre les deux partis, comme si c'était une affaire de choix, comme si l'on n'était pas invinciblement entraîné dans l'un ou l'autre sens par sa raison et par son ame.

Je n'ai point d'autre destinée que celle de vous plaire, je n'en veux jamais d'autre ; vous êtes donc certain que j'éviterai avec soin de manifester une opinion que vous ne voulez pas que je témoigne : mais si j'étais un homme, il me serait aussi impossible de ne pas aimer la liberté, de ne pas la servir, que de fermer mon cœur à la générosité, à l'amitié, à tous les sentiments les plus vrais et les plus purs. Ce ne sont pas seulement les lumières de la philosophie qui font adopter de semblables idées ; il s'y mêle un enthousiasme généreux, qui s'empare de vous comme toutes les passions nobles et fières, et vous domine impérieusement. Vous éprouveriez cette impression, si les opinions de votre mère, et celles des grands seigneurs espagnols avec qui vous avez vécu dès votre enfance, ne vous avaient point inspiré, pour la défense de la noblesse, les sentiments que vous deviez consacrer, peut-être, à la dignité et à l'indépendance de la nation entière. Mais c'est assez vous parler de votre manière de voir ; avant tout, il s'agit de votre conduite.

Quoi ! Léonce, seriez-vous capable de faire la guerre à vos concitoyens, en faveur d'une cause dont vous n'êtes pas réellement enthousiaste ? Je vous en donne pour preuve l'objection même que vous faites contre le parti qui soutient la révolution : *Il est le plus fort*, dites-vous, *et je ne veux pas être soupçonné de céder à la force* ; et ne craignez-vous pas aussi qu'on ne vous accuse d'être déterminé par votre intérêt personnel, en défendant les priviléges de la noblesse ? Croyez-moi, quelle que soit l'opinion que l'on embrasse, les ennemis trouvent aisément l'art de blesser la fierté par les motifs qu'ils vous supposent ; il faut en revenir aux lumières de son esprit et de sa conscience. Nos adversaires, quoi que l'on fasse, s'efforcent toujours de ternir l'éclat de nos sentiments les plus purs. Ce qui est surtout impossible, c'est de concilier entièrement en sa faveur l'opinion générale, lorsqu'un fanatisme quelconque divise nécessairement la société en deux bandes opposées. Tout vous prouvera ce que j'ai souvent osé vous dire : c'est qu'on ne peut jamais être sûr de sa conduite ni de son bonheur, quand on fait dépendre l'un et l'autre des jugements des hommes. Quoi qu'il en soit, ce que j'ai voulu vous démontrer, c'est que vous n'étiez pas profondément persuadé de la justice de la cause que vous voulez soutenir, et qu'ainsi vous n'avez pas le droit d'exposer une goutte de votre sang, de ce sang qui est le mien, pour une opinion que vous avez jugée convenable, mais qu'une conviction vive ne vous a point inspirée : votre devoir, dans votre manière de penser, c'est l'inaction politique ; et tout mon bonheur tient à l'accomplissement de ce devoir. Ah! mon ami, renoncez à ces passions qui paraissent factices auprès de la seule naturelle, de la seule qui pénètre l'ame tout entière, et change, comme par une sorte d'enchantement, tout ce qu'on voit en une source d'émotions heureuses ! Soumettez les intérêts de convention à la puissance de l'amour ; oubliez la destinée des empires pour la nôtre. L'égoïsme est permis aux ames sensibles ; et qui se concentre dans ses affections peut, sans remords, se détacher du reste du monde.

LETTRE XXXIV.

Delphine à Léonce.

Bellerive, ce 26 avril.

Mon ami, je ne veux faire aucune démarche sans vous consulter : hélas ! je sais trop ce qu'il m'en a coûté.

Madame de Lebensei est accouchée, il y a huit jours, d'un fils ; j'ai été chez elle ce matin, et je m'attendais à la trouver dans le plus heureux moment de sa vie ; mais les fortes raisons qu'elle a de craindre que sa famille ne veuille pas reconnaître son enfant, changent en désespoir les pures jouissances de la maternité : elle veut faire une démarche simple, mais noble, aller elle-même chez sa grand'mère et chez sa tante, pour mettre son fils à leurs pieds ; mais elle desire que je l'accompagne. Ces vieilles dames sont de mes parentes, et comme je leur ai toujours montré des égards, elles sont bien disposées pour moi. Madame de Lebensei m'a fait cette demande en tremblant, et j'ai vu, par l'état où elle était en me l'adressant, quelle importance elle y attachait. Un mouvement tout-à-fait involontaire m'a entraînée à lui dire que j'y consentais : je la voyais souffrir, et j'avais besoin de la soulager ; l'instant d'après, j'ai cru découvrir, en y réfléchissant, un rapport éloigné entre la résolution prompte que je venais de prendre, et ma facile condescendance pour Thérèse. A ce souvenir, j'ai frissonné; mais il m'a été impossible de détourner madame de Lebensei d'un espoir qu'elle avait saisi si vivement, qu'il était presque devenu son droit; et j'ai continué à lui parler de choses indifférentes, pour qu'elle ne crût pas que je m'occupais de la promesse que je lui avais faite. En rentrant chez moi, cependant, j'ai résolu de soumettre cette promesse elle-même à votre volonté. Répondez-moi positivement avant votre retour. Je ne vous cache pas qu'il m'en coûterait extrêmement de manquer de générosité envers madame de Lebensei, et de perdre dans l'estime de son mari, que je considère beaucoup. Il vient de mettre une grace parfaite à terminer l'affaire de madame du Marset, que je lui avais recommandée en votre nom. Me montrer froide égoïste, quand je suis naturellement le contraire, serait de tous les sacrifices le plus pénible pour moi. C'est presque refuser un bienfait du ciel, que d'éloigner l'occasion simple qui se présente de rendre un service essentiel, de causer un grand bonheur; néanmoins, jusqu'à la sympathie même, jusqu'à ce sentiment que je n'ai jamais repoussé, je suis prête à tout vous immoler. Si vous exigez que je me dégage avec M. et madame de Lebensei, je le ferai.

Comment se peut-il faire qu'il vous échappe encore des plaintes amères dans votre dernière lettre [1]! Léonce, notre bonheur se conservera-t-il? Je crois voir approcher l'orage qui nous menace. Ah! que je meure avant qu'il éclate!

LETTRE XXXV.

Léonce à Delphine.

Mondoville, ce 29 avril.

Je ne veux pas contrarier les mouvements généreux de votre ame, ma noble amie; j'espère qu'il ne résultera aucun mal de cette démarche. J'aurais désiré que madame de Lebensei vous l'eût épargnée; mais puisque vous avez donné votre parole, je pense, comme vous, qu'il n'existe plus aucun moyen honorable de vous en dégager. Adieu, ma Delphine! malgré mes instances, madame de Mondoville ne veut partir que dans quatre jours; je serai à Bellerive seulement le 4 mai, à sept heures.

[1] Cette lettre ne s'est pas trouvée.

LETTRE XXXVI.

Madame de Lebensei à madame d'Albémar.

Cernay, ce 2 mai 1791.

Vous m'avez rendu, madame, le bonheur que j'étais menacée de perdre sans retour! je ne pouvais supporter l'idée que mon fils ne serait pas reconnu dans ma famille, et j'avais épuisé, pour y réussir, tous les moyens qu'un caractère assez fier pouvait me suggérer. Vous avez paru, et tout a été changé; la vieillesse, les préjugés, l'embarras d'une longue injustice, rien n'a pu lutter contre la puissance irrésistible de votre éloquence, et de la vraie sensibilité qui vous inspirait.

Je n'oublierai jamais cet instant où, vous mettant à genoux devant ma grand'mère, pour lui présenter mon enfant, elle a posé ses mains desséchées sur les cheveux charmants qui couvraient votre tête, et vous a bénie comme sa fille. Ah! que je voudrais vous voir heureuse! Les prières de tous ceux que votre bonté a protégés ne seront-elles donc jamais efficaces?

M. de Lebensei est profondément reconnaissant de ce que vous venez de faire pour nous; il ne parle de vous, depuis qu'il vous connaît, qu'avec l'admiration la plus parfaite: permettez-moi de vous le dire, nous ne passons pas un jour sans nous affliger ensemble de ce que Léonce est l'époux de Matilde. Si M. de Mondoville, au milieu des événements que prépare la révolution, pouvait un jour trouver comme moi le moyen de rompre une union si mal assortie, mon mari serait bien ardent à le lui conseiller. Mais à quoi servent nos inutiles vœux? qu'ils vous prouvent seulement combien nous nous occupons de vous! Pensez avec quelque douceur, madame, au ménage de Cernay; vous lui avez rendu la paix intérieure: ce bien, qui devait nous consoler de la perte de tous les autres, nous était ravi sans vous.

LETTRE XXXVII.

Delphine à mademoiselle d'Albémar.

Bellerive, ce 5 mai 1791.

J'ai joui jusqu'au fond du cœur, ma chère Louise, d'avoir réussi à réconcilier madame de Lebensei avec sa famille; mais ce sentiment est troublé maintenant par une inquiétude vive: Léonce est arrivé hier matin de Mondoville ; je m'attendais à le voir dans la journée, lorsqu'à huit heures du soir un homme à cheval est venu m'annoncer, de sa part, qu'il ne pourrait pas venir; et cet homme, à qui j'ai parlé, m'a dit qu'il avait laissé Léonce dans une assemblée très nombreuse, chez madame du Marset : madame de Mondoville n'y était pas, et cependant, en envoyant chez moi, il a donné l'ordre qu'on ne lui amenât sa voiture qu'à une heure du matin. Comment se peut-il qu'il se soit si facilement résolu à ne pas me revoir, après quinze jours d'absence? comment ne m'a-t-il pas écrit un seul mot? Serait-il fâché de ma démarche pour madame de Lebensei, quand il y a consenti, quand il en sait l'heureux succès?

Louise, j'ai déjà beaucoup souffert ; mais si le cœur de Léonce se refroidissait pour moi, vous qui blâmez ma conduite, trouveriez-vous que le ciel me punit justement? Non, vous ne le penseriez pas ; non, le plus grand des crimes, si je l'avais commis, serait ainsi trop expié. Mais pourquoi ces douloureuses craintes? ne peut-il pas avoir été retenu par une difficulté, par une affaire? Ah! s'il commence à calculer les affaires et les obstacles, si je ne suis plus pour lui qu'un des intérêts de sa vie, placé comme les autres à son temps, dans la mesure de ses droits, je ne consentirai point à ce prix au genre d'existence qu'il m'a forcée d'adopter. C'est en inspirant un sentiment enthousiaste et passionné que je puis me relever à mes propres yeux, malgré le blâme auquel je m'expose : si Léonce me réduisait à son estime, à ses soins, à son affection raisonnée, non, la douleur et la gloire des sacrifices vaudraient mille fois mieux. Louise, je me fais mal en développant cette idée, et je m'efforce en vain de m'occuper d'aucune autre.

Madame d'Ervins m'écrit qu'elle sera de retour à Bellerive avant trois semaines, pour me remettre sa fille et prendre le voile. M. de Serbellane, n'espérant plus la faire changer de dessein, s'est établi en Angleterre, où il vit plongé dans la tristesse la plus profonde : homme généreux et infortuné! Louise, quelquefois je me persuade que l'Être suprême a abandonné le monde aux méchants, et qu'il a réservé l'immortalité de l'ame seulement pour les justes : les méchants auront eu quelques années de plaisir, les cœurs vertueux de longues peines; mais la prospérité des uns finira par le néant, et l'adversité des autres les prépare aux félicités éternelles. Douce idée, qui consolerait de tout, hors de n'être plus aimée ; car l'imagination elle-même alors ne pourrait se former l'idée d'aucun bonheur à venir.

Mon amie, combien je suis touchée de la dernière lettre que vous m'avez écrite! vous revenez à me demander avec instance tous les détails de ma vie, de cette vie que vous désapprouvez, et qui retarde sans cesse le moment où je dois vous rejoindre : ah! c'est vous qui savez aimer, c'est vous qui vous montrez toujours la même, qui n'avez ni caprices, ni préventions, ni négligences ; c'est vous..... Hélas! croirais-je déja que ce n'est plus lui?

LETTRE XXXVIII.

Madame d'Artenas à madame d'Albémar.

Paris, ce 5 mai.

Il m'est vraiment douloureux, ma chère Delphine, d'être toujours chargée de vous inquiéter ; mais la délicatesse de M. de Mondoville l'engagerait peut-être à vous cacher ce qui s'est passé hier au soir, et il faut absolument que vous le sachiez. Ma nièce, qui va dîner dans la vallée de Montmorency, remettra cette lettre à votre porte.

Je suis arrivée hier chez madame du Marset, à peu près dans le même moment que Léonce : il venait pour annoncer à la maîtresse de la maison que son neveu conserverait son régiment; elle lui en fit de vifs remercîments, et le pria de passer la soirée chez elle ; il s'y refusa : pendant ce temps on m'établit à une partie qui m'empêcha de me mêler de la conversation. Il y avait dans la chambre un vrai rassemblement des femmes de Paris les plus redoutables par leur âge, leur aristocratie, ou leur dévotion ; et l'on n'y voyait aucune de celles qui s'affranchissent de ces trois grandes dignités, par le désir d'être aimables. Léonce s'ennuyait assez, à ce que je crois, en attendant que le quart d'heure qu'il destinait à cette visite fût écoulé ; il était debout devant la cheminée, à causer avec quatre ou cinq hommes, lorsque votre nom prononcé à demi-voix dans les chuchotements des femmes, attira son attention; il ne se retourna pas d'abord, mais il cessa de parler pour mieux écouter, et il entendit très distinctement ces mots prononcés par madame du Marset : « Savez-vous que madame d'Albémar a été présenter elle-même à madame de Cernay le bâtard de sa petite-fille, de madame de Lebensei? Singulier emploi pour une femme de vingt ans! »

M. de Mondoville se retourna d'abord avec impétuosité; mais se retenant ensuite, pour mieux offenser par son mépris, il pria lentement madame du Marset de répéter ce qu'elle venait de dire; il articula cette demande avec un accent d'indignation et de hauteur qui fit trembler madame du Marset et les témoins d'une scène qui commençait ainsi. Madame du Marset se déconcerta; madame de Tésin, qui la protège dans sa carrière de méchanceté, et dont le caractère a plus d'énergie que le sien, la regarda pour lui faire sentir qu'elle devait répondre. Madame du Marset reprit en disant : « Vous savez bien, monsieur, qu'on ne peut pas regarder madame de Lebensei comme légitimement mariée; ainsi, ainsi... — Je sais, interrompit M. de Mondoville, par quelles bizarres idées vous imaginez qu'une femme qui a fait divorce selon les lois établies dans le pays de son premier mari, n'a pas le droit de se regarder comme libre ; mais ce que je sais, c'est qu'il doit vous suffire que madame d'Albémar reçoive madame de Lebensei, pour vous tenir pour honorée si madame de Lebensei venait chez vous. »

Madame du Marset n'avait plus la force de se défendre; elle pâlissait et cherchait des yeux un appui. Madame de Tésin sentit, avec son esprit ordinaire, que, pour intéresser une partie de la société qui était présente à la cause de madame du Marset, il fallait y faire intervenir l'esprit de parti. « Quant à moi, dit-elle alors, ce que je ne concevrai jamais, c'est pourquoi madame d'Albémar reçoit habituellement un homme qui a des opinions politiques aussi détestables que celles de M. de Lebensei. — Madame du Marset, reprit vivement M. de Mondoville, sait mieux que personne les motifs qu'on peut avoir pour se lier avec M. de Lebensei ; c'est à lui qu'elle doit que M. d'Orsan, son neveu, conserve son régiment; et c'est à la prière seule de madame d'Albémar que M. de Lebensei s'en est mêlé, car il ne connaît point madame du Marset : j'ai reçu vingt billets d'elle pour engager ma cousine, madame d'Albémar, à solliciter M. de Lebensei; elle l'a fait, elle y a réussi ; et quand son adorable bonté l'engage à réunir une famille divisée, c'est madame du Marset qui se hasarde à blâmer la conduite de ma cousine. Mais je m'arrête, dit-il, c'en est assez; il me suffit d'avoir prouvé à ceux qui m'écoutent que les propos inspirés par l'ingratitude et l'envie méritent à peine qu'un honnête homme y réponde. »

M. de Fierville sentit alors une sorte de honte de laisser ainsi humilier son amie, madame du Marset; il avait jeté un coup d'œil sur M. d'Orsan, pour l'engager à protéger sa tante; mais comme il persistait à se taire, M. de Fierville lui-même, quoique âgé de soixante et dix ans, ne put s'empêcher de dire à Léonce : « Vous aurez un peu de peine, monsieur, si vous voulez empêcher qu'on ne parle des imprudences sans nombre de madame d'Albémar; il ne suffit pas pour cela de faire taire les femmes. » Léonce, à ce mot, rougit et pâlit de colère : impatient de s'en prendre à quelqu'un de son âge, il s'avança au milieu du cercle, et quoiqu'il parlât à M. de Fierville, il fixait M. d'Orsan. « Vous avez raison, dit-il, les vieillards et les femmes n'ont rien à faire dans cette occasion, et j'attends qu'un jeune homme soutienne ce que la faiblesse de votre âge vous a permis d'avancer. » Ces paroles furent prononcées avec un geste de tête d'une fierté inexprimable; un profond silence y succéda : ce silence était embarrassant pour tout le monde; mais personne n'osait le rompre.

M. d'Orsan, quoique brave, ne se souciait point de se battre avec Léonce, et probablement ensuite avec M. de Lebensei, pour les propos de sa tante; il prit un air distrait, caressa le petit chien de madame du Marset, le seul qui au milieu de cette scène osât faire du bruit comme à l'ordinaire, et s'approcha avec empressement de la partie où j'étais, comme s'il eût été très curieux de mon jeu. Madame de Tésin, vivement irritée du triomphe de Léonce, se leva brusquement, et traversa le cercle pour aller parler à M. d'Orsan : son mouvement fut si remarquable, que tout le monde comprit qu'elle voulait décider le neveu de madame du Marset à répondre à Léonce. Une femme qui s'intéresse à M. d'Orsan tendit les bras involontairement, comme pour arrêter madame de Tésin ; elle ne s'en aperçut seulement pas, et prenant M. d'Orsan à part, elle lui parla bas avec une grande activité. Léonce, qui ne perdait de vue rien de ce qui se passait, se retourna vers madame du Marset, et lui dit, avec un sourire d'une orgueilleuse amertume : « J'accepte, madame, l'invitation que vous m'avez faite, je reste ici ce soir ; je veux laisser du temps, ajouta-t-il d'une voix plus haute, à tous ceux qui délibèrent. » Il sortit alors pour donner un ordre à ses gens, et salua, en allant vers la porte, le tête-à-tête de madame de Tésin et de M. d'Orsan avec un dédain qui véritablement devait les offenser.

Pendant l'absence momentanée de Léonce, quelques femmes enhardies parlèrent un peu plus haut, et se hâtèrent de dire :

Vous voyez que M. de Mondoville aime madame d'Albémar : il est bien clair qu'elle répond à son amour ; elle ne s'est établie à Bellerive que pour être plus libre de le recevoir. Léonce rentra, elles se turent subitement, avec un effroi ridicule : que pouvaient-elles craindre? Mais M. de Mondoville a un ascendant si marqué sur tout le monde, que les ames qui ne sont point de sa trempe redoutent sa colère, sans même se faire une idée de l'effet qu'elle peut avoir. Il continua le reste de la soirée à examiner madame du Marset, madame de Tésin et M. d'Orsan ; il réunissait habilement dans son regard l'observation et l'indifférence. M. d'Orsan, qui s'était replacé près de notre partie, offrit d'en être, et s'y établit. Léonce vint deux fois près de la table; M. d'Orsan ne lui dit rien, et quand le jeu fut fini, il partit : Léonce alors s'en alla.

Je restai, parceque je vis bien que les amies de madame du Marset, qui ne s'étaient point encore retirées, se préparaient à se déchaîner contre vous. Madame de Tésin commença par déclarer que M. d'Orsan devait se battre avec M. de Mondoville, puisqu'il avait insulté sa tante ; je pris la parole avec chaleur, en disant que rien ne me paraissait plus mal dans une femme que d'exciter les hommes au duel. « Il y a tout à la fois, ajoutai-je, de la cruauté, du caprice, et peu d'élévation, dans ce désir de faire naître des dangers qu'on ne partage pas, dans ce besoin orgueilleux d'être la cause d'un événement funeste. — C'est bien vrai, » s'écria un vieil officier dont la bravoure ne pouvait être suspecte, et qu'on n'avait pas remarqué, parcequ'il s'était endormi derrière la chaise de madame du Marset ; il se réveilla comme je parlais ; et répétant encore une fois : « C'est bien vrai, » il ajouta : « Si une femme m'avait obligé à me battre, je le ferais ; mais le lendemain je me raccommoderais avec mon adversaire, et je me brouillerais avec elle. » Madame de Tésin n'insista pas, et vous pouvez être bien sûre qu'il ne sera plus question de ce duel, dont la nécessité n'existait que dans sa tête. Elle se mit alors à vous blâmer d'une manière générale, mais très perfide ; je la combattis sur tout ce qu'elle disait : à la fin, plusieurs femmes se joignirent à moi, et mon vieux officier, qui ne vous a vue qu'une fois, sans entendre rien au sujet de notre conversation, répétait sans cesse des exclamations sur vos charmes.

Ce que j'ai remarqué cependant, c'est à quel point on est aigri sur tout ce qui tient aux idées politiques; votre liaison avec

M. de Lebensei vous fait plus d'ennemis que votre amour pour Léonce, et c'est à cause de vos opinions présumées qu'on sera sévère pour vos sentiments. Je sais bien qu'on n'obtiendra jamais de vous de renoncer à un de vos amis ; mais évitez donc au moins tout ce qui peut avoir de l'éclat ; ne rendez pas même de services lorsqu'ils sont de nature à être remarqués. Dans un temps de parti, une jeune femme dont on parle trop souvent, même en bien, est toujours à la veille de quelques chagrins. D'ailleurs, il n'y a rien qui soit également bon aux yeux de tout le monde : quand une action généreuse est, pour ainsi dire, forcée par votre situation, que c'est votre père, votre frère, votre époux que vous secourez, on l'approuve généralement ; mais si la bonté vous entraîne hors de votre cercle naturel, celui que vous servez vous en sait gré pour le moment ; mais tous les autres éprouvent un sentiment durable d'humeur et de jalousie, qui leur inspire tôt ou tard ce qu'il faut dire pour empoisonner ce que vous avez fait.

Enfin, Léonce a été trop peu maître de lui en vous entendant blâmer ; ce n'est pas ainsi que l'on sert utilement ses amis. Venez me voir demain, je vous en prie ; je fermerai ma porte, et nous causerons. Il est encore temps de remédier au mal qu'on a pu dire de vous ; mais il devient absolument nécessaire que vous vous remettiez dans le monde ; cette vie solitaire avec Léonce vous perdra ; on s'occupe de vous comme si vous étiez au milieu de la société, et vous ne vous défendez pas plus que si vous viviez à deux cents lieues de Paris. Ma chère Delphine, laissez-vous donc conduire par votre vieille amie : toute la science de la vie est renfermée dans un ancien proverbe que les bonnes femmes répètent : *Si jeunesse savait, et si vieillesse pouvait* ; un grand mystère est contenu dans ce peu de mots, vous en êtes une preuve. Vous êtes supérieure à tout ce que je connais, mais votre jeunesse est cause que votre esprit même ne gouverne encore ni votre imagination, ni votre caractère : je voudrais vous épargner l'expérience, qui n'est jamais que la leçon de la douleur. Adieu, ma jeune amie ; à demain.

LETTRE XXXIX.

Delphine à mademoiselle d'Albémar.

Bellerive, ce 6 mai.

Après avoir reçu la lettre de madame d'Artenas que je vous

envoie, ma chère Louise, j'attendais l'arrivée de Léonce avec une grande émotion; je ne pouvais me remettre de l'effroi que m'avait causé le récit de ce qui s'était passé chez madame du Marset. J'étais touchée du vif intérêt que Léonce avait montré pour ma défense; mais j'éprouvais je ne sais quel sentiment de peine, en réfléchissant à l'importance qu'il avait mise à de misérables ennemis, et je craignais que, tout en les repoussant, il n'eût conservé de ce qu'ils avaient dit contre moi une impression défavorable. Ces idées s'effacèrent dès qu'il entra dans ma chambre ; il était ravi de me revoir, après quinze jours d'absence ; il m'exprima un enthousiasme plein d'illusion sur ma figure qu'il prétendit embellie, et je me rassurai d'abord ; cependant, quand je lui parlai de la soirée de la veille, je vis qu'il en était malheureux, mais par des motifs pleins de générosité pour moi.

« Madame d'Artenas vous a instruite de tout, me dit-il ; ne croit-elle pas que je vous ai fait du tort dans le monde, en parlant de vous avec trop de chaleur ? — Elle espère, répondis-je, qu'on pourra réparer une imprudence qu'il me serait bien doux de vous pardonner, si vous n'aviez exposé que moi. — Hélas ! reprit-il alors, depuis quelque temps j'ai toujours tort, mon cœur est dans une agitation continuelle; il faut en votre présence lutter contre l'amour qui me consume, et je m'abandonne, quand je ne vous vois pas, à des violences condamnables. Dans tout ce que j'ai fait, il n'y avait de raisonnable que d'appeler une circonstance qui pût me délivrer de la vie. » Il prononça ces mots avec un accent si sombre, que je vis dans l'instant qu'une scène cruelle me menaçait. J'essayai de la détourner en lui parlant de M. de Lebensei, qui était allé le voir ce matin, pour le remercier de sa conduite chez madame du Marset : on la lui avait répétée le soir même. « M. de Lebensei, me répéta deux fois Léonce, comme si ce nom augmentait son trouble; je l'ai vu ; c'est sans doute un homme distingué, mais je ne sais par quel hasard il m'a dit tout ce qui pouvait me faire souffrir davantage. »

J'interrogeai Léonce sur sa conversation avec M. de Lebensei; il ne me la raconta qu'à demi : il me parut seulement qu'elle avait eu surtout pour objet, de la part de M. de Lebensei, la nécessité de mépriser l'opinion quand elle était injuste. Après avoir appuyé cette manière de voir par tous les raisonnements d'un esprit supérieur, il avait fini par ces paroles remarquables, que Léonce me répéta fidèlement : « Je m'étais un moment flatté, lui a-t-il dit, que la félicité dont vous avez été privé vous serait rendue ; je croyais que l'assemblée constituante établirait en France la loi du divorce, et je pensais avec joie que vous seriez heureux d'en profiter, pour rompre une union formée par le mensonge, et pour lier votre sort à la meilleure et à la plus aimable des femmes. Mais on a renoncé dans ce moment à ce projet, et mon espoir s'est évanoui, du moins pour un temps. » Je voulus interrompre Léonce, et lui exprimer l'éloignement que j'aurais pour une semblable proposition, si elle était possible ; mais à l'instant il me saisit la main avec une action très vive. « Au nom du ciel, ne prononcez pas un mot sur ce que je viens de vous dire ! s'écria-t-il; vous ne pouvez pas prévoir l'effet d'un mot sur un tel sujet ; laissez-moi. »

Il descendit alors sur la terrasse, et marcha précipitamment dans l'allée qui borde mon ruisseau ; je le suivis lentement : en revenant sur ses pas, il me vit, et se jetant à genoux devant moi : « Non ! s'écria-t-il, il fallait ne pas te quitter ; mais te revoir est une émotion si vive ! il me semble que ta céleste figure a pris de nouveaux charmes qui m'enivrent d'amour et de douleur. Qu'est-il arrivé depuis quinze jours ? que s'est-il passé hier ? que m'a dit M. de Lebensei ? qu'ai-je éprouvé en l'écoutant ? Ah ! Delphine, dit-il en s'appuyant sur ma main, et chancelant en se relevant, je voudrais mourir ; viens, conduis-moi sur le banc vers ces derniers rayons du soleil, que je le regarde encore avec toi. » Et il me pressa sur son cœur avec un transport si touchant, que les anges l'auraient partagé. « Reste là, dit-il, Delphine ; seulement quand tu restes là je cesse de souffrir. Ah ! dis-le-moi, qu'arrivera-t-il de nous, de notre amour, de la fatalité qui nous sépare, de mon caractère aussi ? car, au milieu de la passion la plus violente, peut-être me poursuivrait-il. Que deviendrons-nous ? J'aurais pu te posséder, tu voulais être ma femme ; je pourrais être heureux encore, si ton inflexible cœur... Mais non, ce n'est pas là mon sort ; je te verrai calomniée pour le sentiment qui nous lie, et ce sentiment, imparfait dans ton âme, me livrera sans cesse au tourment que j'endure. Qui m'en soulagera ? M. de Lebensei ne m'a-t-il pas rendu mille fois plus malheureux ? Je ne sais ce que j'éprouve, je me sens oppressé ; s'il y avait de l'air, je souffrirais moins. » Et tournant sa tête du côté du vent, il le respirait avec avidité, comme s'il eût voulu appeler un sentiment de repos et de fraîcheur pour calmer les pensées brûlantes qui le dévoraient.

Je lui pris la main, je m'assis à ses côtés, et pendant quelques instants il me parut plus tranquille. C'était le premier beau soir du printemps; je revoyais Léonce; je sentais en moi le plaisir de vivre : il y a dans la jeunesse de ces moments où, sans aucune nouvelle raison d'espoir, au milieu même de beaucoup de peines, on éprouve tout-à-coup des impressions agréables qui n'ont point d'autre cause qu'un sentiment vif et doux de l'existence. « O Léonce, lui dis-je, ni ce ciel, ni cette nature, ni ma tendresse, ne peuvent rien pour ton bonheur? — Rien ! me répondit-il, rien ne peut affaiblir la passion que j'ai pour toi; et cette passion, à présent, me fait mal, toujours mal. Tes yeux qui s'élèvent vers le ciel comme vers ta patrie, tes yeux implorent la force de me résister. Delphine, dans ces étoiles que tu contemples, dans ces mondes peut-être habités, s'il y a des êtres qui s'aiment, ils se réunissent; les hommes, la société, leurs vertus même ne les séparent point. — Cruel ! m'écriai-je, et ne me suis-je donc pas donnée à toi? ai-je une idée dont tu ne sois l'objet? mon cœur bat-il pour un autre nom que le tien?

« — Va, reprit Léonce, puisque ton amour est moins fort que ton devoir, ou ce que tu crois ton devoir, quel est-il cet amour? peut-il suffire au mien ? » Et il me repoussa loin de lui, mais avec des mains tremblantes et des yeux voilés de pleurs. « Delphine ! ajouta-t-il, ta présence, tes regards, tout ce délire, tout ce charme qui réveille tant de regrets, c'en est trop ; adieu. » Et se levant précipitamment, il voulut s'en aller. « Quoi ! lui dis-je en le retenant, tu veux déjà me quitter? Est-ce ainsi que tu prodigues les heures qui nous restent? les heures d'une vie de si peu de durée pour tous les hommes, hélas! peut-être bien plus courte encore pour nous? — Oui, tu as raison, répondit-il en revenant, j'étais insensé de partir! je veux rester, je veux être heureux ! Pourquoi suis-je dans cet état? Pourquoi, continua-t-il en mettant ma main sur son cœur, pourquoi y a-t-il là tant de douleurs? Ah! je ne suis pas fait pour la vie, je me sens comme étouffé dans ses liens; si je savais les rompre tous, tu serais à moi, je t'entraînerais. M. de Lebensei, M. de Lebensei ! pourquoi m'as-tu fait connaître cet homme? Il a des idées insensées sur cette terre où règne l'opinion, cette ennemie triomphante et dédaigneuse. Mais ces idées insensées troublent la tête, les sens; je ne suis plus à moi; je ne peux plus guider mon sort : si dans un autre monde nous conservons la mémoire de nos sentiments, sans le souvenir cruel des peines qui les ont troublés, si tu peux croire à cette existence, ô mon amie, hâtons-nous de la saisir ensemble : il faut renverser ces barrières qui sont entre nous, il faut les renverser par la mort, si la vie les consacre ! Parle-moi, Delphine, j'ai besoin du son de ta voix, de cette mélodie si douce; elle calme un malheureux déchiré par son amour et sa destinée! viens, ne t'éloigne pas. » En achevant ces mots, il s'appuya sur un arbre, et, passant ses bras autour de moi, il me serra avec une ardeur presque effrayante.

« Ne sens-tu pas, me dit-il, le besoin de confondre nos âmes? Tant que nous serons deux, ne souffriras-tu pas? Si mes bras te laissent échapper, n'éprouveras-tu pas quelque douleur qui puisse te donner une faible idée des miennes? »

Mon émotion était très vive; je tremblais, je faisais des efforts pour m'éloigner. « Tu pâlis, s'écria-t-il; je ne sais ce qui se passe dans ton ame; répond-elle à la mienne? Delphine, dit-il avec un accent désespéré, faut-il vivre? faut-il mourir? » Une terreur profonde me saisit; je voulais m'éloigner, mais les regards, mais les paroles de Léonce me firent craindre de le livrer à lui-même; je n'avais plus la force de supporter sa douleur, et cependant j'étais indignée des dangers auxquels m'exposait sa passion coupable. Tout-à-coup, me retraçant ce qui avait commencé le trouble de cette journée, je ne sais quelle pensée m'inspira un moyen cruel, mais sûr, de le faire rougir de son égarement.

« Léonce, lui dis-je alors avec un sentiment qui devait lui en imposer, ce que vous voulez, c'est ma honte ; notre bonheur innocent et pur ne vous suffit plus. Vous m'accusez de ne pas vous aimer, quand mon cœur est mille fois plus dévoué que le vôtre. Répondez-moi solennellement, songez que c'est au nom du ciel et de l'amour que je vous interroge : si, pour nous réunir l'un à l'autre, il fallait, comme M. et madame de Lebensei, nous perdre dans l'opinion, que feriez-vous? » Léonce frémit, recula, et se tut pendant un moment; je saisis ce moment, et je lui dis : « Vous m'avez répondu : et vous osiez me demander de vous sacrifier l'estime de moi-même ! — Cruelle ! interrompit Léonce avec une expression de fureur dont rien ne peut donner l'idée, non, je n'ai pas répondu; c'est un piége que vous avez voulu me tendre ; vous joignez la ruse à la dureté, et, comme les tyrans, vous faites d'insidieuses questions aux victimes. » Ce reproche me perça le cœur, et je me repentis de l'avoir mérité. « Léonce, lui dis-je alors avec tendresse, ce n'est ni ton silence, ni ta réponse qui auraient pu rien changer à ma résolution ni à notre sort ; je ne cherche point à trouver dans ton caractère des raisons de résistance. Ah ! sous quelques formes que se montrent tes qualités et tes défauts mêmes, je ne puis voir en toi que des séductions nouvelles ; mais ne devais-je pas te rappeler quel joug la nécessité faisait peser également sur nous deux ? cette nécessité, c'est le devoir, c'est la vertu, c'est tout ce qu'il y a de plus sacré sur la terre. Léonce, écoute-moi ; Dieu m'entend : si tu me fais subir une seconde fois d'indignes épreuves, ou je cesserai de vivre, ou je ne te reverrai plus.

« — Je ne sais, me répondit Léonce, alors profondément abattu, je ne sais quel est ton dessein, j'ignore ce que le souvenir de ce jour peut t'inspirer ; si tu pars, je jure, et je n'ai pas besoin d'en appeler au ciel pour te convaincre, je jure de n'y pas survivre ; si tu restes, peut-être ne m'est-il plus possible de te rendre heureuse : tu souffriras avec moi, ou je mourrai seul ; réfléchis à ce choix : adieu. » Et, sans ajouter un seul mot, il s'élança vers la grille du parc. Je n'osai point le rappeler, je fis quelques pas seulement pour continuer à le voir : il partit, j'entendis longtemps encore de loin les pas de son cheval ; enfin tout retomba dans le silence, et je restai seule avec moi.

Mes réflexions furent amères ; je vous en prie, ma sœur, n'y ajoutez rien ; si la destinée, si Léonce me condamne au plus affreux sacrifice, n'en hâtez pas l'instant, ne précipitez pas les jours : on en donne pour se préparer à la mort. Je me suis commandé de vous dire ce que j'aurais le plus souhaité de cacher : vous savez comme moi tout ce qui peut m'imposer la loi de m'éloigner de Léonce, je n'ai pas voulu repousser l'appui que vous pouvez prêter à mon courage ; mais si Léonce m'épargnait ce cruel effort, s'il consentait à recommencer les mois qui viennent de s'écouler.... Ah ! ne me dites pas que je ne dois plus m'en flatter.

P. S. Madame d'Ervins doit arriver dans peu de jours ; elle aussi se réunira sans doute à vous : qu'obtiendrez-vous toutes les deux de mon cœur déchiré ?

LETTRE XL.

M. de Valorbe à madame d'Albémar.

Paris, ce 15 mai 1791.

Je suis à Paris, madame, et ne vous y ayant point trouvée, je me propose d'aller à votre campagne. Je ne sais pas si vous êtes bien aise de mon arrivée ; il ne tiendrait qu'à moi de croire, par quelques mots de votre belle-sœur, que vous n'avez pas un grand désir de me revoir ; il me semble cependant que j'ai des droits à votre bienveillance : peut-être y a-t-il de la modestie à réclamer ses droits. Mais je rends justice aux autres et à moi-même ; il faut encore s'estimer très heureux quand la reconnaissance n'est point oubliée.

Vous savez avec quelle sincérité, avec quel dévouement je vous suis attaché depuis que je vous connais : je ne m'attends pas à ce que vous fassiez grand cas de tout cela à Paris, et je serai bien à mon désavantage à côté de tous les gens aimables qui vous entourent ; mais à trente ans on a eu le temps d'apprendre que les succès valent peu de chose, et je me consolerais de n'en point avoir, si votre bonté pour moi n'en était point altérée. Je me sens triste et ennuyé ; vous seule pouvez m'arracher à cette disposition : je ne connais que vous pour qui il vaille la peine de vivre ; tout ce qu'on rencontre d'ailleurs est si inconséquent et si absurde ! Depuis un jour que je suis ici, j'ai déjà parlé à je ne sais combien de gens impolis, distraits, frivoles, et ne s'occupant sérieusement que d'eux-mêmes ; enfin ils sont ainsi, c'est moi qui ai tort d'en être impatienté.

Je ne suis venu que pour vous chercher, je ne reste que pour vous ; ne vous effrayez pas cependant, je ne vous verrai pas tous les jours. J'ai un voyage à faire chez une de mes tantes, qui durera près d'un mois, et plusieurs autres affaires me prendront du temps : vous voyez que je veux vous rassurer. Toutefois, en m'exprimant ainsi, je souffre, et vous le croyez bien ; ceux qui se condamnent à paraître calmes n'en sont que plus agités au fond du cœur. Agréez, madame, mes respectueux hommages.

LETTRE XLI.

Delphine à mademoiselle d'Albémar.

Bellerive, ce 18 mai.

Je n'ai plus dans ma vie un seul jour sans douleur ; il me semble que mon devoir se montre à moi sous toutes les formes. Le ciel m'avertit, par les peines que j'éprouve, qu'il est temps de renoncer au dangereux espoir de passer avec Léonce, dans la retraite, une vie heureuse et douce ; il ne se contente plus du plaisir de nos entretiens, il cherche en vain à me cacher l'agitation qui le dévore, tout sert à la trahir : tantôt il m'accable des reproches les plus injustes, tantôt il se livre à un désespoir que je n'ai plus la puissance de calmer. Quelle faiblesse de rester encore, quand je ne fais plus son bonheur !

M. de Valorbe est arrivé hier à Bellerive, comme je recevais une lettre de lui qui me l'annonçait ; je n'avais pu en prévenir Léonce : il était près de sept heures, et je redoutais ce qu'éprouverait mon ami en voyant un inconnu chez moi, dans le moment même de la journée où j'ai coutume de le voir seul. Je ne l'avais point instruit à l'avance de la reconnaissance que je devais à M. de Valorbe, afin de n'être dans le cas ni de lui cacher ni de lui apprendre ses sentiments pour moi : la visite de M. de Valorbe m'inquiétait donc beaucoup ; cependant j'espérais que Léonce ne serait pas assez injuste pour s'en fâcher. M. de Valorbe fut d'abord embarrassé en me voyant ; cependant il cherchait à me le dissimuler ; vous savez que c'est un homme qui dispute toujours contre lui-même : il veut passer pour maître de lui, et c'est un des caractères les plus violents qu'il y ait ; il ne dit pas deux phrases sans exprimer de quelque manière son mépris pour l'opinion des autres, et, dans le fond de son cœur, il est très blessé de n'avoir pas dans le monde la réputation qu'il croit mériter ; il est en amertume avec les hommes et avec la vie, et voudrait honorer ce sentiment du nom de mélancolie et d'indifférence philosophique.

En l'écoutant me répéter que rien n'était digne d'un vif intérêt, toujours moi exceptée ; que parmi les hommes qu'il avait connus, il n'en avait pas rencontré deux qui fussent estimables, je réfléchissais sur la prodigieuse différence de ce caractère avec celui de Léonce. Tous les deux susceptibles, mais l'un par amour-propre, et l'autre par fierté ; tous les deux sensibles aux jugements que l'on peut porter sur eux, mais l'un par le besoin de la louange, et l'autre par la crainte du blâme ; l'un pour satisfaire sa vanité, l'autre pour préserver son honneur de la moindre atteinte ; tous les deux passionnés, Léonce pour ses affections, M. de Valorbe pour ses haines ; et ce dernier, quoique honnête homme au fond du cœur, capable de tout cependant, si son orgueil, la douleur habituelle de sa vie, était irrité. Il se remettait par degrés, seul avec moi, de cette timidité souffrante qui est la véritable cause de son humeur, et il me parlait avec esprit et malignité sur les personnes qu'il connaissait, lorsque Léonce entra. Il ne vit et ne remarqua que M. de Valorbe, dont la figure a de l'éclat, quoique sa tête couverte de cheveux noirs rabattus sur le front, et son visage trop coloré, lui donnent une expression rude, et que plus on l'observe, plus on ait de peine à retrouver la beauté qu'on lui croyait d'abord.

Rencontrer un homme jeune chez moi, me parlant avec intimité, était plus qu'il n'en fallait pour offenser Léonce ; sa physionomie peignit à l'instant ce qu'il éprouvait d'une manière qui me fit trembler. M. de Valorbe soutint quelques moments encore la conversation ; mais quand il s'aperçut que Léonce affectait de ne pas l'écouter, il se tut, et le regarda fixement. Léonce lui rendit ce regard, mais avec quel air ! Il était appuyé sur la cheminée ; et, considérant de haut M. de Valorbe qui était assis à côté de moi, il ressemblait à l'Apollon du Belvédère lançant la flèche au serpent. M. de Valorbe répondit par un sourire amer à cette expression qu'il ne pouvait égaler, et sans doute il allait parler, si je ne m'étais hâtée de dire à M. de Valorbe que M. de Mondoville, mon cousin, était venu pour m'entretenir d'une affaire importante. M. de Valorbe réfléchit un moment, et se rappelant sans doute que Matilde de Vernon, ma cousine, avait épousé M. de Mondoville, son visage se radoucit tout-à-fait.

Il prit congé de moi, et salua Léonce, qui resta appuyé comme il était sur la cheminée, sans donner un signe de tête ni des yeux qui pût ressembler à une révérence. M. de Valorbe, surpris, voulut recommencer à le saluer pour le forcer à une politesse ou à une explication ; je prévins cette intention en prenant tout de suite le bras de M. de Valorbe, pour l'emmener dans la chambre à côté, comme si j'avais eu quelques mots à lui dire. Cette familiarité amicale de ma part était si nouvelle pour M. de

Valorbe, qu'elle lui fît tout oublier. Il me suivit avec beaucoup d'émotion ; j'achevai de détourner ses observations, en lui disant que *mon cousin* était absorbé par une inquiétude très sérieuse dont il venait m'entretenir. Je consentis à revoir M. de Valorbe le lendemain matin, avant l'absence d'un mois qu'il projetait, et je lui laissai prendre ma main deux fois, quoique Léonce pût le voir. J'étais si pressée de faire partir M. de Valorbe, que je ne comptais pour rien l'impression que pouvait faire ma conduite sur M. de Mondoville. Enfin M. de Valorbe s'en alla, et je rentrai dans la chambre où était Léonce. Non, Louise, vous ne pouvez pas vous faire une idée du dédain et de la fierté de ses premières paroles; je les supportai, pour me justifier plus tôt, en lui racontant mes rapports avec M. de Valorbe dans la plus exacte vérité, et je finis en insistant particulièrement sur la reconnaissance que je lui devais pour avoir sauvé la vie de mon bienfaiteur, de M. d'Albémar.

« Il se peut, me répondit Léonce, qu'il ait sauvé la vie de M. d'Albémar; mais moi, je ne lui dois rien, et nous verrons si je ne le fais pas renoncer aux droits qu'il se croit sur vous, et que vous autorisez. » Je fus blessée de cette réponse, et le souvenir de ce qui s'était passé depuis le retour de Léonce ajoutant encore à cette impression, je lui dis vivement : « Vous flattez-vous de conserver un pouvoir absolu sur ma vie, quand tous mes jours se passent à repousser les plus indignes plaintes? — Il est vrai, répondit-il avec empressement, que je vous ai rendue témoin de mes souffrances : pardon de l'avoir osé ; mais avez-vous pensé que ce tort vous donnât le droit de me trahir ? Vous êtes-vous crue libre, parceque je suis malheureux ? Votre erreur serait grande, ou du moins votre nouvel amant ne serait pas votre époux avant d'avoir appris quel sang il doit verser pour vous obtenir! » L'indignation me saisit à ces paroles, et ce mouvement enfin m'inspira ce qui pouvait apaiser Léonce. « Je vous conseille, lui dis-je, de vous livrer à ces soupçons qui nous ont déjà séparés quand nous devions être unis; ils sont plus justes cette seconde fois que la première, car j'ai mérité de perdre votre estime le jour où, cédant à vos prières, j'ai renoncé à mon départ, et où je suis revenue dans cette retraite me dévouer au coupable et funeste amour que je ressens pour vous. » A ces mots, Léonce perdit tout souvenir de M. de Valorbe ; il n'était plus irrité, mais je n'en espérai pas davantage pour notre bonheur à venir.

Il ne me cacha plus ce que je n'avais que trop deviné; il m'avoua qu'il ne pouvait plus supporter la vie, tant que notre sort resterait le même; qu'il était jaloux, parcequ'il ne se croyait aucun droit sur moi; il me répéta cet odieux reproche avec désespoir. « Je le sais, me dit-il, je peux être mille fois plus malheureux encore qu'à présent; il y a tant d'abîmes dans la douleur, que son dernier terme est inconnu : tant que vous ne m'avez pas abandonné, je vis, mais en furieux, en insensé... » J'allais l'interrompre, pour le rappeler à des sentiments plus doux, lorsqu'on vint m'annoncer que le courrier de madame d'Ervins était arrivé, et la précédait de quelques minutes.

Léonce voulut alors me quitter. « Je ne me sens pas en état, me dit-il, de voir madame d'Ervins; elle est à plaindre, je le sais; cependant j'ai besoin de me préparer à sa présence : c'est elle, je ne l'en accuse pas, mais enfin c'est elle... » Il n'acheva point, me serra la main, et partit précipitamment; peu d'instants après son départ, madame d'Ervins arriva.

Hélas! combien elle est changée! ses traits sont restés charmants; mais l'expression de son visage, sa pâleur, son abattement, ne permettent pas de la regarder sans attendrissement. Elle était si fatiguée, que je n'ai pu causer avec elle ce soir. Et pendant qu'elle repose, ma Louise, je vous écris; je veux aussi confier ma situation à Thérèse, j'espère en ses conseils, en son exemple : secondez-moi de vos vœux.

LETTRE XLII.

Delphine à mademoiselle d'Albémar.

Bellerive, ce 21 mai.

Oh! que d'émotions Thérèse m'a fait éprouver! je ne sais point ce qu'on veut de moi, ce qu'on peut en obtenir; mon cœur succombe devant l'effort qu'on exige : une lettre de vous est venue se joindre aux exhortations de Thérèse; ne vous réunissez pas pour m'accabler; vous ne savez pas ce que vous me demandez! Dois-je renoncer à Léonce? le voulez-vous? ah! ne le prononcez pas. J'ai pressenti que vous alliez approcher de cette horrible idée dans votre lettre, je tremblais de la lire; et quand, par délicatesse, vous n'avez point achevé ce que vous aviez commencé, je me suis crue soulagée, comme si vous m'aviez affranchie de mes devoirs en ne les exprimant pas. Je suis faible, je le sens;

je n'ai point les vertus qui préparent aux grands sacrifices. Mon ame, livrée dès son enfance aux mouvements naturels qui l'avaient toujours bien conduite, n'est point armée pour accomplir des devoirs si cruels : je n'ai point appris à me contraindre. Hélas! je ne croyais pas en avoir besoin. Que n'ai-je l'exaltation religieuse de Thérèse! Mais quand j'implore le ciel, où ma raison et mon cœur placent un Être souverainement bon, il me semble qu'il ne condamne pas ce que j'éprouve ; rien en moi ne m'avertit qu'aimer est un crime; plus je rêve, plus je prie, et plus mon ame se pénètre de Léonce.

Je vous ai mandé que M. de Serbellane avait quitté l'Italie pour s'établir en Angleterre, et que, désespérant de faire changer Thérèse de résolution, il ne voyait plus personne, et paraissait plongé dans la plus grande mélancolie. Thérèse ne m'a pas prononcé son nom; une lettre de Londres m'avait appris ces tristes détails, et je n'ai pas osé lui en parler. Qu'elle est noble et sensible, cependant, cette Thérèse qui s'immole à son devoir! Je la conduis après-demain à son couvent : que n'ai-je la force de l'y suivre! C'est ainsi qu'il faudrait se séparer. Il est moins cruel de descendre dans ce religieux tombeau de toutes les pensées de la terre, que de vivre encore en ne voyant plus ce qu'on aime!

Le lendemain de l'arrivée de Thérèse, je passai la matinée avec elle; j'entrevis dans ses discours qu'elle se croyait coupable envers moi, et qu'elle en éprouvait les regrets les plus amers ; mais elle craignait de m'en parler, et reculait le moment de l'explication. Léonce vint le soir : au moment où madame d'Ervins entra dans ma chambre, il essaya de dissimuler l'impression qu'il éprouvait; mais elle n'échappa point aux regards de Thérèse, et j'appris bientôt qu'elle savait tout ce que je croyais lui avoir caché.

« Monsieur, dit-elle à Léonce avec un ton de dignité que je n'avais jamais remarqué dans un caractère timide et presque soumis, je sais que, par le concours des plus funestes circonstances, c'est moi qui ai été la cause de l'erreur fatale qui vous a séparé de madame d'Albémar; j'ai fait le sacrifice à Dieu de tout mon bonheur dans ce monde; il ne m'a pas encore donné la force de me consoler des peines que j'ai causées à ma généreuse amie : si je n'avais pas cru que de mon consentement vous étiez instruit de mon crime, à l'époque même de la mort de M. d'Ervins, je me serais hâtée de m'accuser devant vous; mais je n'ai découvert que depuis votre mariage la méprise cruelle que la délicatesse de madame d'Albémar l'avait engagée à me taire. J'aurais pu, dès que je le soupçonnai pendant mon séjour ici, et lorsque j'en eus acquis la certitude à Bordeaux, par les diverses questions que vous fîtes à ma fille, j'aurais pu, dis-je, publier la vérité; mais vous étiez marié : je ne pouvais rendre à mon amie le bonheur dont je l'ai privée, et j'avais les plus fortes raisons de craindre que la famille de mon mari ne m'enlevât ma fille, et ne se permît, pour me l'ôter, si je m'avouais coupable, le scandale d'un procès public. J'ai donc espéré que vous me pardonneriez d'avoir retardé la justification authentique que je dois à madame d'Albémar, jusqu'à ce jour, où j'ai fait signer d'une manière irrévocable, à toute la famille de M. d'Ervins, les arrangements qui assurent la fortune d'Isore, et m'autorisent à la confier à madame d'Albémar. J'ai abandonné tous mes droits personnels sur les biens de mon malheureux époux, et j'entre après-demain dans un couvent : je suis donc libre à présent de réparer aux yeux du monde le tort que j'ai pu faire à la réputation de madame d'Albémar; mais, hélas! je le sais, je n'en aurai pas moins perdu sa destinée. Son cœur, inépuisable en sentiments nobles et tendres, n'a pas cessé de m'aimer : vous, monsieur, ajouta-t-elle en tendant à Léonce, avec une douceur angélique, sa main tremblante, serez-vous plus inflexible qu'un Dieu de bonté qui, malgré mes offenses, a reçu mon repentir? me pardonnerez-vous? »

O ma sœur! que n'avez-vous pu voir Léonce en ce moment! non, vous ne m'auriez plus demandé de le quitter. L'expression triste, sombre, et presque toujours contenue qu'il avait depuis quelque temps, disparut entièrement, et son visage s'éclaira, pour ainsi dire, par le sentiment le plus pur et le plus doux. Il mit un genou en terre pour recevoir la main de madame d'Ervins, et, de la voix la plus émue, il lui dit : « Pouvez-vous douter du pardon que vous daignez demander? Ce n'est pas vous, c'est moi qui suis le seul coupable; et cependant je vis, et cependant elle souffre mes plaintes, mes défauts, quelquefois même mes reproches! Aurais-je le droit de vous en adresser? non sans doute, et j'en ai moins encore le pouvoir. Votre sort, votre courage, votre vertu, oui, votre vertu, entendez cette louange sans la repousser, me pénètrent de respect et de pitié; et si j'étais digne de me joindre à vos touchantes prières, je demanderais au ciel pour vous le calme que mon cœur déchiré ne connaît plus, mais qu'au prix de tant de sacrifices vous devez enfin obtenir.

« Ah ! dit Thérèse en relevant Léonce, je vous remercie d'écarter de moi votre haine ; mais ce n'est pas tout encore, il faudra que vous m'écoutiez sur votre sort à tous les deux : avant de vous en parler, je veux voir madame d'Artenas ; je ne connais qu'elle à Paris, c'est une parente de M. d'Ervins, elle est aussi l'amie de madame d'Albémar ; je dois lui faire part de la résolution que j'ai prise. Voulez-vous avoir la bonté, M. de Mondoville, de me conduire demain chez elle ? J'entre, après-demain, dans mon couvent ; et huit jours après, le 1er de juin, je prendrai le voile de novice.

« Ciel ! dans huit jours ! m'écriai-je. — C'est un secret, reprit Thérèse : vous savez que par les nouvelles lois on ne reconnaît plus les vœux ; mais le prêtre vénérable qui me conduit a tout arrangé, et si l'on ne permettait plus aux religieuses de vivre en France en communauté, il m'a assuré un asile dans un couvent en Espagne. Je vous demanderai, ma chère Delphine, de me conduire vous-même dans ma retraite avec ma fille ; je l'embrasserai sur le seuil du couvent pour la dernière fois, et, après cet instant, c'est vous qui serez sa mère. »

Sa voix s'altéra en parlant de sa fille ; mais faisant un nouvel effort, elle dit à Léonce : « Demain à midi, n'est-il pas vrai, M. de Mondoville, vous viendrez me chercher pour me mener chez madame d'Artenas ? » Léonce consentit à ce qu'elle désirait par un signe de tête ; il ne pouvait parler, il était trop ému. Ah ! c'est une ame aussi tendre que fière ! ce n'est pas l'amour seul qui le rend sensible, la nature lui a donné toutes les vertus. Thérèse le regardait avec attendrissement, et c'est lui, j'en suis sûre, dont elle aurait imploré la protection, s'il lui était encore resté quelque intérêt dans le monde.

Le lendemain, Léonce et madame d'Ervins revinrent ensemble à quatre heures de chez madame d'Artenas ; je vis, sans en savoir la cause, que Léonce avait été très attendri ; Thérèse, calme en apparence, demanda cependant à se retirer quelques heures dans sa chambre. Léonce, resté seul avec moi, me raconta ce qui venait de se passer ; il ne se doutait point du projet de madame d'Ervins en la conduisant chez madame d'Artenas, et dans la route elle n'avait rien dit qui pût lui en donner l'idée. Ils arrivèrent ensemble chez madame d'Artenas, et la trouvèrent seule avec sa nièce, madame de R. Après que madame d'Ervins eut annoncé sa résolution à madame d'Artenas, elle lui fit le récit de la conduite que j'avais tenue envers elle, et attribuant à cette conduite un mérite bien supérieur à celui qu'elle peut avoir, elle avoua tout, excepté ce qui eût indiqué mes sentiments pour Léonce. Il m'a dit que de sa vie il n'avait éprouvé pour aucune femme autant de respect que pour madame d'Ervins, dans le moment où elle croyait faire un acte d'humilité. Léonce a remarqué que Thérèse avait rougi plusieurs fois en parlant, mais sans jamais hésiter. « Et je voyais réunie en elle, a-t-il ajouté, la plus grande souffrance de la timidité et de la modestie, à la plus ferme volonté. » Elle finit en déclarant à madame d'Artenas que, loin de demander le secret sur ce qu'elle venait de lui dire, elle desirait qu'elle le publiât, chaque fois que ses relations dans le monde la mettraient à portée de repousser la calomnie dont je pourrais être l'objet.

Elle se recueillit un instant après avoir achevé ses pénibles aveux, pour chercher s'il ne lui restait point encore quelque devoir à remplir : personne n'osa rompre le silence ; elle avait trop ému ceux qui l'écoutaient, pour qu'ils fussent en état de lui répondre ; et comme sans doute elle craignait toute conversation sur un pareil sujet, elle se leva pour la prévenir, en faisant une inclination de tête à madame d'Artenas et à sa nièce ; elle sortit, sans leur avoir laissé le temps d'exprimer l'intérêt et l'attendrissement qu'elles éprouvaient. Vous concevez, ma chère Louise, combien cette scène m'a touchée. Admirable Thérèse ! bien plus admirable que si jamais elle n'avait commis de faute : que de vertus elle a tirées du remords ! combien elle vaut mieux que moi, qui me traîne sans forces sur les dernières limites de la morale, essayant de me persuader que je ne les ai pas franchies !

Cette journée d'émotion n'était pas terminée ; Thérèse n'avait pas encore accompli tout ce que sa religion lui commandait : elle vint rejoindre Léonce et moi ; et comme j'allais vers elle pour lui exprimer ma reconnaissance : « Attendez, me dit-elle, car je crains bien d'être forcée de vous déplaire ; mais demain je quitte le monde, et j'ai presque aujourd'hui les droits des mourants ; écoutez-moi donc encore. » Elle s'assit alors, et s'adressant à Léonce et à moi, elle nous dit :

« J'ai détruit votre bonheur ; sans moi vous seriez unis, et la vertu contribuerait autant que l'amour à votre félicité : ce tort affreux, ce tort que je ne pourrai jamais expier, c'est mon crime qui en a été la cause ; un malheur plus funeste encore, la mort de mon mari, a été la suite immédiate de mon coupable amour. Ce n'est donc pas moi, non, ce n'est pas moi qui pourrais me croire le droit de donner de sévères conseils à des ames aussi pures que les vôtres : cependant Dieu peut choisir la voix des pécheurs pour faire entendre des avis salutaires aux cœurs les plus vertueux. Vous vous aimez ; l'un de vous est lié par des chaînes sacrées, et vous vous voyez, et vous passez presque tous vos jours ensemble, vous fiant à la morale qui vous a préservés jusqu'à présent ! Je n'avais point sans doute vos lumières, je n'avais point vos vertus ; mais je formai néanmoins les mêmes résolutions que vous, et le charme de la présence affaiblit par degrés tous les sentiments honnêtes sur lesquels je m'appuyais. Delphine, faudrait-il qu'après être tombée, je vous entraînasse dans ma chute ! aurais-je à rendre compte de votre ame à l'Éternel ! Ah ! ce serait moi seule qui mériterais d'être punie, mais vous ne seriez plus cet être incomparable que je retrouverai dans le ciel un jour, si mon repentir m'y fait recevoir.

« Et vous, Léonce, et vous, continua-t-elle, serez-vous heureux si vous entraînez mon amie ? si vous égarez ce caractère noble et vertueux que Dieu appellera plus particulièrement à lui quand le malheur, ou, ce qui est la même chose, une plus longue durée de la vie lui aura fait sentir la nécessité d'une religion positive ? quand elle guidera ma fille dans le monde, au lieu d'y régner elle-même ?..... — Votre fille ! m'écriai-je, pourquoi l'abandonnez-vous ? pourquoi m'en remettez-vous le soin ? je n'en suis pas digne.

« — Delphine, généreuse Delphine ! interrompit Thérèse, me serais-je donc si mal fait comprendre que vous puissiez penser qu'il existe un être au monde que j'estime plus que vous ! Quand vous vous laisseriez entraîner par l'amour, je sais que votre cœur, resté pur, ne puiserait dans ses fautes qu'une connaissance plus cruelle, mais plus certaine de la nécessité de la morale. Les malheurs de mon amie me seraient, hélas ! un garant de plus des soins qu'elle donnerait à l'éducation vertueuse de ma fille. Mais vous, mais vous, Delphine, que deviendrez-vous si vous êtes coupable ? et par quel vain espoir vous flattez-vous de l'éviter, s'il gémit de votre résistance, s'il vous montre sa douleur, s'il vous la cache et que ses traits altérés le trahissent, s'il est malheureux enfin ? Dites-moi donc, si vous le savez, comment vous ferez pour le

supporter? Écoutez, je suis prête à m'ensevelir pour toujours; la main de Dieu est déjà sur moi; j'ai trouvé dans mon ame la force de tout briser, de renoncer à tout; eh bien, je ne me sentirais pas encore la puissance de voir souffrir ce que j'aime : et vous vous la croyez, cette puissance! Delphine, insensée, il faut vous séparer de lui pour jamais, ou tomber à ses pieds, soumise à ses désirs. Vous ne pouvez trouver que dans l'exaltation d'un grand sacrifice des forces contre l'amour. Delphine, au nom du ciel...
— Arrêtez, s'écria Léonce avec l'accent le plus douloureux; ce n'est point à Delphine que vous devez vous adresser, elle est libre, et je suis lié pour jamais; elle voulait s'unir à moi, je l'ai méconnue: s'il faut déchirer un cœur, choisissez le mien; je puis partir, je le puis; la guerre va bientôt s'allumer en France; j'irai me joindre à ceux dont je dois partager les opinions; dans ce parti sans puissance, se faire tuer n'est pas difficile. Si vous avez dans votre religion des ressources pour faire supporter à Delphine la mort de Léonce, si vous en avez, j'y consens et je vous le pardonne : mais pouvez-vous imaginer qu'après avoir passé près d'elle des jours orageux et néanmoins pleins de délices, des jours pendant lesquels je lui ai confié mes peines les plus secrètes, mes sentiments les plus intimes, je vivrais privé tout à la fois de ma maîtresse et de mon amie? de celle qui devrait être ma femme, et que je ne reverrais plus; de celle qui dirige mes actions, donne un but à mes pensées, et m'est sans cesse présente? Croyez-moi, sans avoir besoin de recourir à la résolution du désespoir, mon sang glacé cesserait de ranimer mon cœur, si je ne vivais plus pour elle. Et c'est vous, madame, qui pouvez oublier tout ce que vous-même vous avez inspiré, tout ce qu'éprouve encore sans doute celui qui pleure loin de vous! — C'en est trop, s'écria Thérèse en pâlissant, avec un tremblement convulsif qui me causa le plus mortel effroi; c'en est trop : quel langage vous me faites entendre! me croyez-vous donc assez guérie pour n'en pas mourir? ignorez-vous ce qu'il m'en coûte? pouvez-vous réveiller ainsi tous mes souvenirs? Cessez, cessez! Delphine, soutenez-moi, éloignons-nous d'ici. »

Léonce, inconsolable de l'état où il avait jeté madame d'Ervins, n'osait approcher d'elle; on l'emporta dans sa chambre, je la suivis, et je fis dire à Léonce que je ne redescendrais pas. Je ne voulais pas quitter madame d'Ervins, et je me sentais aussi dans un trouble qui me rendait impossible de parler à Léonce. Pourquoi le rendre témoin de mes cruelles incertitudes, des remords que madame d'Ervins a fait naître en moi? Je veux me déterminer enfin, je le veux; mais je ne puis le revoir qu'après avoir pris une décision. Quelle sera-t-elle, ô mon Dieu?

Madame d'Ervins passa près d'une heure sans prononcer une parole, m'écoutant quelquefois, et ne me répondant que par des pleurs. Je crus que c'était le moment d'essayer encore de la détourner d'entrer au couvent : les premiers mots que je prononçai sur ce sujet lui rendirent tout-à-coup du calme; elle me demanda doucement de m'éloigner. J'ai appris depuis qu'elle avait passé deux heures en prières, qu'après ces deux heures elle s'était couchée, et qu'elle avait paisiblement dormi jusqu'au matin.

Pour moi, j'ai passé cette nuit sans fermer l'œil : infortunée que je suis! un esprit éclairé, quand l'ame est passionnée, ne fait que du mal; je ne puis, comme Thérèse, adopter aveuglément toutes les croyances qui remplissent son imagination, et mon cœur en aurait besoin. J'invoque une terreur, un fanatisme, une folie, un sentiment, quel qu'il soit, assez fort pour lutter contre l'amour. Quelquefois je suis prête à vous conjurer de venir ici; je voudrais m'en remettre à vous sur mon sort, vous parleriez à Léonce, vous le verriez, et vous me jugeriez. Ah! ma sœur, cette prière serait-elle trop exigeante? feriez-vous ce sacrifice à celle que vous avez élevée, et qui vous redemanderait d'exercer de nouveau l'empire le plus absolu sur sa volonté?

LETTRE XLIII.

Delphine à mademoiselle d'Albémar

Bellerive, ce 26 mai 1791.

Non, ne venez pas, tout est promis; je le crois, tout est décidé. Thérèse a trop usé peut-être de l'empire que mon attendrissement lui donnait sur moi; mais enfin j'ai cédé à ses larmes, à l'ardeur de ses prières. Son imagination était frappée de l'idée qu'elle aurait à se reprocher la perte de mon ame; son confesseur, je crois, l'avait encore, la veille, pénétrée de nouveau de cette crainte. Sa douleur, son éloquence, m'ont entièrement bouleversée; je n'ai pas consenti cependant à m'éloigner de Léonce sans être rassurée sur son désespoir; je ne le puis, je ne le dois pas : le véritable crime serait d'exposer sa vie; quel effroi peut l'emporter sur une telle crainte? le remords même est plus facile à braver.

Thérèse veut que Léonce soit témoin avec moi de la cérémonie qui consacrera le moment où elle doit prendre le voile de novice. Elle compte sur l'impression de cette solennité, et, malgré la résistance qu'il a déjà opposée à ses prières, elle croit qu'au pied de l'autel ses derniers adieux obtiendront de Léonce qu'il me laisse partir. Elle veut lui répéter alors ce dont elle est convaincue, c'est que son salut à elle-même dépend du mien, et qu'il ne peut sans barbarie se refuser au dernier effort qu'elle veut tenter pour m'arracher aux malheurs qui me menacent; elle se croit sûre d'obtenir ainsi le consentement de Léonce. J'ai promis que si elle l'obtenait en effet, je partirais à l'instant même; c'est dans six jours, et je dois jusque-là cacher à Léonce ce que j'éprouve; je l'ai juré. Je vous l'avoue, lorsque Thérèse m'a arraché tous les engagements qu'elle a voulu, j'avais un espoir secret que rien ne pourrait décider Léonce à mon départ; mon opinion à présent n'est plus la même : Thérèse est si touchante! le moment qu'elle a choisi pour parler à Léonce est si propre à l'émouvoir! J'y joindrai moi-même mes instances, je le dois, je le ferai ; mais se taire pendant ces six jours, le revoir avec l'idée que bientôt peut-être nous serons séparés! Thérèse a trop exigé de moi; sa dévotion, tout à la fois exaltée et romanesque, m'ébranle, m'entraîne, et ne me soutient pas.

Elle m'a répété de mille manières, avec cet accent passionné qu'elle tient de l'amour et qu'elle consacre à la religion, que je ne pouvais pas me refuser à l'espoir qui lui restait encore de me sauver, et d'obtenir l'absolution de ses fautes. « Je vous demande bien peu, me disait-elle, je vous demande seulement la permission d'essayer, dans un moment solennel, si je puis attendrir votre amant sur le sort auquel il vous livre ; vous ne pouvez pas vous y opposer sans vous avouer à vous-même que, dût-il accéder à votre départ, vous n'en seriez pas capable ! » Je résistais encore à ce qu'elle desirait, une crainte vague me retenait; mais lorsque j'étais prête à la quitter, elle s'est précipitée à mes pieds avec sa fille, et m'a représenté avec une telle force ce que j'éprouverais si je me rendais coupable, ce qu'elle avait souffert, parceque, éloignée de moi, une ame courageuse n'était point venue à son secours; elle a fait naître dans mon cœur une émotion si vive, que j'ai consenti à tout.

Qu'en arrivera-t-il? une séparation déchirante : je suis comme égarée, on dispose de moi sans que ma volonté me guide ; je ne sais ce que je dois craindre; peut-être de tels efforts augmenteront ils les dangers mêmes dont on veut me sauver. — Ah! Léonce, c'est à vous qu'on s'en remet; est-ce vous qui briserez nos liens?

LETTRE XLIV.

Léonce à Delphine.

Paris, ce 28 mai.

D'où vient le trouble que j'éprouve? jamais vous ne m'avez paru plus touchante, plus sensible qu'hier! J'étais dans l'ivresse auprès de vous, et quand je me suis rappelé notre soirée, je n'ai éprouvé qu'une inquiétude, une tristesse indéfinissable. Je vous ai trouvée vous faisant peindre pour moi; vous aviez revêtu un costume grec qui vous rendait plus céleste encore; tous vos charmes se développaient à mes yeux; je vous ai regardée quelque temps, mais je me sentais dévoré par une passion qui consumait ma vie. Le peintre nous a quittés; je vous ai serrée dans mes bras, et deux fois vous avez penché votre tête sur mon épaule; mais je ne vous avais point communiqué l'ardeur que j'éprouvais. Vos yeux se remplissaient de larmes, votre visage était pâle, et votre regard abattu : si, dans cet état, il eût été possible que votre cœur vous livrât à mon amour, il me semble qu'un sentiment inconnu, mais tout puissant, m'eût interdit d'accepter le bonheur même.

Je m'éloignais, je me rapprochais de vous, vous gardiez le silence; cependant vous m'aimiez, et j'éprouvais au-dedans de moi-même une fièvre d'amour, un frisson de douleur tout-à-fait inexplicable. J'ai voulu vous demander de prendre votre harpe; vous savez combien vous me calmez en me faisant entendre votre voix unie à cet instrument. « Ah! m'avez-vous répondu vivement, je ne puis pas supporter la musique, ne m'en demandez pas. — Pourquoi ne pouvez-vous plus la supporter? Vous m'avez souvent répété ces paroles de Shakspeare : *L'ame qui repousse la musique est pleine de trahison et de perfidie.* Pourquoi la repoussez-vous? »

J'ai votre parole de ne jamais partir à mon insu, je ne puis la révoquer en doute, vous me l'avez de nouveau répété : quelle est donc la cause de l'état où je vous ai vue? Ah! sentiriez-vous quelque atteinte de la douleur qui me tue? sentiriez-vous qu'il faut mourir, si nous ne nous appartenons pas l'un à l'autre?

Non, vos yeux n'exprimaient ni l'entraînement ni l'abandon. Delphine, ton ame est si pure, si vraie, que rien ne peut la troubler sans que ton ami l'aperçoive; dis-moi donc quel est le sentiment qui t'occupait hier?

LETTRE XLV.
Léonce à M. Barton.

Paris, ce 31 mai.

L'un de vos amis vous a mandé qu'il m'avait trouvé changé, et vous en êtes inquiet; je vous en prie, rassurez-vous; je souffre, mais il n'y a point de danger pour ma vie; j'ai assez souvent la fièvre le soir, ce sont les peines de mon ame qui me la donnent. Depuis quelque temps je crains sans cesse que madame d'Albémar ne s'éloigne de moi; le trouble qu'elle me cause excite dans mon sang une agitation continuelle; mais ce n'est pas, soyez-en sûr, la maladie qui me tuera. Ne venez point me voir, vous ne pourriez rien sur moi, jamais on n'a ressenti ce que j'éprouve! Je sortirai de cet état, il faut qu'il finisse à quelque prix que ce puisse être, il le faut. Attendez mon sort; je ne veux pas que votre vie paisible s'approche de la mienne, une influence fatale tomberait sur vous.

LETTRE XLVI.
Delphine à Léonce.

Bellerive, ce 1er juin, à 10 heures du matin.

Madame d'Ervins m'écrit encore ce matin qu'elle desire vivement que vous soyez témoin de la cérémonie de ce soir : venez me chercher à quatre heures pour me conduire à son couvent; elle le veut, nous ne pouvons pas le lui refuser.

LETTRE XLVII.
Réponse de Léonce à Delphine.

Paris, ce 1er juin, à midi.

Si vous l'exigez, j'irai; mais essayez de m'en dispenser, j'ai peur des émotions; vous ne savez pas, dans la disposition actuelle de mon ame, combien elles me font mal! Je serai chez vous à quatre heures; mais, s'il est possible, écrivez à madame d'Ervins que vous irez seule.

LETTRE XLVIII.

Delphine à mademoiselle d'Albémar.

Bellrive, ce 2 juin.

Si je ne suis pas encore tout-à-fait indigne de vous, ma Louise, je ne sais à quel secours du ciel je le dois. Méritais-je ce secours, après des moments si coupables? Non, sans doute; mais il m'a été donné pour me livrer à la douleur, pour expier par mes regrets ce jour où mes sentiments ont profané tout ce qu'il y a de plus respectable au monde. Je suis bien malade; on me croit en danger, on me défend d'écrire; mais si je dois mourir, je veux que vous connaissiez les dernières heures que j'ai passées. Elles ont été terribles : que le souvenir en demeure déposé dans votre sein! Apprenez quels sont les efforts qui peut-être ont précédé la fin de ma vie. Je crains que ma fièvre ne me fasse tomber dans le délire; je n'ai peut-être plus que quelques instants pour recueillir mes pensées, je vous les consacre encore. Aimez-moi! Si je meurs, je puis être pardonnée.

Léonce, à regret, s'était enfin décidé à m'accompagner comme le desirait madame d'Ervins : nous arrivons à la porte du couvent où je l'avais conduite la veille, et près duquel demeurait son confesseur; un homme m'y attendait, pour me remettre une lettre d'elle qui m'apprenait qu'elle serait reçue novice, dans quel lieu, juste ciel! dans l'église même où j'ai vu Léonce se marier! Thérèse me l'avait caché, mais c'était sur ce moyen qu'elle comptait pour triompher de notre amour. J'hésitai, je l'avoue, si je continuerais ma route; mais la fin de la lettre de Thérèse était tellement pressante, elle me disait avec tant de force qu'elle avait besoin de me revoir encore, que je lui percerais le cœur en la privant dans un tel moment de la présence de sa seule amie, que je n'eus pas le courage de la refuser. Léonce, cette fois, voyant dans quel état d'émotion j'étais, insista pour ne pas m'abandonner seule à cette épreuve douloureuse. J'étais déjà dans un tel trouble que je cessai de vouloir, et je me laissai conduire sans réflexion ni résistance.

Pendant la route qui nous restait encore à faire, nous gardâmes l'un et l'autre le plus profond silence; néanmoins, à l'instant où ma voiture tourna dans le chemin qui conduit à l'église de Sainte-Marie, Léonce, reconnaissant les lieux qu'il ne pouvait oublier, dit avec un profond soupir : « C'est ainsi que j'allais avec Matilde ; elle était là, s'écria-t-il en montrant ma place : oh! pourquoi suis-je venu? Je ne puis.... » Il semblait vouloir fuir; mais en me regardant, ma pâleur et mon tremblement le frappèrent sans doute, car, s'arrêtant tout-à-coup, il ajouta : « Non, pauvre malheureuse, tu souffres, je ne te laisserai point souffrir seule : appuie-toi sur ton ami. » Nous descendîmes de la voiture; l'église était fermée pour tout le monde, excepté pour nous : un vieux prêtre vint à notre rencontre, et, se souvenant mal des deux personnes qu'on l'avait chargé de recevoir, il me dit en montrant Léonce : « Madame, monsieur est sans doute votre mari? » Ah! Louise, ce mot si simple réveillait tant de regrets et de remords, que je restai comme immobile devant la porte de l'église, n'osant en franchir le seuil. Léonce prit la parole avec précipitation : « Je suis le parent de madame, » répondit-il ; et m'entraînant après lui, nous entrâmes. Le prêtre nous fit asseoir sur un banc peu éloigné de la grille du chœur. Léonce se plaça de manière qu'il ne pût apercevoir l'autel devant lequel il s'était marié; sa respiration était haute et précipitée; moi, j'avais couvert mes yeux de mon mouchoir, je ne voyais rien, je pensais à peine, j'éprouvais seulement une agitation intérieure, une terreur sans objet fixe, qui troublait entièrement mes réflexions. L'une des portes qui conduisaient dans l'intérieur du couvent s'ouvrit ; des religieuses couvertes d'un voile noir, suivies par l'infortunée Thérèse, vêtue d'une robe blanche, s'avancent à quelque distance de nous, dans un profond silence. Thérèse s'appuyait sur le bras de son confesseur; mais ses pas n'étaient point chancelants, on pouvait même remarquer qu'une exaltation extraordinaire les rendait trop rapides : pendant qu'elle marchait, les prêtres chantaient un psaume lugubre, qu'accompagnait un orgue assez doux. Thérèse quitta les religieuses pour venir vers moi; elle me serra la main avec une expression que je ne pourrai jamais oublier, et tendant une lettre à Léonce, elle lui dit à voix basse : « Quand la barrière éternelle sera refermée sur moi, lisez ce papier, dans cette église même, à la lueur de cette lampe qui brûle à quelques pas de l'autel où vous avez prononcé d'irrévocables serments. Écoutez, pour vous préparer à ce que j'ose vous demander, les chants des religieuses qui vont consacrer mon entrée dans leur asile ; quand ils auront cessé, je n'existerai plus pour le monde ; mais si vous exaucez mes prières, vous me réconcilierez avec

Dieu; je ne serai plus coupable devant lui de votre perte à tous les deux. Et toi, mon amie, me dit-elle, tu vois où l'amour m'a conduite; fuis mon exemple. Adieu. » En achevant ces mots, elle s'approcha de la grille du chœur, tourna la tête encore une fois vers moi ; et dans le moment où cette grille allait nous séparer pour toujours, elle me fit un dernier signe, comme sur les confins de la terre et du ciel. Je crus la voir passer de la vie à la mort, et, dans l'éloignement, elle m'apparaissait telle qu'une ombre légère, déjà revêtue de l'immortalité.

Léonce était resté immobile, tenant à la main la lettre de Thérèse. « Que contient-elle ? me dit-il avec l'accent le plus sombre; que voulez-vous de moi ? seriez-vous d'accord avec elle ? — Je vous en conjure, interrompis-je, obéissez à la prière de Thérèse, ne lisez point encore ce qu'elle vous écrit ! Donnez un moment à la pitié pour elle. Je suis là, près de vous, mon ami ; ah! pleurons encore quelques instants sans amertume! » Léonce, placé derrière moi, posa sa main sur le pilier qui me servait d'appui; ma tête tomba sur cette main tremblante, et ce mouvement, je crois, suspendit quelque temps son agitation. La musique continua ; l'impression qu'elle me causait me plongea dans une rêverie extraordinaire, dont je n'ai pu conserver que des souvenirs confus; bientôt j'entendis les sanglots étouffés de mon malheureux ami, et je m'abandonnai sans contrainte à mes larmes. J'invoquai Dieu pour mourir dans cette situation, elle était pleine de délices; je n'imposais plus rien à mon ame, elle se livrait à une émotion sans bornes ; il me semblait que j'allais expirer à force de pleurs, et que ma vie s'éteignait dans un excès immodéré d'attendrissement et de pitié. Je ne sais combien de temps dura cette sorte d'extase, mais je n'en fus tirée que par le bruit que firent les rideaux du chœur, lorsqu'on les ferma. La cérémonie terminée, les religieuses et les prêtres s'étant retirés, nous n'entendîmes plus, nous ne vîmes plus personne, et nous nous trouvâmes seuls dans l'église, Léonce et moi.

Léonce, sans quitter ma main, s'approcha de la lumière, et lut la prière solennelle, éloquente et terrible que Thérèse lui adressait, pour l'engager à sauver mon ame en rompant nos liens et en cessant de nous voir. Je ne pus en saisir que quelques paroles, qu'il répétait en frémissant. A peine l'eut-il finie, que, levant sur moi des yeux pleins de douleur et de reproches, il me dit : « Est-ce vous qui avez combiné ces émotions funestes? est-ce vous qui avez résolu de me quitter? — Consentez, lui dis-je avec effort, consentez à mon absence. Léonce, je t'en conjure, cède à la voix du ciel que Thérèse t'a fait entendre! Ne sens-tu pas que les forces de mon ame sont épuisées? Il faut que je m'éloigne, ou que je devienne criminelle! Un plus long combat n'est pas en ma puissance! Saisissons cet instant!.... — Il est donc vrai, reprit Léonce, il est donc vrai que vous avez formé le dessein de me quitter! que tant de jours passés ensemble n'ont point laissé de trace dans votre cœur! Oui! c'en est fait! il n'y aura plus sur cette terre une heure de repos pour moi! Et quand devait-elle commencer, cette séparation? — A l'heure même! m'écriai-je; tout est prêt, l'on m'attend, laissez-moi partir; que ce lieu soit témoin de ce noble effort! — Il sera témoin, s'écria-t-il, de ma mort! je me sens abattu, je n'ai plus l'espérance qui pourrait m'aider à triompher de votre dessein. Je me suis trompé! vous n'avez pas d'amour, vous n'en avez pas! vous pouvez partir. Eh bien! le sacrifice est fait, vous le pouvez. Adieu. »

Louise, jamais la douleur de Léonce n'avait été si profonde et si touchante; elle avait changé son caractère. Il n'essayait pas de me retenir; mais je voyais dans son regard une expression funeste, une résignation sombre qui me glaçait de terreur. J'essayai de lui parler, il ne me répondait plus; je ne pouvais supporter qu'il eût cessé de croire à ma passion pour lui; dix fois il en repoussa l'assurance, et semblait craindre les sentiments les plus doux, comme si, décidé à mourir, il avait eu peur de regretter la vie. Enfin, un accent plus tendre le ranima tout-à-coup, mais pour lui rendre un égarement non moins effrayant que l'accablement dont il sortait. « Eh bien, me dit-il, si tu veux que je croie à ton amour, si tu veux que je vive, il en existe encore un moyen. Il peut seul expier ce que tu m'as fait souffrir! il peut seul prévenir les tourments qui m'attendent! Il faut te lier à l'instant même par un serment que tu nommeras sacrilége, mais sans lequel aucune puissance humaine ne peut me faire consentir à la vie. — Que veux-tu de moi? lui dis-je épouvantée; ne sais-tu pas que je t'adore? n'es-tu pas le souverain de ma vie? — Qui pourrait compter, me répondit-il avec amertume, qui pourrait compter sur ton ame incertaine, combattue, toujours prête à m'échapper? Il n'est qu'un lien sur la terre, il n'en est qu'un qui puisse répondre de toi! Et ce moment de désespoir est le dernier où la passion toujours repoussée, toujours vaincue par chaque nouveau repentir, puisse te demander, puisse obtenir l'engagement de l'amour. Qu'il soit donné dans ces lieux mêmes dont tu invoques sans cesse contre moi les cruels souvenirs ! que l'horreur même de ce séjour consacre ta promesse ou ton refus irrévocable. Viens, suis-moi. » Je sentais qu'il voulait m'entraîner vers l'autel fatal, près de la colonne derrière laquelle j'avais été témoin de son malheureux mariage ; nous en étions encore à quelques pas, et je m'appuyais sur l'un des tombeaux que des regrets pieux ont consacrés dans cette église.

« Restons ici, dis-je à Léonce, reposons-nous près des morts. — Non, me dit-il avec une voix qui retentit encore dans tout mon être, ne résiste point, suis mes pas. » Les forces me manquaient, il passa son bras autour de moi, et entraînée par lui, je me trouvai précisément en face de l'autel où le sacrifice de mon sort avait été accompli. Je regardai Léonce, cherchant à découvrir sa pensée : ses cheveux étaient défaits; sa beauté, plus remarquable que dans aucun moment de sa vie, avait pris un caractère surnaturel, et me pénétrait à la fois de crainte et d'amour.

« Donne-moi ta main, s'écria-t-il, donne-la-moi ; s'il est vrai que tu m'aimes, tu dois, infortunée, tu dois avoir besoin comme moi de bonheur. Jure sur cet autel, oui, sur cet autel même, dont il faut à jamais écarter le fantôme horrible d'un hymen odieux, jure de ne plus connaître d'autres liens, d'autres devoirs que l'amour ; fais serment d'être à ton amant, ou je brise à tes yeux ma tête sur ces degrés de pierre, qui feront rejaillir mon sang jusqu'à toi. C'en est trop de douleurs, c'en est trop de combats; c'est dans ce sanctuaire, triste asile des larmes, que j'ose déclarer que je suis las de souffrir ! je veux être heureux, je le veux : la trace de mes chagrins est trop profonde; rien ne peut faire cesser mes craintes; je te verrai toujours prête à m'échapper, si des liens chers et sacrés ne me répondent pas de notre union. Le poids que je soulève pour respirer l'air m'oppresse trop péniblement; il faut que je m'enivre des plaisirs de la vie, ou que la mort m'arrache à ses peines. Si tu me refuses, Delphine, tiens, les lieux sont bien choisis ; sous ces marbres sont des tombeaux, indique la pierre que tu me destines, fais-y graver quelques lignes, et tu seras quitte envers mon sort. Que reste-t-il de tant d'hommes infortunés comme moi ? des inscriptions presque effacées, sur lesquelles le hasard porte encore quelquefois nos yeux inattentifs. Delphine, la mort est sous nos pas, repousse ton amant dans l'abîme, ou viens te jeter dans ses bras ; il t'enlèvera loin de ces voûtes funestes, et nous retrouverons ensemble et le ciel et l'amour. »

Ses regards me causaient une terreur inexprimable ; je lui dis : « Léonce, sortons d'ici : je ne partirai pas. Que veux-tu de moi ? sortons d'ici. — Non ! s'écria-t-il en me retenant avec violence, dans une heure tu reprendras sur moi ton funeste empire, je recommencerai cette misérable vie de tourments, de craintes, de regrets ; non, ce jour terminera cette existence insupportable : ton ame doit sentir en cet instant ce qu'elle peut pour moi ; si tu résistes à l'état où je suis, au trouble qu'il te cause, c'en est fait, nos nœuds sont brisés. Fais le serment que j'exige, ou laisse-moi ; reviens seulement demain à la même heure, les prêtres chanteront pour moi les mêmes hymnes que pour ton amie ; tu seras seule au monde. Delphine, pauvre Delphine! ainsi séparée de tout ce qui te fut cher, ne regretteras-tu donc pas le malheureux insensé qui t'a si tendrement aimée? » Louise, mon cœur s'égarait. « Cruel ! m'écriai-je, quoi ! c'est dans ce lieu même que tu peux exiger une semblable promesse ! Oses-tu donc profaner tout ce qu'il y a de saint sur la terre?

« — Je veux, reprit Léonce, te lier pour jamais ; je veux affranchir ton ame, violemment et sans retour, de tous les scrupules vains qui la retiennent encore. Delphine, si nous étions au bout du monde, si les volcans avaient englouti la terre qui nous donna naissance, les hommes que nous avons connus, croirais-tu faire un crime en t'unissant à ton amant? Eh bien ! oublie l'univers, il n'est plus ; il ne reste que notre amour. Tu ne l'as jamais connu l'amour, fille du ciel ! aucun mortel n'a possédé tes charmes. Quand ton ame sera tout entière livrée à moi, tu m'aimeras d'une affection que tu ne peux encore comprendre ; il naîtra pour nous deux une seule et même vie, dont nos existences séparées n'ont pu te donner l'idée. Dis-moi donc, ne sens-tu pas ce que j'éprouve, un élan du cœur vers la félicité suprême, un délire d'espérance qu'on ne pourrait tromper sans que l'avenir fût flétri pour toujours? Écoute, Delphine, si tu sors de ces lieux sans que ta volonté soit vaincue, sans que tes desseins soient irrévocablement changés, j'en ai le pressentiment, tout est fini pour moi ; tu auras horreur de ma violence, tu ne te souviendras que d'elle. Delphine, c'en est fait, prononce ; jamais la mort ne fut plus près de moi ! Quand tout mon sang, s'écria-t-il en frappant avec violence sa poitrine, quand tout mon sang sortit de cette blessure, j'avais mille fois plus de chances de vie qu'en cet instant! » Qui pourrait, juste ciel! se faire l'idée de l'expression de Léonce alors? il était tellement hors de lui-même, que je ne doutai pas du plus funeste dessein. J'allais perdre tout sentiment de moi-même, j'allais promettre, dans le sanctuaire des vertus, d'oublier tous mes devoirs; je me jetai à genoux cependant, par une dernière inspiration secourable, et j'adressai à Dieu la prière qui, sans doute, a été entendue.

« O Dieu! m'écriai-je, éclairez-moi d'une lumière soudaine! tous les souvenirs, toutes les réflexions de ma vie ne me servent plus; il me semble qu'il se passe en moi des transports inouïs qu'aucun devoir n'avait prévus : si tant d'amour est une excuse à vos yeux, si, quand de tels sentiments peuvent exister, vous n'exigez pas des forces humaines de les combattre, suspendez cet effroi que j'éprouve encore pour un serment que je crois impie! éloignez le remords de mon ame, et qu'oubliant tout ce que j'avais respecté, je fasse ma gloire, ma vertu, ma religion du bonheur de ce que j'aime. Mais si c'est un crime que ce serment demandé avec tant de fureur, ô mon Dieu, ne me condamnez pas du moins à voir souffrir Léonce; anéantissez-moi à l'instant, dans ce temple saint tout rempli de votre présence! Des sentiments d'une égale force s'emparent tour à tour de mon ame: vous pouvez seul faire cesser cette incertitude horrible. O mon Dieu! la paix du cœur, ou la paix des tombeaux, je l'appelle, je l'invoque... » Je ne sais ce que j'éprouvai alors, mais la violence de mes émotions surpassant mes forces, je crus que j'allais mourir, et frappée de l'idée qu'il y avait quelque chose de surnaturel dans cet effet de ma prière, en perdant connaissance, je pus encore articuler ces mots : « O mon Dieu! vous m'exaucez. »

Léonce m'a dit depuis qu'il se persuada, comme moi, que j'étais frappée par un coup du ciel, et qu'en me relevant dans ses bras il douta quelques instants de ma vie : il me porta jusqu'à ma voiture, et j'arrivai à Bellerive sans avoir repris mes sens. Lorsque j'ouvris les yeux, je trouvai Léonce au pied de mon lit; je fus long-temps sans me rappeler ce qui s'était passé : comme le jour commençait à paraître, mes souvenirs revinrent par degrés; je frémis de ce qu'ils me retracèrent. Le remords, la honte, une vive impression de terreur me saisit, en me rappelant dans quel lieu l'on m'avait demandé des serments criminels; je détournai mes regards de Léonce, je le conjurai de me quitter, de retourner chez lui calmer l'inquiétude que son absence devait causer à Matilde; je vis à son trouble qu'il craignait les résolutions que je pourrais former, je lui jurai de l'attendre ce soir. Oh! je ne puis pas partir, je n'ai plus la force de rien.

Louise, je crois, en effet, que ma prière a été réellement exaucée; ce que j'éprouve ressemble aux approches de la mort. J'ai pu du moins écrire jusqu'à la fin ce récit terrible; vous saurez, quoi qu'il m'arrive, quel combat j'ai soutenu, quelles douleurs.... ah! ce seront les dernières. Adieu, Louise; ma main tremble, je sens ma raison troublée; avec mes dernières forces, avec mon dernier accent, je vous dis encore que je vous aime.

LETTRE XLIX.

Madame de Lebensei à mademoiselle d'Albémar.

Paris, 4 juin 1791.

Je suis bien malheureuse, mademoiselle, d'avoir à vous causer la peine la plus cruelle. Madame d'Albémar est à toute extrémité; on l'a transportée à Paris dans le délire, et ce qu'elle dit dans cet état fait trop voir que les peines de son cœur sont la cause de la maladie dont elle est atteinte. S'il en est encore temps, venez près d'elle. M. de Mondoville est dans un état qui ne diffère guère de celui de Delphine; mon mari seul conserve assez de présence d'esprit pour secourir ces deux infortunés. Madame d'Albémar a déja prononcé plusieurs fois votre nom. Ah! que n'êtes-vous ici! que ne vous reste-t-il du moins l'espérance que vous y arriverez à temps!

QUATRIÈME PARTIE.

LETTRE PREMIÈRE.

Léonce à M. Barton.

Paris, ce 10 juin 1791.

On vous a écrit que j'avais la tête perdue, on a dit vrai; la vie de Delphine est en danger, je suis dans une chambre près de la sienne; je l'entends gémir : c'est moi, criminel que je suis, c'est moi qui l'ai jetée dans cet état : pensez-vous que, pour être calme, il suffise de la résolution de se tuer si elle meurt? Il y a des tourments inouïs, tant que le sort est en suspens. Hier elle m'a regardé avec une douceur céleste, elle a reposé sa tête sur moi, comme si elle voulait recevoir quelque bien de moi, de ce furieux, l'unique cause.... Non, elle ne mourra point; depuis quelques heures ses plaintes sont moins déchirantes.

Elle n'a cessé, dans son délire, de rappeler une horrible scène dans une église.... La nuit dernière surtout, madame de Lebensei et moi nous veillions auprès de son lit; tout-à-coup elle a soulevé sa tête, ses cheveux sont tombés sur ses épaules : son visage était d'une pâleur mortelle, cependant il avait je ne sais quel charme que je ne lui connaissais point encore; son regard pénétrait le cœur, et me faisait éprouver un sentiment de pitié si douloureux, que j'aurais voulu mourir à l'instant pour en abréger la souffrance. « Léonce, me disait-elle, Léonce, je t'en conjure, n'exige pas de moi, dans le lieu le plus saint, le serment le plus impie; ne me fais pas jurer mon déshonneur, ne me menace pas de ta mort, laisse-moi partir! rends-moi la promesse que je t'ai faite de rester, rends-la-moi! »

Elle m'appelait, et cependant elle ne me connaissait pas; ses yeux me cherchaient dans la chambre, et ne pouvaient parvenir à me distinguer. Je m'écriai, en me jetant à genoux devant son lit, que je la dégageais de tout, qu'elle était libre de me quitter. Que n'aurais-je pas fait pour la calmer! quel arrêt n'aurais-je pas prononcé contre moi-même! Mais, hélas! elle n'entendit point ma réponse, et, répétant sa prière, elle m'accusa de la refuser, et me demanda grace avec un accent toujours plus déchirant, chaque fois qu'elle croyait n'obtenir aucune réponse.

Ah, ciel! concevez-vous un supplice égal à celui que j'éprouvais! on eût dit qu'un pouvoir magique nous empêchait de nous comprendre : elle m'implorait, et je lui paraissais inflexible; elle se plaignait de mon silence, et son délire l'empêchait de m'entendre : moi qu'elle accusait et suppliait tour à tour, j'étais là, près d'elle, essayant en vain de faire arriver jusqu'à son cœur une seule des paroles que mon désespoir lui prodiguait, et ne pouvant ni la détromper ni la secourir. O mon maître! quelle ame m'avez-vous formée? D'où viennent tant de douleurs? Une fois, dans mon enfance, je m'en souviens, j'ai failli mourir dans vos bras; si vous eussiez prévu mes jours d'à présent, n'est-il pas vrai, vous ne m'auriez pas secouru ? Je ne serais pas ici, ses cris ne perceraient pas jusqu'à ma tombe ; j'y reposerais en paix depuis long-temps. O ciel! elle m'appelle !...

LETTRE II.

Léonce à Delphine.

Ce 12 juin,

Tu vivras, ma Delphine, ils me l'ont juré! que le ciel les en récompense! Ah! combien il a duré le temps qui vient de s'écouler! Est-il vrai que tu n'as été en danger que pendant dix jours? Le souvenir de toutes mes années me semble moins long. Tu es mieux, on m'en répond, je devrais en être certain ; mais que je suis loin encore d'être rassuré! Les pensées qui t'agitent prolongent tes souffrances : que puis-je faire, que pourrais-je te dire qui portât du calme dans ton ame? As-tu besoin de m'entendre répéter que je déteste la scène criminelle qui a produit sur ton imagination un effet si terrible? Ah! tu n'en peux douter! Souviens-toi que je me refusais à te suivre dans cette fatale église ; je me sentais depuis quelques jours dans un égarement qui m'ôtait tout empire sur moi-même. Cette prière solennelle de Thérèse, que je croyais concertée avec toi, la terreur de ton départ, le souvenir d'un hymen funeste cruellement retracé, l'amour, les regrets ; que sais-je? l'homme peut-il se rendre compte de ce qui cause sa folie? J'étais insensé; mais tu ne dois pas craindre que désormais ce coupable délire puisse s'emparer de moi ; tu ne le dois pas, si tu as quelque idée de l'impression qu'a faite sur mon cœur l'état où je t'ai vue ; mon amour n'a rien perdu de sa force, mais il a changé de caractère.

Il me semblait, avant ta maladie, qu'une vie surnaturelle nous animait tous les deux ; j'avais oublié la mort, je ne pensais qu'à la passion, qu'à ses prodiges, qu'à son enthousiasme. Au milieu de cette ivresse, tout-à-coup la douleur t'a mise au bord du tombeau : oh! jamais un tel souvenir ne peut s'effacer! la destinée m'a replacé sous son joug, elle m'a rappelé son empire, je suis soumis. Toutes les craintes, tous les devoirs pourront m'en imposer maintenant : n'ai-je pas été au moment de te perdre? Suis-je sûr de te conserver encore? et mes emportements criminels n'ont-ils pas rempli ton ame innocente de terreur et de remords?

O Delphine! être que j'adore! ange de jeunesse et de beauté!

relève-toi! ne te laisse plus abattre, comme si ma passion coupable avait humilié l'ame sublime qui sut en triompher! Delphine, depuis que je t'ai vue prête à remonter dans le ciel, je te considère comme une divinité bienfaisante qui recevra mes vœux, mais dont je ne dois pas attendre des affections semblables aux miennes. Que se passe-t-il dans ton cœur? tu parais indifférente à la vie, et cependant je suis là, près de toi; nous ne sommes pas séparés, nous nous voyons sans cesse, et tu veux mourir! Mon amie, les jours de Bellerive sont-ils donc entièrement effacés de ta mémoire? Nous en avons eu de bien heureux, ne t'en souvient-il plus? ne veux-tu pas qu'ils renaissent? Insensé que je suis! puis-je desirer encore que tu me confies ta destinée? Delphine, ton sort était paisible, tu étais l'admiration et l'amour de tous ceux qui te voyaient, je t'ai connue, et tu n'as plus éprouvé que des peines! Eh bien! douce créature, es-tu découragée de m'aimer? ce sentiment, qui te consolait de tout, est-il éteint? Tu n'as pu me parler; j'ignore ce qui t'occupe, je ne sais plus ce que je suis pour toi. Cependant, puisque je ne me sens pas seul au monde, sans doute tu m'aimes encore.

J'ai craint de t'agiter trop vivement par un entretien; j'ai préféré de t'écrire pour te rassurer, pour te dire même que tu étais libre, oui, libre de me quitter! Si mon supplice, si mon désespoir... Non, je ne veux point t'effrayer; je t'ai rendu le pouvoir absolu, à quelque prix que ce soit, tu peux en user : mais quand je te jure, par tout ce qu'il y a de plus sacré sur la terre, de te respecter comme un frère, Delphine, pourquoi changerais-tu rien à notre manière de vivre? Ne frémis-tu pas à l'idée de ces résolutions nouvelles qui bouleversent l'existence, quand tout est si bien? Coupable que je suis! pourquoi n'ai-je pas toujours pensé ainsi? Je suis résigné, tu n'as plus rien à craindre de moi, tu dois en être convaincue, nous nous connaissons trop pour ne pas répondre l'un de l'autre. Oh! n'est-il pas vrai qu'à présent, si tu le veux, tu seras bientôt guérie? tu en as le pouvoir; cet amour qui existe en nous peut appeler ou repousser la mort à son gré; il nous anime, il est notre vie : Delphine, il réchauffera ton sein. Sois heureuse, livre ton ame aux plus douces espérances; les douleurs que j'ai ressenties ont pour toujours enchaîné les passions furieuses de mon ame: oui, de quelque puissance que vienne cette horrible leçon, elle a été entendue. Mon amie, je vais te voir, je vais te porter cette lettre; après l'avoir lue, ne me dis rien, ne me réponds pas; un de tes regards m'apprendra tes plus secrètes pensées.

LETTRE III.

Mademoiselle d'Albémar à madame de Lebensei.

Dijon, ce 14 juin 1791.

Je serai à Paris, madame, le lendemain du jour où vous recevrez cette lettre; préparez Delphine à mon arrivée. O ma pauvre Delphine! dans quel état vais-je la trouver? Elle sera mieux, je l'espère : sa jeunesse, vos soins l'auront sauvée. De quel secours pourrai-je être à son bonheur? Mais elle m'a nommée, dites-vous: j'ai dû venir. Je vous en conjure, madame, épargnez-moi le plus que vous pourrez les occasions de voir du monde. Vous ne savez peut-être pas à quel point je souffre d'arriver à Paris; mais aucune considération n'a pu m'arrêter quand il s'agissait d'une personne si chère. Adieu, madame; je repars à l'instant pour continuer ma route.

LETTRE IV.

Madame de Lebensei à M. de Lebensei.

Paris, ce 19 juin.

Tu peux m'envoyer chercher demain, mon cher Henri, pour retourner près de toi. La belle-sœur de madame d'Albémar est arrivée depuis deux jours. Delphine est mieux, malgré l'émotion très vive que lui a causée la présence de son amie; elle peut maintenant se passer de mes soins; quoique mon amitié pour elle soit la plus tendre de toutes, j'ai besoin de me retrouver dans notre doux intérieur; la vie m'est pénible loin de mon époux et de mon enfant.

Madame d'Albémar a reçu une lettre de Léonce qui l'a un peu calmée, à ce que je crois; car au milieu de nous elle a eu quelque retour de cet esprit aimable et piquant qui la rend si séduisante. Je ne pourrai jamais te peindre la reconnaissance qui animait les regards de Léonce à chaque mot qu'elle disait. Depuis que nous craignons pour la vie de Delphine, j'ai pris pour M. de Mondoville un intérêt véritable; chaque jour il m'a donné une preuve nouvelle de la sensibilité la plus profonde. Quand Delphine souffrait, Léonce se tenait attaché aux colonnes de son lit, dans un état de contraction qui était plus effrayant encore que celui de son amie. Souvent il se plaçait devant elle, en l'observant avec des regards si fixes, si perçants, qu'il pressentait tout ce qu'elle allait éprouver, et rendait compte de son mal aux médecins avec une sagacité, avec une sollicitude qui étonnait leur longue habitude de la douleur. As-tu remarqué l'autre jour l'art avec lequel il les interrogeait, son besoin de savoir, ses efforts pour écarter une réponse funeste? J'étais convaincue, en le voyant, que si les médecins lui avaient prononcé que Delphine n'en reviendrait pas, il serait tombé mort à leurs pieds.

Depuis que tu nous as quittés, depuis que Delphine est presque convalescente, il invente mille soins nouveaux, comme l'amie la plus attentive : quand Delphine s'endort, il rougit et pâlit au moindre bruit qui pourrait l'éveiller ; s'il essaie de lui faire la lecture, et que ses yeux se ferment en l'écoutant, il reste immobile à la même place pendant des heures entières, repoussant de la main les signes qu'on lui fait pour l'inviter à venir prendre l'air, et contemplant en silence, avec des yeux mouillés de larmes, cette belle et touchante créature que la mort a été si près de lui enlever. Enfin, je ne puis m'empêcher d'excuser Delphine en voyant comme elle est aimée.

La preuve touchante d'amitié que mademoiselle d'Albémar a donnée à sa belle-sœur lui a causé beaucoup de joie ; mais il m'a paru que M. de Mondoville était extrêmement troublé de l'arrivée de mademoiselle d'Albémar. Il s'imagine, je crois, qu'elle vient pour emmener Delphine, et si j'en juge par quelques mots qu'il a dits, ce projet ne s'accomplira pas facilement : cependant il serait peut-être nécessaire qu'elle s'éloignât pendant quelque temps. Une femme de mes amies m'a assuré qu'on commençait à dire assez de mal d'elle dans le monde ; on a rencontré Léonce une fois revenant très tard de Bellerive ; les visites qu'il y faisait chaque soir sont connues ; la chaleur avec laquelle il a pris la défense de Delphine, lorsqu'elle s'est dévouée si généreusement pour nous, a donné de la consistance aux soupçons vagues qui existaient déjà. On se souvient encore des bruits qui ont été répandus sur M. de Serbellane ; et quoique la noble démarche de madame d'Ervins, avant de prendre le voile, les ait formellement démentis, tu sais bien que dans un pays où l'on n'écoute point la réponse, une justification ne sert presque à rien. La première accusation fait perdre à une femme la pureté parfaite de sa réputa-

25.

tion : elle pourrait la recouvrer dans une société qui mettrait assez d'importance à la vertu pour chercher à savoir la vérité; mais à Paris l'on ne veut pas s'en donner la peine. Tu sais braver, mon cher Henri, toutes ces délations de l'opinion, dont nous sommes tous les deux plus victimes que personne ; mais Léonce n'a point à cet égard un caractère aussi fort que le tien. Ne vaudrait-il pas mieux pour Delphine ne pas le remettre à cette épreuve?

Au reste, M. de Mondoville ne se doute pas du murmure encore sourd qui menace la considération de celle qu'il aime. Il n'a point été dans le monde depuis que Delphine est malade, il partage sa vie entre elle et sa femme, et je le crois fort occupé du désir de captiver la bienveillance de mademoiselle d'Albémar. Il lui montre une déférence et des égards dont elle est fort reconnaissante ; ses désavantages naturels lui font éprouver une telle timidité, qu'elle a besoin d'être encouragée pour oser seulement entrer dans une chambre, et y prononcer à voix basse quelques mots toujours spirituels, mais dont elle a constamment l'air de douter.

Mon ami, quel malheur que d'être ainsi privée de toute confiance en soi-même, et de ne pouvoir inspirer à aucun homme l'affection qui l'engagerait à vous servir d'appui ! Si j'avais eu la figure et la taille de mademoiselle d'Albémar, vainement mon cœur et mon esprit eussent été les mêmes, je t'aurais aimé sans que jamais ton amour eût récompensé le mien.

LETTRE V.

Delphine à madame de Lebensei.

Paris, ce 6 juillet.

Pourquoi l'indisposition de votre fils ne vous a-t-elle pas permis de venir hier chez moi? Je le regrette vivement. Je ne sais quelle pensée douce et triste, quel pressentiment, qui tient peut-être à la faiblesse que la maladie m'a laissée, me dit que j'ai joui de mon dernier jour de bonheur. Pourquoi donc l'ai-je goûté sans vous ? Quand mes amis célébraient ma convalescence, ne deviez-vous pas en être témoin ? Vos soins m'ont sauvé la vie, et dût-elle ne pas être un bienfait pour moi, je chérirai toujours le sentiment qui vous a inspiré le désir de me la conserver.

Vous aviez déjà remarqué les soins de Léonce pour ma belle-sœur; il cherchait à se la rendre favorable, parcequ'il imaginait que je la choisirais pour l'arbitre de notre sort. Nous ne nous en étions point parlé ; mais il existe entre nos cœurs une si parfaite intelligence, qu'il devine même ce que je ne pense encore que confusément. Mademoiselle d'Albémar, par respect pour la mémoire de son frère, a introduit M. de Valorbe chez moi ; Léonce, qui avait ordonné qu'on lui fermât ma porte pendant que j'étais malade, le voyant amené par mademoiselle d'Albémar, ne s'y est point opposé, et cependant M. de Valorbe gâte assez, selon moi, le plaisir de notre intimité ; mais Léonce met tant de prix à plaire à ma belle-sœur, qu'il ne veut en rien la contrarier. Je remarquais seulement, depuis quelques jours, que toutes les fois que l'on parlait du départ du roi, et de la cruelle manière dont il a été ramené à Paris, Léonce cherchait à faire entendre qu'il croyait le moment venu de se mêler activement des querelles politiques ; et il m'était aisé de comprendre que son intention était de me menacer de quitter la France, et de servir contre elle, si je me séparais de lui.

Je cherchais l'occasion de dire à Léonce que, ne me sentant plus la force de me replonger dans l'incertitude qui a failli me coûter la vie, je m'en remettais de mon sort à ma sœur ; je voulais l'assurer en même temps que j'ignorais son opinion ; car, par ménagement pour moi, elle n'a pas voulu, jusqu'à ce jour, m'entretenir un seul instant de ma situation. Mais hier, à six heures du soir, comme je devais descendre pour la première fois dans mon jardin, Léonce et ma belle-sœur me proposèrent d'aller à Bellerive ; votre mari, qui était venu me voir, insista pour que j'acceptasse ; M. de Valorbe se crut le droit de me prier aussi : il m'était pénible de n'être pas seule, en retournant dans des lieux si pleins de mes souvenirs ; je cédai cependant au désir qu'on me témoignait : je demandai Isore, qui m'est devenue plus chère encore par l'intérêt qu'elle m'a montré pendant ma maladie ; on me dit qu'elle était sortie avec sa gouvernante, et nous partîmes. La voiture m'étourdit un peu ; je me plaignais, pendant la route, de ce que nous arriverions de nuit ; mais comme personne ne paraissait s'en inquiéter, je me laissai conduire. Le long épuisement de mes forces m'a laissé de la rêverie et de l'abattement ; je n'ai pas retrouvé la puissance de penser avec ordre, ni de vouloir avec suite.

Nous entrâmes d'abord dans ma maison ; elle était ouverte, et je m'étonnai de n'y trouver aucun de mes gens ; mais au moment où j'ouvris la porte du salon, je vis le jardin tout entier illuminé, et j'entendis de loin une musique charmante ; je compris alors l'intention de Léonce ; et soit que je fusse encore faible, ou que tout ce qui me vient de lui me cause une émotion excessive, je sentis mon visage couvert de larmes, à la première idée d'une fête donnée par Léonce pour mon retour à la vie.

J'avançai dans le jardin ; il était éclairé d'une manière tout-à-fait nouvelle ; on n'apercevait pas les lampions cachés sous les feuilles, et on croyait voir un jour nouveau, plus doux que celui du soleil, mais qui ne rendait pas moins visibles tous les objets de la nature. Le ruisseau qui traverse mon parc répétait les lumières placées des deux côtés de son cours, et dérobées à la vue par les fleurs et les arbrisseaux qui le bordent. Mon jardin offrait de toutes parts un aspect enchanté ; j'y reconnaissais encore les lieux où Léonce m'avait parlé de son amour, mais le souvenir de mes peines en était effacé ; mon imagination affaiblie ne m'offrait pas non plus les craintes de l'avenir, je n'avais de forces que pour le présent, et il s'emparait délicieusement de tout mon être. La musique m'entretenait dans cet état ; je vous ai dit souvent combien elle a d'empire sur mon ame. On ne voyait pas les musiciens, on entendait seulement des instruments à vent : harmonieux et doux, les sons nous arrivaient comme s'ils descendaient du ciel. Et quel langage en effet conviendrait mieux aux anges que cette mélodie, qui pénètre bien plus avant que l'éloquence elle-même dans les affections de l'ame ? il semble qu'elle nous exprime les sentiments indéfinis, vagues, et cependant profonds, que la parole ne saurait peindre.

Je n'avais encore vu que la fête solitaire : au détour d'une allée, j'aperçus sur des dégrés de gazon ma douce Isore entourée de jeunes filles, et dans l'enfoncement plusieurs habitants de Bellerive qui m'étaient connus. Isore vint à moi ; elle voulut d'abord chanter je ne sais quels vers en mon honneur ; mais son émotion l'emporta, et se jetant dans mes bras avec cette grace de l'enfance qui semble appartenir à un meilleur monde que le nôtre, elle me dit : « Maman, je t'aime, ne me demande rien de plus ; je t'aime. » Je la serrai contre mon cœur, et je ne pus me défendre de penser à sa pauvre mère. Thérèse, me dis-je tout bas, faut-il que je reçoive seule ces innocentes caresses, dont votre cœur déchiré s'est imposé le sacrifice ! Léonce me présenta successivement les habitants du village à qui j'avais rendu quelques services ; il les savait tous en détail, et me les dit l'un après l'autre, sans que je pensasse à l'interrompre; je le laissais me louer pour jouir de son accent, de ses regards, de tout ce qui me prouvait son amour.

Enfin, il fit approcher des vieillards que j'avais eu le bonheur de secourir, et leur dit : « Vous qui passez vos jours dans les prières, remerciez le ciel de vous avoir conservé celle qui a répandu tant de bienfaits sur votre vie! Nous avons tous failli la perdre, ajouta-t-il avec une voix étouffée ; et dans ce moment la mort menaçait de bien plus près encore le jeune homme que le vieillard: mais elle nous est rendue ; célébrez tous ce jour, et s'il est un de vos souhaits que je puisse accomplir, vous obtiendrez tout de moi au nom de mon bonheur. » Je craignis dans ce moment que M. de Valorbe ne fût près de nous, et que ces paroles ne l'éclairassent sur le sentiment de Léonce; votre mari, qui a pour ses amis une prévoyance tout-à-fait merveilleuse, l'avait engagé dans une querelle politique qui l'animait tellement, qu'il fut près d'une heure loin de nous.

Quand la danse commença, nous revînmes lentement, ma belle-sœur, Léonce, et moi, vers cette partie du jardin réservée pour nous seuls, qui environnait ma maison; nous y retrouvâmes la musique aérienne, les lumières voilées, toutes les sensations agréables et douces, si parfaitement d'accord avec l'état de l'ame dans la convalescence. Le temps était calme, le ciel pur ; j'éprouvais des impressions tout-à-fait inconnues : si la raison pouvait croire au surnaturel, s'il existait une créature humaine qui méritât que l'Être suprême dérangeât ses lois pour elle, je penserais que, pendant ces heures, des pressentiments extraordinaires m'ont annoncé que bientôt je passerai dans un autre monde. Tous les objets extérieurs s'effaçaient par degrés devant moi ; je n'entendais plus, je perdais mes forces, mes idées se troublaient; mais les sentiments de mon cœur acquéraient une nouvelle puissance, mon existence intérieure devenait plus vive; jamais mon attachement pour Léonce n'avait eu plus d'empire sur moi, et jamais il n'avait été plus pur, plus dégagé des liens de la vie. Ma tête se pencha sur son épaule; il me répéta plusieurs fois avec crainte : « Mon amie, mon amie, souffrez-vous? » Je ne pouvais pas lui répondre, mon ame était presque à demi séparée de la terre ; enfin les secours qu'on me donna me firent ouvrir les yeux, et me reconnaître entre ma sœur et Léonce.

Il me regardait en silence; sa délicatesse parfaite ne lui permettait pas de m'interroger sur ce qui l'occupait uniquement, dans un jour où ses soins pleins de bonté pouvaient lui donner de nouveaux droits; mais avais-je besoin qu'il me parlât pour lui répondre? « Léonce, lui dis-je en serrant ses mains dans les miennes, c'est à ma sœur que je remets le pouvoir de prononcer sur notre destinée; voyez-la demain, parlez-lui, et ce qu'elle décidera, je le regarde d'avance comme l'arrêt du ciel, j'y obéirai. — Qu'exigez-vous de moi? interrompit ma sœur. — Mon père, mon époux, mon protecteur revit en vous, lui dis-je; jugez de ma situation : vous connaissez maintenant Léonce, je n'ai plus rien à vous dire. » Ma sœur ne répondit point, Léonce se tut, et il me sembla que les plus profondes réflexions s'emparaient de lui; votre mari et M. de Valorbe nous rejoignirent, et nous revînmes tous à Paris. M. de Valorbe et M. de Lebensei causèrent ensemble pendant la route, sans que nous nous en mêlassions.

Quel usage Louise fera t-elle des droits que je lui ai remis? peut-être prononcera-t-elle qu'il faut nous séparer! mais j'espère qu'elle me laissera encore un peu de temps; et si j'ai du temps, qui sait si je vivrai? Vous ne savez pas combien, dans de certaines situations, une grande maladie et la faiblesse qui lui succède donnent à l'ame de tranquillité. L'on ne regarde plus la vie comme une chose si certaine, et l'intensité de la douleur diminue avec l'idée confuse que tout peut bientôt finir; je m'explique ainsi le calme que j'éprouve, dans un moment où va se décider la résolution dont la seule pensée m'était si terrible. Je me refuse à souffrir; mes facultés ne sont plus les mêmes. Suis-je restée moi? hélas! sais-je si je ne sentirai pas toutes les douleurs que je crois émoussées?

Je vous écrirai ce qui sera prononcé sur mon sort; vous vous intéressez à mon bonheur, vous me l'avez dit, vous me l'avez prouvé de mille manières; jamais mon cœur n'aura rien de caché pour vous. Adieu; cette longue lettre m'a fatiguée; mais je voulais que vous fussiez présente à cette fête qui vous était due, car personne n'a plus contribué que vous à mon rétablissement.

LETTRE VI.

Mademoiselle d'Albémar à Delphine.

Paris, ce 8 juillet.

J'aime mieux vous écrire que vous parler, ma chère Delphine; je ne veux pas prolonger votre anxiété, et je ne me sens pas la force, ce soir, après les heures que je viens de passer avec Léonce, de soutenir une émotion nouvelle. Vous avez voulu que je fusse l'arbitre de votre sort : est-ce par faiblesse, est-ce par courage que vous l'avez souhaité? je n'en sais rien ; mais quoi qu'il dût m'en coûter, je ne pouvais me résoudre à repousser votre confiance ; et puisque j'ai fait de votre destinée la mienne, j'ai presque le droit d'intervenir dans la plus importante décision de votre vie.

Que vais-je vous dire cependant? je devrais avoir plus de force que vous, et je vous en montrerai peut-être moins ; je devrais vous encourager dans le plus pénible effort, et je vais peut-être affaiblir les motifs qui vous en rendraient capable : j'aurai sûrement une conduite différente de celle que vous attendez ; mais comme je me sacrifie moi-même au conseil que je vous donne, je suis sûre au moins que mon opinion n'est pas dirigée par ce qui entraîne les hommes au mal, l'intérêt personnel.

Il est possible que vous ayez en moi un mauvais guide; je connais peu le monde, et le spectacle des passions, tout-à-fait nouveau pour moi, ébranle trop fortement mon ame; mais enfin, après avoir observé Léonce, après l'avoir écouté long-temps, je ne me crois pas permis de vous conseiller de vous séparer de lui maintenant. La douleur excessive qu'il m'a montrée, la douleur la plus dévorante encore qu'il essayait en vain de contenir, les résolutions funestes que, dans les circonstances politiques où la France se trouve, vous pouvez seule l'empêcher d'adopter ; tout m'effraie sur votre sort, si vous preniez un parti devenu trop cruel pour tous les deux. Delphine, après avoir laissé tant d'amour se développer dans le cœur de Léonce, il est du devoir d'une ame sensible de ménager avec les soins les plus délicats ce caractère passionné : je m'entends mal à déterminer les limites de l'empire entre la morale et l'amour, la destinée ne m'a point appris à les connaître ; mais il me semble qu'après le mariage de Léonce, il fallait vous séparer de lui, mais que vous ne devez pas maintenant briser son cœur, en l'immolant tout-à-coup à des vertus *intempestives*.

Je ne sais si le charme de Léonce a exercé sur moi trop de puissance ; je le confesse, s'il existe une gloire pour les femmes hors de la route de la morale, cette gloire est sans doute d'être aimée d'un tel homme : ses qualités éminentes ne sont point un motif pour lui sacrifier vos principes, mais vous lui devez de chercher à les concilier avec son bonheur ; un caractère si remarquable impose des devoirs à tous ceux qui peuvent influer sur son sort. En vous parlant ainsi, croyez bien que je me suis imposé celui de ne pas vous quitter ; malgré mon éloignement pour Paris, je resterai jusqu'à ce que vous puissiez vous en aller avec moi sans exposer les jours de Léonce. Vous voulez m'arranger un appartement chez vous, je l'accepte : M. de Mondoville se soumet à ne vous voir qu'avec moi ; il proteste qu'après ce qu'il a craint, il sera heureux de votre seule présence, de votre entretien, de ce charme que vous savez répandre autour de vous, et dont je sens si bien la douce influence. Delphine, essayez ce nouveau genre de vie, il calmera par degrés la violence des sentiments de Léonce, et vous pourrez goûter un jour peut-être ensemble les pures jouissances de l'amitié.

Ce que je crois certain, au moins selon les lumières de ma raison, c'est qu'il serait mal de faire succéder tant de rigueur à tant de faiblesse, et de cesser tout-à-coup de voir Léonce, après six mois passés presque seule avec lui. Souffrez que je vous le dise, mon amie, la parfaite vertu préserve toujours de l'incertitude ; mais quand on s'est permis quelques fautes, les devoirs se compliquent, les relations ne sont plus aussi simples, et il ne faut pas imaginer de tout expier par un sacrifice inconsidéré, qui déchirerait le cœur dont vous avez accepté l'amour. Si vous vous sépariez de Léonce avant d'avoir, s'il est possible, affaibli la douleur que cette idée lui cause, vous ne feriez qu'une action barbare autant qu'inconséquente, et vous le livreriez à un désespoir dont la cause serait la passion même que vous avez excitée.

En me permettant de prononcer un avis que l'austère vertu condamnerait peut-être, j'ai réfléchi sur moi-même : il se peut que, n'ayant jamais été l'objet d'aucun sentiment d'amour, je sois moins accoutumée à résister à la pitié qu'il inspire ; il se peut que, n'ayant jamais eu à triompher de mon propre cœur, j'hésite à conseiller un sacrifice dont je n'ai jamais mesuré la force ; enfin, il se peut, surtout, qu'ayant passé ma triste vie sans avoir jamais été le premier objet des sentiments de personne, je tremble de briser l'image d'un tel bonheur, lorsqu'elle s'offre à moi : c'est à vous de juger des motifs qui ont influé sur mon opinion ; mais, quelles qu'en soient les causes, j'ai dû vous l'exprimer.

Convaincue, comme je le suis, que si, dans la disposition actuelle de Léonce, vous persistiez à vouloir le quitter, il s'exposerait à une mort inévitable, je ne puis vous engager à partir. Je souffrirais en vous donnant un tel conseil, comme si je faisais une action injuste et cruelle; je ne vous le donnerai donc point.

LETTRE VII.

Delphine à madame de Lebensei.

Paris, ce 12 juillet.

Ma sœur a décidé que je ne devais pas partir; Léonce a exercé sur elle cet ascendant irrésistible qui est peut-être aussi mon excuse; enfin, j'avais promis de me soumettre à ce qu'elle prononcerait. Elle sacrifie ses goûts à mon bonheur, elle veut rester près de moi pour veiller sur mon sort. Les promesses de Léonce, les réflexions que j'ai faites pendant ma longue maladie, tout me répond de moi-même et de lui; j'éprouve donc depuis quelques jours, ma chère Élise, un sentiment de calme assez doux : cependant, m'était-il permis de mettre ainsi l'opinion d'une autre à la place de ma conscience? Je ne sais; mais je n'avais plus la force de me guider, et j'éprouvais une telle anxiété, que peut-être je devais enfin compatir à moi-même, et chercher pour moi, comme pour un autre, une ressource quelconque, qui soulageât les maux que je ne pouvais plus supporter. Quand j'ai choisi pour arbitre l'ame la plus honnête et la plus pure, n'en ai-je pas assez fait? que peut-on exiger de plus?

Léonce était hier parfaitement heureux; ma sœur nous regardait avec attendrissement; il me semblait que nous goûtions les plaisirs de l'innocence : ne peuvent-ils pas exister même dans notre situation, ou serait-ce encore une des illusions de l'amour? J'ai néanmoins répété, en consentant à rester, que si Matilde exprimait de l'inquiétude sur ma présence, je partirais; mais elle est venue me voir deux ou trois fois depuis ma convalescence; elle s'est fait écrire tous les jours chez moi quand j'étais malade, et je n'ai rien vu, ni dans ses manières, ni dans sa conduite, qui annonçât le plus léger changement dans ses dispositions pour moi; elle a l'air de la tranquillité la plus parfaite. Je ne conçois pas comment l'on peut être la femme d'un homme tel que Léonce, l'aimer sincèrement, et n'éprouver ni des sentiments exaltés, ni l'inquiétude qu'ils inspirent.

Je ne veux point retourner à Bellerive, cette vie solitaire est trop dangereuse; je crains d'ailleurs de m'être fait assez de mal dans la société en m'en éloignant. Léonce n'a vu personne encore depuis ma maladie : est-il sûr qu'il n'apprendra rien sur ce qu'on dit de moi, qui puisse le blesser? Hier, madame d'Artenas est venue me voir, j'étais seule; il m'a semblé qu'il y avait dans sa conversation assez d'embarras; elle me donnait des consolations, sans m'apprendre à quel malheur ces consolations s'adressaient; elle m'assurait de son appui, sans me dire contre quel danger elle me l'offrait, et se répandait en idées générales sur la raison et la philosophie, d'une manière peu conforme à son caractère habituel. J'ai voulu l'engager à s'expliquer, elle m'a répondu vaguement que tout s'arrangerait quand je reparaîtrais dans le monde; et ne voulant entrer dans aucun détail avec moi, elle m'a beaucoup pressé de venir chez elle. Telle que je connais madame d'Artenas, ses impressions viennent toutes de ce qu'elle entend dire dans les salons de Paris ; son univers est là, tout son esprit s'y concentre : elle a sur ce terrain assez d'indépendance et de générosité; mais, n'ayant pas l'idée qu'on puisse trouver du bonheur ou de la considération hors de la bonne compagnie de France, elle vous plaint ou vous félicite d'après la disposition de cette bonne compagnie pour vous, comme s'il n'existait pas d'autre intérêt dans le monde. Je suis persuadée qu'elle aurait fini par me parler sincèrement, si ma sœur n'était pas arrivée; mais elle a saisi ce prétexte pour partir, en me répétant avec amitié qu'elle comptait sur moi tous les soirs où elle a du monde chez elle.

N'avez-vous rien appris, ma chère Élise, qui vous confirme les observations que j'ai faites sur madame d'Artenas? Ce n'est pas à vous, qui avez sacrifié l'opinion à l'amour, que je devrais montrer le genre d'inquiétude qu'elle me cause; mais comment ne souffrirais-je pas de ce qui pourrait rendre Léonce malheureux? Les affaires publiques dont votre mari s'occupe lui donnent plus de rapport que vous avec la société; découvrez par lui, je vous en conjure, tout ce qui me concerne, tout ce que Léonce ne manquera pas de savoir dès qu'il retournera dans le monde. Je ne puis interroger que vous sur un sujet si délicat; on craint de montrer aux autres de l'inquiétude sur ce qu'on dit de nous, car il est bien peu de personnes qui ne tirent de ce genre de confidence une raison d'être moins bien pour celle qui la leur fait.

Mandez-moi donc ce que vous saurez, et pardonnez-moi cette lettre, que votre parfaite amitié peut seule autoriser.

LETTRE VIII.

Delphine à madame de Lebensei.

Paris, ce 18 juillet.

Votre réponse, ma chère Élise, ne m'a point entièrement rassurée; j'ai bien vu que votre intention était de me calmer, mais la vérité de votre caractère ne vous l'a pas permis; et vous savez, j'en suis sûre, ce que je n'ai que trop remarqué dans le monde, depuis que j'ai essayé d'y retourner. Certainement, ma position n'y est pas entièrement la même; je n'y suis pas mal encore, mais je ne me sens plus établie dans l'opinion d'une manière aussi sûre ni aussi brillante qu'auparavant.

Hier, par exemple, j'ai été chez madame d'Artenas; comme ma belle-sœur a une répugnance invincible pour se montrer, je ne la priai pas de m'accompagner : en arrivant, je vis quelques voitures des femmes de ma connaissance qui me suivaient, et, presque sans y réfléchir, je restai sur l'escalier assez de temps pour entrer avec elles : autrefois il me plaisait assez d'arriver seule; une inquiétude vague m'empêchait hier de le desirer. On me témoigna presque le même empressement qu'à l'ordinaire; j'étais loin cependant de goûter dans cette société un plaisir égal à celui que j'y trouvais autrefois.

Je mettais de l'importance à tout; les politesses de madame d'Artenas me semblaient plus marquées, comme si elle avait cru nécessaire de me rassurer, et d'indiquer aux autres la conduite que l'on devait tenir envers moi; la froideur de quelques femmes, dont je ne me serais pas occupée dans un autre temps, cette froideur, qui peut-être était causée par des circonstances étrangères à celles qui m'occupaient, m'inquiétait tellement, que je ne pouvais plus me livrer, comme je le faisais jadis si volontiers, au mouvement de la conversation; elle n'était plus pour moi un amusement, un repos agréable et varié; je faisais des observations sur chaque parole, sur chaque mouvement, comme un ambitieux au milieu d'une cour. En effet, celui dont je dépends n'y était-il pas? il me semblait que je voyais quelques nuances d'embarras dans la figure de Léonce; il avait plus de prudence dans sa conduite, il cherchait à mieux cacher son sentiment : enfin, ce n'était pas encore la peine, mais tous les présages qui l'annoncent.

Dès mon enfance, accoutumée à ne rencontrer que les hommages des hommes et la bienveillance des femmes, indépendante par ma situation et ma fortune, n'ayant jamais eu l'idée qu'il pût exister entre les autres et moi d'autres rapports que ceux des services que je pourrais leur rendre, ou de l'affection que je saurais leur inspirer, c'était la première fois que je voyais la société comme une sorte de pouvoir hostile, qui me menaçait de ses armes si je le provoquais de nouveau.

Je n'ai pas besoin de vous dire, ma chère Élise, qu'aucune de ces réflexions n'approcherait de mon esprit, si je n'attachais le plus grand prix à conserver aux yeux de Léonce cet éclat de réputation qui lui plaît, et dont il aime à jouir. Dès l'instant où la société m'aurait été moins agréable, je m'en serais éloignée pour toujours, et je ne suis pas assez faible pour m'affliger de la défaveur de l'opinion, avec un caractère qui me porte naturellement à ne pas la ménager; mais ce qu'il y a de pénible dans ma situation, c'est que mon sentiment pour Léonce m'expose au blâme, et que l'objet pour qui je braverais ce blâme avec joie y est mille fois plus sensible que moi-même. Néanmoins, depuis cette soirée de madame d'Artenas, je n'ai rien aperçu dans la manière de mon ami qui me fît croire à la moindre inquiétude de sa part; je n'aurais pu la soupçonner qu'aux expressions plus aimables encore et plus sensibles qu'il m'adressait le lendemain.

M. de Mondoville ira sûrement bientôt à Cernay; en voyant tous les jours chez moi M. de Lebensei pendant ma maladie, il a perdu les préventions politiques qui l'éloignaient de lui, et s'est pénétré d'estime pour son caractère et d'admiration pour son esprit; il a pour vous, vous le savez, ma chère Élise, la plus sincère amitié: si, par un mot de lui, vous apprenez qu'il soit inquiet de ma situation dans le monde, instruisez-m'en, je vous en conjure, sans ménagement: c'est le seul sujet sur lequel Léonce ne me parlerait pas avec une confiance absolue; jugez donc, ma chère Élise, combien il m'importe qu'à cet égard vous ne me laissiez rien ignorer.

LETTRE IX.

Delphine à madame de Lebensei.

Paris, ce 1ᵉʳ août.

Léonce ne vous a rien dit, je n'ai rien su de nouveau par madame d'Artenas, ni par personne. J'espère donc que mon imagination m'avait un peu exagéré ce que je craignais : mais dès qu'une inquiétude cesse, une autre prend sa place ; il semble qu'il faut toujours que la faculté de souffrir soit exercée.

Les assiduités de M. de Valorbe commencent à déplaire visiblement à Léonce, et sa condescendance pour ma sœur est, à cet égard, presque entièrement épuisée. Je ne sais comment écarter M. de Valorbe sans qu'il m'accuse de la plus indigne ingratitude, et vous jugerez vous-même si, d'après ce qui vient de se passer, je ne dois pas chercher un prétexte quelconque pour cesser de le voir. Il a été trouver ma sœur avant-hier, et lui a déclaré qu'il avait découvert mon attachement pour Léonce. Son premier mouvement, a-t-il dit, avait été de se battre avec lui ; mais réfléchissant que c'était un moyen sûr de me perdre, il avait trouvé plus convenable de m'arracher au sentiment qui compromettait ma réputation, ma morale et mon bonheur. Il venait donc conjurer ma sœur de me décider à l'épouser : c'est un singulier rapprochement d'idées, que celui qui conduit un homme à désirer d'autant plus de se marier avec moi, qu'il se croit plus certain que j'en aime un autre. Mais tel est M. de Valorbe ; son amour-propre serait flatté d'obtenir ma main, il le serait d'autant plus qu'il croirait remporter ainsi un triomphe sur Léonce, dont la supériorité l'importune ; et, quoiqu'il m'aime réellement, il s'inquiète moins de mes sentiments pour lui que de la préférence extérieure qu'il voudrait que je lui accordasse. C'est un homme qui apprend des autres s'il est heureux, et qui a besoin d'exciter l'envie pour être content de sa situation ; son orgueil combat et détruit tout ce qu'il a d'ailleurs de bonnes qualités, et je le redoute beaucoup, maintenant que je suis obligée de le blesser par un refus positif.

Je répétais depuis plusieurs jours à ma sœur combien je craignais qu'elle ne se repentît elle-même d'avoir amené si souvent M. de Valorbe chez moi, lorsque ce matin elle est venue (ce qui vous étonnera peut-être assez) me proposer sérieusement de l'épouser ; elle m'a d'abord assuré qu'il m'aimait avec idolâtrie, et que la plupart des défauts que je lui trouvais dans le monde tenaient à l'embarras de sa situation vis-à-vis de moi. « C'est un homme, m'a-t-elle dit, que le succès et le bonheur rendront toujours très bon : je ne réponds pas de lui dans l'adversité ; mais comme il en serait à jamais préservé s'il vous épousait, ma chère Delphine, vous pourriez compter sur ce qu'il y a d'honnête dans

son caractère. Sans doute, après avoir aimé Léonce, vous n'é‑
prouverez jamais un sentiment vif pour personne; mais, dans un
mariage de raison, vous pouvez goûter la douceur d'être mère;
et croyez-moi, ma chère amie, il est si difficile d'avoir pour époux
l'homme de son choix, il y a tant de chances contre tant de bon‑
heur, que la Providence a peut-être voulu que la félicité des
femmes consistât seulement dans les jouissances de la maternité.
Elle est la récompense des sacrifices que la destinée leur impose;
c'est le seul bien qui puisse les consoler de la perte de la jeu‑
nesse. »

Je vous l'avouerai, ma chère Élise, j'étais presque indignée
que ma sœur, qui avait elle-même reconnu que je ne pouvais,
sans barbarie, me séparer de Léonce, vînt me proposer de le tra‑
hir. Comme j'exprimais ce sentiment avec assez de vivacité, elle
m'interrompit pour me soutenir qu'elle m'offrait l'unique moyen
de rendre Léonce à ses devoirs, aux intérêts naturels de sa vie;
elle assura que, tant que je serais libre, il ne ferait aucun effort
sur lui-même pour renoncer à moi. Elle me dit enfin tout ce qu'on
dit dans une semblable situation, quand, avec une ame tendre,
on ne peut néanmoins concevoir une passion qui tient lieu de tout
dans l'univers; une passion sans laquelle il n'existe ni jouissan‑
ces, ni espoir, ni considérations tirées de la raison ou de la sen‑
sibilité commune, qu'on ne rejette intérieurement avec mépris :
mais il est doux de se livrer à ce mépris que l'on prodigue au fond
de son cœur à tous les rivaux de celui qu'on aime.

La conversation finit bientôt sur ce sujet ; quelques paroles de
moi donnèrent promptement à ma sœur l'idée d'une résistance
telle, qu'aucune force humaine ne pourrait imaginer de la vain‑
cre ; et je ne songeai plus qu'à supplier Louise d'éloigner M. de
Valorbe. Elle me promit de s'en occuper, mais elle en conçoit
peu d'espérance, soit à cause de l'entêtement qui le caractérise,
soit parcequ'elle se sent faible contre un homme qui a été le sau‑
veur de son frère.

Demandez à M. de Lebensei, ma chère Élise, quel conseil il
pourrait me donner pour sortir de cette perplexité. Il connaît
M. de Valorbe, car ils causent souvent de politique ensemble.
Quoique M. de Valorbe soit dans le fond du cœur ennemi de la
révolution, il a en même temps la prétention de passer pour phi‑
losophe, et se donne beaucoup de peine pour expliquer à votre
mari que c'est comme homme d'état qu'il soutient les préjugés;

et comme penseur qu'il les dédaigne. M. de Lebensei ne voit dans cette profondeur que de l'inconséquence, et M. de Valorbe sourit alors comme si votre mari faisait semblant de ne pas l'entendre, et qu'ils fussent deux augures, dont l'un voudrait avoir l'air de ne pas comprendre l'autre. Dans toute autre disposition je m'amuserais de ces discussions, entre M. de Valorbe qui voudrait se faire admirer des deux partis, et votre mari qui ne pense qu'à soutenir ce qu'il croit vrai ; entre M. de Valorbe qui feint de mépriser les hommes pour cacher l'importance qu'il met à leurs suffrages, et votre mari qui, étant indifférent à l'opinion de ce qu'on appelle le monde, n'a point de misanthropie, parcequ'il n'y a jamais de mécompte dans ses prétentions et ses succès. Mais ce qui m'importe, c'est de savoir si M. de Lebensei n'a point découvert, dans tout le jeu de l'amour propre de M. de Valorbe, quelque moyen de l'attacher à une idée, à un intérêt qui le détournât de son acharnement à s'occuper de moi.

Je suis extrêmement inquiète des événements que peuvent amener la fierté de Léonce et l'amour-propre de M. de Valorbe : quand il voit M. de Mondoville, il est contenu par cette dignité de caractère qui rend impossible aux ennemis mêmes de Léonce de lui manquer en présence ; mais il s'indigne en secret, j'en suis sûre, de l'impression involontaire que Léonce lui fait éprouver ; et l'effort dont il aurait besoin pour se révolter contre le respect importun qui l'arrête, pourrait l'emporter d'autant plus loin. Encore une fois, ma chère Élise, consultez pour moi votre mari dans cette situation délicate, et gardez-vous de laisser apercevoir à Léonce ce que je viens de vous confier sur M. de Valorbe.

LETTRE X.

Delphine à madame de Lebensei.

Paris, ce 7 août, à 11 heures du matin.

Mon Dieu, combien mes craintes étaient fondées ! J'envoie chez vous, à l'insu de Léonce, pour supplier M. de Lebensei de venir ; je vous écris pendant que mon valet de chambre cherche un cheval pour aller à Cernay. Instruisez votre mari de tout, remettez-lui ma lettre pour qu'il la lise, et qu'il voie si, avant même de venir chez moi, il ne pourrait pas prendre un parti qui nous sauvât. Fatal événement ! Ah ! le sort me poursuit.

Hier, Léonce me dit qu'il devait y avoir une grande fête chez une de ses parentes qui demeure dans la même rue que moi; il ajouta qu'il croyait nécessaire d'y aller, afin de ne pas trop faire remarquer son absence du monde. Il m'était revenu le matin même que M. de Valorbe parlait avec assez de confiance de ses prétentions sur moi, et je craignais qu'on n'en informât Léonce dans cette assemblée, où il devait trouver tant de personnes réunies; mais comme je ne pouvais lui donner aucun motif raisonnable pour s'y refuser, je me tus; et ma sœur approuvant Léonce, il me quitta de bonne heure pour chercher un de ses amis qu'il conduisait à cette fête. Un quart d'heure après, M. de Valorbe arriva chez moi assez troublé, et nous apprit que, s'étant mêlé d'une manière imprudente de ce qui concernait le départ du roi, il avait reçu l'avis à l'instant qu'un mandat d'arrêt était lancé contre lui, et devait s'exécuter dans quelques heures. Il venait me demander de se cacher chez moi cette nuit même, et me prier d'obtenir de votre mari qu'il tâchât de lui faire avoir un moyen de partir aujourd'hui pour son régiment, et d'y rester jusqu'à ce que son affaire fût apaisée.

Vous sentez, ma chère Élise, s'il était possible d'hésiter : un asile peut-il jamais être refusé? Je l'accordai; il fut convenu que ma sœur, qui logeait encore dans l'appartement d'une de ses parentes, où elle était descendue en arrivant, resterait ce soir chez moi; que M. de Valorbe viendrait dans ma maison lorsque tous mes gens seraient couchés, et qu'Antoine seul veillerait pour l'introduire secrètement. Il n'était encore que huit heures du soir; M. de Valorbe devait aller terminer quelques affaires essentielles chez son notaire, et y rester le plus tard qu'il pourrait, pour attendre l'heure convenue. Tout ce qui concernait la sûreté de M. de Valorbe étant ainsi réglé, il partit, après m'avoir témoigné beaucoup plus de reconnaissance que je n'en méritais, puisque j'ignorais alors ce qu'il allait m'en coûter.

Je me hâtai de rentrer chez moi pour écrire à Léonce, sous le sceau du secret, ce qui venait de se passer; je n'avais point d'autre motif, en le lui mandant, que de l'instruire avec scrupule de toutes les actions de ma vie : j'ordonnai cependant qu'on remît avec soin ma lettre au cocher qui devait aller le chercher dans la maison où il soupait, si par hasard il y était déjà. Je m'endormis parfaitement tranquille, assurée que j'étais de l'approbation de Léonce pour une action généreuse, alors même que son rival en était l'objet.

Ce matin, mademoiselle d'Albémar est entrée dans ma chambre, et j'ai compris à l'instant même, en la voyant, qu'elle avait à m'annoncer un grand malheur. « Qu'est-il arrivé ? me suis-je écriée avec effroi. — Rien encore, me dit-elle ; mais écoutez-moi, et voyez si vous avez quelques ressources contre le cruel événement qui nous menace. » Alors elle m'a raconté qu'elle avait découvert, par quelques mots de M. de Valorbe, qu'il avait rencontré Léonce cette nuit même ; mais comme il ne voulait pas lui confier ce qui s'était passé, elle a écrit à huit heures du matin à M. de Mondoville, de manière à lui faire croire qu'elle savait tout, et qu'il était inutile de lui rien cacher. Sa réponse contenait les détails que je vais vous dire.

Hier, en sortant du bal, Léonce, impatienté de ce que la foule empêchait sa voiture d'avancer, se décida à l'aller chercher à pied au bout de la rue ; il éprouvait, il en convient, beaucoup d'humeur de ce que diverses personnes lui avaient annoncé mon mariage avec M. de Valorbe comme très probable. Dans cette disposition, cependant, il se faisait plaisir encore, dit-il, de revoir ma maison pendant mon sommeil, et choisit à dessein le côté de la rue qui le faisait passer devant ma porte ; il était alors une heure du matin. Par un funeste hasard, au moment où il approchait de chez moi, M. de Valorbe, se dérobant avec soin à tous les regards, enveloppé de son manteau, se glisse le long du mur, frappe à ma porte, et dans l'instant on l'ouvre pour le recevoir. Léonce reconnut Antoine, qui tenait une lumière pour éclairer à M. de Valorbe. Léonce l'a dit, je le crois, il ne lui vint pas seulement dans la pensée que je pusse être d'accord avec M. de Valorbe ; mais convaincu que sa conduite avait pour but quelques desseins infames, il s'élança sur lui avant qu'il fût entré chez moi, le saisit au collet, et, le tirant violemment loin de la porte, il lui demanda avec beaucoup de hauteur quel motif le conduisait, à cette heure et ainsi déguisé, chez madame d'Albémar. M. de Valorbe irrité refusa de répondre : Léonce, dans le dernier degré de la colère, le saisit une seconde fois, et lui dit de le suivre, avec les expressions les plus méprisantes. M. de Valorbe était sans armes, la crainte d'être découvert lui revint à l'esprit ; il répondit avec assez de calme à M. de Mondoville : « Vous ne doutez pas, je le pense, monsieur, qu'après l'insulte que vous m'avez faite, votre mort ou la mienne ne doive terminer cette affaire ; mais je suis menacé d'être arrêté cette nuit pour des raisons politiques ;

c'est afin de me soustraire à ce danger que madame d'Albémar m'a accordé un refuge ; sa belle-sœur est venue s'établir chez elle ce soir même, pour m'autoriser, par sa présence, à profiter de la générosité de madame d'Albémar. Je crains d'être poursuivi si ma retraite est connue ; remettons à demain une satisfaction qui, certes, m'intéresse plus que vous. » A ces mots, Léonce confus couvrit ses yeux de sa main, et se retira sans rien dire. A quelques pas de là il retrouva ses gens, on lui remit ma lettre, et il confesse qu'il fut très honteux, en la lisant, de son impétuosité; mais il déclare en même temps, à ma belle-sœur, qu'il ne faut pas penser à en prévenir les suites.

Lorsque mademoiselle d'Albémar fut instruite de tout, elle en parla à M. de Valorbe ; il lui parut mortellement offensé, et n'admettant pas l'idée qu'une réconciliation fût possible. Cependant, il est certain que personne n'a été témoin de l'emportement de Léonce : votre mari ne peut-il pas être médiateur entre M. de Valorbe et M. de Mondoville? s'il obtient un passe-port pour M. de Valorbe, un pareil service ne lui donnera-t-il aucun empire sur lui?

Léonce doit venir me voir tout-à-l'heure ; mais puis-je me flatter du moindre pouvoir sur sa conduite, dans une semblable question? cependant je lui parlerai, je conserve encore du calme : savez-vous ce qui m'en donne? c'est la certitude de ne pas survivre un jour à Léonce ; le ciel même ne l'exigerait pas de moi ! Mais est-ce assez de cette certitude pour supporter le malheur qui me menace? S'il perdait cette vie dont il fait un si noble usage ; si son amour pour moi lui ravissait tant de jours de gloire et de bonheur que la nature lui avait destinés ; si sa mère redemandait son fils en maudissant ma mémoire ! O Élise, Élise, les douleurs que j'éprouve, vous ne les avez jamais senties ; et moi qui ai tant versé de pleurs, que j'étais loin d'avoir l'idée de ce que je souffre! Antoine arrive, il va partir : au nom du ciel, ne perdez pas un moment!

LETTRE XI.

Delphine à madame de Lebensei.

Paris, ce 8 août.

Mes craintes sont dissipées ; je dois beaucoup à votre mari, à M. de Valorbe lui-même : il est parti, tout est apaisé ; mais suis-je contente de ma conduite? ce jour n'aura-t-il point de funestes effets? Que puis-je me reprocher cependant, quand la vie de Léonce était en danger? Votre mari reste encore ici jusqu'à demain, ce sera moi qui vous apprendrai tout ce que votre Henri a fait pour nous; mais que jamais un seul mot de vous, ma chère Élise, ne trahisse les secrets que je vais vous confier !

Hier matin, Léonce arriva comme je venais de vous envoyer ma lettre; il y avait un peu d'embarras dans l'expression de son visage. Je me hâtai de lui dire que s'il s'était mêlé le moindre soupçon sur moi à son emportement contre M. de Valorbe, jamais je n'aurais pu retrouver aucun bonheur dans notre sentiment mutuel; mais je le conjurai d'examiner s'il voulait perdre un homme proscrit, qui pouvait être obligé de quitter la France, et que l'éclat d'un duel ferait nécessairement découvrir. « Ma chère Delphine, me répondit Léonce, c'est moi qui ai insulté M. de Valorbe, lui seul a droit d'être offensé, je ne puis l'être; et ma volonté, dans cette affaire, doit se borner à lui accorder la satisfaction qu'il me demandera. — Quoi! lui dis-je, quand de votre propre aveu vous avez été injuste et cruel, croyez-vous indigne de vous de le réparer? — Je ne sais, me dit-il, ce que M. de Valorbe entendrait par une réparation : comme il est malheureux dans ce moment, je pourrais me croire obligé d'être plus facile; mais cette réparation, je ne puis la donner que tête à tête : nous étions seuls, du moins je le crois, lorsque j'ai eu le tort d'offenser M. de Valorbe; mais trouvera-t-il que ce soit une raison pour se contenter d'excuses faites aussi sans témoins? je l'ignore. A sa place, rien ne me suffirait; à la mienne, ce que je puis tient à de certaines règles que je ne dépasserai point. — Indomptable caractère! lui dis-je alors avec une vive indignation, vous n'avez pas encore seulement daigné penser à moi; doutez-vous que le sujet de cette querelle ne soit bientôt connu, et qu'il ne me perde à jamais? — Le secret le plus profond, interrompit-il... — Ignorez-vous, repris-je, qu'il n'y a point de secret? Mais je n'insisterai pas sur ce motif, c'est à vous et non à moi de le peser : sans doute, si vous triomphez, je suis déshonorée; si vous périssez, je meurs : mais l'intérêt supérieur à ces intérêts, c'est le remords que vous devez éprouver, si vous ne respectez pas la situation de M. de Valorbe : pouvez-vous vous battre avec lui, quand il doit se cacher, quand vous faites connaître ainsi sa retraite, quand vous le livrez aux tribunaux, dans ces temps de trouble où rien ne garantit la justice? le pouvez-vous? — Ma chère Delphine, répondit Léonce plus ému qu'incertain, je vous le répète, c'est moi qui ai tort envers M. de Valorbe ; je n'ai rien à faire qu'à l'attendre : la générosité ne convient pas à celui qui a offensé ; c'est à M. de Valorbe à se décider ; je lui dirai, s'il le veut, tout ce que je dois lui dire ; il jugera si ce que je puis est assez. »

Dans ce moment M. de Lebensei entra; Antoine l'avait rencontré à la barrière, il avait ordre de remettre ma lettre à l'un de vous deux; votre excellent Henri la lut, et ne perdit pas un instant pour se rendre chez moi ; je lui répétai ce que je venais de dire ; Léonce gardait le silence. « Il faut d'abord, dit M. de Lebensei, que je m'informe des accusations qui peuvent exister contre M. de Valorbe : s'il est vraiment en danger, il importe de le mettre en sûreté. M. de Mondoville souhaite certainement, avant tout, que M. de Valorbe ne soit pas exposé à être arrêté. — Sans doute, répliqua Léonce, mes torts envers lui m'imposent de grands devoirs; si je puis le servir, je le ferai avec zèle : mais vous me permettrez, dit-il plus bas à M. de Lebensei, de vous parler seul quelques instants. — D'où vient ce mystère? m'écriai-je; Léonce, suis-je indigne de vous entendre sur ce que vous croyez votre honneur ? ne s'agit-il pas de ma vie comme de la vôtre? et pensez-vous que, si véritablement votre gloire était compromise, je ne trouverais pas, dans la résolution où je suis de mourir avec vous, la force de consentir à tous vos périls ? Mais encore une fois, vous avez été souverainement injuste envers M. de Valorbe; il est proscrit; à ce titre, votre inflexible fierté devrait plier. — Eh bien! reprit Léonce, je ne dirai rien à M. de Lebensei que vous ne l'entendiez ; je ne puis d'ailleurs lui rien apprendre sur la conduite que je dois tenir ; ce qu'il ferait, je le ferai. Je demande, reprit M. de Lebensei, que l'on attende les informations que je vais prendre sur tout ce qui concerne la situation de M. de Valorbe; dans peu d'heures je la connaîtrai. »

M. de Lebensei nous quitta pour s'en occuper; mais en partant, il me dit: « M. de Mondoville a raison à quelques égards, c'est M. de Valorbe qui doit décider de cette affaire; voyez-le vous-même ce matin, essayez de le calmer. » Je voulais à l'instant même passer dans l'appartement de ma belle-sœur, où je devais trouver M. de Valorbe. Léonce me retint, et me dit : « La pitié que m'inspire un homme malheureux, les torts que j'ai eus envers lui, la crainte de vous compromettre, tous ces motifs mettent obstacle à la conduite simple qu'il est si convenable de suivre dans de semblables occasions ; mais, je vous en conjure, mon amie, ne vous permettez pas en mon absence un mot que je fusse forcé de désavouer : songez que l'on pourra croire que j'approuve tout ce que vous direz, et soyez plus fière que sensible quand il s'agit de la réputation de votre ami. Je ne vous rappellerai point que je la préfère à ma vie, je rougirais d'avoir besoin de vous l'apprendre ; mais quand votre sublime tendresse confond vos jours avec les miens, j'ose d'autant plus compter sur l'élévation de votre conduite ; mon honneur sera le vôtre, et pour votre honneur, Delphine, vous ne craindriez point la mort. Adieu ; il faut que je vous quitte, je dois rester chez moi tout le jour, pour y attendre des nouvelles de M. de Valorbe. » Il y avait tant de calme et de fierté dans l'accent de Léonce, qu'un moment il me redonna des forces ; mais elles m'abandonnèrent bientôt quand j'entrai chez ma belle-sœur, et que j'y vis M. de Valorbe.

Louise se retira dans son cabinet, pour nous laisser seuls. Je ne savais de quelle manière commencer cette conversation : M. de Valorbe avait l'air tout-à-fait résolu à l'éviter ; j'hésitais si je devais essayer de lui parler avec franchise de mes sentiments pour Léonce ; quoiqu'il les connût, je craignais qu'il ne se blessât de leur aveu. Je hasardai d'abord quelques mots sur les regrets qu'avait éprouvés M. de Mondoville, lorsqu'il avait appris la situation fâcheuse dans laquelle M. de Valorbe se trouvait. Il répondit à ce que je disais d'une manière générale, mais sans prononcer un seul mot qui pût faire naître l'entretien que je desirais ; et lui, qui manque souvent de mesure quand il est irrité, s'exprimait avec un ton ferme et froid qui devait m'ôter toute espérance. Je sentais néanmoins que la résolution de M. de Valorbe pouvait dépendre de l'inspiration heureuse qui me ferait trouver le moyen de l'attendrir. Il existait sans doute ce moyen, j'implorais les lumières de mon esprit pour le découvrir, et plus j'en avais besoin, plus je les sentais incertaines. Assez de temps se passa sans même que M. de Valorbe me permît de commencer ; il détournait ce que je voulais lui dire, m'interrompait, et repoussait de mille manières le sujet dont j'avais à parler : j'éprouvais une contrainte douloureuse qu'il avait l'art de prolonger. Enfin, je me décidai à lui représenter d'abord le tort irréparable que me ferait l'éclat d'un duel, et je lui demandai s'il était juste que le sentiment qui m'avait portée à lui donner un asile fût si cruellement puni. Il sortit alors un peu de ses phrases insignifiantes pour me répondre, et me dit que la cause de sa querelle avec M. de Mondoville ne pouvait avoir été entendue que par un homme qu'il avait cru remarquer près de là, mais qu'il ne connaissait pas. Je me hâtai de lui dire ce que je croyais alors, et ce dont M. de Mondoville était persuadé comme moi : c'est que cet homme était un de ses gens qui s'approchait de lui pour lui annoncer sa voiture, et qui n'avait pas eu la moindre idée de ce qui s'était passé. M. de Valorbe parut réfléchir un moment à cette réponse, et me dit ensuite : « Eh bien! madame, si personne ne nous a ni vus, ni entendus, vous ne serez point compromise, quoi qu'il puisse arriver entre M. de Mondoville et moi. » Je n'avais pas prévu ce raisonnement, et je crois encore ce que je soupçonnai dans le moment même, c'est que M. de Valorbe eut besoin de se recueillir pour ne pas me laisser apercevoir qu'il était adouci par l'idée que personne n'avait été témoin de sa querelle avec Léonce : néanmoins, quelle que fût la pensée qui traversa son esprit, il voulut rompre la conversation, et se leva pour appeler mademoiselle d'Albémar.

Elle vint; je ne savais plus que devenir, un froid mortel m'avait saisie; je voyais devant moi celui qui voulait tuer ce que j'aime, et ma langue se glaçait quand je voulais l'implorer. Un billet de votre mari me fut apporté dans cet instant; il me disait qu'il était vrai que les charges contre M. de Valorbe étaient très sérieuses, qu'il importait extrêmement qu'il quittât Paris sans délai, et que ce soir à la nuit tombante il lui apporterait un passeport sous un faux nom, qui lui permettrait de s'éloigner : il se flattait ensuite de parvenir à faire lever le mandat d'arrêt de M. de Valorbe; mais il insistait beaucoup sur l'importance dont il était pour lui de n'être pas pris dans ce moment de fermentation. Je me hâtai de donner ce billet à M. de Valorbe, et j'eus tort de ne pas lui cacher le mouvement d'espoir que j'éprouvais, car il s'en aperçut; et s'offensant de ce que je pouvais supposer que les dangers dont on le menaçait auraient de l'influence sur lui, il rentra dans sa chambre précipitamment, et en sortit peu d'instants après, avec une lettre pour M. de Mondoville; il la remit à un de mes gens, et lui dit, assez haut pour que je l'entendisse, de la porter à son adresse. Il revint ensuite vers nous; ma pauvre belle-sœur était tremblante, et je me soutenais à peine.

On annonça qu'on avait servi; nous allâmes à table tous les trois; M. de Valorbe nous regardait tour à tour Louise et moi, et le spectacle de notre douleur lui donnait assez d'émotion, quoiqu'il fît des efforts pour la surmonter : il parla sans cesse pendant le dîner, avec plus d'activité peut-être qu'on n'en a dans une résolution calme et positive ; il s'exaltait d'une manière extraordinaire, par ses propres discours et par le vin qu'il prenait : nous étions devant lui immobiles et pâles, sans prononcer un seul mot ; nous sortîmes enfin de ce supplice. Quel repas, juste ciel ! c'était le banquet de la mort ; il parut lui-même presque honteux du rôle qu'il venait de jouer, et se sentit le besoin de s'en excuser.

« Vous m'avez secouru, me dit-il, et je vous afflige ; mais jamais affront plus sanglant ne mérita la vengeance d'un honnête homme ! » A ces mots, qui semblaient m'offrir au moins l'espoir d'être écoutée, j'allais répondre : il m'arrêta ; et, se livrant alors à son goût naturel pour produire de grands effets, il me dit : « Tout est décidé. J'ai écrit à M. de Mondoville ; le rendez-vous est donné, ici même, à six heures ; nous partirons ensemble, nous nous arrêterons dans la forêt de Senart, à dix lieues de Paris : là, l'un de nous doit périr. Si M. de Mondoville meurt, je continuerai ma route avant d'être reconnu ; si c'est moi, il reviendra vers vous. Maintenant, vous le voyez, les paroles irrévocables sont dites ; rentrez dans votre appartement, et souhaitez qu'il me tue ; vous n'avez plus que cet espoir. » Au moment où il me disait ces effroyables paroles, la pendule avait déjà sonné cinq heures, son aiguille marchait vers le moment fixé. L'exactitude de Léonce n'était pas douteuse. Ce départ, cette forêt, les paroles sanglantes de M. de Valorbe, tout ajoutait à l'horreur du duel. Ce que je craignais il y avait quelques heures ne pouvait se comparer encore à l'effroi dont j'étais pénétrée : ma tête s'égarait entièrement ; la mort, la mort certaine de Léonce était devant mes yeux, et son meurtrier me parlait.

Je ne sais quels cris de douleur échappèrent de mon sein ; ils excitèrent dans le cœur de M. de Valorbe un mouvement impétueux qui le précipita à mes pieds. « Quoi ! me dit-il, vous aimez Léonce, et vous espérez que je ménagerai sa vie ! Je rends grace au ciel de l'insulte qu'il m'a faite, elle me permet de punir une autre offense, et c'est pour celle-là, oui, c'est pour celle-là, dit-il avec un frémissement de rage, que je suis avide de son sang. — Dieu ! qu'avez-vous fait, m'écriai-je, des sentiments de générosité qui vous méritaient une si haute estime ? pouvez-vous souhaiter de m'épouser quand mon cœur n'est pas libre ? — Oui, dit-il, je le souhaite encore ; le temps vous éclairerait sur les sentiments que vous nourrissez au fond du cœur; vous respecteriez vos devoirs envers moi. Vous avez des qualités si douces et si bonnes, que, si j'étais votre époux, même avant d'avoir obtenu votre amour, je serais le plus heureux des hommes : mais non, il vous faut des victimes ; vous en aurez, l'heure approche : quand le temps aura prononcé, vous ne serez plus écoutée. » Élise, ne frémissez-vous pas pour votre malheureuse amie ? Ma tête s'égarait ; je suppliai M. de Valorbe, je le crois, avec un accent, avec des paroles de flamme ; il repoussa tout, occupé d'une seule idée qui lui revenait sans cesse. « Que ferez-vous pour moi, s'écriait-il, si je suis déshonoré, si l'on sait l'outrage que j'ai reçu? — Rien ne sera connu, répétai-je, rien ! — Et si cette espérance est trompée, dites-moi, s'écria-t-il avec fureur, dites-moi, vous qui ne m'offrez pas de l'amour, comment vous ferez pour que je supporte la honte! — Jamais elle ne vous atteindra, repris-je ; mais si quelque peine pouvait résulter pour vous du sacrifice que vous m'auriez fait, le dévouement de ma vie entière, reconnaissance, amitié, fortune, soins, tout ce que je puis donner est à vous. — Tout ce que vous pouvez donner, créature enchanteresse! interrompit-il ; c'est toi qu'il faut posséder ; tu pourrais seule faire oublier même le déshonneur! Tu as peur du sang, tu veux écarter la mort... eh bien, eh bien, jure que je serai ton époux ! cette gloire, cette ivresse...»

En disant ces mots il me saisissait la main avec transport ; six heures sonnèrent, une voiture s'arrêta à la porte, il ne restait plus qu'un instant pour éviter le plus grand des malheurs ; tout ce qu'avait dit M. de Valorbe me persuadait que sa résolution n'était pas inébranlable, mais que jamais il n'y renoncerait si je n'offrais pas un prétexte quelconque à son amour-propre : il reprit avec plus d'instance en voyant que je me taisais, et me dit : « Permettez-moi de prendre ce silence pour une réponse favorable ; elle restera secrète entre nous ; je vous laisserai du temps, je n'abuserai point tyranniquement d'un consentement arraché par le trouble.... » Le bruit de la voiture de Léonce entrant dans la cour se fit entendre ; je puis à peine me rappeler ce qui se passait en ce moment dans mon ame bouleversée, mais il me semble que je pensai qu'un scrupule insensé pouvait seul m'engager à parler, quand peut-être il suffisait de me taire pour sauver Léonce. La veille même, madame d'Artenas m'avait vivement grondée de ce qu'elle appelait mes insupportables qualités, qui m'exposaient à tous les malheurs, sans me permettre jamais la moindre habileté pour m'en tirer; ses conseils me revinrent, je condamnai mon caractère, je m'ordonnai d'y manquer; enfin surtout, enfin les paroles qui exposaient les jours de Léonce ne pouvaient sortir de ma bouche. M. de Valorbe s'écria avec transport qu'il me remerciait de mon silence; je ne le désavouai point. Je le trompai donc? oui, grand Dieu ! c'est la première fois que la dissimulation a souillé mon cœur ! Léonce parut !.....

Quelle impression sa présence produisit sur tout ce qui était dans la chambre ! Ma bonne sœur détourna la tête pour lui cacher ses pleurs; M. de Valorbe se hâta de recomposer son visage ; et moi, qui ne savais pas si je venais de sauver ce que j'aime, ou seulement de me rendre indigne de lui, je pouvais à peine me soutenir. M. de Mondoville voulant abréger cette scène, après avoir salué ma sœur et moi avec cette grace et cette noblesse que les indifférents mêmes ne peuvent voir sans être charmés, pria M. de Valorbe de le conduire dans son appartement : ils sortirent alors tous les deux. Mes tourments redoublèrent; je n'avais pas revu Léonce depuis le matin, j'ignorais ce que la journée avait pu apporter de changements dans ses dispositions. Le silence dont je m'étais, hélas ! trop adroitement servie, avait-il suffi pour désarmer M. de Valorbe? ou ne s'était-il pas dit que, dans un tel moment, il ne devait y attacher aucune importance? Loin donc que ma douleur fût soulagée, elle était devenue plus amère encore par l'espérance que j'avais entrevue, et que le temps n'avait pu confirmer.

Ce jour, déja si cruel, fut encore marqué par un hasard bien malheureux : madame du Marset vint à ma porte demander mademoiselle d'Albémar; et mes gens, qui n'avaient point reçu l'ordre de ma belle-sœur, la laissèrent entrer. Elle arriva dans le salon même où j'étais avec mademoiselle d'Albémar; elle venait lui faire une visite, et s'acquitter d'un de ces devoirs communs de la société, dont la froideur et l'insipidité font un si cruel contraste avec les passions violentes de l'ame. Représentez-vous, chère Élise, ce que je dus éprouver pendant une demi-heure qu'elle resta chez ma sœur ! Je ne pouvais m'en aller, parceque, de la chambre où nous étions, j'entendais au moins la voix de Léonce et de M. de Valorbe; je m'assurais ainsi qu'ils étaient encore là, et je tâchais de deviner, à leur accent plus ou moins élevé, s'ils s'apaisaient ou s'irritaient de nouveau; mais je ne crois pas qu'il soit possible de se faire l'idée de l'horrible gêne que m'imposait la présence de madame du Marset ! voulant lui cacher mon trouble, et le trahissant encore plus; répondant à ses questions sans les entendre, et par des mots qui n'avaient sans doute aucun rapport avec ce qu'elle me disait, car elle marquait à chaque instant son étonnement, et prolongeait, je crois, sa visite par des intentions malignes et curieuses. Je ne sais combien de temps ce supplice aurait duré, si mademoiselle d'Albémar, ne pouvant plus le supporter, n'eût pris sur elle de déclarer à madame du Marset que j'étais encore très souffrante de ma dernière maladie, et que j'avais dans ce moment besoin de repos. Madame du Marset reçut ce congé avec un air assez méchant, et je ne doute pas, d'après ce que j'ai su depuis, qu'elle ne fût venue pour examiner ce qui se passait chez moi.

Quand elle fut sortie, Léonce ouvrit la porte, et rentra avec M. de Valorbe; je voulus le questionner, mais la violence que je m'étais faite pendant la visite de madame du Marset m'avait jetée dans un tel état, qu'en essayant de parler, je tombai comme sans vie aux pieds de Léonce. Quand je revins à moi, on m'avait transportée dans ma chambre; Léonce tenait une de mes mains, ma sœur l'autre, et ma petite Isore pleurait au pied de mon lit. Il fut doux ce moment, ma chère Élise, où je me retrouvais au milieu de mes affections les plus chères, où les regards de Léonce m'exprimaient un intérêt si tendre! « Ma douce amie, me dit-il, pourquoi vous effrayer ainsi? tout est terminé, tout l'est comme vous le desirez; calmez donc cette ame si sensible : ah! vous m'aimez, je veux vivre; ne craignez rien pour moi. »

Je lui demandai de me raconter ce qui venait de se passer entre M. de Valorbe et lui. « Je le croyais décidé, me dit-il, quand j'arrivai; mais comme j'avais vu M. de Lebensei, qui m'avait donné de véritables inquiétudes sur les dangers que courait M. de Valorbe, j'étais disposé à me prêter à la réconciliation, s'il la desirait. Il a commencé par me demander si je pouvais lui garantir que rien de ce qui était arrivé hier au soir ne serait jamais connu; je lui ai dit que je lui donnais ma parole, en mon nom et de la part de M. de Lebensei, que le secret serait fidèlement gardé, et que je ne croyais pas que personne, excepté lui et moi, en fût instruit. Il m'a fait encore quelques questions, toujours relativement à la publicité possible de notre aventure; je l'ai rassuré à cet égard, autant que je le suis moi-même; sans pouvoir lui donner cependant une certitude positive; car j'étais trop ému hier au soir, pour avoir rien remarqué de ce qui se passait autour de moi. M. de Valorbe a réfléchi quelques instants, puis il a prononcé votre nom à demi-voix; il s'est arrêté, ne voulant pas sans doute que je susse que vous seule décidiez de sa conduite dans cette circonstance : vous seule aussi, ma Delphine, vous m'aviez inspiré les mouvements doux que j'éprouvais; votre souvenir était un ange de paix entre nous deux. M. de Valorbe m'a tendu la main, après un moment de silence, et je me suis permis alors de lui exprimer franchement et vivement tous les regrets que j'éprouvais de mon impardonnable vivacité. Nous sommes sortis alors pour vous rejoindre; depuis ce moment je n'ai pensé qu'à vous secourir, et j'ai laissé M. de Lebensei avec M. de Valorbe. »

Comme Léonce nommait votre mari, il ouvrit ma porte, et me dit, avec une vivacité qui ne lui est pas ordinaire : « Tout est prêt pour le voyage de M. de Valorbe; il demande à vous voir un moment; il convient de ne pas l'obliger à rendre M. de Mondoville témoin de sa douleur en vous quittant, et rien n'est plus pressé que son départ. » Léonce n'hésita point à se retirer, et M. de Lebensei, sans perdre un moment, fit entrer M. de Valorbe. Je fus touchée en le voyant; il était impossible d'avoir l'air plus malheureux; il s'approcha de mon lit, me prit la main, et se mettant à genoux devant moi, il me dit à voix basse : « Je pars, je ne sais ce que je vais devenir; peut-être suis-je menacé des événements les plus malheureux : que mon honneur me reste, et je les supporterai tous! Souvenez-vous, cependant, que c'est à vous seule que j'ai fait le sacrifice de la résolution la plus juste et la plus nécessaire; songez, reprit-il en appuyant singulièrement sur chacune de ses expressions, songez à ce que vous ferez pour moi, si mon sort est perdu pour vous avoir obéi, pour m'être fié à vous. » Je rougis en écoutant ces paroles, qui me rappelaient un tort véritable. M. de Valorbe voulait rester encore; mais M. de Lebensei était si impatient de son départ, qu'il interrompit d'autorité notre entretien. M. de Valorbe se jeta sur ma main en la baignant de pleurs, et votre mari l'emmena.

Dès que la voiture de M. de Valorbe fut partie, M. de Lebensei remonta, et je lui demandai d'où lui venait une agitation que je ne lui avais jamais vue. « Hélas! me dit-il, je viens d'apprendre, comme j'arrivais chez vous, que M. de Fierville a été témoin de la scène d'hier au soir; il était sorti à pied, peu de moments après Léonce, de la maison où ils avaient soupé ensemble; il s'est glissé derrière les voitures pour n'être pas reconnu, et il a raconté aujourd'hui, dans un dîner, tout ce qu'il avait entendu ; je craignais donc extrêmement que M. de Valorbe ne le sût avant de partir, et que, changeant de dessein, il ne restât, malgré tout ce qui pouvait lui en arriver. — Ah, mon Dieu! m'écriai-je, et M. de Valorbe ne sera-t-il pas déshonoré pour ne s'être pas battu avec Léonce? » M. de Lebensei chercha à dissiper cette crainte, en m'assurant que l'on parviendrait à détruire l'effet des propos de M. de Fierville ; mais, tout en me calmant sur ce sujet, il paraissait troublé par une pensée qu'il n'a pas voulu me confier.

Je suis restée, lorsqu'il m'a quittée, dans un trouble cruel. Certainement je ne me repens pas d'avoir tout fait pour empêcher que M. de Valorbe ne se battît avec Léonce ; je suis loin de me croire liée par un silence que doit excuser la violence de ma situation. Ma sœur, qui a été témoin de tout, m'assure que M. de Valorbe lui-même n'a pas dû se persuader que je pusse prendre avec lui, dans l'état où j'étais, le moindre engagement. Si M. de Valorbe était malheureux, je ferais pour lui certainement tout ce qui serait en ma puissance. C'est en vain, cependant, que je me raisonne ainsi depuis plusieurs heures ; ma joie est empoisonnée par cet instant de fausseté. Rien ne me ferait consentir à l'avouer à Léonce, et cependant c'est pour lui…. ; il faut donc que ce soit mal…. Je suis sûre que les plus cruelles peines me viendront de là. Les fautes que le caractère fait commettre sont tellement d'accord avec la manière de sentir habituelle, qu'on finit toujours par se les pardonner ; mais quand on se trouve entraînée, forcée même à un tort tout-à-fait en opposition avec sa nature, c'est un souvenir importun, douloureux, et qu'on veut en vain écarter. Ne m'en parlez jamais, je parviendrai peut-être à l'oublier.

Remerciez votre Henri, quand vous le verrez, de la parfaite amitié qu'il m'a témoignée. Votre enfant est-il encore malade? ne pouvez-vous pas le quitter? J'irai vous voir dès que je serai mieux ; mais ce que j'ai souffert m'a redonné la fièvre, on veut que je me ménage encore quelque temps.

LETTRE XII.

Mademoiselle d'Albémar à madame de Lebensei.

Paris, ce 25 août.

J'ai besoin, madame, de vous confier mes chagrins, de vous

demander vos conseils. M. de Lebensei vous a-t-il dit comment l'indigne M. de Fierville, et son amie plus odieuse encore, ont trouvé l'art d'empoisonner l'aventure de M. de Valorbe ? Ils ont répandu dans le monde que Delphine, notre angélique Delphine, avait donné rendez-vous à deux hommes la même nuit, et qu'un malentendu sur les heures avait été la cause de la rencontre où Léonce avait grièvement insulté M. de Valorbe. Non ! je n'ai pu vous écrire une semblable infamie sans que mon front se couvrît de rougeur. Juste ciel ! c'est donc ainsi qu'on veut punir une ame innocente de sa générosité même ! c'est ainsi que l'on outrage le caractère le plus noble et le plus pur ! deux êtres méchants, et le reste indifférent et faible, voilà ce qui décide la réputation d'une femme au milieu de Paris.

Madame du Marset et M. de Fierville ont voulu se venger ainsi, dit-on, d'un jour où Léonce les a profondément humiliés en défendant madame d'Albémar. Maintenant, que faut-il faire pour la servir ? Aidez-moi, je vous en conjure, et cachons-lui surtout qu'elle a pu être l'objet d'une pareille calomnie ; sa santé la retient encore chez elle, et je lui ai conseillé de fermer sa porte. Léonce est allé conduire sa femme à la terre d'Andelys, qu'elle tient des dons de Delphine, et sans laquelle, hélas ! elle n'eût jamais épousé M. de Mondoville. Je l'aurais consulté lui-même dans cette circonstance, puisque l'âge de M. de Fierville ne permet pas de craindre un événement funeste ; mais il est absent, et je suis seule au milieu d'un monde bien nouveau pour moi, et dont la puissance me fait trembler : néanmoins, j'ai vaincu ma répugnance pour la société ; j'y vais, j'irai chaque jour ; j'y répéterai ce qui justifie glorieusement mon amie. Sans avouer le sentiment de Delphine pour Léonce, je ne le démentirai point ; car je veux mettre toute ma force dans la vérité, il ne me reste qu'elle : je suis ici une étrangère, sans agréments, sans appui, intimidée par ma figure et mon ignorance de la vie : n'importe, j'aime Delphine, et je soutiens la plus juste des causes.

Je ne sais à qui m'adresser, je ne sais de quels moyens on se sert ici pour repousser la calomnie ; mais je dirai tout ce que mon indignation m'inspirera : peut-être enfin triompherai-je de l'envie, seul genre de malveillance que ma douce et charmante amie puisse redouter. Je n'avais pas d'idée du mal que peut faire l'opinion de la société, quand on a trouvé l'art de l'égarer. Oui, ceux qu'on est convenu d'appeler des amis me font plus souffrir encore que les ennemis mêmes ; ils viennent se vanter auprès de vous des services qu'ils prétendent vous avoir rendus, et l'on ne peut démêler avec certitude si, pour augmenter le prix de leur courage, ils ne se plaisent pas à exagérer les attaques dont ils prétendent avoir triomphé ; d'autres se bornent à vous assurer que, quoi qu'il arrive, ils ne vous abandonneront pas, et vous ne pouvez pas leur faire expliquer ce *quoi qu'il arrive* : il leur convient mieux de le laisser dans le vague. Quelques uns me donnent le conseil d'emmener Delphine en Languedoc ; et lorsque je veux leur prouver que le plus mauvais moment pour s'éloigner, c'est celui où l'on doit braver et confondre une indigne calomnie, ils me répètent le même conseil sans avoir fait attention à ma réponse ; et, tout occupés de l'avis qu'ils ont proposé, ils y attachent leur amour-propre, et se croient dispensés de vous secourir, si vous ne le suivez pas : il est plus facile de se défendre contre des adversaires déclarés, que de s'astreindre à la conduite nécessaire avec de tels amis. Ils servent seulement à encourager les ennemis, en leur montrant combien est faible la résistance qu'ils ont à craindre ; et cependant, s'ils se brouillaient avec vous, ils rendraient votre situation plus mauvaise. Ne commenceraient-ils pas leur phrase de renonciation par ces mots : *Moi qui aimais madame d'Albémar, je suis obligé de convenir qu'il n'y a pas moyen à présent de l'excuser?* Funeste pays, où le nom d'ami, si légèrement prodigué, n'impose pas le devoir de défendre, et donne seulement plus de moyens de nuire si l'on abandonne !

L'opinion apparaît en tout lieu, et vous ne pouvez la saisir nulle part ; chacun me dit qu'*on* répand les plus indignes mensonges contre Delphine, et je ne parviens pas à découvrir si celui qui me parle les répète, ou les invente lui-même. Je me crois toujours environnée de moqueurs qui se trahissent par un regard ou par un sourire d'insouciance, dans le moment où ils me protestent qu'ils s'intéressent à ma peine. Je ne perds pas une occasion de raconter les motifs de reconnaissance qui devaient engager Delphine à donner un asile à M. de Valorbe, comme s'il fallait, pour rendre service à un malheureux, d'autres motifs que son malheur ! En vérité, je le crois, il est ici plus dangereux d'exercer la vertu que de se livrer au vice ; l'on ne veut pas croire aux sentiments généreux, et l'on cherche avec autant de soin à dénaturer la cause des bonnes actions, qu'à trouver des excuses pour les mauvaises.

Ah! qu'il vaut mieux vivre obscure, et n'avoir jamais obtenu ces flatteuses louanges, avant-coureurs de la haine, et dont elle vient en hâte exiger de vous le prix ! Pour la première fois, je me console d'avoir été bannie du monde par mes désavantages naturels : qu'ai-je dit? je me console ! Delphine n'est-elle pas malheureuse, et quel calme puis-je jamais goûter si l'on ne parvient pas à la justifier ! Daignez, madame, vous concerter avec M. de Lebensei sur ce qu'il est possible de tenter, et accordez-moi l'un et l'autre le secours de vos lumières et de votre amitié.

LETTRE XIII.

Réponse de madame de Lebensei à mademoiselle d'Albémar.

Cernay, ce 30 août 1791.

L'émotion que m'a causée votre lettre, mademoiselle, a été la cause du premier tort que j'aie jamais eu avec Henri ; après l'avoir lue, je m'écriai : « Ah ! pourquoi suis-je privée de tout ascendant sur personne ! Proscrite que je suis par l'opinion, il ne me reste aucun moyen d'être utile à mes amis calomniés. » A peine avais-je dit ces mots, qu'un repentir profond, un tendre retour vers mon ami les suivit; mais je craignis pendant plusieurs heures que leur impression sur lui ne fût ineffaçable : enfin il m'a pardonné parceque j'avais tort, grièvement tort, et qu'il lui était trop aisé de me le faire sentir, pour qu'il ne fût pas dans son caractère de s'y refuser. Il est parti pour Paris, dans l'intention de servir madame d'Albémar; mais il aura soin de faire répandre par d'autres ce qu'il faut que l'on dise ; car les préjugés de la société sont tels contre les opinions politiques de M. de Lebensei, qu'il nuirait à madame d'Albémar en se montrant son admirateur le plus zélé. Oh! que la malveillance a de ressources pour faire souffrir ! ne sentez-vous pas les méchants comme un poids sur le cœur? ne vous semble-t-il pas qu'ils empêchent de respirer? lorsqu'on voudrait reprendre un peu d'espoir, leur souvenir le repousse douloureusement au fond de l'ame.

Quelques heures après le départ de M. de Lebensei, mon enfant étant assez bien, je n'ai pu résister au desir que j'avais de causer avec vous et de voir madame d'Albémar; et je suis partie de Cernay assez tard, car je n'y suis revenue qu'à minuit. Vous étiez sortie, mais j'ai trouvé Delphine qui venait de recevoir une lettre de Léonce; il annonçait son retour dans huit jours, avec les expressions les plus tendres et les plus passionnées pour madame d'Albémar, et cependant elle m'a paru profondément triste. Je suis convaincue qu'elle sait ce que nous voulons lui cacher, mais que cette ame fière ne peut se résoudre à nous en parler. Elle n'avait laissé sa porte ouverte que pour madame d'Artenas et pour moi; si elle a vu madame d'Artenas, elle est instruite de tout! Il n'est pas dans le caractère de cette femme de cacher ce qui peut être pénible; elle sait servir utilement, plutôt que ménager avec délicatesse.

J'ai demandé à madame d'Albémar ce qu'elle faisait depuis l'absence de Léonce. « Je donne des leçons à Isore, m'a-t-elle répondu; je me promène tous les jours seule avec elle, et je ne vois personne. » En achevant ces mots, elle a soupiré, et la conversation est tombée. « Ne serez-vous pas bien aise, ai-je repris, du retour de Léonce? — De son retour? m'a-t-elle dit vivement; qu'arrivera-t-il quand il reviendra? » Puis s'arrêtant, elle a repris : « Pardonnez-moi, je suis triste et malade. » Et, jouant avec les jolis cheveux de la petite Isore, elle est retombée dans la distraction. J'hésitais si je me hasarderais à lui parler; mais elle ne paraissait pas le desirer, et je craignis de me tromper sur la cause de son abattement, ou du moins de lui en dire plus qu'elle n'en savait.

Je l'ai quittée le cœur serré; elle n'a point essayé de me retenir; ses manières avec moi étaient moins tendres que de coutume; et tel que je connais son caractère, c'est une preuve qu'elle éprouve quelque grande peine. Dès qu'elle est heureuse, elle a besoin d'y associer ses amis; mais je l'ai toujours vue disposée à souffrir seule.

Ah! de quelles douloureuses pensées n'ai-je pas été occupée en revenant chez moi! Vous le voyez, il n'existe aucun moyen pour une femme de s'affranchir des peines causées par l'injustice de l'opinion. Delphine, l'indépendante Delphine elle-même en est atteinte, et ne peut se résoudre à nous le confier.

P. S. J'en étais là de ma lettre, mademoiselle, lorsque Léonce, que nous n'attendions pas de huit jours, est venu jusqu'à la grille de Cernay, pour demander M. de Lebensei; dès qu'il a su qu'il n'y était pas, il est reparti comme un éclair pour retourner à Paris. Mes gens ont su de son domestique, qui le suivait, qu'il avait laissé madame de Mondoville à Andelys, et qu'il en était parti tout-à-coup avec une diligence inconcevable : en arrivant à Paris, il est monté sur-le-champ à cheval, pour venir ici sans s'arrêter. Mes gens m'ont aussi dit qu'il avait l'air très agité, et que, dans le peu de mots qu'il leur avait adressés, il avait changé de visage deux ou trois fois. Sans doute il a tout appris, et, sensible comme il l'est à la réputation de Delphine, je frémis de l'état où il doit être : ah, mon Dieu, que deviendront nos pauvres amis! Si M. de Lebensei voit Léonce, je me hâterai de vous mander ce qu'il lui aura dit. Adieu, mademoiselle; combien je suis touchée de votre situation, et pénétrée d'estime pour l'amitié parfaite que vous témoignez à madame d'Albémar!

LETTRE XIV.
Delphine à M. de Lebensei.

Ce 1ᵉʳ septembre.

Je sais tout ce que mes amis ont voulu me cacher, j'ai tout appris, ou j'ai tout deviné. Ce que j'éprouve m'est amer; j'avais marqué à l'injustice sa sphère, je croyais qu'elle m'accuserait d'imprudence, de faiblesse, de tous les torts, excepté de ceux qui peuvent avilir. Je vous l'avouerai donc, je souffre depuis quinze jours une sorte de peine dont il me serait douloureux de m'entretenir, même avec vous. Cependant ma fierté doit triompher de ce chagrin, quelque cruel qu'il puisse être; mais ce qui déchire mon cœur, c'est la crainte de l'impression que Léonce peut en recevoir; il est arrivé hier d'Andelys, et n'est point encore venu chez moi; je sais qu'il a été à Cernay; vous a-t-il trouvé? que vous a-t-il dit?

Ne craignez point, monsieur, de me parler avec une franchise sévère. Si j'étais réservée à la plus grande des souffrances, si l'affection de celui que j'aime était altérée par la calomnie dont je suis victime, j'opposerais encore du courage à ce dernier des malheurs. Conseillez-moi, je me sens capable de tous les sacrifices : il y a des chagrins qui donnent de la force; ceux qui offensent une ame élevée sont de ce nombre.

LETTRE XV.

Léonce à M. de Lebensei.

Paris, ce 1ᵉʳ septembre.

J'ai reconnu en vous, monsieur, dans les divers rapports que nous avons eus ensemble, un esprit si ferme et si sage, que je veux m'en remettre à vos lumières, dans une circonstance où mon âme est trop agitée pour se servir de guide à elle-même. Un de mes amis m'a écrit à Andelys que la réputation de madame d'Albémar était indignement attaquée; et c'est à ma passion pour elle, aux fautes sans nombre que cette passion m'a fait commettre, que je dois attribuer son malheur et le mien. J'espérais savoir de vous le nom de l'infâme qui avait calomnié mon amie; je ne vous ai pas trouvé, je suis revenu à Paris, et je n'ai eu que trop tôt la douleur d'apprendre qu'un vieillard était l'auteur de cette insigne lâcheté : je l'avais offensé il y a quelques mois, vous le savez, et le misérable s'en est vengé sur madame d'Albémar.

Après avoir accablé M. de Fierville de mon mépris, j'ai obtenu de lui, ce matin, mille inutiles promesses de désaveu, de secret, de repentir; mais à présent que l'horrible histoire qu'il a forgée est connue, ce n'est plus de lui qu'elle dépend. Ne puis-je pas découvrir un homme (ils ne sont pas tous des vieillards) qui se soit permis de calomnier Delphine? Quand je me complais dans cette idée, quand elle me calme, une autre vient bientôt me troubler : puis-je me dire avec certitude que je ne compromettrai pas Delphine en la vengeant? qu'au lieu d'étouffer les bruits qu'on a répandus, je n'en augmenterai pas l'éclat? Cependant faut-il laisser de telles calomnies impunies? me direz-vous que je le dois? n'hésiterez-vous pas en me condamnant à ce sacrifice? Madame d'Albémar est parente de madame de Mondoville, elle n'a point de frère, point de protecteur naturel : n'est-ce pas à moi de lui en tenir lieu?

La réputation de madame d'Albémar est sans doute le premier intérêt qu'il faut considérer; mais s'il ne vous est pas entièrement démontré que le devoir le plus impérieux me commande de me laisser dévorer par les sentiments que j'éprouve, vous ne l'exigerez pas de moi.

Je n'ai pas encore vu madame d'Albémar; il me semblait que je ne pouvais retourner vers elle qu'après avoir réparé de quelque manière l'affront dont je suis la première cause. Oh! je vous en conjure, si vous en connaissez un moyen, dites-le-moi; dois-je laisser sans défenseur une ame innocente qui n'a que moi pour appui?

LETTRE XVI.

Réponse de M. de Lebensei à Léonce.

Cernay, ce 2 septembre.

Oui, monsieur, il existe un moyen de réparer tous les malheurs de votre amie ; mais ce n'est point celui que votre courage vous fait desirer. Madame d'Albémar a bien voulu, comme vous, me demander conseil ; en lui répondant à l'instant même, je lui ai déclaré ce que mon amitié m'inspire pour votre bonheur à tous les deux, je vais lui envoyer ma lettre. Je ne puis me permettre, sans son aveu, de vous apprendre ce que cette lettre contient : elle vous le confiera sans doute. Tout ce que je puis vous dire maintenant, c'est qu'en vous livrant à une indignation bien naturelle, vous achèveriez de perdre sans retour la réputation de madame d'Albémar. Si votre nom n'était pas prononcé dans cette calomnie ; si de tout ce qu'on dit, ce que l'on croit le plus n'était pas votre attachement pour madame d'Albémar, vous pourriez en imposer de quelque manière à ses ennemis. Encore faudrait-il que M. de Fierville eût un fils, un proche parent au moins qui voulût répondre pour lui, et que l'on comprît d'abord pourquoi vous vous adressez à tel homme plutôt qu'à tel autre, pour venger la réputation de madame d'Albémar ; car le public veut toujours qu'une action courageuse soit en même temps sagement motivée ; et quand il démêle quelque égarement dans une conduite, fût-elle héroïque, il la condamne sévèrement. Mais, dans votre situation actuelle, lors même qu'un homme moins âgé que M. de Fierville serait reconnu pour être l'auteur de la calomnie dirigée contre madame d'Albémar, vous feriez un tort irréparable à votre amie, en vous chargeant de repousser l'offense qu'elle a reçue.

On ne peut protéger au milieu de la société que les liens autorisés par elle, une femme, une sœur, une fille ; mais jamais celle qui ne tient à nous que par l'amour. Et vous, monsieur, qui possédez éminemment les qualités énergiques et imposantes, les seules dont l'éclat se réfléchisse sur les objets de notre affection, vous aspirez en vain à défendre la femme que vous aimez, ce bonheur vous est refusé.

Madame d'Albémar a cependant plus que personne besoin d'appui au milieu du monde ; sa conduite est parfaitement pure, et pourtant les apparences sont telles qu'elle doit passer pour coupable. Elle a un esprit supérieur, un cœur excellent, une figure charmante, de la jeunesse, de la fortune ; mais tous ces avantages, qui attirent des ennemis, rendent un protecteur encore plus nécessaire. Son esprit éclairé donne de l'indépendance à ses opinions et à sa conduite ; c'est un danger de plus pour son repos, puisqu'elle n'a ni frère ni mari qui lui serve de garant aux yeux des autres. Les femmes privées de ces liens se sont placées, pour la plupart, à l'abri des préjugés reçus, comme sous une tutelle publique instituée pour les défendre.

La parfaite bonté de madame d'Albémar semblerait devoir lui faire des amis de toutes les personnes qu'elle a servies, il n'en est rien ; elle a déja trouvé beaucoup d'ingrats, elle en rencontrera peut-être beaucoup encore : vous avez vu ce qui lui est arrivé avec madame du Marset. J'ai souvent remarqué que dans les sociétés de Paris, lorsqu'un homme ou une femme médiocre veulent se débarrasser d'une reconnaissance importune envers un esprit supérieur, ils se choisissent quelques devoirs bien faciles auprès d'une personne bien commune, et présentent avec ostentation cet exemple de leur moralité, pour se dispenser de tout autre. Madame d'Albémar est trop distinguée pour pouvoir compter sur la bienveillance durable de ceux qui ne sont pas dignes de l'aimer et de l'admirer, et c'est par l'autorité d'une situation qui en impose, bien plus que par ses qualités aimables, qu'elle peut désarmer la haine. Je la vois maintenant entourée de périls, menacée des chagrins les plus cruels, si elle n'en est préservée par un défenseur que la morale et la société puissent reconnaître pour tel.

Tous ceux qui, éblouis de ses charmes, n'examinent point sa situation avec la sollicitude de l'amitié, croiront peut-être qu'elle est faite pour triompher de tout. Le triomphe serait possible, mais il lui coûterait tant de peines, que son bonheur du moins en serait pour toujours altéré : je ne sais même si elle peut à elle seule aujourd'hui effacer entièrement le mal que ses ennemis viennent de lui faire. Mais c'en est assez, je ne dois point insister sur vos peines avant de savoir si vous consentirez à ce que je propose pour les faire cesser. Vous connaissez mes opinions, monsieur; je m'en honore, et j'ai supporté, sinon avec plaisir, du moins avec orgueil, les peines qu'elles m'attirent. Ce sont ces opinions qui m'ont suggéré le conseil que j'ai donné à madame d'Albémar; ce conseil est le seul qui puisse vous sauver des malheurs que vous éprouvez, et que vous devez craindre. Je crois digne de vous d'y accéder; et vous savez, je l'espère, de quelle estime et de quelle considération je suis pénétré pour vos lumières et pour vos vertus.

LETTRE XVII.

M. de Lebensei à Delphine.

Cernay, ce 2 septembre 1791.

Celui que vous aimez est toujours digne de vous, madame; mais son sentiment ni le vôtre ne peuvent rien contre la fatalité de votre situation. Il ne reste qu'un moyen de rétablir votre réputation, et de retrouver le bonheur. Rassemblez pour m'entendre toutes les forces de votre sensibilité et de votre raison. Léonce n'est point irrévocablement lié à Matilde, Léonce peut encore être votre époux; le divorce doit être décrété dans un mois par l'assemblée constituante; j'en ai vu la loi, j'en suis sûr. Après avoir lu ces paroles, vous pressentirez sans doute quel est le sujet que je veux traiter avec vous; et l'émotion, l'incertitude, des sentiments divers et confus, vous auront tellement troublée que vous n'aurez pu d'abord continuer ma lettre : reprenez-la maintenant.

Je ne connais point madame de Mondoville : sa conduite envers ma femme a dû m'offenser; je me défendrai cependant, soyez-en sûre, de cette prévention : votre bonheur est le seul intérêt qui m'occupe. J'ignore ce que vous et votre ami pensez du divorce : je me persuade aisément que l'amour suffirait pour vous entraîner tous les deux à l'approuver; mais cependant, madame, je connais assez votre raison et votre ame pour croire que vous refuseriez le bonheur même, s'il n'était pas d'accord avec l'idée que vous vous êtes faite de la véritable vertu. Ceux qui condamnent le divorce prétendent que leur opinion est d'une moralité plus parfaite : s'il en était ainsi, il faudrait que les vrais philosophes l'adoptassent, car le premier but de la pensée est de connaître nos devoirs dans toute leur étendue : mais je veux examiner avec vous si les principes qui me font approuver le divorce sont d'accord avec la nature de l'homme, et avec les intentions bienfaisantes que nous devons attribuer à la Divinité.

C'est un grand mystère que l'amour : peut-être est-ce un bien céleste qu'un ange a laissé sur la terre; peut-être est-ce une chimère de l'imagination, qu'elle poursuit jusqu'à ce que le cœur refroidi appartienne déjà plus à la mort qu'à la vie. N'importe; si je ne voyais dans votre sentiment pour Léonce que de l'amour, si je ne croyais pas que sa femme disconvient à son caractère et à son esprit sous mille rapports différents, je ne vous conseillerais pas de tout briser pour vous réunir; mais écoutez-moi l'un et l'autre.

De quelque manière que l'on combine les institutions humaines, bien peu d'hommes, bien peu de femmes renonceront au seul bonheur qui console de vivre : l'intime confiance, le rapport des sentiments et des idées, l'estime réciproque, et cet intérêt qui s'accroît avec les souvenirs. Ce n'est pas pour les jours de délices placés par la nature au commencement de notre carrière, afin de nous dérober la réflexion sur le reste de l'existence; ce n'est pas pour ces jours que la convenance des caractères est surtout nécessaire : c'est pour l'époque de la vie où l'on cherche à trouver dans le cœur l'un de l'autre l'oubli du temps qui nous poursuit, et des hommes qui nous abandonnent. L'indissolubilité des mariages mal assortis prépare des malheurs sans espoir à la vieillesse; il semble qu'il ne s'agisse que de repousser les desirs des jeunes gens, et l'on oublie que les desirs repoussés des jeunes gens deviendront les regrets éternels des vieillards. La jeunesse prend soin d'elle-même, on n'a pas besoin de s'en occuper ; mais toutes les institutions, toutes les réflexions doivent avoir pour but de protéger à l'avance ces dernières années, que l'homme le plus dur ne peut considérer sans pitié, ni le plus intrépide sans effroi.

Je ne nie point tous les inconvénients du divorce, ou plutôt de la nature humaine qui l'exige; c'est aux moralistes, c'est à l'opinion à condamner ceux dont les motifs ne paraissent pas dignes d'excuse : mais au milieu d'une société civilisée qui introduit les mariages par convenance, les mariages dans un âge où l'on n'a nulle idée de l'avenir, lorsque les lois ne peuvent punir, ni les parents qui abusent de leur autorité, ni les époux qui se conduisent mal l'un envers l'autre; en interdisant le divorce, la loi n'est sévère que pour les victimes, elle se charge de river les chaînes, sans pouvoir influer sur les circonstances qui les rendent douces ou cruelles ; elle semble dire : Je ne puis assurer votre bonheur, mais je garantirai du moins la durée de votre infortune. Certes, il faudra que la morale fasse de grands progrès, avant que l'on rencontre beaucoup d'époux qui se résignent au malheur, sans y échapper de quelque manière ; et si l'on y échappe, et si la société se montre indulgente en proportion de la sévérité même des institutions, c'est alors que toutes les idées de devoir et de vertu sont confondues, et que l'on vit, sous l'esclavage civil comme sous l'esclavage politique, dégagé par l'opinion des entraves imposées par la loi.

Ce sont les circonstances particulières à chacun qui déterminent si le divorce autorisé par la loi peut être approuvé par le tribunal de l'opinion et de notre propre cœur. Un divorce qui aurait pour motifs des malheurs survenus à l'un des deux époux, serait l'action la plus vile que la pensée pût concevoir; car les affections du cœur, les liens de famille, ont précisément pour but de donner à l'homme des amis indépendants de ses succès ou de ses revers, et de mettre au moins quelques bornes à la puissance du hasard sur sa destinée. Les Anglais, cette nation morale, religieuse et libre, les Anglais ont dans la liturgie du mariage une expression qui m'a touché : *Je l'accepte*, disent réciproquement la femme et le mari, *in health and in sickness, for better and for worse*; dans la santé comme dans la maladie, dans ses meilleures circonstances comme dans ses plus funestes. La vertu, si même il en faut pour partager l'infortune quand on a partagé le bonheur, la vertu n'exige alors qu'un dévouement tellement conforme à une nature généreuse, qu'il lui serait tout-à-fait impossible d'agir autrement. Mais les Anglais, dont j'admire, sous presque tous les rapports, les institutions civiles, religieuses et politiques, les Anglais ont eu tort de n'admettre le divorce que pour cause d'adultère : c'est rendre l'indépendance au vice, et n'enchaîner que la vertu ; c'est méconnaître les oppositions les plus fortes, celles qui peuvent exister entre les caractères, les sentiments et les principes.

L'infidélité rompt le contrat, mais l'impossibilité de s'aimer dépouille la vie du premier bonheur que lui avait destiné la nature; et quand cette impossibilité existe réellement, quand le temps, la réflexion, la raison même de nos amis et de nos parents la confirment, qui osera prononcer qu'un tel mariage est indissoluble? Une promesse inconsidérée, dans un âge où les lois ne permettent pas même de statuer sur le moindre des intérêts de fortune, décidera pour jamais du sort d'un être dont les années ne reviendront plus, qui doit mourir, et mourir sans avoir été aimé !

La religion catholique est la seule qui consacre l'indissolubilité du mariage; mais c'est parcequ'il est dans l'esprit de cette religion d'imposer la douleur à l'homme sous mille formes différentes, comme le moyen le plus efficace pour son perfectionnement moral et religieux.

Depuis les macérations qu'on s'inflige à soi-même, jusqu'aux supplices que l'inquisition ordonnait dans les siècles barbares, tout est souffrance et terreur dans les moyens employés par cette religion pour forcer les hommes à la vertu. La nature, guidée par la Providence, suit une marche absolument opposée; elle conduit l'homme vers tout ce qui est bon, comme vers tout ce qui est bien, par l'attrait et le penchant le plus doux.

La religion protestante, beaucoup plus rapprochée du pur esprit de l'Évangile que la religion catholique, ne se sert de la douleur ni pour effrayer ni pour enchaîner les esprits. Il en résulte que dans les pays protestants, en Angleterre, en Hollande, en Suisse, en Amérique, les mœurs sont plus pures, les crimes moins atroces, les lois plus humaines; tandis qu'en Espagne, en Italie, dans les pays où le catholicisme est dans toute sa force, les institutions politiques et les mœurs privées se ressentent de l'erreur d'une religion qui regarde la contrainte et la douleur comme le meilleur moyen d'améliorer les hommes.

Ce n'est pas tout encore : comme cet empire de la souffrance répugne à l'homme, il y échappe de mille manières. De là vient que la religion catholique, si elle a quelques martyrs, fait un si grand nombre d'incrédules; on s'avouait athée ouvertement en France, avant la révolution. Spinosa est Italien ; presque tous les systèmes du matérialisme ont pris naissance dans les pays catholiques, tandis qu'en Angleterre, en Amérique, dans tous les pays protestants enfin, personne ne professe cette opinion malheureuse: l'athéisme, n'ayant dans ces pays aucune superstition à combattre, ne paraîtrait que le destructeur des plus douces espérances de la vie.

Les stoïciens, comme les catholiques, croyaient que le malheur rend l'homme plus vertueux; mais leur système, purement philosophique, était infiniment moins dangereux. Chaque homme, se l'appliquant à lui seul, l'interprétait à sa manière ; il n'était point uni à ces superstitions religieuses qui n'ont ni bornes ni but. Il ne donnait point à un corps de prêtres un ascendant incalculable sur l'espèce humaine ; car l'imagination répugnant aux souffrances, elle est d'autant plus subjuguée, quand une fois elle s'y résout, qu'il lui en a coûté davantage ; et l'on a bien plus de pouvoir sur les hommes que l'on a déterminés à s'imposer eux-mêmes de cruelles peines, que sur ceux qu'on a laissés dans leur bon sens naturel, en ne leur parlant que raison et bonheur.

L'un des bienfaits de la morale évangélique était d'adoucir les principes rigoureux du stoïcisme ; le christianisme inspire surtout la bienfaisance et l'humanité ; et, par de singulières interprétations, il se trouve qu'on en a fait un stoïcisme nouveau qui soumet la pensée à la volonté des prêtres, tandis que l'ancien rendait indépendant de tous les hommes ; un stoïcisme qui fait votre cœur humble, tandis que l'autre le rendait fier ; un stoïcisme qui vous détache des intérêts publics, tandis que l'autre vous dévouait à votre patrie ; un stoïcisme enfin qui se sert de la douleur pour enchaîner l'ame et la pensée, tandis que l'autre du moins la consacrait à fortifier l'esprit, en affranchissant la raison.

Si ces réflexions, que je pourrais étendre beaucoup plus, si votre esprit, madame, ne savait pas y suppléer; si ces réflexions, dis-je, vous ont convaincue que celui qui veut conduire les hommes à la vertu par la souffrance méconnaît la bonté divine, et marche contre ses voies, vous serez d'accord avec moi dans toutes les conséquences que je veux en tirer.

Retracez-vous tous les devoirs que la vertu nous prescrit; notre nature morale, je dirai plus, l'impulsion de notre sang, tout ce qu'il y a d'involontaire en nous, nous entraîne vers ces devoirs. Faut-il un effort pour soigner nos parents, dont la seule voix retentit à tous les souvenirs de notre vie ? Si l'on pouvait se représenter une nécessité qui contraignît à les abandonner, c'est alors que l'ame serait condamnée aux supplices les plus douloureux ! Faut-il un effort pour protéger ses enfants ? la nature a voulu que l'amour qu'ils inspirent fût encore plus puissant que toutes les autres passions du cœur. Qu'y aurait-il de plus cruel que d'être privé de ce devoir ? Parcourons toutes les vertus, fierté, franchise, pitié, humanité : quel travail ne faudrait-il pas faire sur son caractère, quel travail ne ferait-on pas en vain, pour obtenir de soi, malgré la révolte de sa nature, une bassesse, un mensonge, un acte de dureté? D'où vient donc ce sublime accord entre notre être et nos devoirs? de la même Providence qui nous a attirés par une sensation douce vers tout ce qui est nécessaire à notre conservation. Quoi! la Divinité, qui a voulu que tout fût facile et agréable pour le maintien de l'existence physique, aurait mis notre nature morale en opposition avec la vertu! La récompense nous en serait promise dans un monde inconnu; mais pour celui dont la réalité pèse sur nous, il faudrait réprimer sans cesse l'élan toujours renaissant de l'ame vers le bonheur; il faudrait réprimer ce sentiment doux en lui-même, quand il n'est pas injustement contrarié.

De quelles bizarreries les hommes n'ont-ils pas été capables? Le Créateur les avait préservés de la cruauté par la sympathie; le fanatisme leur a fait braver cet instinct de l'ame, en leur persuadant que celui qui en avait doué leur nature leur commandait de l'étouffer. Un desir vif d'être heureux anime tous les hommes, des hypocrites ont représenté ce desir comme la tentation du crime. Ils ont ainsi blasphémé Dieu, car toute la création repose sur le besoin du bonheur. Sans doute on pourrait abuser de cette idée comme de toutes les autres, en la faisant sortir de ses limites. Il y a des circonstances où les sacrifices sont nécessaires; ce sont toutes celles où le bonheur des autres exige que vous vous immoliez vous-même à eux : mais c'est toujours dans le but d'une grande somme de félicité pour tous que quelques uns ont à souffrir; et le moyen de la nature, au moral comme au physique, ce sont les jouissances de la vie.

Si ces principes sont vrais, peut-on croire que la Providence exige des hommes de supporter la plus amère des douleurs, en les condamnant à rester liés pour toujours à l'objet qui les rend profondément infortunés? Ce supplice serait-il ordonné par la bonté suprême? et la miséricorde divine l'exigerait-elle pour expiation d'une erreur?

Dieu a dit : *Il ne convient pas que l'homme soit seul.* Cette intention bienfaisante ne serait pas remplie, s'il n'existait aucun moyen de se séparer de la femme insensible ou stupide, ou coupable, qui n'entrerait jamais en partage de vos sentiments ni de vos pensées. Qu'il est insensé, celui qui a osé prononcer qu'il existait des liens que le désespoir ne pouvait pas rompre! La mort vient au secours des souffrances physiques quand on n'a plus la force de les supporter, et les institutions sociales feraient de cette vie la prison d'Ugolin, qui n'avait point d'issue! Ses enfants y périrent avec lui ; les enfants aussi souffrent autant que leurs parents, quand ils sont renfermés avec eux dans le cercle éternel de douleurs que forme une union mal assortie et indissoluble.

La plus grande objection que l'on fait contre le divorce ne concerne point la situation où se trouve M. de Mondoville, puisqu'il n'a point d'enfants ; je ne rappellerai donc point tout ce qu'on pourrait répondre à cette difficulté. Néanmoins, je vous dirai que les moralistes qui ont écrit contre le divorce, en s'appuyant de l'intérêt des enfants, ont tout-à-fait oublié que si la possibilité du divorce est un bonheur pour les hommes, elle est un bonheur aussi pour les enfants, qui seront des hommes à leur tour. On considère les enfants en général comme s'ils devaient toujours rester tels ; mais les enfants actuels sont des époux futurs ; et vous sacrifiez leur vie à leur enfance, en privant, à cause d'eux, l'âge viril d'un droit qui peut-être un jour les aurait sauvés du désespoir.

J'ai dû, m'adressant à un esprit de votre force, discuter l'opinion qui vous intéresse sous un point de vue général ; mais combien je suis plus sûr encore d'avoir raison en ne considérant que votre position particulière ! Léonce voulait s'unir à vous ; c'est par une supercherie qu'il est l'époux de mademoiselle de Vernon ; vous n'avez pu renoncer l'un à l'autre : vous passez votre vie ensemble, Léonce n'aime que vous, n'existe que pour vous ; sa femme l'ignore peut-être encore, mais elle ne peut tarder à le découvrir. Votre généreuse conduite envers M. de Valorbe a été la première cause des abominables injustces dont vous souffrez ; mais il était impossible que, tôt ou tard, votre attachement pour Léonce ne vous fît pas beaucoup de tort dans l'opinion. Vous vivez, par un hasard que vous devez bénir, dans une de ces époques rares où la puissance ne méprise pas les lumières. Dans un mois la loi du divorce sera décrétée, et Léonce, en devenant votre époux, vous honorera par son amour, au lieu de vous perdre en s'y livrant. Craindriez-vous la défaveur du monde ? Vous avez vu ma femme la supporter peut-être avec peine ; mais je vous prédis que cette défaveur ira chaque jour en décroissant, les mœurs deviendront plus austères, le mariage sera plus respecté ; et l'on sentira que tous ces biens sont dus à la possibilité de trouver le bonheur dans le devoir.

Il est vrai que le divorce, paraissant à quelques personnes le résultat d'une révolution qu'elles détestent, leur déplaît sous ce rapport beaucoup plus que sous tous les autres ; et comme les haines politiques se dirigent plutôt contre un homme que contre une femme, il se peut que Léonce soit blâmé plus vivement que vous, en adoptant une résolution que l'esprit de parti réprouverait. Mais s'il faut une sorte de raison hardie dans les femmes, pour se déterminer à devenir l'objet des jugements du public, il ne doit rien en coûter à un homme sensible, pour assurer la gloire et la félicité de celle que son amour a pu compromettre.

Je sais que M. de Mondoville a été élevé dans un pays où l'on tient beaucoup à toutes les idées comme à tous les usages antiques; mais il est trop éclairé pour ne pas sentir que les illusions qui inspiraient autrefois de grandes vertus, n'ont pas assez de puissance maintenant pour les faire renaître. Ces souvenirs chancelants ne peuvent nous servir d'appui, et il faut fonder les vertus civiles et politiques sur des principes plus d'accord avec les lumières et la raison. Enfin, je n'en doute pas, il vous suffira d'apprendre à M. de Mondoville que le divorce devient possible, pour qu'il saisisse avec transport un tel espoir de bonheur : il serait indigne de lui de sacrifier votre réputation à son amour, et de ne ménager que la sienne ! il serait indigne de lui de s'affranchir comme il le fait du joug de son mariage, et de n'avoir pas la volonté de le briser légalement ! Voudrait-il reconnaître que sa passion pour vous est plus forte que ses devoirs, mais qu'elle céderait aux frivoles censures de la société ? Je m'arrête : une telle supposition est impossible.

J'ai toujours pensé qu'un homme ne peut répondre ni de son bonheur, ni de celui de la femme qu'il aime, s'il ne sait pas dédaigner l'opinion ou la subjuguer. M. de Mondoville est, de tous les caractères, le plus fort, le plus ardent, le plus énergique : se pourrait-il qu'il fût dépendant des jugements des autres, tandis qu'il semble plus fait que personne pour dominer tous les esprits? Non, je ne puis le croire, et c'est de vous seule que dépendra sans doute la décision de votre sort.

Vous inspirez, madame, un intérêt si tendre et si profond, vous vous êtes conduite pour ma femme et pour moi avec une générosité si parfaite, que je donnerais beaucoup de mes années pour vous inspirer le courage d'être heureuse. Le ciel, l'amour, l'amitié, toutes les puissances généreuses seconderont, je l'espère, les vœux que je fais pour vous.

LETTRE XVIII.

Réponse de Delphine à M. de Lebensei.

Paris, ce 3 septembre.

Ah! quel mal vous m'avez fait! C'est votre amitié qui vous a inspiré; mais fallait-il renouveler les regrets d'un malheur irréparable? Oui, il l'est, et je serais indigne de votre estime, si j'acceptais un moment l'espoir que vous avez conçu pour moi : vous n'aimez point Matilde, vous avez même de justes raisons de vous en plaindre; il était donc naturel que vous vous fissiez illusion sur les devoirs de Léonce et sur les miens envers elle. Cette erreur ne m'était pas possible, je ne l'ai pas admise un seul instant; mais il y a des paroles qui bouleversent l'ame, alors même qu'il n'en doit rien résulter : lorsque j'ai lu dans votre lettre, comme à travers un nuage, ces mots : *Léonce n'est point irrévocablement lié à Matilde, il peut encore devenir votre époux*, j'ai frissonné, j'ai éprouvé je ne sais quelle émotion indéfinissable, hors de l'existence, au-delà de ses bornes; je ne puis me faire maintenant aucune idée de cette impression. Si l'ame, dans une extase, avait entrevu la destinée des bienheureux, et qu'elle retombât l'instant d'après sur les peines de la vie, comment pourrait-elle exprimer ce qu'elle aurait senti? Cette sorte de confusion est dans ma tête; j'ai éprouvé au cœur, en lisant vos premières lignes, une sensation que je ne retrouverai jamais; elle est passée, mais ce souvenir rend l'existence réelle plus amère.

Je me hâte de vous répondre avant d'avoir vu Léonce; je desire qu'il ignore à jamais la proposition que vous m'avez faite; son consentement ou son refus me serait également pénible. Ma situation est sans espoir, je le sais; tout ce que vous avez dit est vrai; des peines que vous ignorez encore me menacent : si Matilde vient à découvrir les sentiments qu'un hasard lui a dérobés jusqu'à présent, j'immolerai mon bonheur à Matilde, après avoir sacrifié ma réputation à Léonce. Tout me prouve, hélas! qu'il n'est point de félicité possible pour l'amour hors du mariage, point de repos pour la faiblesse encore vertueuse qui veut composer avec l'amour; mais cette douloureuse conviction ne peut me faire adopter le conseil que vous me donnez, il serait criminel pour moi de le suivre ; daignez m'entendre, je suis loin de vous offenser.

Ne pensez pas que mon esprit repousse ce que la plus sage philosophie vous inspire : je pense, il est vrai, qu'à moins de circonstances semblables à celles où madame de Lebensei s'est trouvée, la délicatesse d'une femme doit lui inspirer beaucoup de répugnance pour le divorce ; mais je ne crois point aux vœux irrévocables, ils ne sont, ce me semble, qu'un égarement de notre propre raison, sanctionné par l'ignorance ou le despotisme des législateurs. Mais si j'étais capable d'exciter Léonce au divorce avec Matilde, si je considérais même cette idée comme un avenir, comme une chance possible, je désavouerais le principe de morale qui m'a toujours servi de guide ; je sacrifierais le bonheur légitime d'une autre à moi ; je ferais enfin ce qui me semblerait condamnable ; et celui qui brave sa conscience est toujours coupable. Nul repentir n'est imprévu, le remords s'annonce de loin ; et qui sait interroger son cœur connaît, avant la faute, tout ce qu'il éprouvera quand elle sera commise.

Le divorce jetterait Matilde dans un profond désespoir : elle le regarderait comme un crime, ne se considérerait jamais comme libre, et s'enfermerait dans un cloître pour le reste de ses jours. Je ne sais pas avec certitude quel degré de peine elle éprouverait, si elle connaissait l'attachement de Léonce pour moi ; mais ce dont je ne puis douter, c'est qu'elle serait à jamais infortunée si Léonce, profitant de la loi du divorce, se permettait une action qui serait, à ses yeux, un sacrilége impie. Quand ma coupable et malheureuse amie, madame de Vernon, trompa Léonce pour l'unir à sa fille, Matilde l'ignorait ; elle n'y aurait point consenti ; elle s'est toujours conduite avec bonne foi ; c'est une personne peu aimable, mais vertueuse. Elle n'est tourmentée ni par son imagination, ni par sa sensibilité ; elle n'observe ni avec un esprit ni avec un cœur inquiet la conduite de son époux ; mais elle éprouverait une douleur mortelle, si on venait l'attaquer dans les idées où elle s'est retranchée, si l'on offensait à la fois sa fierté et sa religion.

Pour obtenir le bonheur d'être la femme de Léonce, je ne sais quel est le supplice qui ne me paraîtrait pas doux. Je vous l'avoue, dans la sincérité de mon cœur, j'accepterais avec délice trois mois de ce bonheur, et la mort. Mais je le demande à vous-même, ame noble et généreuse, auriez-vous épousé votre Élise aux dépens du bonheur d'un autre ? voudriez-vous de la félicité suprême à ce prix ? Où se réfugier, pour éviter le regret de la peine qu'on a causée ? Connaissez-vous un sentiment qui poursuive le cœur avec une amertume si douloureuse ? L'amour, qui fait tout oublier, devoirs, craintes, serments, l'amour même donne à la pitié une nouvelle force ; ce sont des sentiments sortis de la même source, et qui ne peuvent jamais triompher l'un de l'autre. L'ambitieux perd aisément de vue les chagrins qu'il a fait éprouver pour arriver à son but ; mais le bonheur de l'amour dispose tellement le cœur à la sympathie, qu'il est impossible de braver, pour l'obtenir, le spectacle ou le souvenir de la douleur. On se relève de beaucoup de torts ; la vertu est dans la nature de l'homme ; elle reparaît dans son ame après de longs égarements, comme les forces renaissent dans la convalescence des maladies : mais quand on a combattu la pitié, on a tué son bon génie, et tous les instincts du cœur ne parlent plus.

Oui, je repousserai loin de ma pensée le bonheur qui me fut promis une fois sous les auspices de l'innocence et de la vertu, mais que rien désormais ne saurait me rendre : je devrais faire plus, je devrais cesser de voir Léonce ; mais, je ne puis me le cacher, mon caractère n'a pas la force nécessaire pour les sacrifices ; je remplis les devoirs que les qualités naturelles rendent faciles, je suis peu capable de ceux qui exigent un grand effort. Peut-être dans votre système bienfaisant, qui fait du bonheur la source et le but de toutes les vertus, peut-être n'avez-vous pas assez réfléchi à ces combinaisons de la destinée qui commandent de se vaincre soi-même ; je suis dans l'une de ces situations déchirantes, et je sens ce qu'il me manque pour suivre rigoureusement mon devoir.

Il n'est pas vrai, comme votre cœur se plaît à le supposer, qu'il ne faille point d'effort pour être vertueux : c'est le bonheur, j'en conviens avec vous, qu'on doit considérer comme le but de la Providence ; mais la morale, qui est l'ordre donné à l'homme de remplir les intentions de Dieu sur la terre, la morale exige souvent que le bonheur particulier soit immolé au bonheur général. Jugez par moi de ce qu'il pourrait en coûter pour accomplir les devoirs dans toute leur étendue ! Je crois que j'ai les vertus qu'une bonne nature peut inspirer, mais je n'atteins pas à celles qu'on ne peut exercer qu'en triomphant de son propre cœur. Je suis, je ne me le cache point, dans un rang inférieur parmi les ames honnêtes : les vertus qui se composent de sacrifices méritent peut-être plus d'estime que les meilleurs mouvements.

Dans cette circonstance, au moins, je n'hésiterai pas sur mon devoir : l'opinion me persécutera, les malheurs de tout genre tomberont sur moi ; je ne pourrais pas m'y dérober à présent, même en renonçant à Léonce ; mais je suis plus loin encore de vouloir y échapper, en portant atteinte à la destinée de Matilde. Que mes fautes perdent mon bonheur, mais qu'elles ne causent de peine à personne ! et que l'infortunée Delphine, seule punie de son amour, ne fasse jamais verser d'autres larmes que les siennes !

En rejetant le conseil que votre amitié me donne, je ne sens pas moins vivement tout ce que je vous dois, monsieur, pour vous être occupé de moi avec tant de sollicitude ; et c'est un souvenir qu'il m'est doux de joindre à tous ceux qui m'attachent pour la vie à vous et à votre Élise.

LETTRE XIX.

Delphine à madame de Lebensei.

Paris, ce 4 septembre.

M. de Lebensei, ma chère Élise, en apprenant à Léonce qu'il m'avait écrit, m'a causé de nouveaux chagrins, quoique assurément son unique desir fût de me les épargner. Léonce, hier, est venu chez moi ; il était depuis trois jours à Paris, sans avoir cherché à me voir : il fallait qu'il fût bien mécontent de lui-même, puisqu'il n'avait pas besoin de m'ouvrir son cœur. J'étais seule ; je vis sur sa physionomie, comme il entrait dans ma chambre, une vive expression d'inquiétude ; et, sans me dire un mot ni de son absence, ni de son retour, ses premières paroles furent pour me demander si j'avais reçu une lettre de M. de Lebensei, et si j'y avais répondu ; je fus très troublée de cette question ; il insista. Ma réponse n'était point encore partie : Léonce aperçut la lettre de votre mari et la mienne sur ma table, et me demanda de les lui montrer. Je m'y refusai d'abord ; il s'en plaignit avec une sorte de mécontentement sévère et triste qu'il m'est impossible de supporter ; je me levai, désespérée de céder à ce qui me semblait la nécessité, la volonté de Léonce, et je lui remis la lettre de M. de Lebensei et la mienne : j'aurais donné tout au monde pour les lui cacher, mais son regard ne me permit pas d'hésiter à lui obéir.

En prenant ces lettres, il soupira et se tut ; j'étais aussi moi-même dans l'anxiété la plus douloureuse ; je ne sais ce que je désirais, je ne sais ce que je craignais d'entendre ; mais je souffrais cruellement. Dès les premières lignes de la lettre de M. de Lebensei, Léonce changea de visage ; il pâlit et rougit alternativement, sans lever les yeux sur moi, ni prononcer une seule parole, quoique tout trahît en lui l'émotion la plus profonde. Après avoir lu la lettre de M. de Lebensei, il prit la mienne : ses mains tremblaient en la tenant ; je m'efforçais pendant ce temps de paraître tranquille, et de dissimuler ma violente agitation ; il me semblait qu'il y avait une sorte de honte, dans cette situation, à laisser voir mon trouble.

Quand Léonce fut à l'endroit de ma lettre où je repoussais avec vivacité l'idée du divorce, les larmes le suffoquèrent ; il laissa tomber sa tête sur sa main, avec des sanglots qui me déchirèrent le cœur : je l'avais vu souvent attendri, mais c'était la première fois que, cessant de se retenir, il se livrait à des pleurs, comme si toutes les puissances de son ame avaient à la fois cédé dans le même moment. Je fus bouleversée en le voyant dans cet état, quoique je n'en connusse pas bien la cause, et que je craignisse même de la pénétrer : mais qui peut peindre l'effet que produit un caractère fort, lorsqu'il est abattu par la sensibilité ? jamais les larmes des femmes, jamais les émotions de la faiblesse ne pourraient ébranler le cœur à cet excès, ne sauraient inspirer un intérêt si tendre et néanmoins si douloureux. « Léonce, mon cher Léonce, lui répétai-je plusieurs fois, quel est le sentiment qui vous oppresse ? parlez sans crainte à votre amie, vous pouvez tout lui avouer : est-ce la calomnie qu'on a répandue sur moi qui vous afflige si douloureusement ? est-ce cette proposition inattendue, mais vivement repoussée ? » Je m'arrêtai, il ne répondit rien, ses larmes redoublaient ; il essayait, mais en vain, de se contraindre ; et rejetant sa tête en arrière, avec l'impatience de ne pouvoir triompher de son émotion, il couvrit son visage de son mouchoir, et des cris de douleur lui échappèrent.

Il me fut impossible de supporter plus long-temps ce silence, ce désespoir extraordinaire, et je me jetai aux genoux de Léonce, pour le conjurer de me parler et de m'entendre. Ce mouvement fit sur lui l'impression la plus vive : il me regarda quelques instants avec étonnement, avec transport, comme si quelque chimère heureuse se fût réalisée à ses yeux ; il me saisit dans ses bras, me replaça sur le canapé, et, se prosternant à mes pieds, il me dit : « Oui, vous êtes un ange. Mais moi ! mais moi...» Son visage redevint sombre, et il se releva.

Le jour baissait, un mouvement que je fis lui persuada que j'allais sonner pour demander de la lumière ; il me saisit la main, et me dit : « Restons dans cette obscurité ; je ne veux pas que vous lisiez rien sur mon visage, je ne veux pas apercevoir sur le vôtre ce qui vous occupe : tout doit être mystère, rien ne peut plus se confier. — Grand Dieu ! m'écriai-je, quel affreux changement ! » J'allais continuer, j'allais le forcer à s'expliquer, lorsque ma sœur entra, et dans l'instant même Léonce disparut.

Jugez quelles cruelles réflexions ont déchiré mon cœur ! Est-ce l'opinion de M. de Lebensei sur la possibilité du divorce qui a jeté Léonce dans cet égarement ? ou n'est-ce pas plutôt qu'il me croit perdue dans l'opinion, et que ce malheur est au-dessus de ses forces ? Je saurai la vérité, le doute qui me tourmente ne peut subsister plus long-temps ; mais je vous en conjure, ma chère Élise, priez votre mari de ne rappeler en aucune manière à Léonce l'idée qu'il avait conçue ; vous voyez bien que cette idée ne peut produire que des peines.

LETTRE XX.

Delphine à Léonce.

Je veux, Léonce, que vous me parliez avec sincérité, avec courage même, dussiez-vous me faire beaucoup souffrir. Vous savez quels sont les chagrins cruels qui, depuis votre querelle avec M. de Valorbe, ont troublé ma vie : je vous l'avouerai, j'ai senti, en vous revoyant, que tout ce qui m'affligeait n'était rien en comparaison des peines que vous seul pouvez me faire éprouver.

Je vous ai promis, en présence de ma sœur, de ne jamais me séparer de vous, tant que le bonheur de Matilde ne l'exigerait pas de moi ; peut-être que bientôt, à son retour d'Andelys, elle sera informée à la fois et des calomnies et de la vérité ; mais quand même un hasard inouï prolongerait sa sécurité, c'est vous que j'interroge, pour savoir si je ne dois pas m'éloigner. Ne croyez point que je veuille partir pour me dérober à la méchanceté dont je suis la victime ; je puis peut-être m'en relever aux yeux des autres, je puis du moins trouver dans ma conscience qui est pure, et dans ma fierté qui est orgueilleuse, de quoi me rendre indépendante des accusations que je méprise : mais ce qu'il m'est impossible de supporter, c'est la moindre diminution dans le bonheur que mon attachement vous faisait goûter.

Examinez avec scrupule, je vous en conjure, l'impression qu'a produite sur vous l'horrible mal qu'on a dit de moi, et la dégradation sensible qui doit en résulter dans le rang que la société m'accordait. Demandez-vous si cette espèce de prestige dont la faveur du monde entoure les femmes ne séduisait pas votre imagination, et si elle ne se refroidira pas, lorsque ceux que vous verrez, loin de partager votre enthousiasme pour moi, le combattront de toutes les manières. Il entre dans la passion de l'amour tant de sentiments inconnus à nous-mêmes, que la perte d'un seul pourrait flétrir tous les autres. Ah ! s'il me fallait partir quand vous me regretteriez moins ! Pardonnez, Léonce, je ne veux pas votre malheur : s'il faut nous séparer, je souhaite vivement que le temps et la raison adoucissent un jour votre peine ; mais qui pourrait me condamner à désirer que vous supportiez plus facilement mon absence, parceque l'illusion qui me rendait aimable à vos yeux aurait disparu ?

O Léonce ! préservez-moi d'une telle douleur, laissez-moi vous quitter quand je vous suis chère encore, quand l'injustice des hommes n'a pas eu le temps d'agir sur vous, et que je puis disparaître en vous laissant un souvenir qui n'est point altéré. Léonce, réfléchissez à ma demande, ne vous confiez pas même au premier mouvement généreux qui vous la ferait repousser. Songez que votre caractère peut vous dominer malgré vous, et que vous ne parviendriez jamais à me dérober vos impressions. L'amour ne serait pas la plus pure, la plus céleste des affections du cœur, s'il était donné à la puissance de la volonté d'imiter son charme suprême. On trompe les femmes qui n'ont que de l'amour-propre, mais le sentiment éclaire sur le sentiment ; et nos ames, longtemps confondues, ne peuvent plus se rien cacher l'une à l'autre.

Consentez à mon départ dans ce moment doux encore, puisque mes ennemis, en vous rendant malheureux, ne vous ont point détaché de moi. Loin de vous, je ne cesserai point de vous aimer ; il me restera du passé quelques sentiments qui m'aideront à vivre ; mais si j'avais vu votre amour succomber lentement au souffle empoisonné de la calomnie, je n'éprouverais plus rien qui ne fût amer et désespéré.

LETTRE XXI.

Léonce à Delphine.

Ai-je mérité la lettre que vous venez de m'écrire? Vous m'avez fait rougir de moi; il faut que je vous aie donné une bien misérable idée de mon caractère, pour que vous puissiez imaginer un instant que votre malheur ait affaibli mon attachement pour vous. O Delphine! avec quel profond dédain je repousserais une telle injustice, si vous n'en étiez pas l'auteur! qu'ai-je dit, qu'ai-je montré, qu'ai-je éprouvé, qui justifie ce soupçon indigne de vous?

Vous m'avez vu avant-hier dans un état extraordinaire...... Une proposition frappante, quoique impossible, avait renouvelé tous mes regrets..... Elle remplissait mon cœur d'une foule de pensées douloureuses, contraires, diverses, et néanmoins si confuses, qu'il m'eût été pénible de les exprimer..... Voilà tout le secret de mon trouble.

Sans doute, j'ai été affligé des calomnies que des infâmes ont répandues contre vous; mais c'est moi que j'accuse, comme la première cause de ce malheur. Le chagrin que j'en ai ressenti n'est-il pas de tous les sentiments le plus naturel? puis-je vous aimer, et être indifférent à votre réputation? puis-je vous aimer, et ne pas sentir avec désespoir, avec rage, les fatales circonstances qui me condamnent à l'impuissance de vous venger? Mais, Delphine, je te le jure, jamais ton amant ne t'a chérie plus profondément. Il est vrai, je suis susceptible pour toi comme pour moi-même, ou plutôt mille fois plus encore! crois aux témoignages de sentiment qui s'accordent avec le caractère; ce sont les plus vrais de tous. Dans aucun moment je ne pourrais supporter ton absence; mais, s'il me fallait attribuer ton départ à la fausse idée que tu aurais conçue des dispositions de mon cœur, je te suivrais, pour te détromper, jusqu'au bout du monde.

Quoi! mon amie, tu voudrais t'éloigner de moi, au premier chagrin qui a frappé ta vie brillante! tu ne me croirais donc qu'un compagnon de prospérités! tu n'aurais rien trouvé dans mon cœur qui valût pour l'infortune! Ah! que suis-je donc, si ce n'est pas moi que tu recherches dans la douleur, et si la voix de ton ami ne conjure pas loin de toi les peines de la destinée?

Je ne veux point te dissimuler ce que j'éprouve, car je n'ai pas un sentiment qui ne soit une preuve de plus de mon amour. J'aimais le concert de louanges qui te suivait partout, il retentissait à mon cœur; j'aimais les hommes de t'admirer, je les haïrai de te méconnaître : mais quand nous ne parviendrions pas à te justifier, à prosterner à tes pieds et la haine et l'envie, ta présence serait encore le seul bien qui pût m'attacher à l'existence. Ma Delphine, j'ai déjà souffert, mon ame est péniblement ébranlée, prends garde de m'ôter les seules jouissances qui me restent; je ne trainerai point la vie au milieu des douleurs, je me l'étais promis long-temps avant de t'avoir connue : crois-tu que ces jours de délices que j'ai passés à Bellerive m'aient appris à mieux supporter le malheur ? jamais un cœur de quelque énergie ne pourra supporter de te perdre, après avoir été l'objet de ton amour.

Tu parles quelquefois d'un éloignement momentané : mon amie, comprends-tu toi-même ce que c'est qu'une année, ce que c'est que bien moins encore, pour des ames telles que les nôtres ? Ah! je n'ai pas en moi ce pressentiment de vie qui rend si libéral du temps; si nous interrompons notre destinée actuelle, je ne sais ce qu'il arrivera, mais jamais, jamais nous ne nous réunirons ! Delphine, frémis de ce présage, une voix au fond de mon cœur l'a prononcé.

Cessez donc de supposer un instant que notre séparation soit possible; dans quelque lieu de la terre que vous allassiez, je vous y rejoindrais, n'en doutez pas : le mot de départ n'a plus aucun sens. Si vous quittez Paris, vous me forcez à m'éloigner de Matilde, pour habiter les mêmes lieux que vous; ce sera l'unique résultat du sacrifice dont vous persistez à me menacer. N'est-ce donc pas assez de ne vous voir presque jamais seule, de n'avoir plus ces doux et longs entretiens qui perfectionnaient mon caractère en me comblant de bonheur ? J'ai dompté mon amour; la terreur que m'a fait éprouver le danger où ma passion vous avait précipitée, cette terreur réprime encore les mouvements les plus impétueux de mon cœur; c'est assez de ces peines, je n'en supporterai plus de nouvelles, et dans quelque lieu que vous soyez, vous m'y trouverez.

Je n'ai voulu, Delphine, vous implorer qu'au nom de mon amour : je veux que vous restiez pour moi, mais l'intérêt même de votre réputation suffirait seul pour vous en faire la loi : serait-il digne de vous de vous éloigner dans ce moment ? N'est-il pas certain qu'on répandrait que, si vous aviez pu vous justifier, vous ne seriez pas partie ? Madame d'Artenas, en qui vous avez de la confiance, me disait hier encore que vous vous deviez de reparaître dans la société, et de triompher vous-même de vos ennemis. Ne connaissez-vous pas le monde? si vous pliez sous le poids de son injustice, il n'attribuera point votre abattement à la douleur, à la sensibilité de votre caractère ; vous êtes trop supérieure pour qu'on revienne à vous par de la pitié; c'est votre courage qu'il faut opposer aux mensonges de l'envie : si la bonté suffisait pour la désarmer, vous aurait-elle jamais attaquée?

Mon amie, si tu me rends le calme et la force, en m'assurant que rien n'est changé dans tes projets ni dans ton cœur, nous en imposerons aux méchants : ne saurais-tu pas, avec de l'esprit et de la bonté, réussir aussi bien qu'eux avec de la sottise et de la perfidie ? Confions-nous un peu plus en nous-mêmes ; les envieux nous avertissent de nos qualités par leur haine, eh bien, appuyons-nous sur ces qualités. Toi, Delphine, toi surtout, il te suffit de paraître pour plaire, de parler pour être aimée : ose affronter cette société qui ne peut te braver qu'en ton absence; je te réponds du triomphe, et tu en jouiras pour moi. Mais quand nos communs efforts n'auraient pas le succès que j'en espère, quoi qu'il puisse arriver, n'ayez plus d'injuste défiance. Ne vous exagérez pas les faiblesses de votre ami ; et que son amour vous réponde de son bonheur, tant qu'il pourra vous voir et que vous l'aimerez.

LETTRE XXII.

Delphine à madame de Lebensei.

Paris, ce 25 septembre.

Combien vous m'avez témoigné d'amitié pendant les jours que vous avez passés près de moi! Je ne vous laisserai rien ignorer, ma chère Élise, de ce qui m'intéresse ; j'ai le bonheur de croire que votre cœur en est vivement occupé. Léonce est parvenu à me rassurer sur son sentiment ; nous avons ressaisi, pour la troisième fois, des espérances de bonheur qui étaient presque entièrement perdues ; mais, hélas ! je n'y ai plus la même confiance.

Quand Léonce a passé quelques jours sans aller dans le monde, il croit qu'il est devenu tout-à-fait insensible à cette injustice de l'opinion envers moi, qui l'a blessé si profondément ; mais il ne sait pas que cette douleur, quand on en est susceptible, revient aussi facilement qu'elle se dissipe, cesse et renaît, mais ne se guérit jamais entièrement. Lorsque Léonce en est atteint, il cherche à me le dissimuler, il s'efforce d'être calme; mais je lis malgré lui dans son cœur; je vois qu'il souffre de cette peine, d'autant plus amère qu'il craindrait de m'humilier en me l'avouant. Voilà donc la plus douce de nos jouissances, la parfaite confiance déjà altérée! nous ne nous cachons rien, mais, réciproquement, nous sentons que notre peine est moins douloureuse en ne nous en parlant pas.

Je crains aussi de lui laisser apercevoir que mon cœur n'est pas en tout parfaitement satisfait de lui; je ne veux pas me prévaloir de ses torts pour l'affliger. Ah! ce n'est pas moi qui le punirai de ses défauts: hélas! les événements ne s'en chargeront peut-être que trop! Il desire, et, quoi qu'il m'en coûte, j'y souscris, que je recommence à sortir, à revoir mes anciennes relations. Il croit que j'effacerai, si je le veux, la trace des calomnies qu'on a répandues sur moi; et je ne puis me dissimuler que son bonheur est attaché à mes succès à cet égard. Je le ferai donc; mais quel effort pénible! Lorsque je suis entrée dans le monde, je croyais voir un ami dans tout homme qui se plaisait à causer avec moi: j'éprouve à présent un sentiment bien contraire; je n'ose m'adresser à personne, parler à personne: une fierté timide m'empêche de rien essayer pour sortir de ma situation, et cependant elle me cause une douleur très vive; je pense sans cesse avec amertume à ce qu'on a dit de moi, surtout à ce que Léonce a entendu. Les ennemis auraient-ils le courage de vous poursuivre, s'ils savaient qu'ils peuvent empoisonner jusqu'à l'affection même qui vous restait pour vous consoler de leur haine?

La haine! juste ciel! comment l'ai-je méritée, ma chère Élise? à qui ai-je fait du mal? à qui n'ai-je pas fait tout le bien qui était en ma puissance? Et d'où naissent-elles donc, ces fureurs cachées qui n'attendaient que le moment de la disgrace pour éclater? Est-ce à la jalousie qu'il faut les attribuer? Ah! quelques agréments, dont je n'ai connu le prix que pour chercher à plaire et pour être aimée, donnent-ils assez de bonheur pour exciter tant d'envie? Et il faudra que je brave ces mauvais sentiments dont il m'eût été si doux de m'éloigner! deux ans d'absence auraient produit naturellement ce que je n'obtiendrai qu'au prix de mille souffrances: enfin, il le veut, ou plutôt je sais quel prix il met à me revoir au rang que j'occupais dans l'opinion.

Parviendrai-je jamais à dompter la malveillance? Elle me

glace à l'instant où je l'aperçois ; je n'ai plus ni les armes de mon esprit, ni celles de mon caractère, devant les méchants : ce n'est point par faiblesse ; vous savez si je manque de courage quand il s'agit de défendre mes amis ; mais j'ai peur de ceux qui me haïssent, parceque je ne sais pas leur opposer un sentiment de même nature ; et les larmes me viennent plus facilement que les expressions méprisantes, quand je me vois l'objet de cet actif besoin de nuire qui remplit les vies désœuvrées. N'importe, Léonce est malheureux, et, pour faire cesser sa peine, je saurai retrouver mes forces ; la bonté les affaiblissait, la fierté doit les relever. Mais la société, ce plaisir déja si vide, si insuffisant en lui-même, que sera-t-elle pour moi, si je suis obligée d'en faire une lutte, une guerre, un sujet continuel d'observations et de craintes?

Déja, depuis quinze jours, ne faut-il pas compter qui vient ou ne vient pas me voir? ne faut-il pas examiner la nuance des politesses des femmes, le degré de chaleur de leurs empressements pour moi? J'ai senti battre mon cœur de crainte, pour une visite à recevoir, pour une misérable formule de politesse à remplir. Je ne connais pas une qualité forte de l'ame, une faculté supérieure de l'esprit, qui ne se dégrade par une telle vie. L'idée générale de ménager l'opinion, de parvenir à la recouvrer quand une injustice vous l'a ravie, ne rappelle rien à l'esprit qui ne soit sage et noble ; mais combien tous les détails de cette entreprise répugnent à l'élévation des sentiments ! combien ils exigent de souplesse, de contrainte, de condescendance ! et comme, au milieu de ce pénible travail, un mouvement d'orgueil vous dit souvent que vous avez tort de soumettre ce qui vaut le mieux à ce qui vaut le moins, et d'humilier un être distingué devant la capricieuse faveur de tant d'individus sans nul mérite, de tant d'individus qui, si vous étiez dans la prospérité, se rendraient bientôt justice, et se placeraient d'eux-mêmes à cent pieds au-dessous de vous !

Mais à quoi servent toutes ces plaintes auxquelles je m'abandonne en vous écrivant? Ne sais-je pas que je ferai ce que demandera Léonce? et sans même qu'il me le demande, ne sais-je pas que je ferai ce qui peut contribuer à me rendre plus aimable à ses yeux? Félicitez-vous, mon amie, d'avoir pour époux un homme affranchi du joug de l'opinion ; vous êtes peut-être plus faible que lui à cet égard, mais cela vaut mieux que si vous aviez un caractère naturellement indépendant, dont vous ne pussiez tirer aucun secours, parcequ'il blesserait ce que vous aimez.

Je me rappelle qu'avant d'avoir vu Léonce, la première fois que je lus une lettre de lui, je sentis avec force que les différences de nos caractères nous rendraient, si nous nous aimions, profondément malheureux. Hélas! il n'est que trop vrai que nous le sommes! mais ce que j'ignorais alors, c'est que le défaut même dont je me plains a je ne sais quel attrait, qui donne à mon sentiment de nouvelles forces. Un caractère ombrageux et susceptible vous occupe sans cesse par la crainte de lui déplaire. Vous attachez chaque jour plus de prix à satisfaire un homme si délicat sur la réputation et l'honneur. Enfin, quand des défauts qui appartiennent à l'exagération même de la fierté ne détachent pas de ce qu'on aime, ils sont un lien de plus; et l'agitation qu'ils causent donne aux affections passionnées une nouvelle ardeur. Chère Élise, venez me voir, venez avec votre mari; sa conversation me rend le courage que la parfaite raison sait toujours inspirer.

LETTRE XXIII.

Delphine à madame de Lebensei.

Paris, ce 4 octobre.

Samedi dernier, deux heures après votre départ, ma chère Élise, il est arrivé à ma belle-sœur une lettre de M. de Valorbe, datée de Moulins, où son régiment est en garnison. Il lui annonce qu'il a fait son voyage heureusement; il rappelle indirectement les droits qu'il croit avoir acquis sur mon dévouement, mais il ne paraît pas avoir la moindre connaissance de ce qui a été dit à Paris relativement à lui; j'espère qu'il ne le saura point, et que les soins que Léonce a pris pour le justifier auront réussi : c'est une telle autorité que Léonce, quand il s'agit de la bravoure d'un homme, que peut-être elle aura suffi pour défendre l'honneur de M. de Valorbe.

J'ai fait hier enfin, ma chère Élise, le cercle de visites dont vous m'aviez recommandé de vous mander le résultat. Heureusement que je n'ai pas trouvé toutes les femmes que j'allais voir ; celles qui ne sont que mes connaissances m'ont paru, à quelques nuances près, les mêmes pour moi ; je ne leur demandais rien : mais quand j'ai voulu prier une ou deux femmes, avec qui j'étais plus liée, d'expliquer la vérité, de repousser la calomnie dont j'avais été l'objet, elles se sont crues des personnes en place à qui l'on demande une grace, et elles m'ont montré toute l'importance, toute la réserve, toute la froideur de la puissance envers la prière. Je me suis hâtée de leur dire que je renonçais à ce que je leur demandais, et leur visage s'est un peu éclairci, quand elles ont été bien certaines que je ne tirerais de leur politesse aucun droit sur leurs services.

Si je puis rétablir ma réputation dans le monde, ce n'est point, j'en suis sûre, en recourant au zèle ou à l'amitié de quelques personnes en particulier; c'est un hasard heureux dans la vie que d'être secouru par les autres; il n'y faut point compter, il faut encore moins le demander : j'aime mieux reparaître courageusement dans la société, et me conduire comme si je méprisais tellement les mensonges qu'on a osé répandre, que je ne daignasse pas même m'en souvenir. Par degré, les faibles, me voyant de la force, se rapprocheront de moi; ils me reviendront dès qu'ils croiront que je puis me passer de leurs secours. Il y a dans le cœur de la plupart des hommes quelque chose de peu généreux, qui les porte à se mettre en garde contre les démarches les plus communes de la société, dès qu'ils aperçoivent qu'on les desire d'eux vivement. Ils craignent qu'on n'ait un intérêt caché dans ce qui leur semble le plus simple, et redoutent de se trouver par malheur engagés à faire plus de bien qu'ils ne veulent. Élise, nous ne sommes pas ainsi, nous qui avons souffert : oui, dans toutes les relations de la vie, dans tous les pays du monde, c'est avec les opprimés qu'il faut vivre; la moitié des sentiments et des idées manquent à ceux qui sont heureux et puissants.

Je me suis hâtée de finir mes pénibles courses par madame d'Artenas, sur laquelle je comptais, et avec raison, à beaucoup d'égards. Madame de R., sa nièce, était seule avec elle; madame d'Artenas m'a reçue avec le même empressement qu'à l'ordinaire, mais seulement avec une nuance de protection de plus. Qu'il est rare, ma chère Élise, que l'adversité ne fasse pas dans les amis un changement quelconque, qui blesse la délicatesse! Plus ou moins d'égards, une familiarité plus marquée, ou une aisance moins naturelle, tout est un sujet de peine ou d'observation pour celui qui est malheureux : soit qu'en effet il n'y ait rien de plus difficile pour les autres que de rester absolument les mêmes, lorsqu'une idée nouvelle s'est introduite dans leurs relations avec nous; soit qu'un cœur souffrant, comme une santé faible, s'affecte de mille nuances que le bonheur et la force n'apercevraient pas.

Je vous l'ai dit souvent, madame d'Artenas est bonne, mais elle n'est pas sensible : cette différence ne se remarque guère dans les circonstances habituelles de la vie ; mais quand il faut traiter des sujets qui blessent de partout, l'on est étonné de la douleur que font éprouver ces expressions claires et positives qui ne changent rien à la situation, mais tourmentent l'imagination presque autant qu'une nouvelle peine. Madame d'Artenas me citait sans cesse ce qu'elle avait fait pour ramener l'opinion sur sa nièce ; elle croyait m'encourager par l'exemple des services qu'elle lui avait rendus, comme si cette comparaison pouvait se soutenir, comme si son premier soin n'aurait pas dû être de l'écarter !

Madame de R. souffrait d'une manière très aimable d'un rapprochement qu'elle trouvait tout-à-fait inconvenable. Chaque fois que madame d'Artenas se servait d'un terme trop fort, elle l'interrompait, pour adoucir, par des modifications flatteuses, ce que sa tante avait trop prononcé. Je lui ai vu plusieurs fois les larmes aux yeux en me regardant ; je savais beaucoup de gré à madame de R. de ses attentions délicates, mais je ne pouvais l'en remercier ; toute ma force était employée à écouter avec douceur les avis utiles de madame d'Artenas ; je rougissais et je pâlissais tour à tour, quand elle me répétait ce qu'on avait dit de moi, du ton d'un récit ordinaire. On aurait pu croire qu'elle racontait une histoire arrivée depuis cinquante ans, à des personnes tout-à-fait étrangères à cette histoire. Cependant, comme je ne pouvais douter que le but de tous ses discours ne fût de me rendre service, qu'elle en avait un sincère desir, et me le témoignait franchement, je m'imposais, quoi qu'il m'en coûtât, de l'entendre en silence, et de la remercier du moins par un signe de tête, lorsque la parole me manquait. Je sentais, d'ailleurs, que la hauteur de l'innocence n'aurait paru que de l'exaltation à madame d'Artenas ; je retenais les expressions élevées et presque orgueilleuses qui m'auraient satisfaite, et je m'interdisais cette langue sacrée des âmes fières, qu'il ne faut pas prodiguer à qui n'est pas digne de la comprendre.

Le résultat de cette conversation fut qu'il fallait retourner dans le monde ; et comme madame de Saint-Albe doit donner dans quelques semaines un grand concert, où la société de Paris sera réunie, madame d'Artenas, qui est sa parente, veut m'y faire inviter et m'y conduire. Elle croit que d'ici là mes amis auront eu le temps de me justifier, et de réparer entièrement le tort que m'a fait M. de Fierville. Il me sera pénible de me présenter ainsi à toute l'armée de l'opinion ; mais Léonce le desire, je le ferai. Qui vous aurait dit cependant, ma chère Élise, que cette Delphine dont on enviait la situation, qu'on attendait dans les nombreuses assemblées (j'ose le dire avec amertume) comme une partie de la fête; qui vous aurait dit que cette même Delphine, sans un tort réel, par une suite de sentiments bons ou du moins excusables, se verrait réduite à implorer, pour oser reparaître, l'appui d'une femme d'un caractère et d'un esprit si inférieurs, et craindrait comme une puissance ennemie cette même société, ces mêmes hommes qui semblaient ne pas trouver assez d'expressions pour l'enivrer de leurs éloges?

Ah! quel autre que Léonce pourrait me faire subir le tourment que j'éprouve en courtisant l'opinion? J'en souffre à chaque heure, à chaque minute; et cette résolution, une fois prise, exige mille résolutions de détail qui sont toutes également pénibles. Je sais cependant que si rien de nouveau ne traverse ma vie, je me tirerai de ma situation actuelle, je me replacerai dans la société au rang que j'occupais, et que Léonce regrette si vivement. Mais pourrai-je jamais oublier que, pour me relever, il a presque fallu supporter des humiliations? mon caractère reprendra-t-il son indépendance naturelle? et retrouverai-je jamais le plaisir et la sécurité que j'éprouvais au milieu du monde, avant qu'il m'eût fait connaître tout à la fois son injustice et son pouvoir?

Combien vous avez mieux fait, ma chère Élise, de vous résigner noblement à la défaveur de la société! Il a pu vous en coûter, mais vos ennemis ne l'ont pas su, et vous n'avez pas fait un pas pour les rappeler. Je me replacerai peut-être extérieurement dans la même situation ; mais ce qui me la rendait agréable, mes propres impressions sont changées. Il me faut du calcul et presque de l'art pour captiver de nouveau les suffrages; ce calcul, cet art, m'ont fait découvrir le secret de tout; les illusions les plus douces se sont dissipées; j'ai analysé l'amitié comme la haine; et, pour reconquérir la société, je suis forcée de l'étudier sous un point de vue qui lui ôte sans retour le charme qu'elle avait pour moi. Mais Léonce! à ce nom, les sentiments les plus vrais me raniment. Oubliez, ma chère Élise, les plaintes auxquelles je me suis livrée sur ce qu'il exige de moi ; il m'en témoigne chaque jour une reconnaissance si tendre, qu'elle doit effacer toutes mes peines.

LETTRE XXIV.

Léonce à Delphine.

Paris, ce 20 octobre.

J'ai enfin, ma Delphine, une nouvelle heureuse à vous annoncer : madame de Mondoville est revenue depuis quelques jours, comme vous le savez ; mais ce que vous ignorez, c'est qu'à son arrivée on n'a pas manqué de l'informer des bruits calomnieux qui s'étaient répandus ; elle m'en a parlé, et je lui ai dit que ce qu'il y avait de vrai dans cette histoire, c'était une action généreuse de vous, l'asile que vous aviez accordé à M. de Valorbe, au moment où il était poursuivi. Je dois à Matilde la justice qu'il est impossible d'avoir mieux accueilli tout ce que mon indignation me suggérait sur l'infame conduite de M. de Fierville et de madame du Marset ; et si quelque chose pouvait me faire une sorte de peine, c'était de voir à quel point il m'était facile de la persuader. J'ai senti dans cette occasion combien une morale, même exagérée, était un grand avantage dans les relations intimes de la vie.

Le soir même de la conversation que j'avais eue avec Matilde, elle se trouva dans une société assez nombreuse où je n'étais pas, et, pendant mon absence, on osa vous attaquer assez vivement. Madame de Mondoville (je le sais d'un de mes amis qui s'y trouvait) vous défendit avec une telle force, une telle hauteur, qu'elle sut en imposer à tout le monde ; et sa manière de s'exprimer, et l'autorité de sa réputation, ont produit un tel effet, que mon ami, et quelques autres témoins de cette scène, sont tout-à-fait persuadés qu'elle a été la cause d'un changement décisif en votre faveur.

Je ne puis vous dire, ma Delphine, combien je suis touché de la conduite de madame de Mondoville dans cette circonstance : son bonheur m'est devenu plus cher, plus sacré par cette action, que par tous les liens qui nous unissaient. Elle doit aller chez vous ce soir, je ne veux point m'y trouver en même temps qu'elle ; je me priverai donc de vous tout le jour : mais qu'il m'est doux de penser que le danger dont vous me menaciez sans cesse n'existe plus, que toutes les inquiétudes sont à jamais écartées de l'esprit de Matilde, et que rien désormais, ô mon amie, ne peut plus me séparer de toi !

LETTRE XXV.

Delphine à Léonce.

Léonce! Léonce! comment vous dire ce qui vient de m'arriver? Qu'allez-vous penser? quelle peine ressentirez-vous? obtiendrai-je mon pardon? serez-vous capable de me haïr, quand je me désespère d'avoir accompli ce qui peut-être était mon devoir, ce que du moins il était impossible de ne pas faire dans la circonstance où je me suis trouvée? Votre femme sait mon sentiment pour vous; et par qui l'a-t-elle appris? O ciel! par moi! Le mot affreux est dit; maintenant, écoutez-moi, ne rejetez pas ma lettre avec indignation, suivez dans mon récit les impressions qui m'ont agitée; et si votre cœur se sépare un instant du mien, s'il éprouve un sentiment qui diffère de ceux qui m'ont émue, alors condamnez-moi.

Madame de Mondoville est venue me voir il y a deux heures; j'étais seule : elle m'a montré beaucoup plus d'intérêt qu'il n'est dans son caractère d'en témoigner. J'évitais, autant qu'il était possible, une conversation plus intime, et je l'ai ramenée dix fois sur des sujets généraux : je respirais lorsqu'elle renonçait aux expressions directes d'estime et d'amitié : enfin, par une insistance qui ne lui est pas naturelle, et qui tenait certainement à un vif sentiment de justice et surtout de bonté, elle rompit tous mes détours, et me dit : « Ma chère cousine, j'ai appris combien on avait été injuste envers vous ; j'en ai éprouvé une véritable colère, et je vous ai défendue avec cette chaleur de conviction qui doit persuader. » Je baissai la tête sans rien dire; elle continua. « Quelle infamie de faire tourner contre vous le service que vous avez rendu à M. de Valorbe! et quelle absurdité en même temps de mêler mon mari dans cette histoire! Vous qui avez fait notre mariage par votre généreuse conduite relativement à la terre d'Andelys, vous que ma mère avait consultée sur cette union long-temps avant que je connusse M. de Mondoville, n'êtes-vous pas liée à mon sort par ce que vous avez fait pour moi? Votre amitié pour ma mère, quoiqu'elle ait été troublée un moment, a certainement conservé assez de droits sur vous, pour que le bonheur de sa fille vous soit cher. — Sans doute, essayai-je de lui répondre, je souhaite votre bonheur, j'y sacrifierais.... » Elle m'interrompit en disant : « Vous n'avez pas besoin de me l'affirmer, ma cousine : si j'ai été froide quelquefois pour vous dans un autre temps, si la différence de nos opinions nous a quelquefois éloignées l'une de l'autre, permettez que je le répare dans ce moment où vous avez des peines : disposez de moi, et je m'applaudirai de l'ascendant que moi et mes amies nous pouvons avoir sur tout ce qui tient à la réputation d'une femme, puisque cet ascendant vous sera utile. J'animerai en votre faveur ce que vous appelez les dévotes, c'est-à-dire des personnes assez pures et assez heureuses pour que, devant elles, la malignité soit toujours forcée de se taire. — Oh! vous êtes trop bonne, beaucoup trop bonne, m'écriai-je très attendrie ; mais, je vous en conjure, ne faites plus rien pour moi, absolument rien ; promettez-le-moi, je l'exige, je vous en supplie.... — Et d'où vient donc cette prière si vive? répondit Matilde ; ma chère Delphine, est-ce que vous avez un tel éloignement pour moi, que vous ne me trouviez pas digne de vous servir? — Non, non, interrompis-je ; c'est moi qui ne suis pas digne de vous.

« — Qui a pu vous inspirer cette cruelle idée, ma chère cousine ? répondit-elle : vous n'avez pas les mêmes opinions que moi, j'en suis fâchée pour votre bonheur ; mais me croyez-vous donc assez exagérée pour ne pas reconnaître vos rares qualités, et les services que vous m'avez rendus deux fois avec tant de délicatesse? Suis-je donc incapable d'estimer la parfaite franchise qui ne vous a jamais permis l'ombre de la dissimulation? C'est cette vertu que j'admire en vous, et qui a toujours été le fondement de ma sécurité. J'ai souvent remarqué que Léonce se plaisait beaucoup à vous voir ; une fois même, vous vous en souvenez, j'allai vous chercher à Bellerive avec une sorte d'inquiétude, et peut-être même avais-je le désir de vous éprouver ; mais je revins parfaitement convaincue que vous n'aimiez pas Léonce, puisque vous ne vous étiez point trahie quand je vous parlai de mon sentiment pour lui. Hier, quelqu'un, en me racontant l'histoire qu'on a faite sur vous à l'occasion de M. de Valorbe, eut l'impertinence de me dire que j'étais bien dupe de croire à votre sincérité : j'aurais désiré que vous entendissiez avec quelle force, avec quel dédain je repoussai cette méprisable insinuation ! combien je me plais à répéter que non seulement la dissimulation, mais le silence même, qui serait aussi une fausseté, puisqu'il me trompait également, était loin de votre caractère, dans une circonstance qui exigeait d'une ame honnête la plus entière vérité ! J'aurais souhaité que, pour vous justifier à jamais, l'on m'eût demandé de jurer pour vous.... » Dans ce moment, Léonce, ma tête se perdit; il me sembla qu'il était infame de recevoir ainsi des éloges si peu mérités, d'abuser de sa candeur. Ses discours étaient une interrogation sacrée, et me taire me parut de la perfidie; enfin, je ne raisonnai pas, mais j'éprouvai cette révolte du sang qui rend une action basse ou perfide tout-à-fait impossible, et je m'écriai : « Matilde, arrêtez! c'en est trop! oui, c'en est trop! Si je l'aimais, devrais-je vous le dire? si je l'aimais sans être coupable, en respectant vos droits, votre bonheur.... » Mon trouble disait encore plus que mes paroles. « Achevez, reprit Matilde avec chaleur, achevez! Delphine, l'aimeriez-vous? Dites-le-moi; ne résistez pas au mouvement généreux que vous éprouvez! soyez vraie, soyez-le. — Que vous importe? lui répondis-je, regrettant déjà ce qui m'était échappé : si je l'aime, je partirai, je mourrai; laissez-moi. » Dans ce moment madame de Lebensei entra; et, soit que Matilde ne voulût pas rester avec elle, soit qu'elle eût besoin de réfléchir à ce qui s'était passé entre nous, elle sortit de ma chambre sans prononcer une parole, et je la laissai partir, confondue moi-même de ce que je venais de dire, ne sachant plus si c'était un crime ou une vertu, et n'étant digne, en effet, ni d'approbation ni de blâme; car je n'avais été qu'entraînée, et, n'ayant eu le temps d'aucune réflexion, je ne m'étais décidée à aucun sacrifice.

Que va-t-il arriver maintenant, Léonce? je n'ose vous interroger sur ce que vous aura dit Matilde ; je sais mon devoir, mais j'ignore encore comment il se manifestera à moi. Venez me voir, venez; jouissons de ces jours peut-être les derniers. Ah! pourquoi vous cacherais-je que mon cœur se brise, que j'éprouve comme une sorte de repentir?... Qu'allons-nous devenir? Du moins ne vous irritez pas contre moi, n'épuisons pas nos ames en reproches et en justifications; souffrons comme un coup du sort les suites d'une action complètement involontaire, et cherchons ensemble s'il peut nous rester encore quelques ressources.

LETTRE XXVI.

Delphine à madame de Lebensei.

Ce 28 octobre.

Vous êtes partie fort inquiète, ma chère Élise, de ma conversation avec madame de Mondoville, et vous avez bien voulu me demander de vous écrire chaque jour ce qui pourrait en arriver ; il s'en est déja écoulé huit sans que j'aie entendu parler de Matilde ; mais loin que ce silence me tranquillise, il redouble mon inquiétude. Depuis ce temps, Léonce ne l'a point vue ; elle s'est enfermée chez elle, ou elle est allée à l'église : son mari lui a fait demander plusieurs fois de la voir, elle l'a constamment refusé. Elle est sans doute bien malheureuse à présent, et elle était tranquille avant de m'avoir parlé. Oh! que je serais coupable, si, ne sachant avoir que la faiblesse des bons sentiments et jamais leur force, je n'avais fait que troubler la vie de Matilde par ma franchise, sans avoir le courage nécessaire pour lui rendre le bonheur!

Mademoiselle d'Albémar m'a blâmée assez vivement ; Léonce a été généreux envers moi, mais il a surtout affecté de parler de cette circonstance comme peu décisive, et d'affirmer qu'il était certain d'en adoucir tous les effets. Je n'ai point combattu cette erreur ; je sens approcher la résolution irrévocable, la nécessité toute puissante, je ne dispute plus sur rien. Ah! je parlais quand j'avais un besoin secret d'être convaincue, quand je souhaitais confusément qu'on s'opposât au sacrifice que je croyais vouloir ; maintenant je me tairai ; tout repose sur moi : devoir, malheur, amour, je dois tout contenir dans mon ame solitaire.

Qu'il sera terrible le moment de se séparer! il s'offre à moi déja comme un nuage noir à l'horizon, prêt à s'avancer sur ma tête : ah! que ne puis-je mourir pendant qu'il est loin encore! Bonne Élise, heureuse Élise, adieu.

LETTRE XXVII.

Delphine à madame de Lebensei.

Ce 4 novembre.

Mon sort est décidé! il l'est depuis quatre jours ; je n'ai pas eu la force de vous l'écrire. Si votre pressante lettre ne m'était pas arrivée ce matin, je ne sais si j'aurais pu prendre sur moi de raconter tant de douleurs. Je le vois encore, mais bientôt je ne le verrai plus ; il ne le sait pas, il doit l'ignorer : il me regarde avec une expression déchirante : s'il a des craintes, il ne veut pas les exprimer, il semble qu'il croie m'enchaîner davantage en ne paraissant pas douter. Oh! qu'il est touchant! qu'il est aimable! et, dans un funeste moment, j'ai promis de le quitter! mes forces suffiront-elles à ce sacrifice?

Mardi dernier, Léonce m'avait dit qu'il était obligé de s'absenter le lendemain de Paris, pour une affaire indispensable : je ne sais pourquoi l'idée ne me vint pas, que madame de Mondoville choisirait ce jour pour me voir; mais quand on l'annonça, je fus saisie d'une surprise égale à ma douleur. J'étais avec ma belle-sœur : Matilde, en entrant, m'annonça solennellement qu'elle désirait être seule avec moi, et qu'elle me priait de faire fermer ma porte.

Quand nous fûmes seules, elle me dit avec un ton triste, mais ferme, qu'il ne lui était plus permis de douter de l'amour qui existait entre Léonce et moi; qu'elle s'était retracé plusieurs circonstances qui ne l'avaient pas frappée lorsqu'elle expliquait tout par l'amitié, mais qui ne prouvaient que trop clairement ce que mon trouble, dans notre dernière conversation, avait commencé à lui révéler. « Une autre, ajouta-t-elle, dans une pareille situation, serait votre ennemie; les obligations que je vous ai, votre mouvement de franchise auquel je dois mon premier avertissement, les sentiments chrétiens qui me font désirer de vous ramener à la vertu, ne me le permettent pas. Je viens donc vous demander, pour votre salut autant que pour mon bonheur, de quitter Paris, de ne pas permettre que Léonce vous suive, et de ne point semer la discorde entre nous deux, en lui disant que c'est moi qui vous ai priée de vous éloigner de lui. » Cette proposition dure et brusque, quoique d'accord avec mes réflexions, me révolta, je l'avoue; et je répondis assez froidement que je ne voulais m'engager à rien avec personne qu'avec moi-même.

« Vous me refusez! me dit Matilde avec une expression, avec un accent d'une amertume et d'une âpreté remarquables; vous me refusez! répéta-t-elle encore avec des lèvres tremblantes: eh bien! sachez donc que je porte dans mon sein l'enfant de Léonce, et que la douleur que vous me causez vous rendra responsable de sa vie et de la mienne. » A ces mots, jugez de ce que j'éprouvai! j'ignorais son état, j'ignorais ses nouveaux droits. Des sanglots s'échappèrent de mon sein, ils adoucirent un peu Matilde. « Revenez à vos devoirs, à votre Dieu, me dit-elle, pauvre égarée; ne me condamnez pas à vous maudire. Qui, moi! je donnerais le jour à un enfant que son père haïrait peut-être, parce que je suis sa mère! Le temps, qui affaiblit les sentiments criminels, ramène aux affections légitimes; mais si Léonce vous voit chaque jour, il s'éloignera davantage encore de moi, et formera sans cesse avec vous de nouveaux liens, qui lui rendront odieux tout ce qu'il doit aimer.

« — Oubliez-vous, lui dis-je, Matilde, que notre attachement l'un pour l'autre n'a jamais été coupable? — Vous n'appelez coupable, reprit-elle, que le dernier tort qui vous eût avilie vous-même; mais quel nom donnez-vous à m'avoir ravi la tendresse de mon mari? à moi malheureuse, qui n'ai sur cette terre d'autres jouissances que son affection, mon bien, mon droit légitime; son affection, qu'il m'a jurée au pied des autels! Que ferai-je pour la regagner, quand vous l'avez enlacé des séductions que le ciel ne m'a point accordées, mais qui ne serviront qu'à votre malheur et à celui des autres? Quoi! depuis un an vous voyez Léonce tous les jours, et vous prétendez n'être pas coupable! Quels efforts avez-vous faits pour vaincre un sentiment criminel? vous êtes-vous séparée de mon époux? vous a-t-il en vain poursuivie? vos malheurs m'ont-ils appris votre amour? Non, c'est le plus simplement, le plus facilement du monde que vous passez votre vie avec un homme marié, pour qui vous avez une affection condamnable! Quelle innocence, juste ciel! et surtout quel soin, quel respect pour ma destinée! Vous aimiez ma mère, et vous ne craignez pas de désespérer sa fille! Reprenez les funestes dons avec lesquels vous m'avez mariée; je veux vous les rendre, je veux acquitter en même temps les dettes de ma mère envers vous : alors je quitterai la maison de Léonce, pauvre, isolée, trahie par mon époux, par celui que j'aimais peut-être plus que Dieu ne nous a permis d'aimer sa créature : mais, en m'éloignant, je vous laisserai à l'un et à l'autre des remords plus cruels encore que tous mes maux. »

Élise, Matilde aurait pu me parler long-temps sans que je l'interrompisse; je gardais le silence, parceque j'étais décidée : si j'avais hésité, ce qu'elle me disait m'aurait déchiré le cœur. Mais qui pouvais-je plaindre quand je me condamnais à quitter Léonce? Qui, sur un brasier ardent, m'eût paru plus digne que moi de pitié? L'expression morne et contrainte des regards de Matilde m'avertit cependant de son incertitude, et je lui dis que j'étais résolue à tout ce qu'elle exigeait de moi. Alors cette femme, oubliant et son ressentiment et sa roideur naturelle, me parla de sa reconnaissance pour ma promesse, de son amour pour son mari, avec un accent tout nouveau que Léonce pouvait seul lui inspirer. Ah! pensai-je au fond de mon cœur, celle qui lui ressemble si peu, celle qu'il n'a jamais aimée, ressent néanmoins pour lui une passion si vive! et moi qui l'entends si bien, et moi qu'il chérit, et moi que son image seule occupe, je dois le quitter! J'ai juré à madame de Vernon, au lit de mort, de protéger le bonheur de sa fille; j'avais promis à Dieu, à ma conscience, de ne point faire souffrir un être innocent; je ne serai point parjure à ces vœux, les premiers que mon cœur ait prononcés; mais la crainte de la mort ne fait pas éprouver à celui qui s'approche de l'échafaud une douleur plus grande que celle que je ressens en renonçant à Léonce.

Je me taisais, plongée dans ces amères réflexions. « Ce n'est pas tout encore, ajouta Matilde; vous ne feriez rien pour mon bonheur, si Léonce pouvait croire que c'est à ma prière que vous vous séparez de lui; il me haïrait en l'apprenant. Si vous ne pouvez le lui cacher, restez plutôt; restez pour obtenir de lui qu'il soigne mon enfant, si je vis jusqu'à sa naissance, et qu'il donne après moi des larmes à mon souvenir. Il doit ignorer que je vous ai vue; je tâcherai de reprendre avec lui ma manière accoutumée. Delphine, si un seul mot vous trahit, votre promesse est vaine, ne l'exécutez pas. — Matilde, lui dis-je, votre secret sera gardé. — Si votre départ, reprit-elle, était prompt, Léonce soupçonnerait qu'il existe un rapport entre la conduite bizarre que je tiens depuis quelques jours, et votre résolution. Laissez-moi le temps de lui montrer de nouveau du calme, afin qu'il puisse supposer que mes inquiétudes se sont dissipées d'elles-mêmes; vous chercherez ensuite quelques prétextes raisonnables pour votre éloignement. — Matilde, lui dis-je alors, je vous remercie de m'estimer assez pour me croire capable de tant d'efforts; ils seront tous accomplis, je vous en donne ma parole. Je ferai plus encore : dans quelque lieu de la terre que j'allasse, Léonce me suivrait, j'en suis sûre; eh bien! je disparaîtrai du monde. Je ne sais ce que je deviendrai; mais ce n'est point un voyage, une absence ordinaire qui peut briser des sentiments tels que les miens : au reste, mon sort ne vous importe pas; ainsi donc, laissez-moi; j'aurais besoin d'être seule, adieu. » Matilde m'obéit sans rien dire, j'avais repris sur elle une sorte d'autorité; je la méritais, car dans cet instant, sans doute, mon ame, par son sacrifice, était devenue supérieure à la sienne.

Je viens de vous confier, Élise, le secret le plus important de ma vie; si Léonce le découvrait, il ne pardonnerait point à Matilde la douleur que notre séparation lui causera, et je paraîtrais alors bien digne de mépris : j'aurais l'air de ne me montrer généreuse que pour être plus habilement perfide ; jamais donc, après ma mort même, tant que Matilde existera, vous ne vous permettrez un mot sur ce sujet.

Maintenant, il faut exécuter ce que j'ai promis, il faut tromper Léonce; car s'il devinait mon dessein, si je voyais encore ses regrets, si j'entendais ses plaintes!... Allons, il ne saura rien. J'ai quelque temps encore; Matilde elle même l'exige : si ma tête se conserve pendant les jours qui me restent, je ferai ce que je dois; mais ne vous étonnez pas si, jusqu'à ce moment où mon sort me condamne à rompre avec la nature entière, je suis, même avec vous, toujours silencieuse et presque froide. Ne me parlez point de mon projet, laissez-moi lutter seule avec moi-même, rassembler en moi toutes mes forces ; un mot raisonnable et sensible pourrait me bouleverser, si je n'y étais pas préparée.

Traitez-moi comme les mourants : leurs amis savent qu'ils vont périr, ils le savent eux-mêmes, mais ils évitent, mais on évite aussi autour d'eux de leur rien dire qui le rappelle; les mêmes ménagements au moins me sont nécessaires..... Élise, je vous les demande.

LETTRE XXVIII.

Delphine à madame de Lebensei.

Paris, ce 10 novembre.

Ma belle-sœur vous prie, ma chère Élise, de venir la voir demain; je me suis servie de divers prétextes pour la décider à partir, elle retourne à Montpellier dans deux jours : je lui ai caché mon véritable dessein, elle s'y serait opposée, elle aurait voulu m'emmener avec elle ; ce n'est pas ainsi que je veux me séparer de Léonce, ce n'est pas un autre genre de vie que je vais adopter; c'est je ne sais quelle mort que je voudrais embrasser : je ne connais encore que confusément mon avenir, mais, quel qu'il soit, il sera sombre, et je n'y associerai personne.

Ma belle-sœur déteste tellement Paris, que dès qu'elle a pu croire qu'elle ne m'y était plus nécessaire, elle a été très impatiente de le quitter. L'annonce de son départ a produit sur Léonce un effet dont je devrais m'applaudir, et qui me perce le cœur; il est convaincu maintenant que je suis décidée à rester, puisque je laisse ma sœur s'en retourner seule. Matilde est redevenue la même avec Léonce; il me le dit souvent, et me croit entièrement rassurée à cet égard; enfin tout se calme autour de moi, et je porte seule le désespoir au fond de mon ame.

Hier même, hier, madame d'Artenas est venue me rappeler l'engagement que j'avais pris d'aller au grand concert de madame de Saint-Albe, qui doit se donner la semaine prochaine; j'avais entièrement oublié depuis quinze jours tout ce qui a rapport à l'opinion du monde; une douleur réelle avait fait disparaître toutes les peines de l'imagination, et je les estimais ce qu'elles valent. Madame d'Artenas me répéta ce que je sais d'ailleurs avec certitude : c'est que l'autorité de madame de Mondoville, l'influence de mes amis et de ceux de Léonce, enfin l'effet naturel de la vérité, ont effacé dans l'opinion les injustices dont j'ai souffert; je la retrouve, la faveur de ce monde, au moment où je le quitte; il revient à moi, quand le plus profond des malheurs me rend insensible à ce retour que j'avais tant désiré.

J'ai refusé ce concert, malgré les vives instances de madame d'Artenas; elle a fini par me dire qu'elle en appellerait à Léonce de ma décision : puisse-t-il ne pas exiger de moi d'y aller! il ne sait pas quel sentiment de désespoir il me condamnerait à porter au milieu d'une fête!

LETTRE XXIX.

Delphine à mademoiselle d'Albémar.

Paris, ce 15 novembre.

Mon amie, comme le malheur s'appesantit sur moi! ah! ne regrettez pas de m'avoir quittée, rien ne peut me sauver. Je ne sais si je l'ai mérité, mais les plus grands criminels n'ont pas éprouvé comme moi l'acharnement de la fatalité. Ne me demandez pas de vous rejoindre, il faut que je vive seule, pour écarter de vous une destinée chaque jour plus malheureuse.

Vous savez que, deux jours avant votre départ, je me refusai aux sollicitations de madame d'Artenas pour aller chez madame de Saint-Albe; la veille même de ce malheureux concert, Léonce m'avoua qu'il desirait extrêmement que j'y allasse. Il savait, ce qui était vrai alors, que j'étais beaucoup mieux dans l'opinion; il voulait, je crois, jouir du triomphe qu'il s'attendait, hélas! que je remporterais sur mes ennemis. Madame de Lebensei, qui redoute tant le monde pour elle-même, insista fortement pour que je cédasse à la demande de Léonce : je me troublai deux ou trois fois en résistant à leurs prières; je craignais de trahir devant Léonce les sentiments de douleur qui me rendaient une fête odieuse. Enfin, une idée que l'amour m'inspirait s'empara de moi : je souhaitai, prête à me séparer de Léonce pour jamais, d'effacer entièrement toute impression qui pourrait m'être défavorable, dans la société dont il prise les suffrages, et au milieu de laquelle il doit vivre. Je souhaitai de me montrer encore une fois à lui, reconquérant cette existence qu'il avait regrettée pour moi, et je voulus lui laisser mon souvenir aussi aimable et aussi séduisant qu'il pouvait l'être; cette faiblesse de cœur m'entraîna : si ce sentiment était blâmable, il est impossible d'en avoir reçu une punition plus amère.

Je promis d'aller chez madame de Saint-Albe. Le jour même de l'assemblée, à l'heure où j'attendais madame d'Artenas qui devait venir me prendre, je reçois un billet d'elle, qui m'apprend qu'elle s'est foulé le pied en montant dans sa voiture, et qu'elle ne peut sortir. Ses regrets étaient exprimés avec affection; elle me sollicitait de ne pas renoncer au projet que j'avais formé d'aller chez madame de Saint-Albe, et m'assurait qu'on m'y attendait avec empressement et bienveillance; en effet, telle était la disposition de la veille : j'hésitai encore quelques instants; mais réfléchissant que Léonce était déjà parti, qu'il comptait sur moi, je ne pus me résoudre à tromper son désir, et mon mauvais sort fit que je me décidai à suivre mon premier dessein.

Comme il était déjà tard, tout le monde était rassemblé chez madame de Saint-Albe. Au moment où j'entrai dans la chambre, j'entendis autour de moi une espèce de murmure; je ne vis pas Léonce, qui était alors dans une pièce plus reculée. La maîtresse de la maison, la plus impitoyable femme du monde quand elle croit que sa considération peut gagner à se montrer ainsi, fut long-temps sans s'avancer vers moi; enfin, elle se leva et m'offrit une chaise, avec une froideur qu'elle desirait surtout faire remarquer; les deux femmes à côté de qui j'étais assise parlèrent bas chacune à leurs voisins; aucun homme ne s'approcha de moi, et toute l'assemblée semblait enchaînée par ce silence désapprobateur, mystérieux et glacé, que la conscience même ni la raison ne peuvent braver en public. Je conçus d'abord, tant ma tête était troublée, le plus injuste soupçon contre madame d'Artenas; mille idées se succédaient dans mon esprit ; et, n'osant ni interroger personne, ni faire un mouvement pour me lever, pendant que tous les yeux étaient fixés sur moi, immobile à ma place, je sentais une sueur froide tomber de mon front.

Madame de R. m'aperçut, se leva promptement, me prit par la main, et me conduisit dans l'embrasure de la fenêtre ; je me crus sauvée, puisqu'un être vivant me parlait. « Il est arrivé cette après-midi même, me dit-elle, des lettres du régiment de M. de Valorbe, qui contiennent la nouvelle que des officiers de son corps, ayant appris qu'il avait reçu de M. de Mondoville une insulte très grave sans la venger, ont déclaré qu'ils ne serviraient plus avec lui; il s'est battu avec deux d'entre eux, il a blessé le premier, il a été blessé par le second ; mais l'on croit que, malgré cette courageuse conduite, il sera obligé de quitter son régiment, et peut-être la France. Cet événement a produit un effet terrible contre vous, il a tout renouvelé, comme si l'on pouvait vous accuser le moins du monde du triste sort de M. de Valorbe ; on m'a tout raconté en arrivant ici, et j'allais envoyer chez vous pour vous conjurer de ne pas venir, lorsque malheureusement vous êtes entrée. »

Mon premier mouvement fut de m'informer de ce que savait Léonce. « Dans ce moment, me dit madame de R., une de ses parentes l'instruit, dans la chambre à côté, de cette cruelle aventure. Au nom du ciel, remettez-vous à votre place, restez-y une heure, si vous le pouvez, et partez après naturellement. » Pendant qu'elle me parlait, M. de Montalte, cousin de M. de Valorbe, qui est venu quelquefois me voir avec lui, passa devant moi, me regarda avec affectation, et ne me salua point ; il repassa deux minutes après, et, entendant madame de R. nommer M. de Valorbe, il s'avança près de nous deux, et, s'adressant à madame de R., il dit assez haut pour que plusieurs personnes l'entendissent : « Madame d'Albémar a jugé à propos de déshonorer mon cousin pour plaire à M. de Mondoville ; mais si elle a disposé d'un fou à qui elle a tourné la tête, il lui sera plus difficile d'imposer silence à ses parents. » Je sentis à ce discours un mouvement de hauteur, une inspiration de fierté qui me rendit mes forces, et j'allais prononcer des paroles qui, pour un moment du moins, auraient fait triompher la vérité, lorsque je vis Léonce rentrer dans la chambre où j'étais : je sentis à l'instant les conséquences d'un mot qui lui aurait appris que M. de Montalte m'avait offensée, et je me tus subitement.

Je cherchai des regards la place que j'avais occupée en arrivant, elle était prise; je fis le tour de la chambre, dans une espèce d'agitation qui me faisait craindre à chaque instant de tomber sans connaissance : aucune femme ne m'offrit une chaise à côté d'elle, aucun homme ne se leva pour me donner la sienne. Je commençais à voir les objets doubles, tant mon agitation augmentait à chaque pas inutile que je faisais; je me sentais regardée de toute part, quoique je n'osasse lever les yeux sur personne; à mesure que j'avançais, on reculait devant moi; les hommes et les femmes se retiraient pour me laisser passer, et je me trouvai seule au milieu du cercle, non telle qu'une reine respectueusement entourée, mais comme un proscrit dont l'approche serait funeste. J'aperçus, dans mon désespoir, que la porte du salon était ouverte, et qu'il n'y avait personne près de cette porte; cette issue, qui s'offrait à moi, me parut un secours inespéré; et, dans un égarement qui tenait de la folie, je sortis de la chambre, je descendis l'escalier, je traversai la cour, et je me trouvai au milieu de la place Louis XV, sur laquelle demeurait madame de Saint-Albe, seule, à pied, par le vent et la pluie, dans la parure d'une fête, sans avoir un instant réfléchi au mouvement qui m'entraînait, je fuyais devant la malveillance et la haine, comme devant des pointes de fer qui me repoussaient toujours plus loin.

A peine étais-je restée deux minutes sur la place, à chercher autour de moi ce que j'avais fait et ce que j'allais devenir, que Léonce m'atteignit : son émotion était sombre et terrible; il me prit le bras, le serra contre son cœur, et marcha avec moi sans que nous sussions, je crois, ni l'un ni l'autre, quel dessein nous faisait avancer. Nous étions déjà sur le pont Louis XVI, lorsque le saisissement du froid me força de m'arrêter, et je m'appuyai sur le parapet, incapable de faire un pas de plus. Léonce passa une de ses mains autour de moi. « Chère et noble infortunée, me dit-il, de quelle barbarie ils ont usé envers toi! Veux-tu les fuir avec moi, ces cruels, dans le sein de la mort? Dis un mot, et nous nous précipiterons ensemble dans ces flots, plus secourables que les êtres que nous venons de voir. Pourquoi lutter plus long-temps contre la vie? N'est-il pas certain que nous n'aurons plus que des douleurs? Ce ciel, qui nous regarde, nous a marqués pour ses victimes : sauvons-nous des hommes et de lui. » Alors il me souleva dans ses bras; je crus sa résolution prise; je penchai ma tête sur son sein, et, je vous le jure, Louise, je n'éprouvai rien qui ne fût doux. Tout-à-coup cependant il me remit à terre, et, reculant quelques pas, il dit, comme se parlant à lui-même : « Non, l'innocence ne doit pas périr; c'est à ses vils accusateurs que la mort est réservée. Delphine, tu seras vengée, tu le seras. »

Comme il disait ces mots, mes gens, qui me cherchaient de tous les côtés, me découvrirent, et m'amenèrent ma voiture. « Au nom du ciel, dis-je à Léonce, ne pensez point à la vengeance : voulez-vous achever ma ruine, le voulez-vous? — Non! me dit-il, ne craignez rien; ce ne sera point ce soir, ni demain, je le jure : je saisirai une fois peut-être... dans quelque temps... un prétexte éloigné... sans nul rapport avec vous; mais s'ils périssent, ils sauront cependant que c'est pour vous avoir outragée. Je vous en conjure, ajouta-t-il, soyez tranquille : pensez-vous que, dans un tel moment, je voulusse vous compromettre encore? Ce que je desire, ce qui est nécessaire, n'arrivera peut-être pas de long-temps. Remontez dans votre voiture, de grace... » Il voulut me suivre, je le refusai.

Je ne l'ai pas revu depuis, et je veux, pendant quelques jours encore, me refuser à le recevoir : j'ai besoin de m'examiner seule; je veux savoir si je me sens réellement humiliée. Affreux doute! l'aurais-je cru possible? L'injustice de l'opinion, je l'avoue, peut faire un mal cruel; il faut quitter le monde pour jamais. Valorbe, le malheureux Valorbe me poursuivra-t-il? Il ignorera, j'espère, ce que je serai devenue. Que pourrais-je pour lui, quand même je n'aimerais pas Léonce? Suis-je restée ce que j'étais? Puis-je secourir personne? Les méchants ont enfin mortellement blessé mon ame. Ah! pourquoi Léonce n'a-t-il pas suivi son premier mouvement? Mais avais-je besoin de son secours pour me précipiter dans l'abîme? Lui-même ne sentait-il pas que c'était mon seul asile? Louise, n'est-il donc pas encore temps?

LETTRE XXX.

Madame de R. à madame d'Albémar.

Paris, ce 17 novembre.

Permettez à une personne qui vous doit la plus profonde reconnaissance, dont vous avez changé la vie, et qui date du jour où vous l'avez secourue le peu de bien qu'elle a pu faire, permettez-lui, madame, d'essayer de vous consoler, quelque supérieure que vous lui soyez. Ce que je vais vous dire me coûtera sans doute ; mais si l'effort que je fais m'est pénible, il me sera doux de penser qu'il m'acquitte un peu envers vous. Puis-je d'ailleurs être humiliée, si je vous soulage ? Ah ! de ma triste vie ce sera l'action la plus honorable.

Vous avez éprouvé, avant-hier, une scène très-cruelle ; il y a dix-huit mois que votre bonté généreuse me sauva d'un éclat semblable en apparence, mais dont la douleur ne peut être la même ; car ce que je souffrais, à quelques égards, était mérité, et ce que l'on mérite doit durer toujours.

En réfléchissant sur ce qui vous est arrivé chez madame de Saint-Albe, je me suis rappelé qu'une fois ma tante, très-maladroitement, vous avait fait souffrir, en comparant votre situation à la mienne ; j'ai donc pensé que si, sans aucun ménagement pour moi-même, je vous en faisais sentir l'extrême différence, vous y trouveriez peut-être quelques motifs de consolation. Votre ame est si noble, que j'ai été bien sûre que le mouvement qui m'excitait à vous écrire effacerait à vos yeux ce qu'il faut malheureusement que je rappelle, en vous parlant de moi.

L'envie est parvenue momentanément à vous faire assez de tort : à force d'art on a perfidement interprété vos actions les plus généreuses ; et tous ces êtres, incapables de se dévouer pendant un jour à leurs amis, ont été bien aises de faire tourner à mal les qualités qu'ils ne possédaient pas, espérant ainsi les discréditer dans le monde : mais dans toutes les accusations qu'on a essayées contre vous, qu'y a-t-il de vrai que vos vertus, votre délicatesse, la pureté de votre ame et de vos sentiments ? Soyez donc sûre que dans peu votre réputation sera justifiée. Les livres nous entretiennent souvent des succès de la calomnie ; moi, qui ai tant à redouter les reproches que je puis mériter, je crains peu, je l'avoue, l'ascendant du mensonge, du moins à la longue. Si la bonté n'émoussait pas les armes de votre esprit, tandis que la méchanceté aiguise celles des autres, rien ne vous serait plus facile que de faire connaître votre innocence : vous semblez née pour vaincre ; tous les moyens de persuasion vous sont donnés, et vous n'emploieriez aucun de ces moyens, qu'en peu d'années, peut-être même en peu de mois, les faits se développeraient d'eux-mêmes, par cette multitude de rapports naturels qui révèlent la vérité, malgré tous les obstacles que l'on peut y opposer.

Il faut agir, et agir sans cesse, pour établir ce qui est faux, tandis que l'inaction et le temps découvrent toujours ce qui est vrai : ce temps est votre appui le plus sûr; mais, loin de m'être favorable, il confirme chaque jour davantage le blâme, que désarmait un peu l'intérêt inspiré par ma première jeunesse. J'approche de trente ans, de cette époque où la considération commence à devenir nécessaire, et je la vois reculer devant moi : souvent, avec le cœur le plus affligé, je tâche d'être aimable, parceque je sens qu'on a le droit de m'y condamner, puisque la plupart des femmes qui me voient s'en excusent sur quelques agréments de mon esprit. Il ne m'est permis en société d'être ni triste, ni malade.

Les femmes ne sont pas encore ce que je crains le plus, elles n'ont point de véritable irritation contre une personne qui ne leur fait point ombrage; les prudes même ne déploient toute leur sévérité que contre les femmes décidément supérieures : mais les hommes ! si vous saviez quel mal ils me font, sans réflexion, sans méchanceté même ! quelle légèreté dans les discours qu'ils me tiennent ! combien il est difficile de leur apprendre que j'ai changé de vie, et que je n'aspire plus qu'aux égards dont je me riais autrefois !

On vous calomnie quand vous n'y êtes pas, et vous en imposez presque toujours quand on vous voit. Moi, l'on ne se donne pas la peine de me dénigrer en mon absence; mais le ton avec lequel on m'adresse la parole, chaque circonstance, chaque forme de la société, me prouvent, non l'intention de me blesser, je le préférerais, mais le sentiment involontaire, qui se témoigne à l'insu même de ceux qui l'éprouvent. Si un homme, si une femme se permettait de vous dire un mot offensant, vous pourriez, quand vous le voudriez, l'accabler de votre mépris, et moi, je n'ai pas le droit de mépriser; je suis obligée de ménager tout le monde; je ne ferais point de tort à celui dont je me plaindrais; je ne puis risquer de me brouiller avec personne : ainsi, dans un rang élevé, avec une fortune considérable, je me vois obligée de jouer le rôle d'une complaisante; je crains d'exciter la moindre malveillance, et de rappeler aux autres que mon existence dans le monde est précaire, et qu'il ne tiendrait qu'à un ennemi de me l'ôter de nouveau.

Pourquoi, pourrait-on me dire, ne vivez-vous pas dans la retraite? Ah! madame, croyez-vous qu'après dix ans d'une vie comme la mienne, je puisse supporter la solitude? Heureusement encore je suis restée bonne, mais ma sensibilité naturelle n'existe presque plus; je n'ai rien en moi qui renouvelle mes pensées, et, seule, je suis poursuivie par des souvenirs tristes, contre lesquels je n'ai ni armes, ni ressources. Parmi ceux que j'ai cru aimer, il en est que je regrette, mais sans compter sur leur estime, ni pouvoir m'intéresser à moi-même. Je sais bien que je vaux mieux que ma conduite, mais elle ne m'a pas laissé assez d'énergie dans le caractère pour me changer entièrement; j'ai cessé d'avoir des torts, mais je ne retrouverai jamais le bonheur qu'ils m'ont fait perdre.

Séparée depuis long-temps de mon mari, je n'ai point d'enfants; je suis privée du seul bien qui donne aux femmes un avenir après trente ans; je crains l'ennui, je crains la réflexion, et je cours de distractions en distractions, pour échapper à la vie. Mais vous, noble Delphine, mais vous, votre ame vous appartient encore tout entière; vos affections sont ou vertueuses, ou tout au moins délicates; un esprit étendu vous offre dans la réflexion un intérêt toujours nouveau : vous avez des envieux et des calomniateurs, mais il n'en est pas un qui pense réellement ce qu'il dit, pas un qui ne se sentît confondu si vous daigniez lui répondre, pas un qui ne vous desirât pour femme ou pour amie, quoiqu'il vous attaque sous ces noms sacrés; pas un enfin qui, s'il était malheureux ou proscrit, n'enviât le sort de ceux que vous aimez, et peut-être même ne s'adressât à vous qu'il aurait offensée, à vous, mille fois plutôt qu'à ses meilleurs amis.

Courage donc, madame, courage! la conscience du passé, la certitude de l'avenir, n'est-ce donc pas assez pour traverser ce temps d'orage? Ne donnez pas à l'envie et à la méchanceté le spectacle qui leur est le plus agréable, celui d'une ame élevée abattue sous leurs coups; redoublez plutôt leur fureur jalouse, en leur montrant que vous êtes calme, et que vous savez être heureuse. Dieu! si quelque puissance sur la terre pouvait m'accorder tout-à-coup vos souvenirs et vos espérances; si j'en pouvais jouir un an, je donnerais pour cette année tout le temps qui me reste à vivre. Ah! madame, ah! Delphine, qui n'a pas été coupable, croyez-moi, n'a point souffert.

Je ne pourrais relire cette lettre sans éprouver un embarras difficile à supporter; je me confie donc, sans nouvelles réflexions, au sentiment qui l'a dictée, et je vous l'envoie sans me laisser un moment de plus pour hésiter.

LETTRE XXXI.

Delphine à madame de R.

Quand on est capable d'écrire la lettre que je viens de recevoir, il est impossible que les sentiments les plus vertueux et les plus purs ne finissent pas par triompher de toutes les faiblesses. Un mouvement si généreux m'a fait du bien, et j'ai retrouvé le plaisir d'estimer, que l'amertume et la défiance m'avaient fait perdre ; ce soulagement est tout ce que ma situation peut permettre.

Je n'ai plus rien à démêler avec le monde, mais je n'oublierai jamais le sentiment plein de délicatesse qui vous a portée, madame, à vouloir me consoler, aux dépens des considérations personnelles qui auraient arrêté toute autre femme.

LETTRE XXXII.

Léonce à Delphine.

Depuis quatre jours, vous vous êtes inflexiblement refusée à me voir. On m'a dit à Paris que vous étiez à Bellerive, à Bellerive que vous étiez à Paris ; on a trompé votre ami à votre porte comme un étranger. Delphine, jamais vous n'avez été plus injuste, car jamais ma passion pour vous n'a exercé sur moi plus d'empire! je crois qu'elle a changé jusqu'à mon caractère. Daignez m'entendre, vous jugerez mieux que moi-même de ce cœur, qui, se confiant tout entier à vous, attend votre approbation pour s'estimer encore.

Sans doute, le jour de cette affreuse scène, quand je vous retrouvai presque égarée, la douleur de ce qui venait de se passer, la rage d'être condamné à attendre un prétexte pour vous venger, me jetèrent dans le délire du désespoir. Je ne sais ce qui m'échappa dans ce moment; mais ce que je puis attester, c'est que, revenu à moi-même, j'éprouvai ce que jamais encore je n'avais ressenti, un mépris profond pour l'opinion des hommes. Je me demandai comment j'avais pu attacher tant d'importance aux jugements les plus injustes, à ceux qui osent attaquer avec indignité la créature la plus parfaite ; et je m'attendris douloureusement sur vous, ma Delphine, sur votre destinée, qui, sans mes torts et sans mon amour, eût été la plus brillante, la plus heureuse de toutes.

En me livrant, mon amie, à ces pensées tristes, mais sensibles, à ces pensées qui adoucissaient entièrement mon caractère, puisqu'elles m'apprenaient à dédaigner ce qui m'avait si cruellement irrité, j'ouvris un livre anglais que vous m'avez donné, et les premiers vers qui frappèrent mes regards, comme par un hasard secourable, furent un portrait de femme qui semble être le vôtre, et que je me plais à vous transcrire.

> Made to engage all hearts, and charm all eyes ;
> Though meek, magnanimous; though witty, wise;
> Polite, as all her life in courts had been;
> Yet good, as she the world had never seen ;
> The noble fire of an exalted mind,
> With gentle female tenderness combin'd ;
> Her speech was the melodious voice of Love,
> Her song, the warbling of the vernal grove ;
> Her eloquence was sweeter than her song,
> Soft as her heart, and as her reason strong ;
> Her form each beauty of her mind express'd,
> Her mind was Virtue by the Graces dress'd [1].

Voilà, Delphine, voilà ce que vous êtes; jamais aucune femme avant vous n'a mérité ce portrait! mais l'imagination enflammée de Littleton le prêtait à l'objet de son culte. Et cependant, combien encore je pourrais ajouter à ce tableau, qui semble renfermer tout ce qu'il y a de plus aimable !

Peindrai-je le caractère vrai, confiant et pur, cette ame si facilement attendrie par le malheur des faibles, et si fière contre la prospérité des orgueilleux ? Comment surtout, comment exprimer le charme indéfinissable que vous répandez autour de vous, ce soin continuel de plaire, cette flexibilité dans tous les détails

---

[1] Faite pour attirer tous les cœurs et charmer tous les yeux, à la fois douce et magnanime, spirituelle et raisonnable, polie comme si elle avait passé toute sa vie dans les cours, et bonne comme si elle n'avait jamais vu le monde. Le noble feu d'une ame exaltée était tempéré dans son caractère par la douce tendresse d'une femme ; quand elle parlait, on croyait entendre la voix mélodieuse de l'Amour ; quand elle chantait, l'oiseau qui, dans le printemps, habite les bosquets de fleurs. Son éloquence était plus douce encore que ses chants, sensible comme son cœur, et forte comme sa pensée; sa figure exprimait toutes les beautés de son ame; son ame offrait la réunion de toutes les vertus et de tous les charmes.

de la vie, qui vous fait céder, sans y songer, à chacun des arrangements qui conviennent le mieux à vos amis? Le bonheur se respire autour de vous, comme s'il était dans l'air qui vous environne, comme si votre voix, vos goûts, vos talents, votre parure elle-même, tout ce qui est vous enfin, répandait des sensations agréables. L'on est si bien auprès de vous, si naturellement bien, que je croyais souvent qu'il m'était arrivé quelque événement heureux dont j'éprouvais une satisfaction intérieure; et ce n'était qu'en vous quittant que je m'apercevais que vos paroles aimables, vos regards si doux, votre grace inépuisable, charmaient ma vie, quelquefois à mon insu, comme la Providence se cache pour nous laisser penser que notre bonheur vient de nous.

Être angélique, femme enchanteresse, c'est vous qui vous êtes vue l'objet de la malveillance publique, et je pourrais continuer à y attacher quelque prix! Non, si je vous ai fait souffrir en pensant ainsi, considérez la scène du concert comme une circonstance heureuse; elle a, je m'en crois sûr, elle a beaucoup changé mon caractère. Je ne vous dirai point cependant ce qui me revient de mille côtés différents; je ne vous dirai point que tous les hommes, toutes les femmes distinguées, s'indignent de ce qui s'est passé chez madame de Saint-Albe; qu'on en accuse son arrogance et sa sottise; que chacun affirme déjà que c'est par embarras qu'on ne vous a pas parlé; que si vous étiez restée, tout aurait changé : je n'écoute plus ces vaines excuses; le monde reviendra sans doute à vos pieds, je n'en doute pas, mais je ne l'en mépriserai pas moins.

Ma Delphine, vivons l'un pour l'autre, oublions le reste de l'univers! mais ne me refuse pas de te voir, ne m'en crois pas indigne; je me sens ferme à présent contre l'injustice de l'opinion, contre ce malheur que mon ame n'avait pas la force de soutenir. Mon amie, ce jour, qui a été peut-être le plus malheureux de notre vie, renouvellera notre destinée; les méchants qui ont voulu nous perdre, en révoltant mon caractère, l'ont affranchi du joug qu'il avait trop long-temps porté; ils ont assuré notre bonheur.

LETTRE XXXIII.

Delphine à madame de Lebensei.

Paris, ce 26 novembre.

Je suis mieux que je n'étais la dernière fois que vous êtes venue ici, ma chère Élise. Léonce m'a écrit la plus aimable lettre ; je l'ai revu plusieurs fois depuis, et jamais je n'ai trouvé plus d'amour et de sensibilité dans son entretien. Quelquefois il lui échappe encore des mots qui me font croire à des projets de vengeance; mais il les dément quand il voit l'effroi qu'ils me causent, et j'espère qu'après mon départ il y renoncera.

Mon départ! Élise, vous m'avez vue parler à madame d'Artenas, à ceux qui sont venus chez moi, comme si mon intention était de passer l'hiver à Paris. Je ne voulais pas que l'on pût croire que je cédais à la douleur que j'avais éprouvée chez madame de Saint-Albe; je craignais d'éveiller les soupçons de Léonce. Mais, hélas ! puis-je oublier la promesse que j'ai donnée à Matilde?

Léonce croira que je fuis par un sentiment pusillanime, parceque mes ennemis m'ont épouvantée; il le croira, et je suis condamnée à ne pas le détromper; il ignorera le véritable motif de mon sacrifice. Matilde, à combien de peines je me soumets pour vous ! Je l'avouerai, après l'affreuse scène du concert, mon caractère m'abandonna pendant quelques jours; je sentis qu'une femme avait tort de se croire indépendante de l'opinion, et qu'elle finissait toujours par succomber sous le poids de l'injustice ; mais, depuis que j'ai revu Léonce plus tendre que jamais pour moi, toute mon ame aurait repris à l'espérance du bonheur.

Je ne sais quelle langueur secrète succède à de vives peines ; les impressions douces que Léonce m'a fait goûter de nouveau me sont mille fois plus chères encore qu'elles ne me l'étaient avant les douleurs que je viens d'éprouver. Jamais mon ame n'a été si faible, jamais je ne me suis sentie moins capable de l'effort qui m'est commandé.

LETTRE XXXIV.

Delphine à madame de Lebensei.

Paris, ce 2 décembre.

J'étais retombée, mon amie, dans les incertitudes les plus douloureuses; la tendresse que Léonce me témoignait, le charme inexprimable de sa présence, me captivaient plus que jamais ; et, sans que je me l'avouasse encore, je ne pouvais me résoudre à mon départ.

Avant-hier j'appris que Matilde était malade, et Léonce luimême me parut inquiet de son état ; je fus douloureusement affligée de cette nouvelle, je craignis d'en être la cause, et je passai la nuit tout entière dans les combats les plus cruels ; voulant me tromper sur mon devoir, espérant, quand je croyais tenir un raisonnement qui m'affranchissait, et retombant l'instant d'après, lorsqu'une inspiration soudaine de la conscience renversait tout ce qui me semblait le plus spécieux.

Agitée par une insomnie si douloureuse, je me levai hier à huit heures du matin, et je descendis de mon jardin dans les Champs-Élysées, pour essayer si l'exercice et le grand air me feraient du bien ; je passai devant la maison qu'occupait autrefois madame de Vernon : vous savez qu'elle s'est fait ensevelir dans son jardin, et que sa fille, mécontente de cette volonté, qu'elle ne trouve pas assez religieuse, a conservé la maison sans vouloir l'occuper. Je me reprochai de n'avoir pas été verser quelques pleurs sur ces cendres délaissées ; je me rappelai que ce jour même était l'anniversaire de sa mort : la clef de mon jardin ouvrait aussi celui de madame de Vernon, nous l'avions ainsi voulu dans les jours de notre liaison ; j'essayai donc d'entrer par les Champs-Élysées. J'eus d'abord de la peine à ouvrir cette porte fermée depuis un an ; enfin, j'y réussis, et je me trouvai dans ce jardin où, pour la première fois, Léonce m'avait parlé de son amour, quand la plus belle saison de l'année couvrait tous les arbustes de fleurs : il ne restait pas une feuille sur aucun d'eux ; cette maison, jadis si brillante, était fermée comme une habitation qu'on avait abandonnée. Un brouillard froid et sombre obscurcissait tous les objets, et mes souvenirs se retraçaient à moi à travers la tristesse de la nature et de mon cœur.

Ah ! le passé, le passé ! quels liens de douleurs nous attachent à lui ! Pourquoi les jours ne s'écoulent-ils pas sans laisser aucune trace ? L'imagination peut-elle suffire à toutes ces formes du malheur, qu'on appelle les divers temps de la vie ?

Je cherchai quelques minutes, à travers les feuilles mortes qui étaient sur la terre, les sentiers du jardin qui pouvaient me conduire où je croyais que les restes de madame de Vernon étaient déposés ; enfin je trouvai l'urne qui désignait sa tombe ; je vis sur cette urne deux vers italiens qu'elle m'avait souvent fait chanter, parcequ'elle en aimait l'air :

> Et tu, chi sa se mai
> Ti sovverrai di me [1] !

[1] Et toi, qui sait si jamais tu te souviendras de moi !

Il me sembla que cette inscription m'accusait d'un long oubli ; je me repentis d'avoir laissé passer une année sans venir auprès de ce monument. Ah ! pourquoi, pensais-je en moi-même, pourquoi Sophie est-elle la cause de tous mes malheurs ? Mes regrets, souvent troublés par cette idée, ne m'ont point ramenée dans ces lieux ; je craignais d'offenser sa mémoire en y portant le sentiment de mes peines, et j'aimais mieux étouffer les pensées qui tour à tour m'éloignaient et m'attiraient vers elle.

« Adieu, Sophie, dis-je alors en versant beaucoup de larmes : je vais quitter pour jamais la France ; je n'en reverrai plus même les tombeaux ! Je romps avec tout ce qui me fut cher, pour accomplir le serment que je t'ai fait : les pleurs que je verse en ce moment t'attestent encore que je n'ai conservé de notre amitié qu'un souvenir doux. Adieu ! » Alors, après m'être penchée quelques instants sur cette urne avec affection et regret, je me relevai, en répétant avec enthousiasme : « Oui, je tiendrai le serment que je t'ai fait ; oui, je me sacrifierai pour le bonheur de ta fille ! » Comme je me retournais, je vis Matilde qui m'avait entendue, pâle, le visage altéré, et les yeux remplis de larmes qu'elle s'efforçait de retenir. « Ce que j'entends est-il vrai ? s'écria-t-elle en se jetant à genoux devant l'urne de sa mère. M'aurait-on trompée, dit-elle en me regardant, lorsqu'on m'assurait que vous étiez résolue à passer l'hiver ici ? Dieu ! j'ai bien souffert depuis que je l'ai cru. — On vous a trompée, Matilde, lui dis-je en serrant ses deux mains qu'elle élevait vers le ciel ; ce que vous avez demandé vous est accordé : ce n'est qu'à moi que tout le bonheur est refusé dans cette vie. Adieu. »

Je quittai Matilde à ces mots, sans lui donner le temps de me répondre ; et je revins chez moi, sans avoir réfléchi que je venais de me lier encore plus solennellement que jamais. Quand le mouvement exalté que j'avais éprouvé fut un peu calmé, je sentis en frémissant que tout était dit. Depuis ce moment cette douleur ne m'a plus laissé de relâche : j'ai vu Léonce, et sans doute je me serais trahie, s'il n'avait pas attribué mon émotion à ce que je lui ai dit de ma visite au tombeau, en lui taisant que j'y avais trouvé Matilde. Si j'étais encore une fois seule avec lui, il saurait tout. Il faut partir, le délai n'est plus possible.

J'ai envoyé ce matin un courrier à Mondoville, pour conjurer M. Barton de venir. Je ne veux pas que Léonce, au moment où il apprendra mon départ, soit seul, sans un confident de notre amour, sans l'ami de son enfance : seul! hélas! et je le quitte, lui qui depuis un an m'a donné tant d'heures délicieuses; lui qui m'aime avec une tendresse si vraie! Il croit encore, dans ce moment, que je n'ai pas la pensée de me séparer de lui; il se réveille chaque jour avec cette certitude, qui lui est si douce; il arrange les heures de sa journée pour me voir, et bientôt on viendra lui dire que je suis partie, partie pour jamais, sans que l'on sache même dans quel lieu j'ai caché ma misérable destinée! Je n'existerai plus pour Léonce que comme les morts qu'on regrette; il m'appellera, et je ne l'entendrai pas, moi que sa voix a toujours si profondément émue! moi qui, d'un accent si tendre, répondais à ses prières! Rien, rien de moi ne se ranimera autour de lui pour lui répéter encore que je l'aime!

Ma chère Élise, c'est à vous que je confie mes dernières volontés : après mon départ, venez le voir; parlez-lui le langage consolateur que vous a sans doute appris l'amour. Dites-lui tout ce que vous savez de ma douleur, tout, hors le vrai motif qui me détermine. Il croira que j'ai faibli devant la haine, et que l'intérêt de son bonheur ne m'a pas donné la force de la supporter. Hélas! il sera bien injuste; mais il n'accusera point sa femme, la mère de son enfant. Dites-lui que je jugerai de son respect pour mon souvenir, par sa conduite envers Matilde. Élise, vous écrirez à ma sœur, et j'apprendrai par ses lettres ce que j'ai besoin encore de savoir; car vous-même, mon amie, vous ne saurez point où je vais : Léonce vous le demanderait; comment pourriez-vous le lui cacher? Il me suivrait, et j'aurais une troisième fois essayé de m'éloigner, pour retomber sous le charme : non, le devoir a parlé trop haut; qu'il soit obéi!

Dans l'asile où je vais m'ensevelir, ce n'est pas l'oubli, la résignation même que j'espère : je cherche un lieu solitaire où l'on vive d'aimer, sans que ce sentiment, renfermé dans le cœur, nuise au bonheur de personne; sans qu'il existe une autre vie que la mienne, tourmentée par l'affection que j'éprouve. Lui, cependant, hélas! ne souffrira-t-il pas long-temps encore? Mais pouvait-il être heureux, agité sans cesse par ses devoirs, l'opinion et l'amour? Ne m'offrirai-je pas à sa mémoire, plus pure, plus intéressante que dans ce monde, où sans cesse il avait besoin de me défendre, où sans cesse il souffrait pour moi? L'amour même, l'amour seul, ne devait-il pas m'inspirer le besoin de renouveler mon image dans son souvenir, par l'absence et le malheur? Que n'ai-je pas craint de la calomnie! Vainement paraît-elle apaisée, vainement Léonce assure-t-il qu'il est devenu insensible : dois-je y compter? Ah! qui peut prévoir de quelle douleur l'accomplissement d'un devoir nous préserve?

Lorsque je serai partie pour toujours, je desire que, s'il est possible, mes amis détruisent entièrement tout ce qu'on a pu dire d'injuste sur moi. Quand je saurai qu'ils y ont réussi, je ne reviendrai pas, mais je penserai avec douceur que Léonce n'entend plus dire que du bien de son amie. Je prie M. de Lebensei d'entretenir des relations suivies avec M. de Mondoville; malgré la diversité de leurs manières de voir, il s'en est fait aimer par la supériorité de son esprit et la droiture de son caractère. Je le conjure de répéter souvent à Léonce qu'il ne doit prendre aucun parti dans la guerre que les nobles offensés veulent exciter contre la France; je crains toujours que, loin de moi, les personnes de sa classe ne le déterminent, si cette guerre a lieu, à ce qu'elles représenteraient comme un devoir de l'honneur. S'il peut s'intéresser de nouveau aux études qui lui plaisent, l'occupation lui fera du bien, et ses regrets se changeront enfin, je l'espère, en une peine douce; et, dans cette vie de douleur, c'est l'état habituel des ames sensibles.

Oui, je souhaite, Élise, que vous deux, qui m'avez si tendrement aimée, vous soyez les amis de Léonce : ne m'est-il pas permis de desirer encore ce lien avec lui? Plus que celui-là, grand Dieu! tant que je vivrai! et le revoir encore une fois, si la mort, s'annonçant à moi d'avance avec certitude, me laisse le temps de le rappeler. Élise, adieu; quand nous retrouverons-nous? Si j'en crois les pressentiments que mes malheurs ont constamment justifiés, l'adieu que je vous dis sera long. Ah! quel effort! mais pourquoi murmurer?

LETTRE XXXV.

Delphine à Matilde.

Paris, ce 4 décembre.

Dans la nuit de demain, Matilde, je quitterai Paris, et peu de jours après la France. Léonce ne saura point dans quel lieu je me retirerai; il ignorera de même, quoi qu'il arrive, que c'est pour votre bonheur que je sacrifie le mien. J'ose vous le dire, Matilde, votre religion n'a point exigé de sacrifice qui puisse surpasser celui que je fais pour vous ; et Dieu qui lit dans les cœurs, Dieu qui sait la douleur que j'éprouve, estime dans sa bonté cet effort ce qu'il vaut. Oui, j'ose vous le répéter, quand j'aime mieux mourir qu'avoir à me reprocher vos douleurs, j'ai plus qu'expié mes fautes ; je me crois supérieure à celles qui n'auraient point les sentiments dont je triomphe.

Vous êtes la femme de Léonce, vous avez sur son cœur des droits que j'ai dû respecter ; mais je l'aimais, mais vous n'avez pas su peut-être qu'avant de vous épouser..... Laissons les morts en paix. Vous m'avez adjurée de partir, au nom de la morale, au nom de la pitié même : pouvais-je résister, quand il devrait m'en coûter la vie ? Matilde, vous allez être mère ; de nouveaux liens vont vous attacher à Léonce : femme bénie du ciel, écoutez-moi : si celui dont je me sépare me regrette, ne blessez point son cœur par des reproches ; vous croyez qu'il suffit du devoir pour commander les affections du cœur, vous êtes faite ainsi ; mais il existe des ames passionnées, capables de générosité, de douceur, de dévouement, de bonté, vertueuses en tout, si le sort ne leur avait pas fait un crime de l'amour. Plaignez ces destinées malheureuses, ménagez les caractères profondément sensibles ; ils ne ressemblent point au vôtre, mais ils sont peut-être un objet de bienveillance pour l'Être suprême, pour la source éternelle de toutes les affections du cœur.

Matilde, soignez avec délicatesse le bonheur de Léonce ; vous avez éloigné de lui sa fidèle amie, chargez-vous de lui rendre tout l'amour dont vous le privez. Ne cherchez point à détruire l'estime et l'intérêt qu'il conservera pour moi ; vous m'offenseriez cruellement ; il faut déja me compter parmi ceux qui ne sont plus ; et le dernier acte de ma vie ne mérite-t-il pas vos égards pour ma mémoire ?

Adieu, Matilde ; vous n'entendrez plus parler de moi ; la compagne de votre enfance, l'amie de votre mère, celle qui vous a mariée, celle enfin qui n'a pu supporter votre peine, n'existe plus pour vous, ni pour personne. Priez pour elle, non comme si elle était coupable, jamais elle ne le fut moins ; jamais surtout il ne vous a été plus ordonné de ne pas être sévère envers elle ; mais priez pour une femme malheureuse, la plus malheureuse de toutes, pour celle qui consent à se déchirer le cœur, afin de vous épargner une faible partie de ce qu'elle se résigne à souffrir.

LETTRE XXXVI.

Mademoiselle d'Albémar à Delphine.

Lyon, ce 1ᵉʳ décembre 1791 [1].

Je n'ai point reçu de lettres de vous depuis mon départ, ma chère Delphine ; je me hâte d'arriver à Montpellier pour les trouver. J'ai vu ce malheureux Valorbe à mon passage à Moulins ; il est encore retenu dans son lit par ses blessures ; mais quand il sera guéri, sa situation sera bien plus déplorable ; il ne peut pas rester dans son régiment : l'animadversion est telle contre lui, qu'il n'y éprouverait que des désagréments insupportables : il sera forcé de tout quitter. Il m'a paru très sombre, et parlant de vous avec un mélange de ressentiment et d'amour fort effrayant ; il rappelle ce qu'il a fait pour vous, il se croit des droits sans bornes à votre reconnaissance, et laisse entendre que si vous les méconnaissez, il s'en vengera sur Léonce ou sur vous. Enfin il m'a paru saisi d'une fureur réfléchie, extrêmement redoutable : on dirait qu'après avoir beaucoup souffert, il éprouve le besoin de faire partager aux autres son malheur, et je ne l'ai plus trouvé le moins du monde accessible à cette crainte de vous affliger, qui avait autrefois de l'empire sur lui ; j'ai peur que vous n'ayez beaucoup à redouter de ses persécutions.

Éloignez-vous de Léonce pour un temps, revenez près de moi ; c'est le seul moyen d'apaiser M. de Valorbe, et d'éviter ainsi les plus grands malheurs. Ah ! ma chère Delphine, que j'ai souffert dans Paris, dans cette ville que je déteste ! En approchant de ma retraite, je sens mon ame se calmer : cependant je n'y serai point heureuse, si je ne vous y vois pas ; vous avez encore ajouté, pendant les quatre mois que nous venons de passer ensemble, à ma tendresse pour vous. Au milieu de tant de peines, de tant d'injustices, il ne vous est pas échappé un seul sentiment amer, un seul mouvement de haine ; vous avez supporté les torts les plus révoltants comme une nécessité, comme un accident du sort, et non comme un sujet de colère ou de ressentiment.

Mon amie, j'en suis sûre, avec une ame si douce vous pourrez trouver du calme, et peut-être du bonheur, dans la solitude ; je vous y espère, je vous y attends avec un cœur tout à vous.

[1] Cette lettre arriva le matin même du 5 décembre.

LETTRE XXXVII.

Delphine à mademoiselle d'Albémar.

Melun, ce 6 décembre 1791.

Le sacrifice est fait, la vie est finie; pardonnez-moi si je suis long-temps sans vous écrire, si je ne vous rejoins pas, si je meurs pour vous comme pour lui : ce que vous m'avez mandé sur M. de Valorbe ne m'ôte-t-il pas jusqu'à l'espoir du repos que je conservais encore? Quel asile puis-je trouver, qui soit assez impénétrable pour me cacher à celui qui me poursuit, comme à celui que j'aime?

Je l'ai quitté, je l'ai quitté! je ne le reverrai plus ! Pensez-vous qu'il puisse me rester aucune raison, aucune force? n'ai-je pas tout épuisé pour partir? A présent, j'erre avec cette pauvre Isore dans le vide immense où je suis jetée! Pleurez sur moi, ma sœur, vous, le seul être informé désormais de mon nom, de ma demeure, de mon existence! Sans l'enfant de Thérèse, sans vous, me serais-je condamnée à vivre?

M. Barton est arrivé avant-hier, d'après ma lettre : je lui ai tout confié, hors le vrai motif de mon départ ; j'ai éprouvé peut-être encore un moment doux, lorsque cet honnête homme, en me prenant la main, avec des larmes dans les yeux, me dit : « Madame, il ne convient pas à mon âge de s'abandonner à l'attendrissement que me fait éprouver votre résolution ; cependant qu'il me soit permis de vous dire que jamais mon cœur n'a été pénétré pour aucune femme d'autant d'intérêt ni d'admiration. » Louise, pourquoi l'approbation de la vertu ne m'a-t-elle pas fait plus de bien?

Il fut convenu entre M. Barton et moi qu'après mon départ, il userait de tout son ascendant sur Léonce, pour l'engager à demeurer auprès de Matilde, auprès de celle qui, dans quelques mois, doit être la mère de son enfant. Je ne voulais point écrire à Léonce; je ne sais si je l'aurais pu, sans anéantir le reste de mes forces : d'ailleurs, je ne pouvais pas lui apprendre ce qui s'était passé entre Matilde et moi ; et comment retenir aucune de ses pensées, en disant adieu à ce qu'on aime? Je priai néanmoins M. Barton de ne pas refuser à Léonce la consolation de savoir ce qu'il m'en avait coûté pour partir ; je lui recommandai de ne pas nous laisser seuls, Léonce et moi ; dans l'état où j'étais, je n'aurais pu rien cacher. Je décidai que je partirais le lendemain, jour que Léonce disait avoir choisi pour aller à la campagne avec madame de Mondoville; ainsi je me dérobais à ce que j'aime avec les précautions qu'on pourrait prendre pour échapper à des persécuteurs.

Léonce vint le soir; il était rêveur, et ne parut pas desirer lui-même que M. Barton s'éloignât. Après une heure de conversation la plus pénible, et que de longs silences interrompaient souvent, Léonce se leva pour partir; dans ce moment un tremblement affreux me saisit, et je retombai sur ma chaise comme anéantie; lui-même, occupé sans doute de son dessein, que j'ignorais alors, était tout entier concentré dans sa propre émotion, et ne remarqua point ce qui aurait pu l'étonner dans la mienne; il pressa ma main sur ses lèvres avec une ardeur très vive, et s'enfuit précipitamment, en me criant de la porte : « Delphine, ne m'oubliez jamais! » Je crus qu'il m'avait devinée : je voulais le suivre, la force me manqua; et quand il fut parti, l'idée terrible que je l'avais vu pour la dernière fois me saisit; je ne pouvais m'y soumettre. Léonce, en me quittant plus tôt que je ne m'y attendais, avait trop précipité mes impressions; mon ame n'avait point passé par ces douleurs successives qui préparent à la dernière; j'avais reçu comme un coup subit dans le cœur, qui me faisait un mal insupportable; je voulais, sans changer de résolution, voir encore une fois Léonce; je n'avais rien recueilli pour l'absence, je n'avais pas assez contemplé ses traits, je n'avais pu lui faire entendre un dernier accent qui restât dans son cœur.

Je passai la nuit entière à combiner et repousser tour à tour mille projets divers pour l'apercevoir encore une fois, pour adoucir le mal que m'avaient fait de si brusques adieux. Immobile sur mon lit, où je m'étais jetée, je n'osais, pendant cette cruelle agitation, ni me lever, ni faire un pas, ni changer de place, comme si le moindre mouvement avait dû être une nouvelle douleur. Le jour vint, et j'eus cependant la force de dire à Antoine, en lui recommandant le secret, que je partais à onze heures du soir. J'avais fixé ce moment, parceque M. Barton devait revenir chez moi dans la soirée : à midi, l'on me remit votre lettre, où vous m'apprenez les cruelles dispositions de M. de Valorbe : l'effroi qu'elle me causa me donna de la force pendant quelques instants. Cette persécution, cette fureur dont Léonce pouvait devenir l'objet, me fit sentir la nécessité de disparaître d'un monde où j'attirais sans cesse de nouveaux périls sur l'objet de ma tendresse.

Je sentis aussi que si je différais à partir, ou si j'allais vers vous, M. de Valorbe, apprenant dans quel lieu il pourrait me trouver, ne tarderait pas à venir me chercher, et que Léonce, indigné de le savoir près de moi, se hâterait d'arriver pour l'en punir. Je n'hésitai donc plus; et je donnai, pendant quelques heures, des ordres pour mon départ, avec assez de calme; mais, dans ce moment, Isore, qui avait découvert les préparatifs que j'avais commandés, vint, tout en chantant, se jeter dans mes bras, pour se réjouir de faire un voyage : sa gaieté me causa une émotion que je ne pus surmonter; et, l'éloignant de moi, je passai plusieurs heures à verser des larmes.

Hélas! j'en répandais alors, pendant que je n'étais pas encore tout-à-fait loin de lui, pendant qu'il n'était pas encore absolument impossible qu'il entrât dans ma chambre et me serrât dans ses bras.

Le temps se passait ainsi, lorsque peu de temps après dix heures M. Barton arriva; il était extrêmement troublé : je me hâtai de lui demander d'où lui venait cette altération; s'il ne savait rien de Léonce, s'il craignait qu'il n'eût découvert mon départ. « Il l'ignore, me dit-il; mais je n'en suis pas moins dans une inquiétude mortelle : Léonce, sans en avoir averti personne, est revenu, il y a une heure, de la campagne, en y laissant madame de Mondoville. Il y a, ce soir, un grand bal masqué, où il veut aller : j'ai insisté pour connaître la cause de cet empressement, qui lui est si peu naturel : il n'a voulu d'abord me rien répondre; mais comme il partait, quelques mots qu'il a dits à un de ses gens ont éveillé mes soupçons, et je l'ai forcé à m'avouer que dans cette fête, où les femmes vont déguisées, mais les hommes à visage découvert, il croyait très facile de faire naître un sujet de querelle à l'instant même; et que, certain d'y rencontrer M. de Montalte, le cousin de M. de Valorbe, il avait choisi ce jour pour se venger, sans vous compromettre, des propos insultants que, depuis le concert de madame de Saint-Albe, il n'a point cessé, me dit Léonce, de répéter contre vous.

« — Il est parti pour ce bal, m'écriai-je, dans cet affreux dessein! Que ferons-nous? Comment ne l'avais-je pas deviné? Sa tristesse hier en me quittant, ses dernières paroles ne m'annonçaient-elles pas un projet funeste? Et la douleur atroce que j'ai éprouvée quand il a disparu n'est-elle pas un pressentiment que je ne le reverrai plus? Il est parti, répétai-je à M. Barton : pourquoi ne l'avez-vous pas suivi? — Il ne l'aurait pas souffert, répondit M. Barton ; il m'a dit qu'il allait chercher un de ses amis, pour se rendre ensemble au bal. — Eh bien, eh bien! interrompis-je, déterminée soudain, il est temps encore de se rendre à ce bal masqué : je n'y serai point reconnue, je reverrai Léonce encore ; je lui parlerai, je l'empêcherai de provoquer M. de Montalte : oui, je tenterai ce dernier effort ; je le dois, je le puis. » Et, sans attendre l'avis de M. Barton, je sonnai pour qu'on m'apportât le domino noir qui devait m'envelopper. M. Barton, ayant vainement essayé de me détourner de mon projet, me proposa de m'accompagner : je lui fis sentir que Léonce, étonné de le voir à ce bal, soupçonnerait la vérité, et s'éloignerait à l'instant même de nous deux.

Au moment où Isore vit pour la première fois cet habillement de bal, qui lui était tout-à-fait inconnu, elle en eut peur, et vainement mes femmes voulurent la rassurer, en lui disant que c'était une parure de fête ; l'enfant, comme si elle eût été avertie que ce vêtement de la gaieté cachait le désespoir, répétait sans cesse en pleurant : « Est-ce que ma seconde maman va faire comme la première? est-ce que je ne la reverrai plus? « Hélas ! pauvre enfant, dis-je en moi-même, cette nuit sera peut-être en effet la dernière de ma vie ! Chaque moment de retard me paraissait un danger de plus pour Léonce; je partis, et M. Barton monta avec moi dans ma voiture, résolu d'y rester pour m'attendre; enfin j'arrivai à la porte de la fête, je descendis, j'entrai, et là commença pour moi ce supplice qui devait toujours s'accroître : le contraste cruel de tout l'appareil de la joie, avec les tourments affreux qui me déchiraient.

Je traversai la foule de ceux qui se trouvaient peut-être tous, alors, dans le moment le plus gai de leur vie, tandis que moi j'ignorais si je ne marchais pas à la mort. Je fus long-temps à parcourir la salle, sans découvrir d'aucun côté ni Léonce, ni M. de Montalte : errante ainsi, sans pouvoir être reconnue, et dans le trouble le plus cruel que je pusse éprouver, des sensations extraordinaires s'emparèrent tout-à-coup de moi ; j'avais peur de ma solitude, au milieu de la foule; de mon existence, invisible aux yeux des autres, puisque aucune de mes actions ne m'était attribuée. Il me semblait que c'était mon fantôme qui se promenait parmi les vivants, et je ne concevais pas mieux les plaisirs qui les agitaient, que si du sein des morts j'avais contemplé les intérêts de la terre. Je cherchais à travers toutes ces figures, que je voyais comme dans un rêve cruel, un seul homme, un seul être qui existait encore pour moi, et me rendait aux impressions réelles dans toute leur force et leur amertume. Je passais silencieusement au milieu des danses et des exclamations de joie, et je portais dans mon ame tout ce que la nature peut éprouver de douleur, sans jeter un cri, sans obtenir la compassion de personne. O souffrances morales, comme vous êtes cachées au fond du cœur dont vous faites votre proie ! vous le dévorez en secret, vous le dévorez souvent au milieu des fêtes les plus brillantes ; et tandis qu'un accident, une douleur physique, réveillent la sympathie des êtres les plus froids, une main de fer serre votre poitrine, vous ravit l'air, oppresse votre sein, sans qu'il vous soit permis d'arracher aux autres, par aucun signe extérieur, des paroles de commisération.

Après avoir long-temps marché d'un bout de la salle à l'autre avec une activité et une agitation continuelles, Léonce parut enfin dans une loge, regardant par toute la salle avec une impatience remarquable, pour découvrir quelqu'un qu'il cherchait. Je montai quelques marches pour aller vers lui ; et comme il devait nécessairement passer devant moi en rentrant dans la salle, je restai quelque temps appuyée sur la balustrade de l'escalier, pour le regarder encore : ce plaisir, le dernier, me jetait, malgré tout ce qui m'environnait, dans une rêverie profonde ; et tant que je pus le considérer ainsi, mes inquiétudes mêmes pour lui semblaient être suspendues. Dès qu'il descendit, je me hâtai de le suivre, résolue de m'attacher à ses pas, et de lui parler en me faisant connaître, si j'apercevais M. de Montalte. Léonce se retourna deux ou trois fois, étonné de mon insistance ; et ses yeux se fixèrent sur ce masque qui l'importunait, avec une expression d'indifférence très dédaigneuse : ce regard, quoiqu'il ne s'adressât point à moi, me serra le cœur, et je mis ma main sur mes yeux pendant un moment, pour rassembler mes forces qui m'abandonnaient.

Je relevai la tête : un flot de monde m'avait déja séparée de Léonce, et je le vis assez loin de moi, coudoyant M. de Montalte, qui se retournait pour lui en demander l'explication. Je voulus m'avancer, la foule arrêtait chacun de mes pas : je saisis le bras d'un homme que je connaissais à peine, et je le priai de m'aider à travers la foule ; cet homme odieux me retenait pour examiner ma main, pour considérer mes yeux, et m'adressait tous les fades propos de cette insipide fête, quand, à dix pas de moi, il s'agissait de la vie de Léonce. « Aidez-moi, répétais-je à celui qui m'accompagnait, aidez-moi, par pitié ! » Et je le traînais de toute ma force, pour qu'il fendît la presse que je ne pouvais seule écarter. Je voyais Léonce qui, après avoir parlé vivement à M. de Montalte, se dirigeait avec lui vers la sortie de la salle ; il marchait, je le suivais, mais j'étais toujours à vingt pas de lui, sans pouvoir jamais franchir cette infernale distance, qu'on eût dite défendue par un pouvoir magique ; enfin, coupant seule par un détour dans les corridors, je crus pouvoir me trouver à la grande porte avant Léonce ; mais comme j'y arrivais, je le vis qui sortait par une autre issue ; je courus encore quelques pas, je tendis les bras vers lui, je l'appelai ; mais, soit que ma voix déjà trop affaiblie ne pût se faire entendre, soit qu'il fût uniquement occupé du sentiment qui l'animait, il poursuivit sa route, et je le perdis de vue au milieu de la rue, me trouvant entourée de chevaux, de cochers, qui me criaient de me ranger, de voitures qui venaient sur moi, sans que je fisse un pas pour les éviter. Un de mes gens me reconnut, m'enleva sans que je le sentisse, et me porta dans ma voiture : quand j'y fus, la voix de M. Barton me rappelant à moi-même, j'eus encore la force de lui dire de suivre Léonce, et de lui montrer le côté de la rue par lequel il avait passé avec M. de Montalte. Ces mots prononcés, je perdis entièrement connaissance.

Quand je rouvris les yeux, je me trouvai chez moi, entourée de mes femmes effrayées ; je crus fermement d'abord que je venais de faire le plus horrible songe, et je les rassurai dans cette conviction : cependant, par degrés, mes souvenirs me revinrent ; quand le plus cruel de tous me saisit, je retombai dans l'état d'où je venais de sortir. Enfin de funestes secours me rappelèrent à moi, et je passai trois heures telles, que des années de bonheur seraient trop achetées à ce prix ; envoyant sans cesse chez M. Barton, chez Léonce, pour savoir s'ils étaient rentrés, écoutant chaque bruit, allant au-devant de chaque messager, qui me répondait toujours : *Non, madame, ils ne sont pas encore rentrés* ; comme si ces paroles étaient simples, comme si l'on pouvait les prononcer sans frémir ! J'avais épuisé tous les moyens de découvrir ce qu'était devenu Léonce ; j'étais retombée dans l'inaction du désespoir, et, jetée sur un canapé, je cherchais des yeux, je combinais dans ma tête quels moyens pourraient me donner la mort, à l'instant même où j'apprendrais que Léonce n'était plus : quand j'entendis la voix de M. Barton, je tombai à genoux en me précipitant vers lui. « Il est sauvé, me dit-il ; il n'est point blessé, son adversaire l'est seul, mais pas grièvement : tout est bien, tout est fini. »

Louise, une heure après avoir reçu cette assurance, j'étais encore dans des convulsions de larmes ; mon ame ne pouvait rentrer dans ses bornes. J'appris enfin que Léonce s'était battu avec M. de Montalte, et l'avait blessé ; mais qu'il avait montré dans ce duel tant de bravoure et de générosité, tant d'oubli de lui-même, tant de soins pour M. de Montalte lorsqu'il avait été hors de combat, qu'il avait tout-à-fait subjugué son adversaire, et qu'il en avait obtenu tout ce qu'il desirait relativement à moi : la promesse d'attribuer leur duel à une querelle de bal masqué, et de chercher naturellement toutes les occasions de me justifier en public sur tout ce qui concernait M. de Valorbe. M. Barton était arrivé à temps pour être témoin du combat, après avoir inutilement cherché pendant plusieurs heures Léonce, qui attendait le jour avec M. de Montalte, chez un de leurs amis communs. M. Barton était animé par l'enthousiasme en me parlant de Léonce ; il est vrai que, pendant toute cette nuit, ses paroles et ses actions avaient eu constamment le plus sublime caractère ; et c'était dans ce moment même qu'il fallait se séparer de lui !

J'en sentais la nécessité plus que jamais ; j'avais en horreur ce que je venais d'éprouver ; et de tout ce que l'on peut souffrir sur la terre, ce qui me paraît le plus terrible, c'est de craindre pour la vie de celui qu'on aime. Je n'étais point à l'abri de cette douleur, elle pouvait se renouveler ; M. de Valorbe m'en menaçait : cette idée vint s'unir au sentiment du devoir, qu'il ne m'était plus permis de repousser, et je partis sans rien voir, sans rien entendre, dans je ne sais quel égarement, dont je ne suis sortie que quand la fatigue d'Isore m'a forcée d'arrêter ici.

Vous ne pouvez vous faire l'idée de ce que je souffre, de l'effort qu'il m'a fallu faire, même pour vous écrire. Quand je n'aurais pas besoin de cacher ma retraite à Léonce et à M. de Valorbe, je ne devrais pas aller vers vous ; il faut, dans l'état où je suis, combattre seule avec soi-même ; le froid de la solitude me redonnera des forces : je vous aime, je ne puis vous voir ; l'attendrissement, l'affection, me feraient trop de mal ; la moindre émotion nouvelle pourrait m'anéantir : laissez-moi. Je vais en Suisse : Léonce m'a dit que dans ses voyages c'était le pays qu'il avait préféré ; s'il vient une fois verser des larmes sur ma tombe, j'aime à penser que ce sera près des lieux qui captivèrent son imagination dans les premières années de sa vie: c'est assez de cette espérance pour déterminer ma route dans le vaste désert du monde, où je puis fixer ma demeure à mon choix.

Louise, si je suis long-temps sans vous écrire, n'en soyez point inquiète; il faut que je vive, je me suis chargée d'Isore; je vais mander à sa mère que je m'y engage de nouveau; je veux l'élever, je veux laisser du moins après moi quelqu'un dont j'aurai fait le bonheur. Vous, ma sœur, écrivez-moi sous l'adresse que je vous envoie : vous saurez par madame de Lebensei l'effet que mon départ aura produit sur Léonce; mais prenez garde en me l'apprenant, prenez garde à ma pauvre tête, elle est bien troublée; il faut la ménager, je me crains quelquefois moi-même. Cependant, pourquoi, dans les longues heures de réflexion qui m'attendent, ne saurais-je pas contempler avec fermeté mon sort ? J'ai trop long-temps lutté pour être heureuse : le jour où il a été l'époux de Matilde, que ne m'étais-je dit que le ciel avait prononcé contre moi !

LETTRE XXXVIII.

Delphine à madame d'Ervins, religieuse au couvent de Sainte-Marie, à Chaillot.

Melun, ce 6 décembre.

Des circonstances non moins cruelles, ma chère Thérèse, que celles qui ont décidé de votre sort, me forcent à m'éloigner pour jamais de Paris et du monde; j'emmène votre fille avec moi; j'achèverai son éducation avec soin, et je lui assurerai la moitié de ma fortune. Elle en jouira peut-être bientôt, si je prends le même parti que vous, si je m'enferme pour jamais dans un couvent.

Vous serez étonnée qu'un tel projet m'ait semblé possible avec les opinions que vous me connaissez: elles ne sont point changées; mais je voudrais mettre une barrière éternelle entre moi et les incertitudes douloureuses que les passions font toujours renaître dans le cœur. Dites-moi si vous croyez qu'il suffise d'une résignation courageuse et de la religion naturelle, pour trouver du repos dans un asile semblable au vôtre; vous seule au monde savez que ce sombre dessein m'occupe.

Isore vous écrit mon adresse, le nom que j'ai pris; il ne reste déjà plus de traces de moi; mais quelquefois je me sens un vif desir de revivre, et des vœux irrévocables pourraient seuls l'étouffer.

CINQUIÈME PARTIE.

FRAGMENTS

DE QUELQUES FEUILLES ÉCRITES PAR DELPHINE PENDANT SON VOYAGE.

PREMIER FRAGMENT.

Ce 7 décembre 1791.

Je suis seule, sans appui, sans consolateur, parcourant au hasard des pays inconnus, ne voyant que des visages étrangers, n'ayant pas même conservé mon nom, qui pourrait servir de guide à mes amis pour me retrouver! C'est à moi seule que je parle de ma douleur : ah! pour qui fut aimé, quel triste confident que la réflexion solitaire!

J'ai fait trente lieues de plus aujourd'hui : je suis de trente lieues plus éloignée de Léonce. Comme les chevaux allaient vite! les arbres, les rivières, les montagnes, tout s'enfuyait derrière moi; et les dernières ombres du bonheur passé disparaissaient sans retour. Inflexible nature! je te l'ai redemandé, et tu ne m'as point offert ses traits : pourquoi donc, avec un des nuages que le vent agite, n'as-tu pas dessiné dans l'air cette forme céleste? Son image était digne du ciel, et mes yeux, fixés sur elle, ne se seraient plus baissés vers la terre!

Le malheur m'accable, et cependant je sens en moi des élans d'enthousiasme qui m'élèvent jusqu'au souverain Créateur; il est là dans l'immensité de l'espace; mais aimer fait arriver jusqu'à lui. Aimer!.... O mon Dieu! dans l'infortune même où je suis plongée, je te remercie de m'avoir donné quelques jours de vie que j'ai consacrés à Léonce.

Isore dort là, devant moi, et sa mère a tant souffert! et moi aussi, qui me suis chargée d'elle, j'ai déjà versé tant de pleurs! Chère enfant, que t'arrivera-t-il? quel sera ton sort un jour? Que ne peux-tu repousser la vie! et, loin de la craindre, tu vas au-devant d'elle avec tant de joie.... Ah! comme elle t'en punira! Pauvre nature humaine, quelle pitié profonde je me sens pour elle! Dans la jeunesse, les peines de l'amour, et pour un autre âge que de douleurs encore! Deux vieillards se sont approchés ce soir de ma voiture, pour implorer ma pitié; ils avaient aussi leur cruelle part des maux de la vie, mais leur ame ne souffrait pas; un rayon du soleil leur causait un plaisir assez vif, et moi, qui suis poursuivie par un chagrin amer, je n'éprouve aucune de ces sensations simples que la nature destine également à tous. Je suis jeune cependant : ne pourrais-je pas parcourir la terre, regarder le ciel, prendre possession de l'existence, qui m'offre encore tant d'avenir? Non, les affections du cœur me tuent. Quel est-il ce souvenir déchirant qui ne me laisse pas respirer? sur quelle hauteur, dans quel abîme le fuir?

Ah! qu'elle est cruelle la fixité de la douleur! N'obtiendrai-je pas une distraction, pas une idée, quelque passagère qu'elle soit, qui rafraîchisse mon sang pendant au moins quelques minutes? Dans mon enfance, sans que rien fût changé autour de moi, la peine que j'éprouvais cessait tout-à-coup d'elle-même; je ne sais quelle joie sans motif effaçait les traces de ma douleur, et je me sentais consolée! Maintenant je n'ai plus de ressort en moi-même, je reste abattue, je ne puis me relever; je succombe à cette pensée terrible : Mon bonheur est fini!

Que ne donnerais-je pas pour retrouver les impressions qui répandent tout-à-coup tant de charme et de sérénité dans le cœur! La puissance de la raison, que peut-elle nous inspirer? le courage, la résignation, la patience. Sentiments de deuil, cortége de l'infortune, le plus léger espoir fait plus de bien que vous!

FRAGMENT II.

Le réveil! le réveil! quel moment pour les malheureux! Lorsque les images confuses de votre situation vous reviennent, on essaie de retenir le sommeil, on retarde le retour à l'existence; mais bientôt les efforts sont vains, et votre destinée tout entière vous apparaît de nouveau : fantôme menaçant, plus redoutable encore dans les premiers moments du jour, avant que quelques heures de mouvement et d'action vous habituent, pour ainsi dire, à porter le fardeau de vos peines.

Ce jour, qui ne peut rien changer à mon sort, puisqu'il est impossible que je voie Léonce; ces froides heures qui m'attendent, et que je dois lentement traverser pour arriver jusqu'à la nuit, m'effraient encore plus d'avance que pendant qu'elles s'écoulent.

La nature nous a donné un immense pouvoir de souffrir. Où s'arrête ce pouvoir? pourquoi ne connaissons-nous pas le degré de douleur que l'homme n'a jamais passé? L'imagination verrait un terme à son effroi... Que d'idées, que de regrets, que de combats, que de remords ont occupé mon cœur depuis quelques jours! Le génie de la douleur est le plus fécond de tous.

Quel chagrin amer j'éprouve en me retraçant les mots les plus simples, les moindres regards de Léonce! Ah! qu'il y a de charmes dans ce qu'on aime! quelle mystérieuse intelligence entre les qualités du cœur et les séductions de la figure! quelles paroles ont jamais exprimé les sentiments qu'une physionomie touchante et noble vous inspire? Comme sa voix se brisait, quand il voulait contenir l'émotion qu'il éprouvait! quelle grace dans sa démarche, dans son repos, dans chacun de ses mouvements! Que ne donnerais-je pas pour le voir encore passer sans qu'il me parlât, sans qu'il me connût! Ce monde, cet espace vide qui m'entoure s'animerait tout-à-coup; il traverserait l'air que je respire, et pendant ce moment je cesserais de souffrir. O Léonce! quelle est ta pensée maintenant? Nos ames se rencontrent-elles? tes yeux contemplent-ils le même point du ciel que moi? Quelles bizarres circonstances font un crime du plus pur, du plus noble des sentiments! Suis-je moins bonne et moins vraie; ai-je moins de fierté, moins d'élévation dans l'ame, parceque l'amour règne sur mon cœur? Non, jamais la vertu ne m'était plus chère que lorsque je l'avais vu; mais loin de lui, que suis-je? que peut être une femme chargée d'elle-même, et devant seule guider son existence sans but, son existence secondaire, que le ciel n'a créée que pour faire un dernier présent à l'homme? Ah! quel sacrifice le devoir exige de moi! Que j'étais heureuse dans les premiers temps de mon séjour à Bellerive! je ne sentais plus aucune de ces contrariétés, aucune de ces craintes qui rendent la vie difficile. Le temps m'entraînait, comme s'il m'eût emportée sur une route rapide et unie, dans un climat ravissant; toutes les occupations habituelles réveillaient en moi les pensées les plus douces : je sentais au fond de mon cœur une source vive d'affections tendres; je ne regardais jamais la nature sans m'élever jusqu'aux pensées religieuses qui nous lient à ses majestueuses beautés; jamais je ne pouvais entendre un mot touchant, une plainte, un regret, sans que la sympathie ne m'inspirât les paroles qui pouvaient le mieux consoler la douleur. Mon ame, constamment émue, me transportait hors de la vie réelle, quoique les objets extérieurs produisissent sur moi des impressions toujours vives ; chacune de ces impressions me paraissait un bienfait du ciel, et l'enchantement de mon cœur me faisait croire à quelque chose de merveilleux dans tout ce qui m'environnait.

Hélas ! d'où sont-ils revenus dans mon esprit, ces souvenirs, ces tableaux de bonheur ? M'ont-ils fait illusion un instant ?... Non, la souffrance restait au fond de mon ame ; sa cruelle serre ne lâchait pas prise. Les souvenirs de la vertu font jouir encore le cœur qui se les retrace ; les souvenirs des passions ne renouvellent que la douleur.

FRAGMENT III.

Je suis bien faible ; je me fais pitié ! Tant d'hommes, tant de femmes même, marchent d'un pas assuré dans la route qui leur est tracée, et savent se contenter de ces jours réguliers et monotones, de ces jours tels que la nature en prodigue à qui les veut ; et moi je les traine seconde après seconde, épuisant mon esprit à trouver l'art d'éviter le sentiment de la vie, à me préserver des retours sur moi-même, comme si j'étais coupable, et que le remords m'attendît au fond du cœur.

J'ai voulu lire ; j'ai cherché les tragédies, les romans que j'aime : je trouvais autrefois du charme dans l'émotion causée par ces ouvrages ; je ne connaissais de la douleur que les tableaux tracés par l'imagination, et l'attendrissement qu'ils me faisaient éprouver était une de mes jouissances les plus douces. Maintenant je ne puis lire un seul de ces mots, mis au hasard peut-être par celui qui les écrit ; je ne le puis sans une impression cruelle. Le malheur n'est plus à mes yeux la touchante parure de l'amour et de la beauté ; c'est une sensation brûlante, aride ; c'est le destructeur de la nature, séchant tous les germes d'espérance qui se développent dans notre sein.

Combien il est peu d'écrits qui vous disent de la souffrance tout ce qu'il faut en redouter ! Oh ! que l'homme aurait peur, s'il existait un livre qui dévoilât véritablement le malheur ; un livre qui fît connaître ce que l'on a toujours craint de représenter, les faiblesses, les misères qui se traînent après les grands revers ; les ennuis dont le désespoir ne guérit pas ; le dégoût que n'amortit point l'âpreté de la souffrance ; les petitesses à côté des plus nobles douleurs ; et tous ces contrastes et toutes ces inconséquences qui ne s'accordent que pour faire du mal, et déchirent à la fois un même cœur par tous les genres de peines! Dans les ouvrages dramatiques, vous ne voyez l'être malheureux que sous un seul aspect, sous un noble point de vue, toujours intéressant, toujours fier, toujours sensible; et moi j'éprouve que, dans la fatigue d'une longue douleur, il est des moments où l'ame se lasse de l'exaltation, et va chercher encore du poison dans quelques souvenirs minutieux, dans quelques détails inaperçus, dont il semble qu'un grand revers devrait au moins affranchir.

Ah! j'ai perdu trop tôt le bonheur! Je suis trop jeune encore; mon ame n'a pas eu le temps de se préparer à souffrir. Une année, une seule heureuse année! est-ce donc assez? O mon Dieu! les desirs de l'homme dépassent toujours les dons que vous lui faites: cependant je ne conçois rien, dans mon enthousiasme, par-delà les félicités que j'ai goûtées; je ne pressens rien au-dessus de l'amour! Rendez-le-moi... Malheureuse!... une telle prière n'est-elle pas impie? Ne dois-je pas la retirer avant qu'elle soit montée jusqu'au ciel?

FRAGMENT IV.

Je me suis remise à donner exactement des leçons à mon Isore : j'avais tort envers elle; je n'ai pas assez cherché à tirer des consolations de cette pauvre petite. Elle m'aime; cette affection me reste encore : pourquoi n'essaierais-je pas d'y trouver quelques soulagements? Hélas! l'enfance fait peu de bien à la jeunesse : on éprouve comme une sorte de honte d'être dévoré par les passions violentes, à côté de cet âge innocent et calme; il s'étonne de vos peines, et ne peut comprendre les orages nés au fond du cœur, quand rien autour de vous ne fait connaître la cause de vos souffrances.

Pauvre Isore! que ferai-je pour la préserver de ce que j'ai souffert? Que lui dirai-je pour la fortifier contre la destinée? Me résoudrai-je à ne pas l'initier aux nobles sentiments qui nous placent comme dans une région supérieure, et nous préparent, long-temps d'avance, pour le ciel, pour notre dernier asile?

To be or not to be; that is the question [1],

disait Hamlet, lorsqu'il délibérait entre la mort et la vie : mais développer son ame ou l'étouffer, l'exalter par des sentiments gé-

---

[1] Etre ou n'être pas, voilà quelle est la question.

néreux, ou la courber sous de froids calculs, n'est-ce pas une alternative presque semblable?

Cependant quel sera le destin d'Isore? souffrira-t-elle autant que moi? Non, elle ne rencontrera pas Léonce ; elle ne sera pas séparée de lui. Insensée que je suis!... le malheur s'arrêtera-t-il à moi? d'autres peines ne saisiront-elles pas les enfants qui vont nous succéder? Les êtres distingués voudraient adapter le sort commun à leurs desirs ; ils tourmentent la destinée humaine, pour la forcer à répondre à leurs vœux ardents; mais elle trompe leurs vains essais. O Dieu! que voulez-vous faire de ces ames de feu qui se dévorent elles-mêmes? A quelle pompe de la nature les destinez-vous pour victimes? Quelle vérité, quelle leçon doivent-elles servir à consacrer? Dites-leur un peu de votre secret, un mot de plus, seulement un mot de plus, pour prendre courage, et pour arriver au terme sans avoir douté de la vertu! Mon Dieu! que dans le fond du cœur un rayon de votre lumière éclaire encore celle qui a tout perdu dans le monde!

FRAGMENT V.

Ce jour m'a été plus pénible encore que tous les autres ; j'ai traversé les montagnes qui séparent la France de la Suisse : elles étaient presque en entier couvertes de frimas ; des sapins noirs interrompaient de distance en distance l'éclatante blancheur de la neige, et les torrents grossis se faisaient entendre dans le fond des précipices. La solitude, en hiver, ne consiste pas seulement dans l'absence des hommes, mais aussi dans le silence de la nature. Pendant les autres saisons de l'année, le chant des oiseaux, l'activité de la végétation animent la campagne, lors même qu'on n'y voit pas d'habitants; mais quand les arbres sont dépouillés, les eaux glacées, immobiles comme les rochers dont elles pendent ; quand les brouillards confondent le ciel avec le sommet des montagnes, tout rappelle l'empire de la mort; vous marchez en frémissant au milieu de ce triste monde qui subsiste sans le secours de la vie, et semble opposer à vos douleurs son impassible repos.

Arrivée sur la hauteur d'une des rapides montagnes du Jura, et m'avançant à travers un bois de sapins sur le bord d'un précipice, je me laissais aller à considérer son immense profondeur. Un sentiment toujours plus sombre s'emparait de moi : « De quel faible mouvement, me disais-je, j'aurais besoin pour mourir! un pas, et c'en est fait. Si je vis, à quel avenir je m'expose! un pressentiment, qui ne m'a jamais trompée, me dit que de nouveaux malheurs me menacent encore. Chaque jour ne m'effacera-t-il pas du souvenir de Léonce, tandis que moi, solitaire, je vais conserver dans mon sein toute la véhémence des sentiments et des douleurs? » Je me livrais à ces réflexions, penchée sur le précipice, et ne m'appuyant plus que sur une branche que j'étais prête à laisser échapper.

Dans ce moment des paysans passèrent; ils me virent vêtue de blanc au milieu de ces arbres noirs; mes cheveux détachés, et que le vent agitait, attirèrent leur attention dans ce désert, et je les entendis vanter ma beauté dans leur langage. Faut-il avouer ma faiblesse? l'admiration qu'ils exprimèrent m'inspira tout-à-coup une sorte de pitié pour moi-même. Je plaignis ma jeunesse, et, m'éloignant de la mort que je bravais il y avait peu d'instants, je continuai ma route.

Quelque temps après, les postillons arrêtèrent ma voiture, pour me montrer, de la hauteur de Saint-Cergues, l'aspect du lac de Genève et du pays de Vaud : il faisait un beau soleil ; la vue de tant d'habitations, et des plaines encore vertes qui les entouraient, me causa quelques moments de plaisir; mais bientôt je remarquai que j'avais passé la borne qui sépare la Suisse de la France; je marchais pour la première fois de ma vie sur une terre étrangère.

O France! ma patrie, la sienne; séjour délicieux que je ne devais jamais quitter! France, dont le seul nom émeut si profondément tous ceux qui, dès leur enfance, ont respiré ton air si doux et contemplé ton ciel serein ! je te perds avec lui, tu es déjà plus loin que mon horizon, et, comme l'infortunée Marie Stuart, il ne me reste plus qu'à invoquer *les nuages que le vent chasse vers la France*, pour leur demander de porter à ce que j'aime et mes regrets et mes adieux...

Me voici jetée dans un pays où je n'ai pas un soutien, pas un asile naturel; un pays dont ma fortune seule peut m'ouvrir les chemins, et que je parcours en entier de mes regards, sans pouvoir me dire : Là-bas, dans ce long espace, j'aperçois du moins encore la demeure d'un ami. Eh bien! je l'ai voulu, j'ai choisi cette contrée où je n'avais aucune relation ; je n'ai pas recherché ceux qui m'aiment, ils auraient pu me demander d'être heureuse; heureuse! juste ciel!...

Léonce, Léonce! elle est seule dans l'univers, celle qui t'a quitté ; mais toi, les liens de la société, les liens de famille te restent, et bientôt Matilde aura sur ton cœur les droits les plus chers. Infortunée que je suis ! si j'avais été unie à toi, j'aurais connu tout le bonheur des serments les plus passionnés et les plus purs, ton enfant eût été le mien. Ah ! le ciel est sur la terre ! on peut épouser ce qu'on aime ; ce sort devait être le mien, et je l'ai perdu...

FRAGMENT VI.

Me voici à Lausanne, je suis dans une ville : oh ! que je m'y sens seule, moi qui n'ai plus que la nature pour société ! Impatiente de la revoir, hier je me promenais sur une hauteur d'où je découvrais d'un côté l'entrée du Valais, et vers l'autre extrémité la ville de Genève ; il y avait dans ces tableaux une grandeur imposante qui soulageait ma douleur ; je respirais plus facilement, je demandais un consolateur à ce vaste monde qui me semblait paisible et fier ; je l'appelais, ce consolateur céleste, par mes regards et mes prières ; je croyais éprouver un calme qui venait de lui. Mais tout-à-coup j'ai entendu sonner sept heures ; ce moment jadis si doux pour moi, ce moment qui m'annonçait sa présence, passe maintenant comme tous les autres, sans espoir et sans avenir : à cette idée, les sentiments pénibles de mon cœur se sont ranimés plus vivement que jamais, et j'ai hâté ma marche, ne pouvant plus supporter le repos.

Je suis descendue vers le lac ; un vent impétueux l'agitait, les vagues avançaient vers le bord, comme une puissance ennemie prête à vous engloutir. J'aimais cette fureur de la nature, qui semblait dirigée contre l'homme. Je me plaisais dans la tempête ; le bruit terrible des ondes et du ciel me prouvait que le monde physique n'était pas plus en paix que mon ame. Dans ce trouble universel, me disais-je, une force inconnue dispose de moi ; livrons-lui mon misérable cœur, qu'elle le déchire ; mais que je sois dispensée de combattre contre elle, et que la fatalité m'entraîne comme ces feuilles détachées que je vois s'élever en tourbillon dans les airs.

Vers le soir l'orage cessa, je remontai silencieusement vers la ville ; j'entendais de toutes parts en revenant le chant des ouvriers qui retournaient dans leur ménage : je voyais des hommes, des femmes de diverses classes se hâter de se réunir en société ; et si j'en jugeais d'après l'extérieur, partout il y avait un intérêt, un mouvement, un plaisir d'exister qui semblait accuser mon profond abattement. Peut-être qu'en effet ma raison est troublée : un caractère enthousiaste et passionné ne serait-il qu'un pas vers la folie? Elle a son secret aussi, la folie; mais personne ne le devine, et chacun la tourne en dérision.

Non, mes plaintes sont injustes; non, je veux en vain me le dissimuler, ce n'est pas pour mes vertus que je souffre, c'est pour mes torts. Ai-je respecté la morale et mes devoirs dans toute leur étendue? Il n'y avait rien de vil dans mon cœur, mais n'y avait-il rien de coupable? Devais-je revoir Léonce chaque jour, l'écouter, lui répondre, absorber pour moi seule toutes les affections de son cœur? N'était-il pas l'époux de Matilde? m'était-il permis de l'aimer? Ah, Dieu! mais tant d'êtres mille fois plus condamnables vivent heureux et tranquilles ; et moi, la douleur ne me laisse pas respirer un seul instant : l'ai-je donc mérité?

L'Être suprême mesure peut-être la conduite de chaque homme d'après sa conscience ! l'ame qui était plus délicate et plus pure est punie pour de moindres fautes, parcequ'elle en avait le sentiment, et qu'elle l'a combattu; parcequ'elle a sacrifié sa morale à ses passions, tandis que ceux qui ne sont point avertis par leur propre cœur vivent sans réfléchir et se dégradent sans remords. Oui, je m'arrête à cette dernière pensée : mes chagrins sont un châtiment du ciel ; j'expie mon amour dans cette vie. O mon Dieu! quand aurai-je assez souffert, quand sentirai-je au fond du cœur que je suis pardonnée?

Une idée m'a poursuivie depuis deux jours, comme dans le délire de la fièvre; mille fois j'ai cru sentir que je n'étais plus aimée de Léonce. Je me suis rappelé toutes les calomnies qui avaient été répandues sur moi pendant les derniers temps que j'ai passés à Paris, et une rougeur brûlante m'a couvert le front, quand je me représentais Léonce entendant ces indignes accusations. Oh ! que la calomnie est une puissance terrible ! je me repens de l'avoir bravée. Léonce, Léonce ! maintenant que je suis séparée de vous, défendez-moi dans votre propre cœur.

Combien de moments de ma vie, que je trouvais douloureux, se présentent maintenant à moi comme des jours de délices ! Pourquoi me suis-je plainte tant que Léonce habitait près de moi? Ah! si je retournais vers lui, si je me rendais encore un moment de bonheur ! j'en suis sûre, son premier mouvement, en me revoyant, serait de me serrer dans ses bras, et mon cœur a tant besoin qu'une main chérie le soulage ! Je sens dans mes veines un froid qui passerait à l'instant même où ma tête serait appuyée sur son sein. Si je sais mourir, pourquoi ne pas le revoir? Aurait-il le temps de blâmer celle qui tomberait sans vie à ses pieds? Quand je ne serais plus, il ne verrait en moi que mes qualités : la mort justifie toujours les ames sensibles; l'être qui fut bon trouve, quand il a cessé de vivre, des défenseurs parmi ceux mêmes qui l'accusaient. Et Léonce, lui qui m'a tant aimée, me regretterait profondément. Mais dois-je troubler encore son sort et celui de sa femme? Non, il faut rester où je suis.

Ces cruelles incertitudes renaîtront sans cesse dans mon cœur, si je n'élève pas entre l'espérance et moi une barrière insurmontable. Suivrai-je le dessein que j'ai confié à madame d'Ervins? en aurai-je la force? et puis-je me croire permis de recourir à cet état, sans les opinions ni la foi qu'il suppose?

LETTRE PREMIÈRE.

Madame d'Ervins à Delphine.

Du couvent de Sainte-Marie, à Chaillot, ce 8 décembre 1791.

Partout où vous emmènerez Isore avec vous, ma chère Delphine, je me croirai certaine de son bonheur ; je vous l'ai donnée, je la suis de mes vœux ; dites-lui de penser à moi comme à une mère qui n'est plus, mais dont les prières implorent la protection du Tout-Puissant pour sa fille.

Vous me dites que vos chagrins vous ont inspiré le desir d'embrasser le même état que moi : je m'applaudis chaque jour du parti que j'ai pris, et je ne puis m'empêcher de desirer que vous suiviez mon exemple. Vous craignez, me dites-vous, que votre manière de penser ne s'accorde mal avec les dispositions qu'il faut apporter dans notre saint asile? Vos opinions changeront, ma chère amie : au milieu du monde, tous les raisonnements qu'on entend égarent les meilleurs esprits : quand vous serez entourée de personnes respectables, toutes pénétrées de la même foi, vous perdrez chaque jour davantage le besoin et le goût d'examiner ce qu'il faut admettre de confiance, pour vivre en paix avec soi-même et avec les autres. Je serais fâchée que des motifs purement humains vous décidassent à prononcer des vœux qui doivent être inspirés par la ferveur de la dévotion : cependant je vous dirai que le genre de vie que je mène me serait doux, indépendamment même des grandes idées qui en sont le but.

La régularité des occupations, le calme profond qui règne autour de nous, la ressemblance parfaite de tous les jours entre eux, causent d'abord quelque ennui; mais à la longue l'ame finit par prendre des habitudes, les mêmes idées reviennent aux mêmes heures, les souvenirs douloureux s'effacent, parceque rien de nouveau ne réveille le cœur; il s'endort sous un poids égal, sous une tristesse continue qui ne fait plus souffrir. Une pensée, d'abord cruelle, fortifie la raison avec le temps : c'est la certitude que la situation où l'on se trouve est irrévocable, qu'il n'y a plus rien à faire pour soi, que l'irrésolution n'a plus d'objet, que la nécessité se charge de tout. Vous éprouveriez comme moi ce qu'il peut y avoir de bon dans cette situation, qui, selon l'heureuse expression d'une femme, *apaise la vie, quand il n'est plus temps d'en jouir.*

Je juge de votre cœur par le mien : nous n'avons plus rien à espérer; alors, mon amie, il vaut mieux s'entourer d'objets plus sombres encore que son propre cœur; quand il faut porter de la tristesse au milieu des gens heureux, ce contraste peut inspirer une sorte d'âpreté dans les sentiments, qui finit par altérer le caractère. Je me permets de vous présenter ces considérations purement temporelles, parceque je suis bien sûre que vous n'auriez pas passé un an dans un couvent, sans embrasser avec conviction la religion qu'on y professe.

Si les excès dont on nous menace en France finissent par rendre impossible d'y vivre en communauté, je me retirerai dans les pays étrangers; peut-être pourrai-je vous rejoindre, retrouver ma fille avec vous! Non, je serais trop heureuse, je n'expierais pas ainsi mes fautes! Mais qu'on a de peine à repousser les affections! elles rentrent dans le cœur avec tant de force!

SEPTIÈME ET DERNIER FRAGMENT

DES FEUILLES ÉCRITES PAR DELPHINE.

Thérèse, que m'écrivez-vous?... Je voudrais lui répondre; mais non, je ne pourrais lui dire ce que je pense, ce serait la troubler : qu'y a-t-il de plus à ménager au monde qu'une ame sensible qui a retrouvé la paix? Jamais, lui aurais-je dit, jamais je ne croirai qu'on plaise à l'Être suprême en s'arrachant à tous les devoirs de la vie, pour se consacrer à la stérile contemplation de dogmes mystiques, sans aucun rapport avec la morale. Si je m'enferme dans un couvent, ce sont les sentiments les plus profanes, c'est l'amour qui m'y conduira! Je veux qu'il sache que, condamnée à ne plus le voir, je n'ai pu supporter la vie! Je veux l'attendrir profondément par mon malheur, et qu'il lui soit impossible d'oublier celle qui souffrira toujours. Les années, qui refroidissent l'amour, laissent subsister la pitié; et dût-il me revoir encore quand le temps aura flétri mon visage, le voile noir dont il sera couvert, les images sombres qui m'environnent, m'offriront à ses yeux comme l'ombre de moi-même, et non comme un objet moins digne d'être aimé.

Thérèse, est-ce avec de telles pensées qu'il faut entrer dans votre sanctuaire? Je n'ai pas vos opinions, mais je les respecte assez pour répugner à les braver, pour craindre surtout de tromper ceux qui croient, en ayant l'air d'adopter des sentiments que je ne partage pas. Mais si M. de Valorbe me poursuivait, si je craignais qu'il n'excitât encore la jalousie de Léonce, ou qu'il ne voulût menacer sa vie, je ne sais quel parti je prendrais; ma raison n'a bientôt plus aucune force, j'ai peur d'un nouveau malheur; je crains son impression sur moi; la folie, les vœux irrévocables, la mort, tout est possible à l'état où je suis quelquefois, à l'état plus cruel encore où les peines qui me menacent pourraient me jeter.

J'espérais trouver à Lausanne des lettres de ma sœur : je lui avais dit de m'oublier; mais devrait-elle m'en croire? Ah! qu'il est facile de disparaître du monde, et de mourir pour tout ce qui nous aimait! Quels sont les liens qu'on ne parvient pas à déchirer? quels sont ceux qu'un effort de plus ne briserait pas? Ma sœur ne savait-elle pas que je n'espérais que d'elle quelques mots sur Léonce? Hélas! veut-elle me cacher que mon départ l'a détaché de moi? Quelle cruelle manière de ménager, que le silence! Abandonner le malheureux à son imagination, est-ce donc avoir pitié de lui?

LETTRE II.

Mademoiselle d'Albémar à Delphine.

Montpellier, ce 17 décembre.

Je n'ai pas cru devoir vous cacher cette lettre; il ne faut rien dissimuler à une ame telle que la vôtre, il ne faut pas lui surprendre un sacrifice dont elle ignorerait l'étendue.

Madame de Lebensei à mademoiselle d'Albémar.

Hélas! que me demandez-vous, mademoiselle? Vous voulez que je vous entretienne de l'état de Léonce; je ne l'ai pas vu dans les premiers moments de sa douleur. M. Barton, qui s'était chargé de lui apprendre le départ de Delphine, m'a dit qu'il avait, pendant quelques jours, presque désespéré de sa raison : son ressentiment contre elle prit d'abord le caractère le plus sombre, et néanmoins il formait, pour la rejoindre, les projets les plus insensés, les plus contraires aux principes qui servent habituellement de règle à sa conduite; enfin, il a consenti à rester auprès de sa femme jusqu'à ce qu'elle fût accouchée; c'est tout ce qu'il a promis.

La première fois que je l'ai vu, il y avait encore un trouble effrayant dans ses regards et dans ses expressions; il voulait savoir en quel lieu Delphine s'était retirée; c'était le seul intérêt qui l'occupât, et cependant il s'arrêtait au milieu de ses questions pour se parler à lui-même. Ce qu'il disait alors était plein d'égarement et d'éloquence; il faisait éprouver tout à la fois de la pitié et de la terreur. On aurait pu croire souvent que l'infortuné se rappelait quelques unes des paroles de Delphine, et qu'il aimait à se les prononcer; car sa manière habituelle était changée, et ressemblait davantage au touchant enthousiasme de son amie qu'au langage ferme et contenu qui le caractérise. Il me conjurait de lui apprendre où il pourrait trouver Delphine; il voulait paraître calme, dans l'espoir de mieux obtenir de moi ce qu'il désirait; mais quand je l'assurais que je l'ignorais, il retombait dans ses rêveries.

« Cette nuit, disait-il, la rivière grossie menaçait de nous submerger; en traversant le pont, j'entendais les flots qui mugissaient; ils se brisaient avec violence contre les arches : s'ils avaient pu les enlever, je serais tombé dans l'abîme, et l'on n'aurait plus eu qu'un dernier mot à dire de moi à celle qui m'a quittée; mais les dangers s'éloignent du malheureux, ils laissent tout à faire à sa volonté. Je suis rentré chez moi; l'on n'entendait plus aucun bruit, le silence était profond : c'est dans une nuit aussi tranquille qu'on dit que *même les mères qui ont perdu leur enfant cèdent enfin au sommeil.* Et moi, je ne pouvais dormir; je veillais, et m'indignais de mon sort. Je reprenais quelquefois contre elle ces moments de fureur les plus amers de tous, pusiqu'ils irritent

contre ce qu'on aime ; mais ce n'est pas elle qu'il faut accuser. »
Léonce alors me reprochait amèrement de lui avoir caché les résolutions de Delphine.

« Si j'avais su d'avance son dessein, me répétait-il, jamais elle ne l'aurait accompli ! Delphine, l'amie de mon cœur, n'aurait pas résisté à mon désespoir ! Il vous a fallu, je le pense, de cruels efforts pour la décider à me causer une douleur ! Que lui avez-vous donc dit qui pût la persuader ? » Je voulais me justifier, mais il ne m'écoutait pas ; et, reprenant l'idée qui le dominait, il s'écriait : « Vous savez quelle est la retraite que Delphine a choisie, vous le savez, et vous vous taisez ! Quel cœur avez-vous reçu du ciel, pour refuser de me le confier ? C'est à elle aussi, je vous le jure, c'est à votre amie que vous faites du mal, en me cachant ce que je vous demande : pouvez-vous croire, disait-il en me serrant les mains avec une ardeur inexprimable, pouvez-vous croire que si elle me revoyait, elle n'en serait pas heureuse ? Je le sens, j'en suis sûr, dans quelque lieu du monde qu'elle soit, elle m'appelle par ses regrets ; si j'arrivais, je n'étonnerais pas son cœur, je répondrais peut-être à ses desirs secrets, à ceux qu'elle combat, mais qu'elle éprouve ! En nous précipitant l'un vers l'autre, nos ames seraient plus d'accord que jamais. Vous nous déchirez tous les deux : à qui faites-vous du bien par votre inflexibilité ? Parlez, au nom de l'amour qui vous rend heureuse ! parlez ! » Il m'eût été bien difficile, mademoiselle, de garder le silence, si j'avais su le secret qu'il voulait découvrir ; mais M. de Lebensei ayant assuré que je l'ignorais, Léonce le crut enfin : à l'instant où cette conviction l'atteignit, il retomba dans le silence, et peu d'instants après il partit.

Il est revenu depuis assez souvent, mais pour quelques minutes, et sans presque m'adresser la parole : seulement ses regards, en entrant dans ma chambre, m'interrogeaient ; et si mes premières paroles portaient sur des sujets indifférents, certain que je n'avais rien à lui apprendre, il retombait dans son accablement accoutumé. Hier cependant j'obtins un peu plus de sa confiance, et, s'y laissant aller, il me dit, avec une tristesse qui m'a déchiré le cœur :

« Vous voulez que je me console, apprenez-moi donc ce que je puis faire qui n'aigrisse pas ma douleur : j'ai voulu partager avec madame de Mondoville ses occupations bienfaisantes ; ce matin je suis entré dans l'église des Invalides, je les ai vus en prière ; la vieillesse, les maladies, les blessures, tous les désastres de l'humanité étaient rassemblés sous mes yeux. Eh bien, il y avait sur ces visages défigurés plus de calme que mon cœur n'en goûtera jamais. Où faut-il aller ? le spectacle du bonheur m'offense ; et quand je soulage le malheur, je suis poursuivi par l'idée amère que parmi les maux dont j'ai pitié, il n'en est point d'aussi cruels que les miens.

« — Essayez, lui dis-je encore, des distractions du monde ; recherchez la société. — Ah ! me répondit-il vivement, avec une sorte d'orgueil qui le ranimait, qui pourrait-on écouter après avoir connu Delphine? Dans la plupart des liaisons, l'esprit des hommes est à peine compris par l'objet de leur amour, souvent aussi leur ame est seule dans ses sentiments les plus élevés; mais l'heureux ami de Delphine n'avait pas une pensée qu'il ne partageât avec elle, et la voix la plus douce et la plus tendre mêlait ses sons enchanteurs aux conversations les plus sérieuses. Ah! madame, continua Léonce en s'abandonnant toujours plus à son émotion, où voulez-vous que je fuie son souvenir ? Toutes les heures de ma vie me rappellent ses soins pour mon bonheur : si je veux me livrer à l'étude, je me souviens de ses conseils, de l'intérêt éclairé qu'elle savait prendre aux progrès de mon esprit; elle s'unissait à tout, et tout maintenant me fait sentir son absence. Oh ! son accent, son regard seulement, si je le rencontrais dans une autre femme, il me semble que je ne serais plus complètement malheureux ; mais rien, rien ne ressemble à Delphine. Je plains tous ceux que je vois, comme s'ils devaient s'affliger d'être séparés d'elle ; et moi, le plus malheureux des hommes, je me plains aussi, car je sais ce qu'il me faut de courage pour paraître encore ce que je suis à vos yeux, pour ne pas succomber, pour ne pas pousser des cris de désespoir, pour ne pas invoquer au hasard la commisération de celui qui me parle, comme si tous les cœurs devaient avoir pitié de mon isolement. La douleur m'a dompté comme un misérable enfant. » A peine pus-je entendre ces derniers mots, que les sanglots étouffèrent. En ce moment je blâmai le sacrifice de Delphine, et Matilde ne m'inspirait aucune pitié.

Cependant elle est devenue plus intéressante depuis le départ de madame d'Albémar ; sa tendresse pour Léonce a donné de la douceur à son caractère ; elle ne parlait pas autrefois à M. de Lebensei, maintenant elle consent assez souvent à le voir chez elle.

Il y a deux jours que, l'entendant nommer madame d'Albémar, elle s'est approchée de lui, et lui a dit avec vivacité : « C'est une personne très généreuse que madame d'Albémar. » Ces mots signifiaient beaucoup dans la manière habituelle de Matilde.

Quelques paroles échappées à Léonce me font craindre qu'il ne cède une fois à l'impulsion donnée à la noblesse française pour sortir de France, et porter les armes contre son pays ; il n'est malheureusement que trop dans le caractère de M. de Mondoville d'être sensible au déshonneur factice qu'on veut attacher à rester en France. M. de Lebensei combat cette idée de toute la force de sa raison ; mais son moyen le plus puissant, c'est d'invoquer l'autorité de Delphine : Léonce se tait à ce nom. Ce qui me paraît certain pour le moment, sans pouvoir répondre de l'avenir, c'est que M. de Mondoville ne quittera point sa femme pendant sa grossesse ; ainsi nous avons du temps pour prévenir de nouveaux malheurs.

Voilà, mademoiselle, tout ce que j'ai recueilli qui puisse intéresser notre amie ; c'est à vous à juger de ce qu'il faut lui dire ou lui cacher : parlez-lui du moins de l'inaltérable attachement que M. de Lebensei et moi lui avons consacré, et daignez agréer aussi, mademoiselle, l'hommage de nos sentiments.

ÉLISE DE LEBENSEI.

Je partage du fond de mon cœur, mon amie, l'émotion que cette lettre vous aura causée ; mais, je vous en conjure, ne vous laissez pas ébranler dans vos généreuses résolutions : puisque vous avez pu partir, attendez que le temps ait changé la nature de vos sentiments ; un jour Léonce sera votre ami, votre meilleur ami, et l'estime même que votre conduite lui aura inspirée consacrera son attachement pour vous.

J'ai regretté d'abord vivement que vous eussiez pris le parti de ne pas me rejoindre, mais à présent je l'approuve ; Léonce serait venu certainement ici s'il avait su que vous y fussiez, et M. de Valorbe n'aurait pas perdu un moment pour se rapprocher de vous, et vous persécuter peut-être d'une manière cruelle. Dérobez-vous donc dans ce moment aux dangereux sentiments que vos charmes ont inspirés ; mais songez que vous devez un jour vous réunir à moi, et qu'il ne vous est pas permis de vous séparer de celle qui n'a d'autre intérêt dans ce monde que son attachement pour vous.

LETTRE III.

Delphine à mademoiselle d'Albémar.

Lausanne, ce 24 décembre.

Que de larmes j'ai versées en lisant la lettre de madame de Lebensei! cependant, ma chère Louise, elle m'a fait du bien, je suis plus calme qu'avant de l'avoir reçue; j'ai été profondément touchée de cette ressemblance, de cette harmonie de sentiments et d'expressions que la même douleur a fait naître entre Léonce et moi. Ah! nos ames avaient été créées l'une pour l'autre : si nous différions quelquefois au milieu de la société, les fortes affections de l'ame, les cruelles peines du cœur font sur nous deux des impressions presque les mêmes.

Enfin, il se soumet à ses devoirs; le temps adoucira ses regrets, sans m'effacer entièrement de son souvenir; Matilde est heureuse : ces pensées doivent êtres douces; une fois peut-être elles me rendront le repos, si M. de Valorbe ne s'acharne point à me le ravir. L'inquiétude la plus vive qui me reste, c'est que Léonce ne cède au desir de se mêler de la guerre, si elle est déclarée; mais comme il ne quittera sûrement pas sa femme pendant sa grossesse, ne peut-on pas espérer que, d'ici à quelques mois, il arrivera des événements qui détourneront les malheurs dont la France est menacée?

Je veux m'établir dans un lieu moins habité que celui-ci, où le cruel amour de M. de Valorbe ne puisse pas me découvrir : il faut se résigner, les convulsions de la douleur doivent cesser; je ne serai jamais heureuse, jamais!... Eh bien, quand cette certitude est une fois envisagée, pourquoi ne donnerait-elle pas du calme?

Hier au soir, cependant, j'ai été bien faible encore; j'avais été moi-même à la poste pour chercher votre lettre, que j'attendais déja le courrier précédent : on me la remit; je m'approchai, pour la lire, d'un réverbère qui est sur la place : mon émotion fut telle, que je fus prête à perdre connaissance; je m'appuyai contre la muraille pour me soutenir, et quand mes forces revinrent, je vis quelques personnes qui s'étaient arrêtées pour me regarder. Si j'étais tombée morte à leurs pieds, qui d'entre elles en eût été troublé? qui m'aurait regrettée? qui se serait donné la peine d'examiner pendant quelques instants si j'avais en effet perdu la vie? Ah! que l'intérêt des autres est nécessaire, et que leur haine est redoutable! où les fuir, où les retrouver? comment supporter leur malveillance, comment renoncer à leurs secours? Que le monde fait de mal! que la solitude est pesante! que l'existence morale enfin est difficile à traîner jusqu'à son terme!

Je revins chez moi; Isore jouait de la harpe; jusqu'à ce jour je l'avais priée de ne pas faire de la musique devant moi ; mon ame n'était pas en état de la supporter, elle rappelle trop vivement tous les souvenirs : mais votre lettre, ma sœur, me permit d'y trouver quelques charmes; j'écoutai mon Isore, je lui donnai des leçons avec soin, et quand elle fut couchée, je me mis à jouer moi-même; je me livrai pendant plus de la moitié de la nuit à toutes les impressions que la musique m'inspirait ; je m'exaltais dans mes propres pensées, je suffisais à mon enthousiasme : cependant je m'arrêtai, comme fatiguée de cet état, dont il n'est pas permis à notre ame de jouir trop long-temps; j'ouvris ma fenêtre, et considérant le silence de cette ville, si animée il y avait quelques heures, je réfléchis sur le premier don de la nature, le sommeil; il enseigne la mort à l'homme, et semble fait pour le familiariser doucement avec elle. Quelle égalité règne dans l'univers pendant la nuit! les puissants sont sans force, les faibles sans maîtres, la plupart des êtres sans douleur! Veiller pour souffrir est terrible, mais veiller pour penser est assez doux : dans le jour, il vous semble que les témoins, que les juges assistent à vos plus secrètes réflexions; mais, dans la solitude de la nuit, vous vous sentez indépendant; la haine dort, et des malheureux comme vous pourraient seuls encore vous entendre.

Léonce, Léonce! m'écriai-je plusieurs fois en regardant le ciel, le repos est-il descendu sur toi, et ton cœur agité cherche-t-il aussi quelques idées, quelques sentiments qui fassent supporter la perte de l'espérance? l'invincible sort s'en va flétrissant toutes les jouissances passionnées : faut-il leur survivre? Léonce, Léonce! je me plaisais à dire son nom, à le prononcer dans les airs, pour qu'il me revînt d'en haut, comme si le ciel l'avait répété.

Tout-à-coup j'entendis des gémissements dans une maison vis-à-vis de la mienne; la fenêtre en était ouverte, et les plaintes arrivaient jusqu'à moi, qui, seule éveillée dans la ville, pouvais seule les entendre. Ces accents de la douleur me touchèrent profondément; il me semblait que, pour la première fois dans ces lieux, il existait un être qui ne m'était plus étranger, puisqu'il pouvait avoir besoin de ma pitié. J'élevai deux ou trois fois la voix pour offrir mes secours, on ne me répondit pas, et les gémissements cessèrent. Je demandai le matin qui demeurait dans la maison d'où j'avais entendu partir des plaintes, et j'appris qu'elle était habitée par une femme âgée et malade qui souffrait pendant la nuit, mais trouvait assez de soulagement pendant le jour, dans les derniers plaisirs de l'existence physique qu'elle pouvait encore supporter. Voilà donc, me dis-je alors, quelle est la perspective de la destinée humaine! quand les douleurs morales finiront, les douleurs physiques s'empareront de notre ame affaiblie, et la mort s'annoncera d'avance par la dégradation de notre être. Oh! la vie! la vie! que de fois, depuis que j'ai quitté Léonce, j'ai répété cette invocation! mais on l'interroge en vain, en vain on lui demande son secret et son but, elle passe sans répondre, sans que les cris ni les pleurs, la raison ni le courage, puissent jamais hâter ni retarder son cours.

Louise, pardon de vous fatiguer ainsi de mon imagination égarée; mes réflexions me ramènent sans cesse vers les mêmes idées; je voudrais entendre souvent des paroles de mort, je voudrais être environnée de solennités sombres et terribles; ce que je redoute le plus, c'est que ma douleur ne devienne un état habituel, une existence comme toutes les autres, un mal que je porterai dans mon sein, et que les hommes me diront de supporter en silence. Adieu; je croyais avoir repris des forces, et je suis retombée : allons, à demain.

Berne, ce 25 décembre.

P. S. Je n'avais pas fermé cette lettre, lorsqu'un accident cruel a failli rendre mon sort encore plus misérable : j'ai appris, par un de mes gens, que M. de Valorbe venait d'arriver à Lausanne : heureusement il n'a pas su que j'y étais; mais il pourrait le découvrir d'un moment à l'autre, et la frayeur que j'en ai ressentie ne m'a pas permis d'y rester plus long-temps. Je suis partie à onze heures du soir; j'ai voyagé toute la nuit, et je ne me suis arrêtée qu'ici. Se peut-il qu'une destinée sans espoir soit encore poursuivie par tant de craintes!

Je vais à Zurich, j'y serai dans deux jours; écrivez-moi directement chez MM. de C., négociants : je leur suis recommandée sous un nom emprunté. Adieu, ma sœur; je fuis de malheurs en malheurs, sans jamais trouver de repos.

LETTRE IV.

M. de Valorbe à M. de Montalte.

Lausanne, ce 25 décembre 1791.

Depuis long-temps je ne t'ai point écrit, Montalte. A quoi bon écrire ? J'ai besoin cependant de parler une fois encore de moi, j'ai besoin d'en parler à quelqu'un qui m'ait connu, qui se rappelle ce que j'étais avant mon irréparable chute.

Tu m'as défendu, je le sais, avec générosité, avec courage ; mais que peux-tu, que pouvons-nous l'un et l'autre contre la honte que j'ai acceptée par le plus indigne amour ? Madame d'Albémar m'a perdu. Ma réconciliation avec M. de Mondoville est une tache *que toutes les eaux de l'Océan ne peuvent laver*. Je me suis battu trois fois avec des officiers de mon régiment ; tout a été vain. Je fuis, je quitte la France, repoussé de mon corps, ruiné, flétri, sans espoir, sans avenir. Les lois contre les émigrés vont m'atteindre ; mes biens seront saisis ; moi-même, exilé, poursuivi par des créanciers avides, n'ayant plus de patrie, peut-être bientôt plus d'asile. Et pourquoi tant de malheurs ? Parceque les larmes d'une femme m'ont attendri, parceque ce caractère si dur, me dit-on, si personnel, si haineux, n'a pu résister à la douleur de Delphine. Et cette douleur, elle venait de sa passion pour un autre ! C'est mon rival que j'ai épargné, c'est mon rival dont j'ai soigné le bonheur. Et cet heureux Léonce, et cette Delphine qui était naguère à mes pieds, marchent aujourd'hui tous deux, insouciants de ma destinée. Sans moi, leur amour était connu ; sans moi, l'opinion s'élevait contre eux : et parceque j'ai été bon, parceque j'ai été sensible, c'est contre moi qu'elle s'élève ! Justice des hommes ! c'est par des vertus que je péris. Si j'avais su être dur, inflexible, inexorable, l'estime m'environnerait encore ; et ce serait Léonce, ce serait Delphine, qui gémiraient dans le malheur.

Montalte, je ne te demande plus qu'un service. Je ne sais ce que les nouvelles lois ordonneront sur ma fortune : je remets entre tes mains ce que tu pourras en sauver. Si je meurs, dispose de ces débris comme de ton bien. Malgré l'exemple général de l'ingratitude, il m'est encore doux d'être reconnaissant envers toi. Je veux découvrir madame d'Albémar ; on dit qu'elle a quitté la France. Je la suis, je la cherche, je la trouverai. Si, de ton côté, tu en apprenais quelque chose, hâte-toi de me le mander.

Si j'arrive enfin jusqu'à cette Delphine que j'ai tant aimée, que j'aime encore, elle décidera de mon sort et du sien; elle verra l'abîme dans lequel elle m'a précipité, ma santé détruite, chacun de mes jours marqué par de nouvelles douleurs, mes blessures me faisant éprouver encore des souffrances aiguës, toute carrière fermée devant moi, et mon nom déshonoré. J'apprendrai si cette femme d'une sensibilité si vantée, si ce caractère si doux, cette bienveillance si générale, rempliront les devoirs de la plus simple reconnaissance.

Certes, quelle est la femme qui se croirait permis d'hésiter, si elle voyait devant elle l'infortuné qui a sauvé celui dont elle tient toute son existence; l'infortuné qui, par un sacrifice inouï, lui a immolé jusqu'à son honneur même; l'homme qu'elle aurait réduit à fuir son pays, à renoncer à sa fortune, à braver toute la rigueur des lois et toutes les souffrances de l'exil; si elle le voyait à ses genoux, lui offrant un cœur que tant de peines n'ont pas aliéné, ne lui reprochant rien, n'écoutant encore que l'amour qui l'a perdu, la suppliant de céder à cet amour, de partager son sort, de colorer les dernières heures de sa destinée? Je ne sais quelle ame il faudrait avoir pour repousser cette dernière prière.

Madame d'Albémar la repoussera cependant, je le prévois. Des expressions douces, de la pitié, des protestations compatissantes, c'est là tout ce que j'obtiendrai d'elle. Et grace à cette douceur de manières, à cette pitié qui n'oblige à rien, lorsqu'elle aura causé ma mort, c'est moi que l'on accusera, c'est moi dont on blâmera la violence, dont on noircira le caractère; et tous ces hommes qui m'ont sacrifié, qui ont disposé de moi par calcul et sans scrupule, comme d'un accessoire dans leur vie, comme d'un être insignifiant et subalterne, ces hommes me condamneront.

Non, Montalte, il ne sera pas dit que ma vie aura toujours été la misérable conquête de quiconque aura voulu s'en emparer. Il ne sera pas dit que le sentiment irritable, mais profond, mais souvent généreux qui me consume, aura toujours été habilement employé et constamment méconnu. Je la vaincrai, cette faiblesse, cette timidité douloureuse qui me jette à la merci même de ceux que je n'aime pas, et qui, devant celle que j'aime, a fait taire jusqu'à mon amour.

Je veux que Delphine soit ma femme, je le veux à tout prix.

Elle s'est servie de mon caractère, elle m'a trompé par son silence, elle m'a subjugué par sa douleur ; mais, quand il s'est agi de Léonce et de moi, elle n'a pas même daigné me compter. Elle croit sans doute que la même générosité, la même faiblesse, me rendront toujours impossible de résister à ses larmes.

Je mourrai peut être : tout me l'annonce. La vie m'est à charge ; mais, avant de mourir, je ferai revenir Delphine de l'idée qu'elle s'est faite de son ascendant sur moi. Quand je serai ce que les hommes se sont plu toujours à me supposer, quand je pourrai braver leurs souffrances, fermer l'oreille à leurs prières, ils sentiront le prix des qualités dont ils usaient avec insolence, sans les reconnaître ou m'en savoir gré.

Sans doute il serait plus commode de déplorer un instant ma perte, pour m'oublier ensuite à jamais. Delphine trouverait doux de verser quelques larmes sur ma tombe, de se montrer bonne en me plaignant, quand elle n'aurait plus à me craindre. Mais je ne puis me résoudre à mourir aussi facilement que mes amis se résigneraient à me pleurer.

Delphine m'appartiendra. Crime ou vertu, haine ou amour, sympathie ou cruauté, tous les moyens me sont égaux. Je tirerai parti de ses fautes, je profiterai de ses imprudences, j'encouragerai l'opinion qui déjà menace son nom trop souvent répété, et qui, comme toujours, s'arme contre elle de ce qu'elle a de meilleur et de plus noble dans le caractère. Je l'entourerai de mes ruses, je l'épouvanterai par mes fureurs... Dans l'état où l'on m'a réduit, quel scrupule pourrait me rester encore? Les scrupules ne conviennent qu'aux heureux.

Mon dessein d'ailleurs est-il si coupable? Je veux l'obtenir, mais c'est pour lui consacrer ma vie : je veux m'emparer de son existence, mais son empire sur moi n'a-t-il pas détruit la mienne? Si je puis l'attendrir, le bonheur m'est encore ouvert ; si elle est inflexible, je veux la punir, je veux me venger.

Cependant, Montalte, crois-moi, je ne suis pas encore l'homme féroce que cette lettre semble annoncer. Oh! si je retrouve un cœur qui me réponde, si l'estime d'un être sensible vient relever mon ame flétrie, si quelque ombre de justice envers mon malheureux caractère me donne l'espérance qu'on n'en profitera pas toujours pour l'opprimer en le calomniant ; si Delphine, touchée de mon sort, s'accusant de mes maux, consent à s'unir à moi, je puis renaître à la vie, je puis reprendre aux sentiments doux, je puis être heureux sur cette terre. Cet ange de paix, de grace et de bonté me consolera de tous les revers.

Adieu, Montalte; pardonne-moi ce long délire et ces contradictions sans nombre, et les mouvements opposés qui m'agitent et qui me déchirent. Tu m'as connu, tu sais si la nature m'avait fait dur ou barbare. Pourquoi les hommes m'ont-ils irrité? pourquoi n'ont-ils jamais voulu me connaître? pourquoi n'ai-je trouvé nulle part un seul être qui m'appréciât ce que je vaux? Ne m'as-tu pas vu capable de dévouement, d'élévation, de tendresse et de sacrifice? Mais lorsque dans tout le cours de sa vie on se voit puni de ce qu'on a de bon, lorsqu'il est démontré que, dans chaque événement, c'est un mouvement généreux qui a donné prise à l'injustice, qui peut répondre de soi? quel caractère ne s'aigrirait pas? quelle morale résisterait à cette funeste expérience?

Quoi qu'il arrive, garde le silence à jamais sur moi. Je ne veux pas que les hommes s'intéressent à ma destinée; je ne veux pas me soumettre à ces juges plus personnels, plus égoïstes, plus coupables cent fois que celui qu'ils osent juger. Sois heureux, si tu peux l'être; arme-toi contre la société, contre l'opinion, contre ta propre pitié surtout. Tout ce que la nature nous donne de délicat ou de sensible, sont des endroits faibles où les hommes se hâtent de nous frapper.

LETTRE V.

Delphine à mademoiselle d'Albémar.

Zurich, ce 28 décembre.

Je crois avoir trouvé enfin l'asile qui me convient. A six lieues de Zurich, sur une rivière qui se jette dans le Rhin, il y a un couvent de chanoinesses religieuses, appelé l'abbaye du Paradis, où l'on reçoit des femmes comme pensionnaires; leur conduite est soumise à l'inspection de l'abbesse; elles ne peuvent sortir sans son consentement, quoiqu'elles ne fassent point de vœux[1]. La manière de vivre dans ce couvent est régulière, sans être pénible; il y a moins de sévérité dans les statuts de cette maison que dans la plupart de celles du même genre; mais on est difficile sur le choix des personnes qui peuvent y être admises, et c'est une retraite très honorable pour les femmes qui y sont reçues; je

---

[1] Ces sortes de pensionnaires s'appellent des *données*.

dois y aller demain matin, et je vous manderai si je puis m'y établir.

J'éprouve une impatience singulière de trouver enfin une demeure fixe, une existence uniforme ; chaque objet nouveau réveille en moi le même souvenir et la même douleur.

Ce 29.

Louise, l'auriez-vous prévu? L'abbesse de ce couvent, c'est madame de Ternan, la sœur de madame de Mondoville, la tante de Léonce; elle s'appelle Léontine, c'est d'elle qu'il tient son nom ; elle lui ressemble, quoiqu'elle ait cinquante ans : il y a eu des moments, pendant notre longue conversation, où ces rapports de figure et de voix m'ont frappée jusqu'au point d'en tressaillir; elle a, dans sa manière de parler, cet accent un peu espagnol qui donne, vous le savez, tant de grace et de noblesse au langage de Léonce. Je ne pouvais me résoudre à m'éloigner d'elle; j'essayais mille sujets différents, dans l'espoir d'en découvrir un qui pût animer assez madame de Ternan pour donner à ses mouvements plus de jeunesse, plus de ressemblance avec ceux de Léonce. Je n'ai point cherché à connaître le caractère de madame de Ternan : ses gestes, ses regards m'occupaient uniquement. Je lui ai témoigné le plus grand desir de me fixer dans sa maison, sans que rien en elle m'ait fortement attirée, si ce n'est les traits de son visage et les accents de sa voix, qui rappellent Léonce.

Elle a consenti à ce que je desirais ; elle m'a promis le secret sur mon véritable nom, et m'a accueillie très poliment, quoique avec un mélange de hauteur qui rappelait ce qu'on m'a dit du caractère de sa sœur; elle m'a paru avoir de l'esprit, mais celui d'une femme qui a été très jolie, et dont les manières se composent de la confiance qu'elle avait autrefois dans sa figure, et de l'humeur qu'elle a maintenant de l'avoir perdue. Rien en elle ne peut expliquer pourquoi elle s'est faite religieuse, et quand elle cause, elle a l'air de l'oublier tout-à-fait; on m'a dit cependant qu'elle était très sévère pour la manière de vivre des pensionnaires qu'elle admettait chez elle, et que toute sa communauté avait en général un grand esprit de rigueur. Quoi qu'il en soit, je veux m'établir dans ce couvent : que m'importe plus ou moins d'exigence? je n'ai rien à faire qu'à me dérober, s'il est possible, aux sentiments douloureux qui me poursuivent. Madame de Ternan obtiendra de moi ce qu'elle voudra ; elle ne se doute pas de l'empire qu'elle a sur ma volonté ; j'irais au bout du monde pour la voir habituellement.

J'apprendrai, en vivant avec elle, tous les mots qu'elle prononce comme Léonce, toutes les impressions qui fortifient les traces de sa ressemblance avec lui, et je chercherai à faire reparaitre plus souvent ces traces chéries. O Léonce ! me voilà un intérêt dans la vie : j'aimerai cette femme, quels que soient ses défauts ; je la soignerai, pour qu'elle écrive une fois à votre mère que j'étais digne de vous. Je ne serai pas tout-à-fait séparée de ce que j'aime : un rapport, quelque indirect qu'il soit, me restera encore avec lui ; et quand, dans quelques années, je pourrai lui faire connaître ma retraite, lui raconter les jours que j'y ai passés, il sera touché des sentiments qui m'auront tout entière occupée.

Ma sœur, votre dernière lettre m'a profondément attendrie ; ne vous affligez pas tant de ma situation, elle vaut mieux depuis que j'ai choisi une retraite, depuis que j'ai pu, loin de Léonce, retrouver encore quelques liens avec lui.

LETTRE VI.

Delphine à mademoiselle d'Albémar.

Zurich, ce 31 décembre.

Je viens d'éprouver une émotion très vive, ma chère Louise, et je ne sais si je me suis bien ou mal conduite dans une situation où des sentiments très opposés m'agitaient. La maison que j'habite ici est près de celle de madame de Cerlebe, femme que tout le monde vante à Zurich, et qui m'a paru en effet très aimable. J'étais recommandée par des négociants de Lausanne à son mari : je l'ai vue tous les jours, elle m'a montré plusieurs fois l'empressement le plus aimable, et voulait m'emmener avec elle à la campagne, où elle demeure presque toute l'année, avec son père et ses enfants. Hier, j'allai la remercier et prendre congé d'elle ; une impression d'inquiétude altérait la sérénité habituelle de son visage. « J'ai chez moi, me dit-elle, depuis quatre jours, un Français qu'un de mes amis m'a priée de recevoir, et dont il me dit le plus grand bien ; le pauvre homme est tombé malade en arrivant, des suites de ses blessures, et je crois aussi que quelque chagrin secret lui fait beaucoup de mal. » Troublée de ce qu'elle me disait, je lui demandai le nom de cet infortuné. « M. de

Valorbe, » reprit-elle. Sans doute mon visage exprimait ce qui se passait en moi, car madame de Cerlebe me saisit la main et me dit : « Vous êtes madame d'Albémar ; je le soupçonnais déjà, j'en suis sûre à présent ; vous allez rendre la vie à M. de Valorbe, il vous nomme sans cesse, il prétend qu'il doit vous épouser, que vous le lui avez promis ; il mourra s'il ne vous voit pas. » Je me taisais. Madame de Cerlebe continua le récit des souffrances de M. de Valorbe, et des preuves continuelles qu'il donnait de sa passion pour moi ; et, tout en me parlant, elle se levait et marchait vers la porte, comme ne doutant pas que je ne la suivisse pour aller voir M. de Valorbe.

Comment vous rendre compte de ce qui se passait en moi ? si je n'avais jamais eu aucun tort envers M. de Valorbe, si ce silence qu'il n'a point oublié ne lui paraissait pas une sorte de promesse, peut-être aurais-je été le voir ; mais tel est le malheur d'un premier tort, qu'il vous force absolument à en avoir un second, pour éviter l'embarras cruel du reproche. Je ne savais d'ailleurs comment parler à M. de Valorbe : certainement sa situation m'inspirait beaucoup de pitié ; mais si j'exprimais cette pitié dans des termes vagues, n'exalterais-je pas ses espérances ? et si je la restreignais par des expressions positives, ne le blesserais-je pas profondément ? Je ne connais rien de si pénible que de voir un homme malheureux, lorsqu'on éprouve un sentiment intérieur de contrainte qui oblige à mesurer les paroles qu'on lui adresse avec un sang-froid presque semblable à la dureté. J'éprouvais enfin une répugnance invincible pour aller dans la chambre de M. de Valorbe ; autrefois je l'aurais vaincue, cette répugnance ; mais je souffre depuis si long-temps, que j'ai peut-être perdu quelque chose de cette bonté vive et involontaire qui m'entraînait sans réflexion, et souvent même malgré mes réflexions.

Je refusai madame de Cerlebe : elle s'en étonna, et n'insista point ; mais seulement elle me demanda assez froidement la permission de me quitter, pour aller voir dans quel état se trouvait M. de Valorbe. Je fus fâchée d'avoir été désapprouvée par madame de Cerlebe, car je me sens un véritable penchant pour elle, depuis le peu de temps que je la connais. Je descendis lentement son escalier, hésitant toujours, mais toujours animée par le désir de m'éloigner. Quand je fus à peu de distance de la porte, je m'arrêtai, et je vis à la fenêtre une figure presque méconnaissable ; ses regards me parurent fixés sur moi ; je fis quelques pas pour retourner, mais l'idée de Léonce me vint, je pensai que s'il était là, il me retiendrait : je levai les yeux vers la fenêtre, il me sembla que le visage de M. de Valorbe exprimait, en me voyant approcher, une joie tout-à-fait effrayante; un sentiment de crainte me saisit, et je retournai chez moi sans m'arrêter.

J'ai besoin de savoir, ma sœur, si vous me condamnerez ou si vous m'excuserez; je me retirerai demain dans un asile où personne du moins ne pourra plus prétendre à me voir.

LETTRE VII.

M. de Valorbe à M. de Montalte.

Zurich, le 1er janvier 1792.

Je me trompais, Montalte, lorsque je vous écrivais que madame d'Albémar aurait au moins avec moi les formes polies et douces; elle n'a pas même voulu s'en donner la peine. Elle a été dans la même maison que moi, sans daigner me voir ; elle me savait malade, mourant, mourant pour elle; et quelques pas qui l'auraient amenée près de mon lit de douleur lui ont paru un effort trop pénible ! Je l'ai vue hésiter, revenir, et céder enfin à l'impitoyable sentiment qui lui défendait de me secourir.

Je ne sais pourquoi je m'accuse quelquefois, ce sont les autres qui ont toujours eu tort envers moi; c'est Delphine qui est barbare, il faut qu'elle en soit punie. La nature aussi s'acharne sur ma misérable existence ; je ne peux pas marcher, je ne peux pas me soutenir, je me sens une irritation inouïe, même contre les objets physiques qui m'environnent; une chaise qui me heurte, un papier que je ne trouve pas, une porte qui résiste, tout me cause une impatience douloureuse : que de maux sur la terre sont destinés à l'homme !

Il faut les dompter; je sortirai, je trouverai celle qui n'a pas voulu me voir, aucun asile ne la soustraira à ma volonté; les souffrances que j'éprouve m'agitent, au lieu de m'abattre. Delphine, vous regretterez l'indigne mouvement qui vous a pour jamais privée de tous vos droits à ma pitié.

LETTRE VIII.

Delphine à mademoiselle d'Albémar.

De l'abbaye du Paradis, ce 2 janvier 1792.

Enfin je suis ici; je ne sais si je dois m'applaudir d'avoir quitté

Zurich sans avoir vu M. de Valorbe; madame de Cerlebe au moins m'a promis de lui exprimer mes regrets, de lui offrir tous les services qui sont en ma puissance, et que je serais si empressée de lui rendre. Madame de Cerlebe ne m'a point paru refroidie pour moi, et j'en ai joui, car je ne la vois jamais sans que mon amitié pour elle s'augmente.

Elle connaît intimement une des religieuses du couvent où je suis, mais elle n'aime pas madame de Ternan; elle prétend que c'est une personne égoïste et hautaine, d'un esprit étroit et d'un cœur dur, et qu'elle n'a eu d'autre motif pour quitter le monde que le chagrin de n'être plus belle.

« Vous ne savez pas, me disait madame de Cerlebe, combien une vie frivole dessèche l'ame. Madame de Ternan avait des enfants, elle ne s'en est pas fait aimer; elle avait de l'esprit naturel, elle l'a si peu cultivé, que son entretien est souvent stérile : maintenant qu'elle est forcée de renoncer à tous les genres de conversation pour lesquels il faut nécessairement un joli visage, elle s'est retirée dans un couvent, afin d'exercer encore de l'empire par sa volonté, quand ses agréments ne captivent plus personne; un fonds de personnalité très ferme et très suivi s'est montré tout-à-coup en elle, quand sa beauté n'a plus attiré les hommages : elle n'est dans la réalité ni très sévère, ni très religieuse, mais elle a pris de tout cela ce qu'il faut pour avoir le droit de commander aux autres. L'amour-propre lui a fait quitter le monde, l'amour-propre est son seul guide encore dans la solitude. Elle conserve une sorte de grace, reste de sa beauté, souvenir d'avoir été aimée, qui vous fera peut-être illusion sur son véritable caractère; mais si quelque circonstance vous mettait jamais dans sa dépendance, vous verriez si je vous ai trompée, et vous vous repentiriez de ne m'avoir pas crue. »

Ces observations, et plusieurs autres encore que madame de Cerlebe me présentait avec beaucoup d'esprit et de chaleur, m'auraient peut-être fait impression, si madame de Ternan n'eût pas été la tante de Léonce; mais quels défauts pourraient l'emporter sur ce regard, sur ce son de voix qui me le rappellent! J'ai persisté dans mon dessein, et je suis établie ici depuis hier.

Pauvre M. de Valorbe! que je voudrais diminuer son malheur! pourrais-je, sans l'offenser, lui offrir la moitié de ma fortune? Enfin, ma chère Louise, que votre cœur imagine ce qui pourrait adoucir sa situation : mais je ne puis me résoudre à le voir, les témoignages de son amour me seraient trop pénibles, loin de Léonce. Je ne sais par quelle bizarrerie cruelle on craint toujours d'être plus aimée par l'homme qu'on n'aime pas, que par celui qu'on préfère : il vaut mieux n'entendre aucune expression de tendresse, et que tout se taise quand Léonce ne parle pas.

LETTRE IX.

Madame de Mondoville, mère de Léonce, à madame de Ternan, sa sœur.

Madrid, ce 17 janvier 1792.

Vous m'apprenez, ma chère sœur, que madame d'Albémar est près de vous; mon fils ne le sait pas, gardez bien ce secret. Léonce a toujours la tête tournée d'elle, et, dans un moment où les indignes lois françaises vont permettre le divorce, j'éprouve une crainte mortelle qu'il ne se déshonore en abandonnant Matilde pour cette Delphine, dont la séduction est, à ce qu'il paraît, véritablement redoutable. Ne pourriez-vous pas prendre assez d'empire sur son esprit, pour l'engager à se marier avec un de ses adorateurs? je ne pourrai jamais ramener la raison de mon fils, s'il n'a pas à se plaindre d'elle.

Je n'ai pas d'idée fixe sur cette femme, qui me paraît, d'après tout ce que j'entends dire, un être tout-à-fait extraordinaire; mais je serais désolée, quand même mon fils serait libre, qu'il devînt son époux. On ne peut jamais soumettre ces esprits qu'on appelle supérieurs aux convenances de la vie; il faut supporter qu'ils vous donnent un jugement nouveau sur tout, et qu'ils vous développent des principes à eux, qu'ils appellent de la raison : cette manière d'être me paraît, à moi, souverainement absurde, particulièrement dans une femme. Notre conduite est tracée, notre naissance nous marque notre place, notre état nous impose nos opinions : que faire donc de cet esprit d'examen qui perd toutes les têtes? La morale et la fierté sont très anciennes, la religion et la noblesse le sont aussi; je ne vois pas bien ce qu'on veut faire des idées nouvelles, et je ne me soucie pas du tout qu'une femme qui les aime exerce de l'empire sur mon fils. Je vous prie donc instamment, ma sœur, puisque le hasard met madame d'Albémar dans votre dépendance, d'employer tout votre esprit à la séparer sans retour de Léonce.

Comment vous trouvez-vous de votre établissement en Suisse?

ne vous en lassez-vous point? et ne penserez-vous pas à venir dans un couvent en Espagne, pour me donner la douceur de finir mes jours auprès de vous?

LETTRE X.

Réponse de madame de Ternan à sa sœur, madame de Mondoville.

De l'abbaye du Paradis, ce 30 janvier 1792.

Je vois bien, ma sœur, que vous n'avez jamais vu madame d'Albémar; il se mêlerait à votre opinion, juste à quelques égards, un goût qu'il est impossible de ne pas ressentir pour elle : la facilité de son caractère et la grace de son esprit sont très séduisantes; sa figure a une expression de sensibilité si naturelle, si aimable, que les caractères les plus froids s'y laissent prendre ; moi, qui suis assurément bien revenue de toute espèce d'illusion, j'ai de l'attrait pour Delphine : mais soyez tranquille sur cet attrait; loin de nuire à vos projets, il y servira. Je veux la déterminer à se faire religieuse dans mon couvent, et je crois que j'y parviendrai; elle a beaucoup de mélancolie dans le caractère, un profond sentiment pour votre fils, et assez de vertu pour ne pas vouloir y céder : dans cette situation, que peut-elle faire de mieux que d'embrasser notre état? comment pourrais-je d'ailleurs être assurée de la garder près de moi, si elle ne le prenait pas ? elle me quitterait nécessairement une fois, et ce serait pour moi une véritable peine.

J'avais pris assez d'humeur contre toutes les affections, depuis que je ne peux plus en inspirer; Delphine est néanmoins parvenue à m'intéresser : n'imaginez pas cependant que je me laisse dominer par ce sentiment, je le ferai servir à mon bonheur : l'on ne fait pas de fautes quand on n'a plus d'espérances, car on ne hasarde plus rien. Je tiens beaucoup à conserver Delphine auprès de moi ; et, comme je ne puis m'en flatter qu'en la liant à notre communauté d'une manière indissoluble, j'y ferai tout ce qu'il me sera possible : c'est seconder vos vues ; et de plus, je ne pense pas qu'on puisse m'accuser de personnalité dans ce dessein. Qu'arrivera-t-il à Delphine en restant au milieu du monde? ce que j'ai éprouvé, ce que toutes les belles femmes sont destinées à souffrir : elle se verra par degrés abandonnée, elle verra l'admiration qu'elle inspire se changer en pitié, et des sentiments commandés prendre la place des sentiments involontaires.

Hier, je parlais sur divers sujets avec assez de tristesse : vous savez que c'est en général à présent ma manière de sentir. Delphine m'écoutait avec l'intérêt le plus aimable ; je lui dis je ne sais quel mot qui apparemment la toucha, car tout-à-coup je la vis presque à genoux devant moi, me conjurer de l'aimer et de la protéger dans la vie. Le hasard avait donné dans ce moment à sa figure une grace nouvelle ; elle était penchée d'une manière qui ajoutait encore à la beauté de sa taille ; sa robe s'était drapée comme un peintre l'aurait souhaité ; et ses beaux cheveux, en tombant, avaient paré son visage du charme le plus attrayant. Vous l'avouerai-je ? je me rappelai dans ce moment que moi aussi j'avais été belle, et cette pensée m'absorba tout entière ; je ne me sentis cependant aucun mouvement d'envie contre Delphine, et je desirai même plus vivement encore de la retenir auprès de moi. Elle me rend quelques uns des plaisirs que j'ai perdus ; elle me donne des témoignages d'amitié que je n'ai reçus que quand j'étais jeune ; elle me joue des airs qui me plaisent ; elle est malheureuse, quoique jeune et belle ; cela console d'être vieille et triste. Il faut qu'elle reste auprès de moi.

Pourquoi la détournerais-je de se fixer ici ? pourquoi ferais-je ce sacrifice ? les sacrifices conviennent aux jeunes gens, ils sont entourés d'amis qui prennent parti pour eux contre eux-mêmes ; mais quand on est vieille, tant de gens trouvent simple que l'on se dévoue, tant de gens l'exigent de vous, que, par un mouvement assez naturel, on est tenté de se faire une existence d'égoïsme, puisqu'on ne vous tient plus compte de l'oubli de vous-même. Il est des qualités qu'il n'est doux d'exercer que quand les autres s'y opposent ; et croyez-moi, ma sœur, à cinquante ans personne ne nous aime autant que nous nous aimons nous-mêmes.

Vous êtes bonne de me proposer de revenir près de vous ; mais nous nous rappellerions notre jeunesse ensemble, et cela fait trop de mal : j'aime mieux vivre ici, où personne ne m'a connue que telle que je suis. Je m'intéresse à vous, à votre famille ; je vous servirai dans toutes les circonstances ; mais je mourrai dans le couvent où je suis. J'ai vu quelque part, dans les Nuits d'Young, qu'il faut que *la vieillesse se promène silencieusement sur le bord solennel du vaste océan qu'elle doit bientôt traverser* : cela m'a frappée. J'étais bien légère autrefois, à présent je n'aime que les idées sombres ; je voudrais me persuader que la vie ne vaut rien pour personne, et qu'après moi l'amour, la beauté, la jeunesse, ont fini.

Vous n'avez pas ces mouvements de tristesse, ma sœur; votre passion pour votre fils vous en a préservée; vous savez que le mien m'a abandonnée de très bonne heure; je n'ai pu retenir aucune affection autour de moi, cependant j'en avais besoin : mais quand je les ai vues s'éloigner, un sentiment de fierté très impérieux m'a empêchée de rien faire pour les rappeler. Je me suis tracé une vie qui convient assez à mon caractère. L'extrême sévérité que j'ai établie parmi les religieuses chanoinesses qui me sont subordonnées, donne beaucoup de considération à l'abbaye que je gouverne; et, vous l'avez remarqué comme moi, la considération est la seule jouissance des femmes dans leur vieillesse. Je ne pourrais pas facilement transporter en Espagne l'existence dont je jouis ici; il me faudrait plusieurs années pour préparer ce que je recueille maintenant : je ne dois donc pas songer à me réunir à vous; mais comptez toujours sur moi comme sur une sœur dévouée à tous vos intérêts, et qui partage la plupart de vos opinions par goût et par sympathie.

LETTRE XI.

Delphine à mademoiselle d'Albémar.

De l'abbaye du Paradis, ce 2 février.

Je ne vous ai point écrit depuis près d'un mois; j'ai voulu essayer si la vie uniforme que je mène me donnerait enfin du calme, et si, en m'interdisant de parler, même à vous, des sentiments que j'éprouve, je finirais par en être moins troublée. Hélas ! tous ces sacrifices ne me réussissent point : une seule résolution pourrait plus que tant d'efforts. Si je partais... si je revoyais Léonce... Insensée que je suis ! ah ! c'est pour n'avoir plus ces pensées agitantes qu'il faudrait s'enchaîner ici. Madame de Ternan aurait envie de me garder pour toujours auprès d'elle : je suis sensible à ce désir, mais je ne sais pourquoi le plaisir même qu'elle trouve à me voir ne me persuade pas qu'elle m'aime; je crains qu'il n'entre peu d'affection dans le besoin qu'elle peut avoir des autres : elle discerne parfaitement les personnes qui lui conviennent, et souhaite de les captiver; mais il semble qu'elle emploierait le même accent pour s'assurer d'une maison qui lui plairait, que pour retenir un ami.

Elle exerce, malgré ses défauts, un grand empire sur ceux qui l'entourent. Il y a dans ses manières une dignité qui impose, et fait mettre beaucoup de prix à ses moindres expressions de confiance et de familiarité. Je crois cependant que sa ressemblance avec Léonce est la principale cause de son ascendant sur moi; car, pour peu qu'on pénètre jusqu'au fond de son ame, on y trouve je ne sais quoi d'aride, qui refroidit le cœur le plus disposé à s'attacher.

Hier, par exemple, j'avais joué sur ma harpe des airs qu'elle avait entendus autrefois, et ma conversation l'intéressait : elle me dit un mot assez mélancolique, qui m'encouragea à lui demander quels avaient été les motifs de sa retraite dans un couvent; elle hésita quelques moments, et, d'un ton très réservé, elle me tint d'abord les discours convenables à son état : cependant, comme je la pressai davantage, et que j'osai lui parler de sa beauté passée : « Eh bien, me dit-elle, puisque vous vous intéressez à moi, je vous donnerai quelques lignes que j'avais écrites, non pour raconter ma vie, car, selon moi, l'histoire de toutes les femmes se ressemble, mais pour me rendre compte des motifs qui m'ont déterminée au parti que j'ai pris : cela n'est pas achevé, parcequ'on ne finit jamais ce qu'on écrit pour soi; mais il y en a assez pour satisfaire votre curiosité et pour vous prouver ma confiance. »

Je vous envoie, ma sœur, ce que madame de Ternan m'a remis; il y règne une impression de tristesse qui d'abord pourrait toucher; mais, en y réfléchissant, on trouve dans cette tristesse bien plus d'amour-propre que de sensibilité. Vous me direz l'impression que ce singulier écrit aura produite sur vous.

Raisons qui ont déterminé Léontine de Ternan à se faire religieuse.

J'ai été fort belle, et j'ai cinquante ans : de ces deux événements fort ordinaires, naissent toutes les impressions que j'ai éprouvées. Je ne sais pas si j'ai eu moins de raison qu'une autre, ou seulement un esprit plus observateur, plus pénétrant, et qui n'était pas susceptible de se conserver à lui-même des illusions; ce que je sais, c'est qu'en perdant ma jeunesse, je n'ai rien trouvé dans le monde qui pût remplir ma vie, et que je me suis sentie forcée à le quitter, parceque tous les liens qui m'y attachaient se sont relâchés comme d'eux-mêmes, jusqu'à ce qu'il ne m'en soit plus resté un seul que je pusse véritablement regretter.

J'avais de l'esprit, j'en ai peut-être encore ; mais on en peut difficilement juger, car cet esprit se développait singulièrement par ma confiance dans ma figure ; j'avais de l'imagination et beaucoup de gaieté, je contais d'une manière piquante ; j'avais de l'humeur avec grace, et, sûre de l'attrait que tout le monde, en me voyant, ressentait pour moi, j'éprouvais un desir animé de plaire, et une douce certitude d'y réussir : cette certitude m'inspirait une foule d'idées et d'expressions que je n'ai jamais pu retrouver depuis.

J'avais épousé un homme bon et raisonnable, qui m'aimait à la folie ; je lui fus fidèle, plus encore, je l'avouerai, par fierté que par vertu ; je voulais être soignée, suivie, adorée, et je ne voulais pas accorder à un seul homme la préférence qui était l'objet de l'ambition de tous. Je n'eus donc pas de torts envers mon mari, mais je fus peu occupée de lui, et par degrés il prit habitude de s'intéresser vivement aux affaires, et de se distraire des sentiments qui l'avaient absorbé pendant quelques années. J'eus deux enfants, un fils et une fille ; je les ai rendus fort heureux dans leur enfance ; j'ai soigné leurs plaisirs, je leur ai donné tous les maîtres qui avaient le plus de réputation, et j'ai joui de leur tendresse jusqu'à ce que l'un eût atteint dix-huit ans et l'autre seize : c'est vers cette époque que commence la nouvelle perspective de ma vie, celle qui, se rembrunissant de plus en plus, s'est enfin terminée par le genre de vie que je mène ici, et qui ressemble autant qu'il se peut à la mort.

Ma figure se conserva assez tard : néanmoins, depuis l'âge de trente ans, j'avais commencé à réfléchir sur le petit nombre d'années dont il me restait à jouir ; je m'étonnai d'une impression qui m'était tout-à-fait nouvelle, je craignais l'avenir au lieu de le desirer, je ne faisais plus de projets. Je retenais les jours, au lieu de les hâter. Je voulus devenir plus soigneuse pour mes amis ; ils s'en étonnèrent, et ne m'en aimèrent pas davantage : je repris mes caprices, mon inconséquence ; on n'y était plus préparé, et, sans que personne autour de moi se rendit compte d'aucun changement dans la nature de ses affections, je voyais déjà des différences dont personne que moi ne se doutait encore.

Il me vint l'idée de faire des liaisons nouvelles ; il me semblait qu'elles ranimeraient mon esprit et ma vie. Mais je n'avais pas en moi la faculté d'aimer ceux que je n'avais point connus dans les premières années de ma jeunesse; et quoique ma sensibilité n'eût peut-être jamais été très profonde, il y avait pourtant une distance infinie entre ces affections que je commandais, et les affections involontaires qui avaient décidé mes premières amitiés. Je répétais ce que j'avais dit autrefois, avec une sorte d'exactitude, pour voir si je produirais le même effet; je croyais rencontrer des caractères différents, des situations entièrement changées, tandis que tout était de même, excepté moi. J'avais perdu, non pas encore les charmes de la jeunesse, mais cette espérance vive, indéfinie, entraînant avec elle tous ceux qui s'unissent confusément aux nombreuses chances d'un long avenir.

Aucune de mes liaisons ne tenait; rien ne s'arrangeait de soi-même : toutes mes relations étaient, pour ainsi dire, faites à la main, et demandaient des soins continuels; j'en faisais trop ou trop peu pour les autres; je n'avais plus de mesure sur rien, parcequ'il n'y avait point d'accord entre mes desirs et mes moyens; enfin, après sept ou huit ans de ces vains efforts pour obtenir de la vie ce qu'elle ne pouvait plus me donner, je m'aperçus un jour que j'étais sensiblement changée, et je passai tout un bal sans qu'aucun homme m'adressât des compliments sur ma figure; on commença même à me parler avec ménagement des femmes jeunes et belles, et à ramener devant moi la conversation sur des sujets d'un genre plus grave : je sentis que tout était dit; les autres étaient enfin arrivés à découvrir ce que je prévoyais; il ne fallait plus lutter, et j'étais trop fière pour m'attacher à quelques faibles succès, que des efforts soutenus pouvaient encore faire naître.

Je n'étais cependant alors qu'à la moitié de la carrière que la nature nous destine, et je ne voyais plus un avenir, ni une espérance, ni un but qui pût me concerner moi-même. Un homme à l'âge que j'avais alors aurait pu commencer une carrière nouvelle; jusqu'à la dernière année de la plus longue vie, un homme peut espérer une occasion de gloire, et la gloire, c'est, comme l'amour, une illusion délicieuse, un bonheur qui ne se compose pas, comme tous ceux que la simple raison nous offre, de sacrifices et d'efforts : mais les femmes, grand Dieu ! les femmes ! que leur destinée est triste ! à la moitié de leur vie, il ne leur reste plus que des jours insipides, pâlissant d'année en année; des jours aussi monotones que la vie matérielle, aussi douloureux que l'existence morale.

Et vos enfants, me dira-t-on, vos enfants! La nature, prodigue envers la jeunesse, nous a réservé les plus doux plaisirs de la maternité, pour l'époque de la vie qui permet encore les plus heureuses jouissances de l'amour ; nous sommes le premier objet de l'affection de nos enfants, à l'âge où nous pouvons l'être encore de l'époux, de l'amant qui nous préfère; mais quand notre jeunesse finit, celle de nos enfants commence, et tout l'attrait de l'existence nous les enlève au moment même où nous aurions le plus besoin de nous reposer sur leurs sentiments.

J'essayai de revenir à mon mari : il était bien pour moi ; mais quand je voulais lui redemander ces soins, cet intérêt suivi, cet amour enfin que je lui inspirais vingt ans plus tôt, il ne me le refusait pas, mais il en avait aussi complètement perdu le souvenir que des jeux les plus frivoles de son enfance. Cependant, quel plaisir peut-on trouver dans la société d'un homme à qui vous n'êtes pas essentiellement nécessaire, qui pourrait vivre sans vous comme avec vous, et prend à votre existence un intérêt plus faible que celui que vous y prenez vous-même?

Quand les autres ne s'occupent plus naturellement de vous, on est assez tentée de devenir exigeante, et de reprendre par ses défauts une sorte d'empire qu'on ne peut plus espérer de ses grâces : moins j'inspirais d'amour, plus j'aurais voulu que mes enfants eussent, dans leur affection pour moi, cet entraînement et ce culte qui m'avaient rendu chers les hommages dont je m'étais vue l'objet ; moins je trouvais dans le monde d'intérêt et de plaisir, plus j'avais besoin d'une société continuelle et douce dans mon intérieur : mais plus un sentiment, un plaisir, un but quelconque nous devient nécessaire, plus il est difficile de l'obtenir ; la nature et la société suivent cette maxime connue de l'Évangile : *Elles donnent à ceux qui ont;* mais ceux qui perdent éprouvent une contagion de peines qui se succèdent rapidement, et naissent les unes des autres.

Je voulus essayer de m'occuper, mais aucun intérêt ne m'y excitait : mes enfants étaient élevés, mon mari occupé des affaires, et accoutumé à moi de telle sorte que je ne pouvais plus rien changer à nos relations : quel motif me restait-il donc pour une action quelconque? tout était égal, et je passais des heures entières dans l'incertitude sur les plus simples actions de la vie, parcequ'il n'y en avait aucune qui me fût plus commandée, plus agréable ou plus utile que l'autre.

Mon mari mourut; et, quoique nous ne fussions pas très tendrement ensemble, je sentis cependant que sa perte ôtait à mon existence son reste de charme et de considération; mes enfants étaient établis, l'un en Espagne, l'autre en Hollande ; il n'y avait plus aucune relation nécessaire entre personne et moi : quand on est jeune, les liens de parenté importunent, et l'on ne veut s'environner que de ceux que l'attrait réciproque rassemble autour de nous ; mais quand on est vieille, on souhaiterait qu'il n'y eût plus rien d'arbitraire dans la vie, on voudrait que les sentiments et les liens qui en résultent fussent commandés à l'avance; on ne fonde aucun espoir sur le hasard, ni sur le choix.

Je ne pouvais plus concevoir comment il me serait possible de filer cette multitude de jours qui m'étaient peut-être réservés encore, et pour lesquels je ne prévoyais ni un intérêt, ni une variété, ni un plaisir, rien, qu'un murmure frivole d'idées insipides, qui ne m'endormirait pas même doucement jusqu'au tombeau. L'amour-propre a nécessairement beaucoup d'influence sur le bonheur des femmes : comme elles n'ont pas d'affaires, point d'occupations forcées, elles fixent leur attention sur ce qui les concerne, et détaillent pour ainsi dire la vie, qui vaut encore mieux par les grandes masses que par les observations journalières. J'éprouvais donc une sorte d'agitation intérieure très pénible ; je remarquais tout, je me blessais de tout, je ne jouissais de rien ; j'avais un fonds de douleur qui se faisait toujours sentir, ajoutait à mes peines et retranchait de mes plaisirs; et, dans les meilleurs moments mêmes, l'affadissement de la vie me gagnait chaque jour davantage.

Enfin, une fois j'allai voir une religieuse de mes amies, qui jouissait d'un calme parfait; elle me persuada facilement d'embrasser son état. Que perdais-je en effet ? n'étais-je pas déjà sous l'empire de la mort? elle commence, la mort, à la première affection qui s'éteint, au premier sentiment qui se refroidit, au premier charme qui disparait. Ses signes avant-coureurs se marquent tous à l'avance sur nos traits ; l'on se voit privé par degrés des moyens d'exprimer ce que l'on sent; l'ame perd son interprète, les yeux ne peignent plus ce qu'on éprouve, et les impressions de notre cœur, comme renfermées au-dedans de nous-mêmes, n'ont plus ni regards ni physionomie, pour se faire entendre des autres; il faut alors mener une vie grave, et porter sur un visage abattu cette tristesse de l'âge, tribut que la vieillesse doit à la nature qui l'opprime.

On parle souvent de la timidité de la jeunesse : qu'il est doux, ce sentiment! ce sont les inquiétudes de l'espérance qui le causent; mais la timidité de la vieillesse est la sensation la plus amère dont je puisse me faire l'idée; elle se compose de tout ce qu'on peut éprouver de plus cruel, la souffrance qui ne se flatte plus d'inspirer l'intérêt, et la fierté qui craint de s'exposer au ridicule. Cette fierté, pour ainsi dire, négative, n'a d'autre objet que d'éviter toute occasion de se montrer; on sent confusément presque de la honte d'exister encore, quand votre place est déjà prise dans le monde, et que, surnuméraire de la vie, vous vous trouvez au milieu de ceux qui la dirigent et la possèdent dans toute sa force. Je desirai que la maison religieuse où je voulais me fixer fût loin de Paris; le bruit du monde fait mal, même dans la solitude la plus heureuse. On m'indiqua une abbaye à quelques lieues de Zurich; j'y vins il y a trois ans, et depuis ce temps je dérobe du moins aux regards le spectacle lent et cruel de la destruction de l'âge. J'ai pris une manière de vivre qui, loin de combattre ma tristesse, la consacre, pour ainsi dire, comme l'unique occupation de ma vie; mais c'est une assez douce société que la tristesse, dès que l'on n'essaie plus de s'en distraire; enfin, que puis-je dire de plus? j'avais à vivre, voilà ce que j'ai essayé pour m'en tirer.

LETTRE XII.

Delphine à mademoiselle d'Albémar.

De l'abbaye du Paradis, ce 6 février.

Une crainte mortelle, ma chère Louise, est venue troubler le peu de calme dont je jouissais; un mot échappé à madame Ternan me fait croire que la mère de Léonce lui a mandé que son fils se livrait vivement au projet de prendre parti dans la guerre dont la France est menacée : je sais bien qu'à présent il ne s'éloignera pas de Matilde; mais il peut contracter de tels engagements à l'avance, qu'il n'existe plus aucun moyen de le détourner de les remplir : je ne vois auprès de lui que M. de Lebensei qui puisse mettre un vif intérêt à combattre ce funeste dessein, et je lui écris pour l'en conjurer. Envoyez ma lettre à M. de Lebensei, ma sœur, sans lui faire connaître d'aucune manière dans quel lieu je suis :

cette lettre peut prévenir le malheur que je redoute, c'est assez vous la recommander.

LETTRE XIII.

Madame d'Albémar à M. de Lebensei.

Je vous conjure de nouveau, vous qui m'avez comblée des plus touchantes preuves de votre amitié, d'employer toutes les armes que vous donne votre manière de penser et de vous exprimer, pour empêcher Léonce de quitter la France, et de se joindre au parti qui veut faire la guerre avec l'armée des étrangers : vous savez, comme moi, quels sont les scrupules d'honneur, les sentiments chevaleresques qui pourraient entraîner Léonce dans cette funeste résolution ; combattez-les en les ménageant. Servez-vous de mon nom, si vous croyez qu'il puisse ajouter quelque force à ce que vous direz ; cachez pourtant à Léonce que, du fond de ma retraite, vous avez reçu une lettre de moi, il vous demanderait peut-être de la voir : il voudrait y répondre lui-même, et renouvellerait, en m'écrivant, une lutte que je n'ai plus la force de supporter. Mais si jamais je vous ai inspiré quelque intérêt ou quelque pitié, faites, au nom du ciel, que, dans le séjour où j'ai enseveli ma destinée, je ne sois pas tout-à-coup arrachée par de nouvelles craintes au triste repos d'un malheur sans espoir.

LETTRE XIV.

M. de Lebensei à M. de Mondoville.

Cernay, ce 18 février 1792.

Souffrez, mon ami, que je me hasarde à pénétrer dans vos secrets plus avant encore que vous ne me l'avez permis. J'ai remarqué, pendant le peu de jours que je suis resté dans votre maison à Paris, l'effet que l'on produisait sur vous, en vous racontant que les nobles sortis de France depuis quelques mois pensent et disent qu'il est honteux pour les personnes de leur classe de ne pas se joindre à eux, lorsqu'ils font la guerre pour rétablir l'autorité royale et leurs droits personnels. Vous ne m'avez point parlé de votre projet à cet égard ; ma manière de penser en politique vous en a peut-être détourné. Vous avez même voulu contenir devant moi l'impression que vous receviez, en apprenant quelle était sur ce sujet l'opinion de presque tous les gentilshommes ;

mais je crains que vous ne cédiez à l'empire de cette opinion, maintenant que vous êtes séparé de la céleste amie qui l'aurait combattue. Avant de discuter avec vous les motifs de la guerre qui doit, dit-on, cette année, éclater contre la France [1], accordez à l'amitié le droit de vous dire ce qui vous concerne particulièrement.

Ce n'est point, je le sais, votre conviction personnelle qui vous anime dans cette cause : vous ne voulez en politique, comme dans toutes les actions de votre vie, que suivre scrupuleusement ce que l'honneur exige de vous, et vous prenez pour arbitre de l'honneur l'approbation ou le blâme des hommes. Je suis convaincu que, même dans les temps les plus calmes, il faut savoir sacrifier l'opinion présente à l'opinion à venir, et que les grandes spéculations en ce genre exigent des pertes momentanées : mais si cela est vrai d'une manière générale, combien cela ne l'est-il pas davantage dans les circonstances où nous nous trouvons? Vous ne pouvez satisfaire maintenant que l'opinion d'un parti ; ce qui vous vaudra l'estime de l'un vous ôtera celle de l'autre ; et si quelque chose peut faire sentir la nécessité d'en appeler à soi seul, ce sont ces divisions civiles, pendant lesquelles les hommes des bords opposés plaident contradictoirement, et s'objectent également la morale et l'honneur.

Ce n'est pas tout : l'opinion même du parti que vous choisiriez pourrait changer : il y a dans la conduite privée des devoirs reconnus et positifs ; on est toujours approuvé en les accomplissant, quelles qu'en soient les suites ; mais dans les affaires publiques, le succès est, pour ainsi dire, ce qu'était autrefois *le jugement de Dieu*. Les lumières manquent à la plupart des hommes pour décider en politique, comme elles manquaient autrefois pour prononcer en jurisprudence ; et l'on prend pour juge le succès, qui trompe sans cesse sur la vérité : il déclare, comme autrefois, quel est celui qui a raison, par les épreuves du fer et du feu ; par ces épreuves dont le hasard ou la force décident bien plus souvent que l'innocence et la vertu.

Si vous acquérez de l'influence dans votre parti, et qu'il soit vaincu, il vous accusera des démarches mêmes qu'il vous aura demandées, et vous ne rencontrerez que des âmes vulgaires qui se plaindront d'avoir été entraînées par leurs chefs : les hommes

---

[1] Le 18 février 1792, date de cette lettre, était trois mois avant le commencement de la guerre.

médiocres se tirent toujours d'affaire; ils livrent les hommes distingués qui les ont guidés, aux hommes médiocres du parti contraire; les ennemis mêmes se rapprochent, quand ils ont occasion de satisfaire ensemble la plus forte des haines, celle des esprits bornés contre les esprits supérieurs. Mais au milieu de toutes ces luttes d'amour-propre, de tous ces hasards de circonstance, de toutes ces préventions de parti, quand l'un vous injurie, quand l'autre vous loue, où donc est l'opinion? à quel signe peut-on la reconnaître?

Me sera-t-il permis de m'offrir à vous pour exemple? Si j'ai bravé toutes les clameurs de la société où vous vivez, ce n'est point que je sois indifférent au suffrage public; l'homme est juge de l'homme, et malheur à celui qui n'aurait pas l'espérance que sa tombe au moins sera honorée! Mais il fallait ou suivre les fluctuations de toutes les erreurs de son temps et de son cercle, ou examiner la vérité en elle-même, et traverser, pour arriver à elle, les divers nuages que la sottise ou la méchanceté élèvent sur la route.

Dans les questions politiques qui divisent maintenant la France, où est la vérité, me direz-vous? Le devoir le plus sacré pour un homme n'est-il pas de ne jamais appeler les armées étrangères dans sa patrie? l'indépendance nationale n'est-elle pas le premier des biens, puisque l'avilissement est le seul malheur irréparable? Vainement on croit ramener les peuples par une force extérieure à de meilleures institutions politiques; le ressort des ames une fois brisé, le mal, le bien, tout est égal; et vous trouvez dans le fond des cœurs je ne sais quelle indifférence, je ne sais quelle corruption, qui vous fait douter, au milieu d'une nation conquise et résignée à l'être, si vous vivez parmi vos semblables, ou si quelques êtres abâtardis ne sont pas venus habiter la terre que la nature avait destinée à l'homme.

Ce n'est pas tout encore : non seulement l'intervention des étrangers devrait suffire pour vous éloigner du parti qui l'admet, mais la cause même que ce parti soutient mérite-t-elle réellement votre appui? C'est un grand malheur, je le sais, que d'exister dans le temps des dissensions politiques : les actions ni les principes d'aucun parti ne peuvent contenter un homme vertueux et raisonnable. Cependant, toutes les fois qu'une nation s'efforce d'arriver à la liberté, je puis blâmer profondément les moyens qu'elle prend, mais il me serait impossible de ne pas m'intéresser à son but.

La liberté, vous l'avouerez avec moi, est le premier bonheur, la seule gloire de l'ordre social ; l'histoire n'est décorée que par les vertus des peuples libres ; les seuls noms qui retentissent de siècle en siècle à toutes les ames généreuses, ce sont les noms de ceux qui ont aimé la liberté. Nous avons en nous-mêmes une conscience pour la liberté comme pour la morale ; aucun homme n'ose avouer qu'il veut la servitude, aucun homme n'en peut être accusé sans rougir ; et les cœurs les plus froids, si leur vie n'a point été souillée, tressaillent encore lorsqu'ils voient en Angleterre les touchants exemples du respect des lois pour l'homme, et des hommes pour la loi ; lorsqu'ils entendent le noble langage qu'ont prêté Corneille et Voltaire aux ombres sublimes des Romains.

Cette belle cause, que de tout temps le génie et les vertus ont plaidée, est, j'en conviens, à beaucoup d'égards, mal défendue parmi nous ; mais enfin, l'espérance de la liberté ne peut naître que des principes de la révolution ; et se ranger dans le parti qui veut la renverser, c'est courir le risque de prêter son secours à des événements qui étoufferaient toutes les idées que, depuis quatre siècles, les esprits éclairés ont travaillé à recueillir. Il y a dans le parti que vous voulez servir des hommes qui, comme vous, ne desirent rien que d'honorable ; mais, dans les temps où les passions politiques sont agitées, chaque faction est poussée jusqu'à l'extrême des opinions qu'elle soutient ; et tel qui commence la guerre dans le seul but de rétablir l'ordre, entend bientôt dire autour de lui qu'il n'y a de repos que dans l'esclavage, de sûreté que dans le despotisme, de morale que dans les préjugés, de religion que dans telle secte, et se trouve entraîné, soit qu'il résiste, soit qu'il cède, fort au-delà du but qu'il s'était proposé.

Laissez donc, mon cher Léonce, se terminer sans vous ce grand débat du monde. Il n'y a point encore de nation en France ; il faut de longs malheurs pour former dans ce pays un esprit public, qui trace à l'homme courageux sa route, et lui présente au moins les suffrages de l'opinion pour dédommagement des revers de la fortune. Maintenant il y a parmi nous si peu d'élévation dans l'ame et de justesse dans l'esprit, qu'on ne peut espérer d'autre sort, dans la carrière politique, que du blâme sans pitié, si l'on est malheureux ; et si l'on est puissant, de l'obéissance sans estime.

A tous ces motifs qui, je l'espère, agiront sur votre esprit, laissez-moi joindre encore le plus sacré de tous, votre sentiment pour madame d'Albémar : son dernier vœu, sa dernière prière, en partant, fut pour me conjurer de vous détourner d'une guerre que ses opinions et ses sentiments lui faisaient également redouter ; ce que je vous demande en son nom peut-il m'être refusé ?

Je sais que vous ne répondrez point à cette lettre ; vous voulez envelopper du plus profond silence vos projets, quels qu'ils soient; on n'aime point à discuter le secret de son caractère. Je me soumets à votre silence, mais j'ose espérer que je produirai sur vous quelque impression. Je me flatte aussi que vous pardonnerez à mon amitié de vous avoir parlé avec franchise, sans y avoir été appelé par votre confiance.

J'ai écrit à Moulins comme vous le desiriez, pour savoir ce qu'est devenu M. de Valorbe : on m'a répondu qu'on l'ignorait; mais éloignez de votre esprit l'idée qui l'a troublé. M. de Valorbe ne sait pas où est madame d'Albémar ; il est sûrement l'homme du monde à qui elle a caché le plus soigneusement le lieu de sa retraite.

LETTRE XV.

Delphine à mademoiselle d'Albémar.

De l'abbaye du Paradis, ce 4 mars 1792.

Je suis plus tranquille sur les terreurs que j'éprouvais, d'après ce que vous me mandez, ma chère Louise[1]. M. de Lebensei vous écrit qu'il est certain que Léonce n'a point encore formé de projet pour l'avenir. Hélas ! il croit, me dites-vous, que Léonce ne pense à la guerre que par dégoût de la vie; *et peut-être*, ajoute-t-il, *quand M. de Mondoville sera père, il n'éprouvera plus de tels sentiments*. Ah ! je le souhaite, je dois desirer même que la nouvelle affection dont il va jouir le console de ma perte.

M. de Valorbe ne cesse de me persécuter : depuis un mois que sa santé lui permet de sortir, il m'écrit, il demande à me voir; et si madame de Ternan ne mettait pas un grand intérêt à l'empêcher, je ne sais comment j'aurais pu jusqu'à ce jour me dispenser de le recevoir. Madame de Cerlebe, dont l'amitié m'est chère, me désole par ses sollicitations continuelles en faveur de M. de Valorbe ; chaque fois qu'elle vient dans ce couvent, elle m'en

---

[1] Cette lettre, et la plupart de celles que mademoiselle d'Albémar a écrites à madame d'Albémar, à l'abbaye du Paradis, ont été supprimées.

parle : elle s'est persuadé, je crois, que madame de Ternan veut m'engager à prendre le voile; elle en est inquiète, et voudrait que je sortisse d'ici pour épouser M. de Valorbe. Vous aussi, ma sœur, vous avez la bonté de craindre que madame de Ternan ne me détermine à me faire religieuse; je n'y pense point à présent : je vous avoue que cette idée m'a occupée quelque temps, sans que je voulusse vous le dire ; mais en observant cet état de plus près, je me suis senti de la répugnance à imiter madame de Ternan, en prononçant des vœux sans y être appelée par des sentiments de dévotion. J'ai beau répéter à madame de Cerlebe que telle est ma résolution, elle a une si grande idée de l'ascendant que madame de Ternan peut exercer sur moi, que rien ne la rassure.

Je crois aussi qu'elle a su par M. de Valorbe mon attachement pour Léonce; la sévérité de ses principes me condamne, et elle veut essayer de m'arracher sans retour au sentiment qu'elle réprouve. Projet insensé! elle ne l'eût point formé, si j'avais osé lui parler avec confiance, si quelques mots lui avaient appris à connaître la toute-puissance du lien qu'elle voudrait briser! D'ailleurs, comme elle est très heureuse par son père et par ses enfants, quoique son mari lui convienne très peu, elle se persuade que je n'ai pas besoin d'aimer M. de Valorbe, pour trouver dans le mariage les jouissances qu'elle considère comme les premières de toutes, celles de la maternité : c'est, je crois, pour m'en présenter le tableau, qu'elle a mis une grande importance à ce que j'allasse voir demain la première communion de sa fille, dans l'église protestante voisine de sa campagne.

Je craignais d'abord d'y rencontrer M. de Valorbe ; mais elle m'a promis qu'il n'y serait pas, et j'ai consenti à ce qu'elle desirait ; cependant, avant de lui donner ma parole, j'ai été demander à madame de Ternan la permission de m'absenter pour un jour. « Je n'aime pas beaucoup, m'a-t-elle dit, que mes pensionnaires sortent, et il est établi qu'elles ne passeront jamais une nuit hors du couvent; mais comme vous pouvez facilement être revenue avant cinq heures du soir, je ne m'y oppose pas. Je vous prie seulement de ne pas renouveler ces visites, qui sont d'un mauvais exemple pour les autres dames, à qui je les interdis. » Cette réponse me déplut assez; je trouvai madame de Ternan trop exigeante, et je ne retirai point la demande que j'avais faite.

Vous m'écrivez, ma chère sœur, que le décret qui saisit les biens des émigrés va être porté, et que sûrement alors M. de Valorbe ne persistera pas à refuser les offres que je lui ai déjà faites : ah ! combien il me soulagera s'il les accepte ! je sentirai moins douloureusement les reproches que je me fais d'avoir été la cause de ses peines, pour prix de la reconnaissance que je lui dois. Mon excellente amie, votre délicatesse et votre bonté viennent sans cesse à mon secours.

LETTRE XVI.

Delphine à mademoiselle d'Albémar.

Ce 6 mars.

Je suis encore émue du spectacle dont j'ai été témoin hier ; je me suis livrée aux sentiments que j'éprouvais, sans réfléchir aux projets que pouvait avoir madame de Cerlebe, en me rendant témoin d'une scène si attendrissante : seulement, quand je l'ai quittée, elle m'a dit que sa première lettre m'apprendrait quel avait été son dessein.

C'est une chose touchante que les cérémonies des protestants ! Ils ne s'aident pour vous émouvoir que de la religion du cœur, ils la consacrent par les souvenirs imposants d'une antiquité respectable ; ils parlent à l'imagination, sans laquelle nos pensées n'acquerraient aucune grandeur, sans laquelle nos sentiments ne s'étendraient point au-delà de nous-mêmes ; mais l'imagination qu'ils veulent captiver, loin de lutter avec la raison, emprunte d'elle une nouvelle force. Les terreurs absurdes, les croyances bizarres, tout ce qui rétrécit l'esprit enfin, ne saurait développer aucune autre faculté morale ; les erreurs en tout genre resserrent l'empire de l'imagination, au lieu de l'agrandir ; il n'y a que la vérité qui n'ait point de bornes. Notre ame n'a pas besoin de superstition pour recevoir une impression religieuse et profonde ; le ciel et la vertu, l'amour et la mort, le bonheur et la souffrance, en disent assez à l'homme, et nul n'épuisera jamais tout ce que ces idées sans terme peuvent inspirer.

J'entendis, en arrivant dans l'église, les chants des enfants qui célébraient le premier acte de fraternité, la première promesse de vertu, que d'autres enfants comme eux allaient faire en entrant dans le monde ; ces voix si pures remplirent mon ame du sentiment le plus doux : quelle heureuse époque de la vie, que celle qui précède tous les remords! les années se marquent par les fautes ; si l'ame restait innocente, le temps passerait sur nous sans nous courber. C'était la fille de madame de Cerlebe qui devait communier pour la première fois ; vingt jeunes filles étaient admises en même temps qu'elle à cette auguste cérémonie ; elles étaient toutes couvertes d'un voile blanc; on ne voyait point leurs jolis visages, mais on entendait leurs douces larmes : elles quittaient l'enfance pour la jeunesse, elles devenaient responsables d'elles-mêmes, tandis que, jusqu'alors, leurs parents pouvaient encore tout pardonner et tout absoudre. Elles soulevèrent leurs voiles en approchant de la table sainte ; madame de Cerlebe alors me montra sa jeune fille ; ses yeux attachés sur elle réfléchissaient pour ainsi dire la beauté de cette enfant, et l'expression de ses regards maternels indiquait aux étrangers les graces et les charmes qu'elle se plaisait à considérer.

Son fils, âgé de cinq ans, était assis à ses pieds ; il regardait sa mère et sa sœur, étonné de leur attendrissement, n'en comprenant point encore la cause, mais cherchant à donner à sa petite mine une expression de sérieux, puisque tous ses amis pleuraient autour de lui.

J'étais déja vivement intéressée, lorsque le père de madame de Cerlebe arriva. Il vint s'asseoir à côté d'elle ; tout le monde s'était levé pour le laisser passer. C'est un homme très considéré dans son pays, pour les services éminents qu'il a rendus ; ses talents et ses vertus sont généralement admirés. En le voyant, l'expression de sa physionomie me frappa : c'est le premier homme d'un âge avancé qui m'ait paru conserver dans le regard toute la vivacité, toute la délicatesse des sentiments les plus tendres ; j'aurais voulu que cet homme me parlât, j'aurais cru sa mission divine, et je l'aurais choisi pour mon guide. Je ne pus, pendant le temps que dura la cérémonie, détacher mes yeux de lui ; toutes les nuances de ses affections se peignaient sur son visage, comme des rayons de lumière. Père de la première et de la seconde génération qui l'entourait, il protégeait l'une et l'autre, et des sentiments d'une nature différente, mais sortant de la même source, répandaient l'amour et la confiance sur les enfants comme sur leur mère.

Enfin, quand il présenta la fille de sa fille à son Dieu, je vis la mère se retirer par un mouvement irréfléchi, pour laisser tomber plus directement sur son enfant la bénédiction de son père :

on eût dit que, moins sûre de ses vertus, et se confiant davantage dans l'efficacité des prières paternelles, elle s'écartait timidement, pour que son père traitât lui seul avec l'Être suprême de la destinée de son enfant. Oh! que les liens de la nature sont imposants et doux! quelle chaîne d'affection, de siècle en siècle, unit ensemble les familles! Et moi, malheureuse, je suis en dehors de cette chaîne; j'ai perdu mes parents, je n'aurai point d'enfants, et tous les sentiments de mon ame sont rassemblés sur un seul être, dont je suis séparée pour jamais!

Louise, je ne supporte cette situation qu'en me livrant tous les jours davantage à mes rêveries. Je n'ai plus, pour ainsi dire, qu'une existence idéale; ce qui m'entoure n'est de rien dans ma vie : on me parle, je réponds; mais les objets que je vois pendant le jour laissent moins de traces dans mon souvenir que les songes de la nuit, qui m'offrent souvent son image. J'ai les yeux sans cesse fixés sur les montagnes qui séparent la Suisse de la France : il vit par-delà, mais il ne m'a point oubliée; la douceur de mes pensées me l'assure. Quand je me promène sous les voûtes de la nuit, mes regrets ne sont point amers, et s'il avait cessé de m'aimer, le frissonnement de la mort m'en aurait avertie.

Le bien le plus précieux qui me reste encore, mon amie, c'est ma confiance dans votre cœur; il n'y a pas une de mes peines dont je n'adoucisse l'amertume en la déposant dans votre sein.

LETTRE XVII.

Madame de Cerlebe à madame d'Albémar.

Ce 7 mars.

Ce n'est point sans dessein que je vous ai demandé d'assister à la plus douce époque de ma vie; j'espérais que les sentiments qu'elle vous inspirerait vous détourneraient des cruelles résolutions que je vous vois prête à suivre, et je me suis promis de vous exprimer avec sincérité toute la peine qu'elles me font éprouver.

Vous refusez M. de Valorbe, et vous m'avez dit vous-même que vous l'estimiez; il vous aime avec passion; vous ne m'avez point nié que ses malheurs n'eussent été causés par son amour pour vous, et qu'avant ses malheurs mêmes vous ne crussiez lui devoir beaucoup de reconnaissance : j'examinerai avec vous, à la fin de cette lettre, quelles sont les obligations que la délicatesse vous impose vis-à-vis de lui ; mais c'est sous le rapport de votre bonheur que je veux d'abord considérer ce que vous devez faire.

Un attachement, dont j'ose vous parler la première, décide de votre vie ; cet attachement est contraire à vos principes de morale, et, trop vertueuse pour vous y livrer, vous êtes assez passionnée pour y sacrifier, à vingt-deux ans, toute votre destinée, et renoncer à jamais au mariage et à la maternité. Il faut, pour attaquer cette résolution avec force, que je vous déclare d'abord que je ne crois point au bonheur de l'amour, et que je suis fermement convaincue qu'il n'existe dans le monde aucune autre jouissance durable, que celle qu'on peut tirer de l'exercice de ses devoirs. Ces maximes seraient d'une sévérité presque orgueilleuse, si je ne vous disais pas qu'il me fallut plusieurs années pour en être convaincue, et que si je n'avais pas eu pour père l'ange que vous vîtes hier présider à nos destinées, j'aurais souffert bien plus long-temps, avant de m'éclairer.

Sans entrer dans les détails de mon affection pour M. de Cerlebe, vous savez que le bonheur de ma vie intérieure n'est fondé ni sur l'amour, ni sur rien de ce qui peut lui ressembler ; je suis heureuse par les sentiments qui ne trompent jamais le cœur, l'amour filial et l'amour maternel.

Dans les premiers jours de ma jeunesse, j'ai essayé de vivre dans le monde, pour y chercher l'oubli de quelques unes de mes espérances déçues ; mais je ressentais dans ce monde une agitation semblable à celle que fait éprouver une voiture rapide, qui va plus vite que vos regards mêmes, et vous présente des objets que vous n'avez pas le temps de considérer. Je ne pouvais me rendre compte de la durée des heures ; ma vie m'était dérobée, et cet état, qui semble être celui du plus grand mouvement possible, me conduisait cependant à la plus parfaite apathie morale. Les impressions et les idées se succédaient, sans laisser en moi aucune trace ; il m'en restait seulement une sorte de fièvre sans passion, de trouble sans intérêt, d'inquiétude sans objet, qui me rendait ensuite incapable de m'occuper seule.

C'est dans cette situation qu'une voix qui, depuis que j'existe, a toujours fait tressaillir mon cœur, sut me rappeler à moi-même : mon père me conseilla de m'établir une grande partie de l'année à la campagne, et d'élever moi-même mes enfants. Je m'ennuyai d'abord un peu de la monotonie de mes occupations ; mais, par degrés, je repris la possession de moi-même, et je goûtai les plaisirs qui ne se sentent que dans le silence de tous les autres, la réflexion, l'étude, et la contemplation de la nature. Je vis que le temps divisé n'est jamais long, et que la régularité abrège tout.

Il n'y a pas un jour, parmi ceux qu'on passe dans le grand monde, où l'on n'éprouve quelques peines : misérables, si on les compte une à une; importantes, quand on considère leur influence sur l'ensemble de la destinée. Un calme doux et pur s'empare de l'ame dans la vie domestique; on est sûr de conserver jusqu'au soir la disposition du réveil; on jouit continuellement de n'avoir rien à craindre, et rien à faire pour n'avoir rien à craindre : l'existence ne repose plus sur le succès, mais sur le devoir; on goûte mieux la société des étrangers, parcequ'on se sent tout-à-fait hors de leur dépendance, et que les hommes dont on n'a pas besoin ont toujours assez d'avantages, puisqu'ils ne peuvent avoir aucun inconvénient.

Quand je regrettais l'amour et desirais le succès, la société, la nature, tout me paraissait mal combiné, parceque je n'avais deviné le secret de rien : je me sentais hors de l'ordre, à l'extrémité du cercle de l'existence; mais, rentrée dans la morale, je suis au centre de la vie, et loin d'être agitée par le mouvement universel, je le vois tourner autour de moi sans qu'il puisse m'atteindre.

J'ai pour père un ami, le premier de mes amis; mais quand je serais seule, je pourrais trouver dans ma conscience le confident de toutes mes pensées. J'entends au-dedans de moi-même la voix qui me répond; et cette voix acquiert chaque jour plus de force et de douceur. Le devoir m'ouvre tous ses trésors; et j'éprouve ce repos animé, ce repos qui n'exclut ni les idées les plus hautes, ni les affections les plus profondes, mais qui naît seulement de l'harmonie de vous-même avec la nature.

Les occupations qui ne se lient à aucune idée de devoir vous inspirent tour à tour du dégoût ou du regret : vous vous reprochez d'être oisif; vous vous fatiguez de travailler; vous êtes en présence de vous-même, écoutant votre desir, cherchant à le bien connaître, le voyant sans cesse varier, et trouvant autant de peine à servir vos propres goûts que les volontés d'un maître étranger. Dans la route du devoir, l'incertitude n'existe plus, la satiété n'est point à redouter; car, dans le sentiment de la vertu, il y a jeunesse éternelle : quelquefois on regrette encore d'autres biens ; mais le cœur, content de lui-même, peut se rappeler sans amertume les plus belles espérances de la vie : s'il pense au bonheur qu'il ne peut goûter, c'est avec un sentiment dont la douceur lui tient lieu de ce qu'il a perdu.

Quelles jouissances ne trouve-t-on pas dans l'éducation de ses enfants! Ce n'est pas seulement les espérances qu'elle renferme qui vous rendent heureux, ce sont les plaisirs mêmes que la société de ces cœurs si jeunes fait éprouver ; leur ignorance des peines de la vie vous gagne par degrés : vous vous laissez entraîner dans leur monde, et vous les aimez, non seulement pour ce qu'ils promettent, mais pour ce qu'ils sont déjà ; leur imagination vive, leurs inépuisables goûts rafraîchissent la pensée ; et si le temps que vous avez d'avance sur eux ne vous permet pas de partager tous leurs plaisirs, vous vous reposez du moins sur le spectacle de leur bonheur : l'ame d'un enfant doucement soutenue, doucement conduite par l'amitié, conserve long-temps l'empreinte divine dans toute sa pureté ; ces caractères innocents, qui s'étonnent du mal et se confient dans la pitié, vous attendrissent profondément, et renouvellent dans votre cœur les sentiments bons et purs, que les hommes et la vie avaient troublés : pouvez-vous, madame, pouvez-vous renoncer pour toujours à ces émotions délicieuses ?

M. de Valorbe est un homme estimable, spirituel, digne de vous entendre. Nos destinées, sous ce rapport, seront au moins pareilles. Je l'avoue, il est un bonheur dont je jouis, et qui n'a été donné à personne sur la terre ; c'est à lui peut-être que je dois mon retour aux résolutions que je vous conseille ; il faut donc vous faire connaître ce sentiment, dans tout ce qu'il peut avoir de doux et de cruel.

Vous avez entendu parler de l'esprit et des rares talents de mon père, mais on ne vous a jamais peint l'incroyable réunion de raison parfaite et de sensibilité profonde qui fait de lui le plus sûr guide et le plus aimable des amis. Vous a-t-on dit que maintenant l'unique but de ses étonnantes facultés est d'exercer la bonté, dans ses détails comme dans son ensemble? Il écarte de ma pensée tout ce qui la tourmente ; il a étudié le cœur humain, pour mieux le soigner dans ses peines, et n'a jamais trouvé dans sa supériorité qu'un motif pour s'offenser plus tard et pardonner plus tôt : s'il a de l'amour-propre, c'est celui des êtres d'une autre nature que la nôtre, qui seraient d'autant plus indulgents, qu'ils connaîtraient mieux toutes les inconséquences et toutes les faiblesses des hommes.

La vieillesse est rarement aimable, parceque c'est l'époque de la vie où il n'est plus possible de cacher aucun défaut ; toutes les ressources pour faire illusion ont disparu, il ne reste que la réalité des sentiments et des vertus; la plupart des caractères font naufrage avant d'arriver à la fin de la vie, et l'on ne voit souvent dans les hommes âgés que des ames avilies et troublées, habitant encore, comme des fantômes menaçants, des corps à demi ruinés; mais quand une noble vie a préparé la vieillesse, ce n'est plus la décadence qu'elle rappelle, ce sont les premiers jours de l'immortalité.

L'homme que le temps n'a point abattu en a reçu des présents que lui seul peut faire, une sagacité presque infaillible, une indulgence inépuisable, une sensibilité désintéressée. La tendresse que vous inspire un tel père est la plus profonde de toutes; l'affection qu'il a pour vous est d'une nature tout-à-fait divine. Il réunit sur vous seul tous les genres de sentiments; il vous protège, comme si vous étiez un enfant; vous lui plaisez, comme si vous étiez toujours jeune; il se confie à vous, comme si vous aviez atteint l'âge de maturité.

Une incertitude presque habituelle, une réserve fière se mêlent à l'amour que vous inspirent vos enfants. Ils s'élancent vers tant de plaisirs qui doivent les séparer de vous, ils sont appelés à tant de vie après votre mort, qu'une timidité délicate vous commande de ne pas trop vous livrer, en leur présence, à vos sentiments pour eux. Vous voulez attendre, au lieu de prévenir, et conserver envers cette jeunesse resplendissante la dignité que l'on doit garder avec les puissants, alors même qu'on a pour eux la plus sincère amitié. Mais il n'en est pas ainsi de la tendresse filiale, elle peut s'exprimer sans crainte; elle est si sûre de l'impression qu'elle produit!

Je ne suis pas personnelle, je crois que ma vie l'a prouvé; mais si vous saviez combien il m'est doux de me sentir environnée de l'intérêt de mon père, de ne jamais souffrir sans qu'il s'en occupe, de ne courir aucun danger sans me dire qu'il faut que je vive pour lui, moi qui suis le terme de son avenir ! L'on nous assure souvent qu'on nous aime, mais peut-être est-il vrai que l'on n'est nécessaire qu'à son père. Les espérances de la vie sont prêtes à consoler tous nos contemporains de route ; mais le charme enchanteur de vieillesse qu'on aime, c'est qu'elle vous dit, c'est que l'on sait, que le vide qu'elle éprouverait en vous perdant ne pourrait plus se combler.

Si j'étais dangereusement malade, et que je fusse loin de mon père, je serais accessible à quelques frayeurs; mais s'il était là, je lui abandonnerais le soin de ma vie, qui l'intéresse plus que moi. Le cœur a besoin de quelque idée merveilleuse qui le calme, et le délivre des incertitudes et des terreurs sans nombre que l'imagination fait naître ; je trouve ce repos nécessaire dans la conviction où je suis que mon père porte bonheur à ma destinée : quand je dors sous son toit, je ne crains point d'être réveillée par quelques nouvelles funestes; quand l'orage descend des montagnes et gronde sur notre maison, je mène mes enfants dans la chambre de mon père, et, réunis autour de lui, nous nous croyons sûrs de vivre, ou nous ne craignons plus la mort, qui nous frapperait tous ensemble.

La puissance que la religion catholique a voulu donner aux prêtres convient véritablement à l'autorité paternelle ; c'est votre père, qui, connaissant toute votre vie, peut être votre interprète auprès du ciel; c'est lui dont le pardon vous annonce celui d'un Dieu de bonté; c'est sur lui que vos regards se reposent avant de s'élever plus haut; c'est lui qui sera votre médiateur auprès de l'Être suprême, si, dans les jours de votre jeunesse, les passions véhémentes ont trop entraîné votre cœur.

Mais que viens-je de vous dire, madame? n'allez-vous pas vous hâter de me répondre que je jouis d'un bonheur qui ne vous est point accordé, et que c'est à ce bonheur seul que je dois la force de ne plus regretter l'amour? Vous ne savez donc pas quel attendrissement douloureux se mêle à ce que j'éprouve pour mon père? Croyez-moi, la nature n'a pas voulu que le premier objet de nos affections nous précédât de tant d'années dans la vie, et tout ce qu'elle n'a pas voulu fait mal. Chaque fois que mon père, ou par ses actions ou par ses paroles, pénètre mon ame d'un sentiment indéfinissable de reconnaissance et de tendresse, une pensée foudroyante s'élève et me menace; elle change en douleur mes mouvements les plus tendres, et ne me permet d'autre espoir que cette incertitude de la destinée, qui laisse errer la mort sur tous les âges.

Non, il vaut mieux, dans la route du devoir, n'être pas assaillie par des affections si fortes; elles vous attendrissent trop profondément, elles vous détournent du but où vous devez arriver, elles vous accoutument à des jouissances qui ne dépendent pas de vous, et que l'exercice le plus pur de la morale ne peut pas vous assurer. Vous vous sentez exposée à ces douleurs déchirantes, dont l'accomplissement habituel des devoirs doit préserver; et si le malheur vous atteignait, vous ne pourriez plus répondre de vous-même.

Pour vous, madame, vous auriez dans votre famille moins de bonheur, mais moins de craintes; et vous rempliriez la douce intention de la nature, en reposant votre affection tout entière sur vos enfants, sur ces amis qui doivent nous survivre. Acceptez cet avenir, madame; éloignez de vous les chimères qui troublent votre destinée; elle sera bien plus malheureuse, si vous avez à vous reprocher le désespoir, peut-être la mort d'un honnête homme.

M. de Valorbe souffre à cause de vous toutes les infortunes de la terre. Ce n'est pas, je le sais, vous détourner de vous unir à lui, que de vous peindre l'amertume de son sort. Ses biens vont être séquestrés en France, et ses créanciers le poursuivent ici : je sais que vous lui avez offert, avec une grande générosité, de disposer de votre fortune ; mais rien ne pourra l'y faire consentir, si vous lui refusez votre main : un de ces jours il sera jeté dans quelque prison, et il mourra ; car, dans l'état déplorable de sa santé, il ne pourrait supporter une telle situation sans périr.

Vous exercez sur lui un empire presque surnaturel ; je le vois passer de la vie à la mort, sur un mot que je lui dis, qui relève ou détruit ses espérances. Ce n'est point pour répéter le langage ordinaire aux amants, c'est pour vous préserver d'un grand malheur, que je vous annonce que M. de Valorbe ne survivra pas à la perte de toute espérance ; et combien ne le regretterez-vous pas alors! Il ne vous touche pas maintenant, parceque vous redoutez ses instances; mais quand il n'existera plus, votre imagination sera pour lui, et vous vous reprocherez son sort. Contentez-vous d'être passionnément aimée; c'est encore un beau lot dans la vie, quand seulement on peut estimer celui qui nous adore.

Dans quelques années, fussiez-vous unie à l'homme que vous aimez, votre sentiment finirait par ressembler à ce que vous éprouveriez maintenant pour M. de Valorbe : ne vous est-il pas possible de vous transporter par la réflexion à cette époque? La morale nous rend l'avenir présent, c'est une de ses plus heureuses puissances; exercez-la pour votre bonheur, exercez-la pour sauver la vie à celui qui l'avait conservée à M. d'Albémar.

Je ne répéterai point les excuses que je vous dois pour cette lettre ; je sais que mon amitié, ma considération pour vous, me l'ont inspirée : je me confie dans l'impression que fait toujours la vérité sur un caractère tel que le vôtre.

LETTRE XVIII.

Réponse de Delphine à madame de Cerlcbe.

Ce 8 mars 1792.

Votre lettre, madame, m'a pénétrée d'admiration pour votre caractère, et m'a fait sentir combien ma position était malheureuse ; car je ne pourrai jamais échapper au regret d'avoir été la cause des chagrins qu'éprouve M. de Valorbe ; et cependant, permettez-moi de vous le dire, je ne me sens pas la force de m'unir à lui, et il me semble qu'aucun devoir ne m'y condamne.

De tous les malheurs de la vie, je n'en conçois point qu'on puisse comparer aux peines dont une femme est menacée par une union mal assortie ; je ne sais quelle ressource la religion et la morale peuvent offrir contre un tel sort, quand on y est enchaînée ; mais le chercher volontairement me paraît un dévouement plus insensé que généreux, et je me sens mille fois plus disposée à m'ensevelir dans le cloître où je vis maintenant, à désarmer par cette sombre résolution les desirs persécuteurs de M. de Valorbe, qu'à me donner à lui, quand je porte au fond du cœur une autre image et d'éternels regrets.

Que pourrais-je, en effet, pour le bonheur de M. de Valorbe, lorsque je me serais condamnée à ce mariage sans amour, et bientôt après sans amitié ? car jamais je ne me consolerais de la grandeur du sacrifice qu'il aurait exigé de moi, et toujours, à la place des sentiments pénibles qu'il me ferait éprouver, je rêverais au bonheur que j'aurais goûté, si j'eusse épousé l'objet que j'aime. Comment suppléer en rien aux affections vraies et involontaires ? Ah ! bien heureusement pour nous, la vérité a mille expressions, mille charmes ; tandis que l'effort ne peut trouver que des termes monotones, une physionomie contrainte, sur laquelle se peignent constamment les tristes signes de la résignation du cœur.

Mon esprit plaît à M. de Valorbe ; mais a-t-il réfléchi que cet esprit même ne peut être animé que par des sentiments naturels et confiants? Je ne suis rien, si je ne puis être moi ; dès que je serai poursuivie par une pensée qu'il faudra cacher, je ne songerai plus qu'à ce que je dois taire; mes facultés suffiront à peine pour dissimuler mon désespoir : m'en restera-t-il pour faire le bonheur de personne?

Les détails de la vie domestique, source de tant de plaisirs quand ils se rapportent tous à l'amour, ces détails me feraient mal, un à un, et tous les jours : il ne s'agirait pas seulement d'un grand sacrifice, mais de peines qui se renouvelleraient sans cesse; je redouterais chaque lien, quelque faible qu'il fût, après avoir contracté le plus fort de tous; et je chercherais, avec une continuelle inquiétude, les heures qui pourraient me rester, les occupations qui m'isoleraient, les plus petits intérêts qui pourraient n'appartenir qu'à moi.

Quand le sort d'une femme est uni à celui de l'homme qu'elle aime, chaque fois qu'il rentre chez lui, qu'elle entend son pas, qu'il ouvre sa porte, elle éprouve un bonheur si grand, qu'il fait concevoir comment la nature, en ne donnant aux femmes que l'amour, n'a pas été cependant injuste envers elles ; mais s'il faut que leur solitude ne soit interrompue que par des sentiments pénibles, s'il faut qu'elles aient la contrainte pour unique diversité de l'ennui, et l'effort d'une conversation gênée pour distraction de la retraite, c'est trop, oh! oui, c'est trop! A ce prix, qui peut vouloir de la vie? vaut-elle donc tant de persistance? faut-il mettre tant de scrupule à conserver tous les jours qu'elle nous a destinés?

Ne vous offensez point pour M. de Valorbe, madame, de ce tableau trop vrai du malheur que me ferait éprouver notre union; je sais qu'il est digne de toute mon estime, mais vous n'avez jamais vu celui dont je me suis séparée pour toujours; jamais ceux qui l'ont connu ne pourraient me demander de l'oublier! Ce n'est pas du bonheur, dites-vous, que vous m'offrez, c'est l'accomplissement d'un devoir. Ah! sans doute, la situation de M. de Valorbe me désespère, il n'est point de preuve de dévouement que je ne lui donnasse avec l'empressement le plus vif, s'il daignait m'en accorder l'occasion; mais ce qu'il exige de moi, c'est la perte de ma jeunesse, c'est celle de toutes les années de ma vie; c'est peut-être même le sacrifice de la vie à venir que j'espère.

Puis-je, en effet, répondre des mouvements qui s'élèveront dans mon ame quand j'aurai long-temps souffert, quand je verrai ma destinée ne laisser après elle, en s'écoulant, que d'amers souvenirs, pour aigrir d'amères douleurs? Ne finirai-je point par douter de la protection de la Providence, et mes résolutions vertueuses ne s'ébranleront-elles pas? les sentiments doux ne tariront-ils pas dans mon cœur? C'est du mariage que doivent dériver toutes les affections d'une femme, et si le mariage est malheureux, quelle confusion n'en résulte-t-il pas dans les idées, dans les devoirs, dans les qualités mêmes! Ces qualités vous auraient rendue plus digne de l'objet de votre choix; mais elles peuvent dépraver le cœur qu'on a privé de toutes les jouissances : qui peut être certain alors de sa conduite? vous, madame, parceque vous ne croyez plus à l'amour : mais moi, que son charme subjugue encore, quel est l'insensé qui veut de moi, qui veut d'une ame enthousiaste, alors qu'il ne l'a pas captivée?

Vous me menacez de la mort de M. de Valorbe; cette crainte m'accable, je ne puis la braver. Si vous avez raison dans vos terreurs, il faut que je le prévienne : ensevelie dans cette retraite, me comptera-t-il parmi les vivants? Voudrait-il plus encore? serait-il plus calme, si je n'existais plus? je lui ferais facilement ce sacrifice; il a sauvé mon bienfaiteur, je croirais m'immoler à ce souvenir : mais qu'il me laisse expirer seule, et que ma fin ne soit point précédée par quelques années d'une union douloureuse et funeste. Ah! c'est surtout pour mourir qu'il faudrait être unie à l'objet de sa tendresse! soutenue, consolée par lui, sans doute on regretterait davantage la vie, et cependant les derniers moments seraient moins cruels : ce qui est horrible, c'est de voir se refermer sur soi le cercle des années sans avoir joui du bonheur.

Une indignation amère et violente peut s'emparer de vous, en songeant qu'elle va passer, cette vie, sans qu'on ait goûté ses véritables biens; sans que le cœur, qui va s'éteindre, ait jamais cessé de souffrir : quelle idée peut-on se former des récompenses divines, si l'on n'a pas connu l'amour sur la terre? Oh! que le ciel m'entende; qu'il me désigne s'il le veut, pour une mort prématurée; mais que je la reçoive tandis que le même sentiment anime mon cœur, qu'un seul souvenir fait toute ma destinée, et que je n'ai jamais rien aimé que Léonce.

Voilà ma réponse à M. de Valorbe, madame; confiez-la-lui, si vous le voulez; mon cœur, sans se trahir, n'en pourrait donner une autre.

LETTRE XIX.

M. de Valorbe à M. de Montalte.

Zurich, ce 10 mars.

J'ai reçu ta lettre, Montalte ; dans toute autre circonstance, peut-être m'aurait-elle fait impression, peut-être aurais-je consenti à ménager madame d'Albémar ; mais elle m'a donné le terrible droit de la haïr. Si tu savais ce qu'elle a écrit à madame de Cerlebe ! quel amour pour Léonce ! quel mépris pour moi ! Elle se flatte de se délivrer ainsi de mes poursuites, elle se trompe ; c'est à présent surtout qu'elle doit me redouter. Ne me parle plus des égards qu'elle mérite ; je punirai son ingratitude, je soumettrai son orgueil. Tant d'insultes ont soulevé mon ame, tout mon amour se change en indignation ! Il faut que madame d'Albémar tombe en ma puissance ; par quelques moyens que ce soit, il le faut. Adieu, Montalte ; je serai maître d'elle, ou je n'existerai plus.

LETTRE XX.

Delphine à madame de Cerlebe.

De l'abbaye du Paradis, ce 14 mars.

Enfin, madame, il se présente une occasion de soulager mon cœur, en donnant à M. de Valorbe une véritable preuve de mon intérêt. J'apprends à l'instant, par un homme à lui, qu'il est arrêté pour dettes à Zell, et qu'on l'a jeté dans une prison qui compromet sa vie, en le privant des secours nécessaires à son état de santé ; je pars, afin d'offrir ma garantie à ceux qui le poursuivent, et de souscrire à tous les arrangements qui pourront le délivrer.

J'ai craint de m'exposer à l'humeur de madame de Ternan en lui demandant la permission d'aller à Zell ; c'est une personne si exigeante et si despotique, qu'il faut esquiver son caractère quand on ne veut pas se brouiller avec elle : comme elle était un peu malade hier, elle dort encore, et je laisse un billet qui lui apprendra, à son réveil, que je serai absente seulement pour quelques heures. Zell n'étant qu'à trois lieues d'ici, je suis sûre d'être revenue ce soir, avant que le couvent soit fermé.

Je vous avouerai qu'il m'est très doux de trouver un moyen de montrer un grand empressement à M. de Valorbe. J'aurais pu me contenter de chercher quelqu'un qu'on pût envoyer à Zell ;

mais c'était perdre nécessairement deux ou trois jours, ce retard pouvait être funeste à la santé de M. de Valorbe, et peut-être aussi refuserait-il le service que je veux lui rendre, si je ne l'en sollicitais pas moi-même.

Je sais bien que la démarche que je fais ne serait pas jugée convenable, si elle était connue; mais ma conscience me dit que je remplis un devoir. M. d'Albémar, s'il vivait encore, m'approuverait de donner à l'homme qui l'a sauvé ce témoignage de reconnaissance. Je ne me consolerais pas de posséder les biens que M. d'Albémar m'a laissés, tandis que M. de Valorbe serait dans la détresse, et me refuserait le bonheur de lui être utile; je ne veux pas m'exposer à cette peine, et j'espère qu'en présence il ne résistera point à mes prières.

J'étais d'ailleurs, je vous l'avoue, cruellement tourmentée de quelques torts que je me reprochais envers M. de Valorbe; mon silence a pu le tromper une fois; ce silence a obtenu de lui un sacrifice qui a rendu sa vie très malheureuse. Depuis ce temps j'ai refusé de le voir, soit par embarras, soit par crainte d'offenser celui dont le souvenir règne encore sur ma vie; je me reproche ces mouvements, que la reconnaissance et la générosité devaient m'interdire : je saisis donc avec vivacité une circonstance qui me permet de tout réparer, et je pars. Adieu, madame; vous m'avez flattée que vous viendriez demain me voir, ne l'oubliez pas.

LETTRE XXI.
Léonce à M. de Lebensei.

Paris, ce 14 mars.

Juste ciel! me cachiez-vous ce que je viens d'apprendre? M. de Valorbe est parti en disant qu'il allait rejoindre madame d'Albémar, et l'on assure qu'il est auprès d'elle. Serait-ce là le motif de l'absence de Delphine? Non, je ne le crois pas; mais il n'y a qu'elle au monde maintenant qui puisse m'ôter cette horrible idée. Je veux aller à Montpellier, parler à sa belle-sœur; savoir, oui, savoir enfin, et personne ne pourra me le refuser, dans quels lieux elle vit, dans quels lieux est M. de Valorbe.

Si elle l'a vu, si elle lui a parlé, malgré les bruits qu'on a répandus sur leur attachement mutuel, après ce que j'en ai souffert, rien ne peut l'excuser. Non, je ne puis rester un jour ici dans une anxiété si douloureuse; qu'on ne me parle plus de mes devoirs envers Matilde : Delphine oserait-elle me les rappeler? a-t-elle respecté les liens qui l'attachaient à moi?.... Ce que je dis est peut-être injuste; oui, je le crois, je suis injuste; mais j'ai beau me le répéter, je ne saurais me calmer : elle seule, elle seule peut m'ôter la douleur qu'on vient de jeter en mon sein. Tout ce que vous me diriez ne suffirait pas.... Mais que me diriez-vous cependant? Au nom du ciel, répondez-moi.... Je n'attendrai point votre réponse.

LETTRE XXII.
Mademoiselle d'Albémar à Delphine.

Montpellier, ce 20 mars.

Il faut donc, ma chère Delphine, que votre vie soit sans cesse troublée; et c'est moi qui suis condamnée à ranimer dans votre cœur les sentiments et les inquiétudes que la solitude avait adoucis. C'est en vain que je desirais vous cacher tout ce que je savais de l'agitation et du malheur de Léonce; je suis forcée de vous apprendre ce que son désespoir lui a inspiré; il est ici, et dans quelles circonstances, hélas! et pour quel but!

Hier, j'étais seule, occupée de vos dernières lettres, cherchant par quel moyen je pourrais vous aider à sortir de la cruelle perplexité où vous jetait l'amour de M. de Valorbe, lorsque je vis Léonce entrer dans ma chambre et s'avancer vers moi. Hélas! qu'il est changé! ses yeux n'ont plus rien que de sombre; sa marche est lente, et comme abattue sous le poids de ses pensées; il vint à moi, me prit la main, et je sentis à l'instant même mes yeux remplis de larmes. « Vous me plaignez, me dit-il; elle ne m'a pas plaint, celle qui m'a quitté! Mais ce n'est pas tout encore : s'il était possible, s'il était vrai que M. de Valorbe..., alors il n'y aurait plus sur la terre que perfidie et confusion. Savez-vous que M. de Valorbe est parti de France en publiant qu'il allait rejoindre Delphine? Savez-vous qu'on assure qu'il est près d'elle, qu'il sait le lieu de sa retraite, qu'il l'a vue? Je ne le crois pas; j'ai perdu ma vie pour un soupçon injuste, je les repousse tous loin de moi. Peut-être M. de Valorbe erre-t-il autour de la demeure de Delphine, et cherche-t-il ainsi à la compromettre dans le monde; peut-être espère-t-il la forcer à se donner à lui, en renouvelant les bruits déja si cruellement répandus de leur attachement réciproque. Vous sentez que je ne puis vivre dans la situation d'ame où je suis : daignez donc me répondre, mademoiselle : que savez-vous de Delphine, de l'homme qui ose mettre son nom à côté du sien ? Parlez, de grace, parlez.

« — Je suis certaine, lui dis-je, que Delphine abhorre l'idée d'épouser M. de Valorbe. — Il en est donc question ! s'écria-t-il avec violence : je ne le pensais pas, vous m'en apprenez plus que je n'en voulais croire. Sait-il où elle est ? l'a-t-il vue, l'a-t-il vue ? » Sa fureur était telle que je n'osai lui dire même qu'il était près de vous, quoique vous ayez refusé de le voir. Je lui répondis que j'ignorais entièrement ce qu'il me demandait, et que je savais seulement qu'une amie de M. de Valorbe vous avait envoyé une lettre de lui, en vous écrivant en sa faveur ; mais que vous y aviez répondu par le refus le plus formel. « Il peut donc lui écrire ! s'écria-t-il ; il a peut-être reçu des lettres d'elle ; et moi, depuis trois mois, je ne sais plus qu'elle existe que par le désespoir qu'elle me cause. Non, il faut un événement pour tout changer ; mon ame ne sera plus alors fatiguée par les mêmes souffrances.

« Cependant, ajouta-t-il, ma femme doit accoucher dans deux mois ; il y a quelque chose de barbare à l'abandonner dans cette situation : n'importe, je le ferai, je compterai pour rien mes devoirs ; c'est à ceux à qui le ciel a donné quelques jouissances qu'il peut demander compte de leurs actions ! moi, je n'ai droit qu'à la pitié, je n'éprouve que de la douleur : qu'on me laisse la fuir ! J'irai..... je ne m'arrêterai pas que je n'aie rencontré Delphine ; et si je trouve M. de Valorbe auprès d'elle, s'il a senti le bonheur de la voir quand je frappais ma tête contre terre, désespéré de son absence...., M. de Valorbe ou moi nous serons victimes de l'amour funeste qu'elle a su nous inspirer. »

L'émotion de Léonce était si profonde, sa résolution si ferme, que je n'aurais pas eu l'espoir de l'ébranler, s'il ne m'était pas venu l'idée de lui proposer de vous écrire, et de vous demander de m'adresser ici pour lui une réponse formelle sur vos rapports avec M. de Valorbe. Cette offre le frappa tout-à-coup, et l'acceptant avec la vivacité qui lui est naturelle, il me dit, en me serrant les mains : « Eh bien ! si je reçois, si je possède ces lignes que Delphine écrira pour moi, je retournerai vers Matilde, je me remettrai sous le joug de ma destinée ; oui, je vous le promets. Ah ! sans doute, ajouta-t-il, je sais que je ne suis pas libre, et j'exige cependant que Delphine refuse un lien qui peut-être..... (Il ne put achever ce qu'il avait intention de dire.) — N'importe, s'écria-t-il, si un homme était l'époux de Delphine, je ne lui laisserais pas la vie : peut-elle se marier quand un vengeur est tout prêt? et si c'était moi qui dusse périr, a-t-elle donc tout-à-fait oublié son amour? ne frémirait-elle donc pas pour moi? » Je le rassurai de mille manières sur le premier objet de ses craintes, et j'obtins de lui qu'il attendrait ici votre réponse.

Hâtez-vous donc de me l'envoyer, ne perdez pas un jour, il les comptera tous avec une douloureuse anxiété : j'ai cru entrevoir, par quelques mots qu'il m'a dits, que Matilde, pour la première fois, se plaignant sans réserve, avait été profondément affligée de son absence, et qu'il craignait d'exposer sa vie s'il restait loin d'elle au moment de ses couches. Calmez donc Léonce dans votre lettre, ma chère Delphine, autant qu'il vous sera possible; et refusez-vous absolument à voir M. de Valorbe. C'est moi qui ai à me reprocher de vous avoir trop souvent pressée de le traiter avec bonté, par considération pour la mémoire de mon frère; mais je vois clairement que s'il revenait à Léonce le moindre mot qui pût lui faire croire qu'on a seulement parlé de nouveau de vous et de M. de Valorbe, il serait impossible de prévoir ce qu'il éprouverait et ce qu'il ferait. Je chercherai quelques détours pour rendre service à M. de Valorbe; vous m'y aiderez, nous y parviendrons : mais Léonce est tellement irrité au nom seul de M. de Valorbe, que si des calomnies, quelque absurdes qu'elles fussent, lui revenaient encore à ce sujet, son sentiment pour vous s'aigrirait, et sa colère contre M. de Valorbe ne connaîtrait plus de bornes.

J'espère vous avoir détournée pour toujours de l'idée insensée de vous lier où vous êtes par des vœux religieux; il me semble, au contraire, que si M. de Valorbe ne voulait pas s'éloigner des environs de votre demeure, vous feriez bien de quitter la Suisse, et de venir vous établir près de moi, lorsque Léonce sera retourné à Paris. Vous savez quel bonheur j'éprouverais, en étant pour toujours réunie avec vous!

LETTRE XXIII.
Delphine à mademoiselle d'Albémar.

Ce 28 mars.

Remettez ce billet à Léonce, ma sœur; vous ne savez pas dans quel abîme de douleur je suis tombée! qu'il l'ignore surtout, et vous-même aussi.... Adieu, ne pensez plus à moi. Un événement cruel, inouï, fixe mon sort, et me rend désormais toute consolation inutile. Adieu.

Delphine à Léonce.

Je jure à Léonce de ne jamais revoir M. de Valorbe ; je lui proteste, pour la dernière fois, qu'il doit être content de mon malheureux cœur : maintenant qu'il ne s'informe plus de ma destinée, et qu'il retourne auprès de Matilde.

LETTRE XXIV.
Mademoiselle d'Albémar à Delphine.

Montpellier, ce 6 avril.

Ma chère amie, il est parti plus calme ; je ne lui ai point fait partager mes cruelles inquiétudes. Que signifie ce que vous m'écrivez ? d'où vient votre profonde douleur ? que vous est-il arrivé ? Je ne puis rien deviner, mais vos paroles mystérieuses me glacent d'effroi.

Dans quelque situation que vous soyez, vous avez besoin que je vous parle de Léonce. Je reviens aux derniers moments que j'ai passés avec lui. Je l'avais prévenu du jour où je pouvais recevoir votre lettre ; le matin de ce jour, je savais que, depuis cinq heures, il s'était promené sur la route par laquelle le courrier devait venir, sans pouvoir rester en repos une seconde ; marchant à pas précipités, revenant après avoir avancé, tournant la tête à chaque pas, et dans un état d'agitation si remarquable, que plusieurs personnes s'étaient arrêtées dans le chemin, frappées de l'égarement et du trouble extraordinaire qu'exprimait son visage. Enfin, à dix heures du matin il entra chez moi, pâle et tremblant, et me dit, en se jetant sur une chaise près de la fenêtre, que le courrier était arrivé, et que je pouvais envoyer mon domestique chercher mes lettres. J'en donnai l'ordre, et je revins près de lui.

Il se passa près d'une heure dans l'attente ; je parlai plusieurs fois à Léonce, il ne me répondit point ; mais je vis qu'il tâchait de prendre beaucoup sur lui, et qu'il rassemblait toutes ses forces pour ne point se livrer à son émotion. La violence qu'il se faisait l'agitait cruellement ; je ne sais à quels signes j'apercevais ce qu'il éprouvait au fond de son cœur, mais à la fin de cette heure, passée dans le silence, j'étais abîmée de douleur, comme après la scène la plus violente, dont l'intérêt et l'émotion auraient toujours été en croissant. Il distingua le premier le bruit de la porte de ma maison qui s'ouvrit, et me dit, d'une voix à peine intelligible : « Voilà votre domestique qui revient. » Je me levai pour aller au-devant de lui ; Léonce ne me suivait pas, il cachait sa tête dans ses mains ; il m'a dit depuis que, dans cet instant, il aurait souhaité qu'il n'y eût point de lettre ; il desirait l'incertitude autant qu'il l'avait jusqu'alors redoutée.

Lorsque je reconnus votre écriture, je déchirai promptement l'enveloppe, pour que Léonce n'en vît pas le timbre ; il croit que vous êtes en Suisse, mais il n'a pas la moindre idée du lieu même où vous demeurez. Je lus d'abord ce qui était pour Léonce, et, dans mon impatience de le lui porter, je ne vis point ce que vous m'écriviez ; je rentrai, tenant à la main votre lettre ; je m'écriai : « Lisez, vous serez content — Je serai content, s'écria-t-il : ah, Dieu ! » Et, loin de saisir ce que je lui offrais, il répandait des pleurs ; et répétant toujours : *Je serai content*, avec une voix, avec un accent que je ne pourrai jamais oublier. Enfin, il prit votre lettre, et, après l'avoir lue plusieurs fois, il me regarda d'un air plein de douceur, me serra la main, et sortit. Il revint deux heures après, et m'annonça qu'il allait retourner auprès de Matilde ; il ne me demanda rien, ne me fit plus aucune question ; seulement il me dit : « Soignez son bonheur, vous à qui le sort permet de vivre pour elle. »

Quand il fut parti, je me croyais soulagée, et c'est alors que j'ai lu les lignes pleines de trouble et de douleur que vous m'adressiez : je ne savais que devenir, je voulais vous rejoindre, le misérable état de ma santé m'en ôte la force. Se peut-il que vous m'ayez laissée dans un doute si cruel ? ne recevrai-je aucune lettre de vous, avant que vous répondiez à celle-ci ?

LETTRE XXV.

Madame de Cerlebe à mademoiselle d'Albémar.

Zurich, ce 12 avril.

Madame d'Albémar, mademoiselle, n'est pas en état de vous écrire ; elle me condamne à la douloureuse tâche de vous apprendre sa situation : elle est horrible, elle est sans espoir, et mon amitié n'a pas su prévenir un malheur que la générosité de madame d'Albémar devait peut-être me faire craindre. Elle m'a raconté la scène la plus funeste par ses irréparables suites, et le coupable, M. de Valorbe, dans une lettre pleine de délire, de regrets et d'amour, m'a confirmé tout ce que Delphine m'avait appris. Il m'est imposé de vous en instruire, mademoiselle ; votre amie veut que vous connaissiez les motifs du parti désespéré qu'elle a pris : ah ! qui me donnera le moyen d'en adoucir pour vous l'amertume ?

M. de Valorbe avait été mis en prison pour dettes à Zell, ville d'Allemagne, occupée maintenant par les Autrichiens : son valet de chambre de confiance informa madame d'Albémar de sa situation. Il n'est que trop certain que M. de Valorbe avait commandé lui-même cette démarche, et que, connaissant la bonté de Delphine, et l'imprévoyante vivacité de ses mouvements généreux, il avait calculé le parti qu'il pouvait tirer d'un imprudent témoignage d'inquiétude et de pitié.

Madame d'Albémar m'écrivit en partant pour Zell ; j'éprouvai, lorsque je reçus sa lettre, une vive inquiétude ; je condamnai sa résolution, je redoutai le blâme qu'elle pouvait attirer sur elle, et, comme vous allez le savoir, cette crainte que je ressentais, vague alors, devint bientôt la plus cruelle des anxiétés.

Delphine partit à six heures du matin, sans avoir vu madame de Ternan ; elle arriva à Zell à dix heures, accompagnée seulement d'un cocher et d'un domestique suisses, qui ne la connaissaient pas. Madame de Ternan avait exigé, en prenant madame d'Albémar en pension dans son couvent, qu'elle renvoyât son valet de chambre à Zurich, et Delphine ne quitte jamais Isore sans laisser auprès d'elle sa femme de chambre pour la soigner. Arrivée à Zell, madame d'Albémar s'aperçut qu'elle n'avait point de passe-port : on lui demanda son nom à la porte ; elle en donna un au hasard, se promettant de repartir dans peu d'heures, avant que l'officier autrichien qui commandait la place eût le temps de s'informer d'elle.

Elle descendit chez le négociant que l'homme de M. de Valorbe lui avait indiqué, comme sachant seul tout ce qui avait rapport à ses affaires ; le négociant dit à Delphine que, par commisération pour l'état de santé de M. de Valorbe, on avait, la veille, obtenu de ses créanciers sa sortie de prison, à condition qu'il serait gardé chez lui. Madame d'Albémar voulut s'informer de ce que devait M. de Valorbe, pour offrir son cautionnement, et repartir sans le voir. Le négociant lui dit que M. de Valorbe lui avait expressément défendu de rien accepter de personne, et en particulier d'une femme qui devait être elle, d'après le portrait qu'il lui en avait fait. Alors madame d'Albémar pria le négociant de la conduire chez M. de Valorbe : il la mena jusqu'à sa porte ; mais quand elle y fut arrivée, il la quitta brusquement, en indiquant assez légèrement qu'elle arrangerait mieux ses affaires sans lui. Madame d'Albémar m'a dit que, se trouvant seule dans ce moment au bas de l'escalier de M. de Valorbe, elle éprouva un effroi dont elle ne put s'expliquer la cause ; elle voulait retourner sur ses pas, mais elle ne savait quelle route suivre dans une ville inconnue, et dont elle ignorait la langue.

Comme elle délibérait sur ce qu'elle devait faire, elle aperçut M. de Valorbe qui descendait quelques marches pour venir à elle : son changement, qui était très remarquable, écarta d'elle toute autre idée que celle de la pitié, et elle monta vers lui sans hésiter ; il lui prit la main, et la conduisit dans sa chambre : la main qu'il lui donna tremblait tellement, m'a-t-elle dit, qu'elle se sentit embarrassée et touchée de l'émotion qu'il éprouvait ; elle se hâta de lui parler de l'objet de son voyage ; il l'écoutait à peine, et paraissait occupé d'un grand débat avec lui-même.

Delphine lui répéta deux fois la prière d'accepter le service qu'elle venait lui offrir ; et comme il ne lui répondait rien, elle crut qu'il lui en coûtait de prononcer positivement son consentement à ce qu'elle demandait, et posant sur son bureau le papier sur lequel elle avait signé la garantie de ses dettes, elle voulut se lever et partir : à ce double mouvement, M. de Valorbe sortit de son silence par une exclamation de fureur, et, saisissant Delphine par la main, il lui demanda, avec amertume, si elle le méprisait assez pour croire qu'il recevrait jamais aucun service d'elle.

« Je suis banni de mon pays, s'écria-t-il, ruiné, déshonoré ; des douleurs continuelles mettent mon sang dans la fermentation la plus violente. Je souffre tous ces maux à cause de vous, de l'amour insensé que j'ai pour vous, et vous vous flattez de les réparer avec votre fortune ! et vous imaginez que je vous laisserai le plaisir de vous croire dégagée de la reconnaissance, de la pitié, de tous les sentiments que vous me devez ! Non, il faut qu'il existe du moins un lien, un douloureux lien entre nous : vos remords. Je ne vous laisserai pas vous en délivrer, je troublerai de quelque manière votre heureuse vie. — Heureuse ! s'écria Delphine ; M. de Valorbe, songez dans quel lieu je vis, songez à ce que j'ai quitté, et répétez-moi, si vous le pouvez encore, que je suis heureuse ! » La voix brisée de Delphine attendrit un moment M. de Valorbe, et, se jetant à ses pieds, il lui dit : « Eh bien! ange de douceur et de beauté, s'il est vrai que tu souffres, s'il est vrai que les peines de la vie ont aussi pesé sur toi, pourquoi refuserais-tu d'unir ta destinée à la mienne? Ah! je voudrais exister encore; le temps n'est point épuisé pour moi, il me reste des forces, je pourrais honorer encore mon nom; il y a des moments où j'ai horreur de ma fin : Delphine, consentez à m'épouser, et vous me sauverez. — N'avez-vous pas lu, répondit madame d'Albémar, ma lettre à madame de Cerlebe? — Oui, je l'ai lue, s'écria M. de Valorbe en se relevant avec colère; vous faites bien de me la rappeler : c'est en punition de cette lettre que vous êtes ici, c'est pour l'expier que je vous ai fait tomber en ma puissance : vous n'en sortirez plus. »

Représentez-vous l'effroi de Delphine à ces mots, dont elle ne pouvait encore comprendre le sens. Elle s'élance précipitamment vers la porte; M. de Valorbe se saisit de la clef, la tourne deux fois en mordant ses lèvres avec une expression de rage, et dans le même instant il va vers la fenêtre, l'ouvre, et jette cette clef dans le jardin qui environnait la maison. Delphine poussa des cris perçants, et, perdant la tête de douleur, elle appelait à son secours de toutes les forces qui lui restaient.

« Vous essayez en vain, lui dit M. de Valorbe en s'approchant d'elle avec toutes les fureurs de la haine et de l'amour, vous essayez en vain de me faire passer pour un assassin : tout est prévu, personne ne vous répondra; il n'y a dans la maison qu'un homme fidèle, qui, me voyant souffrir chaque jour tous les maux de l'enfer à cause de vous, ne sera pas sensible à vos douleurs; il a été témoin des miennes! Vous souffrez à présent, je le vois, mais il ne me reste plus de pitié pour personne : pourquoi serais-je le plus infortuné des hommes? pourquoi Léonce, l'orgueilleux, le superbe Léonce, jouirait-il de tous les biens de la vie, de votre cœur, de vos regrets, tandis que moi je suis seul, seul en présence de la mort, que je hais d'autant plus que je me sens poussé vers elle? Delphine, je n'étais pas né méchant, je suis devenu féroce; savez-vous combien les hommes aigrissent la douleur? ils m'ont abandonné, trahi; pas un cœur ne s'est ouvert à moi : les livres m'avaient appris qu'au milieu des ingrats, des perfides, l'infortuné trouvait du moins un ami obscur qui venait au secours de son cœur; eh bien, cet unique ami, je ne l'ai pas même rencontré! tous se sont réunis pour me faire du mal : je rendrai ce mal à quelqu'un. Pauvre créature! dit-il alors en regardant Delphine avec pitié, c'est injuste de te persécuter, car tu es bonne ; mais je t'aime avec idolâtrie, tu es là devant moi, toi qui es le bonheur, l'oubli de toutes les peines, la magie de la destinée ; et la mort est ici, dit-il en montrant ses pistolets armés sur la table. Il faut donc que tu sois à moi, il le faut.

« — M. de Valorbe, reprit Delphine avec plus de calme, et retrouvant dans le désespoir même le courage et la dignité, quand je vous estimais, j'ai refusé de m'unir à vous : quel espoir pouvez-vous former maintenant? — Vous me méprisez donc ? s'écria-t-il avec un sourire amer ; votre situation ne sera pas dans le monde bien différente de la mienne : vous n'avez pas réfléchi que votre réputation ne se relèvera pas de votre imprudente démarche; vous êtes ici seule, chez un jeune homme ; vous y passez tout le jour. On vous attend à votre couvent, et vous n'y retournerez pas ; tout le monde saura que nous sommes restés enfermés ensemble, que c'est vous qui êtes venue me chercher; en voilà plus qu'il n'en faut pour vous perdre dans l'opinion, si vous ne m'épousez pas : et si c'en est assez aux yeux de tous, que n'est-ce pas pour votre amant, pour Léonce, le plus irritable, le plus ombrageux, le plus susceptible des hommes? » A ces mots, Delphine se renversa sur sa chaise, en s'écriant : « Malheureuse que je suis! » avec un accent si déchirant, que M. de Valorbe en frémit ; et, pendant quelques instants, il assure qu'il eut horreur de lui-même ; mais il s'était juré d'avance de résister à l'attendrissement qu'il pourrait éprouver ; il mettait de l'orgueil à lutter contre ses bons mouvements.

Delphine tout-à-coup s'avança vers lui, et lui dit : « Si je suis ici, c'est pour en avoir cru mon désir de vous rendre service : je n'ai point réfléchi sur les dangers que je pouvais courir ; il ne m'est pas venu dans la pensée qu'ils fussent possibles. Si vous me perdez, c'est l'amitié que j'avais pour vous que vous punissez ; si vous me perdez, c'est ma confiance en vous dont vous démontrez la folie : arrêtez-vous au moment d'être coupable ! Me voici devant vous, sans appui, sans défenseur ; je n'ai d'espoir qu'en faisant naître la pitié dans votre cœur, et jamais je n'en eus moins les moyens : je me sens glacée de terreur ; l'étonnement que j'éprouve surpasse mon indignation ; je ne puis me persuader ce que j'entends, je ne puis imaginer que ce soit vous, bien vous qui me parlez ; vous me découvrez des abîmes du cœur humain qui passaient ma croyance, et vous me consolez presque de la mort à laquelle vous me condamnez, en m'apprenant qu'il existait sur la terre tant de dépravation et de barbarie! — Ah! s'écria M. de Valorbe, il fut un temps où je vous aurais tout sacrifié, même le bonheur auquel j'aspire! Mais vous ne savez pas quel sentiment intérieur me dévore; tout me dit que je dois me tuer, le ciel et les hommes me le demandent, et tout me dit aussi que si vous m'aimiez, je vivrais. Mon amour pour vous affaiblit mon ame; mais toute sa fureur lui revient quand vous me repoussez dans le tombeau, vous qui seule pouvez m'en sauver. Dites-moi, pourquoi voulez-vous qu'à trente ans je cesse de vivre? Cette arme que vous voyez là, savez-vous qu'il est affreux de la placer sur son cœur pour en chasser votre image? Le sang, le froid, les convulsions de l'agonie, toutes les horreurs de la nature désorganisée s'offrent à moi, et vous m'y condamnez sans pitié! Je le sais bien, je n'intéresse personne : Léonce, vous, qui sais-je encore? tout le monde desire que je n'existe plus, que je fasse place à tous les heureux que j'importune; mais pourquoi n'entraînerais-je personne dans ma ruine?

« Vous a-t-on parlé de la fureur des mourants? Elle porte un caractère terrible : prêts à s'enfoncer dans l'abîme, ils saisissent tout ce qu'ils peuvent atteindre; ils veulent faire tomber avec eux ceux mêmes qui ne peuvent les secourir; ils font, avant de périr, un dernier effort vers la vie, plein d'acharnement et de rage. Voilà ce que j'éprouve, voilà ce qui me justifie! Je ne sens plus le remords; je n'ai qu'un desir furieux d'exister encore, et néanmoins un sentiment secret que je n'y parviendrai pas, que tout ce que je fais ne sera pour moi que des douleurs de plus : n'importe, vous serez ma femme, ou vous souffrirez mille fois plus encore par les soupçons et le mépris persécuteur de la vie! Je l'ai éprouvé, le mépris, je l'ai subi pour vous; il m'a rendu implacable, insensible à vos pleurs : jugez quel mal il doit faire! »

Le jour avançait pendant que M. de Valorbe parlait ainsi, l'heure se faisait entendre, et Delphine sentait que le moment de retourner à son couvent allait passer; elle connaissait madame de Ternan; elle savait que, si elle restait une nuit hors du couvent sans l'en avoir prévenue, elle se brouillerait avec elle : et quel éclat, pensait-elle, que de se brouiller avec madame de Ternan, avec la sœur de madame de Mondoville, pour une visite à M. de Valorbe! Rien ne pourrait la justifier aux yeux de Léonce. Elle aurait dû craindre aussi tous les coupables projets que pouvait former M. de Valorbe, pendant qu'elle se trouvait entièrement dans sa dépendance; mais elle m'a dit depuis qu'elle avait un tel sentiment de mépris pour sa conduite, qu'il ne lui vint pas même dans l'esprit qu'il osât se prévaloir de son indigne ruse. D'ailleurs, M. de Valorbe était lui-même si humilié devant celle qu'il opprimait, que, par un contraste bizarre, il se sentait pénétré du plus profond respect pour elle, en lui faisant la plus mortelle injure.

Une seule idée donc occupait Delphine, et faisait disparaître toutes les autres : elle regardait sans cesse le soleil prêt à se coucher, et la pendule qui marquait les heures; elle voyait, en comptant les minutes, qu'il lui restait encore le temps de rentrer dans son couvent avant qu'il fût fermé; alors elle conjurait M. de Valorbe de la laisser partir, avec une instance, avec une si vive terreur de perdre un moment, que ses paroles se précipitaient, et qu'on pouvait à peine les distinguer. « Mon cher M. de Valorbe, lui disait-elle en serrant ses deux mains, sans penser à son amour pour elle, et sans qu'il osât lui-même le témoigner, mon cher M. de Valorbe, il y a quelques minutes encore, il y en a entre moi et la honte; je ne suis pas encore déshonorée; je puis encore retrouver un asile, laissez-moi l'aller chercher; si je reste encore, il faudra que je couche cette nuit sur la pierre, et qu'au jour je n'ose plus lever les yeux sur personne : voyez, je suis encore une femme que ses amis peuvent avouer, dont les peines excitent encore l'intérêt et la pitié; mais dans une heure, solitaire avec ma conscience, les hommes ne me croiront pas; celui que j'aime, enfin vous le savez, je l'aime, il ne reconnaîtra plus ma voix, et rougira des regrets qu'il donnait à ma perte. O M. de Valorbe, que ne prenez-vous cette arme pour me tuer! je vous pardonnerais : mais m'ôter son estime, mais l'avoir prévu, mais le vouloir, ô Dieu! L'heure se passe; vous le voyez, encore quelques minutes, encore... » Et elle se laissa tomber à ses pieds, en répétant ce mot *encore! encore!* de ses dernières forces.

M. de Valorbe me l'a juré, et j'ai besoin de le croire, il se sentit vaincu dans ce moment, et s'il garda le silence, ce fut pour jeter un dernier regard sur cette figure enchanteresse qu'il perdait pour jamais, et qu'il voyait à ses pieds dans un état d'émotion qui la rendait encore plus ravissante. Mais on entendit un bruit extraordinaire dans la maison; on frappa d'abord avec violence à la porte, et des coups redoublés la faisant céder, des soldats entrèrent dans la chambre, un officier à leur tête. Delphine, sans s'étonner, sans s'informer du motif de leur arrivée, voulut sortir à l'instant; on la retint, et bientôt on lui fit savoir que c'était elle qui était suspecte; on la croyait un émissaire des Français en Allemagne, et on venait la chercher pour la conduire au commandant de la place.

M. de Valorbe, en apprenant cet ordre, se livra à toute sa fureur; il ne pouvait supporter le mal que d'autres que lui faisaient à Delphine, et, sans le vouloir, il aggrava sa situation par la violence de ses discours. Delphine, quand elle entendit sonner l'heure qui ne lui permettait plus d'arriver à temps à son couvent, redevint calme tout-à-coup, et se laissa conduire chez le commandant; on ne permit pas à M. de Valorbe de la suivre.

Le commandant autrichien prouva facilement à Delphine, en l'interrogeant, qu'elle n'avait pas dit son vrai nom; car celui qu'elle s'était donné était suisse, et dès la première question elle avoua qu'elle était Française; mais elle était décidée à ne se pas faire connaître, puisqu'elle avait été trouvée seule, enfermée avec M. de Valorbe. Le négociant chez qui elle était descendue d'abord avait déposé qu'elle était venue pour le voir : quelques plaisanteries grossières de ceux qui l'entouraient ne lui avaient que trop appris quelle idée ils s'étaient formée de ses relations avec M. de Valorbe; et, pour rien au monde, elle n'aurait voulu que dans de semblables circonstances son véritable nom fût connu. Elle se complaisait dans l'espoir que son refus constant de le dire irriterait le commandant, confirmerait ses soupçons, et qu'il l'enfermerait peut-être dans quelque forteresse pour le reste de ses jours : la nuit entière se passa sans qu'elle voulût répondre.

Quelle nuit! vous représentez-vous Delphine, seule, au milieu d'hommes durs et farouches qui, d'heure en heure, revenaient l'interroger, et cherchaient à lui faire peur, pour en obtenir un aveu qu'ils croyaient être de la plus grande importance? Le commandant surtout se flattait de trouver dans une découverte essentielle un moyen d'avancement; et que peut-il exister de plus inflexible qu'un ambitieux qui espère du bien pour lui, de la peine d'un autre! Delphine, vers le milieu de la nuit, avait obtenu qu'on la laissât seule pendant quelques heures; elle s'endormit, accablée de fatigue et de douleur : quand elle se réveilla, et qu'elle se vit dans une chambre noire, délabrée, entendant le bruit des armes, les jurements des soldats, elle fut dans une sorte d'égarement qui subsistait encore quand je la revis.

Tout-à-coup le commandant entre chez elle, et lui demande pardon, avec un ton respectueux, de ne l'avoir pas connue. M. de Valorbe, qui avait pu enfin pénétrer jusqu'à lui, lui avait appris, à travers les plus sanglants reproches, le nom de madame d'Albémar, et de quel couvent elle était pensionnaire. Comme, dans cette abbaye, il y avait plusieurs femmes de la plus grande naissance d'Allemagne, et que madame de Ternan, en particulier, était très considérée à Vienne, le commandant eut peur de lui avoir déplu, en maltraitant une personne qu'elle protégeait, et, changeant de conduite à l'instant, il donna un officier à madame d'Albémar pour la ramener jusqu'à l'abbaye, et se contenta de faire arrêter M. de Valorbe (qui est encore en prison), parcequ'il l'avait offensé, en se plaignant avec hauteur des traitements que madame d'Albémar avait soufferts.

Ce commandant avait fait partir un officier une heure avant madame d'Albémar, avec le procès-verbal de tout ce qui s'était passé, et une lettre d'excuses à madame de Ternan, qui contenait des insinuations très libres sur la conduite de madame d'Albémar avec M. de Valorbe. J'étais au couvent, où, depuis la veille au soir, je souffrais les plus cruelles angoisses. Lorsque cet officier arriva, madame de Ternan, qui avait déjà exprimé de mille manières l'impression que lui faisait l'inexplicable absence de Delphine, ordonna, après avoir lu la lettre de Zell, que les principales religieuses se réunissent chez elle, et refusa très durement de me communiquer, et ce qu'elle avait reçu, et ce qu'elle projetait.

L'infortunée Delphine arriva pendant que l'assemblée des religieuses durait encore. J'eus le bonheur au moins d'aller au-devant d'elle; en descendant de voiture elle ne vit que moi; et lorsque je lui témoignai la plus tendre affection, elle me regarda avec étonnement, comme s'il n'était plus possible que personne prît le moindre intérêt à elle. Nous nous retirâmes ensemble dans son appartement, et j'appris de Delphine, à travers son trouble, ce qui s'était passé. Une inquiétude l'emportait sur toutes les autres, et revenait sans cesse à son esprit : « Léonce le saura, il me méprisera, » disait-elle en interrompant son récit. Et quand elle avait prononcé ces mots, elle ne savait plus où reprendre ce récit, et les répétait encore.

J'essayai de la consoler ; mais ce qui me causait une inquiétude mortelle, c'était la décision qu'allait prendre madame de

Ternan. Elle entra dans ce moment; Delphine essaya de se lever, et retomba sur sa chaise ; je souffrais de lui voir cet air coupable, quand jamais elle n'avait eu plus de droits à l'estime et à la pitié. Madame de Ternan aimait l'effet qu'elle produisait ; elle regardait Delphine, non pas précisément avec dureté, mais comme une personne qui jouit d'une grande impression causée par sa présence, quel qu'en soit le motif. « Madame, dit-elle à Delphine, après ce qui s'est passé à Zell, après l'éclat de votre aventure, nos sœurs ont jugé que votre intention était sans doute d'épouser M. de Valorbe, et elles ont décidé que vous ne pouviez plus rester dans cette maison. — Ah ! voilà le coup mortel ! » s'écria Delphine, et elle tomba sans connaissance sur le plancher.

Je la pris dans mes bras; madame de Ternan s'approcha d'elle, nous la secourûmes. Quand elle parut revenir à elle, madame de Ternan, qui était placée derrière son lit, lui adressa quelques mots assez doux; Delphine égarée s'écria : « C'est la voix de Léonce; est-ce qu'il me plaint, est-ce qu'il a pitié de moi ? Cependant je suis chassée, chassée de la maison de sa tante ; c'est bien plus que quand je sortis de ce concert d'où la haine des méchants me repoussait ; et cependant que n'ai-je pas souffert alors ! n'ai-je pas craint de perdre son affection ? et maintenant qu'on m'a surprise enfermée avec son rival, qu'un acte authentique l'atteste, que je suis perdue, déshonorée, que des religieuses me chassent.... Ah ! Dieu, Dieu, je suis innocente ! je le suis, Léonce, Léonce ! » Et elle retomba dans mes bras de nouveau, sans mouvement.

« Laissez-moi seule avec elle, me dit madame de Ternan, j'entrevois un moyen de la sauver. — Si vous le pouvez, lui dis-je, c'est un ange que vous consolerez; » et je me hâtai de lui dire la vérité; elle l'entendit, et je crus même voir qu'elle y était préparée. Je ne compris pas alors comment elle n'avait pas pris plus tôt la défense de Delphine ; mais c'est une femme d'une telle personnalité, qu'on n'a l'espérance de la faire changer d'avis sur rien ; car il faudrait lui découvrir dans son intérêt particulier quelques rapports qu'elle n'eût pas saisis, et elle s'en occupe tant que c'est presque impossible.

Je me retirai : deux heures après il me fut permis de revenir ; je trouvai un changement extraordinaire dans Delphine ; elle était plus calme, et non moins triste ; elle n'avait plus cette expression d'abattement qui lui donnait l'air coupable ; sa tête s'était relevée, mais sa douleur semblait plus profonde encore ; l'on aurait dit seulement qu'elle s'y était vouée pour toujours. Elle me pria avec douceur de revenir la voir dans huit jours, et seulement dans huit jours. Je la quittai avec un sentiment de tristesse, plus douloureux que celui même que j'avais éprouvé lorsque son désespoir s'exprimait avec violence.

Huit jours après, quand je la vis, elle venait de recevoir une lettre de vous, qui lui annonçait et l'arrivée de Léonce, et sa fureur, à la seule pensée qu'elle pouvait avoir vu M. de Valorbe. « Lisez cette lettre, me dit Delphine ; vous voyez que s'il apprenait ce qui s'est passé à Zell, il ne me le pardonnerait pas ; je le connais, il vengerait mon offense sur M. de Valorbe ; il exposerait encore une fois sa vie pour moi ; et quand même je pourrais un jour me justifier à ses yeux, ne sais-je pas ce qu'il souffrirait, en voyant celle qu'il aime flétrie dans l'opinion? Son caractère s'est manifesté malgré lui cent fois à cet égard, dans les moments où son amour pour moi le dominait le plus ; et quel éclat, grand Dieu, que celui qui me menaçait il y a huit jours! quel homme, quel autre même que Léonce le supporterait sans peine? Écoutez-moi, me dit-elle alors, sans m'interrompre, car vous serez tentée d'abord de me combattre, et vous finirez cependant par être de mon avis.

« Madame de Ternan m'a dit qu'il n'existait qu'un moyen de rester dans le couvent où je suis, c'était de m'y faire religieuse; à cette condition, les sœurs consentent à me garder ; le crédit de madame de Ternan fera disparaître toutes les traces de l'événement de Zell. En prononçant les vœux de religieuse, je m'assure d'un repos que rien ne pourra troubler ; j'y ai consenti. Je prends l'habit de novice après-demain ; ne frémissez pas, jugez-moi : voulez-vous que je sorte de cette maison comme une femme perdue? que Léonce apprenne que c'est pour M. de Valorbe que je suis bannie de l'asile que madame de Ternan m'avait donné ? que je me trouve aux prises de nouveau avec l'opinion, avec le monde, avec tout ce que j'ai souffert? Le nom de M. de Valorbe une seconde fois répété avec le mien ne s'oubliera plus, et Léonce saura que ma réputation est détruite sans retour ; je resterai libre, mais j'aurai perdu tout le prix de moi-même, et je finirai par m'enfermer dans la retraite, sans avoir, comme à présent, la douce certitude que je suis restée pure dans le souvenir de Léonce, et que ses regrets me sont encore consacrés.

« Si madame de Ternan avait voulu me rendre les mêmes services sans exiger de moi un grand sacrifice, je l'aurais préféré ; car ni mon cœur ni ma raison ne m'appellent à l'état que je vais embrasser ; mais elle n'avait aucun motif pour s'intéresser à moi, si je ne cédais pas à sa volonté ; elle pouvait m'objecter toujours la résolution de ses compagnes. Je savais bien que cette résolution venait d'elle, mais c'était une raison de plus pour croire qu'elle ne chercherait pas à la faire changer ; je n'avais que le choix du parti que j'ai pris, ou de trouver en sortant de cette maison tous les cœurs fermés pour moi, tous, ou du moins un seul : n'était-ce pas tout ? Pouvais-je y survivre ? Je n'ai pas su mourir : voilà tout ce que signifie la résolution, en apparence courageuse, que je viens d'adopter. Il ne me restait pas d'alternative ; vous-même, répondez, que m'auriez-vous conseillé ? »

Je ne sus que pleurer : que pouvais-je lui dire ? elle avait raison. L'infâme M. de Valorbe ! quels mouvements de haine je sentais contre lui ! Mon émotion était extrême, mais je me taisais. « Ne vous affligez pas trop pour moi, reprit Delphine avec bonté ; » car dans ses plus grandes peines, vous le savez, elle s'occupe encore des impressions des autres. « Qu'est-ce donc que je sacrifie ? une liberté dont je ne puis faire aucun usage ; un monde où je ne veux pas retourner, qui a blessé mon cœur, dont l'opinion pourrait altérer l'affection de Léonce pour moi ; je m'en sépare avec joie. Ma belle-sœur viendra peut-être me rejoindre un jour, et je passerai ma vie avec vous deux, qui connaissez mes affections et ma conduite comme moi-même.

« Je ne sais, ajouta-t-elle avec la plus vive émotion, si j'avais aimé un homme tout-à-fait indifférent aux opinions des autres hommes ; bannie, chassée, humiliée, j'aurais pu l'aller trouver, et lui dire : Voilà le même cœur, le même amour, la même innocence : eh bien ! qu'y a-t-il de changé ? Mais il vaut mieux mourir, que de se livrer à un sentiment de confiance ou d'abandon qui ne serait pas entièrement partagé par ce qu'on aime. Ah ! n'allez pas penser que Léonce ne soit pas l'être le plus parfait de la terre ! le défaut qu'il peut avoir est inséparable de ses vertus : je ne conçois pas comment un homme qui n'aurait pas même ses torts pourrait jamais l'égaler ; et n'est-ce pas moi d'ailleurs dont l'imprudente vie a fait souffrir son cœur ?

« J'ai cru long-temps que mes malheurs venaient d'un sort funeste ; mais il n'y a point eu, non, il n'y a point eu de hasard dans ma vie. Je n'ai pas éprouvé une seule peine dont je ne doive m'accuser. Je ne sais ce qui me manque pour conduire ma destinée, mais il est clair que je ne le puis. Je cède à des mouvements inconsidérés ; mes qualités les meilleures m'entraînent beaucoup trop loin, ma raison arrive trop tard pour me retenir, et cependant assez tôt pour donner à mes regrets tout ce qu'ils peuvent avoir d'amer; je vous le dis, l'action de vivre m'agite trop, mon cœur est trop ému ; c'est à moi, à moi surtout, que conviennent ces retraites où l'on réduit l'existence à de moindres mouvements : si la faculté de penser reste encore, les objets extérieurs ne l'excitent plus, et, n'ayant affaire qu'à soi-même, on doit finir par égaler ses forces à sa douleur.

« Il y a deux jours, avant que j'eusse donné à madame de Ternan une réponse décisive, mes promenades rêveuses me conduisirent jusqu'à la chute du Rhin, près de Schaffouse; je restai quelque temps à la contempler, je regardais ces flots qui tombent depuis tant de milliers d'années, sans interruption et sans repos. De tous les spectacles qui peuvent frapper l'imagination, il n'en est point qui réveille dans l'ame autant de pensées ; il semble qu'on entende le bruit des générations qui se précipitent dans l'abîme éternel du temps ; on croit voir l'image de la rapidité, de la continuité des siècles, dans les grands mouvements de cette nature toujours agissante et toujours impassible, renouvelant tout, et ne préservant rien de la destruction. « Oh! m'écriai-je, d'où vient donc que j'attache à mon avenir tant d'intérêt et d'importance? Voilà l'histoire de la vie! notre destinée, la voilà! des vagues engloutissant des vagues, et des milliers d'êtres sensibles souffrant, desirant, périssant, comme ces bulles d'eau qui jaillissent dans les airs et qui retombent. Il ne faut pas moins que le bouleversement des empires pour attirer notre attention ; et l'homme qui semblait devoir se consumer de pitié, puisqu'il a seul la prévoyance et le souvenir de la douleur, l'homme ne détourne pas même la tête pour remarquer les souffrances de ses semblables! Qui donc entendra mes cris? est-ce la nature? comme elle suit son cours majestueusement! comme son mouvement et son repos sont indépendants de mes craintes et de mes espérances! Hélas! ne puis-je pas m'oublier comme elle m'oublie? ne puis-je pas, comme un de ces arbres, me laisser aller au vent du ciel, sans résister ni me plaindre? »

« Non, ma chère Henriette, continua madame d'Albémar, il

ne faut pas lutter long-temps contre le malheur; je me soumets au sort que m'impose madame de Ternan. Croyez-moi, je fais bien, je consacre ma mémoire dans le cœur de celui pour qui j'ai vécu; je me survis, mais pour apprendre qu'il me regrette, et que rien ne pourra plus altérer ce sentiment. Les anciens croyaient que les ames de ceux qui n'avaient pas reçu les honneurs de la sépulture erraient long-temps sur les bords du fleuve de la mort : il me semble qu'une situation presque semblable m'est réservée. Je serai sur les confins de cette vie et de l'autre, et la rêverie me fera passer doucement les longues années qui ne seront remplies que par mes souvenirs.

« Je voudrais pouvoir unir à ce grand sacrifice l'idée qu'il est agréable à Dieu; mais je ne puis me tromper moi-même à cet égard. Je n'ai jamais cru qu'un Dieu de bonté exigeât de nous ce qui ne pouvait servir à notre bonheur ni à celui des autres. En brisant mes liens avec le monde, je ne sens au fond de mon cœur que l'amour qui m'y condamne, et l'amour qui m'en récompense : oui, c'est pour son estime, c'est pour ne point exposer sa vie, c'est pour sauver la réputation de celle qu'il a honorée de son choix, que je m'enferme ici pour jamais ! Pardonne, ô mon Dieu ! l'on exige de moi que je prononce ton nom; mais tu lis au fond de mon ame, et tu sais que je ne t'offre point une action dont tu n'es pas l'objet ! je t'offre tout ce que je ferai jamais de bon, d'humain, de raisonnable; mais ce que le désespoir m'inspire, ce sont les passions du cœur qui l'ont obtenu de moi !

« Je suis fière cependant, reprit Delphine, d'immoler mon sort à Léonce; je traverserai le temps qui me reste comme un désert aride, qui conduit du bonheur que j'ai perdu au bonheur que je retrouverai peut-être un jour dans le ciel. Je tâcherai d'exercer quelques vertus dans cet intervalle, quelques vertus qui me fassent pardonner mes fautes, et soutiennent en moi jusque dans la vieillesse l'élévation de l'ame. Voilà tous mes desseins, voilà toutes mes espérances. Ne discutez rien, n'ébranlez rien en me parlant, ma chère Henriette; vous pourriez me faire beaucoup de mal, mais vous ne changeriez rien à mon sort : le déshonneur est sur le seuil de ce couvent: si j'en sors, il m'atteint; s'il m'atteint, Léonce me venge, son sentiment est altéré, je crains pour sa vie, et je perds son amour. Grand Dieu, qui oserait me conseiller de quitter cette demeure, fût-elle mon tombeau ? qui ne me retiendrait pas par pitié, si mes pas m'entraînaient hors de cette enceinte ? »

En l'écoutant, mademoiselle, je ne conservais qu'un espoir, c'est l'année de noviciat qui nous reste. Ne peut-on pas obtenir pendant ce temps de madame de Ternan qu'elle conserve Delphine dans sa maison, et qu'elle étouffe par tous ses moyens l'éclat de son aventure, sans exiger d'elle de prendre le voile? Mais cet espoir, s'il existe encore, ne dépend point de Delphine ; je ne devais donc pas risquer de lui en parler. Je l'embrassai en pleurant ; elle me chargea de vous écrire, et nous nous quittâmes sans que j'eusse tâché d'ébranler dans ce moment sa résolution.

Je vais laisser passer quelques jours, afin que Delphine ait le temps d'adoucir, par sa présence, les cruelles préventions de ses compagnes ; et je retournerai chez madame de Ternan, pour essayer ce que je puis sur elle. Vous aussi, mademoiselle, écrivez à Delphine, servez-vous de votre ascendant pour la détourner de son projet, et consacrons nos efforts réunis à la sauver du malheur qui la menace.

LETTRE XXVI.

Mademoiselle d'Albémar à Delphine.

Montpellier, ce 18 avril.

Ma chère Delphine, je frémis de la lettre de madame de Cerlebe, que je viens de recevoir! Au nom du ciel, retirez le consentement que vous avez donné à madame de Ternan. Je sens tout ce qu'il y a de cruel dans votre situation, mais rien ne doit vous décider à un engagement irrévocable ; ni vos opinions ni votre caractère ne sont d'accord avec les obligations que vous voulez vous imposer : votre pitié généreuse vous a fait commettre une grande imprudence, mais il n'est point impossible de faire connaître le véritable motif de votre démarche.

M. de Valorbe ne peut-il pas se repentir, et vous justifier authentiquement? pensez-vous que le reste de votre vie dépende de ce qui sera dit pendant quelques jours dans un coin de la Suisse ou de l'Allemagne? Si vous n'aviez pas peur d'être condamnée par Léonce, combien il vous serait facile de braver l'injustice de l'opinion! vous que j'ai vue trop disposée à la dédaigner, vous lui sacrifiez votre vie tout entière : quel délire de passion! car, ne vous y trompez pas, votre seul motif, c'est la crainte d'être un instant soupçonnée par Léonce, ou d'en être moins aimée, quand même il connaîtrait votre innocence, si votre réputation restait altérée. Mon amie, peut-on immoler sa destinée entière à de semblables motifs?

Le plus grand malheur des femmes, c'est de ne compter dans leur vie que leur jeunesse; mais il faut pourtant que je vous le dise, dussé-je vous indigner, dans dix ans vous n'éprouverez plus les sentiments qui vous dominent à présent; dans vingt ans, vous en aurez perdu même le souvenir ; mais le malheur auquel vous vous dévouez ne passera point, et vous vous désespérerez d'avoir soumis votre destinée entière à la passion d'un jour. Encore une fois, pardonnez; je reviens à ce que vous pouvez entendre sans vous révolter contre la froideur de ma raison.

Avez-vous pensé que vous mettiez une barrière éternelle entre Léonce et vous? S'il était libre une fois; si jamais... juste ciel ! dites-moi, l'imagination la plus exaltée aurait elle pu inventer des douleurs aussi déchirantes que le seraient les vôtres? Vous vous êtes mal trouvée de vous livrer à l'enthousiasme de votre caractère, la réalité des choses n'est point faite pour cette manière de sentir; vous mettez dans la vie ce qui n'y est pas, ce qu'elle ne peut contenir : au nom de notre amitié, au nom encore plus sacré de celui que vous nommez votre bienfaiteur, de mon frère, renoncez à votre noviciat avant que l'année soit écoulée ! le temps amènera ce que la pensée ne pouvait prévoir; mais que peut-il, le temps, contre les engagements irrévocables?

Je crains beaucoup l'ascendant qu'a pris sur vous madame de Ternan ; sa ressemblance avec Léonce en est, j'en suis sûre, la principale cause : elle agit sur vous, sans que vous puissiez vous en défendre; sans cette fatale ressemblance, madame de Ternan vous déplairait certainement : la femme qui n'a pu se consoler de n'être plus belle doit avoir l'ame la plus froide et l'esprit le plus léger. Moi qui ai été vieille dès mes premiers ans, puisque ma figure ne pouvait plaire, j'ai su trouver des jouissances dans mes affections; et si vous étiez heureuse, j'aimerais la vie. Madame de Ternan avait des enfants, pourquoi n'a-t-elle pas desiré de vivre auprès d'eux? Elle était riche, pourquoi n'a-t-elle pas mis son bonheur dans la bienfaisance? elle n'a vu dans la vie qu'elle, et dans elle que son amour-propre. Si elle avait été un homme, elle aurait fait souffrir les autres ; elle était femme, elle a souffert elle-même; mais je ne vois en elle aucune trace de bonté, et, sans la bonté, pourquoi la douleur même inspirerait-elle de l'intérêt? en a-t-elle pour vous, cette femme cruelle, quand elle vous offre l'alternative du déshonneur, ou d'une vie qui ressemble à la mort ?

Vous avez la tête presque perdue, vous ne croyez plus à l'avenir ; vous êtes saisie par une fièvre de l'ame qui ne se manifeste point aux yeux des autres, mais qui vous égare entièrement. Je conçois qu'il est des moments où l'on voudrait abdiquer l'empire de soi ; il n'y a point de volonté qu'on ne préfère à la sienne, et la personne qui veut s'emparer de vous le peut alors, sans avoir besoin, pour y parvenir, de mériter votre estime. Mais quand on se trouve dans une pareille situation, ce qu'il faut, mon amie, c'est ne prendre aucune résolution, replier ses voiles, laisser passer les sentiments qui nous agitent, employer toute sa force à rester immobile, et six mois jamais ne se sont écoulés sans qu'il y ait eu un changement remarquable en nous-mêmes et autour de nous.

Ma chère Delphine, avant que votre année de noviciat soit finie, j'irai vous chercher ; et si mes raisons ne vous ont pas persuadée, j'oserai, pour la première fois, exiger votre déférence.

LETTRE XXVII.

Delphine à mademoiselle d'Albémar.

De l'abbaye du Paradis, ce 1er mai.

Pardonnez, ma sœur, si je ne puis vous peindre avec détail les sentiments de mon ame : parler de moi me fait mal. Ce que je puis vous dire seulement, c'est que je souhaiterais sans doute qu'avant la fin de mon noviciat, une circonstance heureuse me permît de ne pas prononcer mes vœux ; mais tant que je n'aurai que l'alternative de ces vœux ou de mon déshonneur, rien ne peut faire que j'hésite à les prononcer. Pardon encore de repousser ainsi vos conseils et votre amitié ; mais il y a des situations et des douleurs dans la vie, dont personne ne peut juger que nous-mêmes.

LETTRE XXVIII.

Madame de Mondoville, mère de Léonce, à sa sœur, madame de Ternan.

Madrid, ce 15 mai 1792.

Vainement, ma chère sœur, vous vous croyez certaine d'avoir fixé madame d'Albémar auprès de vous ; vainement vous pensez que je n'ai plus rien à craindre du fol amour de mon fils pour elle; tous vos projets peuvent être renversés, si vous ne suivez pas le conseil que je vais vous donner.

Une lettre de Paris m'apprend que Matilde est malade : elle le cache à tout le monde, et encore plus soigneusement à mon fils; mais le jeûne rigoureux auquel elle s'est astreinte cette année, quoiqu'elle fût grosse, lui a fait un mal peut-être irréparable; et l'on m'écrit que si, dans cet état, elle persiste à vouloir nourrir son enfant, certainement elle n'y résistera pas deux mois : si elle meurt, mon fils ne perdra pas un jour pour découvrir la retraite de madame d'Albémar; il l'engagera bien aisément à renoncer à son noviciat, et rien au monde alors ne pourra l'empêcher de l'épouser : quelle est donc la ressource qui peut nous rester contre ce malheur? une seule, et la voici :

Il faut obtenir des dispenses de noviciat pour madame d'Albémar, et lui faire prononcer ses vœux tout de suite; rien de plus facile et rien de plus sûr que ce moyen : j'ai déjà parlé au nonce du pape en Espagne; il a écrit en Italie, l'on ne vous refusera point ce que vous demanderez; envoyez un courrier à Rome, donnez les prétextes ordinaires en pareils cas, et quand vous aurez obtenu la dispense, offrez, comme vous l'avez déjà fait, à madame d'Albémar, le choix de prononcer ses vœux, ou de sortir de votre maison : elle n'hésitera pas, et nous n'aurons plus d'inquiétude, quoi qu'il puisse arriver.

Nous ne pouvons nous reprocher en aucune manière d'abréger le noviciat de madame d'Albémar; elle a manifesté son intention de se faire religieuse, elle a vingt-deux ans, elle est veuve, personne n'est plus en état qu'elle de se décider, et ce n'est pas la différence de quelques mois qui rendra ses vœux moins libres et moins légitimes. Mais de quelle importance n'est-il pas pour nous de ne pas nous exposer à attendre les couches de Matilde? Si elle meurt, madame d'Albémar vous quitte; vous perdrez ainsi pour jamais une société qui vous est devenue nécessaire; et moi, j'aurai pour belle-fille un caractère inconsidéré, une tête imprudente, qui mettra le trouble dans ma famille.

Je suis vieille, assez malade; je veux mourir en paix, et rappeler près de moi mon fils : soit que Matilde vive ou qu'elle meure, Léonce m'aimera toujours par-dessus tout, s'il n'est pas lié à une femme dont il soit amoureux, et qui absorbe entièrement toutes ses affections; mon esprit, au moins à présent, lui est nécessaire : s'il a une femme qui ait aussi de l'esprit, et, de plus, de la jeunesse et de la beauté, que serai-je pour lui ? Vous m'avez avoué, ma sœur, que vous vous préfériez aux autres : moi, si je suis personnelle, c'est dans le sentiment que je le suis ; je donnerais ma vie avec joie pour le bonheur de mon fils ; mais je ne voudrais pas qu'une autre que moi fît ce bonheur, et je me sens de la haine pour une personne qu'il aime mieux que moi.

Vous voyez, chère sœur, avec quelle franchise je vous parle ; mais songez surtout combien il est essentiel de ne pas perdre un moment, pour nous préserver des chagrins qui nous menacent.

LETTRE XXIX.

Madame de Cerlebe à mademoiselle d'Albémar.

De l'abbaye du Paradis, ce 20 juin.

Tout est dit, le temps, sur lequel je comptais, nous est arraché ; les vœux éternels sont prononcés ! Ah ! nous avons été entraînées par je ne sais quelle puissance inexplicable ; et maintenant qu'il faut que je vous rende compte de ces malheureux jours, leur souvenir se perd dans le trouble qui nous a peut-être empêchées de faire usage de notre raison.

Depuis près de trois mois que madame d'Albémar était novice, madame de Ternan avait cherché tous les moyens de prendre de l'ascendant sur elle : ce n'était point par de l'art ou de la fausseté qu'elle y était parvenue ; il faut rendre à madame de Ternan la justice qu'elle a beaucoup de vérité dans le caractère, mais tant d'humeur et de personnalité, qu'il faut ou se brouiller avec elle, ou céder à ses volontés. Combien, dans la plupart des associations de la vie, n'y a-t-il pas d'exemples de l'empire de l'humeur et de l'exigence sur la douceur et la raison ! dès qu'un lien est formé de manière qu'on ne puisse plus le rompre sans de graves inconvénients, c'est le plus personnel des deux qui dispose de l'autre.

Je me croyais sûre cependant que nous avions encore plusieurs mois devant nous ; je comptais sur votre arrivée, que vous aviez annoncée ; je me flattais que, pendant ce temps, il surviendrait des incidents qui délivreraient madame d'Albémar sans la compromettre. Lorsqu'il y a trois jours, je vins la voir à son couvent, je la trouvai beaucoup plus triste qu'elle ne l'avait été jusqu'alors. Interrogée par moi, elle me dit que madame de Ternan avait obtenu à Rome des dispenses de noviciat, et qu'elle voulait l'obliger à prononcer ses vœux dans trois jours : indignée de cette résolution, j'en demandai les motifs. « Elle ne me les a pas fait connaître, répondit madame d'Albémar; elle s'est retranchée dans la phrase ordinaire dont elle se sert quand elle a de l'humeur contre moi; elle m'a dit que, si je ne voulais pas suivre ses conseils, elle rendrait publique la lettre du commandant de Zell, et se conformerait à la délibération des sœurs, qui, en conséquence de cette lettre, avaient décidé qu'elles ne me garderaient pas dans leur couvent. J'ai cependant persisté dans mon refus d'abréger mon noviciat, continua Delphine; mais cette affreuse menace me remplit de terreur. » J'essayai alors de rassurer madame d'Albémar, et je me déterminai à parler à madame de Ternan, malgré l'éloignement qu'elle m'inspire : je lui fis demander de la voir; elle me fit dire capricieusement de revenir le lendemain.

En arrivant, je lui expliquai l'objet de ma visite; elle me dit, avec une franchise d'égoïsme tout-à-fait originale, qu'elle avait des raisons de craindre que, si le noviciat de Delphine durait un an, les circonstances ou ses amis ne la fissent renoncer au projet de se faire religieuse, et qu'elle ne voulait pas s'exposer à perdre la société d'une personne qui lui plaisait extrêmement. Je voulus lui parler alors du plaisir d'être généreuse envers ses amis, de se sacrifier pour eux; elle me répondit honnêtement, mais comme s'il fallait de la politesse pour ne pas se moquer de ce qu'elle appelait ma mauvaise tête; et non seulement elle n'était pas ébranlée par tout ce que je pouvais lui dire, mais elle n'avait pas l'air de croire qu'on pût hésiter sur ce que je proposais, et répétait sans cesse : « Comment peut-on me demander de ne pas employer tous mes moyens pour faire réussir une chose que je souhaite? c'est vraiment de la folie. »

Je retournai ensuite vers Delphine, et je voulus l'engager à sortir de l'abbaye, à braver ce qu'on pourrait dire, en venant s'établir chez moi; mais je vis avec douleur qu'elle n'en avait pas la force. « Autrefois, me dit-elle, je ne craignais pas du tout l'opinion, et je ne consultais jamais que le propre témoignage de ma conscience; mais depuis que le monde a trouvé l'art de me faire mal dans mes affections les plus intimes, depuis que j'ai vu qu'il n'y avait pas d'asile contre la calomnie, même dans le cœur de ce qu'on aime, j'ai peur des hommes, et je tremble devant leur injustice presque autant que devant mes remords; enfin j'ai tant souffert, que je n'ai plus qu'un vif desir, celui d'éviter de nouvelles peines. » C'est ainsi, mademoiselle, que me trouvant entre l'inflexible personnalité de madame de Ternan, et l'effroi que causait à Delphine la seule idée d'un éclat déshonorant, tous mes efforts auprès de l'une et de l'autre étaient inutiles.

Cependant je me flattais, avec raison, d'avoir plus d'ascendant sur Delphine : elle redoutait les vœux précipités qu'on exigeait d'elle, et souhaitait extrêmement de pouvoir y échapper : j'étais avec elle, et nous cherchions ensemble s'il existait un moyen d'ébranler la résolution de madame de Ternan, lorsqu'elle entra dans la chambre avec un air d'indignation qui me fit battre le cœur. « Voilà, madame, dit-elle à Delphine, la lettre que vous m'attirez ; c'en est trop, il faut pourtant que vous cessiez de porter le trouble dans cette maison. » Je lus à Delphine tremblante la lettre que madame de Ternan consentit à me donner; elle contenait des menaces insensées et offensantes, que M. de Valorbe écrivait à madame de Ternan ; il lui déclarait qu'il avait appris qu'elle voulait forcer madame d'Albémar à se faire religieuse, et que dans peu de jours, espérant obtenir sa liberté du gouvernement autrichien, il viendrait réclamer lui-même madame d'Albémar, et accuser publiquement quiconque voudrait la retenir : il ajoutait à ces menaces, déjà très blessantes, quelques mots qui indiquaient le peu de dévotion de madame de Ternan, et les motifs de vanité qui lui avaient fait haïr le monde. Après une telle lettre, il n'était plus possible d'espérer que madame de Ternan fléchît jamais sur la volonté qu'elle avait exprimée; le malheureux Valorbe n'avait certainement dans cette circonstance que le desir d'être utile à madame d'Albémar, et pour la seconde fois il la perdait.

Madame de Ternan était irritée à un degré excessif; c'est une personne qu'on ne peut plus ramener, quand une fois son amour-propre est offensé. Madame d'Albémar voulut dire quelques mots sur ce qu'il serait injuste de la rendre responsable du caractère de M. de Valorbe, elle qui en avait été si cruellement victime. « Que vous soyez innocente ou non, madame, de son insolente folie, répondit madame de Ternan, il n'en est pas moins vrai qu'il veut vous enlever d'ici, quand il aura recouvré sa liberté. Pour prévenir cette scène scandaleuse, il ne reste que deux partis à prendre : ou vous ferez perdre toute espérance à M. de Valorbe en vous fixant dans cette maison pour toujours, ou vous voudrez bien en sortir; et comme il ne faut pas que M. de Valorbe puisse se flatter que ses menaces m'ont fait peur, je ferai connaître la délibération de nos sœurs et ses motifs. » J'espérai un moment que le ton impérieux de madame de Ternan avait révolté Delphine, et qu'elle allait tout braver pour lui résister; car elle lui répondit, avec beaucoup de dignité : Vous abusez trop, madame, de mon malheur, et vous comptez trop peu sur mon courage. »

Dans ce moment on apporta une lettre de vous; pardonnez-moi, mademoiselle, la peine que je vais vous causer : ne vous accusez pas cependant, car je suis sûre que cette lettre n'a rien changé à l'événement, il était inévitable. Madame de Ternan prit, avec sa hauteur accoutumée, votre lettre adressée à madame d'Albémar, et dit à Delphine : « Tant que vous êtes novice dans ma maison, madame, j'ai le droit de lire vos lettres : la voici, continua-t-elle après l'avoir parcourue; on y parle seulement de mon neveu et de l'heureux accouchement de sa femme. « Delphine tressaillit au nom de Léonce, et la main qu'elle tendit pour recevoir la lettre tremblait extrêmement. Vous savez que vous lui mandiez que Mathilde était accouchée d'un fils, et que sans doute elle se portait bien, puisqu'elle était décidée à nourrir son enfant; vous ajoutiez que Léonce paraissait sentir vivement le bonheur d'être père.

Delphine baissa son voile pour lire cette lettre, afin de cacher son trouble; je lui demandai de la voir, et comme elle me la donnait, sa main souleva par hasard ce voile, et nous vîmes baigné de pleurs ce visage céleste, que toutes les impressions de l'ame, même les plus douloureuses, embellissent encore. Elle rougit extrêmement, quand elle s'aperçut que son émotion, dans une pareille circonstance et pour un semblable sujet, avait été connue; et c'est alors qu'avec l'accent le plus sombre, et l'expression de découragement la plus déchirante, elle dit : « C'est assez résister, c'est assez combattre pour une existence infortunée, contre tous les événements et tous les caractères; mes amis, le monde et mon propre cœur sont lassés de moi, c'est assez : demain, madame, continua-t-elle en s'adressant à madame de Ternan, demain, à pareille heure, je me lierai par les serments que vous me demandez. Que personne n'en soit témoin, je vous en conjure; ma disposition ne me rend pas digne de l'appareil qui donnerait à cette cérémonie un caractère imposant; séparez-moi du passé, de l'avenir, de la vie; c'est tout ce que je veux, c'est tout ce que je puis. » Madame de Ternan embrassa Delphine avec une sorte de triomphe qui me fit bien mal; ce qui lui causait le plus de plaisir encore dans la résolution de Delphine, c'était d'être parvenue à se faire obéir. Elle me demanda de la laisser seule avec madame d'Albémar tout le jour, pour la préparer au lendemain; il fallut m'éloigner. Delphine, profondément absorbée, ne remarqua pas mon départ.

Le lendemain, j'arrivai de bonne heure au couvent; les religieuses entouraient Delphine, et lui demandaient si elle sentait la grace descendre dans son cœur; elle ne répondait rien, pour ne pas les scandaliser ni les tromper; mais elle m'a dit depuis que dans aucun temps de sa vie elle n'avait éprouvé des sentiments moins conformes à la situation où elle se trouvait; car rien ne lui paraissait plus contraire à l'idée qu'elle a toujours nourrie de la véritable piété, que ces institutions exagérées qui font de la souffrance le culte d'un Dieu de bonté. Les cérémonies de deuil dont on l'entourait ne produisirent aucune impression : une fois, m'a-t-elle dit, elle avait été profondément touchée d'une semblable cérémonie; mais son ame était maintenant si fort occupée, qu'aucun objet extérieur ne frappait même son imagination.

L'abbesse arriva; elle avait mis du soin dans l'arrangement de son costume; elle avait l'air plus jeune, et sans doute elle rappelait davantage Léonce; car Delphine, approchant de moi, me dit : « Considérez madame de Ternan, c'est la ressemblance de Léonce que je vois, c'est elle qui marche devant moi; puis-je me tromper en la suivant? N'y a-t-il pas quelque chose de surnaturel dans cette ombre de lui qui me conduit à l'autel? O mon Dieu! continua-t-elle à voix basse, ce n'est pas à vous que je me sacrifie, ce n'est pas vous qui exigez l'engagement insensé que je vais prendre; c'est l'amour qui m'entraîne, c'est l'injustice des hommes qui m'y condamne; pardonnez si l'on me force à prononcer votre nom, je ne cherche ici qu'un asile; c'est dans mon cœur qu'est votre culte. Toutes ces vaines démonstrations, toutes ces folles promesses, je vous en demande le pardon, loin d'en espérer la récompense. » Je ne puis vous peindre, mademoiselle, ce qu'il y avait d'effrayant dans ce discours, et dans l'expression de douleur qu'on voyait alors sur le visage de Delphine; si elle s'était faite religieuse avec les sentiments de cet état, j'aurais versé plus de larmes, mais j'aurais moins souffert : il me semblait que je la voyais marcher à la mort, sans réflexion, sans terreur, avec cet égarement qui a quelquefois le caractère de l'insouciance, mais qui ne vient cependant que de l'excès même du désespoir.

Les religieuses accompagnèrent Delphine sans ordre, sans recueillement; elles avaient, sans s'en rendre compte, une idée confuse du motif de tout ce qui se passait. Delphine était plus belle que je ne l'avais jamais vue de ma vie ; mais ces charmes ne venaient point de l'abattement ni de la pâleur qui la rendaient si intéressante depuis quelque temps ; elle avait, au contraire, une expression animée, qui tenait, je crois, à de la fièvre ; elle ne leva pas même une seule fois les yeux vers le ciel, comme si elle eût craint de l'attester dans une pareille circonstance.

Madame de Ternan remplissait les devoirs de sa place avec décence, mais sans que rien en elle pût émouvoir le cœur par des sentiments religieux. Un prêtre d'un talent médiocre fit un discours que personne n'écouta fort attentivement : cependant lorsqu'à la fin, suivant l'usage, il interpella formellement la novice, pour lui recommander de ne point embrasser l'état de religieuse par des *motifs humains*, Delphine tressaillit, et, laissant tomber sa tête sur ses deux mains, elle fut absorbée dans une méditation si profonde, qu'aucun des objets qui l'entouraient ne paraissait attirer son attention. Elle devait, dans un moment convenu, s'avancer au milieu du chœur ; et comme elle n'avait pas l'air de penser à quitter sa place, j'eus un moment l'espoir qu'elle allait refuser de prononcer ses vœux ; mais cet espoir dura peu. L'abbesse commença la première à chanter, ainsi que cela est ordonné dans ces cérémonies, un psaume très solennel, dont les paroles sont :

Souviens-toi qu'il faut mourir [1].

La voix de madame de Ternan est belle et jeune encore : je reconnus, dans sa manière de prononcer, cet accent espagnol dont madame d'Albémar m'avait souvent parlé, et je compris d'abord, à l'extrême émotion de Delphine, que tout lui rappelait Léonce. Enfin elle se leva, et se dit à elle-même, assez haut cependant pour que je l'entendisse : « Eh bien, puisque le ciel se sert de cette voix pour m'ordonner de mourir, il n'y faut pas résister. Léonce, Léonce ! répéta-t-elle encore en se jetant à genoux, reçois mon sacrifice ! » Sa beauté, en ce moment, était enchanteresse, et je pensais, avec un mélange d'étonnement et de terreur, à cet amour

---

[1] *Memento mori.*

tout puissant, à cet homme inconnu, mais sans doute extraordinaire, puisque son souvenir occupait entièrement cette charmante créature, qui s'immolait à sa tendresse pour lui.

Pendant le reste de la cérémonie, Delphine montra assez de force ; et ce qui acheva de me confondre, c'est que, rentrée chez elle avec moi, lorsque tout fut terminé, elle ne paraissait pas se ressouvenir qu'elle eût changé d'état : elle ne disait plus rien qui eût aucun rapport avec ce qui venait de se passer, et s'occupait seulement de la lettre qu'elle voulait écrire à M. de Valorbe, en lui apprenant la résolution qu'elle venait d'accomplir, et le priant d'accepter une partie de sa fortune. Je ne combattis point cette généreuse pensée ; madame d'Albémar ne peut se soutenir dans sa situation que par l'enthousiasme ; tant qu'il lui restera quelque action noble à faire, elle ne sentira pas tout ce que son état a de cruel.

Elle a pris de grandes précautions pour qu'on ne sache point son nom, afin que de long-temps Léonce ne puisse découvrir ce qu'elle est devenue, ni les motifs qui l'ont forcée à se faire religieuse ; elle craindrait qu'il ne s'en vengeât sur M. de Valorbe. Enfin je l'ai vue, pendant les deux heures que j'ai passées avec elle, constamment occupée des autres, et, dans l'éclat de la jeunesse et de la beauté, parlant d'elle-même comme si elle eût déja cessé d'exister.

Maintenant, hélas ! mademoiselle, en écrivant à votre amie, songez que son malheur est sans ressource, encouragez-la à le supporter ; vous avez de l'empire sur elle, faites-en l'usage que la nécessité commande. Ne me haïssez pas de n'avoir pu sauver Delphine ! j'ai assez souffert pour que vous ne puissiez pas douter des sentiments dont je suis pénétrée.

LETTRE XXX.

M. de Valorbe à madame d'Albémar.

Zell, ce 24 juin.

Vous avez eu tort de vous faire religieuse ; vous avez craint d'être déshonorée par les heures passées à Zell, et vous n'avez pas daigné penser que je vous justifierais avant de mourir. En mourant, je ferai connaître la vérité ; elle parviendra à Montalte, qui est maintenant en Languedoc ; je lui permettrai d'en instruire Léonce, une fois, dans quelque temps, quand mes cendres seront assez refroidies pour que votre triomphe ne les insulte pas. Vous serez alors bien affligée de vous être séparée pour jamais du monde; mais pourquoi n'avez-vous pas compté sur ma mort? Je vous l'avais promise, il fallait m'en croire.

Si quelqu'un avait voulu m'aimer, je sens que je me serais adouci, je serais redevenu digne de ce qu'on aurait fait pour moi ; mais à qui importait-il que je vécusse ?

Savez-vous ce qu'il y a d'horrible dans ma situation? Ce n'est pas de terminer une vie que la ruine, les souffrances, le déshonneur me rendent odieuse ; mais c'est de n'avoir pas au fond du cœur un seul sentiment doux, de ne pouvoir verser des pleurs sur mon sort, d'être dur pour moi, comme l'a été le reste des hommes ; de me haïr, de repousser l'instinct de la nature par une sorte de férocité qui m'inspire la dérision de mes propres douleurs. Oui, les hommes m'ont enfin mis de leur parti, je me traite comme ils m'ont traité ; et si c'est un crime de repousser tous les secours qui pourraient conserver la vie, je le commets, ce crime, avec le sang-froid barbare qui ferait immoler un ennemi longtemps détesté.

Delphine, vous que j'aimais, vous qui pouviez tirer encore des larmes de ce cœur desséché, vous avez mieux aimé nous tuer tous les deux, que de réunir nos malheureuses destinées. Écoutez-moi, je vous ai pardonné, vous valiez encore mieux que le reste de la terre ; votre réputation sera complètement rétablie, elle le sera par moi ; Léonce ne pourra pas former contre vous le moindre soupçon. Malheureux que je suis ! il y aura encore de l'amour après moi, il y aura des cœurs qui seront heureux.... Qu'ai-je dit? hélas! pauvre Delphine, ce ne sera pas vous qui jouirez de la vie. Je vous le répète encore, pourquoi vous êtes-vous faite religieuse? C'était moi que vous vouliez fuir, et vous préfériez le tombeau à notre hymen. Mais ne pouviez-vous pas attendre quelques moments, quelques jours? je n'en demandais pas plus pour achever de vivre. Oh! que je souffre! mourir est plus douloureux encore que je ne croyais.

LETTRE XXXI.

Madame de Cerlebe à mademoiselle d'Albémar.

Zurich, ce 28 juin 1792.

L'infortuné Valorbe n'est plus; en mourant, il a écrit à madame d'Albémar qu'il la justifierait dans l'opinion : ainsi, huit jours après avoir prononcé ses vœux, elle apprend que le sacrifice affreux qu'elle a fait est devenu inutile.

La mort de M. de Valorbe a été terrible. En recevant la lettre de madame d'Albémar, qui lui apprenait qu'elle avait prononcé ses vœux, il est tombé dans un accès de désespoir tel, qu'il a déchiré lui-même ses blessures déja rouvertes, et, pendant trois jours, il a refusé tous les secours qu'on voulait lui donner pour le sauver; mais, par une inconséquence déplorable, quand il n'y avait plus de ressource, il a vivement désiré qu'on pût en trouver. Violent et faible jusqu'au dernier moment, il a regretté la vie quand sa volonté avait appelé la mort; irrité par ses douleurs, irrité par la résistance que la nature opposait à ses desirs, il a éprouvé comme une sorte de rage de mourir, après avoir maudit l'existence tant qu'il était en son pouvoir de la conserver. Plusieurs fois, en expirant, il a nommé madame d'Albémar, et l'a accusée de son sort.

Madame de Ternan, qui ne ménage jamais les autres, a remis à Delphine une lettre de Zell, qui contenait tous ces détails; et quand je suis arrivée à l'abbaye, madame d'Albémar savait tout; et, se jetant dans mes bras, elle m'a dit : « Jusqu'à ce jour je n'avais fait de mal qu'à moi, et maintenant je suis coupable de la mort d'un homme, d'un homme qui avait conservé la vie à mon bienfaiteur! Oh! que j'ai pitié de lui! oh! que je voudrais, aux dépens de ma vie, l'avoir sauvé! Il vivrait s'il ne m'eût pas connue! Malheureuse, pourquoi suis-je née? » J'ai dit à Delphine tout ce qui pouvait lui persuader qu'elle ne devait point se reprocher la mort de M. de Valorbe. « Je sais bien, me répondit-elle, que je ne suis pas méchante; mais j'ai d'autres défauts qui causent autant de malheurs autour de moi, l'imprudence, l'entraînement, les sentiments irréfléchis et passionnés. Je n'ai pas su guider ma vie, et j'ai précipité les autres avec moi. — Je vous en conjure, lui dis-je, ne considérez pas les malheurs que vous éprouvez comme le résultat de vos erreurs et de vos fautes. Les résolutions que vous avez prises appartenaient à des sentiments tout-à-fait involontaires. Il y a de la fatalité en nous comme hors de nous, et il ne faut pas plus se révolter contre soi que contre les autres. — Ah! reprit Delphine, tout pouvait encore se supporter; mais la mort, l'irréparable mort! »

J'essayai de lui parler du soin que M. de Valorbe avait pris de la justifier dans l'esprit de Léonce. « Le malheureux! s'écria-t-elle, c'est un trait de bonté qui doit l'absoudre de tout; il m'a justifiée! Voilà donc, dit-elle en s'arrêtant subitement, comme si une pensée tout-à-fait imprévue se fût emparée d'elle, voilà déja la moitié de la prédiction de ma sœur qui s'est accomplie! Ne m'a-t-elle pas dit que la vérité serait connue sur mon voyage à Zell? elle le sera. Ne m'a-t-elle pas dit aussi que peut-être un jour Léonce serait libre? Oh! d'où vient que cette idée, la plus invraisemblable de toutes, m'est revenue dans cet instant? C'est parceque mon sort est maintenant irrévocable, que je crois aux événements qui me paraissaient impossibles il y a quelque temps : funeste imagination! s'écria-t-elle; ah, Dieu! » Et elle resta plongée dans le plus profond silence.

Madame d'Albémar n'est pas encore en état de vous écrire, mademoiselle; elle m'a demandé de m'en charger : c'est toujours à vous qu'elle pense au milieu de ses plus grandes peines. Ah! mademoiselle, venez, venez ici. Votre présence est le seul bien qui puisse consoler cette jeune infortunée, privée de tout autre espoir pour le cours de sa longue vie.

LETTRE XXXII.

Madame de Lebensei à mademoiselle d'Albémar.

Paris, ce 30 juin 1792.

Madame de Mondoville est tombée tout-à-coup très malade, mademoiselle; elle s'obstine à vouloir nourrir son enfant dans cet état; et si l'on n'obtient pas d'elle d'y renoncer, sa mort est certaine. Je vous donnerai de ses nouvelles exactement; mon mari ne quitte pas M. de Mondoville. Ne mandez pas à madame d'Albémar la situation de Matilde; il faut lui épargner des impressions trop mêlées, trop diverses, pour ne pas agiter vivement son cœur. Soyez sûre que je ne passerai pas un jour sans vous informer de la santé de madame de Mondoville. Nous nous entendons sans nous exprimer. Adieu, mademoiselle.

SIXIÈME PARTIE.

LETTRE PREMIÈRE.

Delphine à mademoiselle d'Albémar.

De l'abbaye du Paradis, ce 1ᵉʳ juillet 1792.

Mon amie, j'ai causé la mort d'un homme! c'est en vain que je cherche dans ma pensée des excuses, des explications; je n'ai pas eu des intentions coupables, mais sans doute je n'ai pas su ménager le caractère de M. de Valorbe; je n'aurais pas dû lui donner un asile dans ma propre maison : un bon sentiment m'y portait; mais la destinée des femmes leur permet-elle de se livrer à tout ce qui est bien en soi? Ne fallait-il pas calculer les suites d'une action même honnête, et trouver une manière plus sage de concilier la bonté du cœur avec les devoirs imposés par la société? Si je n'avais pas des reproches à me faire, serais-je si malheureuse? on ne souffre jamais à ce point sans avoir commis de grandes fautes.

Je repasse sans cesse dans ma pensée ce que j'aurais pu écrire à M. de Valorbe, qui eût adouci son désespoir, quand je lui annonçai mon nouvel état : il me semble que la crainte fugitive de ce qui vient d'arriver a traversé mon esprit, et que je ne m'y suis pas assez arrêtée. Je cherche à me rappeler le moment où cette crainte m'est venue, le degré d'attention que j'y ai donné, les pensées qui m'en ont détournée. Je m'efforce de suivre en arrière les plus légères traces de mes réflexions, pour m'accuser ou m'absoudre. Je me reproche enfin de ne pas accorder à la mémoire de M. de Valorbe les sentiments qu'il demandait de moi, de ne pas regretter assez celui qui est mort pour m'avoir aimée; je n'ose me livrer à m'occuper de Léonce : il me semble que M. de Valorbe me poursuit de ses plaintes; il n'y a plus de solitude pour moi, les morts sont partout.

Vous le savez; autrefois, quand j'étais près de vous, je me plaisais dans la vie contemplative : le bruit du vent et des vagues de la mer, qu'on entendait souvent dans notre demeure, me faisait éprouver les sensations les plus douces; je rêvais l'avenir en écoutant ces bruits harmonieux, et, confondant les espérances de la jeunesse avec celles d'un autre monde, je me perdais délicieusement dans toutes les chances de bonheur que m'offrait le temps sous mille formes différentes. Cet été même, quand je n'avais plus à attendre que des peines, vingt fois, au milieu de la nuit, me promenant dans le jardin de l'abbaye, je regardais les Alpes et le ciel ; je me retraçais les écrits sublimes qui, dès mon enfance, ont consacré ma vie au culte de tout ce qui est grand et bon : les chants d'Ossian, les hymnes de Thompson à la nature et à son créateur, toute cette poésie de l'ame qui lui fait pressentir un secret, un mystère, un avenir, dans le silence du ciel et dans la beauté de la terre ; le merveilleux de l'imagination, enfin, m'élevait quelquefois dans la solitude au-dessus de la douleur même ; je me rappelais alors la destinée de tout ce qui a été distingué dans le monde ; et je n'y voyais que des malheurs. Amour, vertu, génie, tout ce qui a honoré l'homme, l'homme l'a persécuté. Pourquoi donc, me disais-je, serais-je révoltée de mon sort ? quand j'ai osé sentir, penser, aimer, ne me suis-je pas condamnée à souffrir ? Et je levais des regards plus fiers vers ces astres qui ont recueilli toutes les idées, toutes les affections que les vulgaires habitants de ce monde ont repoussées. Cette disposition de mon cœur m'était assez douce, elle m'aidait à supporter le nouvel état que j'ai embrassé ; mais, depuis la mort de M. de Valorbe, je ne sais quelle inquiétude, quel sentiment amer ne me permet plus d'être bien quand je suis seule.

Il faut que j'essaie d'une vie plus utilement employée, et que je fasse servir mon existence au bien des autres, pour parvenir à la supporter moi-même. Les plaisirs d'une bienfaisance continuelle, l'espoir de perfectionner mon ame en soulageant l'infortune, me ranimeront peut-être : les heures oisives que l'on passe ici me deviennent trop pénibles ; la rêverie me consume, au lieu de me calmer ; je ne puis échapper à moi qu'en m'occupant sans cesse à secourir les souffrances de l'humanité : écoutez mon projet, ma sœur, et secondez-le.

La société de madame de Ternan me devient chaque jour moins agréable ; je ne lui plais plus, depuis que les malheurs que j'ai éprouvés me rendent incapable de chercher à la distraire ; elle a un fonds de tristesse sans sujet, qui lui fait détester dans les autres les peines qui ont une cause réelle ; et jamais personne n'a été moins propre à consoler, car elle n'observe jamais que ce qui la regarde personnellement ; on dirait qu'elle ne croit à rien qu'à ce qu'elle éprouve, et que tout ce qui l'environne lui paraît devoir être une modification d'elle-même. Je voudrais quitter cette femme qui m'a fait tant de mal, et me réunir à quelque association religieuse, mais consacrée à la bienfaisance. Je n'ai pas la moindre vocation pour le genre de vie qu'on mène ici ; les pratiques continuelles et minutieuses que l'on m'impose sont, avec ma manière de voir, une sorte d'hypocrisie qui révolte mon caractère. Je ne veux pas cependant, comme madame de Ternan, m'affranchir presque entièrement des exercices religieux qu'on exige de nous; je craindrais d'affliger, par mon exemple, mes compagnes qui s'y soumettent, mais je voudrais remplir quelques devoirs qui fussent analogues aux idées que j'ai sur la vertu.

Hier, un religieux du mont Saint-Bernard est venu dans notre couvent; je lui trouvais une expression de calme et de sensibilité que n'ont point nos religieuses. Je me promenai quelque temps avec lui ; il me raconta par hasard, et sans y attacher lui-même autant d'importance que moi, un trait qui pénétra mon cœur. Un vieillard de son ordre, accablé d'infirmités, et retiré dans l'hospice des malades, apprit cet hiver qu'un voyageur, tombé dans les neiges à peu de distance de son couvent, était près de mourir ; il se trouvait seul alors, tous ses frères étant absents pour rendre d'autres services ; il n'hésita pas, il partit, et retrouva le malheureux voyageur expirant au milieu des neiges. Il n'était plus possible de le transporter, il entendait avec difficulté ce qu'on lui disait : le vieillard se mit à genoux près de lui, sur les glaces qui l'environnaient ; il se pencha vers son oreille, et tâcha de lui faire comprendre les paroles qui donnent encore de l'espérance au dernier terme de la vie; il resta près d'une heure dans cette situation, recevant sur sa tête blanchie et sur son corps infirme la pluie et les frimas, qui sont mortels au sommet des Alpes pour la jeunesse elle-même. Le vieillard élevait la voix ou l'adoucissait, suivant l'expression du visage de son infortuné malade ; il faisait pénétrer des consolations à travers les souffrances de l'agonie, et suivait l'ame enfin jusqu'à son dernier souffle, pour apaiser les peines morales, quand la nature physique se déchirait et s'anéantissait. Peu de jours après, ce bon vieillard mourut du froid qu'il avait souffert. Celui qui me racontait ce généreux dévouement s'étonnait de mon émotion.

« Croyez-moi, ma chère sœur, me dit-il, on est heureux de consacrer sa vie et sa mort au bien des autres : que signifieraient nos engagements, nos sacrifices, s'ils n'avaient pas pour but de secourir les misérables? La prière est un doux moment, mais c'est quand on a fait beaucoup de bien aux hommes que l'on jouit de s'en entretenir avec Dieu ; la piété se renouvelle par la vertu; les exercices religieux sont la récompense et non le but de notre vie. Nous mettons de bonnes actions faites sur la terre entre le ciel et nous : c'est alors seulement que la protection divine se fait sentir au fond de notre cœur. » Voilà, ma chère Louise, ce qui peut être utile dans l'état religieux ; voilà le genre de vie que je veux adopter, que je veux suivre.

Hélas ! si l'infortuné Valorbe m'avait justifiée pendant sa vie comme il l'a fait à sa mort, je serais libre encore : mais pourquoi regretter les vœux que j'ai faits? ils m'ont été arrachés dans un moment de délire, ils n'avaient pour objet que d'échapper au plus grand des malheurs ; mais ces vœux me lieront plus fortement encore à l'accomplissement de tous les devoirs de la morale; et si je puis consacrer toutes les heures de ma journée à des actes d'humanité, j'espère que je reprendrai du calme. Non, mon amie, je le sens, je n'ai pas mérité de souffrir toujours ; et si je conforme ma vie à la plus parfaite vertu, la paix de l'ame doit m'être un jour rendue.

Existe-t-il encore, ma chère Louise, dans le Languedoc ou la Provence, quelques établissements de charité tels que je les désire ? je pourrais peut-être obtenir de mes supérieurs la permission de m'y retirer, et je finirais près de vous ma vie, qui ne peut être longue. Ma sœur, dites-moi que vous desirez me revoir : je n'en doute pas ; mais il me sera doux de me l'entendre répéter.

LETTRE II.

Delphine à mademoiselle d'Albémar.

De l'abbaye du Paradis, ce 15 juillet 1792.

« *Ne quittez pas le lieu où vous êtes, la retraite inconnue où vous vivez ; ne venez pas près de moi à présent ; au nom du ciel, n'y venez pas!* » Voilà ce que vous m'écrivez ! Est-ce vous que mon malheur a lassée? est-ce vous qui, fatiguée de mes égarements, ne voulez plus me tendre une main protectrice? Écoutez, Louise, j'ai perdu successivement toutes mes illusions, toutes mes espérances ; mais si vous n'êtes pas ce qu'il y a de plus noble et de meilleur au monde, j'ignore ce que je suis moi-même ; je ne puis plus rien juger, rien aimer ; le ciel et la terre sont confondus à mes yeux ; je ne sais où poser mes pas, et je demande à la nature ce qu'elle veut faire de moi, quand elle m'ôte le seul appui sur lequel je reposais encore mon ame. Mais non, j'en suis sûre, vous m'expliquerez le mystère qui règne dans votre lettre : le sort renferme mille événements extraordinaires ; toutefois il en est un impossible : c'est que la bonté se démente, c'est que l'amitié sincère se détache par le malheur, c'est que vous ne soyez pas une amie parfaitement bonne et généreuse ! Réveillez-vous, Louise, réveillez-vous ! un motif qui m'est inconnu vous a dicté votre incroyable refus ; mais, quel qu'il soit, ce motif, il ne doit rien valoir.

Peut-être croyez-vous qu'il est plus convenable pour moi de rester ici, que je ferais mieux de ne pas aller en France : ah ! ne me déchirez pas le cœur pour ce que vous croyez mon bien ; la douleur que vous m'avez causée est au-dessus de toutes celles que vous voudriez m'épargner ; les chances de l'avenir sont incertaines, et la douleur présente est le véritable mal. Plus je relis votre lettre, plus je me persuade que ce n'est point un sentiment froid, raisonnable, calculé, qui vous l'a dictée ; il y règne un trouble, une obscurité, une contradiction qui me font craindre pour vous, pour moi, quelque grand malheur que vous redoutez, que vous me cachez. Léonce est-il malade ? est-il menacé de quelque péril ?

Vous dirai-je que de malheureuses superstitions se sont emparées de moi, depuis que votre lettre a frappé mon esprit de terreur. Le dernier mot que M. de Valorbe a écrit en mourant, c'était pour exprimer son désir d'être enseveli dans notre église ; nos religieuses s'y refusaient d'abord, parceque l'on avait répandu le bruit qu'il s'était tué ; mais j'ai mis tant de chaleur dans ma demande, que je l'ai enfin obtenue : j'attachais un grand prix à rendre à cet infortuné ce dernier hommage. Hier au soir, je voulus aller visiter son tombeau ; votre lettre m'avait inspiré plus de desir encore d'apaiser ses mânes. Je craignais pour Léonce ; j'avais besoin d'implorer toutes les protections invisibles que les infortunés appellent sans cesse dans leurs impuissantes douleurs. J'arrive près du tombeau de M. de Valorbe ; je frémis du profond silence qui m'environnait, près d'un homme que la violence de ses sentiments avait fait mourir. Je me mis à genoux, et je me penchai sur la pierre qui couvrait sa cendre. J'y versai long-temps des pleurs de pitié, de regret et de crainte. Quand je me relevai, mon premier mouvement fut de tirer de mon sein le portrait de Léonce, que j'y ai toujours conservé ; je voulus justifier auprès de lui la pitié que m'inspirait M. de Valorbe; mais je trouvai le portrait entièrement méconnaissable ; le marbre du tombeau de M. de Valorbe, sur lequel je m'étais courbée, l'avait brisé sur mon cœur !

Plaignez-moi : cette circonstance si simple me parut un présage ; il me sembla que, du sein des morts, M. de Valorbe se vengeait de son rival, et qu'un jour Léonce devait périr dans mes bras. Ce jour approche-t-il? le savez-vous? voulez-vous me le cacher? Ah! cessez de vous montrer insensible à mon sort! je ne puis le croire, je ne puis soupçonner votre cœur, et toutes les chimères les plus cruelles s'offrent à moi, pour expliquer ce que je ne saurais comprendre.

LETTRE III.

Madame de Lebensei à mademoiselle d'Albémar.

Paris, ce 15 juillet 1792.

Les médecins ont déclaré que si Matilde persistait à nourrir son enfant, elle était perdue, et que son enfant même ne lui survivrait peut-être pas. Un confesseur, et un médecin amené par ce confesseur, soutiennent l'opinion contraire, et Matilde ne veut croire qu'eux. Léonce s'est emporté contre le prêtre qui la dirige; il a supplié Matilde à genoux de renoncer à sa résolution ; mais jusqu'à présent il n'a pu rien obtenir. Elle se persuade que toutes les femmes qui ne sont pas malades se font conseiller de ne pas nourrir, pour se dispenser d'un devoir ; et rien au monde ne peut la faire sortir de cette opinion. Elle sait une phrase pour répondre à tout : elle dit que quand elle se sentira malade, elle cessera de nourrir ; mais que, n'éprouvant aucune douleur à présent, elle n'a point de motif pour céder à ce qu'on lui demande. On lui parle de son changement ; on lui retrace tous les symptômes alarmants de son état; on veut l'effrayer sur le mal qu'elle peut faire à son fils : elle répond qu'elle n'y croit pas; que le lait de la mère convient à l'enfant; qu'un changement de nourriture serait très dangereux pour lui, et qu'elle doit savoir, mieux que personne, ce qui est bon pour son fils et pour elle-même. Ces deux ou trois phrases répondent à toutes les conversations qu'on veut avoir avec elle, elle les répète toujours, les varie à peine ; et l'on sent en lui parlant, m'a dit M. de Lebensei, la résistance de l'entêtement, comme un obstacle physique sur lequel la force des raisonnements ne peut rien.

Quel triste spectacle cependant que cette altération du jugement, cette folie véritable, revêtue des formes les plus froides et les plus régulières ! Léonce est au désespoir, surtout pour son fils. J'espère qu'il triomphera de la résistance de Matilde ; elle l'aime, c'est le seul sentiment qui ait sur elle un pouvoir indépendant de sa volonté. M. de Lebensei ne quitte pas Léonce ; il ne se montre pas toujours à Matilde, mais il est habituellement dans la chambre de M. de Mondoville, pour le soutenir et le consoler. Léonce, depuis huit jours, n'a pas prononcé le nom de madame d'Albémar. J'aime ce respect et cette pitié pour la situation de sa femme. Jamais cependant, je crois, il ne fut plus occupé de Delphine ! Agréez, mademoiselle, mes tendres hommages.

LETTRE IV.

M. de Lebensei à mademoiselle d'Albémar.

Paris, ce 21 juillet 1792.

Hier, la femme de Léonce a cessé de vivre ! c'est vous, mademoiselle, qui l'apprendrez à madame d'Albémar. Je ne puis me refuser à vous exprimer la pitié que j'ai ressentie pour les derniers moments de cette jeune Matilde ; je suis sûr que votre noble amie, loin de me blâmer, la partagera.

Depuis un mois, l'opiniâtreté de madame de Mondoville avait révolté tout ce qui l'entourait. Léonce surtout, inquiet pour son enfant, et ne sachant quel parti prendre, entre la crainte de réduire Matilde au désespoir, et le danger de son fils, n'avait cessé de montrer à Matilde un sentiment contenu, mais très blessé, lorsqu'il y a quatre jours, une nuit plus alarmante que toutes les autres convainquit Matilde de son état ; elle fit venir Léonce, et lui remettant son fils entre les bras, elle lui dit : « Il se peut que j'aie eu tort de vous résister si long-temps ; mais les opinions que je vous opposais exercent un tel empire sur moi, que je leur sacrifie sans regrets, à vingt ans, une vie que vous rendiez heureuse. Pardonnez, si votre volonté n'a pas d'abord obtenu ce que je ne faisais pas pour la conservation de ma propre existence. Je crains que la roideur de mon caractère ne vous ait donné de l'éloignement pour la religion que je professe; ce serait la pensée la plus amère que je pusse emporter au tombeau : n'attribuez point mes défauts à ma religion, elle n'a pu les corriger tous ; mais sans elle, ils auraient fait mon malheur et celui des autres ; c'est elle qui m'inspire la force de quitter avec courage ce que Dieu même me permettait d'appeler le bonheur, une union intime avec le seul homme que j'aie aimé sur la terre. » Ces derniers mots touchèrent Léonce; Matilde s'en aperçut, et lui prenant la main : « Croyez-moi, lui dit-elle, ce cœur n'était pas si froid que vous le pensiez ! mais ne fallait-il pas l'habituer à la contrainte ? la vie religieuse est une œuvre d'efforts, et l'entraînement trop vif vers les penchants les plus purs détourne l'ame de son Dieu. »

Trois jours après cette conversation, Matilde, se sentant tout-à-fait mal, voulut causer seule avec Léonce, pour lui confier tout ce qui s'était passé entre elle et madame d'Albémar ; elle remit à son mari la lettre qu'elle avait reçue de Delphine, et qui exprime si noblement tous les sentiments généreux de cette ame angélique. Léonce, qui avait toujours conservé une sorte de ressentiment du départ de Delphine, éprouva l'émotion la plus vive en en apprenant la cause ; et, malgré tous ses efforts, il lui fut impossible, m'a-t-il avoué, de cacher à Matilde l'admiration qu'il éprouvait pour la conduite de madame d'Albémar. « Vous l'aimez, lui dit Matilde avec douceur, vous l'aimez encore ! et je meurs ! Eh bien ! avouez donc que Dieu me protège ! Croyez en lui, Léonce, et ne rendez pas inutiles les prières que je fais pour vous. » Ces mots si sensibles causèrent un remords douloureux à Léonce ; il se jeta au pied du lit de Matilde, et couvrit sa main de larmes. Matilde reprit de la force ; son cœur était satisfait de l'attendrissement de Léonce. « Vous épouserez madame d'Albémar, continua-t-elle ; c'est une ame sensible et généreuse : mais je pense avec peine que votre bonheur, à l'un et à l'autre, est bien dépendant des hommes et des circonstances. L'honneur est votre guide, le sentiment est le sien ; mais vous n'avez point en vous-mêmes un appui qui vous réponde de votre sort : prenez-y garde, Léonce, Dieu veut être notre premier ami, notre seul maître ; et la soumission entière à sa volonté est l'unique moyen d'être affranchi de tout autre joug. Léonce, ajouta-t-elle d'une voix émue, Léonce ! je voudrais emporter l'idée que vous serez heureux ; mais je crains bien que vous n'en ayez pas pris la route. Si je pouvais obtenir de vous que vous élevassiez notre enfant dans mes principes! Mais, hélas! ce pauvre enfant! qui sait s'il vivra? Il sera bientôt, peut-être, un ange dans le sein de Dieu. » Tout-à-coup elle s'arrêta, comme si une idée l'avait troublée, et demanda son confesseur avec instance; Léonce crut apercevoir qu'elle était inquiète d'avoir nourri son enfant trop long-temps. Il alla chercher le confesseur, et lui dit : « Monsieur, vous nous avez fait bien du mal; tâchez de le réparer autant qu'il est en votre puissance. Écartez de Matilde toute idée de remords. — Je ferai mon devoir, » répondit le confesseur ; et il entra chez Matilde. C'est un homme tout à la fois rempli de fanatisme et d'adresse; convaincu des opinions qu'il professe, et mettant cependant, à convaincre les autres de ces opinions, tout l'art qu'un homme perfide pourrait employer; imperturbable dans les dégoûts qu'il éprouve, et toujours actif pour les succès qu'il peut obtenir; portant enfin, dans une persévérance que rien ne rebute, cette dignité religieuse qui s'honore des humiliations, et place son orgueil dans les souffrances mêmes et dans l'abaissement.

Il resta plusieurs heures enfermé avec Matilde; et quand Léonce la revit, elle lui parut calme et ferme, et ne cherchant aucune occasion de lui parler seule. Pendant toute la nuit qui précéda sa mort, cette jeune et belle Matilde supporta courageusement toutes les cérémonies dont les catholiques environnent les mourants. J'étais retiré dans un coin de la chambre, derrière les domestiques, qui écoutaient, à genoux, les prières des agonisants ; j'apercevais dans une glace le lit de Matilde, et je voyais son confesseur approcher souvent la croix de ses lèvres mourantes. J'éprouvais à ce spectacle un tressaillement intérieur, que tout l'effort de ma volonté ne pouvait vaincre. A-t-on raison, me disais-je, d'entourer nos derniers moments d'un appareil si sombre, de surpasser en effroi la mort même, et de frapper par tant d'idées terribles l'imagination des infortunés qui expirent? Le sacrifice même est à peine aussi redoutable que ses préparatifs. Ne vaut-il pas mieux laisser venir la fin de l'homme comme celle du jour, et faire ressembler, autant qu'il est possible, le sommeil de la mort au sommeil de la vie? Oui, je le crois, celui qui meurt regretté de ce qu'il aime doit écarter de lui cette pompe funèbre: l'affection l'accompagne jusqu'à son dernier adieu; il dépose sa mémoire dans les cœurs qui lui survivent, et les larmes de ses amis sollicitent pour lui la bienveillance du ciel : mais l'être infortuné qui périt seul a peut-être besoin que sa mort ait du moins un caractère solennel; que des ministres de Dieu chantent autour de lui ces prières touchantes qui expriment la compassion du ciel pour l'homme, et que le plus grand mystère de la nature, la mort, ne s'accomplisse pas sans causer à personne ni pitié, ni terreur.

Léonce était resté toute la nuit appuyé sur le pied du lit de Matilde, absorbé dans les impressions profondes qu'il éprouvait. Il m'a dit depuis qu'en voyant mourir, avec le calme le plus parfait, une femme si belle et si jeune, il se demandait pourquoi dans les peines du cœur on s'efforçait de vivre, puisque la mort causait si peu d'effroi, même au milieu de toutes les prospérités de la vie; tant il est vrai que, dans la destinée la plus heureuse, il y a toujours une fatigue secrète d'exister, qui console d'arriver au terme, quelque court qu'ait été le voyage!

Vous savez combien la physionomie de Léonce est expressive, et surtout combien la douleur s'y peint avec un charme et une énergie singulière : il avait passé la nuit dans la même attitude, debout et immobile; ses cheveux étaient défaits, et sa beauté était vraiment alors très remarquable. Matilde, qui avait fermé les yeux depuis assez long-temps, les ouvrit; le premier objet qui frappa ses regards, ce fut Léonce. « O mon Dieu! s'écria-t-elle, est-ce mon époux? est-ce un messager du ciel que je vois? » A peine eut-elle dit ces mots, que son visage pâle se couvrit d'une vive rougeur; elle appela son confesseur, et lui parla bas pendant quelques minutes; j'entendis seulement qu'il lui répondait : « Vous pouvez, madame, dire à M. de Mondoville un dernier adieu, vous le pouvez; mais, après l'avoir prononcé, vous devez rester seule avec nous. — Léonce, dit alors Matilde en serrant la main de son époux dans les siennes, Léonce, répéta-t-elle avec un regard où se peignaient à la fois et les ombres de la mort et le sentiment le plus vif de la vie, je vous ai toujours aimé; ne conservez de moi que ce souvenir! Jésus-Christ lui-même n'a-t-il pas dit qu'*il serait beaucoup pardonné à qui a beaucoup aimé?* Ne dédaignez point ma mémoire, ne foulez point aux pieds, sans tressaillir, le tombeau de celle qui n'a chéri que vous sur la terre. » Léonce se précipita vers Matilde en pleurant; peu de secondes après, le confesseur s'approcha du lit, et dit à Léonce : « Éloignez-vous, monsieur; madame de Mondoville ne se doit plus maintenant qu'à la prière et aux intérêts du ciel. » Léonce irrité se releva; Matilde prévit qu'il allait exprimer sa colère, et se hâta de lui dire : « Léonce, c'est mon dernier, c'est mon plus grand sacrifice; mais il le faut, il le faut! » Léonce, accablé par cet ordre, se retira, et ne revit plus Matilde : une heure après elle expira.

Depuis ce moment, Léonce n'a point quitté son fils, dont l'état est fort dangereux; et je suis bien sûr qu'il n'a pas l'idée de s'en éloigner dans ce moment. Mais je ne doute pas non plus que, si son enfant était mieux, il ne partît à l'instant pour rejoindre Delphine. Il ne m'a pas encore prononcé son nom; mais ce matin, comme nous étions ensemble à la fenêtre, au moment où le jour commençait à paraître, il me dit : « Voyez, mon ami, c'est du côté de la Suisse que le soleil se lève, c'est de là que viennent tous ses rayons! » Et il se tut, craignant d'exprimer ses pensées secrètes; mais son visage trahissait des sentiments d'espoir qu'il aurait voulu cacher.

Mandez-moi dans quel lieu demeure Delphine, il faut en instruire Léonce; ah! maintenant rien ne s'oppose plus à son bonheur! Que l'infortunée Matilde le pardonne, mais je bénis le ciel d'avoir enfin réuni pour toujours deux êtres qui s'aimaient, et qui désormais ne seront plus séparés! Élise et moi, mademoiselle, nous vous offrons nos tendres et respectueux hommages.

LETTRE V.

Mademoiselle d'Albémar à M. de Lebensei.

Montpellier, ce 27 juillet.

Gardez-vous bien, monsieur, de laisser partir Léonce pour la Suisse; il n'est point de dessein plus funeste. Il faut vous révéler un secret affreux, un secret qui anéantit toutes nos espérances, au moment où le sort avait écarté tous les obstacles. Les persécutions de M. de Valorbe, la barbare personnalité d'une femme, un enchaînement de circonstances, enfin, dont l'ascendant était inévitable, ont précipité madame d'Albémar dans la plus malheureuse des résolutions; elle est religieuse dans l'abbaye du Paradis, à quatre lieues de Zurich. M. de Valorbe, l'auteur de tous les chagrins de Delphine, est mort désespéré, lorsqu'il ne pouvait plus rien réparer. Madame d'Albémar ne se repent que trop, je le crois, des vœux imprudents qui la lient pour jamais; et cependant elle ignore encore la mort de Matilde! Je ne puis penser sans horreur au désespoir que vont éprouver Léonce et Delphine, quand elle apprendra qu'il est libre, quand il saura qu'elle ne l'est plus. On ne peut éviter qu'ils ne connaissent une fois leur sort; mais il faut les y préparer, si toutefois il est possible qu'ils l'apprennent sans en mourir.

Je suis retenue dans mon lit par un accident assez fâcheux : remplissez à ma place, monsieur, les devoirs de l'amitié; vous avez plus de force et de caractère que moi, vos conseils leur seront plus utiles que mes larmes; secourez nos amis, jamais ils ne furent plus malheureux.

LETTRE VI.

M. de Lebensei à mademoiselle d'Albémar.

Paris, ce 2 août.

Quelle nouvelle vous m'apprenez, juste ciel! et il est parti ce matin, avant que votre lettre me fût arrivée! Je vais le rejoindre; dans deux heures j'aurai mon passe-port, et je serai sur ses traces. J'ignore ce que je lui dirai, ce que je pourrai faire pour lui; mais enfin il ne sera pas seul. L'infortuné! quels événements funestes ont précédé le malheur qui va l'accabler! Avant-hier, il reçut la nouvelle qu'une maladie violente l'avait privé de sa mère, et deux heures après son fils est mort dans ses bras! Au moment où ce pauvre enfant a cessé de vivre, Léonce s'est jeté sur son berceau, avec des convulsions de douleur qui me faisaient craindre pour lui : « Mon ami, s'est-il écrié, tous mes liens sont brisés, tous, hors un seul! mais celui-là, si je le retrouve, je puis vivre; oui, sur le tombeau de ma famille entière, barbare que je suis, l'amour peut encore me rendre heureux. » Hélas! et j'entendais ces paroles sans me douter de ce qu'elles avaient d'horrible. Je croyais à l'espérance qu'il invoquait alors à son secours: depuis ce moment il ne m'a plus prononcé le nom de Delphine.

Le lendemain, il a suivi l'enterrement de son fils jusqu'au cimetière de Bellerive, où il a voulu qu'on l'ensevelît. J'y ai été avec lui. Rien n'est plus touchant que les honneurs rendus au cercueil d'un enfant: cette cérémonie n'a rien de sombre; il semble qu'on devrait plaindre davantage celui qui perd la vie avant d'avoir goûté ses beaux jours, et cependant j'éprouvais un sentiment tout-à-fait contraire : ce qui attriste dans la mort, ce sont les longues douleurs qui l'ont précédée, les espérances trompées, les efforts pénibles qui n'ont pu conduire au but, et n'ont creusé que l'abîme où le temps et la douleur précipitent tous les hommes ; mais j'aime ces mots d'Hervey sur la tombe d'un enfant : « *La coupe de la vie lui a paru trop amère, il a détourné la tête.* » Heureux enfant dispensé de l'épreuve, pauvre enfant, que va devenir ton père ? prieras-tu pour lui dans le ciel ? ta mère se réunira-t-elle à toi ? Oh ! quel est l'esprit assez fort pour ne pas appeler ceux qui ne sont plus, au secours des vivants qu'ils ont aimés ? Quel est le cœur qui n'invoque pas ce qu'il ignore, quand il succombe à ce qu'il éprouve ? Hélas ! maintenant que je sais de quel sort Léonce est menacé, il me semble que l'expression de sa physionomie en était le présage ; il y avait des rayons d'espoir qui l'illuminaient tout-à-coup ; mais il retombait l'instant d'après dans la tristesse la plus profonde, comme si l'image du bonheur lui était apparue, et qu'une voix secrète eût empêché son ame de s'y confier.

Quand la cérémonie fut achevée, il se mit à genoux sur le gazon qui recouvrait les restes de son fils. Je n'avais jamais pensé qu'à la douleur d'une mère : lorsque je vis la mâle expression des regrets paternels, ce jeune homme pleurant sur l'enfance, cette ame forte abattue, je fus touché profondément : les femmes sont destinées à verser des larmes ; mais quand les hommes en répandent, je ne sais quelle corde habituellement silencieuse résonne tout-à-coup au fond du cœur.

En sortant de l'église, Léonce me demanda d'aller avec lui dans le jardin de Bellerive ; quand nous fûmes arrivés à la grille du parc, il s'appuya sur un des barreaux sans l'ouvrir, et, après quelques minutes d'hésitation, il me dit : « Non, cela me ferait mal de me rappeler le passé ; qui sait si j'ai un avenir, qui le sait ? et sans cet espoir, comment affronter ces lieux ? Mon enfant, dit-il en levant les yeux sur l'église de Bellerive, mon enfant ! tu reposes près du séjour où ton père a goûté les seuls instants fortunés de sa vie ; toutes les espérances de mon cœur sont ensevelies ici. O destinée ! que me rendrez-vous ? » Sa voix s'altéra en prononçant ces derniers mots ; mais vous savez combien il a d'empire sur lui-même ; il reprit des forces, s'éloigna du jardin, et me fit signe de remonter en voiture avec lui.

Il ne me dit rien pendant la route ; mais quand nous fûmes arrivés chez lui, il m'annonça qu'il partait pendant la nuit. « Vous savez où je vais, me dit-il ; mon fils, ma femme, ma mère n'existent plus ; il n'y a plus qu'un seul objet d'espoir pour moi sur la terre : si je l'ai conservé, je vivrai ; s'il m'était ravi, quel droit le ciel même aurait-il sur l'être privé de tout ce qui lui fut cher ? Adieu. » Peu d'heures après, Léonce était parti, et ce n'est que ce matin que j'ai reçu votre lettre. Je me suis décidé à l'instant même ; je suivrai Léonce, et dès que je l'aurai retrouvé, je verrai ce que m'inspirera sa situation. Mais quand je pourrais lui proposer une ressource salutaire, ses opinions lui permettraient-elles de l'accepter ? Enfin, il faut le rejoindre, il faut qu'un ami soit près de lui, dans le plus cruel moment de sa vie. Madame de Lebensei a consenti à mon absence ; j'ai obtenu un passe-port pour un mois : ma première lettre sera datée de Suisse. Adieu, mademoiselle ; adieu, bonne et malheureuse amie : que pourrons-nous faire pour sauver Delphine et Léonce ? quels conseils suivront-ils, si l'on osait leur en donner ?

LETTRE VII.

Léonce à M. Barton.

Lausanne, ce 5 août.

Je suis venu ici en moins de trois jours ; je puis m'arrêter, maintenant que j'habite une ville où elle a été ; je n'ai pas encore de renseignements précis sur son séjour actuel, mais me voici sur ses traces, et bientôt je l'atteindrai. Mon cher Barton, que je suis honteux de l'état de mon ame ! je viens de perdre une mère que je chérissais, une femme estimable, un fils qui m'avait fait connaître les plus tendres affections de la paternité : eh bien ! vous l'avouerai-je ? il y a des moments où mon cœur tressaille de joie. L'idée de revoir Delphine, de la retrouver libre, d'unir mon sort au sien, cette idée efface tout, l'emporte sur tout ; cependant ne croyez pas que j'aie faiblement senti les malheurs qui m'ont frappé : mon état est extraordinaire, mais mon ame n'est pas dure, jamais même elle ne fut plus sensible ! J'éprouve au fond du cœur une tristesse profonde, je ne puis être seul sans verser des larmes. Quand j'aurai retrouvé Delphine, je me livrerai à mes regrets, je pleurerai à ses pieds ; de long-temps, même auprès d'elle, je ne serai consolé ; mais, dans l'attente où je suis, ce que je sens ne peut être ni du plaisir ni de la peine ; c'est une agitation qui confond dans le trouble l'espérance comme la douleur.

Vous m'avez connu de la fermeté, eh bien ! à présent je suis très faible; je crains, comme une femme, tous les mouvements subits : ce qui va se décider pour moi est trop fort; il y a trop loin du désespoir à ce bonheur; j'ai peur des émotions mêmes que me causera sa présence, et je me surprends à souhaiter un sommeil éternel, plutôt que ces secousses morales si violentes, que la nature frémit de les éprouver. Ah! Delphine, qu'ai-je dit? c'est toi, oui, c'est toi qui fermeras toutes les blessures de mon cœur! Le premier son de ta voix, de ta voix fidèle à l'amour, va me rendre en un moment toutes les jouissances de la vie. Il me reste toi, toi que j'ai tant aimée : d'où viennent donc mes inquiétudes? Mon ami, ne sais-je pas qu'elle m'aime? ne connais-je pas son caractère vrai, tendre, dévoué? Je crains, parceque la revoir me semble un bonheur surnaturel; depuis huit mois j'invoque en vain son image, depuis huit mois je souffre à tous les instants, je n'ai plus foi au bonheur : mais c'est une faiblesse que ce doute; n'a-t-il pas existé un temps où je la voyais? un temps où chaque jour je passais trois heures avec elle? Pourquoi ces heures ne reviendraient-elles pas? elles ont été dans ma vie, elles peuvent encore s'y retrouver.

LETTRE VIII.

Léonce à M. Barton.

Zurich, ce 7 août.

Je suis à six lieues de madame d'Albémar, je viens de le savoir presque avec certitude; je ne doute pas, d'après ce qu'on m'a dit, que ce ne soit elle qui s'est retirée, il y a trois mois, dans l'abbaye du Paradis. Sensible Delphine! c'est dans la retraite la plus profonde qu'elle a passé le temps de notre séparation : depuis qu'elle a quitté Zurich, on n'a pas une seule fois entendu parler d'elle; personne, même ici, ne la connaît sous son véritable nom; mais sa généreuse conduite dans tous les détails de la vie, mais l'impression que ses charmes ont produite sur ceux qui l'ont vue, ne me permettent pas de m'y méprendre. J'ai reconnu ses traces divines, mon cœur en est assuré. Il est sept heures du soir, les couvents ne s'ouvrent pas pendant la nuit; mais demain, avec le jour, demain je la verrai!

O mon cher maître? quel avenir se prépare pour moi! comme l'espérance ouvre mon ame à toutes les plus nobles pensées! comme elle la dispose à la vertu! ah! qu'elle me deviendra facile, quand cet ange sera ma femme! elle sera un de mes devoirs; elle, un devoir! Félicités éternelles, divinités tutélaires! toutes mes veines battent pour le bonheur. Que les morts me le pardonnent! j'irai peut-être les joindre bientôt, une vie si heureuse ne saurait être longue; mais qu'on me laisse m'enivrer de ce moment.

P. S. J'apprends à l'instant que Henri de Lebensei est arrivé de Paris, et qu'il demande à me voir. Quel peut être le motif de ce voyage? J'aime M. de Lebensei, mais je ne sais pourquoi j'aurais voulu qu'il ne vînt point; je n'ai besoin de me confier à personne, mon ame est toute remplie d'elle-même; il m'en coûte de parler. C'est à vous seul, mon ami qu'il m'était doux d'exprimer ce que j'éprouve. Combien je suis fâché que M. de Lebensei soit ici!

LETTRE IX.

M. de Lebensei à mademoiselle d'Albémar.

Ce 7 août.

Il est minuit; j'ai vu Léonce ce soir, et je n'ai pu me résoudre à lui annoncer son malheur. Il lui reste une ressource, s'il avait le courage de l'embrasser; j'essaierai de l'y préparer. Je verrai madame d'Albémar dans peu d'heures, et je ferai tout pour secourir ces infortunés. Jamais aucun des événements de ma propre vie n'a si vivement agité mon cœur!

Depuis sept heures du soir, je suis à Zurich; Léonce y était arrivé le même jour. J'ai appris d'abord où il demeurait; je l'ai prévenu par un mot de mon arrivée, et j'ai été le voir un quart d'heure après; il m'a bien reçu, mais avec une tristesse très visible; j'ai supposé qu'une affaire personnelle m'avait obligé de venir à Zurich; il ne m'écoutait pas; enfin, je lui ai dit que j'avais reçu de vos nouvelles. Votre nom rappela son attention, et il me dit qu'il partait à quatre heures du matin pour être à l'abbaye du Paradis au moment où l'on en ouvrait les portes; il ajouta qu'il se croyait sûr d'y trouver Delphine. Je frémis de son projet, et j'eus la présence d'esprit de lui dire sans hésiter que vous me mandiez par votre dernière lettre que madame d'Albémar avait quitté ce couvent depuis quinze jours, pour se retirer dans une campagne près de Francfort; il tressaillit à ces mots, et me dit : « Encore quatre jours, quand je comptais sur demain! » Et il porta sa main à son front avec douleur. « Si vous voulez, repris-je, je vous accompagnerai jusqu'à Francfort. » Je proposais ce voyage seulement dans l'intention de gagner encore quelques jours. « Vous êtes bon, me répondit-il ; peut-être accepterai-je votre offre, nous en parlerons demain matin. » Je voulais insister, et savoir quelque chose de plus sur ses projets ; mais il me regardait avec une sorte d'inquiétude qui me faisait mal, et je résolus d'aller d'abord, sans qu'il le sût, chez madame d'Albémar, pour la prévenir à tout événement de l'arrivée de Léonce. Ce dessein arrêté, je me promis de laisser encore à mon malheureux ami ce jour de repos, et je lui proposai d'aller nous promener ensemble sur le bord du lac de Zurich ; il y consentit, et ne me dit pas un mot pendant le chemin.

Arrivés dans une allée de peupliers qui conduit au tombeau de Gessner, nous nous avançâmes jusque sur le rivage du lac ; Léonce regarda tour à tour pendant quelque temps le ciel parsemé d'étoiles, et les ondes qui les répétaient : « Mon ami, me dit-il alors, croyez-vous qu'enfin je doive être heureux ? » Et il s'arrêta pour attendre ma réponse ; je baissai la tête, en signe de consentement, mais je ne pus articuler un seul mot : il ne remarqua point ce qui se passait en moi, tant il était absorbé dans ses pensées. « Pourquoi ne le serais-je pas ? continua-t-il. Ceux qui ne sont point occupés des idées religieuses, les croyez-vous l'objet du courroux de la Divinité, qu'ils auraient ignorée ? Il y a tant de mystères dans l'homme, hors de l'homme ! celui qui ne les a pas compris doit-il en être puni ? sera-t-il condamné sur cette terre à ne jamais posséder ce qu'il aime ? s'il a respecté la morale, s'il a servi l'humanité, s'il n'a point flétri dans son ame l'enthousiasme de la vertu, n'a-t-il pas rendu un culte à ce qu'il y a de meilleur dans la nature, quelque nom qu'il ait attribué au principe de tout bien ? Il est vrai, je l'avoue, j'ai attaché trop de prix à l'estime et à l'opinion publique ; mais qu'ai-je fait de condamnable pour les obtenir ? Ce que j'ai fait ! s'écria-t-il, j'ai soupçonné Delphine ! je pouvais l'épouser, et j'ai pris Matilde pour femme ! Matilde, que je n'aimais point, et que je n'ai pas su rendre aussi heureuse qu'elle le méritait. Mon cher Henri, reprit Léonce d'une voix plus sombre, quel homme, en examinant sa vie, peut se trouver digne du bonheur ? et cependant comment l'espérer, si l'on n'en est pas digne ? — Combien n'y a-t-il pas dans votre vie, lui dis-je, de bonnes et de nobles actions, qui doivent vous inspirer de la confiance ? — Oh ! reprit-il, la source de ce qui est bien est-elle entièrement pure ? On veut les suffrages des hommes pour récompense d'une bonne conduite, et c'est ainsi que la vertu n'est jamais sans mélange ; mais dans le mal, il n'y a que du mal. Je repasse toute ma jeunesse dans mon souvenir, et j'y découvre des torts qui ne m'avaient point frappé. Serai-je heureux ? serai-je heureux ? Est-il vrai que je vais revoir Delphine, m'unir à son sort pour toujours ? Je suis faible, bien faible ; il suffit du moindre présage, de votre silence quand je vous interroge, pour m'effrayer. » Je voulus m'excuser alors. « Asseyons-nous, me dit-il, j'ai une palpitation de cœur très douloureuse : parlez-moi, je ne peux plus parler ; mais ayez soin de ne me rien dire qui me trouble. Je vous en prie, donnez-moi du calme, si vous le pouvez. »

Vous concevez, mademoiselle, ce que je devais souffrir ; je voyais mon malheureux ami comme un homme frappé de mort à son insu, et je n'osais ni le consoler ni l'inquiéter, car il aurait suffi d'un mot pour bouleverser son ame. Je voulus tâcher de découvrir sa disposition sur les idées qui m'occupaient, et je lui demandai si, pour posséder Delphine, il s'exposerait cette fois, s'il le fallait, au blâme universel de la société. « Pourquoi cette question ? s'écria-t-il en se levant avec colère. Madame d'Albémar n'est-elle pas le choix le plus honorable, le caractère le plus estimé ? Que savez-vous ? que croyez-vous ? — Je ne sais rien, interrompis-je, qui ne soit à la gloire de celle que vous aimez ; mais dans les moments les plus agités de la vie, j'aime qu'on soit capable de réfléchir et de raisonner. — Je ne le suis pas, » me répondit-il brusquement, et il s'éloigna. Je le suivis ; la bonté de son caractère le ramena, il revint à moi, et me dit en me tendant la main : « Vous qui saviez si bien trouver, il y a quelques mois, ce que j'avais besoin d'entendre, pourquoi, depuis que vous êtes ici, l'état de mon ame est-il beaucoup moins doux ? — C'est que l'attente se prolonge, lui répondis-je. Partons demain pour Francfort. — Eh bien ! oui, me répondit-il, je vous verrai demain. » Et il me quitta pour rentrer chez lui.

Dans quelques heures je serai à l'abbaye du Paradis ; madame d'Albémar soutiendra, je le crois, avec plus de force la nouvelle que j'ai à lui annoncer, elle n'a pas un instant cessé de souffrir ; mais ce qui me fait trembler pour Léonce, c'est qu'il a repris à l'espoir du bonheur avec confiance et vivacité. Je vous apprendrai dans ma première lettre comment j'aurai trouvé madame d'Albémar, et quel conseil elle adoptera dans son malheur. Ah !

je voudrais qu'elle se confiât entièrement à mes avis, sa situation ne serait pas encore désespérée.

Je ne vous dis pas, mademoiselle, combien vos peines m'affligent! je fais mieux que vous plaindre, je souffre autant que vous.

LETTRE X.

M. de Lebensei à mademoiselle d'Albémar.

Près de l'abbaye du Paradis, ce 6 août.

Tous mes efforts ont été vains ; ce que je craignais le plus est arrivé : sans le souvenir de ma femme et de mon enfant, je ne sais si ma raison me suffirait pour supporter l'affreux spectacle de la douleur dont je suis témoin. Il paraît que Léonce ne s'était pas entièrement confié à ce que je lui avais dit du prétendu départ de Delphine pour Francfort, ou qu'il voulait du moins s'informer d'elle dans un lieu qu'elle avait habité long-temps. Hier matin, il partit sans m'en prévenir pour l'abbaye du Paradis ; je le sus un quart d'heure après, au moment où je montais moi-même à cheval pour m'y rendre. Je me flattais encore de le rejoindre avant qu'il fût arrivé, et jamais, je crois, on n'a fait une course plus rapide que la mienne. Le soleil commençait à se lever ; je parcourais le plus beau pays du monde, sans distinguer un seul objet. J'aperçus enfin Léonce à un quart de lieue de l'abbaye, mais à deux cents pas de moi ; je redoublai d'efforts pour l'atteindre ; et, comme s'il eût craint que je le joignisse, il hâtait tellement le pas de son cheval, qu'il m'était impossible d'approcher de lui, même à la distance de la voix. Enfin, il descendit à la porte de l'abbaye, et dit à l'instant même, ainsi que je l'ai su depuis, qu'il demandait à parler à une dame qui demeurait dans le couvent, de la part de mademoiselle d'Albémar. Je ne sais par quel malheureux hasard la tourière, qui se trouvait là, se rappela que ce nom avait été souvent prononcé par Delphine ; elle monta pour la prévenir que quelqu'un voulait la voir de la part de mademoiselle d'Albémar ; et j'arrivais lorsqu'on disait à Léonce que la personne qu'il demandait était prête à le recevoir.

Je voulus le retenir au moment où il montait les premières marches de l'escalier du couvent. « Au nom du ciel! m'écriai-je, écoutez-moi, Léonce! arrêtez! — M'arrêter! dit-il en se retournant vers moi ; qui sur la terre oserait me le proposer? — Daignez m'entendre, répétai-je ; vous ne savez pas..... — Je sais que Delphine est ici, interrompit-il avec fureur, et que vous vouliez me le cacher! C'en est trop ; ne prononcez pas un mot de plus ! » Il ouvrit la porte en finissant ces dernières paroles : il n'était plus temps de rien essayer ; le sort avait tout décidé.

Comme Léonce entrait dans le parloir, Delphine parut, revêtue de son voile noir, derrière la fatale grille : à ce spectacle, un tremblement affreux saisit Léonce ; il regardait tour à tour Delphine et moi, avec des yeux dont l'expression appelait et repoussait la vérité presque en même temps : « Est-elle religieuse? s'écria-t-il ; l'est-elle? » A ces accents, Delphine reconnut Léonce ; elle tendit les bras vers lui ; il s'élança vers la grille qu'il saisit, qu'il ébranla de ses deux mains, avec une contraction de nerfs impossible à voir sans frémir, et dit, avec une voix dont les accents ne sortiront jamais de mon souvenir : « Matilde est morte ; Delphine, pouvez-vous être à moi ? — Non, lui répondit-elle ; mais je puis mourir ! » Et elle tomba par terre sans mouvement.

Léonce la considéra quelque temps avec un regard fixe et terrible ; puis, se retournant vers moi, il s'appuya sur mon bras et s'assit avec un calme apparent, que démentait l'affreuse altération de son visage ; il se mit à me parler alors, mais il m'était impossible de le comprendre, car ses dents frappaient les unes contre les autres avec une grande violence, et ses idées se troublaient tellement, qu'il n'y avait plus aucun sens dans ce qu'il disait. Delphine, revenant à elle, fit demander à l'abbesse la permission d'entrer dans la chambre extérieure ; madame de Ternan, effrayée de l'arrivée de son neveu, n'osa ni se montrer, ni refuser ce que lui demandait Delphine. Mon malheureux ami n'entendait déjà ni ne voyait plus rien. Lorsqu'on ouvrit la grille à Delphine, elle se précipita dans l'instant aux genoux de Léonce, et tint ses mains glacées dans les siennes, en lui prodiguant les noms les plus tendres. Léonce alors, sans revenir tout-à-fait à lui, reconnut cependant son amie, et la prenant dans ses bras, il la pressa sur son cœur avec un mouvement si passionné, des regards tellement enthousiastes, qu'involontairement je levai les mains au ciel pour le prier de les réunir tous les deux. Peut-être m'a-t-il exaucé ! Léonce, serrant dans ses mains tremblantes les mains tremblantes de Delphine, et déjà dans le délire de la fièvre qui ne l'a point quitté depuis, lui disait : « D'où vient donc, mon amie, que tu m'apparais couverte de ce voile? quel présage m'annonce cet habit lugubre? n'est-ce pas avec des parures de fête que notre hymen doit être célébré? Oh! dégage-toi de ces ombres noires qui t'environnent ; viens à moi vêtue de blanc, dans tout l'éclat de ta jeunesse et de ta beauté ; viens, l'épouse de mon cœur, toi sur qui je repose ma vie. Mais pourquoi pleures-tu sur mon sein? tes larmes me brûlent: quelle est la cause de ta douleur? N'es-tu pas à moi, pour jamais à moi, à moi!... » Sa voix s'affaiblissait toujours plus; en répétant ces paroles déchirantes, il pencha sa tête sur mon épaule, et perdit entièrement connaissance.

Delphine me reconnut alors, et me dit : « Vous le voyez, je lui donne la mort : je ne sais quel être je suis ; je porte le malheur avec moi, je ne fais rien que de funeste. Sauvez-le! sauvez-le! — Écoutez-moi, lui dis-je, vos vœux ne sont point irrévocables; ils peuvent être brisés, ils le seront. » Ces paroles la firent frissonner, mais elle les entendit sans en conserver le souvenir; elle posa la tête défaillante de son ami sur son sein, et m'envoya chercher du secours : je revins avec deux tourières du couvent. Tous nos efforts pour rappeler Léonce à la vie furent d'abord vains ; Delphine, dont l'effroi redoublait à chaque instant, pressant Léonce dans ses bras, cherchait à le soutenir, à le ranimer, et lui répétait, avec cet abandon de tendresse qui fait d'une femme un être céleste, un être qui n'exprime et ne respire que l'amour : « Mon ami, mon amant, ange de ma vie! ouvre les yeux ; n'entends-tu donc plus cette voix d'amour qui t'appelle, cette voix de ta Delphine? Nous mourrons ensemble ; mais reviens à toi, pour me dire encore une fois que tu m'aimes : ne sens-tu pas mon cœur sur ton cœur? ma main qui presse la tienne? Je ne sais ce que je suis, je ne sais quels liens m'enchaînent, mais mon ame est restée libre, et je t'adore. L'excès du sentiment que j'éprouve n'aurait-il donc aucune puissance? La vie qui me dévore, ne puis-je la faire passer dans tes veines? Léonce, Léonce! » Il ouvrit les yeux à ces accents, mais il les referma bientôt après, repoussant de sa main Delphine même, comme s'il ne se trouvait bien que dans l'engourdissement de la mort.

Je remarquai l'embarras des religieuses témoins de cette scène, et je résolus de faire transporter Léonce dans une maison voisine du couvent, où l'on pourrait le secourir. Delphine ne s'opposa point aux ordres que je donnai ; et quand on emporta l'infortuné Léonce, sans qu'il eût repris ses sens, elle se mit à genoux sur le seuil de la porte, le suivit de ses regards tant qu'elle put l'apercevoir, et, baissant ensuite son voile, elle se releva, et rentra dans son couvent.

Depuis ce moment, je n'ai pas quitté Léonce ; il n'a pas cessé d'être en délire : cependant les médecins me donnent l'espoir de sa guérison. Je vous manderai dans peu de jours, mademoiselle, ce que je veux tenter pour nos malheureux amis : il faut que je recueille mes pensées pour l'importante résolution que je dois leur proposer : en attendant, je leur prodiguerai tous les soins qui peuvent conserver leur vie. Ne vous affligez pas trop d'être loin d'eux ; daignez croire que mon amitié ne négligera rien pour les secourir.

LETTRE XI.

M. de Lebensei à mademoiselle d'Albémar.

Près l'abbaye du Paradis, ce 10 août 1792.

Léonce ne peut pas survivre à son malheur, et je suis certain qu'il a résolu de terminer sa vie. Il m'a interrogé plusieurs fois sur le récit que Delphine m'a fait des événements qui l'ont amenée à se faire religieuse : une circonstance se retrace sans cesse à lui, c'est la terrible crainte qu'a éprouvée Delphine de se voir perdue de réputation ; il sent que c'est surtout à cause de lui qu'elle n'a pu supporter l'idée d'être même injustement soupçonnée, et il se regarde comme l'auteur de son propre malheur. Sa fièvre a cessé, mais c'est parcequ'il est décidé qu'il est calme : il m'a annoncé, avec une sorte de solennité, que dans quatre jours il voulait avoir un entretien, seul avec Delphine. « Madame de Ternan, me dit-il, ne me le refusera pas, après le mal qu'elle m'a fait ; elle me craint, elle redoute de me parler ; mais elle n'osera pas s'exposer inconsidérément à m'irriter. Je veux revoir Delphine près de cette église où elle a permis que les restes de M. de Valorbe fussent déposés. » Je connais Léonce, son caractère, sa passion, sa douleur ; je ne sais ce que moi-même je trouverais à lui dire dans sa situation, pour l'engager à vivre, mais je sais mieux encore qu'il ne veut rien écouter. Delphine, vous n'en doutez pas, n'existera pas un jour après Léonce, et je laisserais périr ainsi ces deux nobles créatures ! Non, que tous les préjugés de la terre s'arment contre moi, n'importe ! je suis sûr que je fais une bonne action, en essayant de rendre à la vie deux êtres dignes du bonheur et de la vertu ; je dédaigne ceux qui me blâmeront, ils ne m'atteindront pas dans l'asile de mon cœur, où je suis content de moi ; ils n'ébranleront point cette parfaite conviction de l'esprit, qui est aussi une conscience pour l'homme éclairé. Vous saurez dans deux jours, mademoiselle, l'issue de mon projet ; j'espère que vous l'approuverez ; votre suffrage m'est nécessaire ; et plus je sais m'affranchir des vaines clameurs, plus j'ai besoin de l'estime de mes amis.

LETTRE XII.

M. de Lebensei à mademoiselle d'Albémar.

Ce 15 août, près de l'abbaye du Paradis.

Je crois que mon projet a réussi, cependant vous en allez juger ; madame d'Albémar m'a particulièrement recommandé de ne vous laisser rien ignorer. J'ai été la voir hier matin. « Léonce va terminer sa vie, lui ai-je dit, sa résolution est prise : voulez-vous le sauver ? — Dieu ! s'écria-t-elle, comment pouvez-vous me parler ainsi ! ai-je un autre espoir que de mourir avec lui ? peut-il en exister un autre ? Que prétendez-vous, en faisant naître en moi des émotions si violentes ? laissez-moi périr résignée. — Vous avez fait des vœux, repris-je, sans aucune des formalités ordonnées, ils vous ont été surpris cruellement ; je suis fermement convaincu que les scrupules les plus religieux pourraient vous permettre de réclamer votre liberté ; si vous en aviez le moyen ; ce moyen, je vous l'offre. Il existe un pays, et ce pays, c'est la France, où l'on a brisé par les lois tous les vœux monastiques ; venez l'habiter avec Léonce, et, bravant l'un et l'autre d'absurdes préjugés, unissez-vous pour jamais à la face du ciel qui l'approuvera. — Que me proposez-vous ? s'écria-t-elle avec un tremblement affreux ; puis-je y consentir sans honte ? le croyez-vous ? serait-il possible ? — Vous souvenez-vous, lui dis-je, qu'il y a près d'un an, lorsque je vous écrivis sur la possibilité du divorce, vous répondîtes que vous ne connaissiez qu'un devoir, un devoir dont ils dérivaient tous, celui de faire le plus de bien possible, et de ne jamais nuire à qui que ce fût sur la terre ? eh bien ! je vous le demande, qui faites-vous souffrir en brisant ces vœux insensés que le désespoir seul a pu vous arracher ? et vous sauvez Léonce, lui pour qui vous avez pris la fatale résolution qui vous perd ! Ne m'avez-vous pas avoué que l'amour seul vous l'avait inspirée ? eh bien ! que l'amour délie les nœuds funestes qu'il a formés! — Quoi! me dit encore Delphine, vous croyez impossible de consoler Léonce, de fortifier assez son ame pour qu'il puisse consacrer sa vie à la gloire et à la vertu? Ne vous embarrassez pas de mon sort, je me sens frappée à mort, je sens que la nature va bientôt venir à mon secours : s'il veut vivre, je pourrai mourir en paix. — Non, lui répondis-je, je ne dois pas vous le cacher, rien ne peut engager Léonce à supporter sa destinée. — Et lui-même, reprit Delphine, accepterait-il un parti si contraire à ses idées habituelles, à l'opinion qu'il a toujours profondément respectée ? — Les grands malheurs, lui répondis-je, les malheurs réels font disparaître les défauts qui sont l'ouvrage des combinaisons factices de la société; les loisirs et l'agitation du monde irritent les peines de l'imagination ; mais aux approches de la mort, on ne sent plus que la vérité : Léonce, prêt à périr, saisira avec transport le moyen secourable qui ferme le tombeau sous ses pas; permettez seulement que je lui donne cet espoir. — Laissez-moi, interrompit Delphine ; j'ai besoin de quelques heures pour réfléchir sur l'idée la plus inattendue, sur celle qui bouleverse tout-à-coup mes esprits. Avant que le jour soit fini, vous aurez ma réponse. » Je la quittai; le soir, elle m'envoya la lettre qu'elle avait reçue de Léonce, avec la réponse qu'elle m'avait promise; les voici toutes deux.

Léonce à Delphine.

Delphine, dans le jardin de ta prison, non loin des lieux où tu n'as pas refusé un sombre asile même à ton ennemi, je veux te voir. Ne sois pas effrayée, j'ai besoin de quelques moments doux avant le dernier : je ne veux pas cesser de vivre dans la disposition où je suis; il faut que ta voix m'ait attendri; il ne faut pas que mon ame s'exhale dans un moment de fureur : rends-la digne du ciel vers lequel elle va remonter. Infortunée ! veux-tu mourir avec moi, le veux-tu ? c'est quelque chose qui ressemble au bonheur, que de quitter la vie ensemble; je te donnerai le poignard qu'il faut plonger dans mon cœur ; tu le sentiras, ce cœur, à ses palpitations terribles ; je guiderai le fer et ta main. Bientôt après tu me suivras... Non... attends encore, je le veux : mais qui oserait exiger de moi que je survécusse à cette rage du destin qui nous sépare, lorsque tant de hasards nous réunissaient? Je reste seul dans cet univers, où rien de ce qui me fut cher n'est plus auprès de moi. Qui maintenant a le secret de mes douleurs? qui a connu ma vie passée? pour qui ne suis-je pas un être nouveau? faudrait-il recommencer l'existence avec un cœur déchiré? je la supportais avec peine, même avant d'avoir souffert : que ferais-je maintenant !

Ah! Delphine, donnons un dernier jour à nous voir, à nous entendre : il y a, crois-moi, beaucoup de douceur dans la mort, je veux la savourer tout entière. Je me fais de ce jour un long avenir ; oui, tous les sentiments que l'homme peut éprouver se trouveront réunis, confondus ; et quand le soleil se couchera, la nature, qui m'aura laissé goûter toutes les affections les plus tendres, ne sera-t-elle pas quitte envers moi?

Lorsque je te reverrai, je porterai déjà la mort dans mon sein ; vers la fin du jour, mes yeux s'obscurciront par degrés ; mais les derniers traits que j'apercevrai seront les tiens. Delphine, demain je te dirai tout ce que je pense dans cette situaton sans avenir, sans espérance ; mon ame s'épanchera tout entière dans la tienne ; je goûterai les délices de l'abandon le plus parfait ; les liens de la vie seront brisés d'avance, je n'attendrai plus rien d'elle qu'un dernier jour, une dernière heure d'amour passée près de toi. Delphine, ne crains rien, demain te laissera un doux souvenir ; espère demain, au lieu de le redouter. Que la mort de ton amant, ainsi préparée, te paraisse ce qu'elle est pour lui, un heureux moment dans un sort funeste ! Adieu.

LÉONCE.

Delphine à M. de Lebensei.

Voilà sa lettre, monsieur, elle achève de me déterminer ; écrivez-lui vos motifs ; ce qu'il décidera, je l'accepterai.

J'aurais voulu pouvoir consulter une amie, madame de Cerlebe, que la maladie de son père retient loin de moi depuis plusieurs jours : son esprit n'égale sûrement pas le vôtre ; mais elle est femme, et son opinion sur les devoirs d'une femme doit être plus scrupuleuse ; n'importe, je m'en remets à vous. Je n'ignore pas cependant à quel malheur je m'expose ; il se peut que Léonce condamne ma résolution, et que je sois moins aimée de lui pour l'avoir prise. Je préférerais les tourments les plus affreux à ce danger ; mais il s'agit de la vie de Léonce, et non de la mienne : tout disparaît devant cette pensée. Je n'ai pu goûter un moment de repos depuis qu'un homme que je n'aimais point a péri pour moi, et je serais destinée à donner la mort au plus aimable, au plus généreux des hommes ! Non ; la honte même, la honte, du moins celle qui n'est point unie aux remords, est plus facile à supporter que le désespoir de ce qu'on aime.

Au fond de mon cœur, je ne me crois point coupable ; mais tout m'annonce que je serai jugée ainsi, que j'offense l'opinion dans toute sa force, dans toute sa violence. Il suffira peut-être à Léonce de savoir que je n'ai pas repoussé un tel dessein, pour cesser de m'aimer. Eh bien ! néanmoins qu'il sache que je ne l'ai pas repoussé ! Si je lui deviens moins chère, il pourra vivre sans moi ; je n'aspire qu'à sa vie, tous les sacrifices sont possibles quand il s'agit de le sauver. Demain, il veut mourir ; demain, s'éteindrait dans mes bras cette ame héroïque et pure : la dernière fois que je l'ai vu, mes cris, mes pleurs l'ont ranimé, et dans quelques jours il serait de même étendu sans mouvement à mes pieds, de même, mais pour toujours ! Je me dégrade peut-être à ses yeux ; mais, soit qu'il refuse ou qu'il accepte, il vivra ; l'impression qu'il recevra de ce que vous allez lui proposer arrêtera son funeste projet : si je détruis ainsi l'amour de Léonce pour moi, je saurai mourir, mais alors il me survivra ; c'est tout ce que je veux. Écrivez-lui donc, j'y consens.

DELPHINE.

Après avoir reçu la lettre de Delphine, j'écrivis à l'instant à Léonce ce que vous allez lire.

M. de Lebensei à M. de Mondoville.

Serez-vous capable d'écouter un conseil courageux, salutaire, énergique ; un conseil qui vous sauve de l'abîme du malheur, pour élever Delphine et vous à la destinée la plus parfaite et la plus pure ? Saurez-vous suivre un parti qui blesse, il est vrai, ce que vous avez ménagé toute votre vie, les convenances, mais qui s'accorde avec la morale, la raison et l'humanité ?

Je suis né protestant, je n'ai point été élevé, j'en conviens, dans le respect des institutions insensées et barbares qui dévouent tant d'êtres innocents au sacrifice des affections naturelles ; mais faut-il moins en croire mon jugement, parcequ'aucune prévention n'influe sur lui ? L'homme fier, l'homme vertueux ne doit obéir qu'à la morale universelle. Que signifient ces devoirs qui tiennent aux circonstances, qui dépendent du caprice des lois ou de la volonté des prêtres, et soumettent la conscience de l'homme à la décision d'autres hommes, asservis depuis longtemps sous le joug des mêmes préjugés, et surtout des mêmes intérêts? Certes, la morale est d'une assez haute importance pour que l'Être suprême ait accordé à chacune de ses créatures ce qu'il faut de lumières pour la comprendre et pour la pratiquer; et ce qui répugne aux cœurs les plus purs ne peut jamais être un devoir. Écoutez-moi. Les lois de France dégagent Delphine des vœux que de fatales circonstances ont arrachés d'elle; venez vivre sur le sol fortuné de votre patrie, et, vous unissant à celle que vous aimez, soyez l'homme le plus heureux et le plus digne de l'être. Vous voulez mourir plutôt que de renoncer à Delphine, et l'idée que je vous présente ne s'est point encore offerte à votre esprit! Est-ce un époux qui vous enlève votre amie? Quel est le devoir véritable qui la sépare de vous? un serment fait à Dieu! Ah! nous connaissons bien peu nos rapports avec l'Être suprême; mais sans doute il sait trop bien quelle est notre nature, pour accepter jamais des engagements irrévocables.

La veille du jour où madame d'Albémar a prononcé ses vœux, toute son ame n'était-elle pas livrée aux plus cruelles incertitudes? Ces funestes vœux ne furent que l'acte d'un moment, suivi du plus amer repentir ; et toute sa destinée serait attachée à cet instant passionné qui l'entraîna comme une force extérieure, dont elle ne serait en rien responsable! Hélas! d'un âge à l'autre, il y a souvent dans le même caractère plus de différence qu'entre deux êtres qui se seraient totalement étrangers; et l'homme d'un jour enchaînerait l'homme de toute la vie! Qu'est-ce que l'imagination n'a pas inventé pour se fixer elle-même! mais, de toutes ses chimères, les vœux éternels sont la plus inconcevable et la plus effrayante. La nature morale se soulève à l'idée de cet esclavage complet de tout notre avenir ; il nous avait été donné libre, pour y placer l'espérance, et le crime seul pouvait nous en priver sans retour.

Quand le sort des autres est intéressé dans nos promesses, alors sans doute des devoirs sacrés peuvent en consacrer à jamais la durée ; mais l'Être tout puissant et souverainement bon n'a pas besoin que sa créature soit fidèle aux vœux imprudents qu'elle lui a faits. Dieu, qui parle à l'homme par la voix de la nature, lui interdit d'avance des engagements contraires à tous les sentiments comme à toutes les vertus sociales; et si d'infortunés téméraires ont abjuré, dans un moment de désespoir, tous les dons de la vie, ce n'est pas le bienfaiteur dont ils les tiennent qui peut leur défendre d'appeler de ce suicide, pour faire du bien et pour aimer.

Je n'ai pas besoin de vous parler davantage sur la folie des vœux religieux, vous pensez à cet égard comme moi ; mais si le malheur ne vous a point changé, la crainte du blâme agit fortement sur vous ; et lorsqu'à Zurich je voulais vous préparer à l'événement cruel qui vous menaçait, je vous vis tressaillir au moment où j'osai vous conseiller le mépris de l'opinion, ce mépris sans lequel je prévoyais que le bonheur ne pouvait vous être rendu. Peut-être aussi éprouvez-vous de la répugnance à faire usage des lois françaises, qui sont la suite d'une révolution que vous n'aimez pas.

Mon ami, cette révolution, que beaucoup d'attentats ont malheureusement souillée, sera jugée dans la postérité par la liberté qu'elle assurera à la France : s'il n'en devait résulter que diverses formes d'esclavage, ce serait la période de l'histoire la plus honteuse ; mais si la liberté doit en sortir, le bonheur, la gloire, la vertu, tout ce qu'il y a de noble dans l'espèce humaine est si intimement uni à la liberté, que les siècles ont toujours fait grace aux événements qui l'ont amenée.

Au reste, ai-je besoin de discuter avec vous ce qu'on doit penser des lois de France ? jugez vous-même les circonstances qui ont accompagné les vœux de Delphine, la précipitation de ces vœux, les moyens employés par madame de Ternan pour abréger le noviciat : quel est le tribunal d'équité, dans quelque lieu, dans quelque époque que ce fût, qui ne relèverait pas Delphine de semblables engagements ? Aucun sentiment de délicatesse, aucun scrupule de conscience, ne s'opposent au parti que je vous propose ; il n'est donc question que d'un seul obstacle, d'un seul danger, le blâme de la plupart des personnes de votre classe avec qui vous avez l'habitude de vivre.

Avez-vous bien réfléchi, mon cher Léonce, sur la peine que vous causera cet injuste blâme, quand il serait vrai qu'il fût impossible de l'apaiser ? Heureux, le plus heureux des mortels dans votre intérieur, vivez dans la solitude, et renoncez à voir ceux dont l'opinion ne serait pas d'accord avec la vôtre. Vous oublierez les hommes que vous ne verrez pas, et vous transporterez ailleurs qu'au milieu d'eux votre considération et votre existence. L'imagination ne peut se guérir quand la présence des mêmes objets renouvelle ses impressions ; mais elle se calme lorsque pendant long-temps rien ne lui rappelle ce qui la blesse. Il y a dans presque tous les hommes quelque chose qui tient de la folie, une susceptibilité quelconque qui les fait souffrir ; une faiblesse qu'ils n'avouent jamais, et qui a plus d'empire sur eux cependant que tous les motifs dont ils parlent ; c'est comme une manie de l'ame, que des circonstances particulières à chaque homme ont fait naître ; il faut la traiter soi-même, comme elle le serait par des médecins éclairés, si elle avait dérangé complètement les organes de la raison ; il faut éviter les objets qui réveilleraient cette manie, se faire un genre de vie et des occupations nouvelles, ruser avec son imagination, pour ainsi dire, au lieu de vouloir l'asservir ; car elle influe toujours sur notre bonheur, alors même qu'on l'empêche de diriger notre conduite. Je ne viens donc point, avec des lieux communs de philosophie, vous conseiller de triompher de vos inquiétudes sur tout ce qui tient à l'opinion ; mais je vous dis d'adopter une manière de vivre qui vous mette à l'abri de ces inquiétudes.

Votre amour pour Delphine doit vous rendre la solitude bien douce avec elle : n'admettez dans votre intimité que quelques amis exempts de préjugés, et qui jouiront de votre bonheur. Vous voulez mourir, dites-vous ? Mais n'est-ce pas immoler aussi Delphine ? elle ne vous survivra pas, vous n'en pouvez douter ; et vous renonceriez l'un et l'autre à la plus belle des destinées, à l'amour dans le mariage, parcequ'il existera quelques hommes qui vous blâmeront ! Rappelez-vous un à un ces hommes dont vous redoutez le jugement : en est-il qui vous parussent mériter le sacrifice d'un jour, d'une heure de la société de Delphine ? et pour tous réunis, vous lui donneriez la mort ! Vous pouvez généraliser d'une manière assez noble les sentiments qu'inspire la crainte de blesser l'opinion des hommes ; mais représentez-vous en détail ce que vous redoutez. Une visite qu'on ne fera pas à votre femme, une invitation qu'elle ne recevra pas, une révérence qui lui sera refusée ; vous aurez honte de mettre en balance le bonheur et l'amour avec ces misérables égards de politesse que le pouvoir obtient toujours, quelque mal qu'il ait fait, chaque fois qu'il menace d'en faire plus encore.

Ah ! si votre conscience était d'accord avec ce que les hommes diraient de vous, chacun d'eux pourrait vous humilier, car votre cœur ne conserverait en lui-même aucune force pour se relever ; mais est-ce vous, Léonce, est-ce vous à qui l'amour et la vertu, les affections du cœur et le repos de la conscience ne suffiraient pas pour supporter la vie ? Si vous vous trouviez tout-à-coup transporté sur les rives de l'Orénoque avec Delphine, vous y seriez heureux, parfaitement heureux. Eh bien, vous avez de plus les plaisirs et les jouissances que la fortune et les arts de la civilisation peuvent donner. Serait-il possible que des êtres qui n'ont pour vous aucun genre d'attachement, des êtres qui emploieraient un quart d'heure de leur journée à vous blâmer, mais qui n'en auraient pas consacré autant à vous rendre le plus important service, serait-il possible qu'ils se plaçassent entre Delphine et vous, et vous empêchassent de vous réunir ? Ils seraient bien étonnés, Léonce, des sacrifices que vous leur feriez, ces redoutables censeurs ; ils seraient bien fiers d'avoir blessé de leurs petites armes un caractère qu'ils croyaient eux-mêmes au-dessus de leurs atteintes !

Votre sang, celui de Delphine, couleraient, non pour l'amour, non pour le remords, mais pour les frivoles discours de telle société, de tel cercle de femmes, parmi lesquelles vous ne daigneriez pas choisir une amie, mais à qui vous croyez devoir immoler celle que le ciel vous a donnée dans un jour de munificence !

Léonce, j'ai réduit votre désespoir à son unique cause ; désormais il ne peut plus en exister d'autres : j'ai dégradé dans votre esprit jusqu'à votre douleur. Repoussez les fantômes qui pourraient vous intimider encore ; regardez le ciel, revoyez la nature, parcourez pendant quelques heures les montagnes qui nous environnent, considérez la terre de leur sommet, et dites-moi si vous ne sentez pas que toutes les misérables peines de la société restent au niveau du brouillard des villes, et ne s'élèvent jamais plus haut. Croyez-moi, les rapports continuels avec les hommes troublent les lumières de l'esprit, étouffent dans l'ame les principes de l'énergie et de l'élévation ; le talent, l'amour, la morale, ces feux du ciel, ne s'enflamment que dans la solitude. Léonce, vous pouvez être heureux dans la retraite, vous le serez avec Delphine. Vous êtes tous les deux pleins de jeunesse, d'amour et de vertu, et vous formez le projet d'anéantir tous ces dons avec la vie ! Dans les beaux jours de l'été, sous un ciel serein, la nature vous appelle, et la méchanceté des hommes vous rendrait sourds à sa voix ! L'intention du Créateur ne se manifeste qu'obscurément dans toutes ces combinaisons de la société, que les passions et les intérêts ont compliquées de tant de manières ; mais le but sublime d'un Dieu bienfaisant, vous le retrouverez dans votre propre cœur, vous le comprendrez au milieu des beautés de la campagne, vous l'adorerez aux pieds de Delphine ! Mon ami, c'en est assez ; votre cœur doit s'indigner de mon insistance.

Delphine sait le conseil que je vous donne, Delphine l'approuve : c'est aux femmes peut-être qu'il est permis de trembler devant l'opinion ; mais c'est aux hommes, c'est à Léonce surtout qu'il convient de la diriger, ou de s'en affranchir.

H. DE LEBENSEI.

On porta cette lettre à M. de Mondoville ; il resta trois heures enfermé, depuis le moment où elle lui fut remise ; enfin, après ce temps, il donna sa réponse à mon domestique, d'un air calme, mais sérieux. Il ne me fit point demander ; il défendit à ses gens d'entrer dans sa chambre le reste de la soirée. Voici cette réponse :

M. de Mondoville à M. de Lebensei.

Delphine a donné son consentement à votre proposition ; je l'accepte : elle change mon sort, elle change le sien. Nous vivrons, et nous vivrons ensemble : quel avenir inattendu ! Demain devait être mon dernier jour ; il sera le premier d'une existence nouvelle. Delphine enfin sera donc heureuse ! Adieu, mon ami ; je vous dois la vie ; je vous dois bien plus, puisque vous croyez que Delphine ne m'aurait pas survécu. Achevez de terminer les arrangements nécessaires à notre départ et à notre établissement; je me sens incapable de tout, après de si violentes secousses.

LÉONCE DE MONDOVILLE.

Dans les premiers moments, j'étais parfaitement content de cette lettre, et je la portai, plein de joie, à Delphine ; elle la lut d'abord vite, une seconde fois lentement ; puis me la remettant, elle me dit : « Le parti qu'il prend lui coûte cruellement ; examinez quelle est sa première pensée, le consentement que j'ai donné à ce parti ; et plus loin, il espère *que je serai heureuse!* Dit-il un seul mot de lui? et cette manière de vous charger de tous les détails, n'est-ce pas une preuve qu'ils lui sont tous pénibles? et bien d'autres nuances encore..... Mais il vivra, l'impression est faite, il vivra. Mon ami, ajouta-t-elle, ne terminez rien, je veux seule conserver la décision de mon sort. J'obtiendrai de madame de Ternan, que ma douleur fatigue, et qui redoute le ressentiment de Léonce, la permission d'aller prendre les eaux de Baden, près de Zurich : l'état de ma santé motive cette demande, elle ne me sera point refusée. Je serai seule avec Léonce, nous causerons librement ensemble, et, quoi qu'il arrive, je l'aurai fait du moins renoncer au projet funeste qui menaçait sa vie. »

Voilà, mademoiselle, dans quelle situation se trouvent maintenant les deux personnes du monde qui mériteraient le plus d'être heureuses. J'espère que, pendant le séjour de madame d'Albémar à Baden, ses inquiétudes et les peines de Léonce se dissiperont entièrement : je leur ai donné tous les secours que l'amour peut recevoir de l'amitié. Leur sort maintenant ne dépend plus que d'eux seuls [1].

La lettre de Léonce à M. de Lebensei donna, comme on le voit, beaucoup d'inquiétude à Delphine. Cependant, l'espoir de s'unir à Léonce lui causait tant de bonheur, qu'elle écartait sans s'en apercevoir tout ce qui pouvait troubler une impression si douce : elle résolut cependant de ne prendre aucun parti avant deux mois, et de passer ce temps avec Léonce aux eaux de Baden : le mauvais état de sa santé, et la crainte qu'avait madame de Ternan de rien refuser à Léonce, rendaient facile pour elle d'obtenir la permission de s'absenter pendant quelque temps. Elle prit donc une maison de campagne assez solitaire auprès de Baden, et c'est là qu'elle revit Léonce. En se retrouvant, ils éprouvèrent un sentiment de bonheur qui s'exprima par beaucoup de larmes. Je ne sais s'il existait au fond du cœur de l'un et de l'autre des pensées pénibles, si la délicatesse de Delphine lui reprochait de rompre ses vœux, et si Léonce pressentait confusément ce qu'il éprouverait, lorsque le monde saurait la résolution de Delphine et la sienne; mais tous les deux évitaient de se parler sur leur avenir, et semblaient goûter le présent en repoussant la crainte, et

---

[1] C'est ici que commençait l'ancien dénouement de Delphine; je remplis les intentions de ma mère, en y substituant celui que l'on va lire, tel que je l'ai trouvé dans ses manuscrits. Mais comme l'ancien dénouement contient des beautés que l'on peut admirer, indépendamment de leur liaison avec le reste du tableau, je l'ai placé, en variante, à la fin de ce volume. (*Note de M. de Staël fils.*)

même l'espérance. A Bellerive, Léonce souhaitait avec fureur de posséder celle qu'il aimait ; dans la solitude, près de Baden, il ne se serait pas permis un témoignage d'amour qui aurait pu faire croire à Delphine qu'il n'était pas déterminé à l'épouser. Ses manières avec elle étaient tendres et respectueuses ; il tombait souvent dans de profondes rêveries : en la regardant, ses yeux se remplissaient de pleurs. Quand Delphine lui adressait quelques paroles sensibles, et souvent même aussi quand elle paraissait calme et heureuse, Léonce éprouvait une émotion qui semblait autant appartenir à la mélancolie qu'à la joie. Ils lisaient ensemble, ils faisaient de la musique ensemble, ils éprouvaient chaque jour davantage que leur esprit et leur ame étaient parfaitement en harmonie : cependant il y avait *un point par où leurs cœurs ne se touchaient pas*, et, d'un commun accord, ils évitaient ce qui pouvait le leur faire sentir.

Delphine était inépuisable dans la solitude ; elle embellissait de mille manières cette existence idéale que l'imagination et l'amour peuvent rendre si animée et si douce ; elle savait trouver dans les poëtes, dans les ouvrages dramatiques, ces morceaux qui appartiennent aux plus heureux moments de l'inspiration, et font éprouver à l'ame la délicieuse sensation de l'enthousiasme, le pur sentiment de l'élévation : ils sont en petit nombre, ces vers délicieux ou ces pages sensibles qui répondent parfaitement à nos impressions secrètes, et développent en nous une existence nouvelle. Il suffit d'un mot froid ou déplacé, pour nous tirer tout-à-coup de cette extase du cœur qui fait oublier le reste du monde ; mais quand l'émotion est complète, quand rien n'en détourne, et que l'on peut admirer, de toute la puissance de sa sensibilité, quel bonheur de faire partager cette impression à ce qu'on aime, de pleurer près de lui, de voir son attendrissement, de sentir sa main pressée par la sienne, d'être averti enfin, par les plus douces impressions, que le même sentiment remplit deux ames à la fois, et que, si les portes du ciel s'ouvraient dans cet instant, elles y entreraient ensemble !

Léonce et Delphine passaient de la poésie à la musique, mystérieuse puissance qui jette dans le vague nos pensées, et nous plonge quelquefois dans une rêverie toute céleste. Il semble que c'est aux sons de la musique qu'on voudrait passer de ce monde dans une meilleure vie ; il semble qu'il y a des secrets de notre nature que notre esprit ne peut découvrir, et qui nous sont comme indiqués par l'exaltation qu'inspire la musique ; et, s'il nous arrive souvent d'éprouver cette exaltation dans la solitude, quelles paroles pourront la peindre, quand elle est partagée par ce qu'on aime? Delphine, en jouant de la harpe, en écoutant Isore, qu'un maître habile accompagnait, savait Léonce près d'elle ; elle se sentait regardée par lui, environnée de son intérêt protecteur ; elle éprouvait ce repos délicieux qu'on ne peut goûter que quand le cœur est parfaitement satisfait. Sa santé était moins bonne qu'autrefois ; mais cet état de faiblesse ajoutait au charme de sa situation. Quand il lui venait quelques inquiétudes sur les dispositions futures de Léonce, sur le bonheur qu'il goûterait lorsqu'il serait uni avec elle, l'idée confuse que peut-être elle ne vivrait pas long-temps amortissait ses inquiétudes ; un nuage couvrait ses craintes, et laissait à sa félicité présente toute sa vivacité. On s'étonnera peut-être que Delphine, dont l'esprit était si pénétrant, ne cherchât point à découvrir l'avenir avec certitude ; mais qui n'a pas éprouvé cette sorte d'aveuglement, quand le bonheur présent avait une grande force ? Ne se fait-on pas quelquefois illusion jusqu'au moment du départ, sur la douleur même de la séparation ? Tant que l'on voit l'objet qu'on aime, on n'a pas l'idée de l'absence, et l'imagination ébranlée par le cœur est tantôt follement inquiète, tantôt follement rassurée.

Léonce et Delphine se promenaient ensemble dans ce beau pays, où la nature est si poétique ; ils en sentaient les merveilles avec délices ; quelquefois ils s'arrêtaient pour considérer les accidents des nuages au milieu des montagnes ; ils écoutaient le vent, ils regardaient tomber les torrents, et trouvaient je ne sais quel charme dans le frémissement qu'inspire une nature sombre, dans le besoin qu'elle donne de s'appuyer l'un sur l'autre, et d'animer le désert par nos sentiments et nos espérances. Quelquefois il échappait à Léonce de dire : « Oh ! que la nature serait belle, si le souvenir des hommes ne nous y poursuivait pas ! » et il parlait avec amertume de la société. Delphine exprimait des sentiments plus doux ; elle se sentait heureuse, son cœur était plein d'indulgence. « Qui peut, disait-elle à Léonce, connaître et mesurer les diverses circonstances qui disposent de la conduite et des opinions des hommes ? Je pardonne beaucoup, par exemple, à ceux qui souffrent, de quelque manière que ce soit. On ne sait pas quel ravage le malheur produit dans le cœur ; je ne suis sévère que pour la prospérité, et c'est bien rarement qu'on la rencontre. Il y a tant de souffrances cachées au fond de l'ame! Mon ami, il faut beaucoup plaindre; car la plupart des torts sont précédés par de grandes douleurs. — Oui, dit Léonce en soupirant; mais pourquoi...? » Puis il s'arrêta, et voulut rassurer Delphine, comme s'il lui eût confié ce qui l'occupait. Elle le regarda avec étonnement; un sentiment de terreur s'empara d'elle; Léonce le vit et le dissipa; car il aimait, car il était aimé, et rien ne résiste à cette magie. Delphine était véritablement fascinée par l'amour : après deux années de peines, elle avait tellement besoin d'être heureuse, qu'elle rejetait loin d'elle tous les doutes, comme cette mère qui répétait sans cesse, pendant la maladie de son enfant : *Il ne mourra pas, non, il ne mourra pas, car Dieu sait que je ne pourrais pas le supporter.*

Léonce reçut une lettre d'un de ses amis émigrés, qui le priait d'aller le trouver à son passage à Lausanne. Delphine ne put voir Léonce s'éloigner, même pour peu de jours, sans éprouver une peine très vive : peut-être craignait-elle d'avoir du temps pour réfléchir, et pour approfondir ce qu'elle ne voulait pas s'avouer; mais elle versa beaucoup de larmes avant de le quitter; et, descendant pour l'accompagner jusque sur le seuil de la porte, elle répéta : « O mon Dieu! protégez-nous, bénissez-nous! » Léonce s'arrêta, prêt à monter à cheval, et lui demanda avec inquiétude quel sentiment lui inspirait cette prière. « Aucun qui doive vous alarmer, lui dit-elle; mais quand le cœur est plein d'affection, ne faut-il pas prier Dieu pour ce qu'on aime? Nos plus vifs sentiments ont si peu de puissance, comment ne pas frémir en se séparant, si l'on n'en appelle pas au secours du ciel! »

Léonce écrivit à Delphine pendant son absence, qui se prolongea quelques jours; ses lettres étaient tendres, mais courtes; il donnait toujours un prétexte pour les abréger; il était aisé de voir qu'il craignait de développer ses sentiments. Les impressions qu'on éprouve se trahissent plus facilement encore peut-être dans les lettres que dans la conversation. La présence de la personne qu'on aime vous attendrit toujours quand vous lui parlez; mais, séparé d'elle, ce que vous écrivez appartient à vos sentiments les plus profonds et les plus habituels. Si vous aimez parfaitement, si vous êtes dans une situation simple, vous êtes inépuisable en expressions passionnées; mais s'il faut expliquer des combats, modifier des sentiments, on a peur des mots dont on se sert, des paroles qui vont prendre un caractère de fixité, qui seront relues vingt fois, et dont l'impression profonde ne pourra peut-être plus s'effacer.

Delphine, en recevant des lettres de Léonce, éprouvait d'abord une sensation très pénible ; mais, comme il se servait cependant des mêmes termes de tendresse, elle se disait que ses lettres prouvaient sa sécurité, et que l'amour, certain d'obtenir ce qu'il souhaite, ne pouvait pas avoir le même langage que la passion agitée. Elle relisait ces lettres ; elle cherchait, dans une expression contenue, les trésors de sentiment dont son cœur avait besoin ; elle retardait enfin de tous ses efforts ce cruel moment où l'on commence à juger ce qu'on aime, à connaître avec précision le degré de sentiment que l'on inspire.

Léonce cependant n'était pas moins amoureux de Delphine ; elle lui était aussi chère que jamais ; mais il frémissait à la pensée de l'effet que produirait dans le monde son mariage avec une femme qui rompait ses vœux, quittait l'état de religieuse, et s'appuyait de lois que l'opinion n'avait point encore sanctionnées, pour faire une démarche si hasardée. Il n'avait osé parler de son projet à aucun des amis qu'il avait rencontrés à Lausanne ; mais il avait essayé, dans la conversation générale, de mettre en avant quelques thèses qui pussent les engager à montrer leur manière de voir, et tous ses essais avaient été les plus malheureux du monde. Ses amis quittaient la France par haine des principes qui auraient pu favoriser la rupture des vœux ; et tout ce qu'ils disaient, trop d'accord avec les idées de Léonce, lui faisait souffrir mille morts. Il revint à Baden, plus décidé que jamais à se séparer entièrement du monde ; il se flattait encore que, s'il ne rencontrait personne qui lui parlât de sa situation, il parviendrait à oublier ce que les autres en pourraient penser. Mais tous ces combats qui se passaient en lui-même remplissaient son cœur de tristesse, et il revit Delphine sans que cette tristesse fût dissipée. Elle n'osa pas l'interroger sur le sentiment qui l'occupait ; et, gardant Isore auprès d'elle, elle évita de rester seule avec lui.

Isore voulait fêter le retour de Léonce, elle avait préparé pour le lendemain, avec quelques unes de ses petites compagnes, dans un bosquet du jardin, des fleurs, de la danse et de la musique. Delphine ne s'opposa point au desir d'Isore, et conduisit vers le soir Léonce près des lieux que sa petite amie avait entourés de guirlandes. Léonce éprouva d'abord un sentiment d'inquiétude sur cette fête ; il craignait ce qu'Isore pouvait dire, il craignait sa propre émotion ; enfin, il avait au fond du cœur un malaise qu'il parvenait à cacher lorsque rien d'inattendu ne le surprenait, mais qui lui faisait craindre vivement tout ce qui pouvait troubler son ame. Cependant, la grace charmante d'Isore, sa gaieté, la simplicité de ses chants, qui n'exprimaient que la reconnaissance, le calme et le bonheur, tout ce qu'il y avait de champêtre et de paisible dans sa petite fête, éloigna par degrés de la mémoire de Léonce les souvenirs importuns de la société, et il se livra sans arrière-pensée aux douces émotions qu'il éprouvait. Au milieu de cette fête, et dans le moment où il regardait son amie avec le plus d'amour et d'espoir, deux instruments à vent, d'une justesse et d'une bauté parfaites, se firent entendre à quelque distance, et les petites filles elles-mêmes suspendirent leur danse, pour écouter ces sons si doux et si mélancoliques. « Pourquoi, dit Léonce à Delphine, mêler aux joies de l'enfance des impressions d'une nature si sérieuse? » Delphine ne répondit rien, et les instruments continuèrent à jouer la complainte de Marie Stuart, air écossais de la plus touchante et de la plus noble simplicité. Léonce, profondément ému, répéta encore avec un accent douloureux : « Delphine, pourquoi des larmes au milieu du bonheur? Vous me faites mal, bien mal! — Léonce, lui dit-elle alors, j'ai voulu attacher mon souvenir à cet air; dans quelque lieu du monde que vous l'entendiez, je veux qu'il vous rappelle Delphine. — Grand Dieu! reprit-il avec force, est-ce que vous vous imaginez que nous serons jamais séparés? que voulez-vous dire? expliquez-vous. » Et il l'entraîna loin du jardin et de la fête.

Ils se trouvèrent ensemble dans le bois qui environnait leur maison, près d'une salle de verdure où les habitants de Baden avaient coutume de se réunir. Delphine gardait le silence, et les vives prières de Léonce ne pouvaient pas obtenir d'elle une seule réponse : elle marchait appuyée sur lui; elle voulait parler, mais elle frémissait de tout ce qui pouvait naître du premier mot, et prolongeait le vague du silence aussi long-temps qu'elle pouvait. Tout-à-coup ils entendirent dans le lointain une marche vive et animée; et, s'approchant pour l'écouter, ils virent passer des jeunes filles qui ramenaient de l'église une charmante personne qui venait de se marier avec l'homme qu'elle aimait. Léonce et Delphine les avaient entendu nommer; ils les avaient vus passer une fois, et les reconnurent à l'instant. Une émotion inexplicable s'empara de tous les deux au même moment; ils s'approchèrent de la salle de danse où se rendait la joyeuse troupe, et ils contemplèrent long-temps le jeune homme et la jeune femme, qui étaient l'image du plus parfait bonheur : la physionomie de l'homme exprimait cet intérêt calme et tendre qui devait servir de guide et d'appui à sa douce compagne; sa femme le regardait avec confiance, comme le généreux souverain de son cœur et de sa vie; ils s'avançaient ensemble, comme Adam et Ève dans le paradis, la main dans la main, *hand in hand*, et goûtaient tous les plaisirs de la vie : exaltés par l'amour, ils dansaient avec une légèreté, avec une gaieté remarquable; les airs vifs des allemandes suisses étaient encore animés par un tambour qui marquait la mesure avec force; ils regardaient les compagnons de leur enfance, ils s'entremêlaient à leurs danses, pour se montrer reconnaissants de la bienveillance qu'on leur témoignait; mais on voyait bien qu'ils existaient seuls l'un pour l'autre dans l'univers. Ils se cherchaient, ils ne se perdaient pas de vue, et quand ils se retrouvaient, il semblait que la terre bondissait sous leurs pieds, et qu'ils étaient portés dans l'air sur les ailes du bonheur céleste. Quel spectacle pour Delphine! Il y avait bien long-temps qu'elle n'avait vu de fête, et depuis un an surtout elle n'avait vécu que dans la retraite et la douleur; elle se sentit comme étourdie par tant de sensations diverses, et, s'appuyant contre un arbre, ses regards étaient attachés sur cette femme couronnée de fleurs, entourée des bras de son ami, et s'enivrant de la plus délicieuse coupe de la vie, de l'amour dans le mariage.

Léonce était près de Delphine; et quoiqu'il ne parlât point, Delphine sentait qu'il partageait toutes ses impressions. Il avait des regards si éloquents, une expression si touchante! « Léonce, lui dit-elle en lui montrant l'heureux couple, ils sont heureux, et moi, jamais! jamais! — Il faut que je vous parle, s'écria Léonce, il le faut; écoutez-moi ce soir, je le veux. — Moi, répondit-elle, je le veux aussi; » et ils s'éloignèrent en silence. Il était tard quand ils revinrent chez eux; tout dormait dans la maison. Léonce, en se voyant seul avec Delphine, se jeta à ses pieds, et lui avoua toutes les pensées qui l'avaient troublé. Elle voulut à l'instant lui rendre sa parole, retourner dans son couvent; mais il lui exprima son amour avec tant de vérité, mais il chercha tellement à la convaincre que, dans la solitude, avec elle, il serait parfaitement heureux, qu'elle consentit doucement à l'entendre développer ses projets. Il était parti de France avec un passe-port ; il pouvait y retourner sans danger : il lui proposa de la mener à sa terre de Mondoville, de l'épouser à son arrivée, et de s'y fixer pour toujours. Quand elle s'inquiétait des sacrifices qu'il lui faisait en quittant ainsi le monde, il lui représentait qu'au milieu des événements cruels qui déchiraient son pays, il n'y avait ni honneur, ni sûreté que dans la solitude. Delphine revenait souvent à la crainte qui l'agitait le plus ; elle demandait à Léonce si, dans le fond de son cœur, il ne l'estimait pas moins, pour le sacrifice même qu'elle était disposée à lui faire. « Je sais, lui dit-elle, que l'amour, et l'amour seul, pouvait vaincre la répugnance que j'éprouve à sortir de ma retraite : je ne m'explique pas précisément la nature du devoir qui pouvait m'y retenir ; mais je sens cependant que, de quelque manière que les vœux m'aient été arrachés, il eût été plus délicat de m'y soumettre ; je le sens, et mon irrésistible passion pour toi m'entraîne : le reste du monde ne recevra pas cette excuse ; mais si tu l'acceptes, Léonce, c'en est assez. Ah, Dieu ! si ton cœur se blasait sur l'excès même de mon affection, si ton imagination, qui ne peut rien souhaiter au-delà de ce que j'éprouve, se lassait de notre bonheur, alors tu réfléchirais sur ma faute. »

Léonce interrompit Delphine par les protestations les plus vives et les plus sincères. Dans ce moment, le jour commençait à paraître ; leur entretien avait duré toute la nuit, sans qu'ils s'en fussent doutés. Les premiers rayons du soleil levant leur causèrent à tous deux une grande émotion ; ils se sentirent un témoin, et, s'avançant vers la fenêtre, ils se dirent qu'ils s'aimaient en présence du ciel. L'aspect de l'horizon était singulièrement majestueux ; la nature se réveillait, les êtres vivants dormaient encore ; Léonce et Delphine célébraient seuls la toute-puissance du Créateur. Léonce, qui jusqu'alors s'était peu occupé d'idées religieuses, parut les saisir avec ardeur ; il voulait échapper aux hommes ; il cherchait un asile au fond de sa conscience : car dans le sein de l'homme vertueux, dit Sénèque, *je ne sais quel Dieu, mais il habite un Dieu*. Tous les sentiments désintéressés, toutes les idées élevées, toutes les affections profondes, ont un caractère religieux ; chacun entend à sa manière cette révélation de l'âme ; mais il n'existe aucune émotion tendre et généreuse qui ne nous fasse désirer un autre monde, une autre vie, une région plus pure, où la vertu retrouve sa patrie. Léonce mit un genou en terre devant Delphine; Delphine se pencha sur lui, et ses cheveux couvrirent presque en entier la belle tête de son amant. Il se releva en la pressant sur son cœur ; et, passant à son doigt un anneau, gage de sa foi, il lui promit devant Dieu de la prendre pour son épouse. « Être tout puissant, s'écria Delphine en élevant ses mains vers le ciel, je n'aurai jamais ni plus de bonheur, ni plus d'amour : fermez mes yeux pour toujours ; en ce moment, j'ai touché les bornes de l'existence : pourquoi redescendre vers l'incertain avenir ! — Quel souhait! s'écria Léonce ; arrête! arrête ! » et il tremblait, comme si les paroles de Delphine avaient pu attirer la mort sur sa tête. Pourquoi tremblait-il ? pourquoi criait-il : Arrête ? Quand la pauvre Delphine formait ce vœu, peut-être était-il inspiré par son bon génie.

Le lendemain, Léonce et Delphine partirent pour Mondoville, et ce voyage fut encore très heureux. Il n'y a rien de si doux que de voyager avec ce qu'on aime. Le sentiment d'isolement que fait éprouver cette situation, ce sentiment pénible quand on est seul, est précisément ce qui rend les jouissances de l'affection plus délicieuses. Vous ne connaissez personne, personne ne vous connaît ; vous traversez des pays nouveaux, votre curiosité est agréablement satisfaite ; mais rien ne vous distrait de l'idée profonde qui remplit votre cœur ; vous aimez à sentir à chaque instant la différence de cet univers étranger qui passe devant vos yeux, avec cet être si cher, si intime, que vous avez près de vous, et qu'aucune affaire, aucune relation de société ne vous enlèvera, même pour un moment.

La santé de Delphine était restée très faible, depuis les peines qu'elle avait éprouvées à l'abbaye du Paradis ; les soins de Léonce pour elle étaient inépuisables ; elle était placée dans sa voiture entre Isore et lui, et l'enfance et l'amour rivalisaient auprès d'elle de tendresse. Léonce était l'ange tutélaire de son amie, dans les plus petites comme dans les plus grandes circonstances. Cette protection habituelle, le commencement de la vie domestique, plongeait Delphine dans la rêverie enchanteresse du bonheur ; à chaque poste elle s'étonnait que le chemin fût si court ; elle perdait du temps sous mille prétextes ; elle ralentissait le voyage, elle craignait d'arriver, soit qu'un pressentiment l'avertît qu'elle devait craindre le séjour de Mondoville, soit que, dans un état heureux, le moindre changement fasse peur. Tout conspire en nous-mêmes comme au-dehors de nous, contre ces impressions si délicates et si vives, qui satisfont à la fois l'imagination et le cœur, et le plus simple hasard suffit pour les détruire.

Léonce fut reçu avec beaucoup d'affection et de respect dans la terre qu'avaient habitée long-temps son père et sa mère. Mondoville était près de la Vendée, où se rassemblaient les royalistes, et l'ancienne considération que l'on avait pour les seigneurs de terres s'y était conservée ; on y détestait assez généralement tout ce qui tenait à la révolution, et les opinions nouvelles n'y avaient point encore pénétré. Delphine s'enferma chez elle avec Isore, pendant que Léonce vit les personnes auxquelles il avait affaire. Léonce, en arrivant, donna quelques jours à la vive douleur que lui causa la nouvelle de la mort de son respectable ami, M. Barton : il voulait le consulter, se confier à lui; il n'était plus. A peine eut-il passé quelque temps à Mondoville, que le bruit s'y répandit sourdement qu'il avait amené avec lui une religieuse, et qu'il comptait l'épouser. Il ne sut point précisément quel effet produisit ce bruit, personne ne l'en avertit ; mais il vit une sorte de contrainte dans la manière de quelques vieux serviteurs de ses parents ; et comme il craignait d'en découvrir la cause, il n'interrogea personne ; mais chaque jour il devenait plus sombre, et, sous des prétextes divers, il éloignait souvent les occasions de s'entretenir avec Delphine. Delphine s'en aperçut promptement. La crainte d'être moins aimée l'emportant sur tout, l'empêchait de réfléchir sur ce que sa situation avait d'horrible ; mais néanmoins un sentiment d'humiliation aiguisait quelquefois son désespoir : sa dépendance, son isolement, le sacrifice de sa réputation, de son existence, toutes ces preuves de dévouement qu'il lui avait été si doux de donner, lui causaient quelquefois, non des regrets, mais une crainte délicate et naturelle : elle sentait que Léonce se croirait obligé à l'épouser, et cette idée lui était affreuse. Enfin, un matin, l'altération de Delphine, dont la santé dépérissait chaque jour, frappa tellement Léonce, qu'il fut tout-à-coup saisi par un sentiment de terreur et de remords ; et, après lui avoir prodigué les expressions d'amour les plus tendres, il sortit de chez elle, résolu d'aller à l'instant chez le maire, pour déclarer l'intention où il était de se marier, et de choisir le jour où il conduirait Delphine à l'autel.

Au moment où il arriva, l'on recevait la nouvelle des massacres qui avaient eu lieu le 2 septembre à Paris, et toutes les femmes s'étaient précipitées dans la salle de l'hôtel-de-ville pour en apprendre les détails. Plusieurs d'entre elles connaissaient quelques uns de ceux qui avaient péri, et tous les esprits étaient très agités par cette horrible nouvelle. Léonce était tellement troublé de ce qu'il allait faire, qu'il ne s'informa point du sujet de la rumeur générale; et, s'avançant rapidement vers le maire, il lui annonça avec une voix d'autant plus haute et d'autant plus ferme qu'il voulait cacher son agitation intérieure, la résolution où il était d'épouser madame d'Albémar. Le maire, qui avait été autrefois attaché à la famille de Mondoville, baissa les yeux, soupira, et écrivit en silence le nom de Léonce et celui de madame d'Albémar. A l'instant un murmure retentit dans toute la salle, et Léonce entendit plusieurs voix qui disaient : *Quoi! notre jeune seigneur va épouser une religieuse qui fuit de son couvent! Quoi! il déshonore ainsi son nom! Ah! que diraient ses parents, s'ils vivaient encore?* Aucun homme sur la terre ne pouvait éprouver une douleur égale à celle que ces paroles causèrent à Léonce : cependant il fit effort sur lui pour marcher à travers la foule avec sa contenance accoutumée : on se tut en le voyant passer ; mais il aperçut sur tous les visages cette désapprobation muette, tourment de ceux qui ont besoin de l'estime des autres. En sortant, il trouva rangés devant la porte de l'hôtel-de-ville quelques soldats qui avaient autrefois servi dans son régiment: ils lui présentèrent les armes; mais l'instant d'après, par un mouvement tout-à-fait irréfléchi, ils baissèrent tristement leurs fusils devant lui, comme ils ont coutume de le faire devant des funérailles illustres. Léonce, frappé de cette action, leur dit : « Vous avez raison, mes amis; ce n'est plus moi, c'est à peine mon ombre. Je vous remercie de me pleurer ; » et il s'éloigna rapidement.

Passant devant l'église, il vit ouverte la porte qui conduisait à la chapelle où tous ses ancêtres avaient été ensevelis ; il recula d'abord en l'apercevant; puis, triomphant de sa première impression, il entra dans la chapelle, pour épuiser toutes les douleurs dans un même jour. La première pierre qu'il aperçut était celle qui couvrait la tombe de son respectable ami Barton : il en fut à peine ému. « Je suis bien aise, dit-il tout haut, que tu ne sois pas témoin de cela ; » et il se reposa quelques moments sur cette pierre. Il vit dans le fond de la chapelle un tombeau plus remarquable que tous les autres, et qui n'y était point encore lorsqu'il avait quitté Mondoville ; il frémit à cet aspect, sans pouvoir comprendre lui-même d'où venait son effroi. Dans ce moment, un vieil officier, qui avait servi sous son père, entra dans l'église, le reconnut, et se jeta à ses pieds. « Que faites-vous? s'écria Léonce, que faites-vous? — Je suis arrivé hier, lui dit-il, de la campagne où je vis, pour vous voir, pour embrasser encore une fois avant de mourir le fils de mon général. J'ai appris (faut-il le croire !) que vous, noble jeune homme, que vous, héritier d'un sang illustre, vous alliez faire une action déshonorante. Je ne sais pas ce qu'on peut dire pour excuser votre résolution ; mais je sais que vous n'oserez plus regarder sans rougir les anciens amis de vos parents, et je viens vous supplier, pendant qu'il en est temps encore, d'abjurer cette erreur d'un jour, que démentent votre caractère et votre vie. — Laissez-moi, s'écria Léonce, laissez-moi ; vous ne savez pas... — Oserez-vous me refuser, dit le vieillard en se retournant, si j'embrasse ce tombeau en suppliant? » Et il alla s'appuyer, les mains jointes, sur le marbre noir qui était placé au fond de la chapelle. « Quel est ce tombeau? s'écria Léonce; quel est-il? — C'est celui de votre mère, répondit le vieil officier; elle m'a ordonné d'apporter ici son cœur. Je suis venu du fond de l'Espagne avec ces précieux restes ; elle m'a commandé de les déposer dans cette chapelle, pour reposer près de vous, quand le temps vous aurait frappé à votre tour : mais si votre conduite flétrit la gloire de votre famille, au nom de votre mère, si noble, si fière, si délicate sur l'honneur, je vous défends de placer votre tombe auprès de la sienne ; je bannis votre cendre loin des cendres de vos aïeux ! » Pendant qu'il parlait, Léonce fit quelques pas en chancelant, pour arriver jusqu'au tombeau de sa mère; mais l'excès de son émotion surpassant enfin ses forces, il tomba comme mort sur le pavé de l'église : on le transporta chez lui, et la malheureuse Delphine le vit arriver dans cet état. Comme elle se jetait sur lui pour l'embrasser et mourir avec lui, l'impitoyable vieillard, qui l'avait suivi, lui dit : « Madame, c'est vous qui plongez M. de Mondoville dans le désespoir ; c'est le combat de l'amour et de l'honneur, c'est l'effroi que lui cause la honte à laquelle vous le condamnez en vous épousant, qui causera sa mort. De grace, éloignez-vous ; ne sentez-vous pas que vous le devez à vous-même? » Il n'en fallait pas tant pour anéantir Delphine; et, malgré son inquiétude mortelle pour Léonce, elle tomba sur une chaise, derrière le lit où on l'avait posé, et ne prononça pas un seul mot. Léonce, en revenant à lui ne la vit pas ; il aperçut l'officier, dont les paroles avaient produit sur lui une impression si terrible, qu'il était encore dans le délire. « Malheureux, s'écria-t-il, vous voulez que je lui plonge un poignard dans le sein! que je l'abandonne, quand elle a tout sacrifié pour moi, quand elle sera seule dans cet univers, quand elle mourra! Et moi, qu'est-ce que je veux? Le déshonneur, la honte? Opinion! exécrable fantôme! me poursuivras-tu jusque dans la retraite, jusqu'auprès de cet ange qui m'aime? Non, ce n'est pas l'ombre de ma mère, homme cruel, que vous avez fait parler ; non, ce n'est pas elle, c'est l'opinion ; c'est son inflexible puissance que vous avez armée contre moi. Si les morts pensent encore à nous, c'est avec des sentiments plus doux, plus purs, plus dégagés des misérables préjugés des hommes; mais moi, comment ferai-je pour supporter la honte, ces soldats, ces femmes, ces tombeaux? Tuez-moi ! s'écria-t-il en regardant le vieillard qui se taisait ; tuez-moi! » Et il s'élança pour saisir son épée.

Dans ce moment, un cri de Delphine la fit reconnaître ; il comprit qu'elle avait tout entendu ; il voulut s'approcher d'elle, la prendre dans ses bras ; un froid mortel l'avait déjà saisie, elle ne pouvait plus ni parler ni faire un mouvement; elle n'était pas tombée sans connaissance, mais son état était plus effrayant. Encore immobile, le regard fixe, on aurait dit qu'elle se relevait du cercueil sans avoir repris la vie. Léonce la porta dans sa chambre, et renvoya avec fureur, loin du château, tous ceux dont la vue pouvait retracer à Delphine ce qui venait de se passer. Pendant dix jours et dix nuits, il ne la quitta pas un instant ; mais tous ses soins furent inutiles, le poignard était entré dans le cœur, et de ses coups jamais on ne revient. Delphine cependant recouvra la parole, et quand, examinant son état, elle se crut certaine que sa maladie était mortelle, elle fut plus calme.

Lorsque Léonce vit combien l'état de Delphine était dangereux, il tomba dans le plus sombre désespoir, et, se reprochant avec amertume d'être la cause de sa mort, irrité contre son propre caractère, il conçut pour lui-même un sentiment de haine qui suffit à lui seul pour rendre la vie odieuse, et il résolut fermement de ne pas survivre à son amie. Elle s'aperçut de ce dessein ; des paroles échappées à Léonce l'en informèrent, et surtout une résignation triste et sombre qui n'était pas dans le caractère de son ami. Quand le médecin voulait lui donner quelque espérance sur l'état de Delphine, il la repoussait, et disait presque froidement devant elle qu'il était certain qu'elle ne pouvait être sauvée. « Mais, généreuse Delphine, ajoutait-il, ton cœur a tant de bonté, que tu consentiras sans peine à ce départ de la vie, avec le coupable ami qui t'a percé le cœur. » Quelquefois cependant il perdait entièrement cette sorte de calme qui lui coûtait tant d'efforts; et considérant son amie, que la douleur avait déjà si fort changée, il se jetait par terre, avec des convulsions de désespoir. « C'est moi, s'écriait-il, c'est moi qui prive le monde de cette douce et noble créature! c'est moi qui ai empoisonné sa jeunesse! c'est moi qui la traîne dans le tombeau! qu'importe que je l'y suive, moi, si violent, si amer, si irritable? c'est du repos pour moi que la mort : mais elle, qui n'a jamais éprouvé que des sentiments d'affection et de bonté, pourquoi faut-il qu'elle meure désespérée? Innocent objet, s'écria-t-il en se jetant au pied de son lit, tu me regardes encore avec une expression si touchante, tu sembles me demander de vivre: hélas! je ne puis te sauver; je t'ai déchiré le cœur, mais je n'ai pas la puissance de te soulager; tu sais bien que le mal est irréparable! Insensé que j'étais! j'ai foulé sous mes pas ta destinée, et je voudrais te relever maintenant, pauvre fleur que j'ai flétrie; mais tu retombes, et l'inflexible nature me punit. Ah! Delphine, si la mort ne dépendait pas de nous, si je ne pouvais pas te suivre, quel supplice, quel tourment égalerait ce qui se passe dans mon sein! Mais, Delphine, entends-moi; je ne te quitte pas, je suis là, près de toi; je t'accompagne dans la mort, dans ses mystères; ton ami sera près de toi, Delphine! Delphine!» Il l'appelait; son amie voulait répondre, mais sa faiblesse ne lui permettant pas de parler long-temps, elle lui dit qu'elle desirait d'être seule; et quand il l'eut laissée aux soins de ses femmes et d'Isore, elle essaya de lui écrire, et lui fit dire plusieurs fois, lorsqu'il voulait rentrer chez elle, qu'elle lui demandait encore quelques instants, pour achever de lui faire connaître ses derniers sentiments et ses dernières volontés. Voici ce qui fut remis, de sa part, à M. de Mondoville :

LETTRE XIII ET DERNIÈRE.

Delphine à Léonce.

Je vois avec douleur, mon ami, combien vous vous reprochez la peine que vous croyez m'avoir causée, et je frémis des résolutions que vous vous plaisez à entretenir. La plus douce pensée qui me reste, c'est l'espoir que vous me survivrez, et que le noble objet de toutes mes affections sur cette terre conservera de moi ce qui vaut la peine d'être sauvé, mon souvenir. Il ne faut pas beaucoup regretter ma vie ; je suis convaincue que j'avais un caractère qui ne m'aurait jamais permis d'être heureuse ; je ne sais si c'est le monde ou ma disposition qu'il faut blâmer, mais il est certain que j'ai toujours senti entre ma manière de voir et celle de la société une sorte de désaccord qui devait, tôt ou tard, me causer de grands chagrins. Il me semble qu'il y a de la dureté dans la plupart des hommes, de la dureté surtout pour les peines du cœur. On parvient assez à inspirer de la pitié pour ces maux qu'on appelle incontestables, et que les êtres les plus vulgaires redoutent pour eux-mêmes ; mais on froisse, mais on déchire sans scrupule les ames sensibles : leur délicatesse, leur exaltation, s'appellent bientôt de la folie ; et quand on a dit à ces pauvres personnes qu'elles n'ont pas raison de souffrir, on passe, assez satisfait de la barbare consolation qu'on croit leur avoir donnée. Voyez ce vieillard qui nous a fait tant de mal ; il m'a dit les paroles les plus cruelles sans en éprouver le moindre remords, et cependant, je le sais, ce n'est pas un méchant homme : si mes peines avaient été dans l'ordre de ses idées, dans le cours des sentiments qu'il conçoit, il m'aurait volontiers secourue ; mais parceque ma situation heurtait ses préjugés, il a été sans pitié : le monde est ainsi, et l'indépendance et l'irréflexion même de mon caractère m'exposent sans cesse à irriter contre moi ce monde, qui trouve toujours le moyen de se venger. On ne peut, quoi qu'on fasse, s'isoler entièrement de la société, et l'opinion des autres est une sorte de poison qui s'insinue dans l'air que l'on respire.

Ne vous blâmez point, mon ami, d'avoir frémi en voyant l'effet que produirait votre mariage avec moi : c'est un sentiment naturel dans un homme d'honneur ; c'est moi qui ai eu tort, extrêmement tort, de ne considérer que votre sentiment et le mien. Si le cœur pouvait ainsi porter son univers avec lui, l'existence serait trop douce ; Dieu, sans doute, a voulu que quelque chose consolât de mourir, et c'est la société, ce sont nos relations nécessaires, avec elle qui nous lassent de vivre. Un cœur long-temps flétri par l'injustice, l'ingratitude et la dureté, se repose dans le tombeau, et, toute jeune que je suis, je sens déjà cette fatigue qui doit accabler à la fin du voyage. Mon ami, j'avais quelques défauts, peut-être même quelques qualités, qui me livraient sans défense à tous les coups de la destinée ; j'ai pensé souvent que mon malheur ne venait que de la fatalité des circonstances ; mais je le crois à présent, la plupart de nos circonstances sont en nous-mêmes, et le tissu de notre histoire est toujours formé par notre caractère et nos relations.

Léonce, vous me regretterez : je ne puis souhaiter que vous m'oubliiez. Je ne vaux rien pour moi, je valais peut-être quelque chose pour vous : car une affection complète et profonde ne se trouve pas deux fois, dans la vie même de l'homme le plus brillant et le plus aimable ; mais vous auriez été malheureux par la situation où mes propres imprudences m'ont placée. Dieu, qui m'aurait trouvée trop punie si j'avais vu votre attachement pour moi diminuer, m'a rappelée à lui, et je sens que j'y serai bien. En effet, n'est-il pas temps que votre pauvre amie ne souffre plus ? mon cœur est épuisé ; il a reçu je ne sais quelle blessure qui m'empêche de respirer, et tout, dans ma nature désolée, appelle le sommeil de la mort. Ne savez-vous pas que je joins à une grande sensibilité une imagination qui m'offre sans cesse, sous mille formes différentes, ou le passé ou l'avenir ? Des regrets, des craintes agitent mon ame ; et tous ces regrets et toutes ces craintes, inspirés par mes affections, me font éprouver une oppression, un serrement de cœur qui aurait dû me donner déjà plusieurs fois la secourable maladie dont je meurs. Pardon, Léonce, de nommer ainsi ce qui me sépare de toi : mais ne fallait-il pas te quitter ? Et quel supplice que de vivre, après avoir déchiré tous nos liens ! quelle occupation, quel intérêt me serait-il resté, qui ne renouvelât ton souvenir ? Je n'ai eu dans ma vie qu'une idée, qu'un sentiment, c'est toi : tout est empreint de ton image ; mon esprit, je le développais pour toi ; mes talents avaient pour but de te plaire ; ma rêverie ou ma gaieté, les plus petits de mes plaisirs, les plus grandes de mes pensées, tout me ramenait à toi. Léonce, que ferais-je seule ? nulle femme n'a plus besoin d'appui que moi : je n'ai point de confiance en mes propres forces, j'invoque un bras protecteur sur cette terre, comme un juge miséricordieux dans le ciel : je ne puis rien pour moi-même ; ce qu'on appelait ma supériorité n'est qu'une vaine louange donnée à quelques dons brillants et inutiles ; mon ame est faible et tremblante, et tout ce que cette ame peut éprouver de souffrances, je le sentirais loin de toi. Léonce, ne m'envie pas la mort ; songe au cruel changement de destinée qui me menaçait; songe à tous ces longs jours recommencés sans toi, à cette solitude, à cette lutte pour vivre, à ces heures si délicieuses pendant nos entretiens, arides et brûlantes lorsque leur poids retomberait sur moi seule; songe enfin que peut-être, au milieu de ces peines insupportables, je finirais par m'aigrir contre toi, par te blâmer de mon malheur : mon caractère, qui est doux, deviendrait âpre, irritable, douloureux pour moi-même et pour les autres. Léonce, je meurs sans avoir un moment cessé de t'admirer, sans avoir éprouvé contre toi un seul sentiment amer. Ah! qu'il eût été horrible le moment où tout cet amour que j'ai pour toi m'eût excitée à me plaindre, à t'accuser! et qui peut se répondre que la douleur à la fin n'altère pas le caractère? Nous avons tant besoin d'être heureux, que nous perdons toute justice quand tout espoir nous est ôté. Et que deviendrais-je le jour où je te croirais coupable de ma douleur, où j'éprouverais un sentiment amer en pensant à toi? Ah, Léonce! qu'il est doux de mourir lorsque les affections sont encore dans tout leur charme, et lorsque l'on peut exhaler une ame douce et pure dans le sein de celui qui nous l'a donnée!

Mais vous, Léonce, mais vous, pourquoi voudriez-vous me suivre? Sans doute, je le sais, vous serez quelque temps malheureux; vous le serez jusqu'au moment où de grands intérêts, le désir d'être utile à vos amis ou à votre patrie, ranimeront votre espérance. Le bonheur d'un homme se recommence, sa destinée se répare, son avenir renaît; mais ce cœur tout plein d'affection que les pauvres femmes possèdent, ce cœur qui ne sait qu'aimer, qui ne voit dans les idées, dans les opinions, dans les succès, que des moyens d'être aimé, que voulez-vous qu'il devienne quand la source de sa félicité est tarie? Léonce, laisse-moi te précéder dans ce monde inconnu qui m'attend. Oui, peut-être ai-je épuisé sur cette terre toutes les douleurs que je méritais, et ne trouverai-je qu'indulgence auprès du Tout-Puissant! S'il en est ainsi, je demanderai de revenir, quand il sera temps, auprès de ton lit de mort, et d'accompagner ton ame dans ce cruel passage. Mon ami, j'en conviens, il me cause quelque effroi : je crains la mort, sans regretter la vie; l'être le plus malheureux ne voit pas approcher sans terreur cet inconcevable moment, dont la jeunesse et l'amour écartaient si doucement l'idée : je me contemple avec une sorte de pitié; ces yeux éteints qui t'exprimaient autrefois tant de tendresse, ces traits abattus, ces mains déja sans couleur.

O Léonce ! te souviens-tu de ce jour de fête où nous dansâmes ensemble ? que de roses alors ornaient ma tête ! que d'espérances remplissaient mon cœur ! Il y a à peine trois années depuis ce temps, et tout est dit. Mais je ne meurs pas seule : ta main chérie soutiendra ma tête, que je n'ai déjà plus la force de soulever; je vais te rappeler, et de cet instant tu ne me quitteras plus : mon avenir est court, mais il est sans nuage ; et les dernières lueurs que j'apercevrai te montreront encore à moi. Ah, cher Léonce! et tant d'amour cependant ne pouvait nous donner une félicité parfaite! Madame de Vernon ne m'a-t-elle pas répété que les différences de nos caractères nous auraient empêchés d'être heureux ensemble, quand même aucun obstacle ne se serait opposé à notre union ? J'ai toujours repoussé cette idée, et cependant il me semble que je l'accepte, à présent qu'il faut me détacher de la vie ; je craindrais de mourir désespérée, si je me persuadais que des événements seuls se sont opposés au bonheur suprême que je pouvais goûter avec toi ; mais quand je me dis qu'une fatalité invincible nous séparait, qu'il y avait en moi des défauts qui ne m'empêchaient pas de te paraître aimable, mais qui troublaient ton repos et inquiétaient ton caractère, je suis bien aise de cesser de vivre ; je me détache de moi sans peine, puisque je ne pouvais rendre ta destinée tout-à-fait heureuse. Adieu, Léonce ; adieu! Je laisse à la douce Isore la plus grande partie de ma fortune; tu la conduiras près de ma bonne amie, mademoiselle d'Albémar. Songe que cette pauvre petite va se trouver seule dans le monde, et que tu me dois de ne la pas quitter avant de l'avoir remise entre les mains de ma sœur ; c'est le seul devoir que je laisse après moi : mon ami, il faut que tu l'accomplisses. Adieu encore, tu vas revenir; ne parlons plus de la mort : que mes derniers moments ne soient remplis que de ma tendresse pour toi ; je me sens beaucoup de calme ; aucun départ ne m'a causé moins d'effroi; ne trouble pas la bienfaisante intention de la Providence : elle veut que je meure en paix dans tes bras, ouvre-les pour me recevoir : je croirai que le ciel descend au-devant de moi, et que le précurseur des anges me console, et me rassure en leur nom.

Cette lettre ne changea point les résolutions de Léonce, mais elle le détermina à faire sur lui-même un effort presque surnaturel pour montrer du courage à son amie dans ses derniers moments. Il rentra dans la chambre de Delphine ; elle le reçut avec un sourire angélique, et lui fit signe de s'asseoir auprès de son lit : elle fit venir Isore, qui la croyait seulement indisposée, et ne se doutait pas de son danger. Delphine ne voulait pas épouvanter l'enfance par cette idée de la mort que la nature ne lui révèle que plus tard ; elle lui parla seulement de la confiance qu'elle devait avoir en Léonce. La petite l'écoutait avec attention ; et quand Delphine lui parlait de l'amitié que M. de Mondoville aurait pour elle, elle répondait toujours : « Mais, maman, je n'ai pas besoin d'un autre ami que toi. » Cette simple réponse émut Delphine ; et, se sentant affaiblir, elle ordonna qu'on éloignât Isore, et elle pria une de ses femmes de lui lire quelques morceaux qu'elle préférait dans les Psaumes, dans l'Évangile, et dans quelques écrivains religieux : tous ceux qu'elle avait choisis étaient pleins de douceur et de miséricorde. « Tu le vois, dit-elle à Léonce, ce sont des paroles de paix ; écoute-les dans tes jours malheureux, elles ramèneront le calme dans ton cœur. Il y a quelques rapports secrets, quelque noble intelligence entre nous et l'idée d'un Dieu souverainement bon. Je ne sais si toutes les espérances qu'elle inspire à notre ame se réaliseront, mais il me semble impossible de se résigner à ce qui nous est donné sur cette terre : le cœur mérite mieux que cela ; il faut donc qu'il ait une autre destinée. O Léonce ! si je la connais avant toi, ne pourrai-je pas t'en informer par quelques douces et secrètes pensées ? » Le désespoir de Léonce l'emportait toujours davantage sur ses résolutions, et Delphine sentit qu'elle devait éviter de l'entretenir trop long-temps, puisque chacune de ses paroles ajoutait à sa douleur. « Écoute, dit-elle à Léonce, le jour baisse ; quand il fera nuit, nous serons plus tristes encore : je voudrais cependant vivre jusqu'à l'aurore de demain ; tu sauras pourquoi je le voudrais. Fais venir dans la chambre à côté de la mienne cet orgue dont les sons harmonieux ont attiré notre attention l'autre jour : j'ai toujours pensé qu'il me serait doux de mourir en entendant une musique belle et simple. Oh ! je suis plus heureuse que je ne l'espérais ; je comptais tirer de moi seule les consolations que ta présence me donnera. O mon ami ! mets ta main sur mon cœur ; ne sens-tu pas qu'il bat doucement ? je te le dis, je suis heureuse ; mais ne t'éloigne pas. Peut-être est-il barbare d'exiger de toi que tu sois témoin de ma mort : mais nous avons toujours trouvé de la douceur l'un et l'autre à nous pénétrer de notre amour; et quelque amer que soit cet instant, si c'est celui où nous nous sommes le plus aimés, il ne faut pas l'abréger. »

Léonce se leva pour ordonner ce que Delphine avait demandé; il se promena quelque temps dans sa chambre, tourmenté par le désir le plus violent de finir sa vie avant que Delphine eût expiré, et se reprochant néanmoins la cruauté qu'il y aurait à l'abandonner ainsi. Pendant que ce combat absorbait ses pensées, la musique que Delphine avait demandée se fit entendre; et sa douceur pénétrant jusque dans l'ame de Léonce, il put se jeter au pied du lit de Delphine, et répandre, pendant long-temps, des torrents de larmes. Enfin, soulevant sa tête, et regardant le malheureux objet de sa tendresse : « Céleste créature, lui dit-il, que j'ai précipitée dans le tombeau, est-il vrai que tu voies sans horreur ce coupable ami, plein d'orgueil, d'irritation, d'injustice; mais cet ami qui cependant n'a jamais cessé de t'adorer, et qui, du jour où il t'a vue, n'a plus eu dans le cœur un sentiment dont tu ne fusses l'objet? Hélas! cet amour ne t'a conduite qu'à la mort! Ange de beauté, de jeunesse, te voilà donc frappée par moi, immolée par moi : peux-tu pardonner à ton assassin? et s'il te rejoint bientôt, ton ombre indignée ne se détournera-t-elle pas de lui? — Te pardonner! s'écria Delphine avec toute la force qu'elle put rassembler; ah! ne m'as-tu pas tendrement aimée? Après un tel bonheur, tu pouvais me causer de grandes peines sans épuiser le don que tu m'as fait, sans en effacer la reconnaissance; tu m'avais aimée, tu m'aimes encore, toutes les jouissances du cœur subsistent encore pour moi; je n'ai pas un sentiment amer, pas une inquiétude; je m'endors, et voilà tout. Ah! Léonce, cesse de t'accuser; mais si tu m'accordes quelques droits sur tes volontés, jure-moi de me survivre, jure-le devant Dieu, désormais l'unique protecteur de ton amie, et ne l'irrite pas contre nous deux, en trahissant tes devoirs et ta promesse! — Va, lui dit Léonce, je pourrais te tromper, pour rendre tes derniers moments plus calmes; mais toi, qui oses me demander de vivre, réponds-moi, supporterais-tu l'existence, si c'était moi que tu visses sur ce lit de douleur? » Delphine se tut un moment; mais bientôt après, désespérée du trouble qu'elle avait montré, elle s'efforçait, avec agitation et avec crainte, de dissimuler la cause de son silence. « Ne cherche pas à cacher ta pensée, noble Delphine, reprit Léonce; dans toute la force de ton esprit, jamais tu n'en eus le pouvoir, et ta touchante faiblesse me laisse plus facilement encore lire au fond de ton ame. Mais écoute-moi : je conduirai Isore près de ton amie, et j'irai servir ensuite le parti que je crois le plus malheureux et le plus juste; n'exige rien, ne demande rien de contraire à ce projet; et si j'ose encore en appeler à l'ascendant que j'avais sur toi, ne prononce pas un mot sur une résolution invariable. » Le respect que Delphine avait toute sa vie ressenti pour Léonce lui imposa même encore dans ce dernier moment, et elle espéra d'ailleurs que Léonce retrouverait à la guerre un genre d'intérêt qui pourrait le rattacher à la vie.

Une grande partie de la nuit s'était déja passée, et plusieurs fois Delphine était tombée dans des évanouissements si profonds, qu'on avait craint de ne pouvoir la ranimer. En revenant de cet état, elle dit à Léonce : « Je vais me lever, pour m'approcher de la fenêtre; je voudrais encore revoir le soleil. » Léonce s'éloigna quelques instants; Delphine fit placer son fauteuil en face du jour, qui ne devait pas tarder à paraître. Au moment où Léonce rentrait, l'orgue, qui s'était souvent fait entendre pendant la nuit, de distance en distance, exécuta une marche que Delphine et Léonce reconnurent à l'instant pour celle qui avait été jouée dans l'église lorsque Léonce et Matilde allaient ensemble à l'autel. « Ah! c'en est trop, s'écria Léonce. Cessez, répéta-t-il avec les cris les plus sombres, cessez! » La musique s'arrêta; Delphine, que cet air avait aussi vivement émue, se remit bientôt cependant, et dit à Léonce : « Mon ami, pourquoi ce désespoir? pourquoi repousser le souvenir que le ciel nous envoie dans ce moment? Ne dois-je pas reconnaître sa bonté dans le hasard qui me rappelle ce que j'ai souffert de plus cruel pendant la vie, au moment où je dois braver la mort? Ah! depuis l'époque terrible et solennelle de ton mariage avec Matilde, ai-je goûté un seul jour de véritable bonheur? Pourquoi donc ces déchirements? pourquoi ce désespoir? Mon ami, mon ami! entends encore ma voix mourante; ne repousse pas cette main qui s'avance vers toi; retiens, si tu peux, le reste de chaleur qui l'anime encore. » A ces mots, Léonce, qui était tombé à terre, se releva, prit cette main, et la réchauffa contre son cœur; il semblait se flatter, dans son ardeur, de prolonger ainsi l'existence de Delphine. Elle fit signe à la femme qui la servait de lui donner l'anneau qu'elle avait reçu de Léonce, et qu'elle ne pouvait plus porter depuis quelques jours, à cause de son extrême maigreur; elle le mit à son doigt, et, dans ce moment, les rayons du soleil commencèrent à pénétrer dans sa chambre. « Reconnais-tu cet anneau, dit-elle à Léonce, et te rappelles-tu quand je l'ai reçu de toi? De même l'aurore commençait à paraître, de même tu étais à mes pieds : tu jurais alors d'unir ton sort au mien ; eh bien ! l'accomplissement de ta promesse n'est que retardé. O Dieu ! dit-elle en se soulevant sur le bras de Léonce, ce soleil que vous envoyez pour saluer mes derniers instants, il fut témoin du plus beau moment de ma vie ; il semblait alors éclairer pour moi tous les plaisirs de la terre : puisse-t-il maintenant me tracer ma route vers le ciel ! O Léonce! Léonce! le nuage s'élève ; je ne te vois plus : es-tu là? Adieu. » Léonce prit Delphine dans ses bras, avec des convulsions de douleur ; il l'appela, répéta son nom, lui adressa les paroles les plus passionnées ; elle parut les entendre encore, tressaillit, et expira.

Un mois après, Léonce, ayant recouvré quelque force, conduisit Isore à l'infortunée mademoiselle d'Albémar, qui ne pouvait survivre à Delphine que pour accomplir ses dernières volontés ; il se rendit ensuite immédiatement à la Vendée, et se fit tuer à la première action où il se trouva.

O mort! ô douce mort! quel bien vous faites à ceux qui s'aiment, lorsqu'ils sont pour jamais séparés !

ANCIEN DÉNOUEMENT

DE DELPHINE.

LETTRE XIII.

Delphine à mademoiselle d'Albémar.

Bade, ce 18 août 1792.

Vous avez su, ma sœur, par M. de Lebensei, tout ce qui me concerne ; les nouvelles de France l'ont forcé à nous quitter, son inquiétude pour sa femme ne lui laissait plus un moment de repos. Ce matin, à mon arrivée à Bade, il est venu me voir avec Léonce, pour prendre congé de moi ; je n'avais pas revu Léonce depuis les propositions faites par M. de Lebensei, j'avais cru plus convenable de lui défendre de revenir à mon couvent ; mais cependant sa résignation à cet ordre m'a étonnée. Son émotion, en me retrouvant ce matin, m'a profondément touchée, et du moins j'ai vu que je n'avais rien perdu dans son cœur. Nous ne nous sommes point parlé seuls ; je le craignais, mais lui aussi ne l'a pas cherché ; nous nous sommes uniquement occupés l'un et l'autre du départ de M. de Lebensei : il était simple que moi je ne parlasse que de ce départ; mais Léonce, pourquoi ne me forçait-il pas à m'entretenir d'un autre sujet ?

Louise, cet espoir d'être à Léonce, en rompant mes vœux, ne m'avait d'abord inspiré que de la terreur; il s'est emparé de mon ame maintenant avec toutes ses séductions : ne croyez pas cependant que si je démêle dans Léonce une peine, un regret, je ne sache pas briser ce dernier lien, avec la vie que l'amitié de M. de Lebensei a su tout-à-coup renouer pour moi. Non, Léonce, si mon cœur n'est pas content du tien, je ne t'en accuserai point, je te pardonnerai, mais je saurai te rendre au monde, à ses gloires; et quand ma perte ne sera plus pour toi qu'un regret qui te permettra de vivre, il me sera libre de mourir. Il y a bien longtemps, ma chère Louise, que je n'ai reçu de vos lettres : êtes-vous malade, ou plutôt ne voulez-vous pas me parler sur ma situation? Vous avez raison, je craindrais de connaître votre opinion, si elle ne s'accorde pas avec mes desirs. Je suis dans un de ces moments de la vie où l'on ne veut se soumettre qu'aux événements; je ne demande aucun conseil; je suis entraînée par un sentiment irrésistible, que rien de ce qui n'est pas lui ne peut avoir d'empire sur moi. Je ne crois point, non, je ne crois point que je prenne l'heureuse et terrible résolution qui me rendrait libre ; mais ce n'est aucun des motifs qu'on pourrait me présenter qui me fait hésiter. Je suis fière de ma passion pour Léonce, elle est ma gloire et ma destinée; tout ce qui est d'accord avec elle m'honore à mes propres yeux : depuis que je ne crains plus de troubler par mon amour le bonheur de personne, je m'y abandonne comme les ames pieuses à leur culte. Je ne suis rien que par Léonce ; s'il m'aime, s'il me choisit pour compagne, devant qui pourrais-je rougir ? Qui ne serait pas au-dessous de moi ? Mais lui, que pense-t-il ? qu'éprouve-t-il ? ma sœur, le devinez-vous ? pourriez-vous me l'apprendre ? Ah ! ne me parlez que de lui.

LETTRE XIV.

Delphine à mademoiselle d'Albémar.

Bade, ce 20 août.

Non, il ne s'abandonne pas sans regrets à notre avenir, non! Hier au soir, nous nous sommes trouvés seuls pour la première fois depuis près d'une année, après tant d'événements terribles pour tous les deux : en entrant, il a cherché des yeux M. de Lebensei, qu'il ne savait pas encore parti; autrefois, en me voyant, il ne cherchait plus personne! il s'est approché de moi, et m'a dit: « Ma chère Delphine, j'ai perdu ma respectable mère, mon fils, ma famille entière. » Il s'est arrêté, puis il a repris : « Mais je vais m'unir à toi, je serai encore trop heureux. » J'ai serré sa main sans rien dire ; il faut, hélas! il faut que je l'observe. Heureux le temps où je lisais dans mon propre cœur tout ce que le sien éprouvait!

Un silence a suivi les derniers mots de Léonce, puis il a passé ses bras autour de moi, et m'a dit : « Delphine, te voilà, c'est bien toi; tu as quitté cet habit qui ressemblait aux ombres de la mort : ah! combien je t'en remercie! — Oui, lui dis-je, je l'ai quitté pour un temps. — Pour toujours! reprit-il; c'était pour moi que tu avais prononcé ces vœux, je dois les rompre, je dois te rendre l'existence que tu as sacrifiée pour moi, je dois... » Il s'arrêta lui-même, comme s'il avait senti que ce mot de *devoir*, si souvent répété, pouvait blesser mon cœur. « Ah! reprit-il, j'ai tant souffert depuis quelque temps, que je suis encore triste, comme si le malheur n'était pas passé. — Nous parlerons ensemble, répondis-je, de tout ce qui nous intéresse, de notre avenir... — De quoi parlerons-nous? interrompit-il précipitamment; tout n'est-il pas décidé? il n'y a rien à dire. — Plus rien à dire! repris-je. Ah! Léonce, est-ce ainsi... » Il ne me laissa pas finir le reproche inconsidéré que j'allais prononcer. Il se jeta à mes pieds, et m'exprima tant d'amour, que je perdis par degrés, en l'écoutant, toutes mes inquiétudes; quand il me vit rassurée, il se tut, et retomba de nouveau dans ses rêveries. Il voulait que je fusse heureuse; mais quand il croyait que je l'étais, il n'avait plus besoin de me parler.

Je veux qu'il s'explique, je le veux. Qui, moi, j'accepterais sa main, s'il croyait faire un sacrifice en la donnant! Son caractère nous a déjà séparés : s'il doit nous désunir encore, que ce soit sans retour! Si ce dernier espoir est trompé, tout est fini, jusqu'au charme même des regrets. Dans quel asile assez sombre pourrais-je cacher tous les sentiments que j'éprouverais? Suffirait-il de la mort pour en effacer jusqu'à la moindre trace? Ah! ma sœur, est-ce mon imagination qui s'égare? est-il vrai?... Non, je ne le crois point encore, non, ne le croyez jamais.

LETTRE XV.

Delphine à mademoiselle d'Albémar.

Bade, ce 24 août.

Aujourd'hui, Léonce et moi nous sommes sortis ensemble pour aller sur les montagnes et dans les bois qui environnent Bade; il était huit heures du matin; jamais le temps n'avait été si beau. « Ah! me dit Léonce quand nous fûmes à quelque distance de la ville, qu'il est doux de contempler la nature! elle fait oublier les hommes. Enfonçons-nous dans ce bois, que je ne voie plus les habitations, qu'il n'y ait que toi et moi dans l'univers : ah! que nous y serions bien alors! — Et quel mal nous font, lui répondis-je, d'autres êtres qui vivent et meurent comme nous, s'aiment peut-être, souffrent du moins presque autant que s'ils s'aimaient, et méritent notre pitié, alors même que nous avons le plus de droit à la leur? — Quel mal ils nous font? reprit Léonce avec véhémence, ils nous jugent! mais n'importe, oublions-les! » Et il marcha plus vite vers la forêt où il me conduisait : je pâlis, les forces me manquèrent; depuis quelque temps je souffre assez, et peut-être la nature me délivrera-t-elle des perplexités de mon sort. Léonce vit l'altération de mes traits; il en éprouva la peine la plus vive et la plus touchante; il me conjura de m'asseoir, et, me prodiguant les expressions et les promesses les plus tendres, il ne s'aperçut pas qu'en me rassurant sur ses pensées les plus secrètes, il me les révélait, et m'apprenait ce qu'il ne m'avait pas dit encore.

Je ne laissai rien échapper, en lui répondant, qui pût lui faire remarquer ce que j'avais observé; mais je revins, résolue de l'interroger demain solennellement, et de le dégager de toutes les promesses qu'il m'avait faites; mais dans quel état sera-t-il, quand je lui découvrirai son propre cœur? que deviendrai-je moi-même? Je cherche en vain une ressource, toutes me sont ravies; une idée me vient, je la saisis d'abord, et la réflexion me prouve qu'elle est impossible. Quand tout espoir est perdu, quand il ne reste plus une situation où l'on puisse être, je ne dis pas heureux, mais soulagé, la vie ne devrait-elle pas cesser d'elle-même? Mais, hélas! la nature, prodigue de douleurs, semble s'arrêter mystérieusement avant la dernière, avant celle qui, surpassant nos forces, nous délivrerait de l'existence.

Je croyais avoir beaucoup souffert, et cependant je ne connaissais pas le supplice d'être contrainte avec celui qu'on aime; de sentir, lorsqu'on est seule avec lui, le malaise qu'on éprouverait s'il y avait dans la chambre un tiers qui vous empêchât de lui parler. Quand Léonce était absent, je l'appelais de mes regrets; maintenant il est près de moi, et je n'ai pas retrouvé le bonheur; il m'aime, je le sens, autant qu'il m'a jamais aimée, et néanmoins nous ne nous entendons pas; nos ames s'évitent: jamais les devoirs qui nous séparaient, les torts même qu'il m'a supposés, n'ont mis entre nous une semblable barrière! une explication la renverserait; mais nous frémissons l'un et l'autre de cette explication, parceque nous sentons bien qu'il y va de la vie. Je l'exigerai de Léonce, cependant, une fois; mais chaque mot qu'il me dira, oui, chaque mot sera irréparable! C'est le fond de son cœur que je veux connaître, ce sont les sentiments intimes qui renaîtraient bientôt dans toute leur force, quand un mouvement d'amour les lui aurait fait oublier.

Enfin, demain... non... c'est trop tôt; je veux me donner quelques jours pour reprendre des forces: quoi, demain, je saurais tout! Non, retardons encore, conservons ces impressions vagues et indécises qui me suspendent sur l'abime, mais ne m'y précipitent pas sans retour. Louise, ne me refusez pas votre pitié, jamais le malheur ne m'y a donné plus de droits.

LETTRE XVI.

Delphine à mademoiselle d'Albémar.

Ce 30 août.

Mon sort n'est pas encore décidé, mais l'instant irrévocable approche. Hier, Léonce m'entretint des événements politiques de la France, de l'indignation qu'il en éprouvait, et du desir qu'il avait eu de rejoindre les émigrés, pour faire la guerre avec la noblesse française; il lui échappa même quelques mots qui pouvaient indiquer qu'il avait encore ce desir. Je restai confondue; c'était la première fois qu'il me parlait de lui, indépendamment de moi ; c'était la première fois qu'il m'exprimait un sentiment ou me faisait connaître un dessein, sans le rattacher, ou du moins sans chercher à le rattacher à l'amour. Un froid mortel me saisit au cœur ; il me sembla que la nuit couvrait toute la terre, et je n'eus pas la force de prononcer un mot.

Léonce voulut continuer, et fit un grand effort pour articuler ces mots en se levant : « Pourquoi ne suivrais-je pas ce que l'honneur me commande ? » Je crus alors que tout était dit, et sans doute mon visage exprima le désespoir ; car Léonce m'ayant regardée, s'écria : « Barbare que je suis ! » et tomba sans connaissance à mes pieds. Dieu ! que n'éprouvai-je pas en le voyant ainsi ! les mouvements les plus passionnés de l'amour rentrèrent dans mon ame, je rappelai Léonce à la vie, et quand il put m'entendre, je voulus renoncer à tout, et lui pardonner jusqu'aux sentiments qui nous séparaient ; mais chaque fois que je commençais à m'expliquer, il m'interrompait en me disant : « Au nom du ciel, arrête, je souffre trop ; veux-tu me faire mourir ? » Et l'altération de ses traits me faisait craindre qu'il ne retombât dans l'état dont il venait de sortir.

« C'est au cœur, me dit-il, que j'éprouve une souffrance aiguë. » Et il y portait la main, comme pour soulager une douleur insupportable. J'étais dans un trouble, dans une émotion qui surpassait tout ce que j'ai jamais éprouvé ; je craignais le mal que je pouvais lui faire en lui parlant, et cependant je souhaitais vivement lui rendre la liberté, et le délivrer d'un combat qui offensait mon cœur, quoique la peine qu'il en ressentait dût me toucher. Toute explication me fut impossible : il évita, il repoussa tout, et me quitta, pouvant à peine se soutenir, mais ne voulant ni rester plus long-temps, ni rompre le silence.

Ah ! puis-je me dissimuler encore quels sont les sentiments qui l'agitent ! Ma sœur, pourquoi faut-il que j'aie eu de l'espérance ! ne savais-je donc pas que je n'échapperais jamais au malheur ?

LETTRE XVII.

Delphine à mademoiselle d'Albémar.

Ce 8 septembre 1792.

Le hasard a tout fait, je sais tout, mon parti est pris ; mais, je l'espère, il me coûtera la vie ! Depuis la dernière scène qui s'était passée entre Léonce et moi, nous continuions, par une terreur secrète, par un accord singulier, à ne nous point parler de nos projets à venir ; et l'on aurait dit, à nos entretiens, que nous n'avions aucun parti à prendre, aucun plan à former, mais seulement une situation douce et mélancolique.

Nous avions ainsi passé la matinée, tous les deux rêveurs, tous les deux craignant de mettre un terme à ces jours, où nous tenant par la main, nous nous promenions encore appuyés l'un sur l'autre. J'avais remarqué que Léonce prenait constamment un détour, pour éviter de traverser la ville en me ramenant à ma maison ; je m'attendais ce matin qu'il ferait ce même détour, lorsque nous vîmes quelques personnes qui se hâtaient d'aller à la poste, parcequ'on y racontait, disaient-elles, de très mauvaises nouvelles de France. Un mouvement irréfléchi nous engagea à les suivre, Léonce et moi ; mais lorsque nous fûmes au milieu du groupe qui environnait la maison de la poste, j'entendis des voix autour de moi qui murmuraient : *Voyez-vous cette religieuse, qui fuit de son couvent pour épouser ce jeune homme!* Des femmes d'une figure aigre et désagéable disaient : *C'est avec ces beaux principes qu'on assassine en France ! Comment souffre-t-on un tel scandale ici?* Léonce fit un geste menaçant ; je l'arrêtai. « Que voulez-vous ? lui dis-je ; redoutez un éclat qui serait plus funeste encore ; éloignons-nous. » Il m'obéit ; mais je vis des gouttes de sueur tomber en abondance de son front pendant le chemin qui nous restait à faire, et tour à tour la pâleur et la rougeur couvraient son visage.

Quand nous fûmes montés dans ma chambre, il se jeta sur un canapé, et se parlant à lui-même, en oubliant que j'étais là, il s'écria : « Non, la vie ne peut se supporter sans l'honneur! et l'honneur, ce sont les jugements des hommes qui le dispensent ; il faut les fuir dans le tombeau. » Ces paroles, la violence de l'émotion qu'il éprouvait en les prononçant, ce que je venais d'entendre au milieu de la foule, tout enfin m'éclaira sur ma faute ; je vis la vérité, comme si je l'apercevais pour la première fois ; et je ne conçois pas encore comment j'ai pu croire que M. de Mondoville saurait braver la situation où nous nous serions trouvés, si nous avions suivi les conseils de M. de Lebensei.

« Léonce, lui dis-je, demain je retourne à mon couvent ; je renonce pour jamais à la folle espérance qui avait rempli mon ame ; demain je vous quitte ; adieu. — Adieu ? répéta-t-il. Juste ciel ;

qu'ai-je donc dit? » Il se leva comme égaré, et retomba l'instant d'après dans l'accablement de la douleur ; je me plaçai près de lui, et, avec plus de courage que je ne me flattais d'en avoir, je lui dis : « Léonce, ne vous faites point de reproches, nous nous sommes abusés l'un et l'autre : non seulement un caractère aussi délicat que le vôtre ne devait pas maintenant supporter l'idée de notre union, mais elle eût fait souffrir tout homme que ses habitudes et ses réflexions n'ont pas affranchi du monde ; elle attirera sur vous le blâme universel, il faut y renoncer. — Misérable que je suis ! dit-il ; oui, je l'avouerai, aujourd'hui j'ai souffert. La honte m'aurait-elle atteint ? La honte avec toi ! Quoi ! prêt à te posséder, je te perdrais ! mon indomptable caractère nous séparerait encore une fois ! Si tu n'avais pas consenti à me suivre, si tu l'avais regardé comme impossible, je serais mort avec une idée douce ; je serais mort sans me détester moi-même : mais à présent tu te donnes à moi, je puis être ton époux, et cette infernale puissance, qu'on appelle l'opinion des hommes, s'élève entre nous deux pour nous désunir ! Exécrable fantôme ! s'écria-t-il dans un véritable accès de délire ; que veux-tu de moi, en me représentant sans cesse sous les plus noires couleurs le mépris ? Le mépris ! qui a pu prononcer ce nom ? qui oserait en témoigner pour moi, pour elle ? ne puis-je pas poignarder tous ceux qui auraient l'audace de nous blâmer ? Mais il en renaîtra de leur sang, pour nous insulter encore : où trouver l'opinion, comment l'enchaîner, où la saisir ? O Dieu ! je veux déchirer ce cœur, qui ne sait ni tout immoler à l'amour, ni sacrifier l'amour à l'honneur ; j'ai soif de la mort ! Dieu qui m'as créé pour tant de maux, détruis ton ouvrage, je t'invoque, je t'offense, anéantis-moi ! — Arrête, lui dis-je, arrête ; il fera mieux pour nous, ce Dieu que tu méconnais ; je me sens mourir. » En effet, j'en éprouvais alors l'espérance. « Tu meurs, reprit Léonce, et tu aurais vécu pour moi, tu aurais été ma femme ! Viens à l'autel, viens à l'instant même ; quand je te posséderai, je serai dans l'ivresse, je ne sentirai rien que mon bonheur ; suis-moi, décidons dans ce moment de notre vie : il est des résolutions qu'il faut prendre avec transport, ne laissons pas aux réflexions amères le temps de renaître ! livrons-nous à l'amour qui nous inspire, ne laissons pas le froid de la pensée nous gagner ; je t'en conjure, n'hésite plus, ne tarde plus. — Insensé que vous êtes ! interrompis-je ; quel bonheur maintenant pourrais-je goûter avec vous ? Si j'avais découvert un seul regret dans votre cœur, il eût suffi pour empoisonner ma vie ; et j'oublierais les atroces combats que je viens de voir, je les oublierais! Je fais devant toi, lui dis-je avec force, un serment plus sacré que tous ceux que je voulais rompre, car il est libre, car il est fait dans toute la force de ma raison : que le ciel me fasse périr à tes yeux, si jamais je suis ton épouse! — Eh bien ! s'écria Léonce, que je perde et ton amour et jusqu'à ta pitié, si je survis à cette imprécation ! » Et il voulut sortir à l'instant.

Épouvantée de son dessein, je me jetai à genoux pour le conjurer de rester; il fut ému à cet aspect, la pâleur mortelle de mon visage le toucha; il me prit dans ses bras, et me dit d'une voix plus douce : « Pourquoi t'affligerais-tu de ma perte? ne vois-tu pas que nous avons flétri notre sentiment, que je t'ai offensée, que tu dois me haïr, que je déteste ma faiblesse, et que je ne puis en guérir? Tout est contraste, tout est douleur dans mon existence; laisse-moi mourir ! La fièvre intérieure qui m'agite cessera par degrés, quand mes forces m'abandonneront ; mais j'ai trop de vie encore, et les hommes, les hommes savent si bien irriter la puissance de la douleur! comment se venger de ce qu'ils font souffrir? comment satisfaire le mouvement de rage qu'ils excitent? » Dans ce moment, un régiment passa sous mes fenêtres, et une musique militaire très belle se fit entendre. Léonce, en l'écoutant, releva la tête, avec une expression de noblesse et d'enthousiasme si imposante et si sublime, qu'oubliant toutes mes douleurs, encore une fois je m'enivrai d'amour en le regardant ; il devina mes sentiments, et laissant tomber sa tête sur mes mains, je les sentis inondées de ses pleurs. La musique cessa; Léonce, paraissant alors avoir retrouvé du calme, me dit : « Mon ame est plus tranquille; il m'est venu d'en haut, de l'intelligence céleste qui veille sur toi, un secours véritablement salutaire; adieu, mon amie, j'ai besoin de repos; à demain. — A demain, répétai-je. — Oui, répondit-il, adieu ! » Et il me quitta sans rien ajouter.

Il n'a point voulu me dire quels sentiments l'avaient occupé pendant qu'il écoutait cette musique. Aurait-elle réveillé dans son ame le dessein d'aller à la guerre? Ah Dieu ! dans quelle situation mes malheurs et mes fautes m'ont précipitée ! Demain je veux annoncer à Léonce que je retourne dans mon couvent, que je m'y renferme pour toujours; il saura demain que je lui pardonne, que je le conjure de m'oublier; oui, demain... Ah ! qu'arrivera-t-il?...

LETTRE XVIII.

Léonce à Delphine.

Ce 8 septembre 1792.

En remontant chez moi, j'ai appris les massacres qui ont ensanglanté Paris; tout est douleur, tout est crime! qui a pu se flatter d'être heureux dans ce temps effroyable? Ne vois-tu pas dans l'air quelque chose de sombre, quelques signes, avant-coureurs des événements funestes? Non, je ne te verrai plus; écoute-moi... que vais-je te dire? Je pars... eh bien! tu le sais... n'entends-tu pas le reste?...

Notre situation était horrible; je rougissais de mes faiblesses sans pouvoir en triompher; tout était bouleversé dans nos rapports ensemble. Je te repoussais, toi que j'adore; je repoussais le bonheur sans lequel je ne puis vivre; la douleur allait faire de moi le plus méprisable insensé, lorsque hier, en écoutant cette musique qui rappelait les combats, je me suis senti ranimé. J'ai su depuis d'affreuses nouvelles, elles ont achevé de me décider. Dans les combats, les hasards m'appartiennent; et je saurai, quand je voudrai, les diriger sur ma tête. Non, ce n'est qu'au milieu de la guerre que je pouvais soutenir la douleur de te quitter; c'est là que la mort, toujours facile, toujours présente, vous aide à supporter quelques derniers jours de vie, consacrés à la gloire; c'est là que j'éprouverai des mouvements qui soulagent le désespoir même, le sang qu'on doit verser, le péril qui vous menace, l'horreur qui vous environne, et tous ces cris de haine qui suspendent pour un temps les douleurs de l'amour; je serai bien, tant que le glaive sera levé sur moi; je serai mieux encore, quand il aura pénétré jusqu'à mon cœur.

O mon amie! ne crois pas que ma passion pour toi se soit affaiblie dans cette lutte de mon caractère contre mon amour; je n'ai pu les accorder que par le sacrifice de ma vie; ce n'est pas te moins aimer : mais devais-je m'unir à toi sans t'honorer, sans pouvoir repousser loin de toi les traits cruels de la censure publique? Fallait-il éprouver, au milieu du bonheur suprême, un sentiment d'amertume? rougir de soi-même, parcequ'on n'a pas la force de dompter ce sentiment? rougir devant les autres alors qu'ils le devinent? aimer avec idolâtrie, et n'être pas heureux avec ce qu'on aime? t'estimer, t'adorer à l'égal des anges, et te voir flétrie dans l'opinion ? garder dans le fond de son ame une peine qu'il aurait fallu te cacher ? Ah ! cette existence était odieuse. De tous les supplices les plus affreux, le plus extraordinaire n'est-il pas de trouver dans son propre cœur un sentiment qui nous sépare de l'objet de notre tendresse ? d'avoir en soi l'obstacle, quand tous les autres ont disparu ? Malheureux ! je souffrais encore pendant que je serrais dans mes bras celle que j'adore, pendant que le feu de l'amour coulait dans mes veines. Cependant, après avoir pu devenir ton époux, comment souffrir le jour, en s'accusant de la perte d'un tel sort ! comment recommencer cette douleur déja éprouvée, mais la recommencer en se disant à toutes les heures : Si je le veux, elle est à moi, et je m'éloigne d'elle, et je la laisse languir dans une solitude déplorable où son amour pour moi l'a précipitée ! Non, non, ma Delphine, quand ces contrastes, ces inconséquences, ces douleurs opposées se sont emparées d'un malheureux, il faut qu'il meure, car il ne peut ni se décider, ni rester incertain, ni vivre après avoir choisi.

Et toi, mon amie, et toi, quelle douleur je te fais éprouver ! quel prix de ta tendresse ! Mais déja le trouble que je n'ai pu cacher n'a-t-il point altéré ton affection pour moi ? Ne m'as-tu pas dit que jamais tu n'oublierais le moment fatal, l'instant d'incertitude qui avait désenchanté notre avenir ? Ah ! je me suis montré si peu digne de ton amour, que peut-être ce souvenir te consolera de ma perte.

O ma Delphine ! crois-moi cependant, je t'ai passionnément aimée; non, jamais, jamais tu n'oublieras cet ami plein de défauts, d'orgueil, de véhémence, mais cet ami qui, du jour où il t'a vue, sentit que seule dans cet univers tu remplissais son ame, et que sa destinée se composerait de toi seule.

Oh ! c'en est donc fait, et ma volonté nous sépare. Puis-je avoir un ennemi plus cruel que moi-même ! te ferai-je jamais comprendre comment il se peut que je te quitte et que je t'adore, que je cherche la mort, quand un bonheur tant souhaité m'était offert, et que ma passion pour toi soit au comble de sa violence, dans le moment même où cette passion ne peut dompter mon caractère ! O toi, si douce et si tendre ! toi qui toujours as su lire dans mon cœur, vois au fond de ce cœur les tourments qui le déchirent, vois ce que je ne puis dire et ce que je ne puis supporter; et tout coupable qu'il est, prends encore pitié de ton malheureux ami.

Je ne te demande point de regrets trop amers; vis, ange de paix, pour répandre encore sur les malheureux la douce influence de ta bonté; vis, pour que ma dernière pensée retourne à toi, et que mon nom, inconnu sur la terre, tombant un jour sous tes yeux, parmi les listes des morts, obtienne encore quelques larmes, quelques souvenirs qui te rappellent les jours heureux où tu m'aimais, où je me croyais digne de toi! Ah! je pouvais les recommencer encore... Non, je ne le pouvais plus. Un regret était un outrage qui aurait profané ton culte et le bonheur... Allons... adieu. Encore une prière, si tu me pardonnes. O la meilleure des femmes! quand je ne serai plus, informe-toi de ma tombe, viens te reposer sur la place où mon cœur sera enseveli; je te sentirai près de moi, et je tressaillirai dans les bras de la mort.

LETTRE XIX.

Delphine à Léonce [1].

Tu me quittes, tu pars... je te suivrai... mais, barbare, tu m'as caché ta route... je ne sais où te chercher sur la terre... Jamais tant de cruauté!... L'infortuné, non, il n'est pas cruel; il va mourir... Je veux te retrouver... je veux te dire...; mais seule, où courir? quel isolement affreux! ah! mon Dieu, mon Dieu, un secours, un appui... On me demande; qui veut me voir? Ce n'est pas lui: qui donc? O divine Providence, m'avez-vous exaucée? C'est un ami, c'est M. de Serbellane.

LETTRE XX.

Delphine à mademoiselle d'Albémar.

De tous les hommes, le meilleur, le plus compatissant, c'est M. de Serbellane. Si je meurs, qu'après moi tous mes amis lui témoignent une profonde reconnaissance. Il a rencontré Léonce, et sait dans quels lieux il va chercher la mort; ce généreux ami n'a pu ramener Léonce, mais il me conduit vers lui; il espère, il croit que si je le revois, j'apaiserai son désespoir. M. de Serbellane, cet homme dont tout le monde vante la raison parfaite, a pitié de mon cœur égaré; il ne condamne point les conseils du désespoir, il sait secourir la douleur comme elle veut être secourue. Ah! je le bénis; c'est lui qui sera mon ange tutélaire, c'est lui qui

---

[1] Cette lettre, écrite après le départ de Léonce, ne lui parvint pas.

me rendra le bonheur... Le bonheur! hélas! de quel mot ai-je osé me servir! Pourquoi l'effacerais-je? Louise, je le jure, vous n'entendrez plus parler que de mon bonheur : sur la terre ou dans le ciel, vous me saurez heureuse.

CONCLUSION.

Les lettres nous ont manqué pour continuer cette histoire, mais M. de Serbellane et quelques autres amis de madame d'Albémar nous ont transmis les détails que l'on va lire. M. de Serbellane, effrayé de l'état où il avait vu M. de Mondoville, ne résista point au desir et à la douleur de madame d'Albémar, et la conduisit sur les traces de Léonce, à travers l'Allemagne. Suivant toujours M. de Mondoville, sans pouvoir l'atteindre, ils arrivèrent jusqu'à Verdun, où l'armée qui entrait en France se trouvait réunie. Ce voyage fut cruel; mais la fermeté de M. de Serbellane et sa bonté délicate tour à tour contenaient et soulageaient les mortelles inquiétudes de madame d'Albémar.

Quand elle entra dans la ville de Verdun, elle frémit, et son impatience parut s'arrêter au moment de tout savoir ; elle pria M. de Serbellane d'aller s'informer de M. de Mondoville, et descendit dans une auberge, en attendant son retour. Pendant qu'elle y était, un jeune Français blessé fut rapporté dans une chambre voisine de la sienne : elle demanda son nom ; on lui dit que c'était Charles de Ternan : elle ne l'avait jamais rencontré, mais elle savait qu'il était parent de M. de Mondoville, et pensant qu'il pouvait l'avoir vu, elle entra dans sa chambre, par un mouvement tout-à-fait irréfléchi ; cependant l'embarras la retint sur le seuil de la porte, et elle entendit M. de Ternan qui disait : « Non, ce n'est pas de moi qu'il faut s'occuper, mais de mon brave compagnon, de mon généreux ami : ne peut-on envoyer personne au camp français pour le réclamer? Il ne servait point dans l'armée des étrangers, il venait seulement d'arriver à Verdun ; en nous promenant ensemble, je me suis trop écarté des limites du camp, que mon ami ne connaissait point ; nous avons été attaqués par une patrouille républicaine, j'ai été blessé au premier coup de fusil, et mon ami, sachant que si j'avais été fait prisonnier, j'étais perdu, n'a pris les armes que pour me sauver ; je suis arrivé trop tard à son secours, il était déja pris, emmené à Chaumont, pour être jugé, pour être fusillé. Juste ciel! si vous

saviez quel mépris de la vie, quel héroïsme d'amitié il a montré ! »
Delphine, entendant ces paroles, ne douta presque plus de son
malheur : couverte d'un voile qui empêchait de remarquer son
éclatante figure, elle s'avança dans la chambre, et, tendant les
bras vers M. de Ternan, elle s'écria : « Cet homme généreux, intrépide, infortuné, c'est Léonce de Mondoville ? — Oui, répondit M. de Ternan en retournant la tête ; qui l'a deviné ? — Moi, »
répondit Delphine en perdant connaissance. On courut à son secours, on détacha son voile, et ses cheveux tombèrent sur son
visage, comme pour le couvrir encore. M. de Serbellane, en arrivant, la vit entourée d'hommes, qui croyaient presque qu'il y
avait quelque chose de surnaturel dans cette apparition d'une
femme inconnue, si belle et si touchante.

Il avait appris de son côté ce que Delphine venait de découvrir.
Quand elle revint à elle, saisissant les mains de M. de Serbellane
avec une force convulsive, elle lui dit : « Vous viendrez avec
moi ; nous irons à son aide ; votre pays n'est point en guerre avec
les Français ; ils vous écouteront, je les implorerai : n'y a-t-il
pas des accents de douleur auxquels nul homme n'a résisté ?
Partons. »

M. de Serbellane n'hésita pas : il avait déja formé le dessein
d'aller à Chaumont, et portait avec lui les passe-ports nécessaires pour s'y rendre : il comprit qu'il était impossible de détourner Delphine de le suivre, et ne voulut pas même le lui
proposer. Son caractère était aussi calme que celui de Delphine
était passionné ; mais quand les grandes affections de l'ame sont
compromises, tous les êtres généreux s'entendent, et suivent la
même conduite.

Ils partirent ensemble, et furent à Chaumont en moins de dix
heures. Peu de moments avant d'arriver, Delphine se ressouvenant
que M. de Serbellane lui avait dit autrefois qu'il existait en Italie
un poison doux, mais rapide, qui terminait la vie en très peu de
temps, rappela à M. de Serbellane ce poison, dont ils s'étaient une
fois entretenus ensemble. « Il est dans cette bague, répondit M. de
Serbellane en la montrant ; je la porte toujours depuis que j'ai
perdu Thérèse ; je me sentais plus calme et plus libre en pensant
que si la vie me devenait insupportable, j'avais avec moi ce qui
pouvait facilement m'en délivrer. » Delphine alors, quelle que fût
son intention secrète, et l'idée vague et terrible qui l'occupait,
donna pour motif à M. de Serbellane, en lui demandant cette

bague, le desir qu'aurait Léonce, fier et irritable comme il l'était, d'échapper au supplice, dans un temps où le peuple pouvait se permettre des insultes contre l'homme qui lui serait désigné comme son ennemi. « Je crois à la vérité de ce que vous me dites, répondit M. de Serbellane : si vous vouliez mourir, vous ne me le cacheriez pas ; nous parlerions ensemble de ce dessein avec le courage qui convient à une ame telle que la vôtre, et je vous en détournerais, je l'espère : je vous dirais ce que j'ai éprouvé ; c'est qu'on peut encore faire servir au bonheur des autres une vie qui ne nous promet à nous-mêmes que des chagrins, et cette espérance vous la ferait supporter. » Madame d'Albémar répéta avec une sombre tristesse que son dessein, en lui demandant ce funeste présent, était de le donner à Léonce, s'il était condamné. Alors M. de Serbellane tira sa bague de son doigt, et la remit à Delphine. « Voilà donc, s'écria-t-elle, voilà donc, ô Léonce ! ce qui doit nous réunir ! voilà l'anneau nuptial que j'étais destinée à te présenter ! O mon Dieu ! ajouta-t-elle, donnez-moi de la force jusqu'au dernier moment. »

Dès qu'ils furent arrivés à Chaumont, M. de Serbellane alla demander la permission de voir M. de Mondoville. Madame d'Albémar, en l'attendant, s'assit sur un banc, en face de la prison où elle avait appris que M. de Mondoville était renfermé. La beauté de Delphine, et la douceur qui se peignait dans toute sa personne, avaient attiré l'attention de plusieurs femmes, enfants et vieillards, qui l'environnaient sans qu'elle s'en aperçût ; mais au moment où elle se leva pour aller au-devant de M. de Serbellane, qui lui apportait la permission d'entrer dans la prison, les pauvres gens qui l'avaient vue pleurer lui dirent : « *Vous avez du chagrin, ma bonne dame, nous prierons Dieu pour vous.* — Je vous en remercie, répondit-elle : priez pour un ami que j'ai dans ce monde, et que l'on veut faire périr. Il y a parmi vous peut-être des créatures bien plus innocentes que moi : Dieu les écoutera plus favorablement. Priez donc pour qu'il me fasse grace ; et si vous avez sur la terre un être que vous aimiez, que cet être vous récompense du bien que vous m'aurez fait. » En parlant ainsi, elle attendrit ceux qui l'écoutaient ; mais ils ne pouvaient la servir.

M. de Serbellane annonça à Delphine qu'elle pouvait voir Léonce à l'instant, et qu'il lui resterait encore le temps d'entretenir celui qui devait présider le tribunal, avant qu'il s'assemblât pour prononcer sur la vie de Léonce. M. de Serbellane, pendant que Delphine serait dans la prison, devait continuer à voir tous ceux qui, dans la ville, pouvaient avoir quelque influence sur le tribunal, et venir reprendre Delphine quand elle aurait vu M. de Mondoville, et qu'elle aurait su de lui toutes les circonstances qui pouvaient servir à le justifier.

La permission étant présentée au geôlier, il ouvrit la porte de la prison, et Delphine, en entrant dans ce lieu de douleur, vit son amant qui écrivait avec beaucoup de calme. Le bruit de la porte lui fit lever la tête, et, se jetant à genoux devant elle, il s'écria : « Juste ciel! quel miracle s'accomplit pour moi! est-ce mon imagination qui me la représente? Je l'invoquais, et la voilà! Tous ses traits, tous ses charmes sont-ils devant mes yeux? Delphine, Delphine, est-ce toi? » Et, la serrant dans ses bras, il perdit entièrement le souvenir de sa situation; mais le cœur de Delphine n'était pas soulagé, et les transports de son amant ne lui donnèrent pas même un instant d'illusion.

« Delphine, lui dit encore Léonce en découvrant sa poitrine, vois-tu ce médaillon qui contient tes cheveux? je n'ai défendu que lui; ils n'ont pu me l'arracher. Si tu n'étais venue près de moi, c'est à lui seul que j'aurais confié mes adieux. Ah! Delphine, pourquoi t'ai-je quittée? — C'est moi qui suis coupable de ton sort, répondit-elle, je le sais; si je n'avais pas consenti à sortir de mon couvent, si.... Mais que fait cette douleur de plus dans l'abîme des douleurs! Dites-moi seulement ce que je puis dire à vos juges; j'ignore si j'espère encore, mais je veux leur parler. — Vous n'obtiendrez rien, mon amie, reprit Léonce. Cependant je pourrais consentir à vivre maintenant : il s'est fait un grand changement dans ma manière de voir. Au milieu des malheurs que je viens d'éprouver, et de la destinée qui me menace, je me suis senti comme humilié d'avoir attaché tant de prix aux jugements des hommes. La présence de la mort m'a éclairé sur ce qu'il y a de réel dans la vie; je ne le cache point, j'ai regretté d'avoir sacrifié les jours que tu protégeais. J'ai connu le prix de l'existence simple et douce que j'aurais goûtée près de toi. S'il en était temps encore, aucun nuage ne troublerait plus notre bonheur : vois donc, ô ma Delphine, si tu peux me sauver; je l'accepte. — O mon Dieu! » s'écria Delphine; et les sanglots étouffèrent sa voix.

« Je ne sais, reprit Léonce, ce qu'on peut dire pour ma défense ; cependant il me semble que, dans l'opinion même de ceux qui vont me juger, je ne suis pas coupable. J'étais arrivé à Verdun le matin du jour où l'on m'a fait prisonnier ; je cherchais la mort, il est vrai ; mais je ne savais point encore quel moyen je prendrais pour atteindre ce but facile. J'ai suivi sans dessein le jeune Ternan, mon ami d'enfance. Je n'étais pas reçu dans l'armée, mon nom même n'y était point encore connu. Charles Ternan s'est imprudemment éloigné des limites du camp ; une patrouille nous a attaqués, le premier coup de fusil a blessé Charles Ternan ; il ne pouvait plus se défendre, et pris, en uniforme, les armes à la main, son sort n'était pas douteux. Je lui ai crié de tâcher de s'éloigner, pendant que j'arrêterais la patrouille par ma résistance, et, afin de le déterminer à me quitter, j'ai ajouté qu'il devait retourner au camp pour demander du secours ; mais avant que le secours arrivât, le nombre m'a accablé : je ne sais par quel hasard je n'ai pas été tué, mais je crois que je le dois au desir que j'avais de prolonger le combat, pour donner à Ternan plus de temps pour s'éloigner. Voilà ce qui s'est passé, ma Delphine ; ton esprit secourable peut-il trouver dans ce récit les moyens de me justifier avec honneur ? — Généreuse conduite! répondit Delphine ; mais y croiront-ils ? mais en seront-ils émus ? Ah ! mon ami, sans le secours de la Providence, sans la plus signalée de ses faveurs, quel espoir nous reste-t-il ? Cède, ajouta-t-elle, cède à ce que tu pourrais appeler une superstition du cœur ; quand même ce que je vais te demander ne te paraîtrait qu'une faiblesse, cède encore ; viens prier avec moi le protecteur des malheureux de m'accorder l'éloquence qui entraîne la volonté des hommes ; viens, prions ensemble. » Léonce eut un moment d'embarras ; mais bientôt, s'abandonnant au mouvement inspiré par Delphine, il se mit à genoux devant les rayons du soleil qui perçaient à travers les barreaux de sa prison, et dit : « Être tout puissant, être inconnu ! je t'implore pour la première fois de ma vie : je ne mérite pas que tu m'exauces ; mais l'un de tes anges attache sa vie à la mienne ; sauve-moi puisqu'elle le souhaite, et je jure de consacrer le reste de mes jours à suivre ton culte : mon amie me l'enseignera. » Delphine, en écoutant ces paroles, eut un moment d'espoir. « Ah ! s'écria-t-elle, quelque insensés, quelque coupables que nous soyons, peut-être le Dieu de bonté, qui ne nous a donné que des commandements d'amour, a-t-il entendu nos prières, a-t-il pris pitié de nous ! Adieu, Léonce ; à ce soir, il y a encore ce soir. Adieu. » Et elle le quitta en réprimant son émotion. La nature donne toujours un moment de calme dans les situations les plus violentes de la vie, comme un instant de mieux avant la mort ; c'est un dernier recueillement de toutes les forces, c'est l'heure de la prière ou des adieux.

Delphine, en sortant de la prison, rencontra M. de Serbellane qui venait la chercher ; il la conduisit chez le président du tribunal. Arrivés devant la maison de celui dont dépendait la vie de Léonce, Delphine tressaillit, et, comme elle franchissait le seuil de la porte, elle se sépara de M. de Serbellane, avec un dernier regard qui lui demandait de faire des vœux pour elle. Elle entra, et trouva le président entouré de quelques secrétaires : elle lui demanda s'il lui serait permis de l'entretenir sans témoins. « Je n'ai de secrets pour personne, » répondit-il en élevant d'autant plus la voix que Delphine cherchait à la baisser ; « il ne faut pas qu'un homme public mette de mystère dans sa conduite. — Hélas! monsieur, reprit Delphine, sans doute vous n'avez point de secret, mais je puis en avoir un ; me refuserez-vous de ne le confier qu'à vous ? — Je vous ai déjà dit, reprit le juge, que je ne veux point éloigner de moi ceux qui m'entourent ; je ne le dois point. » Delphine, se retournant alors vers ceux qui étaient dans la chambre, leur dit avec une noble douceur : « Messieurs, je vous en conjure, éloignez-vous pendant quelques moments ; soyez assez généreux pour me prouver ainsi votre pitié. » La voix et le regard de Delphine exprimaient l'émotion la plus profonde, et produisirent un effet inespéré ; tous ceux qui étaient dans la chambre s'éloignèrent doucement, sans proférer un seul mot.

Quand Delphine se vit seule avec celui qui pouvait absoudre ou condamner son amant, ses lèvres tremblèrent avant de prononcer les paroles qui devaient appeler ou repousser la conviction, donner la vie ou causer la mort : tout annonçait dans le juge un homme inflexible ; cependant Delphine avait aperçu sur son bureau le portrait d'une femme tenant un enfant dans ses bras, et ce tableau, lui apprenant qu'il était époux et père, lui avait un moment donné l'espoir de l'attendrir. Elle tâcha d'exposer avec calme le récit des faits qui prouvaient que Léonce n'avait pris aucun grade dans l'armée ennemie, que le danger seul de son ami l'avait forcé à le secourir ; et racontant, avec courage et simplicité, toutes les circonstances qui avaient engagé Léonce à quitter la Suisse, elle se donna tous les torts en cherchant à prouver au juge que Léonce n'avait cédé qu'à la douleur qu'il éprouvait, et qu'aucun motif politique, aucune résolution ennemie n'était entrée pour rien dans les circonstances qui l'avaient conduit à Verdun. Le juge s'était d'abord montré inaccessible à la conviction; et, regardant Léonce comme coupable, il était résolu à le condamner; le récit déchirant de Delphine lui persuada que la conduite de Léonce n'avait pas été telle qu'il se l'imaginait; mais il sentit l'impossibilité de persuader à ses collègues que Léonce pouvait être absous, quand toutes les apparences l'accusaient. Ne voulant pas prendre sur lui de le faire mettre en liberté sans qu'il eût été jugé, il ne voyait aucun moyen de le sauver; et la pitié que lui inspirait madame d'Albémar le faisant souffrir, il cherchait à lui répondre en termes vagues, et à terminer le plus tôt possible ce cruel entretien. Une timidité douloureuse enchaînait Delphine; elle sentait qu'il n'existait plus pour elle qu'une ressource, c'était de se livrer sans contrainte à toute l'émotion qu'elle éprouvait; mais l'idée que cet espoir une fois détruit il n'en resterait plus, lui faisait essayer des moyens d'un autre genre, qui n'épuisaient pas encore sa dernière espérance. Enfin, le juge fit quelques pas pour sortir, en déclarant que, dans cette affaire, il ne pouvait être éclairé que par l'opinion de ses collègues, et que c'était à eux seuls qu'il voulait s'en remettre.

L'infortunée Delphine, à ces mots, ne se connaissant plus, se précipita vers la porte, et s'écria : « Non, vous n'avancerez pas, non, vous n'irez pas commettre l'action la plus barbare! Il n'est pas criminel, celui que vous allez condamner; il ne l'est pas, vous le savez; je vous ai prouvé qu'il n'avait point porté les armes, qu'il n'était pas votre ennemi; que la générosité, l'amitié, l'avaient seules entraîné : et quand il serait vrai que vos opinions et les siennes sur la guerre actuelle ne fussent pas d'accord, n'est-il pas le meilleur et le plus sensible des êtres, celui que le hasard a jeté dans un parti différent du vôtre? Les hommes se ressemblent comme pères, comme amis, comme fils; c'est par ces affections de la nature que tous les cœurs se répondent; mais les fureurs des factions ne peuvent exciter que des haines passagères, des haines qu'on peut sentir contre des ennemis puissants, mais qui s'éteignent à l'instant quand ils sont vaincus, quand ils sont abattus par le sort, et que vous ne voyez plus en eux que leurs vertus privées, leurs sentiments et leur malheur. Ah! celui pour qui je vous implore, si vous étiez en péril, et que je lui demandasse de vous sauver, il n'hésiterait pas non seulement à vous absoudre, mais à vous secourir de tous ses moyens, de tous ses efforts. Si vous donnez la mort à qui ne l'a pas méritée, vous ne savez pas quelle destinée vous vous préparez, vous ne savez pas quels remords vous attendent! plus de repos, plus de douces jouissances : au sein de votre famille, au milieu de vos concitoyens, vous serez poursuivi par des craintes, par une agitation continuelle ; vous ne compterez plus sur l'estime, vous ne vous fierez plus à l'amitié ; et quand vous souffrirez, et quand les maladies vous feront redouter une fin cruelle, une vieillesse douloureuse, vous vous accuserez de l'avoir méritée, et votre propre pitié vous manquera dans vos propres maux. — Jeune femme, vous m'insultez, lui dit le juge, parceque je veux obéir aux lois de mon pays. — Moi, je vous insulte! s'écria Delphine en se jetant à ses pieds ; ô Dieu ! s'il m'est échappé une seule parole qui puisse vous blesser, si mon trouble ne m'a pas permis d'être maîtresse de mes discours, ah! n'en punissez pas mon ami. Est-il coupable de mon imprudence, de ma faiblesse, de ma folie? Dites, serait-ce moi qui vous irriterais contre lui, moi qui ai déja fait tomber tant de douleurs sur sa vie? Ah! je me prosterne devant vous ; juste ciel! voudrais-je vous offenser ? quelle réparation voulez-vous ? parlez; » et l'infortunée, à genoux, penchait son visage jusqu'à terre, dans un état si déplorable que le juge en fut touché. « Non, madame, lui dit-il en la relevant, vous ne m'avez point offensé ; non, soyez tranquille ; si je pouvais sauver M. de Mondoville, ce serait pour vous que je le ferais. » Delphine étonnée, saisie d'un premier espoir qui redoublait encore la violence de son état, s'appuya sur le bras de cet homme qui ne l'effrayait plus, et lui dit, dans une sorte d'égarement : « Ce serait pour moi que vous le sauveriez! vous savez donc que je vais mourir aussi ? En effet, vous n'avez pu croire que je survécusse à cet être si bon et si tendre. Il va porter dans le tombeau tant d'affection pour moi, pour moi, pauvre insensée, qui ne lui ai fait que du mal ! Qu'importe, au reste, que je meure! la mort est mon unique espoir : mais vous qui pouvez tout, me refuserez-vous ce mot sacré, ce mot du ciel qui absout l'innocent et rend la vie aux infortunés qui le chérissent ? Hélas! dans les temps orageux où nous vivons, savez-vous quel sera votre avenir? Il y a six mois que toutes les prospérités de la terre environnaient mon malheureux ami ; et maintenant, jeté dans les prisons, près de périr, il n'a plus qu'une amie qui verse des pleurs sur son sort. Vous êtes le président du tribunal ; vous pouvez, je le sais, s'il est prouvé que M. de Mondoville ne servait pas dans l'armée ennemie, vous pouvez décider qu'il n'y a pas lieu à le juger criminellement, et le faire mettre en liberté. — Vous ne savez pas, madame, interrompit le juge, en cessant de se contraindre et laissant voir un caractère qui avait en effet beaucoup de bonté, vous ne savez pas ce que vous demandez ; vous ignorez à quels périls je m'exposerais si je voulais soustraire M. de Mondoville au cours naturel des lois. Sans doute j'aurais souhaité que la liberté pût s'établir en France sans qu'un seul homme pérît pour une opinion politique ; mais puisque la guerre étrangère excite une fermentation violente, n'exigez pas d'un père de famille, qui s'est vu forcé d'accepter dans des temps difficiles un emploi pénible, mais nécessaire, n'exigez pas qu'il compromette ses jours pour conserver ceux d'un inconnu. — D'un inconnu ! reprit Delphine, s'il est innocent ; d'un inconnu ! si sa vie dépend de vous ! ah ! qu'il doit nous être cher, l'homme infortuné que nous pouvons sauver d'une mort injuste et certaine ! Oui, j'en conviens, ce que je vous demande exige du courage, de la générosité, du dévouement ; ce n'est point une pitié commune que j'attends de vous, c'est une élévation d'ame qui suppose des vertus antiques, des vertus républicaines, des vertus qui honoreront mille fois plus le parti que vous défendez, que les plus illustres victoires. Eh bien ! soyez cet homme supérieur aux autres hommes, cet homme qui se sacrifie lui-même à ce qui est noble et bon ! Écrivez sur ce papier, dit-elle en s'avançant pour le prendre sur le bureau du juge, écrivez que M. de Mondoville doit sortir de prison : tout est dit alors, son nom ne sera point cité, il quittera la France, il partira pour la Suisse, et dans ce pays vous avez deux êtres à vous ; venez les retrouver, et vous apprendrez ce que c'est que la reconnaissance dans les cœurs généreux : jamais lien plus sacré put-il unir les ames ? Ah ! si le libérateur de Léonce me demandait ma vie, au bout du monde, après vingt années, cette vie serait encore à lui. Signez, signez.... »

Le juge, étonné des impressions qu'il éprouvait, mit sa main sur ses yeux pour ne pas voir Delphine ; et retrouvant alors dans le fond de son ame la crainte que l'émotion combattait, il fit un dernier effort pour étouffer son attendrissement, et refusa nettement ce que madame d'Albémar se croyait près d'obtenir. A ces mots, elle tomba sur une chaise, presque sans vie, comme frappée d'un coup mortel et inattendu. Dans ce moment une femme ouvrit la porte, et Delphine la reconnut pour celle dont le portrait l'avait frappée : cette femme, voyant que son mari n'était pas seul, voulut se retirer ; Delphine, inspirée par son désespoir, s'avança vers elle, et la conjura d'entrer. « Je venais, répondit-elle, prier mon mari de monter pour voir le médecin, qui est très-inquiet de notre fils. — Votre fils, s'écria Delphine, votre fils ! — Oui, madame, répondit la femme ; je n'ai que cet enfant, et il est bien malade. — Votre enfant est malade ! répéta Delphine ; eh bien ! dit-elle en se retournant vers le juge avec un regard solennel, si vous livrez Léonce au tribunal, votre enfant, cet objet de toute votre tendresse, il mourra ! il mourra ! » Le juge et sa femme reculèrent, effrayés de cette voix et de cet accent prophétique. « Oui, reprit-elle, vous ne savez pas combien est infaillible la punition du ciel, quand on s'est refusé à la pitié. Vous serez frappés dans ce que vous avez de plus cher. La douleur qu'on redoute, c'est la douleur qui nous atteint, et l'être qui nous punit sait où porter ses coups : mais, ajouta-t-elle en versant un torrent de pleurs, si vous sauvez mon ami, si vous signez sa délivrance, votre unique enfant vivra, et bénira le nom de son père jusqu'à son dernier jour. » A ces mots, la femme du juge, sans parler, suppliait son mari de ses regards, de ses mains élevées, demandait ainsi la grace de Léonce, presque sans s'apercevoir elle-même de ce qu'elle faisait. Le mari, regardant tour à tour Delphine et sa femme, dit : « Non, je ne refuserai rien pendant que mon fils est en danger ; non, quoi qu'il puisse m'en arriver, madame, vous avez vaincu : » et, prenant la plume, il écrivit l'ordre de mettre en liberté M. de Mondoville. Delphine n'osait ni respirer, ni parler, de peur que le moindre mouvement ne changeât quelque chose à la résolution inespérée du juge. Il lui dit en lui remettant l'ordre : « Je vous donne, madame, la vie de M. de Mondoville ; mais ne tardez pas à le faire partir ; si un commissaire de Paris venait ici, je n'y serais plus le maître : je lui répéterais sans doute, comme vous me l'avez attesté, comme je le crois, que M. de Mondoville n'a point porté les armes ; mais ce serait peut-être en vain alors que je m'efforcerais encore de le sauver. Vous avez su toucher mon cœur, madame, par je ne sais quelle éloquence, quelle sensibilité surnaturelle. C'est à vous que votre ami doit la vie, jouissez-en tous les deux, et…. — Priez pour mon fils, » ajouta la mère.

Delphine, dont l'émotion rendait les paroles à peine intelligibles, reçut l'ordre à genoux, et pressant sur son cœur la main secourable de son bienfaiteur : « Que je ne meure pas, lui dit-elle, homme généreux, sans avoir fait sentir à votre ame un peu du bonheur que je lui dois ! Adieu. » Elle courut à la prison, craignant de perdre une seconde ; ralentissant quelquefois ses pas, pour ne pas attirer l'attention de ceux qui la regardaient, mais ne pouvant calmer la frayeur que lui causait le danger du moindre retard. En entrant dans la chambre de Léonce, elle lui tendit l'ordre, et resta quelques instants sans pouvoir prononcer un seul mot. Léonce lut l'ordre, et, profondément attendri, il répéta plusieurs fois à Delphine : « C'est toi qui m'arraches à la mort ! que ma vie sera heureuse avec toi ! » Quand elle eut repris ses forces, elle se hâta d'expliquer qu'il fallait partir à l'instant, que le moindre délai pouvait être funeste, et pressa le geôlier, avec une ardeur passionnée, d'aller remplir une dernière formalité, nécessaire pour sortir de prison et de la ville. Il partit.

Léonce alors se livra à tous les projets de bonheur les plus doux. « Ma Delphine, disait-il, te souviens-tu de cette maison sur le coteau de Baden, dont le site nous rappelait Bellerive ? Nous pouvons l'acquérir, nous nous y établirons ; quelques légers changements la rendront tout-à-fait semblable à ce séjour où nous avons passé des moments heureux, mais troublés ; tandis que dans notre habitation nouvelle une félicité parfaite nous est promise. Tu ne seras point poursuivie dans un pays protestant ; je suis sûr d'ailleurs d'en imposer à madame de Ternan, et notre destinée obscure n'excitant l'envie de personne, nous n'aurons point d'ennemis. Oh ! que cet avenir se présente à moi sous un aspect enchanteur ! Delphine, ma céleste amie, ajoute donc quelques traits à ce tableau ; peins-moi le sort qui nous attend, que l'espérance nous y transporte. » Delphine ne répondait point, son ame agitée n'avait point retrouvé de calme. « Craindrais-tu, lui dit encore Léonce, de retrouver en moi quelques traces des faiblesses qui nous ont séparés ? me ferais-tu cette offense ? — Non, non ! interrompit Delphine. — Même avant ton arrivée, continua Léonce, ton souvenir et mon amour avaient entièrement dissipé les erreurs de mon caractère ; je te l'avouerai, certain de périr, la mort que j'avais désirée ne m'inspirait plus qu'un sentiment assez sombre : il me semblait que la nature m'accusait d'avoir méconnu ses bienfaits ; et mon imagination se retournant tout-à-coup, je n'ai plus vu, prêt à perdre l'existence, que les affections délicieuses qui devaient me la rendre chère. Ah! j'avais peut-être besoin de cette épreuve : mais je n'en perdrai jamais le fruit ; je vivrai pour être heureux, pour être aimé... — Hélas ! reprit Delphine, le temps se passe, le geôlier ne revient point. » Cette inquiétude augmentant son trouble à chaque minute, elle n'entendait pas ce que Léonce lui disait pour la calmer, et, s'approchant des barreaux de la prison, à travers lesquels on entrevoyait la rue, elle y resta fixement attachée. Tout-à-coup elle s'écria : « O mon Dieu ! ô mon Dieu ! d'une voix si déchirante, que Léonce en frémit ; et courant à elle, il lui dit : « Qu'avez-vous? Votre accent me cause un effroi que de ma vie je n'avais éprouvé. — Que viennent faire, lui dit Delphine, ces deux hommes vêtus de noir qui accompagnent le geôlier ? — Apporter l'ordre pour mon départ, lui répondit Léonce. — Non, non, reprit Delphine, cela n'est pas naturel, cela ne l'est pas. » La porte de la prison s'ouvrit, et les deux hommes, peu d'instants après être entrés, déclarèrent que le commissaire de Paris était arrivé, qu'il avait déchiré l'ordre donné par le juge, et qu'il était décidé que M. de Mondoville ne sortirait pas de prison, et serait jugé. A cette nouvelle, Léonce détourna la tête, ne voulant point montrer son émotion. Delphine, levant les yeux au ciel, s'avança d'un pas assez ferme, pour demander aux deux hommes envoyés s'il ne lui serait pas permis de voir le commissaire. « Non, madame, lui répondirent-ils, vous ne pouvez pas sortir, vous êtes en arrestation ici jusqu'à demain. » Léonce tendit alors la main à Delphine, avec un sentiment qui n'était pas sans quelque douceur. Les stupides témoins de cette scène voulurent rassurer Delphine sur son propre sort, croyant qu'il était l'objet de son inquiétude, et lui dirent qu'elle pouvait être tranquille, qu'elle sortirait au moment même où le jugement de M. de Mondoville serait exécuté. A ces affreuses paroles, Delphine fut près de succomber ; mais prenant sur elle, elle dit seulement à voix basse : « En est-ce assez, mon Dieu? » et demanda ensuite à ceux qui venaient de parler, si un étranger qui l'avait accompagnée, M. de Serbellane, ne devait pas venir la voir. « Il nous a chargés de vous dire, lui répondirent-ils, qu'il serait ici dans une heure, quand le tribunal, qui est assemblé maintenant, aura prononcé. Il fait ce qu'il peut pour vous être utile ; mais à présent que le commissaire de Paris est arrivé, cela ne se passera pas comme ce matin. » Léonce, assez vivement irrité, les interrompit en leur disant : « Je ne suis pas condamné à votre présence, laissez-moi. » Ils murmurèrent intelligiblement quelques paroles d'humeur, mais le regard de Léonce leur en imposa, et ils sortirent. Léonce alors, se rapprochant de Delphine, la serra dans ses bras avec l'émotion la plus passionnée; elle ne répondait à rien, n'exprimait rien, et semblait tout entière renfermée en elle-même. « Dieu! prononça-t-elle à demi-voix, Dieu qui m'avez abandonnée, préservez-moi de sentiments impies! que je supporte ce cruel jeu de la destinée sans cesser de croire en vous! La mort, après tout, la mort... Eh bien! mon ami, dit-elle en se jetant dans les bras de Léonce, nous la recevons ensemble; c'est un reste de pitié de la Providence envers nous. Pressons nos cœurs l'un contre l'autre, que leurs derniers battements cessent au même instant : le seul mal au-delà des forces humaines, c'est de vivre ou de mourir séparés. »

Léonce, inquiet de la résolution de Delphine, voulut lui parler de ses devoirs, de son sort après lui : « Je te défends de m'entretenir sur ce sujet, interrompit-elle ; ignore mes desseins, quels qu'ils soient ; ne m'interroge plus, et passons ces dernières heures dans la confiance et l'abandon qui peuvent encore leur donner du charme. » Léonce lui obéit ; il sentait que sur un pareil sujet il ne pouvait rien obtenir d'elle ; mais il se flattait que M. de Serbellane veillerait sur le sort de son amie quand il n'existerait plus, et c'était à lui qu'il se proposait de la confier.

Léonce et Delphine gardèrent donc le silence, l'un à côté de l'autre, pendant assez long-temps. Ils attendaient M. de Serbellane, quoiqu'ils n'en espérassent rien ; enfin il arriva, portant sur son visage l'empreinte des sentiments qui le déchiraient.

« Demain, à huit heures du matin, dit-il à Léonce, vous devez être conduit dans une plaine à une demi-lieue de la ville, pour être fusillé. Un espoir cependant reste encore : le juge généreux de qui madame d'Albémar avait obtenu votre liberté vient de sortir du tribunal même pour me parler; il m'a dit que si je pouvais lui apporter à l'instant une déclaration signée de vous, qui attestât positivement que vous n'avez point eu l'intention de porter les armes, et que vous traversiez l'armée en voyageur, pour revenir en France, cette déclaration pourrait vous sauver. » Delphine, à ce mot, leva les yeux, qu'elle avait tenus fixés sur la terre jusqu'alors; Léonce répondit à M. de Serbellane, avec la plus noble simplicité : « Quand j'ai été fait prisonnier, j'en conviens, je n'avais point encore porté les armes; j'étais venu à Verdun, non pour seconder aucune cause, mais dans l'espoir de mourir : qu'importent toutefois ces détails, connus de moi seul? Les Français qui sont dans l'armée des étrangers ont dû croire que je venais pour servir avec eux; une déclaration contraire leur paraîtrait un mensonge que je ferais pour sauver ma vie; mon intention d'ailleurs n'était point de rentrer en France; je ne puis donc, sans m'avilir, attester ce qui paraîtrait faux aux yeux des autres, ou ce qui le serait réellement. » Delphine, en entendant ce refus décisif, baissa de nouveau les yeux, sans prononcer une parole; elle savait que Léonce n'appellerait jamais d'une résolution qu'il croyait honorable.

M. de Mondoville, touché de la douleur que lui témoignait M. de Serbellane, lui prit la main, et lui dit : « Généreux ami, vous avez tout fait pour nous; il ne me reste plus, relativement à moi, qu'un service à vous demander. Si mon nom était calomnié quand j'aurai cessé de vivre, donnez à la vérité l'appui de votre respectable caractère : n'oubliez pas que la mémoire d'un homme qui fut passionné pour l'honneur est un dépôt qu'il confie aux soins scrupuleux de ses amis. — J'accepte avec reconnaissance ce glorieux dépôt, répondit M. de Serbellane: votre réputation, sans doute, ne sera point attaquée; mais si jamais je pouvais être appelé à la défendre, quelle force, quelle énergie ne trouverais-je pas dans l'admiration que m'inspire votre courageuse conduite ! — Maintenant, reprit Léonce, encore une prière, et la plus sacrée de toutes. »

Il conduisit M. de Serbellane vers la fenêtre, pour lui recommander Delphine quand il ne serait plus. Il aurait pu parler devant elle sans qu'elle l'entendît; ses réflexions l'absorbaient entièrement. Immobile et pâle, quelquefois elle tressaillait, mais elle n'écoutait ni ne voyait plus rien, et ne versait pas même une larme. Quand toute espérance est perdue, toute démonstration de douleur cesse, l'ame frissonne au-dedans de nous-mêmes, et le sang glacé n'a plus de cours.

Léonce entra dans les plus grands détails avec M. de Serbellane, sur la conduite qu'il devait tenir pour conserver les jours de Delphine, si sa douleur lui inspirait le desir de les terminer. M. de Serbellane, non seulement lui promit tout ce qu'il desirait, mais sut presque le rassurer, en se montrant digne de soutenir et de consoler l'infortunée remise à ses soins. Léonce, touché de son noble caractère, ne put lui témoigner sa reconnaissance sans avoir les yeux remplis de larmes : il était resté ferme contre le malheur ; mais en retrouvant la pitié, il s'attendrit. « Adieu, mon ami, lui dit-il ; laissez-moi seul avec elle ; demain, avec le jour, revenez la chercher ; vous recevrez le dernier serrement de main d'un homme qui vous estime et vous honore. Adieu. » M. de Serbellane, en s'en allant, s'approcha de Delphine, et lui demanda sa main, qu'elle abandonna. « Madame, lui dit-il d'une voix émue, courage et résignation ! Les plus vives douleurs ont encore cette ressource. » Un profond soupir souleva le sein de Delphine : « N'oubliez pas Isore, lui répondit-elle : adieu. »

M. de Serbellane sortit, se promettant de revenir le lendemain auprès de ses infortunés amis. Alors Léonce et Delphine se trouvèrent seuls, au commencement de cette nuit solennelle qu'ils devaient passer ensemble, dans cette sombre prison qu'éclairait une lumière pâle et tremblante ; ils entendirent le geôlier refermer sur eux les verrous. « Ah ! s'écria Delphine, si ces portes pouvaient ne plus s'ouvrir ; si le jour pouvait ne jamais se lever, quels lieux de délices vaudraient cette prison ? Léonce, pourront-ils t'arracher à moi ? » Et elle le serrait dans ses bras avec une force surnaturelle, à laquelle succédait le plus profond abattement. Léonce, effrayé de son état, voulut fixer sa pensée sur quelques idées plus douces, et, passant ses bras autour d'elle, il lui dit : « Ma Delphine, tu crois à l'immortalité, tu m'en as persuadé ; je meurs plein de confiance dans l'Être qui t'a créée. J'ai respecté la vertu en idolâtrant tes charmes ; je me sens, malgré mes fautes, quelques droits à la miséricorde divine, et tes prières me l'obtiendront. Mon ange, nous ne serons donc pas pour jamais séparés ; même avant de nous réunir dans le ciel, tu sentiras encore mon ame auprès de toi ; tu m'appelleras toujours, quand tu seras seule. Plusieurs fois tu répéteras le nom de Léonce, et Léonce recueillera peut-être dans les airs les accents de son amie. Cherche, ma Delphine, tout ce qu'il y a de doux, de sensible dans la douleur ; remplis ta vie des hommages solitaires et tendres que l'on peut rendre encore à la mémoire de l'objet que l'on regrette. — Arrête, interrompit Delphine, que parles-tu de ma vie ? As-tu donc osé penser que je pourrais te survivre ? Oui, sans doute, mon cœur s'est toujours confié dans l'immortalité de l'ame, quand il ne s'agissait que de mon sort ; cette noble croyance suffisait à mon repos : mais est-ce assez de cette espérance, qu'un nuage couvre encore aux regards des plus vertueux des mortels? est-ce assez d'elle pour supporter l'existence après ta mort? Non, rien ne peut me soutenir contre l'horreur de ta perte. Léonce, en ton absence, le moindre souvenir de toi, un mot que tu m'avais dit, des lieux que nous avions vus ensemble, mille hasards qui retracent une idée toujours présente, me faisaient succomber sous la douleur d'une émotion déchirante, et j'aurais ces mêmes souvenirs, mais avec les traits de la mort ! je m'écrierais sans cesse : Jamais ! jamais !... Mes pleurs, mes cris n'obtiendraient pas de la nature entière un son de ta voix, la trace de tes pas, une ombre de tes traits ! Léonce, ami si tendre, toi qui, dans mes chagrins, as si souvent eu pitié de moi, je me précipiterais, désespérée, sur la terre qui te renfermerait, sans qu'il en sortît un soupir pour répondre à mes larmes ! Non, non, je n'irai point dans ce désert, dans ce silence, dans cette nuit du monde, où je ne te verrais plus. La mort, dont l'affreuse idée m'a souvent glacée de terreur, te frapperait, moi vivante ! je me représenterais ton visage défiguré, tes yeux éteints pour toujours, tes restes froids, ensevelis dans la tombe où je t'aurais laissé seul, seul ! O mon ami, tu n'y seras pas seul ! Léonce, souverain de ma vie, répétait Delphine, je te vois ému, je sens que ton cœur répond au mien : dis-moi donc que tu m'appelles, que tu ne voudrais pas me laisser vivre; dis que tu ne le veux pas ! Ah ! j'aimerais cette touchante preuve d'amour, ce dédain d'une pitié vulgaire, cette compassion véritable qui t'inspirerait ces douces paroles : *Delphine, suis-moi; pauvre Delphine, n'essaie pas de la vie sans la main qui te conduisait!* O Léonce ! Léonce ! répète ces mots consolateurs, je t'en conjure... » Les pleurs interrompaient les prières passionnées de Delphine; elle embrassait les genoux de Léonce ; elle voulait obtenir de lui-même le conseil de mourir ; il cherchait en vain à la calmer, et la conjurait de s'éloigner avec M. de Serbellane, avant l'heure du supplice. Delphine, pensant alors à la fatale bague, voulut en parler à Léonce, mais sans lui confier d'abord qu'elle la possédait, de peur qu'il ne la lui ôtât, quand même il serait résolu à n'en pas faire usage.

« Léonce, lui dit-elle, cette mort, semblable à celle que subirait un criminel, ce supplice en présence d'un peuple furieux, ne révolte-t-il point ton ame? Veux-tu te l'épargner? Notre ami, M. de Serbellane, peut nous donner un poison salutaire qui nous affranchirait du sort qu'on nous prépare. » Léonce, étonné, réfléchit quelques instants, puis il dit : « Mon amie, je crois plus digne de moi de périr aux yeux des Français ; ils me condamnent aujourd'hui, mais peut-être sauront-ils une fois que je ne l'ai pas mérité ; et si dans mes derniers moments j'ai montré quelque force d'ame, je ne hais pas, je l'avoue, l'espoir que mes ennemis mêmes ne me verront pas tomber sans émotion. Pardonne, mon amie, si cette pensée me force à rejeter le secours inespéré que tu daignes m'offrir ; ta main aurait fermé mes yeux, et le même sentiment qui anima mon existence l'eût conduite doucement jusqu'à sa fin : ah ! qu'il m'en coûte pour m'y refuser ! » Delphine garda le silence ; elle craignait, en insistant, de faire connaître à Léonce qu'elle possédait un moyen sûr de ne pas lui survivre.

« Hélas ! continua Léonce, il y a, j'en conviens, quelque chose de sombre dans cette prison qui précède le dernier jour : je voudrais pouvoir regarder le ciel avec toi : ce sont ces murs qui nous dérobent son aspect, c'est la barbarie des hommes, nos gardiens et nos juges, qui donne à la mort un caractère si terrible : vingt fois je l'avais desirée à tes pieds ; mais à présent que j'avais abjuré mes misérables erreurs, à présent que je pouvais être ton époux, ton heureux époux.... ah ! Dieu ! » Il s'arrêta, craignant de rappeler des pensées trop amères. Delphine, succombant au désespoir, n'avait plus la force d'exprimer les tourments qu'elle souffrait : quelques heures se passèrent encore, pendant lesquelles Léonce se montra le plus sensible et le plus courageux des hommes. Delphine l'admira quelquefois ; plus souvent elle l'interrompit par ses gémissements. Enfin Léonce, accablé par plusieurs nuits d'insomnie, laissa tomber sa tête sur les genoux de Delphine, et s'endormit pendant une heure. Elle le regardait dans toute sa beauté ; ses cheveux noirs tombaient sur son front, et son visage conservait encore une expression d'attendrissement dont le sommeil n'altérait point le charme.

Ah ! qui s'est jamais vu dans une situation si cruelle ? La malheureuse Delphine éprouva pendant cette nuit tout ce que l'ame peut souffrir de plus déchirant. Elle sentait le temps s'écouler, et regardait sans cesse à la fenêtre, craignant d'apercevoir les avant-coureurs du jour. Ses yeux se portaient alternativement du visage enchanteur de son amant, à ce ciel dont les premiers rayons devaient le lui ravir ; mais bientôt elle aperçut, sur le mur opposé à la fenêtre, la fatale lueur qui annonçait le jour ; et avant que Léonce fût réveillé, le soleil avait percé dans cette demeure du désespoir. « O Dieu ! s'écria-t-elle, pas un nuage, pas un voile de deuil sur ce soleil ! le plus brillant éclat de la nature pour éclairer le plus horrible des forfaits et les plus infortunés des êtres ! » Enfin, le coup de tambour, ce bruit subit et funeste, réveilla Léonce. Il leva les yeux sur Delphine, et, l'embrassant avec transport : « C'est toi, dit-il, c'est encore toi ! jusqu'à mon dernier moment ta vue aura le pouvoir de suspendre toutes mes peines. »

Léonce se hâta de rattacher ses cheveux en désordre, pour donner à toute sa contenance l'air du calme et de la fermeté. Delphine alors se tenait à quelque distance de Léonce, suivait ses mouvements, et s'appuyait de temps en temps contre la muraille, soutenant par la puissance de sa volonté ses forces prêtes à défaillir. Enfin Léonce s'approcha d'elle ; et, remarquant l'extrême altération de ses traits, il ne put réprimer plus long-temps ce qu'il éprouvait. « Delphine, s'écria-t-il, dans cet instant sans espoir, un mouvement cruel et doux m'entraîne encore à te le répéter, oui, je regrette la vie ! Quand mes farouches ennemis vont paraître, je saurai leur cacher ce sentiment, mais je te l'avoue à toi qui me l'inspire, à toi... » Les soldats approchaient de la prison, et l'on ouvrit les verrous pour les recevoir. Alors Delphine, comme hors-d'elle-même, se jeta aux genoux de Léonce, et s'écria : « Mon ami, pardonne-moi ta mort, dont je suis la véritable cause. Je n'ai jamais aimé que toi ; jamais ce cœur n'a tressailli qu'en ta présence, jamais une autre voix n'a régné sur mon ame : nous allons mourir ensemble, quand de longues années d'union et de tendresse pouvaient nous être accordées ; il le faut ! Les barbares avancent, encore un instant : mais que toute la passion d'une vie entière soit renfermée dans cet instant ! » La porte s'ouvrit, et les soldats remplirent la chambre.

Delphine, se relevant avec dignité, adressa la parole aux soldats : « J'étais aux genoux, leur dit-elle, du plus estimable des hommes, du plus admirable caractère qui ait jamais existé ; je lui devais cet hommage ; vous allez le conduire au supplice. Votre aveugle obéissance ferme vos cœurs à la pitié ; mais qu'ai-je dit ? ne vous offensez pas ; j'ai besoin de vous implorer encore : permettez-moi de suivre mon ami jusqu'à la mort. — Madame, répondit l'officier, on n'accorde d'ordinaire cette permission qu'au prêtre qui exhorte les condamnés avant de mourir. — Eh bien ! reprit Delphine ; je saurai remplir cet auguste ministère. Léonce, dit-elle en se retournant vers lui, la religion donne aux malheureux qui marchent au supplice un ami pour les consoler, veux-tu que je sois cet ami? Je te parlerai, comme lui, au nom d'un Dieu de bonté : un instant j'ai douté ; je trouvais le malheur qui m'accablait plus grand que mes fautes ; mais à présent les espérances religieuses sont revenues dans mon cœur ; le ciel me les a rendues, je te les ferai partager. — Ce que tu veux entreprendre, répondit Léonce, est au-dessus de tes forces. — Non, je l'ai résolu, reprit Delphine, tu me verras te suivre d'un pas ferme, avec une ame courageuse ; je ne suis plus agitée : pourquoi n'aurais-je pas maintenant le même calme que toi? — Madame, reprit l'officier, on conduira le condamné sur un char, jusqu'à une demi-lieue de la ville, dans la plaine où il doit être fusillé ; vous ne serez pas en état de le suivre jusque là. — Je le pourrai, répondit-elle. — Ah! s'écria Léonce, dois-je accepter ce généreux effort?— Tu le dois, » interrompit Delphine. Et M. de Serbellane entrant dans ce moment, il obtint pour lui-même aussi d'accompagner madame d'Albémar. Léonce, incertain encore s'il devait consentir à ce qu'exigeait son amie, consulta M. de Serbellane. « Ne vous opposez pas, répondit-il, au vœu que madame d'Albémar exprime avec tant d'instance ; si elle peut vous survivre, ce n'est qu'après avoir épuisé toutes les douleurs ; laissez-la s'y livrer, ne lui refusez rien. — J'ai besoin, reprit Delphine, d'un moment de recueillement, avant ce grand acte de courage ; accordez-le-moi, dit-elle en s'adressant au chef de la garde ; votre char funèbre n'est point encore arrivé. » Le chef de la garde y consentit ; le geôlier murmura qu'il n'avait point de chambre seule à donner, excepté une dans laquelle était mort un prisonnier cette nuit même. Delphine n'entendit point ce qu'il disait ; et M. de Serbellane, occupé à recueillir dans un dernier entretien les volontés de Léonce, oublia quel don funeste il avait fait à madame d'Albémar ; elle suivit le geôlier, et il la quitta, après lui avoir montré la chambre dans laquelle elle pouvait entrer. En travers de la porte était le cercueil du malheureux prisonnier mort pendant la nuit, et des quatre cierges placés aux coins de ce cercueil, deux brûlaient encore, et mêlaient leurs tristes clartés à celle du jour. Delphine frémit à cette vue, et recula ; cependant elle voulut avancer, et dit : « Pourquoi donc aurais-je peur de la mort? N'est-ce pas elle que je viens chercher? d'où vient que son image m'effraie déjà? » Il fallait, pour entrer, passer près du cercueil placé devant la porte ; la robe de Delphine s'y accrocha, et son effroi redoublant, elle tomba à genoux dans la chambre, en face du lit encore défait d'où l'on avait enlevé le corps de celui qui venait de mourir. On voyait ses habits épars, un livre ouvert, une montre qui allait encore, tous les détails de la vie de l'homme, excepté l'homme même, que la bière renfermait ! Un tel spectacle aurait frappé l'imagination dans les circonstances les plus calmes, il troubla presque entièrement la tête de Delphine ; elle ne savait plus si son amant vivait encore ; elle l'appela plusieurs fois, et, dans un moment de convulsion et de désespoir, elle ouvrit la bague qui renfermait le poison, et prit rapidement ce qu'elle contenait : à peine eut-elle achevé cette action désespérée, qu'elle se prosterna contre terre ; après y être restée quelques instants, elle se releva plus calme, mais absorbée dans une méditation profonde.

« O mon Dieu ! dit-elle alors, qu'ai-je fait ? me suis-je rendue coupable ? ne puis-je plus espérer votre miséricorde ? Il fallait le suivre jusqu'au supplice, je lui devais cette dernière preuve de l'amour qui l'a perdu ; en aurais-je eu la force, sans la certitude de mourir ? Je pouvais me fier à la douleur, avec le temps elle m'aurait tuée ; mais ce temps redoutable, ô mon Dieu ! m'ordonniez-vous de le supporter ? ces tourments étaient-ils nécessaires ? et les anges qui vous entourent ne se réjouiront-ils pas de les voir abrégés ? S'il me restait un lien sur la terre, si j'avais un père dont je pusse consoler la vieillesse, je vivrais, je le crois ; un devoir si sacré me l'aurait commandé : mais l'infortuné qui va périr était mon unique ami, et vous me l'ôtez ! O mon Dieu ! s'écria-t-elle en se jetant à genoux, le visage tourné vers le ciel ; on m'a souvent dit que vous ne pardonniez pas le crime que je viens de commettre : le trouble, l'égarement m'y ont conduite. Est-il vrai qu'à présent vous soyez inflexible ? suis-je plus criminelle que tous ceux qui ont été durs envers leurs semblables ? et cependant il en est tant, que sans doute parmi eux quelques uns seront pardonnés ! Vous m'aviez accordé la jeunesse, la beauté, tous les dons de la vie, et je la rejette loin de moi, cette vie ; il faut donc que j'aie bien souffert ! et je souffrirais éternellement, et vous n'accepteriez pas mon repentir ! Non, vous l'acceptez, je le sens, une force nouvelle renaît en moi ; j'entends le char, j'entends les pieds des chevaux qui vont entraîner ce que j'aime ; je vais l'entretenir de vous, mon Dieu ! bénissez mes paroles, et quand ma voix serait impie, quand vous rejetteriez mes prières pour moi-même, faites que celui qui va m'entendre éprouve en m'écoutant les sentimens religieux qui obtiendront pour lui votre miséricorde. » Elle descendit alors d'un pas ferme, et rejoignit Léonce au moment où il montait sur le char.

Delphine marcha près de lui, et les soldats, par pitié pour elle, ralentissaient la marche, et faisaient souvent arrêter la voiture, pour lui donner le temps de parler à Léonce. M. de Serbellane, qui la suivait, répandait de l'argent pour obtenir que personne ne s'opposât à ces instants de retard. Delphine eut d'abord le desir d'avouer à son ami qu'elle venait de s'assurer la mort, elle aurait trouvé quelque douceur à lui confier cette funeste et dernière preuve de la tendresse passionnée qu'elle éprouvait pour lui; mais tout entière à la solennité du devoir dont elle était chargée, elle craignit qu'après un tel aveu, Léonce, uniquement occupé d'elle, ne donnât plus un moment aux sentiments religieux dont elle voulait le pénétrer; et, quoi qu'il pût lui en coûter, elle résolut de taire son secret, pour entretenir Léonce de piété plutôt que d'amour.

En traversant la ville, la multitude qui les environnait de toutes parts se permit d'indignes injures contre celui qu'elle croyait criminel, puisqu'il était condamné. Léonce rougissait et pâlissait tour à tour d'indignation et de fureur. « Dédaigne, lui disait Delphine, ces misérables insultes; bannis de ton ame tous les sentiments amers! ah! nous allons entrer dans le séjour de l'indulgence et de l'oubli, dans le séjour où nos ennemis ne seront point écoutés. Vois ce ciel : comme il est pur, comme il est serein! l'auteur de ces merveilles pourrait-il n'avoir abandonné que nous? Cet asile vers lequel nos cœurs s'élancent, Léonce, c'est le nôtre; nous y sommes appelés. L'amour que je sens pour toi ne m'a-t-il pas été inspiré par mon Créateur? il ne désunira point deux êtres qu'il a rendus nécessaires l'un à l'autre. Léonce, ta conduite a été sans reproches, c'est la mienne seule qu'il faut accuser; mais tu me feras recevoir dans la région du ciel qui t'est destinée. Tu diras, oui, tu diras que tu n'y serais pas bien sans moi. L'Être suprême t'accordera ton amie; tu la demanderas, n'est-il pas vrai, Léonce? » Delphine fut prête encore alors à tout révéler, en disant à Léonce quelle était l'action coupable dont il devait implorer le pardon pour elle. Peut-être aussi desirait-elle qu'il connût la véritable cause du courage extraordinaire qu'elle témoignait, dans la plus terrible de toutes les situations; mais Léonce leva vers le ciel un regard plein de courage et de confiance : ce regard convainquit Delphine qu'elle avait enfin inspiré à son ami les pieuses espérances qu'elle lui souhaitait ; et elle craignit de détruire tout l'effet de ses paroles, en lui avouant de quelle faute sa religion même n'avait pu la préserver.

Réprimant donc encore une fois tout ce qui pouvait trahir son secret, Delphine rassembla ses forces, pour remplir dignement l'auguste mission dont elle s'était chargée. « Ne vois plus en moi, dit-elle à Léonce, celle qui partagea tes fautes, celle qui fut plus coupable encore. J'aimais la vertu, mais je n'avais point la force de l'accomplir ; et Dieu, dans sa pitié, retire du monde la femme infortunée dont l'amour et le devoir ont déchiré le faible cœur. J'ai pris auprès de toi la place d'un homme religieux, qui aurait été vraiment digne de te parler au nom du ciel ; mais une voix qui t'est chère pouvait pénétrer plus avant dans ton ame, et cette voix, écoute-la, Léonce, comme si la Divinité l'avait pour un moment consacrée. Au milieu des terreurs qui nous environnent, lorsque la nature, amie de la vie, se révolte dans notre sein, la Providence éternelle nous voit et nous protège : non, il est impossible que toutes les pensées, tous les sentiments qui nous animent soient anéantis ; notre esprit embrasse encore un immense avenir, notre cœur vit encore tout entier dans l'objet qu'il aime, et dans quelques minutes, sur cette plaine, où bientôt les roues de ce char vont nous entraîner, un fer romprait la trame de tant d'idées, de tant de sentiments, et les livrerait au vent qui disperse la poussière ! Ceux qui succombent lentement sous le poids des années peuvent croire à la destruction que d'avance ils ont ressentie ; mais nous qui marchons vers le tombeau tout pleins de l'existence, nous proclamons l'immortalité ! Il est vrai, ce temps qui s'écoule, ces armes qui se préparent, ce bruit sourd qui annonce déjà le coup mortel, remplissent d'effroi tous les sens, mais c'est un dernier effort de l'imagination trompée ; la vérité va nous rassurer, notre ame se retire en elle-même, et dans notre intime pensée, dans ce sanctuaire de l'amour et de la vertu, nous retrouvons un Dieu ! Ah ! Léonce, gloire et tourment de ma vie, objet de la passion la plus profonde, c'est moi qui t'exhorte à la mort, c'est moi... la prière m'a donné une force surnaturelle, la prière, cet élan de l'ame qui nous fait échapper à la douleur, à la nature et aux hommes ; imite-moi, Léonce, cherche aussi ce refuge... »

La longueur et la fatigue de la route faisaient disparaître la pâleur de Delphine; ses yeux avaient une expression dont rien ne peut donner l'idée; les sentiments les plus passionnés et les plus sombres s'y peignaient à la fois; et, malgré les douleurs cruelles qu'elle commençait à sentir et qu'elle tâchait de surmonter, sa figure était encore si ravissante, que les soldats eux-mêmes, frappés de tant d'éclat, s'écriaient : *Qu'elle est belle!* et baissaient, sans y songer, leurs armes vers la terre en la regardant. Léonce entendit ce concert de louanges, et lui-même, enivré d'amour, il prononça ces mots à voix basse : « Ah Dieu! que vous ai-je fait pour m'ôter la vie, le plus grand des biens avec elle? » Delphine l'entendit. « Mon ami, reprit-elle, ne nous trompons pas sur le prix que nous attacherions maintenant à l'existence; nous ne voyons plus que des biens dans ce que nous perdons, et nous oublions, hélas! combien nous avons souffert. Léonce, je t'aimais avec idolâtrie, et cependant, du jour où l'ingratitude de l'amitié me fut révélée, je reçus une blessure qui ne s'est point fermée. Léonce, des êtres tels que nous auraient toujours été malheureux dans le monde, notre nature sensible et fière ne s'accorde point avec la destinée; depuis que la fatalité empêcha notre mariage, depuis que nous avons été privés du bonheur de la vertu, je n'ai pas passé un jour sans éprouver au cœur je ne sais quelle gêne, je ne sais quelle douleur qui m'oppressait sans cesse. Ah! n'est-ce rien que de ne pas vieillir, que de ne pas arriver à l'âge où l'on aurait peut-être flétri notre enthousiasme pour ce qui est grand et noble, en nous rendant témoins de la prospérité du vice et du malheur des gens de bien? vois dans quel temps nous étions appelés à vivre, au milieu d'une révolution sanglante, qui va flétrir pour long-temps la vertu, la liberté, la patrie! Mon ami, c'est un bienfait du ciel qui marque à ce moment le terme de notre vie. Un obstacle nous séparait; tu n'y songes plus maintenant : il renaîtrait si nous étions sauvés. Tu ne sais pas de combien de manières le bonheur est impossible. Ah! n'accusons pas la Providence, nous ignorons ses secrets; mais ils ne sont pas les plus malheureux de ses enfants, ceux qui s'endorment ensemble sans avoir rien fait de criminel, et vers cette époque de la vie où le cœur encore pur, encore sensible, est un hommage digne du ciel. »

Ces douces paroles avaient attendri Léonce, et pendant quelques moments il parut plongé dans une religieuse méditation.

Tout-à-coup, en approchant de la plaine, la musique se fit entendre, et joua une marche, hélas! bien connue de Léonce et de Delphine. Léonce frémit en la reconnaissant : « O mon amie! dit-il, cet air, c'est le même qui fut exécuté le jour où j'entrai dans l'église pour me marier avec Matilde. Ce jour ressemblait à celui-ci. Je suis bien aise que cet air annonce ma mort. Mon ame a ressenti dans ces deux situations presque les mêmes peines; néanmoins, je te le jure, je souffre moins aujourd'hui. » Comme il achevait ces mots, la voiture s'arrêta devant la place où il devait être fusillé. Il ne voulut plus alors s'abandonner à des sentiments qui pouvaient affaiblir son cœur. Il descendit rapidement du char, et s'avança en faisant signe à M. de Serbellane de veiller sur Delphine. Se retournant alors vers la troupe dont il était entouré, il dit, avec ce regard qui avait toujours commandé le respect : « Soldats, vous ne banderez pas les yeux à un brave homme; indiquez-moi seulement à quelle distance de vous il faut que je me place, et visez-moi au cœur; il est innocent et fier, ce cœur, et ses battements ne seront point hâtés par l'effroi de la mort. Allons. » Avant de s'avancer à la place marquée, il se retourna encore une fois vers Delphine : elle était tombée dans les bras de M. de Serbellane; il se précipita vers elle, et entendit M. de Serbellane qui s'écriait : « Malheureuse! elle a pris le poison qu'elle m'avait demandé pour Léonce; c'en est fait, elle va mourir! »

Léonce alors jeta des cris de désespoir qui arrachèrent des larmes à tous ceux qui l'avaient vu si calme un moment auparavant, quand il marchait à la mort; personne n'osait prononcer un mot, ni faire un mouvement, en contemplant ce cruel spectacle. Delphine revint à elle, à travers les convulsions de la mort, et put encore dire à Léonce, qui tenait sa main à genoux : « Mon ami, je devais mon courage à la mort que portais dans mon sein. » Et comme Léonce s'accusait de barbarie, pour avoir consenti qu'elle le suivît jusqu'au supplice : « Ah! mon ami, lui dit-elle encore, remercie la nature de m'avoir épargné les heures où je t'aurais survécu; pardonne-moi, Léonce, si j'ai imposé la plus grande douleur à l'ame la plus forte : c'est toi qui d'un instant me survis; je ne meurs pas sans toi, ma main tient encore la tienne, le dernier souffle de ma vie est recueilli dans ton sein. Ces soldats, je les vois là, prêts à te saisir.... Ah! Dieu, de quel mal me sauve la mort! » Elle expira. Léonce se précipita sur la terre à côté d'elle, en la tenant embrassée. Les soldats eux-mêmes, attendris, restaient à quelque distance, et semblaient ne plus songer à remplir leur cruel emploi ; quelques uns s'écriaient: *Non, nous ne tuerons pas ce malheureux homme; c'est bien assez que sa pauvre maîtresse ait péri de douleur : non, qu'il s'en aille, nous ne tirerons pas sur lui.*

Léonce les entendit, et, se relevant avec une fureur sans bornes, il s'écria : « Juste ciel! il ne vous restait plus, barbares, qu'à vouloir m'épargner après l'avoir tuée. Tirez à l'instant, tirez. » Et il voulait s'approcher d'eux ; mais il portait toujours le corps sans vie de sa maîtresse, et tout-à-coup il frémit d'horreur à l'idée que cette belle image de son amie pourrait être défigurée par les coups qu'on dirigerait sur lui : retournant donc vers M. de Serbellane, il remit entre ses bras Delphine, qui semblait dormir en paix sur le sein de son ami : « Il faut m'en séparer, dit-il, afin que ses nobles restes ne soient point outragés par des barbares. Réunissez-nous tous les deux dans le même tombeau ; c'est là que, dans un repos éternel, mon innocente amie me pardonnera mes fautes et ses malheurs. » En achevant ces mots, il s'éloigna: quand il fut en face des soldats, ils balancèrent encore, et leurs gestes exprimaient qu'ils ne voulaient plus obéir à l'ordre qui leur avait été donné. Un instant de vie de plus faisait souffrir mille maux à Léonce ; tout-à-fait hors de lui, il eut recours à l'insulte, chercha tout ce qui pouvait allumer la colère des soldats, les menaça de se jeter sur eux, s'ils ne tiraient pas sur lui ; et les appelant enfin des noms qui pouvaient les irriter davantage, l'un d'eux s'indigna, reprit son fusil qu'il avait jeté à terre, et dit: *Puisqu'il le veut, qu'il soit satisfait.* Il tira, Léonce fut atteint, et tomba mort.

M. de Serbellane rendit à ses amis les derniers devoirs. Il les réunit dans un tombeau qu'il fit élever sur le bord d'une rivière, au milieu des peupliers, et partit pour la Suisse, afin de veiller sur la destinée d'Isore, que la perte de Delphine avait jetée dans la plus profonde douleur ; il écrivit à sa mère, et en obtint la permission de conduire sa fille à mademoiselle d'Albémar, à qui cet intérêt seul pouvait faire supporter la vie, après la perte de Delphine. M. de Lebensei s'acquit un nom illustre dans les armées françaises. Pourquoi le caractère de Léonce de Mondoville ne lui permit-il pas d'avoir cette glorieuse destinée ?

M. de Serbellane, qui, avec une ame naturellement calme, faisait toujours ce que les sentiments les plus tendres et les plus exaltés peuvent inspirer, revint en France, au péril de sa vie, pour visiter encore une fois le tombeau de ses amis, et s'assurer que l'homme à qui il en avait confié la garde l'avait défendu de toute insulte, au milieu de la guerre. Voici l'un des fragments de la lettre qu'il écrivait en revenant de ce voyage pieux envers l'amitié.

« Je me sens mieux, disait-il, depuis que je me suis reposé
« quelque temps près de leurs cendres. Je me répétais sans cesse
« qu'ils n'avaient point mérité leurs malheurs ; je ne me dissimu-
« lais point leurs torts : Léonce aurait dû braver l'opinion dans
« plusieurs circonstances où le bonheur et l'amour lui en fai-
« saient un devoir, et Delphine au contraire, se fiant trop à la
« pureté de son cœur, n'avait jamais su respecter cette puissance
« de l'opinion, à laquelle les femmes doivent se soumettre ; mais
« la nature, mais la conscience apprend-elle cette morale insti-
« tuée par la société, qui impose aux hommes et aux femmes
« des lois presque opposées ? et mes amis infortunés devaient-ils
« tant souffrir pour des erreurs si excusables ? Telles étaient mes
« réflexions, et rien n'est plus douloureux pour le cœur d'un
« honnête homme, que l'obscurité qui lui cache la justice de
« Dieu sur la terre.

« Mais un soir que j'étais assis près de la tombe où reposent
« Léonce et Delphine, tout-à-coup un remords s'éleva dans le
« fond de mon cœur, et je me reprochai d'avoir regardé leur des-
« tinée comme la plus funeste de toutes. Peut-être dans ce mo-
« ment mes amis, touchés de mes regrets, voulaient-ils me
« consoler, cherchaient-ils à me faire connaître qu'ils étaient
« heureux, qu'ils s'aimaient, et que l'Être suprême ne les avait
« point abandonnés, puisqu'il n'avait point permis qu'ils survé-
« cussent l'un à l'autre. Je passai la nuit à rêver sur le sort des
« hommes ; ces heures furent les plus délicieuses de ma vie, et
« cependant le sentiment de la mort les a remplies tout entières :
« mais je n'en puis douter, du haut du ciel mes amis dirigeaient
« mes méditations ; ils écartaient de moi ces fantômes de l'imagi-
« nation qui nous font horreur du terme de la vie ; il me semblait
« qu'au clair de la lune je voyais leurs ombres légères passer à
« travers les feuilles, sans les agiter ; une fois je leur ai demandé
« si je ne ferais pas mieux de les rejoindre, s'il n'était pas vrai
« que sur cette terre les ames fières et sensibles n'avaient rien à

« attendre que des douleurs succédant à des douleurs : alors il
« m'a semblé qu'une voix, dont les sons se mêlaient au souffle du
« vent, me disait : Supporte la peine, attends la nature, et fais
« du bien aux hommes. J'ai baissé la tête, et je me suis résigné;
« mais, avant de quitter ces lieux, j'ai écrit, sur un arbre voi-
« sin de la tombe de mes amis, ce vers, la seule consolation des
« infortunés que la mort a privés des objets de leur affection :

« On ne me répond pas, mais peut-être on m'entend. »

QUELQUES RÉFLEXIONS
SUR LE BUT MORAL
DE DELPHINE.

Ce n'est point une apologie de *Delphine* que je veux écrire, il faut qu'un livre se défende lui-même : on est souvent injuste pour les personnes, on ne l'est jamais à la longue pour les ouvrages. La calomnie défigure à son gré les opinions et les sentiments qui composent l'existence privée d'une femme, et peut ainsi remplir d'amertume une vie sans défense; mais les écrits étant aussi publics que les critiques dont ils deviennent l'objet, le combat est moins inégal; et je crois fermement que ni la bienveillance ni la haine n'ont jamais fait le sort d'un ouvrage : le cercle de la faveur ou de la défaveur est si petit, en comparaison de l'imposante impartialité du temps et de la justice éclairée des hommes livrés à leurs impressions naturelles ! Mais il m'a semblé qu'en montrant le but que je m'étais proposé dans *Delphine*, je pourrais présenter quelques réflexions utiles sur la véritable moralité des actions humaines, et les jugements que la société porte sur ces actions. Cette espérance m'a déterminée à traiter ce sujet.

C'est une question intéressante à se proposer, que de savoir pourquoi la société en général est infiniment plus sévère pour les fautes qui tiennent à une trop grande indépendance de caractère, à des qualités trop peu mesurées, à une ame trop susceptible d'enthousiasme, que pour les torts de personnalité, de sécheresse et de dissimulation. Puisque la société est ainsi, il faut en chercher la cause; et, sans se perdre en déclamations contre l'injustice des hommes, examiner par quelle association d'idées ils sont conduits à un tel résultat. Chaque individu pris séparément vous dira qu'il aime infiniment mieux rencontrer un caractère tel que celui de *Delphine*, sensible, imprudent, inconsidéré, qu'un caractère égoïste, habile et froid ; et cependant la société ménagera l'un, et poursuivra l'autre sans pitié. La raison de ce contraste entre les opinions de chacun et de tous, c'est, je crois, que chaque homme en particulier trouve de l'avantage dans ses rapports avec ceux qui ont, si je puis m'exprimer ainsi, des torts généreux, une bonté sans calcul, une franchise imprévoyante; mais la société réunie prend un esprit de corps, un desir de se maintenir telle qu'elle est, une personnalité collective enfin ; et ce sentiment la porte à préférer les caractères égoïstes et durs dans leurs relations intimes, lorsqu'ils respectent extérieurement les convenances reçues, aux caractères plus intéressants en eux-mêmes, quand ils s'affranchissent trop souvent du joug que l'opinion veut imposer. Une morale parfaite s'accorde avec tous les genres d'intérêts que peuvent avoir les individus et la société, parceque la morale dans sa pureté est tellement en harmonie avec la nature de l'homme, que les puissants comme les faibles, les particuliers comme les corps, les esprits médiocres comme les esprits supérieurs, l'approuvent et la respectent. Il n'en est pas de même des qualités naturelles ; elles ont beaucoup moins de régularité que les vertus, et quand elles ne sont pas guidées par des principes très austères, elles causent plus d'ombrage à la foule des gens médiocres, que des défauts négatifs, préservateurs de soi-même, mais qui ne troublent point cette législation des convenances, à l'abri de laquelle se reposent les préjugés et les amours-propres. On a dit que l'hypocrisie était un hommage rendu à la vertu ; la société prend cet hommage pour elle, et, comme toutes les autorités, elle juge les actions des hommes seulement dans leurs rapports avec son intérêt. Il y a aussi dans les caractères d'une franchise remarquable, tels que celui de Delphine, dans ces caractères qui n'admettent ni prétextes ni détours pour les témoignages et l'expression des sentiments nobles et tendres, une puissance singulièrement importune à la plupart des hommes. Plusieurs essaient de traduire par une vertu ce que leur intérêt leur inspire, et mutuellement on se passe tous ces sophismes, espérant bien tromper à son tour, pour récompense de s'être laissé tromper ; mais quand il arrive au milieu de ce paisible et doucereux accord un caractère inconsidérément vrai, il semble que ce qu'on appelle la civilisation en soit troublée, et qu'il n'y ait plus de sûreté pour personne, si toutes les actions reprennent leur nom, et toutes les paroles leur sens. Enfin la supériorité de l'esprit et de l'ame suffit à elle seule pour alarmer la société. La société est constituée pour l'intérêt de la majorité, c'est-à-dire des gens médiocres : lorsque des personnes extraordinaires se présentent, elle ne sait pas trop si elle doit en attendre du bien ou du mal; et cette inquiétude la porte nécessairement à les juger avec rigueur. Ces vérités générales s'appliquent aux femmes d'une manière bien plus forte encore : il est convenu qu'elles doivent respecter toutes les barrières, porter tous les genres de joug; et comme il y aurait de l'inconvénient pour le bonheur de la société en général à ce que le plus grand nombre des femmes eût des sentiments passionnés ou même des lumières très étendues, il n'est pas étonnant qu'à cet égard la société redoute tout ce qui fait exception, même dans le sens le plus favorable.

Le caractère de Delphine, les malheurs qui résultent pour elle de ce caractère, prouvent précisément ce que je viens de développer. Je n'ai jamais voulu présenter Delphine comme un modèle à suivre : mon épigraphe prouve que je blâme et Léonce et Delphine; mais je pense qu'il était utile et sévèrement moral de montrer comment, avec un esprit supérieur, on fait plus de fautes que la médiocrité même, si l'on n'a pas une raison aussi puissante que son esprit; et comment, avec un cœur généreux et sensible, l'on se livre à beaucoup d'erreurs, si l'on ne se soumet pas à toute la rigidité de la morale. Il faut un gouvernement d'autant plus fort qu'il y a plus de vent dans les voiles. On demandait à Richardson pourquoi il avait rendu Clarisse si malheureuse : *C'est*, répondit-il, *parceque je n'ai jamais pu lui pardonner d'avoir quitté la maison de son père*. Je pourrais aussi dire avec vérité que je n'ai pas, dans mon roman, pardonné à Delphine de s'être livrée à son sentiment pour un homme marié, quoique ce sentiment soit resté pur. Je ne lui ai pas pardonné les imprudences que l'entraînement de son caractère lui a fait commettre, et j'ai présenté tous ses revers comme en étant la suite immédiate.

Mais la moralité de ce roman ne se borne point à l'exemple de Delphine : j'ai voulu montrer aussi ce qui peut être condamnable dans la rigueur que la société exerce contre elle; et quoique je vienne de développer avec impartialité les motifs de cette rigueur, je crois que, dans les grandes villes surtout, les jugements que l'on porte sur les actions et les caractères n'ont pas pour base les véritables principes de la moralité. La première des vertus, la plus touchante des qualités, c'est la bonté. Il me semble que nous avons un tel besoin de la pitié les uns des autres, que ce que nous devons craindre avant tout, ce sont les êtres qui peuvent se résoudre à faire du mal, ou même ceux qui ne sont pas impatients de soulager la peine, dès qu'ils en ont le pouvoir. Or, pour condamner une action, pour plaindre, approuver ou blâmer un caractère, il me semble qu'il faudrait toujours se demander quel rapport a cette action ou ce caractère avec le principe de tout bien, la bonté. Je sais qu'une personne imprudente peut faire du mal sans le vouloir ; mais il est si facile de la ramener, mais on est si certain de son repentir et de son besoin de réparer, qu'il est impossible d'assimiler ce genre de tort à la moindre action réfléchie qui aurait pour but d'affliger qui que ce fût. Il me semble que toutes les pages de *Delphine* rendent à la bonté le culte qui lui est dû, et, sous ce rapport encore, il me semble que cet ouvrage est utile ; car, après une longue révolution, les cœurs se sont singulièrement endurcis, et cependant jamais on n'eut plus besoin de cette sympathie pour la douleur, qui est le véritable lien des êtres mortels entre eux.

Il est si vrai que la première qualité des hommes est la bonté, que, dans les grandes crises de la destinée, lorsque le malheur fait taire et l'amour-propre et l'envie, ce qu'on cherche d'abord, c'est la touchante qualité qui apaise les fureurs de l'homme et conserve dans son cœur quelques rayons de la miséricorde éternelle. Qui n'a pas éprouvé, dans les temps orageux où nous avons vécu, que notre premier regard jeté sur un homme puissant était pour démêler dans sa physionomie une expression de bonté ? Et parmi des juges silencieux, une sorte de douceur dans les traits ou d'attendrissement dans les regards nous désignait d'avance notre semblable. Ce que tous les hommes éprouvent dans le malheur, les ames tendres le sentent habituellement ; il n'est point pour elles de prospérités qui les rendent invulnérables, et, dans les moments les plus heureux de leur vie, elles savent combien aisément la pitié pourrait leur devenir nécessaire.

C'est donc dans la bonté et la générosité, dans ces deux qualités qui se tiennent par les plus nobles liens, et dont chacune est le complément de l'autre, que consiste la véritable moralité des actions humaines, savoir résister aux forts et protéger les faibles : *Parcere subjectis et debellare superbos.* Ces anciens mots renferment tout ce qu'il y a de divin dans le cœur de l'homme. *Que mon fils soit bon et fier*, peuvent dire les mères, *et l'indulgence du ciel couvrira le reste !* Mais l'indulgence des hommes n'est pas si facile à obtenir, et quelquefois la puissance de la société lutte contre les meilleurs mouvements naturels. Souvent un homme est méconnu pour ses qualités mêmes ; plus souvent une femme est perdue par un sentiment d'autant plus vrai qu'elle était moins maîtresse de le cacher, d'autant plus généreux qu'elle y sacrifiait tous les intérêts de sa vie ; et celle qui, assise en paix au milieu de son cercle, se sera permis d'accuser le malheur, verra sa considération augmentée par l'impitoyable preuve de sévérité qu'elle aura nonchalamment donnée. Ce sont ces bizarres contrastes des jugements de l'opinion que le roman de *Delphine* est destiné à faire ressortir ; il dit aux femmes : Ne vous fiez pas à vos qualités, à vos agréments ; si vous ne respectez pas l'opinion, elle vous écrasera. Il dit à la société : Ménagez davantage la supériorité de l'esprit et de l'ame ; vous ne savez pas le mal que vous faites et l'injustice que vous commettez, quand vous vous laissez aller à votre haine contre cette supériorité, parcequ'elle ne se soumet pas à toutes vos lois : vos punitions sont bien disproportionnées avec la faute ; vous brisez des cœurs, vous renversez des destinées qui auraient fait l'ornement du monde ; vous êtes mille fois plus coupable à la source du bien et du mal, que ceux que vous condamnez.

Il y a parmi les personnes qui vivent dans l'obscurité beaucoup de vertus souvent bien supérieures à toutes celles qu'accompagne l'éclat ; mais il y a aussi une espèce de gens médiocres qui sont le vrai fléau des esprits remarquables, et des ames imprudentes et généreuses : ils tendent leurs fils imperceptibles pour enlacer tout ce qui prend un vol élevé ; ils s'arment de leurs petites plaisanteries, de leurs insinuations qu'ils croient fines, de leur ironie qu'ils croient de bon goût, pour rabattre l'enthousiasme de tous les sentiments nobles ; la morale elle-même perd dans leurs discours son caractère de générosité et d'indulgence ; elle n'est qu'un moyen de blâmer amèrement les inconvénients de quelques qualités, mais ne sert plus à exciter dans le cœur aucun genre d'émulation pour ce qui est bien. Ah ! qu'il n'en est pas ainsi des personnes parfaitement vertueuses et sévères pour elles seules ! quel repos l'on goûte auprès d'elles, lors même qu'elles vous blâment! On se sent corrigé par la main qui vous soutiendra ; on sit que, si l'on n'est pas d'accord en tout, on s'entend du moins par ce qui constitue véritablement une bonne et généreuse nature ; et je ne craindrais pas de dire à ces ames privilégiées que Delphine leur est inférieure, mais qu'elle vaut souvent mieux que le reste du monde.

On a écrit qu'il n'était pas vraisemblable que Delphine pût résister à l'amour de Léonce, en se livrant autant qu'elle le fait à un sentiment condamnable. Je pense sans doute, et Delphine même le répète plusieurs fois, que sa conduite ne doit point être imitée, et c'est parcequ'elle a donné cet exemple qu'il faut qu'elle soit punie ; mais je crois cependant qu'il y a dans le caractère de Delphine un sentiment qui doit la préserver : ce sont les sacrifices mêmes qu'elle a faits pour celui qu'elle aime. Il est doux de dédaigner tous les avantages de la vie, en respectant sa propre fierté ; de se compromettre aux yeux du monde sans cesser de mériter l'estime de son amant ; de le suivre, s'il le fallait, dans les prisons, dans les déserts ; d'immoler tout à lui, hors ce qu'on croit la vertu ; et de lui montrer dans le même moment que l'univers n'est rien auprès de l'amour, mais que la délicatesse triomphe encore de cet amour qui avait triomphé de tout le reste. Ce sont des sentiments exaltés, romanesques, et qu'une morale plus sévère doit réprimer; ce sont des sentiments pour lesquels il est juste de souffrir, mais pour lesquels aussi il est juste d'être plainte ; et les romans qui peignent la vie ne doivent pas présenter des caractères parfaits, mais des caractères qui montrent ce qu'il y a de bon et de blâmable dans les actions humaines, et quelles sont les conséquences naturelles de ces actions.

Le caractère de Matilde sert à faire ressortir les torts de Delphine, sans cependant détruire l'intérêt qu'elle doit inspirer ; et sous ce rapport encore, je crois ce roman moral. Matilde n'a point de grace dans l'esprit, ni dans les manières ; son caractère est sec et sa religion superstitieuse : mais par cela seulement que sa conduite est vertueuse et ses sentiments légitimes, elle l'emporte dans plusieurs occasions sur une personne beaucoup plus distinguée et beaucoup plus aimable qu'elle. Si j'avais fait de Matilde une femme charmante, et de Delphine une femme haïssable, la morale n'avait rien à gagner à la préférence qu'aurait méritée Matilde ; car l'on aurait pu se dire avec raison qu'il n'est pas de règle générale que toutes les épouses soient charmantes et toutes les maîtresses haïssables : mais si une femme dépourvue d'agrément balance l'intérêt qu'on ressent pour Delphine, par la simple autorité du devoir et de la vertu, je crois le résultat de ce tableau très moral. Si j'avais supposé des vices à Matilde, j'aurais avili ses droits; si je lui avais donné beaucoup de charmes, je prêtais à la vertu une force étrangère à elle : mais lorsque Matilde, avec des défauts et point de séduction, trouve un appui si puissant dans la seule arme de l'honnêteté, et que Delphine, malgré toutes ses qualités et tous ses charmes, se sent humiliée en présence de Matilde, est-il possible de mieux montrer la souveraine puissance de la morale?

Ce n'est pas tout encore : si j'avais placé la scène dans un des pays où les mœurs domestiques sont le plus en honneur, l'exemple aurait eu moins de force; mais c'est au milieu de Paris, dans la classe de la société où la grace avait tant d'empire, que Delphine est impitoyablement condamnée. La plus amère punition d'une ame délicate qui a commis une faute, c'est la rigueur exercée contre elle par les personnes les plus immorales elles-mêmes. Ceux qui ont abjuré tous les principes trouvent de la protection parmi leurs semblables. Il y a entre ces sortes de gens un langage qui les aide à se reconnaître; mais les caractères naturellement vertueux, lorsqu'ils dévient de la route qu'ils s'étaient tracée, sont l'objet d'un déchaînement universel, et leurs ennemis les plus ardents sont ceux que leurs vertus mêmes avaient humiliés.

Les malheureux succès de l'immoralité, dont il existe quelques exemples, ne se rencontrent presque jamais parmi les femmes. La puissance de la société donne tant de ressources aux hommes, les intérêts compliqués dont ils se mêlent leur offrent tant de détours, qu'il en est quelques uns qui ont su échapper à la punition de leurs vices; mais les femmes sont mises, par l'ordre social, dans la noble impossibilité de se soustraire aux malheurs causés par les torts. Il me semble que le roman de Delphine développe de plusieurs manières cette utile vérité.

Il était nécessaire au but moral que je m'étais proposé que le caractère de Léonce fût, à beaucoup d'égards, en contraste avec celui de Delphine; car si, comme elle, il avait été indépendant de l'opinion, comment aurait-elle senti les inconvénients de son propre caractère? Elle ne pouvait être punie que dans le cœur de celui qu'elle aimait : n'est-ce pas là qu'il fallait la frapper? Au milieu de toutes les injustices, de tous les revers, si l'affection de l'objet qui nous est cher restait profonde, sensible, enthousiaste, par quel malheur serait-on atteint? mais ne fallait-il pas montrer que l'amour ne règne presque jamais seul dans le cœur des hommes, et que leur affection s'altère quand on la met souvent aux prises avec des circonstances défavorables? Sans doute c'est à un homme qu'il appartient de braver la calomnie, et de protéger contre elle la femme qu'il aime; mais c'est précisément parcequ'il a la responsabilité d'une autre destinée, qu'il s'inquiète davantage de tout ce qui peut la compromettre. Il ne faut à une femme, pour être heureuse, que la certitude d'être parfaitement aimée. L'homme qui fait le sort, la gloire et le bonheur des objets qui l'entourent, s'occupe nécessairement de tout ce qui peut influer sur leur avenir.

Des personnes dont je considère beaucoup les jugements, parcequ'ils sont fondés sur des motifs respectables, ont trouvé que dans la peinture du caractère de Léonce j'avais l'air de trop honorer une grande erreur des institutions sociales, le duel. Sans chercher à discuter ce qu'il ne me convient pas d'approfondir, je dirai que, voulant représenter Léonce comme craintif devant l'opinion, il fallait nécessairement qu'un autre genre d'audace relevât son caractère, et qu'une hardiesse, même imprudente, servît à lui faire pardonner une timidité quelquefois misérable; d'ailleurs, il est utile d'apprendre aux femmes qu'en bravant les convenances elles ne se compromettent pas seules, et que l'homme qui les aime, s'il attache du prix à l'opinion, cherchera, même inconsidérément, tous les moyens de se venger des attaques dirigées contre leur réputation. Je suis loin, cependant, d'approuver le caractère de Léonce en entier : puisqu'il est destiné à faire le malheur de Delphine, il doit nécessairement avoir de grands torts; mais je crois que Léonce, tel que je l'ai peint, pouvait être vivement aimé. Un caractère plus analogue à celui de Delphine aurait sans doute mieux convenu pour former une union bien assortie; mais il y a quelque chose d'orageux dans les passions, qui s'accroît par les inquiétudes mêmes que devait exciter Léonce.

Un homme susceptible, ombrageux, et cependant doué d'une ame forte et courageuse, un homme dont le caractère vous présente à la fois un appui contre les autres et un danger pour votre propre bonheur, s'empare vivement de l'imagination des femmes. Les hommes aiment à éprouver pour les femmes la douce émotion qu'inspire la faiblesse et la douceur; les femmes veulent admirer et presque redouter cet être protecteur qui doit soutenir leurs pas tremblants. La chevalerie nous a représenté les hommes aux pieds des femmes, obéissant à leurs ordres, se prosternant devant elles : ce sont des formes brillantes dont il faut conserver toute la grace; mais il est peut-être vrai qu'il n'y a point de passion dans le cœur des femmes, si elles n'éprouvent pas pour l'objet de leur amour une admiration, un respect qui n'est pas exempt de crainte, et des sentiments de déférence qui vont presque jusqu'à la soumission. Or, il me semble que les défauts mêmes de Léonce sont de nature à produire ce genre d'impression. Malheureusement les causes qui inspirent l'amour ne sont en aucune manière des garanties de bonheur : il y a dans ce sentiment des illusions toutes magiques, des peines qui redoublent l'affection, des torts qui n'éclairent point sur les défauts de ce qu'on aime. Tant que la surprise n'a point cessé, tant que le charme n'a point disparu, tant que l'objet de ce sentiment est resté pour vous un être surnaturel, l'ame agitée n'est point capable de juger ce qui lui conviendrait à la longue, ce qui pourrait lui donner une destinée, un repos tranquille et durable. Je ne dis point qu'un sentiment si tumultueux rende heureux ceux qui l'éprouvent; mais je crois que quand il existe véritablement, tels sont ses caractères, et qu'un homme semblable à Léonce est singulièrement fait pour inspirer cette passion, et pour rendre malheureuse celle qui s'y livre.

Les femmes règnent en souveraines dans les commencements de l'amour, et l'on ne peut pas exagérer, même dans les romans, tout ce que la passion inspire à l'homme qui craint de n'être pas aimé; mais quand la tendresse d'une femme est obtenue, si le lien sacré du mariage ne donne pas aux sentiments un nouveau caractère, ne fait pas succéder à la passion toutes les affections profondes et douces qui naissent de l'intimité, il est certain que le cœur qui se refroidit le premier, c'est celui des hommes : il ne leur est pas donné, comme à nous, d'avoir avant tout besoin d'être aimé; leur sort est trop indépendant, leur existence trop forte, leur avenir trop certain, pour qu'ils éprouvent cette terreur secrète de l'isolement, qui poursuit sans cesse les femmes dont la destinée est la plus brillante.

L'amour de Delphine est plus parfait que celui de Léonce; cela doit être, puisqu'elle aime et qu'elle est femme. Il n'est pas vrai que les hommes soient trompeurs et perfides, comme le disent les vieilles romances ; mais il est vrai que si Delphine avait refusé de rompre ses vœux, Léonce l'en aurait plus aimée. Le changement qui s'opère dans le cœur de son amant, au moment où elle est prête à lui faire un si grand sacrifice, est, ce me semble, le plus triste, mais le plus moral des exemples. La mystérieuse alliance des biens et des maux de la vie est ainsi conçue : il ne suffit pas d'être sensible, bonne, généreuse ; il faut savoir triompher des affections les plus tendres, il faut pouvoir exister par soi-même. La Providence, sans doute, a voulu que nous fussions capables d'efforts. Les meilleurs mouvements de l'ame, quand on s'y livre entièrement, sont la source de beaucoup de peines. La raison de cette triste vérité ne nous est pas connue ; mais on doit en conclure, cependant, qu'il existe un mérite supérieur à la bonté même : c'est la force guidée par la vertu. L'empire sur son propre cœur est plus saint, plus religieux que les qualités naturelles les plus aimables. Les pauvres humains n'ont pas mérité sur cette terre le bonheur qu'ils auraient goûté, s'il eût suffi de s'abandonner à une ame douce et tendre, pour recueillir tous les plaisirs du sentiment et toutes les jouissances de la morale.

Il était utile, je le crois, de fixer la réflexion sur une combinaison nouvelle, sur l'effet que produirait au milieu du monde une personne comme Delphine, civilisée par ses agréments, mais presque sauvage par ses qualités. Rien de si facile, rien de si commun que de montrer les malheurs attachés à la dépravation du cœur ; mais c'est une morale d'un ordre plus relevé que celle qui s'adresse aux ames honnêtes elles-mêmes, pour leur apprendre le secret de leurs peines et de leurs fautes. Il y a une misanthropie pleine d'humeur, qui n'est que le résultat des revers de l'amour-propre ; mais comme les hommes ne sont jamais ni aussi méchants qu'on le dit, ni aussi bons qu'on l'espère, il faut tâcher de connaître d'avance la route qu'ils prendront pour nuire de quelque manière à tout ce qui s'écarte de la ligne commune, et s'accuser soi-même autant que les autres, non à cause des qualités distinguées qui attirent l'envie, mais à cause des torts qui lui donnent les moyens de vous attaquer. Enfin, je le crois, il existe dans le monde une classe de personnes qui souffrent et jouissent uniquement par les affections du cœur, et dont l'existence tout intérieure est à peine comprise par le commun des hommes ; je crois que Delphine doit être utile à ces sortes de personnes, surtout si elles joignent à de la sensibilité l'imagination active et douloureuse qui multiplie les regrets sur le passé et les craintes pour l'avenir. On ne sait pas assez quelle funeste réunion c'est, pour le bonheur, qu'être doué d'un esprit qui juge, et d'un cœur qui souffre par les vérités que l'esprit lui découvre. Il faut un livre pour ce genre de mal, et je crois que Delphine peut être ce livre. La plupart des ouvrages ne traitent que des sentiments convenus, ne représentent qu'une sorte de vie extérieure, que les actions et les pensées qu'on doit montrer, que des caractères rangés, pour ainsi dire, par classes, les bons et les mauvais, les faibles et les forts ; mais le cœur humain est un continuel mélange de tant de sentiments divers, que c'est presque au hasard que l'on donne et des consolations et des conseils, parcequ'on ne connaît jamais parfaitement ni les motifs secrets, ni les peines cachées ; aussi la plupart des êtres distingués ont-ils fini par vivre loin du monde, fatigués qu'ils étaient de la banalité des jugements, des observations et des avis qu'on leur donnait, en échange de leurs idées naturelles et de leurs impressions profondes.

La plaisanterie, qui de nos jours a perdu de sa grace sans avoir perdu de ses inconvénients, s'attaque maintenant à tous les sentiments forts et vrais, qu'on est convenu de dénigrer sous le nom de mélancolie, de philosophie, d'enthousiasme ; que sais-je ? l'une des formules reçues, l'une des modes littéraires du moment. Autrefois on était si délicat sur le bon goût des manières et des écrits, qu'il suffisait à l'amusement de plaisanter sur le ridicule des formes vulgaires ou des expressions communes : à présent qu'à cet égard tout est confondu, la plaisanterie est dirigée contre le sentiment et la pensée même : il semble qu'il n'y ait qu'une chose à faire de la vie, c'est de se livrer au genre de jouissances que la fortune peut donner, et de consacrer les facultés de son esprit aux moyens d'acquérir cette fortune. On appelle rêverie tout le reste, et l'on voudrait créer un bon ton nouveau, qui pût donner un air provincial aux affections profondes et aux idées généreuses.

Il y a pourtant dans la société des personnes, et ce ne sont pas les moins aimables, qui réunissent beaucoup de gaieté dans l'esprit à beaucoup de mélancolie dans le cœur, et dont la plaisanterie a d'autant plus de grace que leur caractère a plus de délicatesse. Dès qu'on est dans le monde, ce n'est guère que par la gaieté qu'on peut s'entendre et se plaire ; la tristesse d'ailleurs est le secret de l'ame, et ce serait une sorte de profanation que de le confier aux indifférents : mais ceux qui se moquent si agréablement de l'imagination mélancolique, des pensées sombres que notre sort nous inspire, habitent-ils une autre terre que la nôtre? Ne sont-ils point séparés des objets de leur affection? n'ont-ils jamais cessé d'être aimés? n'ont-ils pas enfin quelque idée confuse que la maladie, la vieillesse, ou la mort, pourra troubler un jour leur joyeuse insouciance?

Comment réfléchir dans la solitude sans découvrir que tous les sentiments profonds ont une teinte de tristesse, et que l'homme ne peut s'élever au-dessus de l'existence physique, sans éprouver que le monde moral est incomplet, et que plus l'on développe son esprit et son ame, plus l'on sent les bornes de sa destinée? Les passions religieuses, les passions ambitieuses sont toutes nées du besoin de remplir le vide de la vie.

Je ne sais si l'on peut en conclure que les hommes devraient aspirer à la dégradation; c'est une question inutile à traiter, puisqu'il n'est pas probable que tous s'accordent à chercher le bonheur dans cette route; mais je ne crois pas que, depuis le commencement du monde, on puisse citer un être distingué qui n'ait trouvé la vie inférieure à ses desirs et à ses sentiments. Tibulle, Horace, Voltaire, les poëtes les plus cités pour leur philosophie voluptueuse ou légère, rappellent la mort au milieu de leurs plus riantes pensées, et jamais l'esprit et le cœur n'ont réfléchi sans trouver au fond de tout une pensée mélancolique.

L'amour, cette affection qui règne seule pendant qu'elle règne, réveille souvent dans notre ame des idées rêveuses et tristes ; on se retrace alors les peines inséparables de la vie humaine, mais sans en éprouver ni crainte ni douleur; et tel est l'enchantement d'aimer, que lorsque Tibulle souhaite de tenir en expirant la main de sa maîtresse, il ne voit plus dans la mort, dans cette pensée si redoutable pour l'homme isolé, qu'un dernier regard de tendresse, une expression d'amour plus touchante et plus sacrée.

Voilà, dira-t-on, quel est le vrai danger de votre roman : vous n'y vantez que la jeunesse et l'amour; vous ne peignez pas la vie sous ses rapports sérieux et nécessaires ; vous dégoûtez de l'existence grave et froide que la nature destine à la moitié des êtres et à la moitié de la vie. Je répondrai d'abord que ce reproche doit s'adresser aux romans en général, plus qu'à celui de Delphine en particulier : les ouvrages dramatiques, quels qu'ils soient, cherchent dans le cœur les sentiments dont l'intérêt est le plus vif et le plus général ; mais il me semble que madame de Cerlebe, mademoiselle d'Albémar, la famille des aveugles, tous les personnages enfin qui, ne faisant pas le sujet principal du roman, n'expriment pas le sentiment qui en est le nœud, peignent avec chaleur les plaisirs des sentiments qui conviennent à tous les âges. Je concevrais fort bien comment, au milieu de mœurs très austères, on trouverait dangereuses toutes les peintures de l'amour, quelque pures et quelque délicates qu'elles fussent ; mais il me semble que, dans notre pays et dans notre siècle, ce n'est pas l'amour qui corrompt la morale, mais le mépris de tous les principes causé par le mépris de tous les sentiments.

Puisqu'il est vrai que l'amour existe dans le cœur, tout ce qui tend à l'élever et à l'ennoblir contribue à la dignité de la nature humaine : les mariages les plus heureux, même dans la vieillesse, sont ceux qui, de souvenirs en souvenirs, retentissent jusqu'à l'amour. On n'a jamais dit l'amitié filiale, l'amitié maternelle : on a voulu que le mot le plus tendre fût consacré au plus tendre des sentiments ; l'amour de l'humanité, l'amour de Dieu, toutes les affections fortes semblent avoir entre elles une analogie qui fait choisir le même terme pour les exprimer toutes. La puissance d'aimer est la source de tout ce que les hommes ont fait de noble, de pur et de désintéressé sur cette terre. Je crois donc que les ouvrages qui développent cette puissance avec délicatesse et sensibilité, font toujours plus de bien que de mal : presque tous les vices humains supposent de la dureté dans l'ame. Les hommes les plus courageux sont souvent ceux qui sont le plus aisément attendris ; le récit des actions vraiment touchantes, vraiment généreuses, fait venir une larme dans les yeux de celui que la mort ne saurait épouvanter. Il y a dans l'enthousiasme pour tout ce qui est noble et bon quelque chose de si délicieux, qu'on ne peut s'empêcher de prendre ces impressions pour le présage d'une autre vie ; et si notre ame n'est pas capable de les éprouver sans quelque mélange de sentiments terrestres, peut-être est-il permis de se servir de l'amour même, pour exciter dans le cœur cette énergie de sentiment qui doit le rendre capable un jour d'affections plus pures et plus durables.

Divers motifs m'ont engagée à changer le dénouement de Delphine ; mais comme je n'ai point fait ce changement pour céder à l'opinion de quelques personnes, qui ont prétendu que le suicide devait être exclu des compositions dramatiques, il me semble qu'il convient de rappeler ici qu'un auteur n'exprime point son opinion particulière, en faisant agir ses personnages de telle ou telle manière. Atalide se tue, dans Bajazet; Hermione, dans Andromaque, etc.; et pour cela l'on n'a point dit que Racine approuvât le suicide. Quand Addison, l'un des plus respectables caractères qui aient existé, a fait la tragédie de Caton d'Utique, non seulement il a cru qu'un tel sujet pouvait être moral et beau, quoiqu'il se terminât par un suicide, mais, de plus, il a fait précéder cette action d'un admirable monologue, qui contient peut-être les sentiments les plus religieux, les plus purs et les plus nobles qu'on ait jamais exprimés dans aucune langue. Delphine, élevée dans le christianisme, dit positivement qu'elle commet une grande faute en se tuant, et sa prière exprime, je crois, son repentir avec force. Il m'est impossible de comprendre ce qu'il y a d'immoral dans cette situation ainsi représentée.

Je ne sais dans quel écrit du dix-neuvième siècle on dit que *le secret du parti philosophique, c'est le suicide.* Il faut convenir que si une telle assertion était vraie, ce parti aurait choisi une singulière manière de se recruter. Je n'ai point prétendu, dans Delphine, discuter le suicide, cette grande question qui inspire tant de pitié à la fois pour la folie et pour la raison humaine; et je ne pense pas qu'on puisse trouver un argument pour ou contre le suicide, dans l'exemple d'une femme qui, suivant à l'échafaud l'objet de toute sa tendresse, n'a pas la force de supporter la vie sous le poids d'une telle douleur.

Il y a une sévérité de principes qui tient aux sentiments les meilleurs et les plus purs : l'enthousiasme des sacrifices, l'ardeur de se dévouer, l'amour de la perfection, inspirent cette sévérité, et ce sont souvent les ames les plus tendres qui ont éprouvé le besoin de guider et d'exalter ainsi tout à la fois les pensées qui les agitaient; mais il existe un autre genre de sévérité, qui se montre souvent impitoyable pour la faiblesse et le malheur : celle-là n'est jamais, je crois, exempte d'hypocrisie. L'autorité de la religion est positive; mais l'influence de l'écrivain moraliste, quel que soit le sujet qu'il traite, appartient presque uniquement à la connaissance du cœur humain. L'austérité non motivée n'est que du despotisme, sans moyen de se faire obéir : il faut pénétrer dans les secrets de la douleur et reconnaître la puissance des passions, pour peindre avec force les peines amères qu'elles causent. Les triomphes que la raison a remportés sur le cœur ne sont pas tous de la même nature ; il en est qui prouvent la faiblesse des sentiments qu'on a vaincus, plus que la force de la raison qui a obtenu la victoire. Il ne suffit donc pas d'établir la nécessité des sacrifices, pour être vraiment utile aux caractères d'une sensibilité profonde ; il faut leur montrer qu'on les comprend, avant d'essayer de les diriger ; il faut avoir souffert, pour être écouté de ceux qui souffrent, et, comme Arie, avoir essayé le poignard sur son propre cœur, avant de déclarer qu'*il ne fait point de mal*.

Il me semble qu'en parlant de morale, les personnes vraies éprouvent une sorte de modestie, une sorte de crainte de se faire croire plus parfaites qu'elles ne sont, qui donne beaucoup de douceur à leur langage, et le rend ainsi plus persuasif. Les écrivains, comme les instituteurs, améliorent bien plus sûrement par ce qu'ils inspirent que par ce qu'ils enseignent. Les pensées délicates et pures, dans la vie comme dans les livres, animent chaque parole, se peignent dans chaque trait, sans qu'il soit pour cela nécessaire de les déclarer formellement, ni de les rédiger en maximes ; et la moralité d'un ouvrage d'imagination consiste bien plus dans l'impression générale qu'on en reçoit, que dans les détails qu'on en retient.

FIN DU PREMIER VOLUME.

TABLE DES MATIÈRES

CONTENUES DANS CE VOLUME.

Pages.

LETTRES sur le caractère et les écrits de J.-J. Rousseau...... 1
Préface à la première édition, en 1788 .... Ibid.
Seconde préface, en 1814.......................... Ibid.
Lettre première. Du style de Rousseau, et de ses premiers discours sur les sciences, l'inégalité des conditions, et le danger des spectacles 3
Lettre II. D'Héloïse............................. 9
Lettre III. D'Émile.............................. 20
Lettre IV. Sur les ouvrages politiques de Rousseau.......... 50
Lettre V. Sur le goût de Rousseau pour la musique et la botanique.. 54
Lettre VI. Sur le caractère de Rousseau................. 56
RÉFLEXIONS SUR LE PROCÈS DE LA REINE, publiées dans le mois d'août 1793.............................. 49
RÉFLEXIONS SUR LA PAIX, adressées à M. Pitt et aux Français. 65
Première partie. Chap. I. De la force actuelle de la France....... 6
Chap. II. De la conduite qu'ont suivie les puissances coalisées..... 71
Chap. III. Des avantages de la paix pour l'Europe.
Seconde partie. Réflexions adressées aux Français.
Si la France doit désirer la paix...................... Ib.
RÉFLEXIONS SUR LA PAIX INTÉRIEURE. 1795.........
Première partie. Des royalistes amis de la liberté...........
Chap. I. De l'influence des circonstances présentes sur l'idée d'un roi.
Chap. II. Des principes qui peuvent attacher au gouvernement républicain en France............................
Seconde partie. Des républicains amis de l'ordre............
Chap. I. Que les principes des républicains amis de l'ordre sont absolument les mêmes que les principes des royalistes amis de la liberté..
Chap. II. Que la république a besoin d'hommes distingués par leurs talents et leurs vertus...........................
ESSAI SUR LES FICTIONS.........................
Trois Nouvelles...............................
MIRZA, ou Lettre d'un Voyageur....................
ADÉLAÏDE ET THÉODORE.......................
HISTOIRE DE PAULINE.........................
ZULMA, fragment d'un ouvrage.....................
DELPHINE...................................
Ancien dénouement de Delphine....................
Quelques réflexions sur le but moral de Delphine..........

FIN DE LA TABLE DES MATIÈRES.

www.ingramcontent.com/pod-product-compliance
Lightning Source LLC
Chambersburg PA
CBHW070853300426
44113CB00008B/825